U0896293

◎中国驰名商标

◎国家重点高新技术企业

牌产品，"金力成"商标被评为中国驰名商标。

公司于1998年起先后通过了ISO9001国际质量管理体系、ISO14001中国环境管理体系、OHSAS18001职业健康安全管理体系、ISO10012测量管理体系和中国质量认证中心CCC认证；2006年建设了ERP、PDM、HR、CRM以及OA办公自动化等企业信息化平台。先后与西安高压电器研究院、天津电气传动研究所、国家煤矿防爆安全产品质量监督检验中心、宁夏大学、北方工业大学等科研院校建立了长期的技术协作关系。

我公司始终以卓越的品质、专业的技术、完善的服务、诚信经营的理念服务于客户，谨奉"同心协力，共享成功"的企业发展理念和"品质、沟通、尊重、勤勉、卓越"的共同价值观，勇敢拼搏，务实创新，精心打造"力成"品牌，为社会经济建设做出更大的贡献。

技术力量 Technology power

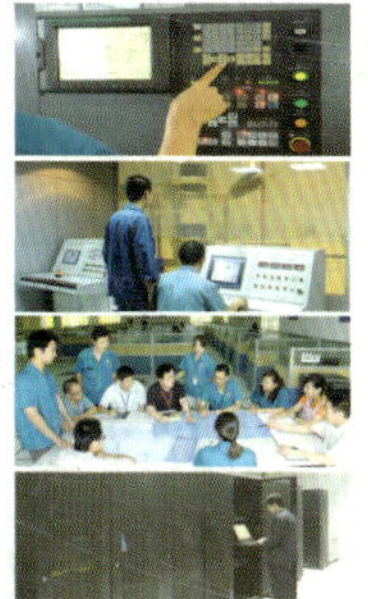

技术装备 Technical equipment

生产能力 Production capacity

传真：0951-4066999　联系人：王良东　13389585111　陈宇　18609506868　http://www.lcdq.net.cn

◎“巨邦”商标荣获中国驰名商标
◎国家高新技术企业
◎全国用户满意企业
◎浙江省AAA级守合同重信用单位
◎浙江省高新技术研发中心
◎浙江省知名商标
◎浙江省科技进步奖三等奖
◎国家火炬计划、星火计划
◎ISO9001、ISO14001、OHSAS18001
三大体系认证企业
◎温州名牌产品
◎乐清市“活力和谐企业”
◎节能产品认证
电力变压器
输配电设备

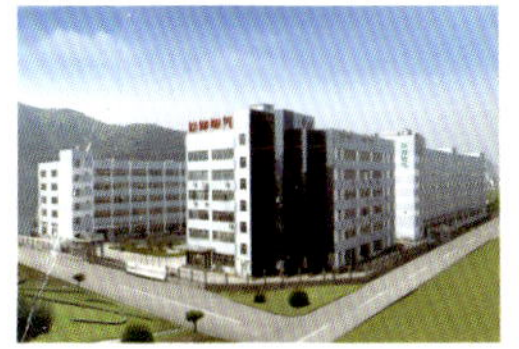

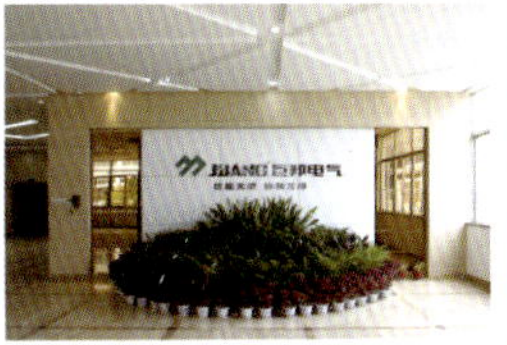

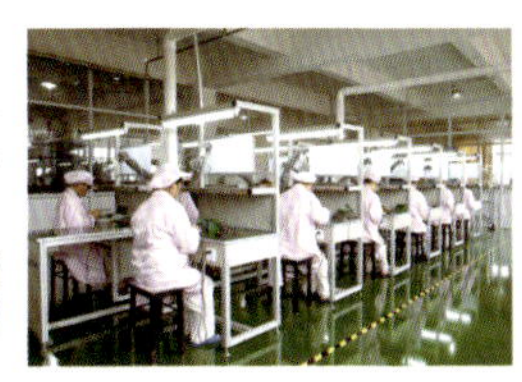

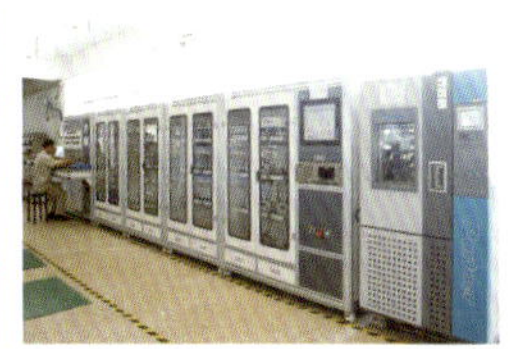

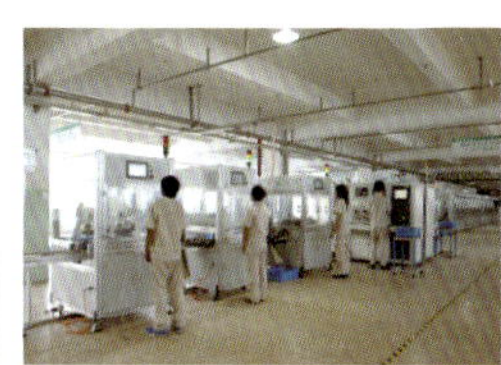

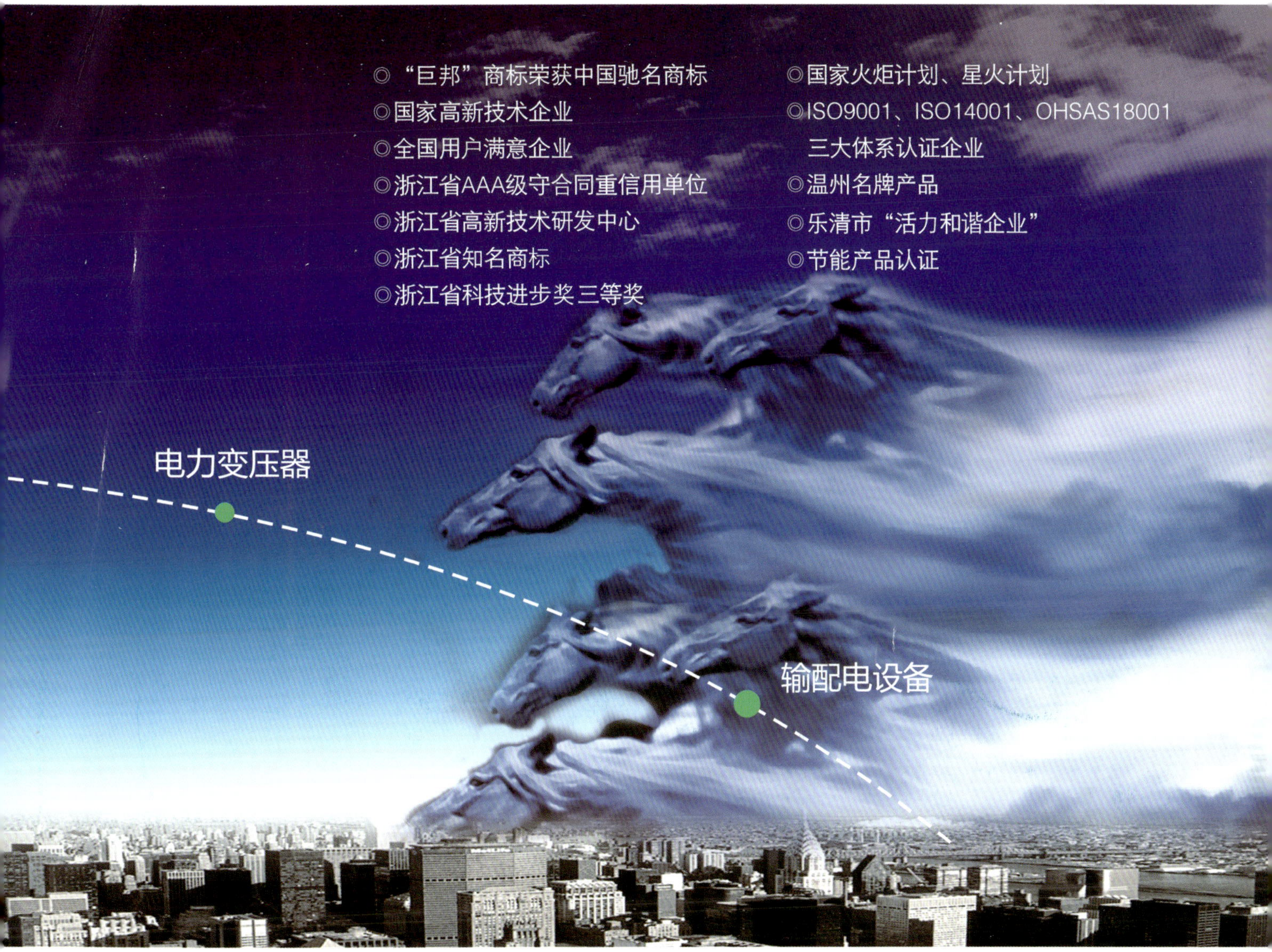

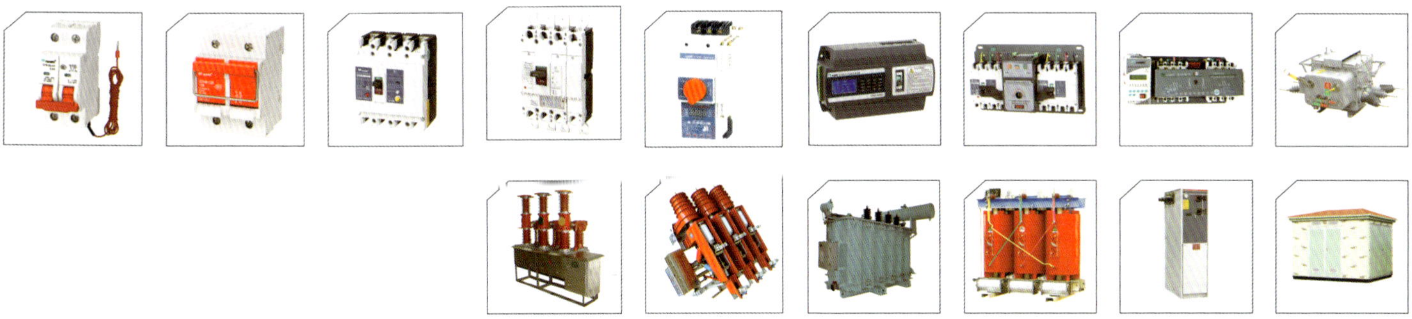

株洲南车时代电气股份有限公司

ZHUZHOU CSR TIMES ELECTRIC CO., LTD.

基本情况介绍
BRIEF INTRODUCTION>>>

1964年，为适应中国铁路电气化事业发展的需要，原株洲所半导体研究小组承担起为6Y1型机车进行“硅整流管取代汞引燃管”试验的重任，开始了研发、制造大功率半导体器件的历史，拉开了公司电力电子产业发展的序幕。

经过近半个世纪的发展，公司电力电子产业已从单一的双极器件技术，发展到同时掌握高压大电流器件、IGCT、IGBT等技术的行业先锋；服务领域从单纯的电力机车发展到了智能电网、轨道交通等众多领域；产业规模从年产几百万元发展到了数亿元；2008年并购Dynex公司，产业版图从中国株洲跨越到英国林肯。当前公司市场占有率和影响力在国内均处于领先地位，技术水平已跻身国际先进行列。

公司电力电子产业主要产品有：普通晶闸管、普通整流管、快速晶闸管、门极可关断晶闸管（GTO）、集成门极换流晶闸管（IGCT）、续流和吸收二极管、绝缘栅双极型晶体管（IGBT）及功率组件。目前大功率半导体器件已广泛应用于高压直流输电（HVDC）、机车牵引与传动、无功功率因数补偿（SVC）、大电流电源、高压软起动、工业传动、电机励磁、感应加热等领域，成功应用于中国、北美、欧洲、东南亚和中东等市场。

公司建立了ISO9001、EHS14001、OHSAS18001、IRIS体系，致力于以精益的产品、一流的服务满足客户需求，为大功率半导体器件产业的持续发展作出贡献。

In 1964, the semiconductor R&D team of Zhuzhou Electric Locomotive Research Institute (“ZELRI”) undertook the mission of “silicon rectifier replacement” on 6Y1 type electric locomotive and launched its business history of R&D and manufacture of power semiconductors, which was also the prelude of power electronics business of Zhuzhou CSR Times Electric Co., Ltd. (the Company)

With half century’s development, the power electronics business of the Company has developed from single technology semiconductor supplier to industry pioneer covering technologies of high voltage ¤t semiconductor devices, IGCT and IGBT etc. At the same time, the applications have expanded from electric locomotive traction to smart grid, mass transit traction and important sectors related with national economic development. The revenue has escalated from several million RMB to approximately one billion RMB. After the acquisition of Dynex in 2008, the footprints have expanded from Zhuzhou to Lincoln (UK). At present, the Company's power electronics business is in a leading position in terms of domestic market share and industrial influence and the power semiconductor technology level of the Company has ascended to a world leading position.

Main power electronics products of the Company include: Phase Control Thyristors, Rectifier Diodes, Fast Switching Thyristors, Gate Turn-off Thyristors (GTO), Integrated Gate Commutated Thyristors (IGCT), Freewheeling and Snubber Diodes, Insulated Gate Bipolar Transistors (IGBT) and Power Assemblies. The products have been widely applied in high voltage direct current (HVDC) transmission, railway traction, static var compensation (SVC), high current power supply, high voltage soft starter, motor drive, induction heating etc. and successfully applied in the markets of China, North America, Europe, South East Asia and Middle East.

The Company holds accreditation for ISO9001, EHS14001 and OHSAS18001, establishes IRIS system`as well, to provide our customers with products and services of the highest standard, contributing to the continuous development of power semiconductor industry.

2000年

建成4in全压接生产线
全压接器件批量推向市场
4-inch free floating device production line established
Free floating devices in mass application

2002年

4in全压接器件全面推向电解铝领域
4-inch free floating devices fully applied in electrolytic aluminium

年

批量出口美国GE公司
export to GE

2005年

5in器件生产线建成，机车领域全面采用5in器件
5-inch device production line established
5-inch devices completely applied on locomotives

2006年

成功研制出6in 8 500V晶闸管，与GETs签订长期合作协议
The first 6-inch 8 500V thyristor world wide produced
Sign LTA agreement with GETs

2007年

5in器件进入HVDC市场（辽宁高
5 - inch devices applied in HVDC(Liaoning Galing Proje

N LINE

工域100级

m²
s 100 for Wafer Production Section
bly Section

4-INCH PRODUCTION LINE

4in器件生产线
建筑面积：19 000m²
净化面积：2 000m²
净化等级：芯片生产区域1 000级
封装生产区域10 000级

Building Area :19 000 m²
Clean Room Area:2 000 m²
Clean Room Class: Class 1 000 for Wafer Production Section
Class 10 000 for Assembly Section

HIGH POWER IGBT IND IS UNDER CONSTRUCTI

正在建设的大功率IGBT产业
公司正在投资建设大功率IG
年产12万片8in IGBT芯片的
万只以上大功率IGBT器件的

The company is investing on
power IGBT industrialization
production capacity of 120 00
and over 1 000 000pcs IGBT

CSR
中国南车

主要产品
MAIN PRODUCTS >>>

器件类型/Type	电流/A	电压/V
普通晶闸管/Phase Control Thyristors	300~6 800	600~8 500
普通整流管/Rectifier Diodes	300~10 000	600~8 500
快速晶闸管/Fast Switching Thyristors	300~3 800	800~4 500
续流和吸收二极管/Freewheeling and Snubber Diodes	300~1 500	2 500~6 000
门极可关断晶闸管（GTO）	2 000~4 000	2 500~4 500
集成门极换流晶闸管（IGCT）	1 000~4 500	200~6 000
绝缘栅双极晶体管（IGBT）	200~3 600	1 200~6 500

产品 技术特点
TECHNICAL FEATURES >>>

- 产品通态压降小，浪涌电流高，耐受电流冲击能力强
- 具有高di/dt、高dv/dt能力，动态特性好
- 采用高真空电子束蒸发Al厚膜技术，器件使用寿命长
- 管壳内充惰性气体，确保器件长期使用的稳定性和可靠性
- 拥有电子辐照中心，可以精确控制器件的反向恢复特性和通态电压的折衷关系，产品特别适用于串、并联应用要求器件Qrr或V_{TM}等参数均匀匹配的场合

- Low V_{TM},high I_{TSM},strong capability for keeping out current rush.
- With high di/dt.high dv/dt capability,good dynamic features.
- Evaporation of thick Al layer ensures devices working steadily for a long timo.
- Fulfill inert gases into tube to ensure the stability and reliability of devices.
- Exactly control reverse recovery characteristics and on-state voltage of devices by electron radiation center.Especially apply to uniformed pairing,parameters like Qrr or V_{TM} etc. of devices in series and parallel connection.

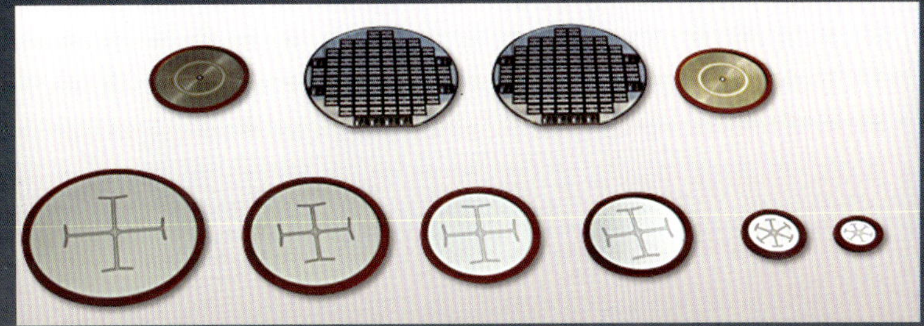

发展历程
HISTORY OF POWER ELECTRONICS BUSINESS DEVELOPMENT>>>

公司电力电子产业走过了近五十年跨越式发展历程，凝聚了几代电力电子人的心血和汗水，已成长为公司四大核心业务之一。

Thanks to the painstaking efforts of several generations' power electronic talents,power electronic business of the Company has developed greatly during the past fifty years,becoming one of the four core businesses of the company.

1964年
开始研发大功率半导体器件技术
Power semiconductors R&D started

1968年
开发出300/500A硅二极管，"硅改"成功
300/500A silicon diodes developed
Contributing to the silicon rectifier replacement

1985年
引进美国西屋烧结工艺技术
Alloy process transferred from Westinghouse,USA

1989年
建成3in器件生产线
3-inch device production line established

1999
产品开始
Volume

产业基地
PRODUCTION LINES >>>

LINCOLN BASE,UK
英国林肯基地
建筑面积：14 000m²
净化面积：3 200m²
Building Area :14 000m²
Clean Room Area:3 200 m²

6-INCH PRODUCTIO
6in器件生产线
建筑面积：22 000m²
净化面积：5 000m²
净化等级：芯片生产区
封装生产区域10 000级
Building Area:22 000m
Clean Room Area:5 000
Clean Room Class: Clas
Class 10 000 for Assem

中国机械工业年鉴系列

中国电器工业年鉴

2012

中国机械工业年鉴编辑委员会
中国电器工业协会
编

《中国电器工业年鉴》由综述、特别关注、行业概况、企业概况、产品与项目、标准化、统计资料和大事记8个部分组成，集中反映电器工业36个子行业的生产发展、产品产量、市场销售、科技成果及新产品、质量及标准、基本建设及技术改造等情况，公布电器工业权威统计数据，重点推出行业品牌企业。《中国电器工业年鉴》自1998年创刊以来，已连续出版15期，现已成为国内外了解中国电器工业和企业的重要窗口。

《中国电器工业年鉴》的主要发行对象为政府决策机构，电器工业相关企业决策者，从事市场规划、企业规划的中高层管理人员。同时，《中国电器工业年鉴》也发往国内外的投资机构、银行及证券机构等。

《中国电器工业年鉴》2012年刊在保持常规内容的基础上，针对电器工业转型升级开辟了“特别关注”栏目，关注相关政策及行业、企业采取的措施和取得的成果；以电器工业节能减排为着眼点，开辟了“电机及配附件名优产品推荐”栏目。

图书在版编目（CIP）数据

中国电器工业年鉴.2012/中国机械工业年鉴编辑委员会，中国电器工业协会编.—北京：机械工业出版社，2013.2

（中国机械工业年鉴系列）

ISBN 978-7-111-41452-0

Ⅰ.①中… Ⅱ.①中… ②中… Ⅲ.①电气工业—中国—2012—年鉴 Ⅳ.①F426.6-54

中国版本图书馆CIP数据核字（2013）第030016号

机械工业出版社（北京市西城区百万庄大街22号　邮政编码 100037）

责任编辑：董　蕾

北京画中画印刷有限公司印制

2013年2月第1版第1次印刷

210mm×285mm·27.5印张·37插页·1110千字

定价：350.00元

凡购买此书，如有缺页、倒页、脱页，由本社发行部调换

购书热线电话（010）88379823、88379829

中国机械工业年鉴系列

作为『工业发展报告』

记录企业成长的每一阶段

中国机械工业年鉴

编辑委员会

中国电器工业年鉴

明鉴电器工业

装备现代电力

中国电器工业年鉴
执行编辑委员会

中国电器工业年鉴

明鉴电器工业

装备现代电力

中国电器工业年鉴
执行编辑委员会

中国电器工业年鉴

明鉴电器工业

装备现代电力

中国电器工业年鉴 执行编辑委员会

中国电器工业年鉴 编辑出版工作人员

总编辑　郭　锐
主编　李卫玲
副主编　刘世博　肖新军
执行主编　朱彩绵
责任编辑　董　蕾
市场编辑　徐艳艳　于　杰　蒋　斌

地址　北京市西城区百万庄大街22号（邮编100037）
编辑部　电话（010）88379829　传真（010）68997966
发行部　电话（010）68326643　传真（010）68326017
E-mail:cmiy@vip.163.com
http://www.cmiy.com　www.mepfair.com

中国电器工业年鉴

明鉴电器工业
装备现代电力

中国电器工业年鉴
特约顾问单位特约顾问

企业名称	特约顾问
上海杨行铜材有限公司	倪林根
常熟开关制造有限公司（原常熟开关厂）	唐春潮
天津百利特精电气股份有限公司	史　祺
宁波天安集团股份有限公司	蒋保民
西安西电开关电气有限公司	王佐林
东方电气集团东方锅炉股份有限公司	徐　鹏
正泰集团有限公司	南存辉
巨邦电气有限公司	张建芳
苏州万龙电气集团股份有限公司	王立权
华荣科技股份有限公司	胡志荣
浙江天正电气股份有限公司	高天乐
江苏华鹏变压器有限公司	钱洪金
平高集团有限公司	魏光林
吉林永大集团股份有限公司	吕永祥
西安西电变压器有限责任公司	管叙弘
南阳防爆集团股份有限公司	白照昊
株洲南车时代电气股份有限公司电力电子事业部	吴煜东
南京汽轮电机（集团）有限责任公司	沈　群
宁夏力成电气集团公司	陈庆成
江苏天港箱柜有限公司	巫振祥
上海新华控制技术（集团）有限公司	李培植
新黎明防爆电器有限公司	郑振晓
上海精益电器厂有限公司	张林寿
江苏新洛凯机电有限公司	臧文明
上海天逸电器有限公司	邱迎吉
四川电器集团股份有限公司	朱开友
江苏安捷机电技术有限公司	王梁晨
山东力久特种电机有限公司	张　成
合肥神马科技集团有限公司	岳光明
江苏德春电力科技有限公司	成德春
山东华普电机科技有限公司	韩怀胜
上海良信电器股份有限公司	卜浩民
江苏微特利电机制造有限公司	李锦洲
湖南科通电气设备制造有限公司	朱大可
苏州太湖电工新材料股份有限公司	施泉荣
芜湖大中机电制造有限公司	杜　清
菲尼克斯（中国）投资有限公司	顾建党
山东中际电工装备股份有限公司	王伟修

中国电器工业年鉴

明鉴电器工业
装备现代电力

中国电器工业年鉴
特约顾问单位特约编辑

企业名称	特约编辑
上海杨行铜材有限公司	刘顺荣
常熟开关制造有限公司（原常熟开关厂）	秦海强
天津百利特精电气股份有限公司	梁　燕
宁波天安集团股份有限公司	杜锡仁
西安西电开关电气有限公司	张　惠
东方电气集团东方锅炉股份有限公司	姚志光
正泰集团有限公司	王正红
巨邦电气有限公司	王孝雨
苏州万龙电气集团股份有限公司	程玉标
华荣科技股份有限公司	郑晓荣
浙江天正电气股份有限公司	施长云
江苏华鹏变压器有限公司	张为群
平高集团有限公司	于洪波
吉林永大集团股份有限公司	范学勇
西安西电变压器有限责任公司	孙　琪
南阳防爆集团股份有限公司	张红信
株洲南车时代电气股份有限公司电力电子事业部	许　鹏
南京汽轮电机（集团）有限责任公司	肖　强
宁夏力成电气集团公司	王文红
江苏天港箱柜有限公司	周　焰
上海新华控制技术（集团）有限公司	黄红梅
新黎明防爆电器有限公司	魏　勇
上海精益电器厂有限公司	徐正阳
江苏新洛凯机电有限公司	谈建平
上海天逸电器有限公司	杨晓舟
四川电器集团股份有限公司	王　瑜
江苏安捷机电技术有限公司	李　惠
山东力久特种电机有限公司	贺付杰
合肥神马科技股份有限公司	谢成攻
江苏德春电力科技有限公司	戚启忠
山东华普电机科技有限公司	王　宁
上海良信电器股份有限公司	陈　平
江苏微特利电机制造有限公司	杨少华
湖南科通电气设备制造有限公司	任丕端
苏州太湖电工新材料股份有限公司	马俊锋
芜湖大中机电制造有限公司	朱守玉
菲尼克斯（中国）投资有限公司	王言海
山东中际电工装备股份有限公司	张卫东

前　言

2011年，电器工业紧紧抓住国家推进产业结构调整的机遇，以国家政策调整和用户需求为导向，加快推进发展方式转变，实现了“十二五”的良好开局。“发、输、配、用、材”五大类产品中的主要产品产量稳定增长；产业结构调整初现成效，发电设备结构逐步优化，火电机组产量比重降至67.1%，非化石能源（水电、核电、风电）设备的产量比重逐步增至32.9%；进出口贸易平稳增长，出口产品结构进一步优化；行业总体经济效益继续保持稳定增长。电器工业重大装备技术研究和设备制造取得显著业绩，关键技术和共性技术研究平台建设步伐加快，承担的国家级工程中心、研发（试验）中心、重点实验室近20个。

2011年，电器工业紧密围绕国家重大专项和重大工程建设的实施，以重大技术装备标准化为重点，以振兴装备制造业为主线，结合国家科技支撑计划、质检行业公益科研专项等国家科研项目，开展了系列重大装备技术标准研制。同时，国际标准化复合型人才队伍建设加快，截至2011年年底，在IEC注册的专家已经达到202人，为电工行业实质性参与国际标准化工作奠定了坚实的基础。

尽管开局良好，但电器工业既要面对国际、国内复杂经济环境，又受到自身中低端产品产能过剩引起的过度竞争、自主创新能力较弱等的制约，行业发展的不确定性、不平衡性和不协调性依然突出。经过多年的高速发展后，电器工业需要进行调整，行业转型升级势在必行且任重道远。转型升级应以提高经济发展质量和效益为中心，要从投资扩张型转向质量效益型，即从投资驱动转向创新驱动。

党的十八大报告中提出：科技创新是提高社会生产力和综合国力的战略支撑，必须摆在国家发展全局的核心位置。要以全球视野谋划和推动创新，提高原始创新、集成创新和引进消化吸收再创新能力，更加注重协同创新。电器工业要引导行业加强基础共性技术、关键材料的开发研究，在消化吸收引进技术的基础上，加强智能技术、信息技术的深度融合，以研发为龙头，集研发、管理、设计、应用、中试于一体，进一步做好产学研相结合，形成具有自主知识产权的设计制造一代、开发一代、预研一代产品的发展体系，获得行业持续发展的动力和基础，推进电器工业持续发展。

2013年，是实施“十二五”规划承前启后的关键一年。电器工业要稳中求进，开拓创新，扎实开局，用创新的办法解决发展中遇到的困难。要突破简单的供求关系，越过单纯供应产品和设备的阶段，按照精益生产方式组建协作体系，通过精益生产方式不断进行创新与改进，实现机组、设备整体性能的升级。2013年，电器工业调整产业结构、转变发展方式的任务依旧艰巨，面临的困难依旧不少，全行业及各企业要立足发展，有所作为，迎接新的更多的机遇。

中国电器工业协会终身荣誉会长 陆燕荪

2013年1月

特别关注——聚焦“转型升级”

电机及配附件名优产品推荐

合肥神马集团

HEFEI SMARTER GROUP

专业制造 真诚服务

Specialized Manufacture Warmhearted Service

公 司 简 介

合肥神马科技集团有限公司隶属于中国联合装备集团，公司位于国家合肥经济技术开发区，是业界公认的中国电线电缆装备制造行业的领军企业。

自20世纪80年代初开始，合肥神马全面涉足线缆装备制造领域，产品种类和市场份额逐年增加，并稳居全国同行业前列。公司因此被中国电器工业协会认定为“具有影响力”和“具有影响力品牌”企业。

20多年来，合肥神马专注于线缆装备的研究与创新，建有国家认定企业技术中心并承担多项国家和省市科技攻关项目。目前，已累计开发出电力电缆设备、通信电缆设备和光缆设备等60多个品种。其中，获得国家专利和省市科技进步奖数十项，主要产品均被中国电器工业协会推介为质量可信产品。

凭借多年服务于线缆行业积累的丰富经验，合肥神马致力于满足客户的个性化需求，向中国各地以及伊朗、越南、印度、韩国、日本、俄罗斯、美国、英国及德国等近40个国家和地区的客户提供高品质的产品、强有力的技术支持和完善的售后服务，是国内外客户值得信赖的合作伙伴。

现在，秉承和努力实践“专业制造、真诚服务”的经营理念，合肥神马正不断开拓创新，向建设成为全球线缆专用装备领先制造商的目标迈进。

CPD盘绞履带牵引型成缆机

LJL350×2铝金属护套挤压机

LHDD φ450mm等径轮型滑动式铜大拉丝机

JLK框型绞线机

伸缩臂式履带起重机

伸缩臂式履带起重机功能简介

伸缩臂式履带起重机是我公司与大连理工大学合作开发的新一代系列产品,该机为国内填补空白产品,技术先进,性能卓越,是现代吊装工程理想的作业施工设备。

本机同时兼备汽车吊无需拆卸臂架及履带吊可带载行走的优点,又具有适应各种工作场地的履带底盘,其履带可以降低对地面的压强,可以更接近吊装载荷,其伸缩臂的灵活性使起重机可以通过较低的空间,主要应用在桥梁下、隧道内等高度受限以及建筑工地内转场频繁的非路面工作场合。因而,伸缩臂履带起重机经常可以代替吨位大得多的轮式起重机和桁架臂履带起重机。本机还具有液压伸缩的履带跨距,收回时便于运输,而伸出时能提高起重机的稳定性能。

地址：安徽省合肥市经济技术开发区繁华大道240号
电话：0086-551-62205888
传真：0086-551-62205889

新区地址：安徽省合肥市经济技术开发区云谷路3399号
电话：0086-551-62572888
传真：0086-551-62572889

邮编：230601
E-mail：smarter@188.com
http://www.chinasmarter.com

法人代表：朱大可　董事长兼总经理

高级经济师、工程师，湘潭市第二届、第三届专业技术骨干人才，第四批、第五批湘潭市优秀专家，湘潭市机械自动化学会常务副理事长，中国电器工业协会电控配电设备分会副秘书长

湘潭现代矿山电器物流中心（总部基地）

湘潭现代矿山电器物流中心是一家合伙企业，由湖南科通电气设备制造有限公司和合伙人共同出资创建，出资额3 910万元。公司通过产品展示、看样订货、B2B电子商务交易、用户集中式采购等方式，形成集批发、代理、零售、新产品展示、多方物流及信息平台于一体的矿山装备电机电器专业市场，是国内外电机电器制造业的品牌产品汇集中心。

公司与国内外500余家电气、电器、电机制造厂商建立了良好的合作互信关系，将国内外电机电器优秀制造企业的品牌产品汇集“中心”展示、交易，然后通过电子商务、现代物流配送等方式与国内外矿山装备制造企业及广大矿山用户进行广泛的信息及业务往来对接，形成集变频电机、牵引电机、防爆电机、通风电机、高压电机、中小型电机配件系列，电力变压器、变频器、防爆电器、电力电容器、通用低压电器、高压电器产品及配件等系列，以及成套电控、高低压输配电控的批发、代理、产品展示、多方物流、信息平台于一体的专业市场群，资金链、产业链强大。公司聚集了一批具有教授级高工、高级工程师、高级经济师、经济师、会计师、物流师等中高级专业技术职称的复合型专业技术人才，专业覆盖信息化、机械、机电一体化、电子工程、计算机应用、营销管理、财务管理、物流管理及库储管理等，其中大部分人员一直从事矿用设备的研制开发、销售、采购及物流工作，具有研究开发销售现代先进矿用设备的理论基础和工作经验。拥有服务展示大厅、多媒体培训室、综合管理中心、电子商务交易中心、检验检测室、商务洽谈室等设施。“湘潭现代矿山电器物流中心”既为湘潭先进矿山产业集群做好配套服务，也为满足国内矿山节能增效需要，推进矿山低碳、节能、绿色和环保质量效益的增长作出贡献。

Rocoi® 洛凯 江苏新洛凯机电有限公司

江苏新洛凯机电有限公司的母企业始建于 1970 年 11 月，已有 42 年的历史，是国内高、低压断路器操作机构、抽（框）架及其附件的专业生产企业。公司总占地面积为 40 000m^2，总建筑面积为 34 300 m^2。公司现有员工 540 多人，其中大中专以上学历的占员工总数的 63%。工程技术人员占员工总数的 20%。

公司已拥有包括激光切割机、数控折弯机、数控冲床、加工中心、车削中心在内的多套现代化精密加工设备，并已经具备包括材料化学分析、金相分析、力学性能分析、显微硬度分析、三坐标测量仪等在内的完善的检测手段及设施。

目前，洛凯的主要顾客有上海电气、大全电气集团、正泰电气集团、德力西电气集团等国内知名企业，还有西门子（SIEMENS）公司、通用电气（GE）公司、伊顿（EATON）公司、施耐德（Schneider）公司等国际跨国电气业巨头。通过多年的努力，洛凯得到了顾客和权威部门的广泛认可。真诚希望新老客户与洛凯携手共进，共同发展。

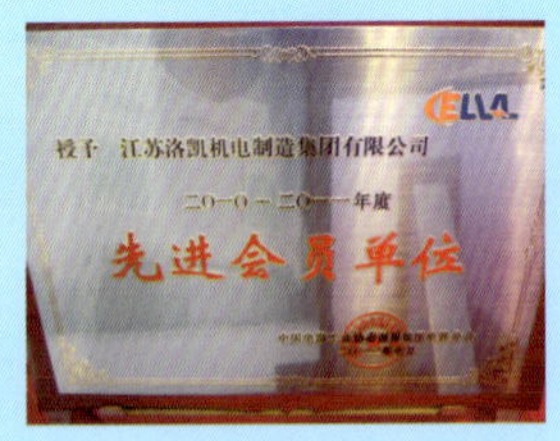

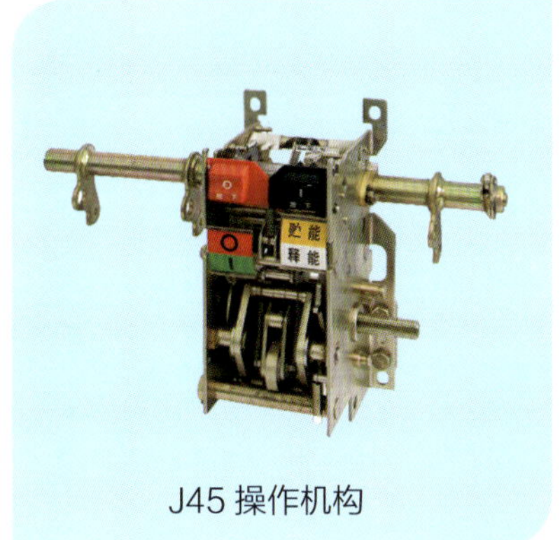
J45 操作机构

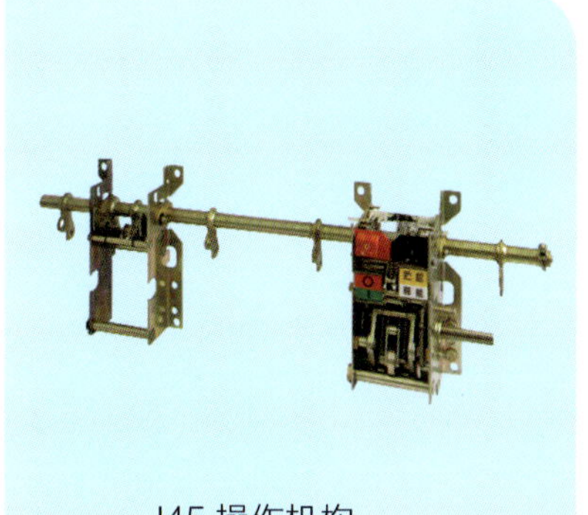
J45 操作机构

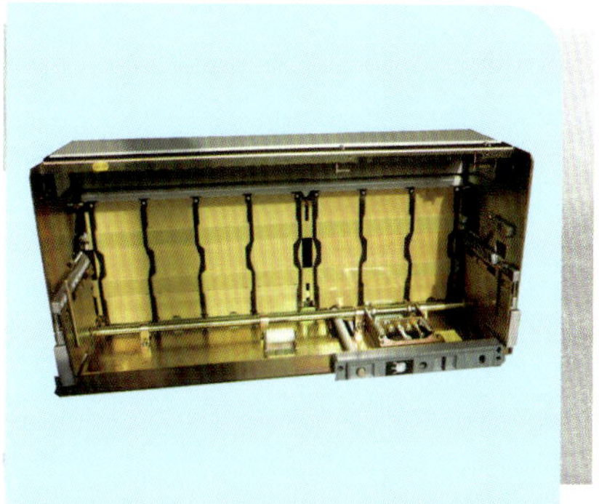
CJ45-5000A 抽架

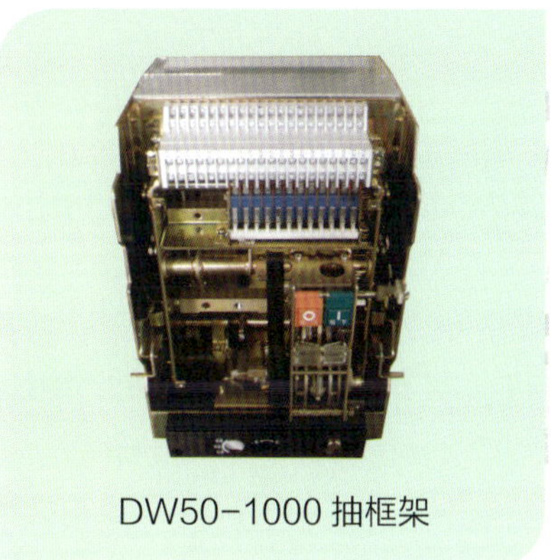
DW50-1000 抽框架

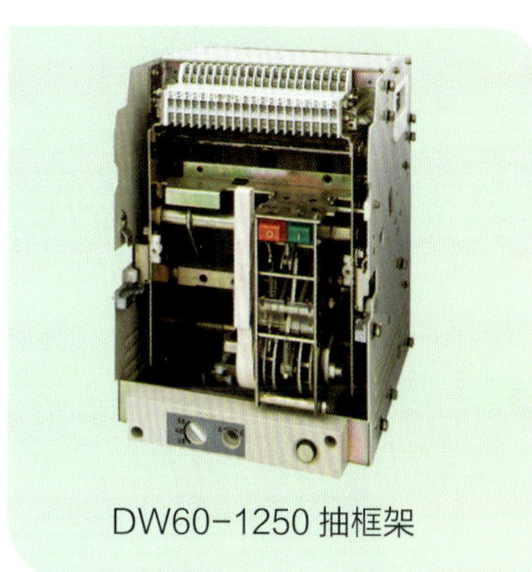
DW60-1250 抽框架

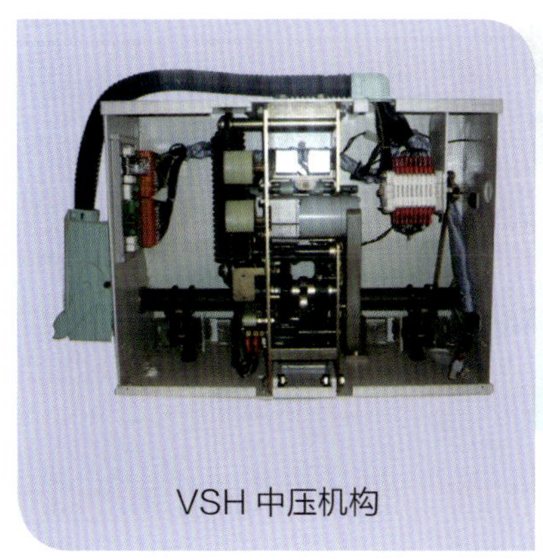
VSH 中压机构

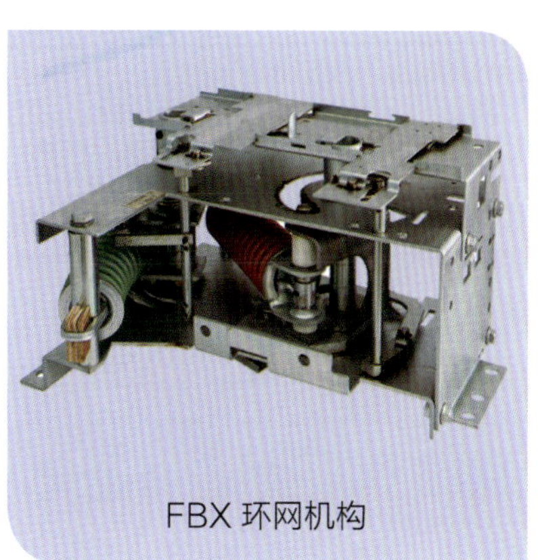
FBX 环网机构

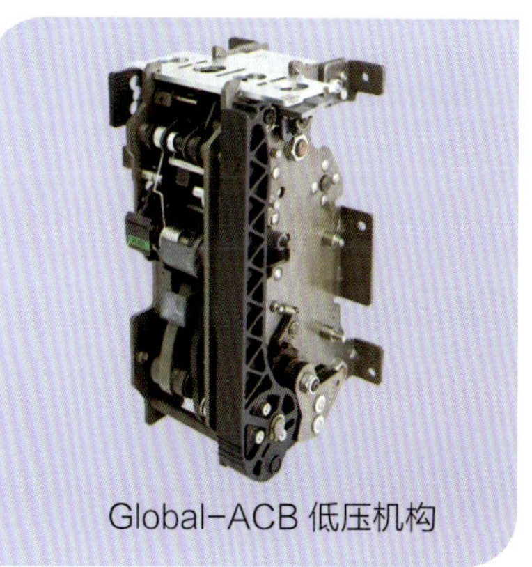
Global-ACB 低压机构

地址：常州市武进区洛阳镇汤墅村 71 号
邮编：213104
电话 / 传真：0519-88794263
http://www.lk-jd.com

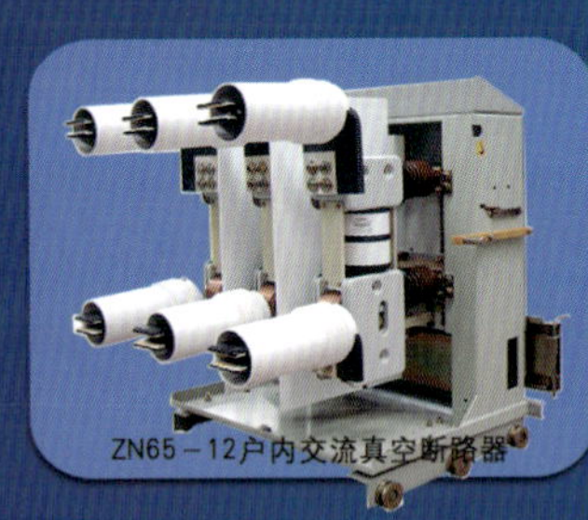
ZN65－12户内交流真空断路器

LN2000－40.5户内交流SF6断路器

SEAC1固封极柱真空断路器

SEAC4固封极柱真空断路器

四川电器集团股份有限公司（原四川电器有限责任公司）是专业研制和生产40.5kV及以下高低压输配电成套设备和高压电器的高新技术企业。始建于1965年，产品广泛应用于电力、交通、矿山、冶金、化工等行业的输配电系统。产品销往全国各地，并出口到亚洲、非洲、欧洲等20余个国家和地区。

公司产品均采用IEC标准和国家标准进行设计制造，具有ISO9001:2000质量体系认证书和机电产品进出口经营权，公司的计算机集成制造系统CIMS，获得国家“863”应用示范工程荣誉称号。公司拥有国内行业中领先水平的柜体表面涂装生产线，冲、剪、折数控加工中心，互感器浇注生产线以及各型开关和开关装置生产线，是西南地区高、低压开关行业中技术能力、生产规模、品种规格均名列前茅的专业设计生产厂家，质量信誉好、有较强实力。

在40余年的发展历程中，公司始终坚持紧跟市场发展的步伐，积极开展各种技术创新活动，开创了多项行业先河，填补了多项国内空白。研制的新产品屡获省、市科技进步奖。拥有多项国家专利，参与并起草十余个国家、行业标准，“川企”牌高压开关柜荣获四川省名牌产品称号。

公司被评为国家二级企业，先后获得中国优秀民营科技企业。四川省高新技术企业、四川省建设创新型企业培育企业、四川省和成都市重点优势企业和成都市企业技术中心等称号，并与美国伊顿公司、GE、德国西门子等世界知名品牌合作，生产具有世界领先水平的产品。

实用新型专利证书

高新技术企业
证书

四川省
企业技术中心
四川省人民政府
二〇〇九年十月

编号：DU010083A
器集团有限公司
放心产品示范单位
（有效期二年）
四川省质量协会　四川用户委员会
二〇一〇年四月

川电器集团有限公司
成都市著名商标
成都市工商行政管理局
有效期2009.9.27-2012.9.26

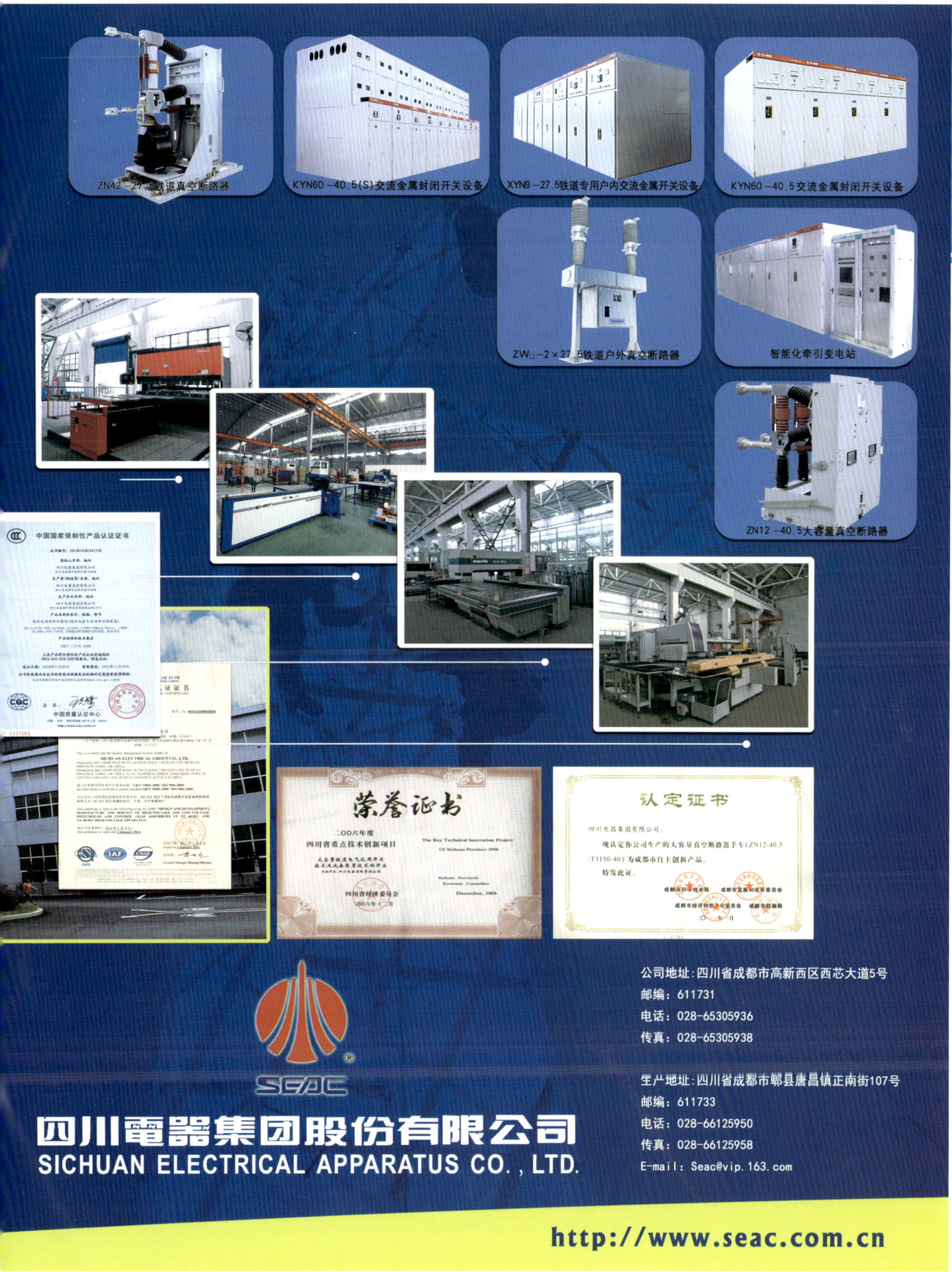
ZN42-27.5铁道真空断路器
KYN60-40.5(S)交流金属封闭开关设备
XYN9-27.5铁道专用户内交流金属封闭开关设备
KYN60-40.5交流金属封闭开关设备
ZW□-2×27.5铁道户外真空断路器
智能化牵引变电站
ZN12-40.5大容量真空断路器
中国国家强制性产品认证证书
荣誉证书
二〇〇六年度
四川省重点技术创新项目
四川省经济委员会
The Key Technical Innovation Project Of Sichuan Province 2006
认定证书
四川电器集团有限公司：
现认定你公司生产的大容量真空断路器手车(ZN12-40.5/T3150-40)为成都市自主创新产品。
特发此证。
SEAC
四川電器集团股份有限公司
SICHUAN ELECTRICAL APPARATUS CO., LTD.
公司地址：四川省成都市高新西区西芯大道5号
邮编：611731
电话：028-65305936
传真：028-65305938
生产地址：四川省成都市郫县唐昌镇正南街107号
邮编：611733
电话：028-66125950
传真：028-66125958
E-mail：Seac@vip.163.com
http://www.seac.com.cn

建设坚强智能电网　促进低碳中国进程

电力变压器系列

油浸式电力变压器　干式电力变压器

环保型电力变压器　特种变压器　立体卷铁心变压器

隆重推出“太阳能（光伏）专用电力变压器”

[已在青海、甘肃、宁夏、黑龙江、河北、浙江、湖北、四川、贵州及湖南等省电力公司中标使用]

中国·巨邦电气有限公司
JUBANG ELECTRICAL CO.,LTD. CHINA

地址：浙江省乐清经济开发区纬二十路巨邦科技园 (325600)
电话：0577-62177777　传真：0577-62799789　http: //www.mccb.cn

上海精益電器廠有限公司

Shanghai JINGYI Electrical Apparatus Factory Co.,Ltd.

上海精益电器厂有限公司，是由创建于20世纪50年代中期的上海精益电器厂于2003年9月改制而成，是以“黑猫”牌低压电器为主导产品的专业企业。

公司是上海市低压电器行业协会的创始单位之一和副会长单位，是上海市科技企业联合会副会长，也是低压电器国家标准委员会单位之一。公司1997年以来连续获得上海市高新技术企业称号，主要产品自1998年以来蝉联上海市名牌产品称号，“黑猫”品牌是上海市著名商标。

上海精益电器厂有限公司的总部设立在上海市青浦工业园区崧泽大道10500号，公司新注入资本1.8亿元，占地面积约10万m²。拥有包括实验室在内的产品研发技术中心大楼、生产基地和仓储中心等约3万m²的建筑。公司现有员工约600人，其中从事各种产品的专业研发人员近百人，拥有产品自动化和标准化生产作业以及质量检测自动化流程的生产线，ERP系统贯穿于公司整个营运的管理之中。

上海精益电器厂有限公司除生产享誉市场、信誉良好的HA系列万能式断路器和HM系列塑料外壳式断路器等共计23大类产品外，业务还涉及成套、健身器材、物业、电器联结器、变形机器人、文教体育用品等多种产品领域。

公司1996年获得ISO9001质量管理体系认证，2008年通过ISO9001换版复审和ISO14001、OHSAS18001认证。同年，被认定为上海市科技小巨人培育企业和上海市专利试点企业。“黑猫”牌低压电器产品以卓越的性能和创新的结构设计，拥有各种发明、实用新型专利40多项和CCC、CE、CB和UL认证等百余张证书，曾荣获多项国家、上海市奖项，其品质受到国内外用户的青睐与好评。

上海精益电器厂有限公司将秉承合资公司先进的管理方法，并按照市场经济规律，以不断创新的精神，着眼于全球先进的低压电器产品与高新技术的开发，用专业、精品、个性化不断为客户提供具有想象力、吸引力和实用性的产品。我们将倡导以客户为中心，多方位的营销策略，充分融合行业的渠道优势，紧密依托代理商和经销商，广泛支持合作伙伴，提供先进的产品与完善的服务，平衡各方共同利益，完善利益共享机制，促进同步发展，共铸辉煌的明天。

低压配电

HA60 系列
智能型万能式断路器

HA1、2、3 系列
智能型万能式断路器

DW15-630 系列
DW15-1600 系列
DW15-2500 系列
万能式断路器

HQ2 系列
智能型双电源自动切换装置
（CB 级）

HQ6G-63 系列
自动转换开关
（CB 级）

DW17B(ME) 系列
万能式断路器

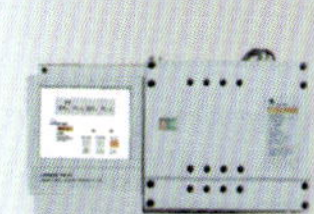

HQ5 系列
双电源自动转换开关
（PC 级）

HM3 系列
塑料外壳式断路器

HM60 系列
塑料外壳式断路器

HM3-R 系列
塑料外壳式剩余电流断路器

中压配电

HVS1-12（ZN63A）
户内高压真空断路器

低压控制与保护电器

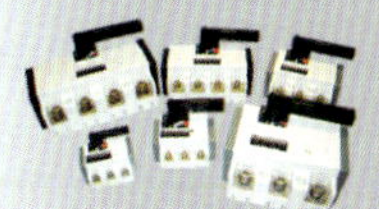

HG1 系列
隔离开关

HC1 系列
交流接触器

低压终端电器

HB45-63 HB45-32N
HB45L-32N HB45L-63
小型断路器

销售公司地址：上海市梅川路1247号新长征商务大厦10楼南 邮编：200333 电话：0086-21-52823666 传真：0086-21-33608921
研发及制造地址：上海市青浦区崧泽大道10500号 邮编：201700 电话：0086-21-39200818（总机） 传真：0086-21-69228711
http://www.jydianqi.com.cn E-mail:jy@jydianqi.com.cn 销售热线：021-52835201

明鉴电器工业

装备现代电力

中国机械工业年鉴系列

《中国机械工业年鉴》

《中国电器工业年鉴》

《中国工程机械工业年鉴》

《中国机床工具工业年鉴》

《中国通用机械工业年鉴》

《中国机械通用零部件工业年鉴》

《中国模具工业年鉴》

《中国液压气动密封工业年鉴》

《中国重型机械工业年鉴》

《中国农业机械工业年鉴》

《中国石油石化设备工业年鉴》

《中国塑料机械工业年鉴》

《中国齿轮工业年鉴》

《中国磨料磨具工业年鉴》

《中国机电产品市场年鉴》

编辑说明

一、《中国机械工业年鉴》是由中国机械工业联合会主管、机械工业信息研究院主办、机械工业出版社出版的大型资料性、工具性年刊，创刊于1984年。

二、根据行业需要，1998年中国机械工业年鉴编辑委员会开始出版分行业年鉴，逐步形成了中国机械工业年鉴系列。该系列现已出版了《中国电器工业年鉴》、《中国工程机械工业年鉴》、《中国机床工具工业年鉴》、《中国通用机械工业年鉴》、《中国机械通用零部件工业年鉴》、《中国模具工业年鉴》、《中国液压气动密封工业年鉴》、《中国重型机械工业年鉴》、《中国农业机械工业年鉴》、《中国石油石化设备工业年鉴》、《中国塑料机械工业年鉴》、《中国齿轮工业年鉴》、《中国磨料磨具工业年鉴》和《中国机电产品市场年鉴》。

三、《中国电器工业年鉴》作为该年鉴系列之一，1998年创刊，每年出版，2012年为第15期。该年鉴集中反映了电器工业各分行业的发展情况，全面系统地提供了电器工业各分行业的主要经济技术指标。

四、《中国电器工业年鉴》2012年版内容由综述、特别关注、行业概况、企业概况、产品与项目、标准化、统计资料和大事记8部分构成，统计数据由国家统计局、中国机械工业联合会相关统计部门和中国电器工业协会提供，数据截至2011年12月31日。

五、《中国电器工业年鉴》主要发行对象为政府决策机构、电器工业相关企业决策者，从事市场规划、企业规划的中高层管理人员。同时，《中国电器工业年鉴》也发往国内外的投资机构、银行、证券机构等。

六、本年鉴在编撰过程中得到了中国电器工业协会及所属分会、研究院所和企业的大力支持和帮助，在此深表谢意。

八、由于水平有限，难免出现错误及疏漏，敬请批评指正。

中国机械工业年鉴编辑部

2013年1月

目　　录

综　　述

特别关注

行业概况

企业概况

产品与项目

标　准　化

统计资料

大　事　记

Contents

Overview

Special Focus

General Situation of the Industry

General Situation of Enterprises

Products and Projects

Standardization

Statistical Data

Chronicle of Events

综述

以宏观视角，分析2011年电器工业整体运行情况及电器产品进出口情况

Analyzing the global operation situation of electrical equipment industry and the import & export of electrical equipment products in 2011 from the macro view point

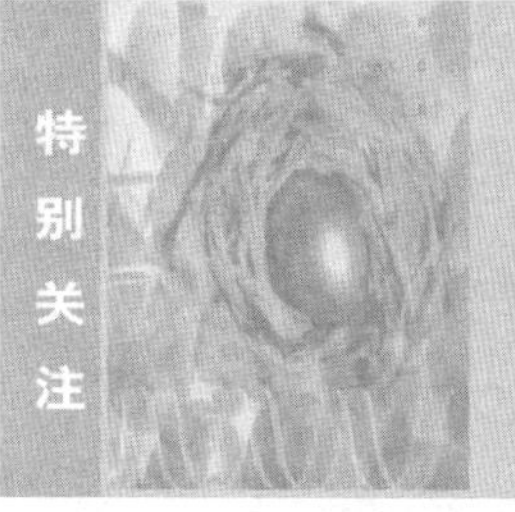

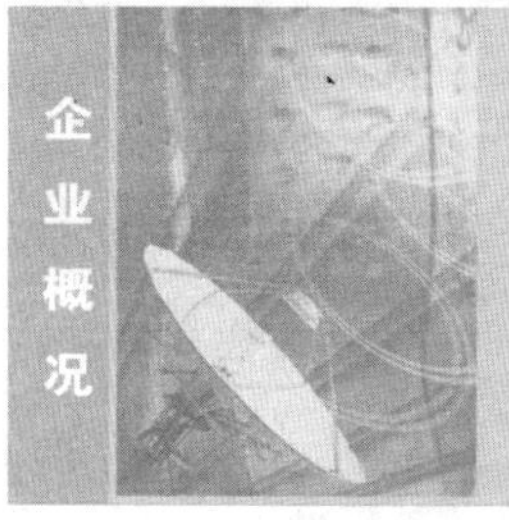

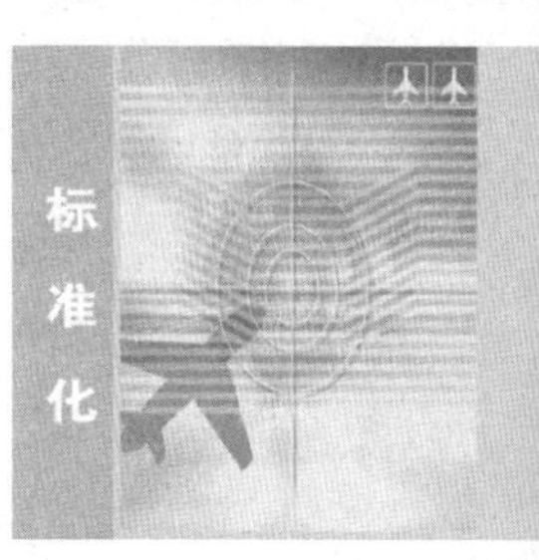

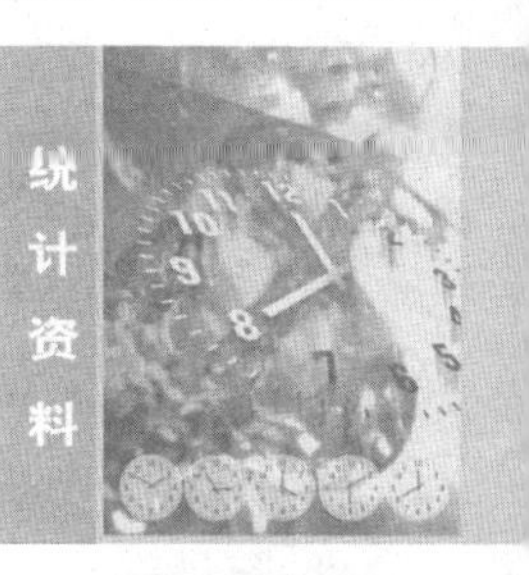

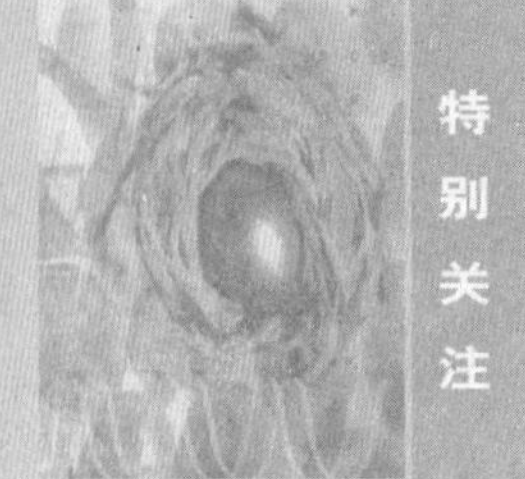

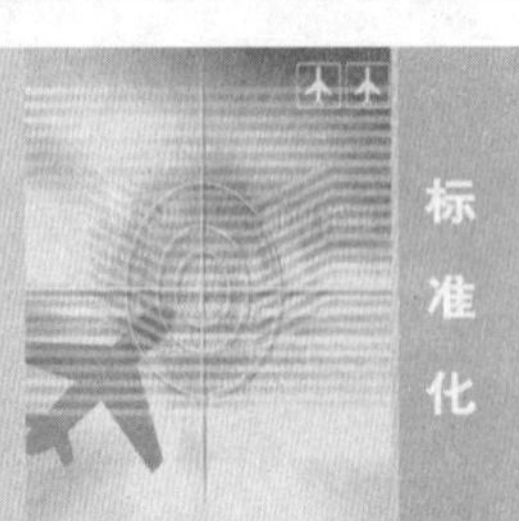

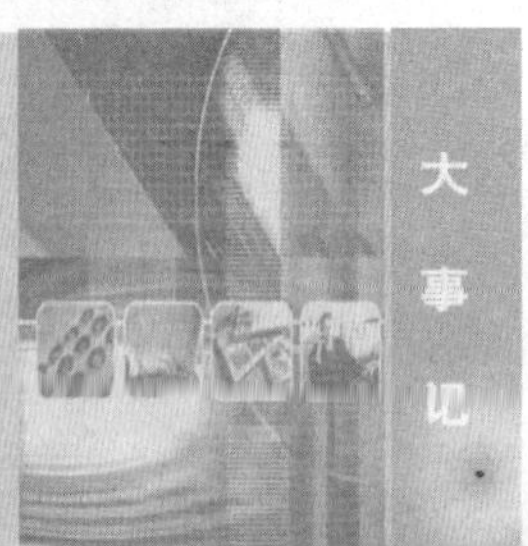

综述

2011年电器工业经济形势分析

中国电器工业协会行业发展与咨询部

2011年，电器工业基本呈现平稳较快的发展态势，实现了“十二五”的良好开局。

一、2011年电器工业结构分析

1. 经济类型构成情况

根据国家统计局截至2011年12月末的统计数据，电器工业规模以上企业18 301家，经济成分结构进一步趋向合理。其中，民营企业全面快速发展，地位不断提升，资产总计、从业人员数、工业总产值、工业销售产值、主营业务收入、出口交货值以及利润总额等主要经济指标的行业占比分别比2010年高2.17个、0.38个、1.33个、1.45个、1.28个、2.28个和4.72个百分点。

2011年不同经济类型企业主要经济指标及其行业占比见表1。

表1　2011年不同经济类型企业主要经济指标及其行业占比

指标名称	单位	合计	国有及国有控股企业	民营企业	三资企业	指标名称	单位	合计	国有及国有控股企业	民营企业	三资企业
企业数	家	18 301	636	14 740	2 925	工业销售产值	亿元	43 315.35	4 038.57	29 779.85	9 496.93
占比	%	100.00	3.48	80.54	15.98	占比	%	100.00	9.32	68.75	21.93
资产总计	亿元	33 025.24	6 014.29	19 607.64	7 403.31	主营业务收入	亿元	42 510.03	3 949.26	29 172.28	9 388.49
占比	%	100.00	18.21	59.37	22.42	占比	%	100.00	9.29	68.62	22.09
从业人员数	万人	458.15	40.60	285.34	132.21	出口交货值	亿元	5 991.98	398.49	1 763.23	3 830.26
占比	%	100.00	8.86	62.28	28.86	占比	%	100.00	6.65	29.43	63.92
工业总产值	亿元	44 506.74	4 234.08	30 527.22	9 745.44	利润总额	亿元	2 647.17	158.15	1 870.10	618.92
占比	%	100.00	9.51	68.59	21.90	占比	%	100.00	5.97	70.65	23.38

2. 不同规模企业构成情况

2011年，电器工业的中小型企业无论在企业数、资产总计还是经济总量和经济效益方面在行业中的比重都不如上年，企业数、资产总计、从业人员数、工业总产值、工业销售产值、主营业务收入、出口交货值以及利润总额的行业占比分别比2010年减少0.49个、2.76个、4.27个、2.11个、2.17个、2.26个、9.52个和1.42个百分点。这主要是由于国家统计局从2011年起提高了规模企业的标准，但在一定程度上也反映了2011年中小企业贷款难、融资难导致经营困难的现状。2011年不同规模企业主要经济指标及其行业占比见表2。

表2　2011年不同规模企业主要经济指标及其行业占比

指标名称	单位	合计	大型企业	中型企业	小型企业	指标名称	单位	合计	大型企业	中型企业	小型企业
企业数	家	18 301	184	2 480	15 637	工业销售产值	亿元	43 315.35	7 714.40	14 700.26	20 900.69
占比	%	100.00	1.01	13.55	85.44	占比	%	100.00	17.81	33.94	48.25
资产总计	亿元	33 025.24	8 532.22	12 546.81	11 946.21	主营业务收入	亿元	42 510.03	7 687.07	14 492.18	20 330.78
占比	%	100.00	25.84	37.99	36.17	占比	%	100.00	18.08	34.09	47.83
从业人员数	万人	458.15	78.79	171.79	207.57	出口交货值	亿元	5 991.98	1 973.97	2 603.55	1 414.46
占比	%	100.00	17.20	37.50	45.30	占比	%	100.00	32.94	43.45	23.61
工业总产值	亿元	44 506.74	7 855.77	15 143.27	21 507.70	利润总额	亿元	2 647.17	521.03	936.54	1 189.60
占比	%	100.00	17.65	34.02	48.33	占比	%	100.00	19.68	35.38	44.94

3. 地区分布情况

2011年，中西部地区电器工业企业的经济规模和发展质量都有所提高。与上年相比，除资产总计的行业占比减少0.56个百分点外，企业数、从业人员数、工业总产值、工业销售产值、主营业务收入、出口交货值和利润总额的行业占比分别提高3.25个、2.43个、1.95个、1.75个、2.18个、0.14个和1.92个百分点。2011年不同地区电器工业企业主要经济指标及其行业占比见表3。

表3　2011年不同地区电器工业企业主要经济指标及其行业占比

指标名称	单位	合计	东部地区	中部地区	西部地区	指标名称	单位	合计	东部地区	中部地区	西部地区
企业数	家	18 301	13 585	3 329	1 387	工业销售产值	亿元	43 315.35	31 900.26	7 665.04	3 750.04
占比	%	100.00	74.23	18.19	7.58	占比	%	100.00	73.65	17.70	8.65
资产总计	亿元	33 025.24	23 852.43	5 185.16	3 987.65	主营业务收入	亿元	42 510.03	31 453.67	7 423.86	3 632.50
占比	%	100.00	72.22	15.70	12.08	占比	%	100.00	73.99	17.46	8.55
从业人员数	万人	458.15	346.74	76.18	35.23	出口交货值	亿元	5 991.98	5 414.18	348.08	229.72
占比	%	100.00	75.68	16.63	7.69	占比	%	100.00	90.36	5.81	3.83
工业总产值	亿元	44 506.74	32 607.49	7 855.55	4 043.70	利润总额	亿元	2 647.17	1 942.97	509.85	194.35
占比	%	100.00	73.26	17.65	9.09	占比	%	100.00	73.40	19.26	7.34

二、2011年电器工业经济运行特点

2011年电器工业主要经济指标和主要产品完成情况见表4。

表4　2011年电器工业主要经济指标和主要产品完成情况

指标名称	单位	完成	同比增长(%)	指标名称	单位	完成	同比增长(%)
工业总产值	亿元	44 506.74	26.98	工业锅炉(蒸汽)	t	413 329	28.86
工业销售产值	亿元	43 315.35	26.48	交流电动机	万kW	25 188.41	6.19
主营业务收入	亿元	42 510.03	26.06	变压器	万kV·A	142 977.12	6.86
产品销售率	%	97.32		其中:大型电力变压器	万kV·A	23 171.77	8.11
出口交货值	亿元	5 991.98	19.22	互感器	台	22 569 556	46.80
利润总额(盈亏相抵后)	亿元	2 647.17	18.13	电力电容器	万kvar	33 200.02	9.57
产品进出口总额	亿美元	1 409.60	17.11	高压开关板	面	1 180 048	17.59
其中:进口额	亿美元	549.75	11.74	低压开关板	面	45 156 014	22.75
出口额	亿美元	859.85	20.81	高压开关设备(110kV以上)	台	248 517	35.48
进出口差额	亿美元	310.10	41.12	通信及电子网络用电缆(对)	km	54 426 901	-2.10
发电设备	万kW	13 998.67	14.10	电力电缆	万km	3 079.37	12.74
水轮发电机组	万kW	2 598.63	35.60	钢绞线	万t	286.23	0.62
汽轮发电机	万kW	9 388.15	10.80	光缆(芯)	km	137 970 506	38.23
风力发电机组	万kW	1 471.89	-10.60	绝缘制品	万t	136.68	23.64
电站锅炉(蒸汽)	t	538 832	0.53	铅酸蓄电池	kVA·h	142 297 329	3.31
电站汽轮机	万kW	10 426.10	3.42	电焊机	万台	388.67	7.82
电站水轮机	万kW	600.07	22.73	电动工具	万台	23 641.42	8.91
燃气轮机	万kW	134.43	69.61				

1. 经济总量呈现平稳较快增势，产销衔接基本良好

2011年，电器工业主要经济指标在基本保持平稳较快增长的同时，增速呈现出前高后低的走势。工业总产值、工业销售产值和主营业务收入增速自下半年开始下滑，于7月、8月和9月累计跌破30%，但下滑幅度不大，11月和12月累计产销增幅仍维持在26%以上，基本保持了平稳较快的增长态势。产品销售率基本保持在97%以上，产销衔接良好。

2011年电器工业产销三大经济指标逐月累计变化情况见表5。2011年电器工业产品销售率走势见图1。

表5　2011年电器工业产销三大经济指标逐月累计变化情况

指标名称	1—3月		1—6月		1—9月		1—12月	
	累计完成(亿元)	同比增长(%)	累计完成(亿元)	同比增长(%)	累计完成(亿元)	同比增长(%)	累计完成(亿元)	同比增长(%)
工业总产值	8 860	32.79	20 372	31.40	31 941	29.45	44 507	26.98
工业销售产值	8 587	32.53	19 724	31.05	31 124	29.97	43 315	26.48
主营业务收入	8 383	32.66	19 153	30.71	30 245	29.50	42 510	26.06

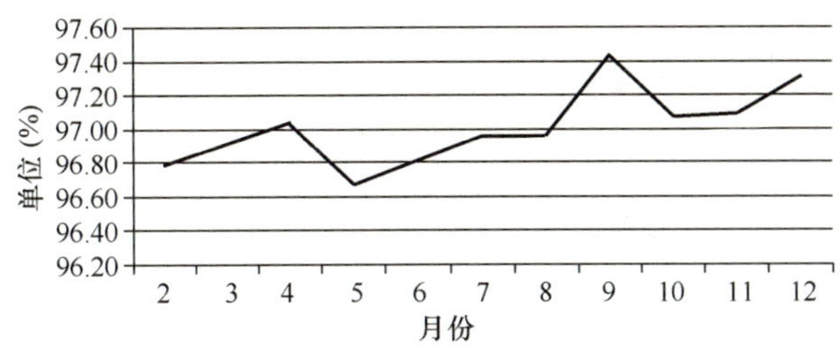

图1　2011年电器工业产品销售率走势

2. 利润总额增速低于产销增速的趋势明显

2011年,利润总额累计增幅继1—3月达到峰值之后持续回落,增幅自二季度起低于工业总产值、工业销售产值和主营业务收入等产销指标增幅。

全行业主营业务收入同比增幅虽然一直呈现下滑走势,但下滑速度比较缓慢,而利润总额的同比增幅则快速下滑。5月,利润总额累计增幅比主营业务收入增幅约低5个百分点;9月两者相差最大,达13个百分点。2011年,全年利润同比增长18.13%,比产销增幅低8个百分点。

2011年电器工业利润总额与主营业务收入及其增幅对比分析见图2。

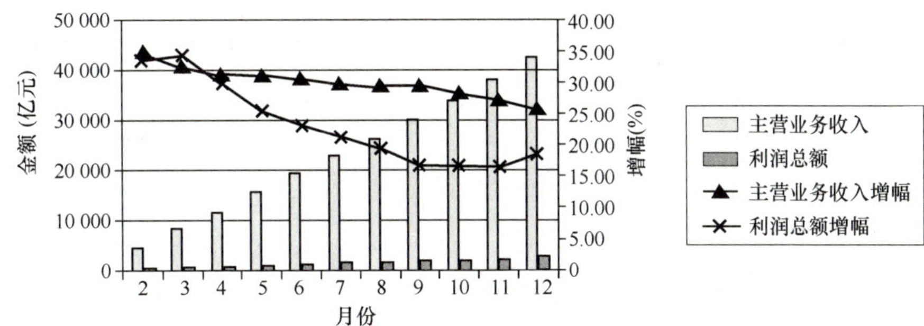

图2　2011年电器工业利润总额与主营业务收入及其增幅对比分析

3. 进出口总额、进口额、出口额均创历史新高,但同比增幅缓慢下行

2011年电器工业进出口总额1 409.60亿美元,同比增长17.11%。其中,进口额549.75亿美元,同比增长11.74%;出口额859.85亿美元,同比增长20.81%,延续了加入世贸组织以来我国电工电器产品进出口贸易蓬勃发展的势头,但进出口总额、进口额、出口额增幅逐季平缓下滑。2011年我国电工电器产品进出口贸易逐月累计变化情况见表6。

表6　2011年我国电工电器产品进出口贸易逐月累计变化情况

指标名称	1—3月		1—6月		1—9月		1—12月	
	累计完成(亿美元)	同比增长(%)	累计完成(亿美元)	同比增长(%)	累计完成(亿美元)	同比增长(%)	累计完成(亿美元)	同比增长(%)
进口额	127.41	24.28	264.48	17.84	411.68	14.72	549.75	11.74
出口额	180.61	26.34	398.77	23.62	634.14	22.19	859.85	20.81
进出口总额	308.02	25.48	663.25	21.25	1 045.81	19.13	1 409.60	17.11

出口产品中不仅有电线电缆、电动工具、微分电机、中小电机等技术附加值较低的产品,也包括高技术含量的成套发电设备。2011年成套发电设备出口3 001.4万kW(共280套),同比增长102.5%,占全部发电设备产量的21.4%。其中水电机组出口294.35万kW、火电机组出口2 707.05万kW。火电机组中,60万kW级出口23台(其中超临界13台),30万kW级出口19台。出口产品结构正趋向优化。2011年部分电工产品进口情况见表7。2011年部分电工产品出口情况见表8。

表7　2011年部分电工产品进口情况

产品名称	数量单位	进口量	同比增长(%)	进口额(万美元)	同比增长(%)
蒸汽锅炉	台	493	28.39	8 798.17	24.76
集中供暖用的热水锅炉	台	3 582	-7.06	2 490.85	23.43
汽轮机	台	78	4.00	17 155.62	10.22
燃气轮机	台	18	-53.85	4 520.46	-57.11
水轮机	台	17	21.43	3.75	-99.27
变压器、互感器	个	11 254 693 273	12.86	297 284.40	5.30
高压开关	个	8 370 975	13.86	83 178.55	27.80
中小电机	台	21 353 040	5.88	148 760.00	23.25
微分电机	台	2 183 975 267	9.59	281 286.50	14.45

（续）

产品名称	数量单位	进口量	同比增长(%)	进口额(万美元)	同比增长(%)
电力电子元器件及静止变流器				606 283.90	17.00
低压电器				1 331 196.00	11.26
低压开关板、柜	个	45 180 079	15.67	372 290.50	11.07
电动工具	台	906 624	27.55	8 971.43	29.86
电线电缆	kg	319 068 106	-1.04	543 151.00	17.05
蓄电池	个	5 578 281	-31.92	19 995.65	-1.76
发电机	台	24 478	67.52	23 285.23	50.44

表8 2011年部分电工产品出口情况

产品名称	数量单位	出口量	同比增长(%)	出口额(万美元)	同比增长(%)
蒸汽锅炉	台	2 504	15.34	31 871.51	36.57
集中供暖用的热水锅炉	台	972	215.58	871.25	26.38
汽轮机	台	150	2.04	26 761.95	-18.40
燃气轮机	台	17	13.33	2 714.35	-84.45
水轮机	台	2 349	-84.79	9 825.96	69.26
变压器、互感器	个	45 279 852 626	-10.00	345 332.42	8.72
高压开关	个	57 262 053	26.05	107 672.92	24.94
中小电机	台	256 300 414	4.76	395 432.33	26.47
微分电机	台	3 114 334 942	-5.18	419 142.56	13.76
电力电子元器件及静止变流器				765 398.42	15.51
低压电器				1 002 028.70	18.8
低压开关板、柜	个	209 545 329	35.39	326 878.29	25.02
电动工具	台	199 153 713	7.51	566 026.09	18.34
电线电缆	kg	1 872 142 107	7.90	1 548 741.94	20.16
蓄电池	个	134 085 197	-15.27	187 951.89	6.51
发电机	台	827 135	11.77	64 465.56	30.54
内燃发电机组	台	11 397 949	11.06	336 690.41	23.25

4. 发电设备产量创历史新高，增幅持续下滑

发电设备产量继“十一五”连续5年超亿千瓦之后，2011年再创历史新高，产量达到1.4亿kW。但其增速从年初的高增幅持续下滑，至年底已降至14.10%。从具体产品看，汽轮发电机产量增速“高开低走”的态势基本代表了发电设备的总趋势，全年产量为9 388.15万kW，同比增长10.8%；水轮发电机组年初就扭转了产量负增长的局面，全年产量将近2 600万kW，尽管年内增速两起两落，但全年仍高达35.6%；风力发电机组则经过“疯长”之后，已经由“热”趋“冷”，这与风电产能过剩、质量问题频发不无关系。2011年发电设备产量及其增速见图3。

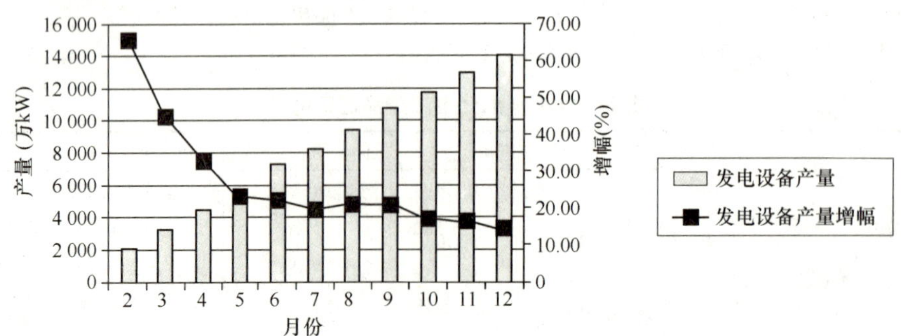

图3 2011年发电设备产量及其增速

5. 输变电设备“冰火两重天”

高压开关设备(110kV以上)产量保持30%以上的高增长；而变压器产量除个别月份达到两位数增长以外，其余各月均为一位数增长，变压器行业仍然没有摆脱产量低速增长的困境。2011年高压开关设备及变压器逐月累计产量见表9。

表 9 2011 年高压开关设备及变压器逐月累计产量

指标名称	1—3 月		1—6 月		1—9 月		1—12 月	
	累计完成	同比增长(%)	累计完成	同比增长(%)	累计完成	同比增长(%)	累计完成	同比增长(%)
高压开关设备(110kV 以上)(台)	56 904	35.17	115 072	35.70	178 245	37.90	248 517	35.48
变压器(万 kV·A)	30 151	4.25	67 516	8.82	111 549	13.78	142 977	6.86

三、有关电器工业经济运行的措施建议

1. 贯彻执行中央和各部委有关扶持中小企业的融资政策

2010 年年底,中央经济工作会议提出 2011 年要实行稳健的货币政策。为配合该政策的执行,2011 年央行 6 次提高商业银行存款准备金率,最后达到 21.5%。制造业企业(尤其是中小企业)获得贷款的难度加大,企业资金紧张,运营困难的问题已经相当严重。由于电器工业企业大多数是中小企业,面临的困难尤为突出。为了防止制造业企业资金困境进一步加剧,尤其是经过温州借贷危机之后,国务院特别关注中小企业融资问题,2011 年 10 月 12 日,国务院第 175 次常务会议研究确定了支持小型微型企业的九条金融、财税政策。2011 年 12 月 30 日,工业和信息化部与交通银行共同签署了《中小企业金融服务战略合作协议》。2012 年,我国将出台一揽子扶持中小企业的政策措施,并开展“中小企业服务年”活动,重点支持创新型、劳动密集型、创业型中小企业,特别是小型微型企业发展,加强引导,完善服务,促进中小企业发展环境不断优化。

中国电器工业协会认为,不折不扣地贯彻执行中央和各部委有关扶持中小企业的政策措施是解决中小企业融资难、贷款难问题的关键。从中央到地方,各级政府及银行应该统一认识,统一行动,密切配合,使这些政策落到实处,使中小企业真正得到扶持。在政策的实施过程中,应加大监管力度,对积极执行政策的部门和单位给予表彰、奖励,以调动各部门、各单位贯彻执行扶持中小企业政策的积极性。

2. 建议政府有关部门对产能过剩行业加大政策引导和监管力度

2006—2011 年,电器工业总产值年均增速达到 25%,远高于同期 GDP 增长速度。固定资产投资增长过快,盲目扩张、重复建设严重,导致电器工业产能过剩,国内市场已经不能完全消化电器工业的现有产能。其间,尽管电器产品出口取得一定的进展,但还远远解决不了产能过剩引发的问题,特别是恶性竞争问题。近年来,具有市场垄断地位的输变电设备用户企业在项目招投标过程中推行低价中标的做法,加剧了输变电设备制造行业的低价恶性竞争。其结果是,扰乱了正常市场秩序,埋下了工程项目(特别是电网工程)质量的隐患。

针对产能过剩导致的非理性竞争问题,建议政府有关部门在强调市场在资源配置中的基础性作用的同时,通过政策导向,如通过贯彻实施国务院《工业转型升级规划(2011—2015 年)》,推进行业结构调整和转型升级,综合运用工商行政管理、质量监管等手段,对产能过剩行业进行严格治理整顿。

3. 建议电器工业企业采取联合直接采购措施,应对原材料价格波动

从国内原材料市场看,作为电器工业主要原材料的铜和硅钢片,价格始终保持高位震荡。以武钢 30Q120 牌号取向硅钢为例,2010 年 3 月为 22 000 元/t,2010 年 7 月为 19 100元/t,2010 年 11 月为 17 500 元/t,2011 年 1 月为 19 000元/t,2011 年 5 月为 21 600 元/t,2011 年 8 月为 18 300元/t,2011 年 11 月为 17 680 元/t。面对原材料价格震荡问题,为维护供需双方利益,特别要避免价格大幅度波动对双方造成的损失,最好通过协商,形成长期稳定的直接供求关系和协议价格。为此,除呼吁上游原材料生产供应商理性自我约束外,建议电器工业企业之间加强联系沟通,尽可能减少中间环节,直接与原材料生产企业建立联系,采取联合直接采购措施,以降低采购成本。

4. 建议尽可能与用户签订“开口合同”,以避免损失

产品生产周期比较长、受原材料价格波动影响比较大的企业(如变压器、线缆企业),应尽可能与用户签订“开口合同”。当原材料价格大幅度波动时,供需双方都可以避免因签订价格固定的“闭口合同”造成的损失,达到双赢。

2011 年我国电工电器产品进出口情况

中华人民共和国海关总署 张炳政、刘颖、曹海波

2011 年,受欧洲债务危机持续发酵、日本大地震引发危机等影响,国际市场对电工电器产品的需求减弱。我国电工电器产品进出口额虽然保持两位数增长,但增速出现不同程度的放缓。据海关统计,2011 年我国电工电器产品(按中国机械工业联合会统计范围,下同)累计进出口 1 383.7 亿美元,比上年增长 17.3%,增速比 2010 年放缓 13.9 个百

分点。其中,出口845.5亿美元,同比增长20.05%;进口538.2亿美元,同比增长13.35%;实现贸易顺差307.3亿美元,同比增长33.9%。

一、2011年我国电工电器产品主要出口特点

(一)一般贸易取代加工贸易成为最大贸易方式

2011年,我国以一般贸易方式出口电工电器产品394.5亿美元,同比增长28.6%,占我国电工电器产品出口总额的46.7%,取代加工贸易成为最大贸易方式。以加工贸易方式出口360.5亿美元,同比增长10.9%,占我国电工电器产品出口总额的42.6%。此外,以对外承包工程出口货物方式出口55.2亿美元,同比增长28.9%。

(二)外商投资企业仍为最大出口主体,私营企业出口增幅高于总体

2011年,外商投资企业出口电工电器产品469.5亿美元,同比增长17.6%,占我国电工电器产品出口总额的55.5%;私营企业出口200.6亿美元,同比增长32.5%,高于我国电工电器产品整体出口增幅12.5个百分点;国有企业出口148.8亿美元,同比增长13.2%。

(三)欧盟成为第一大出口目的地

2011年,我国对欧盟出口电工电器产品131.5亿美元,同比增长21.2%,超过中国香港成为第一大出口目的地。对中国香港出口128.8亿美元,同比增长13.4%;对美国出口120.8亿美元,同比增长15.8%,增幅分别低于我国电工电器产品出口总额增幅6.7个百分点和4.3个百分点。出口以上三个地区合计占我国电工电器产品出口总额的45.1%。同期,对东盟出口95.4亿美元,同比增长24.4%,为我国电工电器产品出口第四大市场。2011年我国电工电器产品前十大出口市场见表1。

表1　2011年我国电工电器产品前十大出口市场

出口市场	2011年		2010年		出口市场	2011年		2010年	
	出口额(亿美元)	同比增长(%)	出口额(亿美元)	同比增长(%)		出口额(亿美元)	同比增长(%)	出口额(亿美元)	同比增长(%)
总　计	845.5	20.1	704.3	35.2	印度	60.7	29.3	47.0	26.3
欧盟	131.5	21.2	108.5	42.7	韩国	38.0	24.8	30.4	22.2
中国香港	128.8	13.4	113.5	39.2	俄罗斯联邦	15.4	33.2	11.6	89.3
美国	120.8	15.8	104.4	33.6	中国台湾	14.7	8.3	13.6	37.2
东盟	95.4	24.4	76.7	32.3	澳大利亚	14.2	31.0	10.8	45.1
日本	71.9	13.8	63.2	33.3					

(四)主要商品出口情况

1. 三大类电工电器产品出口概况

我国电工电器产品出口结构可具体分为发电设备、输变电设备和其他电器设备三大类。2011年,输变电设备出口份额依旧最大;除输变电设备和发电设备外的其他电器设备出口份额次之,但二者差距已由2010年的226.7亿美元扩大至242.4亿美元;发电设备出口份额最小,但增速高于整体,占比相应提升1.4个百分点。2011年我国三大类电工电器产品出口情况见表2。

表2　2011年我国三大类电工电器产品出口情况

商品名称	2011年			2010年		
	出口额(亿美元)	同比增长(%)	占总出口额的比例(%)	出口额(亿美元)	同比增长(%)	占总出口额的比例(%)
合　计	845.5	20.1	100.0	704.3	35.2	100.0
输变电设备	473.9	15.0	56.0	412.0	38.4	58.5
其他电器设备	231.5	24.9	27.4	185.3	41.3	26.3
发电设备	140.1	30.9	16.6	107.0	16.2	15.2

2. 三大类电工电器产品出口具体情况

(1)输变电设备出口。2011年,我国出口输变电设备473.9亿美元,同比增长15.0%,占我国电工电器产品出口总额的56.0%,占比较2010年减少2.5个百分点。出口额前3位的产品依次是“电线电缆”“低压电器及零件”和“稳压电源、静止式变流器及零件”,分别出口154.9亿美元、128.6亿美元和77.9亿美元,同比分别增长20.2%、18.3%和15.6%。在9项输变电设备产品中,“1 000V及以下开关、继电器、熔断器”“16kV·A及以下变压器、互感器及零件”出口额逆势下降,分别出口31.2亿美元和14.9亿美元,同比下降5.4%和0.7%。2011年我国输变电设备产品出口情况见表3。

表3　2011年我国输变电设备产品出口情况

商品名称	2011年		2010年	
	出口额(亿美元)	同比增长(%)	出口额(亿美元)	同比增长(%)
输变电设备	473.9	15.0	412.0	38.4

（续）

商品名称	2011年		2010年	
	出口额(亿美元)	同比增长(%)	出口额(亿美元)	同比增长(%)
电线电缆	154.9	20.2	128.9	39.2
低压电器及零件	128.6	18.3	108.7	44.4
稳压电源、静止式变流器及零件	77.9	15.6	67.4	38.1
16kV·A以上变压器、互感器及零件	44.9	9.0	41.2	36.5
1 000V及以下开关、继电器、熔断器	31.2	-5.4	33.0	42.3
16kV·A及以下变压器、互感器及零件	14.9	-0.7	15.0	19.5
1 000V以上开关、熔断器及零件	11.6	23.4	9.4	6.0
绝缘子及零件	8.9	18.8	7.5	37.9
电力电容器及零件	1.1	15.4	0.9	16.8

(2)其他电器设备出口。2011年，我国出口其他电器设备231.5亿美元，同比增长24.9%，高出我国电工电器产品出口总额增幅4.8个百分点，占我国电工电器产品出口总额的27.4%。其中，出口额前3位的产品依次是“电动机及零件”“电动工具及零件”和“电磁铁”，分别出口82.9亿美元、60.4亿美元和29.6亿美元，同比分别增长19.3%、18.9%和88.4%。“铅酸蓄电池及零件”出口增速最慢，同比仅增长6.3%。2011年我国其他电器设备产品出口情况见表4。

表4　2011年我国其他电器设备产品出口情况

商品名称	2011年		2010年	
	出口额(亿美元)	同比增长(%)	出口额(亿美元)	同比增长(%)
其他电器设备	231.5	24.9	185.3	41.3
电动机及零件	82.9	19.3	69.5	39.7
电动工具及零件	60.4	18.9	50.8	34.4
电磁铁	29.6	88.4	15.7	44.9
铅酸蓄电池及零件	19.5	6.3	18.3	45.3
电碳制品	16.2	19.5	13.5	79.5
焊接机器及零件	11.0	37.9	8.0	67.6
焊剂、焊条	4.4	24.6	3.5	1.3
工业炉及零件	3.9	33.3	2.9	35.7
分电器、火花塞	3.6	18.4	3.0	38.5

(3)发电设备出口。2011年，我国出口发电设备140.1亿美元，同比增长30.9%，占我国电工电器产品出口总额的16.6%。它是三大类电工电器产品中出口增速最快以及出口势头唯一加快的品种，增幅高于我国电工电器产品出口增幅11个百分点，增速比2010年加快14.7个百分点。其中，出口额前3位的产品依次是“内燃发电机组及零件”“蒸汽锅炉及零件”和“汽轮机及零件”，分别出口55.7亿美元、24.2亿美元、15.8亿美元，同比分别增长29.1%、31.1%和22.8%。在10项发电设备中，“风力和其他发电机组及零件”出口11亿美元，是2010年出口额的2倍多。2011年我国发电设备产品出口情况见表5。

表5　2011年我国发电设备产品出口情况

商品名称	2011年		2010年	
	出口额(亿美元)	同比增长(%)	出口额(亿美元)	同比增长(%)
发电设备	140.1	30.9	107.0	16.2
内燃发电机组及零件	55.7	29.1	43.1	33.9
蒸汽锅炉及零件	24.2	31.1	18.4	-13.2
汽轮机及零件	15.8	22.8	12.9	8.5
蒸汽锅炉和过热水锅炉的辅助设备及零件	12.5	61.7	7.7	2.3
风力和其他发电机组及零件	11.0	107.0	5.3	-24.7
交流发电机及零件	9.0	15.8	7.7	73.0
其他发电机	6.7	28.4	5.2	51.8
水轮机及零件	4.4	0.3	4.4	23.7
集中供暖用的热水锅炉及零件	0.6	51.8	0.4	50.5
燃气轮机	0.3	-85.5	1.7	391.5

二、2011年我国电工电器产品进口特点

(一)加工贸易与一般贸易进口占比相当

2011年，我国以加工贸易方式进口电工电器产品229亿美元，同比增长13.7%，占我国电工电器产品进口总额的42.55%；以一般贸易方式进口228.9亿美元，同比增长13.5%，占我国电工电器产品进口总额的42.53%；以海关特殊监管区域物流货物方式进口70.6亿美元，同比增长15.5%。此外，以外商投资企业作为投资进口的设备、物品方式进口8.1亿美元，逆势下降15.1%。

(二)外商投资企业主导进口，国有企业进口增长乏力

2011年，外商投资企业进口电工电器产品399.5亿美元，同比增长15.2%，占我国电工电器产品进口总额的74.2%；同期，国有企业进口69.6亿美元，微增0.4%，占我国电工电器产品进口总额的12.9%。此外，私营企业进口64.2亿美元，同比增长19.4%。

(三)欧盟为最大进口来源地，自东盟进口快速增长

2011年，欧盟是我国电工电器产品最大的进口来源地，

进口133.7亿美元,同比增长12.1%,占我国电工电器产品进口总额的24.8%;自日本进口128亿美元,同比增长16.2%;自东盟进口39.9亿美元,快速增长27.9%,增速高于我国电工电器产品进口额增幅14.6个百分点。同期,内地自香港地区进口2.6亿美元,逆势下降10.9%;此外,国货复进口116.6亿美元,同比增长13.6%。2011年我国电工电器产品前十大进口市场见表6。

表6　2011年我国电工电器产品前十大进口市场

进口市场	2011年		2010年		进口市场	2011年		2010年	
	进口额(亿美元)	同比增长(%)	进口额(亿美元)	同比增长(%)		进口额(亿美元)	同比增长(%)	进口额(亿美元)	同比增长(%)
合　计	538.2	13.3	474.8	25.7	美国	34.9	5.3	33.1	25.2
欧盟	133.7	12.1	119.3	13.7	中国台湾	22.1	3.5	21.4	28.8
日本	128.0	16.2	110.2	35.1	瑞士	7.3	22.4	5.9	2.2
中华人民共和国	116.6	13.6	102.7	30.9	墨西哥	4.5	13.2	4.0	48.0
东盟	39.9	27.9	31.2	42.5	中国香港	2.6	-10.9	2.9	7.9
韩国	38.7	8.0	35.8	18.6					

(四)主要商品进口情况

1. 三大类电工电器产品进口概况

我国电工电器产品进口结构可具体分为发电设备、输变电设备和其他电器设备三大类。2011年,三大类产品进口额均实现增长,其中,输变电设备进口份额占比超过7成,但增幅最低,低于我国电工电器产品进口额增幅1.0个百分点;其他电器设备进口份额占比次之;发电设备进口份额占比最小,但增长最快,高于我国电工电器产品进口增幅3.8个百分点。2011年我国三大类电工电器产品进口情况见表7。

表7　2011年我国三大类电工电器产品进口情况

商品名称	2011年			2010年		
	进口额(亿美元)	同比增长(%)	占进口总额的比例(%)	进口额(亿美元)	同比增长(%)	占进口总额的比例(%)
合　计	538.2	13.3	100.0	474.8	25.7	100.0
输变电设备	400.3	12.4	74.4	356.2	30.0	75.0
其他电器设备	100.0	16.0	18.6	86.1	28.7	18.1
发电设备	38.0	17.1	7.1	32.4	-11.6	6.8

2. 三大类电工电器产品进口具体情况

(1)输变电设备进口。2011年,我国进口输变电设备400.3亿美元,同比增长12.4%,占我国电工电器产品进口总额的74.4%。在9项输变电设备产品中,除"绝缘子及零件"同比下降6.5%外,其余均实现增长。其中,"低压电器及零件"列首位,进口额达186.8亿美元,同比增长8.5%,占输变电设备进口额的46.7%;"稳压电源、静止式变流器及零件""电线电缆"分列第2位和第3位且增势较强,分别进口53.4亿美元和52.2亿美元,同比分别增长17.1%和16.6%,增速分别高于我国电工电器产品进口增幅3.8个百分点和3.3个百分点。2011年我国输变电设备产品进口情况见表8。

表8　2011年我国输变电设备产品进口情况

商品名称	2011年		2010年	
	进口额(亿美元)	同比增长(%)	进口额(亿美元)	同比增长(%)
输变电设备	400.3	12.4	356.2	30.0
低压电器及零件	186.8	8.5	172.2	31.5
稳压电源、静止式变流器及零件	53.4	17.1	45.6	39.7
电线电缆	52.2	16.6	44.7	26.4
16kV·A以上变压器、互感器及零件	42.6	5.8	40.2	34.6
1 000V及以下开关、继电器、熔断器	38.9	33.8	29.1	37.3
1 000V以上开关、熔断器及零件	8.6	27.3	6.8	-25.9
绝缘子及零件	7.8	-6.5	8.3	15.4
16kV·A及以下变压器、互感器及零件	7.7	5.4	7.3	18.9
电力电容器及零件	2.2	14.3	1.9	32.0

(2)其他电器设备进口。2011年,我国进口其他电器设备100亿美元,同比增长16.0%,占我国电工电器产品进口总额的18.6%。其中,进口额10亿美元以上的产品分别是"电动机及零件""工业炉及零件""电磁铁"和"焊接机器及零件",分别进口45.3亿美元、15.5亿美元、12.9亿美元和12.3亿美元,同比分别增长16.2%、0.9%、46.7%和11.9%。2011年我国其他电器设备产品进口情况见表9。

表9 2011年我国其他电器设备产品进口情况

商品名称	2011年		2010年	
	进口额(亿美元)	同比增长(%)	进口额(亿美元)	同比增长(%)
其他电器设备	100.0	16.0	86.1	28.7
电动机及零件	45.3	16.2	39.0	20.7
工业炉及零件	15.5	0.9	15.4	27.9
电磁铁	12.9	46.7	8.8	37.7
焊接机器及零件	12.3	11.9	11.0	47.0
焊剂、焊条	3.4	15.9	2.9	19.9
电碳制品	3.4	25.8	2.7	42.7
电动工具及零件	2.5	18.4	2.1	32.6
分电器、火花塞	2.5	21.8	2.0	22.5
铅酸蓄电池及零件	2.1	-2.0	2.2	94.5

(3)发电设备进口。2011年,我国进口发电设备38亿美元,同比增长17.1%,占我国电工电器产品进口总额的7.1%。其中,进口额前3位的产品依次是"内燃发电机组及零件""汽轮机及零件"和"交流发电机及零件",分别进口18.2亿美元、7.6亿美元和4.1亿美元,同比分别增长18.2%、23.6%和31.5%。2011年我国发电设备产品进口情况见表10。

表10 2011年我国发电设备产品进口情况

商品名称	2011年		2010年	
	进口额(亿美元)	同比增长(%)	进口额(亿美元)	同比增长(%)
发电设备	38.0	17.1	32.4	-11.6
内燃发电机组及零件	18.2	18.2	15.4	-7.9
汽轮机及零件	7.6	23.6	6.1	6.0
交流发电机及零件	4.1	31.5	3.1	-10.8
其他发电机	2.7	27.7	2.1	16.5
风力和其他发电机组及零件	1.9	-5.0	2.0	58.3
蒸汽锅炉及零件	1.4	14.0	1.2	-28.2
蒸汽锅炉和过热水锅炉的辅助设备及零件	0.8	53.9	0.5	-34.4
水轮机及零件	0.5	-18.3	0.6	-5.4
燃气轮机	0.5	-57.1	1.1	54.2
集中供暖用的热水锅炉及零件	0.4	20.2	0.3	-14.5

三、2011年我国电工电器产品进出口亮点及面临的主要问题

(一)出口方面

2011年,在宏观经济趋紧的大背景下,我国电器工业"发、输、配、用、材"五大类产品中的主要产品产量均实现稳定增长,为2012年的全行业发展奠定了坚实的基础。但向好形势下,行业亮点、问题以及未来隐患依然并存。

1. 亮点

一是国内电器工业技术装备水平不断提高,有利于提升产业国际竞争力。2011年,我国电力工业实现又好又快发展,水电装机2.3亿kW,年发电量6 900亿kW·h;风电并网运行规模超4 500万kW,均居世界第一。近年来,装备需求带动电工电器产品技术水平显著提高:我国已在大型空冷机组、循环流化床机组应用等方面取得国际领先地位;电力节能降耗也取得明显成效,火电供电煤耗为330g/(kW·h),较2005年下降11%,达到世界先进水平;在输变电设备领域,500kV、750kV超高压输变电设备已全面实现国产化,1 000kV特高压输变电设备也基本实现国产化的目标,±800kV换流变压器制造技术已经掌握,大容量晶闸管具备自主研发的能力。依托重大工程,国产输变电设备技术得到全面升级,尤其是我国自主研制的特高压设备,已开始主导国内高端市场,并在国际市场竞争中占有一席之地。

二是企业加快"走出去"步伐,电力工程跃居对外承包工程首位。在国家"走出去"战略的指导下,政府、金融保险机构的引导和支持作用继续加强,企业不断探索转变发展方式,2011年我国对外承包工程业务继续保持平稳较快增长。相关数据显示,2011年,我国对外承包工程企业完成营业额1 034.2亿美元,比2010年增长12.2%;新签合同额1 423.3亿美元,同比增长5.9%。其中,电力工业新签合同额310.7亿美元,占新签合同总额的21.8%,首次超过房屋建筑和交通运输业,成为我国对外承包工程最大签约领域。在我国对外承包工程营业额前50家企业中,电力工程建设企业有11家;对外承包工程新签合同额前50家企业中,电力工程建设企业有8家,且均位于榜单前30名之内。外包工程的增多,相应提升了自我国进口设备的需求。海关数据显示,2011年我国以对外承包工程出口货物方式出口149.2亿美元,同比增长18.3%。其中,电工电器产品出口55.2亿美元,同比增长28.9%,占对外承包工程出口货物方式出口总额的37.0%。

2. 问题

一是原材料价格大幅波动,劳动力成本持续上升及财务费用增加推高企业生产成本。作为电器工业主要原材料的铜和硅钢片等,价格波动较大且保持高位。从国内原材料市场看,以铜价为例,上海期货交易所公布2010年7月份铜价的加权平均数为每吨53 626.67元,2011年1月份为每吨70 441.67元,2011年11月为每吨57 109.23元。劳动力就业观的转变以及企业所在地生活费用上升等因素引发了长三角、珠三角地区严重的用工荒，企业必须用大幅度增加工资的方式留住工人，造成企业劳动力成本大涨。2011 年，全国共有 24 个省份调整了最低工资标准，平均增幅 22%；2012 年上半年，全国共有 16 个省市调整了最低工资标准，12 个省市调整了工资指导线。“十二五”期间，我国将形成正常的工资增长机制，最低工资标准年均增长 13% 以上，绝大多数地区最低工资标准达到当地城镇从业人员平均工资的 40% 以上。此外，财务费用尤其是银行贷款利率的提高，也在一定程度上推高了企业生产成本。2011 年前 8 个月，全行业主营业务收入增长 29.47%，但营业费用增长 47.03%，财务费用增长 41.45%，其中利息支出增长 46.89%，支出增幅远高于收入增幅。

二是产业准入门槛低，产能过剩、过度竞争仍然严重。海关数据显示，2011 年我国电工电器产品将近 850 亿美元的出口额中，电线电缆 154.9 亿美元，低压电器及零件 128.6 亿美元，电动机及零件 82.9 亿美元，稳压电源、静止式变流器及零件 77.9 亿美元，电动工具及零件 60.4 亿美元，合计占全部产品出口总额的 59.7%，基本都属于技术附加值较低的中低端产品。由于我国电器工业准入门槛低，低水平重复建设现象严重，集中度不高，部分领域产能过剩，出现压价竞争，行业市场秩序混乱。

三是在缺乏监督的市场环境下，低价竞争易加重产品质量隐患。近年来，具有市场垄断地位的输变电设备用户企业在项目招投标过程中推行低价中标的做法，引发输变电设备制造企业低价竞争现象频发。竞标价格过低，加上市场缺乏有力的监督机制，部分中标企业甚至不顾产品质量，偷工减料、以次充好，严重扰乱了正常市场秩序，在中低压电力电缆及一部分电气装备用电线电缆行业中偷工减料、假冒伪劣的现象尤其突出。以电线电缆、变压器产品质量为例，2011 年 4—10 月，国家质量监督检验检疫总局组织地方质量技术监督局开展了全国电线电缆产品质量联动监督抽查，共对 30 个省的 2 603 家企业生产的 3 803 批次电线电缆产品进行了监督抽查，产品抽样企业合格率为 84.5%，抽查产品合格率为 88.4%。在 2011 年国家质量监督检验检疫总局组织的抽检中，电力变压器抽检合格率仅为 79.3%。

3. 隐患

世界经济形势不容乐观，贸易保护主义持续蔓延，加大了出口难度。联合国预计，2012 年世界经济增速将从 2011 年的 2.8% 下滑至 2.6%，发展中国家经济增长将在 2011 年 6.1% 的基础上放缓到 5.6%，世界经济将维持低速增长的态势。随着经济形势的变化，贸易保护主义日益盛行。据商务部统计，截至 2011 年 12 月 27 日，国外共发起对我国反倾销、反补贴、保障措施及特保调查的案件 67 起，涉案金额 59 亿美元，其中涉及电工电器产品 5 起，包括单相交流电动机、电线电缆和光伏电池等。同时，印度政府计划开始向进口电力设备征收 19% 的关税，并将针对超大型发电厂项目增加强制性的本地采购条款。随着欧盟 WEEE 指令、RoHS 指令、EUP 指令等陆续颁布，我国众多电工电器生产企业遭遇的出口门槛将继续抬高，出口难度持续加大。

（二）进口方面

一是国内经济下行压力增大，削弱了电工电器设备的进口需求。2011 年以来，我国 GDP 增速有放缓趋势，用电增速跟随回落，给发电设备市场带来不利影响。据中国电力企业联合会初步预测，2012 年我国用电量将达 5.13×10^{12} kW·h，同比增长 9.4%，增速比 2011 年回落 2.3 个百分点；全年新增电力装机容量将比 2011 年减少 1 000 万 kW 左右，成为自 2006 年以来投产最少的一年。从各发电设备种类看，火电行业受煤炭成本上涨拖累，盈利困难，扩充产能意愿不强；水电行业盈利则受来水偏枯影响较大，设备投资意愿也不明显；日本福岛核泄漏事件使国内核电产业基本陷于停滞状态，而风能等新能源受制于自然能源的不稳定性因素影响，建设步伐大为放缓。近年来，发电设备行业产能扩张严重，市场竞争愈加激烈，整个行业增长出现透支，缺乏后劲，加上国内经济下行压力凸显，全社会用电量增速继续放缓，一定程度上削弱了发电设备的进口需求。

二是国内技术水平存在较大差距，国际企业加快在华布局加大了竞争压力。当前我国已成为世界电工电器设备制造大国，但非制造强国。电器工业尚未形成一批占有较大市场份额、具有国际竞争力的大企业和企业集团，也未形成一批水平较高的专业化协作配套企业。以低压电器行业为例，我国低压电器技术水平提升缓慢，与国外相比差距甚远。当前，国产中低档低压电器基本占据了国内绝大部分市场，但国产高档低压电器除个别产品可与国外同类产品平分秋色外，大部分产品的国内市场占有率仍然很低，国内市场的高档低压电器仍主要依靠进口，2011 年我国进口低压电器及零件 186.8 亿美元，为电工电器产品进口额最大的品种。在相应利益驱使下，国外著名电气企业纷纷抢占我国电子电器市场，如施耐德、富士、西门子、ABB 等国际知名企业都相继登陆我国，除了瓜分我国的高端市场外，还实施“本土化”战略，以独资或合资方式在我国本土设厂，在国内的中端电器市场也占有相当的市场份额，给国内企业发展带来挑战。

四、对当前问题采取的积极措施和相关建议

一是提高企业创新能力，加快产业转型升级。集中力量，加大投入，鼓励和扶持企业开展自主技术创新，尽快提高科技创新能力；加快产业转型升级，下大力气改变产品附加值低、基础技术发展滞后、成套能力与自主创新能力不足、关键零部件和重要原材料受制于人以及产品处于产业链低端的被动局面。

二是调整对外贸易政策，运用多种鼓励政策稳定出口。保持优惠政策的延续性，提高出口退税率，降低商检和物流费用，推动企业创新和品牌建设，加强公共服务体系建设，推进出口产品多元化和市场多元化，促进产品出口。

三是培育具有国际竞争力的龙头企业，加大“走出去”战略实施力度。建立并完善落后产能的淘汰机制，提高行业准入门槛，严控行业产能过剩风险，着力提升产业集中度和专业化程度，培养具有自主创新能力和产业竞争力的龙头企业，进一步拓展海外市场，发展对外承包业务，引导企业适当向外转移产能。

四是加强和完善产业安全预警机制，积极应对贸易壁垒。建立重点产品的实时跟踪机制，加强对重点产品以及处于产业链上游的元器件产品的监控，随时关注进口国的贸易政策，运用WTO框架中的合理条例维护自己的权益，积极应对各种贸易摩擦。

五、2011年我国电工电器产品进出口具体情况

2011年我国电工电器分类产品进口情况见表11。2011年我国电工电器分类产品出口情况见表12。

表11　2011年我国电工电器分类产品进口情况

商品编码	商 品 名 称	计量单位	进口量	同比增长（%）	进口额（万美元）	同比增长（%）
一	发电设备				379 528.19	17.07
1	蒸汽锅炉及零件				13 693.12	13.97
84021190	蒸发量超过45t/h的其他水管锅炉	台	6	-45.45	343.36	15.47
84021200	蒸发量不超过45t/h的水管锅炉	台	95	28.38	2 535.69	116.27
84021900	未列名蒸汽锅炉，包括混合式锅炉	台	343	32.43	5 538.14	8.91
84029000	蒸汽及过热水锅炉零件	kg	1 483 003	14.92	5 275.93	-3.33
2	集中供暖用的热水锅炉及零件				3 882.21	20.18
84022000	过热水锅炉	台	44	7.32	360.37	-27.36
84031090	其他集中供暖用的热水锅炉	台	3 582	-7.06	2 490.82	23.43
84039000	集中供暖用的热水锅炉零件	kg	1 975 163	41.27	1 031.02	43.92
3	蒸汽锅炉和过热水锅炉的辅助设备及零件	kg	3 556 530	131.90	8 140.67	53.89
84041010	蒸汽锅炉和过热水锅炉的辅助设备	kg	2 804 757	305.51	4 132.06	87.55
84041020	集中供暖用锅炉的辅助设备	kg	80 367	14.24	297.85	19.51
84042000	水蒸气或其他蒸汽动力装置的冷凝器	kg	190 601	-46.52	403.01	-39.38
84049090	84041010、84042000所列设备的零件	kg	480 805	15.80	3 307.75	52.25
4	汽轮机及零件				75 793.69	23.59
84068110	40MW<输出功率≤100MW的汽轮机	台	3	-25.00	1 335.56	-71.14
84068200	输出功率不超过40MW的汽轮机	台	75	5.63	15 820.03	44.77
84069000	汽轮机零件	kg	19 089 420	15.06	58 638.10	28.15
5	水轮机及零件				4 774.39	-18.30
84101100	水轮机及水轮，P≤1 000kW	台	17	30.77	3.74	-99.19
84109010	水轮机及水轮的调节器	kg	1 574	-1.50	241.92	21.61
84109090	其他水轮机及水轮的零件	kg	2 213 937	-6.46	4 528.73	-12.66
6	燃气轮机	台	18	-53.85	4 520.48	-57.11
84118100	其他燃气轮机，P≤5 000kW	台	8	-46.67	389.63	-35.18
84118200	其他燃气轮机，P>5 000kW	台	10	-58.33	4 130.85	-58.43
7	交流发电机及零件				40 866.76	31.50
85016100	交流发电机，输出功率≤75kV·A	台	23 065	79.31	2 066.15	80.83
85016200	交流发电机，75kV·A<输出功率≤375kV·A	台	316	32.22	838.46	15.45
85016300	交流发电机，375kV·A<输出功率≤750kV·A	台	102	-46.60	1 319.07	17.21
85016410	交流发电机，750kV·A<输出功率≤350MV·A	台	993	-22.84	16 906.97	35.49
85016430	交流发电机，输出功率>665MV·A	台	1		2 048.99	
85030020	输出功率超过 350MV·A交流发电机的零件	kg	10 354 378	20.92	17 687.11	13.34
8	内燃发电机组及零件				182 003.02	18.23
85021100	压燃式内燃机发电机组，输出功率≤75kV·A	台	5 315	-9.61	3 587.99	-2.01
85021200	压燃式内燃机发电机组，75kV·A<输出功率≤375kV·A	台	1 878	41.63	6 635.53	28.17
85021310	压燃式内燃机发电机组，375kV·A<输出功率≤2MV·A	台	2 484	23.89	59 503.14	32.47
85021320	压燃式内燃机发电机组，输出功率>2MV·A	台	479	9.86	27 523.37	25.31
85022000	装有点燃式活塞内燃发动机的发电机组	台	6 710	-0.75	6 072.50	216.07

（续）

商品编码	商品名称	计量单位	进口量	同比增长（%）	进口额（万美元）	同比增长（%）
85030090	其他专用于或主要用于8501或8502机器的零件	kg	86 502 486	-8.60	78 680.51	3.12
9	风力和其他发电机组及零件				18 574.79	-5.05
85023100	风力发电机组	台	455	177.44	1 174.52	1.78
85023900	未列名发电机组	台	66 803	3.99	11 983.58	17.26
85030030	子目号8502.31所列发电机组零件	kg	4 486 859	-28.80	5 416.69	-33.85
10	其他发电机	个	3 190 197	1.87	27 279.05	27.74
85114010	机车航空器船舶用起动电机及两用起动发电机	个	4 781	-42.23	1 981.94	18.15
85114091	输出功率≥132.39kW其他发动机用起动电机	个	210 542	-48.45	2 571.85	-15.79
85114099	其他起动电机及两用起动发电机	个	1 288 148	-11.39	6 464.14	7.05
85115010	其他机车、航空器及船舶用发电机	个	245	-17.79	3 044.60	63.12
85115090	未列名发电机	个	1 686 481	33.75	13 216.52	51.58
二	输变电设备				4 002 521.40	12.36
11	16kV·A以上变压器、互感器及零件				425 759.14	5.83
85042100	液体介质变压器，额定容量≤650kV·A	个	1 677	-42.94	352.56	2.45
85042200	液体介质变压器，650kV·A<额定容量≤10MV·A	个	200	11.11	2 540.89	80.19
85042311	液体介质变压器，10MV·A<额定容量<220MV·A	个	14	-12.50	239.07	-71.03
85042312	液体介质变压器，220MV·A≤额定容量<330MV·A	个	102	325.00	922.49	-95.20
85042321	液体介质变压器，400MV·A≤额定容量<500MV·A	个	11	10.00	3 234.24	-25.40
85042329	液体介质变压器，额定容量≥500MV·A	个	17	-10.53	2.37	-99.95
85043300	其他变压器，16kV·A<额定容量≤500kV·A	个	36 541	75.71	4 499.70	21.33
85043400	其他变压器，额定容量>500kV·A	个	505	-26.49	3 014.36	-37.17
85045000	其他电感器	个	131 932 490 874	12.73	276 966.21	18.09
85049011	额定容量≥400MV·A的液体介质变压器的零件	kg	102 016	-27.03	96.11	-42.18
85049019	其他变压器的零件	kg	27 756 041	-29.11	23 878.03	-18.10
85049090	8504所列其他货品的零件	kg	28 301 433	-9.91	110 013.10	15.65
12	16kV·A及以下变压器、互感器及零件	个	1 547 564 607	-0.78	77 352.87	5.40
85043110	额定容量≤1kV·A的互感器	个	14 448 422	-2.59	5 663.15	4.98
85043190	未列名额定容量≤1kV·A的变压器	个	1 531 654 531	-0.77	66 559.29	4.82
85043210	1kV·A<额定容量≤16kV·A的互感器	个	151 006	1.24	1 142.44	13.86
85043290	1kV·A<额定容量≤16kV·A的未列名变压器	个	1 310 648	2.02	3 987.99	14.30
13	稳压电源、静止式变流器及零件				534 370.09	17.08
85044020	不间断供电电源	台	275 743	34.52	12 897.55	16.24
85049020	稳压电源及不间断供电电源的零件	kg	9 106 776	-21.00	28 972.11	-21.07
85044091	具有变流功能的半导体模块	个	999 650 391	42.34	163 854.77	31.70
85044099	未列名静止式变流器	个	409 796 936	4.95	328 645.67	15.64
14	电力电容器及零件	kg	6 271 288	-0.50	22 186.02	14.32
85321000	50/60Hz电路用固定电容，无功功率≥0.5kvar	kg	2 409 977	32.31	6 547.27	38.96
85329010	85321000所列电容器的零件	kg	72 632	-6.35	209.09	-35.80
85329090	其他电容器的零件	kg	3 788 679	-13.97	15 429.67	7.38
15	1 000V以上开关、熔断器及零件				86 012.31	27.28
85351000	熔断器，线路电压>1 000V	个	223 847	18.87	683.56	2.48
85352100	自动断路器，1 000V<线路电压<72.5kV	个	15 777	6.77	15 029.96	81.81
85352900	自动断路器，线路电压≥72.5kV	个	701	46.04	2 959.80	-33.37
85353000	隔离开关及断续开关，线路电压>1 000V	个	10 230	-54.93	1 076.12	17.75
85354000	避雷器、电压限幅器及电涌抑制器，电压>1 000V	个	26 562 377	-30.75	2 165.62	-25.37

（续）

商品编码	商 品 名 称	计量单位	进口量	同比增长（%）	进口额（万美元）	同比增长（%）
85359000	其他开关、保护或连接用电气装置,电压>1 000V	kg	2 072 104	-2.58	18 446.00	23.63
85372010	全封闭组合式高压开关装置,线路电压≥500kV	台	3 098	1 246.96	2 491.39	68.74
85372090	其他电力控制或分配盘、板、台等,电压>1 000V	kg	6 032 835	24.15	42 456.28	26.43
85381010	编号8537.2010所列货品的零配件	kg	110 404	70.83	703.60	72.97
16	1 000V及以下开关、继电器、熔断器		23 144 834 771	8.23	389 433.67	33.81
85361000	熔断器,线路电压≤1 000V	个	9 148 973 995	0.30	53 060.05	7.82
85362000	自动断路器,线路电压≤1 000V	个	55 929 514	-3.39	23 421.87	9.22
85363000	其他电路保护装置,线路电压≤1 000V	个	1 613 374 077	84.89	50 494.22	38.57
85364110	继电器,电压≤36V	个	834 497 047		54 398.56	
85364190	继电器,36V≤电压≤60V	个	46 232 739		3 338.21	
85364900	继电器,60V<线路电压≤1 000V	个	206 881 283	-0.60	30 976.90	15.81
85365000	开关,线路电压≤1 000V	个	10 969 969 772	0.47	169 608.15	10.34
85366100	灯座,线路电压≤1 000V	个	268 976 344	30.49	4 135.70	19.29
17	低压电器及零件				1 867 704.06	8.49
85366900	插头及插座,线路电压≤1 000V	个	15 646 031 804	-0.49	185 308.78	-1.72
85369000	其他连接用电气装置,线路电压≤1 000V	kg	98 259 343	7.53	755 167.30	13.55
85371011	用于电压不超过1 000V线路的可编程序控制器	个	2 723 505	4.97	101 517.89	4.39
85371019	用于电压不超过1 000V线路的其他数控装置	个	5 188 007	49.83	83 864.23	0.78
85371090	其他电力控制或分配盘、板、台等,电压≤1 000V	个	37 294 360	13.66	186 505.13	20.36
85381090	8537其他货品的盘、板等基座,未装有关装置	kg	1 922 489	0.09	10 440.66	10.63
85389000	8535、8536或8537所列装置的其他零件	kg	92 629 284	-8.39	444 696.66	3.52
85413000	半导体开关元件等	个	2 452 228 745	-1.72	31 620.05	9.81
85433000	电镀、电解或电泳设备及装置	台	5 599	35.11	68 583.36	5.88
18	电线电缆	kg	302 795 216	-1.32	521 954.38	16.64
85441100	铜制绕组电线	kg	49 710 198	-18.34	56 073.02	-3.03
85441900	其他绕组电线	kg	1 332 183	23.07	1 521.40	-8.92
85442000	同轴电缆及其他同轴电导体	kg	4 879 268	-3.61	21 021.77	52.36
85443020	机动车辆用点火布线组及其他布线组	kg	4 856 169	10.08	15 924.66	24.83
85443090	其他车,航空器,船用点火布线组及其他布线组	kg	846 199	25.71	4 736.57	22.89
85444211	有接头电缆,额定电压≤80V	kg	12 391 288	14.35	45 118.46	18.92
85444219	其他有接头电导体,额定电压≤80V	kg	19 888 851	8.90	80 445.55	19.91
85444221	有接头电缆,80V<额定电压≤1 000V	kg	12 023 457	-21.50	32 102.12	14.31
85444229	其他有接头电导体,80V<额定电压≤1 000V	kg	39 560 378	1.34	75 653.77	16.69
85444919	其他电导体,额定电压≤80V	kg	85 727 842	2.87	84 411.61	13.32
85444921	其他电缆,80V<额定电压≤1 000V	kg	19 545 501	37.11	27 871.43	46.34
85444929	其他电导体,80V<额定电压≤1 000V	kg	38 565 671	-6.42	47 337.12	15.44
85446012	电缆,1kV<额定电压≤35kV	kg	7 403 707	39.61	10 198.67	46.15
85446013	电缆,35kV<额定电压≤110kV	kg	480 683	-28.51	1 544.97	24.93
85446014	电缆,110kV<额定电压≤220kV	kg	29 097	-97.24	112.55	-94.16
85446019	电缆,额定电压>220kV	kg	778 635	122.86	1 911.27	206.30
85446090	未列名电导体,额定电压>1 000V	kg	2 490 401	-2.07	5 278.59	9.92
85447000	由每根被覆光纤组成的光缆	kg	2 285 688	-11.36	10 690.86	12.10
19	绝缘子及零件	kg	26 009 757	-5.68	77 748.87	-6.53
85461000	玻璃制的绝缘子	kg	13 281	41.83	179.69	135.86
85462010	输变电线路绝缘瓷套管	kg	1 866 886	-46.87	5 546.44	-40.19

（续）

商品编码	商品名称	计量单位	进口量	同比增长（%）	进口额（万美元）	同比增长（%）
85462090	其他陶瓷制的绝缘子	kg	307 038	-40.42	969.49	-5.86
85469000	其他绝缘子	kg	1 018 765	-18.71	5 528.66	-37.53
85471000	陶瓷制绝缘零件	kg	2 891 561	-17.80	6 243.95	-6.13
85472000	塑料制绝缘零件	kg	15 049 750	7.82	49 366.61	10.01
85479010	内衬绝缘材料的贱金属制线路导管及其接头	kg	320 289	-13.52	1 650.34	-15.50
85479090	未列名的电气机器、器具或设备用绝缘配件	kg	1 007 982	-38.52	7 741.18	-22.70
70200012	工业绝缘子用玻璃伞盘	kg	3 534 205	26.27	522.50	14.89
三	其他电器设备				999 645.67	16.05
20	电动工具及零件				25 409.73	18.41
84672100	手提式各种电钻	台	450 560	14.91	2 362.07	23.55
84672210	电动手提式链锯	台	1 493	-77.22	8.57	-68.04
84672290	其他手提式电锯	台	34 031	130.28	292.82	85.89
84672910	手提电动砂磨工具(包括磨光机、砂光机等)	台	145 560	21.07	1 118.67	16.48
84672920	手提式电刨	台	5 878	65.81	44.41	38.02
84672990	其他手提式电动工具	台	270 148	55.57	5 142.01	34.47
84679110	电动手提式链锯用的零件	kg	992 031	21.01	741.55	16.63
84679910	品目84.67所列其他电动手提式工具的零件	kg	8 183 439	2.34	15 699.63	12.85
21	电动机及零件				453 220.50	16.19
85011010	玩具电动机，$P \leq 37.5$W	台	96 200 505	-7.97	2 225.20	0.08
85011091	微电机，$P \leq 37.5$W，20mm≤机座尺寸≤30mm	台	869 075 609	2.76	58 835.36	10.68
85011099	其他电动机，$P \leq 37.5$W	台	1 166 760 737	16.70	135 755.44	14.06
85012000	交直流两用电动机，$P > 37.5$W	台	3 309 979	-5.10	1 902.18	-31.69
85013100	直流电动机及直流发电机，$P \leq 750$W	台	47 082 779	15.03	52 725.98	18.27
85013200	直流电动机及直流发电机，750W $< P \leq$ 75kW	台	311 300	-19.53	5 679.58	3.85
85013300	直流电动机及直流发电机，75kW $< P \leq$ 375kW	台	2 120	77.55	1 849.73	52.23
85013400	直流电动机及直流发电机，$P > 375$kW	台	122	-13.48	1 131.68	-15.44
85014000	其他单相交流电动机	台	20 373 467	7.07	17 732.84	11.00
85015100	多相交流电动机，$P \leq 750$W	台	1 552 791	-3.02	29 747.14	22.70
85015200	多相交流电动机，750W $< P \leq$ 75kW	台	651 213	-12.84	56 134.03	14.97
85015300	多相交流电动机，$P > 75$kW	台	14 484	12.70	66 130.03	36.84
85024000	旋转式变流机	台	327	41.56	1 170.64	59.07
85030010	玩具电动机和微电机的零件	kg	6 919 386	-18.35	22 200.67	0.18
22	电磁铁				128 934.65	46.67
85051110	稀土永磁体	kg	5 044 717	23.52	61 078.48	142.66
85051190	其他金属永磁铁及磁化后准备制永磁铁的物品	kg	9 198 868	-10.13	30 622.51	9.92
85051900	其他永磁铁及磁化后准备制永磁铁的物品	kg	30 495 887	-9.49	18 230.89	-2.52
85059010	电磁起重吸盘	kg	41 853	909.24	285.90	15.26
85059090	电磁铁；电磁或永磁工件夹具；8505的零件	个	154 300 084	-37.82	18 716.87	17.50
23	铅酸蓄电池及零件				21 331.83	-2.03
85071000	用于起动活塞式发动机的铅酸蓄电池	个	1 783 588	-34.60	10 536.56	-9.85
85072000	其他铅酸蓄电池	个	3 794 751	-30.74	9 455.96	9.01
85079010	铅酸蓄电池的零件	kg	1 909 848	9.24	1 339.32	-5.06
24	分电器、火花塞	个	69 254 288	18.08	24 582.38	21.84
85111000	火花塞	个	55 250 130	16.37	10 836.17	22.09
85112010	机车航空器船舶磁电机、直流发电机及磁飞轮	个	1 334	29.89	125.67	78.74

（续）

商品编码	商品名称	计量单位	进口量	同比增长（%）	进口额（万美元）	同比增长（%）
85112090	其他点火磁电机、永磁直流发电机及磁飞轮	个	169 931	-55.45	275.98	-0.45
85113010	机车、航空器及船舶用分电器、点火线圈	个	84 793	-4.23	333.99	7.44
85113090	其他分电器、点火线圈	个	13 748 100	28.47	13 010.57	22.26
25	工业炉及零件				155 328.85	0.92
85141010	可控气氛热处理炉	台	669	17.57	34 674.21	27.78
85141090	其他工业或实验室用电阻加热炉及烘箱	台	25 395	16.11	60 341.42	-24.71
85142000	工业或实验用感应或介质损耗工作的炉及烘箱	台	6 809	289.98	12 158.53	2.85
85143000	其他工业或实验室用炉及烘箱	台	5 143	-24.79	25 753.23	15.96
85144000	其他工业或实验用感应或介质损耗热处理设备	台	9 699	87.78	13 262.58	74.77
85149090	品目85.14所列其他设备的零件	kg	1 449 398	71.96	9 138.88	82.50
26	焊接机器及零件				123 224.35	11.95
85151100	钎焊烙铁及焊枪	个	61 336	7.12	756.07	-5.35
85151900	其他钎焊机器及装置	台	21 065	12.68	6 738.74	12.75
85152110	全自动或半自动电阻直缝焊管机	台	267	-49.14	2 140.93	-35.20
85152190	其他全自动或半自动电阻焊接机器及装置	台	2 015	6.22	17 308.53	3.72
85152900	其他电阻焊接机器及装置	台	1 701	-16.33	5 747.82	61.74
85153110	全自动或半自动的螺旋焊管机	台	124	25.25	1 783.03	155.10
85153190	其他全自动或半自动电弧焊接机器及装置	台	5 404	56.28	15 379.57	17.59
85153900	其他电弧焊接机器及装置	台	8 356	65.93	2 857.65	40.90
85158000	其他焊机；热喷金属或硬质合金的电气机器	台	26 126	-7.91	52 408.63	4.96
85159000	8515所列机器的零件	kg	1 924 004	16.96	18 103.38	29.15
27	电碳制品	kg	24 012 154	21.78	33 626.16	25.81
85451100	炉用碳电极	kg	19 181 846	36.40	8 330.46	25.67
85451900	其他碳电极	kg	342 249	-64.19	1 346.74	-8.75
85452000	碳刷	kg	1 320 470	-5.78	9 081.60	6.89
85459000	其他电气设备用石墨或碳精制品	kg	1 378 478	-31.01	12 224.80	57.63
68141000	黏聚或复制云母制板、片、带	kg	1 064 712	8.03	1 808.38	-3.20
68149000	其他已加工的云母及其制品	kg	724 399	130.60	834.19	65.50
28	焊剂、焊条	kg	53 828 590	-4.66	33 987.21	15.90
83111000	焊剂涂面的贱金属电极，电弧焊用	kg	8 142 576	34.52	7 973.45	57.63
83112000	焊剂为芯的贱金属制焊丝，电弧焊用	kg	25 149 382	-12.27	12 736.39	3.53
83113000	焊剂涂面或做芯贱金属条或丝，钎焊或气焊用	kg	18 139 547	-4.61	10 777.62	15.76
83119000	其他贱金属焊条等；贱金属粉制金属喷镀丝条	kg	2 397 085	-12.00	2 499.75	-5.84

表12　2011年我国电工电器分类产品出口情况

商品编码	商品名称	计量单位	出口量	同比增长（%）	出口额（万美元）	同比增长（%）
一	发电设备				1 400 973.47	30.98
1	蒸汽锅炉及零件				241 948.70	31.14
84021110	蒸发量在900t/h及以上的发电用锅炉	台	24		1 208.91	
84021190	蒸发量超过45t/h的其他水管锅炉	台	58	-4.92	8 746.01	-13.14
84021200	蒸发量不超过45t/h的水管锅炉	台	901	10.69	12 360.49	76.15
84021900	未列名蒸汽锅炉，包括混合式锅炉	台	1 463	20.02	9 304.38	51.71
84029000	蒸汽及过热水锅炉零件	kg	581 570 651	21.48	210 328.90	30.41

（续）

商品编码	商品名称	计量单位	出口量	同比增长（%）	出口额（万美元）	同比增长（%）
2	集中供暖用的热水锅炉及零件				6 049.02	51.75
84022000	过热水锅炉	台	58	-24.68	251.60	112.06
84031090	其他集中供暖用的热水锅炉	台	972	315.38	871.27	27.16
84039000	集中供暖用的热水锅炉零件	kg	9 017 662	36.75	4 926.14	54.80
3	蒸汽锅炉和过热水锅炉的辅助设备及零件	kg	288 757 889	49.72	124 896.20	61.65
84041010	蒸汽锅炉和过热水锅炉的辅助设备	kg	87 821 115	30.29	67 589.50	60.60
84041020	集中供暖用锅炉的辅助设备	kg	57 430	-83.52	26.61	-81.13
84042000	水蒸气或其他蒸汽动力装置的冷凝器	kg	8 513 734	16.43	4 096.79	-8.99
84049090	84041010、84042000 所列设备的零件	kg	192 365 610	63.30	53 183.31	74.18
4	汽轮机及零件				158 456.77	22.84
84068110	40MW < 输出功率≤100MW 的汽轮机	台	11	-21.43	3 454.45	-46.69
84068120	100MW < 输出功率≤350MW 的汽轮机	台	10	0.00	7 895.31	-21.20
84068200	输出功率不超过 40MW 的汽轮机	台	123	3.36	12 245.99	11.89
84069000	汽轮机零件	kg	93 450 400	42.31	134 861.02	32.80
5	水轮机及零件				43 814.03	0.34
84101100	水轮机及水轮，P≤1 000kW	台	254	-52.96	549.66	20.88
84101200	1 000kW < P≤10 000kW 的水轮机及水轮	台	178	-60.18	5 506.81	95.34
84101390	P > 10 000kW 的其他水轮机及水轮	台	52	-24.64	2 714.10	59.29
84109010	水轮机及水轮的调节器	kg	744 047	1.28	1 111.45	-18.18
84109090	其他水轮机及水轮的零件	kg	38 506 308	1.89	33 932.00	-9.10
6	燃气轮机	台	13	0.00	2 535.80	-85.46
84118200	其他燃气轮机，P > 5 000kW	台	13	0.00	2 535.80	-85.46
7	交流发电机及零件				89 690.82	15.77
85016100	交流发电机，输出功率≤75kV·A	台	770 577	11.84	18 084.61	23.20
85016200	交流发电机，75kV·A < 输出功率≤375kV·A	台	43 663	14.23	9 808.85	28.86
85016300	交流发电机，375kV·A < 输出功率≤750kV·A	台	5 956	-8.27	3 320.46	-3.29
85016410	交流发电机，750kV·A < 输出功率≤350MV·A	台	6 874	5.92	29 408.66	37.95
85016420	交流发电机，350MV·A < 输出功率≤665MV·A	台	11		3 224.53	
85030020	输出功率超过 350MV·A 交流发电机的零件	kg	11 304 158	-12.19	25 843.71	-15.08
8	内燃发电机组及零件				556 594.24	29.11
85021100	压燃式内燃机发电机组，输出功率≤75kV·A	台	464 398	14.50	61 516.23	23.36
85021200	压燃式内燃机发电机组，75kV·A < 输出功率≤375kV·A	台	23 446	26.29	32 969.89	33.88
85021310	压燃式内燃机发电机组，375kV·A < 输出功率≤2MV·A	台	6 523	26.66	55 390.52	26.70
85021320	压燃式内燃机发电机组，输出功率 > 2MV·A	台	254	67.11	11 728.10	23.53
85022000	装有点燃式活塞内燃发动机的发电机组	台	10 895 243	10.87	162 405.66	20.28
85030090	其他专用于或主要用于 8501 或 8502 机器的零件	kg	424 163 234	20.79	232 583.83	38.13
9	风力和其他发电机组及零件				110 470.34	107.01
85023100	风力发电机组	台	16 098	47.69	35 115.42	520.80
85023900	未列名发电机组	台	5 625	-6.08	12 653.84	22.01
85030030	子目号 8502.31 所列发电机组零件	kg	261 373 415	65.11	62 701.08	67.93
10	其他发电机	个	22 005 414	11.36	66 517.56	28.39
85114010	机车航空器船舶用起动电机及两用起动发电机	个	45 227	2.84	549.38	7.77
85114091	输出功率≥132.39kW 其他发动机用起动电机	个	49 007	2.93	659.19	82.82
85114099	其他起动电机及两用起动发电机	个	16 571 135	7.21	39 930.73	21.38
85115010	其他机车、航空器及船舶用发电机	个	349	-71.85	996.88	112.80

（续）

商品编码	商 品 名 称	计量单位	出口量	同比增长（%）	出口额（万美元）	同比增长（%）
85115090	未列名发电机	个	5 339 696	26.80	24 381.38	38.73
二	输变电设备				4 739 262.45	15.02
11	16kV·A 以上变压器、互感器及零件				448 691.17	8.99
85042100	液体介质变压器，额定容量≤650kV·A	个	45 493	28.14	8 916.17	61.45
85042200	液体介质变压器，650kV·A<额定容量≤10MV·A	个	1 982	36.22	8 855.45	28.06
85042311	液体介质变压器，10MV·A<额定容量<220MV·A	个	1 026	43.90	52 219.11	1.68
85042312	液体介质变压器，220MV·A≤额定容量<330MV·A	个	72	33.33	9 595.20	-3.97
85042313	液体介质变压器，330MV·A≤额定容量<400MV·A	个	7	-61.11	1 514.23	-67.16
85042321	液体介质变压器，400MV·A≤额定容量<500MV·A	个	10	42.86	2 970.20	23.66
85042329	液体介质变压器，额定容量≥500MV·A	个	5	-70.59	2 668.86	-37.46
85043300	其他变压器，16kV·A<额定容量≤500kV·A	个	25 147	4.15	8 236.66	37.98
85043400	其他变压器，额定容量>500kV·A	个	2 933	20.90	15 502.92	-16.43
85045000	其他电感器	个	45 276 458 946	-9.99	230 472.97	12.71
85049011	额定容量≥400MV·A 的液体介质变压器的零件	kg	1 169 859	44.03	1 101.76	38.40
85049019	其他变压器的零件	kg	79 594 597	8.12	39 548.96	3.08
85049090	8504 所列其他货品的零件	kg	42 881 087	-8.09	67088.70	14.75
12	16kV·A 及以下变压器、互感器及零件	个	2 728 584 662	-2.12	149 093.44	-0.73
85043110	额定容量≤1kV·A 的互感器	个	24 036 813	-10.88	6 841.91	-10.40
85043190	未列名额定容量≤1kV·A 的变压器	个	2 703 419 093	-2.05	137 774.62	-0.92
85043210	1kV·A<额定容量≤16kV·A 的互感器	个	109 793	2 267.26	320.16	213.89
85043290	1kV·A<额定容量≤16kV·A 的未列名变压器	个	1 018 963	19.58	4 153.76	22.18
13	稳压电源、静止式变流器及零件				778 867.79	15.58
85044020	不间断供电电源	台	20 452 450	2.26	122 368.89	14.50
85049020	稳压电源及不间断供电电源的零件	kg	37 742 344	-7.51	59 695.05	-7.62
85044091	具有变流功能的半导体模块	个	559 512 437	21.32	39 944.08	73.14
85044099	未列名静止式变流器	个	2 039 604 124	1.91	556 859.77	16.17
14	电力电容器及零件	kg	11 235 275	1.06	10 893.54	15.35
85321000	50/60Hz 电路用固定电容，无功功率≥0.5kvar	kg	4 092 469	30.50	4 810.76	45.92
85329010	85321000 所列电容器的零件	kg	531 470	15.52	465.98	18.53
85329090	其他电容器的零件	kg	6 611 336	-12.10	5 616.80	-2.38
15	1 000V 以上开关、熔断器及零件				116 229.09	23.41
85351000	熔断器，线路电压>1 000V	个	2 320 731	35.79	5 250.21	23.47
85352100	自动断路器，1 000V<线路电压<72.5kV	个	2 0006	90.59	4 393.25	51.19
85352900	自动断路器，线路电压≥72.5kV	个	1 436	43.60	7 487.01	6.81
85353000	隔离开关及断续开关，线路电压>1 000V	个	177 528	-1.58	5 280.39	57.21
85354000	避雷器、电压限幅器及电涌抑制器，电压>1 000V	个	3 250 630	7.69	6 248.24	8.02
85359000	其他开关、保护或连接用电气装置，电压>1 000V	kg	11 936 795	50.23	12 649.22	66.23
85372010	全封闭组合式高压开关装置，线路电压≥500kV	台	66	-99.19	1 150.68	-39.61
85372090	其他电力控制或分配盘、板、台等，电压>1 000V	kg	42 643 034	19.85	71 454.56	20.74
85381010	编号 8537.2010 所列货品的零配件	kg	4 656 865	-7.78	2 315.53	6.27
16	1 000V 及以下开关、继电器、熔断器	个	16 858 242 128	-12.70	311 874.45	-5.44
85361000	熔断器，线路电压≤1 000V	个	4 606 375 426	-6.25	20 304.05	5.93
85362000	自动断路器，线路电压≤1 000V	个	399 467 559	26.60	71 181.91	17.36
85363000	其他电路保护装置，线路电压≤1 000V	个	338 651 158	7.36	29 726.04	13.34
85364900	继电器，60V<线路电压≤1 000V	个	358 078 647	122.39	33 093.08	87.88

（续）

商品编码	商品名称	计量单位	出口量	同比增长(%)	出口额(万美元)	同比增长(%)
85365000	开关,线路电压≤1 000V	个	10 136 966 729	-3.85	140 471.45	11.50
85366100	灯座,线路电压≤1 000V	个	1 018 702 609	-11.04	17 097.92	15.42
17	低压电器及零件				1 286 226.20	18.27
85366900	插头及插座,线路电压≤1 000V	个	5 049 040 241	5.97	151 479.14	19.35
85369000	其他连接用电气装置,线路电压≤1 000V	kg	135 099 264	2.75	467 434.44	21.08
85371011	用于电压不超过1 000V线路的可编程序控制器	个	6 241 800	-6.28	33 752.64	22.50
85371019	用于电压不超过1 000V线路的其他数控装置	个	13 573 572	23.75	24 124.13	11.59
85371090	其他电力控制或分配盘、板、台等,电压≤1 000V	个	189 660 133	39.23	268 968.85	26.82
85381090	8537其他货品的盘、板等基座,未装有关装置	kg	28 697 483	14.48	18 124.97	28.82
85389000	8535、8536或8537所列装置的其他零件	kg	192 145 644	9.41	276 202.11	12.27
85413000	半导体开关元件等	个	3 718 759 435	-12.78	32 234.48	-10.11
85433000	电镀、电解或电泳设备及装置	台	54 975	-22.39	13 905.44	-19.73
18	电线电缆	kg	1 872 111 990	7.90	1 548 730.31	20.15
85441100	铜制绕组电线	kg	51 325 459	-2.42	49 498.24	20.29
85441900	其他绕组电线	kg	28 952 254	57.78	11 805.29	59.38
85442000	同轴电缆及其他同轴电导体	kg	305 849 867	6.78	134 320.89	17.72
85443020	机动车辆用点火布线组及其他布线组	kg	176 073 292	5.55	278 588.87	17.05
85443090	其他车,航空器,船用点火布线组及其他布线组	kg	7 423 346	-10.08	9 131.22	-3.73
85444211	有接头电缆,额定电压≤80V	kg	133 420 716	-0.85	163 777.06	21.65
85444219	其他有接头电导体,额定电压≤80V	kg	121 238 155	36.01	147 013.33	25.62
85444221	有接头电缆,80V<额定电压≤1 000V	kg	174 032 067	-5.72	129 759.41	10.96
85444229	其他有接头电导体,80V<额定电压≤1 000V	kg	256 300 374	-7.36	198 480.75	1.72
85444911	其他电缆,额定电压≤80V	kg	167 565 185	28.23	95 255.54	45.63
85444919	未列名电导体,额定电压≤80V	kg	37 587 446	30.02	42 440.32	44.64
85444921	其他电缆,80V<额定电压≤1 000V	kg	207 280 917	13.11	133 575.08	34.11
85444929	其他电导体,80V<额定电压≤1 000V	kg	74 332 093	0.62	57 130.87	22.43
85446012	电缆,1kV<额定电压≤35kV	kg	45 317 815	17.57	26 522.79	39.88
85446013	电缆,35kV<额定电压≤110kV	kg	2 083 238	-8.85	1 671.48	-4.06
85446014	电缆,110kV<额定电压≤220kV	kg	7 169 440	69.62	6 066.76	55.10
85446019	电缆,额定电压>220kV	kg	2 123 203	86.32	1 191.72	106.86
85446090	未列名电导体,额定电压>1 000V	kg	3 615 314	63.71	2 808.46	24.77
85447000	由每根被覆光纤组成的光缆	kg	70 421 809	34.12	59 692.22	28.02
19	绝缘子及零件	kg	310 337 101	19.90	88 656.47	18.81
85461000	玻璃制的绝缘子	kg	39 902 972	32.46	8 599.95	56.74
85462010	输变电线路绝缘瓷套管	kg	17 692 477	41.09	4 974.49	46.83
85462090	其他陶瓷制的绝缘子	kg	150 155 624	31.98	20 180.60	31.57
85469000	其他绝缘子	kg	23 849 479	32.52	14 015.85	30.97
85471000	陶瓷制绝缘零件	kg	26 402 815	17.78	7 281.75	-6.69
85472000	塑料制绝缘零件	kg	18 228 710	-9.70	18 158.36	9.70
85479010	内衬绝缘材料的贱金属制线路导管及其接头	kg	11 092 548	-19.55	5 747.63	16.56
85479090	未列名的电气机器、器具或设备用绝缘配件	kg	20 444 895	-23.57	9 441.64	-8.31
70200012	工业绝缘子用玻璃伞盘	kg	2 567 581	106.02	256.21	105.53
三	其他电器设备				2 315 086.85	24.90
20	电动工具及零件				604 482.17	18.91
84672100	手提式各种电钻	台	66 248 379	12.40	237 887.80	22.94

（续）

商品编码	商 品 名 称	计量单位	出口量	同比增长（%）	出口额（万美元）	同比增长（%）
84672210	电动手提式链锯	台	2 766 425	4.43	11 936.62	9.62
84672290	其他手提式电锯	台	23 111 696	4.68	70 527.93	15.18
84672910	手提电动砂磨工具（包括磨光机、砂光机等）	台	46 729 830	5.96	93 089.12	16.17
84672920	手提式电刨	台	3 492 026	9.32	8 797.97	23.72
84672990	其他手提式电动工具	台	56 801 682	4.99	143 802.92	14.73
84679110	电动手提式链锯用的零件	kg	2 637 833	9.94	1 492.37	11.85
84679910	品目84.67所列其他电动手提式工具的零件	kg	43 885 503	4.66	36 947.43	28.30
21	电动机及零件				828 922.96	19.32
85011010	玩具电动机，$P \leq 37.5W$	台	166 255 161	8.97	4 949.58	29.13
85011091	微电机，$P \leq 37.5W$，$20mm \leq$ 机座尺寸 $\leq 30mm$	台	1 433 511 482	-2.62	80 793.72	11.42
85011099	其他电动机，$P \leq 37.5W$	台	1 302 354 007	-11.28	157 502.73	5.35
85012000	交直流两用电动机，$P > 37.5W$	台	29 897 144	1.11	18 359.37	7.19
85013100	直流电动机及直流发电机，$P \leq 750W$	台	176 782 310	13.80	130 452.82	26.64
85013200	直流电动机及直流发电机，$750W < P \leq 75kW$	台	5 470 585	37.09	24 464.87	53.14
85013300	直流电动机及直流发电机，$75kW < P \leq 375kW$	台	916	104.46	1 395.42	383.15
85013400	直流电动机及直流发电机，$P > 375kW$	台	546	35.82	2 022.71	-22.57
85014000	其他单相交流电动机	台	245 332 581	3.84	225 393.02	17.11
85015100	多相交流电动机，$P \leq 750W$	台	5 472 414	-17.43	26 995.20	20.30
85015200	多相交流电动机，$750W < P \leq 75kW$	台	5 426 553	25.31	106 449.33	46.18
85015300	多相交流电动机，$P > 75kW$	台	63 771	15.26	35 678.78	25.21
85024000	旋转式变流机	台	25 787	4 072.65	39.71	258.59
85030010	玩具电动机和微电机的零件	kg	8 860 983	-2.27	14 425.69	5.99
22	电磁铁				296 269.73	88.41
85051110	稀土永磁体	kg	16 339 742	17.70	181 376.59	190.12
85051190	其他金属永磁铁及磁化后准备制永磁铁的物品	kg	85 315 113	0.19	55 417.54	28.26
85051900	其他永磁铁及磁化后准备制永磁铁的物品	kg	157 176 183	-3.06	39 615.27	5.50
85059010	电磁起重吸盘	kg	32 407	19.56	1 386.88	68.50
85059090	电磁铁；电磁或永磁工件夹具；8505的零件	个	203 118 117	-13.62	18 473.46	40.52
23	铅酸蓄电池及零件		154 922 946	-14.22	194 963.35	6.35
85071000	用于起动活塞式发动机的铅酸蓄电池	个	15 470 749	-12.84	30 374.07	13.21
85072000	其他铅酸蓄电池	个	118 614 448	-15.58	157 578.93	5.31
85079010	铅酸蓄电池的零件	kg	20 837 749	-6.72	7 010.35	2.17
24	分电器、火花塞	个	321 754 542		35 982.12	18.39
85111000	火花塞	个	241 587 326	1.84	8 727.26	19.16
85112010	机车航空器船舶磁电机、直流发电机及磁飞轮	个	2 135	3 853.70	16.19	290.45
85112090	其他点火磁电机、永磁直流发电机及磁飞轮	个	6 750 158	-8.47	2 750.81	-1.58
85113010	机车、航空器及船舶用分电器、点火线圈	个	187 899	-26.86	269.51	-17.90
85113090	其他分电器、点火线圈	个	73 227 024	9.21	24 218.35	21.44
25	工业炉及零件				38 531.72	33.26
85141010	可控气氛热处理炉	台	306	-49.67	2 981.48	111.01
85141090	其他工业或实验室用电阻加热炉及烘箱	台	92 030	46.92	9 981.76	17.23
85142000	工业或实验用感应或介质损耗工作的炉及烘箱	台	4 934	4.40	3 610.20	46.43
85143000	其他工业或实验室用炉及烘箱	台	122 102	94.97	8 305.14	18.99
85144000	其他工业或实验用感应或介质损耗热处理设备	台	17 124	20.41	2 386.82	-6.80
85149090	品目85.14所列其他设备的零件	kg	10 808 602	13.98	11 266.33	61.41

（续）

商品编码	商品名称	计量单位	出口量	同比增长（%）	出口额（万美元）	同比增长（%）
26	焊接机器及零件				110 198.49	37.92
85151100	钎焊烙铁及焊枪	个	32 131 207	12.50	5 976.16	26.56
85151900	其他钎焊机器及装置	台	262 716	79.33	1 502.75	41.10
85152110	全自动或半自动电阻直缝焊管机	台	2 030	-16.77	4 104.43	-8.03
85152190	其他全自动或半自动电阻焊接机器及装置	台	125 229	-26.14	7 516.41	20.88
85152900	其他电阻焊接机器及装置	台	566 254	49.24	8 164.89	42.08
85153110	全自动或半自动的螺旋焊管机	台	9	-10.00	841.81	147.65
85153190	其他全自动或半自动电弧焊接机器及装置	台	171 100	138.02	5 185.40	167.64
85153900	其他电弧焊接机器及装置	台	3 948 301	40.95	38 871.95	55.50
85158000	其他焊机；热喷金属或硬质合金的电气机器	台	1 255 880	16.80	19 071.87	12.17
85159000	8515 所列机器的零件	kg	14 647 307	28.24	18 962.82	41.44
27	电碳制品	kg	1 437 184 001	1.19	161 855.12	19.51
85451100	炉用碳电极	kg	250 224 703	30.96	61 301.92	38.38
85451900	其他碳电极	kg	1 144 083 080	-2.63	79 669.64	10.01
85452000	碳刷	kg	2 484 224	10.23	6 136.31	24.93
85459000	其他电气设备用石墨或碳精制品	kg	31 337 636	-28.84	10 833.30	-0.35
68141000	黏聚或复制云母制板、片、带	kg	6 330 418	31.94	2 811.60	32.30
68149000	其他已加工的云母及其制品	kg	2 723 940	-13.73	1 102.34	38.03
28	焊剂、焊条	kg	353 043 715	11.92	43 881.19	24.57
83111000	焊剂涂面的贱金属电极，电弧焊用	kg	260 544 251	8.70	23 616.34	25.96
83112000	焊剂为芯的贱金属制焊丝，电弧焊用	kg	53 729 682	17.25	10 163.45	25.24
83113000	焊剂涂面或做芯贱金属条或丝，钎焊或气焊用	kg	35 052 882	43.44	8 597.78	23.20
83119000	其他贱金属焊条等；贱金属粉制金属喷镀丝条	kg	3 716 900	-32.22	1 503.62	8.75

2011 年影响电器工业的重要事件

中国电器工业协会行业发展与咨询部

一、风电设备产业发展面临严重考验，光伏产业也身陷困局

2011 年是风电产业发展的关键年，风电设备产业的发展面临严峻考验。这不仅体现在风电场大规模脱网等事故高发，“弃风”（业内将已建成的风电项目不能正常并网使用的情况称之为“弃风”）问题严重，还体现在风电企业业绩全面下滑，更体现在国家能源主管部门各种政策的集中、连续出台和重新审视思考中。

2011 年光伏产业则面临更为严峻的困难局面。在经历了 2010 年大规模扩张后，我国半数以上的中小电池组件企业已经停产，30% 的企业大幅减产，而 10% ~20% 的企业小幅减产或正在努力维持并已开始不同程度地裁员，我国光伏产业正式进入“寒冬”。11 月美国商务部针对我国光伏企业进行双反调查，步履蹒跚的光伏产业再次雪上加霜。

二、水电建设于争议中前行

2011 年，大渡河黄金坪、猴子岩，澜沧江糯扎渡多座水电站获得核准，金安桥和功果桥两座水电站投产发电。此外，水布垭枢纽工程通过验收，深溪沟电站全面投产，三峡地下电站投产，惠州抽水蓄能电站全面投产，世界首台 80 万 kW 水轮机运抵向家坝。尽管国内水电之争还将延续下去，但在减排压力下，水电将再次迎来大发展的机遇，这一点业界的观点非常一致。

三、日本福岛核泄漏事故对全球核电建设产生负面影响

随着福岛核事故的逐步升级，能源安全又一次成为需要全球面对的重大问题。在福岛核事故之前，全球拟建的新核电站将近400座，但是现在这些项目多数都在重新审视。全世界都受到日本福岛核电站泄漏事故的冲击，在等待例行调查报告出炉的过程中，大部分新核电站项目都被暂时搁置。

3月16日，国务院出台全面调查核设施、暂停审批核电项目四项决定，这意味着已经拿到国家发改委批文并开工建设的核电机组可以继续建设，至少25个等待国家发改委批文的项目将暂时搁置。

日本核泄漏事故引发的核恐慌在一定程度上会影响我国核电产业的发展，但从另一方面来看，对于核电安全的慎重态度或许更加有益于我国核电健康发展。

四、变压器行业盈利能力下滑，铅酸蓄电池遭遇停产整顿

2011年，我国电力变压器行业依旧处于供过于求的状态，且在电网集中招标的体制下设备商的议价能力进一步减弱，加之上游原材料价格上涨等因素使变压器行业盈利能力下滑。

2011年需要关注的还有遭遇重创的铅酸蓄电池行业。由于"血铅"事件频发，有关政府部门对铅酸蓄电池展开了严厉的行业整顿。根据环保部数据，各地共排查铅酸蓄电池生产、组装及回收(再生铅)企业1 930家，其中取缔关闭583家、停产整治405家、停产610家。

五、淮南—上海输电项目获批，特高压交流审批工作"解冻"

2011年9月28日，据国家电网公司有关负责人称规划建设的淮南—上海特高压交流输电线路已获得国家发展和改革委员会核准，这意味着停滞了近两年之久的特高压交流审批工作"解冻"。

从2008年起，国家发改委就已经批准淮南—上海项目开展前期工作，到2010年5月，项目的前期工作已全部完成，按照国家电网年初规划，该项目原预计在上半年即被核准。

"不紧不慢"的国家审批项目的速度很大程度上体现国家对特高压项目输电容量、运行效率、投资效益等多方面因素的进一步验证。而淮南—上海特高压输变电工程获国家发改委最终核准，可能对五大电力的布局产生一定影响，同时审批工作的解冻也意味着大型设备招标即将开始，将直接利好变压器、交流阀、高压开关、串补等电气设备的制造商。

六、中外企业"联姻"情况频发

施耐德电气于法国当地时间2011年6月9日宣布，已签署收购利德华福电气技术控股有限公司的收购协议，以6.5亿美元收购这家由私募股权公司控股的中国清洁技术企业。

11月22日，国电南京自动化股份有限公司与ABB共同宣布成立合资公司南京SAC自动化有限公司，致力于全变电站和配电自动化产品组合(电网自动化)的研发、工程、制造、销售和售后服务。合资公司已获商务部批准，将于2011年12月投入运营，国电南京自动化股份有限公司和ABB分别拥有其51%和49%的股权。

和施耐德电气、ABB情况相似，GE、西门子等越来越多的跨国公司选择与本土企业合作。

跨国公司并购我国企业的规模不断扩大，从以前的专注于高端产品到进入到整个中高端产品行列，从单一的、零散的并购逐步走向系列并购，甚至是全行业的并购，这一趋势的出现对于我国企业来说或许隐忧颇多。

特别关注
聚焦
转型升级

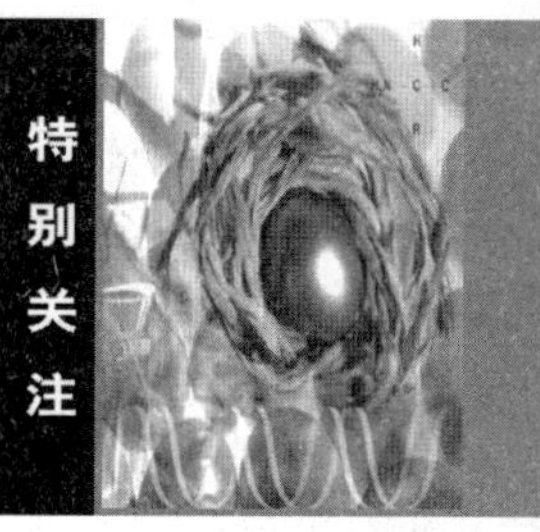

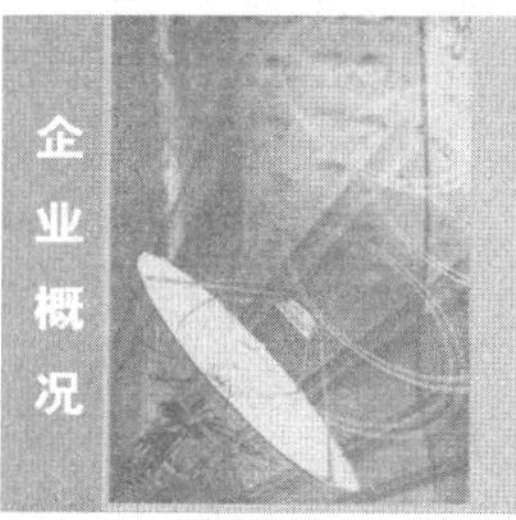

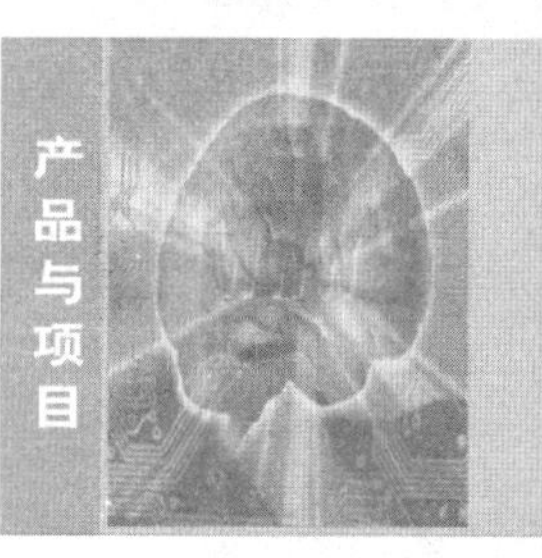

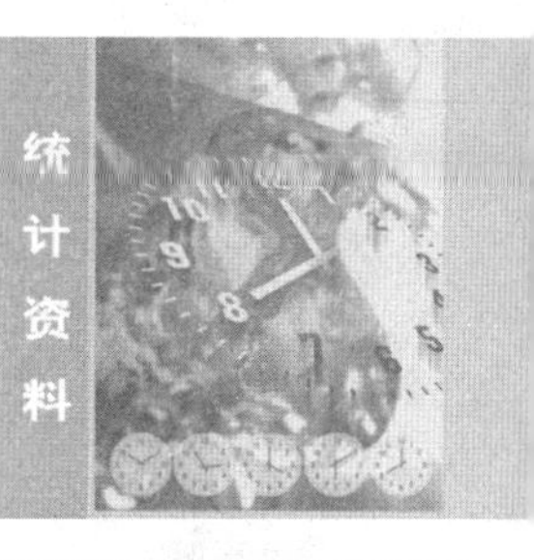

关注电器工业2011年转型升级取得的成果以及相关的政策支持

Paying attention to the achievements obtained in transformation and upgrading in 2011 and the relevant policy support

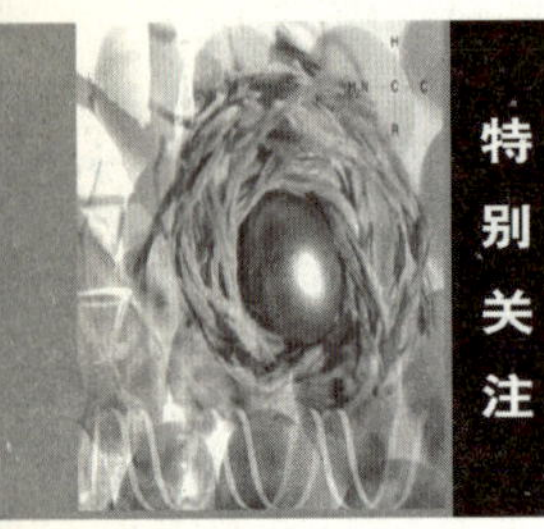

特别关注

工业转型升级规划(2011—2015年)(节选)

第一章 "十一五"工业发展回顾和"十二五"形势分析

第一节 "十一五"工业发展取得的主要成绩

"十一五"期间,我国工业发展经历了极不平凡的五年。面对国内外环境的复杂变化,中央果断实施了一系列强有力的宏观调控措施,有效应对了国际金融危机的巨大冲击和特大地震等自然灾害的严峻挑战,我国工业总体上保持了平稳较快发展,在新型工业化进程中迈出了坚实步伐。

工业保持持续快速增长。在全面应对金融危机过程中,及时制定出台的十大产业调整和振兴规划,对国民经济企稳回升和平稳较快发展发挥了重要作用。"十一五"期间,全部工业增加值年均增速达11.3%,全国城镇工业企业投资总额年均增速达26.1%,规模以上工业企业实现利润总额年均增速达30.2%。2010年,全部工业实现增加值16万亿元,占国内生产总值的40.2%,全国城镇工业企业完成投资99 000亿元,规模以上工业企业实现利润总额42 000亿元。

产业结构不断优化。组织实施重点产业调整和技术改造项目8 955项,带动社会投资1万亿元。"十一五"期间重点领域淘汰落后产能取得积极进展,其中淘汰炼铁产能1.2亿t、水泥产能3.5亿t、造纸产能1 070万t。2010年全国高技术产品出口占全部商品出口的31.2%,较2005年提高3.1个百分点。企业兼并重组步伐加快,钢铁、汽车、船舶、水泥等行业产业集中度明显提高。东部向中西部地区产业转移步伐加快,"十一五"期间中西部地区工业增加值占全国工业增加值的比重提高5.8个百分点。

技术创新能力不断增强。到2010年,依托工业企业设立了127个国家工程研究中心、729个国家级企业技术中心和5 532个省级企业技术中心,企业发明专利申请数已占国内发明专利申请总数的53%。机械工业主要产品中约有40%的产品质量接近或达到国际先进水平。载人航天、探月工程、新支线飞机、大型液化天然气船(LNG)、高速轨道交通、时分同步码分多址接入通信(TD－SCDMA)、高性能计算机等领域取得一批重大技术创新成果。

节能减排和安全生产取得积极成效。"十一五"期间规模以上企业单位工业增加值能耗累计下降26%,单位工业增加值用水量下降36.7%,工业化学需氧量及二氧化硫排放总量分别下降17%和15%;工业固体废物综合利用率达69%,大宗固体废物等综合利用取得明显进展。工业企业本质安全生产水平不断提高,2010年工矿商贸事故死亡人数和工矿商贸企业就业人员10万人生产安全事故死亡率较2005年分别下降33%和45%。

中小企业发展和产业集聚水平不断提高。目前,全国各类中小企业达4 400万户(含个体工商户),完成了全国50%的税收,创造了60%的国内生产总值,提供了近80%的城镇就业岗位。中小企业发展的外部环境明显改善,社会化服务体系建设取得积极进展。各类产业集聚区成为工业发展的重要载体,东部地区工业园区实现工业产值已占本地区工业总产值的50%以上,中西部地区涌现出一批特色产业园区,128家国家新型工业化产业示范基地创建工作有序推进。

信息技术深化应用和军民融合式发展稳步推进。信息技术在研发设计、生产过程控制、节能减排、安全生产等领域的应用不断深化。国家级"两化"(工业化和信息化)融合试验区建设和重点行业信息化工作取得初步成效。2010年,我国实现软件业务收入13 000亿元、电子商务交易额45 000亿元,分别为2005年的3.3倍和3倍。民口单位获武器装备科研生产许可证已占全部许可证的2/3,国防科技工业完成民品产值占国防科技工业产值的74.5%。

对外开放和体制改革不断深化。目前,我国工业制成品出口额已占全球制成品贸易的1/7,较2005年提高5个百分点。2010年,制造业外商直接投资(FDI)为496亿美元,占全国实际利用外资的46.9%;企业对外直接投资遍布129个国家和地区,实现非金融类对外直接投资590亿美元,比2005年增加3.8倍。跨国公司在华设立的研发中心已超过1 400家,较"十五"末增长近一倍。国有工业大型企业布局调整步伐加快,非公有制经济发展环境不断完善。工业行业管理体系进一步健全。

经过五年的努力,我国工业整体素质明显改善,总体实力跃上新台阶。同时,必须清醒地看到,工业发展方式仍较为粗放,主要表现在:自主创新能力不强,关键核心技术和装备主要依赖进口;资源能源消耗高,污染排放强度大,部分"两高一资"行业产能过剩问题突出;规模经济行业产业集中度偏低,缺少具有国际竞争力的大企业和国际知名品牌,中小企业发展活力有待进一步增强;产业集聚和集群发展水平不高，产业空间布局与资源分布不协调；一般加工工业和资源密集型产业比重过大，高端制造业和生产性服务业发展滞后。这些矛盾和问题已严重制约工业持续健康发展，必须尽快加以研究解决。

第二节 “十二五”工业转型升级面临的形势

“十二五”时期，我国仍处于可以大有作为的重要战略机遇期，但工业发展的内外部环境发生深刻变化，既有国际金融危机带来的深刻影响，也有国内经济发展方式转变提出的紧迫要求，只有加快转型升级才能实现工业又好又快发展。

国际环境呈现新趋势。当今世界正处于大发展、大变革、大调整之中，我国工业发展面临的国际环境更趋复杂，既面临着难得机遇，也伴随着严峻挑战，给我国工业转型升级带来深刻影响。

——世界经济增长和市场需求发生新变化。当前和今后一个时期，经济全球化持续深入发展，为我国进一步实施“走出去”战略，提高在全球范围内的资源配置能力，拓展外部发展空间提供了新机遇。同时，国际金融危机影响深远，全球需求结构出现明显变化，贸易保护主义有所抬头，围绕市场、资源等方面的竞争更趋激烈，能源资源、气候变化等全球性问题错综复杂，世界经济的不确定性仍然较大，对我国工业转型升级形成新的压力。

——科技创新和新兴产业发展孕育新突破。信息网络、生物、可再生能源等新技术正在酝酿新的突破，全球范围内新兴产业发展进入加速成长期。我国在新兴产业领域已取得了一定突破，把握好全球经济分工调整的新机遇，加强战略部署和统筹规划，就有可能在新一轮国际产业竞争中抢占先机、赢得优势。同时，发达国家纷纷推行“制造业再造”，加紧在新兴科技领域前瞻布局，抢占未来科技和产业发展制高点的竞争日趋激烈。

——全球化生产方式变革不断加快。随着信息技术与先进制造技术的深度融合，柔性制造、虚拟制造等日益成为世界先进制造业发展的重要方向。全球化、信息化背景下的国际竞争新格局，客观上为我国利用全球要素资源，加快培育国际竞争新优势创造了条件。同时，跨国公司充分利用全球化的生产和组织模式，以核心技术和专业服务牢牢掌控着全球价值链的高端环节，我国工业企业提升国际产业分工地位的任务还十分艰巨。

国内环境呈现新特征。今后五年，我国工业发展的基本条件和长期向好趋势没有改变，但传统发展模式面临诸多挑战，工业转型升级势在必行。

——城镇化进程和居民消费结构升级为工业转型升级提供了广阔空间。城镇化是扩大内需的最大潜力所在，巨大的消费潜力将转化为经济持续发展的强大动力。“十二五”期间，我国城镇化率将超过50%，内需主导、消费驱动、惠及民生的一系列政策措施将进一步引导居民消费预期，推动居民消费结构持续优化升级，为我国工业持续发展提供有力支撑。同时劳动力、土地、燃料动力等价格持续上升，生产要素成本压力加大，转型升级的约束相应增多。

——信息化、市场化与国际化持续深入发展为工业转型升级提供了重要契机。信息化发展正进入一个新的历史阶段，信息化与工业化深度融合日益成为经济发展方式转变的内在动力。近年来，资本、技术、劳动力等各类要素市场逐步健全，市场配置资源的深度和广度不断拓展，对外经济技术交流合作日益扩大，开放型经济体系不断完善，经济体制活力显著增强。同时，我国信息化和国际化水平与发达国家仍有较大差距，社会主义市场经济体制仍处于完善过程中，经济增长的内生动力还不足，健全与科学发展要求相适应的体制机制尚需较长过程。

——能源资源和生态环境约束更趋强化对工业转型升级提出了紧迫要求。随着资源节约型、环境友好型社会加快推进，绿色发展的体制机制将进一步完善，为工业节能减排、淘汰落后产能等创造良好环境，也将促进节能环保、新能源等新兴产业加速发展。同时，由于长期粗放式发展，我国工业能源资源消耗强度大，能源消耗和二氧化硫排放量分别占全社会能源消耗、二氧化硫排放总量的70%以上，钢铁、炼油、乙烯、合成氨、电石等单位产品能耗较国际先进水平高出10%~20%；矿产资源对外依存度不断提高，原油、铁矿石、铝土矿、铜矿等重要资源进口依存度超过50%。随着能源资源刚性需求持续上升，生态环境约束进一步加剧，对加快转变工业发展方式形成了“倒逼机制”。

总体上看，“十二五”时期是我国工业转型升级的攻坚时期。转型升级如能加快推进，就能推动我国经济社会进入良性发展轨道；如果行动迟缓，不仅资源环境难以承载，而且会错失重要的战略机遇期。必须积极创造有利条件，着力解决突出矛盾和问题，促进工业结构整体优化升级，加快实现由传统工业化向新型工业化道路的转变。

第二章 总体思路和主要目标

第一节 指导思想和基本要求

“十二五”工业转型升级，要坚持走中国特色新型工业化道路，按照构建现代产业体系的本质要求，以科学发展为主题，以加快转变经济发展方式为主线，以改革开放为动力，着力提升自主创新能力；推进信息化与工业化深度融合，改造提升传统产业，培育壮大战略性新兴产业，加快发展生产性服务业，全面优化技术结构、组织结构、布局结构和行业结构；把工业发展建立在创新驱动、集约高效、环境友好、惠及民生、内生增长的基础上，不断增强工业核心竞争力和可持续发展能力，为建设工业强国和全面建成小康社会打下更加坚实的基础。

工业转型升级涉及理念的转变、模式的转型和路径的创新，是一个战略性、全局性、系统性的变革过程，必须坚持在发展中求转变，在转变中促发展。基本要求是：

——坚持把提高发展的质量和效益作为转型升级的中心任务。正确处理好工业增长与结构、质量、效益、环境保护和安全生产等方面的重大关系，以提高工业附加值水平为突破口，全面优化要素投入结构和供给结构，改善和提升工业整体素质，强化工业企业安全保障，加快推动发展模式向质量效益型转变。

——坚持把加强自主创新和技术进步作为转型升级的关键环节。努力突破制约产业优化升级的关键核心技术，提高产业核心竞争力，完善产业链条，促进由价值链低端向高端跃升。支持企业技术改造，增强新产品开发能力和品牌创建能力，培育壮大战略性新兴产业。加快推动发展动力向创新驱动转变。

——坚持把发展资源节约型、环境友好型工业作为转型升级的重要着力点。健全激励与约束机制，推广应用先进节能减排技术，推进清洁生产。大力发展循环经济，加强资源节约和综合利用，积极应对气候变化。强化安全生产保障能力建设，加快推动资源利用方式向绿色低碳、清洁安全转变。

——坚持把推进“两化”深度融合作为转型升级的重要支撑。充分发挥信息化在转型升级中的支撑和牵引作用，深化信息技术集成应用，促进“生产型制造”向“服务型制造”转变，加快推动制造业向数字化、网络化、智能化、服务化转变。

——坚持把提高工业园区和产业基地发展水平作为转型升级的重要抓手。完善公共设施和服务平台建设，进一步促进产业集聚、集群发展。改造提升工业园区和产业集聚区，推进新型工业化产业示范基地建设。优化产业空间结构，加快推动工业布局向集约高效、协调优化转变。

——坚持把扩大开放、深化改革作为转型升级的强大动力。充分利用“两种资源、两个市场”，稳定外需、扩大内需，实现内需外需均衡发展。进一步深化改革，充分发挥市场配置资源的基础性作用，激发市场主体活力，加快推动宏观调控手段向更多依靠市场力量转变。

第二节　主要目标

根据走中国特色新型工业化道路和加快转变经济发展方式的总体要求，“十二五”时期要力争实现以下主要目标：

——工业保持平稳较快增长。全部工业增加值年均增长8%，工业增加值率较“十一五”末提高2个百分点，全员劳动生产率年均提高10%，经济运行的质量和效益明显提高。

——自主创新能力明显增强。规模以上工业企业研究与试验发展（R&D）经费内部支出占主营业务收入比重达到1%，重点骨干企业达到3%以上，以企业为主体的技术创新体系进一步健全。企业发明专利拥有量增加一倍，攻克和掌握一批达到世界领先水平的产业核心技术，重点领域和新兴产业的关键装备、技术标准取得突破。

——产业结构进一步优化。战略性新兴产业规模显著扩大，实现增加值占工业增加值的15%左右；面向工业生产的相关服务业发展水平明显提升。规模经济行业产业集中度明显提高，培育发展一批具有国际竞争力的企业集团。中小企业发展活力进一步增强。中西部地区工业增加值占比进一步提高。

——信息化和军民融合水平显著提高。重点骨干企业信息技术集成应用达到国际先进水平，主要行业关键工艺流程数控化率达到70%，大中型企业资源计划（ERP）普及率达到80%以上。军民资源开放共享程度明显提高，军民结合产业规模显著扩大。

——质量品牌建设迈上新台阶。新产品设计、开发能力和品牌创建能力明显增强，主要工业品质量标准接近或达到国际先进水平，食品、药品、纺织服装等民生产品的质量安全水平进一步提高。工业企业社会责任建设取得积极进展。

——资源节约、环境保护和安全生产水平显著提升。单位工业增加值能耗较“十一五”末降低21%左右，单位工业增加值用水量降低30%，单位工业增加值二氧化碳排放量减少21%以上；工业化学需氧量和二氧化硫排放总量分别减少10%，工业氨氮和氮氧化物排放总量减少15%；主要耗能行业单位产品能耗持续下降，重点行业清洁生产水平明显提升。安全生产保障能力进一步提升。

专栏1：“十二五”时期工业转型升级的主要指标

类　别	指　　标	2010年	2015年	累计变化
经济运行	工业增加值增速（%）			8[1]
	工业增加值率提高（百分点）			2

（续）

类　别	指　　标		2010 年	2015 年	累计变化
技术创新	全员劳动生产率增速(%)				10[①]
	规模以上企业 R&D 经费内部支出占主营业务收入比重(%)			>1.0	
	拥有科技机构的大中型工业企业比重(%)			>35	
产业结构	战略性新兴产业增加值占工业增加值比重(%)		7	15	8
	产业集中度(%)[②]	钢铁行业前 10 家	48.6	60	11.4
		汽车行业前 10 家	82.2	>90	7.8
		船舶行业前 10 家	48.9	>70	21.1
“两化”融合	主要行业大中型企业数字化设计工具普及率(%)		61.7	85.0	23.3
	主要行业关键工艺流程数控化率(%)		52.1	70.0	17.9
	主要行业大中型企业 ERP 普及率(%)			80.0	
资源节约和环境保护	规模以上企业单位工业增加值能耗下降(%)				21
	单位工业增加值二氧化碳排放量下降(%)				>21
	单位工业增加值用水量下降(%)				30
	化学需氧量、二氧化硫排放量下降(%)				10
	氨氮、氮氧化物排放量下降(%)				15
	工业固体废物综合利用率(%)		69	72	3

注：①数值为年均增速。

②是按产品产量计算的产业集中度。

到“十二五”末，努力使我国工业转型升级取得实质性进展，工业的创新能力、抵御风险能力、可持续发展能力和国际竞争力显著增强，工业强国建设迈上新台阶。

第三章　工业转型升级的重点任务

坚持以市场为导向，以企业为主体，强化技术创新和技术改造，促进“两化”深度融合，推进节能减排和淘汰落后产能，合理引导企业兼并重组，增强新产品开发能力和品牌创建能力，优化产业空间布局，全面提升核心竞争力，促进工业结构优化升级。

第一节　增强自主创新能力

紧紧抓住增强自主创新能力这个中心环节，大力推进原始创新、集成创新和引进消化吸收再创新，突破关键核心技术，加快构建以企业为主体、产学研结合的技术创新体系，为工业转型升级提供重要支撑。

支持企业真正成为技术创新的主体。支持企业参与国家科技计划和重大工程项目，健全由企业牵头实施应用性重大科技项目的机制，重点支持和引导创新要素向企业集聚，使企业真正成为研究开发投入、技术创新活动、创新成果应用的主体。进一步研究落实财政、投资、金融等政策，引导企业增加研发投入。鼓励和支持企业技术中心建设，支持有条件的企业建立院士工作站和博士后科研工作站。鼓励骨干企业建立海外研发基地，收购兼并海外科技企业和研发机构。面向企业开放和共享国家重点实验室、国家工程实验室、重要试验设备等科技资源。支持骨干企业加强产业链上下游合作，提升协同创新能力。鼓励中小企业采取联合出资、共同委托等方式进行合作研发。

健全产业创新体系，攻克共性及关键核心技术。加强技术创新能力建设，面向主要工业行业，依托大型转制院所和骨干企业，整合相关资源，健全基础研究和共性技术研发体制机制，支持建设一批产业技术开发平台和技术创新服务平台。推动建立一批由企业、科研院所和高校共同参与的产业创新战略联盟，支持创新战略联盟承担重大研发任务，发挥企业家和科技领军人才在科技创新中的重要作用。以核心装备、系统软件、关键材料、基础零部件等关键领域为重点，结合国家重大工程建设及国家科技重大专项、国家科技计划（专项）等，推进重点产业技术创新，突破和掌握先进制造、节能减排、国防科技等领域的一批关键核心技术，研制一批重大装备和关键产品。支持和促进重大技术成果工程化、产业化,加强军民科技资源集成融合,加快提升制造业领域知识、技术扩散和规模化生产能力。

实施知识产权战略,加强标准体系建设。加强重点产业专利布局,建立重点产业知识产权评议机制、预警机制和公共服务平台,完善知识产权转移交易体系,大力培育知识产权服务业,提升工业领域知识产权创造、运用、保护和管理能力。深入开展企事业单位知识产权试点示范工作,实施中小企业知识产权战略推进工程和知识产权优势企业培育工程。完善工业技术标准体系,加快制定战略性新兴产业重大技术标准,健全电子电气、关键零部件等工业产品的安全、卫生、可靠性、环保和能效标准,完善食品、化妆品、玩具等日用消费品的安全标准。支持基于自有知识产权的标准研发、评估和试验验证,促进更多的技术标准成为国际标准,增强我国在国际标准领域的影响力和话语权。

专栏2:实施重点产业技术创新工程

组织实施国家科技重大专项。依托"核心电子器件、高端通用芯片及基础软件产品""极大规模集成电路制造装备与成套工艺""新一代宽带无线移动通信网""高档数控机床与基础制造装备""重大新药创制""大型飞机""载人航天与探月工程""高分辨率对地观测系统"等重大科技专项,重点突破一批核心关键技术,加强知识产权布局和技术标准制定,在重点领域形成自主开发能力。

组织实施重大科技成果转化。制定国家产业技术发展指南,每年组织实施一批国家科技进步奖和国家技术发明奖等重大科技成果项目的工程化和产业化。推广一批能带动形成新的市场需求、改善民生的科技成果。

建设重点行业技术创新平台。整合现有研发资源,推动行业技术创新平台建设。积极推进工业重点领域实验室建设。建设重点行业知识产权公共服务平台,建立健全知识产权预警机制。加强重点企业和重点产业基地知识产权能力建设。建立标准化管理和信息服务平台。

发展产业联盟。在节能与新能源汽车、TD-SCDMA及长期演进趋势(LTE)、支线及通用飞机、重大节能环保装备、物联网、云计算、应用电子和工业软件、数字内容等若干新兴产业领域,推动一批技术创新示范企业和重点产业联盟发展。制定支持产业联盟发展的政策措施。

加强创新型人才和技能人才队伍建设。积极推动"创新人才推进计划"在装备制造、航空航天、电子信息等重点领域的组织实施,培养大批面向生产一线的实用工程人才、卓越工程师和技能人才,造就一批产业技术创新领军人才和高水平团队。依托国家科技重大专项和重大工程,加强战略性新兴产业等领域紧缺人才的引进和培养。进一步完善专业技术和技能人才评价标准和职业资格认证工作。加强中西部地区产业技术和管理人才的培养。支持建立校企结合的人才综合培训和实践基地。

第二节　加强企业技术改造

技术改造是促进企业走内涵式发展道路的重要途径,充分发挥技术改造投资省、周期短、效益好、污染少、消耗低的优势,通过增量投入带动存量调整,优化工业投资结构,推动工业整体素质跃上新台阶。

运用先进适用技术和高新技术改造提升传统产业。以企业为主体,以提高工业发展质量和效益为中心,紧紧围绕传统产业提升、智能及清洁安全发展等重点,通过不断采用和推广新技术、新工艺、新流程、新装备、新材料,对现有企业生产设施、装备、生产工艺条件进行改造,提高先进产能比重。大力推广重点行业关键、共性技术,支持企业改造提升研发设计、试验验证、检验检测等基础设施及条件,支持工业园区公共服务平台升级改造。注重把企业技术改造同兼并重组、淘汰落后、流程再造、组织结构调整、品牌建设等有机结合起来,提高新产品开发能力和品牌建设能力,提升企业市场竞争力。

促进新兴产业规模化发展。加快新兴科技与传统产业的有机融合,促进新技术、新产品和新业态的发展。围绕发展潜力大、带动性强的若干新兴领域,立足现有企业和产业基础,实施产业链升级工程,着力突破新兴产业发展的瓶颈制约,促进高新技术产业化,完善产业链条,加快形成一批先进的规模化生产能力。强化企业技术改造与技术引进、技术创新的结合,切实提高企业原始创新、集成创新和引进技术消化吸收再创新能力,加快产品和技术升级换代。

优化工业投资结构。加强工业投资监测分析,研究制定工业投资指南,建立国家重点技术改造项目库,编制发布年度导向目录,引导社会资金等要素投向。完善和落实支持企业技术改造的财政、金融、土地等政策,创新资金投入模式,支持一批重点行业、重点领域的重大技术改造项目,支持中小企业加强技术改造,逐步提高技术改造投资在工业投资中的比重。加强准入管理和产能预警,严格控制产能过剩行业固定资产投入,抑制盲目扩张和重复建设。强化技术改造基础工作,加强统计监测分析,完善技术改造管理体制和服务体系,健全支持企业技术改造长效机制。

专栏3:"十二五"技术改造专项工程

传统产业升级改造。围绕品种质量、节能降耗、安全生产、"两化"融合、军民结合等重点领域,创新研发设计,改造工艺流程,改善产品检验检测手段,开发新产品,提高产品质量,创建知名品牌,提高传统产业先进产能比重。

智能及清洁安全示范。深化信息技术在企业研发设计、生产流通、经营管理等各环节的应用。推进数字化研发设计工具的普及应用,推动生产装备的数字化和生产过程的智能化。支持重点节能、节水、节材技术和设备的推广应用。支持重点行业污染治理设施设备升级改造。支持高耗能、高污染企业建立环境和污染源监控信息系统。加大化工、有色、民爆等行业安全生产改造力度。

产业链升级。围绕新一代信息技术、高端装备制造、新材料、新能源汽车、生物医药等新兴产业领域,实施重点领域产业链改造升级,完善产业链条,形成新的经济增长点。

中小企业专业化发展。支持中小企业加快技术进步,促进走"专精特新"发展道路,支持工艺专业化企业发展,健全协作配套体系,提高中小企业聚集度,发展产业集群。

公共服务平台升级。支持重点工业园区研发设计、质量认证、试验检测、节能与污染治理、信息网络服务等平台升级改造;围绕产业共性关键技术研发和推广,对现有重点产业基础技术研发平台、行业共性检测试验平台、共性服务平台进行升级改造。

第三节　提高工业信息化水平

充分发挥信息化在工业转型升级中的牵引作用,完善信息化推进机制,推动信息技术深度应用,不断提高工业信息化的层次和水平。

加快发展支撑信息化发展的产品和技术。加快应用电子等产品的开发和产业化,着力提升汽车、飞机、船舶、机械、家电等行业的产品智能化水平。突破一批关键技术瓶颈,大力发展研发设计及工程分析软件、制造执行系统、工业控制系统、大型管理软件等应用软件和行业解决方案,逐步形成工业软件研发、生产和服务体系,为数字化、网络化、智能化制造提供有力支撑。组织开展重点行业工业控制系统的安全风险评估,研究开发危险自动识别和故障实时诊断共性关键技术,加快监控和数据采集系统(SCADA)等工业控制系统的安全防护建设。

专栏4:发展信息化相关支撑技术及产品

工业控制。加强分布式控制系统、可编程控制器、驱动执行机构、触摸屏、文本显示器等软硬件产品的研制,提升工业控制的集成化、智能化水平。

嵌入式系统。重点支持开发核心芯片、嵌入式操作系统、集成开发环境和嵌入式应用软件产品,加强嵌入式系统与网络技术的融合,推进嵌入式技术在各行业的应用。

工业软件。发展计算机辅助设计(CAD)、计算机辅助工程分析(CAE)、计算机辅助工艺设计(CAPP)、制造执行系统(MES)、产品生命周期管理(PLM)、产品数据管理(PDM)、过程控制系统(PCS)、企业资源计划(ERP)等工业软件,加快重点领域推广应用。

应用电子。突破数控系统现场总线、通信协议、高速伺服驱动等技术。加快发展车载网络、动力电池及管理控制系统、动力总成控制系统和车用芯片。突破数字化医学影像诊断、医用传感器、治疗微系统等的自主研制。促进绝缘栅双极型晶体管(IGBT)等新型器件开发和应用。发展航空机载电子设备及其相关计算机辅助设计和应用系统。研发综合船桥技术、船载全球定位系统(GPS)产品系统集成技术、船舶自动识别技术。

全面提高企业信息化水平。深化信息技术在企业生产经营环节的应用,推进从单项业务应用向多业务综合集成转变,从企业信息应用向业务流程优化再造转变,从单一企业应用向产业链上下游协同应用转变。推进数字化研发设计工具的普及应用,优化研发设计流程,加快构建网络化、协同化的工业研发设计体系。推动生产装备数字化和生产过程智能化,加快集散控制、制造执行等技术在原材料企业的集成应用;加快精益生产、敏捷制造、虚拟制造等在装备制造企业的普及推广;加大数字化、自动化技术改造提升消费品企业信息化水平力度。全面普及企业资源计划、供应链、客户关系等管理信息系统,以集成应用促进业务流程优化,推动企业管理创新。加强企业信息化队伍建设,鼓励有条件的企业建立首席信息主管(CIO)制度。

创新信息化推进机制。建立健全企业信息化推进服务体系，以服务能力建设为中心，实施行业信息化服务工程，推动信息技术研发与行业应用紧密结合，发展一批面向工业行业的信息化服务平台，培育一批国家级信息化促进中心，建设一批面向重点行业的国家级工程数据中心，树立一批信息化示范企业。依托国家新型工业化产业示范基地和国家级“两化”融合试验区，健全信息网络基础设施，提升智能化发展水平。建立工业企业信息化评估体系和行业评估规范，规范发展第三方评价机构。

第四节　促进工业绿色低碳发展

按照建设资源节约型、环境友好型社会的要求，以推进设计开发生态化、生产过程清洁化、资源利用高效化、环境影响最小化为目标，立足节约、清洁、低碳、安全发展，合理控制能源消费总量，健全激励和约束机制，增强工业的可持续发展能力。

大力推进工业节能降耗。围绕工业生产源头、过程和产品三个重点，实施工业能效提升计划，推动重点节能技术、设备和产品的推广和应用，提高企业能源利用效率，鼓励工业企业建立能源管理体系。完善主要耗能产品能耗限额和产品能效标准，严格能耗、物耗等准入门槛。深入开展重点用能企业对标达标、能源审计和能源清洁度检测活动。健全节能市场化机制，加快推行合同能源管理和电力需求侧管理。健全高耗水行业用水限定指标和新建企业(项目)用水准入条件；组织实施重点行业节水技术改造，加快节水技术和产品的推广使用，推进污废水再生利用，提高工业用水效率。推广节材技术工艺，发展木基复合材料、生物材料、再生循环和节材型包装。加强政策引导，促进金属材料、石油等原材料的节约代用。

促进工业清洁生产和污染治理。以污染物排放强度高的行业为重点，加强清洁生产审核，组织编制清洁生产推行方案、实施方案和评价指标体系，推动企业清洁生产技术改造，提高新建项目清洁生产水平。研究建立生态设计产品标识制度，发布工业企业生态评价设计实施指南。加强造纸、印染、制革、化工、农副产品加工等行业的水污染治理，削减化学需氧量及氨氮排放量。推进钢铁、石油化工、有色、建材等行业二氧化硫、氮氧化物、烟粉尘和挥发性有机污染物减排，逐步削减大气污染物排放总量。切实加强有色金属矿产采选、有色金属冶炼、铅蓄电池、基础化工等行业的铅、汞、镉、铬等重金属和类金属砷污染防治，推动工业行业化学品环境风险防控。稳步推进电子电气产品污染控制合格评定体系的建立，控制和减少废弃电子电气产品对环境的污染。

发展循环经济和再制造产业。开发应用源头减量、循环利用、再制造、零排放和产业链接技术。以工业园区、工业集聚区等为重点，通过上下游产业优化整合，实现土地集约利用、废物交换利用、能量梯级利用、废水循环利用和污染物集中处理，构筑链接循环的工业产业体系。加强废旧金属、废塑料、废纸、废旧纺织品、废旧铅酸电池及锂离子电池、废弃电子电器产品、废旧合成材料等回收利用，发展资源循环利用产业。加强共性关键技术研发及推广，推进大宗工业固体废物规模化增值利用。以汽车零部件、工程机械、机床等为重点，组织实施机电产品再制造试点，开展再制造产品认定，培育一批示范企业，有序促进再制造产业规模化发展。

专栏5：工业节能降耗减排专项

工业节能。组织开展工业企业能效对标达标活动和企业能效“领跑者”行动，加强钢铁、有色、石化、建材等重点用能行业节能改造，推进能源管理体系建设，实施百项重点节能技术、节能产品(设备)推广应用工程，吨钢能耗、吨铝综合交流电耗、吨乙烯平均能耗、吨水泥综合能耗分别由2010年的615kg标准煤、14 250kW·h、910kg标准煤、100kW·h下降到2015年的590kg标准煤、13 800kW·h、880kg标准煤、92kW·h。

工业节水。对高用水行业实施节水技术改造。实施干法除尘、工业废水处理回用、矿井水资源化利用等节水工程。组织工业废水处理回用成套装置攻关，加强工业废水资源化利用，提高工业用水重复利用率。

工业节材。组织开展机电产品包装节材代木试点，推动节材代木包装产品的研究开发和扩大应用，开展包装物周转使用示范。组织开展贵重金属节材试点。

清洁生产和污染防治。在重点行业开展共性、关键清洁生产技术应用示范，推动实施一批重大清洁生产技术改造项目。实施重点行业挥发性有机物治理、钢铁烧结机脱硫、水泥厂脱硝、石化行业催化裂化烟气脱硫、造纸及印染行业废水深度治理、二噁英减排等工作方案。加快推行电子电气产品污染控制自愿性认证。

资源综合利用及循环经济。推动大宗工业固体废弃物规模化高值利用。推进工业固废综合利用示范基地建设。组织开展有色金属再生利用示范工程，建设废旧汽车、家电、电子产品拆解加工利用示范基地及机电产品再制造示范基地。

“两型”企业创建。推进电力、钢铁、有色、化工、建材等重点行业资源节约型、环境友好型企业创建试点，培育一批示范企业。

积极推广低碳技术。加强低碳技术研发及产业化，推动重大低碳技术的示范应用，积极开发轻质材料、节能家电等低碳产品，控制工业领域的温室气体排放。建立企业、园区、行业等不同层次低碳评价指标体系，开展低碳工业园区试点，探索低碳产业发展模式。研究编制重点行业低碳技术推广应用目录，研究建立低碳产品评价标准、标识和认证制度，探索基于行业碳排放的经济政策和碳交易措施。

加快淘汰落后产能。充分发挥市场机制作用，综合运用法律、经济及必要的行政手段，加快形成有利于落后产能退出的市场环境和长效机制。强化安全、环保、能耗、质量、土地等指标约束作用，完善落后产能界定标准，严格市场准入条件，防止新增落后产能。加快资源性产品价格形成机制改革，实施差别电价等政策，促进落后产能加快淘汰；采取综合性调控措施，抑制高消耗、高排放产品的市场需求。严格执行环境保护、能源资源节约、清洁生产、安全生产、产品质量、职业健康等方面法律法规和技术标准，依法淘汰落后产能。（专栏6略）

提高工业企业安全生产水平。落实企业安全生产主体责任制，建立健全企业安全生产预防机制。加强重点行业安全生产政策、规划、标准的制定和修订，提升安全生产准入条件，对不符合安全生产标准、危及安全生产的落后技术、工艺和装备实施强制性淘汰。实施高风险化工产品、工艺和装备的替代和改造，推进高安全风险、高环境风险和安全防护距离不足的化工企业搬迁调整，规范建设安全、环保、风险可控的化工园区。研发和推广安全专用设备，加快安全生产关键技术装备升级换代，实现危险作业场所的人机隔离、遥控操作、远程监控或减少在线操作人员，增强事故的预防、预警和应急处理能力。

第五节　实施质量和品牌战略

以开发品种、提升质量、创建品牌、改善服务、提高效益为重点，大力实施质量和品牌战略，引领和创造市场需求，不断提高工业产品附加值和竞争力。

提升工业产品质量。健全技术标准，优化产品设计，改造技术装备、推进精益制造，加强过程控制，完善检验检测，为提升产品质量提供基础保障。强化企业质量主体责任，结合行业特点推广先进质量管理方法和质量管理体系认证，推动企业建立全员、全方位、全生命周期的质量管理体系。组织开展关键原材料和基础零部件的工艺技术、质量与可靠性攻关。加强重大装备可靠性设计、试验与验证技术研究，提高产品内在质量和使用寿命。加快重点行业质量和检测标准的制修订，深入推进重点工业产品质量对标和达标工作。结合食品、化妆品、家电等行业的产品质量与安全性能的强制性认证和现行法律制度及管理措施，加强质量基础能力建设，提高产品质量检测能力。

加强自主品牌培育。鼓励企业制定品牌发展战略，支持企业通过技术创新掌握核心技术，形成具有知识产权的名牌产品，不断提升品牌形象和价值。引导企业推进品牌的多元化、系列化、差异化，创建具有国际影响力的世界级品牌。鼓励有实力的企业收购海外品牌，支持国内品牌在境外的商标注册，促进品牌国际化。发展专业品牌运营机构，在信息咨询、产品开发、市场推广、质量检测等方面为企业品牌建设提供公共服务。建立品牌评价机制，指导重点行业定期发布品牌报告，加强自有品牌培育过程的动态监测。

加强工业产品质量安全保障。以食品、药品、化妆品等为重点，完善企业产品质量追溯和质量安全检验检测体系，健全产品安全法规和标准体系。引导企业开展“质量安全承诺”活动，有序推进企业质量诚信体系建设和评价工作，逐步建立企业质量安全诚信档案，引导企业创建诚信文化。规范企业质量自我声明，建立工业产品质量监测预警制度。加强行业自律，建立企业质量诚信管理体系和评价机制。强化质量安全基础工作，加快建设废弃工业产品的环境影响数据库、产品伤害监测数据库、重点产品缺陷数据库、有害物质限量安全数据库。支持企业运用信息化手段，加强对产品全生命周期和全供应链的质量控制。支持建立面向中小企业的质量公共服务平台。推进工业企业的社会责任体系建设，建立重点企业社会责任信息披露制度。

专栏7：工业产品质量和品牌建设

工业产品质量提升。支持建设500个权威的工业产品质量技术评价实验室和800个用于产品质量改进的公共服务平台；组织实施关键基础产品质量攻关计划，提升关键原材料、基础元器件性能的稳定性；组织实施重大装备可靠性增长计划，支持开展可靠性设计、试验与验证，提升重大装备可靠性、一致性水平。

工业企业质量诚信体系建设。以组织机构代码实名制为基础，健全工业企业质量诚信信息征集和披露、评价体系，完善政府、协会、企业联动的工作机制。建立健全企业质量安全诚信档案，完善食品质量安全追溯体系。完善工业产品技术和质量信息发布制度。建立奖惩并举、疏堵结合、多部门联动的工业产品质量信誉社会评价机制。组织完善自律规范。健全和规范“质量承诺”“产品召回”等制度。

自主品牌培育。指导工业企业通过强化意识、增强能力、创新开发、评估改进和树立信誉等工作，积极培育知名品牌。以消费品、电子信息、机械装备等领域为重点，整合相关政策资源，重点培育100个具有国际影响力的品牌及1 000个国内著名品牌。

第六节　推动大企业和中小企业协调发展

在规模经济行业促进形成一批具有国际竞争力的大集团，扶持发展大批具有“专精特新”特征的中小企业，加快形成大企业与中小企业协调发展、资源配置更富效率的产业组织结构。

推进企业兼并重组，发展一批核心竞争力强的大企业大集团。以汽车、钢铁、水泥、船舶、机械、电子信息、电解铝、稀土、食品、医药、化妆品等行业为重点，充分发挥市场机制作用，推动优势企业强强联合、跨地区兼并重组、境外并购和投资合作，引导兼并重组企业管理创新，促进规模化、集约化经营，提高产业集中度。清理限制跨地区兼并重组的规定，理顺地区间利益分配关系，加快国有经济布局和结构的战略性调整，支持民营企业参与国有企业改革、改制和改组。鼓励通过壮大主业、资源整合、业务流程再造、资本运作等方式，加强技术创新、管理创新和商业模式创新，在研发设计、生产制造、品牌经营、专业服务、系统集成、产业链整合等方面形成核心竞争力，壮大一批具有竞争优势的大企业大集团。

促进中小企业走“专精特新”发展道路。继续实施中小企业成长工程，着力营造环境、改善服务，鼓励、支持和引导中小企业进一步优化结构和转型成长。增强创业创新活力和吸纳就业能力，鼓励和支持创办小企业、开发新岗位，积极发展劳动密集型和特色优势中小企业，鼓励中小企业进入战略性新兴产业和现代服务业领域。引导和支持中小企业专业化发展，支持成长性中小企业做精做优，发展一批专业化企业，支持发展新模式、新业态。鼓励中小企业挖掘、保护、改造民间特色传统工艺，发展地方特色产业，形成特色产品和特色服务。引导大型企业与中小企业通过专业分工、服务外包、订单生产等多种方式开展合作，培育一批“配套专家”，提高协作配套水平。大力发展产业集群，提高中小企业集聚度，优化生产要素和资源配置。

加强企业管理和企业家队伍建设。引导企业牢固树立依法经营、照章纳税、诚实守信意识，切实维护投资者和债权人权益，切实维护职工合法权益。加强企业文化建设，积极推进企业社会责任建设。加快现代企业制度建设，依法建立完善的法人治理结构，完善股权激励等中长期激励制度。引导企业加强设备、工艺、操作、计量、原料、现场、财务、成本管理等基础管理工作，推动管理创新，提高管理水平和市场竞争能力。大力开发人才资源，以职业经理人为重点，培养造就一批具有全球战略眼光、管理创新能力和社会责任感的优秀企业家和一支高水平的企业经营管理者队伍。建立企业经营管理人才库，实施企业经营管理人才素质提升工程和国家中小企业银河培训工程。

第七节　优化工业空间布局

按照国家区域发展总体战略和全国主体功能区规划的要求，充分发挥区域比较优势，加快调整优化重大生产力布局，推动产业有序转移，促进产业集聚发展，促进区域产业协调发展。

调整优化工业生产力布局。按照主体功能区规划和重大生产力布局规划的要求，引导产业向适宜开发的区域集聚。根据国家产业政策要求，综合考虑区域消费市场、运输半径、资源禀赋、环境容量等因素，合理调整和优化重大生产力布局。主要依托能源和矿产资源的重大项目，优先在中西部资源富集地布局；主要利用进口资源的重大项目，优先在沿海沿江地区布局，减少资源、产品跨区域大规模调动。加强对战略性新兴产业的布局规划，引导各地根据自身的基础和条件，合理选择发展方向和布局重点。

推进产业有序转移。坚持政府引导与市场机制相结合、产业转移与产业升级相结合、优势互补与互利共赢相结合、资源开发与生态保护相结合，引导地区间产业合作和有序转移。支持中西部地区以现有工业园区和各类产业基地为依托，加强配套能力建设，进一步增强承接产业转移的能力。鼓励通过要素互换、合作兴办园区、企业联合协作，建设产业转移合作示范区。鼓励东部沿海省市在区域内有序推进产业转移。促进海峡两岸产业融合对接。开展多种形式对口支援，加强对新疆、西藏和青海的产业援助。严格禁止落后生产能力异地转移，强化产业转移中的环境和安全监管。

推动产业集聚发展。按照“布局合理、特色鲜明、集约高效、生态环保”的原则，积极推动以产业链为纽带、资源要素集聚的产业集群建设，培育关联度大、带动性强的龙头企业，完善产业链协作配套体系。加强对工业园区发展的规划引导，提升信息网络、污染集中治理、事故预防处置和公共服务平台等基础设施能力，提高土地集约节约利用水平，促进各类产业集聚区规范有序发展。发挥县域资源优势和比较优势，支持劳动密集型产业、农产品加工业向县城和中心镇集聚，形成城乡分工合理的产业发展格局。按照新型工业化要求，在国家审核公告的开发区（工业园区）和国家重点规划的产业集聚区内，创建一批产业特色鲜明、创新能力强、品牌形象优、配套条件好、节能环保水平高、产业规模和影响居全国前列的国家新型工业化产业示范基地，发展若干具有较强国际竞争力的产业基地。支持以品牌共享为基础，大力培育国家地理标志、集体商标、原产地注册、证明标志等集体品牌，提高区域品牌的知名度。

专栏8:产业集聚区及工业园区提升改造

创建国家新型工业化产业示范基地。在现有依法设立的工业园区(集聚区)中,开展国家新型工业化产业示范基地创建工作。基本条件是:一是集约程度高,规模效益好。主导产业特色突出,规模和水平居国内同行业前列;单位土地平均投资强度和平均产出均在3 000万元/hm^2以上。二是资源消耗低,安全有保障。单位工业增加值能耗及用水量处于国内同行业先进水平;工业"三废"排放、固体废物综合利用率指标全部达到国家标准;企业强制清洁生产审核实施率达到100%;未发生重大安全生产事故。三是创新能力强,技术水平高。研发投入占销售收入比重原则上不低于2%;有效发明专利拥有量居国内同行业前列;骨干企业工艺技术和装备先进。四是产品质量好,品牌形象优。主导产业产品质量处于国际或国内同行业先进水平;拥有一批国际国内知名品牌。五是信息化水平高。信息基础设施完备,企业在生产经营环节信息化应用达到国内同行业先进水平。六是配套服务体系完善。技术开发、检验检测、现代物流、人才培养等公共服务设施齐全,功能完善;社会保障体系健全,劳动关系和谐。

提升省级开发区(工业园区)发展水平。加强对省级开发区规划编制、产业升级、节能减排、"两化"融合等工作的指导和支持,健全省级开发区管理机制,逐步完善支持省级开发区规范发展的政策措施。

建设产业转移合作示范区。按照"政府引导、市场主导、优势互补、合作共赢"的原则,在有条件的中西部省市探索要素互换、企业合作、产业链协作等合作对接新模式,建立3~5个东(中)西产业转移合作示范区。

第八节　提升对外开放层次和水平

适应我国对外开放的新形势,更加注重引进产业升级亟须的先进技术设备,着力引进高端人才,加快实施"走出去"战略,努力提高工业对外开放的质量和水平。

提高工业领域利用外资水平。加强外资政策与产业政策的协调,鼓励外资投向先进制造、高端装备、节能环保、新能源、新材料等产业领域,积极推进战略性新兴产业的国际合作。利用国内市场优势、资源优势和智力资本优势,加强引进消化吸收再创新,积极引进研发团队等智力资源,更好地利用全球科技成果,努力掌握一批核心技术。鼓励跨国公司在华设立采购中心、研发中心和地区总部等功能性机构,发展国内配套企业。鼓励国内企业深度参与跨国公司全球价值链合作,鼓励港澳台企业到西部地区进行投资。

加快实施"走出去"战略。鼓励国内技术成熟、国际市场需求大的行业,向境外转移部分生产能力。加强统筹规划,推动在有条件的国家和地区建立境外重化工园区。鼓励有实力企业开展境外油气、铁矿、铀矿、铜矿、铝土矿等重要能源资源的开发与合作,建立长期稳定的多元化、多渠道资源安全供应体系。鼓励国内企业在科技资源密集的国家(地区)设立研发中心,与境外研发机构和创新企业加强技术研发合作。鼓励实力强、资本雄厚的大型企业开展成套工程项目承包、跨国并购、绿地投资和知识产权国际申请注册,建立境外营销网络和区域营销中心,在全球范围开展资源配置和价值链整合。

推动加工贸易转型升级。推进加工贸易转型升级试点和示范,延长加工贸易国内增值链条,推动加工贸易从组装加工向研发、设计、核心元器件制造、物流等环节拓展;在中西部地区培育和建设一批加工贸易梯度转移重点承接地,鼓励加工贸易向中西部地区转移。完善海关特殊监管区域政策和功能,鼓励加工贸易企业向海关特殊监管区域集中。

第四章　重点领域发展导向

按照走中国特色新型工业化道路的要求,促进传统产业与战略性新兴产业、先进制造业与面向工业生产的相关服务业、民用工业和军事工业协调发展,为加快构建结构优化、技术先进、清洁安全、附加值高、吸纳就业能力强的现代产业体系夯实基础。

第一节　发展先进装备制造业

抓住产业升级的关键环节,着力提升关键基础零部件、基础工艺、基础材料、基础制造装备研发和系统集成水平,加快机床、汽车、船舶、发电设备等装备产品的升级换代,积极培育发展智能制造、新能源汽车、海洋工程装备、轨道交通装备、民用航空航天等高端装备制造业,促进装备制造业由大变强。

关键基础零部件及基础制造装备。加强铸、锻、焊、热处理和表面处理等基础工艺研究,加强工艺装备及检测能力建设，提升关键零部件质量水平。推进智能控制系统、智能仪器仪表、关键零部件、精密工模具的创新发展，建设若干行业检测试验平台。继续推进高档数控机床和基础制造装备重大科技专项实施，发展高精、高速、智能、复合、重型数控工作母机和特种加工机床、大型数控成形冲压、重型锻压、清洁高效铸造、新型焊接及热处理等基础制造装备，尽快提高我国高档数控机床和重大技术装备的技术水平。

重大智能制造装备。围绕先进制造、交通、能源、环保与资源综合利用等国民经济重点领域发展需要，组织实施智能制造装备创新发展工程和应用示范，集成创新一批以智能化成形和加工成套设备、冶金及石油石化成套设备、自动化物流成套设备、智能化造纸及印刷装备等为代表的流程制造装备和离散型制造装备，实现制造过程的智能化和绿色化。加快发展焊接、搬运、装配等工业机器人，以及安防、深海作业、救援、医疗等专用机器人。到2015年，重大成套装备及生产线系统集成水平得到大幅度提升。

节能和新能源汽车。坚持节能汽车与新能源汽车并举，进一步提高传统能源汽车节能环保和安全水平，加快纯电动汽车、插电式混合动力汽车等新能源汽车发展。组织实施节能与新能源汽车创新发展工程，通过国家科技计划（专项）有关研发工作，掌握先进内燃机、高效变速器、轻量化材料等关键技术，突破动力电池、驱动电动机及管理系统等核心技术，逐步建立和完善标准体系；持续跟踪研究燃料电池汽车技术，因地制宜、适度发展替代燃料汽车。加快传统汽车升级换代，提高污染物排放标准，减少污染物排放；稳步推进节能和新能源汽车试点示范，加快充、换电设施建设，积极探索市场推广模式。完善新能源汽车准入管理，健全汽车节能管理制度。大力推动自主品牌发展，鼓励优势企业实施兼并重组，形成3~5家具有核心竞争力的大型汽车企业集团，前10强企业产业集中度达到90%。到2015年，节能型乘用车新车百公里平均油耗降至5.9L；新能源汽车累计产销量达到50万辆。

船舶及海洋工程装备。（略）

轨道交通装备。（略）

民用飞机。（略）

民用航天。（略）

节能环保和安全生产装备。紧紧围绕资源节约型、环境友好型社会建设需要，依托国家节能减排重点工程和节能环保产业重点工程，加快发展节能环保和资源循环利用技术和装备。大力发展高效节能锅炉窑炉、电动机及拖动设备、余热余压利用和节能监测等节能装备。重点发展大气污染防治、水污染防治、重金属污染防治、垃圾和危险废弃物处理、环境监测仪器仪表、小城镇分散型污水处理、畜禽养殖污染物资源化利用、污水处理设施运行仪器仪表等环保设备，推进重大环保装备应用示范。加快发展生活垃圾分选、填埋、焚烧发电、生物处理和垃圾资源综合利用装备。围绕“城市矿产”工程，发展高效智能拆解和分拣装置及设备。推广应用表面工程、快速熔覆成形等再制造装备。发展先进、高效、可靠的检测监控、安全避险、安全保护、个人防护、灾害监控、特种安全设施及应急救援等安全装备，发展安全、便捷的应急净水等救灾设备。

能源装备。积极应用超临界、超超临界和循环流化床等先进发电技术，加大水电装备向高参数、大容量、巨型化转变。大力发展特高压等大容量、高效率先进输变电技术装备，推动智能电网关键设备的研制。推进大型先进压水堆和高温气冷堆国家科技重大专项实施，掌握百万千瓦级核电装备的核心技术。突破大规模储能技术瓶颈，提升风电并网技术和主轴轴承等关键零部件技术水平，着力发展适应我国风场特征的大功率陆地和海洋风电装备。依托国家有关示范工程，提高太阳能光电、光热转换效率，加快提升太阳能光伏电池、平板集热器及组件生产装备的制造能力。推动生物质能源装备和智能电网设备研发及产业化。掌握系统设计、压缩机、电机和变频控制系统的设计制造技术，实现油气物探、测井、钻井等重大装备及天然气液化关键设备的自主制造。

专栏9：重大技术装备创新发展及示范应用工程

智能制造装备发展工程。围绕感知、决策、执行三个关键环节，研究开发新型传感器、自动控制系统、工业机器人等感知、决策装置，以及高性能液压件与气动元件、高速精密轴承、高速精密齿轮和变频调速装置等执行部件；重点开发基于机器人的汽车焊接生产线、自动化仓储与分拣系统等自动化装备；推进数字制造技术、自动测控装置、智能重大基础制造装备在百万吨乙烯工程、百万千瓦级火电、数字化车间、煤炭综采等领域的示范应用。

节能与新能源汽车。重点开展柴油机高压共轨技术等高效内燃机技术、先进变速器和汽车电子控制技术的研发与应用。大幅提高小排量发动机的技术水平和性能。支持开展普通混合动力汽车技术研发。重点突破动力电池核心技术，支持电动机及驱动系统，以及电动空调、电动转向、电动制动器等的研发和产业化，支持开展燃料电池电堆、燃料电池发动机及其关键材料的核心技术研发。支持建设新能源汽车共性技术平台。

深海探采工程装备。（略）

轨道交通装备及关键系统。依托重点建设工程，健全研发、设计、制造、试验验证、标准体系和平台，突破永磁电传动、列车运行控制、安全信息传输等核心关键技术；研制配套轮轴轴承、传动齿轮箱、牵引变流器、大功率制动装置等关键零部件；开发牵引传动与控制、列车运行及网络控制等关键系统。

支线飞机和通用飞机。（略）

第二节　调整优化原材料工业(略)

第三节　改造提升消费品工业(略)

第四节　增强电子信息产业核心竞争力

专栏15:物联网研发、产业化和应用示范

着力突破物联网的关键核心技术。围绕高端传感器、新型射频识别(RFID)、智能仪表、智能信息处理软件等瓶颈环节,突破核心技术,重点支持面向应用的数据挖掘和智能分析决策软件技术及产品的研发,加强高可靠、低成本传感器专用芯片、传感节点、微操作系统、嵌入式系统和适于传感器节点使用的高效电源等产品的研发及产业化,开发与新型网络架构相适应的虚拟化、低功耗技术及相应产品。

加快构建物联网标准化体系。从总体、感知、传输、应用等方面系统构建物联网标准体系。加快传感器网络组网、物品标识编码、信息传输、智能处理、安全等关键技术标准研究制定,建立跨行业、跨领域的物联网标准化协作机制。

统筹重点领域的物联网先导应用。研究制定物联网应用行动计划,分步骤、分层次开展先导应用示范,加快形成市场化运作机制。推进物联网在先进制造、现代物流、食品安全、数字医疗、环保监测、安全生产、安全反恐(周界防护)、智慧城市以及在交通、水利、电网等基础设施中的应用。研究推进无锡国家物联网创新示范区建设。加强物联网创新服务体系建设。

第五节　提高国防科技工业现代化水平(略)

第六节　加快发展面向工业生产的相关服务业

按照"市场化、专业化、社会化、国际化"的发展方向,大力发展面向工业生产的现代服务业,加快推进服务型制造,不断提升对工业转型升级的服务支撑能力。

工业设计及研发服务。围绕外观造型、功能创新、结构优化、包装展示以及节材节能、新材料使用等重点环节,创新设计理念,提升设计手段,壮大设计队伍,大力发展以功能设计、结构设计、形态及包装设计等为主要内容的工业设计产业。支持工业企业与设计企业开展多种形式合作,扩大工业设计服务市场。充分利用现代信息网络技术及平台,培育发展一批具备较强竞争力的专业化研发服务机构。扶持一批专业化的技术成果转化服务企业,构建多领域、网络化的技术成果转化服务体系。支持发展面向生产过程的分析、测试、计量、检测等服务,鼓励发展检索、分析、咨询、数据加工等知识产权服务。

专栏16:工业设计及研发服务发展专项

培育高素质工业设计和研发人才。推动建立工业设计专业技术人员职业资格制度。建立国家工业设计奖励制度。鼓励有条件的企业创建工业设计实训基地。吸引海外优秀工业设计和研发服务人才回国创业。

培育龙头企业。引导企业加大设计创新投入,鼓励加强设计研发服务能力建设,创新服务模式,重点培育一批工业设计和研发服务骨干企业。组织认定一批国家级企业设计中心,建立工业设计企业资质评价制度。

培育国家级示范区。面向重点产业和重点区域,加强公共服务平台建设,促进工业设计企业集聚发展,培育一批辐射能力强、带动效应显著的国家级工业设计及研发服务示范区。加强研发设计领域共性和基础性技术研发,依托产业基地建设一批研发公共服务平台。

发展生物医药等专业研发服务外包。大力发展临床前研究、药物安全性评价、临床试验及试验设计等领域的专业化第三方服务,支持发展医药研发外包(CRO)等专业服务。

制造业物流服务。引导工业企业加快物流业务整合、分离和外包,释放物流需求。推进重点行业电子商务平台与物流信息化集成发展。加强危险品流向跟踪、状态监控和来源追溯的信息化管理,提高食品、农产品等冷链物流信息管理水平。支持第三代移动通信(3G)、3S(全球卫星导航系统GNSS、地理信息系统GIS、遥感RS)、机器到机器

(M2M)、射频识别(RFID)等现代信息通信技术在制造业物流领域的创新与应用。加快信用、认证、标准、支付和物流平台建设,鼓励服务创新和商业模式创新,完善企业间电子商务(B2B)发展的支撑环境。

信息服务及外包。(略)

节能环保和安全生产服务。加快发展合同能源管理、清洁生产审核、绿色产品(包括节能产品、环保装备)认证评估、环境投资及风险评估等服务。推动节能服务公司为用能单位提供节能诊断、设计、融资、改造、运行等"一条龙"服务。鼓励大型重点用能单位组建专业化节能服务公司,为本行业其他用能单位提供节能服务。加大污染治理设施特许经营实施力度,引导民间投资节能环保服务产业。创新合同能源管理模式,积极推广市场化节能服务模式。积极培育企业安全生产服务市场,加快发展安全生产技术咨询、合同安全管理、工程建设、产品推广和安全风险评估、装备租赁、人才培训等专业服务。

制造服务化。鼓励制造企业积极发展精准化的定制服务、全生命周期的运维和在线支持服务,提供整体解决方案、个性化设计、多元化的融资服务、便捷化的电子商务等服务形式。引导有条件的企业从提供设备,向提供设计、承接项目、实施工程、项目控制、设施维护和管理运营等一体化服务转变,支持大型装备企业掌握系统集成能力,开展总集成总承包服务。鼓励制造企业围绕产品功能拓展,发展故障诊断、远程咨询、呼叫中心、专业维修、在线商店、位置服务等新型服务形态。推动制造企业通过业务流程再造,发展社会化专业服务,提高专业服务在产品价值中的比重。积极开发和保护工业旅游资源,推进工业旅游示范与服务标准化建设,大力开发工业专题旅游线路和旅游产品,加快完善工业旅游市场体系。

第五章　保障措施及实施机制

第一节　完善保障措施

进一步完善政策法规体系,健全促进工业转型升级的长效机制,为实现规划目标及任务提供有力保障。

健全相关法律法规。围绕推进工业转型升级的重点任务,在产业科技创新、技术改造、节能减排、兼并重组、淘汰落后产能、质量安全、中小企业、军民融合式发展等重点领域,健全和完善相关法律法规。加强民用飞机、软件、集成电路、新能源汽车、船舶、高端装备、新材料等战略性、基础性产业发展的法律保障。

完善产业政策体系及功能。动态修订重点行业产业政策,加紧制定新兴领域产业政策,加强产业政策与财税、金融、贸易、政府采购、土地、环保、安全、知识产权、质量监督、标准等政策的协调配合。充分考虑资源状况、环境承载能力和区域发展阶段,研究实施针对特定地区的差异化产业政策。制定发布战略性新兴产业和先进生产性服务业发展指导目录,逐步消除生产性服务业与工业企业在生产要素价格等方面的差异。贯彻全国主体功能区规划,制定产业转移指导目录,促进区域间生产要素合理流动、产业有序转移和生产力合理布局。依法实施反垄断审查,建立产业安全监测预警指标体系和联动机制。

强化工业标准规范及准入条件。完善重点行业技术标准和技术规范,加快健全能源资源消耗、污染物排放、质量安全、生产安全、职业危害等方面的强制性标准,制定重点行业生产经营规范条件,严格实施重点行业准入条件,加强重点行业的准入与退出管理。进一步完善淘汰落后产能工作机制和政策措施,分年度制定淘汰落后产能计划并分解到各地,建立淘汰落后产能核查公告制度。

加大财税支持力度。整合相关政策资源和资金渠道,加大对工业转型升级资金支持力度,加强对重点行业转型升级示范工程、新型工业化产业示范基地建设、工业基础能力提升、服务型制造等方面的引导和支持。完善和落实研究开发费用加计扣除、股权激励等税收政策。研究完善重大装备的首台套政策,鼓励和支持重大装备出口;完善进口促进政策,扩大先进技术装备和关键零部件进口。稳步扩大中小企业发展专项资金规模。发挥关闭小企业补助资金作用。制定政府采购扶持中小企业的具体办法,进一步减轻中小企业社会负担。

加强和改进金融服务。鼓励汽车、电子信息、家电等企业与金融机构密切合作,在控制风险的前提下,开发完善各类消费信贷产品。鼓励金融机构开发适应小型和微型企业、生产性服务企业需要的金融产品。完善信贷体系与保险、担保之间的联动机制,促进知识产权质押贷款等金融创新。加快发展主板(含中小板)、创业板、场外市场,完善多层次资本市场体系;积极推进债券市场建设,完善信用债券发行及风险控制机制;支持符合条件的工业企业在主板(含中小板)、创业板首次公开发行并上市,鼓励符合条件的上市企业通过再融资和发行公司债券做大做强。支持企业利用资本市场开展兼并重组,加强企业兼并重组中的风险监控,完善对重大企业兼并重组交易的管理。

健全节能减排约束与激励机制。完善节能减排、淘汰落后、质量安全、安全生产等方面的绩效评价和责任制。建立工业产品能效标识、节能产品认证、能源管理体系认证制度,制定行业清洁生产评价指标体系。加强固定资产投资项目节能评估和审查。研究制定促进"两型"企业创建的政策措施。严格限制高耗能、高排放产品出口。建立完善生产者责任延伸制度，研究建立工业生态设计产品标志制度。制定鼓励安全产业发展和鼓励企业增加安全投入的政策措施，支持有效消除重大安全隐患的搬迁改造项目。加强重点用能企业节能管理，完善重点行业节能减排统计监测和考核体系。

推进中小企业服务体系建设。以中小企业服务需求为导向，着力搭建服务平台，完善运行机制，壮大服务队伍，整合服务资源。充分发挥行业协会和科研院所作用，支持各类专业服务机构发展，重点支持国家中小企业公共服务示范平台建设，构建体系完整、结构合理、资源共享、服务协同的中小企业服务体系。发挥财政资金引导作用，鼓励社会投资广泛参与，加快中小企业公共服务平台和小企业创业基地等公共服务设施建设。建立多层次的中小企业信用担保体系，推进中小企业信用制度建设。加强对小型微型企业培训力度，提高经营管理水平。

深化工业重点行业和领域体制改革。加快推进垄断行业改革，强化政府监管和市场监督，形成平等准入、公平竞争的市场环境。健全国有资本有进有退、合理流动机制，促进国有资本向关系国家安全和国民经济命脉的重要行业和重要领域集中。完善投资体制机制，落实民间投资进入相关重点领域的政策，切实保护民间投资的合法权益。进一步简化审批手续，落实企业境外投资自主权，支持国内优势企业开展国际化经营。完善工业园区管理体制，促进工业企业和项目向工业园区和产业集聚区集中。

第二节　健全实施机制

地方各级人民政府及国务院有关部门要切实履行职责，强化组织领导，周密部署、加强协作，保障规划顺利实施。

建立部际协调机制。建立由工业和信息化部牵头、相关部门和单位参加的部际协调机制，加强政策协调，切实推动规划实施。工业和信息化部牵头制定重点行业和领域转型升级总体方案，各地根据实际情况制定具体实施方案。

明确规划实施责任。规划提出的预期性指标和产业发展等任务，主要依靠市场主体的自主行为实现。地方各级人民政府及国务院有关部门要完善规划实施环境和市场机制，加强对市场主体行为的引导。对规划确定的约束性任务，地方各级人民政府及国务院有关部门要加强宏观指导，做好跟踪监测和信息发布，定期公布各地区规划目标完成情况，切实发挥规划的导向作用。

加强和创新工业管理。进一步强化工业管理部门在制定和实施发展规划、产业政策、行业标准等方面的职责，创新工业管理方式和手段。完善行业工业经济监测网络和指标体系，强化行业信息统计和信息发布。加强工业生产要素衔接。充分发挥行业协会、中介组织等在加强行业管理、推动企业社会责任建设等方面的积极作用。

强化规划监测评估。建立动态评估机制，强化对规划实施情况的跟踪分析和督促检查。工业和信息化部要提出规划实施年度进展情况报告，并适时开展中期评估，不断优化规划实施方案和保障措施，促进规划目标和任务的顺利实现。

高端装备制造业“十二五”发展规划（节选）

高端装备主要包括传统产业转型升级和战略性新兴产业发展所需的高技术高附加值装备。按照《国务院关于加快培育和发展战略性新兴产业的决定》明确的重点领域和方向，现阶段高端装备制造业发展的重点方向主要包括航空装备、卫星及应用、轨道交通装备、海洋工程装备、智能制造装备。

一、指导思想与发展目标

（一）指导思想

以邓小平理论和“三个代表”重要思想为指导，深入贯彻落实科学发展观，紧紧围绕工业转型升级和战略性新兴产业发展的重大需求，把大力培育和发展高端装备制造业作为加快转变经济发展方式的一项重要任务，立足国情，依托产业基础，按照市场主导、创新驱动、重点突破、引领发展的要求，发挥企业主体作用，推进产学研用结合，加大政策扶持力度，营造良好发展环境，着力提升技术创新能力，着力推进信息化与工业化深度融合，着力推动军民融合，努力把高端装备制造业培育成为具有国际竞争力的国民经济支柱产业，为建设装备制造业强国奠定坚实的基础。

（二）基本原则

坚持发展高端装备制造业与改造提升传统产业相结合。立足装备制造业现有技术积累、制造能力和产业组织基础进行布局，促进高端装备制造业相对集中发展，加快形成新的经济增长点。同时积极促进传统产业的高技术化，实现产业价值链从低端向高端跃升。

坚持技术创新与开放合作相结合。加快突破制约发展的关键技术、核心技术和系统集成技术，加强基础设施建设,大幅度提升技术创新能力。同时积极参与国际合作,充分利用全球创新资源,提高我国高端装备发展的起点。

坚持整体推进与重点跨越相结合。实施高端装备制造业发展总体战略,对相关领域发展进行全面部署,统筹规划,明确发展时序和空间布局。选择最有基础和条件的重点方向作为突破口,集中力量重点推进,促进重点领域率先发展。

坚持市场推动和政策引导相结合。注重发挥市场配置资源的基础性作用,调动企业主体的积极性,推进产学研用结合。在产业培育初期,要发挥政府的引导作用,加强规划引导、政策激励和组织协调,加快突破发展中的薄弱环节和瓶颈制约。

(三)发展目标

综合考虑未来发展趋势和条件,到2015年,我国高端装备制造业发展的主要目标是:

——产业规模跃上新台阶。高端装备制造业销售收入超过6万亿元,在装备制造业中的占比提高到15%,工业增加值率达到28%,国际市场份额大幅度增加。

——创新能力大幅提升。初步形成产学研用相结合的高端装备技术创新体系,骨干企业研发经费投入占销售收入比例超过5%,形成一批具有知识产权的高端装备产品和知名品牌,培养一批具有国际视野的科技领军人才。

——基础配套能力显著增强。高端装备所需的关键配套系统与设备、关键零部件与基础件制造能力显著提高,其性能和质量达到国际先进水平,智能技术及核心装置得到普遍推广应用,高端装备重点产业智能化率超过30%。

——产业组织结构进一步优化。形成一批具有国际影响力的企业集团和一大批具有竞争优势的"专、精、特、新"专业化生产企业,建成若干创新能力强、特色鲜明的高端装备制造集聚区,产业集中度明显提升。

力争通过10年的努力,形成完整的高端装备制造产业体系,基本掌握高端装备制造业的关键核心技术,产业竞争力进入世界先进行列。到2020年,高端装备制造产业销售收入在装备制造业中的占比提高到25%,工业增加值率较"十二五"末提高2个百分点,将高端装备制造业培育成为国民经济的支柱产业。

二、发展重点和方向

培育发展高端装备制造业是关系国家综合实力、技术水平和工业基础的一项长期的重点任务。"十二五"期间,航空装备、卫星及应用、轨道交通装备、海洋工程装备和智能制造装备的重点任务是:

(一)航空装备(略)

(二)卫星及应用(略)

(三)轨道交通装备

满足我国铁路快速客运网络、大运量货运通道和城市轨道交通建设,大力发展"技术先进、安全可靠、经济适用、节能环保"的轨道交通装备及其关键系统,建立健全研发设计、生产制造、试验验证平台和产品标准、认证认可、知识产权保护体系,提升关键系统及装备研制能力,满足国内市场需要。大力开拓国际市场,使我国轨道交通装备全面处于世界领先水平。

——动车组及客运列车。全面掌握动车组及客运列车技术,提高客运轨道交通装备的可靠性、舒适性、可维护性,完善新一代高速动车组研制,开发适应高寒、高热、高风沙、高湿、广域等不同系列的谱系化动车组,满足跨线、跨网的旅客运输提速提效需要。以高速动车组技术为基础,结合城际交通实际,形成城际轨道交通装备产品技术平台与产业化体系,满足城际轨道交通需要。

——重载及快捷货运列车。全面突破30t及以上轴重重载机车、160km/h速度快捷货运机车和货车技术,深入研究轴重与线路桥梁匹配关系、速度与牵引质量匹配关系、车辆与站场匹配关系等,开展全系列大功率交流传动机车、大轴重重载货车、快捷货运列车的配套研发,研发制造满足国际市场不同限界要求、不同供电制式的,覆盖全部货物运输需求的系列货运列车。

——城市轨道交通装备。进一步加强城轨车辆系统集成技术研发,完善城轨车辆产品技术平台,形成适应各个国家不同技术标准要求的、满足全球市场不同性价比、文化、环境等需要的多系列城轨车辆产品谱系,保持多样性发展。开展低噪、低振动、节能产品,加强关键核心部件,如牵引系统、制动系统、转向架、运控系统等,以及车辆车站机电设备、灭火系统、列车自动防护系统、列车自动驾驶系统等的技术研发与产业化。

——工程及养路机械装备。全面突破工程及养路机械装备关键技术,向性能优异化、效率高效化、品种多元化、产品系列化、工作智能化、作业环保化发展,加快研制、批量制造高精度和高效捣固稳定车、高效清筛机、带道砟分配功能的配砟整形车、道床综合处理车、钢轨打磨车和铣磨车、综合巡检车、高精度测量车、高速轨检车、钢轨探伤车、物料运输车、接触网综合作业车、轨道吸污车、轨道除雪车等新产品,研制轨道电力牵引双源制、高原型和多功能组合式工程及养路机械装备。

——信号及综合监控与运营管理系统。全面建成覆盖高、中、低速铁路和城际铁路的中国列车运行控制系统技术体系,全面实现关键技术和装备的研究开发,开展高速铁路宽带通信的关键技术、智能化高速列车系统数据传输与处理平台研究,开发城际先进的铁路列控系统和城市轨道交通控制系统。完善大型数据采集与监控系统平台关键技术,突破基于一个信息共享平台的行车监控应用技术,实现行车、供电、机电、通信、防灾、工务、车辆等综合监控信息集成,形成综合调度指挥系统。开展基础设备设施领域的铁路地质灾害预报警系统研究,开展信息领域的轨道交通客站综合自动化系统研究。

——关键核心零部件。重点开展为高速铁路客车、重载铁路货车、新型城市轨道交通装备等配套的轮轴轴承、传动齿轮箱、发动机、转向架、钩缓、减振装置、牵引变流器、绝缘栅双极型晶体管(IGBT)器件、大功率制动装置、供电高速开关等关键零部件的研发和制造，提高质量水平，满足整机配套需求。

(四)海洋工程装备

面向国内外海洋资源开发的重大需求，以提高国际竞争力为核心，重点突破3 000m深水装备的关键技术，大力发展以海洋油气为代表的海洋矿产资源开发装备，全面推进以海洋风能工程装备为代表的海洋可再生能源装备、以海水淡化和综合利用装备为代表的海洋化学资源开发装备的产业化，积极培育海洋波浪能、潮汐能、海流(潮流)能、天然气水合物、海底金属矿产开发装备相关产业，加快提升产业规模和技术水平，完善产业链，实现我国海洋工程装备制造业快速健康发展。

——海洋矿产资源开发装备。以海洋油气资源开发装备为重点，大力发展半潜式钻井/生产平台、钻井船、自升式钻井平台、浮式生产储卸装置、物探船、起重铺管船、海洋钻采设备及其关键系统和设备、水下生产系统及水下立管等装备；积极开展天然气水合物、海底金属矿产资源开发装备的前期研究和技术储备，为培育相关产业奠定基础。

——海洋可再生能源和化学资源开发装备。以海洋风能工程装备为重点，大力发展海上及潮间带风机安装平台(船)、海上风机运营维护船、海上及潮间带风力发电装备等，全面推进海洋可再生能源的产业化；以海水淡化和综合利用装备为重点，促进海洋化学资源开发装备的产业化；积极开展海洋波浪能、潮汐能、海流能、温差能、海水提锂、海水提铀等开发装备的前期研究和技术储备。

——其他海洋资源开发装备。以海上浮式石油储备基地、海上后勤补给基地等装备为重点，加快关键设计、建造技术的研究和攻关；积极开展海上机场、海上卫星发射场等装备的前期研究，为工程研制奠定技术基础。

(五)智能制造装备

围绕先进制造、轻工纺织、能源、环保与资源综合利用等国民经济重点领域发展的迫切需要，坚持制造与服务并重，重点突破关键智能技术、核心智能测控装置与部件，开发智能基础制造装备和重大智能制造成套装备，大力推进示范应用，催生新的产业，提高制造过程的数字化、柔性化及系统集成水平，加快推进信息化综合集成和协同应用，促进“两化”融合条件下的产业发展模式创新。

——关键智能基础共性技术。围绕感知、决策和执行等智能功能的实现，重点突破新型传感技术、模块化与嵌入式控制系统设计技术、先进控制与优化技术、系统协同技术、故障诊断与健康维护技术、高可靠实时通信网络技术、功能安全技术、特种工艺与精密制造技术、识别技术等九大类共性、基础关键智能技术，加强对共性智能技术、算法、软件架构、软件平台、软件系统、嵌入式系统、大型复杂装备系统仿真软件的研发，为实现制造装备和制造过程的智能化提供技术支撑。

——核心智能测控装置与部件。重点开发新型传感器及系统、智能控制系统、智能仪表、精密仪器、工业机器人与专用机器人、精密传动装置、伺服控制机构和液气密元件及系统等八大类典型的智能测控装置和部件并实现产业化。

——重大智能制造集成装备。重点开发石油石化智能成套设备、冶金智能成套设备、智能化成形和加工成套设备、自动化物流成套设备、建材制造成套设备、智能化食品制造生产线、智能化纺织成套装备、智能化印刷装备等八大类标志性的重大智能制造成套装备。

——重点应用示范推广领域。根据我国智能制造技术和智能测控装置的发展水平，立足制造业，在“十二五”期间重点选择在电力、节能环保、农业、资源开采、国防科技工业、基础设施建设等6个国民经济重点领域推广应用，分步骤、分层次开展应用示范，形成通用性、标准化的应用平台，加快推进技术、产业与应用的协同发展。

三、重大工程与区域发展重点(略)

四、政策措施

(一)加大金融财税政策支持力度

继续实施现行高端装备及基础件财税支持政策。编制高端装备制造业重点技术与产品目录，加快实施重大产业创新工程，大力支持高端装备及其关键零部件、配套系统的研发和产业化。鼓励开展引进消化吸收再创新，对研制生产国家鼓励发展的高端重大技术装备，落实有关关键零部件、原材料进口税收优惠政策。积极研究完善针对高端装备制造业公共服务体系和重大创新工程的相关进口税收政策。建立支持高端装备制造业发展的多渠道、多元化的投融资机制。鼓励金融机构创新金融产品品种，支持高端装备制造企业融资、规模化发展；发挥现有装备制造业基金的作用，支持装备制造企业转型升级，发展高端装备；鼓励支持符合条件的高端装备制造企业上市，引导创业投资和股权投资向高端装备制造领域倾斜；鼓励金融租赁公司开展高端装备的融资租赁业务。

(二)大力实施技术改造

鼓励支持企业加大技术改造，加强产业基础能力建设，大力发展高端装备所需关键基础件，如精密轴承、高精度齿轮传动装置，工程机械用高压柱塞泵/电动机、密封件等基础零部件。加强基础研究和产品试验验证工作，提高高端装备制造业的技术服务能力和水平，加快产品的技术升级。大力提高加工设备水平，推广先进工艺技术，推进制造过程信息处理、生产控制、资源管理、质量检测、环保处理等典型环节的流程化再造，实现产品设计、制造、测试等环节的自动化，提高产品稳定性和生产效率，提升制造过程的绿色化和智能化水平。

(三)着力加强技术创新

健全产业创新体系，支持产业技术平台和技术创新服务平台建设，不断提高技术创新水平，增强为全行业服务的能力。加大技术创新力度，继续抓紧抓好高档数控机床与基础制造装备、大型先进压水堆和高温气冷堆核电站、极大规模集成电路制造装备及成套工艺等科技重大专项的实施工作,加强与战略性新兴产业重大创新发展工程的衔接,突破和掌握关键核心共性技术,加大关键制造装备研发力度,加强军民创新资源集成融合,支持促进技术成果工程化,为提升高端装备发展产业化能力提供强有力支撑。

(四)优化产业组织结构

以促进高端装备制造规模化、集约化发展为目标,组织和引导高端装备制造领域的骨干力量,建立集“产、学、研、用”为一体的高端装备产业联盟,在科研开发、市场开拓、业务分包等方面开展合作,实现重大技术突破和科技成果产业化。大力推动优势企业实施品牌强企、国际化发展战略,积极开拓海内外市场,强强联合,跨国跨地区并购重组,做大规模,做强实力,加快培育形成一批拥有知识产权的知名品牌、主业突出、带动明显、具有国际竞争力的跨国大企业集团。鼓励规模经济效益显著的基础零部件、工艺辅具和适宜专业化发展的配套产品制造企业开展专业化协作配套,形成一大批具有竞争优势的“专、精、特、新”中小企业。

(五)突出质量品牌建设

实施质量品牌提升工程,鼓励企业建立专利联盟,联合构筑专利共享平台,拥有关键技术和前沿技术的知识产权。建立完善高端装备及其技术、关键系统、零部件的研发、试验验证及知识产权保护体系。鼓励和支持企业在质量、安全、环保等方向采用国际标准和国外先进标准,强化高端装备可靠性技术研究与应用,提升装备产品质量和安全性、可靠性、实用性。鼓励企业提升品牌层次,扩大品牌影响,支持自有品牌在境外的商标注册和专利申请,促进自有品牌跨国经营与国际化发展。

(六)加大市场培育力度

充分发挥市场的基础性作用,加大机制体制创新力度,着力规范市场秩序,营造良好市场环境。建立依托重大工程发展高端装备的机制,鼓励由装备使用单位和制造企业共同开发高端装备。建立高端装备首台套保险机制和示范应用制度,加大对首台套及配套系统推广应用的支持。探索建立高端装备发展与重大项目审批的联动机制,对于重点领域工程项目的所需装备,组织使用单位、制造企业联合制定装备联合攻关方案,并加快实施。完善招投标制度,加强对招投标工作的指导和监管。推动配套设备及高端装备维修、支援、租赁、服务等产业配套体系建设。加快建立健全有利于高端装备制造业发展的行业标准和重点产业技术标准体系,组织实施智能制造示范工程,以应用拉动产业发展。

(七)加强人才队伍建设

加快实施《装备制造人才队伍建设中长期规划(2011—2020年)》,依托国家相关人才工程、计划,大力实施人才强业战略。以建设创新型科技人才、急需紧缺专业人才和高技能人才队伍为先导,统筹装备制造经济管理人才、专业技术人才、技能人才队伍建设。加大海外高层次人才和国外智力引进工作力度,加速装备制造业人才国际化进程。充分发挥企业、科研院所、高校、职业院校和其他培训机构的平台作用,创新人才培养模式,提高人才培养质量。完善人才评价体系,健全激励与分配机制,营造良好的人才发展环境。

(八)提升对外合作水平

充分利用各种渠道和平台,积极探索合作新模式,融入全球产业链。鼓励境外企业和科研机构在我国设立研发机构,支持国外企业和国内企业开展高端装备联合研发和创新。支持国内企业“走出去”,并购或参股国外高端装备制造企业和研发机构,支持国内企业培育国际化品牌,开展国际化经营,多层次参与国际合作。

产业结构调整指导目录(2011年本)

第一类 鼓励类

四、电力

1. 水力发电

2. 单机60万kW及以上超临界、超超临界机组电站建设

3. 采用30万kW及以上集中供热机组的热电联产,以及热、电、冷多联产

4. 缺水地区单机60万kW及以上大型空冷机组电站建设

5. 重要用电负荷中心且天然气充足地区天然气调峰发电项目

6. 30万kW及以上循环流化床、增压流化床、整体煤气化联合循环发电等洁净煤发电

7. 单机30万kW及以上采用流化床锅炉并利用煤矸石、中煤、煤泥等发电

8. 500kV 及以上交、直流输变电

9. 在役发电机组脱硫、脱硝改造

10. 电网改造与建设

11. 继电保护技术、电网运行安全监控信息技术开发与应用

12. 大型电站及大电网变电站集约化设计和自动化技术开发与应用

13. 跨区电网互联工程技术开发与应用

14. 输变电节能、环保技术推广应用

15. 降低输、变、配电损耗技术开发与应用

16. 分布式供电及并网技术推广应用

17. 燃煤发电机组脱硫、脱硝及复合污染物治理

19. 水力发电中低温水恢复措施工程、过鱼措施工程技术开发与应用

20. 大容量电能储存技术开发与应用

21. 电动汽车充电设施

22. 乏风瓦斯发电技术及开发利用

23. 垃圾焚烧发电成套设备

24. 分布式电源

五、新能源

1. 太阳能热发电集热系统、太阳能光伏发电系统集成技术开发应用、逆变控制系统开发制造

2. 风电与光伏发电互补系统技术开发与应用

3. 太阳能建筑一体化组件设计与制造

4. 高效太阳能热水器及热水工程,太阳能中高温利用技术开发与设备制造

6. 生物质直燃、气化发电技术开发与设备制造

7. 农林生物质资源收集、运输、储存技术开发与设备制造;农林生物质成型燃料加工设备、锅炉和炉具制造

9. 沼气发电机组、沼气净化设备、沼气管道供气、装罐成套设备制造

10. 海洋能、地热能利用技术开发与设备制造

六、核能

3. 核电站建设

11. 核电站延寿及退役技术和设备

十四、机械

1. 三轴以上联动的高速、精密数控机床及配套数控系统、伺服电动机及驱动装置、功能部件、刀具、量具、量仪及高档磨具磨料

2. 大型发电机组、大型石油化工装置、大型冶金成套设备等重大技术装备用分散型控制系统(DCS),现场总线控制系统(FCS),新能源发电控制系统

3. 输入输出点数512个以上的可编程控制系统(PLC)

15. 单机容量80万kW及以上混流式水力发电设备(水轮机、发电机及调速器、励磁等附属设备),单机容量35万kW及以上抽水蓄能、5万kW及以上贯流式和10万kW及以上冲击式水力发电设备及其关键配套辅机

16. 60万kW及以上超临界、超超临界火电机组用发电机保护断路器、泵、阀等关键配套辅机、部件

17. 60万kW及以上超临界参数循环流化床锅炉

18. 燃气轮机高温部件及控制系统

19. 60万kW及以上发电设备用转子(锻造、焊接)、转轮、叶片、泵、阀、主轴护套等关键铸锻件

20. 耐高低温、耐腐蚀、耐磨损精密铸锻件

21. 500kV及以上超高压、特高压交直流输电设备及关键部件:变压器(出线装置、套管、调压开关),开关设备(灭弧装置、液压操作机构、大型盆式绝缘子),高强度支柱绝缘子和空心绝缘子,悬式复合绝缘子,绝缘成型件,特高压避雷器、直流避雷器,电控、光控晶闸管,换流阀(平波电抗器、水冷设备),控制和保护设备,直流场成套设备等

22. 高压真空元件及开关设备,智能化中压开关元件及成套设备,使用环保型中压气体的绝缘开关柜,智能型(可通信)低压电器,非晶合金、卷铁心等节能配电变压器

23. 二代改进型、三代核电设备及关键部件;2.5MW以上风电设备整机及2.0MW以上风电设备控制系统、变流器等关键零部件;各类晶体硅和薄膜太阳能光伏电池生产设备;海洋能(潮汐、海浪、洋流)发电设备

30. 智能焊接设备,激光焊接和切割、电子束焊接等高能束流焊割设备,搅拌摩擦、复合热源等焊接设备,数字化、大容量逆变焊接电源

37. 直径1 200mm及以上的天然气输气管线配套压缩机、燃气轮机、阀门等关键设备;单线260万t/a及以上天然气液化配套的压缩机及驱动机械、低温设备等;大型输油管线配套的3 000m^3/h及以上的输油泵等关键设备

十五、城市轨道交通装备

5. 直流高速开关、真空断路器(GIS)供电系统成套设备关键部件

6. 轨道车辆交流牵引传动系统、制动系统及核心元器件(含IGCT、IGBT元器件)

十九、轻工

16. 锂二硫化铁、锂亚硫酰氯等新型锂原电池;锂离子电池、氢镍电池、新型结构(卷绕式、管式等)密封铅蓄电池等动力电池;储能用锂离子电池和新型大容量密封铅蓄电池;超级电池和超级电容器

17. 锂离子电池用磷酸铁锂等正极材料、中间相炭微球和钛酸锂等负极材料、单层与三层复合锂离子电池隔膜、氟代碳酸乙烯酯(FEC)等电解质与添加剂;废旧铅酸蓄电池资源化无害化回收,年回收能力5万t以上再生铅工艺装备系统制造

18. 先进的各类太阳能光伏电池及高纯晶体硅材料(单晶硅光伏电池的转化效率大于17%,多晶硅电池的转化效率大于16%,硅基薄膜电池转化效率大于7%,碲化镉电池的转化效率大于9%,铜铟镓硒电池转化效率大于12%)

二十二、城市基础设施

18. 城市照明智能化、绿色照明产品及系统技术开发与应用

二十三、铁路

7. 干线轨道车辆交流牵引传动系统、制动系统及核心元器件(含IGCT、IGBT元器件)

8. 时速200km及以上铁路接触网、道岔、扣配件、牵引供电设备

9. 电气化铁路牵引供电功率因数补偿技术应用

二十八、信息产业

21. 新型电子元器件(片式元器件、频率元器件、混合集成电路、电力电子器件、光电子器件、敏感元器件及传感器、新型机电元件、高密度印制电路板和柔性电路板等)制造

22. 半导体、光电子器件、新型电子元器件等电子产品用材料

二十九、现代物流业

8. 自动识别和标识技术、电子数据交换技术、可视化技术、货物跟踪和快速分拣技术、移动物流信息服务技术、全球定位系统、地理信息系统、道路交通信息通信系统、智能交通系统、物流信息系统安全技术及立体仓库技术的研发与应用

第二类 限制类

三、电力

1. 小电网外,单机容量30万kW及以下的常规燃煤火电机组

2. 小电网外,发电标准煤耗高于300g/(kW·h)的湿冷发电机组,发电标准煤耗高于305g/(kW·h)的空冷发电机组

3. 直接向江河排放冷却水的火电机组

4. 无下泄生态流量的引水式水力发电

十一、机械

14. 30万kW及以下常规燃煤火力发电设备制造项目(综合利用、热电联产机组除外)

15. 电线、电缆制造项目(用于新能源、信息产业、航天航空、轨道交通、海洋工程等领域的特种电线电缆除外)

24. 220kV及以下电力变压器(非晶合金、卷铁心等节能配电变压器除外)

25. 220kV及以下高、中、低压开关柜制造项目(使用环保型中压气体的绝缘开关柜除外)

26. 酸性碳钢焊条制造项目

44. 弧焊变压器

45. 含铅和含镉钎料

50. Y系列(IP44)三相异步电动机(机座号80~355)及其派生系列,Y2系列(IP54)三相异步电动机(机座号63~355)

第三类 淘汰类

注:条目后括号内年份为淘汰期限,淘汰期限为2011年是指应于2011年底前淘汰,其余类推;有淘汰计划的条目,根据计划进行淘汰;未标淘汰期限或淘汰计划的条目为国家产业政策已明令淘汰或立即淘汰。

一、落后生产工艺装备

(三)电力

1. 大电网覆盖范围内,单机容量在10万kW以下的常规燃煤火电机组

2. 单机容量5万kW及以下的常规小火电机组

3. 以发电为主的燃油锅炉及发电机组(5万kW及以下)

4. 大电网覆盖范围内,设计寿命期满的单机容量20万kW以下的常规燃煤火电机组

(五)钢铁

7. 用于地条钢、普碳钢、不锈钢冶炼的工频和中频感应炉

8. 30t及以下转炉(不含铁合金转炉)

9. 30t及以下电炉(不含机械铸造电炉)

22. 6 300kV·A以下铁合金矿热电炉,3 000kV·A以下铁合金半封闭直流电炉、铁合金精炼电炉(钨铁、钒铁等特殊品种的电炉除外)

36. 电解金属锰用5 000kV·A及以下的整流变压器、150m^{3}以下的化合槽(2011年),化合槽有效容积150m^{3}以下的生产设备

(十)机械

1. 热处理铅浴炉

2. 热处理氯化钡盐浴炉(高温氯化钡盐浴炉暂缓淘汰)

19. 位式交流接触器温度控制柜

20. 插入电极式盐浴炉

21. 动圈式和抽头式硅整流弧焊机

22. 磁放大器式弧焊机

25. 无磁轭(≥0.25t)铝壳中频感应电炉(2015年)

26. 无心工频感应电炉

二、落后产品

(七)机械

21. YB系列(机座号63~355mm,额定电压660V及以下)、YBF系列(机座号63~160mm,额定电压380、660V或380/660V)、YBK系列(机座号100~355mm,额定电压380/660V、660/1140V)隔爆型三相异步电动机

22. DZ10系列塑壳断路器、DW10系列框架断路器

23. CJ8系列交流接触器

24. QC10、QC12、QC8系列起动器

25. JR0、JR9、JR14、JR15、JR16 - A、B、C、D 系列热继电器

26. 以焦炭为燃料的有色金属熔炼炉

27. GGW 系列中频无心感应熔炼炉

45. 快速断路器：DS3 - 10、DS3 - 30、DS3 - 50(1 000A、3 000A、5 000A)、DS10 - 10、DS10 - 20、DS10 - 30(1 000A、2 000A、3 000A)

46. SX 系列箱式电阻炉

48. SL7 - 30/10 ~ SL7 - 1600/10、S7 - 30/10 ~ S7 - 1600/10 配电变压器

49. 刀开关：HD6、HD3 - 100、HD3 - 200、HD3 - 400、HD3 - 600、HD3 - 1000、HD3 - 1500

62. 含汞开关和继电器

(九)轻工

2. 开口式普通铅酸电池

5. 含镉高于 0.002% 的铅酸蓄电池(2013 年)

工业和信息化部节能机电设备(产品)推荐目录(第三批)

一、变压器

序号	设备名称	型　号	主要技术参数	适用范围	执 行 标 准
1	干式电力变压器	SCB10 - 630 ~ 2500/20	额定容量:630 ~ 2 500kV · A 额定电压:10 ± 5% /0.4kV 联接组别:Dyn11 空载损耗:2.23kW(1 600kV 容量) 负载损耗:12.53kW(1 600kV 容量)	城乡电网建设与改造	GB 20052—2006《三相配电变压器能效限定值及节能评价值》 相关指标: 空载损耗:≤3.1kW(1 600kV 容量) 负载损耗:≤14.6kW(1 600kV 容量)
2	H 级绝缘非包封干式电力变压器	SG(H)B10 - 630 ~ 2500/10	额定容量:630 ~ 2 500kV · A 额定电压:10 ± 5% /0.4kV 联接组别:Dyn11 空载损耗:2.72kW(2 000kV 容量) 负载损耗:15.97kW(2 000kV 容量)	10kV 配电系统	GB 20052—2006《三相配电变压器能效限定值及节能评价值》 相关指标: 空载损耗:≤3.57kW(2 000kV 容量) 负载损耗:≤16.72kW(2 000kV 容量)
3	树脂绝缘干式电力变压器	SCL(B)10 - 30 ~ 630/10	额定容量:30 ~ 630kV · A 额定电压:10 ± 5% /0.4kV 联接组别:Dyn11 空载损耗:0.807kW(315kV 容量) 负载损耗:3.512kW(315kV 容量)	10kV 配电系统	GB 20052—2006《三相配电变压器能效限定值及节能评价值》 相关指标: 空载损耗:≤0.88kW(315kV 容量) 负载损耗:≤3.71kW(315kV 容量)
4	配电变压器	S11 - M - 30 ~ 1600/10	额定容量:30 ~ 1 600kV · A 额定电压:10 ± 2 × 2.5% /0.4kV 联接组别:Yyn0 短路阻抗:4.5% 空载损耗:0.18kW(100kV 容量) 0.95kW(800kV 容量) 负载损耗:1.29kW(100kV 容量) 7.45kW(800kV 容量)	城市、农村供电网络用,提供照明、动力源等	GB 20052—2006《三相配电变压器能效限定值及节能评价值》 相关指标: 空载损耗:≤0.2kW(100kV 容量) ≤0.98kW(800kV 容量) 负载损耗:≤1.5kW(100kV 容量) ≤7.5kW(800kV 容量)
5	三相油浸式配电变压器	S11 - M - 800/20 系列	额定容量:800kV · A 额定电压:20 ± 5% /0.4kV 联接组别:Dyn11 温升限值:油顶层温升 55K,绕组温升 65K 空载损耗:0.986kW(800kV 容量) 负载损耗:7.024kW(800kV 容量)	用户配电	GB/T 6451—2008《油浸式电力变压器技术参数和要求》 相关指标: 空载损耗:≤1.23kW(800kV 容量) 负载损耗:≤9.9kW(800kV 容量)

（续）

序号	设备名称	型　号	主要技术参数	适用范围	执行标准
6	油浸式配电变压器	S11－M(R)－30～500/10	额定容量:30～500 kV·A 额定电压:10±5%/0.4kV 联接组别:Dyn11 温升限值:油顶层温升55K,绕组温升65K 空载损耗:0.49kW(315kV容量) 负载损耗:3.71kW(315kV容量)	工矿企业、居民小区、商场、农村电网、电力系统	GB 20052—2006《三相配电变压器能效限定值及节能评价值》 相关指标: 空载损耗:≤0.49kW(315kV容量) 负载损耗:≤3.71kW(315kV容量)
6	油浸式配电变压器	S(B)11－M(R)－630～1600/10	额定容量:630～1 600kV·A 额定电压:10±5%/0.4kV 联接组别:Dyn11 温升限值:油顶层温升55K,绕组温升65K 空载损耗:1.3kW(1 250kV容量) 负载损耗:11.6kW(1 250kV容量)	工矿企业、居民小区、商场、农村电网、电力系统	GB 20052—2006《三相配电变压器能效限定值及节能评价值》 相关指标: 空载损耗:≤1.36kW (1 250kV容量) 负载损耗:≤12.0kW (1 250kV容量)
7	干式电力变压器	SCB11－30～2500/10	额定容量:30～1 600kV·A 额定电压:10±2×2.5%/0.4kV 联接组别:Dyn11 温升限值:100K 空载损耗:0.814kW(315kV容量) 1.629kW(1 250kV容量) 负载损耗:3.804kW(315kV容量) 9.391kW(1 250kV容量)	工矿企业、城市建筑、矿山、码头等场所的变配电设备	GB 20052—2006《三相配电变压器能效限定值及节能评价值》 相关指标: 空载损耗:≤0.88kW(315kV容量) ≤2.09kW(1 250kV容量) 负载损耗:≤3.47kW(315kV容量) ≤9.69kW(1 250kV容量)
8	立体卷铁心树脂绝缘干式变压器	SCB11－RL－30～2500/10	额定容量:30～2 500kV·A 额定电压:10±2×2.5%/0.4kV 联接组别:Dyn11 空载损耗:0.978kW(500kV容量) 1.15kW(800kV容量) 负载损耗:4.576kW(500kV容量) 6.28kW(800kV容量)	城网、高层住宅、机场、车站、购物中心等	GB 20052—2006《三相配电变压器能效限定值及节能评价值》 相关指标: 空载损耗:≤1.16kW(500kV容量) ≤1.52kW(800kV容量) 负载损耗:≤4.88kW(500kV容量) ≤6.96kW(800kV容量)
9	三相油浸式全密封配电变压器	S13－M－30～1600/10	额定容量:30～1 600kV·A 额定电压:10±5%/0.4kV 联接组别:Dyn11 空载损耗:0.365kW(315kV容量) 0.743kW(800kV容量) 负载损耗:3.91kW(315kV容量) 7.86kW(800kV容量)	城市配网、农网、动力和照明	GB 20052—2006《三相配电变压器能效限定值及节能评价值》 相关指标: 空载损耗:≤0.48kW(315kV容量) ≤0.98kW(800kV容量) 负载损耗:≤3.65kW(315kV容量) ≤7.5kW(800kV容量)
10	卷铁心全密封电力变压器	S13－M·R－30～1600/10	额定容量:30～1 600kV·A 额定电压:10±5%/0.4kV 联接组别:Dyn11 空载损耗:0.342kW(315kV容量) 0.57kW(630kV容量) 负载损耗:3.649kW(315kV容量) 6.296kW(630kV容量)	10kV配电系统	GB 20052—2006《三相配电变压器能效限定值及节能评价值》 相关指标: 空载损耗:≤0.48kW(315kV容量) ≤0.8kW(630kV容量) 负载损耗:≤3.65kW(315kV容量) ≤6.20kW(630kV容量)
11	立体卷铁心树脂绝缘干式变压器	SCB13－RL－630～2500/10	额定容量:30～1 600kV·A 额定电压:10±2×2.5%/0.4kV 联接组别:Dyn11 短路阻抗:4% 温升限值:100K 空载损耗:1.489kW(1 215kV容量) 负载损耗:9.743kW(1 215kV容量)	城网、高层住宅、机场、车站、购物中心	GB 20052—2006《三相配电变压器能效限定值及节能评价值》 相关指标: 空载损耗:≤2.09kW(1 215kV容量) 负载损耗:≤9.69kW(1 215kV容量)

（续）

序号	设备名称	型号	主要技术参数	适用范围	执行标准
12	立体卷铁心油浸式变压器	S14 - M · RL - 30 ~ 1600/10	额定容量:30 ~ 1 600kV · A 额定电压:10 ±2 ×2.5%/0.4kV 联接组别:Dyn11 空载损耗:0.266kW(315kV 容量) 0.548kW(800kV 容量) 负载损耗:3.139kW(315kV 容量) 6.178kW(800kV 容量)	城网、高层住宅、机场、车站、购物中心等	GB 20052—2006《三相配电变压器能效限定值及节能评价值》 相关指标: 空载损耗:≤0.48kW(315kV 容量) ≤0.98kW(800kV 容量) 负载损耗:≤3.65kW(315kV 容量) ≤7.50kW(800kV 容量)
13	三相双绕组无励磁调压配电变压器	SH15 - 30 ~ 500/10	额定容量:30 ~ 1 600kV · A 额定电压:10 ±2 ×2.5%/0.4kV 联接组别:Dyn11 温升限值:油顶层温升 60K,绕组温升 65K 空载损耗:0.17kW 负载损耗:3.58kW	电力系统、工厂、居民区、发电企业	GB 20052—2006《三相配电变压器能效限定值及节能评价值》 相关指标: 空载损耗:≤0.48kW 负载损耗:≤3.65kW
14	油浸式非晶合金铁心配电变压器	SH15 - M - 30 ~1600/10	额定容量:30 ~ 1 600kV · A 额定电压:10 ±2 ×2.5%/0.4kV 联接组别:Dyn11 空载损耗:0.143kW(315kV 容量) 0.349kW(1 250kV 容量) 负载损耗:3.606kW(315kV 容量) 11.574kW(1 250kV 容量)	发电、电力电网、电站及居民生活变电所	GB 20052—2006《三相配电变压器能效限定值及节能评价值》 相关指标: 空载损耗:≤0.48kW(315kV 容量) ≤1.36kW(1 250kV 容量) 负载损耗:≤3.65kW(315kV 容量) ≤12kW(1 250kV 容量)
15	三相油浸式非晶合金铁心配电变压器	SBH15 - M - 30 ~500/10	额定容量:30 ~500kV · A 额定电压:10 ±5%/0.4kV 联接组别:Dyn11 温升限值:油顶层温升 55K,绕组温升 65K 空载损耗:0.449kW(315kV 容量) 负载损耗:3.48kW(315kV 容量)	城市配网、农网、动力和照明	GB 20052—2006《三相配电变压器能效限定值及节能评价值》 相关指标: 空载损耗:≤0.49kW(315kV 容量) 负载损耗:≤3.71kW(315kV 容量)
16	10 ~ 35kV 城市轨道交通用干式牵引整流变压器	ZQSCB - 800/10	额定容量:800kV · A 额定电压:10 ±5%/0.4kV 联接组别:Dyn11 空载损耗:1.80kW 负载损耗:7.21kW	地铁、城铁等城市轨道交通系统	JB/T 10693—2007《城市轨道交通用干式牵引整流变压器》 相关指标: 空载损耗:≤1.99kW 负载损耗:≤7.23kW
		ZQSCB - 3000/35	额定容量:3 000kV · A 额定电压:35 ±5%/0.4kV 联接组别:Dyn11 空载损耗:6.85kW 负载损耗:16.48kW	地铁、城铁等城市轨道交通系统	JB/T 10693—2007《城市轨道交通用干式牵引整流变压器》 相关指标: 空载损耗:≤7.23kW 负载损耗:≤16.5kW

二、电机

序号	设备名称	型号	主要技术参数	适用范围	执行标准
1	三相异步电动机	YX3 系列(YX3 - 80M1 ~ YX3 - 355L 共 72 种规格型号)	机座号:80 ~355 功率因数:0.87 ~0.91 功率:0.55 ~315kW 效率:77.5% ~95.8%	风机、水泵、机床等设备	GB 18613—2006《中小型三相异步电动机能效限定值及能效等级》 相关指标:效率 77.5% ~95.8%
		YX3 系列(YX3 - 100L ~ YX3 - 280M 共 43 种规格型号)	机座号:100 ~280 功率:0.55 ~55kW 极数:2、4、6 极 电压:380V,50Hz 效率:81.5% ~94.7%		GB 18613—2006《中小型三相异步电动机能效限定值及能效等级》 相关指标:效率 81.5% ~94.7%

（续）

序号	设备名称	型　　号	主要技术参数	适用范围	执行标准
1	三相异步电动机	Y 系列（Y355～1120）YKK 系列（YKK355～112） YKS 系列（YKS355～1120）YJS 系列（YJS450～1120）共 1239 个规格	机座号：355～1120 功率：355～25 000kW 极数：2、4、6、8、10、12、16 极 电压：6kV、10kV 效率：94.2%～98.0%	风机、水泵、卷扬机、压缩机、磨机等设备	《节能产品惠民工程高效电机推广实施细则》 相关指标：效率 94.2%～98.0%
		YJ3－250S－8－22	功率因数：0.99 额定功率：22kW 效率：92.0%	工、农业机械、油田、纺织机械等	GB 1861—2006《中小型三相异步电动机能效限定值及能效等级》 相关指标：效率≥92.0%
1	三相异步电动机	1TL0（1TL0001－0DA2～1TL0001－3BC6，共 73 种规格型号）	机座号：H80～355 功率：0.55～315kW 极数：2、4、6 极 同步转速：3 000r/min、1 500r/min、1 000r/min 效率：77.5%～95.8%	水泵、风机、食品处理机械、压缩机、液压机械和矿山机械等	GB 18613—2006《中小型三相异步电动机能效限定值及能效等级》 相关指标：效率 77.5%～95.8%
		WTL 系列三相异步电动机（WTL－80M～WTL－315L，共 65 种规格型号）	机座号：80～315 功率：0.55～200kW 极数：2、4、6 极 电压：220/380/660V，50Hz 效率：77.5%～95.4%	机床、风机、水泵、减速机等设备	GB 18613—2006《中小型三相异步电动机能效限定值及能效等级》 相关指标：效率 77.5%～95.4%
1	三相异步电动机	GX 系列高效电动机（GX80－355，共 73 个规格型号）	机座号：80～355 功率：0.55～375kW 级数：2 极，4 极，6 极 电压：380V，50Hz 效率：77.5%～95.8%	风机、水泵、压缩机、减速机、注塑机等多种领域配套	GB 18613—2006《中小型三相异步电动机能效限定值及能效等级》 相关指标：效率 77.5%～95.8%
2	永磁同步电动机	YGDL－37	功率：37kW 电压：380VAC 转速：1 000r/min 效率：96.1%	工厂、企业、油田、机床	GB 18613—2006《中小型三相异步电动机能效限定值及能效等级》 相关指标：效率≥94.2%
2	永磁同步电动机	TNM355M2－6、TNM315S－6、TNM280M－12、TNM250M－4、TNM225M－128、TNM200 L2－6、TNM180M－4、TNM160M－4	功率因数≥0.95 堵转电流/额定电流≤9.0 堵转转矩/额定转矩≥3.2 效率≥95%	油田、煤炭、轧钢、化工、风机、水泵、运输机械等领域	GB 18613—2006《中小型三相异步电动机能效限定值及能效等级》 相关指标：效率 91.0%～95%
		TYS 系列永磁同步电动机（TYS18－25，共 27 种规格型号）	效率：TYS18　92.8% TYS25　93.0% 电压：300V 级 电流：正弦波 电源：变频伺服控制 转矩：50～360N·m 调速范围：1∶2 000 绝缘等级：F	需变速控制的各行业、各种传动机械	GB 18613—2006《中小型三相异步电动机能效限定值及能效等级》 相关指标：效率 90.0%～92.5%
2	永磁同步电动机	SYX 系列（SYX080－360，47 种规格型号）	功率：0.55～45kW 功率因数：0.75～0.90 效率：75.4%～93.9%	工业、农业机械、油田、纺织机械等	GB 18613—2006《中小型三相异步电动机能效限定值及能效等级》 相关指标：效率 75.4%～93.9%

三、低压电器

序号	设备名称	型　号	主要技术参数	适用范围	执行标准
1	宽频宽压逆变电源	3GF－YPW－01型	电压调整范围:65.7%～121.3% 电压稳态调整率:－0.23% 电压瞬态调整率:－2.4%～＋4.6% 电压波动率:0.07% 频率稳态调整率:－0.16% 频率瞬态调整率:－0.2% 效率:92%	邮电、船舶、金融、铁道、楼宇、卫星等领域	DZ3F.013JT《新型宽频宽压逆变电源技术条件》
2	智能照明调控稳压器(柜)	MTK型(MTK3－160kVA)	输出电压范围:365～385V 211～224V 稳压精度:2% 节电率:29%	城市道路、公交停靠站、企业厂房、广场、港口、学校、医院、商场、酒店等场所照明	Q/NSB04－2011《智能照明调控稳压器(柜)》
3	智能热量表	CYMR－1型 3种规格:(DN15、DN20、DN25)	口径:15～25mm 准确度等级:EN1434/CJ128 3级 外壳防护等级:IP65 最大工作压力:1.6MPa 起始计量温差:0.25K 温度范围:2～95℃ 温差范围:2～75K 环境温度:0～55℃ 温度分辨率:0.01℃	可安装于新建、改建、扩建的建筑节能工程及既有建筑节能供热计量改造项目	CJ 128—2007《热量表》
4	电子式过载继电器	GSR3－09～25(R)、40～95共13种规格型号	额定电源电压U_s:AC 220V 额定绝缘电压U_i:AC 690V 额定工作电压U_e:AC 220V、380V、660V 脱扣等级:10级、20级	适用于三相交流电动机在交流50Hz(或60Hz)、额定工作电压660V、电流1～95A的电路中,起到过载、断相、三相不平衡保护作用	GB 14048.1—2006《低压开关设备和控制设备》
5	交流接触器	GSC3－2511Z/DC:110V	额定电流:25A 闭合状态下线圈吸持电压:DC110V 闭合状态下线圈吸持电流:45mA 闭合状态下线圈吸持功率:4.95V·A	产品广泛用于光伏、风能发电行业、供电行业、机床电器行业、船用等行业	GB 21518—2008《交流接触器能效限定值及能效等级》

四、工业锅炉

序号	设备名称	型　号	主要技术参数	适用范围	执行标准
1	燃气锅炉	SZS20－1.25－Q SZS35－1.25－Q	额定蒸发量:20t/h,35t/h 额定工作压力:1.25 MPa 给水温度:105℃ 冷空气温度:20℃ 排烟温度:138.5℃,139.8℃ 锅炉设计热效率:94.1% 烟尘排放浓度:5.0mg/m^3,4.26mg/m^3 SO_2排放浓度:6.25mg/m^3,5.97mg/m^3 NO_x排放浓度:165.5mg/m^3,147.7mg/m^3 烟气林格曼黑度＜1级	工业动力用蒸汽、集中供热热源	CIBB2—2011《工业锅炉节能产品技术条件》 相关指标:热效率≥94%

（续）

序号	设备名称	型　号	主要技术参数	适用范围	执行标准
2	10 万 t/a 煅烧焦项目烟气能量回收系统余热锅炉	BQ100/1050 - 50 - 3.82/450	额定蒸发量:50t/h 给水温度:105℃ 额定蒸汽压力:3.82MPa 排烟温度:200℃ 额定蒸汽温度:450℃ 锅炉金属消耗量:342.5t 锅炉测试热效率:80.2% 进口烟气温度:1 050℃ 进口烟气量:100 000m^3/h(标准状态)	石油行业:煅烧焦项目烟气能量回收系统余热利用	CIBB2—2011《工业锅炉节能产品技术条件》 相关指标:热效率≥77%
3	燃油页岩高低差速循环流化床锅炉	DHX130 - 9.8/540 - YY	额定蒸发量:130t/h 额定蒸汽压力:9.8MPa 额定蒸汽温度:540℃ 给水温度:215℃ 锅炉测试热效率: 89.19% 燃料热值:10 048kJ/kg 烟尘排放浓度:47.51mg/m^3 SO_2排放浓度:1 757.59mg/m^3 NO_x排放浓度:295.08mg/m^3 烟气林格曼黑度 <1 级	发电厂、热电厂、工矿企业、动力站等	CIBB2—2011《工业锅炉节能产品技术条件》 相关指标:热效率≥89%
4	多种生物质燃料直燃锅炉	DHX65 - 3.82/450 - SW	额定蒸发量:65t/h 负荷调节范围:50% ~110% 蒸汽额定压力:3.82MPa 蒸汽温度:450℃ 排烟温度:150℃ 锅炉设计热效率:≥90% 烟尘排放浓度:19.76mg/m^3 SO_2排放浓度:255.75mg/m^3 NO_x排放浓度:298.25mg/m^3 烟气林格曼黑度 <1 级 燃料:麦秆、稻秆、玉米秸秆、果木枝条、秸秆压块、树皮、花生壳、牛粪、稻壳等多种混合燃料	生物质秸秆发电与热电联产等	CIBB2—2011《工业锅炉节能产品技术条件》 相关指标:热效率≥88%
5	大容量复合循环高温热水锅炉	QXL29 - 1.6/150/90 - AⅡ	热功率:29MW 锅炉测试热效率:84.17% 额定工作压力:1.6MPa 出水温度:150℃ 回水温度:90℃ 烟尘排放浓度:61mg/m^3 SO_2排放浓度:277mg/m^3 NO_x排放浓度:310mg/m^3 烟气林格曼黑度 <1 级	大中型工矿企业采暖、小区供热、集中供暖等	CIBB2—2011《工业锅炉节能产品技术条件》 相关指标:热效率≥84%
6	甘蔗渣锅炉	DHG - 135/3.8 - G	额定蒸发量:135t/h 额定蒸汽压力:3.8MPa(表压) 额定蒸汽温度:450℃ 锅炉测试热效率:88.82% 烟尘排放浓度:175.3mg/m^3 SO_2排放浓度:26mg/m^3 NO_x排放浓度:228mg/m^3 烟气林格曼黑度 <1 级	各类制糖行业	CIBB2—2011《工业锅炉节能产品技术条件》 相关指标:热效率≥83%

（续）

序号	设备名称	型　　号	主要技术参数	适用范围	执行标准
7	常压热水燃煤锅炉	CWRL1.4 － 85/60 － AⅢ	额定热功率：1.4MW 额定工作压力：常压 锅炉测试热效率：88.4% 供回水温度：85℃/60℃ 排烟温度：≤60℃ 烟尘排放浓度：39.0mg/m^3 SO_2排放浓度：108mg/m^3 NO_x排放浓度：60.2mg/m^3 烟气林格曼黑度 <1 级	适用于中小城市的供热采暖等	JB/T 7985—2002《小型锅炉和常压热水锅炉技术条件》 相关指标：热效率≥76%

勇攀自主创新高峰　实现产业转型升级

——中国东方电气集团有限公司东方汽轮机有限公司

一、坚持多电并举战略，推进清洁高效电力装备产业发展

21 世纪以来，受能源需求总量和环境约束，绿色、清洁、高效的使用能源成为时代需求。对此，东方电气集团有限公司东方汽轮机有限公司（以下简称东汽）围绕国家产业发展政策和市场需求，前瞻性地实行“多电并举”战略，在继续优化发展传统火电产业的基础上，加大了对风电、核电、燃机和新能源产业的投入和布局，实现了东汽产业结构调整和优化升级。

2004 年，东汽进入风电产业，并围绕产业链和市场分布进行了产业布局，先后在四川德阳、天津、甘肃酒泉、内蒙古通辽和呼伦贝尔等地建立了生产和服务基地，形成了包括叶片、轮毂、基架、主轴、控制系统、变频器等关键部套件的制造能力。核电方面，东汽通过关键设备投入和关键技术突破，已具备二代加、三代核电完全国产化制造能力，并在 2011 年形成了年产 6 台的大批量制造业绩；掌握了核控制棒驱动机构制造技术，通过了国家核安全局认证，进入了核岛设备制造领域。在发展大型电力装备的同时，东汽还将目光投向储能电池、新材料等新能源相关产业，并在 VRB 储能电池、环氧树脂材料等产品领域取得突破。

2001 年，国家发展和改革委员会以“市场换技术”的方式，通过打捆招标引进当代先进燃机制造技术，东汽参加了打捆招标的竞标，并于 2002 年引进了三菱公司（E 级、F 级）燃气轮机制造技术、联合循环汽轮发电机组制造技术以及电站调试和检修维护技术。东汽完成燃气轮机研制项目的技术改造，形成了重型燃机批量制造能力，并通过努力攻克并逐步实现了燃气轮机研制的国产化目标。东汽首台燃气轮机组国产化率即达 46.5%，目前已实现了国产化率 67% 的目标。同时，在合资工厂实现了燃气轮机国产化率 10% 的第一阶段目标，总计国产化率达 77%。东汽已累计制造及在制燃气轮机近 30 台。通过重型燃气轮机的制造积累了较为丰富的制造经验，已具备除燃烧室和透平叶片等热部件外所有部件的成套制造能力（包括辅机控制系统）及燃机电站安装、调试、运行和售后服务能力。

正是在多电产业结构的支撑下，东汽在灾后实现了产值规模的连续增长，并于 2011 年突破 200 亿元，其中传统火电之外产业产值比重超过 50%，成为支撑东汽持续发展的新动力。

二、注重研发要素投入，大力加强自主创新能力建设

企业只有具备了自主研发能力，掌握了核心技术，才能实现产业持续发展。东汽高度注重研发要素投入，坚持把自主创新能力建设放在首要位置，目标明确、重点突出。

一是加强研发平台建设。东汽结合科学重建，完成了产品试验室、材料试验室、工艺试验室、风机试验台和核部件试验台等一批先进试验平台的建设，完成风电研发中心、核电焊接转子研制中心设立和建设，并于近年启动了燃气轮机研发中心建设，规划包括燃烧室、压气机试验台、透平叶片试验台等一系列试验设备。多个一流研发试验中心的相继建成，为东汽自主研发能力提升提供了强有力的硬件支撑。

二是加大研发人才引入和培养。采用环境引才、项目引才、事业引才、感情引才、高薪引才等多种方式，在燃机、核电、风电、新能源等领域引进具有创新性和开拓性的高端人才，提升了公司的研发实力。同时注重各级人才梯队培养，保持研发队伍的连贯性。东汽从 2002 年开始，组建了重型燃机研发团队，陆续开展了一系列前期科研工作和消化吸收工作。从 2008 年开始，确定进行 F 级 50MW 重型燃机样机的研发，并于同年得到国家支持。计划用 8 年左右的时间，建立重型燃机研发体系和试验验证体系并完成样机的研制。目前该项目进展顺利。通过重型燃机全过程的设计、试验等工作，东汽锻炼和培养了一支优秀的燃机研发队伍，为全面掌握重型燃机设计、试验及制造技术打下了坚实基础。

三是完善自主创新激励机制。东汽设立了科技人才专项奖励基金，从2002年开始召开科技创新大会，对突出贡献的科技人员和项目团队予以大力度的奖励，从而营造重视研发、鼓励创新的企业氛围。

通过加大研发投入和自主创新体系建设，东汽已经形成了一支强大的研发人才队伍和一流的研发软硬件环境，火电、核电、燃机、风电领域的自主研发能力持续增强。

三、狠抓重点科研项目，实现关键领域关键技术突破

从许可制造、技术引进到以市场换技术，再到合资建厂，中国电力装备工业走过了艰难的技术引进和消化吸收之路。但是核心技术和先进技术是市场换不来，合资是得不到的。对此，东汽立足自身与适当利用外部资源相结合，选择关键技术领域成立科研项目攻关团队，重点攻关，取得突破。

火电方面，大型机组空冷、供热按照用户需求定制的自主设计能力不断突破，已成功研制出世界首台超超临界100万kW空冷机组，自主研制了适应欧美市场的60Hz大功率火电机组。核电方面，东汽已完全掌握包括转子在内的关键部件制造技术，完成了核电焊接转子技术攻关，成为国内首个掌握百万千瓦等级核电转子技术的企业，打破了国外垄断。在第三代核电自主研制中，东汽已完成国内最长的1 828mm末级动叶研制，整机研制过程也顺利推进。风电方面，东汽在引进1.5MW风电技术基础上，通过攻关掌握了风电机组传动链、载荷分析、叶片材料及成形、控制、制动、并网等关键技术，并迅速针对中国气候环境条件，进行低温型、抗台风型、弱风型、耐盐雾型机组系列化设计，相继开发了1MW、2MW、2.5MW、3MW不同功率等级机组，5.5MW大功率海上风电机组也即将下线。

燃机方面，东汽已完全掌握燃机转子的加工和装配技术，2009年即完成了国内首根燃机转子的国产化制造，建立了除高温部件外的完整重型燃机制造体系。东汽参加并负责完成了国家“973”计划项目“大型动力装备制造基础研究”的两个课题研究（课题3：燃机透平叶片精密加工定位与服役性能协同，课题5：燃机拉杆转子的界面效应与级间耦合机制）。东汽作为国家燃气轮机与煤气化联合循环工程技术中心的核心成员，参与了燃机共性技术研究。东汽通过与有关协作方的合作和自主研发，正逐步建立起一整套重型燃机设计方法、准则和体系。

正是通过对这些关键领域关键技术的不断攻关和突破，东汽自主研发能力不断增强。今天的东汽已成长为年工业总产值超过200亿元的能源装备制造企业，产品种类涵盖火电、风电、核电、气电、工业透平、军工、太阳能、海水淡化、电站辅机及工业控制等多个领域，并正朝着“管理一流、技术一流、设备一流、质量一流”的“四个一流”现代化企业的目标大步迈进！

〔摘自中国电器工业协会四届三次理事会企业交流资料〕

引领特高压技术发展　加快产业转型升级

——中国西电集团公司

中国西电集团公司（以下简称西电集团），是我国最具规模的高压、超高压及特高压输配电成套设备研究开发、生产制造和试验检测的重要基地，是目前我国高压、超高压及特高压交、直流成套输配电设备生产制造企业中产品电压等级最高、产品品种最多、工程成套能力最强的企业，也是国内具有输配电一次设备成套生产制造能力的企业集团。

“十一五”以来，西电集团贯彻实践科学发展观，以电网电压升级和直流输电发展为契机，以交、直流特高压输变电成套设备等高端技术开发为核心，通过持续不断地自主创新，技术水平实现了由追赶到开始世界领先的跨越，有力地支持了国家重点工程建设，推动了我国输变电装备技术进步，为我国输变电装备制造和国家经济建设作出了积极贡献。

一、以特高压为主的科技创新取得丰硕成果

通过自主创新，西电集团在重大成套装备、产业链上游关键部件、核心材料与工艺方面取得重大突破。“十一五”以来共完成重大技术开发544项，其中国际领先水平56项，国际先进水平261项，国内领先水平119项；研制成功了30多项特高压交、直流成套装备，打破了国外的垄断和竞争限制，增强了企业核心竞争力。

高压开关方面：研制成功具有国际领先水平的1 100kV特高压全封闭组合电器（GIS），系列化液压弹簧操动机构和复合充气套管等关键部件，处于领先水平的1 100kV高压隔离开关、旁路开关、接地开关；开发成功国内首台超高压直流转换开关，具有国际先进水平。

变压器方面：开发成功国际首台、电压最高的1 700kV特高压电力变压器，国际领先水平的特高压交流变压器（双柱双百万变压器）和特高压并联电抗器，国内首支世界先进水平的1 100kV特高压变压器套管以及油气干式套管；研制成功世界上电压等级最高的特高压换流变压器；研制成功具有国际先进水平的交流特高压升压变压器、可控电抗器等。

直流输电用换流阀方面：试制成功了国际电压等级最高并处于领先水平的±800kV特高压直流输电用换流阀，研制成功了阀用晶闸管电子单元（TCU/TVM）、饱和电抗器、阻尼电阻、阻尼电容、均压电容、避雷器、悬吊绝缘子、水冷散热器等关键元器件。

电瓷绝缘子方面：开发成功具有国际领先水平的1 100kV/16kN棒形支柱瓷绝缘子及1 100kV特高压瓷套式避雷器和罐式避雷器，国内首台、世界先进水平的±800kV特高压系列化直流避雷器及直流特高压±1 000kV直流避雷器，世界先进水平的1 100kV、±800kV特高压交、直流复合绝缘子等。

电容器与互感器方面：开发成功国际先进水平±800kV特高压直流输电用各种并联、滤波电容器及成套装置、1 100kV特高压交流电容式电压互感器等；基本开发完成各种电压等级的交、直流电子式互感器。

电缆绝缘方面：开发成功系列化的铁道电气化用信号电缆、通信电缆、时速200km及以上电气化铁道用铜及铜合金接触线、绞线等，多数处于国内领先水平；开发成功高压SF_6断路器用绝缘拉杆，替代了进口。

西电通过自主创新，“十一五”以来，共荣获国家科技进步奖8项，其中一等奖4项；陕西省科技进步奖37项，其中一等奖8项。2010年荣获中央企业科技创新特别奖。

二、创新带动知识产权快速增长

通过自主创新，西电集团的知识产权取得了良好成绩。“十一五”以来，累计专利申请数是前20年总和的7倍多，其中发明专利是前20年总和的27倍多，专利授权数是前20年总和的6倍多。在国资委知识产权排名多年持续提升，在国资委中央企业科技工作会议上公布的2010年中央企业专利情况排序中，西电集团拥有有效专利数排序44位，比上年度前进3位；拥有有效发明专利数排序61位，比上年度前进5位。

三、特高压输配电装备制造能力显著增强

“十一五”期间，西电集团的技术改造始终坚持围绕可持续发展、优化产业结构、突出新技术和新工艺的利用，把握投资方向、加强投资管理、提高投资效益进行，累计实施重点技术改造项目34个，新增产值超百亿元。通过百万伏级高压开关厂房、特高压试验大厅、大容量交直流变压器装备制造和超高压（特高压）直流输电设备等相应产品制造装备的改造完成，西电集团提升了超高压、特高压输变电装备的研发和设计的自主创新能力，提升了超高压、特高压交直流输变电设备试验、检测能力，扩大了试验容量。西电集团输变电装备制造能力达到百万伏级的制造水平，并形成批量制造超高压、特高压输变电装备的生产能力。

四、继续攀登特高压技术新高峰

结合国家坚强智能电网工程建设，根据创新发展和产业技术转型需要，西电集团将在超大规模输变电技术领域重点开展±1 100kV特高压直流成套装备技术开发研制（17个设备）、252～1 100kV断路器用系列弹簧操动机构、800～1 100kV瓷套粘接技术及瓷套等全新研发工作。通过创新开发研制，实现以下目标：

一是掌握成套装备核心技术，提升创新能力；引领世界直流输电装备技术发展；实现特高压直流关键设备的自主化，拥有自主知识产权，打破国外在高端直流输电技术领域的垄断，提升国际竞争力；实现直流输电成套装备技术供货能力，提升我国输变电设备整体制造水平，支撑国家重大能源工程建设和经济发展。

二是掌握开关设备的核心配套件制造技术，打破国外公司的垄断地位，提高我国重大装备的国产化水平，替代产品进口。

三是填补电瓷行业高电压等级无机粘接类产品的技术空白，解决各大开关企业产品研发的瓷套瓶颈，提高企业的竞争能力。

西电集团将继续贯彻科学发展观，深入研究输配电领域科技发展趋势，瞄准世界科技发展前沿，全力开展自主创新，充分发挥科技创新的引领和技术驱动作用。加快企业转型升级，抢占国际科技制高点，掌握未来科技发展主导权，为我国的输配电装备制造业作出更大的贡献！

〔摘自中国电器工业协会四届三次理事会企业交流资料〕

加快转型升级　开拓新兴领域
推动企业持续平稳健康发展

——哈尔滨锅炉厂有限责任公司

哈尔滨锅炉厂有限责任公司（以下简称哈锅）以设计制造50～1 000MW电站锅炉产品为主，并设计制造配套辅机、石化容器、核能设备及环保设备等产品。电站锅炉年生产能力达30 000MW以上，是国内生产能力最大、最具规模的大型综合发电设备制造企业。截至2011年，已累计生产各种类型电站锅炉1 200余台/2.5亿kW以上，装备了全国360多个电厂，并出口到20多个国家和地区，产品产量居全国首位。近年来，面对国际金融危机和国内电力市场调整的新形势，哈锅积极推行“全员营销、科技创新、成本领先、人才强企、精细管理、文化引领”等六大发展战略，倡导“诚信、高效、和谐”发展理念，加大产品研发力度，设计制造能力实现了快速提升。

一、加快引进技术消化吸收再创新，加大自主创新，快速实现企业主导产品的转型升级

加快引进技术消化吸收，实现了产品的升级换代。先后对600MW/1 000MW 超超临界锅炉水冷壁入口节流孔圈进行了设计优化，提高了机组运行的安全性和可靠性；对600MW 等级超临界锅炉起动系统、汽水系统及燃烧系统进行了全面优化，解决了早期引进型锅炉出现的燃烧器喷口结焦、磨损、NO_x 排放高等问题；对 300MW 流化床锅炉受热面布置和选材、加料系统进行了优化。同时对优化改进成果及时申报专利进行知识产权保护。改善了产品性能，降低了成本，为公司创造了巨大的经济效益。

加大自主创新，实现产品技术由引进型向自主型转型升级。随着公司一批具有自主知识产权新产品的成功研制，产品技术结构发生重大变化，完成了由引进型产品占主体到以自主开发型产品占主体的转变。公司对外技术依存度由50%降为35%，标志着哈锅拥有了更多的自主核心技术，不仅减少了技术引进提成费，为公司创造了更多的经济效益，还为公司开拓国际市场创造了有利条件。自主研发的600MW 等级超临界锅炉系列产品，燃用煤种包括烟煤、贫煤、无烟煤、褐煤；燃烧方式包括切圆燃烧和“W”火焰锅炉；布置方式可采用 Π 形布置或塔式布置；可与各种制粉系统、汽轮机相匹配。公司生产的印度阿达尼项目 660MW 超临界锅炉已成功投运，成为印度国内投运的第一台超临界锅炉，机组性能卓越，为公司赢得了极好的声誉。自主研制的大容量褐煤锅炉系列产品，包括 350MW、600MW、660MW 超临界褐煤锅炉，完成了由亚临界褐煤锅炉向超临界褐煤锅炉产品的跨越，巩固了公司在国内褐煤锅炉市场的领先地位。开发的褐煤锅炉产品包括配中速磨 350MW Π 形布置超临界锅炉，配中速磨 Π 形 660MW 超临界锅炉，配风扇磨 Π 形布置 600MW 超临界锅炉和配风扇磨塔式布置670MW 超临界锅炉。目前，公司正在开发研制适合于国外褐煤锅炉的产品，积极开拓国际褐煤锅炉市场。自主研制350MW 超临界锅炉系列产品，包括对冲和切圆燃烧两大系列，目前已有 15 台 350MW 超临界锅炉投运，保证了公司在该领域的国内领先地位。与引进型锅炉相比，自主研发的300MW 等级循环流化床锅炉采用尾部双烟道挡板调温结构，取消外置换热器，系统更加简单，机组效率更高，已投运的郭家湾电厂创下了93.88%的国内同容量锅炉的最高效率。以型锅炉目前已累计订货 16 台。除此之外，公司还与西安热工院联合开发带气动分流换热器型的 330MW 循环流化床锅炉，该机组于 2009 年在江西分宜电厂投入商业运行。

二、引领前沿技术发展，加快更高参数高效环保产品开发，推进高端前沿火电技术产业化进程

引领超超临界褐煤锅炉技术，满足用户更高节能环保要求。依托国家“863”课题，哈锅完成了 1 000MW 超超临界褐煤锅炉的自主开发，包括 Π 形布置和塔式布置两种炉型，力争在“十二五”期间实现 1 000MW 褐煤锅炉订货，保持公司在褐煤锅炉领域的领先地位；同时积极开发燃用贫煤及无烟煤的 Π 形布置 600MW、1 000MW 超超临界锅炉，开发 1 000MW 超超临界烟煤塔式锅炉，丰富了公司百万千瓦锅炉技术和产品系列，为用户提供更多选择。

通过参与国家“十二五”课题攻关，积极开发更大容量的 1 200 ~ 1 300MW 等级超超临界锅炉。1 200 ~ 1 300MW 等级超超临界锅炉具有更高的机组效率、更低的 CO_2、NO_x 排放。目前已初步完成了锅炉参数选取研究、系统布置、系统选型等研究开发，针对具体工程完成了炉膛尺寸及水冷壁形式、燃烧器布置方式、中间混合墨形式、包墙系统连接方式及阻力平衡、高温再热器布置、深度降低排烟温度方式探索等专题研究。

开发 600 ~ 1 000MW 二次再热锅炉，为用户提供更高效率锅炉机组。与同参数一次再热机组相比，二次再热机组可提高效率 1.5% 左右，符合我国发展高效节能发电设备的产业政策，已引起国内电力用户的极大兴趣。哈锅与三菱合作，已经完成锅炉总体方案、受热面匹配、各级气温调节方式、炉膛热力计算等开发设计工作。

依托国家能源局“十二五”课题，开发 700℃ 超超临界锅炉技术，目前已经完成哈锅独立的 700℃ 超超临界锅炉初步方案设计。发挥哈锅在褐煤燃烧和整体技术研发能力方面的优势，与华能集团清洁能源研究院、西北院、东汽建立联合课题组，共同推进巴彦宝力格项目 700℃ 超超临界锅炉方案，目前已完成了热力计算和受热面布置。

三、积极开拓新兴领域，加快产业结构调整，促进公司可持续发展

开发海水淡化等水务处理技术和市场，挺进海水淡化等水务科技领域。哈锅积极拓展海水淡化等新产业，成立了水务科技分公司，与大连理工大学等院校、以色列 IDE 和新加坡凯发等国际水务企业合作，研发海水淡化、电厂水处理、工业水处理、城市污水处理等方面新技术。与大连理工大学合作的“大型低温多效蒸发海水淡化装置与系统”技术方案，通过了中国机械工业联合会组织的评审，哈锅已完全掌握了 1.5 万 t/d 和 2.5 万 t/d 级大型低温多效蒸发海水淡化装置及系统的工艺设计技术。目前已签订了浙江大唐乌沙山发电有限公司 2 万 t/d 反渗透海水淡化项目合同以及印度古德洛尔 1 万 t/d 反渗透海水淡化项目合同。下一步将积极进行电厂水处理、污水处理与中水回用等技术研发与市场开发，尽快形成新的利润增长点，为公司未来发展提供有力支撑。

开发太阳能光热发电技术，努力进军太阳能光热发电市场。继水电、风电、光伏发电等投资热潮之后，近两年太阳能光热发电逐渐升温，我国《太阳能发电“十二五”规划》指出，争取到 2015 年底建成并网光热发电装机容量 100 万 kW。针对我国太阳能产业发展趋势，哈锅与西班牙阿本戈公司签订了技术合作意向书和保密协议，已完成了阿本戈 Solnova 一期 50MW 太阳能槽式热电站换热岛整体方案布置，汽水系统设计、控制系统设计等开发工作。

四、抓住国家能源战略调整机遇，配合疆电外送战略，加快准东煤应用研究

“十二五”期间，国家关于把新疆作为全国重要的煤电煤化工和战略资源接替基地的重大决策，为加快新疆实施优势资源转换战略，实现新疆经济跨越式增长，提供了史无前例的机遇，也为火力发电设备行业带来了新的发展机遇。准东是新疆煤炭资源储量最为富集的区域，是新疆3个储量大于3 000亿t的超级煤田之一，煤田资源预测储量达4 000亿t，累计探明煤炭资源储量为2 136亿t，煤田成煤面积1.4万km^2，是我国目前最大的整装煤田。2020年前准东地区将成为我国“西电东送”工程的首站，准东地区将成为我国最大的煤炭发电基地。

准东煤质具有以下特点：中高水分；中等发热值；煤质堆积密度小；易着火、易燃尽；强结焦；高碱金属含量；沾污性强等，极大地限制了煤种在电厂的大量使用。目前，尚无完全燃用准东煤的火力发电锅炉。

为解决准东煤的应用问题，哈锅凭借其在褐煤锅炉领域的优势，联合有关大学、科研院所、电力公司开展“新疆准东煤燃烧特性研究及完全燃用准东煤锅炉设备研制”课题研究。该课题的研究内容及方向是基于对新疆准东煤物理和化学特性的认识，探究锅炉的内燃烧、积灰、结渣和腐蚀机理，提出以工程为背景的防治炉内积灰结渣的理论体系，从而达到新疆准东煤大规模应用的目的。该课题将进行准东煤的煤质燃烧特性、结焦特性、沾污特性等性能试验和锅炉选择型数值模拟、实验研究工作，摸清煤质碱金属结渣沾污的原理、特性，找到减弱、防止、处理碱金属结渣的有效措施，确定合理的锅炉设计参数，合理布置锅炉使其能够大比例掺烧甚至100%燃用准东煤，保证锅炉投产后的安全、经济和环保运行。

为了保证准东煤应用研究课题的正常开展，同时提升哈锅的原始创新能力，哈锅正在筹建建设目标为国内领先、国际一流的燃烧试验中心，主要包括热态、冷态试验台。热态试验台包括：50kW一维炉试验台、10MW切圆及“W”火焰燃烧多功能试验台及30MW单只燃烧器性能试验台；冷态试验台将包括：切圆燃烧、“W”火焰、CFB等全炉膛冷态模化试验台。试验中心建成后将针对准东煤煤质特性以及在电站锅炉应用中的问题开展试验研究，开发出适合燃用准东煤的高效清洁电站锅炉。同时开展高端产品技术研究，形成自主核心燃烧技术，带动具有自主知识产权的超临界、超超临界锅炉产品走向国际市场。

面向未来，哈锅将继续以振兴中国电力装备制造业为己任，肩负起“承载民族工业希望，彰显中国动力风采”的使命，坚持不断创新，引领电站锅炉技术发展，为社会提供更多高效、绿色、环保的产品，努力实现“中国最好、世界一流”的企业发展愿景。

〔摘自中国电器工业协会四届三次理事会企业交流资料〕

电机及配附件
名优产品推荐

logo集锦

（排名不分先后）

Haier 海尔

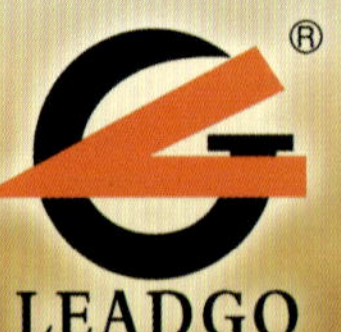

节能产品惠民工程
高效电机推广目录（第四批）

序号	企业名称	低压三相异步电动机规格数	高压三相异步电动机规格数	稀土永磁三相同步电动机规格数
	合计	737	10669	388
1	ABB 高压电机有限公司	0	8	0
2	成都东方实业（集团）邛崃电机有限公司	72	0	0
3	大庆永磁电机制造有限公司	0	0	45
4	大同（上海）有限公司	73	2	0
5	东芝大连有限公司	0	0	8
6	杭州通灵自动化股份有限公司	0	0	56
7	杭州中科赛思伺服电机有限公司	0	0	27
8	吉林省绿能环保科技发展有限公司	0	0	43
9	佳木斯电机股份有限公司	57	4316	0
10	景德镇市景德电机有限公司	0	0	27
11	南车株洲电机有限公司	0	343	0
12	南京埃斯顿自动控制技术有限公司	0	0	14
13	南阳防爆集团股份有限公司	115	2368	0
14	宁波菲仕电机技术有限公司	0	0	6
15	宁波申菱电梯配件有限公司	0	0	10
16	山东力久特种电机有限公司	53	0	25
17	山东省济南生建电机厂有限公司	0	71	0
18	上海电气集团上海电机厂有限公司	0	577	0
19	上海上电电机有限公司	64	94	0
20	无锡市华东电机厂	72	0	90
21	无锡市中达电机有限公司	55	0	0
22	西门子（中国）有限公司	74	0	0
23	湘电集团有限公司	48	0	0
24	湘潭电机股份有限公司	0	1778	9
25	浙江大成电气有限公司	0	0	19
26	浙江沪龙电机有限公司	0	0	6
27	浙江江天电机有限公司	54	0	0
28	浙江众邦机电科技有限公司	0	0	3
29	中电电机股份有限公司	0	1112	0

21

世纪 电机工业的一场革命

超高效节能永磁电机

—安全/环保/超高效/节能

江苏安捷机电技术有限公司是一家拥有自主知识产权,专业从事研发、制造、销售稀土永磁电机及相关产品的科技创新型高科技企业。

公司在引进和吸引国内外先进技术和管理经验的基础上,建立了一整套完整的质量管理体系,取得ISO9001:2008质量管理体系和ISO14001:2004环境管理体系认证证书(CE证书、出口产品质量许可证和CCC认证),公司从产品的开发、采购、生产、检验和服务等各个过程都按ISO9001的要求进行有效控制,从而实现产品质量的稳定可靠。

公司坚持"崇尚科技、创新立业"的宗旨,为客户提供完备的配套解决方案。公司研制开发的超高效节能稀土永磁同步电机系列产品获得了多项国家发明专利和新型实用专利,推广市场并得到认可。本公司可向市场提供2、4、6、8极1.5~375kW全系列通用(专用)永磁电机和变频永磁电机。

本公司是国家"节能产品惠民工程"高效电动机推广企业,产品享受国家补贴100元/kW。

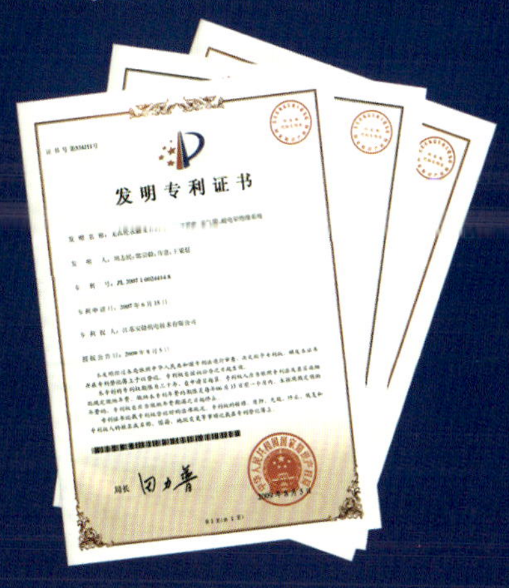

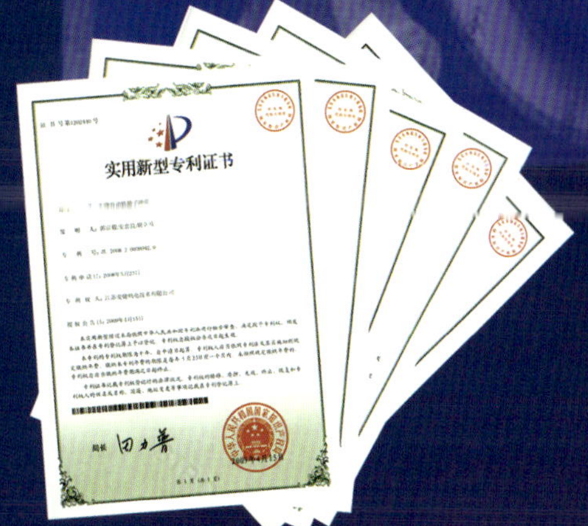

江苏安捷机电技术有限公司

电动汽车用永磁同步电动机和驱动系统

开发了7.5kW和18.5kW电动客车用永磁同步电动机系统，额定转速为3 000r/min，最高转速5 500r/min；在电机设计上采用不均匀气隙电机结构并进行优化设计以保证电机永磁磁密波形的正弦性，使样机系统整体额定效率达89.1%，其他广泛负载范围整体效率达85%以上；1h持续转矩密度为0.74N·m/kg，15min峰值转矩密度为1.123N·m/kg。

由于采用电机绕组换接技术，在逆变器容量不变的前提下，使系统的低速(小于1 200r/min)输出转矩增加一倍。

电动车的驱动系统是电动汽车的心脏，直接关系着电动汽车的性能，本成果符合世界电动汽车驱动系统的发展方向，并具有理想的驱动性能，必将促进我国电动汽车实用化和产业化的发展，具有广阔的应用前景。

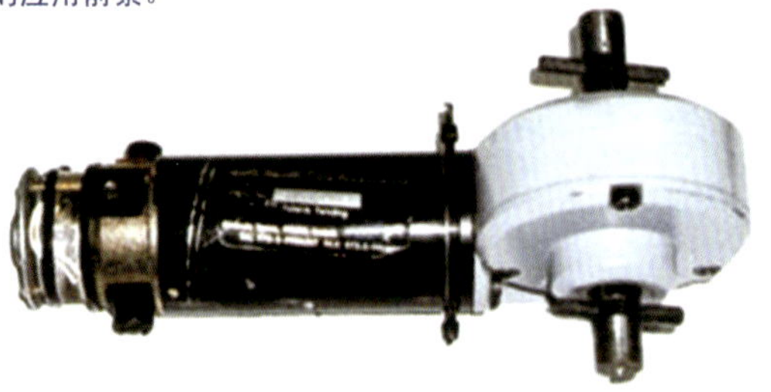

高恒功率调速比钕铁硼永磁同步电动机和驱动系统

本公司所开发的机床主轴高恒功率比钕铁硼永磁同步电动机传动系统调速范围宽，调速比高达1∶22500；极限转速高，达到9 000r/min；最低转速低，只有0.4r/min；恒功率调速比高，达到1∶6，可提高机床的加工精度、生产率和效率。尤其是其高恒功率调速比的优点，可满足高性能数控机床的需求。

我国机床市场每年进口额超过20亿美元，开发永磁同步电动机主轴驱动系统，替代或减少进口，乃至出口创汇，可为国家创造可观的经济效益，对国民经济的建设具有重大意义。

超高效高起动转矩钕铁硼永磁三相同步电动机YXYT系列产品

该系列电机是传统的Y型电机的替代产品，广泛应用于油田抽油机、石油化工等行业，现已开发出9个功率等级的产品。

经辽河、胜利、大港油田使用，可替代比它大2～3个功率等级的异步电动机(37kW永磁电机替代55kW或75kW异步电动机)，起动和运行情况良好，运行电流只有原来的1/6，综合节电率达20%～30%。各油田节能监测站提供的检测报告统计表如下。

功率及极数	电机类型	效率（%）		功率因数		堵转转矩
		额定	轻载	额定	轻载	
37kW 8极	稀土永磁电机	95	91 (16kW)	0.98	0.865 (16kW)	4.12
	Y系列电动机	91		0.79		1.8
22kW 6极	稀土永磁电机	93.27	87 (5.5kW)	0.995	0.905 (5.5kW)	3.93
	Y系列电动机	90.1		0.842		1.97
37kW 6极	稀土永磁电机	95.26	91 (9.5kW)	0.95	0.897 (9.5kW)	5.06
	Y系列电动机	88		0.84		2.23

地址：江苏省无锡市新区93-D-2(科园路) 电话：0510-85255031 85255032

传真：0510-85255033 http://www.jsaj888.com E-mail：JSAJ888@126.com

稀土永磁同步电动机与普通异步电动机主要性能对比

①电动机效率:

—— 产品标准规定电动机的额定效率为94.5%,实测达到96.07%;

—— 效率高于欧洲效率一档标准eff1，本项目属超高效电动机。

②电动机功率因数

产品标准为0.95，实测达到0.976,优于高效电动机0.86的水平，并能在120%～20%负载区展宽。

③电动机力能指标

产品标准为0.9376，优于高效电动机能效值0.8050的水平。

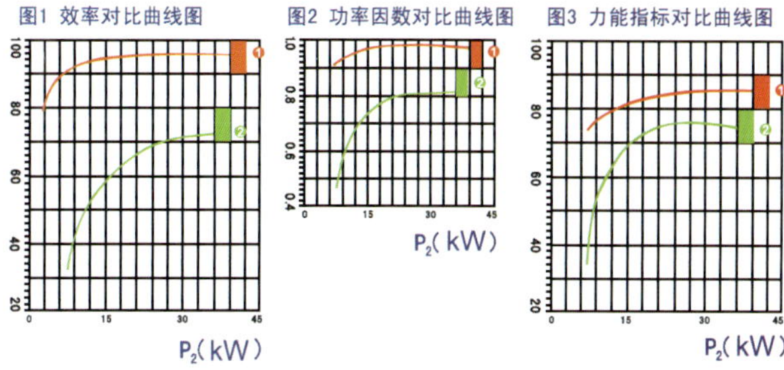

1-超高效节能永磁同步电动机

2-异步电动机

稀土永磁电动机节电的机理

三相稀土永磁同步电动机属异步起动同步运转，转子实现了稀土化，所以无滑差S,无电励磁，转子无基波铁、铜损耗，即PFE2=0、PCU2=0。转子由永磁体励磁，无需无功励磁电流，功率因数提高，无功电流减少，定子电流大幅下降，定子铜耗大为减少，功率明显提高。由此可见，稀土永磁电动机是实实在在的节能。

配套电动机	原配套电动机	稀土电动机
型号	JF03-62-4/6	XYT180M-4
额定功率(kW)	18.5/11	18.5
额定电压(V)	380	380
额定转速(r/min)	1470/960	1500
额定电流(A)	36.2/26	31.3
额定效率(%)	92.4	94.64
功率因数	0.891	0.9892

18.5kW 1500r/min

卧式(B3)型纺织专用稀土永磁电动机

山东力久特种电机有限公司

地址：山东省乳山市山海大道 22 号
邮编：264500
E-mail：lijiu@sdljdj.com
http: //www.sdljdj.com
电话：0086-631-6681025
0086-631-6681024
董事长：张成

高新技术企业证书

山东省工程技术研究中心证书

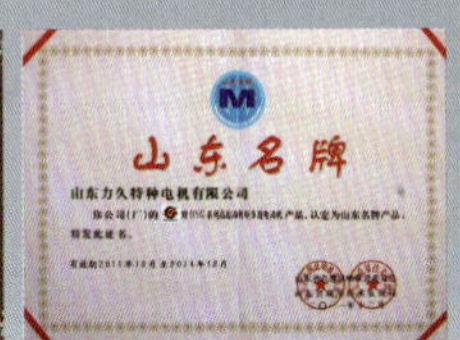
山东名牌证书

山东省企业实习实训基地

山东省科学技术奖证书

公司主要从事中小功率档特种电动机的设计、开发、制造和销售，已通过 ISO9001、CCC 和 CE 认证。公司建有省级企业技术中心、山东省特种电机工程技术研究中心和博士后科研工作站，经过多年的发展已成为行业中的优秀企业之一。

公司主营：特种电机、标准普通电机和电机控制系统三大类，生产 YX3、YVP、YCT、YD、YDT、DYTS、DYG、TYG、YDGJ、TYP 及 TYPL 系列等 20 多个系列、2 000 多个规格，产品广泛应用于石油、矿山、包装、冶金及机床等领域，产品畅销国内各地，并远销亚、欧、美、大洋洲及非洲等国家和地区。

YX3 系列高效率三相异步电动机（机座号 H80~H355）

使用单位： 宏远机床有限公司

适用项目： 该系列电动机可广泛应用于机床、减速机、风机、包装机械、矿山机械及建筑机械等各类机械传动行业。

性能评价： 该系列电机采用新工艺和新材料，通过降低五大损耗，提高效率。与标准 Y、Y2 系列电机相比效率高、温升低、噪声小、节能效果明显，通常情况下效率可提高 2% ~ 6%，是理想的升级换代产品。

性能特点：

（1）效率高，节能效果好，效率可提高 2% ~ 6%。

（2）因为采取了降低损耗的设计，温升小，进而延长设备的使用寿命，提高设备的可靠性。

（3）加驱动器可实现软起、软停、无级调速，节电效果进一步提高。

（4）是 Y、Y2 系列电动机理想的升级换代产品。

YX3 系列高效率三相异步电动机

YVP 系列变频调速三相异步电动机（机座号 H80~H355）

使用单位：青岛盛华隆橡胶机械有限公司

适用项目：该系列产品适用于风机、水泵、液压站、塑料机械、造纸机械及橡胶机械等需要无级调速的场合。

性能评价：该系列电动机是通过特殊设计的与异步变频器配套使用的交流变频无级调速电机，可在变频电源下工作，分为带编码器和不带编码器两种。

该系列电机调速范围宽，在 5 ~ 50Hz 范围内作恒转矩变频调速运行，在 50 ~ 100Hz 范围内作恒功率变频调速运行。电动机调速范围宽、振动小、噪声低、运行平稳、转矩脉动小、功率等级与安装尺寸符合国际 IEC 标准，互换性、通用性强。本系列电动机为笼型结构、运行可靠、维修方便，并装有独立的冷却风机，保证电机在不同的转速下均具有较好的冷却效果。与其他调速方式相比，具有节能效果明显、调速性能好、调速比宽、快速响应性优良、应用范围广、性能价格比高等优点，是目前交流调速方案中的先进系统之一，有助于实现调速系统的自动化控制，是国家目前重点推广的高新技术节能产品。

性能特点：

（1）效率高、节能效果显著。

（2）调速平滑，能在 5 ~ 100Hz 范围内无级调速。

（3）低频起动时力矩大，负载冲击小。

（4）起动电流小，不用附加起动设备。

YVP 系列变频调速三相异步电动机

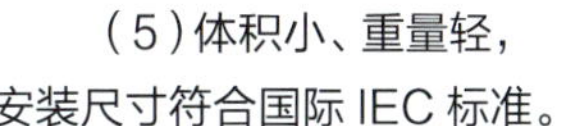

（5）体积小、重量轻，安装尺寸符合国际 IEC 标准。

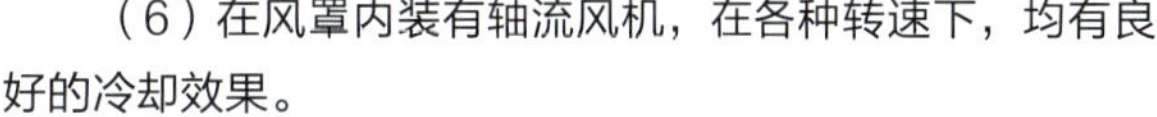

（6）在风罩内装有轴流风机，在各种转速下，均有良好的冷却效果。

（7）应用范围广，在 50Hz 以下可作恒转矩运行，在 50Hz 以上可作恒功率运行。

（8）结构简单，使用可靠，维修方便。

DYG 系列高起动转矩多速电动机（机座号 H200~H315）

使用单位：大庆油田

适用项目：该系列电动机可广泛应用于油田、矿山等领域起动转矩大、大转动惯量的场合。

性能评价：DYG 系列高起动转矩多速电动机由电动机和控制箱组成，能够根据实际生产状态进行手动或遥控有级变速，使电动机工作在最佳状态，达到提高工作效率、节约电能的效果。该电动机主要适用于负载变化的动力场合，例如，不同工作环境下的油田抽油机。控制箱内的电气节能控制系统具有断相、过载、电流跟踪指示、故障记忆、无功补偿等功能。

性能指标：

（1）起动转矩倍数平均值≥ 2.5。

（2）额定负载时效率≥ 90%。

（3）功率因数≥ 0.95，提高系统工效 5% 以上。

（4）综合节电 6%。

该产品 2007 年 3 月 18 日通过鉴定，专家鉴定结论如下：

DYG 系列高起动转矩多速电动机，具有以下创新点：

（1）能够根据用户及实际生产状况进行手动或遥控有级调速，使电动机工作在最佳状态，以提高工效，节约电能。

（2）电气节能控制系统具有断相、过载、电流跟踪指示、故障记忆、无功补偿等功能。

（3）采用新型定子结构，由基本绕组与调整绕组串联组成，可提高高低速绕组基波的分布系数，有效地调整高低速各性能指标，获得高起动转矩。

（4）起动转矩倍数平均值≥ 2.5 倍，比 Y 系列电动机高 20% 以上；电动机在实际运行时具有较高的效率和功率因数，综合节电 6%。

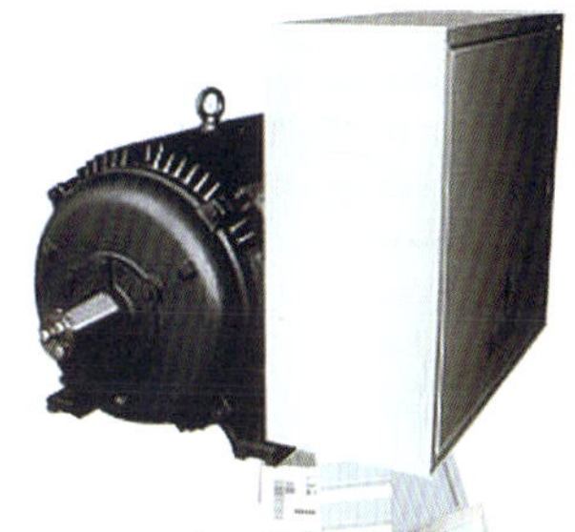

DYG 系列高起动转矩多速电动机

江苏微特利电机制造有限公司

电动汽车感应电机系统

电动汽车用水冷永磁同步电机系统

让城市更洁净

江苏微特利电机制造有限公司位于泰州市西北郊罡杨镇，是国家重点高新技术企业。公司占地面积逾 8.5 万 m^2，建筑面积逾 5.8 万 m^2。

公司主要产品有：WTL 系列高效率三相异步电动机，YDK、SW 系列家用空调器、中央空调电机，YH 系列三相异步船用电机， YXG-2/16 型单相电容双速洗衣机用电机，纯电动汽车驱动用电机及控制系统，NEMA、IEC 标准不锈钢系列电机、铸铁系列电机以及电机用漆包圆铜线等。

2007 年，与哈尔滨工业大学共同研究开发新能源电动车辆驱动用电机及控制器系统并逐步形成产业化。该项目为江苏省重大科技成果转化资金和国家相关部门节能减排重点项目，产品性能通过省级科技鉴定，技术水平国内领先、国际先进，公司于 2009 年建成省级工程技术中心。

公司以科学发展观为指导，不断加大研发投入，紧紧抓住“产学研”这一重要环节，实施自主创新战略，构建企业核心竞争力。公司具有较强的研发设计能力、先进的制造设备和完善的质量保证体系，连续多年被评为省质量信得过企业、“AAA”特级信用企业、“V”商标被认定为“江苏省著名商标”。公司于 1997 年率先通过 ISO9001 认证， 2010 年 2 月通过了 TS/16949 认证，同年通过了 ISO14001 环境认证，产品获国家 3C、CQC 认证证书，通过了加拿大 CSA、美国 UL、欧美 CE 认证。公司产品于 2010 年 7 月通过“节”字标认证，属节能惠民工程产品，并被政府列入采购目录。

本公司拥有自营进出口权，产品远销东南亚、欧洲、美国等国家和地区。

IEC 标准不锈钢电机

NEMA 标准不锈钢电机

地址：江苏省泰州市海陵区罡杨镇　邮编：225318
电话 :0523-89666951　传真 :0523-89661031
E-mail：wtl-motor@weiteli.cn　http://www.weiteli.cn

山东华普电机科技有限公司

董事长 韩怀胜

山东华普电机科技有限公司是集电机、电器、科研、生产、销售、服务及国际贸易于一体的现代化企业，并且是哈尔滨工业大学（威海）教学、科研、实训基地，校企结合共同研发满足不同需求的产品。

致力于大功率电机、高效电机、超高效电机、变频电机、开关磁阻、节能电机及控制系统、高精度全钢齿轮电机传动系统的研发和生产，广泛应用于电力、煤炭、石油、冶金、建材、铁路、化工、造纸、水泥、水利和纺织等行业，出口 20 多个国家与地区，特别是在压缩机、冷冻机、风机、水泵、工程机械、锻压机械、大型机床、纺织机械、铸造机械、矿山机械和塑料机械等配套行业享有良好的口碑。

中型电机事业部　电话 :0533—6010620　传真 :0533—6126385
减速电机事业部　电话 :0533—6010902　传真 :0533—6010903
电机控制事业部　电话 :0533—6126383　传真 : 0533—6126385
电机维修及售服部 电话 :0533—6010907　传真 :0533—6010907
销售热线 (Sales Hotline):4000008269

YPCG 系列测功机用变频高速电机

YPCG 系列测功机用变频高速电机

适用项目： 该系列电动机可用于回馈式测功机系统中，运转速度达 15 000r/min。

性能评价： 该系列电机采用新型电机设计、新工艺及新材料，通过降低电磁能、热能和机械能的损耗，提高输出效率。与普通测功机电机相比，节能效果和机械性能优势明显。

突出特点：

(1) 效率高，节能效果好，效率可提高 2% ~ 6%；

(2) 用变频器调速，可实现高速运转（速度达 15 000r/min）；

(3) 采取了降低损耗的设计，温升小，进而延长了设备的使用寿命，提高了设备的可靠性；

(4) 采用高精度动平衡技术，零部件高精度配合，确保电机低噪声、低振动运行。

YVPKK 系列高压大功率电动机

YVPKK 系列高压大功率电动机

适用领域： 电站、水厂、石化、冶金、矿山等行业。如压缩机、水泵、风机及其他机械设备。

产品介绍： YVPKK 系列大中型高低压变频调速三相异步电动机是在 YKK 系列电机的基础上新设计的系列新产品。高压变频调速三相异步电动机在风机、水泵和压缩机等设备的节能方面有着巨大优势。

性能评价： 该系列电动机利用变频调速技术改变设备的运行速度，以调节风量的大小，既满足生产要求，又节约电能，同时减少因调节挡板而造成挡板和管道的磨损及经常停机检修所造成的经济损失。

性能特点： 效率高、噪声低、振动小、重量轻、质量可靠、安装维修方便等优点。

SP 系列交流主轴伺服电动机

适用项目： 该系列电动机主要应用于数控车床、镗床、铣床及加工中心。

性能评价： 该系列电机是一款在性能上更贴近机床主轴驱动特性和性价比更好的主轴驱动电机。

突出特点：

(1) 超宽的主轴调速范围：其恒定转矩输出实现 1:50、1:100 甚至 1:1000（闭环矢量控制）宽域调速，并保持旋进切削力，高速段可在 10 倍宽频范围内保持恒定功率输出，使主轴电机在恒定功率输出段可实现 1:4、1:8 宽域调速功能。

(2) 双功率超强切削力：该系列电机采用双功率设计，在全域调速范围内，具备连续运行额定功率和 50%ED 运行上一个功率等级之双功率，确保切削品质。

(3) 优秀的主轴特性：该系列电机采用低惯量动态响应设计，具备强劲的转矩特性和加速力矩。

(4) 完善的全功能：该系列配套驱动器可实现单点定位、多点定位、刚性攻丝、速度控制、转矩控制及同步角度控制、电子减速箱功能、虚拟主轴控制及分度盘功能。

SP 系列交流主轴伺服电动机

变频 IP23 系列高效三相异步电动机

适用项目： 该系列电动机可广泛应用于化工、空压机、球磨机、泵类、风机、矿山机械及建筑机械等各类机械传动行业。

性能评价： 该系列电机采用新型电机设计、新工艺及新材料，通过降低电磁能、热能和机械能的损耗，提高输出效率。与标准电机相比，使用高效节能电机的节能效果非常明显，通常情况下效率可提高 2% ~ 6%。

突出特点：

(1) 效率高，节能效果好，效率可提高 2% ~ 6%。

(2) 直接起动或用变频器调速，可全面更换异步电机。

(3) 采取降低损耗的设计，温升小，进而延长了设备的使用寿命，提高了设备的可靠性。

(4) 加驱动器可实现软起、软停、无级调速，节电效果进一步提高。

(5) 大大减少对环境的污染。

变频 IP23 系列高效三相异步电动机

KCT 开关磁阻调速电动机系统

适用项目： 该系列电动机可广泛应用于油田机械、压力机械、提升机械、矿山机械、建筑机械、交通工具等各类机械传动行业。

突出特点： 开关磁阻调速电机系统，是以现代电力电子与微机控制技术为基础的机电一体化产品，由开关磁阻电机和微机智能控制器两部分组成。

(1) 效率高、节能效果好：在宽广的调速范围内，整体效率达 95% 以上，在低速及非额定负载状态下，效率更高。

(2) 调速范围广、无起动冲击电流：在 0 至最高转速范围内均可实现无级调速，起动转矩可达到额定转矩的 200%，起动电流仅为额定电流的 30%。

(3) 可频繁起停及正反转变换，可达到 1 000 次 / h 以上。

(4) 功率因数高，无需增加无功补偿装置，无论何种状态，功率因数均可大于 95%。

(5) 卸相或过负载时不会损坏电机：当出现电源卸相、任一相出现故障时，只会引起 KCT 输出功率减小，但仍然可以运行；当超过额定负载的 120% 以上时，只会引起转速降低，不会烧毁电机和控制器，避免造成直接经济损失。

变频控制柜

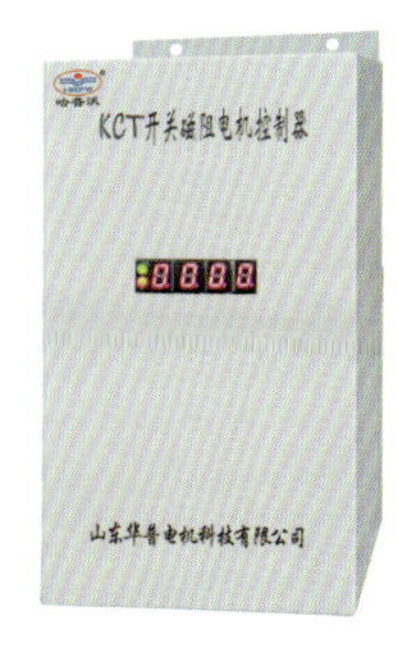

开关磁阻调速电动机

苏州太湖电工新材料股份有限公司

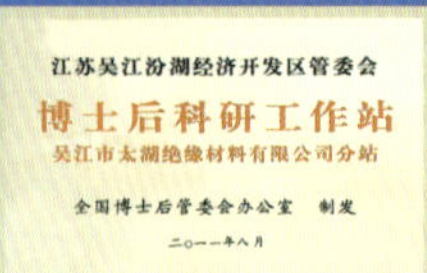

地址：江苏省汾湖高新技术产业开发区（北库工业园）
邮编：215214
电话：0086-512-63249766、63249877
传真：0086-512-63249866、63240766
E-mail: taihu@taihucn.com
http: //www.taihucn.com

开拓创新 共创未来

苏州太湖电工新材料股份有限公司（前身吴江市太湖绝缘材料有限公司），地处太湖之滨的江苏省汾湖高新技术产业开发区，系国家火炬计划重点高新技术企业，全面通过 ISO9001 国际质量管理体系、ISO14001 环境管理体系和 OHSMS18000 职业健康安全管理体系认证。

“太湖”是国内具有规模的绝缘材料专业制造商，研发生产绝缘漆、云母制品、柔软复合材料、表面覆盖漆、玻璃钢制品、层压制品、风电 / 高压电机绕组制造等电机、电气配套绝缘材料。产品涵盖风电、水电、火电、核电、航空航天、铁道牵引、军工、高压电机、变频电机和变压器等领域，主导产品通过美国 UL 安全认证，组建的完备 UL 绝缘系统，为终端客户提供高效、可靠的整体绝缘系统解决方案。

太湖企业还是全国专业标准化技术委员会、中国电器工业协会中小型电机分会、上海电机行业协会、《绝缘材料》执行委员会、江苏省可再生能源行业协会成员，并参与了《电气绝缘用树脂基活性复合物　第 4 部分：不饱和聚酯为基的浸渍树脂》，《电气绝缘用漆　第 5 部分：快固化节能型三聚氰胺醇酸浸渍漆》等多个行业标准的起草和制定工作，有利于在绝缘材料行业推广纳米技术。

公司几大系列产品均被列入国家火炬计划，多个产品荣获省、市科技进步奖，申请国家专利 100 余项，先后荣获“苏州市创新先锋企业”“江苏省创新型企业”“江苏省专利示范企业”“江苏省著名商标”“江苏省高性能树脂材料工程技术中心”“国家博士后工作站”“国家火炬计划重点高新技术企业”等称号。企业综合实力排名行业前三，绝缘漆在高端领域的市场排名领先。

太湖企业始终坚持“开拓创新、共创未来”的价值理念，广纳贤才，自主创新，为成为中国绝缘材料翘楚而不懈努力，一如既往地为中国绝缘材料行业的创新与发展作出新的贡献！

芜湖大中机电制造有限公司

专业刹车制造商

芜湖大中机电制造有限公司成立于 1998 年，是一家专业电磁制动器制造商。

我们的产品应用于印刷、包装、机床、医疗、纺织、建筑、物流、起重、冶金和风电等行业。

我们有精湛的产品技术，科学的工艺流程，全方位的质量控制以及强有力的供应链支持。

我们始终以客户需求为导向，持续关注电磁制动器的研究与开发。

我们诚信，务实。致力于为客户提供超性价比的产品与服务。

DZD2 单片制动器

ZLKS1 整流器

SDZ4 电梯制动器

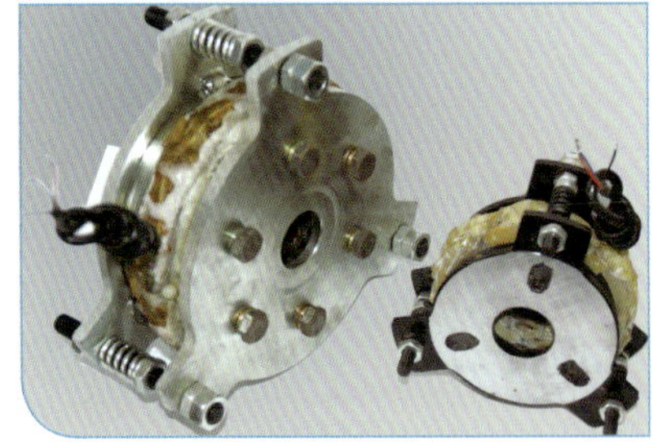

JSDZ1 交流制动器

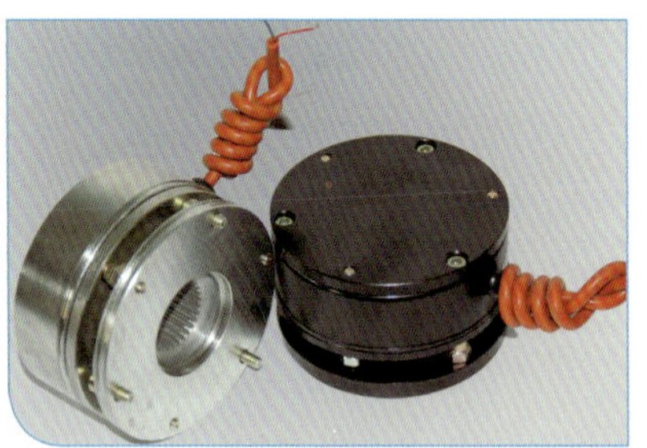

SDZ3 叉车制动器

SDZ1 制动器

地址：安徽省芜湖市高新技术开发区汽配路 7 号　　邮编：241000

电话：0553-3022186　传真：0553-3022805　http://www.whdzjd.com.cn　E-mail:sales@whdzjd.com.cn

行业概况

逐一分析电器工业36个分行业的生产、市场、科技成果及新产品、质量标准、基本建设及技术改造、管理等方面在2011年取得的成果，展现未来发展目标

Analyzing one by one the achievements made in 2011 by the 36 sub-industries of electrical equipment industry in aspects of production, market, scientific and technical achievements, new products, quality standard, capital construction, technical transformation and management, unfolding the future development target

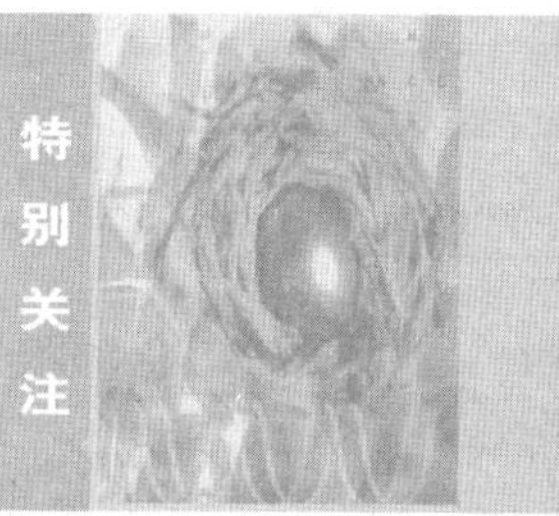

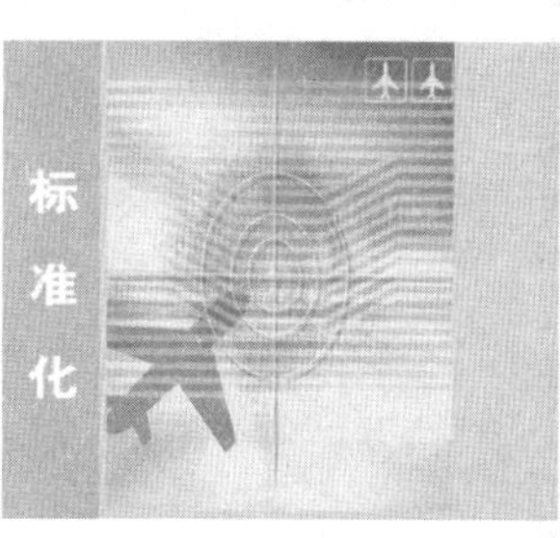

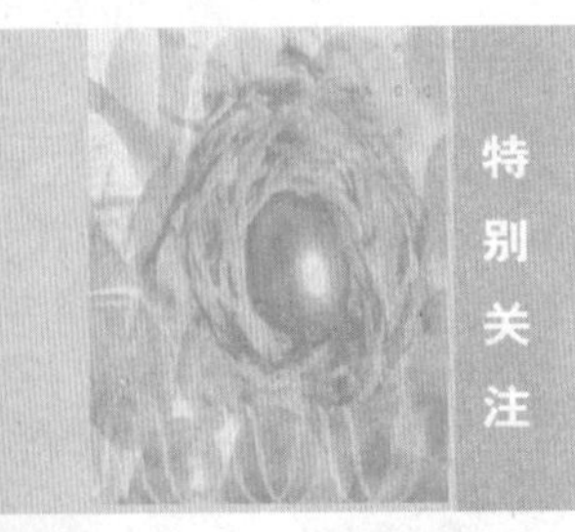

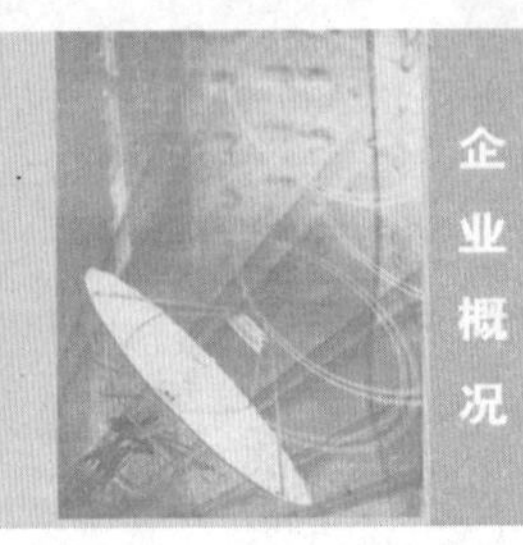

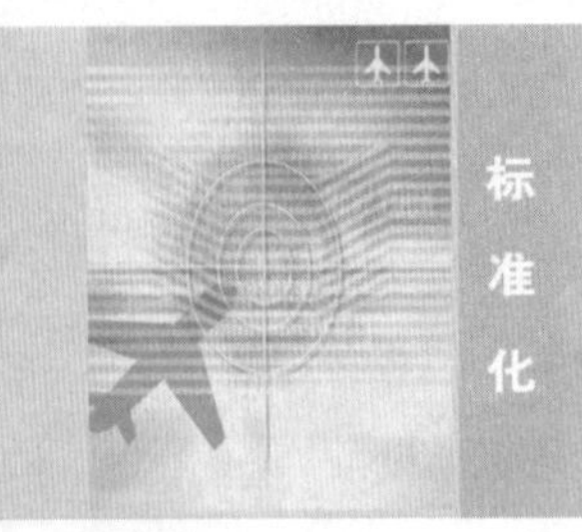

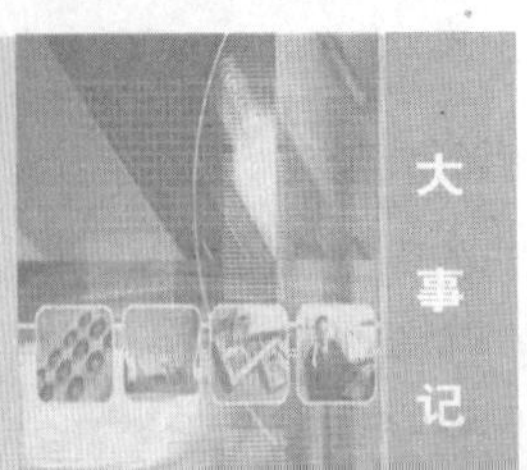

行业概况

工业锅炉

产业环境分析　经过多年的发展，工业锅炉行业已基本形成较为稳定的格局。目前，我国锅炉制造企业5 316家，其中A级536家、B级793家、C级2 060家、D级1 675家。主要工业锅炉企业拥有各自的市场领域，并保持一定的市场占有率。大容量锅炉领域基本被少数几个主导企业垄断。

由于锅炉制造行业生产厂家众多，市场竞争激烈，大部分工业锅炉企业的产能无法释放，产品质量、劳动生产率难以提高。与此同时，国家鼓励节能环保的能源政策促使部分资本投资商投入资金收购和扩建锅炉制造企业。在促进产业结构调整的同时，节能工业锅炉产能进一步扩大。

节能环保政策、能源结构的调整对工业锅炉的产品结构以及行业的发展影响巨大。随着各大中型城市禁煤措施的实施和集中供热、热电联产的广泛应用，燃煤工业锅炉向大容量、高参数、低排放方向发展，燃气锅炉、燃油锅炉、水源热泵、气源热泵、电热锅炉和空调采暖快速增长，冷凝技术、余热锅炉也得到广泛的推广应用。

进入我国市场的国外工业锅炉产品以燃油燃气锅炉为主，取得我国进口锅炉安全质量许可证书的境外企业已达173家，其中美国26家、英国6家、日本13家、韩国21家、意大利15家、德国31家。在我国建立的14家合资或独资企业大多生产油气锅炉，如上海三浦锅炉有限公司、富尔顿（中国）有限公司、韶关正久锅炉有限公司、上海方快锅炉有限公司、三北拉法克锅炉有限公司、北京庆东锅炉有限公司、北京菲斯曼供热技术有限公司、北京巴布科克·威尔科克斯有限公司、沈阳大通锅炉有限公司、山东泰山前田锅炉有限公司、青岛荏原环境设备有限公司、青岛在宇锅炉有限公司、大震锅炉工业（昆山）有限公司、九江克莱顿等。

生产发展情况　根据中国电器工业协会工业锅炉分会的统计，57家企业全年工业总产值128.66亿元，同比增长16.75%，其中工业总产值增加的企业49家，占统计企业数的86.0%。

57家企业工业增加值34.83亿元，同比增长18.4%；工业增加值占工业总产值的27.1%。其中工业增加值增加的企业40家，占统计企业数的70.2%。

57家企业利润总额10.08亿元，同比增长30.41%；人均年创利3.94万元。利润下降的企业17家，占统计企业数的29.8%。其中，4家出现负利润。

平均全员劳动生产率为13.62万元/人，较上年的11.6万元/人略有增加，但仍处于低水平状态。

2011年57家工业锅炉企业主要经济指标见表1。

表1　2011年57家工业锅炉企业主要经济指标

指标名称	计量单位	2011年	2010年	同比增长（%）	指标名称	计量单位	2011年	2010年	同比增长（%）
工业总产值	万元	1 286 606	1 102 062	16.75	年末所有者权益合计	万元	635 135	608 671	4.35
新产品产值	万元	553 239	431 021	28.36	主营业务收入	万元	1 168 493	1 011 769	15.49
工业销售产值	万元	1 255 982	1 000 773	25.50	主营业务成本	万元	895 177	782 561	14.39
其中：出口交货值	万元	45 555	63 217	-27.94	主营业务税金及附加	万元	11 535	9 157	25.97
工业增加值	万元	348 318	294 192	18.40	其他业务收入	万元	36 605	33 602	8.94
全年从业人员平均人数	人	25 579	25 414	0.65	营业费用	万元	46 828	41 347	13.26
累计完成固定资产投资	万元	84 300	77 394	8.92	主营业务利润	万元	195 155	158 803	22.89
年末资产合计	万元	1 666 774	1 497 046	11.34	管理费用及财务费用	万元	120 010	109 217	9.88
流动资产小计	万元	1 045 167	920 987	13.48	利息支出	万元	13 490	12 883	4.71
流动资产年平均余额	万元	882 521	782 085	12.84	利润总额	万元	100 808	77 301	30.41
固定资产小计	万元	395 897	307 794	28.62	工业中间投入合计	万元	801 789	686 202	16.84
固定资产净值年平均余额	万元	262 990	229 502	14.59	应交增值税	万元	44 243	34 719	27.43
年末负债合计	万元	1 016 618	924 365	9.98					

产品分类产量　根据国家统计局公布的数据，2007—2011年我国工业锅炉产量见表2。

表2　2007—2011年我国工业锅炉产量　（单位：t/h）

年份	2007	2008	2009	2010	2011
国家统计局数据	207 065.21	222 781.46	292 149.85	336 381.55	413 328.60
修正数据	175 000	190 000	213 000	225 000	245 000

由于统计范围、数据缺损及错误，数据误差较大。通过分析和调整，历年的工业锅炉产量为：2007 年 17.5 万～18 万 t/h，2008 年 19 万～19.5 万 t/h，2009 年 21 万～21.5 万 t/h，2010 年 22 万～22.5 万 t/h，2011 年 24.5 万～25 万 t/h。

2011 年全国工业锅炉各月产量统计见图 1。

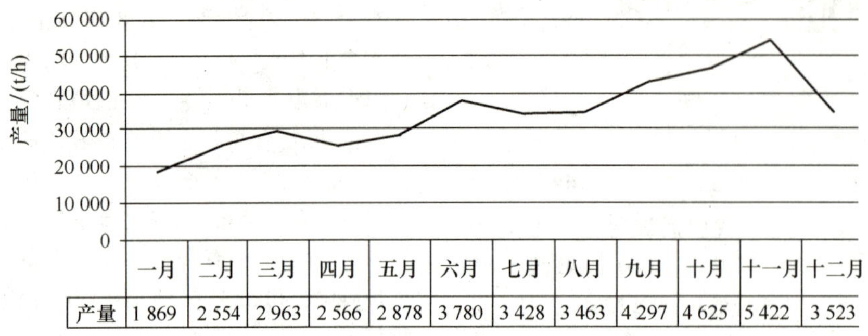

图 1　2011 年全国工业锅炉各月产量统计

注：数据来源于国家统计局。

2011 年，工业锅炉分会统计的 57 家工业锅炉企业合计生产工业锅炉 12 802 台、131 547t/h。2011 年 57 家工业锅炉企业分类产品产量见表 3。2011 年 57 家工业锅炉企业不同蒸发量锅炉产量见表 4、表 5。

表 3　2011 年 57 家工业锅炉企业分类产品产量

产品类别	产量（台）	占总产量比例（%）	产量（t/h）	占总产量比例（%）	产品类别	产量（台）	占总产量比例（%）	产量（t/h）	占总产量比例（%）
按介质划分					**按压力划分**				
蒸汽锅炉	8 775	68.54	87 435	66.47	常压	1 117	8.73	6 848	5.21
热水锅炉	2 443	19.08	32 516	24.72	$P \leqslant 0.69$MPa	15	0.12	7	0.01
有机热载体锅炉	1 584	12.37	11 595	8.81	0.69MPa $< P \leqslant$ 1.25MPa	10 139	79.20	74 365	56.53
按锅炉炉型划分					1.25MPa $< P \leqslant$ 2.5MPa	1 254	9.80	32 123	24.42
水管锅炉	4 437	34.66	74 857	56.91	$P > 2.5$MPa	277	2.16	18 204	13.84
锅壳锅炉	5 574	43.54	26 847	20.41	**按燃料划分**				
其他（有机热载体炉）	1 584	12.37	11 595	8.81	烟煤	7 340	57.33	72 412	55.05
其他（余热锅炉）	1 207	9.43	18 248	13.87	无烟煤	87	0.68	603	0.46
按燃烧方式划分					其他煤种	290	2.27	16 482	12.53
固定炉排/手动活动炉排	519	4.05	1 587	1.21	油、气	2 905	22.69	18 400	13.99
链条炉排	6 842	53.44	66 176	50.31	煤粉	13	0.10	140	0.11
往复炉排	90	0.70	1 673	1.27	水煤浆	74	0.58	611	0.46
循环流化床/沸腾炉	515	4.02	23 123	17.58	生物质	364	2.84	3 920	2.98
室燃炉	4 276	33.40	37 512	28.52	电	522	4.08	731	0.56
其他	560	4.37	1 476	1.12	余热利用	1 207	9.43	18 248	13.87

表 4　2011 年 57 家工业锅炉企业不同蒸发量锅炉产量　　（单位：台）

产品类别	≤1t/h	1～4t/h	4～10t/h	10～20t/h	20～35t/h	35～75t/h	>75t/h
按介质划分							
蒸汽锅炉	861	2 939	3 194	868	597	228	88
热水锅炉	458	914	498	227	47	167	132
有机热载体锅炉	44	496	703	302	39	0	0
按锅炉炉型划分							
水管锅炉	209	760	1 998	596	415	287	172
锅壳锅炉	1 075	2 880	1 365	135	26	53	40
其他（有机热载体炉）	44	496	703	302	39	0	0

（续）

产品类别	≤1t/h	1~4t/h	4~10t/h	10~20t/h	20~35t/h	35~75t/h	>75t/h
其他（余热锅炉）	35	213	329	364	203	55	8
按燃烧方式划分							
固定炉排/手动活动炉排	286	189	28	1	7	5	3
链条炉排	315	2 542	2 821	702	152	190	120
往复炉排	0	26	26	24	0	9	5
循环流化床/沸腾炉	0	20	69	56	194	100	76
室燃炉	510	1 302	1 442	590	328	88	16
其他	252	270	9	24	2	3	0
按压力划分							
常压	262	271	333	251	0	0	0
$P≤0.69MPa$	13	2	0	0	0	0	0
$0.69MPa<P≤1.25MPa$	1 047	3 984	3 717	794	409	143	45
$1.25MPa<P≤2.5MPa$	41	91	341	337	199	136	109
$P>2.5MPa$	0	1	4	15	75	116	66
按燃料划分							
烟煤	645	2 606	2 753	773	212	220	131
无烟煤	0	63	14	4	5	0	1
其他煤种	0	2	17	13	132	60	66
油、气	399	1 073	1 059	217	117	32	8
煤粉	0	3	6	4	0	0	0
水煤浆	0	13	48	5	8	0	0
生物质	32	106	169	17	6	28	6
电	252	270	0	0	0	0	0
余热利用	35	213	329	364	203	55	8

表5　2011年57家工业锅炉企业不同蒸发量锅炉产量　　（单位：t/h）

产品类别	≤1t/h	1~4t/h	4~10t/h	10~20t/h	20~35t/h	35~75t/h	>75t/h
按介质划分							
蒸汽锅炉	670	8 667	22 604	14 953	16 609	13 148	10 785
热水锅炉	320	2 456	3 771	4 187	1 387	7 804	12 592
有机热载体锅炉	37	883	5 009	4 825	841	0	0
按锅炉炉型划分							
水管锅炉	159	2 607	15 002	10 501	11 939	15 832	18 817
锅壳锅炉	804	8 129	8 757	2 247	680	2 480	3 750
其他（有机热载体炉）	37	883	5 009	4 825	841	0	0
其他（余热锅炉）	27	387	2 616	6 392	5 376	2 641	810
按燃烧方式划分							
固定炉排/手动活动炉排	206	430	192	15	245	200	300
链条炉排	306	7 642	20 910	12 011	4 193	9 533	11 581
往复炉排	0	73	220	460	0	460	460
循环流化床/沸腾炉	0	80	656	1 060	5 772	6 169	9 406
室燃炉	376	3 189	9 345	10 049	8 557	4 366	1 630
其他	139	593	60	390	70	225	0

（续）

产品类别	≤1t/h	1～4t/h	4～10t/h	10～20t/h	20～35t/h	35～75t/h	>75t/h
按压力划分							
常压	146	528	2 228	3 947	0	0	0
P≤0.69MPa	4	3	0	0	0	0	0
0.69MPa<P≤1.25MPa	843	11 126	26 314	14 018	10 706	6 828	4 530
1.25MPa<P≤2.5MPa	34	345	2 814	5 730	5 606	6 790	10 803
P>2.5MPa	0	4	28	271	2525	7334	8 044
按燃料划分							
烟煤	519	7 740	20 494	13 345	5 924	11 468	12 922
无烟煤	0	192	126	70	125	0	90
其他煤种	0	7	164	214	4 067	3 859	8 171
油、气	311	2 744	6 382	3 477	3 015	1 650	820
煤粉	0	12	48	80	0	0	0
水煤浆	0	46	299	100	166	0	0
生物质	32	286	1 254	287	164	1 335	564
电	139	593	0	0	0	0	0
余热利用	27	387	2 616	6 392	5 376	2 641	810

产品发展趋势　2010 年我国在用锅炉 60.73 万台，2011 年在用锅炉 62.03 万台。在用工业锅炉中生产用锅炉约占工业锅炉总容量的 48%，采暖用锅炉占工业锅炉总容量的 52%。

工业锅炉的发展受能源政策和节能、环保要求的制约。国家倡导并推行热电联产和集中供热，我国北方采暖地区城镇 70% 的建筑面积采用集中供热方式，其中热电联产在集中供热中的比例已达 30%，“十二五”将达到 50%；全国工业生产用热的 70% 以上由热电联产提供。“十二五”新增热电联产装机约 1.1 亿 kW，拆除小锅炉 5 万台。到 2015 年，我国热电联产装机规模计划达到 2.5 亿 kW，占火电装机容量规划的 32%～35%。

未来市场需求的工业锅炉是高效燃煤工业锅炉，尤其是采用洁净燃烧技术的高效工业锅炉，层状燃烧的工业锅炉将更多燃用洁净的洗选煤块、型煤及动力配煤，大中城市的小容量燃煤锅炉的比重将会显著下降。循环流化床锅炉等采用清洁燃烧技术的锅炉将得到较快发展；天然气开发应用的高速发展将给燃气锅炉带来发展机遇，小型燃机热电（冷）联产系统、燃气—蒸汽联合循环热电（冷）联产系统的开发应用会有较大进展；蓄热式电热锅炉系统市场将进一步拓展；燃生物质和生活垃圾的锅炉市场潜力较大。空调、空气源技术的发展，一定程度上将挤占采暖锅炉市场。

产品技术的主要发展方向为：

（1）燃煤锅炉向大容量层燃锅炉、循环流化床燃烧锅炉发展。

（2）余热锅炉得到广泛应用。工业生产中使用的各种窑炉，如回转窑、加热炉、转炉、反射炉、沸腾焙烧炉燃料耗用量大，热效率低，利用余热锅炉加以回收利用，可降低企业能耗。

（3）垃圾锅炉：我国垃圾年均增长率超过 10%，每年产生近 1.5 亿 t 城市垃圾，累积堆存量已达 70 亿 t。2010 年，全国已投产运营的 93 座垃圾焚烧发电厂年焚烧垃圾 2 022 万 t。垃圾焚烧锅炉每年订单约 5 亿元。

（4）水煤浆锅炉：我国的燃料供应市场以原煤为主，但煤炭洗选能力多年来在 18% 徘徊，造成锅炉效率低、污染严重。水煤浆技术是我国十大洁净煤技术之一，水煤浆锅炉具有良好的经济效益和环境效益，已被供热锅炉和热电厂逐步采用。

（5）空气源热泵：热泵系统主要应用于公寓住宅建筑、别墅及其他住宅社区开发以及小型商业用途。我国空气源热水机 2011 年销售 52 亿元，未来 5 年空气热能设备市场需求量将达466 万台，空气能热水设备将成为市场消费的主流产品之一。

（6）冷凝锅炉：随着城市能源结构的调整，天然气已经成为一种重要的采暖能源。冷凝锅炉由于最大限度地提高了锅炉的换热效率，将得到广泛应用。

（7）燃煤制气锅炉。随着“以气代煤”政策方向的确定，我国天然气进入大发展时期。中石油规划的输送煤制天然气能力为 1 130 亿 m^3/a，中石化规划建设的两条煤制气输气管道均为 300 亿 m^3/a。煤制天然气项目将主要分布在 4 个区域，即三西（山西、陕西、蒙西）、新疆、蒙东和云贵地区，新疆是其中的重要地区。今后几年，燃煤制气锅炉将实现跨越式发展。

锅炉能效测试机构　中国特种设备检测研究院专门设立了特种设备节能中心，分批公布在用工业锅炉能效测试机构，以实现特种设备“确保安全、节能降耗”的双重目标。2011 年公布的在用工业锅炉能效测试机构见表 6。

表6 2011年公布的在用工业锅炉能效测试机构

测试工作范围	序号	机构名称	序号	机构名称
在用工业锅炉能效测试(含蒸汽锅炉、热水锅炉、有机热载体锅炉)	1	长春特种设备检测研究院	18	乌海市特种设备检验所
	2	济南市锅炉压力容器检验研究所	19	通辽市特种设备检验所
	3	呼伦贝尔市特种设备检验所	20	兴安盟特种设备检验所
	4	广东省珠海市特种设备检验所	21	鄂尔多斯市衡宇检测有限责任公司
	5	周口市特种设备安全检测中心	22	延边朝鲜族自治州特种设备检验中心
	6	遵义市产品质量检验检测院	23	上海市质量监督检验技术研究院
	7	曲靖市质量技术监督综合技术检测中心	24	上海纺织节能环保中心
	8	上海市纺织工业能源利用监测站	25	厦门市特种设备检验检测院
	9	机械工业锅炉产品热工及环保性能检测中心	26	焦作市锅炉压力容器检验所
	10	贵州电力试验研究院	27	河南省科学院能源研究所有限公司
	11	北京市计量检测科学研究院(北京市能源计量监测中心)	28	广州市能源检测研究院
	12	北京市通州区节能监测站	29	佛山市特种设备能效测试研究院
	13	北京节能技术监测中心	30	成都市特种设备检验院
	14	北京节能环保中心	31	宜宾市特种设备监督检验所
	15	北京市电子工业环保技安中心	32	贵州省计量测试院
	16	唐山市特种设备监督检验所	33	甘肃电力科学研究院
	17	赤峰市特种设备检验所		
在用工业锅炉能效测试(额定蒸发量小于20t/h的蒸汽锅炉,额定热功率小丁14MW的热水锅炉)	1	晋城市特种设备监督检验所	4	上饶市特种设备监督检验中心
	2	温州市特种设备检测中心	5	攀枝花市特种设备监督检验所
	3	赣州市特种设备监督检验中心		

各地锅炉运行测试及调查 上海2011年测试在用工业锅炉346台。114台燃煤锅炉中额定蒸发量≥4t/h的85台,占燃煤锅炉总数的74.56%。加权平均热效率为73.22%。27台燃煤锅炉热效率不达标,不达标率23.68%。

测试燃油(气)锅炉178台,其中107台额定蒸发量≥4t/h,占燃油(气)锅炉总数的60.11%。加权平均热效率为87.43%。有6台锅炉热效率不达标,不达标率为3.37%。

主要问题:

(1)燃烧工况不合理,燃煤锅炉的平均过量空气系数为3.09,燃油(气)锅炉的平均过量空气系数为1.59。

(2)锅炉运行负荷普遍偏低,大部分锅炉运行负荷低于60%。68台燃油(气)锅炉运行负荷低于75%。

(3)锅炉使用管理不善,设备维护保养未落实,部分锅炉省煤器、烟道等部件漏风严重。

(4)部分锅炉炉渣、漏煤含碳量偏高。

(5)燃油(气)锅炉排烟温度普遍偏高。

(6)部分锅炉本体及其部件保温效果未达到规定要求。

浙江省目前拥有锅炉6.2万台,其中大部分为小容量的燃煤锅炉。杭州市有各类锅炉8 630台,每年消耗约1 500万t标准煤。其中,热电锅炉180台(90%是中温中压链条锅炉),平均运行热效率80%左右,占总能耗的24%;工业锅炉5 900台,平均运行热效率70%左右,占总能耗的69%;生活锅炉1 800台,平均运行热效率不到60%,占总能耗的2.9%;有机热载体锅炉750台,平均运行热效率不到65%,占总能耗的3.8%。

大连市在用工业锅炉约5 000台,其中85%以上是燃煤锅炉,燃煤工业锅炉平均热效率仅为62%,年耗标准煤500万t。

在用锅炉改造 2011年共发生锅炉事故41起,主要发生在小型服务业,主要原因是企业管理不善,操作人员操作不当。在用锅炉改造主要源自环保的要求及节能效率的提高。

北京、上海、广州、杭州、武汉、昆明等大中城市已实施城市"禁燃区"建设,许多城市淘汰燃煤锅炉,以集中供热、燃气锅炉、电锅炉等替代。

2011年主要城市"禁燃"的相关措施:

北京市三环以内禁止锅炉直接燃烧原煤,全市燃气用户总数已达548万户,其中天然气用户436万户。

上海现役工业锅炉9 000余台,燃煤锅炉约占1/3。"十二五"期间,力争2 000台锅炉能效达标,促进燃煤(重油)锅炉清洁能源替代3 000t/h(蒸汽),减少煤炭使用80万t。

广州市划定全市范围为禁止燃用高污染燃料区域。

武汉在新增的禁燃区范围内有各类锅炉900多台。除用于城市集中供热的锅炉外,其他都将拆除或改用天然气、液化石油气、电或其他清洁能源类锅炉，并在3年内完成。

天津严禁新建燃煤供热锅炉。“十二五”期间，新增发电机组全部落实热电联产、以热定电；新增供热面积全部实现热电联产或以燃气等清洁能源供热；积极推进现有燃煤供热锅炉实现热电联产替代或改燃，年燃煤量控制在190万t以下。到2015年，燃气供热面积从150万m^2提高到4 000万m^2以上，燃气供热比重从不足1%提高到11%以上。

兰州提出“凡煤必改、应改尽改”的原则，采取热电联产集中供热、清洁能源改造、准清洁能源水煤浆技术等方式，在三年内完成对市区693台、5 040t燃煤供热锅炉的治理改造，其中2011年改造2 865t。

西安市共有发电、工业及采暖用燃煤锅炉852台，到2015年，除了用于集中供暖燃煤锅炉外，全市主城区全面实行禁煤，并在两年内拆除598台燃煤锅炉。

乌鲁木齐市2012年对集中供热和社会分散燃煤供热锅炉全部改用天然气，中心城区燃煤小锅炉全部拆除改造。

黑龙江在2015年年底之前取消分散锅炉供热，城镇有望基本实现集中供热。

沈阳市区，力争2015年将拆除单台容量10t/h以下燃煤锅炉，完成30%的20t/h以上燃煤锅炉除尘脱硫升级改造。

南昌市2011年淘汰80台燃煤锅炉。

石家庄市区的623台供暖锅炉将全部实现煤改气。

除以上各大城市以外，深圳市、福州市、丹阳市、连云港市、银川市、珠海市、宁波市(余姚、慈溪及大榭开发区、杭州湾新区)等也相继划出高污染燃料禁燃区。吉林市、西宁市、临沂市、青岛市、潍坊市、马鞍山市、莱阳市、抚顺市等制定了区内禁止10t/h以下锅炉烧原煤的相关政策。

福建省对自行实施改造使用水煤浆锅炉的企业，根据项目节能量进行奖励。

协会工作 2011年11月1日，工业锅炉分会在上海世博展览馆组织并召开第九届国际锅炉、辅机及工艺设备展览会暨第二届中国工业锅炉节能减排国际论坛。来自英国、美国、法国、德国、意大利、芬兰、印度尼西亚、中国8个国家及中国香港共近70家展商展示了锅炉生产原料及配套设备、技术及锅炉整机等。

在第四批工业锅炉节能产品评审专家会议上，6个产品通过评审，被授予“工业锅炉节能产品”的称号，并向工信部推荐，列入工业和信息化部第三批节能机电设备产品名录。

中国电器工业协会工业锅炉分会颁布指导性技术文件CIBB 2—2011《工业锅炉节能产品技术条件》以及工业锅炉节能产品评审推介活动实施办法(2011年修订稿)。

〔撰稿人：中国电器工业协会工业锅炉分会、中国联合工程公司张浩〕

余热锅炉

生产发展情况 2011年，欧债危机愈演愈烈、国内为控制物价上涨而实施紧缩的货币政策，给企业经营造成很大困难。余热锅炉行业各企业在困境中加大产品结构调整力度，开发更加高效、节能、环保的新产品，使行业持续保持稳步向上的发展态势。据不完全统计，2011年各企业生产各类余热锅炉794台，同比下降10.9%；合计37 721t(蒸汽)，同比增长8.5%；实现余热锅炉产值429 672万元，同比增长6.6%。

2011年是“十二五”规划的开局之年，环保产业和节能减排是国家“十二五”期间重点发展的领域。杭州锅炉集团股份有限公司、苏州海陆重工股份有限公司、盐城市锅炉制造有限公司、江西江联能源环保股份有限公司和无锡华光锅炉股份有限公司等行业骨干企业紧紧抓住这一新的发展机遇，根据各自特点，不断开发余热锅炉新品，提高企业的经济效益，余热锅炉的产量、产值名列行业前茅。

我国可回收余热资源丰富，涉及国民经济的多个领域，因此余热锅炉产品种类繁多。经过多年的发展和积累，余热锅炉骨干企业凭借雄厚的技术储备和较强的研发能力持续保持各自优势产品的市场地位，同时根据市场需求，不断推出新品种，开拓未来市场，扩大企业的生存发展空间。杭州锅炉集团股份有限公司生产的燃气轮机余热锅炉、水泥窑余热锅炉、垃圾焚烧锅炉、干熄焦余热锅炉、高炉煤气余热锅炉、低热值尾气余热锅炉、烧结机余热锅炉等产品，苏州海陆重工股份有限公司生产的氧气转炉余热锅炉、有色冶金余热锅炉、干熄焦余热锅炉、生物质锅炉、炼油催化装置余热锅炉等产品，盐城市锅炉制造有限公司生产的水泥窑余热锅炉、小化肥造气余热锅炉、烧结机余热锅炉、硫酸余热锅炉等产品，无锡华光锅炉股份有限公司生产的垃圾焚烧锅炉、生物质锅炉、燃气轮机余热锅炉等产品，江西江联能源环保股份有限公司生产的高炉煤气余热锅炉、垃圾焚烧锅炉、生物质锅炉等产品，济南锅炉集团有限公司生产的生物质锅炉，江苏太湖锅炉股份有限公司生产的有色冶金余热锅炉和焦炉煤气余热锅炉，长沙锅炉厂有限责任公司生产的水泥窑余热锅炉等产品各具特色，竞争能力强。

产品分类产量 2011年，干熄焦余热锅炉、烧结机余热锅炉、高炉煤气余热锅炉、燃气轮机余热锅炉、玻璃窑余热锅炉和低热值尾气余热锅炉等产品产量较上年有较大的增幅。2011年各类余热锅炉产量见表1。2011年主要生产企业余热锅炉产量及产值见表2。

表1　2011 年各类余热锅炉产量

产品类别	产量(台)	产量(蒸汽)(t)	主要生产企业
合　计	794	37 721	
燃气轮机余热锅炉	17	3 680	杭州锅炉集团股份有限公司、无锡华光锅炉股份有限公司
氧气转炉余热锅炉	35	1 453	苏州海陆重工股份有限公司
有色冶金余热锅炉	47	938	苏州海陆重工股份有限公司、江苏太湖锅炉股份有限公司、长沙锅炉厂有限责任公司
垃圾焚烧锅炉	38	1 444	无锡华光锅炉股份有限公司、杭州锅炉集团股份有限公司、江西江联能源环保股份有限公司、苏州海陆重工股份有限公司
高炉煤气余热锅炉	65	8 844	江西江联能源环保股份有限公司、杭州锅炉集团股份有限公司、无锡华光锅炉股份有限公司、苏州海陆重工股份有限公司
干熄焦余热锅炉	28	2 189	杭州锅炉集团股份有限公司、苏州海陆重工股份有限公司
焦炉煤气余热锅炉	19	925	江苏太湖锅炉股份有限公司、杭州锅炉集团股份有限公司、江西江联能源环保股份有限公司、济南锅炉集团有限公司
生物质锅炉	36	3 495	苏州海陆重工股份有限公司、济南锅炉集团有限公司、江西江联能源环保股份有限公司、无锡华光锅炉股份有限公司、长沙锅炉厂有限责任公司
水泥窑余热锅炉	219	5 079	杭州锅炉集团股份有限公司、盐城市锅炉制造有限公司、长沙锅炉厂有限责任公司
烧结机余热锅炉	99	4 054	盐城市锅炉制造有限公司、杭州锅炉集团股份有限公司、苏州海陆重工股份有限公司、长沙锅炉厂有限责任公司
硫酸余热锅炉	34	1 537	盐城市锅炉制造有限公司、苏州海陆重工股份有限公司
玻璃窑余热锅炉	51	525	杭州锅炉集团股份有限公司、苏州海陆重工股份有限公司、浙江双峰锅炉制造有限公司
小化肥造气余热锅炉	21	840	盐城市锅炉制造有限公司
低热值尾气余热锅炉	13	727	杭州锅炉集团股份有限公司、江西江联能源环保股份有限公司、苏州海陆重工股份有限公司、江苏太湖锅炉股份有限公司
炼油催化装置余热锅炉	8	555	苏州海陆重工股份有限公司
其他余热锅炉	64	1 436	江苏太湖锅炉股份有限公司、江西江联能源环保股份有限公司、盐城市锅炉制造有限公司、苏州海陆重工股份有限公司、杭州锅炉集团股份有限公司、长沙锅炉厂有限责任公司

表2　2011 年主要生产企业余热锅炉产量及产值

企业名称	产量(台)	产量(蒸汽)(t)	产值(万元)
杭州锅炉集团股份有限公司	325	14 153	176 816
苏州海陆重工股份有限公司	135	6 457	71 399
盐城市锅炉制造有限公司	132	6 398	53 600
江西江联能源环保股份有限公司	50	5 542	48 299
无锡华光锅炉股份有限公司	31	2 273	36 694
济南锅炉集团有限公司	13	1 305	20 755
长沙锅炉厂有限责任公司	16	319	12 035
江苏太湖锅炉股份有限公司	68	1 232	9 858

市场及销售　锅炉制造行业巨大的产能与市场容量明显的不匹配、不协调，导致国内市场竞争加剧。同时，人民币升值加快使国内企业的国际竞争优势减弱。面对种种不利的局面，主要企业在加大新产品、新技术研发投入的同时，通过积极开拓新市场、新业务，转变经营模式，取得了很好的经营业绩。据不完全统计，2011 年各锅炉制造企业销售余热锅炉 828 台(套)，同比下降 7%；合计 36 209t(蒸汽)，同比增长 7.5%；完成销售收入 447 828 万元(含余热锅炉部件)，同比增长 4.6%。2011 年虽然销售台数有所下降，但折合蒸汽量和销售收入同比均增长，表明销售的锅炉容量有所扩大，技术含量和附加值有所提高。

2011 年，受国际经济增长放缓等不利因素的影响，余热锅炉出口量较上年有较大幅度的下降。据统计，2011 年出口余热锅炉 13 台(套)，合计252t(蒸汽)，出口额 1 139 万美元。其中，杭州锅炉集团股份有限公司向印度出口 1 台垃圾焚烧锅炉，金额近 600 万美元；长沙锅炉厂有限公司分别向英国、缅甸出口烟道式余热锅炉和水泥窑余热锅炉共 3 台，合计金额 166 万美元；苏州海陆重工股份有限公司向澳大利亚和印度出口余热锅炉部件，合计金额 297 万美元；江苏太湖锅炉股份有限公司向印度尼西亚出口 2 台焦炉煤气余热锅炉，金额 100 万美元。

杭州锅炉集团股份有限公司还通过引进技术、消化吸收、内外合作、自主创新等多种途径和手段，与多家国内著名公司合作向印度出口干熄焦余热锅炉 4 台，向阿曼出口

6FA 级燃气轮机余热锅炉 2 台，共计折合蒸汽量 521t，出口交货值达 11 800 万元。

新产品研发及成果转化 2011 年，面对行业产能严重过剩，市场竞争加剧的不利形势，行业主要制造企业通过技术引进、吸收和再创新，增强自主研发能力，进一步缩小与发达国家的技术差距，取得了一批较高水平的科技成果。

杭州锅炉集团股份有限公司大力开发环保节能产品。"通用锅炉水动力计算系统的研究与应用"获 2011 年度浙江省科技进步奖二等奖，"邯钢高效烧结机余热发电工艺技术开发与应用"获得 2011 年度河北省科技进步奖三等奖和 2011 年度邯郸市科技进步奖一等奖，"泰国 TPI 8 000t/d 水泥窑余热锅炉"获得 2011 年度中华全国工商业联合会科技进步奖，"水泥窑低温余热利用成套工艺技术及装备"获得中国机械工程学会节能及绿色工业科研成果一等奖。此外，"大型内补燃燃气轮机余热锅炉"项目通过了浙江省装备制造业重点领域首台(套)产品认定，并列入 2011 年度杭州市国内首台(套)重大技术装备项目；"2 × 600t 石灰窑双压'U'型余热锅炉"也同时列入 2011 年度杭州市国内首台(套)重大技术装备项目。2011 年公司还新增 9 项发明专利和 23 项实用新型专利授权。

杭州锅炉集团股份有限公司下属的杭州新世纪能源环保工程股份有限公司在大型垃圾焚烧处理技术和装备研发方面处于国内先进水平，"500t/d 级多列料层可调型二段往复式垃圾焚烧成套设备"已被列入 2011 年度国家重点新产品计划。该公司被中国环保机械行业协会、中国环保产业协会联合推荐为国家鼓励发展的重大环保技术装备——600t/d 及以上生活垃圾焚烧及其烟气处理系统成套设备的依托单位，被中国固废网评选为 2011 年度固废领域年度优秀工程技术公司。

无锡华光锅炉股份有限公司在引进比利时 CMI 余热锅炉技术的基础上，通过消化、吸收，开发研制的 9F 级立式三压再热型自然循环燃气轮机联合循环余热锅炉，同等参数条件下占地面积小，可实现三向自由膨胀，循环应力小，起停快速，调峰性能好，更适于调峰运行。该锅炉已通过中国电力企业联合会和中国机械工业联合会组织的新产品技术鉴定。鉴定委员会认为，该 9F 级联合循环立式余热锅炉达到或超过整体机组的技术要求，研制是成功的，而且填补了国内空白，技术上达到国际先进水平。该锅炉获 2011 年度江苏省科技进步奖一等奖。在 9F 级燃气轮机联合循环立式余热锅炉成功投入商业运行后，该公司又开发出卧式余热锅炉，形成了 9F 级立式、卧式余热锅炉两大系列。

无锡华光锅炉股份有限公司坚持清洁燃烧和绿色产品的设计理念，通过自主开发、合作开发与技术引进等方式，开发出一系列环保、节能型产品。"秸秆直燃锅炉的研发与产业化项目"是国家重点新产品计划和江苏省科技成果转化专项资金项目。该公司与东南大学进行产学研合作，通过研究秸秆输送、水冷振动炉排和秸秆燃烧机理等关键技术，解决了秸秆直燃锅炉研发过程中的技术难题，开发出用于发电的 75t/h、110t/h 秸秆直燃锅炉系列及燃料输送系统，形成了具有自主知识产权的秸秆直燃锅炉技术和系列产品。该项目已通过江苏省科技厅组织的项目验收。在项目实施期间共申请专利 21 项，现已获专利授权 17 项，其中实用新型专利 16 项、发明专利 1 项。

江西江联能源环保股份有限公司研发的生物质锅炉已得到市场的认可。其中，JG - 75/9. 8 - T 型高温高压燃混合生物质锅炉采用了公司具有自主知识产权的高低差速流化床专利技术与 V +4T 技术，成功地解决了生物质燃料造成高温过热器受热面腐蚀、集灰等难题，保证了锅炉高效稳定燃烧，环保节能效果和经济效益显著。该产品通过了南昌市科技局组织的新产品技术鉴定。此外，该公司的"高低差速流化床及 V +4T 燃烧技术在生物质锅炉中的应用"项目荣获 2010 年度南昌市科学技术进步奖一等奖，研制的 JG - 65/3. 82 - SW 型生物质直燃锅炉被列入国家重点新产品。

苏州海陆重工股份有限公司积极推进经济发展方式转变，加快构筑新的战略优势，与美国公司合作开发出 IGCC 煤气化装置气化炉。该气化炉采用世界上最新研发的第三代煤气化技术，开创了利用低品质煤发电的先列，具有广阔的市场前景。该公司的"面向冶金、焦化行业的高温高压自然循环干熄焦余热锅炉及其产业化"项目被列入 2011 年国家火炬计划项目，"低压煤气化余热锅炉"获苏州市科技进步奖和张家港市发明二等奖。2011 年公司还新增 1 项发明专利授权，并提交 15 项专利申请。

长沙锅炉厂有限责任公司长期与国内著名高校及科研单位合作，针对储藏量丰富的生物质资源，重点开发生物质锅炉，取得了很好的业绩。该公司与中国科学院工程热物理研究所等单位共同开发的 75t/h 次高温次高压生物质混合燃料直燃循环流化床发电锅炉，通过了由中国电力企业联合会和中国机械工业联合会联合组织的科技成果鉴定。鉴定委员会认为：该锅炉设计采用自主创新技术，达到同类型直燃生物质锅炉的国际先进水平。

江苏太湖锅炉股份有限公司大力推动企业技术创新，拓宽余热锅炉应用领域，积极探索环保、高效锅炉新技术的开发和应用，自主开发了 Q73/1050 - 35 - 3. 82/450 型煅烧焦余热锅炉和 QC120/450 - 15 - 1. 65/350 型有色冶金余热锅炉，取得了很好的经济效益。

质量及标准 2011 年，能源行业余热利用设备标准化技术委员会会同相关单位共完成 5 项国家标准的制修订，其中由国家质量监督检验检疫总局和国家标准化管理委员会批准、发布、实施 3 项。《燃气—蒸汽联合循环余热锅炉技术条件》和《水泥窑余热锅炉技术条件》2 项国家标准已完成报批稿并上报，2 项余热锅炉行业标准被国家能源局列入"2011 年第二批能源领域行业标准制修订计划项目"，能源行业余热利用设备标准化技术委员会为标准的提出单位，杭州锅炉集团股份有限公司为主要起草单位，将于 2012

年完成编制。2011 年批准并发布的余热锅炉国家标准见表 3。2011 年能源行业标准制修订计划项目见表 4。

表 3　2011 年批准并发布的余热锅炉国家标准

标准编号	标准名称	制定或修订
GB/T 10863—2011	烟道式余热锅炉热工试验方法	修订
GB/T 28056—2011	烟道式余热锅炉通用技术条件	制定
GB/T 28057—2011	氧气转炉余热锅炉技术条件	制定

表 4　2011 年能源行业标准制修订计划项目

计划编号	标准名称	技术归口单位
能源 20110119	余热锅炉用钢制烟囱技术条件	能源行业余热利用设备标准化技术委员会
能源 20110120	单轴单页式烟气挡板门设计制造和验收标准	能源行业余热利用设备标准化技术委员会

杭州锅炉集团股份有限公司长期致力于余热资源的利用和开发，是能源行业余热利用设备标准化技术委员会的秘书长单位。2011 年，该公司被授予“杭州市标准创新贡献企业”称号，并顺利通过了浙江省标准化协会评审认定，荣获标准化良好行为 AAA 级证书。

无锡华光锅炉股份有限公司在实施“秸秆直燃锅炉的研发与产业化项目”过程中，重视标准化工作，先后制定了相应的产品设计、制造技术标准 7 项；形成了年产 15 台(套)系列秸秆直燃锅炉的生产能力，实现了秸秆直燃锅炉及其延伸产品的产业化。公司作为项目承担单位现已成为国家能源局能源行业生物质能发电设备标准化技术委员会秘书长单位，负责国家生物质能发电设备和配套辅机等的标准化工作。

基本建设及技术改造　2011 年，余热锅炉行业主要生产企业完成固定资产投资 30 446 万元，其中基本建设投资 14 127 万元，技术更新改造投资 16 319 万元。受外部环境的影响，2011 年行业主要企业固定资产的投资额度较上年有较大幅度的下降，但仍有不少企业根据自身情况继续保持较高的投资热情。

苏州海陆重工股份有限公司积极加快高新技术改造，加大研发投入力度，提高核心竞争力。投资近 10 000 万元进行的循环流化床垃圾焚烧锅炉制造技术改造项目和循环流化床污泥焚烧炉制造技术改造项目现已完成并投入生产，预计可实现年销售收入 2.3 亿元。

济南锅炉集团有限公司针对生产过程中的薄弱环节，有重点地开展技术改造。2011 年完成了“筒节纵缝磨铣机”和“锅筒无引板温卷温校工艺”等项目改造，大大降低了生产成本，提高了产品的质量和生产效率，同时改善了车间工作环境。

企业管理　杭州锅炉集团股份有限公司在稳步提升现有产品竞争力的同时积极介入新能源领域，拓展新的业务和盈利领域。2011 年，该公司受让浙江中控太阳能技术有限公司 20% 的股份，进军太阳能光热发电设备新领域；受让新疆腾翔镁制品有限公司 31.36% 的股权，进入资源领域；向子公司杭州杭锅江南物资有限公司增资 8 350 万元，加速开展物流与贸易业务。公司已通过“浙江省高新技术企业”复审，还被评为“中国机械 500 强”。

2011 年 10 月 23 日，由无锡华光锅炉股份有限公司、宜兴王子环保科技有限公司等单位共同组建的无锡华光新动力环保科技股份有限公司举行揭牌庆典。无锡华光新动力环保科技股份有限公司是专业从事烟气的净化处理环保工程的高新技术企业，引进华东理工大学成熟的烟气脱硝催化剂设计、制造、检验技术，生产的蜂窝式脱硝催化剂具有国际先进水平，广泛应用于电力、化工、船舶等行业的氮氧化物(NO_x)脱除。该公司在现有的脱硝技术上与东南大学、清华大学、奥地利 AEE 能源集团公司合作，开发出国内先进的脱硝技术，集脱硝催化剂的研究、开发、设计、制造、检测为一体。无锡华光新动力环保科技股份有限公司的成立，标志着华光股份在由单一的锅炉制造逐步向以电站、烟气处理工程等为主的设计、设备成套、工程总包及主要设备制造转型中又迈出了重要一步。

苏州海陆重工股份有限公司与上海天新热能工程有限公司等共同投资设立上海海陆天新热能技术有限公司，利用各方的技术和优势，开发中小型电站锅炉工程总承包业务，对现有燃煤电站锅炉进行节能改造。“海陆”牌余热锅炉被授予“江苏省名牌产品”称号，“海陆”商标被评为江苏省著名商标。公司已通过“江苏省高新技术企业”复审，并被认定为“2011 年苏州市创新先锋企业”。

济南锅炉集团有限公司被中国机械工业联合会授予“全国机械行业文明单位”称号。“JG”商标被授予“山东省著名商标”称号。

江苏太湖锅炉股份有限公司经国家人力资源和社会保障部批准，成为“国家级博士后科研工作站”设站企业。该公司被中国机械工业企业管理协会授予“现代化管理企业”称号，被评为“中国机械 500 强”。

浙江双峰锅炉制造有限公司作为浙江大学创业创新示范基地，长期依托浙江大学等高校及科研院所的技术支持，在节能减排领域取得良好的业绩。2011 年公司的洁净燃烧技术研发中心被认定为省级高新技术企业研究开发中心。

〔撰稿人：杭州余热锅炉研究所蒋建民　审稿人：杭州余热锅炉研究所赵剑云〕

工业燃气轮机

生产发展情况 2011年,在提倡节能环保的大形势下,我国天然气发电设备市场继续保持旺盛的需求,但燃气轮机制造业的竞争依然激烈。《电力工业"十二五"规划》中,首次提出到2015年全国天然气发电装机容量达6 000万kW,这意味着未来5年国内天然气发电规模将在2011年2 800万kW的基础上翻倍增长。

从国内情况看,国家发展绿色经济和低碳经济的方针已经确立,对电力装备制造业而言,国家要继续淘汰高污染、高能耗、低效率的落后机组,燃气轮机发电机组以其效率高、污染排放低的特点必将占据整个电力装备市场的重要地位。这对于改善我国电网品质和城市电网调峰的作用越来越明显。虽然国内燃气轮机市场仍受燃料资源紧缺的影响,但近期已呈逐渐回暖趋势。我国华北、西北油气田开发,"西气东输",液化天然气站等项目为提供多元化燃料创造了条件,使燃气轮机及其联合循环发电设备的市场不断扩大。燃气轮机市场的回暖,缘于2010年国内各主要天然气管道工程的陆续建设和投运,国内各主要电力投资公司纷纷加快了燃气轮机项目的进程。以北京、江苏地区为例,随着陕京三线、陕京四线的开工建设,大唐国际和北京市燃气集团于2010年2月签署了《北京地区燃气热电联产项目天然气供应合作框架协议》,双方以高井热电厂扩建燃气热电项目为龙头,共同开发新的燃气热电项目。由此,拉开了北京地区四大主力电厂"煤改气"的序幕。西气东输一、二线的贯通,川气东送工程的建成,为江苏省的电力装备市场打开了新的窗口。根据工业布局,江苏省也规划了一批E级燃气—蒸汽热电联产项目。

2011年燃气轮机行业主要企业主要经济指标见表1。

表1 2011年燃气轮机行业主要企业主要经济指标

指标名称	单位	南京汽轮电机(集团)有限责任公司	上海电气电站设备有限公司上海汽轮机厂	哈尔滨汽轮机厂有限责任公司	东方电气集团东方汽轮机有限公司
从业人员平均人数	人	2 785	3 236	5 644	7 487
工业总产值	万元	419 606	624 524	641 300	2 024 567
固定资产净值平均余额	万元	68 521	149 633	107 559	484 167
销售收入	万元	426 040	643 797	633 294	1 904 309
利税/利润	万元	53 223/40 961	28 570/	35 152/11 850	71 045/44 499
全员劳动生产率	元/人	298 866	311 051	212 597	438 416
资本保值增值率	%	105.73	92.60	104.75	123.90
总资产贡献率	%	7.62	7.07	2.98	2.64
产销率	%	98.94	100.00	98.40	100.00
质量损失率	%	0.01	0.072	0.02	0.04
燃气轮机产量	台/MW	4/424.3	4/920		2/624
燃气轮机出口量	台/MW	1/41.3			
燃气轮机工业产值	万元	46 944	38 923		100 000

2011年是天然气发电设备市场景气度较高的一年。我国生产F级、E级、6B系列等发电用、中低热值高(焦)炉气发电用或联合循环用燃气轮机的大型企业——哈尔滨动力设备股份有限公司、上海电气电站设备有限公司上海汽轮机厂、东方汽轮机厂有限公司、南京汽轮电机(集团)有限责任公司、杭州汽轮机股份有限公司等不断提高自身竞争力。在他们的带动下,燃气轮机技术转让与国产化进一步加速,燃气轮机及其联合循环发电装置、热电联产、中低热值冶金煤气回收利用、化工行业尾气回收利用等节能环保项目均取得不同程度的进展。

我国四个大一型燃气轮机及联合循环发电装置制造公司的生产发展情况如下:

1. 哈尔滨动力设备股份有限公司

2011年,哈尔滨动力设备股份有限公司继续与美国通用电气公司合作,除生产9F重型燃气轮机外,在工业驱动用燃气轮机制造方面取得新的进展。

2011年8月16日,该公司与法国TPMA公司在哈尔滨市举行30MW工业燃气轮机(IGT)热部件合作签字仪式,进一步明确了由法国TPMA公司对该公司的燃压机组高低压涡轮高温叶片的精铸件毛坯、机械加工、装配等提供技术支持。

12月6日,哈尔滨动力设备股份有限公司与中石油物资公司、西气东输管道公司正式签订了30MW燃压机组现场工业化试验有偿使用订货合同,标志着30MW燃压机组产业化迈出关键一步。

2. 上海电气电站设备有限公司上海汽轮机厂

上海汽轮机厂同时拥有SGT5-4000F F级燃气轮机技术、SGT5-2000E E级燃气轮机技术和燃气轮机控制(I&C)技术,已经实现了以下部件的国产化:

(1)F级燃气轮机:国产化率已达到90%。压气机轴承座(包括轴承)、压气机静叶持环、压气机动静叶片、燃烧室外缸(2#缸)、透平缸、透平静叶持环、透平轴承座(包括轴承)、排气扩散器、燃气轮机控制系统和辅助系统等重要部件已实现国产化。燃气轮机最后一个关键部件转子轮盘的国产化工作已经完成,在接下来的项目中将会实际应用。同时,合资成立的热部件公司已经正式开始热部件的加工制造,已经具备透平第1~4级叶片的加工供货能力以及燃烧室的供货能力。

(2)E级燃气轮机:随着北京京能未来科技城E级燃气轮机项目的启动,E级燃气轮机国产化进程进一步加速。在全部完成辅助系统国产化的基础上,上海汽轮机厂在压气机轴承座、静叶持环1、静叶持环2、静叶持环3、透平静叶持环、排气扩散器以及压气机叶片等重要部件的国产化方面实现突破。

上海申能临港燃气电厂一期工程共有4台F级燃气轮机联合循环机组,其中3#、4#燃气轮机作为首次应用于国内项目的SGT5-4000F改进型燃气轮机,经运行考核,出力和效率均较原来的燃气轮机明显提升,其性能远优于保证值,得到了用户的一致好评,2011年已全部投入商业运行。

上海汽轮机厂在北京京能西北热电项目中首次采用“一拖一”分轴布置F级燃气机组,能够合理利用燃气轮机与汽轮机的效能,在较大程度上发挥了汽轮机的供热能力。

2011年上海汽轮机厂共获得9台燃气轮机的订单。由于产能滞后,该公司对燃气轮机生产系统进行一系列的改进,努力扩大产能,到2013年可实现月产1台燃气轮机的目标。

3. 东方电气集团东方汽轮机有限公司

东方汽轮机有限公司自2003年从日本三菱公司引进E级M701D型和F级M701F型燃气轮机制造技术以来,具备了制造F级和E级燃气轮机及联合循环机组的能力。公司的F级燃气轮机已有14台在国内投运,并开始独立承担国际项目,首台出口白俄罗斯的M701F型机组2011年已在明斯克电厂安装调试完毕,投入商业运行。2011年3月23日,国内首台E型M701DA燃气轮机从东方汽轮机有限公司发往江苏戚墅堰电厂。2011年,该公司为华能北京高碑店项目制造2台312MW的M701F4型重型燃气轮机,产值10亿元。M701F4型燃气轮机是M701F3型燃气轮机的改进机型,是国内首台采用G型燃气轮机先进技术的机组,华能北京高碑店项目采用3S离合器技术实现机组供热能力最大化。

中海福建莆田燃气轮机电厂的4台联合循环发电机组由东方汽轮机有限公司成套供货,该电厂2011年被授予“东方电气联合循环电厂示范性基地”称号。该电厂的厂用电率只有0.92%,创全国最低纪录,设备国产化程度超过70%,在同类电厂中处于最高水平,启动调试创零跳机纪录。

东方汽轮机有限公司的燃气轮机服务业务是其服务产业中最成熟的业务,可提供菜单式服务,由客户根据自己的需要订制个性化服务。在后期服务中,提供总承包结算和实际单价结算两种模式。东方汽轮机有限公司可以完成燃烧器检修、透平检修、机组大修,具备同时执行多个燃气轮机检修施工的能力。

4. 南京汽轮电机(集团)有限责任公司

南京汽轮电机(集团)有限责任公司是国内9E、6B重型燃气轮机的生产基地,2011年燃气轮机产量4台/424.3MW,其中3台为9E机组,1台为6B机组。该公司为赤道几内亚制造的3套6B机组分别于2011年6月4日、8月27日、10月14日顺利并网发电。

2011年,该公司共签订6套9E机组合同。建筑面积近2万m^2的大机加厂房于2011年4月底交付,搬迁了多套大型设备。

除上述4个公司外,杭州汽轮机股份有限公司生产的M251S工业燃气轮机自首台成功投运后,为我国钢铁企业普遍认同。该燃气轮机以钢铁公司富余的高炉煤气为燃料,联合循环发电装置功率为50MW等级。2011年,该公司签订了3台工业燃气轮机组的供货合同,合同金额8亿元。2011年杭州汽轮机股份有限公司燃气轮机销售状况见表2。

表2　2011年杭州汽轮机股份有限公司燃气轮机销售状况

产品代号	燃气轮机型号	数量(套)	配套汽轮机	最终用户	功率(MW)	燃料	备　注
G0011	M251S	1	无	重庆钢铁集团有限公司	50	高炉煤气	2012年3月交货
G0012	M251S	1	无	首钢迁安钢铁有限公司	50	高炉煤气	2012年9月交货
G0013	M251S	1	无	首钢迁安钢铁有限公司	50	高炉煤气	2012年12月交货

杭州汽轮机股份有限公司的主机部分除热部件外,均实现了国产化,配套设备部分,2011年实现了主油泵、油雾分离器、润滑油冷却器的国产化。燃气轮机及其配套设备的国产化率进一步提高。

在燃气—蒸汽联合循环发电装置中,余热锅炉是不可或缺的重大装备之一。燃气轮机余热锅炉国内已有多家成熟供应商,包括杭州锅炉集团股份有限公司、无锡华光锅炉股份有限公司、上海电气集团上海锅炉厂有限公司、东方电气集团东方锅炉股份有限公司、哈尔滨电气集团哈尔滨锅炉厂有限责任公司等。

杭州锅炉集团股份有限公司在国内燃气—蒸汽联合循环发电装置节能产品市场中占据主导地位,是全国能源设备行业余热利用设备标准化技术委员会的常设办事机构及秘书处挂靠机构。2011年8月,该公司与天津陈塘热电有限公司签署了2×900MW燃气—蒸汽联合循环供热机组余热锅炉岛合同,共2套设备4台锅炉,该型号锅炉在国内属于技术相对领先产品。

科技成果及新产品　2011年,燃气轮机制造行业围绕新产品开发、技术引进和生产技术进行了大量的科研工作，机组的国产化率不断提高。

2011年8月，哈尔滨动力设备股份有限公司的燃压机组热部件生产取得突破性进展，燃气轮机轮盘叶根槽加工工艺和燃烧室工艺编制、新设备型号参数选定等重点项目取得了阶段性成果。燃压机组热部件主要包括燃烧室及高温冷却叶片两大部分，是燃压机组的核心部件，热部件的工艺技术研究在该公司尚属首次。

上海电气电站设备有限公司上海汽轮机厂通过产学研合作，已经开发研制多个具有自主知识产权的部件，性能良好，并在国内项目上应用，得到用户的肯定。立项研究的燃气轮机关键技术已取得阶段性成果。

质量及标准 2011年，南京汽轮电机（集团）有限责任公司开展“质量月”活动，以持续改进质量为主线，切实开展质量改进工作。2011年该公司正式成为国家一级安全生产标准化机械制造企业。

上海电气电站设备有限公司上海汽轮机厂生产加工的燃气轮机部件均按DIN、EN、KUN、MUN、ISO等标准对原材料、加工等方面进行质量控制。所有燃气轮机部件均严格按照西门子的标准进行制造，并由西门子专业质检人员进行检查。

基本建设及技术改造 2011年，燃气轮机制造行业坚持做强做精的原则，加快对优势项目的投资，形成差异化竞争优势。全行业用于基本建设及技术改造的投资额超过以往历年，为企业科研和生产提供了坚强的后盾。

上海电气电站设备有限公司上海汽轮机厂2011年投入使用的燃气轮机总装车间坐落于黄浦江畔，为全封闭恒温车间，占地面积8 733m²，厂房高34m、宽46m、长168m，架有高、中、低三层空中“运输网”，共有行车9台，最大起重能力350t。厂房内共有8个总装台位和2个燃气轮机转子垂直装配台位，可进行E级、F级燃气轮机整机总装以及联合循环汽轮机高压缸、中低压缸精装等，具备世界一流的电站设备总装能力。

南京汽轮电机（集团）有限责任公司的大机加厂房于2011年4月底交付，建筑面积近2万m²，已完成多套大型设备（转子铣床、龙门铣床、龙门钻床等）的搬迁，11台大型设备、5台（套）非标设备及装置、3套汽轮机台位已投入使用，大机加、大装配的格局初步形成。

〔撰稿人：南京燃气轮机研究所涂庆国、朱燕 审稿人：南京汽轮电机（集团）有限责任公司刘卫宁〕

大型水电设备

2011年，我国全口径发电装机总容量10.56亿kW，同比增长9.25%。其中，水电装机容量2.31亿kW，同比增长8.45%，占全国装机总容量的21.83%，占比较上年下降0.35个百分点。2011年全国新增装机容量9 041万kW，同比下降0.94%。其中水电新增装机容量1 225万kW，同比下降26.23%，占全国新增装机容量的13.55%，占比较上年减少4.64个百分点。

生产发展情况 2011年全国共生产水轮发电机组2 598.63万kW，同比增长27.77%，占全国发电设备总产量的18.56%，占比较上年增长3.06个百分点。

2011年，东方电气集团东风电机有限公司完成工业总产值93 835万元，同比下降18.55%。其中，水电产品产值53 168万元，同比增长3.72%，占工业总产值的56.66%。公司致力于调整改进水电产品生产方式，更好地满足国内外用户的交货要求。设计制造的单机容量最大（100MW等级）的天花板电站用水轮发电机组、运行水头最高（1 000m等级）的南山一级电站用水轮发电机组、出口印度容量最大（单机容量50MW、四喷嘴冲击式）的马拉娜一级电站用水轮发电机组相继投入运行；负责主机制造、安装指导和机电调试的越南达科民4A电站首台机组于2012年1月20日完成72h连续满负荷试运行，投入商业运行；承接的第一个总承包项目——巴基斯坦恰希玛水电站“交钥匙”工程，于2012年2月25日顺利经过100h试运行，完成了电站设计、土建施工、发电设备供货和其他设备采购、运输和安装调试等合同规定的任务。这是东风电机水电建设发展史上的又一个里程碑。

面对企业搬迁改造、用户需求旺、交货期短的状况，中国长江动力公司（集团）加强计划节点控制，科学策划、精心组织、严格考核，全年完成发电设备173台、534.71万kW，其中水轮发电机3台、0.83万kW。

2011年，广东鸿源机电股份有限公司实现产值2.81亿元，各项指标完成预期计划。

哈尔滨电机厂有限责任公司经济运行总体保持平稳，资产运营质量稳中有升。当年完成响水涧水泵水轮发电机组，60Hz汽轮发电机，溪洛渡、糯扎渡电站圆筒阀和向家坝800MW等级全空冷水轮发电机组等重大生产任务。2011年6月2日，制造的最后一台三峡机组——31号机组顺利移交，标志着该公司圆满完成了三峡电站的全部生产制造任务。哈尔滨电机厂有限责任公司为三峡电站生产的多台机组被评为“精品机组”，实现了“一台比一台好”的目标。

东方电气集团东方电机有限公司2011年生产任务再创历史新高，完成工业总产值701 087万元，比上年增长5.89%；完成工业增加值190 135万元，比上年增长4.43%。

2011年世界经济依然低迷，国内水电设备市场的复苏还需时日，国际市场的竞争更加激烈，哈尔滨电机厂（昆明）有限责任公司的生产经营面临诸多困难。已签订的部分合同暂停和取消，在执行的部分合同也存在合同款不能按期支付的问题，给公司的生产组织、流动资金的筹措使用造成了困难。原材料价格的总体上涨、水电设备产品价格的持续下滑，对企业经济指标的实现和盈利能力都造成很大的影响。

2011年大型水电设备行业主要企业主要经济指标完成情况见表1。2011年大型水电设备行业主要企业完成工业增加值情况见表2。

表1 2011年大型水电设备行业主要企业主要经济指标完成情况

企业名称	工业总产值（万元）	比上年增长（%）	产品销售收入（万元）	产品销售税金及附加（万元）	年末固定资产原价（万元）	年末固定资产净值（万元）	全员劳动生产率（元/人）
东方电气集团东方电机有限公司	701 087	5.89	661 755	5 279	251 651	170 994	249 063
哈尔滨电机厂有限责任公司	461 375	-13.10	502 296	783	182 177	77 920	327 702
东方电气集团东风电机有限公司	93 835	-18.55	91 236	342	45 777	24 737	88 700
兰州兰电电机有限公司	120 220	16.00	106 466	452	22 944	19 160	85 512
哈尔滨电机厂（昆明）有限责任公司	40 018	9.69	39 884	116	16 578	6 821	55 798
广东鸿源机电股份有限公司	28 133	7.62	27 401	1 069	17 535	11 677	25 725
南宁发电设备总厂（南宁广发重工集团发电设备有限责任公司）	11 180	-37.90	12 402	97	13 275	5 433	17 294
中国长江动力集团有限公司	111 830	4.00	104 456	771	42 660	18 942	130 000

表2 2011年大型水电设备行业主要企业完成工业增加值情况

企业名称	工业增加值（万元）	同比增长（%）	工业增加值占总产值的比重（%）
哈尔滨电机厂有限责任公司	181 973	-0.67	39.44
东方电气集团东方电机有限公司	190 135	4.43	27.12
东方电气集团东风电机有限公司	25 000	-10.71	26.64
兰州兰电电机有限公司	30 750	24.71	25.58
哈尔滨电机厂（昆明）有限责任公司	7 516	233.16	18.78
中国长江动力集团有限公司	35 693		31.92

产品产量 2011年，东方电气集团东风电机有限公司完成发电设备产量370.2万kW，同比下降16.89%。其中，水电产品产量107.15万kW，同比下降4.14%。

东方电气集团东方电机有限公司2011年发电设备产量再创历史新高，达到3 830.2万kW，比上年增长19.18%。其中，水轮发电机组546.45万kW，比上年增长0.44%。新投产的以大贯流机组和抽水蓄能机组居多。

哈尔滨电机厂（昆明）有限责任公司水电产品完成产值2.6亿元，同比增长4%；机组产量56.24万kW，同比下降12.4%。10MW以上的水电机组产量占比逐年增加。生产水力发电设备57台（套），其中发电机57台、水轮机46台、水电站辅助设备22台（调速器及油压装置16台、励磁装置6台）。2011年大型水电设备行业主要企业大型水电设备产量、产值见表3。

表3 2011年大型水电设备行业主要企业大型水电设备产量、产值

企业名称	产量（台/套）	产量（万kW）	台平均容量（万kW/台）	产值（万元）	台平均产值（万元/台）
哈尔滨电机厂有限责任公司	36	647.28	17.98	334 895	9 302.64
东方电气集团东方电机有限公司	23	546.45	23.76	276 065	12 002.83
中国长江动力集团有限公司	2	0.82	0.41	593	296.50
东方电气集团东风电机有限公司	34	98.00	2.88	36 717	1 079.91
兰州兰电电机有限公司	7	4.15	0.59	1 950	278.57
哈尔滨电机厂（昆明）有限责任公司	30	45.90	1.53	14 029	467.63
广东鸿源机电股份有限公司	1458	46.00	0.03	40 840	28.01

注：大型水电设备指单机容量在1万kW以上者。

市场及销售 2011年，受国际金融风暴和国内经济政策的影响，发电设备市场出现供大于求的局面，各企业订单减少，产品价格降价，货款回收困难，应收账款增加，流动资金日趋紧张。水电产品市场继续受移民和生态环境因素的影响，加上国家连续紧缩银根，新开工大型水电项目明显减少；中小项目价格下滑，竞争激烈。

东方电气集团东风电机有限公司完成营业收入91 236万元，同比下降14.8%；利润总额1 071万元，同比下降75.23%；合同签订总额110 191万元，同比下降4.8%。2011年以来，国内水电设备市场需求虽总体保持平稳，但国内中小水电设备制造企业过多使竞争完全处于白热化阶段，机组容量呈现小型化，价格严重下滑，项目中标率偏低，公司未能完成全年订单任务。全年签订水电产品合同额38 179万元，同比下降38.79%，占公司合同签订总额的34.65%。但水电产品区域性市场开拓取得突破性进展，产品覆盖国内30多个省、自治区、直辖市，并再次进入新疆市场。国际贸易方面，公司主要依托集团国际合作公司及葛洲坝集团、中电工等主要外贸合作企业积极开展国际水电设备业务，实施集团“走出去”战略，在保持传统东南亚水电市场良好发展的基础上，再次进入美国市场，签订美国克拉峡谷电站合同；首签法国米奇电站合同；批量签订土耳其5个水电站15套机组合同。2011年完成外贸订单26 273万元，同比增长16.88%，占合同签订总额的23.84%，较好地完成了全年任务。

中国长江动力集团有限公司坚持以经营为龙头，狠抓营销体系建设，千方百计巩固和扩大市场份额，保持经营平稳发展。2011年实现销售收入10.5亿元、利润1.2亿元、税金8 263万元。公司瞄准国家扶持节能减排产业时机，水火并举，国内外市场并重，大力开发饱和蒸汽、余热利用机组市场，拓展国外市场和水电设备市场，想方设法提升水电机组的产值比重，积极培育大客户和长线客户，提升经营业绩。全年签订出口机组合同14台，生效合同额1.33亿元。

广东鸿源机电股份有限公司整合资源，根据市场情况，出台合理的营销奖励方案，并根据征订产品情况优化加工方案。2011年实现销售收入2.74亿元、上交税金1 069万元、实现利润3 992万元，主要经济指标保持良好的增长势头。

哈尔滨电机厂有限责任公司全力拓展国内、国际市场。截至2011年12月末，实际签订合同额607 565.66万元，其中仍以水火电常规项目为主，订单产品结构未发生变化。2011年上半年，哈尔滨电机厂有限责任公司水电设备签约情况较为理想，为下半年及2012年经营工作奠定了良好的基础，但已签约项目多为长期跟踪的项目，短平快的签约项目并不多。国际电力设备市场需求相对较多，特别是发展中国家依然有较大需求，但政治、经济等不确定性因素影响日益显著，项目执行难度加大。

1. 国内市场

水电设备方面，中标溧阳抽水蓄能机组、牛栏江水泵、羊曲及长甸等项目。其中，溧阳项目是电站主机及全套机电设备系统集成的成套供货合同，是国内首次采用模型试验同台对比招标的抽水蓄能项目，是公司传统产品项目的延伸，是提供产品系统设计、系统集成、系统成套和全程一体化服务的标志性项目。

2. 国际市场

2011年，哈尔滨电机厂有限责任公司的海外市场开发取得了历史性的突破。全年共开发170余个国际项目，正式签约合同额高达36亿元，水电近30余台（套）机组。公司重点调研了巴西、非洲、北美等活跃市场，有选择、有针对性地参加在南美等地区举办的大型国际电力展览会，邀请关键客户及业内专家对公司进行专访，提升了公司的国际影响力和品牌知名度。签约的水火电机组主要分布在以中亚、东南亚及中东地区为主的亚洲市场，以南美和中美洲为主的美洲市场，以俄罗斯和东欧为主的欧洲市场和部分非洲市场。该公司稳步推进国外新能源发电项目的开发，韩国潮汐能发电等项目开发已有了新的突破。

开发的代表性水电项目有：①携手哈尔滨电机厂（昆明）有限责任公司签订了缅甸布鲁桥3级水电站合同。②签订了目前世界上装机容量最大的冲击式水电站——厄瓜多尔科卡科多辛克雷（CCS）8×185MW项目，合同额超过8亿元。③签约了尼日利亚凯恩吉水电项目，该项目是中国第一个出口尼日利亚的水电项目。④签约了厄瓜多尔托普水电项目。该项目从投标到签约整整持续了六年，是公司境外签约项目中合同范围最完整的“扬帆自驾”成套项目。⑤签约了厄瓜多尔索普拉多拉3×162MW水电合同，进一步巩固了哈尔滨电机厂有限责任公司在南美市场的优势地位。

东方电气集团东方电机有限公司2011年继续加大市场开拓力度，及时调整市场营销策略，海外市场和中小水火电市场取得较好成绩，全年新增订货66.81亿元。其中，国外项目占29.02%，小水火电和电站服务产业占7.95%，市场结构调整取得实质进展。产品销售情况良好，水火电产品产销率达到100%。公司积极主动走访业主和设计院，加大与业主的交流和沟通，加大对中小水电项目的投标，签订了沙坪二级6×58MW、融安1×18MW、马马崖3×180MW项目。国内产品销售收入完成546 899万元，比上年增长7.01%，其中水电占37.89%，占比同比下降6.23个百分点。国际市场仍以配合国内海外工程承包公司为主，针对新的不同形式的代理单位，加强沟通交流，建立新的合作关系，积极参与投标。签订了越南达克郡2×62.5MW、伊朗大雁3×77.2MW发电机等水电项目。国外产品销售收入114 856万元，比上年增长2.51%，其中水电设备占62.09%，占比同比上升30.29个百分点。

2011年哈尔滨电机厂（昆明）有限责任公司水力发电设备共实现产品销售收入20 568万元，占公司产品销售收入的51.56%，是公司的主导产品。水力发电设备出口730万美元，出口机组继续保持增长，主要出口印度、越南、缅甸、土耳其、俄罗斯等国家。2011年，公司共签订水电合同33个，合计2.69亿元、89.96万kW，其中与大唐国际云南公司签订的丹达河电站高水头混流式机组的设计制造合同，填补了公司高水头混流式机组的制造空白。公司在新疆和成都新设两个办事处，为公司进一步打开两地市场打下了基础。

2011年大型水电设备行业主要企业大型水电设备产品销售收入见表4。

表4　2011年大型水电设备行业主要企业大型水电设备产品销售收入

企业名称	国内销售收入(万元)	同比增长(%)	出口额(万美元)
哈尔滨电机厂有限责任公司	272 792	57.21	7 214
东方电气集团东方电机有限公司	207 217	-8.10	11 256
东方电气集团东风电机有限公司	27 242	-24.65	3 050
兰州兰电电机有限公司	1 950	47.49	
哈尔滨电机厂(昆明)有限责任公司	10 568	-10.77	356
广东鸿源机电股份有限公司	27 401	15.01	

科技成果及新产品　2011年,东方电气集团东风电机有限公司完成科研项目28项,包括西藏旁多水电站线圈技术、贯流机叶片加工技术,风电电磁计算、绝缘系统及轴承结构研究等;完成新产品开发25项,包括2MW、3MW风力发电机,水电产品,驱动电机及系统开发等,其中省级新产品、新技术项目3项。水电、风电、电动车电机项目获得省级以上科技进步奖4项。广东清远电站灯泡贯流式水轮发电机组、广西桥巩保安电站灯泡贯流式水轮发电机组、阿塞拜疆芭芭拉电站轴流转桨式水轮发电机组、云南省万家口子电站混流式水轮发电机组、阿塞拜疆明哥桥电站水轮发电机、四川毛滩电站轴流转桨式水轮发电机组和宜宾燕子坡电站轴流转桨式水轮发电机组达到国内先进技术水平。

中国长江动力集团有限公司大力推进科技创新,促进产品和产业结构调整,提升市场竞争力。①以满足用户个性化需求为中心,抓好订单产品设计,努力增强产品的市场适应性,共完成汽轮机设计79项,发电机设计65项。②大力开发新型环保节能产品,先后完成了低参数中间补汽系列机组、4.5MW和12MW余热发电机组、6~12MW饱和蒸汽机组及新型背压式汽轮机、轴伸贯流式水轮机等全新产品的设计开发。③加强技术服务,进一步增强技术、工艺人员的岗位意识、服务意识,加强新工艺、新材料的研究和应用,企业信息化建设和PLM项目实施取得阶段性突破。

广东鸿源机电股份有限公司的梅州市电力装备工程技术研究开发中心积极开展科技创新活动,继续加强与广东工业大学、嘉应学院的产学研合作,引进先进技术、设备,招聘吸收专业人才,在消化吸收国内外先进技术的基础上,研究开发新型高效水轮发电机组、新能源汽车新型电机等新型产品,并得到广东省有关部门的立项支持。SFW800-8/1180无刷励磁发电机研发应用通过了梅州市科技术成果鉴定,并获市科学技术奖二等奖。

哈尔滨电机厂有限责任公司以国际一流公司为标杆,以新产品开发、新产业拓展为重点,加大创新力度,推动科技进步,提升产品和服务品质,深化管理改进,提高经济运行质量。

1. 重大技术装备研制及重大技术攻关项目——百万千瓦水电机组项目

1 000MW级水电机组推力轴承创造了推力轴承瓦单瓦面积最大等多项世界第一;通风模型试验研究成功,填补了世界该级别机组通风领域的技术空白;攻克了该级别机组定子线棒SVPI绝缘结构及制造工艺研究等课题,成果填补了国内空白。该项目主要针对乌东德、白鹤滩两个电站进行前期科研,共分7个子课题,各项子课题都已接近尾声和整理阶段,验收材料准备工作已启动。发表论文十余篇,申报专利6项。

(1)完成了百万千瓦机组的参数论证,根据确定的参数应用数字化转轮技术设计了模型转轮,并委托中国水利水电科学研究院对转轮进行了两轮模型试验。

(2)开展转轮焊接材料研究:真空冶炼原材料,进一步提高焊接材料的纯净度,降低成分中的有害杂质,改善和提高焊接接头的力学性能和质量,此项工作正在实施。总结三峡机组转轮和现场制造转轮的经验,改进和优化了转轮焊接后的热处理工艺。

开展弧焊机器人的研究:已经完成弧焊机器人的采购、安装,现进行系统的软件开发和调试,并在其他水轮机部件上应用。

开展叶片的数控加工工艺研究:正在叶片加工中试验应用。

开展转轮现场制造工艺研究:主要包括转轮现场加工制造设备的研究、转轮叶片流道打磨抛光技术的研究、对近几年转轮在现场制造的项目进行总结并完善工艺流程。

2. 技术创新、产品开发

哈尔滨电机厂有限责任公司“2011年度技术创新、产品开发计划”共列入14个项目,完成1项,其中水电相关项目12项。

(1)蒲石河水泵水轮机及球阀的研制:进一步消化吸收水泵水轮机及球阀的引进技术,以实现大型抽水蓄能机组全部国产化。

(2)高转速、大容量发电电动机国产化研究(300MW、500r/min蒲石河项目):施工设计已经完成。

(3)糯扎渡电站(660MW)巨型水轮机及筒型阀的研制:正在工地安装。

(4)锦屏一级水轮发电机研制:施工设计已近收尾。

(5)蜀河贯流水轮发电机组研制:项目已经完成。开发的大型灯泡贯流水轮发电机组各项参数达到国际先进水平,1台机组已经发电,另一台机组正在安装。

(6)响水涧水泵水轮机及球阀的研制:自主研制大容量抽水蓄能机组,各项技术指标达到国际先进水平;正在工地安装。

(7)响水涧抽水蓄能水轮发电/电动机研制:自主研制的大容量抽水蓄能机组,各项技术指标达到国际先进水平;施工设计已近收尾。

(8)山图迪斯大型轴流式水轮机研制:开发大型轴流式水轮机,大部件正在工地安装,个别小部件还在厂内制造。

(9)溪洛渡水轮机及圆筒阀研制:开发中转速巨型空冷水轮发电机组,各项技术指标达到国际先进水平;埋入件正在工地安装,其余部件正在厂内制造。

(10)溪洛渡水轮发电机研制:开发中转速巨型空冷水轮发电机组,各项技术指标达到国际先进水平;正在施工设计中。

(11)向家坝水轮机研制:开发低转速巨型空冷水轮发电机组,各项技术指标达到国际先进水平;埋入件正在工地安装,其余部件正在厂内制造。

(12)向家坝水轮发电机研制:开发低转速巨型空冷水轮发电机组,各项技术指标达到国际先进水平;正在施工设计中。

3. 科技奖励

哈尔滨电机厂有限责任公司共获得国家和省市科技奖励11项。

“三峡全空冷巨型水轮发电机组研制”获国家科技进步奖二等奖,“乌江构皮滩电站巨型混流式水轮机”获中国机械工业科学技术奖二等奖、黑龙江省科技进步奖一等奖,“冲击式水轮机整体转轮制造关键技术研究”“贯流式水轮机试验装置及转轮性能研究”获中国水力发电科学技术奖三等奖,“向家坝电站水轮机水利性能研究”“大型发电设备智能设计关键技术与应用”获黑龙江省科技进步奖二等奖,“1 000MW 水轮发电机组推力轴承研究与应用”“大型空冷汽轮发电机定子线棒绝缘结构的研究”获哈尔滨市科技进步奖二等奖,“牛栏江—滇池补水工程中低比转速大功率离心泵开发研究”获哈尔滨市科技进步奖三等奖。

东方电机有限公司积极开展400MW级抽水蓄能机组、1 000MW级水电机组、自主化核电CAP1400核能发电机、1 200MW火电汽轮发电机等重大新产品关键技术的研究攻关,以抽水蓄能机组开发为代表的一批关键核心技术取得突破。承担的国家重点科研项目——三峡地下电站700MW蒸发冷却水轮发电机已经投产发电,自主研发的300MW仙游1#抽水蓄能机组制造完工。公司完成了溪洛渡3#、4#水轮发电机,金安桥3#、4#水轮发电机,官地3#、4#水轮机,锦屏一级2#、3#水轮机,糯扎渡1#水轮发电机,仙游1#抽水蓄能机组,巴西杰瑞1#~4#贯流式机组等重大生产任务,全面实现自主开发制造。其研发的具有完全自主知识产权的国内首台水电巨型机组GES6000励磁系统和HGS调速系统顺利通过了四川省科技厅科技成果鉴定,并在金安桥电站顺利并网投运。2011年公司申报专利33件,获授权专利19件,其中发明专利2件,专利拥有数达到69件;“水轮发电机定子蒸发冷却联合循环装置”获德阳市2010年度专利优秀奖。

哈尔滨电机厂(昆明)有限责任公司2011年共计开发水力发电设备新产品58台(套),还开展了高参数水轮发电机研究(包括提高发电机气隙磁密,降低损耗,改善通风结构,提高绝缘等级,提高轴系、轴承的稳定性和承载能力,提高水轮机、发电机效率等)。与舒培尔公司合作开发的参数化设计软件,包括冲击式、混流式水轮机参数设计软件,水轮机选型计算参数化软件,定子线圈模具(水轮发电机圈式叠绕、条式波绕两种定子线圈的整形模具)参数设计软件及立轴、卧轴水轮发电机参数化设计软件等,均已投入使用并进行了优化设计,提高设计制图效率3~5倍以上。

2011年大型水电设备行业主要企业新产品开发情况见表5。

表5　2011年大型水电设备行业主要企业新产品开发情况

电站名称	水轮机型号	水头范围(m)	额定功率(MW)	转轮直径(m)	额定转速(r/min)	发电机型号	额定容量(MW)	电压(kV)	功率因数(cosφ)
哈尔滨电机厂有限责任公司									
溧阳	HLNA1094-LJ-474	288.11~227.7	255	4.74	300	SFD250-20/7500	250	15.75	0.9
							269		0.975
长甸扩机	HLA883-LJ-442	83.6/68/47.5	103	4.42	150	SF100-40/9200	100	13.8	0.9
伊朗 DARYAN*	HLA855c-LJ-305	142/114/74	71	3.05	250				
CHUCAS	HLA551h-LJ-261	51/48.4/42	27	2.61	225	SF26-32/5100	26	13.8	0.8
苏丹上阿特巴拉	ZZA1034-LJ-560	26.9~41.4	80	5.60	136	SF80-44/9300	80	13.8	0.85
木里河卡基娃*	HLA920-LJ-310	213~278	112	3.10	333				
洪都拉斯 LA VEGONA	ZZA834-LH-375	19.74~25.82	18	3.75	171	SF20.2-42/5800	20.2	13.8	0.85
桐子林*	ZZA1093-LH-1010	27.7~11.48	153	10.1	67				
猴子岩水电站	HLA855b-LJ-645	147.6~98.7	434	6.45	125	SF425-48/13500	425	18	0.9
厄瓜多尔 TOPO	HLA550a-LJ-140	164~157	15	1.4	600				
缅甸布鲁桥	HLA855a-LJ-178	118.5~104.5	26	1.78	429				
观音岩*	HLA1015a-LJ-835	92.20~119.15	612	8.35	91				

（续）

电站名称	水轮机型号	水头范围（m）	额定功率（MW）	转轮直径（m）	额定转速（r/min）	发电机型号	额定容量（MW）	电压（kV）	功率因数（cosϕ）
东方电气集团东方电机有限公司									
巴西杰瑞	GZD579 - WP - 790	10 ~ 19.6	75	7.9	86	SFWG75 - 84/9600	75	13.8	0.9
福建仙游	HLBD574 - LJ - 415.6	421 ~ 475	300	4.156	429	SFD325 - 14/6650	300	15.75	0.9
越南班查	HLD294 - LJ - 383	59.2 ~ 106.9	110	3.83	188	SF110 - 32/8250	110	13.8	0.85
云南糯扎渡						SF650 - 48/14500	650	18	0.9
四川毛尔盖						SF140 - 20/6600	140	15.75	0.9
哈尔滨电机厂（昆明）有限责任公司									
云南大姚多底河电站	CJA870 - L - 202/2 × 12	892	21	2.02	600	SF20 - 10/3300	20	10.5	0.8
云南陇川县南宛河二级电站	CJA475 - L - 142/4 × 10.5	450	10	1.42	600	F10 - 10/2860	10	10.5	0.8
四川省阿坝州小河电站	HLA542 - LJ - 208	216	25	2.08	429	SF24 - 14/3850	24	10.5	0.85
四川省重庆中梁三级电站	HLA551c - LJ - 165	48.5	11	1.65	375	SF10.5 - 16/3600	10.5	10.5	0.85
云南堵堵罗河一级电站	CJA475 - L - 140/4 × 12.8	434	16	1.4	600	SF15 - 10/3300	15	10.5	0.8
云南怒江普拉河电站	CJA237 - L - 135/4 × 13.8	391	16	1.35	600	SF15 - 10/3300	15	10.5	0.8
云南马关小白河电站	HL715 - LJ - 140	315	16	1.4	750	SF16 - 8/2860	16	10.5	0.85
云南马边三河口电站	HLA351 - LJ - 128	210	11	1.28	750	SF11 - 8/2860	11	10.5	0.85
印度萨巴瑞奇瑞电站	CJA475 - L - 213.4/4 × 16.5	714.76	61	2.134	500	SF60 - 12/4350	60	11	0.9
四川省甘孜州海子凼电站	HLA542 - LJ - 125	240.2	11	1.25	750	SF10.5 - 8/2860	10.5	10.5	0.85
云南德钦县三岔河电站	CJA870 - L - 175/2 × 10.5	680	10	1.75	600	SF10 - 10/2860	10	10.5	0.8
越南棉河五级电站	HLA551c - LJ - 205	450	10	1.42	600	SF10 - 24/4250	10	10.5	0.85
四川省凉山州雷波县互助电站	CJA475 - L - 180/4 × 17.5	352	23	1.8	429	SF22.5 - 14/3850	22.5	10.5	0.8
甘肃党河三级电站	HLJF1801 - LJ - 140	117.7	10	1.4	500	SF10 - 12/2860	10	10.5	0.85
云南米角河电站	CJA870 - L - 190/2 × 10	790	13	1.9	600	SF12.5 - 10/2860	12.5	10.5	0.85
云南腾冲马过口电站	CJA475 - L - 145/4 × 14.5	309.5	13	1.45	500	SF12.5 - 12/2860	12.5	10.5	0.8
东方电气集团东风电机厂有限公司									
广东清远电站	GZ * - WP - 670	7.7 ~ 12	24	6.7	75	SFWG23500 - 78/7150	23.5	10.5	0.95
西桥巩保安电站	GZD390 - WP - 460	3.3 ~ 20	25	4.6	136	SFWG24000 - 44/5580	24	10.5	0.9
云南省万家口子电站	HLA855 - LJ - 310	98 ~ 139.6	92	3.1	250	SF90000 - 22/6400	90	13.8	0.85
阿塞拜疆明哥桥电站						SF71500 - 40/8540	71.5	13.8	0.9
四川毛滩电站	ZZD471 - LH - 550	15 ~ 21	35	5.5	107	SF34000 - 56/8200	34	10.5	0.85
宜宾燕子坡电站	ZZD471 - LH - 505	17.66 ~ 23.13	33	5.05	115	SF32000 - 52/8200	32	10.5	0.85
兰州兰电电机有限公司									
巴藏电站	HLA551 - LJ - 260	32.95 ~ 42.46	18	2.6	200	SF17 - 30/5500	17	10.5	0.8 滞后

注：* 只为水轮机。

质量及管理 2011 年，东方电气集团东风电机有限公司开展多种质量改进活动，产品主要质量指标大幅提升，总体质量稳中有升。水火电产品外购件内部质量问题较上年下降 5.85%，机械加工内部质量问题较上年下降 5.21%；机械加工废品率 0.1%；焊缝探伤一次合格率 95.39 %。采取内外监控方式，内部严格监督抽查纪律，抽查主导产品主件主项 9 731 项，合格 9 118 项，合格率 93.70%，高于公司控制指标计划。2011 年，公司再度荣获四川省质量信用 AAA 级企业称号。

中国长江动力集团有限公司开展“质量月”活动，举行群众性质量改进、总装自检试点、自查自纠产品外观质量、质量体系内审、“QC”知识讲座等活动，实现了 6S 管理全覆盖和考核的常态化。开展“适应海外市场大讨论”等活动，增强全员质量意识，内部质量损失率下降到 0.35%，产品一次交检合格率提高到 94.7%。加快了质量管理和生产管理的融合，重点抓好现场服务、质量跟踪和考核，严格控制外包供方质量。

广东鸿源机电股份有限公司通过了广东省质量计量监督检测部门的季度性抽检，并被评为产品质量优秀企业。

哈尔滨电机厂有限责任公司开展“质量万里行”活动，

分“东、南、西、北、川、豫、苏”七条线路。历时三个半月，出行72人，走访用户单位39个，共收集质量问题信息504个，取得了预期效果和较好成绩。公司通过了美国机械工程师协会(ASME)联检组的严格检查和评审，获得ASME认证。修订了供方资格评审/评价程序。2011年开展了对工具类、不锈钢管、型钢等产品的专项审核，并且对装备部供方按设备、备件、工程进行了分类申报及评审。截至2011年10月，新认证供方90家，供方更名23家，供方复评及变更149家，其中临时转合格24家，停止采购94家。截至2011年10月，哈尔滨电机厂有限责任公司召开常规产品项目质量管理例会7次，实施内部质量审核4次，发现38个不符合项、62个改进项，对所有不符合项及改进项制定和落实了纠正措施。水电产品质量改进计划11项，按期完成6项。截至10月末，公司内部质量损失累计金额136.41万元，外部质量损失累计金额1 179.13万元，总损失累计金额1 315.54万元；工地反馈导致外部质量损失额占公司总损失额近90%。2011年，公司被评为中央企业2009—2010年度全国质量工作先进单位。

东方电气集团东方电机有限公司全面启动“向质量问题宣战”和“质量月活动”，质量承诺书签订率100%；通过了年度质量管理体系和军工质量管理体系评审。公司获全国机械工业质量奖，被评为全国质量文化建设示范单位，获得全国机械工业优秀QC成果一等奖2项，四川省优秀QC成果1项。顺利通过了安全和环境管理体系换证审核，生产现场和厂区环境明显改善。2011年9月20日，公司焊接分厂彭谢宜荣获“2009—2010年度全国质量工作先进个人标兵”称号。

哈尔滨电机厂(昆明)有限责任公司2011年没有顾客的重大投诉，用户满意度调查综合得分均在90分以上。11月中高水头水轮发电机组再次荣获“云南名牌产品”称号。

基本建设及技术改造 2011年东方电气集团东风电机有限公司完成固定资产投资4 872万元，其中，完成基建投资759万元，技改投资4 113万元。公司开展了中小设备数控化专项项目，购置了立式数控铣床、数控车床等设备、花键铣床、端面铣床，大大提升了公司的机械加工质量及效率；开展了电器设备制造上能力专项项目，购置机器人包带机、热压机、油压机、加热电源、绕线机、压花机等，提升了电器设备制造能力；开展了信息化专项建设项目，完成CAPP系统建设，规范、提高设计、工艺能力，提升管理能力。

中国长江动力集团有限公司快速推进整体搬迁改造项目。该项目列为武汉市2011年的重大建设项目，于2011年6月奠基，总投资21亿元，已投入1.4亿元，预计2014年6月全部搬完。2012年要加快新厂区建设步伐，力争在年内完成汽轮机厂房、发电机厂房、大件加工厂房等主体建设；中小件加工厂房、配送中心厂房、综合办公大楼等也要全面开工建设，年内要完成全部设备的招标工作和50%的采购工作，为两年内完成新厂区工程建设打下坚实的基础。

广东鸿源机电股份有限公司继续投入大量资金进行技术改造。在进行转型升级经营的基础上，投入大量资金建设广东鸿源机电产业园，韶关、兴宁两地的产业园建设正在进行中；已投入1 000多万元购进大型先进设备。

东方电气集团东方电机有限公司2011年完成固定资产投资45 068万元，其中基本建设13 703万元、技术改造31 365万元，新增固定资产45 680万元。重点建设项目有序向前推进：新能源(一期)建设项目已全部完工，进入工程审计和财务决算阶段；中型电机(一期)建设项目已完成工程审计，等待项目最终验收；控制公司迁建项目厂房已交付使用，设备搬迁完成并投入生产，办公楼主体工程施工完成，进入装饰工程阶段；新建工艺技术楼附属会议中心交付使用，新建职工食堂已经通过德阳市住建局质检站验收；试验站核电试验区改造项目顺利完成首台发电机型式试验，投入使用；第二超速试验室动平衡支撑系统交付使用；发电机分厂2台280t吊车和500t抬梁完工，交付使用；重金工分厂5m数控重型卧式车床完工，交付使用，研究试验中心五轴加工中心交付使用。列入国家重点建设项目的“大水电”改造项目已于2010年全部完工，累计完成投资42 450万元，正在等待验收。

哈尔滨电机厂(昆明)有限责任公司2011年将新厂建设用地初步选定在昆明市经济技术开发区，总面积40.87万m^2(613亩)。

2011年大型水电设备行业主要企业固定资产投资完成情况见表6。

表6 2011年大型水电设备行业主要企业固定资产投资完成情况

企业名称	固定资产投资(万元)	同比增长(%)	基本建设投资(万元)	同比增长(%)	技术更新改造投资(万元)	同比增长(%)
东方电气集团东方电机有限公司	45 068	6.63	13 703	-20.81	31 365	25.65
哈尔滨电机厂有限责任公司	20 325	71.56	7 520	220.41	12 805	34.79
东方电气集团东风电机有限公司	4 872	-27.32	797	-87.68	4 075	1 626.69
兰州兰电电机有限公司	5 302	12.49			5 302	12.49
哈尔滨电机厂(昆明)有限责任公司	1 273	184.15			1 273	184.15
广东鸿源机电股份有限公司	2 980	-28.88	1 728	-32.50	1 252	-23.19
中国长江动力集团有限公司	1 413				1 413	
南宁发电设备总厂(南宁广发重工集团发电设备有限责任公司)	244	617.65	100	270.37	144	1 957.14

企业管理 2011年，中国长江动力集团有限公司以实施精细化管理和绩效管理为突破口，强化制度建设，合理调整单位部门设置，优化工作流程。经营、生产、技术系统建立定期沟通制度，及时研究调整销售和生产计划。先后合并了叶片厂与金工厂、铸造厂与锻工车间、模具与热处理车间。积极推进定职、定责、定员、定薪试点，逐步健全KPI指标库，健全绩效考核和激励体系。改革用工制度，加强人员管理调配，顺利完成了铸造厂、叶片金工厂等单位富余人员的转岗。

哈尔滨电机厂有限责任公司完成两级知识管理平台建设，对75项知识成果项目进行了综合评审。

2011年是东方电气集团东方电机有限公司调结构、快发展的关键之年，公司采取了一系列行之有效的重大措施，取得较好的经济效益。实施项目动态管理，强化排产前的用户跟踪走访，根据用户资金到位和项目核准情况安排年度生产计划；深化项目管理模式，组建生产系统项目团队，完善生产计划执行考核体系；继续加强ERP生产系统模块建设，推行看板管理、看板计划和现场看板；建立项目信息反馈制度，明确了信息反馈流程和答复期限；建立以装配需求为核心的物流配送体系，培养核心供应商和协作厂家，发挥南沙和新能源制造基地的作用，缓解厂内局部能力不足的矛盾；继续推行重点项目启动前的生产策划与风险分析，构建风险防范体系，完善项目风险评估制度；适时调整组织机构、资源配置，先后成立综合经营部、产品开发二部、水电系统集成室，拓展北京销售代表处。2011年，公司顺利通过了"全国文明单位"验收。

〔撰稿人：中国电器工业协会大电机分会王金华〕

火电设备

生产发展情况 截至2011年年底，全国电网发电装机容量已达到105 576万kW，其中水电23 051万kW，占21.83%；火电76 546万kW，占72.5%；核电1 257万kW，占1.19%；风电4 505万kW，占4.27%。总发电量已达到47 217亿kW·h，其中，水电6 626亿kW·h，占14.03%；火电38 975亿kW·h，占82.54%；核电847亿kW·h，占1.79%；风电732亿kW·h，占1.55%。30万kW以上火电机组可靠性维持在较高水平，平均等效可用系数(EAF)大于92%；供电标准煤耗330g/(kW·h)，比上年度减少5g/(kW·h)，下降1.5%。2011年火电设备制造行业电站锅炉、汽轮机主要制造企业经济指标及产品产量见表1。

表1 2011年火电设备制造行业电站锅炉、汽轮机主要制造企业经济指标及产品产量

企业名称	工业总产值(万元)	主营业务收入(万元)	全员劳动生产率(元/人)	电站锅炉/电站汽轮机		
				产量(台)	产量(蒸汽)(t/h)	产量(万kW)
哈尔滨锅炉厂有限责任公司	1 002 888	1 174 080	758 961	53	76 223	
上海锅炉厂有限公司	1 120 996	1 137 390	893 066	45	65 723	
哈尔滨汽轮机厂有限责任公司	641 300	633 294	212 597	53		2 025
东方汽轮机有限公司	2 024 566	1 900 006	438 416	101		3 916
上海汽轮机有限公司	625 424	608 452	314 256	57		2 538
北京北重汽轮电机有限责任公司	121 448	126 525	151 784	17		308
济南锅炉集团有限公司	135 118	149 015	156 409	121	15 986	
南京汽轮电机(集团)有限责任公司	419 606	415 380	298 866	137		487
北京巴布科克·威尔科克斯有限公司	306 053	306 053	330 174	6	10 370	
中国长江动力集团有限公司	111 830	104 456	132 196	79		213
青岛捷能汽轮机集团股份有限公司	257 226	274 917	474 453	373		410

产品分类产量 2011年全国发电设备完成总产量13 998.67万kW，同比增长14.1%。其中，火力发电设备完成产量9 388.15万kW(套)，同比增长10.8%；累计生产电站锅炉(蒸汽)538 832t/h，累计生产电站汽轮机10 426.10万kW。2011年火电设备行业共生产100万kW等级的电站锅炉13台、电站汽轮机18台，60万kW等级的电站锅炉49台、电站汽轮机55台，30万kW等级的电站锅炉66台、电站汽轮机72台，20万kW等级及以下的电站锅炉559台、电站汽轮机1 005台。

市场及销售 2011年，由于国家调整优化能源结构，核电、水电、气电、风电等清洁能源比重有所提升，国内大型火电设备市场需求下降，国内招投标项目下降明显，大型火电机组市场竞争再次加剧；与此同时，钢厂、水泥、玻璃炉窑等行业资源综合利用发电项目以及中小型热电联供火电机组市场亦有所萎缩，从而导致产品价格下滑。但受资源供应改善的影响，燃气轮机订货量迅速回暖。通过实施"走出去"战略，整机出口、国际分包项目等合同订单快速增加，发电设备出口交货值较上年增长35%左右，增幅回落约10个百分点。但是，国内企业在国际市场上的不规范竞争甚至是恶性竞争已成为影响行业发展和企业竞争能力提高的制

约因素。另外，美元贬值、原材料涨价、出口贸易国的政局不稳、国与国的关系或政策变化、出口产品的采标与认证、出口交易国的相关贸易和不熟悉法律等不利因素也影响企业产品的出口。

上海电气电站设备有限公司上海汽轮机厂借助西门子的技术优势，2011 年累计订货额仍维持在 300 亿元左右。

东方汽轮机有限公司 2011 年在宏观形势变化、电源结构调整的情况下，全年囊括了国内所有 1 000MW 等级空冷发电机组招标项目，并取得了陈塘庄、绍兴等 6 台燃机项目合同，全年累计订货额约 200 亿元。

哈尔滨汽轮机厂有限责任公司、中国长江动力集团有限公司 2011 年市场订单基本与上年度持平。

南京汽轮电机（集团）有限责任公司 2011 年累计订货额较上年增长近 17%。

科技成果及新产品 上海发电设备成套设计研究院 2011 年坚持以科学发展为主线，扎实推进各项科研工作，一批国家、上海及该院科技发展基金和青年创新基金项目获准立项或完成验收和等待验收。该院组织的“CAP1400 核电常规岛关键设备自主设计和制造技术”课题通过了国家能源局组织的评审，获得立项；主要参与的“中国先进核电标准体系研究”通过了国家能源局的评审立项；组织开展的“核安全相关设备鉴定及材料试验评估平台”和“汽轮机及厂房综合试验设施”可研报告通过了国家核电内部技术和预算论证审查；“大型汽轮发电机组安全监控技术开发”等 2 项课题通过了验收；“大型铸锻件材料、组织与性能研究”等 10 项已完成科研工作，等待验收。该院被认定为第三批国家创新型企业，作为主要参加单位参加国家能源局 700℃技术联盟创建；主要参与的“超超临界 1 000MW 火电重大装备研制与产业化”项目获国家科技进步奖二等奖，主要参与的“异种钢焊缝缺陷分析及安全性评价和对策研究”项目获国防科学技术进步奖三等奖；该院科研人员编著的《大功率电站汽轮机寿命预测与可靠性设计》被列入 2011 年“十二五”国家重点出版规划 400 种精品项目。2011 年，该院新申请专利 12 项，其中发明专利 8 项；专利授权数共 33 项，其中发明专利授权数 17 项。

上海电气电站设备有限公司上海汽轮机厂 2011 年积极推进汽轮机、燃气轮机技术升级，科研投入占全年销售收入的 5% 以上，公司的“百万千瓦等级核电汽轮机研制”“1 200MW超超临界汽轮机研发”“半速大容量核电汽轮机 1 700mm等级长叶片开发”“IGCC E 级燃气轮机研制”“1 000MW超超临界抽汽机组研制”“百万千瓦等级核电汽轮机低压焊接转子研发”“百万千瓦等级核电汽轮机组执行机构研制”“百万千瓦等级火电给水泵汽轮机研发及产业化”等 8 个项目列入上海市高新技术产业化项目。其中，“半速大容量核电汽轮机 1 700mm 等级长叶片开发”项目通过了上海市经济和信息化委员会组织的验收；“1 000MW 超超临界抽汽机组研制”项目通过了预审并具备验收条件；AP1000 核电汽轮机方案设计基本完成，并逐步具备低压焊接转子的焊接生产条件。2011 年，该企业的“全寿命预测关键技术及其在大型汽轮机上的应用”项目荣获上海市科学技术进步奖一等奖，“80MW 热电联供双压联合循环汽轮机”项目荣获上海市科学技术进步奖三等奖，“用于电站汽轮机组的数字式电液控制系统”项目荣获上海市发明创造专利奖发明专利三等奖，“螺旋槽双梯型波刃叶根铣刀”项目荣获上海市发明创造专利奖实用新型专利奖，“超超临界 600MW 汽轮机”项目荣获中国机械工业科学技术奖一等奖。

中国长江动力集团有限公司 2011 年注重产品技术改进与创新，科研经费投入占销售收入的 3.7%。

南京汽轮电机（集团）有限责任公司 2011 年完成了国家高技术研究发展计划（“863”计划）项目二级子课题——IGCC 燃气轮机系统设备和控制策略研发；完成了首套 9E 辅机试制并通过了性能测试，完成了首台给水泵汽轮机试制并通过了性能测试。科研经费占销售收入的 3.2%。

东方汽轮机有限公司 2011 年加快新产品研发步伐，强化了技术储备。全年共投入约 5 亿元资金用于技术开发，比上年增长 22.2%，占营业收入的 3.1%。实施科研课题 126 项，完成科研课题 61 项，科研课题完成率为 48.4%，比上年上升 4.6 个百分点。完成重大技术攻关 8 项，完成新产品研制项目 19 项，获得国家科技进步奖二等奖 2 项，中国机械工业科学技术奖一等奖 1 项，四川省、集团公司、德阳市科技进步奖 20 余项。全年完成了 60Hz 185MW 机组、超超临界 1 000MW 供热机组、1 200MW 机组等多种机型的设计；核电低压焊接转子完成技术攻关，并通过了专家鉴定；压气机试验台、高温合金试验室、3MW 和 6MW 风力发电机试验台项目等科研基础工作正在逐步展开。

质量及标准 2011 年，全国锅炉压力容器标准化技术委员会锅炉分标委会和全国汽轮机标准化技术委员会组织行业有关单位开展了 31 项国家标准、37 项行业标准的制修订工作，完成 7 项国家标准、3 项行业标准的制修订及报批工作。上海发电设备成套设计研究院组织开展并完成了国家能源局核电焊接材料标准制修订项目 11 项，并送审；完成 6 项核电厂合金钢锻件标准制定，并通过了验收。

上海电气电站设备有限公司上海汽轮机厂 2011 年强调全员树立大质量观，强化产品质量全过程的控制。通过申报全国机械工业质量管理奖和接受西门子、中广核对公司的审核以及通过质量管理体系、焊接管理体系认证，不断推进质量管理工作。

南京汽轮电机（集团）有限责任公司 2011 年将六西格玛管理、卓越绩效管理模式应用于公司的质量管理工作。

中国长江动力公司（集团）2011 年先后通过了中国华信技术检验有限公司、美国 FMRC、荷兰 RVISO 9001 的质量管理体系认证，国家特级安全企业认证，环境和职业安全健康管理体系认证及美国 ASME 认证。

东方汽轮机有限公司 2011 年持续深入贯彻“质量十二条”、加强供方质量管理、夯实质量基础工作，年内通过了 ISO 9001 质量管理体系、测量管理体系年度审核以及军品质量管理体系的换证审核等。

基本建设及技术改造 2011年火电设备制造行业坚持企业做精做强的原则，加紧投资优势项目，全年累计完成固定资产投资30亿元以上。

南京汽轮电机（集团）有限责任公司2011年实施技改项目100多项，投入技改资金约8 000万元。完成2万m^2的大机加装配厂房建设，并组织搬迁10多台大型设备，初步实现大型设备集中管理、统一调度，基本解决了大型机加能力不足和大型设备利用率不高的问题。另外，"大型燃机转子国产化""扩大余热余压利用汽轮发电设备生产能力"两个国家重点技术改造项目已基本完成。

中国长江动力集团有限公司2011年因实施公司搬迁、改造项目，年内已完成基本建设与技术改造投资约1 000多万元。该公司的整体搬迁改造项目总投资近20亿元，项目建设周期是2011年6月至2013年6月。现已完成项目备案、土地审批、环境影响评价、城市规划、节能评估等，并已进入厂房土建和施工阶段，项目形象进度达到30%。

东方汽轮机有限公司2011年新建350t高速动平衡机以及核电厂房接长项目；续建核电设备国产化暨批量生产技改项目、F级50MW燃机研发项目、6MW风电机组试验台、酒泉基地项目，添置了转子轮槽铣床、叶片数控喷丸机、燃机拉杆车床等大型关键设备。

上海电气电站设备有限公司上海汽轮机厂近年来共投入约5亿元分批实施装备更新项目，共计更新设备近200台。先后引进了具有当代先进水平的数控铣床、数控叶片型面铣床、叶片加工中心等50余台加工精度高、工效高的数控设备。

管理及改革 上海电气电站设备有限公司上海汽轮机厂2011年以"总量控制、结构优化、素质提升、管理创新"为目标，积极开展各项有针对性的培训，提升了人力资源整体素质。该公司全面推进"阶梯式核心人才"培养模式、"1+3+5"青年大学生培养模式和"3+3+3"技术工人培养模式。通过内部人员选拔、轮岗等方式，全年为质保、项目、服务新三支队伍充实了大量人才。首次尝试"兵役制"模式，将大学生投入机组服务工作，首批轮岗尝试取得了良好的效果。

南京汽轮电机（集团）有限责任公司2011年成为美国GE公司配套风力发电机的合格供应商。

东方汽轮机有限公司2011年积极应对国内外形势的变化，狠抓基础管理，在保障生产经营的同时，不断提高管理水平，实现降本增效。一是通过推进绩效考核，加强质量管理，控制了生产成本；二是实施模拟二级成本核算，提高了基础管理水平；三是以降本增效为抓手，强化成本管控，全年累计节约费用上亿元；四是实行预算管理，强化预算精细管理和刚性考核，推行以预算管理配置资源的企业运行模式；五是以信息化管理为手段，推进ERP的完善和运用，提高了生产效率；六是加强资金收支管理，强化货款回收工作，加大对项目运行的跟踪力度，规避了资金风险，通过探索资金筹集和使用新渠道，降低了财务成本；七是推进体系化建设，成为国内首批通过能源管理体系认证的企业之一。

中国长江动力集团有限公司近年来积极做好技术引进和消化吸收工作，加强工业驱动汽轮机、60Hz发电机组、太阳能热发电机组、永磁机等新技术储备，与航天六院共同组建研发小组，积极跟踪战略新型能源科技发展，寻求在清洁能源和分布式能源方面的突破。该公司与东芝公司正式签订了锅炉给水泵汽轮机系列产品技术转让协议和买卖基本协议，形成了战略合作伙伴关系；与有关大专院联合开发的太阳能热发电技术项目，分别通过了国家能源局初审和"863"计划审核。

〔撰稿人：上海发电设备成套设计研究院郑健富　审稿人：上海发电设备成套设计研究院张瑞〕

内燃发电设备

在国内外复杂多变的经济形势下，内燃发电设备行业企业克服了成本上升、融资困难，实现了经济平稳增长。27家上报企业2011年完成工业总产值86.46亿元，同比增长21.20%；工业销售产值83.06亿元，同比增长21.85%；主营业务收入79.83亿元，同比增长20.00%。卡特彼勒、康明斯、珀金斯、沃尔沃等国际巨头继续加大在我国的投资，加快布局。

生产发展情况 2011年内燃发电设备行业主要经济指标见表1。2011年内燃发电设备行业电站产品经济指标见表2。2011年内燃发电设备行业主要会员企业基本情况见表3。

表1　2011年内燃发电设备行业主要经济指标

指标名称	单位	数值	同比增长(%)	指标名称	单位	数值	同比增长(%)
企业数	家	27		年末固定资产原价	亿元	12.05	44.59
工业总产值	亿元	86.46	21.20	固定资产净值平均余额	亿元	13.43	86.12
工业增加值	亿元	23.96	45.91	流动资产合计	亿元	52.30	-60.70
主营业务收入	亿元	79.83	20.00	流动资产平均余额	亿元	52.58	33.97
主营业务税金及附加	亿元	0.28	-54.40	所有者权益	亿元	40.28	17.01
利润总额	亿元	9.62	10.35	全员劳动生产率	元/人	201 994.20	21.66

表2 2011年内燃发电设备行业电站产品经济指标

指标名称	单位	数值	同比增长(%)	指标名称	单位	数值	同比增长(%)
企业数	家	21		出口交货值	亿元	10.86	111.71
产品利润	亿元	7.63	35.20				

表3 2011年内燃发电设备行业主要会员企业基本情况

单位名称	主要产品
上海麦格特集团有限公司	5～2 240kW陆用三相无刷交流发电机、10～1 800kW船用三相无刷交流发电机、10～1 000kW军用三相无刷交流发电机、15～1 600kW风力三相无刷交流发电机
江苏鲲鹏电力设备有限公司	柴油发电机组、数码变频发电机组、防静音机组、汽车电站、挂车电站、方舱电站、天然气发电机组、沼气发电机组、低耗能发电机组、多台机组联网供电系统
南京沃尔奔达电力工程有限公司	柴油发电机组、低噪声电站、移动电站、汽车电站、高压发电机组等
常州顺风发电设备有限公司	柴油发电机组产品、控制柜及机组配件、港机配套RTG设备
福州福发发电设备有限公司	生产10大系列100多种不同规格的柴油发电机组,功率范围:24～2 400kW
河北华北柴油机有限责任公司	道依茨柴油机、发电机组
上海康诚发电设备有限公司	普通发电机组、船用发电机组、低噪声电站、移动电站、水泵机组、灯塔式机组、高压发电机组、燃气发电机组、并机柜、ATS柜等供电设备,功率范围:5～2 000kW
江西清华泰豪三波电机有限公司	发电机组、汽车电站、方舱电站、挂车电站、发电机
山东华力机电有限公司	柴油、汽油发电机组,燃气发电机组,生物质能发电机组,高压发电机组,高压并网机组,自动化机组,低噪声电站产品等
上海科泰电源股份有限公司	智能环保集成电站,产品包括普通机组、静音电站、移动电站、挂车电站及电源一体化解决方案
上海伊华电站工程有限公司	陆用发电机组、船用发电机组、拖车电站、低噪声电站、集装箱电站
深圳市金动科力实业有限公司	柴油发电机组、太阳能发电机组、燃气发电机组、船用发电机组等
深圳市沃尔奔达新能源股份有限公司	柴油发电机组、移动电源车、集装箱发电机组、高压机组、油田专用机组、燃气机组、双燃料机组、防音箱机组
泰州锋陵特种电站装备有限公司	民用普通机组,自动化、无人值守、远程集中微机监控、多机并网机组,低噪声产品、移动电站等
无锡华友发电设备有限公司	固定式发电机组、移动式发电机组(车载式、拖挂式)、厢式低噪声工频柴油发电机组等,功率范围:12～1 200kW
无锡圣鑫科技有限公司	多种柴油发电机组产品
扬州飞鸿电材有限公司	8～5 000kW柴油发电机组产品:普通、低噪声、自动化及遥控型移动电站、船用机组,发电机
英泰集团有限公司	柴油发电机组(船用、陆用)、发电机(船用、陆用)、散热器、锂电池、高档汽车饰件
郑州金阳电气有限公司	内燃发电设备产品(发电机组、挂车电站、汽车电站)、发电机产品及配套用电子产品
重庆鑫源农机股份有限公司	汽油、柴油发电机组,通用汽油机,第二代单缸柴油发动机,普通机械设备及配件、焊机,农业机械、园林机械等
山东斯坦福机电设备有限公司	发电机、发电机组、配电柜、变压器
兰州电源车辆研究所有限公司	内燃机电站和军用改装车两个行业的标准制修订、技术开发、产品设计及制造,产品有各种移动电站及特种改装车辆等
泰豪电源技术有限公司	陆用发电机组、船用发电机组、拖车电站、低噪声电站
上海博登发动机有限公司	道依茨2012/1013/1015系列电站用发动机、配套瑞典斯堪尼亚电站用发动机
山西柴油机工业有限责任公司	内燃发动机、机组及发动机零部件
广东西电动力科技股份有限公司	普通机组、静音机组、拖车电站、集装箱电站、移动电站、天然气机组等,功率范围:7～3 438kV·A

产品分类产量 2011年内燃发电设备行业企业共上报15类产品。受全球造船业不景气所累,船用机组产量下降最为明显;随着近年来全球自然灾害的增多和国家对应急救援的重视,应急产品的产量逐年上升,但由于各企业命名不同,统计分类不同,因此在统计表中未能体现;为适应低碳经济发展的需求,内燃发电设备行业企业积极探索新能源、节能减排领域产品的开发,气体机组、双燃料机组、高压机组、低噪声产品产量增幅明显。2011年内燃发电设备行

业企业产品产量及其占比见表4。

表4　2011年内燃发电设备行业企业产品产量及其占比

产品分类	产量(台)		占比(%)		上报数据企业数量(家)		
	2011年	同比增长(%)	2011年	2010年	2011年	2010年	2年均上报数据企业
普通机组	69 955	-6.11	80.56	86.60	21	21	13
船用机组	959	-69.73	1.10	3.68	6	6	2
气体机组	207	885.71	0.24	0.02	6	2	1
自动化机组	8 289	135.15	9.55	4.10	16	13	10
双燃料机组	464		0.53		3		
数码机组	1 348	190.52	1.55	0.54	3	1	
高压机组	107		0.12		10		
挂车电站	825	-10.03	0.95	1.07	16	15	9
方舱电站	210	-50.35	0.24	0.49	8	8	
汽车电站	304	10.55	0.35	0.32	10	9	
低噪声房	1 969		2.27		11		
其他低噪声产品	2 001	2.88	2.30	2.26	13		
发电电焊机	170	33.86	0.20	0.15	3	2	
水泵及灯塔机组	17		0.02		1		
自发电产品	16		0.02		1		

市场销售　23家企业上报的产品数据显示,2011年国内市场小功率机组和1 000kW以上机组市场需求旺盛,销量同比分别增长73.46%和88.13%。由于国际经济环境恶化,我国小功率机组和1 000kW以下机组出口大幅下降,1 000kW以上机组由于具备性价比优势,具有较强的市场竞争力,出口增速明显。其中1 000kW≤P<2 000kW和P≥2 000kW机组出口分别增长155.56%和550.00%。企业应对金融危机,调整产品结构,加大大功率机组研发力度的举措取得了成效。2011年内燃发电设备产品销量见表5。2011年内燃发电设备产品进出口情况见表6。2011年内燃发电设备产品进出口数据对比见表7。

表5　2011年内燃发电设备产品销量

功率范围(kW)	内销(台)	同比增长(%)	出口(台)	同比增长(%)	企业数(家)	同比增长(%)
P<10	41 852	73.46	18 949	-11.08	11	10.00
10≤P<100	7 330	-15.43	3 734	-47.26	22	10.00
100≤P<200	3 745	-22.58	1 287	-13.39	22	10.00
200≤P<300	2 589	-31.71	760	-45.98	21	5.00
300≤P<400	1 951	-16.91	785	-35.39	20	11.11
400≤P<500	1 537	-4.95	448	-59.16	20	0.00
500≤P<1 000	1 703	24.13	388	-55.14	20	5.26
1 000≤P<2 000	567	73.93	184	155.56	16	45.45
P≥2 000	67	509.09	13	550.00	5	66.67

表6　2011年内燃发电设备产品进出口情况

产品类别	容量范围(kV·A)	进口		出口	
		数量(台)	金额(万美元)	数量(台)	金额(万美元)
压燃式内燃发电机组	功率≤75	5 379	3 643	464 915	61 617
	75<功率≤375	1 865	6 654	23 520	33 063
	375<功率≤2 000	2 476	59 729	6 529	55 339
	功率>2 000	472	27 045	359	11 766
点燃式内燃发电机组		6 528	6 053	10 897 624	1 623 89

表 7　2011 年内燃发电设备产品进出口数据对比

项　目	单位	压燃式内燃发电机组				点燃式内燃发电机组
		功率≤75kV · A	75kV · A＜功率≤375kV · A	375kV · A＜功率≤2 000kV · A	功率＞2 000kV · A	
出口量/进口量	倍	86. 43	12. 61	2. 64	0. 76	1669. 37
同比增长	%	25. 12	－9. 93	3. 13	117. 14	14. 85
贸易差额(出口额－进口额)	万美元	57 974	26 409	－4 390	－15 279	156 336
进口额同比增长	%	－0. 15	28. 53	32. 98	23. 13	215. 10
出口额同比增长	%	23. 56	34. 25	26. 56	23. 93	20. 28

2011 年内燃发电设备产品主要进口源国家见表 8。

2011 年内燃发电设备产品主要出口目的地见表 9。

表 8　2011 年内燃发电设备产品主要进口源国家　（单位:台）

国　家	压燃式内燃发电机组					点燃式内燃发电机组
	功率≤75kV · A	75kV · A＜功率≤375kV · A	375kV · A＜功率≤2 000kV · A	功率＞2 000kV · A	小计	
印度	10	3	25		38	1
印度尼西亚	6		797	15	818	
日本	1 238	77	79	48	1 442	5 760
新加坡	19	21	322	26	388	1
韩国	2	176		67	245	132
越南			62	20	82	3
中国	288	6	22	2	318	445
丹麦		191	32		223	2
英国	1 110	988	376	73	2 547	3
德国	319	167	75	18	579	41
法国	416	6	13	2	437	3
意大利	344	3	12	3	362	137
荷兰	57	8	16		81	2
西班牙	184	11	5		200	
芬兰		1	25	11	37	
波兰				21	21	
瑞典		49	13		62	
美国	1 277	148	574	165	2 164	147

表 9　2011 年内燃发电设备产品主要出口目的地　（单位:台）

国家或地区	压燃式内燃发电机组					点燃式内燃发电机组
	功率≤75kV · A	75kV · A＜功率≤375kV · A	375kV · A＜功率≤2 000kV · A	功率＞2 000kV · A	合计	
孟加拉国	3 411	763	186		4 360	
缅甸		348		8	356	
中国香港	6 236	984	612	10	7 842	
印度			126	10	136	
印度尼西亚	14 244	2 148	1 049	34	17 475	642 290
伊朗		351	59	2	412	
伊拉克	39 506				39 506	407 680
日本		194	130	9	333	139 299
马来西亚		687	259	9	955	
蒙古		314		6	320	
巴基斯坦						341 228

（续）

国家或地区	压燃式内燃发电机组					点燃式内燃发电机组
	功率≤75kV·A	75kV·A < 功率≤375kV·A	375kV·A < 功率≤2 000kV·A	功率 >2 000kV·A	合计	
菲律宾	7 781	1 127	326		9 234	
沙特阿拉伯			253	7	260	
新加坡	3 720	689	466		4 875	
泰国		476	252		728	
土耳其	24 296	2 255	137	8	26 696	
阿拉伯联合酋长国	43 457	1 088	293		44 838	910 072
也门	15 713				15 713	145 405
越南	20 051	826	262	7	21 146	156 964
阿尔及利亚	4 458				4 458	
安哥拉	21 609	525	100		22 234	557 998
尼日利亚	10 072			4	10 076	3 007 158
南非	4 402	373			4 775	169 039
德国					0	189 057
法国					0	106 716
荷兰					0	112 712
西班牙	4 793				4 793	
拉脱维亚					0	73 534
俄罗斯联邦	17 794	1 623	193	4	19 614	262 444
乌克兰					0	104 331
阿根廷					0	127 791
巴西	17 809		73	77	17 959	
智利	8 648	560			9 208	
哥伦比亚		427			427	
委内瑞拉			145		145	
加拿大					0	162 054
美国	22 885				22 885	1 124 311
澳大利亚	6 643	574	144		7 361	103 290

2011 年我国内燃发电设备产品主要进口来源地仍为发动机、发电机技术领先的欧洲国家、美国、日本和有着廉价劳动力、不断设立生产基地的印度尼西亚。日本则是我国点燃式内燃发电机组最大的进口来源地，占有率高达 88.21%。

2011 年我国压燃式发电机组出口目的地占比分别为：亚洲 61.16%、非洲 13.02%、美洲 16.86%。点燃式发电机组出口目的地占比分别为：亚洲 31.02%、非洲 42.23%、北美洲 14.55%。

招标情况　当前，发电机组销售主要通过企业竞标。根据中国国际招标网柴油发电机组招标项目统计，截至 2011 年 11 月底，机组共招标 3 013 项，比 2010 年增长 9.36%；招标机组台数 4 437 台，与 2010 年基本持平；招标机组功率 51.63 万 kW，比 2010 年增长 2.10%。

科技成果及新产品　内燃发电设备行业企业加大了新产品研发力度，同时重视专利的申请和成果转换，已经取得显著的经济效益。

2011 年，江西清华泰豪三波电机有限公司共开发新产品 18 项，3GF－YPN－01 型宽频宽压电源获南昌市科技进步奖一等奖、新产品一等奖、江西省新产品二等奖。深圳市金动科力实业有限公司获国家高新技术企业认定。无锡圣鑫科技有限公司获高新产品认定 2 项，研发项目备案 4 项，技改项目 1 项。郑州金阳电气有限公司 2 个项目获得河南省国防科技进步奖二等奖，1 个项目获河南省科技进步奖三等奖，2 个项目获郑州市科技进步奖二等奖。广东西电动力科技股份有限公司的“多油机组合式方舱通信电源电站”与“极寒地带通信基站智能循环充电一体化装置”被认定为 2011 年广东省自主创新产品，“超静音柴油发电机组”与“极寒地带通信基站智能循环充电一体化装置”被认定为 2011 年广东省高新技术产品，“超静音柴油发电机组”荣获 2011 年汕头市科学技术奖二等奖，“WESTINPOWER”产品被评定为“广东省名牌产品”。2011 年内燃发电设备行业会员企业新产品投入产出情况见表 10。2011 年内燃发电设备行业会员企业专利情况见表 11。

表10　2011年内燃发电设备行业会员企业新产品投入产出情况

序号	单位名称	新产品产值		新产品开发经费支出	
		2011年（万元）	同比增长（%）	2011年（万元）	同比增长（%）
1	常州顺风发电设备有限公司	100	66.67	50	400.00
2	福州福发发电设备有限公司			2	
3	广东西电动力科技股份有限公司	44 743	1 367.71	838	412.50
4	河北华北柴油机有限责任公司	17 764	14.85	2 963	76.90
5	江苏鲲鹏电力设备有限公司	566	137.82	1 422	34.79
6	江西清华泰豪三波电机有限公司	14 780	7.91	1 124	34.29
7	江西清华泰豪微电机有限公司	5 238		317	
8	兰州兰电电机有限公司	42 137	1.00	5 101	0.10
9	南京沃尔奔达电力工程有限公司	1 800	12.50	220	109.52
10	山东华力机电有限公司	7 000	133.33	350	483.33
11	山东康明斯发电机有限公司	1 360	3 300.00	150	114.29
12	上海康诚发电设备有限公司	2 000	33.33	250	25.00
13	上海科泰电源股份有限公司	1 000	-94.77	1 361	28.40
14	深圳市金动科力实业有限公司	600	100.00	150	25.00
15	深圳市沃尔奔达新能源股份有限公司	8 920	949.41	1 250	
16	泰豪电源技术有限公司	32 404	45.19	742	67.21
17	泰州锋陵特种电站装备有限公司	1 600	-30.43	150	-16.67
18	无锡华友发电设备有限公司	2 801	15.46	20	11.11
19	无锡圣鑫科技有限公司	25 000	606.02	560	16.42
20	扬州飞鸿电材有限公司			13	8.33
21	英泰集团有限公司			2 860	172.90
22	郑州金阳电气有限公司	1 619	49.63	828	12.12
23	重庆鑫源农机股份有限公司	6 549	83.86	352	46.67

表11　2011年内燃发电设备行业会员企业专利情况

单位名称	基本情况
常州顺风发电设备有限公司	申报专利21项
广东西电动力科技股份有限公司	发明专利授权1项（另有已申请的发明专利3项）、实用新型专利12项、外观设计专利4项
江苏鲲鹏电力设备有限公司	申请发电机实用新型专利11项、发明专利3项
江西清华泰豪三波电机有限公司	申报专利46项，受理13项，授权33项
南京沃尔奔达电力工程有限公司	申报专利2项
山东华力机电有限公司	申报各项专利12项
山东斯坦福机电设备有限公司	获批SDSTF专利申请
山西柴油机工业有限责任公司	获4项发明专利、3项实用新型专利授权
上海康诚发电设备有限公司	自主研发的“无能源起动马达”获国家专利
上海科泰电源股份有限公司	获得6项发明专利、11项实用新型专利和4项外观设计专利授权，2项计算机软件版权登记，正在受理6项发明专利和1项实用新型专利
上海麦格特集团有限公司	获风冷发电机、同步发电机的冷却风扇、同步发电机电压接线装置等多项专利授权
深圳市金动科力实业有限公司	获1项发明专利、8项实用新型专利授权
深圳市沃尔奔达新能源股份有限公司	申请专利18项，获批15项，其中发明专利2项
泰州锋陵特种电站装备有限公司	“一种抽拉杆式滑动轨道组件”获国家实用新型专利，专利号：ZL2009 2 0235443.3
无锡圣鑫科技有限公司	获专利授权20项，正受理2项
英泰集团有限公司	获批实用新型专利6项、外观设计专利16项
郑州金阳电气有限公司	获发明专利授权2项、实用新型专利授权17项。2011年申请各类专利6项
重庆鑫源农机股份有限公司	拥有发明专利2项、实用新型专利4项、外观设计专利42项

基本建设及技术改造 2011 年,内燃发电设备行业企业在生产规模、生产能力、产品外观、产品检测各方面加大资金投入,重视自主品牌的培育,缩小与国外知名品牌的差距,促进行业持续发展。

河北华北柴油机有限责任公司 5 000 台水冷发动机生产线技术改造项目基本建成。南京沃尔奔达电力工程有限公司新厂房奠基,2012 年 5 月投产。山东华力机电有限公司 2011 年新建 22 000m² 新厂房。山东斯坦福机电设备有限公司 2012 年投资 520 万元,新建的 4 444m² 厂房竣工。上海科泰电源股份有限公司募投项目“环保智能集成电站产业化项目”和“技术研发中心项目”总投资 2 亿元,2012 年年底建成投产。泰州锋陵特种电站装备有限公司完成 12 000m² 厂房建设,购买了新的生产设备。无锡华友发电设备有限公司迁入建筑面积 6 400m² 的新厂房,兴建了环保涂装房和 3 个机组产品计算机测控台位,添置了测试负载和试验仪器。无锡圣鑫科技有限公司 2011 年技改投入 350 万元,主要用于设备与工艺改造。扬州飞鸿电材有限公司 2011 年新建 4 000m² 厂房,用于发电机组的生产;对测试环境进行了改造。郑州金阳电气有限公司新厂房选址在郑州市国资工业园,占地面积 20.1 万 m²(302 亩)。

改制 2011 年福州福发发电设备有限公司成为上市股份前企业。2011 年 8 月西电(汕头保税区)动力设备有限公司改制为广东西电动力科技股份有限公司。2011 年 11 月 22 日,重庆鑫之源动力设备有限公司更名为重庆鑫源农机股份有限公司。

〔撰稿人:中国电器工业协会内燃发电设备分会王丰玉〕

电站辅机

2011 年,全国发电设备装机容量达到 1 055 760 万 kW,同比增长 9.24%。其中,水电设备容量 230 510 万 kW(含抽水蓄能机组 1 525 万 kW),占总容量的 21.83%;火电设备容量 765 460 万 kW,占总容量的比重从 2010 年的 73.43% 下降到 72.50%;核电设备容量 12 570 万 kW,占总容量的 1.19%;风电设备容量达到 45 050 万 kW,占总容量的 4.27%,比 2010 年提高 1.1 个百分点。2011 年,电源结构调整取得效果,水电、核电、风电、太阳能等清洁能源占比合计达到 27.50%,比 2010 年提高 0.9 个百分点。2011 年,我国发电设备产量连续六年保持世界第一。其中,上海电气(集团)总公司、中国东方电气集团有限公司、哈尔滨电站设备集团公司三大集团合计产量已占全国总产量的 66.6%。

2011 年,电站辅机行业的整体制造技术水平继续提高,部分技术领域已跨入世界先进行列。国产电站辅机制造水平紧跟主机技术的发展步伐,国产高压加热器、锅炉给水泵、送风机、引风机和磨煤机基本能够满足 1 000MW 超超临界机组的配套要求。5 大电站辅机的产业集中度进一步提高。

2011 年,发电设备及电站辅机制造业呈现出 4 个特点:①国际金融危机及欧债危机的影响持续,电站辅机企业主要经济指标增速放缓。②在环保、减排的压力下,风力、光伏等发电设备发展迅猛,对电站辅机形成一定的冲击。③火电缓建项目增加,火电新建项目继续减少,国内电站辅机的市场订单减少。④受日本福岛核事故影响,核电项目审批处于停顿状态;水电项目开发审批速度放缓,对部分企业订单产生影响。⑤电站装备出口势头虽未出现大的波动,但贸易保护主义的抬头,使得电站辅机重点企业产销增速放缓,订单出现回落,风险加大。企业调整产品结构、市场结构的力度加大,并取得初步效果。

生产发展情况 2011 年,进口零部件及原材料价格波动较大致使电站辅机行业成本压力增大;火电项目停建、缓建增加,业主付款能力下降,制造企业资金困难加剧;新增火电电源项目减少,前几年高企的产能面临难以释放的压力。因此,调整产出计划、推行柔性生产成为行业各企业的重要选择。

中国华电工程(集团)有限公司完成工业总产值 817 638万元。

上海重型机器厂有限公司完成工业总产值 396 104 万元,实现工业增加值 34 844 万元。该公司超超临界高中压转子实现小批量生产。300～1 000MW 火电低压转子在批量生产过程中质量稳中有升。

上海电气电站设备有限公司上海电站辅机厂完成工业总产值 29.12 亿元,同比增长 1.50%;实现工业增加值 8.76 亿元,同比增长 3.55%。

北京电力设备总厂完成工业总产值 170 217 万元,同比下降 15.08%。该厂为克服市场真实需求不确定、计划调整频繁、生产任务不均衡、资金紧张等不利影响,积极调整工作重心,抓安全,压库存,保履约。外委、外协、外扩专项配套质量得到进一步控制,出口产品内外观质量明显改善。生产布局结构调整与稳定平衡生产同步进行。全年商品产出继续保持高位运行,交库完整性超过 90%,计划内项目履约率达到 100%,客户满意度接近 97%。

豪顿华工程有限公司完成工业总产值 110 419 万元,同比增长 2.21%;实现工业增加值 23 188 万元。

上海电力修造总厂有限公司完成工业总产值 98 021 万元,实现工业增加值 19 364 万元。该公司全年生产锅炉调速给水泵 200 台,完成年计划的 100%;生产液力偶合器 38 台,完成年计划的 152%;生产前置泵 195 台,完成年计划的 102.6%;生产备用芯包 37 台,完成年计划的 246.7%。修理给水泵 196 台,同比增长 33%。该公司着力强化安全生产保障,落实安全生产责任制,制定发布《公司“十二五”安全规划》《安全生产工作奖惩规定》和《消防安全规程》;扎实开展春、秋季安全大检查活动和安全生产双月活动,确保安全生产工作处于可控、能控、在控状态。

菲达集团有限公司通过技术创新、增产节流等措施，实现稳步发展。完成主导产品电除尘器117台(套)，烟气脱硫设备13套，袋式除尘器16套，气力输送设备12套，污水处理设备249台(套)。集团环保产品产量达12.12万t，呈稳步增长态势。

杭州锅炉集团股份有限公司完成高压加热器10套，包括2套1 000MW核电高压加热器；完成工业总产值182 181万元。

上海鼓风机厂有限公司完成工业总产值87 158万元，同比增长8.88%。

2011年部分电站辅机制造企业经济指标见表1。

表1 2011年部分电站辅机制造企业经济指标

企业名称	职工人数(人)	工业总产值(万元)	营业收入(万元)	同比增长(%)	纳税总额(万元)	利润(万元)	研发经费(万元)	同比增长(%)
中国华电工程(集团)有限公司	2 846	817 638	817 638	9.54	36 870	87 763	23 566	76.09
上海重型机器厂有限公司	3 115	396 104	352 986	-6.59	3 400	582	35 000	9.38
杭州锅炉集团股份有限公司	1 036	182 181	281 739		11 030	35 425	8 672	
上海电气电站设备有限公司上海电站辅机厂	1 175	291 200	279 900	14.06	68 600	47 700	12 495	14.60
菲达集团有限公司	3 232	240 380	215 635	5.48	8 049	6 499		
北京电力设备总厂	1 785	170 217	205 368	-10.05	11 373	4 037	1 835	-18.59
上海电力修造总厂有限公司	573	98 021			6 695	1 374		
豪顿华工程有限公司	921	110 419	101 144	-1.42	10 996	8 670		
上海鼓风机厂有限公司	867	87 158	85 225	15.79	1 945	2 539		

市场及销售 受国际金融危机、欧债危机的影响，国内经济下行趋势显现。新能源迅猛发展，传统电力市场空间缩小，电源点建设尤其是火电建设项目继续减少，高端辅机的市场竞争仍然激烈，电站辅机重点企业新增订单减少。辅机重点企业积极调整产品结构和市场结构，寻求新的市场和发展机会，坚持"走出去"的国际化战略，开拓新的市场，特别是亚洲新兴市场。电站5大辅机产业集中度不断提高，重点制造企业的市场信誉、产品品质基本得到用户及市场的认可。

1. 重点企业调整产品和市场结构，寻求新的市场和发展机会

中国华电工程(集团)有限公司继续加大市场开拓深度和广度，巩固已有的业务优势，努力培育新的业务模式，开创新的规模增长点和赢利点，全力开拓国内外市场，取得较好成效。该公司实现销售收入81.76亿元；中标总额达到292.12亿元，同比增长71.71%。该公司利用技术优势得到中石化、神华、宝钢等国内特大型能源企业的广泛认可，仅议标项目金额就超过30亿元，其中圆形料场、输煤系统总包业务在国内的市场占有率分别达到75%和45%；签订了中煤榆横煤化工自备电厂总承包合同，合同金额13.3亿元。

上海重型机器厂有限公司面对国内核电项目暂停审批，冶金设备等传统产品市场紧缩，常规产品订单减少，努力调整产品结构，加大新产品开发和大型铸锻件关键技术研究力度，力求开拓其他产品市场，取得一定效果，保证了企业的持续盈利能力。机器产品方面，国内市场总体需求减少，价格不断走低，竞争日趋激烈；国际市场需求相对有所上升，但市场开拓仍需加强，特别是对发展中国家的市场开拓。自主设计制造产品的利润空间较大，但受成套能力的制约，还需加以改善。大型铸锻件方面，常规产品的总体市场需求下滑，竞争激烈，价格下滑；高端产品(如核电汽缸、大型支撑辊、大型转子等)的竞争对手较少，销售价格较高，但受技术瓶颈制约，制造能力有待提高。该公司新增订货额比上年有所下滑。

杭州锅炉集团股份有限公司销售核电STTR 4套，阳江核电低压加热器2套。新增国内2套660MW高压加热器的订单。

菲达集团有限公司实现营业收入21.56亿元，比上年增长5.48%，其中，产品销售收入215 635.3万元，上交税金8 048.81万元，新增订货合同29.97亿元。

上海鼓风机厂有限公司正逐步实现"两头在内、中间在外"的战略部署，即市场、技术、总装试车紧握手中，充分利用社会资源进行低端制造，降低企业的运营成本。新增订货合同8.6亿元。该公司巩固传统优势领域，积极拓展高端领域和服务领域，通过不断改进技术，增强电站风机等工业风机的市场优势，保持公司在通风机领域中的龙头企业地位。该公司发挥在离心压缩机领域的优势，加速产品技术研发和市场拓展，提高企业发展速度。培育未来产业——高温气冷堆主氦风机(第四代)，形成产业化能力。该公司大型脱硫增压风机市场占有率35%以上。

上海电力修造总厂有限公司着力拓展主导产品的市场份额，抓住国家鼓励实施"走出去"战略的机遇，坚持国内外并重，积极寻求国际市场商机。以成立新疆(华电)特约服务中心为契机，加大市场拓展力度。积极与国内外大型企业开展技贸合作，引进高端泵阀产品和先进技术。进一步加强项目的风险管理以及合同评审，做好资金回笼，降低经营风险。该公司完成配套1 000MW(50%容量)火电机组锅炉给水泵芯包国产化的设计制造，各项试验技术参数达到国际先进水平；1 000MW火电机组配套锅炉给水泵研发项目通过了上海市电力公司专家组评审。该公司适时调整营

销战略,紧抓市场信息,全年新签合同1 090份;承接合同订单93 193.48万元;实现主营业务板块销售收入111 730万元,为年计划的101.57%,其中,锅炉给水泵实现88 744万元,阀门产品实现3 539万元,焊材产品实现14 024万元,备品及材料产品实现5 423万元;全年回收资金货款10.01亿元,为年计划的100%。

扬州电力设备修造厂产品销售总量比2010年增长70%。该厂电网控制箱柜产品新增订货20 002万元,配套国内三大锅炉厂的电动执行机构订单继续下降。

北京电力设备总厂市场开拓具有三个特点:一是新增订货实现恢复性增长,增幅达两位数,主导产品继续领跑高端市场。二是市场四大业务板块稳步成型,互补性、成长性明显提高。国内电力建设确保了市场总量规模,海外市场开拓成效显著,冶金、建材、化工等系统外市场占比上升,生产性服务市场取得新突破,弥补了传统火力发电设备市场需求持续萎缩和电网常规项目减少对经营总量规模的影响,市场结构调整提升竞争优势初步显现。三是大客户与区域市场建设顺利推进。2011年3月和7月,印度代表处、新疆办事处相继成立并平稳运行,积极展开企业与产品推介,迅速取得市场订货业绩。该厂签订了山东魏桥铝电公司12×350MW机组的60台ZGM95—Ⅱ型磨煤机亿元大单,中标国内最大机组山东信发集团新疆农六师电厂4×1 100MW机组的磨煤机。新增订货额211 665万元,其中,境外合同签约额完成3.8亿元。

2. 开拓核电设备市场成为企业的新重点

上海重型机器厂有限公司的二代及二代加、AP1000和高温气冷堆核电大锻件攻关取得突破性进展:AP1000蒸汽发生器管板首批锻件和过渡锥体首件完工,AP1000压力容器一体化顶盖和筒身段一次性验收合格,AP1000稳压器和高温气冷堆压力容器、堆内构件全套锻件全球首套成功交货。2011年,该公司主要完成在手订单的制造,按期交货,2011年大半年国内没有新的核电设备订单。

杭州锅炉集团股份有限公司销售1 000MW核电高压加热器2套、核电STTR 4套、阳江核电低压加热器2套。

上海电力修造总厂有限公司的“1 000MW核电站常规岛前置泵研制及产业化项目”通过了上海市经济和信息化委员会专家组验收,成为上海市高新技术产业化重点项目;公司用于核电站的WB36CN1钢焊条通过了中国电力企业联合会专家审核,完成成果鉴定,填补了国内技术和市场的空白。

北京电力设备总厂为广东台山核电站2×1 750MW机组配套的2套封闭母线,是世界首台1 750MW核电机组封闭母线,代表了国际封闭母线制造的尖端水平。1 750MW核电机组封闭母线导体制作难度大,支持结构复杂,种类繁多。该厂凭借强大的技术力量、完善的制造工艺、先进的制造设备、严格的质量管理等软硬件优势,攻克了导体成形、组合装配的工艺难题,于2011年12月,完成了生产制造,顺利通过了业主方中广核工程公司、总包方法国阿尔斯通公司的联合出厂验收。

3. 火电装备市场空间减小,新能源设备市场异军突起,企业发展要依靠新的市场

上海电力修造总厂有限公司坚持加快产品结构转变和发展方式转变,即在产品结构上由低科技含量向高科技含量转变,由低附加值向高附加值转变;在发展方式上由“粗放型”向“集约型”转变,由“生产型”向“经营型”转变。

中国华电工程(集团)有限公司积极开拓水务BOT市场,签订安徽江北等一揽子水务项目,已签订和运营项目日处理量达49万t;稳步发展脱硫BOT市场,脱硫运营电厂总装机容量已达116万kW。签订望亭发电厂、扬州发电厂4台30万kW机组节能改造合同能源管理项目,成为国内首个以合同能源管理模式承接的30万kW机组节能改造项目。

4. 节能减排压力增大,企业瞄准老设备改造,扩大服务业务

上海鼓风机厂有限公司结合节能环保政策,抓住国家支持的各地技改项目,抢占电站、冶金企业脱硫市场。转变商业运行模式,拓展产业领域,扩大服务产业,增强工程成套和系统服务能力,走制造业与服务业相结合的道路,提高了企业盈利能力。在承接整机订单的同时,将眼光聚集到未来利润更为丰厚的售后服务和备品备件供应以及用户风机的技术改造领域。

5. 积极开拓国际市场,特别是开发新兴国家的国际市场

北京电力设备总厂将海外事业部正式迁址北京中关村区域,充分利用中关村科技创新的人才集聚效应和金融街总部经济的信息集聚效应,为企业提供广阔的人才、市场和国际化平台。2011年,出口订货额8 371万美元。其中,签订了出口加拿大2套300MW水电机组封闭母线合同,这是该产品首次进入北美市场。

上海电力修造总厂有限公司坚持“走出去”战略,注重与国际知名企业的合作,积极参与国际化大市场的经营和竞争,先后签订了巴基斯坦恰希玛、印度TAL、越南永新和沿海、哥伦比亚、古德洛尔、老挝、土耳其IB等8项出口项目,合同总金额为18 257.06万元。

上海鼓风机厂有限公司在上海电气集团的支持下,不断巩固和扩大印度市场,从通过大集团公司分包风机出口,向直接承接海外用户风机合同、服务合同的方向发展,印度在用该厂风机和与该厂已签合同风机累计300多台。2011年出口任务接近4亿元。

中国华电工程(集团)有限公司继续加大海外项目的开拓力度,签订了越南沿海2台60万kW燃煤机组的总承包合同;中标印度兰科4台60万kW的中低压管道项目。公司还积极跟踪印度尼西亚的煤矿和水电项目、罗马尼亚的燃煤电厂和风电项目、巴基斯坦的燃机电厂项目,并取得实质性进展。加快开展煤炭等能源类大宗商品、高端装备和相关技术的进出口业务,已进口40多万t煤炭。

杭州锅炉集团股份有限公司新增海外订单：除氧器1套，600MW高压加热器4套、凝汽器5套。

扬州电力设备修造厂除进口少量刀具和配件外，无其他对外交流事项。

科技成果及新产品　电站辅机重点企业坚持自主创新，以新技术和新产品为引领，以市场需求和重点工程项目为依托，推动技术创新，积极开发600MW、1 000MW机组配套产品，取得了新成果。

1. 科技研发投入及新产品

上海重型机器厂有限公司投入研发费用3.5亿元，占销售收入的9.92%，研发投入力度继续位居同行前列。该公司于2008年申报的上海核电工程装备工程技术研究中心在2011年验收挂牌。承担国家04机床重大专项等十多个国家、上海地区重大项目。该公司技术创新、新产品开发项目共87项，其中新产品开发与优化19项，热加工产品与工艺技术开发40项，冷加工工艺技术开发16项，其他12项。

菲达集团有限公司研发的“旋转电极式电除尘器”被科技部认定为国家重点新产品，被浙江省经济和信息化委员会认定为国内首台（套）产品，列入国家发展和改革委员会2011年战略新兴产业重点项目，累计签订合同8台（套）。菲达集团有限公司企业技术中心创新能力建设项目于2011年10月通过了验收。验收专家认为：项目形成了从烟气基础研究、除尘技术研究到关键参数检验以及排放测试等覆盖除尘行业各个环节的综合研发能力，实验室已成为全球除尘治理行业中装备规模最大、设施最先进的实验研究基地之一。该公司承担的国家高技术研究发展计划（“863”计划）项目——大型燃煤电站锅炉烟气电袋复合除尘技术与装备已研制完成，并向科技部递交了验收资料。产品实现大规模产业化应用，从2007年起，已承接68套订货合同，其中国内项目37套、国外项目31套。该公司承担的2项市级科技攻关项目——粉尘低排放控制技术的开发和推广示范、控制燃煤电厂细颗粒物排放的电除尘电源关键技术项目已于2011年通过了验收。该公司目前承担和参与4项浙江省重大科技项目和优先主题项目，即城镇污水处理与水蚯蚓原位消解污泥技术研究与工程示范、600MW燃煤机组大型高效布袋除尘技术与装备、基于电凝聚及新型电源的PM2.5控制技术与设备应用研究、大型烧结机分导式半干法脱硫技术研究及工程示范项目。

上海电力修造总厂有限公司着力推进自主创新和能级提升，产品向高端化、系列化迈进，装备向数控化、智能化发展。完成配套1 000MW（50%容量）火电机组锅炉给水泵芯包国产化的设计制造，各项试验技术参数达到国际先进水平。完成百万千瓦等级火电超超临界机组四种关键阀门的国产化研制，样机试制成功，并于11月通过了由国家能源局、中国通用机械工业协会和阀门分会组织的产品鉴定。公司取得了特种设备压力管道（B1、B2级）生产许可证。

中国华电工程（集团）有限公司继续加大新产品、新技术开发投入力度，2011年核定科研开发费用2.36亿元，同比增长76.01%，确保了科研项目研发工作的顺利开展。该公司紧紧围绕国家能源发展战略及“十二五”科技发展规划，加大新能源、节能环保和高端制造领域的科技立项，在2011年新立项的67个项目中，新能源技术项目5个、节能环保项目15个、高端制造项目11个。

上海电气电站设备有限公司上海电站辅机厂完成科研项目25项，研发费用投入12 495万元。

扬州电力设备修造厂新产品、新技术研发费用投入1 247万元。先后完成超（超）临界火电机组阀门用2SA3多回转电动执行机构的延伸开发、2SQ3部分回转电动执行机构的延伸开发、2SDQ系列小转矩电动执行机构的开发以及MPS、HP型中速磨流场仿真模型的开发。

北京电力设备总厂新产品研发投入1 835万元。该厂正在研制国内首台1 100MW火电机组配套的磨煤机，对中小型电抗器进行优化设计，BKSJ—60000/35油浸式并联电抗器开发按计划进行；给水泵、工业汽轮机、电动机、减速机产品的升级换代正在进行。

2. 加快节能减排产品、环保产品、新能源产品的开发

中国华电工程（集团）有限公司不断提高研发投入，重点开展卸船机、装船机、斗轮堆取料机、排土机等产品和露天矿山绿色采矿系统、褐煤提质系统、间接空冷技术等国家“十二五”重点支持的高端装备的研发制造，产品市场前景广阔。该公司开展“燃煤电厂汞污染控制研究”和“活性焦载金属催化剂移动床一体化脱除关键技术研究”，并在余热利用节能、碳捕集、脱汞、除尘等领域取得突破。该公司开展的“浸入式连续过滤系统开发”与“大型空冷机组凝结水精处理系统工艺研究”获得评审专家的好评。该公司配合中国科学院承担的“973”“863”课题研究稳步推进，国内第一个太阳能热发电示范电站——八达岭太阳能热发电实验电站完成关键设备的研制及现场安装。依托甘肃金塔50MW太阳能热发电示范项目开展的槽式太阳能热发电关键技术应用研究，有望实现我国太阳能热发电技术的首次工程应用。该公司的“分布式冷热电联供系统技术”与“北方城市生活垃圾干法厌氧消化及生物质燃气利用技术及工程示范”项目分别列入2012年国家科技支撑计划能源和环境技术领域备选项目。“活性焦载金属催化剂SO_2、NO_x、Hg一体化脱除关键技术研究”项目列入北京市重大科技成果转化落地培育项目。该公司所属的华电电力科学研究院、郑州机械设计研究院共承担国家科技部专项3个，所承担的国家及省市科技项目水平稳步提升。

菲达集团有限公司独立承担的“863”计划——城镇污水处理厂污泥过程减量关键技术开发与示范项目是中国环境技术验证计划（ETV计划）首个试点项目，自2011年4月实施ETV测试以来，进展顺利，2012年年底前可完成“863”计划项目验收，技术成果可望在全国乃至全球性推广应用。2011年，联合国环境规划署授予公司“中国区环境规划示范

企业优秀案例”称号,菲达集团董事局主席舒英钢荣获第12届国际电除尘学会“国际知名专家奖”。菲达集团有限公司被浙江省科技厅、浙江省经信委、浙江省财政厅等部门确认为浙江省第五批创新型示范企业,其子公司浙江菲达环保科技股份有限公司被确认为2011年度浙江省标准创新型企业,子公司浙江菲达环保科技股份有限公司通过复审,继续被认定为高新技术企业。其子公司浙江菲达环保科技股份有限公司获得环保部颁发的“烟气污染治理设施运营资质证书(甲临)”。

上海电气电站设备有限公司上海电站辅机厂完成大型电站凝汽器新型管束的开发,海水淡化固定式TVC装置热力性能与结构设计计算软件的研发。

上海鼓风机厂有限公司大力开发主要用于火电环保脱硫和钢厂环保除尘、环保脱硫等新兴环保行业的大型脱硫增压风机。新研发的RTF系列、G125系列产品,中标电厂和钢厂烧结机脱硫项目的比率达50%以上,G125系列已处于钢厂干法除尘系统风机的垄断地位。公司积极开展风机改造新业务,深入挖掘改造业务潜力,努力提高风机节能效果。该公司成立了产品服务中心,坚持从“单一制造”向“制造+服务”转变,不断做大服务业,完善服务方式,将原来属于市场技术部的备件科、用户服务科和总装车间的修理部分集中起来,从厂内维修发展到用户现场维修,积极向用户提供系统分析和分阶段服务,全年服务业务收入超1亿元。

北京电力设备总厂首台2.5MW蒸发冷却直驱型风力发电机已经下线。

3. 加快核电新产品的开发步伐,满足核电机组的需求

上海重型机器厂有限公司的民用核安全设备制造资格许可证续证申请继续获得批准(有效期至2016年12月31日)。该公司通过了ASME授权检验机构对ASME核电质保体系的监察,保持了ASME－NPT/MO授权证书和规范标记(ASME钢印),并为2012年的ASME复证工作做好了各项准备。

扬州电力设备修造厂开发了AP系列核级电动执行机构和高温气冷堆用Q200－2G电动执行机构。该厂有2个核项目获资金支持:一是核级阀门驱动装置列入国家火炬计划项目,并获资金资助;二是核级阀门驱动装置开发及其抗震技术研究项目申报扬州市科技攻关计划项目,并获得资金资助。完成1E级HQ系列阀门气动执行机构的开发。

上海电气电站设备有限公司上海电站辅机厂完成阳江核电上下布置的组合式低压加热器、汽水分离再热器(MSR)的研制,AP1000正常余热排出热交换器的研制,AP1000 PXS PH调节篮的研制。

4. 加强与国内外公司及产学研合作,优势资源互补,形成一批科技成果或新产品

菲达集团有限公司的浙江菲达环保研究院被认定为浙江省企业研究院。该公司与浙江大学、东北大学合作研发的“863”项目——大型燃煤电站锅炉烟气电袋复合除尘技术与装备项目待验收;与浙江大学合作研发的“基于电凝聚及新型电源的PM2.5控制技术与设备应用研究”项目已获8项实用新型专利授权,1项发明专利正在实审,准备验收中;与上海电力股份有限公司合作研发的“烟气微颗粒双荷电收集技术应用”项目,正在实施中;与浙江大学合作研发的“大型烧结机分导式半干法脱硫技术研究及工程示范”项目,正在实施中。

上海鼓风机厂有限公司以市场为目标,积极推进产学研合作。该公司与清华大学合作的高温气冷堆项目、与上海同济大学合作的风洞项目、与上海交大合作的离心压缩机项目正在研发中。上海鼓风机厂有限公司设计制造的国家科技重大专项研发课题——高温气冷堆核电站用大型氦回路HTL氦气压缩机圆满通过了清华大学核研院的出厂验收。高温气冷堆被称为世界上第四代大型核电站技术,具有高安全性,是里程碑式的堆型,国际上正推荐选用这种新堆型。该项压缩机研发的主要牵头单位是清华大学核能技术设计研究院及中核能源公司,从2009年4月起,直到2011年9月28出厂验收成功,历时两年半。该项目的许多技术研发课题具有自主创新性质,技术已走在世界前列。上海鼓风机厂有限公司承担设计制造了本次试验回路装置的主关设备氦回路HTL氦气压缩机。大型高温气冷堆氦回路试验,需要依靠HTL氦气压缩机完成。该机组的特点是“三高”:高速,1.7万r/min;高压,7MPa;高温,250℃。同时,压缩机的介质为氦气,机组还要进行全性能试验。面对没有可供参考的高难度设计,高难度制造,公司开展了“产学研”合作研发,在清华大学、上海交大等单位协助下,最终选定了三元流高效叶轮、串联式干气密封、整体组装式的单级高速结构方案,并采用先进的可倾瓦支撑轴承,确保了转子在高速运转下的自我调心能力。整个机组在出厂试验时实现了安全、稳定、高效,一元硬币放置机组之上,试车时纹丝不动。

中国华电工程(集团)有限公司与美国GE公司签订了航改机项目合资协议;引进德国褐煤提质和成型技术,并在呼伦贝尔煤化工项目上推广使用;加快推进水处理膜元件高端制造项目合作开发步伐,以及脱硝催化剂技术的引进与合作生产;推广尾部烟气余热利用技术,进一步提升了高端制造能力。公司大力推广低温循环水余热利用技术,以合同能源管理方式,应用在佳木斯、苇湖梁电厂,每年节约标煤10万t,减少二氧化碳排放26万t,减少二氧化硫排放3 900t,产生了巨大社会效益,也带来了较好的经济效益。

5. 自主知识产权意识增强,申报专利数量逐年增加,获奖成果(项目)增多

(1)专利。上海重型机器厂有限公司申请专利23件,其中发明专利15件。

杭州锅炉集团股份有限公司获得实用新型专利5项授权,分别是:容器支座与本体连接结构、一种核电加热器的汽水防冲装置、核电高压加热器的防雨击装置、高压加热器疏水装置、高压加热器给水整流装置。

菲达集团有限公司获授权专利16项，其中发明专利3项，即一种膨胀节、一种钠法脱硫塔及大型电袋复合除尘器。

上海电气电站设备有限公司上海电站辅机厂获授权专利4项，其中发明专利1项。累计持有有效专利49项，其中发明专利9项。该厂全年用于知识产权申请、维护等费用约6.6万元。

中国华电工程(集团)有限公司获授权专利40项，其中发明专利5项。该公司累计持有专利149项，其中发明专利16项。“CHEC”获得了“北京市著名商标”称号。该公司系统工程技术人员在国内外科技期刊发表专业技术文章92篇。

北京电力设备总厂获得3项专利授权，即一种电阻可调中性点接地干式空心电抗器、一种大型回转设备的托起装置、一种主辅辊组互为备用的立磨。

(2)获奖产品。菲达集团有限公司获2项科技奖：1 000MW超超临界机组配套电除尘器荣获国家环保部环境保护科技进步奖二等奖，燃煤电站高效布袋除尘器荣获浙江省科技成果转化二等奖。

上海电力修造总厂有限公司的FK6A40型1 000MW超超临界锅炉给水泵、FT6S39DM型锅炉给水泵组用电泵、MNC600×450LS型AP1000核电站常规岛前置泵、HPT300-340-6S型循环流化床机组用汽泵荣获“2010第五届中国国际流体机械展览会”金奖，TM3-42C/150型600MW超临界给水泵最小流量调节阀获得“2010第五届中国国际流体机械展览会”银奖，600MW锅炉给水泵、高温高压阀门系列产品入选《名、优、新机电产品目录》，给水泵高温高压闸阀、截止阀、止回阀设备列入电力工程600MW火电机组主要辅助设备推荐厂商名录，600MW超临界、亚临界火电机组给水泵荣获上海市科学技术奖。

中国华电工程(集团)有限公司参建的项目先后获得国家优质工程银质奖、中国电力优质工程奖、年度化学工业优质工程奖等奖项，荣获“2011年中国国际工程建设最具成长竞争力企业”称号。该公司共获得国家能源科技进步奖5项、北京市科学技术奖2项、中国电力科学技术奖4项、华电集团科技进步奖9项、北京市丰台区科学技术奖1项。推荐9位技术人才成为北京市科学技术奖评审专家，使入库专家达22人。该公司主办的《华电技术》连续三次获“中国电力优秀期刊”称号。

北京电力设备总厂的BKK-11463/36干式空心融冰相控平波电抗器、YOCQ-X51型液力偶合器传动装置分别获得华北电网有限公司科技成果三等奖。±800kV特高压干式空心平波电抗器获得北京市科学技术奖一等奖。

上海重型机器厂有限公司的450t电渣重熔炉获得中国机械工业科学技术奖一等奖和上海电气科技进步奖一等奖，百万千瓦压水堆核电蒸汽发生器和堆内构件大锻件(二代加)获得上海电气重大科技创新一等奖。

杭州锅炉集团股份有限公司的百万千瓦级核电常规岛高压加热器、低压加热器及STR设备研发项目获得2011年浙江省战略性新兴产业财政专项资金项目奖励。

辅机可靠性 国内新建火电机组单机容量大多在600MW、1 000MW以上，参数主要以超临界、超超临界为主，热效率的提高对辅机的节能降耗又提出新要求。核电机组容量均在1 000MW以上，对为其配套的辅机的质量要求更高，为此电站辅机高端产品增多，研发制造难度增大。总体看，除少数辅机或关键部件需要进口外，国内制造企业已跟上主机技术的发展步伐，可满足主机的需求。

电力可靠性分析报告显示，纳入2011年全国电力可靠性管理中心统计的发电机组(火电100MW及以上、水电40MW及以上和核电站机组，以下均为此统计口径)共计2 163台，比上年增加161台；装机容量共计675 859.5MW，比上年增加70 391.62MW。磨煤机、给水泵、送风机、引风机、高压加热器5种辅助设备参与统计的数量分别是4 835台、2 870台、2 033台、2 057台和3 042台，比2010年分别增加197台、120台、75台、71台和105台。

2011年5种辅机设备的主要可靠性指标见表2。

表2 2011年5种辅机设备的主要可靠性指标

辅机设备	统计台数(台)	运行系数(%)	可用系数(%)	计划停运系数(%)	非计划停运系数(%)	非计划停运率(%)
磨煤机	4 835	69.26	93.81	5.98	0.21	0.30
给水泵	2 870	55.28	94.62	5.31	0.07	0.12
送风机	2 033	82.92	94.70	5.28	0.02	0.02
引风机	2 057	82.90	94.63	5.35	0.02	0.03
高压加热器	3 042	82.18	94.34	5.52	0.13	0.16

注：数据来源于《2012电力可靠性指标发布》。

1. 国产辅机与进口设备的可靠性指标对比

2011年，200MW及以上参加统计的5种电站辅机设备中，磨煤机、给水泵、送风机、引风机、高压加热器设备的国产化率分别为87.91%、82.99%、88.56%、90.33%和90.03%，国产化率比2010年全部提高。

从可靠性指标上看，700MW及以上的5种电站辅机设备中，磨煤机、给水泵、送风机、引风机、高压加热器的可用系数分别为93.8%、94.52%、94.61%、94.58%和94.25%，比进口5种辅机的可用系数分别低0.05%、0.63%、0.79%、0.21%、0.84%。

国产设备磨煤机、给水泵、送风机、引风机、高压加热器5种辅助设备的非计划停运率分别为0.30%、0.09%、

0.02%、0.03%、0.17%。国产磨煤机、送风机、引风机、高压加热器的非计划停运率依次比进口设备高0.01%、高0.02%、高0.01%、高0.08%,国产给水泵的非计划停运率比进口设备低0.2%。

2011年,参加辅机设备可靠性统计的326台500MW及以上容量的火电机组所属5种辅助设备磨煤机、给水泵、送风机、引风机、高压加热器的国产化率分别达到89.55%、77.95%、85.83%、90.11%、92.83%,国产化率比2010年全部提高。

造成国产磨煤机非计划停运的前三位技术原因分别是磨损(机械磨损)、堵塞和漏粉,每台年停运时间分别为3.81h、2.97h和2.71h;前三位的责任原因分别是产品质量不良、燃料影响和检修质量不良,每台年停运时间分别是6.14h、3.38h和2.76h。

造成进口磨煤机非计划停运的前三位技术原因分别是磨损(机械磨损)、堵塞和断裂,每台年停运时间分别为3.33h、3.12h和0.83h;前三位的责任原因分别是产品质量不良、燃料影响和管理不当,每台年停运时间分别为4.37h、2.56h和2.52h。

2011年500MW及以上容量的5种辅机设备按国产、进口设备分类的可靠性指标见表3。

表3　2011年500MW及以上容量的5种辅机设备按国产、进口设备分类的可靠性指标

指　标	磨煤机		给水泵		送风机		引风机		高压加热器	
	国产	进口	国产	进口	国产	进口	国产	进口	国产	进口
数量(台)	1 757	205	721	204	545	90	574	63	945	73
运行系数(%)	72.03	71.72	60.29	61.58	85.14	86.29	85.19	84.13	84.37	85.58
可用系数(%)	93.47	93.21	94.07	93.96	94.29	95.10	94.44	93.54	93.81	95.41
非计划停运率(%)	0.28	0.24	0.10	0.32	0.04	0.01	0.05	0.05	0.10	0.00
计划停运系数(%)	6.32	6.62	5.87	5.84	5.68	4.89	5.52	6.42	6.11	4.59

注:数据来源于《2012电力可靠性指标发布》。

2. 非计划停运主要原因分析

(1)磨煤机。磨煤机非计划停运的主要技术原因仍然是漏粉、磨损(机械磨损)和堵塞,其中漏粉、堵塞仍然是几年来的首要原因;主要部件是中速磨煤机本体、本体出口管和磨辊;主要责任原因是产品质量不良、燃料影响和检修质量不良,由此造成的非计划停运时间分别占所有非计划停运时间的33.92%、15.99%和15.96%。

2011年磨煤机非计划停运原因见表4。

表4　2011年磨煤机非计划停运原因

技术原因	非计划停运次数(次)		非计划停运小时(h)			非计划停运次数百分比(%)*	非计划停运小时百分比(%)*
	累计	平均每台年	累计	平均每台年	平均每次		
堵塞	1 114	0.22	12 369.73	2.43	11.10	17.44	14.86
漏粉	242	0.05	11 029.65	2.17	45.58	3.79	13.25
磨损(机械磨损)	1 133	0.22	6 355.55	1.25	5.51	17.74	7.63

注:1. *指此原因引起的非计划停运次数(小时数)占全部非计划停运次数(小时数)的百分比。
2. 数据来源于《2012电力可靠性指标发布》。

(2)给水泵。给水泵组非计划停运的首要技术原因是漏水;主要部件是液力耦合器勺管控制元件;主要责任原因是产品质量不良、检修质量不良,由此造成的非计划停运时间分别占所有非计划停运时间的45.20%和17.08%。

2011年给水泵非计划停运原因见表5。

表5　2011年给水泵非计划停运原因

技术原因	非计划停运次数(次)		非计划停运小时(h)			非计划停运次数百分比(%)*	非计划停运小时百分比(%)*
	累计	平均每台年	累计	平均每台年	平均每次		
漏水	131	0.04	2 376.35	0.76	18.14	18.43	13.93
烧损	1	0.00	1 844.35	0.59	1 844.35	0.14	10.81
振动大	1	0.00	1 014.67	0.32	1 014.67	0.14	5.95

注:1. *指此原因引起的非计划停运次数(小时数)占全部非计划停运次数(小时数)的百分比。
2. 数据来源于《2012电力可靠性指标发布》。

(3)送风机。送风机非计划停运的首要技术原因是开裂;主要部件是定子线棒(线圈)空心导线及电动机轴承等;主要责任原因是产品质量不良、施工安装不良和检修质量不良,由此造成的非计划停运时间分别占所有非计划停运时间的50.21%、10.07%和8.32%。

2011年送风机非计划停运原因见表6。

表6　2011年送风机非计划停运原因

技术原因	非计划停运次数(次)		非计划停运小时(h)			非计划停运次数百分比(%)*	非计划停运小时百分比(%)*
	累计	平均每台年	累计	平均每台年	平均每次		
振动大	5	0.00	1 128.47	0.51	225.69	3.55	36.54
密封不良	2	0.00	300.97	0.14	150.48	1.42	9.74
更新(换)	18	0.01	230.12	0.01	12.78	12.77	7.45

注:1. *指此原因引起的非计划停运次数(小时数)占全部非计划停运次数(小时数)的百分比。

2. 数据来源于《2012电力可靠性指标发布》。

(4)引风机。引风机非计划停运的首要技术原因是裂纹(开裂);主要部件是静叶调节轴流引风机本体动叶片;主要责任原因是产品质量不良、检修质量不良及施工安装不良,由此造成的非计划停运时间分别占所有非计划停运时间的42.97%、10.21%和9.58%。

2011年引风机非计划停运原因见表7。

表7　2011年引风机非计划停运原因

技术原因	非计划停运次数(次)		非计划停运小时(h)			非计划停运次数百分比(%)*	非计划停运小时百分比(%)*
	累计	平均每台年	累计	平均每台年	平均每次		
裂纹(开裂)	8	0.00	1 535.80	0.68	191.98	3.92	36.69
振动大	36	0.02	428.48	0.19	11.90	17.65	10.29
堵塞	2	0.00	300.97	0.13	150.48	0.98	7.23

注:1. *指此原因引起的非计划停运次数(小时数)占全部非计划停运次数(小时数)的百分比。

2. 数据来源于《2012电力可靠性指标发布》。

(5)高压加热器。高压加热器非计划停运的首要技术原因是漏水,且漏水平均停运小时呈逐年上升趋势;主要部件是高压加热器U型管、疏水管道直管、管板;主要责任原因是产品质量不良、设备老化、检修质量不良,由此造成的非计划停运时间分别占所有非计划停运时间的63.86%、16.67%和9.56%。

2011年高压加热器非计划停运原因见表8。

表8　2011年高压加热器非计划停运原因

技术原因	非计划停运次数(次)		非计划停运小时(h)			非计划停运次数百分比(%)*	非计划停运小时百分比(%)*
	累计	平均每台年	累计	平均每台年	平均每次		
漏水	147	0.04	16 500.24	4.98	112.25	29.23	46.33
漏汽	77	0.02	3 526.91	1.06	45.80	15.31	9.90
磨损爆(泄)漏	12	0.00	3 184.29	0.96	265.36	2.39	8.94
腐蚀爆(泄)漏	15	0.01	3 072.84	0.93	204.86	2.98	8.63

注:1. *指此原因引起的非计划停运次数(小时数)占全部非计划停运次数(小时数)的百分比。

2. 数据来源于《2012电力可靠性指标发布》。

质量

1. 实物质量控制加强,产品质量稳步提高

上海重型机器厂有限公司以"规范过程、规范行为、完善体系、深化管理、提高质量"为主题继续开展质量年活动。以质量案例分析为抓手,识别问题,分析问题,采取纠正预防措施,进行质量案例宣讲,改善了公司产品质量。

上海鼓风机厂有限公司扎实开展"卓越绩效管理模式",提升名牌产品的质量深度,提高员工主动创优产品的意识和为用户认真负责的服务意识。

2. 企业资质意识增强,重视质量管理体系建设

上海电气电站设备有限公司上海电站辅机厂的高压加热器、低压加热器焊缝一次合格率和水压试验一次合格率分别为:①常规(张数):99.47%、96.6%;②核电(长度):99.92%、100%;③军工(长度):100%、100%。该厂QC小组2项成果获得中国机械工业质量管理协会颁发的全国优秀质量管理小组成果二等奖,1个QC小组获得上海市优秀质量管理小组奖。

上海重型机器厂有限公司2011年6月获得由上海质量体系审核中心颁发的能源管理体系认证证书,10月获得上海质量体系审核中心颁发的环境管理体系认证证书、职业健康安全管理体系认证证书以及质量管理体系覆盖范围扩证的再认证后的新的质量管理体系认证证书。认证证书的覆盖范围均为磨煤机系列产品设计开发、生产及相关活动和大型铸锻件的生产及相关活动。该公司磨煤机产品通过了中国设备管理协会的年检,获中国电站辅助类设备信用AAA级制造企业评估认定证书。

以菲达集团有限公司为主申报的"浙江省科技兴贸创新基地"获批。该公司获得商务部对外承包工程经营权资质,

计量理化测试中心通过了国家实验室认可现场评审。

扬州电力设备修造厂继续深入推进 ISO 9001 质量管理体系、核质保体系和电网控制箱柜产品 3C 认证，通过了中国质量协会外部审核并换证。通过了国家核安全局华北核与辐射监督站的核电综合检查，开始了 3A 质量管理体系的取证工作，开始了国军标质量管理体系的前期培训工作。

中国华电工程（集团）有限公司顺利完成了管理体系换证和升版，增加了 GB/T 50430 认证，组织完成了管理手册 G 版的修订升版、9 个程序文件的修订和 1 个新程序的编写。积极加强投资管理体系和风险防控体系建设，部署开展海外投资项目评价工作，规避相应风险。公司获批建设"国家分布式能源技术研发（实验）中心"，得到中央预算内资助3 273 万元，与国家级企业技术中心、博士后科研工作站、下属各单位技术中心形成创新平台，推动新技术和新产品的研发和储备。成立了中国华电集团科学技术研究总院，为提升科研水平、建设创新型企业打下了坚实基础。

北京电力设备总厂获得神华国华（北京）电力有限公司颁发的长约供应商资格证书。

上海电力修造总厂有限公司通过了摩迪英联认证有限公司对公司进行的第三方外部审核，还通过了 ISO 9001: 2008 质量管理体系转版认证，通过了 ISO 14001: 2004 环境保护管理体系、OHSAS 18001: 2007 职业健康安全管理体系的复审。

3. 重点企业着力提升企业的软实力，品牌建设意识增强

上海重型机器厂有限公司被评为全国机械行业企业文化建设先进单位，并荣获上海市档案"五五"普法验收合格单位称号。HP 磨煤机被上海市名牌推荐委员会推荐为 2011 年度上海名牌产品。

菲达集团有限公司的电除尘器、电袋复合除尘器被认定为浙江省名牌产品。

上海电力修造总厂有限公司着力推进企业品牌建设，认真实施品种、品质和品牌"三品工程"，加大优秀品牌的塑造力度。强化企业质量管理体系考核机制，切实提高产品质量。公司组织参加 2011 中国葫芦岛打渔山泵阀产品博览会和 2011 中国国际工业博览会，展示其科技创新成果。

北京电力设备总厂的 ZGM 型中速辊式磨煤机、干式空心电抗器、金属封闭母线 3 项主营产品获得"北京知名品牌"称号。

上海电气电站设备有限公司上海电站辅机厂配套 300MW、600MW、1 000MW 机组的高压加热器、低压加热器产品通过了"上海市名牌产品"评审。

上海鼓风机厂有限公司重视品牌建设，把品牌建设视为综合性、全方位的工作。"上鼓"牌电站轴流式、离心式风机机组再度荣获"上海名牌"称号。

标准 菲达集团有限公司的子公司浙江菲达环保科技股份有限公司作为机械工业环境保护机械标准化技术委员会大气净化设备分技术委员会秘书处，牵头组织召开行业标准化会议两次，2011 年主持或参与起草的行业标准 14 项。由浙江菲达环保科技股份有限公司主持，与相关单位合作起草的 JB/T 11076—2011《脱硫用搅拌式干式石灰消化器》、JB/T 11074—2011《电除尘用恒流高压直流电源》两项行业标准于 2011 年发布实施。

上海重型机器厂有限公司主持制定行业标准 6 项，参与制定行业标准多项，主持制定企业标准 6 项。

基本建设及技术改造 重点企业对预期经济增长持保留态度，特别是火电建设项目减少，现有产能放空，对投资技改趋向审慎，基建技改投资增速放缓。但是环保设备生产企业看好未来市场，投资依旧强劲。

上海重型机器厂有限公司基本完成产业战略调整，大型铸锻件产品、核电和大型船用曲轴产品产值占比不断增大。为了满足大型锻件产品热处理工艺要求，该公司完成了大型核电及关键锻件产能完善技术改造项目并按期投入生产。该公司完成了一批老工业炉窑的技术改造项目，燃烧能源由重油和煤气改为以天然气为主的清洁能源，同时实施了全面监测部分工业炉窑能耗的节能可视化一期 A 项目。2011 年，该公司完成基本建设和日常技措等技术改造投资达 2.4 亿元。

杭州锅炉集团股份有限公司完成技改、基建投资8 000 万元。基建投资主要用于建设丁桥办公大楼和崇贤新工厂，技术改造项目主要包括崇贤空压机冷干设备改造、丁桥弯管 3 号线改造、发电机搬迁及配电改造、9F 燃机配套设备采购等。

菲达集团有限公司的燃煤电站配套大型电袋复合除尘器项目总投资 11 000 万元，于 2009 年初正式开工建设，2011 年完成，正在准备验收。项目完成后，可形成年产 10 套燃煤电站配套大型电袋复合除尘器的生产能力。该公司的"大型燃煤电站配套旋转电极式电除尘器产业化"项目，于 2011 年 6 月正式开工建设，将形成年产 10 套大型燃煤电站配套旋转电极式电除尘器的生产能力，项目达产后年新增销售收入 16 000 万元、利润 2 033 万元、税金 1 237 万元。

中国华电工程（集团）有限公司投建的曹妃甸重工装备基地正式投产，得到政府补贴 3 000 多万元，郑州、武汉装备制造基地陆续开工建设，与天津形成四大重工装备制造基地，有效提升了公司的核心装备制造能力。

上海电气电站设备有限公司上海电站辅机厂对临港重装车间实施规划与改建，新添置工艺设备 67 台（套），对 160t 厂房进行跨内改造，新建退火炉和喷砂房外层辅房，购置了数控龙门多轴钻铣床。

扬州电力设备修造厂实施技术改造项目 14 个，投入费用 291 万元。

北京电力设备总厂获财政技改资金支持 450 万元；50t、100t 机电厂房于 2011 年 11 月投产，原铸钢厂房区域改造全面完工，清铲厂房、堆焊厂房已投入使用，现代化库房竣工。

上海电力修造总厂有限公司加大力度进行设备更新和技术改造，先后添置数控立式车床等大型金属切削机床，添置高速动平衡仪、三坐标测量仪等智能化检测设备；制定配套1 000MW 火电站的锅炉给水泵、1 000MW 核电站常规岛的主给水泵试验台改造方案，进一步提高了生产制造和检验检测能力。

管理及改革 电站辅机重点企业积极调整组织结构，重组生产要素，加强财务管理、成本控制和管理信息化建设，提

高风险防控意识，增强抗风险能力。

1. 理顺组织机构，制定发展战略，适应市场需求

上海重型机器厂有限公司完成了能源管理体系、环境管理体系、职业健康安全管理体系的认证，形成了包括质量管理体系在内的四位一体"整合型"管理体系。加大了降本增效工作力度，重点测算磨煤机、汽轮机转子等的目标成本。完成了66个管理制度的修订，并以电子文稿的形式在公司KOA网上进行发布实施，提高了企业的管理水平。2011年，该公司ERP(企业资源计划系统)一期项目成功上线。

上海电力修造总厂有限公司着力加强和改进企业管理，依托信息技术，加快业务流程的梳理和再造，加强班组建设，夯实管理基础。大力推进标准化管理工作，对现有标准进行全面梳理、修订和完善。

中国华电工程(集团)有限公司结合内外经营环境的重大变化，进一步完善发展战略，优化业务板块布局，加快推进战略目标的实现。将原来"5218"发展目标改为"6218"发展目标，即到2013年形成6个核心业务板块——重工装备板块、环保水务板块、工程总承包板块、新能源技术板块、能源技术研究与服务板块、国际贸易板块；实现销售收入200亿元，实现利润10亿元，资产负债率不高于80%。

杭州锅炉集团股份有限公司2011年开始应用ERP，以优化企业管理项目的结构、提高响应效率、降低成本和提升资源利用率。

2011年9月28日，国资委宣布电力主辅分离方案，北京电力设备总厂、扬州电力设备修造厂成建制划归中国能源建设集团有限公司。

上海电气电站设备有限公司上海电站辅机厂成立物流部、安保部，明确新部门职责以及与其他部门的相互接口，制定"业务招待费用管理办法""入门证、出门证管理""SAP生产性余废料收集管理""SDF生产性余废料比价销售"和"内部审计工作规定"等制度。该厂制定了"建设世界级工厂"的工作计划及"辅机产业板块"发展规划，围绕三大新兴产业，提出了工厂的发展目标。

2. 加强财务控制，确保资金运作

中国华电工程(集团)有限公司加强资金管理，拓宽融资渠道，积极筹措资金，加强金融机构综合授信申请，公司综合授信达到90亿元。加大应收账款回收工作，发布应收账款考核暂行办法，取得较好效果。积极落实国家各项优惠政策，如税收等优惠政策，增加效益逾3亿元。

北京电力设备总厂面对生产经营和基建技改资金需求的双重压力，采取果断措施。一是压缩生产规模，按市场真实需求排产，不盲目追求商品产值；提高产出完整性和制造过程质量，减少资金损失。二是狠抓货款回收，良乡本部货款回收总额超出当期总产值，一年以上应收账款完成21 706万元，同比增长14.87%。通过主动限产、压库存、增贷款、促催收一系列措施，渡过了资金最困难时期，确保了资金链的安全，确保了生产经营和基建技改的资金需要。

上海鼓风机厂有限公司注重降本增效工作的持续性和有效性。继续对企业内部二、三线人员进行梳理和减员，降低企业的各类成本支出，解决企业生产能力平衡问题。加强合同审核管理，提高合同质量，外协、采购严格执行比价制度，提升了企业利润空间。持续推进产品标准化、系列化、通用化，进一步落实企业降本工作。

上海电气电站设备有限公司上海电站辅机厂由财务部组织落实，全年减少成本2.1亿元。

3. 加大货款回收力度，缓解资金压力

上海鼓风机厂有限公司进一步落实责任制和考核制，加大应收账款和资金回笼工作的力度，特别是到期质保金、调试款的回笼，有效控制应收账款，降低企业的资产风险。

中国华电工程(集团)有限公司针对采购合同数量较多、金额较大的特点，继续完善采购信息系统，规范采购管理，提高了竞标采购管理水平，有效地控制了采购成本；完善一期信息采集平台与各分公司接口的开发工作，启动经营管理信息采集平台二期建设；以内网为平台的信息收集和更新工作取得积极效果。

北京电力设备总厂实收货款201 612万元，为年计划的115.21%。

4. 注重人力资源的开发与管理

北京电力设备总厂致力和谐企业建设，确保职工收入稳步提高；投入更多资金进一步改善职工生产生活环境；广泛开展"帮扶助困"和"送温暖"活动，帮扶困难职工232人次；组织10批377名以一线为主的职工进行疗养，为全厂2 336名职工(含聘用职工)进行体检；为全厂463名女职工投保女职工特殊疾病保险。

中国华电工程(集团)有限公司推行四级八岗制度，逐步理顺管理、技术等人才成长通道。成立绩效考核委员会，修订员工绩效管理办法，规范考核程序、评分要求和计分方法，强调业绩导向功能和绩效考核作用，增加季度考核，使薪酬真实体现工作业绩和工作能力，提高了员工的积极性和创造性。

上海鼓风机厂有限公司首先做好人力资源工作，通过完善制度、规范管理，做到留企业所需之人，减企业不需之人。加强各类培训，提升人员质量，降低用工成本。

5. 注重企业形象，企业社会责任意识增强

北京电力设备总厂再次入围"中国机械工业100强"，获得"全国用户满意企业""全国电力行业卓越绩效模式先进企业""2010年度其他专用设备行业排头兵企业""北京市纳税A级企业"等称号。积极做好社区安全、服务、汽水电供应；积极组织丰富多彩的社区文化项目，持续开展"便民服务进社区"活动。

上海鼓风机厂有限公司获得"中国机械500强企业""上海市高新技术企业""上海市科技小巨人企业"等称号。

杭州锅炉集团股份有限公司荣获2011年度中国机械工业百强企业称号，获得中国电器工业协会颁发的企业信用评价AAA级信用企业证书。

上海重型机器厂有限公司跻身"中国机械500强""上海企业100强""上海制造业50强"，获2010年度中国重型

机械工业企业联赛两项指标第一。根据上海电气集团总公司要求,该公司启动了对第四级次企业的清理工作。

中国华电工程(集团)有限公司深入宣贯"创造可持续价值"理念,多次到专业公司、曹妃甸、新员工培训基地组织企业文化培训。扎实推进"送温暖"工程,积极开展走访困难企业、慰问特困职工活动,通过资助贫困儿童上学、到北京儿童福利院慰问残疾儿童等方式,积极履行社会义务。公司先后荣获2011年度集团公司"先进企业""文明单位标兵""先进工会组织"等称号,并荣获全国电力行业企业文化优秀成果二等奖。

上海电力修造总厂有限公司入围"2011年中国工业行业排头兵企业",荣获2009—2010年度上海市文明单位和上海市绿化、环境卫生先进单位等称号。当选中国通用机械工业协会泵业分会副理事长单位、中国通用机械工业协会阀门分会理事单位、上海市铸造行业协会第七届理事会理事单位。

上海电气电站设备有限公司上海电站辅机厂的论文《以持续发展为导向的集约化生产模式的构建》获上海市管理创新成果二等奖。

〔撰稿人:中国电器工业协会电站辅机分会陈元新、应静良〕

电动工具

生产发展情况 2011年,在国家一系列经济政策的推动下,我国电动工具行业广大员工努力拼搏,克服困难,全行业生产经营取得了较好的业绩;国内市场营销额比上年增长25%,外贸出口额和出口量均创历史新高,为实现全国电动工具行业"十二五"发展规划目标打下了扎实的基础。

纳入2011年度统计的电动工具整机生产企业共57家,生产电动工具9 441.57万台,产值达279.27亿元;全年销售9 379.95万台,产销率达99.35%,其中外销7 105.90万台,占销售量的75.76%。由于列入年度统计的企业仅57家,还有许多未纳入统计的企业也有相当数量的内销产品,估计全年国内销售量约5 000多万台。

2011年电动工具行业主要经济指标见表1。

表1 2011年电动工具行业主要经济指标

指标名称	单位	2011年	2010年	指标名称	单位	2011年	2010年
企业数	家	57	63	固定资产	亿元	35.92	37.99
总产量	万台	9 441.57	13 956.31	累计固定资产投资	亿元	7.35	4.84
总销售量	万台	9 379.95	14 042.39	生产面积	万 m^2	194.99	211.28
其中:出口量	万台	7 105.90	11 976.69	职工人数	人	41 463	44 983
出口交货值	亿元	202.16	304.27	利润总额	亿元	7.35	8.80
工业总产值	亿元	279.27	272.35	上交税金	亿元	3.34	5.99
资产总计	亿元	201.74	205.12				

2011年纳入年报统计的57家企业中,年产值超过亿元(含)的共有36家。其中,年产值5亿~10亿元的12家,年产值10亿元以上的6家,年产值最高的企业达79.8亿元。2011年电动工具内资企业产值前25名排序见表2。

表2 2011年电动工具内资企业产值前25名排序

序号	企业名称	产值(万元)	序号	企业名称	产值(万元)
1	浙江特畅恒实业有限公司	190 741	14	浙江立邦电器有限公司	30 515
2	江苏金鼎电动工具集团有限公司	137 885	15	永康市皇冠电动工具制造有限公司	29 349
3	常州格力博工具有限公司	122 520	16	宁波天邦实达工具有限公司	25 283
4	宝时得机械(中国)有限公司	98 532	17	浙江永康东立电机有限公司	25 191
5	嘉禾工具有限公司	62 576	18	慈溪市贝士达电动工具有限公司	22 683
6	永康市正大实业有限公司	51 185	19	扬州金力电动工具有限公司	20 283
7	浙江华丰电动工具有限公司	50 453	20	浙江海王电器有限公司	20 000
8	浙江博大电器有限公司	46 789	21	常州赛迪电气制造有限公司	18 894
9	铁鎯电动工具有限公司	46 035	22	金华市大伟工具制造有限公司	18 859
10	江苏国强工具有限公司	42 000	23	宁波国图电机有限公司	16 507
11	浙江恒友机电有限公司	41 221	24	浙江意达电器有限公司	16 125
12	弘大集团有限公司	37 793	25	宁波阳明电动工具有限公司	15 630
13	浙江三锋工具制造有限公司	32 596			

2011年纳入年报统计的57家企业中,46家企业全年累计固定资产投资7.35亿元。其中,投资5 000万元以上的企业5家,投资1 000万~5 000万元的企业16家,自年初累计完成固定资产投资额最高的企业投资12 400万元。

产品分类产销量 2011年纳入年报统计的57家企业年产电动工具9 441.57万台,销售量靠前的产品有:角向磨光机1 393.74万台,占砂磨类工具销量的89.62%,占电动工具总销量的14.65%;冲击钻606.26万台,占建筑类工具销量的46.62%,占电动工具总销量的6.37%;电锤533.20万台,占建筑类工具销量的41.0%,占电动工具总销量的5.61%;割草机309.91万台,占木工类工具销量的30.61%,占电动工具总销量的3.33%;电钻259.38万台,占金属切削类工具销量的65.26%,占电动工具总销量的2.73%;电圆锯135.07万台,占木工类工具销量的13.07%,占电动工具总销量的1.42%。2011年电动工具分类产品产销量见表3。

表3 2011年电动工具分类产品产销量

产品类型与名称	产量(台)	总销量(台)	其中:出口(台)	产品类型与名称	产量(台)	总销量(台)	其中:出口(台)
一、金属切削类	3 801 779	3 974 285	1 963 710	墙壁开槽机	361 146	359 257	359 257
电钻	2 686 406	2 593 752	1 009 428	五、木工类	10 440 353	10 332 458	9 186 732
型材切割机	718 985	995 034	576 473	电刨	1 103 948	1 084 051	1 014 993
斜切割机	342 670	331 781	324 091	电圆锯	1 378 797	1 350 686	1 157 001
电(冲)剪刀	53 718	53 718	53 718	曲线锯	930 630	940 925	742 876
二、砂磨类	15 748 319	15 551 408	11 525 157	修边机	71 046	71 046	35 741
角向磨光机	14 062 414	13 937 429	10 003 559	电木铣	742 563	736 472	557 869
砂光(带)机	1 076 866	1 007 064	994 824	电链锯	1 145 825	1 149 954	1 025 682
电磨	33 437	31 313	2 672	修(碎)枝剪	844 084	860 711	726 511
砂轮机	1 500	1 500		园林机	877 542	856 709	856 709
磨链机	521 564	521 564	521 564	往复锯	52 794	52 794	52 794
抛光机	52 538	52 538		割草机	3 163 102	3 099 088	2 921 759
三、装配类	502 289	500 296	259 557	油锯	130 022	130 022	94 797
电动螺丝刀	334 278	334 279	105 228	六、其他类	50 727 739	50 436 684	38 182 485
电动扳手	168 011	166 017	154 329	其他	47 909 496	47 643 784	36 561 502
四、建筑类	13 195 225	13 004 356	9 941 333	吹(吸)风机	1 233 886	1 209 453	1 131 890
冲击钻	6 090 107	6 062 645	4 784 075	风动工具	121 156	117 423	110 730
电锤	5 476 177	5 332 016	4 219 332	电机	1 074 250	1 074 250	
电镐	118 118	115 588	98 718	发电机	388 951	391 774	378 363
石材切割机	1 149 677	1 134 850	479 951				

纳入年报统计的57家企业中,产量超过1 000万台的有1家,产量100万~1 000万台的有38家,年产量最高的企业产量达1 581.90万台。2011年电动工具内资企业产量前25名企业见表4。

表4 2011年电动工具内资企业产量前25名企业

序号	企业名称	产量(台)	序号	企业名称	产量(台)
1	江苏金鼎电动工具集团有限公司	8 200 000	14	宁波国图电机有限公司	1 987 160
2	江苏国强工具有限公司	6 300 000	15	宁波天邦实达工具有限公司	1 965 211
3	常州格力博工具有限公司	5 063 131	16	弘大集团有限公司	1 763 430
4	浙江华丰电动工具有限公司	3 556 210	17	浙江三锋工具制造有限公司	1 488 436
5	永康市正大实业有限公司	3 329 473	18	浙江恒友机电有限公司	1 409 002
6	铁鄉电动工具有限公司	3 257 055	19	浙江武义工力电器有限公司	1 390 000
7	嘉禾工具有限公司	2 700 000	20	浙江意达电器有限公司	1 356 893
8	宝时得机械(中国)有限公司	2 414 800	21	慈溪市贝士达电动工具有限公司	1 320 000
9	永康市皇冠电动工具制造有限公司	2 350 000	22	扬州金力电动工具有限公司	1 312 760
10	浙江立邦电器有限公司	2 284 852	23	常州赛迪电气制造有限公司	1 220 701
11	浙江永康东立电机有限公司	2 190 485	24	宁波正峰电动工具有限公司	1 074 250
12	浙江博大电器有限公司	2 142 890	25	浙江信源电器制造有限公司	1 024 589
13	浙江特畅恒实业有限公司	2 040 062			

进出口 据海关总署统计，2011年我国出口各类手持式电动工具19 915.36万台，比上年增长7.51%，出口额566 024.45万美元，同比增长18.34%；出口零部件49 399.03t，比上年增长7.01%，出口额40 692.02万美元，同比增长28.97%；手持式电动工具及零部件的合计出口606 716.47万美元，比上年增长18.99%。2011年我国进口各类电动工具90.76万台，比上年增长27.69%；进口电动工具零件9 838.84t，比上年增长7.08%。

2001—2011年我国电动工具整机出口量走势见图1。2001—2011年我国电动工具整机出口额走势见图2。

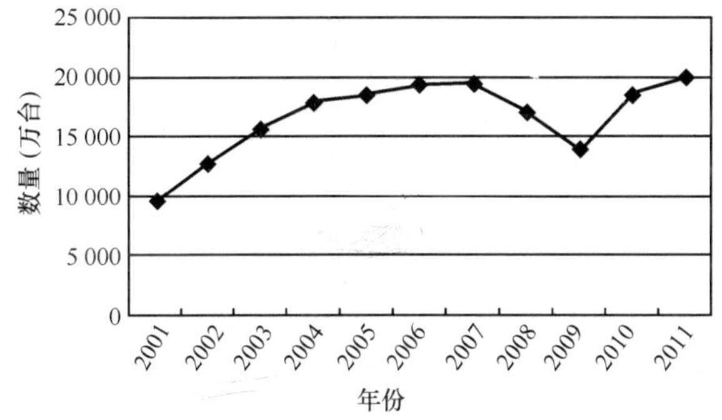

图1 2001—2011年我国电动工具整机出口量走势

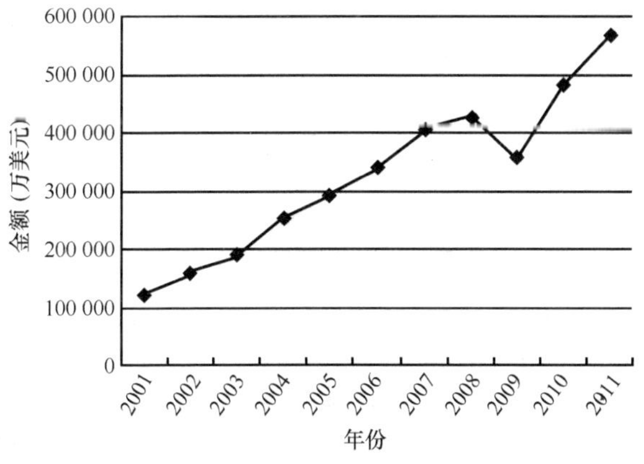

图2 2001—2011年我国电动工具整机出口额走势

2011年我国出口的电动工具仍以手持式各种电钻和手持式砂磨工具为主，两种产品共出口11 297.64万台，占出口总量的56.73%；出口额330 976.27万美元，占出口总额的58.47%；出口量和出口额分别比上年增长9.67%和21.00%。其他各种手持式电动工具出口5 680.93万台，比上年增长4.59%。

2011年，我国电动工具和零部件销往世界188个国家和地区，整机出口的主要地区仍是欧洲、北美洲，共向这两个地区出口13 287.90万台，较上年增加92.56万台，增幅0.7%；向亚洲、非洲、南美洲、大洋洲四个地区出口的电动工具整机合计增长24.35%。电动工具出口额也均有不同程度增长，向欧洲出口同比增长15.51%，向北美洲出口同比增长9.0%，向亚洲出口同比增长36.15%，向非洲出口同比增长28.35%，向南美洲出口同比增长33.76%，向大洋洲出口同比增长40.48%。

我国电动工具零部件的主要出口地区是欧洲和亚洲，共计出口36 274.85t，占出口总量的73.43%。电动工具零部件向欧洲的出口量同比增长13.31%，向亚洲的出口量同比增长6.01%，向非洲的出口量同比增长10.43%，向南美洲的出口量同比增长19.56%，向北美洲的出口量同比下降9.41%，向大洋洲的出口量同比下降22.24%。2011年，电动工具零部件向欧洲和亚洲两地区合计出口28 836.10万美元，同比增长30.43%。向欧洲出口零部件的金额同比增长27.62%，向北美洲出口零部件的金额同比增长15.80%，向亚洲出口零部件的金额同比增长32.48%，向非洲出口零部件的金额同比增长26.13%，向南美洲出口零部件的金额同比增长43.82%，向大洋洲出口零部件的金额同比增长12.46%。

2011年我国电动工具的出口市场仍以美国、德国、荷兰、俄罗斯和英国等欧美国家为主，共向这5个国家出口整机8 816.14万台，实现出口额277 167.94万美元，分别占我国2011年出口总量和出口总额的44.27%和48.97%，同比分别增长0.61%和10.76%。其中，向美国的出口量和出口额同比分别增长3.16%和10.96%；向德国的出口量和出口额同比分别增长4.62%和13.61%；向荷兰的出口量同比下降8.59%，出口额同比增长19.53%；向俄罗斯的出口量和出口额同比分别增长7.77%和17.88%；向英国的出口量和出口额同比分别下降19.69%和9.52%。

2011年我国电动工具零部件向美国出口量比上年下降6.03%，出口额比上年增长19.17%；向中国香港出口量比上年下降9.44%，出口额比上年增长25.06%；向日本出口量比上年下降6.40%，出口额比上年增长26.72%；向德国出口量比上年下降7.21%，出口额比上年增长29.89%；向墨西哥出口量比上年下降4.97%，出口额比上年增长34.84%。

标准 全国电器附件标准化技术委员会器具开关分技术委员会，于2011年2月23日—25日进行换届，并召开新一届（第六届）全体委员会议。经国家标准化管理委员会批复确认的器具开关分技术委员会由以下人员组成：孙万能（上海交电家电商业行业协会主任工程师）任顾问，陆顺平（上海电动工具研究所副所长、教授级高级工程师）任主任委员，陈超中（上海时代三光照明电器检测有限公司总经理、教授级高级工程师）任副主任委员，张伟昌（上海电动工具研究所教授级高级工程师）任委员兼秘书长，罗怀平、刘水强、谢琪、李立新、林熙、徐新生、储云跃、徐玉芳、周幸福、陆一昊、黄典达、方亮、王金华、沈新权、陈平、倪圣观、吴世清、郑建中、杨晓龙、卢剑锋、林圣楷和薛道德任委员。

2011年3月13日—14日，国家认证认可监督管理委员会TC23电动工具强制认证技术专家组在上海召开第一次工作组会议。会议专题研究了在国家标准GB 3883.1—2005《手持式电动工具的安全 第一部分：通用要求》实施过程中遇到的有关问题，并形成了相应的决议建议，供国家认证认可监督管理委员会研究确定时参考。会议还讨论提出了《电气电子产品类强制性认证实施规则 电动工具》建议稿，将报请国家认证认可监督管理委员会审批后实施。

经上级标准化主管部门审核同意，全国电动工具标准化技术委员会对下设的电动工具专业国际标准化工作组进行了适当调整，并于2011年3月17日—20日在云南召开第一次会议。新的工作组人员组成：刘世昌（上海电动工具研究所所长、全国电动工具标准化技术委员会主任委员）任组长；潘顺芳（全国电动工具标准化技术委员会副秘书长、上海电气器具检验测试所常务副所长）、李邦协（全国电动工具标准化技术委员会秘书长）任副组长；成员包括徐忠鑫（浙江恒友机电有限公司总工程师、全国电动工具标准化技术委员会副主任），蒋鹏飞（弘大实业有限公司总工程师、全国电动工具标准化技术委员会会员），陈勤（泉峰国际贸易有限公司检测站主任、全国电动工具标准化技术委员会会员），王樾（扬州金力电动工具有限公司技术部主任、全国电动工具标准化技术委员会会员），周宝国（江苏金鼎电动工具集团有限公司副总经理、全国电动工具标准化技术委员会会员），周远［牧田（中国）有限公司品管部经理、全国电动工具标准化技术委员会会员］，曹振华［百得（苏州）科技有限公司、全国电动工具标准化技术委员会会员］，秦宵扬［博世电动工具（中国）有限公司、全国电动工具标准化技术委员会会员］，邓堪渲（佛山云雀振动器有限公司、全国电动工具标准化技术委员会会员），丁玉才［宝时得机械（中国）有限公司实验认证中心、全国电动工具标准化技术委员会会员］，卢云峰（浙江三锋实业股份有限公司总工程师、全国电动工具标准化技术委员会会员），顾菁（上海电气器具检验测试所市场部经理、全国电动工具标准化技术委员会会员）；顾菁兼任秘书。

全国电动工具标准化技术委员会园林电动工具分技术委员会一届四次会议，于2011年6月9日—10日在上海召开。园林电动工具分技术委员会委员及有关人员20人出席了会议。会议审查了《电动草坪修边机》《直流电链锯》《修枝机》3项行业标准送审稿，形成了报批稿，完善后上报上级标准主管部门审批。

由李邦协、潘顺芳、郑定安、崔陵军、李宏照、顾菁、徐忠鑫、蒋鹏飞、王樾、邓堪渲、周远、陈勤、周宝国和丁玉才组成的电动工具行业标准起草工作组，于2011年8月4日—5日在上海召开首次会议，集中审查了13项行业标准草案，其中6项为新制定。具体为：JB/T 9601—1999《电动工具用单相串激电动机转子的平衡精度和工艺规程》、JB/T 9602—1999《电动工具辅助手柄 联接尺寸》、JB/T 9603—1999《刨刀》、JB/T 9604—1999《电动工具用内部布线联接件》、JB/T 9606—1999《电钻主轴端壳体颈部尺寸》、JB/T 7088—1993《局部放电检测仪》、JB/T 6208—1999《双刃电剪刀》以及《涡流测功机》《电磁测功机》《电动搅拌器》《电动直联插入式振动器》《单相串励插入式振动器》和《平板振动器》行业标准。

全国电动工具标准化技术委员会于2011年11月28日至12月2日，在广西南宁召开六届三次委员会议。会议完成了10项电动工具行业标准（送审稿）的审查任务，最终形成了报批稿。

展会与会议 中国·启东天汾第十二届科技五金交易会于2011年2月7日—9日在江苏省启东市吕四港镇天汾国际电动工具商贸城举行。本届交易会由启东市人民政府联合中国电器工业协会电动工具分会共同主办，吕四港镇人民政府承办。

由中国五金交电化工商业协会等联合主办的第十九届中国国际五金博览会，于2011年3月9日—11日在上海浦东新区新国际博览中心举行。中国电器工业协会电动工具分会理事长刘世昌以及中国商业联合会、中国建筑装饰协会、中国五矿化工进出口商会等有关领导出席。

第二十二届全国电动工具配套会议于2011年4月8日在浙江余姚市隆重举行。中国电器工业协会副会长、电动工具分会理事长刘世昌，副理事长鲁仲清、徐金松、杨照熙、胡桂强、顾志平，秘书长张传富以及各有关部门领导、企业代表出席开幕式。同日，中国电器工业协会电动工具分会在浙江余姚召开中国电动工具行业“十二五”发展规划信息发布会。会议由理事长刘世昌主持，中国电器工业协会电动工具分会秘书长张传富宣读了《中国电动工具行业“十二五”发展规划》，并就规划有关问题进行了说明。全国电动工具行业百余家企业的主要领导及相关人员100多位代表出席。

2011年8月30日，永康市电动工具行业协会理事一行30余人，访问了上海电动工具研究所。双方就国内外电动工具发展形势、电动工具标准化工作及电动工具的认证与检测进行了广泛的交流。

第十六届中国五金博览会于2011年9月26日—28日在永康国际会展中心举行。会展期间还开展了国际采购团采购活动、义乌外商采购活动、人才交流活动等各种配套活动。

中国电器工业协会电动工具分会于2011年10月25日—27日在广东省东莞市厚街镇召开六届四次理事（扩大）会议。来自电动工具分会的理事及部分行业重点骨干企业主要领导及代表160余人出席。会议就企业和行业面临的形势、存在的问题以及应采取的对策广泛交换意见。会议授予TTI创科实业有限公司“中国电动工具行业示范企业”称号。

2011年11月22日，中国电器工业协会电动工具分会在浙江省武义县召开全国电动工具行业《国家职业大典》修订研讨会，来自我国电动工具行业的有关领导、技术或人事等部门负责人共17人出席会议。至此，我国电动工具行业承担的《国家职业大典》修（新）订任务全面启动。

〔撰稿人：上海电动工具研究所金铁〕

大 型 电 机

根据国家统计局的数据,2011 年电动机制造业共实现工业总产值 386.72 亿元,其中新产品产值 148.51 亿元;实现工业销售产值 369.86 亿元,其中出口交货值 41.35 亿元;实现利润总额 24.99 亿元。

生产发展情况 2011 年,中国电器工业协会大电机分会统计的 9 家企业实现工业总产值 220.3 亿元,同比增长 3.05%;工业增加值 61.42 亿元,同比增长 3.01%。长沙电机厂有限责任公司、哈尔滨电机厂(昆明)有限责任公司、兰州兰电电机有限公司的工业增加值的增幅均高于工业总产值。

山东齐鲁电机制造有限公司生产经营业绩不断改写历史纪录,全年实现工业总产值 12.5 亿元,工业增加值 2.4 亿元,销售收入 14.6 亿元,同比分别增长 11.92%、0.87% 和 30.35%,实现利润 5 500 万元。

上海电气集团上海电机厂有限公司进一步明确推进三大产业、拓展两大市场的发展路径,生产、销售均创历史新高,保持了较好的发展态势,实现了"十二五"发展战略的阶段性目标,但反映运行质量的经济指标未实现年度目标。2011 年,大多数经营指标比上年有所增长,各项安全、环保指标控制在上级集团下达的目标内。完成工业总产值 30.6 亿元;实现销售收入 31.3 亿元,比上年增长 20%;实现净利润 2.1 亿元,与上年基本持平;业务承接 38 亿元,比上年增长 8%;"三包"质量损失率 0.259%;万元产值能耗 0.069t 标准煤。

湘潭电机股份有限公司围绕"调结构,提质量,保效益"主线,创新务实,完成工业总产值 75.6 亿元,提前 10 天完成全年生产经营目标。

哈尔滨电气动力装备有限公司在生产、经营、技术开发、工程建设、基础管理等方面开展了扎实有效的工作。2011 年完成了股份公司下达的各项考核指标和公司年初制定的主要指标,完成产值 3.93 亿元,同比增长 22.8%。现有电机制造基地和核电制造基地两个厂区,总建筑面积 8.6 万 m^2,拥有各种主要生产、试验设备 635 台。2011 年,成功举办厂庆 60 周年活动。

长沙电机厂有限责任公司 2011 年完成工业总产值 4.9 亿元,工业增加值 10 276 万元;主营业务收入 4.26 亿元,同比增长 15.4%;回笼资金 5 亿元,同比增长 15%;利润略有亏损,但同比已大幅减亏。

兰州兰电电机有限公司面对生产成本不断上涨,产品售价下挫等不利因素的影响,紧盯国家西部大开发和甘肃省区域发展战略,精心组织生产经营,强化市场营销管理,压缩采购成本,提升产品档次,生产经营稳步增长。全年完成工业总产值 120 220 万元。

重庆赛力盟电机有限责任公司 2011 年实现工业总产值 66 697 万元,完成主要产品产量 331.10 万 kW,完成主营业务收入 67 878 万元,产品销售回款 78 322 万元,实现利润总额 2 802 万元,净利润 2 360 万元,完成了企业搬迁和正常生产经营同步推进的目标。但各主要经济指标均比上年有所下降,仅产销率指标和直流电机的产值产量呈小幅增长态势。其主要原因有:①企业搬迁长达半年,搬迁和生产组织结构及工艺路线调整等影响生产节奏及进度,导致产出不足;②材料供应不及时、不配套,影响了生产的均衡性;③新增订货困难,产品拖期交货严重,市场销售靠存货维持,预收货款大幅降低,加上国家银根收紧,收款出现大量承兑汇票,企业资金运作相当困难;④新产品、新设计多,设计周期不能满足生产进度要求;⑤由于旧设备多,生产过程中设备故障频出;⑥能源供应紧张(电力);⑦公司建设搬迁致使各项投入及费用激增,贷款总额已达 1.9 亿元,财务费用大幅上升,加之原材料价格高位运行,劳动力及运输成本上升,固定资产折旧增长,公司成本压力剧增。

哈尔滨电机厂(昆明)有限责任公司面对能源、原材料价格大幅波动,市场竞争激烈,产品价格增长幅度低于原材料价格的不利形势,在哈电集团、哈尔滨电机厂有限责任公司的大力支持和帮助下,以提高效益为中心,以"资产增值、企业增效、职工增资"为宗旨,明确"夯实基础管理、推进一体化整合、谋求企业发展"的工作重点,扭亏为盈,完成了年初制定的各项目标。完成电动机产值 1.4 亿元,产量 107.6 万 kW,分别较上年增长 27.3% 和 25.7%,其中中型电机产量同比增长 46.2%,占比逐年增加。

2011 年大型电机行业主要企业主要经济指标完成情况见表 1。2011 年大型电机行业主要企业工业增加值见表 2。

表 1 2011 年大型电机行业主要企业主要经济指标完成情况

企业名称	工业总产值(万元)	比上年增长(%)	产品销售收入(万元)	年末固定资产原价(万元)	年末固定资产净值(万元)	全员劳动生产率(元/人)
东方电气集团东方电机有限公司	701 087	5.90	661 755	251 651	170 994	249 063
上海电气集团上海电机厂有限公司	306 041	21.34	313 120	105 678	42 075	205 221
重庆赛力盟电机有限责任公司	66 697	-8.86	67 878	6 024	3 695	69 012
哈尔滨电气动力装备有限公司	39 287	22.80	50 475	35 198	22 093	65 747
长沙电机厂有限责任公司	49 117	11.30	42 571	22 706	19 467	81 750

（续）

企业名称	工业总产值（万元）	比上年增长（%）	产品销售收入（万元）	年末固定资产原价（万元）	年末固定资产净值（万元）	全员劳动生产率（元/人）
哈尔滨电机厂（昆明）有限责任公司	40 018	9.69	39 884	16 578	6 821	55 798
山东齐鲁电机制造有限公司	125 039	11.90	146 260	85 385	53 132	143 427
湘潭电机股份有限公司	755 746	-9.40	619 535	188 650	139 666	365 484
兰州兰电电机有限公司	120 220	16.00	102 142	22 944	19 160	85 512

表2　2011年大型电机行业主要企业工业增加值

企业名称	工业增加值（万元）	同比增长（%）	增加值占总产值比重（%）
东方电气集团东方电机有限公司	190 135	4.43	27.12
上海电气集团上海电机厂有限公司	52 516	-0.41	17.16
兰州兰电电机有限公司	30 750	24.71	25.58
重庆赛力盟电机有限责任公司	12 567	-29.73	18.84
哈尔滨电气动力装备有限公司	7 127	-26.97	18.14
长沙电机厂有限责任公司	10 276	339.33	20.92
哈尔滨电机厂（昆明）有限责任公司	7 516	233.16	18.78
山东齐鲁电机制造有限公司	24 483	0.87	19.58
湘潭电机股份有限公司	278 683	-0.89	36.88

产品产量　2011年，我国共生产交流电动机25 188.3万kW，同比增长8.51%。

山东齐鲁电机制造有限公司全年生产交流电动机749台/60.03万kW，实现了历史性突破。

湘潭电机股份有限公司大型交流电机产量创历史最高水平，生产6 147台、604.75万kW，合计产值160 063.78万元，同比分别增长13.96%、15.89%和14.9%。生产直流电机（含备品）693台、38.96万kW，合计产值13 475.86万元，同比分别增长18.06%、71.31%和74.4%。

哈尔滨电气动力装备有限公司全年完成各种类型交直流电机454台，同比增长1%。其中，大型交流电机138台，中小型交流电机245台，大型直流电机12台，中小型直流电机51台。电机合计产量89.42万kW；产品产值总计3.93亿元，同比增长22.5%。

长沙电机厂有限责任公司扎实做好电机主业，特别做好大中型电机业务，完成交流电动机产量243.6万kW，同比增长15.6%。其中小型交流电动机（H315及以下）63.3万kW，大中型交流电动机（H355及以上）180.3万kW。另外，公司通过多方面运作，进入业务经营新的领域。

兰州兰电电机有限公司完成电机综合产量500.5万kW，同比增长11%。其中，大中型交流电动机完成345.7万kW。

东方电气集团东方电机有限公司完成大中型交流电机36台/16.13万kW，产量比上年增长338.42%；完成直流电机2台/0.21万kW，产量比上年下降83.75%；完成各类控制设备160套，比上年增长4.58%。全年共生产电动机59 264台，其中中型高压电动机169台。

2011年大型电机行业主要企业大型电机产量产值见表3。

表3　2011年大型电机行业主要企业大型电机产量产值

企业名称	产量（台/套）	同比增长（%）	产量（万kW）	同比增长（%）	台平均容量（万kW/台）	产值（万元）	同比增长（%）	台平均产值（万元/台）
东方电气集团东方电机有限公司	36	-51.35	16.125	338.42	0.45	7 074*	159.31	433.06*
上海电气集团上海电机厂有限公司*	6 093	173.72	1 045.90	179.00	0.17	248 833	104.15	40.84
重庆赛力盟电机有限责任公司	424	-27.27	78.85	-24.83	0.19	14 431	-28.13	34.03
哈尔滨电气动力装备有限公司	210	52.17	64.95	66.50	0.31	22 950	54.17	109.29
长沙电机厂有限责任公司	72	2.86	15.00	7.14	0.21	3 465	10.00	48.13
哈尔滨电机厂（昆明）有限责任公司	12	-91.30	1.67	-97.26	0.14	521	-96.50	43.40
湘潭电机股份有限公司*	6 840	14.36	643.71	18.20	0.09	173 540	44.89	25.37
山东齐鲁电机制造有限公司	749		60.02			10 259		13.70
兰州兰电电机有限公司	837	2.70	208.17	-0.09	0.25	51 513	-10.62	61.54

注：*含中型直流电机。

市场及销售 2011年，面对全球经济增速放缓、小火电市场日益萎缩、发电设备行业竞争加剧的新形势，山东齐鲁电机制造有限公司围绕“调结构、转方式”的总体目标，以发展先进高端的制造业和发达完善的现代服务业为重点，着力提高企业自主发展能力和核心竞争力。对电动机产业重新进行市场定位，产品结构、产业层次明显提升。

上海电气集团上海电机厂有限公司加快发展服务产业，推进售后服务逐步由放射式向网络式转化，由被动型向主动型转化。成功组建唐山、郑州特约维修站，与江苏地区11家单位签订服务战略框架协议，建立第一批机电设备服务战略合作签约成员。随着服务产业的不断推进，公司将以市场需求为导向，按规划逐步在其他省市经济发达区域推行4S特约维修站。公司的越南办事处投入正常运行，与当地客户签订了首份电机供货合同，取得了良好开端；成立印度办事处的工作也循序渐进地推进。

湘潭电机股份有限公司紧抓“调结构、转方式、提质量、增效益”四个关键环节，全年销售收入稳中有增。其中销售交流电机142 564万元，同比增长22.02%；销售直流电机46 221万元，同比增长98.06%。新增订货109.19亿元，同比增长25.23%；完成回款113.26亿元，同比增长11.23%。2011年1月13日，电机事业部中标由一重集团天际重工总包的北海诚德金属压延线1 700mm宽厚板热连轧项目的全套电机，中标金额逾4 600万元，其中最大的粗轧电机为变频低速同步电机，是公司生产的重量最大的电机产品。这是电机事业部在冶金设备市场上第一个1 700mm宽厚板热连轧项目，对开拓冶金电机市场、加快公司产品结构调整起到了积极的推动作用。该公司出口产品主要有交直流电机、电气成套设备、水泵等，主要出口到泰国、印度、印度尼西亚、巴基斯坦、越南、巴西、土耳其和美国等国家，2011年总出口交货值27 400万元。

哈尔滨电气动力装备有限公司面对国内传统产品产能过剩、竞争更加激烈、价格下滑、产品生产周期越来越短、新建核电站暂停审批等不利形势，着重采取了推行管理改进、注重技术创新、紧缩财务支出等措施，部分重点工程、重点项目取得了突破性进展，整体运行保持平稳态势。当年实现利润2 558万元(其中取得政府补贴2 446万元)，同比增长51.54%；出口大型电机39台、9.48万kW，其中出口大型异步电机33台、8.36万kW。签订合同8.77亿元，同比增长5.53%。签订常规产品合同6.03亿元，其中，冶金设备领域3.32亿元、能源设备领域0.63亿元、矿山设备领域1.08亿元。

2011年，哈尔滨电气动力装备有限公司关键产品领域订货取得新进展。与国核工程公司签订了三门核电3#、4#机组主给水泵组及循环水泵设备采购合同，首次进入核领域；签订的马钢1580热轧项目是2008年以来国企首条签约的热轧线项目；中标的牛栏江—滇池补水工程4台22 500kW立式同步变频电机项目，是当前国内最大的泵站电机，为今后进军水利工程项目打下了良好的基础。

公司加大了非优势项目的市场开发力度，在大型高炉风机电机、烧结风机电机以及棒材、线材、管材轧机电机等方面取得了新的进展，形成新的增长点；备品备件市场开发取得新突破。

长沙电机厂有限责任公司产品销售主要集中在国内市场，国外市场均为国内工程项目配套出口，2011年实现销售收入42 571万元。公司立足于电机这一根本业务，抓住年初各大用户厂家新一轮设备采购高峰期，积极投标竞标备足合同。三、四月单月新签合同高达32万kW，保证了生产经营的后续展开。但随着下半年宏观经济的调控，国内生产总值增速放缓，工程建筑、冶金机械、电力等行业对电机的需求明显减少，小电机合同锐减，大电机从11月起跟随下滑，合同量已不能保证生产经营的正常运行。为此，公司采用现款现货手段销售，对工程招标项目也采取严格的回款措施，同时对大中型交流电动机产品以销定产，使产销率一直保持在较高水平。2011年销售交流电动机240万kW，产销率98.5%。2011年出口配套交流电动机8万kW，主要目的地为东南亚、中东、中亚、非洲等国家。

兰州兰电电机有限公司完成销售收入102 142万元，出口创汇315.2万美元，实现利润4 238.9万元。在国内销售收入中，大中型电机占80.4%，小型发电机及小型成套产品合计占14%；来自建材水泥行业的订货占64%，来自冶金行业的订货占10%。2011年，公司不断拓展海外市场，对越南的出口继续保持在500万元以上，对马来西亚的出口达到1 126.5万元。在继续保持出口小型电动机的基础上，全年向泰国、巴西、土耳其、巴拉圭、比利时等国家出口大中型电机341.36万元。

重庆赛力盟电机有限责任公司2011年交流电动机销售收入58 523万元，同比下降6.41%，占总收入的86.22%；直流电机销售收入4 384万元，同比增长82.21%，但仅占总收入的6.46%。总体订货额比2010年有所下降，主要原因在于国内外经济增速减缓，公司本身对市场的出击力度不大以及受用户群结构性的影响。其中，电机订货实物量同比下降13.71%，价值量下降15.04%；唯有直流电机订货保持了增长态势，但在公司所占份额较少，不足以弥补总订货额的下降。因2011年产出不足，市场销售靠存货维持，产销率为106.49%，同比增长2.98%。公司实现出口交货值4 247万元，同比下降23.20%，仅完成全年目标的77.22%。出口区域主要集中在东南亚，但辐射面呈扩大趋势，出口向多元化发展。

哈尔滨电机厂(昆明)有限责任公司经技术改造，交直流、高低压电动机产能大幅提高，2011年实现销售收入16 816万元，其中中型高压电机、Y系列电机、YR2系列电机等出口102万美元，出口到比利时、新加坡、印度、马来西亚、德国等国家。

2011年大型电机行业主要企业大型电机产品销售收入见表4。

表4　2011年大型电机行业主要企业大型电机产品销售收入

企业名称	国内销售收入(万元)	同比增长(%)	出口额(万美元)	同比增长(%)
东方电气集团东方电机有限公司*	6 771	-14.48	56	27.27
上海电气集团上海电机厂有限公司*	193 352	59.27	7 781	208.21
兰州兰电电机有限公司	51 513	-10.62		
重庆赛力盟电机有限责任公司	18 998	-27.00	236	-7.32
哈尔滨电气动力装备有限公司	19 907	8.46	471	
长沙电机厂有限责任公司	3 430	34.51		
哈尔滨电机厂(昆明)有限责任公司	521	1 760.00		
山东齐鲁电机制造有限公司	9 768			

注:*含中型直流电机。

科技成果及新产品　2011年,山东齐鲁电机制造有限公司共完成85个规格的新产品开发及相关工艺、工装设计工作,三大技术攻关项目取得明显进展。30天内完成新产品增安型电机YAKS500-4 710kW 10kV的生产,并于9月中旬一次性通过专家组的验收。71个规格型号的高压三相异步电动机列入2012年节能产品惠民工程高效电机推广目录。申请专利5项,拥有授权专利22项。

2011年,上海电气集团上海电机厂有限公司紧紧围绕十项重点突破开展研发工作。根据创新驱动、转型发展的要求,公司强化基础科研,推进产品发展。全年完成了新产品试制26项、科研项目17项,完成了新产品研发、工艺攻关、标准化项目的技术基础工作。研制完成西气东输项目国产首台天然气长输管道关键设备——20MW级超高速防爆变频调速同步电动机,并通过了国家鉴定,获得高度评价。该电动机打破了国际跨国公司的垄断,标志着该公司的设计、工艺、制造、试验等创新能力达到了新的高度,跻身世界前四名。2011年还试制完成了陕西延长LNG项目正压型三相异步电动机、出口乌兹别克斯坦的超大型立式同步电动机、阳江核电常规岛启动给水泵电机等一批代表行业先进水平的标志性新产品。

湘潭电机股份有限公司2011年完成新产品100项,并完成了厂内试制鉴定,其中电机产品74项、电气产品16项、特电产品10项。"高效高压三相异步电动机"项目列入国家科技支撑计划,2011年通过了科技部验收;"新型安全高效节能矿山装备研发及产业化"项目列入湖南省科技计划重大专项项目,2011年通过了湖南省科技厅验收。

哈尔滨电气动力装备有限公司已经具备二代加主泵电动机的设计开发、制造能力,并拥有完全自主知识产权。自主开发的少胶VPI绝缘技术,处于国内领先、国际先进水平。自主研发的高电压、大容量、F级耐辐照、热寿命达50年以上的核电主泵电机绝缘系统,绝缘技术达到国际先进水平。H级直流幅压发电机绝缘系统、湿绕组电机绝缘系统属国内首创,达到国际先进水平。2011年,该公司强力推进科研立项和新产品开发管理工作,围绕大型舰船惯性储能发电机、1 000MW核电轴封泵电机、西气东输高速变频调速大型同步电机、AP1000主泵电机等具有世界水平的产品进行开发,全年较好地完成了技术创新和技术开发工作。

6个核电项目执行情况良好:

(1)AP1000项目。AP1000主泵电机合同中的16台主泵分包的零部件合计11种、304件,已分别交付5种、127件。2台整机已进入生产制造阶段,定子铁心、外夹套、壳法兰、主轴等部件已经进序生产。AP1000核电主泵电机大惯量重金属飞轮研制列入省级科研项目,与以往二代或二代加型轴封主泵电机整体锻钢飞轮相比,该飞轮结构、工艺等更为复杂,涉及结构、材料、焊接、精加工、装配、热处理、超速、动平衡等方面技术,需要通过试验、试制,才能获得符合我国国情的重金属飞轮制造经验。该项目研制成功后,可突破飞轮重金属块的精密切割加工技术、重金属块的精密组装工艺技术、飞轮壳体的焊接技术、飞轮的超速试验技术、焊缝无损检测技术、动平衡技术等,实现飞轮的独立自主制造。

(2)福/方主泵项目。首台电机已交付装配,转子已完成第6台的铁心装压,定子已完成第4台的铁心装压,第11根转轴已进序投产。泵部件已完成6台隔热体等6种部件的进序投产。

(3)C3/C4项目。完成了项目自主设计的300MW核主泵主体结构及辅助系统的施工设计评审。泵部件模拟件已开工,电机图样已转化完毕。

(4)其他3个项目。①AP1000国产化课题:15项子课题按计划进行,2012年末结题。②CAP1400核主泵电机:CAP1400主泵屏蔽电机自主化设计已处于科研开发阶段和课题合同商谈阶段;2011年2月25日,该项目被列入国家重大科技专项2012年实施计划。③三门循环泵及主给水泵项目:已经开展主给水泵和循环泵的电机设计,三菱循环泵的设计转化工作也已经启动。

其他重点项目取得突破性进展:研制的天然气长输管线压缩机用电动机,于2011年12月6日通过了国家能源局在沈阳组织的出厂鉴定,公司随即签订了3台机组的供货合同。27 000kW高炉风机电动机的生产制造已进入最后阶段。

2011年,哈尔滨电气动力装备有限公司的24个高效电机系列列入《节能产品惠民工程高效电机推广目录(第三批)》。5月,研制开发的新一代高效节能电机已投入生产;自主研发的27 000kW,4P高炉风机完成设计,投入生产;7

月，20MW 级超高速防爆变频调速同步电动机通过了新产品鉴定，产品设计合理、性能优良，总体达到国际同类产品先进水平，效率等部分性能指标达到国际领先水平。

长沙电机厂有限责任公司采用铸铝转子、座式滑动轴承及锻轴刨筋新技术，开发试制成功国内第一台低压超大功率电机——YKS4200 - 2/1180 10kV 大型高速电机。试制成功 Y710 - 16 1 000kW 10kV 减薄绝缘、降低中心高电机，该电机应用于海拔 2 000m，中心高 710mm，其市场竞争力较强。试制成功 YSPKS4200 - 6 690V 4 200kW 低压大功率电机，该电机是国内生产的功率最大的低压电机。中大型高压高效电机已完成近 40 个规格的试制，型式试验结果与设计值基本吻合，达到国家惠民工程高效率的要求，取得国家颁发的节能产品认证证书。

兰州兰电电机有限公司"LD"牌 Y 系列三相异步电动机被评为甘肃名牌产品。

重庆赛力盟电机有限责任公司新产品试制及重大技术攻关项目如下：

1. 新产品试制

与川仪联合开发的重庆轨道交通一号线的牵引电机完成样机试制。该电机引进 AB 公司技术，消化吸收后进行国产化，并通过原材料的替代进行本地化组织生产。完成了 YX3 系列高效三相异步电动机的试制，该电机达到 GB 18613—2006 的 2 级能效标准要求，已具备批量生产能力。完成了 YPT225 - 2 - HS - LI 等两个规格低惯量高速电机设计。完成了部分铸铝结构鼠笼转子中型异步电动机的系列设计。研发的 YPT1000 - 14 2 000kW 10kV 钢厂大型风机用电动机，是公司生产的单机容量及机座号都最大的 14P 电机，各项性能指标良好。研发的 YPT1000 - 6 5 600kW 10kV 水泥厂大型风机用电动机，是公司生产的容量最大的异步电动机。先后为上海人造板厂开发了 SYKS710 - 4 3 000kW 10kV、SYKS800 - 4 4 000kW 10kV、SYKS800 - 4 4 000kW 6. 3kV、SYKS800 - 4 4 500kW 10kV 电机，电机转速高、线速度大，解决了电机零部件的机械强度及旋转件的可靠紧固难题。此外，公司还开发了 ZZJ - 814 25/50kW 230/460V 105/210r/min 低转速双功率行车直流电机，Z800 - 3 2 500kW 800V 500r/min 、220V/110V H 级 IC06 IP01 S1 大型试验机组用直流电机，为江苏金通灵风机开发了 YPTKS1000 - 8 4 100kW 10kV 电机。

2011 年，Y、YKK、YKS（电压等级 6kV 和 10kV）共 6 大类、836 个规格高压三相异步电动机入围国家"节能产品惠民工程"高效电机推广企业（第三批）名单，正在进行电机的系列化开发设计。

2. 重大生产任务

成功制造 YPT900 - 6 4 400kW 10kV IP54 变频电机。完成了部分铸铝结构鼠笼转子中型异步电动机的批量制造，完成了 YPT1000 - 14 2 000kW 10kV 变频电机、YRKKNT710 - 10 1 120kW 6kV IP54 内反馈电机、YPTKS1000 - 8 4 100kW 10kV 空水冷变频电机以及 YY5 - 2、EDT120 永磁同步电机的制造。

3. 新技术、新工艺、新材料等方面取得的重大成果

在高压绝缘系统方面，采用了国际最先进的 VPI 技术——环氧酸酐 VPI 绝缘体系；在低压绝缘系统方面，在国内率先使用了环保型的绝缘浸渍漆，废气排放达到国家标准要求；拥有具有自主知识产权的高耐热绝缘技术，采用国产材料，推出了耐热等级 200 级的绝缘系统；设计了大量模具，进一步推广定子冲片"边冲边分"和转子冲片"边冲边切"工艺。

哈尔滨电机厂（昆明）有限责任公司开展了直流电机、高压电机、YQ 系列电动汽车用电机、YE3 系列铸铜转子超高效电机、Y 系列 4 300m 高海拔电机、YPT 系列变频调速电机、大功率电机用绝缘滚动轴承、高压非标双轴伸绕线式异步电动机等方面的研究开发。2011 年进行了 YE3. IE3 铸铜转子超高效电机 9 个规格和电动汽车用电机、发电机 3 个规格产品的试制。试制的 YQD280 - 6 大型公交客车配套用电机，可使车辆百公里的综合油耗下降 27%，产品性能较好。该项目获 2011 年省科技项目立项，已接到几十台的试制订单。

2011 年大型电机行业主要企业新产品完成情况见表 5。

表 5　2011 年大型电机行业主要企业新产品完成情况

型　号	额定功率（kW）	额定电压（kV）	额定电流（A）	额定转速（r/min）	功率因数	效率（%）	过载能力（倍）	转动惯量（$kg \cdot m^2$）
上海电气集团上海电机厂有限公司								
YBP13500 - 16	13 500	10	953	225	0. 85	96. 6	2. 2	23 500
YBP1000 - 12	4 400	6	514	328	0. 86	95. 8	2. 5	3 150
TFS2700 - 8	2 700	10. 5	149	750 ~ 1 350	0. 34	89. 6		590
ZKTD215/60	500	660V	855	45		88. 2	2. 0	8 913
YKSD1000 - 4TH	17 000	11	1 005	1 496	0. 91	97. 5	1. 9	1 493
重庆赛力盟电机有限责任公司								
Z560 - 1	630	750V	890	850		93. 5	1. 8	120
Z560 - 800	600	660V	980	340		92. 0	2. 0	200
Z560 - 3A	900	660V	1 443	739		94. 0	1. 8	160
Z560 - 4A	900	700V	1 363	600		93. 5	1. 8	180

（续）

型　号	额定功率（kW）	额定电压（kV）	额定电流（A）	额定转速（r/min）	功率因数	效率（%）	过载能力（倍）	转动惯量（kg·m²）
Z560－4B	800	660V	1 292	500		93.5	2.0	180
Z630－1	1 000	750V	1 405	1 000		95.0	1.8	280
Z630－4B	1 250	660V	2 000	500		94.0	2.0	360
Z710－1A	1 500	750V	2 095	750		95.0	1.8	380
Z710－2A	1 500	660V	2 405	700		94.0	1.8	400
Z710－4B	1 250	660V	1 994	500		94.5	2.0	420
Z710－4B	1 500	660V	2 405	370		94.0	2.0	550
Z800－1	1 750	750V	2 448	750		95.0	1.8	480
兰州兰电电机有限公司								
YPTQ710－8	2 000	10	137	743	0.88	96.3	2.4	343
YPTQ800－8	2 800	10	188	746	0.89	96.9	2.5	542
哈尔滨电气动力装备有限公司								
YKS710－4	3 150	10	217	1 489	0.89	95.5	1.8	380
YKS1000－4	13 500	10	895	1 489	0.90	96.9	1.8	1 215
YKK900－10	3 200	10	229	595	0.83	96.5	1.8	800
YRKK800－6	3 000	10	211	994	0.85	96.0	2.5	
YKSL3000－14	3 000	6	358	421	0.82	94.0	1.8	1 580
YLKK2000－14/1730	2 000	6.6	214	422	0.83	93.5	1.8	1 480
YTM710－6	1 700	6	210	993	0.82	95.4	2.0	295
YBLKS1120－4	1 500	1.4/1.65	717/584	175/440	0.928/0.94	92.9/94.9	2.5/1.75	1 300
YBP1000－8	2 300	3	516	600	0.89	96.1	3.0	1 120
YBP4100－6	4 100	2.5/3.2	1 119/847	315/980	0.882/0.91	96/96.3	1.8	1 850
YBP5000－6	5 000	2.5/3.2	1 361/1 031	385/1 200	0.881/0.91	96.3/96	1.8	
YBP710－6	1 200	0.55/0.69	3×526/3×390.5	400/1 200	0.939/0.91	95.2/94.8	2.75/1.6	
YBP2400－4	2 400	2.2/3.2	713/489	360/1 500	0.92/0.93	95/94	2.0/1.5	
YR6000－12	6 000	10	416	496	0.86	96.0	3.0	5 000
YR2000－12	2 000	10	146	496	0.83	95.0	3.0	1 450
YBP2800－4	2 800	2.2/3.2	841/566	357/1 500	0.91/0.94	95.5/94.8		1 100
YLBP1500－12	1 500	0.52/0.69	2 238/1 497	130/260	0.76/0.86	93/95	2.75/2.25	1 400
YBP3600－6	3 600	2.5/3.2	974/743	300/900	0.88/0.9	95.5/96	2.5/1.5	1 560
YBP4800－6	4 800	2.7/3.2	1 233/990	400/1 200	0.86/0.91	96/95.4	2.5/1.5	1 650
YLKK1250－12/1430	1 250	10	96	495	0.8	93.5	1.8	700
YKSL2100－14	2 100	6	271	424	0.8	93.5	1.8	1 380
YLKK1400－14/1600	1 400	6.6	214	422	0.8	93.5	1.8	1 480
TBP4000－16/3150	4 000	3	817	28～56	1.00	94.7		62 000
TBP5500－4/1500	5 500	1.71/1.74	2×999/2×1 006	900～1 500	0.95	98.0		980
TBP27000－4/2000	27 000	10	1 768	1 500	0.90	97.0	1.5	9 980
TM800－36/2600	800	10	54	167	0.90	92.5	2.0	22 552
TBP6000－4/1500	6 000	2.3/2.6	2×830/2×739	900～1 500	0.93	98.0		1 050
TMW4800－30/3050	4 800	6	532	200	0.90	96.5	2.0	17 987
TBP2240－20－3150	2 240	1.14	1 200	34	1.00	94.5		37 005
TBP2800－4/1400	2 800	1.65	1 005	600	1.00	97.5	1.3	415
TBP8000－4/2320	8 000	1.65	2 878	160～410	1.00	97.4		7 806
TBP6500－6	6 500	3.2	1 378	200～550	1.00	98.0		22 132
TM3300－30	3 300	10	218	200	0.90	96.2	2.0	16 342
TM2000－30	2 000	10	133	200	0.90	95.8	2.4	13 274

（续）

型　号	额定功率（kW）	额定电压（kV）	额定电流（A）	额定转速（r/min）	功率因数	效率（%）	过载能力（倍）	转动惯量（kg·m²）
TMW2600－30	2 600	10	175	200	0. 90	95. 6	2. 2	43 408
TM4300－30	4 300	10	283	200	0. 90	96. 7	2. 1	103 192
TM1250－30	1 250	10	84	200	0. 90	94. 5	2. 3	36 176
TM1600－30	1 600	10	106	200	0. 90	95. 6	2. 3	51 628
T7100－6	7 100	10	469	1 000	0. 90	97. 1	2. 2	65 960
TMW2500－30	2 500	10	175	200	0. 90	95. 6	2. 2	43 408
TMW4800－30	4 800	10	319	200	0. 90	96. 5	2. 0	104
TMW3600－30	3 600	10	241	200	0. 90	96. 0	2. 1	70 476
TMW2600－30	2 600	10	175	200	0. 90	95. 6	2. 2	43 408
T8400－6	8 400	10	554	1 000	0. 90	97. 2	2. 2	1 895
TBP7000－4	7 000	1. 65	2 509	200～500	1. 00	97. 0		24 504
TM2200－30/2860	2 200	10	146	200	0. 90	97. 0	2. 2	9 629
TBPM1850－30/2860	1 850	10	123	200～210	0. 9/1. 0	95. 6	2. 1	12 907
TBP3150－20	3 150	3. 15	603	48	1. 00	95. 8	2. 0	37 500
TBP900－20	900	1. 14	480	65	1. 00	94. 9	2. 0	14 000
TBP4500－16	4 500	1. 65	1 634	50～100	1. 00	96. 5		42 100
TLBP22500－10	22 500	3. 10	4 270	528～600	1. 00	98. 2		90 000
TBPY20000－2	20 000	10	1 184	4 800	1. 00	97. 5		600
Z710－4B	1 237	660V	2 000	360/800		93. 7	1. 4/1. 3	573
Z990/270	1 400	750V	2 000	1000		93. 3	2. 0	343
Z1000－4	3 000	950V	3 350	400/650		94. 3	2. 0/1. 6	1 598
Z1350/470	2 650	800V	3 520	500/750		94. 0	2. 5/2. 0	1 425
Z2500/1400	4 200	1 000V	4 700	50/100		89. 0	2. 5/1. 6	32 450
Z3200/1210	6 000	1 100V	6 005	50/100		90. 2	2. 5/2. 0	75 750
ZKJ2150/500	700	660V	1 210	54		87. 0	2. 0	7 800
ZKJ2500/400	1 000	850V	1 400	48		83. 0	2. 0	12 000
ZKJ3100/530	2 600	900V	3 310	57. 29		87. 3	2. 0	30 500
东方电气集团东方电机有限公司								
TDQ215/29－32	400	6/3	95. 4/47. 7	187. 5	0. 90	91. 7	3. 4	2 086
BPT6300－4	6 300	2. 4/2. 75	836/734	1 000/1 500	0. 93	97. 7	1. 6/1. 5	1 188
BPT9000－24	9 000	3. 17	2×848	50/100	1. 00	95. 0	1. 5	92 000
BPT10000－8	10 000	3. 3	2×897	160/450	1. 00	97. 3	1. 4	15 000
BPT9000－8	9 000	3. 3	2 807	200/600	1	97. 2	1. 45	9 000
BPYL4500－8	4 500	6. 6	446	650/800	0. 91	96. 4	2. 7	1 560
BPYKSL1200－6	1 200	0. 84/1. 2	1 004	295/590	0. 85	95. 7	3. 2	500
YFSK900－6－W	5 000	6. 6	518	991	0. 87	97. 1	1. 8	1 162
YKS15000－4	15 000	10	977	1 496	0. 91	97. 7	2. 0	1 239
BPYL1500－12	1 500	0. 55/0. 69	3×700/3×504	160/400	0. 79/0. 87	95. 3	3. 8	2 540
BPY8004－6	1 600	0. 52/0. 69	3 700/3 522	400/1 200	0. 83/0. 91	94. 1/91. 7	3. 6/2. 3	473
BPYKS7200－4	7 200	3. 3	1 425	1 100/1 800	0. 91	97. 5	3. 2	840
哈尔滨电机厂（昆明）有限责任公司								
YPT710－6P－2000	2 000	10	134	995	0. 89	96. 4	2. 9	270
YPT710－6P－1800	1 800	10	121	995	0. 89	96. 3	2. 9	253
YPT710－6P－1600	1 600	10	108	995	0. 89	96. 1	3. 0	236
YKK710－8P－1250	1 250	10	92	745	0. 83	94. 9	2. 6	236
YKK710－4P－1250	1 250	10	95	596	0. 80	94. 9	2. 7	438

质量及标准 2011年，山东齐鲁电机制造有限公司召开了QC成果发布会，收集课题87项，现场发表44项。该公司被确定为全国大型发电机标准化技术委员会委员单位，参加5项标准制定。

2011年，上海电气集团上海电机厂有限公司获得中国机械工业质量奖。

湘潭电机股份有限公司组织开展了以"加强供方管理，落实质量责任，推进质量改进"为主题的"质量月"活动，全年进行质量培训400多人次。采用强化产品、弱化要素的审核方法进行质量、环境、安全、测量管理体系内审，质量管理体系共计提出15个不符合项，特殊关键工序及其工艺评定、设计评审、采购验收规范等相关方面为薄弱环节；环境/职业健康安全管理体系内审共提出22个一般不符合项，环境因素和危险源的识别、运行控制、应急准备和响应存在的问题较多；测量管理体系内审共提出7个不符合项。全年累计实施持续改进项目146项，质量损失率0.33%。电机事业部的"环氧酸酐浸漆推广运用过程改进"、特电事业部的"友好型风机设计、工艺持续改进"、风能公司的"XE72机组变桨、偏航、制动系统持续改进"和重装公司的"108t电动轮自卸车齿轮系持续改进"4项成果获得公司持续改进成果一等奖。电机事业部的"降低Y630－2滑动轴承漏油故障率""提高2MW风力发电机定转子气隙均匀度"等9个项目获得全国QC成果一等奖。"一剪梅"QC小组被授予"全国工人先锋号"称号。湘潭电机股份有限公司全年共送检1 023 823件，合格1 021 170件，合格率99.7%，优等品率55.18%。2大类9个系列的产品获得了防爆生产许可证。

哈尔滨电气动力装备有限公司2011年相继通过了管理体系认证、二级保密资格单位认证、一级安全生产标准化机械制造企业认证、国家国防科技工业局武器装备科研生产许可单位认证、武器装备质量体系认证。2011年1月24日，公司获得GB/T 19001—2008 idt ISO 9001:2008质量管理体系认证证书；10月14日，获得GJB 9001B—2009武器装备质量体系认证证书。

兰州兰电电机有限公司整理合格供方名册，实施动态管理，优胜劣汰。审核了工序（过程），主件主项零部件审核均达标，工序（过程）稳定受控。完成质量攻关项目67项，其中重大攻关项目5项。2011年荣获"甘肃省质量信用等级（AAA级）企业"称号。公司通过了中国船级社质量认证公司及北京军友诚信质量认证公司的质量管理标准换证审核，取得了质量管理体系认证证书。在甘肃省质量技术监督检验检疫局的产品抽查中，9个规格产品100%合格。Y系列三相异步电动机（220～350kW）获"甘肃名牌产品"称号。

重庆赛力盟电机有限责任公司2011年的产品质量损失率0.24%，顾客满意率86.4%。YKK500－4 630kW 10kV高压异步电动机在重庆市质量技术监督局的产品监督抽查中，各项指标合格。Y、YKK、YKS等6个系列836个规格（H355～1000）电机进入《节能产品惠民工程高效电机推广目录（第二批）》。

基本建设及技术改造 根据国家统计局的数据，2011年电动机制造业累计完成固定资产投资168 733万元，其中建筑安装工程77 502万元，设备工器具购置80 601万元。

上海电气集团上海电机厂有限公司抓住重点，突破难点，加快推进技术创新性投资，加大转型发展和新的增长点投资。2011年，组织中型电机分厂、大型电机分厂、线圈分厂、工具分厂等部门进行工艺路线调整。完成了30多项工艺攻关及10余项工艺验证，整顿工艺文件并落实到生产一线。

湘潭电机股份有限公司新建重装公司装配厂房13 000m^2，完成投资额5 730万元；完成其他零星技措如湘电东门成品露天库、东大门桩基工程、培训中心学生公寓建设等1 884万元。

哈尔滨电气动力装备有限公司核电主泵电机制造基地建设项目基本完成了土建、装备等关键工作的重大节点计划，实现了核电基地初步投运的既定目标。土建工程基本建成，建筑面积57 658m^2；生产设备陆续到货，正在安装，装备了定子线圈绕线机、数控定子线圈涨型机、环缝GTAW焊接系统、高速微定位吊车、定子屏蔽套环焊缝焊接专机、重型数控外圆磨床、定子真空绕组浸漆系统等27台进口专用设备；配套装备了转子外圆磨床、数控立式车床、中频焊机等一批国产设备；新建了2×2 500kW电机试验站。项目建设规模为年产3套百万千瓦级（AP1000）核电站主泵电机，即形成年产核电主泵电机12台的能力。项目新征土地14.12万m^2（211.74亩），合计固定资产投资31 360万元。

长沙电机厂有限责任公司2011年固定资产投资9 009万元，其中技改投资312万元。主要用于购买真空压力浸漆罐、250t闭式双点压力机、数控机床、高速伺服冲床、振动故障检测仪及高速冲床、立式车床及VPI真空压力浸漆设备的改造等，对产能的提升及劳动效率的提高有较大的促进作用。工艺改革层出不穷：①新型结构转子离心铸铝模系列设计。②定子铁心无龙骨架叠压、车削、焊接胎具系列设计。③中型防爆电机隔爆件水压试验工艺方法的确定及水压试验装置的设计。④YL2000－20/2150定转子冲片扇形复式冲模及转子铁心叠压模的设计。⑤同步电机转子磁极铁心叠压模及转子磁极冲片复式冲模的设计。⑥H级绝缘核电结构材料选型试验已完成，将进行高压老化试验和高压LOCA试验。

兰州兰电电机有限公司纳入2011年投资计划的项目共有3个，计划投资总额5 280万元，实际完成投资5 301.75万元，相当年度计划投资的100.4%。其中，高效节能电机产业化项目（续建项目）2011年计划投资额2 518万元，实际完成投资7.02万元，占年度计划投资的0.28%，主要用于购置试验设备；信息化系统建设项目为新开工项目，2011年计划投资额300万元，实际完成投资220.19万元，占年度计划投资的73.4%。投资主要用于建设厂区监控系统，购置1台HP Designjet 510 Nomo绘图机。

技术改造方面，完成刚性转子(高速)动平衡新工艺开发与新工艺的应用；完成YJS机座铸型预热烘烤新工艺研究，有效消除了铸型(芯)表层中水分造成的气孔等铸造缺陷，提高了铸件质量，降低了铸件制造成本。

此外，原配套仓库挖潜改造工作已完工，立体仓库已投入使用。

重庆赛力盟电机有限责任公司被重庆市纳入环保搬迁企业后，在重庆九龙工业园区开工建设的一期工程于2011年正式投产。2011年下半年，公司在不停止旧区生产的同时启动了搬迁新区工作，搬迁主要生产设备400多台，运输在制品、原材料、各类物资1 1271.08t。2012年1月起旧区全部停产，新区全面投产。

2011年大型电机行业主要企业固定资产投资情况见表6。

表6　2011年大型电机行业主要企业固定资产投资情况

企业名称	固定资产投资(万元)	同比增长(%)	基本建设投资(万元)	同比增长(%)	技术更新改造投资(万元)	同比增长(%)
东方电气集团东方电机有限公司	45 068	6.63	13 703	-20.81	31 365	25.65
上海电气集团上海电机有限公司	12 520	121.83			12 520	121.83
重庆赛力盟电机有限公司	4 879	3 196.62	4 143	3 411.02	736	2 353.33
哈尔滨电气动力装备有限公司	26 288	38.95	25 522	198.01	766	-92.46
长沙电机厂有限责任公司	9 009	190.61	8 697	1 639.40	312	-85.82
哈尔滨电机厂(昆明)有限责任公司	1 273	184.15			1 273	184.15
湘潭电机股份有限公司	10 107	-75.67			10 107	-66.36
兰州兰电电机有限公司	5 302	12.49			5 302	12.49
山东齐鲁电机制造有限公司	13 372	78.25			13 372	78.25

企业管理　山东齐鲁电机制造有限公司获得了“2011年山东省产学研合作创新突出贡献企业”、高新区“科学技术创新标兵单位”等称号。

上海电气集团上海电机厂有限公司重点开展两方面的工作，实现了生产组织方式的优化。一是优化生产组织方式，根据企业发展和社会资源情况，将非核心业务以及核心业务中的非核心工序转移，充分利用社会加工能力，缓解成品分厂低端作业工序和场地紧张的局面，提升了企业整体制造能力。二是整机协作生产。2011年8月，公司职业培训中心正式投入使用。

湘潭电机股份有限公司全面推行靶点培训和在职教育，全年累计实施培训423项，培训职工11 937人次；健全和完善了薪酬体系，全面实行薪点工资制。2011年公司跻身“全球新能源企业500强”。

哈尔滨电气动力装备有限公司制定、实施25项综合管理制度、9项生产管理规范、16项工艺管理标准、10项能源设备管理规定、10项测量检验控制管理标准、12项图样档案技术管理制度，完善落实9项人力资源管理制度、6项质量管理控制标准，修订完善8项财务管理制度，颁布落实“部门职能手册”，重新修订“招标管理办法”和“物资购销价格管理办法”。全年累计接收各类人员245人，聘任各职级人员共81人，累计参加培训达800余人次。成立了电机制造部、核电制造部和重大建设项目管理办公室，将采购职能与仓储职能相分离。2011年8月，再次被认定为高新技术企业。

长沙电机厂有限责任公司2011年年初被湖南省科技厅、湖南省财政厅、湖南省国家税务局、湖南省地方税务局认定为国家高新技术企业。2011年8月，获长沙市天心区2010年度促进区域经济发展“纳税贡献奖”等4个奖项。

兰州兰电电机有限公司被评为2011年度甘肃省百强企业，被国家发展和改革委员会、财政部列为高效节能电机推广示范单位。产品获“工业企业名牌产品奖”。

产业结构调整　湘潭电机股份有限公司与美国莱特工程技术公司合资成立湘电莱特电气有限公司，依托全球领先的非晶永磁电机技术，加快研制电机电控、电动车整车及零部件。2011年6月，首批10台非晶高效节能电机样机正式下线，并出口美国。2012年1月，非晶高效节能电机正式实现批量生产。

〔撰稿人：中国电器工业协会大电机分会王金华〕

中小型电机

生产发展情况　2011年，中小型电机行业生产、销售平稳增长，增幅比上年有所收窄；电机出口保持较快增长。在主要原材料价格大幅波动、人工成本持续上升的压力下，多数企业仍保持利润稳步提升。由于上半年货币政策紧缩，导致流动资金吃紧，行业综合经济效益增幅比上年略有下滑。

据对中小型电机行业68家企业的统计(2011年新增统计单位18家)，2011年工业总产值达到598.15亿元，比上年增长13.8%；产品销售收入达到604.19亿元，比上年增长14.1%；实现利润37.02亿元，比上年增长11.2%。2011年中小型电机行业68家企业主要经济指标见表1。2011年中小型电机行业经济效益综合指数前20名企业见表2。

表1 2011年中小型电机行业68家企业主要经济指标

序号	指标名称	单位	2011年	2010年	2011年与上年相比	
					增加额	增长率(%)
1	工业总产值	万元	5 981 547	5 257 829	723 718	13.8
2	工业增加值(含应交增值税)	万元	1 370 179	1 246 526	123 653	9.9
3	工业销售产值	万元	5 775 100	5 176 435	598 665	11.6
4	产品销售收入(不含税)	万元	6 041 901	5 296 301	745 600	14.1
5	货款实际回收额	万元	6 244 450	5 581 686	662 764	11.9
6	产品销售成本	万元	4 971 739	4 306 347	665 392	15.5
7	产品销售费用	万元	225 478	212 647	12 831	6.0
8	产品销售税金及附加(不含应交增值税)	万元	28 985	23 446	5 539	23.6
9	管理费用	万元	388 521	333 986	54 535	16.3
10	财务费用	万元	109 872	61 030	48 842	80.0
11	其中:利息支出	万元	98 472	57 340	41 132	71.7
12	其他业务利润	万元	24 995	23 930	1 064	4.4
13	利润总额	万元	370 193	332 950	37 243	11.2
14	平均流动资产	万元	4 822 515	3 673 800	1 148 715	31.3
15	期末资产总额	万元	7 477 778	5 962 424	1 515 354	25.4
16	期末负债总额	万元	4 772 234	3 655 443	1 116 790	30.6
17	期末产成品存货	万元	534 535	407 961	126 574	31.0
18	期末应收账款净额	万元	1 428 715	1 169 868	258 847	22.1
19	期末应付账款	万元	1 221 616	965 969	255 648	26.5
20	本年订货总量(含上年为当年订货数)	万kW	21 554	19 899	1 655	8.3
21	从业人员劳动报酬	万元	313 776	267 775	46 001	17.2
22	从业人员平均人数	人	79 502	78 833	669	0.8
23	应交增值税	万元	148 891	151 422	-2 532	-1.7
24	平均资产总额	万元	6 663 340	5 236 265	1 427 075	27.3
25	期末所有者权益	万元	2 703 677	2 308 232	395 445	17.1

表2 2011年中小型电机行业经济效益综合指数前20名企业

名次	企业名称	经济效益综合指数(%)	总资产贡献率(%)	资本保值增值率(%)	产品销售率(%)
1	浙江西子富沃德电机有限公司	486.9	30.6	76.1	94.8
2	上海日用-友捷汽车电气有限公司	467.3	30.2	129.6	108.8
3	六安江淮电机有限公司	377.0	31.9	132.3	100.0
4	江西特种电机股份有限公司	319.9	11.1	222.2	94.7
5	安徽皖南电机股份有限公司	316.5	18.5	128.4	99.4
6	大连天元电机股份有限公司	306.0	7.5	100.6	99.0
7	南阳防爆集团股份有限公司	296.4	23.8	122.1	98.8
8	山东华力电机集团股份有限公司	284.1	17.6	110.5	99.7
9	宁夏西北骏马电机制造股份有限公司	279.1	20.6	130.8	83.7
10	浙江中源电气有限公司	278.1	24.7	151.8	94.6
11	卧龙控股集团有限公司	270.4	11.5	118.2	99.5
12	浙江大速电机股份有限公司	267.6	40.3	112.9	99.7
13	大连日牵电机有限公司	261.1	21.8	120.1	104.5
14	杭州新恒力电机制造有限公司	259.4	23.0	108.3	95.2
15	佳木斯电机股份有限公司	254.8	15.1	121.8	99.1
16	湘电集团有限公司	252.6	6.0	114.8	87.9
17	浙江金龙电机股份有限公司	238.9	12.4	147.7	95.8

（续）

名次	企 业 名 称	经济效益综合指数(%)	总资产贡献率(%)	资本保值增值率(%)	产品销售率(%)
18	中国长江航运集团电机厂	235.5	10.1	106.4	100.7
19	杭州江潮电机有限公司	227.3	32.2	197.2	99.0
20	浙江中龙电机股份有限公司	215.0	13.3	105.4	97.7

注:此排名包含上报中国电器工业协会中小型电机分会统计的大型电机和分马力电机企业。

2011年有30家盈利企业的工业增加值、电机销售收入及销量、回款总额、利润总额、人均收入、所有者权益6项指标实现同时增长。由于国家宏观调控,银根收紧,许多企业流动资金吃紧,行业期末产成品存货、应收账款、应付账款虽然较上年增速有所回落,但由于2010年本身处于高位运行,因而企业资金回笼的压力及风险仍然很大。2011年68家企业主要指标变化情况见表3。

表3　2011年68家企业主要指标变化情况

指 标 名 称	变化情况	企业数(家)	占企业总数(%)	指 标 名 称	变化情况	企业数(家)	占企业总数(%)
电机总产量	增长	55	80.9	期末所有者权益	增长	55	80.9
销售收入	增长	57	83.8	产成品存货	增长	43	63.2
工业增加值	增长	54	79.4	负债总额	上升	52	76.5
货款回收总额	增长	56	82.4	应收账款净额	增长	53	77.9
盈利企业(利润总额大于零)	增长	44	64.7	应付账款	增长	41	60.3
亏损企业		6	8.8	利润总额超过6 000万元		12	17.6
人均收入	增长	54	79.4				

产品分类产量　2011年小型交流电动机产量比上年增长6.5%,大中型交流电动机产量比上年增长17.8%,大大高于小型交流电动机增幅;一般交流发电机产量比上年增长12.6%;直流电动机产量增幅较大,达到了25.2%。全行业总产量达到19 664.4万kW,比上年增加2 109.8万kW,增长12.0%。出口产量达到2 634.6万kW,比上年增长25.6%。2011年中小型电机行业68家企业的产品产量见表4。2011年中小型电机行业产量超600万kW的11家企业见表5。

表4　2011年中小型电机行业68家企业的产品产量

序号	指标名称	2011年(万kW)	2010年(万kW)	2011年比上年增长	
				产量(万kW)	增长率(%)
1	小型交流电动机产量	9 428.4	8 850.1	578.4	6.5
2	大中型交流电动机产量	7 604.8	6 454.0	1 150.8	17.8
3	一般交流发电机产量	1 670.7	1 483.1	187.6	12.6
4	直流电动机产量	960.5	767.4	193.0	25.2
5	在总产量中:出口产品产量	2 634.6	2 096.8	537.8	25.6

表5　2011年中小型电机行业产量超600万kW的11家企业

序号	企 业 名 称	产量(万kW)	序号	企 业 名 称	产量(万kW)
1	永济新时速电机电器有限责任公司	2 119	7	六安江淮电机有限公司	851
2	山东华力电机集团股份有限公司	1 301	8	卧龙控股集团有限公司	835
3	上海电气集团上海电机厂有限公司	1 211	9	江苏大中电机股份有限公司	799
4	湘电集团有限公司	998	10	安徽皖南电机股份有限公司	712
5	佳木斯电机股份有限公司	910	11	衡水电机股份有限公司	615
6	南阳防爆集团股份有限公司	863			

市场及销售　2011年前三季度,我国GDP增速一直处于高位运行,但上半年物价指数持续上升、通胀压力加大;国际经济持续低迷,多国频现债务危机。面对国内外复杂的经济形势,为了遏制过热的经济增长势头,央行连续6次提高银行法定准备金率,3次加息。在这样的大背景下,上半年行业经济运行总体处在良好的发展通道上,生产、销售保持快速增长。但受持续的紧缩政策和流动性控制、风电大面积脱网事故引发政策性调整和稀土永磁材料价格的战略性调整等因素的影响,中小企业资金越趋紧张,导致部分企业减产,行业经济增速在三季度呈现回落、放缓趋势,加之人工成本节节攀升,负债总额上升,行业利润增幅收窄。

据对中小型电机行业68家企业的统计,2011年中小型电机行业全年产品销售收入达到604.19亿元,比上年增长14.1%;出口交货值为52.34亿元,比上年增长31.2%,全年出口保持平稳较快增长。全行业电动机销售收入突破10亿元的企业有11家。在68家企业中有44家企业利润增幅上升,占企业总数的64.7%;有18家企业利润增幅下滑,占企业总数的26.5%;有4家企业减亏,有2家企业亏损加剧。2011年中小型电机行业销售情况见表6。2011年中小型电机行业产品销售收入前10名企业见表7。2011年中小型电机行业电动机销售收入突破10亿元的11家企业见表8。

表6 2011年中小型电机行业销售情况

序号	指标名称	单位	2011年	2010年	比上年增长	
					增加额	增长率(%)
1	产品销售总收入(不含税)	万元	6 041 901	5 296 301	745 600	14.1
2	其中:电动机收入	万元	3 976 237	3 429 658	546 579	15.9
3	发电机收入	万元	427 881	459 461	-31 580	-6.9
4	总收入中:出口交货值	万元	523 383	398 889	124 494	31.2
5	产品销售总量	万kW	19 336.4	17 419.5	1 916.9	11.0
6	其中:电动机销售量	万kW	17 664.9	15 702.4	1 962.5	12.5
7	发电机销售量	万kW	1 638.3	1 696.0	-57.6	-3.4
8	总销量中:出口销售量	万kW	3 004.9	2 327.3	677.6	29.1

表7 2011年中小型电机行业产品销售收入前10名企业

序号	企业名称	销售收入(万元)	序号	企业名称	销售收入(万元)
1	湘潭电机股份有限公司	1 239 044	6	南阳防爆集团有限公司	248 511
2	卧龙控股集团有限公司	780 054	7	山东华力电机集团股份有限公司	247 110
3	永济新时速电机电器责任有限公司	560 000	8	六安江淮电机有限公司	141 191
4	上海电气集团上海电机厂有限公司	313 120	9	安徽皖南电机股份有限公司	119 727
5	佳木斯电机股份有限公司	269 500	10	浙江西子富沃德电机有限公司	114 715

注:此排名包含上报中国电器工业协会中小型电机分会统计的大型电机和分马力电机企业。

表8 2011年中小型电机行业电动机销售收入突破10亿元的11家企业

序号	企业名称	销售收入(万元)	序号	企业名称	销售收入(万元)
1	卧龙控股集团有限公司	578 140	7	湘潭电机股份有限公司	184 656
2	佳木斯电机股份有限公司	269 500	8	六安江淮电机有限公司	140 178
3	南阳防爆集团有限公司	248 511	9	安徽皖南电机股份有限公司	119 727
4	山东华力电机集团股份有限公司	243 630	10	浙江西子富沃德电机有限公司	111 275
5	上海电气集团上海电机厂有限公司	243 151	11	江苏大中电机股份有限公司	103 961
6	永济新时速电机电器责任有限公司	186 645			

注:此排名包含上报中国电器工业协会中小型电机分会统计的大型电机和分马力电机企业。

由于欧债危机升级,世界经济开始二次探底,我国经济受其影响也面临重重困难。随着宏观经济调控力度加大,我国下半年GDP增速放缓,工程建筑机械、冶金机械、电力行业对电机的需求明显减少,小电机合同锐减,而大电机合同从2011年11月起也跟随下滑,合同量已不能保证生产经营的正常运行。中小型电机行业规模以上企业的产销增幅进一步收窄,有的企业还呈现下降态势。

受国家宏观调控影响,大型在建项目出现暂停、延期等现象,无锡华达电机有限公司项目订单明显下降。公司通过调整产品结构,提高高压电机的产能,增加高附加值电机的销量等一系列经营管理举措,2011年完成电机产量424万kW,同比下降20%;全年电机销量450万kW,实现产品销售收入8.12亿元,同比增长1.2%;实现销售利润5 878万元,纳税总额4 100万元。受世界经济低迷的影响,一直保持平稳增长的出口销售2011年同比下降8%,出口额占总销售收入的27%。

重庆赛力盟电机有限责任公司位于重庆九龙工业园区的新厂正式投产,公司在不停止老厂生产的同时启动了搬迁新厂工作,至12月全面完成。完成搬迁主要生产设备400多台,搬运在制品、原材料、各类物资逾11 271.08t。2011年总体订货比2010年有所下降,其中中型电机订货量比上年下降13.71%,发电机订货量比上年下降20.69%;全年实现工业总产值66 697万元,同比下降8.87%;完成主要产品产量331.10万kW,同比下降11.59%;实现主营业务收入67 878万元,同比下降6.08%,其中实现出口4 247万元,同比下降23.20%;产品销售回款78 322万元,同比下降9.25%;实现利润总额2 802万元,同比下降44.38%。

长沙电机厂有限责任公司在度过搬入新址一年多的磨

合期后,经营开始走上正轨。公司立足于电机这一根本业务,抓住年初各大厂家新一轮设备采购高峰期,积极投标、竞标、备足合同,三、四月单月新签合同高达32万kW,保证了生产经营的后续展开。公司2011年经营业绩再上台阶,完成总产值5亿元;完成工业增加值11 000万元;完成交流电动机产量243.6万kW,同比增长15.6%,其中小型交流电动机(H315及以下)63.3万kW,大中型交流电动机(H355及以上)180.3万kW;实现主营业务收入4.26亿元,同比增长15.4%;回笼资金5亿元,同比增长15%。

中国长江航运集团电机厂围绕年初确定的各项目标任务,挖掘现有产能,强化内部管理,通过产品结构优化、产品改型等着力提高产品技术性能和质量,从而提高了产品的市场竞争能力和企业盈利能力,各项经济指标再次刷新历史纪录。2011年完成工业总产值3.35亿元,比上年增长11%;完成总产量69.89万kW,比上年增长9.2%;实现产品销售收入2.92亿元,比上年增长12.74%;销售回款3.36亿元,回款率100.3%;实现利润700万元以上。

浙江西子富沃德电机有限公司依托浙江大学、上海交通大学、沈阳工业大学等国内知名高等院校,通过与西子奥的斯等国内知名电梯企业的技术合作,不断提升企业核心技术水平、不断开发新产品,提高了企业在国内外市场的竞争力,并在已有的电梯曳引机生产基础上,沿着转速和转矩可调、低速大功率的永磁同步电动机方向外延发展,取得了良好的经济效益和社会效益。公司以30%的市场占有率位居国内无齿轮电梯曳引机市场前三甲,国内外客户超300家,成为全球500强美国UTC公司的金牌供应商。2011年发运曳引机70 000多台,比上年增长55.56%;实现利润总额15 097万元,比上年增长48.29%。

河北电机股份有限公司继续加大产品结构调整力度,调整内、外销比例,以自主研发高端技术和产品为支撑,坚定地实施产品战略转型计划,主动退出通用类电机市场,普通电机占比从2010年的25%降至14%左右;大力发展出口产品和替代进口产品,全力拓展专特高端市场。该公司2011年完成电机产量410万kW;完成销售收入74 479万元,国内销售收入占比达到70%,出口3 492万美元,比上年增长23.64%;实现利税4 550万元,各项指标均创历史新高。

江西特种电机股份有限公司调整产业结构,走多元化发展之路,以新产品、新项目不断拓展市场。2011年在起重机行业、冶金设备行业、电梯设备制造行业的电机销售收入以及锂电池正极材料的销售收入分别比上年增长33.61%、27.13%、33.8%和188.79%。共完成销售收入69 330.19万元,比上年增长37.36%;其中电动机收入56 182.91万元,比上年增长37.22%,电动机销售收入中防爆电机销售收入比上年增长1 067.55%。利润总额达到7 457万元,比上年增长105.65%。

湘电集团有限公司在全国高效电机推广会后,建立了高效电机生产质量保障体系,编制了高效电机推广指南,完成了上千台将“普通电机”改为“高效电机”的合同修订,2011年公司签订高效电机销售合同252万kW。而后,公司又全面启动调结构项目,确立纵、横两种责任制,以安全、质量、进度、成本、先进性、规范化为考核指标,着力推动调结构转方式,保持了良好发展态势。该公司完成工业总产值108.9亿元,比上年增长7.4%;完成销售收入123.9亿元,比上年增长14.3%;实现利润4.4亿元,比上年增长17.96%。

南阳防爆集团有限公司承诺推广290万kW高效电机,其中推广高压高效电机200万kW,低压高效电机90万kW,推广任务十分繁重。该公司把握此次机遇,力推产品结构转型,公司内部建立考核机制,明确推广流程、职责、责任,认真推进高效电机销售合同的实现和终端用户的落实。2011年,高压高效电机订货量达到217.21万kW,低压高效电机订货量达到52.97万kW,全年发货量分别达到170.47万kW和37.37万kW;全年完成销售收入24.85亿元,比上年增长30.65%;实现利润36 671万元,比上年增长8.5%。

大同(上海)有限公司近年着重开发符合国家产业政策的一级能效、二级能效高效电机,针对卷纸机、轧钢设备等研制了低转速、高转矩的交流伺服电动机;研制了针对泵业需求的高推力高效电动机,与日本著名水泵厂商合作开发了潜水电动机,提升了水泵的能源使用效率;还根据世界各地市场对于超高效率电机的不同要求开发了相应产品,外销订单一直稳定增长。2011年高效电机销量占该公司全部销量的50%以上,国内销售领域实现了新的突破,标准电机销量有所降低,专用、特殊功能电机销量不断增长,占比由原来的40%上升到60%左右。全年销售收入达到4.25亿元,其中国外销售收入占60%;国内销售收入比2010年增长55%。实现净利润491万元。

佳木斯电机股份有限公司高度重视承诺推广190万kW高效电机任务,积极向用户宣讲国家对节能产品的惠民补贴政策,对公司市场销售人员进行高效节能电机业务培训,发放高效电机推广手册,研究了销售政策并制定了激励考核机制。2011年,该公司通过推广高效节能电机,提升了产品技术水平,实现了产品结构调整,公司的产品产量、经济效益都得到很大的提升,全年完成产量910.2万kW,其中高效电机产量达186万kW,占比20.4%;实现销售收入26.95亿元,比上年增长22.17%,其中高效电机收入5.83亿元,占全年销售收入的21.63%;实现利润2.6亿元,比上年增长23.81%。

钟祥市新宇机电制造有限公司自2010年整体搬迁至经济开发区新厂后,其生产规模、技术水平、产品质量大幅提升,凭借产品较高的性价比、较快的供货周期、优良的售后服务和健全的营销网络,市场占有率快速扩展,产品还出口到越南、阿尔及利亚、巴西和印度尼西亚等国家和地区。2011年公司产品销售收入9 908.04万元,比上年增长15.56 %,振动电机占国内振动电机市场份额的25 %左右。

西安泰富西玛电机有限公司结合行业特点与外贸市场产品需求的转型,继续调整经营策略,加大高压电机、直流电机的推销力度。2011 年,在出口电机销量和出口电机销售收入大幅度减少的情况下,全年完成产量 570.5 万 kW,实现销售收入 97 037 万元,仍比上年略有提高;利润总额达 2 466 万元,比上年增长 14.48%。

哈尔滨电机厂(昆明)有限责任公司电动机产品销售市场主要是云南省内市场及周边的西南省区市场,区域性较强,产品主要用于各种矿山设备、水泵、风机等重载设备。2011 年上半年,国际油价及金属材料价格一直处于高位,一方面加大了电机产品的生产成本,另一方面也提升了矿产开发商的投资热情,而云南拥有较多的有色金属资源,资源的开发拉动了对电机产品的需求;2011 年下半年,国际国内经济形势不明朗,国家加强宏观调控,尤其是 9 月以后,国际铜价一再下跌,各类矿冶公司及矿山设备生产厂家投资热情下降,同时房地产市场备受打压,钢材市场持续低迷,在一定程度上影响公司产品的销售,第四季度电动机价格出现一定幅度下降。2011 年公司生产、销售衔接尚好,产销率为 94.25%,其中 Y 系列为主导产品,其销售比重占全部电机的 58.5%。公司电机出口地区由原来的以东南亚为主逐渐发展到欧洲等国,95% 的出口电机为 YR2 系列电动机。

合肥恒大江海泵业股份有限公司抓住煤矿防治水、煤矿安全治理的有利时机以及水利市政建设的需求,大力开发、研制为大型矿用潜水电泵机组配套的湿定子潜水电机及为水利市政用大中型潜水电泵机组配套的干定子潜水电机,瞄准新建矿井不断开拓市场,同时还将主要用于煤炭、铁矿等矿产行业的潜水电泵机组,拓展应用于海洋资源开发、丘陵地区供水排水工程、城市高喷景观工程等需要高扬程的供排水领域。2011 年,该公司为大型矿用潜水电泵机组配套的湿定子潜水电机销售收入达到 12 182.17 万元,为水利市政用大中型潜水电泵机组配套的干定子潜水电机销售收入达到 1 899.77 万元。

山东华力电机集团股份有限公司2011 年电机出口呈快速增长态势,高效电机占比急剧增加,约占公司出口电机的 60%,销量达到 360 万 kW,出口收入达到 58 056 万元,分别比上年增长 34.33% 和 44.33%,稳居行业出口第一位。公司在国内继续加大专用电机的推广力度,普通电机占比持续下降,专用电机占比呈上升趋势,高效电机占比进一步增大。全年实现销售收入(包括出口收入)247 110 万元,利润比上年有所下降。

中电电机股份有限公司(原无锡哈电电机有限公司)瞄准新工业化引发的市场需求以及国家高效节能的政策导向,专注于与之相适应的高效率、大容量交直流电机的开发、设计、制造、销售和服务。在不断开拓国内市场的同时,积极开拓国际市场,产品直接或间接销往美国、德国、英国、意大利、巴西、俄罗斯和印度等 20 余个国家和地区。2011 年该公司完成总产量 1 709 226kW,比上年增长 21.79%,其中直流电动机产量 969 737kW、交流电动机产量 609 887kW、发电机产量 70 912kW、试验电源系统产量 58 690kW;全年销量达到 160.65 万 kW,比上年增长 32.39%。

福安电机电器同业商会自 2008 年年底被确定为“重点企业跟踪监测联系点和进出口公平贸易行业组织工作点”以来,加大了对国际市场的监测力度,掌握行情动向,研究营销策略,指导企业应对技术壁垒、规避贸易风险;组织人员对电机行业阶段性运营情况进行调查分析,引导电机行业开拓国际市场、扩大出口贸易。同时,中国出口信用保险公司也加大了对福安电机出口企业的参保支持力度,争取国家外贸保费扶持。2011 年共有 74 家企业参保,缴纳保费 182 万美元,申报损失 440 万美元,已获赔 155.6 万美元、待赔 284.4 万美元,减轻了电机企业的出口风险损失,促进了福安电机出口量的平稳增长。2011 年福安电机自营出口达 6.1 亿美元,同比增长 23.48%,创历史最好水平。

从行业统计数据看,上半年的出口保持了平稳较快的增长态势,下半年电机出口额和出口量增幅与上半年相比分别略有回落;年末累计出口电机 3 004.9 万 kW,比上年增加 677.6 万 kW,增长 29.1%,电机出口额 52.34 亿元,比上年增加 12.45 亿元,增长 31.2%。在 40 家出口企业(2010 年为 30 家,新增企业中出口量比较大的企业有福建安波电机集团有限公司、光陆机电有限公司、江苏微特利电机制造有限公司、威海泰富西玛电机有限公司)中,32 家出口量增加,8 家出口量减少。欧债危机的持续蔓延,虽然暂时对中欧贸易的影响不大,但随着问题的发酵,影响会逐步扩大。在这种情况下,行业出口也面临新的挑战。2011 年中小型电机出口额前 10 名企业见表 9。

表 9　2011 年中小型电机出口额前 10 名企业

序号	企 业 名 称	出口创汇额(万美元)	出口量(万 kW)	出口国家或地区
1	山东华力电机集团股份有限公司	9 071.0	360.0	欧洲、中东、东南亚及南非、韩国、俄罗斯等
2	浙江金龙电机股份有限公司	8 472.6	351.1	澳大利亚、意大利、德国、西班牙等
3	江苏清江电机制造有限公司	3 706.0	164.0	西欧、北非、东南亚、日本等
4	河北电机股份有限公司	3 421.0	105.9	北美洲、南美洲、欧洲、澳大利亚、韩国、日本
5	江苏大中电机股份有限公司	3 405.0	160.0	美国、德国、土耳其、比利时、西班牙、俄罗斯、丹麦等
6	无锡华达电机有限公司	3 079.0	149.0	欧洲、美国、日本、印度、韩国、南非、新加坡
7	衡水电机股份有限公司	2 420.0	103.1	北美洲、欧洲
8	南阳防爆集团有限公司	2 032.0	89.8	美国、澳大利亚
9	湘潭电机股份有限公司	1 299.0	34.5	苏丹、巴基斯坦、印度尼西亚、南非
10	北京毕捷电机股份有限公司	876.3	33.1	北美洲、欧洲、东南亚、澳大利亚

科技成果及新产品 2011年5月26日，上海电机系统节能工程技术研究中心有限公司承担的上海市科委技术标准专项项目——高效节能型电机新技术及其应用技术标准研究通过了由上海市科学技术委员会组织的专家验收。专家认为，该项目针对超高效三相异步电动机、超高效三相永磁同步电动机、高压变频三相异步电动机等产品及标准的关键技术，完成了电机降耗、场路结合等多项研究，按标准制定流程完成了3项国家标准，申请专利8项，其中3项已授权；经国家旋转电机标准委员会审查及上海情报科学研究所检索查新，研究成果达到国际先进水平，其中“超高效三相永磁同步电动机技术条件”填补了国际空白，达到国际领先水平。该公司的“交流电机节能创新技术研究与应用”项目、“高效永磁同步电动机关键技术研究”项目分别获得由上海市总工会、上海市科委、上海市经信委、上海市人力资源和社会保障局联合颁发的上海市职工优秀技术创新成果一等奖。由上海电机系统节能工程技术研究中心有限公司、上海电器科学研究所(集团)有限公司、上海电科电机科技有限公司联合完成的电机效率低不确定度测试系统，获得中国机械工业科学技术奖二等奖。

2011年2月，湘潭电机股份有限公司海上风力发电技术与检测国家重点实验室承担的“能源高效利用中的基础科学问题”项目被列入国家“973”计划；3月，“高效高压三相异步电动机的研究”通过了国家科技部“十一五”国家科技支撑计划课题验收；4月，该公司电机事业部与湘电长沙水泵有限公司联合中标桃花江核电一期工程AP1000循环水泵和凝结水泵项目，联合试制的配套电机样机通过了国家级科研鉴定；12月，该公司承担的“直驱式变速恒频风电机组优化技术及产业化”、“风电机组双馈式高效、大容量发电机的研制及产业化”和“直驱式风电机组永磁单轴承发电机的研制及产业化”3个国家重点科技支撑计划项目通过了科技部验收。

2011年6月，泰豪科技康富电机技术有限公司通过了国家级高新技术企业认证。该公司2011年度共有10个项目申报江西省科技厅重点新产品项目计划和江西省工信委新产品项目计划，并已顺利通过省级鉴定，其中H280/H355节能电推发电机、TH-W4.D-400Q机车节能牵引发电机被鉴定为国内领先水平；SB-GW4-2000-13.8kV永磁励磁高压发电机获江西省优秀新产品三等奖及南昌市优秀新产品三等奖，并被列为国家火炬计划项目；H355六极复合励磁发电机获江西省优秀新产品三等奖。全年完成33项专利的申报，其中发明专利3项，实用新型专利30项，已受理30项实用新型专利和2项发明专利，获得2个专利授权通知和4个专利证书。

中国长江航运集团电机厂为起重机的起升机构配套而设计开发的新型电动机——YZRD变极调速三相异步电动机，以具有自主知识产权、产品创新程度高、在同类产品中处于领先水平等特点，被湖北省科技厅、省发展改革委、省财政厅联合认定为湖北省首批自主创新产品。该电机具有恒转矩调速特性，以起动平稳、变极切换电流小、机械冲击小、结构简单、使用方便等特点受到客户青睐，产品主要为中联重科等国内知名企业产品配套。该电机构思新颖、结构简单、实用性强和创新性强，获得国家发明专利并荣获中国发明专利金奖、国家科学技术奖励、国家火炬计划、中小企业技术创新基金和国家重点新产品等多项荣誉。

南阳防爆集团有限公司在国家创新型试点企业的基础上，2011年经过严格评估认定，被国家科技部、国务院国资委和中华全国总工会三部门联合命名为“国家级创新型企业”。2011年8月，南阳防爆集团股份有限公司的4极高压燃气轮发电机、YBZT系列隔爆型超高效率铸铜转子三相异步电动机、YB3E系列(机座号80~355)超高效率隔爆型三相异步电动机、YXN系列(机座号355~560)高压高效率三相异步电动机荣获南阳市科技进步奖二等奖；压水堆核电站中低压核级三相异步电动机关键技术研究及应用项目获得南阳市科技进步奖特等奖。2011年12月，该公司的F级高压高效电机环保型VPI整浸绝缘结构研究项目、H280及以下低压高端电机批量生产技术攻关项目通过了南阳市科技局组织的专家鉴定。同月，该公司的H355~500低压大功率三相异步电动机项目、TAW系列大型(5 000~10 000kW)增安型无刷励磁同步电动机项目通过了由河南省科技厅组织的省级科技成果鉴定，鉴定意见为：TAW系列大型(5 000~10 000kW)增安型无刷励磁同步电动机在分体式磁极压板、特殊结构的定子挡风板、上水冷结构、内风路循环冷却系统、IP54防护结构上设计合理，造型新颖，首次实现空心轴连接，既保证了电机转轴的扭转强度，又显著减轻了转子重量；加装的正压控制设置，保证主机能够在起动前进行吹扫，利于备机随时切换；该项目还解决了绝缘材料与结构、接线盒等防爆问题，在电机结构防爆电气设计及大型电机制造工艺等关键技术方面有创新，达到国际先进水平。H355~500低压大功率三相异步电动机项目针对低压大功率电动机电压低、功率大、结构要求紧凑等特点，在设计、工艺及试验技术等方面进行了系统的研发和创新，优化了电磁和结构设计，放大了定子冲片外径，合理选择三圆尺寸、槽配合、槽形和气隙，从而获得最大功率密度，实现了低压大功率输出；采用双回路冷却系统，以及自主研发的低压大功率电动机冷却导流罩和降噪风罩及低压大功率电动机的试验方法和装备，实现了电动机温度的均匀分布，有效改善了电动机的散热性，有效保证了产品的质量，整体技术达到国内领先水平。

2011年4月，由永济新时速电机电器有限责任公司牵头研发的高压大功率IGBT模块封装技术项目获国家科技部立项批复。该项目为国家中长期发展规划纲要中确定的科技重大专项02专项“极大规模集成电路制造装备及成套工艺”中的37个项目之一。该项目的建设目标是完成6 500V及以下各种等级高压大功率IGBT封装的设计制造、应用、产品检测与考核三大平台，解决并掌握高压大功率模块封装规模制造的系列关键技术，建立面向全球的IGBT模块封装产业化基地。根据专项确定的发展战略，该项目组成了以永济电机公司为主体，联合中科院电工所、中科院微电子所、国家电网电力科学研究院、金风科技股份有限公司、上海电驱动有限公司、冶金部自动化研究设计院、中山大洋电机股份有限公司等国内一流研发单位和行业龙头企业，组成从设计、制造到应用的产学研用技术联盟，形成了涵盖电力电子器件产业上中下游完整的产业链。11 月，该公司的"牵引辅助供电一体式变流装置"获得了第十三届中国专利优秀奖。

2011 年 12 月，威海工友电机有限公司研制开发的 YDGX132S－4/2 型变极多速高效节能电动机通过了省级新产品鉴定。专家组认为：YDGX132S－4/2 型变极多速高效节能电动机采用了先进的铝铜复合结构鼠笼转子，提高了效率和可靠性，减少了整机体积和重量，技术达到国内领先水平。

长沙电机厂有限责任公司研制的 YS 系列螺杆压缩机专用电动机，于 2011 年 12 月通过了省级新产品鉴定。该系列电动机解决了运行时服务系数高、转动惯量大等技术难题，综合技术经济指标处于国内领先水平。

2011 年 3 月，佳木斯电机股份有限公司承担的国家"十一五"科技支撑计划项目——高压三相异步电动机节能关键技术的研究项目通过了验收。6 月该公司研制的 YFKS1120－4 18 000kW 三相异步电动/发电机和正压外壳型高压三相异步电动机通过了由黑龙江省工业信息化委员会组织的产品鉴定。专家委员会认为，YFKS1120－4 18 000 kW 高压三相异步电动/发电机结构合理，性能优越，总体技术达到国内领先水平；正压外壳型高压三相异步电动机设计成功、性能优越、安全可靠，该产品的研制成功使防爆电机单机容量得到拓展，产品总体技术达到国际先进水平。8 月，该公司为军工配套生产的净化泵等减振降噪改进研制项目获省级国防科技进步奖一等奖；核反应堆用冷却剂泵用新型屏蔽电动机项目获得省级国防科技进步奖二等奖。10 月，该公司研制的 TAW8000－18/3250 增安型无刷励磁同步电动机获黑龙江省工信委颁发的"首台套产品"荣誉证书。2011 年，佳木斯电机股份有限公司被国家科技部认定为国家火炬计划重点高新技术企业。

2011 年 12 月 29 日，科技部以（国科发〔2011〕685 号）《关于 2011 年度国家工程技术研究中心立项的通知》，批准依托佳木斯电机股份有限公司和佳木斯防爆电机研究所组建国家防爆电机工程技术研究中心，并给予立项支持。科技部在 3 年建设期内支持国家防爆电机工程技术研究中心经费 300 万元，地方配套 300 万元，同时给予国家科技计划的项目申报指标等，将有力地提升我国防爆电机技术的研究水平，推动我国防爆电机行业的发展。

浙江西子富沃德电机有限公司的 7m/s 超高速曳引机 2011 年获得授权发明专利和外观设计专利各 1 项，专利号分别为：永磁同步无齿轮曳引机（GETM40C）ZL 201030226375.2，曳引机用电磁叠式制动器 ZL200910100106.8。该产品主要应用于高层建筑，已经被包括 XIZI、OTIS 在内的众多国际知名电梯制造企业所选用，同时远销中东、欧洲、东南亚等地区。公司投入 500 万元开发的 5.5C 大型高速曳引机项目于 2011 年 6 月获得实用新型专利授权，专利号为：同步无齿轮曳引机及其定子铁心 ZL201020247634.4，其电机的定子铁心及其制造方法，已于 2010 年 9 月申请发明专利（201010282461.4）。该产品采用抗高温磁钢，相同功率下控制电流小，结构安全可靠，且在拖动主机时可同时发电并可实现能量回馈，达到节能效果。公司在上海交通大学技术支持下投入 960 万元完成的 LION 永磁同步电动机研制与应用项目，采用特殊设计结构，消除了抖动大、一体式轴承盖变形及断裂、制动器噪声大等原有结构存在的缺陷，其旋压铁心使硅钢片的利用率大幅提高。2011 年 3 月永磁同步无齿轮曳引机获外观专利授权，专利号为 ZL201030226364.4；其申请的电梯曳引机发明专利 201010282452.5 已经进入实审阶段。

2011 年，哈尔滨电机厂（昆明）有限责任公司研制的数控机床主轴驱动电机 YJZ 系列异步交流伺服电动机列入云南省工信委重点产品研发项目扶持计划，目前已进行批量生产。该公司开发的 YQD280－6 大型公交配套用电机已配装于昆船混合动力客车，显示出速度快、爬坡能力强、综合油耗小、产品性能好等优势特点。公司继而与昆船集团、云内动力两家公司合作申报了 YQD280－6 大型公交配套用电机产业化研制项目，并获云南省科技厅立项批复以及资金支持。

2011 年 7 月 11 日，河北电机股份有限公司承担的石家庄市科技研究与发展计划课题——IE2、IE3 系列高效三相异步电机开发及测试技术研究项目通过了由河北省科技成果转化服务中心与石家庄市科技局共同组织的专家鉴定。专家组认为：该项目定量分析了异步电机扣片槽等结构件对杂散损耗的影响，研究了槽配合等对齿谐波的影响，对异步电机杂散损耗的产生及测试方法作了深入研究，有针对性地提出了降低杂散损耗的综合措施，并在 IE2、IE3 系列电机开发中予以应用，有效提高了电机效率。研制的 IE2、IE3 两个系列 0.75～370kW 的 142 个规格的电机产品，经河北省产品质量监督检验院检测表明：全部技术指标满足了 IEC 60034－30 标准的相关要求，项目整体技术达到国际先进水平，对今后更高效率电机的研究开发具有重要的指导意义。该公司研发的"DW100 高速三相异步电动机"项目列入石家庄市科技发展计划。

江西特种电机股份有限公司研制的风力发电偏航驱动（变频）三相异步电动机（100～132 系列）主要技术性能指标达到国内先进水平，获得江西省优秀新产品一等奖；YVF、YSP 系列变频调速高压三相异步电动机主要技术性能指标达到国内先进水平，获得江西省优秀新产品二等奖。

西安泰富西玛电机有限公司的 ZTP－400HXN3 型机车电阻制动装置用通风机电动机通过了陕西省工信厅组织的鉴定。

中电电机股份有限公司(原无锡哈电电机有限公司)自主研发制造的 YSBFS1.5MW 双馈水套冷却风力发电机采用 IC51W 的“水套机座”冷却方式,绝缘等级为 H 级,按 F 级温升考核;转子引线与转子绕组采用整体真空压力浸漆;配置轴承自动注脂器,定时不间断加脂改善了润滑效果等,大大提高了发电机的可靠性,可保证发电机在雨雪雾的潮湿天气中安全运行。2011 年,该产品的关键技术“绕线式电机的转子引线结构”“带盘根的轴承密封结构”“滑环通风冷却系统结构”“绕线式转子线圈结构”“滚动轴承轴向预紧结构”获得国家知识产权局实用新型专利授权,产品获得江苏省高新技术产品称号。该公司自主研制的 YFFS1.5MW 全功率变频型风力发电机改变了传统的以“电路”“磁路”等以“路”为单元的计算方法,采用有限元对电、磁场进行“场”的优化分析,可保证发电机在不同转速下性能更优,且具有体积小、重量轻、造价低、可靠性高等优点。该产品获得江苏省高新技术产品称号及江苏省优秀新产品金奖。其关键技术“大电流风电出线盒结构”“电机轴承注油脂装置”于 2011 年 11 月申请发明专利。自主研制的 2MW/1MW 高压立式双功率双速风力发电机采用两套绕组分别独立工作,齿轮箱直接装在电机上,结构紧凑。其关键技术“立式电机联接轴承与支架的端盖结构”获得国家知识产权局实用新型专利授权,该产品获得江苏省高新技术产品称号。自主研制的 TY3400-4 双轴励磁隐极同步电机为箱式、内滑环结构,采用滚动轴承,强迫风冷,获得江苏省高新技术产品称号。该电机在电磁设计上采用较大气隙、转子为双波绕组的设计方案,风路结构采用双路对称径向通风系统以及定、转子风道错开等措施,以降低噪声,其关键技术“变极调速双绕组线圈结构”2011 年获得实用新型专利授权,“电机用消声顶罩”技术申请发明专利。

钟祥市新宇机电制造有限公司研制的双转子三相异步振动电机将两台振动电机有效地融合为一体,从设计方面优化了电机结构,减轻了机体重量,具有两台振动电机同时运转所产生的振动效果以及高效节能、运行平稳、运动形式特殊等优点,获国家实用新型专利授权。研制的双转子三相异步隔爆振动电动机,获国家发明专利授权。该电机安装在振动机械上,可使振动机械实现直线振动。公司利用卧式车床对长杆电机机座进行镗削的加工技术,满足了长杆电机机座的三部位同轴度要求,该技术获国家发明专利授权。公司研制的三接头三相异步隔爆振动电机采用新型结构,不仅可以直接安装在振动机械上实现自同步激振,同时还具有轻质量、大跨度、小功率、大激振力、隔爆等多种特性,获国家发明专利授权。

合肥恒大江海泵业股份有限公司的全工况无过载多级离心潜水电泵技术研究项目列入安徽省 2011 年科技攻关计划。该项目申请专利 3 项,其中发明专利 1 项、实用新型专利 2 项;试验样机 3 台,样机试制已完成。潜水电泵大型化关键技术设备研制及产业化项目开展了高压潜水电机大型化、高效率、轻量化、智能化关键技术的攻关和研究,首创的 10kV 湿定子潜水电机技术、隔爆高压湿定子潜水电机技术,获得国家发明专利授权,该项目还获得安徽省科学技术进步奖一等奖。自主研制的 10kV、4 000kW 潜水电泵经国家一级科技查新,机构国际查新,结论为国内外最大的潜水电泵。该潜水电泵扬程 1 700m,流量 550m^3/h 或扬程 850m,流量 1 100m^3/h,在国际煤机展上得到国内外客商的认可。该公司的“大型高效上机下泵新型矿潜泵技术及装备”项目列入安徽省科技平台建设——重点实验室绩效项目,目前已完成 1 200m 及以下的上机下泵式大功率新型潜水电泵高效排水系统、智能传感网络及自动化控制系统 1 套,试验样机 3 台,首台样机已试制完成;申请专利 5 项,其中发明专利 2 项、实用新型专利 3 项、软件著作权 2 项。

山东华力电机集团股份有限公司与北京航空航天大学进行产学研合作,就北京航空航天大学国家技术发明奖一等奖成果“卫星新型姿控储能两用飞轮技术”的核心内容——高速高效磁悬浮轴承和新型高速电机两类重大核心技术进行产业成果转化,研制大功率高速高能量密度永磁电动机,完成了 30kW 和 315kW 两种规格的样机研制,并通过了中试,形成量产,最终形成功率范围 30~315kW、转速范围 30 000~60 000r/min 的全系列新产品的产业化项目。自 2010 年列入国家重大科技成果转化项目以来,已完成 6 个规格样机的试制,性能指标达到设计要求。2011 年,该项目获国家 5 000 万元财政资金支持。该公司还完成了山东省技术创新项目 2.1MW 双馈异步风力发电机和 YE3 系列超高效电机两个项目的研发。

重庆赛力盟电机有限责任公司与川仪联合中标重庆轨道交通一号线电牵引项目。其中,由重庆赛力盟电机有限责任公司负责的牵引电机,通过引进、消化、吸收意大利安萨尔多布雷达(AB)公司的技术,实现了国产化,利用原材料本地化组织生产,已完成样机试制,通过了专家鉴定。为重庆汽车研究院开发的 YY5-2、EDT120 两款用于纯电动环卫车的永磁同步电机,也通过了专家鉴定。

2011 年,“闽东中小电机创新产业集群”获国家科技部创新基金重点扶持,首批 66 家电机电器企业申报的“闽东中小电机创新产业集群”项目通过了专家组论证。其中,福建福安闽东亚南电机有限公司申报的“福建省电机电器重点实验室”“博士后科研工作站”经国家和省有关部门资质认定批准成立。安波电机集团有限公司创办的“安波电机研究中心”,技术创新取得突破,获得福建省首批“实施技术标准战略优秀企业”荣誉称号。

设立工作站 2011 年 2 月,国家人力资源和社会保障部发文,上海电器科学研究所(集团)有限公司获准设立博士后科研工作站。

2011 年 2 月 14 日,在黑龙江省人民政府与中国工程院科技合作协议签字暨 2011 年黑龙江省第一批院士工作站启动仪式上,佳木斯电机股份有限公司成为黑龙江省 2011 年第一批批准设立的院士工作站之一。

2011 年 8 月,经国家人力资源和社会保障部批准,大连电机集团有限公司设立了博士后科研工作站。

质量及标准 受国家质量监督检验检疫总局委托，国家中小电机质量监督检验中心、辽宁省产品质量监督检验院和福建省产品质量检验研究院联合于2011年第二季度对三相异步电动机产品质量实施国家监督抽查。

这次抽查覆盖黑龙江、吉林、辽宁、北京、天津、河北、河南、湖南、山西、山东、安徽、江苏、上海、浙江、福建、江西、广东和陕西18个省、直辖市。抽查的企业类型包括有限责任公司、股份有限公司、国有企业、集体企业、私营企业（含个体）、港澳台商投资有限公司、中外合作经营企业、外资企业等，企业规模涵盖大型、中型和小型。"区域性"产地的生产企业仍作为抽查的重点。

此次抽查依据《2011年三相异步电动机产品质量国家监督抽查方案》，按规定的抽样方法对生产单位成品库内、生产线末端，经企业检验合格的产品实施抽样。检验依据GB 18613—2006《中小型三相异步电动机能效限定值及能效等级》、GB 14711—2006《中小型旋转电机安全要求》、GB 755—2008《旋转电机 定额和性能》、CEL—007《能源效率标识管理办法》和相关强制性标准、国家标准、行业标准以及企业已备案的有效企业标准及产品明示质量要求。

2011年三相异步电动机监督抽查方案重点突出安全、节能和环保，即重点检验电动机的发热、耐压、效率、功率因数以及振动和噪声等性能指标，并高度关注电动机的能效指标。

此次共抽查112家企业的112批次产品，合格企业81家，抽查批次合格率为72.3%。

三相异步电动机产品在2009年进行过国家监督抽查，而2010年未进行抽查，所以在2011年的抽查中，对2009年及以前的抽查情况进行了跟踪。在2011年抽查的企业中，跟踪2009年抽查企业56家，跟踪2009年以前的抽查企业26家，首次抽查企业30家，抽查合格率分别为71.4%、88.5%和60.0%。从抽查的结果看，首次抽查企业的合格率明显低于被跟踪抽查企业的合格率。另外，通过CCC认证企业的合格率为85.7%，明显高于总体抽查合格率。2011年抽查情况跟踪分析见表10。

表10 2011年抽查情况跟踪分析

项目名称	总计（家）	合格（家）	不合格（家）	合格率（%）
总体结论	112	81	31	72.3
首次抽查企业	30	18	12	60.0
跟踪2009年抽查企业	56	40	16	71.4
跟踪2009年抽查合格企业	33	25	8	75.8
跟踪2009年抽查不合格企业	23	15	8	65.2
跟踪2009年以前抽查企业	26	23	3	88.5
通过CCC认证的企业	14	12	2	85.7

从企业分布情况看，辽宁、江苏、浙江和福建是三相异步电动机产品生产比较集中的地区，区域性生产的特点明显。这四个地区企业的抽查合格率分别为63.6%、71.4%、64.7%和81.8%，其平均合格率基本反映了此次抽查的总体水平。

此次抽查的大、中、小企业分别占抽查总数的12.5%、31.3%和56.2%，合格率分别为100%、80.0%和61.9%，其中，小型企业的合格率61.9%，明显低于此次抽查的总体合格率72.3%，基本反映了电机行业的总体质量状况。

抽查中发现的主要质量问题为产品标志标识、保护接地装置、接线标志、电机旋转方向、振动、热试验（温升）、效率及功率因数等项目。不合格项目抽查统计结果见表11。

表11 不合格项目抽查统计结果

序号	检验项目	抽查总数（批次）	合格（批次）	不合格（批次）	单项合格率(批次)（%）	抽查总数（项次）	合格（项次）	不合格（项次）	单项合格率(项次)（%）
1	产品标识标注检查	112	97	15	86.6	331	286	45	86.4
2	保护接地装置检查	112	107	5	95.5	331	316	15	95.5
3	接线标志接线图检查	112	106	6	94.6	331	313	18	94.6
4	旋转方向检查	112	107	5	95.5	331	324	7	97.9
5	振动的测定	112	100	12	89.3	331	316	15	95.5
6	噪声的测定	112	109	3	97.3	331	328	3	99.1
7	引线防护	112	103	9	92.0	331	304	27	91.8
8	热试验（温升试验）	112	104	8	92.9	331	314	17	94.9
9	效率及功率因数测定	112	107	5	95.5	331	316	15	95.5

造成上述质量问题的主要原因是：①部分企业对国家相关法规和标准的理解缺失，缺少有效工艺文件，操作人员培训不到位。②生产设备落后或缺少必要的生产和检验设备，通过外协加工或购买部件组装产品的企业，不能有效控制外协件、零部件质量。③缺乏严格的工艺纪律约束，以致工艺措施和工序质量控制不到位，产品质量缺陷缺乏追溯性。④新兴私企在技术力量、生产管理、产品质量控制以及技术和标准信息跟踪方面未能及时走上正轨，缺乏科学的质量管理体系。⑤偷工减料导致电机功率不足，电机热试验温升急剧升高。

此次抽检电机的效率依据GB 18613—2006《中小型三相异步电动机能效限定值及能效等级》标准。抽查样机的能效指标达标情况见表12。

表 12　抽查样机的能效指标达标情况　（单位:%）

项　目	2009 年	2011 年	项　目	2009 年	2011 年
未达 3 级能效指标	4.3	2.7	达到 2 级能效标准	14.5	19.5
达到 3 级能效标准	81.2	77.0	达到 1 级能效标准	0	0.9

注:根据 GB 18613—2006 标准:3 级能效指标为最低,1 级能效指标为最高。

2011 年抽检样品中达到 2 级能效水平的电机占 19.5%,比 2009 年的 14.5% 高出 5 个百分点,而低于 3 级能效水平的比率只占 2.7%,比 2009 年的 4.3% 降低 1.6 个百分点。由此反映出部分企业正积极准备按新标准要求逐步转向生产制造高能效、高技术水平电机。

自 1986 年起,国家对中小型电机产品实施监督抽查以来,对三相异步电动机产品的监督抽查已经进行 18 次,抽查的平均合格率为 63.5%。此次抽查合格率为 72.3%,比平均合格率高 8.8%。三相异步电动机历次抽查合格率走势见图 1。

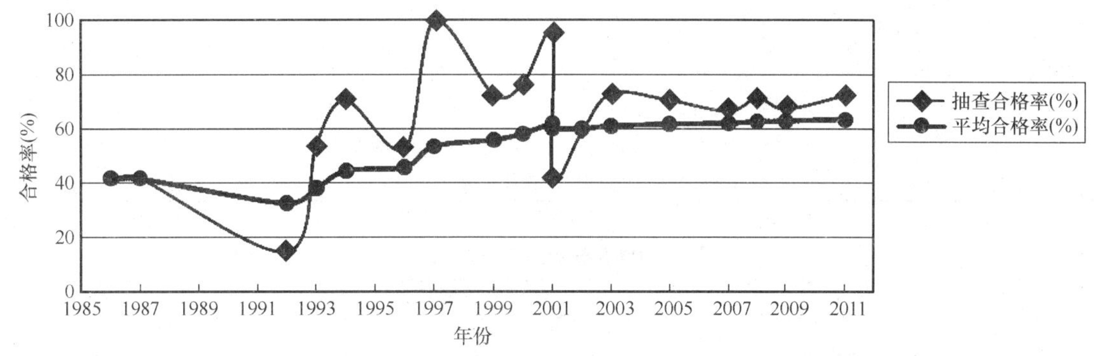

图 1　三相异步电动机历次抽查合格率走势

从 18 次三相异步电动机产品的国家监督抽查结果总体情况看,中小型电机制造业是一个典型的入门门槛不高的传统行业,电机企业产品质量参差不齐,行业要长期保持产品质量稳定相当不易。在各种新兴产业不断涌现和各种新技术飞速发展的今天,在新的经济形势背景下,中小型电机制造业正面临严峻的挑战。提高电机行业整体技术、质量水平和产品能效等级,任重而道远。

2011 年,湘潭电机股份有限公司获全国机械工业质量管理活动杰出企业称号及湖南省首届省长质量奖。

2011 年 3 月,江苏清江电机制造有限公司顺利通过了省出入境检验检疫局审核,被评为首批“出口工业产品分类管理一类企业”,可享受“准免验”、信用监管等通关优惠政策。

2011 年 3 月 22 日,南阳防爆集团股份有限公司生产的 YB3E、YX3E(112 ~ 355)系列电机,获得中国质量认证中心(CQC)颁发的首家能效 1 级中国节能产品认证证书。该公司还获得了南阳市 2010 年“市长质量奖”及河南省质量信用 AAA 级工业企业称号。

2011 年 10 月 25 日,上海高效电机节能展示馆在上海电器科学研究所(集团)有限公司正式揭牌成立。该展示馆占地面积约 600 多 m^2,共分 6 个主题展区,分别是:电机系统节能的意义、中小型电机发展史、电机系统节能技术及解决方案、电机高效再制造、典型电机系统节能演示和“十二五”电机及系统节能展望。这是国内首个集电机系统节能技术展示、电机节能新产品展示、电机能效测试、电机节能再制造技术展示等为一体的展馆。

2011 年 9 月 15 日—16 日,全国旋转电机标准化技术委员会秘书处组织行业内河北电机股份有限公司、卧龙电气集团有限公司、湘潭电机股份有限公司、六安江淮电机股份有限公司等骨干企业参加了在美国弗吉尼亚的亚力山德市举行的 IEC/TC2 WG31 工作组会议,会议涉及标准 IEC 60034-30 第 2 版的制修订工作。

2011 年 11 月 20 日—22 日,全国旋转电机标准化技术委员会六届五次年会在上海召开,会议对参与 IEC 国际标准制修订、落实标准“十二五”规划以及国家标准和行业标准制修订等各项工作进行了总结。

2011 年批准发布的标准见表 13。2011 年实施的国家标准见表 14。2011 年完成上报的标准见表 15。2011 年申报制修订的标准计划项目见表 16。

表 13　2011 年批准发布的标准

序号	标　准　号	项　目　名　称
国家标准		
1	GB/T 27744—2011	超高效三相永磁同步电动机技术条件(机座号 132 ~ 280)
行业标准		
1	JB/T 2195—2011	YDF2 系列阀门电动装置用三相异步电动机技术条件
2	JB/T 8163—2011	轧机辅传动直流电动机

（续）

序号	标　准　号	项　目　名　称
3	JB/T 8682—2011	YM 系列木工用三相异步电动机技术条件(机座号 71 ~ 100)
4	J B/T 8733—2011	YG 系列辊道用三相异步电动机技术条件(机座号 112 ~ 225)
5	JB/T 8981—2011	有刷三相同步发电机技术条件(机座号 132 ~ 400)
6	JB/T 8982—2011	三相交流稳频稳压电源机组及系统技术条件
7	JB/T 9577—2011	Z 系列中型直流电动机技术条件

表 14　2011 年实施的国家标准

序号	标　准　号	标　准　名　称
1	GB/T 756—2010	旋转电机　圆柱形轴伸
2	GB/T 757—2010	旋转电机　圆锥形轴伸
3	GB/T 25290—2010	Y3 系列(IP55)三相异步电动机技术条件(机座号 63 ~ 355)
4	GB/T 25302—2010	纺织专用高效率三相异步电动机技术条件(机座号 90 ~ 225)
5	GB/T 25303—2010	纺织专用高效率永磁同步电动机技术条件(机座号 90 ~ 225)
6	GB/T 25442—2010	旋转电机(牵引电机除外)确定损耗和效率的试验方法

表 15　2011 年完成上报的标准

序号	标　准　号	项　目　名　称
国家标准		
1	GB/T ××××	高效电动机包括变速电动机的选择和使用导则
2	GB 14711	中小型旋转电机安全要求
3	GB/T ××××	电动机系统节能改造规范
4	GB/T 12974	交流电梯电动机通用技术条件
行业标准		
1	JB/T ××××	YE2 系列(IP55)高效率三相异步电动机技术条件(机座号 80—355)
2	JB/T ××××	YVF3 系列(IP55)变频调速三相异步电动机技术条件(机座号 355—450)
3	JB/T ××××	冷冻机专用高效率三相永磁同步电动机技术条件(机座号 280—315)
4	JB/T ××××	三相交流电动机拖动典型负载机组能效等级　第 1 部分:清水离心泵机组能效等级
5	JB/T ××××	水泵专用高效率三相异步电动机技术条件(机座号 100—355)
6	JB/T ××××	风机专用高效率三相异步电动机技术条件(机座号 100—355)
7	JB/T ××××	煤矿传输系统用开关磁阻电机系统测试及节能量计算导则
8	JB/T ××××	煤矿传输系统用变频电机系统测试及节能量计算导则
9	JB/T ××××	YZTE3 系列(IP55)铸铜转子超高效率三相异步电动机技术条件(机座号 80 ~ 200)

表 16　2011 年申报制修订的标准计划项目

序号	标　准　号	项　目　名　称
国家标准		
1	GB ××××	旋转电机　电压型变频器供电的旋转电机耐局部放电电气绝缘结构(Ⅱ型)的鉴定和验收试验
行业标准		
1	JB/T ××××	压缩机专用变频三相异步电动机技术条件
2	JB/T ××××	风机专用变频调速三相异步电动机技术条件(IP55)(机座号 100—355)
3	JB/T ××××	压缩机专用高效三相异步电动机技术条件
4	JB/T ××××	内馈斩波交流调速电机系统技术规范
5	JB/T ××××	水泵专用变频调速三相异步电动机技术条件(IP55)(机座号 100—355)
6	JB/T 3320. 1	小型无刷三相同步发电机技术条件
7	JB/T 3320. 2	小型单相同步发电机技术条件
8	JB/T ××××	高效率三相异步振动电机技术条件

根据中国机械工业联合会机联秘标〔2011〕52号文《关于开展2011年机械行业标准复审工作的通知》要求，全国旋转电机标准化技术委员会对归口需复审的2005年以前(含2005年)批准发布的现行机械行业8项行业标准进行了复审，复审的结论为：继续有效4项、废止4项。机械行业标准复审结论见表17。

表17　机械行业标准复审结论

序号	标准编号	标准名称	复审结论
1	JB/T 10686—2006	YX3系列(IP55)高效率三相异步电动机技术条件(机座号80～355)	废止。已制定相应的国家标准GB/T 22722—2008
2	JB/T 7589—2007	高压电机绝缘结构耐热性评定方法	废止。该标准内容已被国家标准GB/T 22718—2008所涵盖
3	JB/T 5810—2007	电机磁极线圈及磁场绕组匝间绝缘　试验规范	废止。该标准内容已被国家标准GB/T 22717—2008所涵盖
4	JB/T 5811—2007	交流低压电机成型绕组匝间绝缘　试验方法及限值	废止。该标准内容已被国家标准GB/T 22714—2008所涵盖
5	JB/T 7590—2005	电机用钢质波形弹簧 技术条件	继续有效
6	JB/T 10508—2005	中小电机用槽楔 技术条件	继续有效
7	JB/T 8312.1—2005	中小型异步电机用工程塑料风扇技术条件(机座号63～355)	继续有效
8	JB/T 10509—2005	中小型异步电机用接线板技术条件(机座号63～355)	继续有效

基本建设及技术改造　2011年6月19日，泰豪(沈阳)科技产业园奠基仪式在沈阳经济技术开发区举行。泰豪(沈阳)科技产业园占地面积19万m^2，是以信息技术提升装备制造为宗旨的建设项目，计划总投资20亿元，分两期进行建设，将打造面向全球的大中型电动机生产基地，建成后，电机年设计生产能力为800万kW，年销售收入为20亿元。

长沙电机厂有限责任公司2011年基本建设投资9 009万元，技改投资300多万元，用于新厂房建设项目延续及设备改造升级。主要购买的机器设备有：真空压力浸漆罐、250t闭式双点压力机、数控机床、高速伺服冲床、振动故障检测仪以及高速冲床、立式车床、VPI真空压力浸漆设备的改造等。技改投资加速了产能的提升及生产效率的提高。

无锡华达电机有限公司固定资产投资总计235万元，其中基本建设投资29万元，技术更新改造投资206万元(2010年12月奠基的新厂建设项目2011年未启动)，对试验站5 000机组的技术改造，使低压大功率船用电机试验能力提高到1 700kW。

2011年，浙江西子富沃德电机有限公司固定资产投资1 125万元，其中基本建设投资251万元，技术更新改造投资874万元。

西安泰富西玛电机有限公司固定资产投资850万元，其中基本建设投资783万元，技术更新改造投资67万元。

河北电机股份有限公司列入国家重点技术改造项目“低惯量大扭矩电机生产技术改造”项目投入资金500万元，主要增添生产低惯量大扭矩电机所必需的关键设备：数控车床、加工中心、数控冲槽机、数控拉形机、连续式真空浸烘机、真空压力浸漆系统(ϕ5m)、电机和驱动系统静电喷涂生产线等。技术改造可形成年产数控机床主轴驱动电机50万kW，高速列车制动系统电机和空调系统电机150万kW，为风力发电机机组配套的变桨距控制器、刹车制动器电机50万kW的生产能力。

2011年，江西特种电机股份有限公司投资3.57亿元，大力发展富锂锰基正极材料、变频调速高压电机和高效率高压电机等产品，目前已初步形成锂矿资源开采、锂矿加工、锂电池材料、电动汽车驱动总成、特种电动车的锂电新能源产业格局，锂矿及锂电新能源已成为公司发展的新亮点。其中电机制造基本建设投资2 194.71万元，技术更新改造投资3 511.42万元。

钟祥市新宇机电制造有限公司固定资产投资1 500万元，其中基本建设投资1 000万元，技术更新改造投资500万元。

合肥恒大江海泵业股份有限公司2011年固定资产投资1 280万元，其中基本建设投资1 200万元，技术更新改造投资80万元。通过技改投入，公司攻克了潜水电泵产品大型化过程中的制作工艺、新材料应用、防腐处理等关键技术，形成了成熟的电机制造工艺流程、电泵制造工艺流程，制造能力增加一倍；大型现代化水工试验站技术改造后，通过了国家灌排中心的认证。

山东华力电机集团股份有限公司2011年固定资产投资4 120万元，其中基本建设投资1 340万元，技术更新改造投资2 780万元。

大同(上海)有限公司2011年固定资产投资1 071万元，其中基本建设投资618万元，技术更新改造投资453万元。通过技改投入，该公司从原来只生产小型电机扩展到生产中型高压电机，尤其是中型电机车间的投入使用，使得中型电机的接单和销售初显成效，其销售收入已占总销售收入的15%。

重庆赛力盟电机有限责任公司在九龙工业园区的一期新厂建设项目，从2008年10月开工建设，截至2011年投资总额达到2.6亿元，其中基本建设投资2.1亿元，技术更新改造投资0.5亿元。2011年年底工厂已搬迁到位，正式投产,预计到2013年产能将达到600万kW。

中电电机股份有限公司(原无锡哈电电机有限公司)技术更新改造投资1 700万元,使该公司产能从150万kW提高到170万kW,确保了合同订单的如期完成。

对外合作 湘潭电机集团公司与瑞典Morthic签订技术转让合同,收购了其应用于小型风电机组的3项专利申请。2011年6月7日,公司完成了瑞典国家专利局的审查要求,其中"带控制系统的风力发电机组"发明专利申请在瑞典获得授权(专利号:0950001-8)。这是该集团公司第一项在海外获得授权的专利。

2011年11月,国家发展和改革委员会批准认定安徽皖南电机股份有限公司和安徽大学联合共建的"高节能电机及控制技术国家地方联合工程实验室"为国家地方联合工程实验室。该工程实验室2009年经安徽省发展和改革委员会批准建设,主要围绕安徽省电机节能和新型特种电机及其控制技术等问题,开展新型电机逆向多目标优化、大功率小体积汽车驱动电机、新型机器人关节电机等技术的研发。两年来,该工程实验室共承担国家级科研项目10项、省部级科研项目15项、大中型企业委托项目65项,形成了新一代电机逆向多目标优化设计技术和软件、电动客车用大功率水冷驱动电动机等一批核心技术和科研成果,参与制定了6项国家标准、25项行业标准、22项企业标准。

2011年,重庆赛力盟电机有限责任公司完成了第二轮与东风汽车有限责任公司、华中科大合作开发的针对商用车的混合动力开关磁阻电机HEV60、HEV80。该项目是东风汽车公司清洁能源9项整车项目之一,其中HEV60用于插电式混合动力载货汽车,HEV80用于插电式混合动力客车。预计2013年形成商业化生产能力,年产量可达1万台左右。

管理及改革 根据沈阳市铁西区人民政府、沈阳经济技术开发区管理委员会与泰豪科技股份有限公司签订的《泰豪科技股份有限公司战略重组沈阳电机框架协议》,2011年1月,泰豪沈阳电机有限公司在沈阳经济技术开发区注册,注册资本1亿元。泰豪沈阳电机有限公司以8 664.73万元价格受让沈阳电机股份有限公司部分机器设备,并承诺自转让资产交付日18个月内将转让资产搬迁出现厂区;沈阳电机的土地和厂房由沈阳市铁西区人民政府自行处置,债权债务由原企业负责;沈阳电机的"沈电"商标所有权、使用权在不变的情况下,由泰豪沈电独家使用;原沈阳电机近800名技术、营销、生产骨干进入新成立的泰豪沈阳电机有限公司。2011年5月,新公司正式运行,开始批量生产产品。

2011年6月,经国家科技部有关专家评审,上海电气科学研究所(集团)有限公司所属上海电机系统节能工程技术研究中心被国家科技部确定为第三批国家技术转移示范机构(国科发火〔2011〕201号)。该机构为行业企业搭建了一个集技术研究、产品开发、技术转让、技术咨询、标准、测试、人才培养等为一体的创新服务及转移的平台。

2011年3月11日,由哈尔滨电气集团公司绝对控股(78.07%)、哈尔滨电机厂有限责任公司直接管理的哈尔滨电机厂(昆明)有限责任公司接受哈尔滨电机厂有限责任公司2.5亿元的增资扩股,注册资本由3 884万元增加到8 755万元,哈尔滨电机厂有限责任公司取得55.64%的股权。

〔撰稿人:中国电器工业协会中小型电机分会曹莉敏 审稿人:中国电器工业协会中小型电机分会陈伟华〕

小功率电机

生产发展情况 面对国际金融市场的剧烈动荡、全球经济增长乏力、国内经济增速放缓和通胀加剧、流动性过剩、货币政策紧缩及物价指数持续走高等严峻形势,小功率电机行业的生产经营面临很大的困难。特别是近几年,小功率电机原材料价格一直居高不下,用工成本直线上升,再加上行业产品的无序价格竞争,大部分企业长期处于微利状态。

2011年上半年,行业经济总量延续了上年的增长态势,全行业全年产销和利润都保持了增长势头,但下半年全行业走势有所回落。

根据33家小功率电机企业统计资料显示,2011年完成工业总产值449.45亿元,同比增长120%;工业销售产值241.00亿元,同比增长22.2%;实现利润19.3亿元,同比增长5.7%,利润总额超500万元的企业20家。2011年小功率电机行业主要经济指标见表1。2011年小功率电机行业主要经济效益指标见表2。2011年小功率电机行业主要经济指标前10名企业见表3。

表1 2011年小功率电机行业主要经济指标

经济指标	单位	2011年	经济指标	单位	2011年
工业总产值(当年价)	万元	4 494 470	年末资产总额	万元	2 490 184
工业增加值	万元	471 157	流动资产平均余额	万元	402 648
工业销售产值	万元	2 410 049	职工平均人数	人	30 712
产品销售收入	万元	2 345 460	工程技术人员	人	5 795
利润总额	万元	193 042			

表 2　2011 年小功率电机行业主要经济效益指标

指 标 名 称	单位	机械工业标准值	2011 年	2010 年
总资产贡献率	%	10.70	17.22	14.01
资本保值增值率	%	120.00	112.90	89.73
资产负债率	%	≤60.00	47.04	45.59
流动资产周转率	次	1.52	2.24	2.8
成本费用利润率	%	3.70	7.57	6.14
全员劳动生产率	元/人	16 500.00	115 313.23	83 211.92
产品销售率	%	96.00	92.97	96.22

表 3　2011 年小功率电机行业主要经济指标前 10 名企业

序号	企 业 名 称	工业总产值（万元）	企 业 名 称	主营业务收入（万元）	企 业 名 称	利润（万元）
1	珠海凯邦电机制造有限公司	2 307 996	卧龙控股集团有限公司	780 054	卧龙控股集团有限公司	89 908
2	卧龙控股集团有限公司	788 865	广东威灵电机制造有限公司	368 283	中山大洋电机股份有限公司	24 204
3	广东威灵电机制造有限公司	356 905	珠海凯邦电机制造有限公司	211 025	广东威灵电机制造有限公司	22 957
4	杭州富生电器有限公司	240 703	中山大洋电机股份有限公司	209 201	杭州富生电器有限公司	11 761
5	中山大洋电机股份有限公司	216 488	杭州富生电器有限公司	208 928	上海日用友捷汽车电子有限公司	10 663
6	上海日用友捷汽车电子有限公司	98 080	上海日用友捷汽车电子有限公司	106 718	横店集团联谊电机有限公司	6 261
7	福建安波电机集团有限公司	63 436	福建安波电机集团有限公司	63 721	常州市永安电机有限公司	5 684
8	横店集团联谊电机有限公司	59 754	常州市永安电机有限公司	57 795	杭州微光电子股份有限公司	5 422
9	常州市永安电机有限公司	58 000	横店集团联谊电机有限公司	57 794	福建安波电机集团有限公司	4 164
10	浙江特种电机有限公司	45 982	威海泰富西玛电机有限公司	36 800	珠海凯邦电机制造有限公司	2 586

2011 年,小功率电机行业的关键词为“高效节能”“无刷直流”。“十一五”期间,国家有关部门非常重视高效电机节能工程,2011 年在全国高效电机推广工作会议上,国家财政部、发改委联合宣布:我国将抓紧建立以财政补贴政策为核心的高效电机推广机制,其中财政补贴力度将进一步加大;鼓励用户大规模采购高效电机,并加快淘汰高能耗老旧电机,推动高效节能电机在国内的应用。国内部分小功率电机企业很好地抓住了这个机遇,通过与高校和科研院所合作,加快调整产业结构,不断提高产品质量,大力发展高效节能产品,提高产品的科技含量和附加值,引导电机产业从劳动密集型产业向技术密集型产业转变。

市场及销售　2011 年,小功率电机销量同比增长 22.09%,销量快速增长的原因主要是国内销售增速加快。上报生产和销售情况的 28 家企业的 25 种产品,国内销售5 572.62万台,出口 5 919.80 万台。2011 年小功率电机产品分类销量见表 4。

表 4　2011 年小功率电机产品分类销量

产 品 名 称	2011 年(台)	比上年增长(%)
总计	285 912 008	13.97
单相、三相异步交流电机	3 064 556	9.20
家用电机	199 421 400	25.00
其他电机	83 426 052	7.70

注:以上数据均为上报的 28 家企业数据。

2011 年小功率电机行业 32 家企业实现产品销售收入2 345 460万元,比上年增长 22.09%;电机销售收入超 5 亿元的企业有 9 家;出口交货值 423 970.1 万元,比上年增长14%。2011 年小功率电机行业出口交货值前 10 名企业见表 5。

表 5　2011 年小功率电机行业出口交货值前 10 名企业

序号	企 业 名 称	出口交货值（万元）	比上年增长（%）
1	中山大洋电机股份有限公司	134 428	12
2	广东威灵电机制造有限公司	64 849	17
3	卧龙控股集团有限公司	61 252	1
4	福建安波电机集团有限公司	38 964	9
5	广东宝力电器有限公司	21 221	27
6	杭州富生电器有限公司	20 919	57
7	杭州微光电子股份有限公司	20 074	0
8	横店集团联谊电机有限公司	19 477	37
9	河北五洲集团有限公司	8 403	-37
10	中山市至威电机电器制造有限公司	7 002	11

横店集团联宜电机有限公司 2011 年完成销售收入57 794万元,同比增长 13.12%,取得了较好的业绩。

威海泰富西玛电机有限公司 2011 年实现销售收入4.53 亿元,实现利税 600 万元,实现利润 103 万元,上缴税款394万元,其中上缴国税146万元、地税248万元。资产总计33 565万元。公司坚持巩固老市场,培育新市场,挖掘潜在市场,扩大市场空间,充分利用品牌影响带动产品整体销售,建立了除海南、西藏以外的全国销售网络格局。根据市场需求的变化,进行科学的理性分析,不盲目跟风,适时调整产品价格,力争遵守行业市场规律。借鉴海尔管理模式,在销售工作中全面推行绩效考核制度;强化销售队伍建设,优胜劣汰。2011年,销售电机494 868台,其中单相电机297 327台、三相电机197 541台;实现销售收入44 600万元,开发新用户225个,新增销售回款5 019万元。2011年出口各类电动机24个批次计22 147台,完成出口交货值765万元。

广西兴业玉电机电有限公司2011年电机(端盖)产量19 380台,产值501.2万元;电机销量11 145台,销售额222.8万元;端盖销量3 900个,销售额26.2万元。电机产品均为国内销售,端盖NBARD-3 754HC销往日本。

佛山市南海九洲普惠风机有限公司2011年电动机的销售量翻番,主要配套于通风设备。

北京富特盘式电机有限公司2011年加大了资源配置投入,品牌建设效果明显,基础管理稳步推进,生产销售规模稳步扩大,企业经营业绩逐步提升。2011年实现销售收入6 550万元,比上年增加1 671万元,增幅34.2%,较好地完成了全年工作目标。

天津市中环天虹微电机有限公司在原有市场的基础上,大力拓展伺服电动机、旋转变压器等新产品市场,为企业发展提供了较大空间。

南京南微电机有限公司生产各类小功率电机和油泵电机199 737台。2011年下半年受国际金融风暴的延续影响,销售量下滑,但该公司加快了新产品的研发和新市场的开发,特别是出口市场的开发,仍取得了不错的业绩。

2011年是开平市三威微电机有限公司快速发展的一年,其产值、销售量、利税都创历史最好水平。生产各种电机25万台,实现利税1 100万元,员工工资也同步增长。

上海金陵雷戈勃劳伊特电机有限公司主要受困于原材料价格波动和汇率变动,国外市场开拓和维持难度加大,但实际的销售状况仍相对平稳。该公司以北美、欧洲为主要市场,国内的客户大多以整机出口欧美市场为主,受金融危机影响尤甚,人民币对美元升值使公司损失100多万元,加之劳动力等综合成本的提高,导致2011年的经营业绩出现较大下滑。但销售额有所提高,大部分得益于原材料价格上涨而进行的调价。面对困境,企业除了调整价格之外,也加大了新产品的开发和产出力度,优化客户结构,确保一定的产出增长,2012年有望扭亏为盈。

卧龙控股集团有限公司积极实施产品技术创新,大力开展降本增效专项活动,严格把控资金收支,为集团公司的有序运营和整体稳定发展夯实了坚实基础。与此同时,集团公司全资并购了艾泰克集团下属的ATB公司,为卧龙"走出去",加速推进国际化进程奠定了良好的基础。一年来,集团运营情况良好,累计实现销售收入780 054万元,同比增长11.41%;实现利润89 908万元,同比增长8.84%。虽然增幅较上年有所放缓,但还是实现了持续稳健的增长。

河北五洲集团有限公司的产量、销售收入、出口创汇额与2010年相比下降明显。2012年国际市场需求仍低迷,公司面临更大的困难。

杭州微光电子有限公司累计实现销售收入28 819万元,同比增长7.9%,但增幅远小于上年。主要是2011年以来,电机产品的市场需求疲软。公司的总体运行基本平稳,但受市场环境及国内通货膨胀、货币紧缩政策等因素的影响,企业订单量明显下降,上半年主要经济指标未达到年初预定的目标,进而影响全年目标任务的完成。公司利润总额保持较平稳的增长,实现利润总额5 422万元,同比增长28.3%。主要是由于企业狠抓内部管理,强化节能减排措施,成立了节能减排小组,制定了"节能减排和提高劳动生产率的实施办法",从库存考核、物料消耗、耗材节省、能源利用等方面综合生成了效益,保持了利润总额的平稳增长。该公司是国内生产冷柜用罩极式电机的龙头企业,注重提升产品的质量和科技含量,不断优化老产品的技术工艺,产品质量在国内同行中居于首位,市场前景广阔。2011年,冷柜用罩极式电机产量478万台,产值约1.8亿元,利税3 000万元,预计2012年产量560万台。近五年来,众多小企业因看中外转子风机电机较好的利润空间,大量进入这一领域,当前该市场面临低价竞争的局面。2011年,该公司外转子风机电机产量78万台,预计2012年为92万台,产值约1.7亿元,利税3 000万元。

广东嘉和微特电机股份有限公司电机产量同比下降4.7%,销售额同比下降9.21%,利润同比增长0.32%,税收同比下降15.8%,员工人数同比下降5.8%。

福建安波电机集团有限公司总体经济运行平稳,生产销售平稳增长,出口平稳较快增长,员工收入稳定增长。该公司利润在三季度增幅收窄以后四季度又有所回升。但由于原材料价格波动较大,劳动力成本持续增加,公司流动资金吃紧,综合经济效益同比略有下滑。

广州微型电机有限公司销售一直良好,不同产品的市场销售情况如下:化工机械和木工机械行业的订单品种单一且订量较大,市场潜力较大;清洁环保机械行业的订单也在增长,且一直有具有市场潜力的样机开发,新发展的客户成长性较为明显,货款回收周期也比较短,大部分可发展为传统A类客户;中压风机电机和减速机电机的订单比较大,但市场竞争较为激烈,交货期要求也比较短,单台电机的利润相对较低,订单的增长规律不明显,得到订单即可占有市场;秋季食品机械电机客户订单逐渐增多,规律比较明显;传统单相、三相电机在广东、浙江和福建的销量比较可观,库存可做适量的调整;出口订单比较稳定,对新开发的样机客户比较认可,单台电机的利润比较可观,但由于UL认证周期较长,无法马上投产。

芜湖通力电机有限责任公司销售业绩基本保持稳定。

2011年电机市场需求下降，该企业在稳定原有老产品的基础上，积极开发新产品，满足市场的需求，确保公司整体销售业绩趋于稳定。

珠海凯邦电机有限公司2011年向中国台湾销售9.67万美元；2011年产量同比增长67.46%，产值同比增长76.62%，销售额同比增长65.9%，纳税额同比增长54.68%。

江门市东申大电机有限公司2011年下半年出口增长较大，但国内市场下滑。电机出口市场对散件需求增多，产业转移迹象明显。

面对人民币兑美元汇率浮动的影响，2011年中山大洋电机股份有限公司适时调整销售策略，实现国内市场和国际市场均衡发展。报告期内，公司营业利润、利润总额分别较上年增长3.37%和2.62%。

2011年，杭州富生电器有限公司制造实业二部正式投入运营，全年共生产各类电机2 500万台，实现工业总产值24.07亿元，销售收入20.3亿元，创利税2.16亿元，分别比上年增长38.89%、18.57%、23.67%和45.14%，各项经济指标实现了新的跨越。2011年8月公司顺利通过了国家重点支持高新技术企业复审认定，列第24届中国电子元件百强第29位、浙商500强第327名。该公司率先在行业内掀起原材料铝漆包线的改革，研制了低碳节能型压缩机电机，自主研发的离心浇铸机正式投入使用。主导产品无氟制冷压缩机电机的产销量持续上升，高效电机的占比大幅度提升。继续与丹弗斯、特灵空调、艾默生、日立等全球500强企业和德国凯驰、百德、华意压缩、海立电器等国内外知名企业保持良好的产品配套关系，并新增阿其力克、美芝、凌达等知名品牌客户，取得了较好的业绩。

科技成果及新产品 横店集团联宜电机有限公司2011年研发的3种新产品，均通过了浙江省新产品鉴定。

(1)低静止力矩驱动电机。额定电压30V，电机额定转矩(100±10%)mN·m。该产品采用粉末冶金转子铁心、无槽结构，转子轴与不锈钢转子支撑架注塑连接，支撑架表面绕线，大幅提高了电机反应速度；采用弧形电刷，刷架与端盖铆接固定，提高了电刷的使用寿命；选用小游隙轴承，热配套固定转子轴和轴承，并将两个轴承安装在电机同一端盖内，提高了装配同心度，减少了电机的轴向和径向窜动，降低了负载运行噪声。产品具有高效、高可靠、低噪声等特点，处于国际同类产品先进水平。

(2)低压大功率无刷直流控制器。该产品是一种无刷直流电机控制器，采用高精度、多功能16位处理器，改进的增量式PID控制算法闭环调速，有外部模拟量、占空比脉冲、内部模拟量等多种速度输入模式，并有电压反接、过载、欠压保护、泵能泄放、数据通信等多种功能。产品具有系统结构设计合理、调速精度高、功能完备、电磁兼容性强、运行稳定可靠、操作方便等特点，其技术性能达到国际同类产品先进水平。相关技术已获实用新型专利3项。

(3)高可靠性火车轨道门电动机。该产品是火车车厢导轨门专用电动机，采用大扭矩低转速方案，电机出轴直接驱动丝杆，减少电刷与换向器的机械磨损，延长电机使用寿命；采用细长型结构，减少转子转动惯量，提高电机响应灵敏度；采用爪形转子绝缘片，提高了电枢绕组的稳定性和可靠性。产品具有低静止力矩、高灵敏响应、低噪声、可靠性高、使用寿命长等特点，主要技术性能达到国际同类产品先进水平。

威海泰富西玛电机有限公司完成了20多个规格的YX3高效电机的小批量试生产。完成了对单相、三相电机以冷轧800硅钢片代替热轧硅钢片的DR510电机的电磁方案调整，其中单相电机69个、三相电机150个。改进中心高132mm以下电机端盖轴承室加工工艺。改变电机转轴退刀槽的加工工艺，并加以验证。改进引接线工艺，改进绕线夹紧装置设计，提高了绕线质量，减轻了员工劳动强度。

天津市中环天虹微电机有限公司2011年研发了阿尔特变频电动机系列和小功率4极、2极高效电动机系列产品。

上海金陵雷戈勃劳伊特电机有限公司2011年研发2种新型电机产品：①NEMA标准48机座不锈钢单相电容运转电动机，是外形独特、结构新颖的小功率不锈钢电机，主要是为满足美国市场需求开发研制的，已全部完成研制并批次投入生产，销往海外；②根据美国客户市场需求研制的NEMA标准56机座TEFC及TENC多款不锈钢单相电容起动单容运转异步电动机，均完成验证并投入生产。

卧龙控股集团有限公司2011年共研制14项新产品：

(1)M79－30型榨汁机用低噪声齿轮减速直流电动机。产品采用碳刷浸油、斜角和开槽等设计，优化了冷却风扇结构，有效降低了跑合时间和运行噪声；采用齿轮减速和电机一体式设计，结构紧凑。产品具有噪声低、可靠性高等特点，技术处于国内领先水平。

(2)护理设备用高速无刷直流电动机。产品采用独特的免调令位式霍尔板安装方式、转子位置感应磁钢防反转结构、转子位置感应磁钢和转子磁极同相位结构设计、拼块插入式转子磁钢结构，降低了工艺难度，提高了工艺效率。产品具有性能优良、结构紧凑、性价比高和使用可靠等优点，适应高速运行，产品技术处于国内领先水平。

(3)密集烤房控制器。项目产品是由单片机、温湿度传感器及输入输出接口组成的控制装置，自主开发了风门控制前馈算法、风门开度多种补偿算法和烤次自动识别算法等技术，实现对烟叶生产过程温湿度的精确控制。产品具有控制精度高、烤次识别准确、烤烟质量好、使用电压范围宽等特点，技术处于国内同类产品领先水平。

(4)洗衣机用高效节能三相变频电动机。该产品采用有线元软件对电磁设计方案进行了优化，提高了电机性能；转子的铝环上部采用分隔槽结构，便于实现转子动平衡；定子铁心和端盖采用凸凹槽结构，简化了生产工艺。产品具有效率高、运行性能好等特点，技术处于国内领先水平。

(5)智能型电动自行车用锂电池管理系统。系统采用高耐压采样模块，内置LDO电源输出，外置浪涌吸收电路，提高了系统可靠性；MCU 和采样模块结合，可进行电池剩余电量精确检测和电池健康状态检测。具有充放电保护、高低温保护、均衡充电等功能，以及运行可靠、适用性好、性价比高等特点，技术处于国内同类产品领先水平。

(6)MVE－E 高效振动电机。产品广泛配套于矿山、冶金、煤炭、电力、铸造、建筑等机械行业，为振动给料机、振动输送机、振动筛等振动机械作激振源。

(7)MVE 石材专用真空变频短时工作振动电动机。人造岗石在国际上已经成为一种新兴的台面材料，大部分生产厂家采用真空压振动成形。

(8)MV 系列高压变频器。主要应用于电力、冶金、石化、矿业、市政、交通等行业的高压电机调速。

(9)WLSE56 工业缝纫机无刷驱动系统、WLSE61H 高性能工业缝纫机伺服驱动系统。主要应用于工业缝纫机领域。

(10)M62－38 按摩椅电机、WS66 无刷豆浆机电机。主要用于家电、商用豆浆机以及小型家用电器。

(11)长寿命高可靠性起动电机。主要用于割草机、吹雪机、发电机、园林工具等发动机的起动。

(12)汽车尾气处理泵用无刷直流电机。主要用于柴油车的尾气处理泵。

杭州微光电子股份有限公司 2011 年研制以下新型电机产品：

(1)节能型特种外转子风扇电动机。外转子轴流风扇电动机是一种直接联带风叶的外转子电机，主要作为暖通制冷设备的紧凑型新型风扇电机，将广泛取代传统的内转子风扇电机。该产品符合 RoHS 指令要求，所用材料重复利用率达 95% 以上。

(2)带插头的电机。该产品具有较强的通用性，可达到较高的防护等级，与同类产品相比节材较好，具有市场竞争力。获得实用新型专利。

(3)外转子轴流风机外特性测试系统。该项目针对小型轴流风机性能测试开展研究，融入了虚拟仪器技术，通过串口通信建立了一套基于计算机控制的自动采集系统，实现了风机性能测试的可视化和人机对话。数据采集全面科学，数据处理在系统内部进行，自动生成 CRC 校验码，删除不合理数据，有效提高了检测的准确性。

(4)高效节能型无刷直流外转子风机。该产品将无刷直流电机技术应用到风机上，兼具外转子风机空间及材料利用率高以及无刷直流调速性能优良、噪声低等特点，工作效率 75%。为国家火炬计划项目。

(5)特种外转子水泵电动机。该产品成功地将外转子结构用于水泵电动机中，在电动机的减振及降噪设计加工方面实现较大突破，为国家重点新产品。该电动机内部空间小、材料利用率高、体积小、结构紧凑、外形美观，同时也对工艺要求高，特别是同心度要求高、气隙要求小。

(6)YWF710 外转子轴流风机。外转子风机越来越广泛地使用于暖通制冷设备行业，随着暖通制冷机组容量的不断扩大，大规格风机的市场需求也在不断增加。该产品填补了国内大规格直联式外转子风机的空白，取代了进口，已批量出口。该项目成功地将直流电机技术应用到冷柜电机中，研制出一种代替冷柜电机的高效无刷直流电动机，能效指标提高一倍，符合国家产业导向，具有良好的市场前景。

(7)特形风叶的外转子轴流风机。该产品采用风叶造型的方式提高风扇效率和风量约 30%，节能效果明显，得到用户的高度认可。这一技术在该企业全系列规格中不断成功推广，形成了独特的产品系列。

(8)风机振动测试系统。该系统是风机现场智能整机动平衡测试系统，具有性能稳定、操作简单、平衡速度快、平衡精度高、重量轻、便于携带等特点。

(9)节材型罩极电机。针对市场需求开发，通过先进的结构、工艺设计，达到降低用材、提高效率、减少生产成本的目的。

(10)特种高防护等级的外转子轴流风机。该产品采用全封闭式外转子电机，为了实现转动部件的全封闭结构，利用双层端盖技术使内端盖与转子紧密配合成为联动风叶转动部件，可防尘防水，对定子起到有效防护作用。

(11)电子控制宽域调速外转子轴流风机。该风机带有的内置式调速电动机，采用特别设计的绕组排布方式，通过最简单的电压调整，在额定转速的 40% ~100% 范围内可保证转速基本呈线性变化，效率保持在额定效率较高的范围内。产品适用于电网电压变化大的场所。

(12)高效 E 电动机。该产品设计为内置式交直流转换及控制驱动电路与永磁电机一体式结构。采用高集成化的控制技术，选用超低功耗的微电脑芯片，使用单一电源驱动电路结构，整个线路外围元件少、走线简单，可大大减小电路面积元器件体积，提高可靠性。

(13)一种交流输入的直流无刷外转子轴流风机。该项目采用高度集成化的微电脑芯片电子控制电路，可进一步提高能效，同时控制器与电机的一体化的设计方便客户安装使用，电机效率趋于国际先进水平。

(14)节能型轴流风机专用电容电机。该产品主要由被嵌入电机定子铁心的绕组、转子、电容组成，集罩极式电机和电容运转式电机的优点于一体。产品结构设计突破传统的设计规范，采用创新的定转子结构，使铁心的导磁性能得到最大限度地发挥，同时考虑到电机工作在较大静压下，调整电机输出特性曲线较平缓。

(15)节能型单相永磁变频冷柜风机。产品为全国替代传统罩极冷柜电机，主要特点为节能、可智能调速、使用寿命长、低噪声。

广州微型电机有限公司 2011 年共 2 项科技成果：①双转子永磁同步风力发电机及控制系统的研究项目。将“双转子”新技术应用于永磁同步风力发电机，进行电磁和结构设计；研究了双转子永磁同步发电机的控制系统，提出了电机及控制系统的数学和仿真模型；解决了普通永磁同步风力发电机因风力小而不能起动和电压波动大的缺点，并设计了最大功率点的跟踪控制，从而加宽了工作风速范围，提高了风能的利用率和发电机效率，可以广泛应用于风力发电系统。②小型高频电机/电主轴的机电结构与应用特性研究及产业化项目。通过分析电主轴结构，设计了一种具有高效散热特性的复合定子结构的电主轴。采用压铸、浇注或者注塑等工艺在电主轴定子外圆表面形成定子导热套，与定子构成复合定子结构；定子导热套外圆表面加工出冷却介质沟道，在沟道表面采用物理或化学工艺加工出纹路，增大了散热接触面积。通过分析影响电主轴性能的参数，结合虚拟仪器技术，设计了检测电主轴转速、振动和温升等参数的测试平台。

广东嘉和微特电机股份有限公司2011年研制的电动机新产品有：HC88系列串激电动机、HY系列永磁直流电动机、碎肉机用的电动机、单向带双轴的减速电动机和电机电枢风轮压装装置。

福建安波电机集团有限公司2011年完成2项新产品的研发：①异步电动机与控制器一体化电机集成产品科研项目，2011年被福建省科技厅列入福建省重点项目，已小批量生产，主要应用于工业、农业、建筑业以及公用设施等领域。项目计划总投资1.2亿元，市场前景十分广阔。②MSHE、Y2HE高效三相异步电动机。其核心技术在于效率高，其效率指标达到欧盟EFF1标准，大于欧洲IE2效率值1%～2%，同时大于GB 1861—2006的2级标准值。与EFF2普通电机相比，MSHE和Y2HE高效电机效率提高2%～7%，损耗平均降低20%，噪声小、污染少，结构灵活方便。该产品已正式投放市场，列入国家“节能产品、惠民工程”项目补助。此外，该公司研发的永磁伺服电动机及调速控制电机、智能变频调速控制一体机，已开始量产，具有广阔的市场前景。

杭州富生电器有限公司2011年开展小型高性能电机铁心自动生成控制系统的研究。该项目采用PLC技术、人工智能控制技术等，以定子铁心全自动大回转装置的研发为主要内容，研制的自动化系统适合于采用硬质合金级进冲压模具的高速冲床，可实现电机铁心生产的高质高效。

产学研合作 开平市三威微电机有限公司2011年与广东工业大学、中国电器科学研究院成立了电机技术研发中心，建立了稳健的产学研平台，重点开发高效节能环保小功率电机产品。通过一年的努力，该公司生产的YX3系列电机全部通过了3C认证和节能产品认证，同时开发出符合世界各国高效率标准的产品，配套出口韩国、日本、澳大利亚、新西兰等国家，被客户指定为唯一的配套产品企业，形成了国内外市场供不应求的良性局面。

广东嘉和微特电机股份有限公司2011年与浙江大学、上海交通大学合作研发超声波电机项目；与嘉应学院合作提升工艺水平，与广东工业大学合作开展企业信息化建设；与嘉应学院合作研发永磁无刷直流电机用驱动控制器项目。

杭州富生电器有限公司2011年上半年与浙江大学合作，投资3 700万元建设浙江省工程技术研究开发中心；浙江省微特电机节能降耗工程技术研究开发中心已挂牌成立，并聘请中国工程院院士担任学术委员会主任。中心分别从美国、德国、奥地利、日本等国家和中国台湾引进了世界领先水平的激光切割机、加工中心、精密线切割机、坐标磨床等中试设备和试验仪器，有效提高了研究试验水平，打造了产品研发和工艺装备研发两大平台。该公司与德国Secop公司、费伦斯堡大学合作共建MC研发中心，从事电机与电机控制系统的研发。中心总部拟设在富阳，并在德国设立分中心，德国将派15人的高级研发团队进驻中心。

质量 天津市中环天虹微电机有限公司2011年通过了CQC质量管理体系外审的监督审核，接受了UL认证飞行检查4次，3C认证进厂检查1次，商检局分级管理检查及重要客户5次进厂审查。2011年主导产品一次合格率95%，顾客满意度100%，出口商检一次合格率100%，合同履约率100%，计量器具周检率99%，仪器仪表送检率100%。

卧龙控股集团有限公司通过了各级质监部门的质量抽查，顺利完成了ISO 9001换证工作，完成10项标准备案，参与6项国家标准、12项行业标准的制修订。

杭州微光电子有限公司先后通过了ISO 9001质量管理体系认证、ISO 14001环境管理体系认证、标准化管理水平3A级及二级计量检测体系认证、OHSAS 18001职业健康安全管理体系认证。2011年顺利通过了三体系的监督审核，确保了体系运行的有效性。该企业产品取得了生产许可证，通过了CCC、CE、UL、VDE、RoHS认证。产品抽检合格率99.3%以上，其中安全性能合格率100%。产品在“CCC”监督、市场抽查中均合格。企业检测中心配置了高素质的检测人员，配置了近千万元的检测设备，2011年通过了国家试验室认可，检测范围涉及电机风机的16个主要项目。

珠海凯邦电机制造有限公司2011年1月通过了17025试验室能力的认可，2011年2月通过了ISO/TS 16949:2009认证。2011年3月加入JB/T 4270等3个行业标准修订工作组。2011年12月通过了广东省名牌产品复审。2011年12月产品通过了TÜV认证。

标准 全国旋转电机标准化技术委员会小功率电机分技术委员会积极组织行业企业参与《电动轮椅用电动机技术条件》《家用潜水泵用电容式电动机技术条件》《空气调节器风扇用直流无刷电动机 技术条件》《自动门用电动机技术条件》《房间空调器风扇用电动机 通用技术条件》《小功率电动机试验用测功机通用技术条件》《YSB系列机床三相冷却电泵》《YSD系列变极双速三相异步电动机》和《罩极异步电动机 通用技术条件》9项行业标准的制修订，并于2011年12月组织重点企业参与标准修订技术研讨会。其中，《电动轮椅用电动机 技术条件》《家用潜水泵用电容式电动机 技术条件》《空气调节器风扇用直流无刷电动机 技术条件》《房间空调器风扇用电动机 通用技术条件》《小功率电动机试验用测功机通用技术条件》《YSB系列机床三相冷却电泵》《YSD 系列变极双速三相异步电动机》和《罩极异步电动机 通用技术条件》8 项标准顺利通过了审查。

2011 年 7 月 1 日起，GB 25958—2010《小功率电动机能效限定值及能效等级》标准正式实施。该标准规定了小功率电动机的能效等级、能效限定值、目标能效限定值、节能评价值和试验方法，适用于 690V 及以下电压和 50Hz 的交流电源供电的小功率三相异步电动机（10 ~ 2 200W）、电容运转异步电动机（10 ~ 2 200W）、电容起动异步电动机（120 ~ 3 700W）、双值电容异步电动机（250 ~ 3 000W）等一般用途电动机以及房间空调器风扇电动机（6 ~ 550W）。该标准自实施之日起，凡是能效标准达不到国家标准强制要求的企业，将不能继续生产销售。为此，2011 年 5 月，全国能源基础与管理标准化技术委员会与中国电器工业协会分马力电机分会联合中国标准化研究院能效标识管理中心、中国质量认证中心和国际铜业协会（中国）等相关单位共同举办了“小功率电机行业企业实施 GB 25958—2010《小功率电动机能效限定值及能效等级》研讨会”，帮助企业了解国家相关节能政策法规的要求，理解小功率电机能效标准的要求，熟悉相关产品能效等级及限定值等要求，掌握检验技术。

基本建设及技术改造 横店集团联宜电机有限公司 2011 年完成 7 727.4 万元的基本建设与技术改造投资，其中基本建设投资 4 213.2 万元，技术更新改造投资 3 514.2 万元。与意大利 NICE 集团全面合作，通过单片机等手段对管状电机进行智能化控制，研发自动化、智能化管状电机，同时对不同应用领域进行分析，获得最佳应用参数。该项目建筑面积 37 920 万 m^2，进口车削中心、三坐标测量仪、示波器等国际先进设备，购置了加工中心、数控车床、自动绕线机、总装生产线、电磁兼容测试系统等国产设备，市场前景广阔。项目建成投产后，可年增销售收入 36 750 万元、利润 5 796 万元、税金 2 349 万元。该项目已申请实用新型专利 5 项。

珠海凯邦电机有限公司 2011 年完成 3 项新工艺的更新改造：

（1）端盖加工模具新工艺研究与应用。原有工艺需增加 5 ~ 10mm 的开料尺寸，改进后采用先外再内半拉伸、再反拉伸工艺，既抵消了拉伸应力，又可保证产品质量与生产效率，同时节约了材料。

（2）改善电容器连接方式。用“闭端子”代替“热缩管”连接电容器与引线，不仅端子成本低，而且工序操作简单，不用再经过“浸锡—套热缩管—烘热缩管”工序，整个连接工序只需一个人即可，直接减员增效。在总装线上取消了焊锡炉、工业风筒等高温危险工具，有利于安全生产。

（3）降低外协端盖冷板工艺损耗率，工艺排布优化；端盖整形与精整形工装的引进与改善；电镀自动线的引进与投用大大减少了电镀损耗量。

广州微型电机有限公司完成 360 万元的基本建设和技术改投资，其中基本建设投资 210 万元，包括总装车间扩建、产品展厅建设、新模具车间建设等。150 万元技术更新改造投资，包括组建机械嵌线机及其流水线、新工艺压铸机以及购置高精度加工机床及高精度气动测量装置。

威海泰富西玛电机有限公司 2011 年完成主要投资项目 5 项，累计投入 5 025 万元。①投资 605.3 万元，购置各类生产设备及辅助设备 33 台（套）；②投资 350 万元，购置 500kW 及 15kW 电机型式试验站 2 台（套）；③投资 92.4 万元，完成了原恒大集团房地产向泰富西玛公司的转移；④投资 490 万元，确定了天沐路南总装车间部分土地产权；⑤投资 3 487.3 万元，完成了天沐路南总装车间一期工程。

佛山市南海九洲普惠风机有限公司 2011 年完成 2 100 万元的基本建设和技术改造投资。YDW 外转子电机技改项目于 2011 年 9 月完成，技术更新改造投资 100 万元；基本建设投资 600 万元，新建 6 800m^2 厂房一座；机械设备购置 300 万元；新产品周转资金 1 000 万元；技术资金 100 万元。

开平市三威微电机有限公司 2011 年完成 150 万元技术更新改造投资，采用先进的自动绕线机、自动嵌线机完成定子嵌线，绕组等工艺，取代了传统手工工艺，提高了生产效率和效益。

中山市华格电器有限公司 2011 年完成 270 万元的基本建设和技术改造投资，其中技术更新改造投资 220 万元。

卧龙控股集团有限公司 2011 年完成 59 615 万元的基本建设和技术改造投资，其中，基本建设投资 25 420 万元，技术更新改造投资 34 195 万元。基建投资项目中，“高压、超高压变压器项目”总投资 5.2 亿元，2011 年完成投资 25 420万元，已完成厂房建设及设备安装，2012 年初进行试生产。技改投资项目：①高效节能中小型交流电机项目总投资 3 亿元，2011 年完成投资 21 960 万元，已完成厂房建设及设备安装，2012 年初进行试生产。②年产 70 万台（套）汽车用 ABS 电机项目总投资 1.5 亿元，2011 年完成投资 12 235万元，已完成厂房建设及设备安装，2012 年初进行试生产。

杭州微光电子股份有限公司 2008—2010 年投入“微电机和智能控制外转子电机生产项目”基本建设投资2 515.5 万元，2011 年主要进行了设备的调试和生产工艺的优化，未再有基建项目的预算。该企业重视优化生产工艺，提高劳动生产率，并从生产过程入手，加强成本核算，把节能减排成本分摊到生产的各个环节。“外转子电机专用插槽机”由原近 10 人的工作量减少到只需 1 人操作；2011 年与设备生产厂共同开发的短路环焊接、注油等半自动化设备，达到国内先进水平。2011 年企业技术改造投入达到 230 万元，成功减员调岗 30 人。

广东嘉和微特电机股份有限公司 2011 年总投资 1 亿元用于实现精益生产模式的技术改造项目。该项目列入省技改项目。

浙江特种电机有限公司 2011 年完成年产 10 万 kW 高效节能永磁电机生产线技术改造项目，投资 3 520 万元。

中山市至威电机电器制造有限公司 2011 年总投资 222 万元进行技术更新改造。

芜湖通力电机有限责任公司2011年共完成200万元的投资，其中厂区绿化改造工程、生产线建设总投资150万元，新增部分设备投资50万元。

珠海凯邦电机有限公司2011年完成基本建设投资344.75万元，技术更新改造投资513.67万元。其中，自动化项目中有自制真空检测台、自制气液增压机、自制气液整形机，节能技改项目中有节能灯改造、气液增压机改造、大型工业风扇代替普通风扇、熔铝炉改造。节能改造项目的开展，使该企业获得珠海市节能减排先进单位、斗门镇节能减排先进单位称号，并多次获得专项资金。

福建安波电机集团有限公司2011年完成2 670万元基本建设和技术改造投资，其中扩建厂房8 000m^2；投资年产16万台美国浴缸泵钢板壳电动机生产线的技术改造，该项目列入国家2010年技术改造项目补助项目。

杭州富生电器有限公司2011年总投资65 300万元用于基本建设和技术改造，其中基建23 300万元，技改42 000万元。①加紧建设年产2 500万台高效节能环保压缩机电机生产线技改项目，对现有的生产工艺及老设备进行改造和更新。该项目采用感应电机定子自动绕嵌线生产线、绕线机、点焊机、电机定子检测仪、电机转子检测仪、数控成形研磨机、感应电机转子全自动车削中心等国际先进设备和先进制造技术，电机性能达到国际先进水平，可以直接提高压缩机的相关性能指标。截至2011年12月，项目已完成电力增容、技术交流、工艺设计开发、设备引进、安装调试等相关工作，实际投入资金6.53亿元(用汇3 669万美元)，新建了定子冲压成形车间、定子绕嵌线生产车间、电机专用加工设备车间等建筑，总建筑面积1 064 437m^2，分别从德国、瑞士、美国、日本引进龙门式五面体加工中心、精密数控慢走丝线切割机床、数控精密外圆磨床、数控万能精密外圆磨床、数控精密内圆磨床各类先进设备250台(套)。②以“节能减排”为导向，不断开发高效制冷压缩机电机、高效节材型电机，提高与配套主机的能效比。加快新型材料的替代研究，在行业内率先开展铝线漆包线改革。积极采用国内领先的ESAI MAG、ESAI MOTOR分析技术、电参数化设计等优化设计技术，重点开发压缩机用三相永磁电机及节能节材型电机，采用了特有定子铁心小槽型结构，综合分析电机的磁场及温度场，最大限度地降低了电机硅钢片及漆包线的使用量。全年开发三相永磁电机5款，使电机最高效率达到93%以上。完成了德国丹弗斯SC系列等24个规格型号电机的开发，并进入批量生产阶段；完成了德国丹弗斯NL、TL系列前期开发试制工作。在空调压缩机电机方面，全年共完成48个电机型号的开发。

企业结构调整 卧龙控股集团有限公司2011年成功收购奥地利ATB集团，现拥有卧龙电气、卧龙地产、卧龙ATB、卧龙－LJ公司4家上市公司、44家控股子公司，形成了制造业、房地产业和金融投资业三大产业并进发展的良好格局。

珠海凯邦电机制造有限公司2011年成立了河南凯邦电机有限公司、重庆凯邦电机有限公司，集团公司初具规模。

2011年，福建安波电机集团有限公司启动了上市计划。与广发证券股份有限公司签订企业改制协议，并在海外设立分公司，更好地拓宽海外市场，加强品牌的辐射力与影响力。

行业组织活动 2011年4月，组织有关企业在广州召开小功率电机能效提升研讨会。

6月，召开了分马力电机行业协会第六届三次理事长会议。

9月，组织召开2011年全国小功率电机学术交流会。

10月，召开分会六届二次理事(扩大)会议暨2011年分马力电机行业交流大会。

积极做好信息服务工作，《分马力电机行业通讯》质量不断提高，全年累计为会员提供65万字的信息量。积极维护和更新“中国小功率电机网”，及时提供信息。

〔撰稿人：中国电器工业协会分马力电机分会张丽芳〕

微 电 机

生产发展情况 2011年，在金融危机和欧债危机的双重影响下，各国间贸易摩擦和贸易保护等问题日渐加剧，世界范围通胀严重，原材料价格猛涨，部分发达国家经济放缓，发展中国家滞涨危机已经显露。面对严峻的经济形势，我国相继采取扩大内需、调整产业结构等保持经济平稳发展的宏观政策措施，微电机行业也受到一定影响，发展速度有所放缓但整体经济仍保持平稳发展态势。多数企业及时调整产业结构，优化人员配置，积极开发新产品、新技术，大力提高产品附加值，积极开拓新市场，企业逐步走出了困境。但由于我国企业对外贸易缺乏协调，面临较大压力，行业内一些外贸型企业生存和发展艰难。

据对微电机行业35家企业的统计，2011年完成工业总产值123.12亿元，同比增长12.55%；工业销售产值122.07亿元，同比增长13.77%；新产品产值47.06亿元，同比增长14.86%；主营业务利润23.34亿元，同比增长16.38%，其中利润总额增加超500万元的企业有21家；主营业务成本97.52亿元，同比增长19.31%；出口交货值19.22亿元，同比增长19.30%，其中同比增长超50%的企业仅1家(2010年共19家)，出口型企业发展速度明显放缓；全年从业人员21 352人，同比增长2.28%。

2011年微电机行业35家企业主要经济指标见表1。2011年微电机行业35家企业主要经济效益指标见表2。2011年微电机行业出口交货值前10名企业见表3。2011年微电机行业重点企业经济效益综合指数见表4。2011年微电机行业重点企业工业增加值见表5。2011年微电机行业重点企业成本费用利润率见表6。

表1　2011年微电机行业35家企业主要经济指标

序号	指标名称	单　位	2011年	2010年	2011年比上年增长(%)
1	工业总产值	万元	1 231 225	1 093 971	12.55
2	工业销售产值	万元	1 220 701	1 072 934	13.77
3	新产品产值	万元	470 556	409 614	14.86
4	出口交货值	万元	192 234	161 100	19.30
5	其他收入	万元	25 482	24 360	4.63
6	流动资产年平均余额	万元	1 085 412	854 721	26.99
7	年末负债合计	万元	778 089	697 133	11.61
8	年末所有者权益合计	万元	970 052	796 098	21.85
9	主营业务收入	万元	1 222 336	1 078 636	13.32
10	主营业务成本	万元	975 212	868 300	19.31
11	营业费用	万元	37 532	34 196	9.75
12	主营业务税金及附加	万元	6 399	5 345	19.71
13	管理费用及财务费用	万元	85 308	74 091	15.13
14	利润总额	万元	133 479	113 740	17.35
15	年末资产合计	万元	2 107 632	1 503 505	40.18
16	从业人员数	人	21 352	20 875	2.28
17	科技活动经费筹集总额	万元	52 131	45 010	15.82
18	主营业务利润	万元	233 438	200 575	16.38

表2　2011年微电机行业35家企业主要经济效益指标

序号	指标名称	单　位	行业标准值	2011年	2010年
1	总资产贡献率	%	10.70	13.87	12.94
2	资本保值增值率	%	120.00	105.99	139.36
3	流动资产周转率	次	1.52	1.99	1.38
4	全员劳动生产率	元/人	16 500.00	180 570.46	120 570.46
5	成本费用利润率	%	3.71	12.30	9.70
6	产品销售率	%	96.00	95.30	97.91

表3　2011年微电机行业出口交货值前10名企业

序号	企业名称	出口交货值（万元）	比上年增长（%）	序号	企业名称	出口交货值（万元）	比上年增长（%）
1	卧龙控股集团有限公司	61 252	45.36	6	大连德迈仕精密轴有限公司	8 000	32.01
2	成都银河磁体股份有限公司	49 646	65.83	7	上海金陵雷戈勃劳伊特电机有限公司	5 135	47.86
3	横店集团联宜电机有限公司	19 477	36.77	8	东阳市横店东磁电机有限公司	5 058	7.29
4	安固集团有限公司	16 527	16.73	9	山东山博电机集团有限公司	4 398	基本持平
5	深圳市唯真电机有限公司	9 288	35.07	10	天津市中环天虹微电机技术有限公司	4 290	基本持平

表4　2011年微电机行业重点企业经济效益综合指数

序号	企业名称	经济效益综合指数	序号	企业名称	经济效益综合指数
1	北京和利时电机技术有限公司	4.90	9	横店集团联宜电机有限公司	2.19
2	成都银河磁体股份有限公司	3.47	10	宁波中大力德传动设备有限公司	1.99
3	南通振康焊接机电有限公司	3.07	11	金坛市微特电机有限公司	1.97
4	卧龙控股集团有限公司	2.71	12	广东嘉和微特电机股份有限公司	1.94
5	成都精密电机厂	2.32	13	山东山博电机集团有限公司	1.59
6	大连德迈仕精密轴有限公司	2.32	14	东阳市东政电机有限公司	1.50
7	浙江尤奈特电机有限公司	2.26	15	重庆川仪速达机电有限公司	1.47
8	上海司壮电机有限公司	2.24			

表5 2011年微电机行业重点企业工业增加值

序号	公司名称	工业增加值（万元）	比上年增长（%）	序号	公司名称	工业增加值（万元）	比上年增长（%）
1	成都银河磁体股份有限公司	21 511	100	9	山东山博电机集团有限公司	8 143	21
2	大连德迈仕精密轴有限公司	5 847	40	10	浙江尤奈特电机有限公司	4 513	19
3	天津安全电机有限公司	622	34	11	博山微电机厂	810	15
4	宁波中大力德传动设备有限公司	6 536	31	12	金坛市微特电机有限公司	1 437	14
5	西安微电机研究所	2 049	25	13	卧龙控股集团有限公司	156 579	13
6	东阳市横店东磁电机有限公司	5 631	22	14	上海司壮电机有限公司	339	10
7	桂林华晨特种电机发展有限公司	443	21	15	南通振康焊接机电有限公司	3 519	8
8	桂林电器科学研究院	443	21				

表6 2011年微电机行业重点企业成本费用利润率

序号	企业名称	成本费用利润率（%）	序号	企业名称	成本费用利润率（%）
1	杭州集智机电设备制造有限公司	83.22	6	广东嘉和微特电机股份有限公司	17.91
2	成都银河磁体股份有限公司	42.65	7	卧龙控股集团有限公司	13.07
3	北京和利时电机技术有限公司	21.26	8	横店集团联宜电机有限公司	12.04
4	成都精密电机厂	20.73	9	浙江尤奈特电机有限公司	10.85
5	南通振康焊接机电有限公司	20.73	10	大连德迈仕精密轴有限公司	7.89

市场及销售 当前行业应及时调整产业结构，建立技术经济联合体，加快技术创新，提高产品质量，实行价格自律，防止恶性竞争，凭借先进的技术装备和严格的科学管理以及我国劳动力成本低等优势，大力开发国内国际市场，积极参与国际市场竞争。

卧龙电气集团股份有限公司2011年生产经营遇到较大挑战。该集团大力开展降本增效，主动实施产品技术创新，严格把控资金收支，切实保障资金运行安全。2011年，该集团实现销售收入780 054万元，同比增长11.41%；实现利润89 908万元，同比增长8.84%；出口业务略有增长。虽然总收入增幅较往年有所放缓，但仍实现了持续稳健的增长目标。

成都银河磁体股份有限公司在2011年坚持“新技术、高效率、低成本、好管理”的经营理念，加大研发投入，持续改进企业设备和工艺体系，积极灵活地推进募投项目建设，加强内控建设和各项管理，企业竞争力进一步提高，产品销量进一步增加，经营业绩较2010年度有大幅提高。该公司是微电机分会2011年度统计中，为数不多的发展速度较快的企业之一。2011年，该公司实现营业收入56 362.42万元，同比增长69.90%；实现利润总额16 889.91万元，同比增长169.05%；实现净利润14 400.02万元，同比增长168.15%。

广东恒兴微电机有限公司2011年面对银行利率高、融资难、财务成本急剧增加等突出问题，积极采取第三方提供物业担保和从政府扶持的中小企业担保基金筹款等措施，有效地解决了企业融资难的问题。全年实现销售收入25 207万元，同比增长3.9%；出口交货值同比下降4.4%；利润总额同比下降5%。

天津市中环天虹微电机技术有限公司是一家外向型国有企业，2011年大力深化调整产业结构，形成了以节能环保、高附加值为主导的新系列产品；积极培植优质客户，大力开拓国外新市场，实现市场互补，做大市场规模。2011年国内外市场销售各占50%，达到了预期目标。全年完成工业总产值6 600万元，销售收入6 580万元，出口创汇461万美元，各项经济指标与上年基本持平。

2011年，来自国际市场的收入占桂林电器科学研究院总销售收入的75%，国际市场仍是其主要的销售市场。主要的国际市场——美国市场平稳增长；新市场的开发也取得了一定的进展，南亚地区的印度、巴基斯坦客户已开始批量订货，南美巴西客户也开始小批量订货。2011年出口交货值同比增长5%以上。

2011年，安固集团有限公司在大环境不利的局面下，仍然较好地完成了年初制定的生产计划和各项目标。换向器产量达6 910万只，比上年增长10%；实现产值3.67亿元，比上年增长14.3%；实现销售收入3.64亿元，比上年增长17%；出口创汇达2 600万美元，比上年增长10%；资金回笼率94%；完成技术改造投资650万元。2011年该集团还先后通过了ISO/TS 16949、ISO 14001、GB/T 28001环境和职业健康安全体系认证以及CQC产品认证的年度监督审核。

重庆川仪速达机电有限公司继续保持平稳快速的发展态势，2011年实现销售收入6 701万元，同比增长23%；工业总产值6 061.44万元，同比增长26%；利润558.97万元。

东阳市东政电机有限公司通过成功调整产品结构，企业转型升级效果显著。产品由以内销为主转变为内销出口相结合，由单一电机向整机半成品和终端产品进军，高附加值产品的占比不断提高。全年生产各类电机40.3万台，同比下降5.2%；实现销售收入4 477.4万元，同比增长15%；实现利润64.7万元，同比减少51.3万元；税金和附加税26.2万元，同比增加6.9万元；直接出口创汇207.5万美元，同比增加61.6万美元；资产总计3 906.2万元，资产负债率83.88%。

山东祥和集团博山微电机厂2011年上半年发展势头良好，下半年受欧债危机的影响，从10月份开始电机订单下降约20%，但企业经济运行基本正常。2011年该企业遇到了两个突出难题：一是稀土材料价格猛涨对稀土电机的使用和生产影响很大；二是该企业的传统微电机，特别是直流伺服电动机的生产工艺已经落后，生产效率低加之人力资源成本上升致使电机制造成本大幅提高。及时采购相关专业化设备和吸纳优秀人才是企业发展的当务之急。

上海司壮电机有限公司是以专业制造和销售减速器为主的中小企业。2011年该企业面对劳动力成本急剧上升、产品利润率下降的突出难题，积极采用新技术、新材料、新工艺，以保证产品质量、降低生产成本，缓解了劳动力成本上升问题。全年销售收入同比增长15%，虽然企业发展速度相对往年略有下降，但是产品的利润空间相对尚可，企业仍保持继续稳定发展态势。

天津万特机械有限公司是一家外贸型中小企业，面对国内、国际的复杂经济形势和各种困难，2010—2011年，该企业逐渐开发除北美以外的欧洲市场和国内市场，初步取得一些效果。在美国用户减少订单的情况下，新产品、新订单的增加有效弥补了这一损失，使企业运营没有出现大的闪失和波动。

2011年，北京和利时电机技术有限公司在原有基础上稳步发展，人均效益不断提高。下半年经济大环境、同行之间的无序竞争以及原材料价格上涨等因素促使该企业积极转变经营战略，集中技术力量积极开发新技术、新产品，加大新产品、新技术的推广力度，提高综合竞争力，及时扭转了业绩下滑和增长放缓的局面，2011年完成工业销售产值9 348万元，增幅与2010年持平。

深圳市唯真电机有限公司面对财务成本增加、人民币升值等诸多不利因素的影响，重视新产品开发和产业结构调整，大力提高生产效率，2011年主营业务收入同比增长34%，利润总额同比增长47%。随着新开发的几款重点新品投入市场，2012年公司将进一步扩展市场空间。

金坛市微特电机有限公司全年实现销售收入6 100万元，比上年增长7%，再创新高。应收账款余额766.8万元，资金回笼率98.4%；应付账款余额873万元，存货余额556万元，产销率95.33%，公司生产经营运行质量基本良好，达到了年初制定的目标。

科技成果及新产品 杭州集智机电设备制造有限公司2011年获得2项专利授权（其中1项发明专利）、2项软件著作权。年内开发的新产品有：发电机转子平衡机修正机、I型电机转子平衡修正机、洗衣机斜齿转子平衡修正机。

成都银河磁体股份有限公司2011年获发明专利授权1项、美国PCT专利授权1项；已受理专利申请4项，其中2项实用新型专利已办理登记缴费手续。面对严峻的经济形势，该企业不断增加研发力量，大力推进研发项目，开发新产品规格型号达600多种，其中有300多种已批量生产，取得了阶段性进展。

天津市中环天虹微电机有限公司2011年主要新产品有：真空泵电动机、直流无刷电动机、执行器电动机、变频电动机及小功率4极、2极高效电动机等。

桂林电器科学研究院2011年获得3项实用新型专利授权，1项实用新型专利获得受理，2项实用新型专利正在审理。在新产品及改型产品上，6FC电机的开发成功使更小系类的印制绕组减速电动机获得突破，9FG750∶1的开发标准在较大减速比的减速电机设计上应用成功；开发了3种规格新能源电动车直流无刷电机样机；油田用螺旋泵直驱永磁同步电动机的研发也取得进展，开发出2种规格的样机。

重庆川仪速达机电有限公司2011年完成了8个股份公司项目、4个市经信委项目的鉴定验收。完成8个企业标准的备案，申请专利3项（其中实用新型专利1项，外观设计专利2项），另外有2项发明专利在公示阶段。

上海司壮电机有限公司2011年研发出强度更高、寿命更长的粉末冶金齿轮。新产品开发重点放在安全设备配套、高新技术设备配套两个方面。前者是大楼消防自动排烟窗电动机，后者是通信卫星天线自动跟踪电动机。

上海金陵雷戈勃劳伊特电机有限公司2011年申报5项实用新型专利和1项发明专利。开发出NEMA48机座风机用不锈钢单相异步电动机和NEMAPREM1UM超高效不锈钢三相异步电动机。

天津万特机械有限公司2011年新产品研发重点放在较大功率电机、齿轮箱电机和无刷电机方面。

北京和利时电机技术有限公司2011年自主创新产品是全数字交流伺服控制系统和智能化永磁无刷电机控制系统。同时，该公司积极从事数字步进驱动器，高性能伺服、大功率伺服以及控制系统的开发，部分新产品已经批量生产销售。

深圳市唯真电机有限公司2011年申请25项实用新型专利，其中19项已获得专利证书，还有6项正在审理。同年成功开发出应用于卫浴、办公用品及数码产品等行业的25LYT电动机、WFF－J30电动机、齿轮箱电动机等多款新品。

金坛市微特电机有限公司2011年成功开发了102机座跑步机电机的正余弦转子位置传感器的单、双定子无刷直流电机，并推入市场；跑步机用无刷电机本体及与之配套的控制器也完成了开发，对大功率伺服电机刷架组件进行了重大改进。

广东嘉和微特电机股份有限公司3项产品获得梅州市科技进步奖，取得了14项实用新型专利和3项发明专利的授权。

质量及标准 全国微电机标准化技术委员会顺利完成

了国家标准计划项目和行业标准计划项目的清理整顿工作。

2011 年度,全国微电机标准化技术委员会共承担国家标准、行业标准制修订项目 14 项,其中国家标准 3 项、行业标准 11 项。

全国微电机标准化技术委员会于 2011 年 12 月 10 日在浙江东阳召开年度工作会议,组织行业专家审查并通过了国家标准《永磁交流伺服电动机》和行业标准《交流伺服驱动器》。

基本建设及技术改造 恒兴微电机有限公司2011 年投入部分资金改造自动化设备。与广东工业大学共同研发的基于机器视觉的微型减速齿轮自动检验系统,采用计算机视觉技术对微型减速机齿轮存在的缺陷进行智能识别,可以实现对齿轮零件的全检,从而优化了生产工序,降低了不良品率,提高了经济效益。

上海司壮电机有限公司2011 年对测试设备专项投入约10 万元。

深圳市唯真电机有限公司 2011 年投入各类技改资金1 633万元,以提高企业生产自动化水平,提高生产效率,降低人工成本。

并购 卧龙电气集团股份有限公司2011 年投资 10 050 万欧元成功收购奥地利 ATB 公司 98.98% 的股份。ATB 集团在电机的技术工艺领域高居全球领先水平,主要从事电动驱动系统和相关电子系统的开发、生产和销售。

行业管理 中国电器工业协会微电机分会于 2011 年 6 月 9 日—10 日在成都召开五届五次理事会议,30 家理事长和理事单位的 37 名代表参加了会议。2011 年 9 月 17 日,微电机分会在西安召开第六次全体会员大会,采取无记名投票方式选举产生了第六届理事会领导机构,表决通过了相关章程条例。西安微电机研究所所长莫会成再次当选第六届中国电器工业协会微电机分会理事长,行业信息部张朴当选第六届理事会秘书长。

微电机分会于 2011 年 7 月 25 日—30 日在西安举办了永磁无刷电动机课程设计中级培训班,来自全国微电机及相关行业 37 家企业的 60 多名工程技术人员参加了培训。

2011 年 9 月中旬,微电机分会主办了第十七届微特电机技术创新与发展论坛,论坛的主题是"自主创新与产学研结合,微电机企业的腾飞之路"。来自全国微电机及相关行业的厂商 153 家、科研机构和高等院校 35 所共计 260 多位代表参加。

微电机分会秘书处获得中国电器工业协会2011 年度统计及经济运行分析先进集体称号。

《微电机》期刊 2011 年发表论文 300 多篇,入编 2011 年版《中文核心期刊要目总览(中文核心期刊)》。

2011 年度微电机分会秘书处发展新会员单位 15 家:深圳力辉电机有限公司、深圳市唯真电机有限公司、恒兴微电机有限公司、双楼电碳制品有限公司、广东美的环境电器事业部、日本电产(大连)有限公司、日本电产芝浦(浙江)有限公司、日东(上海)机械技术中心有限公司、东莞市赛伦特实业有限公司、贝施特磁电科技有限公司、浙江凯文磁钢有限公司、东菱技术股份有限公司、江西荧光磁业有限公司、湖北钱潮汽车用品公司和苏州圣玛特电机设备制造有限公司。

〔撰稿人:西安微电机研究所延石　审稿人:西安微电机研究所张朴〕

防爆电机

生产发展情况 2011 年,面对国内经济增速逐季放缓与货币政策紧缩的不利影响,防爆电机行业在龙头企业的带动下,主要经济指标仍实现稳步增长。行业整体呈现电机价格较好、产销保持稳步增长态势;成本费用受控,行业利润增速也保持稳步增长;依靠全员劳动生产率、资本保值增值率、成本费用利润率提高的带动,本期行业综合经济效益指数为 2.43,同比增加 0.1 个点。但是,电机市场需求下降,行业企业订货增速减缓,导致产销增速逐季放缓;需求不足、价格竞争激烈,行业利润增速大大受限,行业企业内外部经营压力加大。

2011 年行业企业电机产品销售收入 335.6 亿元,比上年增加 40.7 亿元,同比增长 13.8%。其中,26 家企业电机销售收入较上年增加,6 家企业销售收入较上年下降。电机销售收入突破 10 亿元的企业有 7 家。

2011 年防爆电机行业实现利润 24.9 亿元,比上年增加 2.64 亿元,同比增长 11.88%,行业利润继续保持稳步增长。在 39 家企业中,有 20 家企业利润上升,占企业总数的 51.28%;有 9 家企业利润下滑,占企业总数的 23.08%;6 家企业亏损,占企业总数的 15.38%。利润总额超 4 000 万元的企业有 9 家。

2011 年防爆电机行业工业总产值前 15 名企业见表 1。2011 年防爆电机行业工业增加值前 15 名企业见表 2。2011 年防爆电机行业部分企业经济效益指标见表 3。

表 1　2011 年防爆电机行业工业总产值前 15 名企业

序号	企业名称	2011 年(万元)	2010 年(万元)	同比增长(%)
1	* 湘电集团有限公司	1 084 263	1 014 036	6.93
2	* 浙江卧龙控股集团有限公司	788 865	710 548	11.02
3	佳木斯电机股份有限公司	276 392	211 126	30.91
4	南阳防爆集团股份有限公司	253 504	184 881	37.12

（续）

序号	企 业 名 称	2011年(万元)	2010年(万元)	同比增长(%)
5	*六安江淮电机有限公司	141 176	136 851	3.16
6	安徽皖南电机股份有限公司	124 502	113 556	9.64
7	*江苏大中电机股份有限公司	104 315	104 230	0.08
8	*抚顺煤矿电机制造有限责任公司	90 124	80 169	12.42
9	无锡华达电机有限公司	90 094	89 473	0.69
10	衡水电机股份有限公司	83 316	71 177	17.05
11	江苏锡安达防爆股份有限公司	37 880	27 400	38.25
12	上海品星防爆电机有限公司	32 408	25 499	27.10
13	*广东东莞电机有限公司	24 677	28 399	-13.11
14	德州恒力电机有限责任公司	23 208	20 052	15.74
15	无锡市南方防爆电机有限公司	21 080	18 331	15.00

注:带*者的工业总产值,含非防爆电机工业总产值。

表2 2011年防爆电机行业工业增加值前15名企业

序号	企 业 名 称	2011年(万元)	2010年(万元)	同比增长(%)
1	*湘电集团有限公司	412 637	358 781	15.01
2	*浙江卧龙控股集团有限公司	156 579	137 812	13.62
3	南阳防爆集团股份有限公司	76 813	60 741	26.46
4	佳木斯电机股份有限公司	51 910	36 420	42.53
5	六安江淮电机有限公司	43 905	43 792	0.26
6	抚顺煤矿电机制造有限责任公司	36 750	61 690	-40.43
7	安徽皖南电机股份有限公司	30 217	29 514	2.38
8	衡水电机股份有限公司	18 500	15 600	18.59
9	*江苏大中电机股份有限公司	17 808	15 880	12.14
10	江苏锡安达防爆股份有限公司	13 152	11 919	10.34
11	沈阳黎明电机制造有限公司	4 412	3 402	29.69
12	浙江浦东电机有限公司	4 316	3 611	19.52
13	*广东东莞电机有限公司	4 209	4 209	0.00
14	无锡市南方防爆电机有限公司	3 513	3 055	14.99
15	汾宜宏大煤矿电机制造有限公司(原汾宜煤矿电机厂)	3 360	2 355	42.70

注:带*者的工业增加值,含非防爆电机工业增加值。

表3 2011年防爆电机行业部分企业经济效益指标

序号	企业名称	总资产贡献率(%)	资本保值增值率(%)	资产负债率(%)	流动资产周转率(次)	成本费用利润率(%)	全员劳动生产率(元/人)	产品销售率(%)	经济效益综合指数
1	南阳防爆集团股份有限公司	24.17	122.09	48.69	1.59	17.50	211 956.40	98.81	2.97
2	佳木斯电机股份有限公司	15.33	121.76	51.18	1.46	11.25	213 621.40	99.07	2.57
3	*江苏大中电机股份有限公司	15.02	120.90	54.86	3.41	4.77	124 097.56	102.69	1.97
4	衡水电机股份有限公司	16.05	105.83	46.76	2.46	5.03	142 198.31	100.04	1.99
5	安徽皖南电机股份有限公司	15.89	128.38	59.45	3.52	4.68	308 336.73	99.36	3.12
6	抚顺煤矿电机制造有限责任公司	15.87	113.76	28.99	1.01	16.52	292 595.54	95.84	3.19
7	宁夏西北骏马电机制造股份有限公司	21.63	116.19	47.50	1.17	17.85	193 190.14	83.70	2.75
8	无锡瑞佳电机有限公司	19.17	124.39	56.96	2.18	8.22	151 473.68	100.42	2.22
9	无锡浩德电机制造有限公司	3.33	79.84	77.80	2.14	-1.26	115 833.33	104.46	1.30
10	无锡市南方防爆电机有限公司	29.53	139.92	57.17	2.47	9.71	133 068.18	101.77	2.41
11	德州恒力电机有限责任公司	19.70	135.16	62.71	2.26	11.50	40 905.29	109.16	1.72

（续）

序号	企业名称	总资产贡献率（%）	资本保值增值率（%）	资产负债率（%）	流动资产周转率（次）	成本费用利润率（%）	全员劳动生产率（元/人）	产品销售率（%）	经济效益综合指数
12	分宜宏大煤矿电机制造有限公司（原分宜煤矿电机厂）	4.09	199.17	66.66	0.90	2.91	77 777.78	90.72	1.25
13	山东山防防爆电机有限公司	-0.67	559.04	31.35	1.58	-2.47	40 576.92	81.72	1.27
14	重庆特种电机厂	-3.56	329.12	74.52	0.83	-14.58	30 140.85	115.15	0.36
15	丹东黄海电机有限公司	0.97	228.25	108.69	2.36	-3.92	50 625.00	97.11	0.97
16	河南安阳华安煤矿电机有限责任公司	3.53	101.17	78.58	1.06	0.23	23 065.69	92.81	0.70
17	浙江浦东电机有限公司	9.09	104.41	67.13	0.66	3.50	129 609.61	99.42	1.55
18	山西防爆电机（集团）有限公司	-0.84	67.73	83.08	0.65	-13.70	21 589.66	101.16	0.01
19	无锡华达电机有限公司	12.12	1 197.95	43.12	1.86	7.78		107.17	2.57
20	宁波长江电机实业有限公司	4.89	106.53	62.49	0.99	2.08	42 777.78	97.88	0.92
21	苏州特种电机厂	2.39	94.82	67.61	2.57	-1.04	25 000.00	100.00	2.00
22	浙江沪新防爆电机有限公司	14.88	101.05	6.28		3.28		100.00	
23	*浙江卧龙控股集团有限公司	11.53	118.23	40.96	1.04	12.94	244 999.22	99.08	2.70
24	*广东东莞电机有限公司	7.04	104.60	67.15	1.79	2.68	58 055.17	103.80	1.16
25	鞍山三环防爆电机有限公司	4.62	102.15	33.71	1.18	1.90	33 214.29	89.37	0.85
26	中泉集团有限公司	6.85	104.57	68.58	0.82	3.64	54 366.81	100.00	1.07
27	浙爆集团有限公司	0.49	62.58	86.47	0.54	-3.72	25 326.09	89.04	0.40
28	上海喜开特防爆电机有限公司	3.42	100.99	29.11		1.33		99.35	
29	上海亨得防爆电机有限公司	12.98	113.55	27.50		7.92		89.21	
30	河南豫通电机股份公司	6.43	102.40	46.37	2.57	1.08		100.00	0.81
31	沈阳大明电机有限公司	15.68	115.33	15.53	0.88	13.79		98.99	1.31
32	六安江淮电机有限公司	31.91	132.30	41.16	4.32	9.08	324 981.50	100.01	3.77
33	江苏环球特种电机有限公司	24.86	121.33	31.29	4.18	9.07	171 250.00	86.14	2.66
34	*湘电集团有限公司	6.14	120.69	79.68	0.78	3.87	350 911.64	88.33	2.86
35	南阳防爆集团新普电机有限公司	6.04	201.87	107.45	2.60	-2.46	32 487.18	116.70	1.02
36	沈阳黎明电机制造有限公司	15.49	132.50	39.76	3.56	5.06	401 090.91	84.99	3.67
37	上海品星防爆电机有限公司	18.66	113.26	43.90	8.81	3.77	15 4861.11	110.13	2.72
38	无锡市锡安防爆电机有限公司	16.73	101.56	55.89	2.76	3.58	198 478.26	100.00	2.31
39	无锡锡山安达防爆电气设备有限公司	11.83	128.75	78.64	1.79	4.64	139 000.00	99.86	1.84

注：带*者含非防爆电机数据。

产品产量及销售 2011年，防爆电机行业整体生产、销售、订货同比继续保持增长。

防爆电机行业39家主要生产企业全年总产量8 131万kW，比上年增加495万kW，同比增长6.48%；防爆电机产量2 048万kW，比上年增加240万kW，同比增长13.3%。其中，高压防爆电机产量641万kW，比上年增加208万kW，同比增长48.1%；低压防爆电机产量1 407万kW，比上年增加32万kW，同比增长2.36%。2011年防爆电机销量2 054万kW，同比增加208万kW，同比增长11.29%；累计订货2 158万kW，同比增加239万kW，同比增长12.45%。

2011年防爆电机产量超过百万千瓦规模的防爆电机企业有8家，且产量同比均增长，合计产量1 879.78万kW，占行业防爆电机总产量的91.79%。防爆电机产量超过400万kW的企业有：南阳防爆集团股份有限公司产量497万kW，同比增加84万kW，同比增长20.29%；佳木斯电机股份有限公司产量431.78万kW，同比增加109.08万kW，同比增长33.80%。防爆电机产量100万～200万kW的企业有：江苏锡安达防爆股份有限公司产量197万kW，同比增加15万kW，同比增长8.24%；宁夏西北骏马电机制造股份有限公司产量188万kW，同比增长28.4%；抚顺煤矿电机制造有限责任公司产量186万kW，同比增长11.4%；江苏大中电机股份有限公司产量136万kW，同比增长1.1%；上海品星防爆电机有限公司产量128万kW，同比增长19.6%；无锡市南方防爆电机有限公司产量116万kW，同比增长13%。防爆电机产量50万～99万kW的企业有7家。

科技成果及新产品 国家标准GB 18613—2006《中小

型三相异步电动机能效限定值及能效等级》已于2007年7月1日起实施。到2011年,能效等级3级的YB2系列电机将全面退出我国市场。南阳防爆电气研究所及时组织有关单位和专家,通过理论分析和试验验证,掌握了降低电机各项损耗的设计技术、控制技术和制造技术,确定了不同功率等级、不同频率、不同电压的电机设计制造规范,开发了新一代YB3系列隔爆型三相异步电动机。该产品有机综合了电机设计制造技术、计算机软件控制技术、电力电子技术、测试技术,可满足GB 18613标准高效率值的规定,并与国际最新的效率标准接轨。研究中取得的关键技术已及时申请国家专利。同时,在防爆电机行业推广符合GB 18613—2006标准中2级效率指标的隔爆型典型系列产品,产品已达到产业化生产规模。

2011年,防爆电机行业加大对YB3系列高效隔爆型三相异步电动机的推广力度。5月9日—12日在海南省三亚市召开了中国电器工业协会防爆电机分会二届三次会员大会。会后分会秘书处按照会议纪要要求,积极落实有关YB3系列电机标准报批事宜,以确保满足生产需要。

2011年,18家企业完成了YB3系列高效隔爆型三相异步电动机新产品样机试制并送国家产品质量监督检验中心进行检验,中心提出了检验报告,为完成国家节能减排目标做出了贡献。

质量及标准 2011年,国家防爆电气产品质量监督检验中心(CQST)依据防爆系列国家标准及国际标准完成样机检验2 700台次,发放防爆合格证2 672份,国外厂商委托办理中国防爆合格证200份,国内客户委托办理国外认证120家。CQST顺利通过了国家安全生产甲级机构专项检查、国家三合一复评审、美国能源部NVLAP授权试验室复评审及国家认证认可监督管理委员会组织的国家质检中心2011年专项监督检查。

全国防爆电气设备标准化技术委员会(简称SAC/TC9)圆满完成了2011年国家标准和行业标准制修订计划。工业和信息化部于2011年10月份发布的"2011年第三批行业标准制修订计划",包含了YA2系列高压增安型三相异步电动机(机座号355~560)等19项由全国防爆电气设备标准化技术委员会归口的标准制修订项目。据此,防爆电机行业标准起草工作会议于2011年11月21日—24日在河南省南阳市召开,共35家单位52名代表参加。会议最终确定由南阳防爆集团股份有限公司于2011年12月底以前完成防爆电机行业标准模板的制定,各起草单位于2012年3月15日之前完成全部19项标准征求意见稿的制定。

2011年底完成6项防爆电机行业标准的校稿及印刷,分别是:JB/T 7565.1—2011《隔爆型三相异步电动机技术条件 第1部分:YB3系列隔爆型三相异步电动机》、JB/T 8972—2011《YA、YA-W、YA-WF1系列增安型三相异步电动机(机座号315~450)技术条件》、JB/T 8973—2011《增安型无刷励磁同步电动机防爆技术要求》、JB/T 8974—2011《TAW系列增安型无刷励磁同步电动机技术条件》、JB/T 11201.1—2011《隔爆型变频调速三相异步电动机技术条件 第1部分:YBBP系列隔爆型变频调速三相异步电动机(机座号80~355)》和JB/T 11202.1—2011《高压增安型三相异步电动机技术条件 第1部分:YAKS、YAKS-W系列高压增安型三相异步电动机(机座号355~630)》。

基本建设及技术改造 2011年,防爆电机行业完成基本建设及更新改造投资额105 574.53万元,同比下降12.50%。统计的防爆电机行业39家企业中,15家企业进行了基本建设及技术改造,占被调查企业总数的38.5%。其中,投资额1亿元以上的企业为湘电集团有限公司和卧龙控股集团有限公司,分别投资44 730万元和35 300万元。投资额1 000万~1亿元的企业为安徽六安江淮电机有限公司、南阳防爆集团股份有限公司、佳木斯电机股份有限公司、江苏大中电机股份有限公司、江苏锡安达防爆股份有限公司、抚顺煤矿电机制造有限责任公司和上海品星防爆电机有限公司。上述绝大多数企业年产量超百万千瓦。

南阳防爆集团股份有限公司技术改造和基本建设总投资5 426万元,其中85%资金用于更新设备,其他用于改善企业员工的工作条件。

2011年防爆电机行业部分企业完成基本建设及技术改造投资额见表4。

表4 2011年防爆电机行业部分企业完成基本建设及技术改造投资额

序号	企业名称	投资额（万元）
1	湘电集团有限公司	44 730
2	浙江卧龙控股集团有限公司	35 300
3	佳木斯电机股份有限公司	4 795
4	南阳防爆集团股份有限公司	5 426
5	江苏锡安达防爆股份有限公司	2 103
6	江苏大中电机股份有限公司	2 330
7	抚顺煤矿电机制造有限责任公司	1 899
8	江苏环球特种电机有限公司	680
9	安徽六安江淮电机有限公司	6 300
10	南阳防爆集团新普电机有限公司	156
11	衡水电机股份有限公司	356
12	上海品星防爆电机有限公司	1 225
13	无锡华达电机有限公司	235

行业活动 防爆电机行业作为生产特种安全电工产品的行业,开展诚信体系建设,规范行业秩序,显得尤为重要和迫切。按照中国电器工业协会《关于开展电器行业信用评价工作的通知》要求,分会秘书处积极组织开展此项工作。江苏大中电机有限公司、江苏锡安达防爆股份有限公司和江苏环球特种电机有限公司3家企业取得AAA级信用评价证书。

〔撰稿人:南阳防爆电气研究所曹旭〕

变 压 器

根据机械工业重点调查企业情况，2011 年变压器、整流器和电感器制造业 61 家企业共完成工业总产值 3 886 465.5万元，其中新产品产值 1 987 262.1 万元；完成工业销售产值 3 743 896.8 万元，其中出口交货值 255 347.8 万元；完成营业收入 3 811 574.93 万元；实现利润总额 380 112.87万元。2011 年，全行业累计完成固定资产投资 213 630 万元，其中用于更新设备投入 39 829 万元。年末行业资产总计 5 728 264.38 万元。

技术成果 2011 年 1 月 19 日，特变电工沈阳变压器集团有限公司(以下简称沈变公司)参与研制的"三峡输电系统工程"项目荣获国家科学技术进步奖一等奖。该项目是国家科技攻关、国家重大技术装备成套设备研制和国家产业化重大科技项目，属于国际电工行业的前沿技术。沈变公司为三峡输电系统工程分别提供三峡—常州 ±500kV 直流输电工程政平换流站换流变压器、葛沪直流 ±500kV 枫泾换流站用平波电抗器等产品，在整个项目中共承担 8 台直流、9 台交流产品的研制任务，大部分已在三峡输电系统工程中运行，得到了用户的高度评价。

4 月，对江苏、广东、新疆等省份以及东南亚、欧洲等国家的 40 余座变电站 70 余套国产 VCM 型真空有载分接开关两年多的运行可靠性跟踪数据表明，上海华明电力设备制造有限公司自主研发制造的 VCM 型真空有载分接开关的各项性能远远超过国际同类产品。VCM 有载分接开关独创式地提供了"一小时"更换开关心子的升级改造真空化方案，彻底解决了触头油中熄弧使油碳化和触头烧损的问题，大大提高了分接开关的运行可靠性和安全性，减少了开关维护工作量，开关电气寿命从传统产品的 20 万次提高到 50 万次，机械寿命从传统产品的 80 万次提高到 150 万次，检修周期由传统开关的 5 万次提高到 30 万次，基本实现了分接开关的少维护或免维护要求。同时，VCM 真空有载分接开关四个真空管、双电阻过渡、无任何机械转换触头、快速机构技术成熟等特点决定了其可用于频繁操作的场合，如整流变压器和电炉变压器等。

首台(套)产品 2011 年 1 月 26 日，由沈变公司会同国家电网公司及五大发电集团公司联合研制的世界首台 400MV · A/1 000kV 特高压交流升压变压器在北京顺利通过国家级新产品鉴定。与会专家一致认为，该产品设计方案科学合理，各项性能指标优异，达到了国际领先水平。该产品填补了国际空白，标志着沈变公司已具备自主研发特高压大容量升压变压器的能力，技术实力及制造能力均居世界前列。至此，沈变公司改制七年来研制的世界级新产品已达到 54 种。

3 月，常州东芝变压器有限公司自主设计制造研发的国内第一台 500kV 智能变压器通过了全部试验项目，各项性能指标均达到或优于客户技术协议要求。该产品是为我国第一座 500kV 智能化变电站(500kV 长春南变电站)配套而研发的。

国内第一台 500kV 智能变压器

3 月 24 日，保定天威保变电气股份有限公司自主研发的具有完全知识产权的我国首台 100Mvar/800kV 智能可控并联电抗器一次通过全部试验项目考核。试验结果显示，该产品主要技术性能指标均优于设计要求，具有结构合理、局部放电量小、损耗小、振动低、噪声低、无局部过热等优点，且智能化单元和局部放电监测软件功能完善，传感器的安装不影响电抗器正常运行，智能组件和传感器在强电磁干扰环境下能够稳定可靠运行。

6 月 15 日，由特变电工衡阳变压器有限公司自主设计、制造的我国首台世界最大容量 SFP - H - 810/500 三相组合式发电机变压器一次性通过全部出厂试验和型式试验项目，各项技术指标均优于技术协议要求。该公司采用了世界领先的变压器验证分析软件，对计算结果进行电磁场、波过程、短路机械力、温升、油流分布等进行验证分析；油箱壁采用独特的屏蔽结构，形成了良好的漏磁通道，有效降低了结构损耗，解决了超大容量变压器产品结构件局部过热的难题。该产品是我国组合式变压器技术领域取得的重大创新成果。

世界最大容量 810MV · A/500kV 三相组合式变压器(尹翔宇摄)

6 月 15 日，西安西电变压器有限责任公司研制的世界首台 750kV 100Mvar 交流有级可控并联电抗器一次性通过全部试验。该产品结构合理、无局部过热、损耗低、噪声小、振动小、局部放电量小、绝缘安全可靠,各项指标达到或优于国家标准和技术协议的要求,技术性能达到国际领先水平。

世界首台750kV交流有级可控并联电抗器在做试验(李杰摄)

10月,沈变公司电气组件分公司自行设计研制的±500kV油气式直流套管一次试验成功,再次填补了国内直流套管领域的空白,使沈变公司成为国内首家具有自主研制±500kV油气式直流套管能力的高新企业。

新产品 2011年2月,天威保变(合肥)变压器有限公司为京沪高铁丹阳、下蜀引牵变电所自主设计制造的8台50MV·A/220kV牵引变压器顺利通过所有现场试验,并一次合闸送电成功。

4月15日,由常州东芝变压器有限公司自主研发设计、制造的500kV换流变压器顺利通过全部出厂试验,各项性能指标均达到(部分指标优于)国家标准和技术协议的要求。其中,代表产品关键性能水平的局部放电指标达到了国际领先水平,各绕组的局部放电量均小于20pC。该产品已于2011年4月19日通过800t常州输变电重型码头运往葛洲坝电站。

4月中旬,常州西电变压器有限公司首次自主承接、自主设计的高电压等级出口产品——两台SFZ-200000/400有载调压三相电力变压器成功发运伊朗帕萨尔加德钢铁公司(P.J.S)。该产品融合了经济性、可靠性和稳定性,有效提高了公司的市场竞争能力。

7月5日,由常州西电变压器有限公司为我国第一条特高压交流扩建工程南阳变电站自主设计、自主制造的第二台1 000MV·A/1 000kV双柱结构、单柱容量500MV·A特高压自耦变压器("双百万")成功起吊,顺利发运。该产品各项试验数据均满足技术要求,达到国际领先水平,最关键、难度最大的局部放电测试更是达到了无局放的水平。

特高压交流扩建工程南阳站"双百万"变压器

7月20日,由西电集团西安西电变压器有限责任公司自主设计研发的第四台1 000kV/1 000MV·A双柱结构、单柱容量500MV·A特高压自耦变压器,在常州生产基地一次性通过了全部例行试验和型式试验。至此,该公司完成了晋东南—南阳—荆门特高压示范工程南阳变电站扩建工程的四台1 000kV/1 000MV·A特高压自耦变压器,单柱容量从333MV·A提升到500MV·A,代表了当今国际特高压变压器设计制造的最高水平。

2011年变压器行业新产品型号注册情况见表1。2011年变压器行业新产品试验情况见表2。

表1 2011年变压器行业新产品型号注册情况

企业名称	批准产品型号
合肥通用变压器厂	SH15-M-315~500/10
青岛华东电缆电器有限公司	S11-M-30~1600/10
重庆市亚东亚集团变压器有限公司	S11-M-630~1600/10、SSZ11-20000~63000/110
青岛益和亚力变压器有限公司	SZ11-3150~12500/35
云南省楚雄变压器有限责任公司	S13-M-30~250/10、S13-M-630~1000/10、SH15-M-30~500/10、SZ11-3150~12500/35
南通晓星变压器有限公司	SZ11-6300~20000/35
天津市滨海纽泰克电气有限公司	LZZB16-10W1[AS(I)12/185h/2]、JDZX16-10[REL(I)10]、LZZB12-35W1[AW(I)36/250f/2-2]、JDZX12-35W1[UNEW(I)35]
合肥元贞电力科技股份有限公司	S11-M-315~1000/20(10)、SCB11-630~800/10、ZGSB11-Z-630~1000/10、SZ11-8000~12500/35
中电电气(江苏)股份有限公司	SBH15-M-315~1000/10、SCB11-1000~1250/10
江苏宝胜电气股份有限公司	SCB11-1000~1250/10
特变电工股份有限公司新疆变压器厂	ODFSZ-167000/500
新疆燎源变压器制造有限公司	S11-M-30~1600/10、SCB10-1000~1250/10
山西济达变压器有限公司	SZ11-5000~20000/35、S11-M-30~1600/10

（续）

企业名称	批准产品型号
云南通变电器有限公司	SSZ11－20000～63000/110
武汉振源电力设备有限公司	S11－M－315～1000/20
吉林盈科电气有限公司	S11－M－30～1600/10
宁波奥克斯高科技有限公司	SCB11－630～800/10、SCB10－30～800/10、SCB10－1600～2500/10、S13－M－315～500/10、S11－M－315～500/20、S11－M. R－30～500/10
江苏国宇电气有限公司	S11－M－630～1600/10、SCB10－1000～1250/10
江苏华鹏变压器有限公司	S11－M－30～1600/10、SC(H)B11－630～800/10、SC(H)B11－1600～2500/10、SZ11－20000～50000/66
南京立业变压器有限公司	S11－30～1600/10
成都华煜电气有限公司	S11－M－30～1600/10
四川省科威电工有限责任公司	SCB10－630～2500/10、S11－M－30～1600/10
浙江沈变电力设备有限公司	S11－M－30～1600/10
新乡市华翔变压器有限公司	S11－M－30～1600/10
南通市亿力变压器有限公司	SSZ11－12500～63000/110
丹东欣泰电气股份有限公司	S13－M－315～500/10、SCB－F(H)－3000/35、SBH15－M－630/20(10)、SZ11－40000/66、YBM－T－10/0.4－2×50、XHDZ－3800/66
青岛益和亚力变压器有限公司	SH15－M－315～500/10、S11－M－30～500/10
江苏宏发电气有限公司	SCB10－1000～1250/10
广西柳州特种变压器有限责任公司	S13－M－30～500/10、SB13－M－1250/10
永固集团股份有限公司	S11－M－30～1600/10、SCB10－1000/10
青岛瑭菲斯电气有限公司	SLB11－M－160～1600/10
廊坊天华变压器制造有限公司	SBH15－M－315/10、S11－2500/35
陕西磐隆电器工业设备集团有限公司	S11－M－30～1600/10
青岛昌东电器有限公司	BP1－Wb－800×(2800～4000)、BP1－Wb－1000×(3000～4300)、BP1－Wb－1200×(3000～4900)、BP1－Wb－1400×(3800～6300)
东方电子股份有限公司	S13－M·RL－30～2500/10
浙江派尔电气有限公司	S11－M－30～315/10、SB11－M－400～1600/10
山东星源矿山设备集团有限公司	S11－M－30～1600/10
天津市九傲变压器制造有限公司	S11－M－30～1600/10、SBH15－M－630～1000/10
西安西电变压器有限责任公司	DFP－400000/1000、BKDFPYT－100000/750、BKDFYT－200000/1000、SFP－720000/750、ZZDF-PSZ－117660/330－400(200)、OSFPS－JT－750000/500
昆山市特种变压器制造有限公司	SC10－30～200/10、SCB10－250～2500/10
浙江双鹏电器有限公司	S11－M－30～1600/10
天津市百利纽泰克电气科技有限公司	JDZX14－10(UNE2－10CQ)、JDZX15－10(UNE10－CQ2)、LZZBJ3－20(AS24/195W/3－2)、LZZBJ5－20(AS24/195W/5－2)、JDZ17－10(URZD2－10)、JDZ13－10(URZD3－10)、LZZBJ12－10(AS12/185h/2)、LMZB2－10、LZZBJ10－10(AS12/150b/2s)、LZZBJ11－10(AS12/150b/4s)
四川省晶源电气设备制造有限公司	SCB10－1600～2500/10
重庆望江变压器厂有限公司	S13－M－30～1600/10、SH15－M－315～500/10
济南法奥电气有限责任公司	S11－M－30～1600/10
广州广高高压电器有限公司	SZ11－8000/35、SZ11－63000/110
浙江德通变压器有限公司	SC10－315～400/10(W)、SCB10－1000～2500/10(W)
丰镇鑫隆变压器制造有限责任公司	S11－M－30～1600/10
四川川变变压器有限公司	S11－M－30～1600/10
广州市霖鑫电力设备有限公司	SH15－M－315/10、S13－M·RL－800/10、S13－M·RL－315/10
山西天江电力设备制造有限公司	SB13－M－630～1000/10、SLB13－M－315～500/10

（续）

企业名称	批准产品型号
成都亿科康德电气有限公司	SCB10－500～630/10、SCB10－1600～2500/10
桂林天湖水利电业设备有限公司	S11－M－30～1600/10、S13－M－630～1000/10
四川东方变压器集团有限公司	S11－M－30～1600/10
重庆重变电器有限责任公司	SCB10－800/20
上海休伯康特能源设备有限公司	SH15－M－315～500/10
武汉天仕达电气有限公司	S11－M－30～1600/10
明珠电气有限公司	SCB11－1600～2500/10
寿光巨能电气有限公司	S11－M－30～1600/10
齐河晟昊电工器材有限公司	S11－M－30～1600/10
海南金盘电气有限公司	SCB10－30～2500/10
士林电机（苏州）电力设备有限公司	SCB11－1600～2500/10
湖南湘能智能电器股份有限公司	SCB11－315～2500/10
南京立业电力变压器有限公司	SSZ11－80000/110、SZ11－20000/35
河北现代电力变压器有限公司	S11－M－30～1600/10
宁波奥克斯高科技有限公司	SBH15－M－630～1000/10
甘肃电力变压器厂	S11－M－1000/20
庆阳长庆水电工程有限责任公司	SH15－M－30～500/10
江苏省泰和兴业电气自动化控制设备有限公司	SZ11－5000～20000/35
士林电机厂股份有限公司	SCB10－1600～2500/10
环宇集团（南京）有限公司	S11－12500～25000/35
镇江天力变压器有限公司	SB13－M－250～500/10、SB13－M－1250～1600/10、S13－M－30～200/10
北京博瑞莱智能科技周口有限公司	S11－M－30～1600/10
江苏西屋变压器有限公司	S11－M－630～1600/10、SCB10－1000～1250/10
鲁特电工股份有限公司	SCB11－1600～2500/10、SB11－630～1600/10
保定天威顺达变压器有限公司	SCBH15－1600/10、SC（H）B10－2500/10
天津市众发输变电设备制造有限公司	S11－M－630～1600/10
杭州钱江电气集团股份有限公司	S11－M－630～1000/20（10）、SC10－6300～20000/35、S11－M－30～2500/20、SCB11－1600～2500/10
浙江奔达变压器有限公司	S11－M－30～1600/10
大理江南特变电气有限公司	S11－M－30～1600/10
三变科技股份有限公司	S13－M・RL－30～1600/10、SC11－30～125/10、SCB11－160～2500/10、S13－M－30～315/10、SB13－M－400～1600/10
江苏省泰和兴业电气自动化控制设备有限公司	SZ11－16000～63000/110
山东电力设备有限公司	DFP－400000/1000
韶关市韶特变压器有限责任公司	S11－M－30～1600/10
特变电工沈阳变压器集团有限公司	PKDFPK－500－3000－290、PKDFPK－400－750－600、BKD－140000/750、ZZDFPSZ－117660/220－400（200）、DFP－700000/500TH、ODFPS－500000/750、SFPFZ－632000/500、ZZDFPZ－386000/500－660、ZZDFPZ－386000/500－330、QYDJ－75000/220、DFP－400000/1000
辽宁欣泰股份有限公司	SSZ11－40000～63000/110
江苏永衡变压器有限公司	S11－M－30～1600/10
德阳众旺变压器有限公司	S11－M－30～1600/10

表2　2011年变压器行业新产品试验情况

企业名称	产品型号
成都亿科康德电气有限公司	SCB10－630/10、SCB10－1600/10
白城电力镇赉变压器有限责任公司	SFZ11－100000/220
宁波天安变压器有限公司	S13－N－315/10、SC10－315/10、SCB10－630/10、SCB10－2000/10、SCB11－630/10、SCLB10－500/10、SCLB10－630/10、SC10－315/10
镇江天力变压器有限公司	SC10－315/10、S11－M·ZT－315/10、S13－M－200/10、SB13－M－400/10、SB－M－1000/10、S11－M－1000/10
广西柳州特种变压器有限责任公司	SB13－M－1250/10、S13－M－315/10、S13－M－100/10
成都华煜电气有限公司	S11－M－100/10
南京立业电力变压器有限公司	S11－315/10、S11－1000/10、SZ11－20000/35
湖北天元电力变压器有限公司	S11－M－315/10、S11－M－1000/10、SZ11－10000/35
云南大理宏电变压器有限公司	S13－M－100/10、SBH15－M－630/10、S13－M－800/10、SH15－M－100/10
深圳市华力特电气股份有限公司	DZJ－10－57.7/100、DZJ－10－28.9/200
无锡市电力变压器有限公司	SZ11－63000/110、S13－M－630/10
新余市开关有限责任公司	S11－M－100/10、S11－M－800/10
大连第二互感器集团有限公司	CKSC－180/10－6
丹东欣泰电气股份有限公司	S13－M－315/10、SBH15－M－630/10、YBM－10/0.4－2×50、XHDZ－3800/66、SBH15－M－630/10、SCB10－500/10、SZ11－40000/66、SBH15－M－630/20(10)、ZTSCF－1250/6、SR11－M·F－2500/20
上海吉泰电阻器有限公司	SNER－35－1000－2Q2－10
沧州市恒康电气设备有限公司	SBH15－M－630/10
南通兆光变压器有限公司	SCB10－1000/20
华信装备制造有限公司	ZGS11－Z·F－1600/35、ZGS11－1600/35
丰镇鑫隆变压器制造有限责任公司	S11－M－160/10、S11－M－800/10、S13－M－315/10
桂林天湖水利电业设备有限公司	S13－M－630/10、S13－M－100/10、S11－M－630/10、S11－M－100/10
青岛益和亚力变压器有限公司	S11－M－100/10、S11－M－800/10、SH15－M－315/10
四川通用电力有限公司	SH15－M－315/10
天津兆安变压器有限公司	SBH15－M－200/10、SBH15－M－500/10、SBH15－M－500/10
保定市晶科变压器有限公司	SCB10－800/10
上海德力西集团有限公司	SZ11－63000/110
沈阳三江电器设备有限公司	SBH15－M－630/10、S13－M－315/10
上海富士电机变压器有限公司	SCLB10－630/35
南通市亿力变压器有限公司	SSZ11－40000/110
山东泰凯非晶电气有限公司	S11－M－200/10、S11－M－800/10
西安天能电力科技有限公司	CKGKL－672/110－12
荣信电力电子股份有限公司	SXDGKL－223/35—6、BKDGKL－20000/35
中山ABB变压器有限公司	SZ11－63000/110、QYD－40000/220、DQY－4000/220
湖北鄂电电气集团有限公司	S11－M－100/10、S11－M－800/10
山东哈大电气有限公司	CKSC－360/10－6、CKGKL－2400/35－12
南通联通变压器有限公司	SZ11－20000/110
江苏扬动电气有限公司	SCBH15－500/10
山西天江电力设备制造有限公司	SB13－M－630/10、STLB11－M－400/10、SLB13－M－500/10
泰安特变电力设备有限公司	S13－M－1000/10
新余开关有限责任公司	SCB10－1000/10
邢台变压器有限责任公司	S11－M－1000/10、S11－1000/10
泰安市银峰电器有限公司	S13－M－630/10

（续）

企业名称	产品型号
顺特电气设备有限公司	XHDCL－1000/10.5、DKSCL－1100/100/10.5、SCB－G－1250/38.5、SCB－G－1250/10.5、SCLB10－2500/10、SCBH15－2500/10、SC11－16000/35、ZGSLB11－Z－1600/10、SB11－G－1250/38.5、ZGSLB11－Z・F－2350/35、SB－G－1250/10、BKSC－10000/10
上海磁浮交通发展有限公司	CFDCLB－3290/7.76
特变电工沈阳变压器集团有限公司	S13－M－315/10、SH15－M－500/10、S13－M－630/10
威海市盛源电力变压器有限公司	S11－M－200/10
上海ABB变压器有限公司	SCRZ9－20000/35
山东达驰电气有限公司	SZ11－16000/35、SC11－12500/35
辽宁精工营口高压电器有限公司	SH15－M－315/10
山西山开昌盛电气有限公司	SBH15－M－800/10
桂林五环电器制造有限公司	CKDGKP－200/10－6、XKDGKL－10－3000－10
重庆重变电器有限责任公司	SCB10－800/20
赤峰元坤变压器有限责任公司	SZ11－31500/66
太原钢铁(集团)电气设备修造有限公司	SSZZ－40000/110
日立钱电(杭州)变压器有限公司	SH15－M－1600/10、SBH15－M－1600/10
胜利油田胜利电器有限责任公司	S11－M－200/10、S11－M－630/10
吴江市变压器厂有限公司	SS11－240000/220
山东华驰变压器股份有限公司	SCB10－2000/10
济南法奥电气有限责任公司	S11－M－630/10、S11－M－100/10
重庆市亚东亚集团变压器有限公司	SCB10－1250/20(10)、SZ11－16000/35
南通晓星变压器有限公司	SFP－H－168000/500
潍坊五洲浩特电气有限公司	DKSC－1100/10、SH15－M－400/10、XHDC－1100/35、DKSC－1100/35
鞍山派霓电力设备有限公司	SH15－M－315/10、S11－M－400/10、S13－M－630/10
山西华鑫电气有限公司	SZ11－16000/35
湖北省电力公司汉口电力设备厂	S11－M・R－800/10、D12－M・R－80/10
珠海埃尔凯输变电设备有限公司	SCB10－2000/10、S11－M－1000/11
庆阳长庆水电工程有限责任公司	SH15－M－100/10、SH15－M－315/10
江西人民输变电有限公司	SSZ11－80000/110
江苏华鹏变压器有限公司	S11－M—400/10、S11－M－800/10、ZGS－Z・F－1400/35、SCB10－1600/35、SC(H)B11—2500/10、SCB10－1600/10、SC(H)11－500/10、SCB10－1600/10、ZQSC－2000/35、ZGS11－Z－4000/35
明珠电气有限公司	SCB11－2500/10、SB11－M－1000/10、SBH11－M－1000/10、SCB10－630/10
江苏省泰和兴业电气自动化控制设备有限公司	SZ11－16000/35、SZ11－50000/110
四川川变变压器有限公司	S11－M－100/10
河北弘业电气有限公司	S11－M－800/10
海南金盘电气有限公司	ZLDCB－3700/35、SC(H)BH－2500/10、ZTSCB－2000/10、ZQSC－2224/13.8、ZQSCB－4400/35、XHDCZ－315/10、ZLSCB－6600/20
四川东方变压器集团有限公司	S11－M－800/10
武汉供电变压器修造有限公司	S11－M－800/10、S11－M－100/10
甘肃电力变压器厂	S11－M－1000/20
厦门启和电器有限公司	SCB10－250/10、SCB10－400/10、SCB10－500/10
保定浪拜迪变压器有限公司	ZGS－Z・F－1600/35
山东爱普电气设备有限公司	SCB10－315/10、SCB10－1600/10
鲁特电工股份有限公司	SCB10－2000/35、SCB11－2000/10、SB11－1600/10、SBH15－M－500/10、SZ11－16000/35
山东泰开箱变有限公司	SH15－M－315/10、SCB－F(H)－3300/35、ZGS－X・G－1600/35、S13－M－315/10、ZGS－Z・F－3300/35

（续）

企业名称	产品型号
湖南湘能智能电器股份有限公司	SCB11－1600/10、SCB11－1000/10、SCB11－630/10、SCB11－315/10
上海 MWB 互感器有限公司	BKDGKL－80000/110、XKDGKL－500－2000－25.5
泰安市宏强电气有限公司	S13－M－630/10
卧龙电气集团北京华泰变压器有限公司	ZQSC－3300/10、S11－M－500/10、S11－M－1600/10、ZQSC－2500/35
徐州巨腾变压器有限公司	SB13－M－630/10、SCB10－1600/20
江阴鹏鑫电气有限公司	S11－M－1000/10
天津东电电气有限公司	SBH15－M－315/10
东营润思科机电设备有限公司	S11－M－630/10、S11－M－100/10
广东番开电气设备制造有限公司	YBW－12(F.R)/S－630
大连新光变压器制造有限公司	S11－M－80/10、S11－M－630/10
沈阳全密封变压器有限公司	SZ11－6300/66、SZ11－315/35
陕西合容电力设备有限公司	BKDGKL－1820/10W
寿光巨能电气有限公司	S11－M－100/10、S11－M－800/10
大同股份有限公司	SCB10－630/10
浙江德通变压器有限公司	SCB10－1600/35
常州西电变压器有限责任公司	SSZ11－240000/220
华北电力科学院有限公司	SFPSZ7－120000/220
广州西门子变压器有限公司	SR－1500/11.5、SCLB10－500/20、SCB10－1250/20
山东电力设备有限公司	SZ11－50000/110、ODFPS－1000000/100
山东万达电缆有限公司	S11－M－630/10、SCB11－630/10、S11－1600/35、S11－630/10、S13－M－630/10
保定保菱变压器有限公司	S9－1500/11.3、SSZ11－50000/110
南车株洲电机有限公司	ZPSG－3400/0.63
武汉万昌机电设备有限公司	SCB10－1000/10、SCB10－1600/10
江西一变电气有限公司	S11－M－630/10、S11－M－100/10
苏州东源天利电器有限公司	SZ11－20000/35
广州广高高压电器有限公司	ZGS11－Z－630/10、SCBH15－630/10、SCB11－800/10、SZ11－8000/35、SZ11－63000/110、ZGS11－Z·F－1600/35、S11－M－1600/10、SSZ11－50000/110
三变科技股份有限公司	SB13－M－400/10、SB13－M－1000/10、SB13－M－1600/10、S13－M·RL－250/10、S13－M·RL－400/10、S13－M－250/10、S13－M·RL－1000/10、S13－M·RL－1600/10、SZ11－20000/35、SL11－M－200/10、SCZ10－10000/35、STL11－M－200/10、SLB11－M－1600/10、STBL11－M－1600/10、ZGSB－Z·F－3400/35、SCB11－500/10、SCB11－1000/10、SCB11－2000/10、SCB11－800/10、SCB11－200/10、SCB11－400/10
辽宁永泰电力设备制造有限公司	SB13－M－630/10、SH15－M－315/10
山东泰莱电气有限公司	ZGS－3300/35
山东临清益和变压器有限公司	SCB11－500/10、SCLB11－500/10
天津九傲变压器制造有限公司	SBH15－M－630/10
成都西电蜀能电器有限责任公司	SBH15－M－630/10、SCB10－315/10、SCB10－630/10、SCB10－1600/10、SH15－M－315/10、SC10－100/10、SBH15－M－630/10、SCB10－1600/10、SCB10－1250/10
青岛瑭菲斯电气有限公司	SLB11－M－400/10、SLB11－M－630/10、STL11－M－100/10、STL13－M－100/10、SLB13－M－400/10
鞍山弗瑞斯特电力设备有限公司	S13－M－315/10
山东华岳电气有限公司	S11－M－1000/10
济南济变志亨电力设备有限公司	SCZB10－20000/35、CKSC－180/10－6、SB11－1600/10、DKSC－315/10
北京博瑞莱智能科技周口有限公司	S11－M－100/10、S11－M－630/10
江苏中电变压器制造有限公司	SCB10－1600/10、SGB11－1250/10、SGB10－630/10、SGB10－400/10、SGB10－1000/10

（续）

企业名称	产品型号
中电电气（南京）特种变压器有限公司	SCBH15－1600/10、SCRBH15－2000/10
廊坊天华变压器制造有限公司	SBH15－M－315/10
山东和能电力设备有限公司	S11－M－800/10
成都联信电器有限公司	DC－47.5/0.38
青州宏拓电气设备有限公司	S11－M－100/10、S11－M－800/10
常州东芝舒电变压器有限公司	SH15－M－315/10、S13－M－500/10、S13－M－1600/10、SBH15－M－630/10、SBH15－M－315/10、S13－M－50/10
江山市中超电气有限公司	S11－M－1000/10
天津市天变变压器有限公司	S11－M－100/10、S11－M－630/10
广州增银电力设备有限公司	SCB11－500/10
长春三鼎变压器有限公司	SZ11－63000/66
特变电工衡阳变压器有限公司	SFP－780000/500、SFP－H－8100000/500、BKD2－140000/750、SFP－720000/500、OSFPS－JT－1000000/500
北京电力设备总厂	XKKA/D－66－12/2.5、XKKA/D－66－12/2.5
上海联能置信非晶合金变压器有限公司	SBH15－M－2500/37
上海置信电气股份有限公司	SCBH－1600/20、SCB10－500/10、ZGSB11－Z－630/10、SBH15－M－100/10、SBH15－M－400/10
南京大全变压器有限公司	SC10－20000/35、SCB11－400/10、SCB11－630/10、SCB11－1000/10、SCB11－2000/10、SCB11－2500/10、SZ10－16000/35
东方电子股份有限公司	S13－M·RL－200/10、S13－M·RL－315/10、S13－M·RL－800/10、S13－M·RL－1600/10
广东电力设备厂	SZ11－63000/110、SSZ11－63000/110
浙江奔达变压器有限公司	S11－M－800/10、S11－M－1000/10、S11－M－1000/10
环宇集团（南京）有限公司	S13－M－315/10、S13－M－50/10、S13－M－630/10
沈阳庆阳电力设备制造有限公司	S11－M－800/10、S11－M－315/10
中电电气（江苏）股份有限公司	SC10－100/10、SCB10－315/10、SCB10－500/10、SCB10－800/10、SC10－800/20、SBH15－M－400/10
合肥ABB变压器有限公司	SLB11－M－250/10、ZGSB－Z－3300/35、SZB11－6300/35
天津市特变电工变压器有限公司	SBH15－M－500/10、ZQSCB－1350/35、ZQSCB－3300/35、SBH15－M－630/10
西电济南变压器股份有限公司	SFZ－40000/132
EPETRANSFORMERSDNBHD	EPEL－3000/11/0.42
大连信达变压器有限公司	SZ11－50000/66
韶关市韶特变压器有限公司	S11－M－630/10、S11－M－100/10
四平金鼎电力设备制造有限公司	SH15－M－315/10
正泰电气股份有限公司	SFZ－45000/230
江苏上能新特变压器有限公司	SZ11－80000/110、SCB10－2000/10、SCB10－800/10、SCB10－1000/10、SCB10－500/10、SCB10－315/10、SCB10－200/10、SCLB10－1000/10
合肥元贞电力科技股份有限公司	ZGSB－Z·F－2350/35
杭州钱江电气集团股份有限公司	S11－M－300/11、S11－M－1500/11、S11－M－1600/10
德阳众旺变压器有限公司	S11－M－100/10、S11－M－630/10
嘉兴变压器厂	SH15－M－315/10
山东成武驰翔电气有限公司	SCB10－2000/10、SZ11－10000/35
青岛特锐德电气股份有限公司	S11－M－200/10、S11－M－800/10、SH15－M－400/10
浙江派尔电气有限公司	SB11－M－630/10、SB11－M－100/10、SB11－M－630/10
南阳市鑫特电气有限公司	SZ11－10000/35

（续）

企业名称	产品型号
塔城天润新能源有限公司	S10－800/35
中兆培基（北京）电气有限公司	SBH15－M－800/10、SBH15－M－800/10
孝感市光源电力集团有限责任公司	S11－M－200/10、S11－M－630/10
大冶力牌变压器制造有限公司	S11－M－100/10、S11－M－630/10
中钢集团吉林机电设备有限公司	SFSZ11－180000/220
山东兴源矿山设备集团有限公司	S11－M－100/10
宿迁中电电气有限公司	SH15－M－315/10
通化变压器制造有限公司	S11－M－800/10、S11－M－100/10
福安市安宁电气有限公司	S11－M－800/10
上海沪光变压器有限公司	SCB10－1600/10、SCB10－1600/35
山东威特变压器厂	SZ11－20000/35
江西变压器科技股份有限公司	SFP10－420000/220
常熟市常源变压器有限公司	S11－M－80/10、S11－M－630/10、SCB11－2500/10
沈阳市第四变压器厂（有限公司）	S11－M－800/10、S11－M－200/10
新华都特种电气股份有限公司	S11－2000/35
保定天威保变电气股份有限公司	SFSZ10－240000/220
山东施耐德电力科技研究院有限公司	SCB10－1000/10
宁波天安（集团）股份有限公司	ZGS－Z·G－1000/35、SCB10－F－2350/35、SZ11－20000/35
江苏道盛科技股份有限公司	S11－M·ZT－630（200）/10
华通机电股份有限公司	SZ11－16000/35
山东泰山恒信变压器有限公司	SCB10－1000/10、S13－M－630/10、SH15－M－315/10、SH15－M－160/10、SH15－M－315/10
芜湖金鹰变压器有限公司	SCB11－2000/11
沈阳飞驰电气设备有限公司	SBH15－M－315/10、SBH15－M－630/10
江苏永衡变压器有限公司	S11－M－1000/10、S11－M－100/10
保定鑫尧电气制造有限公司	SCB10－2000/10
沈阳福林特种变压器有限公司	SZ11－50000/66、S13－1600/10
保定天威顺达变压器有限公司	SCB10－1250/10、SCB10－2000/35、SCBH15－1600/10
芜湖金牛电气股份有限公司	S13－M－1600/10、SZ11－16000/35、S11－M－1600/10、SZ－16000/35
常州华迪特种变压器有限公司	ZPSGSF－1400/10
上海休伯康特能源设备有限公司	SCBH15－500/10
河北保利输变电设备制造有限公司	S11－M－800/10
温州信德电力配件有限公司	DZJ－20－20.2/600
山东泰山杰奥电气设备有限公司	SCB10－1000/10
辽宁电能发展股份有限公司	CKSCYT－300/10－5
中国北车集团大连机车车辆有限公司	JQF1－10160/25
许继变压器有限公司	SC（H）BH15－2500/10、ZTSC（H）－800/10、OSC10－500/10、SC－100/27.5、SCBH15－2000/20、ZQSC－2500/35
江苏彭变变压器有限公司	S11－M－800/10、S11－M－100/10
福州天宇电气有限公司	SB13－1250/10
瓦房店电力工程有限公司	S13－M－630/10

质量及质量管理

1. 管理体系认证与审核

顺特阿海珐电气有限公司经过中环联合（北京）认证中心审核员的现场取证审核，顺利通过了2011年度中国环境标志认证的监督审核，该公司的产品质量水平、环保意识、技术发展情况获得了审核组的高度评价。武汉泰普变压器开关有限公司2011年2月顺利通过管理体系监督审核。沈阳海为电力设备有限公司2011年继续全面推行5S管理,强化质量管理体系,采用卓越运营的管理模式,不断完善新的考核体系和绩效模式。大连北方互感器集团有限公司于2011年6月顺利通过方圆认证中心审核组的质量、环境、职业健康安全管理体系认证。2011年7月,三变科技股份有限公司通过了公信认证有限公司审核组对质量、环境、职业健康安全综合管理体系的复审认证。2011年8月12日,大连北方互感器集团避雷器公司通过了凯新认证中心专家审核组的ISO 9001质量管理体系监督审核。

2011年9月,顺特电气有限公司完成了2011年度核电质保体系的内部审核,依据核安全法规HAF003以及各核电项目质保大纲的要求,对公司组织、文件控制、设计控制、采购控制、物项控制、工艺过程控制、检查和试验控制、不符合项的控制、纠正措施、记录及监查等进行了全面的审查。

2. 质量管理活动

西安西变中特公司干燥处理QC小组完成的“缩短老汽干产品处理周期”、西安西电变压器有限责任公司冷作车间组件QC小组完成的“升高座埋弧焊支架的改进”,分别获得了2011年度全国机械工业优秀质量管理小组活动成果一等奖和二等奖。

7月,无锡统力电工有限公司通过了中国机械工业联合会组织的现场审核,成为机械工业“管理进步达标企业”。

2011年以来,天威保变(合肥)变压器有限公司全面推行精益生产管理,大力开展降本增效活动,全面推进精益能力培养、人才育成精益管理、班组建设精益管理、生产精益管理与控制、质量精益控制和运行、形象塑造行为规范精益管理、信息化精益管理、设备和能源精益管理、物流配送精益管理、职业健康安全与环境精益管理、成本资源精益控制及现场6S精益管理等12个模块。

3. 专利

西安西电变压器有限责任公司申报的“变压器器身软管压紧工艺”于2011年末获得第十三届中国专利奖优秀奖。该发明提供了一种变压器器身的压紧工艺,解决了原有技术存在的作用方式单一、器身压紧时上压板容易变形、绕组受力不均匀及抗短路能力不高的问题。该工艺的成功应用,在±800kV换流变压器高质量成功制造中起到了重要作用。

〔撰稿人:沈阳变压器研究院股份有限公司陈萍　审稿人:沈阳变压器研究院股份有限公司曲万里〕

电气控制成套设备

生产发展状况　2011年,电气控制成套设备行业的经济运行情况较为复杂,尽管整个行业产销、利润总额指标仍持续增长,但利润增幅已明显低于产销增幅,主营业务收入利润率下滑,这种趋势值得关注。根据对101家生产企业的统计,2011年,电气控制成套设备行业产量和产值均比上年有不同幅度的增长。2011年,101家企业实现工业总产值782亿元,比上年增加近109亿元,同比增长16.16%;实现工业销售产值812亿元,比上年增加近150亿元,同比增长22.71%;实现工业增加值232亿元,同比增长14.51%;实现利润总额61.6亿元,比上年增加2.44亿元,同比增长4.13%,增幅比2010年减少18个百分点。

2011年电气控制成套设备行业重点企业工业总产值排序见表1。2011年电气控制成套设备行业重点企业工业增加值排序见表2。2011年电气控制成套设备行业重点企业工业销售产值排序见表3。2011年电气控制成套设备行业重点企业主营业务收入排序见表4。2011年电气控制成套设备行业重点企业总资产贡献率排序见表5。2011年电气控制成套设备行业重点企业资本保值增值率排序见表6。2011年电气控制成套设备行业重点企业资产负债率排序见表7。2011年电气控制成套设备行业重点企业全员劳动生产率排序见表8。2011年电气控制成套设备行业重点企业经济效益综合指数排序见表9。

表1　2011年电气控制成套设备行业重点企业工业总产值排序

序号	企业名称	工业总产值(万元)	序号	企业名称	工业总产值(万元)
1	大全集团有限公司	1 402 443	11	江苏华威线路设备集团有限公司	153 914
2	许继集团有限公司	1 400 150	12	杭申集团有限公司	150 925
3	华鹏集团有限公司	565 260	13	安徽鑫龙电器股份有限公司	141 334
4	江苏东源电器集团	527 901	14	川开电气股份有限公司	127 067
5	正泰电气股份有限公司	284 409	15	四川电器集团有限公司	105 543
6	上海中发电气(集团)股份有限公司	219 449	16	上海宝临电气集团有限公司	89 124
7	宁波天安(集团)股份有限公司	194 760	17	常州太平洋电力设备(集团)有限公司	87 298
8	常熟开关制造有限公司(原常熟开关厂)	166 582	18	成都科星电力电器有限公司	86 544
9	江苏波瑞电气有限公司	159 000	19	浙宝电气(杭州)集团有限公司	76 992
10	环宇集团(南京)有限公司	156 356	20	上海一开电气集团有限公司	74 859

（续）

序号	企业名称	工业总产值（万元）	序号	企业名称	工业总产值（万元）
21	上海天灵开关厂有限公司	74 086	41	上海纳杰电气成套有限公司	30 020
22	天津久安集团有限公司	66 715	42	广东正超电气有限公司	24 371
23	沈阳华利能源设备制造有限公司	64 410	43	浙江群力电气有限公司	23 740
24	上海南华兰陵电气有限公司	63 865	44	北京通州开关有限公司	21 830
25	宁波天元电气集团有限公司	60 740	45	唐山盾石电气有限责任公司	19 451
26	成都通力集团股份有限公司	57 331	46	唐山创元方大电气有限责任公司	19 150
27	诸城市科信电力工程有限公司	53 802	47	深圳市光辉电器实业有限公司	19 107
28	天水二一三电器有限公司	53 507	48	厦门协成实业有限公司	17 800
29	河南新开电气集团股份有限公司	52 167	49	浙江三辰电器有限公司	17 671
30	深圳市宝安任达电器实业有限公司	50 600	50	法泰电器(江苏)股份有限公司	17 600
31	杭州欣美成套电器制造有限公司	48 001	51	天津市汇和电气设备有限公司	17 479
32	宁夏力成电气集团有限公司	46 173	52	苏州工业园区隆盛电器成套设备制造有限公司	17 262
33	宁波燎原电器集团股份有限公司	44 577	53	杭州圣力电气有限公司	17 146
34	云南云开电气股份有限公司	43 038	54	西安电器开关厂	15 920
35	锦州锦开电器集团有限公司	41 354	55	天津市德利泰开关有限公司	15 532
36	杭州杭开电气有限公司	41 023	56	上海安科瑞电气有限公司	15 013
37	广东顺开电气集团有限公司	36 545	57	温州兴机电器有限公司	14 790
38	沈阳飞驰电气设备有限公司	36 500	58	泰豪科技(深圳)电力技术有限公司	14 702
39	上海电器成套厂有限公司	33 814	59	上海第一开关制造有限公司	14 632
40	江苏海纬集团有限公司	33 451	60	遵义长征电器开关设备有限责任公司	14 390

表 2　2011 年电气控制成套设备行业重点企业工业增加值排序

序号	企业名称	工业增加值（万元）	序号	企业名称	工业增加值（万元）
1	许继集团有限公司	574 062	22	天水二一三电器有限公司	14 002
2	大全集团有限公司	390 057	23	上海天灵开关厂有限公司	12 763
3	华鹏集团有限公司	159 912	24	武汉市武昌电控设备有限公司	11 890
4	江苏东源电器集团	150 128	25	上海电器成套厂有限公司	11 861
5	江苏华威线路设备集团有限公司	99 215	26	成都通力集团股份有限公司	11 462
6	常熟开关制造有限公司(原常熟开关厂)	71 997	27	上海南华兰陵电气有限公司	11 201
7	川开电气股份有限公司	46 692	28	杭州欣美成套电器制造有限公司	11 101
8	上海中发电气(集团)股份有限公司	43 732	29	沈阳飞驰电气设备有限公司	10 243
9	安徽鑫龙电器股份有限公司	42 400	30	浙宝电气(杭州)集团有限公司	10 008
10	宁波天安(集团)股份有限公司	40 016	31	成都科星电力电器有限公司	9 943
11	江苏波瑞电气有限公司	39 157	32	广东顺开电气集团有限公司	9 895
12	天津久安集团有限公司	37 867	33	深圳市宝安任达电器实业有限公司	9 403
13	四川电器集团有限公司	35 087	34	上海安科瑞电气有限公司	9 074
14	环宇集团(南京)有限公司	32 636	35	云南云开电气股份有限公司	8 600
15	正泰电气股份有限公司	31 750	36	唐山创元方大电气有限责任公司	8 520
16	常州太平洋电力设备(集团)有限公司	27 315	37	宁波燎原电器集团股份有限公司	8 035
17	杭申集团有限公司	23 710	38	河南新开电气集团股份有限公司	7 411
18	宁波天元电气集团有限公司	20 535	39	广东正超电气有限公司	6 870
19	上海一开电气集团有限公司	17 704	40	浙江群力电气有限公司	6 832
20	沈阳华利能源设备制造有限公司	17 479	41	锦州锦开电器集团有限公司	6 628
21	宁夏力成电气集团有限公司	16 715	42	上海宝临电气集团有限公司	5 869

（续）

序号	企业名称	工业增加值（万元）	序号	企业名称	工业增加值（万元）
43	天津市汇和电气设备有限公司	5 851	52	浙江万电电气有限公司	3 472
44	浙江三辰电器有限公司	5 392	53	上海精成电器成套有限公司	3 333
45	苏州工业园区隆盛电器成套设备制造有限公司	5 100	54	佛山奇正电气有限公司	3 204
46	北京通州开关有限公司	4 840	55	日新恒通电气有限公司	3 107
47	余姚市电力设备修造厂	4 144	56	遵义长征电器开关设备有限责任公司	3 100
48	浙江容大电力设备制造有限公司	4 058	57	泰豪科技（深圳）电力技术有限公司	2 980
49	珠海经济特区广达电器设备有限公司	3 991	58	温州兴机电器有限公司	2 928
50	上海纳杰电气成套有限公司	3 860	59	广东珠江开关有限公司	2 851
51	江苏万奇电器设备有限公司	3 662	60	慈溪奇国电器有限公司	2 811

表3　2011年电气控制成套设备行业重点企业工业销售产值排序

序号	企业名称	工业销售产值（万元）	序号	企业名称	工业销售产值（万元）
1	许继集团有限公司	1 429 877	31	杭州欣美成套电器制造有限公司	48 001
2	大全集团有限公司	1 402 443	32	宁夏力成电气集团有限公司	47 230
3	华鹏集团有限公司	539 333	33	宁波燎原电器集团股份有限公司	44 500
4	江苏东源电器集团	517 342	34	云南云开电气股份有限公司	44 336
5	正泰电气股份有限公司	270 866	35	杭州杭开电气有限公司	41 023
6	上海中发电气（集团）股份有限公司	219 449	36	锦州锦开电器集团有限公司	36 666
7	宁波天安（集团）股份有限公司	168 298	37	广东顺开电气集团有限公司	36 545
8	常熟开关制造有限公司（原常熟开关厂）	163 267	38	沈阳飞驰电气设备有限公司	36 500
9	环宇集团（南京）有限公司	156 285	39	上海电器成套厂有限公司	33 710
10	江苏波瑞电气有限公司	156 120	40	江苏海纬集团有限公司	33 451
11	安徽鑫龙电器股份有限公司	141 334	41	上海纳杰电气成套有限公司	24 507
12	江苏华威线路设备集团有限公司	140 922	42	广东正超电气有限公司	24 181
13	杭申集团有限公司	139 893	43	浙江群力电气有限公司	23 740
14	川开电气股份有限公司	121 867	44	唐山盾石电气有限责任公司	21 946
15	成都科星电力电器有限公司	105 243	45	北京通州开关有限公司	21 830
16	四川电器集团有限公司	102 851	46	天津市德利泰开关有限公司	19 259
17	常州太平洋电力设备（集团）有限公司	87 298	47	唐山创元方大电气有限责任公司	19 150
18	上海宝临电气集团有限公司	86 809	48	厦门协成实业有限公司	18 000
19	上海一开电气集团有限公司	74 735	49	深圳市光辉电器实业有限公司	17 916
20	浙宝电气（杭州）集团有限公司	74 218	50	天津市汇和电气设备有限公司	17 637
21	上海天灵开关厂有限公司	72 890	51	法泰电器（江苏）股份有限公司	17 600
22	上海南华兰陵电气有限公司	68 309	52	苏州工业园区隆盛电器成套设备制造有限公司	17 262
23	成都通力集团股份有限公司	67 077	53	杭州圣力电气有限公司	17 129
24	沈阳华利能源设备制造有限公司	66 800	54	浙江三辰电器有限公司	17 116
25	天津久安集团有限公司	66 715	55	泰豪科技（深圳）电力技术有限公司	15 760
26	宁波天元电气集团有限公司	60 059	56	上海安科瑞电气有限公司	15 051
27	天水二一三电器有限公司	54 303	57	慈溪市大明电气设备成套有限公司	14 677
28	诸城市科信电力工程有限公司	51 843	58	上海第一开关制造有限公司	14 604
29	河南新开电气集团股份有限公司	49 768	59	温州兴机电器有限公司	14 048
30	深圳市宝安任达电器实业有限公司	49 374	60	西安电器开关厂	13 920

表4　2011年电气控制成套设备行业重点企业主营业务收入排序

序号	企业名称	主营业务收入（万元）	序号	企业名称	主营业务收入（万元）
1	大全集团有限公司	1 363 956	31	宁夏力成电气集团有限公司	46 069
2	许继集团有限公司	1 229 397	32	宁波燎原电器集团股份有限公司	44 054
3	华鹏集团有限公司	544 411	33	云南云开电气股份有限公司	43 757
4	江苏东源电器集团	517 342	34	杭州欣美成套电器制造有限公司	40 058
5	正泰电气股份有限公司	267 808	35	锦州锦开电器集团有限公司	38 989
6	上海中发电气(集团)股份有限公司	208 477	36	广东顺开电气集团有限公司	36 545
7	宁波天安(集团)股份有限公司	174 406	37	沈阳飞驰电气设备有限公司	36 173
8	杭申集团有限公司	164 927	38	江苏海纬集团有限公司	33 451
9	常熟开关制造有限公司(原常熟开关厂)	163 267	39	上海电器成套厂有限公司	28 824
10	江苏波瑞电气有限公司	156 825	40	上海纳杰电气成套有限公司	24 507
11	环宇集团(南京)有限公司	156 285	41	广东正超电气有限公司	24 181
12	江苏华威线路设备集团有限公司	145 105	42	唐山盾石电气有限责任公司	21 946
13	安徽鑫龙电器股份有限公司	130 995	43	北京通州开关有限公司	21 830
14	川开电气股份有限公司	113 965	44	浙江群力电气有限公司	21 827
15	常州太平洋电力设备(集团)有限公司	90 417	45	天津市德利泰开关有限公司	19 259
16	四川电器集团有限公司	90 208	46	厦门协成实业有限公司	18 000
17	上海宝临电气集团有限公司	88 956	47	深圳市光辉电器实业有限公司	17 916
18	成都科星电力电器有限公司	81 009	48	天津市汇和电气设备有限公司	17 637
19	浙宝电气(杭州)集团有限公司	74 863	49	法泰电器(江苏)股份有限公司	17 614
20	上海一开电气集团有限公司	74 735	50	杭州圣力电气有限公司	17 129
21	上海天灵开关厂有限公司	72 890	51	浙江三辰电器有限公司	17 116
22	上海南华兰陵电气有限公司	66 785	52	唐山创元方大电气有限责任公司	16 570
23	天津久安集团有限公司	65 668	53	西安电器开关厂	15 530
24	宁波天元电气集团有限公司	59 460	54	泰豪科技(深圳)电力技术有限公司	15 492
25	天水二一三电器有限公司	56 573	55	上海安科瑞电气有限公司	15 049
26	沈阳华利能源设备制造有限公司	55 051	56	慈溪市大明电气设备成套有限公司	14 714
27	诸城市科信电力工程有限公司	53 802	57	温州兴机电器有限公司	14 703
28	成都通力集团股份有限公司	52 018	58	上海第一开关制造有限公司	14 589
29	深圳市宝安任达电器实业有限公司	49 374	59	天津天利电力成套设备有限公司	14 097
30	河南新开电气集团股份有限公司	48 635	60	慈溪市华通输变电设备有限公司	13 485

表5　2011年电气控制成套设备行业重点企业总资产贡献率排序

序号	企业名称	总资产贡献率（%）	序号	企业名称	总资产贡献率（%）
1	江苏波瑞电气有限公司	82.33	10	天津市华通机电设备工贸有限公司	33.43
2	江苏海纬集团有限公司	65.10	11	遵义长征电器开关设备有限责任公司	33.21
3	天津市汇和电气设备有限公司	58.00	12	唐山创元方大电气有限责任公司	30.36
4	江苏万奇电器设备有限公司	51.30	13	浙江群力电气有限公司	29.83
5	杭州鸿程科技有限公司	44.84	14	杭州欣美成套电器制造有限公司	29.46
6	上海安科瑞电气有限公司	43.19	15	慈溪市大明电气设备成套有限公司	27.84
7	上海一开电气集团有限公司	40.72	16	宁波天元电气集团有限公司	27.71
8	常熟开关制造有限公司(原常熟开关厂)	37.65	17	天津久安集团有限公司	27.65
9	慈溪市华通输变电设备有限公司	34.72	18	临海市耀明电力设备有限公司	27.17

（续）

序号	企业名称	总资产贡献率（%）	序号	企业名称	总资产贡献率（%）
19	浙江海纳电气有限公司	26.99	40	江苏华威线路设备集团有限公司	17.21
20	华鹏集团有限公司	26.50	41	上海南华兰陵电气有限公司	16.87
21	四川电器集团有限公司	26.15	42	沈阳飞驰电气设备有限公司	16.82
22	长沙电控辅件总厂	25.32	43	大全集团有限公司	16.72
23	杭州圣力电气有限公司	25.22	44	浙宝电气（杭州）集团有限公司	16.63
24	常德市天马电器成套设备有限公司	24.73	45	上海精成电器成套有限公司	16.52
25	安徽鑫龙电器股份有限公司	24.06	46	吴江金通力电器成套有限公司	16.32
26	法泰电器（江苏）股份有限公司	23.36	47	上海第一开关制造有限公司	16.21
27	环宇集团（南京）有限公司	23.32	48	上海中发电气（集团）股份有限公司	16.10
28	宁波燎原电器集团股份有限公司	22.91	49	川开电气股份有限公司	16.08
29	浙江三辰电器有限公司	22.48	50	新乡市安澜电气有限公司	15.67
30	常州太平洋电力设备（集团）有限公司	22.07	51	浙江万电电气有限公司	15.39
31	福建森达电气有限公司	21.29	52	河南新开电气集团股份有限公司	14.84
32	江苏东源电器集团	21.05	53	成都科星电力电器有限公司	14.38
33	成都通力集团股份有限公司	20.78	54	上海纳杰电气成套有限公司	13.68
34	广东正超电气有限公司	20.31	55	武汉市武昌电控设备有限公司	12.76
35	上海天灵开关厂有限公司	20.09	56	烟台恒泰电气设备有限公司	12.64
36	唐山盾石电气有限责任公司	19.48	57	天津市正本电气有限公司	12.18
37	上海宝临电气集团有限公司	18.93	58	余姚市电力设备修造厂	11.83
38	诸城市科信电力工程有限公司	17.85	59	永康市电力设备厂	11.79
39	天津市德利泰开关有限公司	17.30	60	北京通州开关有限公司	11.76

表6 2011年电气控制成套设备行业重点企业资本保值增值率排序

序号	企业名称	资本保值增值率（%）	序号	企业名称	资本保值增值率（%）
1	永康市电力设备厂	857.43	19	沈阳飞驰电气设备有限公司	130.44
2	天津市正本电气有限公司	483.88	20	成都科星电力电器有限公司	130.29
3	浙江海纳电气有限公司	252.37	21	慈溪市华通输变电设备有限公司	128.22
4	天津市华通机电设备工贸有限公司	211.13	22	杭州欣美成套电器制造有限公司	127.38
5	河南新开电气集团股份有限公司	197.68	23	宁波天元电气集团有限公司	125.65
6	天津市德利泰开关有限公司	190.45	24	浙江三辰电器有限公司	125.08
7	法泰电器（江苏）股份有限公司	167.97	25	成都通力集团股份有限公司	124.58
8	西安新研高压电器制造有限公司	155.22	26	遵义长征电器开关设备有限责任公司	123.86
9	宁波燎原电器集团股份有限公司	154.22	27	常熟开关制造有限公司（原常熟开关厂）	122.47
10	常州太平洋电力设备（集团）有限公司	153.26	28	杭申集团有限公司	122.41
11	唐山盾石电气有限责任公司	150.97	29	杭州鸿程科技有限公司	120.63
12	浙江容大电力设备制造有限公司	143.87	30	沈阳华利能源设备制造有限公司	120.48
13	许继集团有限公司	142.41	31	福建森达电气有限公司	120.02
14	上海安科瑞电气有限公司	138.90	32	北京基业达电气有限公司	119.51
15	厦门协成实业有限公司	133.25	33	宁夏力成电气集团有限公司	119.25
16	广东正超电气有限公司	133.23	34	吴江金通力电器成套有限公司	117.23
17	大全集团有限公司	133.01	35	江苏波瑞电气有限公司	117.11
18	湖南省衡阳衡仪电气有限公司	131.10	36	浙江万电电气有限公司	116.05

（续）

序号	企 业 名 称	资本保值增值率（%）	序号	企 业 名 称	资本保值增值率（%）
37	余姚市电力设备修造厂	115.60	49	川开电气股份有限公司	110.56
38	常德市天马电器成套设备有限公司	115.00	50	深圳市光辉电器实业有限公司	110.25
39	锦州锦开电器集团有限公司	114.86	51	武汉市武昌电控设备有限公司	109.51
40	江苏万奇电器设备有限公司	114.45	52	天津久安集团有限公司	109.26
41	西安电器开关厂	113.31	53	天水二一三电器有限公司	108.32
42	苏州凯达电器仪表成套有限公司	113.26	54	深圳市宝安任达电器实业有限公司	108.14
43	诸城市科信电力工程有限公司	113.23	55	上海第一开关制造有限公司	108.13
44	江苏海纬集团有限公司	113.03	56	天津市建电实业有限公司	107.84
45	新乡市安澜电气有限公司	112.77	57	上海一开电气集团有限公司	107.18
46	天水电气传动研究所有限责任公司	112.54	58	上海航大电气有限公司	106.95
47	安徽鑫龙电器股份有限公司	112.50	59	慈溪奇国电器有限公司	106.49
48	江苏华威线路设备集团有限公司	110.98	60	齐齐哈尔齐力达电子有限公司	106.24

表 7　2011 年电气控制成套设备行业重点企业资产负债率排序

序号	企 业 名 称	资产负债率（%）	序号	企 业 名 称	资产负债率（%）
1	上海一开电气集团有限公司	3.00	29	天津市德利泰开关有限公司	41.46
2	慈溪奇国电器有限公司	5.93	30	长沙电控辅件总厂	41.52
3	广东正超电气有限公司	5.97	31	永康市电力设备厂	41.77
4	烟台恒泰电气设备有限公司	11.20	32	武汉市武昌电控设备有限公司	42.05
5	上海安科瑞电气有限公司	12.55	33	成都通力集团股份有限公司	42.31
6	内蒙古共信电气股份有限公司	14.44	34	宁波天元电气集团有限公司	42.69
7	浙江海纳电气有限公司	15.08	35	天津市建电实业有限公司	43.14
8	杭州鸿程科技有限公司	16.17	36	吴江金通力电器成套有限公司	43.58
9	西安新研高压电器制造有限公司	19.97	37	临海市耀明电力设备有限公司	43.84
10	日新恒通电气有限公司	20.16	38	川开电气股份有限公司	44.65
11	厦门协成实业有限公司	21.57	39	浙宝电气(杭州)集团有限公司	45.36
12	北京通州开关有限公司	21.62	40	南京华洋电气有限公司	45.76
13	河南新开电气集团股份有限公司	22.80	41	常熟开关制造有限公司(原常熟开关厂)	46.02
14	江苏东源电器集团	23.90	42	环宇集团(南京)有限公司	47.47
15	天津久安集团有限公司	24.17	43	杭州圣力电气有限公司	47.72
16	常州太平洋电力设备(集团)有限公司	26.21	44	齐齐哈尔齐力达电子有限公司	47.86
17	天津市正本电气有限公司	29.49	45	昆明昆开思维奇机电集团有限公司	47.99
18	福建森达电气有限公司	29.78	46	佛山奇正电气有限公司	48.40
19	慈溪市华通输变电设备有限公司	30.40	47	上海宝临电气集团有限公司	49.24
20	浙江万电电气有限公司	32.04	48	余姚市电力设备修造厂	49.95
21	深圳市光辉电器实业有限公司	32.33	49	浙江三辰电器有限公司	50.14
22	江苏波瑞电气有限公司	34.60	50	宁夏力成电气集团有限公司	50.18
23	常德市天马电器成套设备有限公司	34.84	51	上海第一开关制造有限公司	50.79
24	天津市华通机电设备工贸有限公司	36.35	52	江苏海纬集团有限公司	51.15
25	江苏万奇电器设备有限公司	36.55	53	广东顺开电气集团有限公司	51.53
26	法泰电器(江苏)股份有限公司	38.93	54	威海华通开关设备有限公司	51.58
27	温州兴机电器有限公司	39.12	55	杭州杭开电气有限公司	51.92
28	上海航大电气有限公司	41.03	56	天水电气传动研究所有限责任公司	52.21

（续）

序号	企业名称	资产负债率（%）	序号	企业名称	资产负债率（%）
57	遵义长征电器开关设备有限责任公司	52.80	59	沈阳华利能源设备制造有限公司*	53.19
58	上海中发电气(集团)股份有限公司	53.18	60	杭州欣美成套电器制造有限公司*	53.78

表8　2011年电气控制成套设备行业重点企业全员劳动生产率排序

序号	企业名称	全员劳动生产率（元/人）	序号	企业名称	全员劳动生产率（元/人）
1	诸城市科信电力工程有限公司	1 300 288.46	31	华鹏集团有限公司	249 862.50
2	江苏东源电器集团	1 237 658.70	32	成都科星电力电器有限公司	249 811.56
3	江苏波瑞电气有限公司	959 730.39	33	北京通州开关有限公司	249 484.54
4	江苏海纬集团有限公司	923 069.95	34	浙江容大电力设备制造有限公司	247 439.02
5	武汉市武昌电控设备有限公司	914 615.38	35	杭州鸿程科技有限公司	223 402.60
6	上海中发电气(集团)股份有限公司	705 354.84	36	珠海经济特区广达电器设备有限公司	214 569.89
7	江苏华威线路设备集团有限公司	662 316.42	37	余姚市电力设备修造厂	212 512.82
8	川开电气股份有限公司	653 028.25	38	上海一开电气集团有限公司	212 028.74
9	四川电器集团有限公司	652 174.72	39	天津市汇和电气设备有限公司	208 964.29
10	天津久安集团有限公司	610 758.06	40	杭申集团有限公司	206 353.35
11	上海电器成套厂有限公司	551 674.42	41	永康市电力设备厂	202 000.00
12	许继集团有限公司	506 674.32	42	宁波天安(集团)股份有限公司	201 186.53
13	常州太平洋电力设备(集团)有限公司	501 192.66	43	上海安科瑞电气有限公司	186 324.44
14	宁夏力成电气集团有限公司	500 449.10	44	广东正超电气有限公司	180 789.47
15	浙江群力电气有限公司	495 072.46	45	遵义长征电器开关设备有限责任公司	180 232.56
16	宁波天元电气集团有限公司	449 343.54	46	浙宝电气(杭州)集团有限公司	177 132.74
17	常熟开关制造有限公司(原常熟开关厂)	447 464.26	47	浙江三辰电器有限公司	169 559.75
18	大全集团有限公司	427 038.54	48	上海纳杰电气成套有限公司	168 554.59
19	唐山创元方大电气有限责任公司	426 000.00	49	广东顺开电气集团有限公司	167 711.86
20	临海市耀明电力设备有限公司	405 883.72	50	天水二一三电器有限公司	159 294.65
21	苏州工业园区隆盛电器成套设备制造有限公司	404 761.90	51	浙江海纳电气有限公司	141 923.08
22	沈阳华利能源设备制造有限公司	367 205.88	52	环宇集团(南京)有限公司	140 611.81
23	上海南华兰陵电气有限公司	361 316.13	53	吴江金通力电器成套有限公司	137 142.86
24	杭州欣美成套电器制造有限公司	339 467.89	54	上海第一开关制造有限公司	134 596.27
25	沈阳飞驰电气设备有限公司	307 597.60	55	浙江万电电气有限公司	133 538.46
26	成都通力集团股份有限公司	302 427.44	56	佛山奇正电气有限公司	129 193.55
27	宁波燎原电器集团股份有限公司	266 059.60	57	苏州凯达电器仪表成套有限公司	125 178.57
28	上海精成电器成套有限公司	264 523.81	58	常德市天马电器成套设备有限公司	120 819.67
29	上海天灵开关厂有限公司	262 073.92	59	慈溪市大明电气设备成套有限公司	116 647.40
30	安徽鑫龙电器股份有限公司	256 348.25	60	泰豪科技(深圳)电力技术有限公司	114 615.38

表9　2011年电气控制成套设备行业重点企业经济效益综合指数排序

序号	企业名称	经济效益综合指数	序号	企业名称	经济效益综合指数
1	诸城市科信电力工程有限公司	9.27	5	武汉市武昌电控设备有限公司	6.64
2	江苏波瑞电气有限公司	8.98	6	上海中发电气(集团)股份有限公司	5.60
3	江苏东源电器集团	8.95	7	天津久安集团有限公司	5.51
4	江苏海纬集团有限公司	8.14	8	常熟开关制造有限公司(原常熟开关厂)	5.42

（续）

序号	企业名称	经济效益综合指数	序号	企业名称	经济效益综合指数
9	江苏华威线路设备集团有限公司	5.28	35	安徽鑫龙电器股份有限公司	2.98
10	四川电器集团有限公司	5.13	36	华鹏集团有限公司	2.89
11	川开电气股份有限公司	5.05	37	广东正超电气有限公司	2.87
12	常州太平洋电力设备(集团)有限公司	4.59	38	上海天灵开关厂有限公司	2.85
13	浙江群力电气有限公司	4.56	39	遵义长征电器开关设备有限责任公司	2.83
14	临海市耀明电力设备有限公司	4.47	40	余姚市电力设备修造厂	2.62
15	天津市华通机电设备工贸有限公司	4.34	41	上海精成电器成套有限公司	2.60
16	宁波天元电气集团有限公司	4.32	42	浙江海纳电气有限公司	2.60
17	宁夏力成电气集团有限公司	4.28	43	成都科星电力电器有限公司	2.54
18	唐山创元方大电气有限责任公司	4.17	44	北京通州开关有限公司	2.53
19	上海安科瑞电气有限公司	4.13	45	浙江三辰电器有限公司	2.51
20	上海电器成套厂有限公司	4.11	46	浙宝电气(杭州)集团有限公司	2.48
21	许继集团有限公司	4.03	47	杭州杭开电气有限公司	2.47
22	大全集团有限公司	3.90	48	法泰电器(江苏)股份有限公司	2.43
23	长沙电控辅件总厂	3.80	49	慈溪市华通输变电设备有限公司	2.36
24	天津市汇和电气设备有限公司	3.79	50	天津市正本电气有限公司	2.31
25	杭州欣美成套电器制造有限公司	3.74	51	浙江容大电力设备制造有限公司	2.30
26	沈阳华利能源设备制造有限公司	3.36	52	慈溪市大明电气设备成套有限公司	2.28
27	上海南华兰陵电气有限公司	3.33	53	环宇集团(南京)有限公司	2.28
28	成都通力集团股份有限公司	3.25	54	常德市天马电器成套设备有限公司	2.28
29	宁波燎原电器集团股份有限公司	3.21	55	浙江万电电气有限公司	2.18
30	苏州工业园区隆盛电器成套设备制造有限公司	3.19	56	杭申集团有限公司	2.17
31	永康市电力设备厂	3.14	57	吴江金通力电器成套有限公司	2.15
32	沈阳飞驰电气设备有限公司	3.13	58	上海纳杰电气成套有限公司	2.02
33	江苏万奇电器设备有限公司	3.13	59	宁波天安(集团)股份有限公司	2.00
34	上海一开电气集团有限公司	3.12	60	珠海经济特区广达电器设备有限公司	2.00

经济运行特点 2011年电气控制成套设备行业经济运行特点是：

1. 产销稳步增长，产销率超过100%

2011年，电气控制成套设备行业产销总量比2010年均有不同幅度的增长，行业主要生产企业产销继续保持平稳增长的态势。据统计，2011年电气控制成套设备行业101家企业的工业总产值(当年价)、工业销售产值和工业增加值均高于2010年，同比分别增长16.16%、22.71%和14.51%，呈现平稳增长的态势，产销率超过100%，产销衔接良好。

2. 成本和费用上升导致行业利润增幅明显低于产销增幅

统计显示，在101家报表企业中，有2家企业出现亏损，而2010年无亏损企业。上报数据的101家企业中，2011年实现利润总额61.6亿元，同比增长4.13%，增幅比2010年减少18个百分点，且远低于产销增幅。实现主营业务收入742亿元，比上年增长11.15%，但主营业务成本增长11.21%，高出收入增幅0.06个百分点。管理费用及财务费用增长17.44%，营业费用增幅更高达83.44%，其中利息支出增幅35.75%。根据很多企业的反映，原材料价格大幅波动，劳动力成本持续提升及财务费用增加，加之产品销售价格不能相应地提高，是导致企业利润空间缩小的主要原因。

科技成果及新产品 2011年3月，电控配电分会与天津电气传动设计研究所共同牵头，成立了由行业50余家骨干企业的技术专家参加的新型节能母线槽产品全国联合设计组，共同研发一种带智能保护、高性价比、竞争力强的新型节能母线槽。设计组年内两次在苏州集中开展设计工作，前后累计2个月时间，并按预期计划完成了密集型/空气型/风电型总共五套样机的试制和型式试验工作。该联合设计的新产品于2011年10月通过了由中国电器工业协会和天津市科委联合组织的产品鉴定，目前已受理2项发明专利并获得4项实用新型专利授权。

新型节能母线槽产品采用铜铝复合母线代替传统的铜母线作为载流导体，既达到节能效果，又降低母线槽成本；母线槽的设计额定电流高达7 200A，满足了我国快速发展的输配电设备市场需求，同时设计了用于风力发电领域的专用母线槽，符合我国新能源产业政策。2011年11月，电控配电设备分会在苏州召开“中国电器工业协会电控配电行业年会暨新型节能母线槽产品发布和发图及推广会”，有近230家企业的400余位代表参加。

质量及标准 2010年底，中国电器工业协会电控配电设备分会组织行业知名企业成立JB/T 10216—2000《电控配电用电缆桥架》行业标准修订工作组，并于2011年5月在天津召开标准修订工作会议，形成正式的送审稿。该标准于2011年10月通过了审查。

全国低压成套开关设备和控制设备标准化技术委员会2011年年会暨标准审查会于2011年12月在天津召开，共有74家单位的92位代表出席。会议对《风力发电用低压成套开关设备和控制设备》《风力发电用低压无功补偿装置》两项标准的送审稿进行了审查。

全国低压成套开关设备和控制设备标准化技术委员会于2011年10月决定将2010年国家标准化管理委员会批准立项的GB 7251.1—2005的换版标准：GB ××××—20××《低压成套开关设备和控制设备 第1部分：总则》和GB ××××—20××《低压成套开关设备和控制设备 第2部分：成套电力开关设备和控制设备》两项标准等同采用IEC 61439-1：2011和IEC 61439-2：2011版本进行转化，计划2012年底完成报批工作，2013年后发布实施，实施后将代替GB 7251.1—2005。

行业活动 2011年度，电控配电设备分会有5家企业申请信用体系评价，其中唐山盾石电气有限责任公司和北京欣博通电器有限公司已获得AAA级信用企业证书，另有3家企业正在评审中。

2011年4月，电控配电设备分会组织20家单位，共38位企业领导成立赴欧考察团，进行为期13天的参观考察。代表团参观了2011年在德国汉诺威举行的工业博览会，参加了同期举办的全球商业市场论坛、法国创新之夜等一系列活动。出访期间，代表们还参观了ABB在海德堡的低压电器（断路器）生产线，以及位于格雷本海的哈特曼斯海因风电场。

〔撰稿人：天津电气传动设计研究所孟蝶 审稿人：天津电气传动设计研究所崔静〕

电力电子器件与装置

生产发展情况 2011年是我国电力电子行业大力发展的关键年。《工业转型升级规划（2011—2015）》的出台，节能减排的驱动，七大战略性新兴产业发展的不断加快以及轨道交通的发展和大规模投资，风能、太阳能等清洁能源的大规模利用以及高压电网升级的大规模进行，变频家电产品的升级换代如火如荼，产业政策的扶持，战略安全的需要，都让整个电力电子行业迎来了又一次发展的高峰期。

根据中国电器工业协会电力电子分会对电力电子行业36家主要生产厂家的统计，2011年共实现工业总产值1 513 050.45万元，比上年增长26.57%；工业销售产值1 464 420.99万元，比上年增长26.74%；工业增加值329 196.79万元，比上年增长8.18%；主营业务收入1 459 214.86万元，比上年增长26.43%；主营业务利润174 629.27万元，比上年增长25.17%；盈亏相抵后实现利润总额116 335.58万元，比上年增长22.06%。2011年电力电子行业36家企业主要经济指标完成情况见表1。2011年电力电子行业36家企业经济效益指标完成情况见表2。

表1 2011年电力电子行业36家企业主要经济指标完成情况

指标名称	2011年（万元）	比上年增长（%）	增长的企业数（家）	增长30%以上的企业数（家）
工业总产值	1 513 050.45	26.57	28	10
工业销售产值	1 464 420.99	26.74	29	10
其中：出口交货值	40 074.00	36.02	13	7
工业增加值	329 196.79	8.18	22	6
主营业务收入	1 459 214.86	26.43	26	10
主营业务利润	174 629.27	25.17	27	16
利润总额	116 335.58	22.06	26	16
税金总额	48 954.48	2.15	19	9
科技活动和研发投资额	98 781.90	11.35	26	12
新产品开发经费支出	24 784.50	0.29	26	10
新产品产值	592 244.13	26.78	23	11
累计完成固定资产投资	117 157.00	53.31	22	14
全年从业人员平均人数	15 962人	10.13	25	1

表 2　2011 年电力电子行业 36 家企业经济效益指标完成情况

指标名称	单位	电工行业标准值	2011 年电力电子行业平均值	达标企业数（家）
总资产贡献率	%	10.70	11.84	25
资本保值增值率	%	120.00	113.18	14
资产负债率	%	≤60.00	47.87	26
流动资产周转率	次	1.52	1.33	18
成本费用利润率	%	3.71	8.81	29
全员劳动生产率	元/人	16 500.00	206 237.81	31
产品销售率	%	96.00	96.79	16
经济效益综合指数			2.45	

产品分类产量　2011 年电力电子行业参加年报统计的 36 家企业共生产电力电子器件 148 936 万只，销售 146 364 万只（其中销往国外 9 916 万只）；生产电力电子配套件 2 257万套 +75t，销售 2 246 万套 +75t（其中销往国外 551 万套 +15t）；生产电力电子设备 2.9 万台、2 335 万 kW + 22Mvar，销售 1.8 万台、1 442 万 kW +22 Mvar。

电力半导体器件主要生产厂家有（按生产厂家名称汉语拼音排序）：安徽省祁门县黄山电器有限责任公司、北京金自天正智能控制股份有限公司、北京京仪椿树整流器有限责任公司、大连宏光电气有限公司、湖北台基半导体股份有限公司、江苏捷捷微电子股份有限公司、江苏威斯特整流器有限公司、九江九整整流器有限公司、南京银茂微电子制造有限公司、齐齐哈尔齐力达电子有限公司、山东朗进科技股份有限公司、深圳深爱半导体股份有限公司、无锡凤凰半导体科技有限公司、无锡市固特控制技术有限公司、西安电力电子技术研究所、西安永电电气有限责任公司、扬州四菱电子有限公司、宜昌市晶石电力电子有限公司、浙江正邦电力电子有限公司、株洲南车时代电气股份有限公司电力电子事业部、淄博市临淄银河高技术开发有限公司。2011 年电力电子行业 21 家企业电力电子器件产、销、存情况见表 3。

表 3　2011 年电力电子行业 21 家企业电力电子器件产、销、存情况

器件名称	产量（只）	国内销量（只）	国外销量（只）	年末库存（只）
合　计	1 489 362 934	1 364 479 192	99 156 394	148 992 782
整流管	12 059 281	11 387 209	69 165	1 677 880
晶闸管	278 914 497	264 662 243	6 636 184	8 606 487
晶体管	1 193 695 188	1 083 532 576	92 100 000	13 8282 612
电力模块	3 503 585	3 862 596	148 942	112 066
电力组件	147 898	200 730	2 103	7 776
固态继电器	1 042 485	833 838	200 000	305 961

电力电子设备主要生产厂家为（按生产厂家名称汉语拼音排序）：北京京仪椿树整流器有限责任公司、大连宏光电气有限公司、河南森源集团有限公司、九江九整整流器有限公司、荣信电力电子股份有限公司、齐齐哈尔齐力达电子有限公司、无锡市固特控制技术有限公司、西安电力电子技术研究所、西安西电电力系统有限公司、西安永电电气有限责任公司、珠海泰坦科技股份有限公司。2011 年电力电子行业 11 家企业电力电子设备产、销、存情况见表 4。

表 4　2011 年电力电子行业 11 家企业电力电子设备产、销、存情况

产品名称	产量（台）	产量（kW）	国内销量（台）	国内销量（kW）	国外销量（台）	国外销量（kW）	年末库存（台）	年末库存（kW）
合　计	28 744	23 351 264 +22 Mvar	18 075	14 410 244 +22 Mvar	179	8 000		9 000
一般工业用变流器	8	3 160	8	3 160				
风电变流器	4	6 500	4	6 500				
光伏变流器	50	100						
交流变频调速设备	1 041	8 172 000	985	8 172 000				
高压变频器	301	14 981	21	14 981				
软起动器	1 309	54 000	1 021	45 000	179	8 000		9 000
直流电动机调速设备	47	5 660	48	8 120				
电镀电源	13	298	13	142				
电解电源	103	6 163 840	4	46				
其他电化学用电源	89	753 605	4	39 500				
感应加热、热处理电源	7	99	3	18				
模块式电源	5 823	42 272	5 623	42 172				
其他直流电源	50	25						

（续）

产品名称	产量（台）	产量（kW）	国内销量（台）	国内销量（kW）	国外销量（台）	国外销量（kW）	年末库存（台）	年末库存（kW）
电动汽车用电力电子装置	675	8 160	675	8 160				
其他机动车用电力电子装置	5 150	1 902 100	5 150	1 902 100				
牵引用整流设备（轨道交通）	560	1 235 000	560	1 235 000				
无功补偿设备	1 364	466 616 +22Mvar	569	454 616 +22 Mvar				
串联补偿设备	1							
直流输电用阀组件		3 254 020		1 958 412				
有源滤波装置（APF）	371	73 073	365	73 073				
交流电力控制器	8 300	415 000						
电源柜	270	54 000	270	54 000				
其他	3 208	726 755	2 752	393 244				

注：表中台数与容量不吻合的，是因为有的单位只报了台数或容量。

电力电子配套件主要生产厂家为（按生产厂家名称汉语拼音排序）：北京京仪椿树整流器有限责任公司、常州市武进可控硅附件有限公司、河北华整实业有限公司、湖北台基半导体股份有限公司、江苏威斯特整流器有限公司、江阴九华集团有限公司、电子陶瓷元件厂、江阴市赛英电子有限公司、无锡市固特控制技术有限公司、无锡天杨电子有限公司、盐城彩阳电器阀门有限公司、宜兴市东昊合金材料有限公司、宜兴市顺达陶瓷电力管壳有限公司。2011 年电力电子行业 13 家企业电力电子配套件产、销、存情况见表 5。

表 5　2011 年电力电子行业 13 家企业电力电子配套件产、销、存情况

产品名称	产量（只/套）	国内销量（只/套）	国外销量（只/套）	年末库存（只/套）
合　计	22 574 499 +75t	16 951 265 +65t	5 511 143 +15t	536 785
螺栓形管壳（含内压接式结构）	289 202	40 600	274 940	7 583
平板形管壳（凸台）	3 427 935	1 443 988	1 969 193	90 133
平板形管壳（凹台）	136 000	124 600	5 400	9 000
模块外壳	78 600	74 000	4 100	3 500
其他管壳	102 200	30 000	55 500	21 200
水冷散热器	41 430	60 769	7 746	1 724
风冷散热器	159 761	166 675	0	13 518
热管散热器	8 220	7 779	0	690
组件用散热器	67 433	67 745	0	2 988
散热器配套件	244 394	243 309	0	16 887
钼片	500 000 +75t	500 000 +65t	15t	100 000
门极引线	5 480 000	4 160 000	1 310 000	20 000
定位环	6 198 100	5 458 100	727 000	33 000
模块结构件	2 224 224	1 540 000	624 964	63 362
压接式门极结构件	2 980 000	2 400 000	531 000	49 000
弹簧片	600 000	600 000	0	100 000
熔断器	30 000	27 000	0	4 000
保护器	2 000	1 800	100	200
触发器	2 000	2 200	0	0
控制器	3 000	2 700	1 200	0

企业经营管理　2011 年，无锡凤凰半导体技术有限公司作为初创企业，产品线尚未成熟，受世界经济大环境的影响，企业效益下滑，加之前期研发投入资金巨大，导致项目资金链受到影响。公司积极与投资公司商谈融资事宜，并与中国农业银行签订了融资协议。

面对 2011 年下半年国内以变频器市场为代表的应用装置产业低迷和萎缩、市场销售额同比有所降低的情况，南京银茂微电子制造有限公司改变了销售策略，逐步开拓国际市场。

江苏捷捷微电子股份有限公司面对2011年订单减少及对产品质量要求越来越高的局面，减量加质，改进原有技术，开发新产品，提高品质。

科技成果及新产品 2011年电力电子行业坚持依靠技术创新驱动行业发展的方针，在科技创新中取得了丰硕的成果。

2011年12月3日，西安电力电子技术研究所自主研制的特高压大功率晶闸管5个系列产品（3 000～3 125A/8 000V光控晶闸管、4 000～4 500A/8 500V 6in（1in = 25.4mm）全压接大功率晶闸管、4 000A/8 000V 6in焊接型大功率晶闸管、3 400A/8 000V 5in大功率光控晶闸管、5 000A/8 500V 6in大功率晶闸管）通过了国家级鉴定。我国直流输电用晶闸管完全实现了自主生产。

西安永电电气有限责任公司2011年以铁路高速动车和电力机车变流器、功率模块、充电机为主打产品，自主研发200kW光伏变流器、地铁列车辅助电源系统、地铁能量回馈装置、YMIA200－65 200A/6 500V IGBT模块（单管）、YMIBH1000－17 1 000A/1 700V IGBT模块（半桥）、YMIBH 600－6 600A/600V IGBT模块（半桥）、YMIBH75－17 750A/1 700V IGBT模块（半桥）、YMIBH100－17 100A/1 700V IGBT模块（半桥）等产品，目前均处于研究阶段。

株洲南车时代电气股份有限公司电力电子事业部研发的项目有：①国家科技部02专项——高速机车高压芯片封装与模块技术研发及产业化。该项目以高速机车所需高压大功率IGBT模块封装技术为研发重点，开发10种600～6 500V、100～2 400A IGBT产品。基于该项目技术所封装的模块已经成功通过了机车应用的考核，1 200A/3 300V IGBT器件在和谐号机车上稳定、可靠运行，800A/3 300V IGBT已经成功应用于地铁、轻轨等领域。②国家科技部02专项——6 500V新型高压高功率芯片工艺开发与产业化——IGBT芯片的检测和验证。该课题主要对1 700～6 500V IGBT和FRD芯片进行封装验证，为国内IGBT芯片研发单位进行模块级的验证，为推动我国IGBT的技术进步建立了开放平台。③南车时代电气股份有限公司项目——IGCT及配套FRD研制。3 000A/6 000V非对称IGCT及配套FRD已研制出样品，成功试制出CAC3000－60非对称IGCT、1 100A/6 000V和3 000A/6 000V配套FRD的样品，4 000A/4 500V IGCT已推广应用，获得实际工程业绩。④南车时代电气股份有限公司项目——脉冲功率组件系列化研究与应用。该项目主要完成产品系列化研究与平台建设及产品应用推广，基于6in器件的脉冲功率组件已研发成功。

湖北台基半导体股份有限公司自主研发断态重复峰值电压≤3.2kV、最大脉冲电流2 500kA的RSD器件，已处于中试阶段；研究Al－Ga－B复合扩散法，电压4 600～5 500V，已投入生产。

按照西电公司科技计划，西安西电电力系统有限公司主要开发以下科研项目：①高压软起动装置。装置采用电磁耦合技术、大规模可编程逻辑器件（CPLD）的触发器、光纤传输脉冲光隔离脉冲的分配器，具有完善的保护和监测功能，数字化程度高、性能可靠。②阀底部电子设备VBE。设备采用冗余系统和5脉冲编码，主控板由80C167和现场可编程逻辑器件FPGA组成，具有抗干扰能力强、系统运行可靠、结构简单、功能齐全、同时采集处理避雷器动作信号和通过PROFIBUS总线通信等特点，可以满足不同结构换流阀的要求。③青藏铁路长距离送电电能质量成套装置。建立了空载或轻载数字模型，进行了越区长距离带载运行的研究；采用并联电容器补偿、串联电容器补偿、并联电抗器补偿三种方式相结合，可根据线路运行方式的变化、线路负载的变化动态调整无功功率，从而稳定中压长距离输电系统电压。该项目成果成功应用于平均海拔4 800m的高寒地区。以上研发的三项产品均已通过西电公司鉴定。④KGWF－5 000A/±800kV特高压直流输电晶闸管换流阀。建立了±800kV及以上换流阀设计计算和仿真平台，具备了自主设计、制造和试验能力，设计的换流阀和阀控制监测设备（VCM）结构合理、接口适应性广、可靠性高。该产品已通过国家能源局鉴定。

河北华整实业有限公司研发的科技支持计划项目——W－15%Cu新型电力电子复合材料，技术上国内领先，已批量生产。自主研发的IGBT模块结构件已正式生产。

深圳深爱半导体股份有限公司的600～1 500V/30～150A IGBT器件和20～200A快恢复二极管项目，目前正在自主开发中；研发的工信部招标项目——400～600V/30～100A高压大电流DMOS器件，已试制出少量样品；自主研发的40～200V/10～30A肖特基二极管，已有少量产品投放市场。

临淄银河高技术开发有限公司自主研发出IGBT模块用低热阻陶瓷覆铜板。这种基板既具有优良的电绝缘性能和高导热特性，又具有优异的软钎焊性和高附着强度，可像PCB一样能刻蚀出各种图形，具有很大的载流能力。2011年该公司在改造好生产线的基础上，实现了这种基板的产业化生产。该产品的研发成功，打破了我国高频场控IGBT器件用陶瓷覆铜板依赖进口的局面。

九江九整整流器有限公司自主进行电动汽车充电站技术研究，已完成高频电源原理样机研制；完成KZX20晶闸整流装置控制柜原理研制；自主进行大容量二极管整流装置串联运行研究，完成电解铝高电压二极管整流装置串联运行技术设计方案，正处于试生产阶段。

南京银茂微电子制造有限公司自主开发：①新能源IGBT功率模块，最大电压1 700V，最大电流2 400A，已处于中试阶段；②高压变频器功率模块，最大电压3 300V，最大电流1 200A，已小批量生产；③电动汽车功率模块，以替换国外同类产品，处于研发阶段；④大功率智能功率模块，已处于中试阶段。合作开发轨道交通功率模块，最大电压3 300V，最大电流1 200A，已处于中试阶段。

珠海泰坦科技股份有限公司自主开发了电能质量在线监测系统、户外一体化充电站电源系统、整车式充电站电源和储能电站双向变流器。上述产品均已批量生产。

浙江正邦电力电子有限公司开展两项地方科技项目——省级电力半导体器件创新平台建设和快恢复二极管扩散片试制，已分别处于中试和小试阶段。自主开发的方片晶闸管芯片，处于小试阶段；自主开发的二极管扩散片，处于试生产阶段；自主开发的二极管芯片烧结技术，处于中试阶段；新型台面保护材料应用，已完成自主开发。

山东朗进科技股份有限公司自主开发成功 ATC－汽车空调压缩机控制器，ATC－E66A、ATC－E26A 和 ATC－E26B 1.5kW 风电机组变频器，WCH－1.2kW 木工机械专用变频器。

江苏捷捷微电子股份有限公司完成了“具有高换相能力和高结温的双向晶闸管”“Super274 外形的晶闸管器件”和“内引线采用 Clip 结构的晶闸管器件”的自主开发，研发了“降低 TO－3P 封装晶闸管产品电压早期失效率”项目。

获奖情况 西安电力电子技术研究所与西电公司等单位联合承担的“±800kV 特高压直流输电关键成套技术装备研制及产业化”项目，荣获 2011 年度中国机械工业科学技术奖特等奖。西安电力电子技术研究所在项目中主要承担特高压直流输电工程换流阀的关键核心元器件——特大功率晶闸管的研制，并实现产业化，成功应用在云南—广东、向家坝—上海、锦屏—苏南等±800kV 特高压直流输电工程以及灵宝背靠背直流联网扩建工程等国家重大工程项目，达到世界先进水平。该所还顺利通过了国家科技部火炬中心的评审，荣获国家火炬计划重点高新技术企业证书。

西安西电电力系统有限公司的向家坝—上海特高压直流输电晶闸管换流阀研制项目获西安市科技进步奖二等奖，新型静止无功补偿成套装置（SVC）研制项目获西安市科技进步奖三等奖，±800kV 特高压直流输电关键成套技术装备研制及产业化项目分别获陕西省科学技术奖一等奖和 2011 年度中国机械工业科学技术奖特等奖。

2011 年 2 月，北京金自天正智能控制股份有限公司研制的 7 500kV·A 大功率 IGCT 交直交变频系统获 2010 年国家科技进步奖二等奖。

河北华整实业有限公司研发的新型电力电子模块（IGBT）热沉系统结构件 2011 年 8 月获河北省衡水市科技进步奖一等奖，2011 年 9 月获河北省科技进步奖三等奖。

西安永电电气有限责任公司研制的 1.5MW 双馈电机变频器项目获北车股份公司技术创新二等奖，组合变频器获实用新型专利授权（201020603494.X），并网型光伏发电逆变器的孤岛检测获永济电机公司十三届青年科技论文一等奖。

湖北台基半导体股份有限公司 2011 年 10 月获省高新技术企业证书。2011 年 11 月，其产品晶闸管及晶闸管模块获 2011 年湖北名牌产品称号。

珠海泰坦科技股份有限公司研制的电动汽车充电系统 2011 年 11 月获珠海市科学技术奖三等奖。

浙江正邦电力电子有限公司 2011 年 12 月被缙云县科技局评为科技进步企业；“电力电子器件中高压化及关键技术研发”和“SF200 超快恢复二极管芯片研发”项目分别获缙云县科技进步奖二等奖和三等奖。

2011 年 12 月，无锡市固特控制技术有限公司研制的低通态大功率固态继电器 SSR 与压接式固态继电器 SSR 获科技部成果奖。

江苏捷捷微电子股份有限公司研制的“JST16A－800 型内绝缘型塑料半导体器件”和“新型门极灵敏触发单向晶闸管芯片”获省高新技术产品称号。该企业获江苏省创新型企业称号。

盐城彩阳电器阀门有限公司研制的电力电子散热器项目获市知名商标称号。

质量管理 2011 年各企业严格按照 ISO 9001:2008 国际质量管理体系标准的要求开展质量管理工作，企业的质量管理水平全面提升，产品质量稳定，各项经济指标也不断攀升。

湖北台基半导体股份有限公司已通过 ISO 9001:2008 质量管理体系、生产许可证、CE、RoHS、UL 的认证。

株洲南车时代电气股份有限公司电力电子事业部完善了质量管理体系，完成了 IRIS 质量管理体系认证；完善了供应商管理流程，并推行协同供应商的质量管理模式；完善了质量数据和信息管理制度，优化了质量信息平台，规范了质量风险和质量问题的管理流程。

西安西电电力系统有限公司以加强重点工程质量控制为主线，全面开展质量管理工作，同时继续深入推广卓越绩效模式，开展了一系列卓越绩效改进工作并积极开展管理创新和 QC 活动。2011 年公司共完成 QC 成果 10 项、质量改进 145 项，一个 QC 小组获全国优秀质量管理小组称号。公司相继获得陕西省质量工作先进单位、陕西省质量管理先进单位、陕西省质量信誉 A 级企业称号，获得西安市质量管理奖。

河北华整实业有限公司严格按照 ISO 9001:2000 质量管理体系的要求，制定了完整的产品生产的质量管理制度，配置了先进的检验检测设备，明确了专职领导和质检机构人员的责任，产品不合格不出厂，建立了征求客户意见制度。2011 年公司产品被评为省名牌产品。

无锡凤凰半导体技术有限公司通过了 ISO 9001:2008 质量管理体系的第一次审核。

深圳深爱半导体股份有限公司通过了挪威船级社 DNV 认证和 ISO 9001 质量管理体系认证。

临淄银河高技术开发有限公司采用“过程方法”建立质量管理体系并加以实施，以顾客要求为输入，提供给顾客的产品为输出，通过信息反馈测定顾客的满意程度和评价质量管理体系的业绩,并持续改进产品质量以确保顾客满意。

西安永电电气有限责任公司全面推行质量工资制,根据生产、研发、管理、销售及服务等环节,分阶段执行不同的项目工资,实行产品质量与员工收入挂钩制度。

珠海泰坦科技股份有限公司将每年的10月定为公司质量管理月,产品获广东省名牌产品称号。公司已成为国家高新技术企业、知识产权优势企业、国家"863"计划课题主办单位。

标准化 我国电力电子技术领域的标准化工作由全国电力电子学标准化技术委员会(SAC/TC60)和全国输配电用电力电子器件标准化技术委员会(SAC/TC413)负责。秘书处均设在西安电力电子技术研究所。

2011年完成17项国家标准和12项行业标准报批,9项国家标准和11项行业标准审查,3项国家标准和7项行业标准立项申报。开展13项国家标准、21项行业标准起草和征集意见,年内再完成13项国家标准和11项行业标准报批,完成4项行业标准的复审工作。

参与"战略性新兴产业标准体系"建设工作,将电力电子专业现行141项国家标准和行业标准以及计划制修订的国家标准和行业标准项目共近200项融入"战略性新兴产业标准体系"中。牵头负责其中有关电力半导体器件和半导体变流器的标准制修订工作,重点是为新一代信息技术、新能源、节能环保、高端装备制造、新材料和新能源汽车领域配套的电力电子产品。

管理、指导和协调全国电力电子学标委会下属4个分会工作,协调与相关专业领域标委会的工作关系。

国际标准化方面,根据IEC文件,向我国专家征集对国际标准新工作项目提案、标准草案、标准审查草案和标准最终文本的意见26项次,投票28项次,投票率100%。根据IEC文件,征集并推荐我国专家参加国际标准工作组1次。根据国家标准化管理委员会文件,组织专家出席第75届IEC大会、电力电子系统和设备技术委员会及其分会会议。电力电子专业国际标准数量55项,迄今已等同采标26项,修改采标11项,拟采标15项,不适合采标3项;拟修改采用国外先进标准1项。

对拟立项的国家标准和工业行业标准提出意见,重点关注能源(NB)、电力(DL)、机械(JB)、电子(SJ)、汽车(QC)行业。

基本建设及技术改造 西安永电电气有限责任公司2011年完成了焊接式IGBT模块封装生产线建设,6 500V/600A等11种IGBT模块产品实现了批量生产,完成了塑封式IGBT模块生产厂房建设及设备调研。

2011年是湖北台基半导体股份有限公司募投项目"125万只大功率半导体器件技术升级及改扩建"建设的高峰期和关键阶段,全年投资11 013.57万元,累计完成项目投资的60%,1号厂房设备全面更新升级,高标准2号净化厂房和6in(1in = 25.4mm)晶圆生产线初步建成,进入调试试产阶段,公司整体产能快速提升。研发测试中心进入装修阶段,生产高标准、现代化功率半导体器件的工艺条件已基本形成。

西安西电电力系统有限公司的"超、特高压直流输电换流阀产业化及新厂区建设"项目计划投资29 800万元,其中固定投资27 300万元,铺底流动资金2 500万元。截至2011年底,已累计完成投资26 436万元。

株洲南车时代电气股份有限公司电力电子事业部继续投入6in大功率半导体器件生产线,进一步投入IGCT生产及检测设备。IGBT封装技术研究不断深入,大功率IGBT封装线突破了产能瓶颈,已批量生产;国产IGBT成功通过了机车应用的考核并成功应用于机车、地铁及轻轨等领域。IGCT技术进一步突破,4 000A/4500V IGCT获得了批量的工程业绩;6 000V等级的IGCT已经研制出样品,占领了技术制高点。

南京银茂微电子制造有限公司投资1 930万元进口设备,用于扩产和技术改造。

河北华整实业有限公司投资上亿元扩大生产规模,已经竣工。

无锡凤凰半导体技术有限公司为满足IGBT加工过程中对片薄度和高能量的要求,对已有的中束流注入机进行改造,达到了碎片率的要求,不但能加工超薄片,而且可以完成高能注入,实现了能量翻倍,节约了大量的资金。2011年由于工艺的需要,该公司拟从德国引进激光设备系统(由激光部分和扫描机部分组成)。为了节约费用,公司决定只引进激光部分,而扫描机部分由自己制造。该公司技术人员花了3个半月时间,对现有设备进行改造,于9月30日完成了设备安装模拟联机试验,确保了10月中旬与德国公司设备的系统联机调试的顺利进行,整套扫描机仅花费30多万元。

临淄银河高技术开发有限公司建设7 500m^2的电子大楼1座,年产20万块模块生产线1条,年产10万片普通DBC陶瓷覆铜板生产线1条,配电室1座,高纯液氮气化站1座,新增生产及检测设备100多台(套)。

江苏威斯特整流器有限公司2011年新建厂房4 000m^2、超净厂房5 000m^2,并投资300万元对扩散、镀膜、表面造形工艺进行改造,提高了生产效率。

山东朗进科技股份有限公司在电力电子UIPM模块及中央空调、机车空调、轨道车辆空调的产业化生产基地、一期工程科研办公楼、3号和8号车间已完工并投入使用的基础上,建设6号和7号生产车间,2012年底即可全部投入使用。项目全部完成后,将形成全国最大的模块及空调产业化生产基地。

盐城彩阳电器阀门有限公司建成1 850m^2标准厂房1幢,技改投入450万元。

行业活动 2011年应上级主管部门的要求,中国电器工业协会电力电子分会组织行业内专家编写了《对我国电力电子技术及产业发展的建议》,为上级主管部门制定政策提供了依据。建议分四部分:①电力电子技术与发展我国电力电子技术和产业的重大意义；②电力电子技术和应用现状和存在的问题；③对我国电力电子技术及产业发展的建议；④对电力电子产品进出口税率的调整建议。

存在的问题

(1)用工成本大幅度提升，科研开发人才短缺，人难找、人难管是企业存在的难题；

(2)原材料价格居高不下，企业经营成本呈上升趋势，经济效益大幅下滑；

(3)欧美经济动荡，外贸业务量显著减少；

(4)市场环境正在逐步恶化，企业(行业)之间无序竞争，打价格战，致使企业发展举步维艰。

〔撰稿人：中国电器工业协会电力电子分会郭彩霞　审稿人：中国电器工业协会电力电子分会蔚红旗〕

电力电容器

生产发展情况　2011年，行业诸多生产厂家完成技改后生产能力过剩，而我国电网投资减少，市场总体规模缩小，市场竞争加剧，致使电力电容器行业骨干企业大多出现产值、产量下滑的现象，高压电容器生产厂家下滑尤甚，行业发展停滞。据不完全统计，电力电容器行业2011年完成工业总产值51.32亿元，比上年下降0.61%。2010—2011年电力电容器行业主要经济指标见表1。

表1　2010—2011年电力电容器行业主要经济指标

序号	项　目	单位	2011年	2010年	比上年增长(%)
1	工业总产值	万元	513 199.82	516 381.61	-0.61
2	其中：新产品产值	万元	66 801.21	80 050.11	-16.55
3	工业销售产值	万元	502 848.22	498 047.90	0.96
4	其中：出口交货值	万元	15 468.60	12 756.59	21.26
5	工业增加值	万元	106 619.04	127 926.20	-16.65
6	产品订货额	万元	519 051.37	500 857.14	3.63
7	主营业务收入	万元	458 325.35	428 510.77	6.96
8	主营业务成本	万元	328 231.28	283 481.87	15.79
9	主营业务税金及附加	万元	2 514.47	2 495.76	0.75
10	应交增值税	万元	21 661.95	25 516.76	-15.11
11	营业费用	万元	42 327.80	42 792.97	-1.09
12	管理费用	万元	31 338.20	30 735.23	1.96
13	财务费用	万元	5 134.75	4 324.98	18.72
14	其中：利息支出	万元	3 392.89	3 878.11	-12.50
15	其他业务收入	万元	3 423.80	3 044.72	12.45
16	利润总额	万元	33 199.80	37 905.62	-12.41
17	年末资产合计	万元	698 033.60	605 317.01	15.32
18	年末流动资产	万元	493 495.40	434 265.61	13.64
19	流动资产年平均余额	万元	459 318.51	415 989.34	10.42
20	其中：应收账款余额	万元	199 113.68	187 850.52	6.00
21	年末固定资产	万元	165 641.48	151 589.70	9.27
22	固定资产净值年平均余额	万元	114 429.79	102 540.85	11.59
23	全年完成固定资产投资额	万元	8 926.16	28 826.14	-69.03
24	年末负债合计	万元	336 678.75	328 855.17	2.38
25	年末所有者权益合计	万元	361 354.85	276 328.32	30.77
26	工业中间投入合计	万元	358 789.66	307 843.55	16.50
27	全年从业人员平均人数	人	7 706	8 278	-6.90
28	年末科技活动人员合计	人	1 276	1 238	3.07
29	年末研究与试验发展人员	人	427	570	-25.09
30	科技活动经费筹集总额	万元	11 728.00	10 976.00	6.85
31	研究与试验发展经费支出	万元	9 580.77	11 045.90	-13.26
32	新产品开发经费支出	万元	5 623.60	5 748.82	-2.18
33	万元产值能耗(标准煤)	t	0.06	0.04	50.00

1. 产值指标

(1)工业总产值。2011 年行业 30 家上报企业完成工业总产值 51.32 亿元,加上部分未申报企业,行业工业总产值在 60 亿元左右。30 家企业中,产值在 1 亿元以上的企业共有 16 家,其中产值超过 5 亿元的企业 3 家。

剔除不可比因素,2011 年行业工业总产值同比下降 1.16%。行业产值排名靠前的企业中,日新电机(无锡)有限公司、陕西合容电气集团有限公司产值保持微弱的增长;西安西电电力电容器有限公司、桂林电力电容器有限责任公司、上海思源电力电容器有限公司、新东北电气(锦州)电力电容器有限公司等企业总产值均有不同程度下降,降幅在 20% 以内。部分中小企业转变经营思路,增加产品出口,并在国内市场占据了部分低端市场份额,生产经营比较平稳。总体来看,2011 年电力电容器行业经济运行不甚理想,尤其是高压电容器企业生产和经营出现了一定的困难。

(2)工业销售产值。2011 年电力电容器行业共完成工业销售产值 50.28 亿元,剔除不可比因素,比上年增长 0.46%。行业排名前十位的企业中,只有 1 家企业出现负增长。

(3)出口交货值。2011 年电力电容器行业出口交货值为 1.55 亿元,比 2010 年增加 0.27 亿元,同比增长 21.26%。2011 年中小企业拓宽了外销渠道,产品出口量和出口额均保持快速增长。

(4)工业增加值。2011 年电力电容器行业实现工业增加值 10.66 亿元,同比下降 16.65%,主要是由于 2011 年原材料价格持续走高,企业材料成本增加。行业各主要企业中,工业增加值在 5 000 万元以上的有 6 家。工业增加值率由 2010 年的 24.77% 下降到 2011 年的 20.78%。

2. 营业收支指标

(1)主营业务收入。2011 年电力电容器行业实现主营业务收入 45.83 亿元,同比增长 6.96%。13 家企业主营业务收入超过 1 亿元,行业排名前三位的企业都超过 5 亿元。

(2)主营业务成本与费用。2011 年电力电容器行业实现主营业务成本 32.82 亿元,同比增长 15.79%;营业费用 4.23 亿元,同比下降 1.09%;管理费用 3.13 亿元,同比增长 1.96%;财务费用 0.51 亿元,同比增长 18.72%。

原材料价格上涨导致生产成本上涨,财务费用快速回升,行业各企业严格控制费用增长,固定资产投资减少。这说明各企业由于市场经营困难,资金回笼较慢,主要依靠增加贷款维持企业的正常经营。

(3)利润。2011 年电力电容器行业实现利润总额 3.32 亿元,较上年减少 0.47 亿元,同比下降 12.41%。利润总额超千万元的企业有 10 家。

产品分类产量产值 电力电容器行业投资高峰过后,行业产能出现过剩,同时国家电网建设速度减慢,招标价格下降。2011 年电力电容器行业主要产品中,大多数产品的产值、产量持续下降,各类产品单位平均价格下降。并联电容器的产量、产值都有一定幅度的下降,电热电容器及串联电容器的产量、产值均保持两位数增长,成套装置产量、产值略有增长。2010—2011 年电力电容器行业主要产品产量见表 2。2010—2011 年电力电容器行业主要产品产值见表 3。

表 2 2010—2011 年电力电容器行业主要产品产量

产品类型	单位	2011 年	2010 年	比上年增长(%)
一、电力电容器合计	万 kvar	38 177	35 582	7.29
1. 并联电容器小计	万 kvar	19 996	22 843	-12.46
高压并联电容器	万 kvar	10 463	11 489	-8.93
其中:集合式高压并联电容器	万 kvar	605	955	-36.65
低压并联电容器	万 kvar	9 533	11 354	-16.03
2. 滤波电容器	台	33 112	38 381	-13.73
其中:直流滤波电容器	台	2 621	4 419	-40.69
3. 电容式电压互感器	万 kvar/台	1 532/15 520	1 446/15 404	5.95
其中:110kV	万 kvar	386	326	18.40
220kV	万 kvar	598	514	16.34
330kV	万 kvar	58	83	-30.12
500kV	万 kvar	404	349	15.76
750kV 及以上	万 kvar	30	100	-70.00
4. 电热电容器	万 kvar	13 750	11 215	22.60
5. 耦合电容器	台	309	807	-61.71
6. 断路器电容器	台	260	418	-37.80
7. 脉冲电容器	台	720	995	-27.64
8. 串联电容器	台	3 598	3 180	13.14
二、成套装置	台(套)	12 469	12 353	0.93
其中:并补成套装置	台(套)	10 729	9 612	11.62
滤波成套装置	台(套)	1 180	860	37.21
三、其余产品合计	台(套)	79 904	72 072	10.87

表3 2010—2011年电力电容器行业主要产品产值 (单位:万元)

产品类型	2011年	2010年	比上年增长(%)
一、电力电容器合计	391 490	401 447	-2.48
1. 并联电容器小计	286 413	300 407	-4.66
高压并联电容器	195 152	203 386	-4.05
其中:集合式高压并联电容器	24 796	33 268	-25.47
低压并联电容器	91 262	97 021	-5.94
2. 滤波电容器	37 666	37 088	1.56
其中:直流滤波电容器	2 025	3 734	-45.77
3. 电容式电压互感器	33 560	40 921	-17.99
其中:110kV	12 297	13 007	-5.46
220kV	9 007	10 587	-14.92
330kV	1 530	2 604	-41.24
500kV	8 010	8 012	-0.03
750kV及以上	1 172	2 206	-46.87
4. 电热电容器	14 754	11 123	32.64
5. 耦合电容器	454	1 416	-67.94
6. 断路器电容器	155	308	-49.67
7. 脉冲电容器	1 808	2 157	-16.18
8. 串联电容器	2 815	2 496	12.78
二、成套装置	106 432	101 225	5.14
其中:并补成套装置	92 403	88 466	4.45
滤波成套装置	12 709	11 131	14.78
三、其余产品合计	19 454	13 090	48.62

2011年市场不景气,行业各生产厂开工不足,导致高压并联电容器产量同比下降8.93%,产值同比下降4.05%;低压并联电容器产量同比下降16.03%,产值同比下降5.94%。

随着国家智能电网的提出,滤波电容器在电网建设中的应用保持增长。2011年产量同比下降13.73%,产值同比增长1.56%,产品单位平均价格有一定的提高。

电容式电压互感器受到电网投资调整的影响,需求持续下降。2011年产量同比增长5.95%,产值同比下降17.99%,产品单位平均价格进一步下降。

电热电容器主要由新安江电力电容器有限责任公司和上虞电力电容器有限公司供应,2011年该类产品产量同比增长22.60%,产值同比增长32.64%,产品单位平均价格略有提高。

随着电容式电压互感器的应用越来越广泛,耦合电容器作为单独的种类其产量、产值处于大幅下降趋势,产量同比下降61.71%,产值同比下降67.94%。

脉冲电容器和断路器电容器2011年产量、产值均下降,但因市场较小,对行业整体影响不大。

串联电容器作为一类独立产品投入市场运行后,其产量、产值保持了快速增长势头,成为电容器行业新的增长点。2011年该类产品产量同比增长13.14%,产值同比增长12.78%。

成套装置这几年发展较快,需求比较稳定,2011年产量同比增长0.93%,产值同比增长5.14%。

市场及销售 2011年电力电容器行业销售情况比2010年略有好转,产品销售率、主营业务收入比上年分别增长4.03%、6.96%。西安西电电力电容器有限公司、桂林电力电容器有限责任公司、日新电机(无锡)有限公司3家企业的销售收入均超过5亿元。其中西安西电电力电容器有限公司、日新电机(无锡)有限公司销售收入比2010年有所增加,并联电容器的产销率略有回升,但情况亦不太乐观;电热电容器产销率仍逾100%,略高于上年。2011年电力电容器行业主要产品产销量见表4。

表4 2011年电力电容器行业主要产品产销量

产品名称	产量			销量		
	2011年(万kvar)	2010年(万kvar)	比上年增长(%)	2011年(万kvar)	2010年(万kvar)	比上年增长(%)
并联电容器	19 996	22 843	-12.46	13 283	14 560	-8.77
滤波电容器	33 112台	38 381台	-13.73	15 125台	18 602台	-18.69
电容式电压互感器	1 532	1 446	5.95	1 419	1 216	16.69
电热电容器	13 750	11 215	22.60	13 957	11 352	22.95

科技成果及新产品 电力电子技术、智能控制技术和信息通信技术的不断发展，推动了众多电力新技术、新设备的出现。随着城乡电网改造的深入进行，智能化控制无功补偿技术已经在低压公用配电网中得到应用。当前应用较多的是模块化设计结构，主要产品以智能式低压电力电容器为代表。智能式低压电力电容器是将电容器、投切开关、保护装置集成在一个单元内，形成多种容量规格的标准单元，采用微电子、微型传感、新型工业无线自组网、微行程精确制导控制及新型无功模糊控制等新技术进行集成创新并实现智能化，其特点是结构与功能的模块化。产品主要解决低压电网中的无功控制、谐波污染、电能质量等问题，可直接应用于公用配电网、用电企业分散就地无功补偿以及现有集中式低压无功控制设备的升级换代。

智能式低压电力电容器具有可靠性高、运行能耗低、节电效果好、资源消耗少、适应性强、性价比高、便于现场维护与调整等特点，市场前景广阔，发展迅速。但因起步较晚，该产品占整个低压无功补偿市场的总量仍然较低，2011 年占比还不到5%。江苏现代电力科技股份有限公司是当前智能式低压电力电容器生产规模较大的企业，2011 年销售智能式低压电力电容器 1.5 亿元，但在整个低压无功补偿的市场占比也不到2%。未来几年，随着智能电网的快速发展，智能式电力电容器技术也将进入快速发展阶段，但还需出台相关技术标准及规范予以技术支撑。

据不完全统计，2011 年电力电容器行业共有 2 家企业的 10 种新产品通过了市级或以上新产品鉴定：

新东北电气（锦州）电力电容器有限公司的 6 种新产品通过了国家两行业鉴定。其中，AAM7.523－320.3－1GW 高原型滤波电容器、CAM7.4－100－1W 串联电容器通过了技术鉴定，AAM15.96－616.55－1W 滤波电容器及 BAM12/$2\sqrt{3}$－334－1W、BAM12/2－500－1W、BAM6.78－606.25－1W 并联电容器通过了产品鉴定。

河南省豫电中原电力电容器有限公司生产的 BAM11/$\sqrt{3}$－334－1W、BAM12/$\sqrt{3}$－334－1W、BAM11/2－334－1W、BAM11/2－500－1W 并联电容器通过了焦作市新产品鉴定。

2011 年，电力电容器行业获得各类奖励及名牌产品称号的项目有：

西安西电电力电容器有限责任公司与桂林电力电容器有限责任公司的“±800kV 特高压直流输变电关键成套技术装备研制及产业化”项目获 2011 年度中国机械工业科学技术奖特等奖。

西安西电电力电容器有限责任公司与中国西电电气股份有限公司、西安高压电器研究院有限责任公司、西安西开高压电气股份有限公司、西安西电避雷器有限公司五个单位联合申报的“高压直流输电工程直流场成套设备关键技术与产品开发”项目获 2010 年度陕西省科学技术奖二等奖，“超高压直流输电工程用电容器及装置”项目获西安市科学技术奖二等奖，“±800kV 特高压直流设备、试验技术及系统研究”获 2011 年度中国电工技术学会科学技术奖一等奖及陕西省科学技术奖一等奖。

桂林电力电容器有限责任公司的 TBB110 型并联电容器成套装置获广西新产品优秀成果一等奖，“桂容”牌电容式电压互感器被评为“广西名牌产品”，“桂容”牌商标获广西著名商标称号。

陕西合容电气电容器有限公司的“合容电气”牌 10～66kV 高压并联电容器系列产品被评为陕西省名牌产品。

上虞电力电容器有限公司的 RFM3.0－5450－0.7J 电热电容器获上虞市工业企业重点科技项目奖。

上海思源电力电容器有限公司的串联电容器、高压并联电容器 BAM12－500－1W 列为国家重点新产品，电力电容器及其成套装置被认定为“上海市名牌产品”。

无锡市东亭电力电容器厂的“龙魁”牌矿热炉低压无功补偿专用装置被认定为“无锡市名牌产品”。

淄博莱宝电力电容器有限公司的油田提油机专用电容器和圆柱形电力电容器通过了淄博市产品鉴定，圆柱形电力电容器被认定为“山东省名牌产品”。

广东顺容电气有限公司的电力电容器及其成套装置被认定为“2011 年广东省高新技术产品”。

佛山市顺德区胜业电力能源技术有限公司的圆柱形电力电容器被认定为“2011 年广东省高新技术产品”。

2011 年，电力电容器行业相关科研、技术人员在《电力电容器与无功补偿》及《2011 年电力电容器与无功补偿技术论文集》上共发表论文 111 篇。

中国电工技术学会电力电容器专委会2011 年学术年会于2011 年9 月16 日—19 日在北京市召开，出席会议的共有46 家单位的70 名代表。会议就当前和“十二五”期间行业技术和产品发展关注的课题，行业归口单位的研发活动如何为行业服务，如何更好地开展专委会的活动等议题进行了讨论。会议倡议行业在以下几个方面开展工作：①加大基础研究的投入，继续致力于工艺技术的深入研究，充分发挥先进工艺装备的优势和潜力；②深入开展自愈式电容器工艺技术和工艺装备研究，把生产线延伸到镀膜环节；③大力开发高能量密度的脉冲和储能电容器；④集合式（密集型）电容器的改进和技术提升；⑤深入开展电力电容装置集成技术的研究；⑥大力推进 TSC、TCR、MCR 及 SVC 型装置的技术发展和产业化提升；⑦探索新兴技术（如有源无功补偿器、有源滤波器、SVG、超级电容器等）的开发与应用。23 篇论文在会议上进行了交流、研讨，会议评出优秀论文3 篇。

标准化 全国电力电容器标准化技术委员会第七届二次会议于2011 年 12 月 1 日—3 日在三亚市召开。来自全国各地的电力电容器制造企业、科研院所、运行部门的委员、观察员、标准制修订工作组成员 44 人参加了会议。

2011 年，电力电容器行业 7 项标准报批，其中，国家标准 2 项：GB/T 20993—××××《高压直流输电系统用直流滤波电容器及中性母线电容器》、GB/T ××××—××××《电力电容器噪声测量方法》；行业标准 5 项：JB/T

7114.1—××××《电力电容器产品型号编制办法 第1部分:电容器单元、集合式并联电容器及箱式并联电容器》、JB/T 7613—××××《电力电容器产品包装通用技术条件》、NB/T ××××—××××《电容式电压互感器产品质量分等》、NB/T××××—××××《标称电压1 000V以上交流电力系统用并联电容器产品质量分等》及NB/T ××××—××××《标称电压1 000V及以下交流电力系统用自愈式并联电容器产品质量分等》。2项国家标准已通过审查,待国家标准化管理委员会批准;2项机械行业标准已通过机械工业联合会审查;3项能源行业标准已批准发布。

2011年7月,国家质量监督检验检疫总局、国家标准化管理委员会以中华人民共和国国家标准公告2011年第12号文批准发布了147项国家标准,于2011年12月1日起实施。其中全国电力电容器标准委员会负责归口的标准有2项:GB/T 26868—2011《高压滤波装置设计与应用导则》和GB/T 26870—2011《滤波器和并联电容器在受谐波影响的工业交流电网中的应用》。

2011年7月,国家能源局公告2011年第3号文批准发布了71项行业标准,于2011年10月1日起实施。其中全国电力电容器标准委员会负责归口的3项标准:NB/T 41001—2011《电容式电压互感器产品质量分等》、NB/T 41002—2011《标称电压1 000V以上交流电力系统用并联电容器产品质量分等》和NB/T 41003—2011《标称电压1 000V及以下交流电力系统用自愈式并联电容器产品质量分等》。

2011年,全行业有4个标准制修订工作组正在开展工作:GB/T 17702—××××《电力电子电容器》(计划号:20101664-T-604)、GB/T 6115.4—××××《电力系统用串联电容器 第4部分:晶闸管控制串联电容器》(计划号:20100759-T-604)、GB/T ××××—××××《电力电容器 高压无功补偿装置》(计划号:20091642-T-604)、NB/T××××—××××《矿用隔爆型无功补偿装置》。另有1项国际标准提案,即质检公益性行业科研专项项目IEC ××××《电力电容器 高压无功补偿装置》。

2011年,秘书处共收到IEC/TC33工作文件13份,其中投票文件5份。已完成4份投票文件的工作,1份文件正在征求意见。共收到IEC正式标准2份,分别为IEC 60143-4:2010《电力系统用串联电容器 第4部分:晶闸管控制串联电容器》和IEC 60252-2:2010《交流电动机电容器 第2部分:电动机起动电容器》。

《电力电容器常用IEC标准译文集(二)2011》出版,其中包括IEC 60143-4:2010《电力系统用串联电容器 第4部分:晶闸管控制的串联电容器》、IEC 60252-1:2010《交流电动机电容器 第1部分:总则—性能、试验和额定值—安全要求—安装和运行导则》、IEC 60252-2:2010《交流电动机电容器 第2部分:电动机起动电容器》、IEC 60871.1:2005《标称电压1 000V以上交流电力系统用并联电容器 第1部分:总则》、IEC 61071:2007《电力电子电容器》标准。

基本建设及技术改造 2011年,高压电容器生产能力已超过2亿kvar,行业的综合生产能力已经过剩。在这种情况下,电力电容器行业各企业停止了大规模的新厂建设和重大项目改造,更新生产技术设备或进行生产能力扩建的企业大幅度减少,基本建设及技术改造投入8 926.16万元,比上年下降69.03%。

西安西电电力电容器有限责任公司2011年投入一定资金用于更新生产设备并对部分旧厂房进行改造。桂林电力电容器有限责任公司铁山工业园2011年继续完善生产设备。上虞电力电容器有限公司投资800万元用于改造、更新生产线。浙江指月电气有限公司购入全自动卷绕机1台。上海思源电力电容器有限公司投入1 500万元用于真空处理系统和焊接工装改造。淄博莱宝电力电容器有限公司引进高压电容器生产线。

2011年,行业生产能力的过剩,再加上国家电网减少了电网投资额度,除滤波电容器外的各主要产品招标价格出现不同程度的下降,希望引起各生产厂家重视,切勿盲目建设新项目。

管理体系认证 2011年,行业各企业加强企业管理,数家企业通过了权威机构的质量管理体系、环境管理体系、职业健康安全管理体系的“三标体系”认证评审。

河南省豫电中原电力电容器有限公司、上海思源电力电容器有限公司通过了ISO 9001:2008质量管理体系的认证。

上海思源电力电容器有限公司通过了ISO 9001:2004环境管理体系监督认证、GB/T 28001—2001职业健康安全管理体系监督审核。

广东顺容电气有限公司成功进行了“三合一”体系证书换版,包括ISO 9001:2008质量管理体系、ISO 9001:2004环境管理体系监督认证、GB/T 28001—2001职业健康安全管理体系。

企业管理 佛山顺容电气有限公司更名为广东顺容电气有限公司,该公司2011年获得“广东省高新技术企业”证书。

陕西合容电气电容器有限公司被评为“陕西省质量工作先进单位”。

青岛市恒顺电气股份有限公司于2011年4月26日在深圳股票交易所成功上市。该公司2011年顺利通过了“青岛市清洁生产企业”审核验收。

〔撰稿人:西安高压电器研究院平怡、成明〕

高压开关

生产发展情况 2011年,由于受国家宏观调控政策和电源电网建设投资下降等因素影响,高压开关行业经济总量增长速度较上年明显趋缓，全年实现工业总产值1 577.79亿元，较上年增长3.93%。2011年产业结构调整步伐加快，新产品开发经费支出增长14.73%，全年完成新产品产值501.64亿元，较上年增长10.84%。节能减排成果显著，行业能耗平均水平降低25%。2011年高压开关行业主要技术经济指标见表1。

表1 2011年高压开关行业主要技术经济指标

序号	项　目	单位	2011年	2010年	2011年同比增长(%)
1	全年从业人员人数(总计)	万人	16.36	16.80	-2.60
2	其中：从事高压开关人数	万人	8.23	8.11	1.43
3	从事科技活动人数	万人	3.49	3.52	-0.96
4	从事研发人员人数	万人	1.88	1.76	6.80
5	工业总产值	亿元	1 577.79	1 518.19	3.93
6	其中：高压开关产值	亿元	897.47	870.91	3.05
7	其中：新产品产值	亿元	501.64	452.56	10.84
8	工业销售产值	亿元	1 513.59	1 413.43	7.09
9	其中：出口交货值	亿元	38.22	39.12	-2.30
10	工业增加值	亿元	369.03	373.02	-1.07
11	主营业务收入	亿元	1 391.78	1 371.50	1.48
12	主营业务成本	亿元	997.74	971.25	2.73
13	营业费用	亿元	84.98	78.43	8.35
14	主营业务税金及附加	亿元	7.75	7.61	1.87
15	应交增值税	亿元	50.10	52.71	-4.95
16	管理费用及财务费用	亿元	103.65	95.58	8.44
17	其中：利息支出	亿元	18.63	15.83	17.68
18	其他业务收入	亿元	23.75	19.47	21.98
19	利润总额	亿元	101.89	120.95	-15.75
20	其中：高压开关部分	亿元	53.03	63.59	-16.61
21	年末资产合计	亿元	1 600.77	1 465.33	9.24
22	年末固定资产原价	亿元	344.55	321.83	7.06
23	年末固定资产净值	亿元	242.69	219.19	10.72
24	全年完成基建投资额	亿元	47.74	47.31	0.91
25	全年完成更改措施项目投资额	亿元	11.35	12.36	-8.16
26	流动资产年平均余额	亿元	1 007.24	918.31	9.68
27	其中：应收账款余额	亿元	431.01	389.45	10.67
28	年末负债合计	亿元	879.68	833.91	5.49
29	年末所有者权益合计	亿元	681.70	619.57	10.03
30	全年科技活动经费使用数	亿元	41.59	41.17	1.03
31	研究与发展经费支出	亿元	31.91	33.81	-5.62
32	新产品开发经费支出	亿元	29.07	25.34	14.73
33	全员职工工资总额	亿元	60.85	50.56	20.36
34	资本保值增值率	%	118.70	115.30	2.95
35	资产负债率	%	54.95	56.91	-3.44
36	流动资产周转率	次	1.38	1.49	-7.38
37	成本费用利润率	%	8.59	10.56	-18.66
38	工业全员劳动生产率	万元/人	22.55	22.21	1.54
39	产品销售率	%	95.93	93.1	3.04
40	总资产贡献率	%	10.67	13.34	-20.01
41	销售利税率	%	11.48	13.22	-13.16
42	资金利税率	%	12.78	15.94	-19.82
43	人均创利税	万元/人	9.76	10.79	-9.52
44	税金总额	亿元	57.85	60.31	-4.07
45	利税总额	亿元	159.75	181.26	-11.87

（续）

序号	项 目	单位	2011年	2010年	2011年同比增长(%)
46	应收账款占流动资产比率	%	42.79	42.41	0.90
47	经济效益综合指数		2.43	2.54	-4.33
48	万元产值能耗平均水平(标煤)	t	0.03	0.04	-25.00

1. 工业总产值

2011年，高压开关行业完成工业总产值1 577.79亿元，较上年增加59.6亿元，同比增长3.93%，增幅较上年下降9.31个百分点。其中，高压开关产值897.47亿元，较上年增加26.56亿元，比上年增长3.05%，增幅较上年下降1.88个百分点。

2011年高压开关行业工业总产值企业构成情况见表2。2011年高压开关产值企业构成情况见表3。

表2 2011年高压开关行业工业总产值企业构成情况

企业类别	企业数（家）	占比（%）	产值合计（亿元）	占比（%）
总 计	306	100.00	1 577.79	100.00
20亿元以上	12	3.92	770.21	48.81
10亿~20亿元	16	5.23	240.29	15.23
5亿~10亿元	31	10.13	225.02	14.26
1亿~5亿元	127	41.50	283.37	17.97
0.1亿~1亿元	106	34.64	58.26	3.69
0.1亿元以下	14	4.58	0.64	0.04

表3 2011年高压开关产值企业构成情况

企业类别	企业数（家）	占比（%）	产值合计（亿元）	占比（%）
总 计	306	100.00	897.47	100.00
20亿元以上	8	2.61	330.50	36.83
10亿~20亿元	8	2.61	119.20	13.28
5亿~10亿元	23	7.52	156.22	17.41
1亿~5亿元	95	31.05	214.47	23.90
0.1亿~1亿元	146	47.71	75.79	8.44
0.1亿元以下	26	8.50	1.29	0.14

（1）行业工业总产值。2011年，工业总产值同比增长20%以上的企业98家，较上年减少7家，占行业统计企业数的32.03%，与上年基本持平。其中，产值增长50%以上的企业22家（华东区12家、中南区4家、华北3家、西北区3家），较上年增加2家，占行业统计企业数的7.19%，占比较上年提高0.91个百分点。

工业总产值1亿元以上的企业中，产值同比增长20%以上的企业62家，与上年持平；同比增长50%以上的企业13家，较上年增加3家。工业总产值10亿元以上的企业中，产值同比增长20%以上的企业8家，较上年减少6家。

工业总产值下降的企业65家，较上年增加1家，占行业统计企业数的21.24%，占比较上年提高1.18个百分点。

（2）高压开关产值。2011年，高压开关产值同比增长20%以上的企业107家，较上年增加10家，占行业统计企业数的34.97%，占比较上年提高4.56个百分点。其中，高压开关产值同比增长50%以上的企业32家，较上年减少1家，占行业统计企业数的10.46%，占比较上年提高0.12个百分点。

高压开关产值1亿元以上的企业中，同比增长20%以上的企业48家，较上年增加2家。其中，同比增长50%以上的企业11家，较上年减少4家。高压开关产值10亿元以上的企业中，同比增长20%以上的企业2家，较上年减少5家。

高压开关产值较上年减少的企业69家，较上年减少7家，占行业统计企业数的22.55%，占比较上年下降1.27个百分点。

高压开关产值增长率低于工业总产值增长率0.88个百分点。高压开关产值占工业总产值的56.88%，占比较上年下降0.49个百分点。

2011年高压开关行业工业总产值及其增长率前5名企业见表4。

表4 2011年高压开关行业工业总产值及其增长率前5名企业

企业名称	工业总产值(亿元)	企业名称	高压开关产值(亿元)
大全集团有限公司	140.24	西安西电开关电气有限公司	72.70
许继集团有限公司	140.02	平高集团有限公司	72.43
西安西电开关电气有限公司	72.70	泰开电气集团有限公司	36.60
平高集团有限公司	72.43	厦门ABB开关有限公司	33.93
河南森源集团有限公司	64.85	许继集团有限公司	33.58
企业名称	**工业总产值增长率(%)**	**企业名称**	**高压开关产值增长率(%)**
陕西斯瑞工业有限责任公司	113.08	库柏耐吉（宁波）电气有限公司	151.53
北京电研华源电力技术有限公司	71.94	成都旭光电子股份有限公司	49.52
北京科锐配电自动化股份有限公司	59.31	许继集团有限公司	43.62
库柏耐吉（宁波）电气有限公司	53.43	北京合纵科技股份有限公司	42.49
北京合纵科技股份有限公司	42.49	江苏省如高高压电器有限公司	38.29

2. 工业增加值

2011 年，高压开关行业完成工业增加值 369.03 亿元，较上年减少 3.99 亿元，比上年下降 1.07%。

2011 年，工业增加值 1 亿元以上的企业 63 家（华北区 4 家、东北区 7 家、华东区 35 家、中南区 7 家、西南区 4 家、西北区 6 家），较上年减少 8 家，占行业统计企业数的 20.59%。

其中，工业增加值 5 亿元以上的企业 14 家（东北区 1 家、华东区 9 家、中南区 3 家、西北区 1 家），与上年持平，占行业统计企业数的 4.58%，占比较上年提高 0.19 个百分点。

工业增加值 10 亿元以上的企业 6 家（华东区 4 家、中南区 1 家、西北区 1 家），与上年持平，占行业统计企业数的 1.96%，占比较上年提高 0.08 个百分点。

2011 年，工业增加值同比增长 20% 以上的企业 86 家，占行业统计企业数的 28.1%。其中，同比增长 50% 以上的企业 37 家，占统计企业数的 12.09%；同比增长 100% 以上的企业 11 家，占统计企业数的 3.59%。

2011 年，工业增加值下降的企业 87 家，较上年增加 4 家，占行业统计企业数的 28.43%，占比较上年提高 2.41 个百分点。

2011 年高压开关行业工业增加值前 5 名企业见表 5。

表 5　2011 年高压开关行业工业增加值前 5 名企业

企业名称	工业增加值（亿元）
许继集团有限公司	57.41
大全集团有限公司	39.00
泰开电气集团有限公司	16.05
江苏东源电器集团股份有限公司	15.01
厦门 ABB 开关有限公司	11.67

产品分类产量　2011 年，高压开关行业共生产 126kV 及以上电压等级气体绝缘金属封闭开关设备 14 233 间隔，生产 126kV 及以上电压等级高压 SF_6 断路器 6 957 台，生产各类型金属封闭开关设备 587 890 面。2011 年高压开关产品产量见表 6。

表 6　2011 年高压开关产品产量

产品类别	单位	800kV及以上	550kV	363kV	252kV	126kV	72.5kV	40.5kV	24kV	12kV	27.5/55kV
SF_6 断路器	台	6	145	54	1 057	5 695	1 763	7 709		2 286	683
真空断路器	台					54	672	47 219	26 845	517 954	3 143
气体绝缘金属封闭开关设备	间隔	16	482	121	3 732	9 882	61	1 298	205	9 060	
敞开式组合电器	组			2	41	383	39				
金属封闭开关设备	面							57 657	8 796	369 906	1 346
环网柜	台							1 298	1 363	147 524	
隔离开关	组	40	721	381	10 563	25 028	4 072	30 732	6 637	407 925	195
接地开关	组		94	31	929	638	3	23 572	7 289	221 607	
负荷开关	台						600	4 301	5 319	199 349	
熔断器	只							101 852	11 911	765 207	
分段器	台									26	
重合器	台									1 313	
高压接触器	台							492	513	29 221	
箱式变电站	台							5 560	138	38 810	
高压真空灭弧室	只					28	134	102 944	56 736	1 725 627	141

1. 气体绝缘金属封闭开关设备

2011 年，800kV 及以上电压等级气体绝缘金属封闭开关设备产量 16 间隔，较上年减少 8 间隔。生产企业 3 家。

550kV 气体绝缘金属封闭开关设备产量 482 间隔，较上年增加 120 间隔，比上年增长 36.54%。生产企业 6 家，较上年增加 1 家。

363kV 气体绝缘金属封闭开关设备产量 121 间隔，较上年增加 39 间隔，比上年增长 47.56%。生产企业 2 家。

252kV 气体绝缘金属封闭开关设备产量 3 732 间隔，较上年增加 719 间隔，比上年增长 23.86%。生产企业 12 家，较上年增加 1 家。

126kV 气体绝缘金属封闭开关设备产量 9 882 间隔，较上年增加 610 间隔，比上年增长 6.58%，增幅较上年下降 18.18 个百分点。生产企业 27 家，较上年增加 4 家。产量 500 间隔以上的企业 5 家，较上年增加 1 家，合计产量 7 091 间隔，占行业总产量的 71.76%，占比较上年提高 1 个百分点。

2011 年气体绝缘金属封闭开关设备产量前 3 名企业见表 7。

表 7　2011 年气体绝缘金属封闭开关设备产量前 3 名企业

电压等级	企业名称	产量（间隔）
252kV	西安西电开关电气有限公司	802
	平高集团有限公司	778
	泰开电气集团有限公司	687

（续）

电压等级	企业名称	产量（间隔）
126kV	西安西电开关电气有限公司	1 856
	平高集团有限公司	1 842
	泰开电气集团有限公司	1 759

2. 高压交流断路器

2011年高压交流断路器不同类别产品产量占比见表8。

表8 2011年高压交流断路器不同类别产品产量占比

电压等级	SF_6系列（%）	真空系列（%）
126kV以上	100.00	
126kV	99.06	0.94
72.5kV	72.40	27.60
40.5kV	14.03	85.97
12kV	0.44	99.56

（1）800kV户外高压交流SF_6断路器。2011年，我国800kV及以上电压等级户外高压交流SF_6断路器产量6台。生产企业2家，分别为西安西电高压开关有限责任公司和平高集团有限公司。

（2）550kV户外高压交流SF_6断路器。2011年，550kV户外高压交流SF_6断路器产量145台，较上年增加16台，比上年增长12.4%。生产企业4家，产量最高的企业为新东北电气集团高压开关有限公司（产量44台）。

（3）363kV户外高压交流SF_6断路器。2011年，363kV户外高压交流SF_6断路器产量54台。生产企业3家，产量最高的企业为西安西电开关电气有限公司（产量22台）。

（4）252kV户外高压交流SF_6断路器。2011年，252kV户外高压交流SF_6断路器产量1 057台，较上年减少192台，比上年下降15.37%。生产企业7家，较上年减少1家。产量100台以上的企业2家，分别是西安西电高压开关有限责任公司（540台）和平高集团有限公司（245台），两家企业产量合计785台，占行业生总产量的74.27%。

2006—2011年，252kV SF_6气体绝缘金属封闭开关设备和高压交流断路器的产量比例分别为1.57∶1、1.55∶1、1.65∶1、2.13∶1、2.41∶1和3.53∶1。

（5）126kV户外高压交流SF_6断路器。2011年，126kV户外高压交流SF_6断路器产量5 695台，较上年减少867台，比上年下降13.21%。生产企业18家，较上年减少1家，产量100台以上的企业8家，较上年减少2家。其中，产量500台以上的企业4家，产量合计4 275台，占行业总产量的75.07%，占比较上年提高1.78个百分点。126kV户外高压交流SF_6断路器产量前3名企业分别是泰开电气集团有限公司（1 295台）、西安西电高压开关有限责任公司（1 229台）和江苏省如高高压电器有限公司（921台）。

2006—2011年，126kV SF_6气体绝缘金属封闭开关设备和高压交流断路器的产量比例分别为0.72∶1、0.78∶1、1.01∶1、1.06∶1、1.41∶1和1.74∶1。

（6）72.5kV断路器。2011年，72.5kV高压交流SF_6断路器产量1 763台，较上年增加562台，比上年增长46.79%。生产企业8家，较上年增加1家，产量最高的企业为西安西电高压开关有限责任公司（产量624台）。

72.5kV高压交流真空断路器产量672台，较上年增加611台。生产企业3家，分别为天水长城开关厂有限公司、瓦房店高压开关有限公司和浙江紫光电器有限公司。

（7）40.5kV断路器。2011年，40.5kV高压交流SF_6断路器产量7 709台，较上年增加653台，同比增长9.25%。生产企业18家，较上年减少3家，产量500台以上的企业5家，与上年持平。产量最高的企业为泰开电气集团有限公司（产量1 700台），占行业总产量的22.05%，占比较上年提高0.79个百分点。

40.5kV高压交流真空断路器产量47 219台，较上年减少4 333台，比上年下降8.41%。生产企业68家，较上年减少4家，产量1 000台以上的企业12家（华东区8家、中南区2家、西北区1家、华北区1家），较上年减少3家；产量合计31 280台，占行业总产量的66.24%，较上年下降1.82个百分点。产量最高的企业为江苏东源电器集团股份有限公司（产量7 231台）。

（8）24kV高压交流真空断路器。2011年，24kV高压交流真空断路器产量26 845台，较上年增加16 353台，比上年增长155.86%。生产企业27家，较上年减少1家，产量最高的企业为江苏东源电器集团股份有限公司（产量10 240台）。

（9）12kV断路器。2011年，12kV高压交流SF_6断路器产量2 286台，较上年减少1 492台，比上年下降39.49%。生产企业4家，较上年减少1家，产量最高的企业为泰开电气集团有限公司（产量1 620台），占行业总产量的70.87%。

12kV高压交流真空断路器产量517 954台，较上年增加49 586台，比上年增长10.59%。生产企业133家，较上年减少7家，产量10 000台以上的企业11家（华东区9家、中南区1家、华北区1家），较上年增加3家；产量合计241 832台，占行业总产量的46.69%，占比较上年提高9.18个百分点。

2011年12kV高压交流真空断路器产量前5名企业见表9。

表9 2011年12kV高压交流真空断路器产量前5名企业

企业名称	产量（台）
厦门ABB开关有限公司	42 251
华仪电器集团（华仪电气）有限公司	40 620
河南森源电气股份有限公司	27 868
日升集团有限公司	27 156
厦门华电开关有限公司	19 831

3. 交流金属封闭开关设备

（1）40.5kV气体绝缘金属封闭开关设备（C－GIS）。2011年，40.5kV气体绝缘金属封闭开关设备（C－GIS）产量1 298间隔，较上年增加272间隔，同比增长26.51%。生产企业7家,较上年增加2家,产量最高的企业为沈阳高压成套开关股份有限公司(产量700间隔),占行业总产量的53.93%。

(2)12kV气体绝缘金属封闭开关设备(C-GIS)。2011年,12kV气体绝缘金属封闭开关设备(C-GIS)产量9 060间隔,较上年减少7 379间隔,比上年下降44.89%。生产企业4家,较上年减少3家,产量最高的企业为上海西门子开关有限公司(产量6 957间隔)。

(3)40.5kV交流金属封闭开关设备。2011年,40.5kV高压交流金属封闭开关设备产量57 657面,较上年增加3 702面,同比增长6.86%。生产企业98家,较上年减少3家。产量1 000面以上的企业15家(华东区12家、中南区1家、西南区1家、西北区1家),产量合计39 562面,占行业总产量的68.62%,占比较上年提高5.84个百分点。2011年40.5kV高压交流金属封闭开关设备分类产品产量占比见图1。2011年40.5kV高压交流金属封闭开关设备产量前5名企业见表10。

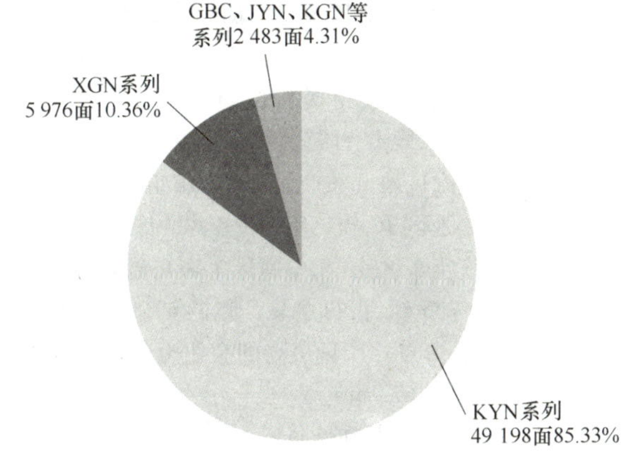

图1　2011年40.5kV高压交流金属封闭开关设备分类产品产量占比

表10　2011年40.5kV高压交流金属封闭开关设备产量前5名企业

企业名称	产量(面)
河南森源电气股份有限公司	5 980
安徽鑫龙电器股份有限公司	5 509
泰开电气集团有限公司	4 850
江苏东源电器集团股份有限公司	3 808
华仪电器集团(华仪电气)有限公司	2 644

(4)24kV交流金属封闭开关设备。2011年,24kV高压交流金属封闭开关设备产量8 796面,较上年增加3 020面,同比增长52.29%。生产企业33家,较上年增加4家。产量500面以上的企业4家,产量合计4 671面,占行业总产量的53.1%。产量最高的企业为杭州欣美成套电器制造有限公司(产量2 231面)。

(5)12kV交流金属封闭开关设备。2011年,12kV高压交流金属封闭开关设备产量369 906面,较上年增加49 227面,同比增长15.35%。生产企业183家,较上年增加7家。产量10 000面以上的企业7家(华东区5家、中南区1家、西北区1家),与上年持平,产量合计102 890面,占行业总产量的27.82%。

2011年12kV高压交流金属封闭开关设备分类产品产量占比见图2。2011年12kV高压交流金属封闭开关设备产量前5名企业见表11。

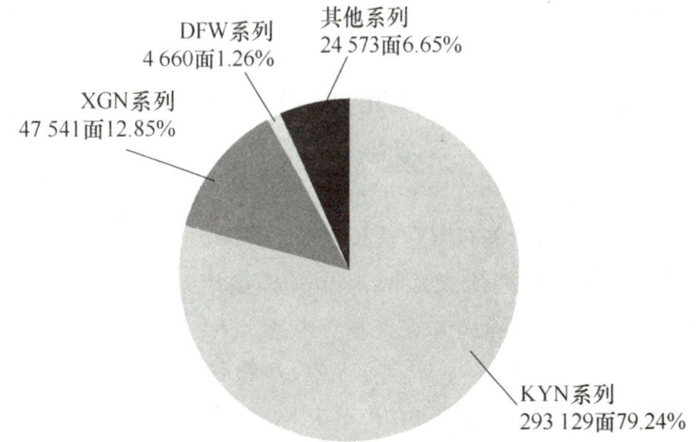

图2　2011年12kV高压交流金属封闭开关设备分类产品产量占比

表11　2011年12kV高压交流金属封闭开关设备产量前5名企业

企业名称	产量(面)
河南森源电气股份有限公司	19 430
安徽鑫龙电器股份有限公司	17 937
泰升电气集团有限公司	15 830
厦门ABB开关有限公司	14 066
浙宝电气(杭州)集团有限公司	13 494

(6)环网柜。2011年,40.5kV环网柜产量1 298台,较上年增加38台,同比增长3.02%。生产企业5家,较上年增加4家,产量最高的企业为宁波天安(集团)股份有限公司(产量982台)。

24kV环网柜产量1 363台,较上年减少676台,比上年下降33.15%。生产企业9家(华东区4家、中南区5家),产量最高的企业为上海天灵开关厂有限公司(产量362台)。

12kV环网柜产量147 524台,较上年增加21 777台,比上年增长17.32%。生产企业117家,较上年减少3家。产量5 000台以上的企业9家(华东区5家、中南区1家、华北区3家),较上年增加2家;产量合计66 664台,占行业总产量的45.19%,占比较上年提高1.9个百分点。2011年12kV环网柜产量前5名企业见表12。

表12　2011年12kV环网柜产量前5名企业

企业名称	产量(台)
北京合纵科技股份有限公司	10 517
北京双杰电气股份有限公司	10 236
北京科锐配电自动化股份有限公司	10 145
江苏德春电力科技有限公司	8 000
安徽鑫龙电器股份有限公司	6 674

4. 高压交流隔离开关与接地开关

(1)800kV 高压交流隔离开关。2011 年,800kV 及以上电压等级高压交流隔离开关产量 40 组。生产企业 3 家,较上年增加 1 家,产量最高的企业为平高集团有限公司(产量 32 组)。

(2)550kV 高压交流隔离开关和接地开关。2011 年,550kV 高压交流隔离开关产量 721 组,较上年减少 30 组,同比下降 3.99%。生产企业 7 家,产量最高的企业为江苏省如高高压电器有限公司(产量 193 组)。

550kV 高压交流接地开关产量 94 组,较上年减少 43 组,同比下降 31.39%。生产企业 5 家,产量最高的企业是西安西电高压开关有限责任公司(产量 50 组)。

(3)363kV 高压交流隔离开关和接地开关。2011 年,363kV 高压交流隔离开关产量 381 组,较上年减少 188 组,同比下降 33.04%。生产企业 5 家,产量最高的企业为江苏省如高高压电器有限公司(产量 128 组)。

363kV 高压交流接地开关产量 31 组,较上年减少 76 组,同比下降 71.03%。生产企业 4 家,与上年持平,产量最高的企业为江苏省如高高压电器有限公司(产量 13 组)。

(4)252kV 高压交流隔离开关和接地开关。2011 年,252kV 高压交流隔离开关产量 10 563 组,较上年减少 1 961 组,比上年下降 15.66%。生产企业 12 家,产量 1 000 组以上的企业 5 家,与上年持平。其中,产量 2000 组以上的企业 2 家,较上年减少 1 家,产量合计 5 123 组,占行业总产量的 48.5%。产量最高的企业是湖南长高高压开关集团股份公司(产量 2 922 组)。

252kV 高压交流接地开关产量 929 组,较上年减少 220 组,同比下降 19.15%。生产企业 6 家,较上年减少 1 家。产量最高的企业为湖南长高高压开关集团股份公司(产量 296 组),占行业总产量的 31.86%。

(5)126kV 高压交流隔离开关和接地开关。2011 年,126kV 高压交流隔离开关产量 25 028 组,较上年减少 3 960 组,比上年下降 13.66%。生产企业 21 家,较上年减少 2 家。产量 2 000 组以上的企业共 4 家,较上年减少 1 家,产量合计 19 091 组,占行业总产量的 76.28%,占比较上年下降 2.27 个百分点。产量最高的企业为湖南长高高压开关集团股份公司(产量 6 430 组)。

126kV 高压交流接地开关产量 638 组,较上年增加 85 组,比上年增长 15.37%。生产企业 7 家,与上年持平,产量最高的企业是湖南长高高压开关集团股份公司(产量 182 组)。

(6)40.5kV 高压交流隔离开关和接地开关。2011 年,40.5kV 高压交流隔离开关产量 30 732 组,较上年减少 4 779 组,比上年下降 13.46%。生产企业 23 家。产量 1 000 组以上的企业 7 家(华东区 5 家、中南区 2 家),较上年减少 2 家;产量合计 25 276 组,占行业总产量的 82.25%,较上年提高 1.35 个百分点。产量最高的企业为江苏省如高高压电器有限公司(产量 6 372 组)。

40.5kV 高压交流接地开关产量 23 572 组,较上年增加 5 580 组,比上年增长 31.01%。生产企业 16 家,较上年增加 3 家。产量 2 000 组以上的企业 4 家,较上年增加 1 家,产量合计 16 458 组,占行业总产量的 69.82%,占比较上年提高 14.37 个百分点。产量最高的企业为温州市海磁电器有限公司(产量 6 792 组)。

(7)24kV 高压交流隔离开关和接地开关。2011 年,24kV 高压交流隔离开关产量 6 637 组,较上年增加 97 组,比上年增长 1.48%。生产企业 6 家(华东区 4 家、中南区 1 家,华北区 1 家),产量最高的企业为宁波鹿鼎电子科技有限公司(产量 3 500 组)。

24kV 高压交流接地开关产量 7 289 组,较上年减少 514 组,同比下降 6.59%。生产企业 7 家(华东区 6 家、中南区 1 家),较上年增加 2 家,产量最高的企业为温州市海磁电器有限公司(产量 4 316 组)。

(8)12kV 高压交流隔离开关和接地开关。2011 年,12kV 高压交流隔离开关产量 407 925 组,较上年增加 15 886 组,比上年增长 4.05%。生产企业 41 家,较上年减少 8 家。产量 10 000 组以上的企业 10 家(华东区 5 家、中南区 4 家、华北区 1 家),与上年持平;产量合计 355 647 组,占行业总产量的 87.18%,占比较上年提高 5.26 个百分点。产量最高的企业是河南森源集团有限公司(产量 102 276 组)。

12kV 高压交流接地开关产量 221 607 组,较上年增加 1 939组。生产企业 28 家,较上年减少 4 家。产量 10 000 组以上的企业 5 家(华东区 4 家、中南区 1 家),较上年减少 3 家;产量合计 153 233 组,占行业总产量的 69.15%,占比较上年下降 4.2 个百分点。产量最高的企业为温州市海磁电器有限公司(产量 51 672 组)。

5. 高压交流负荷开关和熔断器

(1)40.5kV 高压交流负荷开关。2011 年,40.5kV 高压交流负荷开关产量 4 301 台,较上年增加 507 台,比上年增长 13.36%。生产企业 10 家,较上年减少 1 家,产量最高的企业为华仪电器集团(华仪电气)有限公司(产量为 1 740 台)。

(2)12kV 高压交流负荷开关。2011 年,12kV 高压交流负荷开关产量 199 349 台,较上年增加 8 640 台,比上年增长 4.53%。生产企业 51 家,较上年减少 10 家,产量最高的企业为江苏德春电力科技有限公司(产量 19 500 台)。

(3)12kV 高压交流熔断器。2011 年,12kV 高压交流熔断器产量 765 207 只,较上年增加 48 831 只,比上年增长 6.82%。生产企业 12 家,较上年减少 2 家。产量 50 000 只以上的企业 4 家,较上年减少 1 家;产量合计 621 781 只,占行业总产量的 81.26%,占比较上年下降 2.03 个百分点。产量最高的企业为厦门 ABB 电器控制设备有限公司(产量 262 878只)。

6. 预装式变电站

(1)40.5kV 预装式变电站。2011 年,40.5kV 预装式变电站产量 5 560 台,较上年增加 1 151 台,比上年增长 26.11%。生产企业 21 家,较上年增加 1 家,产量最高的企业为泰开电气集团有限公司(产量 1 885 台)。

（2）12kV预装式变电站。2011年，12kV预装式变电站产量38 810台，较上年增加6 866台，比上年增长21.49%。生产企业101家，较上年减少10家，产量1 000台以上的企业共10家（华东区7家、东北区1家、华北区1家、西南区1家），较上年增加2家；产量合计21 174台，占行业总产量的54.56%，占比较上年提高13.23个百分点。2011年12kV预装式变电站产量前5名企业见表13。

表13　2011年12kV预装式变电站产量前5名企业

企业名称	产量（台）
青岛特锐德电气股份有限公司	3 560
沈阳昊诚电气有限公司	3 465
宁波天安（集团）股份有限公司	2 837
浙宝电气（杭州）集团有限公司	2 469
东盟电气集团有限公司	1 991

7. 高压接触器

2011年，40.5kV高压接触器产量492台，较上年减少80台，比上年下降13.99%。生产企业2家，产量最高的企业为无锡市蓝虹电子有限公司（产量380台）。

12kV高压接触器产量29 221台，较上年减少10 057台，同比下降25.60%。生产企业9家，与上年持平，产量最高的企业为无锡市蓝虹电子有限公司（产量24 749台），占行业总产量的84.7%。

8. 高压交流真空灭弧室

（1）40.5kV高压交流真空灭弧室。2011年，40.5kV高压交流真空灭弧室产量102 944只，较上年增加1 628只，比上年增长1.61%。生产企业8家，产量最高的企业为成都旭光电子股份有限公司（产量24 939只）。

（2）24kV高压交流真空灭弧室。2011年，24kV高压交流真空灭弧室产量56 736只，较上年增加12 114只，比上年增长27.15%。生产企业7家，产量最高的企业为陕西宝光集团（股份）有限公司（产量18 535只）。

（3）12kV高压交流真空灭弧室。2011年，12kV高压交流真空灭弧室产量1 725 627只，较上年增加291 820只，比上年增长20.35%。生产企业9家，产量最高的企业为陕西宝光集团有限公司（产量399 110只）。

市场及销售

1. 工业销售产值

2011年，高压开关行业完成工业销售产值1 513.59亿元，较上年增加100.16亿元，比上年增长7.09%，增幅较上年下降7.83个百分点，但仍高于工业总产值增幅3.16个百分点。产品销售率95.93%，较上年提升2.83个百分点。2011年工业销售产值前5名企业见表14。

表14　2011年工业销售产值前5名企业

企业名称	工业销售产值（亿元）
许继集团有限公司	142.99
大全集团有限公司	140.24
河南森源集团有限公司	62.87
泰开电气集团有限公司	61.29
西安西电开关电气有限公司	58.16

2. 主营业务收入

2011年，高压开关行业实现主营业务收入1 391.78亿元，较上年增加20.28亿元，比上年增长1.48%，增幅较上年减少12.48个百分点。

2011年，高压开关行业中主营业务收入1亿元以上的企业178家（华北区18家、华东区92家、东北区12家、中南区33家、西南区13家、西北区10家），占行业统计企业数的58.17%，占比较上年提高4.88个百分点；主营业务收入合计1 329.18亿元，占行业主营业务收入的95.50%。

其中，主营业务收入10亿~20亿元的企业12家（华东区8家、中南区1家、西北区2家、西南1家），与上年持平，占行业统计企业数的3.92%；主营业务收入合计167.64亿元，占行业主营业务收入的12.05%。

主营业务收入20亿元以上的企业12家（华东区7家、中南区3家、东北区1家、西北区1家），较上年减少3家，占行业统计企业数的3.92%，占比较上年下降0.78个百分点。主营业务收入合计661.35亿元，占行业主营业务收入的47.52%，占比较上年下降1.96个百分点。

2011年高压开关行业主营业务收入企业构成见表15。

表15　2011年高压开关行业主营业务收入企业构成

企业类别	企业数（家）	占比（%）	合计（亿元）	占比（%）
总　计	306	100.00	1 391.78	100.00
主营业务收入20亿元以上	12	3.92	661.35	47.52
主营业务收入10亿~20亿元	12	3.92	167.64	12.05
主营业务收入5亿~10亿元	33	10.79	240.67	17.29
主营业务收入1亿~5亿元	121	39.54	259.52	18.65
主营业务收入0.1亿~1亿元	112	36.60	61.79	4.44
主营业务收入0.1亿元以下	16	5.23	0.81	0.06

2011年，主营业务收入增长率20%以上的企业93家，占行业统计企业数的30.39%，较上年减少15家。其中，主营收入增长率50%以上的企业22家，占行业统计企业数的7.19%，较上年增加2家。主营收入增长率100%以上的企业4家（华东区2家、中南区2家），占行业统计企业数的1.31%，较上年减少2家。

2011年，主营业务收入1亿元以上的企业中，增长率20%以上的企业55家，较上年减少7家。其中，增长率50%以上的企业14家，较上年增加6家；主营业务收入10亿元以上的企业中，增长率20%以上的企业5家，较上年减少6家。

2011年高压开关行业主营业务收入前5名企业见表16。

表16　2011年高压开关行业主营业务收入前5名企业

企业名称	主营业务收入(亿元)
大全集团有限公司	136.40
许继集团有限公司	122.94
河南森源集团有限公司	63.39
泰开电气集团有限公司	57.00
江苏东源电器集团股份有限公司	51.73

3. 出口交货值

2011年,高压开关行业实现出口交货值38.22亿元,较上年减少0.9亿元,同比下降2.30%。98家企业有出口业务,较上年增加2家,占行业统计企业数的32.03%,占比较上年提高1.94个百分点。

高压开关行业出口交货值1 000万元以上企业57家(华东区29家、西北区5家、西南区5家、华北区4家、东北区3家、中南区11家),占出口企业的58.16%,较上年增加6家。

其中,出口交货值1亿元以上的企业8家(华东区4家、西北区3家、东北区1家),占出口企业的8.16%,较上年减少2家。出口交货值合计19.25亿元,占行业出口交货值的50.37%,占比较上年下降4.23个百分点。

出口交货值增长率20%以上的企业36家,较上年减少4家。其中,增长率50%以上的企业24家,与上年持平;增长率100%以上的企业15家,较上年增加1家。出口交货值1亿元以上的企业中,增长率20%以上的企业3家。

出口交货值占工业销售产值的2.53%,占比较上年下降0.24个百分点。

高压开关行业出口企业数最多的3个省市分别为浙江省(15家)、江苏省(11家)和上海市(10家)。华东区出口交货值占行业出口交货值的55.94%,占比较上年降低5.49个百分点。2011年高压开关行业出口交货值最大的为江苏省(出口交货值5.87亿元)。

2011年高压开关行业出口交货值前5名企业见表17。

表17　2011年高压开关行业出口交货值前5名企业

企业名称	出口交货值(亿元)
西安西电开关电气有限公司	3.60
正泰电气股份有限公司	3.11
泰开电气集团有限公司	3.06
厦门ABB开关有限公司	3.00
大全集团有限公司	2.44

4. 利润

(1)行业利润。2011年,高压开关行业实现利润总额101.89亿元,较上年减少19.06亿元,同比下降15.75%。

利润总额1 000万元以上的企业131家,较上年减少4家,占行业统计企业数的42.81%,较上年提高0.49个百分点。其中,1亿元以上的企业22家(华东区17家、中南区2家、东北区2家、华北区1家),较上年减少4家,占行业统计企业数的7.19%;利润合计61.6亿元,占行业利润总额的60.46%,占比较上年下降3.46个百分点。2亿元以上的企业11家(华东区9家、中南区2家),较上年减少4家。

利润总额增长率20%以上的企业104家,较上年增加8家,占行业统计企业数的33.99%。其中,增长率50%以上的企业42家,较上年减少1家,占行业统计企业数的13.73%;增长率100%以上的企业22家,较上年增加3家,占行业统计企业数的7.19%,较上年提高1.23个百分点。

利润总额1 000万元以上的企业中,增长率20%以上的企业49家,较上年减少8家。其中,增长率50%以上的企业22家,与上年持平;增长率100%以上的企业8家,较上年减少3家。利润总额1亿元以上的企业中,增长率20%以上的企业5家,较上年减少7家,其中增长率50%以上的企业2家。

利润总额较上年下降的企业101家,较上年减少4家,占行业统计企业数的33.01%;亏损企业8家。

(2)高压开关产品利润。2011年,实现高压开关产品利润53.03亿元,较上年减少10.56亿元,同比下降16.61%。

高压开关产品利润1 000万元以上的企业97家,占行业统计企业数的31.7%,较上年减少3家。其中,高压产品利润1亿元以上的企业11家(华东区8家、中南区2家、东北区1家),较上年减少4家,占行业统计企业数的3.59%;高压产品利润合计18.83亿元,占高压开关产品利润的35.51%。

高压开关产品利润增长率20%以上的企业94家,与上年持平,占行业统计企业数的30.72%,较上年提高1.25个百分点。其中,增长率50%以上的企业48家,较上年增加3家,占统计企业数的15.69%,较上年提高1.59个百分点;增长率100%以上的企业25家,较上年增加3家,占统计企业数的8.17%,较上年提高1.27个百分点。

高压开关产品利润下降的企业93家,较上年减少6家,占行业统计企业数的30.39%。

2011年,高压开关产品利润占行业利润总额的52.05%,占比较上年下降0.53个百分点。

2011年高压开关行业利润总额前5名企业见表18。

表18　2011年高压开关行业利润总额前5名企业

企业名称	利润总额(亿元)
大全集团有限公司	10.82
许继集团有限公司	9.03
常熟开关制造有限公司	4.55
华仪电器集团(华仪电气)有限公司	4.37
江苏东源电器集团股份有限公司	4.35
企业名称	**高压开关产品利润(亿元)**
华仪电器集团(华仪电气)有限公司	3.24
江苏东源电器集团股份有限公司	2.48
河南森源集团有限公司	1.96
许继集团有限公司	1.86
泰开电气集团有限公司	1.60

5. 赢利能力

2011 年，高压开关行业上缴税金总额 57.85 亿元，较上年减少 2.46 亿元，比上年下降 4.07%。上缴税金 1 亿元以上的企业 12 家，较上年增加 1 家。

实现利税总额 159.75 亿元，较上年减少 21.51 亿元，比上年下降 11.87%。利税总额 2 亿元以上的企业 14 家（华东区 10 家、东北区 2 家、中南区 2 家），较上年减少 7 家。

成本费用利润率 8.59%，较上年下降 1.97 个百分点。销售利税率 11.48%，较上年下降 1.74 个百分点。

2011 年高压开关行业成本、费用和利润情况见图 3。

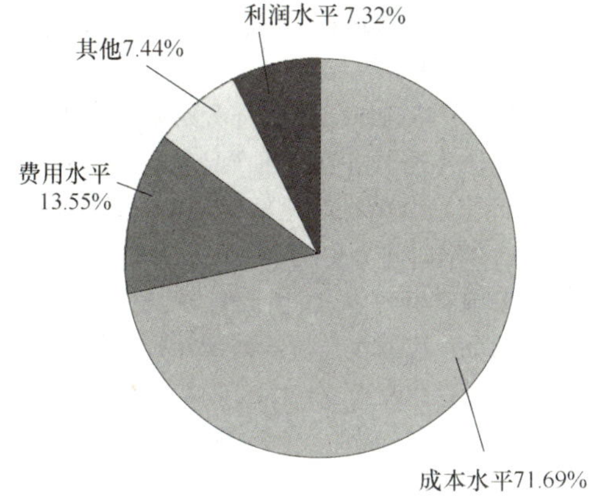

图 3　2011 年高压开关行业成本、费用和利润情况

注：1. 成本水平 = 主营业务成本/主营业务收入。

2. 费用水平 =（营业费用 + 管理、财务费用）/主营业务收入。

3. 利润水平 = 利润总额/主营业务收入。

4. 其他包括其他业务收入、主营业务税金及附加等所占比例。

2011 年，高压开关行业成本水平较上年增加 0.87 个百分点，费用水平较上年增加 0.86 个百分点，其他业务收支和税金等项目水平下降 0.23 个百分点，利润水平较上年下降 1.5 个百分点。

新产品　2011 年，全行业新产品开发经费支出 29.07 亿元，较上年增加 3.73 亿元，比上年增长 14.73%，增幅较上年下降 8.28 个百分点。2011 年，高压开关行业企业在转型升级中，既推出了具有世界领先水平的最新产品，又对原有产品进行改型升级，极大地提高了我国高压开关设备的研发、制造水平。在特高压（1 100kV）领域，我国自行研制的具有自主知识产权的特高压开关设备捷报频传；在超高压（363 ~ 800kV）领域，以升级改造原有产品为基础，研制出性能更好、参数更高的产品；在高电压（72.5 ~ 252kV）领域，研制出小型化、大容量的产品。随着智能电网的有序推进，高压开关行业集成现代先进的传感测量技术、通信技术、计算机技术和控制技术与开关设备技术，研发制造了具有智能化功能的新一代开关设备。

1. 特高压、超高压开关设备

（1）特高压 GIS（H - GIS）从合作生产到自主研制。国网公司晋东南—南阳—荆门 1 000kV 特高压试验示范线路运行已经 3 年，扩建工程也于 2011 年 12 月 16 日正式投运，所有特高压变电站的开关设备运行状况良好。采用双断口和四断口两种方案设计生产的产品均达到额定电压 1 100kV、额定电流 5 000A/6 300A、额定短路开断电流 50kA，均可满足特高压变电站的设计要求。2009 年 1 月 6 日投入运行的 1 000kV 特高压交流试验示范工程的特高压 GIS（H - GIS）是与外国企业合作生产的。随后，西安西电开关电气有限公司、新东北电气（沈阳）高压开关有限公司和平高集团有限公司相继自主研制出 1 100kV/6 300A ~ 63kA GIS（H - GIS）大容量开关设备。自主研制过程中，增容是关键。在额定电流增容上主要采取以下措施：①对通流 4 000A产品的温升试验数据进行分析，计算分析出 1.1 × 6 300A可能会超标的部位，优化其导电结构；②在触头出头连接部位增加触指片数量，采用高电导率的材料以减少发热；③改善散热情况，如将静侧触指支撑分拆为两个零件，其中与静触头接触部分的材料由铸铝改为铜材，以改善导热、散热条件，降低设备温升等。

（2）LW13 - 800/Y5000 - 63 罐式高压交流断路器。2012 年 4 月 20 日—21 日，该产品通过了中国机械工业联合会组织的产品技术鉴定。该产品由西安西电开关电气有限公司研制，为双断口结构，配用模块化液压弹簧操动机构；额定电流 5 000A，额定短路开断电流 63kA；开合线路充电电流达到 C2 级；电寿命（满容量开断）达到 20 次；机械寿命 10 000次。产品具有自主知识产权，综合技术性能处于同类产品国际领先水平。

（3）ZHW8 - 800（L）/Y5000 - 50 型复合电器研制成功。2011 年 11 月 18 日—19 日，该产品通过了中国机械工业联合会组织的产品技术鉴定。该产品由西安西电开关电气有限公司研制，整体直线形布置，结构紧凑，间隔单极可整体运输，现场安装工作量小；断路器为 LW13 - 800 型，配液压操动机构；隔离开关两端可组合接地开关。总体布置合理，便于维修、扩建。产品外绝缘水平满足海拔 3 000m 的要求；断路器具有在时间常数 120ms 的条件下开断短路电流 50kA、直流分量百分数 81% 的能力，峰值耐受电流 135kA。该产品为自主创新设计，具有自主知识产权，填补了国内空白，达到了国际先进水平。

（4）LW13A - 550/Y - 63 型罐式高压 SF_6 断路器。2011 年 11 月 18 日—19 日，该产品通过了中国机械工业联合会组织的产品技术鉴定。该产品由西安西电开关电气有限公司研制，为双断口灭弧室结构，配用液压弹簧操动机构，罐体设有粒子捕捉装置，提高了产品的运行可靠性。产品额定工频耐受电压 790kV，额定操作冲击耐受电压 1 300kV；具有在系统衰减时间常数 120ms 的条件下开断短路电流 63kA、直流分量百分数 78% 的能力；开合容性电流在恢复电压1 077kV时达 1 800A，在恢复电压 1 470kV 时达 1 400A。产品绝缘水平高，开断能力强。经多个工程应用，运行情况良好。该产品具有自主知识产权，在粒子捕捉装置应用、容性电流开断性能方面达到国内领先水平，综合技术性能达到国际先进水平。

（5）ZF8A - 550（L）/Y - 63 型气体绝缘金属封闭开关

设备。2011 年 11 月 18 日—19 日，该产品通过了中国机械工业联合会组织的产品鉴定。该产品由西安西电开关电气有限公司研制，采用 LW13A－550 型灭弧室，配液压弹簧操动机构；隔离开关、接地开关及快速接地开关采用模块化结构，机构与本体直连，且三相机械联动。整体结构简单、紧凑。产品额定工频耐受电压 790kV，额定操作冲击耐受电压 1 300kV，额定电流可达 6 300A；断路器具有在系统衰减时间常数 120ms 的条件下开断短路电流 63kA、直流分量百分数 78% 的能力；隔离开关母线转换电流 1 600A 时试验电压达 400V；隔离开关母线充电电流达 2. 5A；快速接地开关电磁感应电流在 25kV 时达 700A；静电感应电流在 70kV 时达 50A。绝缘水平高，载流能力大，开断能力强。产品经多个工程应用，运行情况良好。该产品具有自主知识产权，综合技术性能达到国际先进水平。

（6）ZHW8－550（L）/Y－63 型气体绝缘金属封闭开关设备。2011 年 11 月 18 日—19 日，该产品通过了中国机械工业联合会组织的产品鉴定。该产品由西安西电开关电气有限公司研制，整体直线形布置，结构紧凑，安装运输方便；断路器采用 LW13A－550 型灭弧室，配液压弹簧操动机构；隔离开关、接地开关及快速接地开关采用模块化结构；操动机构布置利于操作，便于维护。产品额定短时工频耐受电压 790kV，额定操作冲击耐受电压 1 300kV，额定电流 6 300A，断路器具有在系统衰减时间常数 120ms 的条件下开断短路电流 63kA、直流分量百分数 78% 的能力。产品绝缘水平高、载流能力大、开断能力强，经多个工程应用，运行情况良好。该产品具有自主知识产权，综合技术性能达到国际先进水平。

（7）LW23－420/Y4000－50 高压交流罐式 SF_6 断路器。2012 年 4 月 20 日—21 日，该产品通过了中国机械工业联合会组织的产品技术鉴定。该产品由西安西电开关电气有限公司研制，为单断口结构，配用液压弹簧操动机构，不带并联电容；额定电流 4 000A，额定短路开断电流 50kA；开合线路充电电流的能力达到 C2 级；机械寿命 10 000 次。产品属自主研发，具有自主知识产权，综合技术性能处于国际先进水平。

（8）ZF9－420（L）/Y4000－50 气体绝缘金属封闭开关设备。2012 年 4 月 20 日—21 日，该产品通过了中国机械工业联合会组织的产品技术鉴定。该产品由西安西电开关电气有限公司研制，采用分箱式结构；断路器为单断口结构，卧式布置，配用模块化液压弹簧操动机构，便于检修；断路器开合线路充电电流达到 C2 级，机械寿命达到 M2 级。产品为自主研发，具有自主知识产权，综合技术性能达到国际先进水平。

（9）JW□－1100/J63 型户外特高压交流接地开关。西安西电高压开关有限责任公司为晋东南（长治）—南阳—荆门 1 000kV 特高压交流试验示范工程扩建工程成功研制的 JW□－1100/J63 型户外特高压交流接地开关，额定短时耐受电流达 63 kA/2s，额定峰值耐受电流达 170kA。产品采用分相安装，由底架、支柱绝缘子、导电刀开关、接地静触头、均压环及操动机构组成。接地开关与软母线相连时，出线端子板和接地静触头固定在支柱绝缘子顶端的支架上，出线端子板与软导线相连；接地开关与管母线相连时，管母金具和接地静触头固定在支柱绝缘子顶端的支架上，管母金具与管母线相连。接地静触头触片采用 U 形结构，在承受过载电流时，加大触片与动触头间的接触压力；垂直操作杆采用轴销式活动连接结构，具有万向调节能力，使垂直操作杆在任何情况下都能够有效传递操作力。产品的电场结构和均压措施设计合理。JW□－1100/J63 型户外特高压交流接地开关由我国自主开发，填补了国内空白，主要技术性能达到国际领先水平。

（10）1 100kV 特高压交流串补旁路开关。西安西电高压开关有限责任公司承担了该项产品的研制。其额定电压 252kV（断口间）、1 100kV（对地），额定电流 6 300A，短时耐受电流 63kA，合闸时间≤30ms。

该产品采用双断口结构，由灭弧室、支撑部分、操动机构三大主要部分组成。在灭弧室两端和躯壳上下分别装有均压环，旁路开关总高度 13. 1m；支撑部分的支柱由 5 节 15A－550 支柱瓷套组成，支柱下面三节支柱单节高 2 225mm，上面两节支柱单节高 1 490mm；操动机构为 CYA8G 大功率液压弹簧操动机构。

该旁路开关为国际首创，灭弧室为双断口不并联电容器结构，总体结构简单，具有优良的容性电流投切能力。该产品的成功开发填补了国际空白，其技术性能达到国际同类产品领先水平。

（11）世界首台套 800kV 智能化断路器成功投入运行。2011 年 3 月 1 日，世界电压等级最高的智能变电站投运仪式在陕西省延安市洛川县 750kV 延安智能变电站举行，平高集团自主研发生产制造的世界首台套 800kV 智能化断路器成功投入运行。

该智能断路器集成了电子式电流互感器、智能控制单元、状态监测单元，具有测量数字化、控制网络化、状态可视化、功能一体化、信息互动化的技术特征，满足了国家电网公司对智能变电站的建设要求。

（12）超高压及特高压直流隔离开关技术项目通过验收。2011 年 7 月 22 日，平高集团有限公司承担的省重大科技专项“超高压及特高压直流隔离开关技术”项目通过了河南省科技厅组织的专家验收。通过自主研发和科技攻关，平高集团有限公司完成了 515kV 和 816kV 直流隔离开关及接地开关的样机研制，通过了所有型式试验。

其中 ZJW1－816/J25 型直流接地开关采用折叠插入式结构，由底座、支柱绝缘子、导电系统、操动机构等组成，依靠 CJ11A 型电动机操动机构进行分、合闸操作；采用配重块和平衡弹簧相结合的方式实现重力势能的平衡，操作轻便灵活；接地静触头触指采用玫瑰形触指结构，有利于动热稳定性能的提高。其主要特点：①静触头直接悬挂于极母线上，不需要绝缘子，大大降低了产品成本；②采用齿轮、齿条结构完成折叠，操作稳定可靠；③采用配重块与平衡弹簧共同平衡势能的变化，使操作更为轻松灵活；④合闸时支撑杆与接地刀杆构成三角框架结构，提高了产品的刚度和稳定性。

ZGW4－515D/J6300－25 型高压直流隔离开关采用三柱水平旋转式双断口结构，产品的额定绝缘水平达到海拔2 000m要求，可满足现有±500kV 直流输电工程中直流隔离开关和接地开关的绝缘要求；产品额定直流电流 6 300A，机械寿命 5 000 次，技术性能稳定可靠，具备恢复电压 35kV 时开合 200A 谐波电流的能力；产品导电管采用带密封的翻转式结构，触头具有自清洁功能；附装的接地开关采用折叠式结构，合闸时支撑杆与接地刀杆构成三角框架结构，具有较高的刚度和稳定性。

(13) GW7F－1100/8000－63 型特高压交流隔离开关。该产品由泰开电气集团公司研制，通过了全套型式试验，其额定电流 8 000A，动稳定电流 170kA，开合小电容电流 2A，开合小电感电流 1.5A，机械寿命 5 000 次，无线电干扰水平不大于 300μV，以上参数均达到国际领先水平。其中，GW7F－1100P 特高压旁路隔离开关设计了专门的开合母线转换电流装置，开合转换电流参数高达 7kV、6 300A、100次，填补了国际空白。GW7F－1100 产品额定绝缘水平达到海拔 3 000m、800kV 电压等级的绝缘要求。该产品荣获国家重点新产品证书。

(14) 管道母线。2011 年 1 月 16 日，西安西电开关电气有限公司研制的 GXL2－550/5000－63　550kV 刚性气体绝缘输电线路产品通过了中国机械工业联合会组织的产品技术鉴定。该产品采用分段法兰连接结构，在工厂完成标准单元装配、试验，现场安装工作量小，利于质量保证。产品设计了水平标准单元、垂直标准单元、转角单元、补偿装置等各种结构形式，可满足产品的多种典型布置要求。标准单元内采用三支柱支持绝缘子，并装设微粒捕捉装置，有效提高了产品的运行可靠性。产品绝缘水平高、通流能力强。与架空线、电缆线路相比，该产品的传输能力大、电能损失小、无电磁干扰、电容电流小，适用于超高压、特高压及核电等长距离输电线路，具有良好的发展前景。该产品为全国产化新产品，具有完全自主知识产权，达到了国内领先、国际先进水平。

(15) LMZH1－1100 电流互感器。西安西电高压开关有限责任公司利用积累的研制及制造技术，借鉴 800kV 特高压电流互感器的先进技术及制造工艺，独立自主研发出具有自主知识产权的 LMZH1－1100 电流互感器。该产品解决了大电流影响误差的问题，保证了产品性能；不串接速饱和线圈能满足仪表保安系数 $F_S \leqslant 10$ 的要求；线圈采用内浇注式结构，具有体积小、固定牢靠、性能稳定等优点。

(16) 电磁式电压互感器。西安西电高压开关有限责任公司先后开发成功 JSQX－66、JSQX－110 三相电压互感器，JDQX－66、JDQX－110、JDQX－220、JDQX－330、JDQX－500 电磁式电压互感器及 JDQX－110(X)、JDQX－220(X)小型化电磁式电压互感器。该系列产品以 SF_6 气体绝缘，采用叠积式矩形铁心，一次线圈采用宝塔形层式结构设计，卷绕在圆柱形骨架上，层间绝缘介质为绝缘性能优良的聚酯薄膜。二次绕组绕制在圆柱形骨架上，并与一次绕组套装在同一个铁心心柱上，为同轴式结构。主绝缘全部由一次侧设备承担，对高压进行了可靠的隔离，保证了二次侧设备和人身安全。产品具有测量精度高、容量大、结构紧凑，安装灵活、机械强度高、抗震能力强等特点。

66～500kV GIS 用电压互感器的研发成功，实现了我国GIS 产品核心零部件的完全自给，打破了国外公司对电压互感器市场的垄断，进一步提升了企业自主创新能力。公司现致力于 JDQX－1000 型 1 000kV 特高压 GIS 用电压互感器的研制，预计 2012 年完成样机的试制，届时将囊括 GIS 用电压互感器所有电压等级。

2. 高压开关设备

(1) 自主研发成功大型水电、核电发电机断路器成套装置。中国长江三峡集团公司和中国西电电气股份有限公司联合完成了国内首台完全自主研制的 ZHN10－24/Y25000－130 发电机断路器成套装置产品(由西安西电开关电气有限公司制造)，通过了全部型式试验验证，并于 2011 年 12 月通过了中国机械工业联合会在西安组织的产品技术鉴定。该产品采用卧式布置，三相置于共同底架上；产品配置 SF_6 断路器、隔离开关、接地开关、并联电容器，其中断路器、隔离开关、接地开关均为三极机械联动，每极具有一个独立的、封闭的金属外壳。断路器采用混合灭弧原理，配用液压弹簧操动机构；隔离开关、接地开关采用空气绝缘，配用电动机操动机构。产品设计合理，技术先进，温升试验电流达到 27 000A，额定短路开断电流 130kA，直流分量87%，具有开断能力强、载流能力大等特点，可满足相关工程的需要。该产品能提高电力系统的安全性，简化电厂运行方式，方便调试维护，经济性好，是今后颇具发展前景的新兴电力传输装置。产品拥有自主知识产权，填补了国内空白，其综合技术性能达到国际同类产品的先进水平。它的研制成功使我国开关制造业迈入了大型发电机组用大容量保护断路器的制造领域，打破了国外企业的垄断，使我国成为国际少数该类高端设备生产国家之一。

(2) ZF7D－126(L)/T4000－50 型气体绝缘金属封闭开关设备。该设备由西安高压电器研究院有限责任公司和西安西电开关电气有限公司联合开发，由西安西电开关电气有限公司试制，于 2011 年 11 月 18 日—19 日通过了中国机械工业联合会在西安组织的产品技术鉴定。该设备为全三相共箱式结构，间隔宽度 1.2m；断路器采用自能灭弧原理，立式布置，配弹簧操动机构，操动机构顶端布置；三工位隔离－接地开关及快速接地开关模块化设计，适于各种主接线布置。该产品结构紧凑，操作维护方便。产品额定短路开断电流 50kA，额定电流 4 000A，三工位隔离/接地开关母线转换电流 1 600A 时试验电压达 20V。开断能力强，载流能力大。该设备拥有自主知识产权，填补了国内空白，综合技术性能达到国际先进水平。

(3)ZF9D－252(L)/T4000－50型气体绝缘金属封闭开关设备。该设备由西安高压电器研究院有限责任公司和西安西电开关电气有限公司联合开发，于2011年11月18日—19日通过了中国机械工业联合会组织的产品技术鉴定。产品间隔宽度1.8m，高度3.2m，主母线为三相共箱式高架结构，其余为分箱式结构；断路器采用低位卧式布置，自能灭弧结构，配弹簧操动机构；三工位隔离－接地开关三极机械联动；就地控制柜与本体同一底架。总体结构紧凑，占地面积小，便于整间隔运输，现场安装工作量小。产品具有完全自主知识产权，其综合技术性能达到国际先进水平。

(4)ZHW9－252(L)/T4000－50型复合电器。该产品由西安西电开关电气有限公司研制，2011年11月18日—19日通过了中国机械工业联合会组织的产品技术鉴定。产品为分箱式结构，断路器采用低位卧式布置，自能灭弧结构，配弹簧操动机构；三工位隔离－接地开关三极机械联动；就地控制柜与本体同一底架。总体结构紧凑，占地面积小，便于整间隔运输，现场安装工作量小，便于操作和检修。该产品具有完全自主知识产权，其综合技术性能达到国际先进水平。

(5)ZF9C－252(L)/Y T4000－50型气体绝缘金属封闭开关设备。该设备由西安西电开关电气有限公司研制，2011年11月18日—19日通过了中国机械工业联合会组织的产品鉴定。该设备主母线三相共箱；断路器立式布置，自能灭弧室结构，可配弹簧操动机构或液压弹簧操动机构；隔离开关、接地开关和快速接地开关均采用三极直联方式，传动环节少；就地控制柜与断路器机构箱一体设计；总体结构紧凑，占地面积小，便于整间隔运输。产品经多个工程应用，运行情况良好。该产品具有自主知识产权，综合技术性能达到国际先进水平。

(6)LW15C－252/Y5000－63型瓷柱式高压交流SF_6断路器。该产品由西安西电高压开关有限责任公司研制，配用一台CYA3型液压弹簧机构，单断口结构；采用压气式灭弧原理，在不带并联电容器条件下能够成功开断63kA短路故障电流。在L90试验中，开断电流($I_{sc}\times 90\%$)实际已达到60kA以上；在非对称电流开断试验中，直流分量已达到60%以上；在没有检修的情况下成功通过出线端短路故障T100s和T100a。其开断能力在252kV断路器上已达到国际领先水平。

(7)LW25A－252/Y4000－50三相机械联动高压交流SF_6断路器。该产品由西安西电高压开关有限责任公司研制，配用一台大功率CYA4液压弹簧机构，相间通过框架连接，采用双拉杆传动结构，通过拐臂带动三相单极断路器实现三相机械联动；额定短路开断电流50kA，经调整后分合闸同期性≤1ms；配用的液压弹簧操动机构采用模块化设计，适用于变压器进出线用断路器。其双拉杆传动结构获国家实用新型专利。

(8)126kV智能GIS。平高集团有限公司研制的126kV智能GIS可对开关设备机械特性、局部放电、SF_6气体微水、密度及避雷器动作次数、泄漏电流进行监测，实现了控制数字化、网络化以及上层设备对开关设备的状态可视。同时将监测功能装置和开关设备控制器进行了一体化设计，大大提高了智能开关设备的整体性能。

(9)ZF16－252/T5000－50型气体绝缘金属封闭开关设备。该产品由泰开电气集团公司研制，额定电流5 000A，共箱母线采用新型触头结构，减少了导电接触面，降低了接触电阻，在不加大罐体尺寸的前提下提高了通流能力，填补了国内空白。

(10)ZF19－252/4000－50型气体绝缘金属封闭开关设备。该产品由北京北开电气股份有限公司研制，采用主母线共箱、其余元件分箱的结构；断路器为单断口，灭弧室应用自能灭弧技术，采用双动原理，可降低运动件的运动速度，增加开断速度，减小机构操作功；采用轻型弹簧操动机构，机械可靠性高，机械寿命达6 000次，也可配液压弹簧操动机构；可进行三相机械联动；采用全铝合金壳体，间隔重量最轻；拥有最小的间隔宽度1 800mm；绝缘可靠性高；所有一次、二次元件采用标准模块化设计，整体采用间隔设计，减少了生产及现场的工作强度，有利于提高整机现场的装调质量和可靠性。

(11)ZFW31－126/3150－50型气体绝缘金属封闭开关设备。该设备由北京北开电气股份有限公司研制，采用三极共箱结构，结构紧凑，整体尺寸小，间隔宽度仅为1m，可适用于户内外场合。其绝缘性能好，可达到145kV电压等级的绝缘水平。该产品的断路器采用自能式灭弧原理，降低了断路器的操作功，配用轻型弹簧机构，性能可靠。断路器的电气寿命和机械寿命高，电气寿命满容量开断达20次，机械寿命达10 000次。该产品技术性能在国内居先进水平。该产品将继续向智能化GIS发展，配置电子式电压互感器、电子式电流互感器、局部放电在线监测、SF_6微水在线监测、断路器机械特性在线监测、避雷器特性在线监测及智能汇控柜等元件，以实现变电站的自动化远程通信及相关特性参数的在线监测。

(12)LW36A－126/3150－40型低温自能式SF_6断路器。该产品由北京北开电气股份有限公司研制，采用自能、双缸式灭弧室；断路器操作功小、操作可靠、机械寿命长、开断容量大；额定表压只有0.4MPa，可在－40℃的环境下正常运行。当前在国内还没有同类产品，国内空缺非常大。

3. 适应铁路电气化需求，积极开发新产品

2011年11月19日，平高集团自主研发的ZW55－63/T2500－31.5型高压真空断路器、ZW55－31.5/T2500－31.5、ZW55－2×31.5/T2500－31.5型真空断路器等产品通过了国家级鉴定。ZW55－63/T2500－31.5型电气化铁道用单相双极高压真空断路器主要用于分、合负荷电流、开断故障电流，产品完全实现国产化，性能达到国内领先水平，并打破了该电压等级真空断路器以及关键零部件真空灭弧室依赖进口的局面；ZW55－31.5/T2500－31.5型真空

断路器系户外单相单极50Hz电气化铁道用开关设备，适用于电气化铁道直供或BT供电方式的铁路牵引变电所；ZW55－2×31.5/T2500－31.5型真空断路器系户外单相双极50Hz电气化铁道用开关设备，适用于电气化铁道AT供电方式的铁路牵引变电所。两种断路器都是集团公司自主研发的新产品，结构简单、性能稳定、可靠性高、通流和开断能力强，各项性能达到国内先进水平，能够很好地满足铁道电气化市场的需求，尤其适用于频繁操作的场所。

四川电器集团有限公司拥有30余年生产研制铁道电气化输配电设备的技术基础，与铁道部设计院合作研制开发“基于IEC 61850标准的数字化牵引变电技术应用研究”项目，承担“基于IEC 61850标准27.5kV设备配置方案及技术条件”分项目课题，主要研究27.5kV设备配置方案及技术条件，27.5kV非常规互感器技术及智能开关设备技术参数和制造、检测条件，智能组件、合并单元等，研究牵引变电所27.5kV系统的测定方法、研究典型的数字化牵引变电所27.5kV设备的安装接线图样等，拥有3项专利技术。研制成功的电气化铁路智能电网高性能输配电设备集成高速以太网、现代通信技术与设备，采用模块化设计，包含智能化断路器、电子式电流互感器，基于IEC 61850标准的智能化量测装置、操控装置、在线监测诊断装置和合并单元等，能双向、实时传输数据。

作为铁道部重点科研项目——带加强线全并联供电在山区电气化铁路中应用的系统研究的参与单位，公司承担了“结合山区电气化铁路所处的地形、地质、环境等要求，研制出技术先进、结构紧凑、适应性强、运行可靠、免维护或少维护的箱式并联所”项目。2011年7月29日，该项目通过了铁道部鉴定中心组织的专家组审查，具备了试运行条件。

随着我国智能电网的不断推进，中压开关制造企业应立足于产品质量的稳定性、设计制造可靠性的不断提高，继续深入研究和开发适用于中压产品及可靠的温度测量及在线传输技术、局部放电监测技术以及开关设备电气机械可靠性在线状态监测和评估技术。

产品发展现状

1. C－GIS

C－GIS产品品质提高，高铁等可靠使用。当前的高铁和客运专线全部使用充气开关设备。随着我国客运专线和高速铁路的大规模建设，C－GIS产品得到更多的应用，10kV、24kV、40.5kV、27.5kV、2×27.5kV等级均使用C－GIS产品。原来的27.5kV和2×27.5kV产品都由国外公司垄断，产品价格居高不下。随着国产C－GIS产品的研发制造成功，产品技术参数大幅提升和智能化程度的相应提高，国产C－GIS在高铁等领域得到推广应用，产品价格大幅下降。

上海天灵开关厂有限公司已将额定电压12kV/24kV/36kV/40.5kV/27.5kV，额定电流630A/1 250A/2 500A/3 150A的C－GIS系列产品批量投放市场。它将断路器和母线气箱设计为模块化可移开结构，方便整柜抽出停电检修；硅橡胶连接器方便现场安装；固封极柱真空灭弧室的设计既保证了占地面积最小，同时又减少SF_6的使用；灭弧室采用球形触头设计，提高了真空切电容不重燃能力；开关额定充气压力0.02表压，以减少年漏气率，并在零表压下保持额定绝缘水平，保证设备的安全可靠运行。

常州太平洋电力设备(集团)有限公司选用适合的计算软件，对绝缘件进行二维或三维电场计算优化、对受力部件如充气壳体进行应力和变形分析，为产品设计提供依据，并对产品进行可视化验证，生产的40.5kV、27.5kV、2×27.5kV C－GIS不仅在高铁、客运专线、高铁车站大量使用，同时产品的可靠性得到了验证。在国内高铁建设中，其占有率已超出合资企业的同类产品，具有国际竞争能力。

2. 固体绝缘环网柜

国内固体绝缘环网柜采取多个专业合作研制的方式，尤其是固体绝缘材料、三工位真空灭弧室、高效率浇注技术的研发。基于真空技术的三工位开关研究已取得进展，导体与元件的插接类型更加丰富，屏蔽结构呈现出多样化。

当前，在世界范围内真正的固体绝缘开关柜在结构上还存在技术瓶颈，固体绝缘开关柜的开发还存在许多技术难题。需要从技术上解决如下一系列新问题、技术难题：①新的高性能环氧树脂的开发；②高效率浇注技术的开发；③采用真空绝缘的隔离开关；④元件连接用界面连接方式的开发；⑤断路器、隔离开关用操动机构的开发。这里特别要提到新环氧树脂的开发。由于新环氧树脂材料填充了球状硅石粉和橡胶粒子，提高了机械强度、耐电痕性能及绝缘击穿强度。固体绝缘开关柜额定电流参数继续增大到1 250A以上还受到散热技术的制约。

业内对固体绝缘开关柜的认识有限，运行的产品数量也有限。部分或局部应用固体绝缘结构的复合绝缘环网柜已被大量采用。

3. 环保型开关设备

环保型开关设备进入实质研发阶段。积极研发环保类产品，尽量减少有毒有害气体、不可回收材料的应用和降低电磁辐射强度，开发和利用洁净环保材料和环保设备是开关行业产品发展的一项重要任务。如126kV真空断路器、中压真空设备、固体绝缘柜、使用混合气体或干燥气体的断路器(GIS)等环保类产品。

上海天灵开关厂有限公司本着环保的理念，遵循尽量少用或不用SF_6气体的原则，相继研发出12kV/24kV/40.5kV氮气(N_2)或SF_6/N_2混合气体的C－GIS。该厂新的12kV 500mm柜宽的C－GIS产品用氮气完全取代了传统的SF_6气体。24kV和40.5kV C－GIS产品使用SF_6/N_2混合气体；24kV级C－GIS产品中SF_6气体含量小于10%；40.5kV级C－GIS产品中SF_6气体含量小于50%。

Areva的充气柜也在不断减少SF_6气体用量，如SF_6用气量从WI型的100%到WS型的90%再到GWA型的40%。又如富士新开发的24kV充气柜，SF_6用气量从12kg减为4.4kg(减少63%)，还有新开发的72kV/84kV充气柜，将

SF_6用气量从100%减少为36%(减少64%)。

柱上断路器、柱上负荷开关有机结合了气体绝缘技术与真空开断技术,绝缘问题由环保型气体解决,开断问题由真空灭弧室解决。

产品发展趋势 科技的发展使社会对电力开关设备提出了更高的要求,智能化、少维护、环保、小型化成为中压开关设备的发展趋势。

智能化铠装移开式户内交流金属封闭开关设备和控制设备已具雏形,配装有电子设备、变送器和执行器,配用可电动进出的智能化手车式真空断路器,配用电动操动机构的接地开关,不仅具有开关柜的基本功能,同时具有机械特性监测、绝缘特性监测、导电特性监测(温升在线监测)以及在线状态显示、通信等功能。配用的控制装置集计量、控制、监视、通信功能于一体,为单独控制单元,可与微机监控系统的终端单元通信。

除手车柜外,固定柜、C-GIS也在朝智能化方向发展。ABB公司的ZX2开关柜,装备有Ref542系列智能型综合保护控制单元,集保护、计量、控制、监视、通信功能于一体;基于Rogovski线圈测量技术的电流传感器使电流计量完全线性化,消除了电流互感器的饱和现象;电阻分压原理的电压传感器,避免了系统谐波放大对电压计量单元的损坏,保证了系统的安全运行;使用位置传感器可以解决传统行程开关触点粘连及传动机构损坏问题。

智能化手车式真空断路器已初具雏形。智能化手车式真空断路器可电动摇进摇出,有的在面板上配有液晶显示屏,可直接查阅真空断路器的有关运行状态。在线检测的内容有:监测机械特性(包括真空断路器分、合闸速度,开距、接触行程及触头磨损状况);监测分合闸线圈、过流线圈的工作状况(电流);监测电机储能状况,辅助开关转换情况和操作次数计数;实现欠电压、过电流保护,机构电气闭锁保护;监测断路器机械振动情况;储能电机的电流互感器监测弹簧储能系统,由位置传感器实现弹簧储能信号装置;监测灭弧室的真空度。

这些在线检测项目在手车式真空断路器上的初步应用,解决了真空断路器的一些共性技术问题,可以向其他类型的真空断路器上移植和扩展。

高压开关配套件 根据高压开关分会会员信息资料以及掌握的其他有关资料,以生产高压开关行业用各类主要配套件为主要产品的配套件企业约200余家。

这些配套件企业分布于全国各地,华东地区尤其是江浙一带配套件制造企业较为集中。其中,绝缘配套件的生产厂家约90余家;触头、导体类配套件生产厂家70余家;壳体类[GIS壳体、开关柜柜体、户外真空断路器壳(箱)体等]配套件生产厂家10余家;有色金属铸件、黑色金属铸件类配套件生产厂家近10家;其他类配套件(包括底盘车、车架、密封件、减震元件、波纹管等,不包括真空灭弧室、操动机构、互感器、辅助开关、行程开关等配套产品)生产厂家还有数10家。

1. 环氧树脂绝缘制品配套件

高压、超高压开关环氧绝缘制品配套件当前主要采用真空浇注技术。大型高压、超高压开关制造企业的环氧绝缘件主要由本企业的分厂或车间承制,如西安西开高压电气股份有限公司、平高集团有限公司、新东北电气、泰开电气集团有限公司等。其他更多的厂家都是依靠环氧绝缘配套件厂提供,如平顶山绝缘制品股份有限公司、上海雷博司电器有限公司、麦克奥迪(厦门)电气有限公司等。

中压开关环氧绝缘件品种多、数量大、分布面广,主要采用环氧注射技术生产。中压绝缘件的研制和生产的主流是专业配套件生产企业,厂家众多,如镇江丹高电器有限公司、杭州曙光电器有限公司、浙江省开化七一电力器材有限公司、温州市海磁电器有限公司等,具备了为中压开关主机厂提供环氧绝缘件的能力。

2. 复合聚四氟乙烯喷口制品配套件

有些主机厂具备自行组织生产复合聚四氟乙烯喷口制品的能力,但更多的主机生产厂家都由专业配套件厂提供配套服务。喷口制品配套件厂可根据主机厂的要求,批量提供添加不同比例成分的三氧化二铝、氮化硼、石墨等填料的复合聚四氟乙烯喷口制品。

3. 绝缘拉杆制品

绝缘拉杆配套件年需求量为:126kV及以上高压SF_6断路器用绝缘拉杆约3.4万根,126kV及以上高压SF_6 GIS断路器用绝缘拉杆近3万根,126kV及以上高压SF_6 GIS隔离/接地开关用绝缘拉杆约6.6万根,总需求量近13万余根。

国内绝缘拉杆配套件的来源主要有两个途径:一是靠国外进口,多由瑞士Axicom公司提供。另由国内专业制造厂家提供,国内真空浸胶制品及绝缘拉杆配套件的制造厂家主要有西安立达合成材料开发有限公司、上海龙昆电工材料有限公司和麦克奥迪(厦门)电气有限公司等。

4. 触头制品

据行业协会的初步统计,仅高压开关分会会员单位的触头配套件制造厂家约有70余家。梅花触头年产100万件以上,各类动、静触头、触指、触片、触座、触臂、支架等(不包括真空灭弧室动静触头)年产超过200万件。

主要配套件制造厂家年产量情况为:陕西斯瑞工业有限责任公司年产高压触头近15万件,年产中压触头(真空灭弧室动静触头)近300万件;浙江恒博电气制造有限公司年产梅花触头近30万套,GIS用梅花触头1.6万套,静触头、触臂、支架等40余万只;阜新阜锦开关电气有限公司年产动触头近3万套,静触头2.5万套,导电件等50余万件。

5. 壳(柜)体

国内壳(罐、筒)体类零部件生产能力估计年产12万~15万件。除主机厂生产外,专业配套件厂也具有相当的技术实力与生产能力,如从事焊接类壳(罐、筒)体生产的泰州市立山机械有限公司、吴江瑞源电器设备发展有限公司等壳体专业配套厂为国内众多126~252kV高压SF_6 GIS生产企业提供配套服务,泰兴长江电力设备有限公司、陕西国德电气制造有限公司为国内外大型高压、超高压 SF_6 GIS 制造企业提供配套服务。

中压开关成套设备柜体结构多数采用组装式，对柜体钣金制造技术要求较高。除中压成套开关设备主机厂生产柜体外，协作配套生产厂家也比较多，如万控集团有限公司、山东泰山恒信开关集团有限公司、浙江利事达电气有限公司等。

国家科学技术进步奖 2011 年度，“高压直流输电工程成套设计自主化技术开发与工程实践”项目荣获国家科学技术进步奖一等奖。

该项目以贵广二回直流输电工程为依托，由南方电网科学研究院有限责任公司组织实施。在直流输电工程自主化方面取得了重大成果，多项研究成果填补了国内空白，研发成果应用于贵广二回直流输电工程，运行稳定，各项技术经济指标均处于国际领先水平。项目获得授权发明专利 9 项，研制自主知识产权软件 5 种。西安高压电器研究院有限责任公司在该项目中主要负责完成贵广二回直流工程 PLC 滤波器设计校核工作、换流站可听噪声预测计算及过电压与绝缘配合研究。

“中国西电输变电重大成套装备科技创新工程建设项目”荣获国家科学技术进步奖二等奖。依托该项目，中国西电集团公司全面实施创新战略，大力开展科技创新工程，构建了科技创新“五大”体系，即层次清晰的组织体系、合理有效的运行模式、健全完整的制度体系、系统有力的基础支撑体系和底蕴深厚的文化支持体系；建成了具有西电特色的“四位一体”的创新体制，建立了具有世界水平的研发平台；实现了重大核心技术的领先和跨越，产业链向高端迅速延伸，市场领域快速拓展；提高了知识产权数量质量，连续荣获国家科技进步奖。依托该项目，建立了“3 + 2”创新组织体系，即高效的决策层、强力的管理层和领先的研发层等三层组织体系，公司层研发主题研究院和产业层研发主题九大产业研发中心两层研发体系。依托本项目，建成了“2 + 4”运行机制，包括两大管控模式和四大运行机制。两大管控模式是：重大科技事项的集中管控和集团化运作模式及“总部管理为主、下属企业管理为辅、两级管理结合、多个部门互动、集团集中对外”的知识产权集中管理模式。四大运行机制是：一是基于企业作为投入主体的“规划引领、计划落实、预算保证、考核牵引、审计核实、激励促进”科技投入保障机制，二是基于平台化运作和内部市场化机制的“总部主导、企业牵头、市场牵引、委托研发、分级管理、分工负责、有效激励”重大项目运作机制，三是基于多层面、多维度目标考核的“指标牵引、计划保证、责任落实、动态监控、验收审计、绩效考核”重大创新考核机制，四是基于科技、知识产权工作系统全面推进的“两种方式并举、两级奖励结合、专利成果倾斜、多种形式激励”奖励激励机制。依托该项目，建立了“层类有序”的创新制度体系：实现了创新制度的“三层次、全业务、流程化”，形成了颇具特色的自主创新管理制度体系。依托本项目，建设了“责任与包容相统一”的创新文化：以“责任之道”为核心的创新文化激励了创新，引领了创新方向。

标准

1. 标准制修订及发布

2011 年高压开关行业国家标准和行业标准制修订情况见表 19。

表 19 2011 年高压开关行业国家标准和行业标准制修订情况

标准号	标准名称
正在制定的 IEC 标准	
IEC 62271-4	高压开关设备和控制设备 第 4 部分：六氟化硫（SF_6）的处理程序
IEC 62271-102 的 2 号修订	高压开关设备和控制设备 第 102 部分：交流隔离开关和接地开关（增加 1 100kV 和 1 200kV）
IEC 62271-107	高压开关设备和控制设备 第 107 部分：额定电压 1kV 以上 52kV 及以下的交流熔断器保护用线路开关
IEC 62271-109 的 1 号修订	高压开关设备和控制设备 第 109 部分：交流串联电容器用旁路开关
IEC 62271-112	高压开关设备和控制设备 第 112 部分：传输线路上二次熄弧用交流高速接地开关
IEC 62271-37-013	高压开关设备和控制设备 第 37－013 部分：交流发电机保护断路器
IEC 62271-201	高压开关设备和控制设备 第 201 部分：额定电压 1kV 以上 52kV 及以下的交流固体绝缘封闭开关设备和控制设备
IEC 62271-202	高压开关设备和控制设备 第 202 部分：高压/低压预装式变电站
IEC 62271-207	高压开关设备和控制设备 第 207 部分：额定电压 52kV 以上气体绝缘成套开关设备的抗震鉴定
IEC 62271-210	高压开关设备和控制设备 第 210 部分：额定电压 1kV 以上 52kV 及以下的金属封闭开关设备和控制设备的抗震鉴定
IEC 62271-211	高压开关设备和控制设备 第 211 部分：额定电压 52kV 以上电力变压器和气体绝缘金属封闭开关设备之间的直接连接
IEC 62271-306	高压开关设备和控制设备 第 306 部分：IEC 62271-1、IEC 62271-100 及相关标准的应用导则
2010—2011 年度发布的标准	
GB/T 11022—2011	高压开关设备和控制设备标准的共用技术要求
GB/T 27747—2011	额定电压 72.5kV 及以上交流隔离断路器

（续）

标准号	标准名称
JB/T 11203—2011	高压交流开关设备用固封极柱
正在制修订的标准	
GB/T××××	具有预定极间不同期操作高压交流断路器
GB/T 14810—20××	额定电压72.5kV及以上高压交流负荷开关
NB/T××××—20××	3.6～40.5kV交流金属封闭智能成套开关设备
NB/T××××—20××	72.5 kV及以上智能高压成套开关设备
NB/T ××××—××××	核电厂1E级成套开关设备的评定标准
NB/T ××××—××××	核电厂1E级电气设备的安全评定
NB/T ××××—××××	核电厂安全系统的电气设备 质量鉴定
2010—2011年度上报待批的标准	
GB 1984—20××	高压交流断路器
GB 1985—20××	高压交流隔离开关和接地开关
GB/T ××××—××××	感性负载开合
近期将要制定、修订的国家标准	
GB 3804—20××	3.6～40.5kV高压交流负荷开关
GB 5273—20××	变压器、高压电器和套管的接线端子

2. 参与国际标准化工作情况

（1）SAC/TC65（全国高压开关设备标准化技术委员会）。从2011年6月至2012年6月共对25份IEC投票文件提出意见并投票。共有13人参加SAC/TC65对口的IEC/SC17A和IEC/SC17C的工作组，深入参与国际标准制修订过程。

（2）IEC/TC28秘书处（绝缘配合）。IEC 60071-5原为技术规范，现在改为国际标准，修订工作正在进行中，目前处于草案稿（CD）阶段。

（3）参加IEC MT/WG工作情况。西安高压电器研究院有限责任公司目前共有6名专家参与相关专业的8个MT/WG工作组，其中IEC标准的维护工作组（MT）6个，IEC标准的工作组（WG）2个。

型号证书发放 截至2011年12月31日，西安高压电器研究院有限责任公司为60家企业的11大类17小类高压开关设备产品发放了151个产品型号证书。其中，型号颁发证书28个，型号使用证书123个。与2010年度相比，申请产品型号证书企业和证书发放数量略有增加。

试验检测 2011年6月29日，国家认证认可监督管理委员会正式批复，同意由西安高压电器研究院有限责任公司负责筹建"国家智能电气设备质量监督检验中心"。

6月29日，西安高压电器研究院有限责任公司与德国莱茵TÜV集团就高压电器产品认证达成合作协议，并举行了签字仪式。

12月7日—8日，西安高压电器研究院有限责任公司实验认证中心通过了IECEE评审组的CB实验室初始评审，成为我国高压开关行业首家通过IECEE CBTL评审的实验室。这表明，西安高压电器研究院有限责任公司实验认证中心将成为按特定IEC标准进行CB检测的实验室，可以为我国高压电器生产企业的产品出口提供国际认可的CB检测报告。

10月，西安高压电器研究院有限责任公司承担的电器产品可靠性试验能力建设项目列入国家发展和改革委员会能源自主创新、重点产业振兴和技术改造（能源装备）2011年中央预算内投资计划。该项目计划新建低压电器及热机实验室、高压直流大电流实验室、机电实验室、冲击电流实验室、电气及环境老化实验室、长期可靠性试验场以及其他配套设施等，购置试验及相应的配套设备468台（套）。

行业活动 2011年6月16日—20日，高压开关分会第六届第三次理事会暨"十二五"高压开关技术发展论坛召开，出席会议的代表共700余人。会议同时举办了高压电器设备及配套产品展示，共有77家单位参展。

2011年4月21日，高压开关分会组织召开了2011年高压开关行业363kV及以上GIS产品成本核算研讨会。与会代表认为各单位的基本元件组成和材料成本差异不大，并测算出各电压等级产品的平均成本。代表还就363kV及以上GIS开关产品以低于成本的价格进行竞争的现象进行了研讨。

编辑出版 完成《高压开关行业通讯》2011年1～12期的编辑、出版、发行工作。出版了《2010年高压开关行业年鉴》，共收录322家会员企业的统计资料，主要内容包括2010年高压开关行业发展综述、会员单位基本情况、高压开关行业主要经济技术指标排序、高压开关行业主要产品产量排序和附录五部分。

配套件工作组 2011年11月高压开关分会秘书处触头工作组分别对阜新阜锦开关电气制造有限公司、浙江恒博电气制造有限公司等企业的触头制品生产必备条件进行了评审，对企业的生产经营和技术工艺等提出了意见和建议。

〔供稿单位：中国电器工业协会高压开关分会〕

绝缘子避雷器

2011 年，绝缘子避雷器行业总体经济运行平稳，产销衔接良好。工业总产值同比平稳增长，全员劳动生产率大幅提高，但经济效益继续下滑且下滑速度加快，利润总额首次出现负增长。

生产发展情况 据电力新增装机容量和绝缘子避雷器需求量相关关系的经验数据，在抽样统计基础上估算，2011 年绝缘子避雷器行业完成工业总产值约 140 亿元。其中，绝缘子行业超过 100 亿元；避雷器行业约 30 亿元，与 2010 年持平。2011 年绝缘子避雷器各类产品主要生产企业见表 1。

表 1 2011 年绝缘子避雷器各类产品主要生产企业

序号	产品类别	企业名称
1	线路瓷绝缘子	大连电瓷集团股份有限公司、NGK 唐山电瓷有限公司、苏州电瓷厂有限公司、无锡华能塞拉姆绝缘子有限公司、内蒙古精诚高压绝缘子有限责任公司
2	电站电器用棒形支柱瓷绝缘子	西安西电高压电瓷有限责任公司、唐山高压电瓷有限公司、抚顺电瓷制造有限公司、河南省中联红星电瓷有限责任公司、苏州电瓷厂有限公司
3	电站电器用空心瓷绝缘子	西安西电高压电瓷有限责任公司、醴陵市华鑫电瓷电器有限公司、抚顺高科电瓷电气制造有限公司、抚顺电瓷制造有限公司、湖南华联火炬电瓷电器有限公司、河南爱迪德电力设备有限责任公司
4	线路玻璃绝缘子	南京电气（集团）有限责任公司、四川省宜宾环球集团有限公司、塞迪维尔钢化玻璃绝缘子（上海）有限公司、浙江金利华电气股份有限公司、三瑞科技（江西）有限公司
5	套管	西安西电高压套管有限公司、南京电气（集团）有限责任公司、江苏神马电力股份有限公司、沈阳传奇套管有限公司、沈阳鼎力通电气有限公司
6	线路复合绝缘子	东莞市高能电气股份有限公司、广州市迈克林电力有限公司、淄博泰光电力器材厂、襄樊国网合成绝缘子有限公司、新疆新能天宁电工绝缘材料有限公司、大连电瓷集团股份有限公司、河北新华高压电器有限公司
7	电站电器用复合绝缘子	江苏神马电力股份有限公司、西安西电高压套管有限公司
8	高压金属氧化物避雷器	西安西电避雷器有限责任公司、廊坊电科院东芝避雷器有限公司、抚顺电瓷制造有限公司、南阳金冠电气有限公司、温州益坤电气有限公司、西安神电电器有限公司、深圳市银星电力电子有限公司

2011 年列入绝缘子避雷器行业统计报表的企业有 89 家，工业总产值合计 97.26 亿元，同比增长 8.64%，占全行业工业总产值的近 70%，其中 220kV 及以上系统用绝缘子避雷器产品产值占全行业该类产品总产值的 85% 以上。2011 年绝缘子避雷器行业主要经济指标见表 2。

表 2 2011 年绝缘子避雷器行业主要经济指标

序号	项目指标	单位	2011 年	2010 年	比上年增长（%）	序号	项目指标	单位	2011 年	2010 年	比上年增长（%）
1	工业总产值	万元	972 563	895 181	8.64	5	利润总额	万元	55 991	61 481	-8.93
2	工业销售产值	万元	917 539	826 903	10.96	6	从业人员数	人	27 711	29 575	-6.30
3	工业增加值	万元	221 456	229 146	-3.36	7	全员劳动生产率	元/人	114 828	90 009	27.57
4	出口交货值	万元	184 489	146 402	26.02						

2011 年，绝缘子避雷器行业中工业总产值 5 000 万元以上的企业有 49 家，占行业统计企业数的 55.06%，产值合计 86.89 亿元，占 89 家企业总产值的 89.34%。产值 1 亿元以上的企业有 28 家，占行业统计企业数的 31.46%，产值合计 71.48 亿元，占 89 家企业总产值的 73.49%。产值 3 亿元以上的企业有 7 家，占行业统计企业数的 7.87%，产值合计 32.69 亿元，占 89 家企业总产值的 36.73%。产值 4 亿元以上的企业有 4 家，占行业统计企业数的 4.49%，其产值合计为 21.80 亿元，占 89 家企业总产值的 22.41%。

2011 年绝缘子避雷器行业工业总产值前 20 名企业见表 3。2011 年绝缘子避雷器行业工业增加值前 20 名企业见表 4。2011 年绝缘子避雷器行业利润总额前 20 名企业见表 5。2011 年绝缘子避雷器行业全员劳动生产率前 20 名企业见表 6。

表 3 2011 年绝缘子避雷器行业工业总产值前 20 名企业

序号	企业名称	2011 年（万元）	2010 年（万元）	比上年增长（%）
1	大连电瓷集团股份有限公司	82 528	71 485	15.45
2	淄博泰光电力器材厂	50 800	38 700	31.27

（续）

序号	企业名称	2011年(万元)	2010年(万元)	比上年增长(%)
3	江苏神马电力股份有限公司	42 606	40 536	5.11
4	南京电气(集团)有限责任公司	42 023	38 863	8.13
5	自贡塞迪维尔钢化玻璃绝缘子有限公司	38 000	41 050	-7.43
6	苏州电瓷厂有限公司	37 284	38 852	-4.04
7	醴陵华鑫电瓷科技股份有限公司	33 625	30 013	12.03
8	西安西电高压电瓷有限责任公司	29 950	37 590	-20.32
9	河北新华高压电器有限公司	29 636	26 210	13.07
10	四川省宜宾环球集团有限公司	28 526	15 773	80.85
11	西安西电避雷器有限责任公司	24 008	26 603	-9.76
12	南阳金冠电气有限公司	21 792	18 696	16.56
13	广州市迈克林电力有限公司	21 168	22 515	-5.98
14	青州市力王电力科技有限公司	20 444	8 960	128.17
15	塞迪维尔玻璃绝缘子(上海)有限公司	19 862	13 361	48.66
16	温州益坤电气有限公司	19 600	14 960	31.02
17	浙江金利华电气股份有限公司	18 600	14 765	25.97
18	萍乡百斯特电瓷有限公司	18 300	14 500	26.21
19	西安西电高压套管有限公司	18 000	13 675	31.63
20	抚顺电瓷制造有限公司	17 111	16 053	6.59

表4　2011年绝缘子避雷器行业工业增加值前20名企业

序号	企业名称	工业增加值(万元)	比上年增长(%)	序号	企业名称	工业增加值(万元)	比上年增长(%)
1	南京电气(集团)有限责任公司	15 736	65.99	11	安徽一天电气技术有限公司	5 248	123.51
2	青州市力王电力科技有限公司	14 385	131.94	12	东莞市高能电气股份有限公司	5 025	-29.22
3	江苏神马电力股份有限公司	14 230	34.25	13	抚顺电瓷制造有限公司	4 523	6.40
4	南阳金冠电气有限公司	12 578	12.91	14	醴陵华鑫电瓷科技股份有限公司	4 470	49.00
5	内蒙古精诚高压绝缘子有限责任公司	9 011	6.58	15	江苏南瓷绝缘子有限公司	4 448	40.74
6	苏州电瓷厂有限公司	8 299	-53.60	16	西安西电避雷器有限责任公司	4 316	-2.93
7	温州益坤电气有限公司	7 451	97.12	17	正泰电气股份有限公司	3 980	165.33
8	淄博泰光电力器材厂	7 393	4.60	18	塞迪维尔玻璃绝缘子(上海)有限公司	3 961	-72.56
9	浙江中能电气有限公司	6 286	30.01	19	西安神电电器有限公司	3 659	7.78
10	西安西电高压电瓷有限责任公司	5 256	-23.87	20	浙江永固电缆附件有限公司	3 497	10.14

表5　2011年绝缘子避雷器行业利润总额前20名企业

序号	企业名称	利润总额(万元)	比上年增长(%)	序号	企业名称	利润总额(万元)	比上年增长(%)
1	江苏神马电力股份有限公司	8 225	3.94	11	河北新华高压电器有限公司	2 077	6.90
2	大连电瓷集团股份有限公司	6 222	-25.82	12	南京电气(集团)有限责任公司	2 055	571.57
3	淄博泰光电力器材厂	3 842	72.83	13	正泰电气股份有限公司	1 697	149.56
4	内蒙古精诚高压绝缘子有限责任公司	3 791	-2.79	14	东莞市高能电气股份有限公司	1 531	-24.77
5	醴陵华鑫电瓷科技股份有限公司	3 573	16.65	15	山东省垦利县新型电力器材厂	1 524	63.17
6	广州市迈克林电力有限公司	2 767	-38.89	16	安徽一天电气技术有限公司	1 238	23.31
7	四川省宜宾环球集团有限公司	2 715	210.27	17	浙江恒大科技电气有限公司	1 088	10.00
8	青州市力王电力科技有限公司	2 642	103.70	18	宜宾志源高压电器有限公司	852	54.63
9	浙江金利华电气股份有限公司	2 410	-18.47	19	明电舍(郑州)电气工程有限公司	847	89.49
10	南阳金冠电气有限公司	2 439	3.52	20	抚顺电瓷制造有限公司	822	5.38

表6　2011 年绝缘子避雷器行业全员劳动生产率前 20 名企业

序号	企 业 名 称	全员劳动生产率（元/人）	序号	企 业 名 称	全员劳动生产率（元/人）
1	青州市力王电力科技有限公司	773 387	11	江苏南瓷绝缘子有限公司	188 475
2	浙江中能电气有限公司	374 167	12	温州益坤电气有限公司	179 542
3	塞迪维尔玻璃绝缘子(上海)有限公司	304 713	13	江苏新民电力设备有限公司	178 126
4	南阳金冠电气有限公司	284 570	14	江苏神马电力股份有限公司	171 860
5	浙江永固电缆附件有限公司	273 203	15	上海电瓷厂	154 161
6	正泰电气股份有限公司	265 333	16	西安西电避雷器有限责任公司	151 421
7	明电舍(郑州)电气工程有限公司	264 118	17	宁波市镇海国创高压电器有限公司	147 821
8	大连避雷器有限公司	200 182	18	南京电气(集团)有限责任公司	143 315
9	深圳市银星电力电子有限公司	194 611	19	山东省垦利县新型电力器材厂	141 149
10	淄博泰光电力器材厂	193 534	20	内蒙古精诚高压绝缘子有限责任公司	133 301

2011 年绝缘子避雷器行业经济运济的主要特点：①受铁道电气化建设减速的影响，牵引线路用绝缘子市场大幅萎缩，生产该类产品的主要企业寻求向电力系统用绝缘子市场转移。②2011 年行业出口交货值仍比 2010 年增长 26.02%，说明由于国内市场竞争惨烈，各企业都加大了国际市场开拓力度。③高档次承压空心瓷绝缘子、高电压等级套管类产品仍是发展重点。④线路复合绝缘子、盘形悬式玻璃绝缘子、棒形支柱瓷绝缘子供大于求的状况仍在加剧，同质化竞争惨烈。⑤产品销售价格进一步下滑，对企业盈利负面影响显著。

产品分类产量　2011 年，列入绝缘子避雷器行业统计报表的 89 家企业共实现瓷绝缘子产量 37.47 万 t，比上年增长 1.63%。其中，线路瓷绝缘子产量 22.40 万 t，比上年增长 6%；电站电器瓷绝缘子产量 15.07 万 t，比上年下降 4.23%。造成电站电器瓷绝缘子产量下降的主要原因是高电压等级产品产量较上年有所下降，如 750kV 及以上等级空心瓷绝缘子和支柱瓷绝缘子产量分别较上年下降 8.37% 和 33.82%。

线路玻璃绝缘子产量 1 779 万片，比上年增长 15.24%。

复合绝缘子产量 508 万只，比上年增长 14.41%。高电压等级复合绝缘子产量增长较快，如 750kV 及以上等级棒形悬式复合绝缘子、支柱复合绝缘子元件和空心复合绝缘子产量分别比上年增长 46.08%、647.62% 和 46.58%。

避雷器产量 461.72 万只，比上年增长 18.58%，但高电压等级避雷器的产量在下降，如 750kV 及以上等级避雷器产量比上年下降 77.81%。

2011 年绝缘子避雷器行业主要产品产量见表 7。2011 年行业统计报表企业主要产品产量（按企业名称汉语拼音排序）见表 8。

表7　2011 年绝缘子避雷器行业主要产品产量

项　目　指　标	单　位	2011 年	2010 年	比上年增长(%)
瓷绝缘子	t	374 659	368 634	1.63
线路瓷绝缘子	t	223 936	211 257	6.00
其中：160kN 及以上悬式	万只	548.33	470.56	16.53
电站电器瓷绝缘子	t	150 723	157 377	-4.23
空心瓷绝缘子				
110kV 等级	只	189 740	161 731	17.32
220kV 等级	只	93 909	86 484	8.59
330kV 等级	只	8 545	7 339	16.43
500kV 等级	只	12 000	11 073	8.37
750kV 及以上等级	只	1 347	1 470	-8.37
支柱瓷绝缘子元件				
110kV 等级	只	189 286	185 173	2.22
220kV 等级	只	213 658	216 480	-1.30
330kV 等级	只	9 984	14 627	-31.74
500kV 等级	只	30 748	27 401	12.21
750kV 及以上等级	只	6 091	9 203	-33.82
线路玻璃绝缘子	万片	1 779	1 543.8	15.24

（续）

项　目　指　标	单　位	2011 年	2010 年	比上年增长(%)
100(120)kN 及以下	万片	836.49	876.52	-4.57
160kN	万片	358.35	322.72	11.04
210(240)kN	万片	395.15	133.41	196.19
300kN	万片	102.01	128.42	-20.57
400(420)kN	万片	37.40	78.04	-52.08
530(550)kN	万片	45.62	4.69	872.71
盘形悬式瓷(玻璃)复合绝缘子	万片	52	32	62.50
高压套管	只	11 632	8 468	37.36
瓷外套高压套管	只	20 179	14 171	42.40
110kV 等级	只	8 960	7 178	24.83
220kV 等级	只	1 738	1 597	8.83
330kV 等级	只	197	163	20.86
500kV 等级	只	214	126	69.84
750kV 及以上等级	只	7	6	16.67
复合外套高压套管	只	2 453	1 040	135.87
110kV 等级	只	17 212	14 648	17.50
220kV 等级	只	3 367	4 892	-31.17
330kV 等级	只	524	749	-30.04
500kV 等级	只	892	869	2.65
750kV 及以上等级	只	207	136	52.21
复合绝缘子	万只	508	444	14.41
棒形悬式复合绝缘子				
110kV 等级	只	540 196	489 464	10.36
220kV 等级	只	239 348	240 329	-0.41
330kV 等级	只	10 480	21 720	-51.75
500kV 等级	只	81 495	82 403	-1.10
750kV 及以上等级	只	59 793	40 932	46.08
支柱复合绝缘子元件				
110kV 等级	只	22 276	40 221	-44.62
220kV 等级	只	3 112	3 720	-16.34
330kV 等级	只	21		
500kV 等级	只	184	130	41.54
750kV 及以上等级	只	157	21	647.62
空心复合绝缘子				
110kV 等级	只	20 490	16 807	21.91
220kV 等级	只	8 424	5 519	52.64
330kV 等级	只	530	752	-29.52
500kV 等级	只	1 103	1 186	-7.00
750kV 及以上等级	只	214	146	46.58
避雷器	只	4 617 106	3 893 676	18.58
10kV 及以下等级	只	3 264 579	2 685 787	21.55
12~35kV 等级	只	1 166 009	1 050 303	11.02
45~69kV 等级	只	67 615	63 154	7.06
110kV 等级	只	94 996	71 783	32.34
220kV 等级	只	20 201	19 217	5.12

（续）

项　目　指　标	单　位	2011 年	2010 年	比上年增长（%）
330kV 等级	只	678	601	12.81
500kV 等级	只	1 539	1 607	-4.23
750kV 及以上等级	只	75	338	-77.81
直流避雷器	只	1 414	886	59.59

表 8　2011 年行业统计报表企业主要产品产量（按企业名称汉语拼音排序）

序号	企 业 名 称	产 品 名 称	单位	110kV	220kV	330kV	500kV	750kV
1	安徽一天电气技术有限公司	避雷器	只	150	100			
2	北京电力设备总厂电器厂	避雷器	只	1 410	394			
3	重庆市鸽牌电瓷有限公司	线路瓷绝缘子	t	6 853（悬式 160kN 及以上 5 万只）				
		空心瓷绝缘子	只	113				
		支柱瓷绝缘子元件	只	288	47			
		避雷器	只	17 708				
4	重庆市华能氧化锌避雷器有限责任公司	棒形悬式复合绝缘子	只		8			
		避雷器	只	117	6			
5	常州市武进水利电力器材有限公司	避雷器	只	4 000				
6	四川省宜宾环球集团有限公司	线路玻璃绝缘子	万片	318（160kN 及以上 188）				
7	成都新东方电瓷有限公司	线路瓷绝缘子	t	3 960				
8	大连北方避雷器有限公司	避雷器	只	3 200	1 100			
9	大连避雷器有限公司	避雷器	只	436	317			
10	大连电瓷集团股份有限公司	线路瓷绝缘子	t	41 111（悬式 160kN 及以上 171.65 万只）				
		电站电器瓷绝缘子	t	3 588.52				
		复合绝缘子	万只	20				
11	大连金州向应电瓷厂	空心瓷绝缘子	只	680				
12	大悟县博源电瓷厂	空心瓷绝缘子	t	1 032				
13	东莞市高能电气股份有限公司	棒形悬式复合绝缘子	只	80 979	64 286	4 046	16 775	42 221
		支柱复合绝缘子元件	只	113	50			
14	福建和盛崇业电瓷有限公司	线路瓷绝缘子	t	1 439（悬式 160kN 及以上 0.8 万只）				
15	抚顺电瓷制造有限公司	空心瓷绝缘子	只	4 685	5 534	1 527	479	54
		支柱瓷绝缘子元件	只	8 884	8 849	2 269	858	1 200
		空心复合绝缘子	只	496	398			
		避雷器	只	1 120	750	126	156	15
16	甘肃安口成稀电瓷电器有限责任公司	线路瓷绝缘子	t	153				
		支柱瓷绝缘子元件	t	195				
17	广水市高强度电瓷有限公司	线路瓷绝缘子	t	2 250				
		电站电器瓷绝缘子	t	750				
18	广州华盛避雷器实业有限公司	避雷器	只	1 215	191			
19	广州市迈克林电力有限公司	棒形悬式复合绝缘子	只	98 459	85 296	402	19 859	8
		支柱复合绝缘子元件	只	309	39			
20	贵州九天高原电瓷有限公司	线路瓷绝缘子	t	1 100（悬式 160kN 及以上 2.4 万只）				
21	邯郸市电瓷厂	空心瓷绝缘子	只	2 560	2 030			
22	河北新华高压电器有限公司	棒形悬式复合绝缘子	只		1 766		2 373	
23	河南爱迪德电力设备有限责任公司	空心瓷绝缘子	只	12 430	13 690	1 240	1 980	180
24	河南德信电瓷有限公司	空心瓷绝缘子	只	3 200	4 000	1 000	900	
25	河南省德立泰高压电瓷电器有限公司	空心瓷绝缘子	只	14 000				
26	河南省中联红星电瓷有限责任公司	支柱瓷绝缘子元件	只	34 470	61 134	489	1 199	59

（续）

序号	企业名称	产品名称	单位	110kV	220kV	330kV	500kV	750kV
26	河南省中联红星电瓷有限责任公司	棒形悬式复合绝缘子	只	81 670	21 120	186		
		支柱复合绝缘子元件	只	2 671	378			
		避雷器	只	624				
27	河南毅达电气科技有限公司	棒形悬式复合绝缘子	只	1 200	6 000			
		支柱复合绝缘子元件	只	650				
		避雷器	只	113 600				
28	湖南华诚电瓷有限公司	空心瓷绝缘子	只	26 594	2 999	265	268	
29	湖南华联火炬电瓷电器有限公司	线路瓷绝缘子	t	357. 39				
		空心瓷绝缘子	只	11 740	1 144			
		支柱瓷绝缘子	只	8 994	2 697			
		瓷外套高压套管	只	294				
30	湖南太阳电力电瓷电器制造有限公司	线路瓷绝缘子	t	3 230				
		空心瓷绝缘子元件	t	242				
31	湖州泰仑电力电器有限公司	棒形悬式复合绝缘子	只	4 250	212			
		避雷器	只	159	18			
32	济宁圣通电气有限责任公司	支柱复合绝缘子元件	只	250				
		避雷器	只	58 660				
33	嘉兴市瑞嘉电气有限公司	避雷器	只	256 042				
34	江苏南瓷绝缘子有限公司	线路瓷绝缘子	t	27				
35	江苏神马电力股份有限公司	复合外套高压套管	只	2 393	8	3	49	
		棒形悬式复合绝缘子	只	1 186	5 065		7 126	7 427
		支柱复合绝缘子元件	只	391			184	149
		空心复合绝缘子	只	17 212	3 367	524	892	207
36	江苏新民电力设备有限公司	避雷器	只	181				
37	江西省萍乡市华东出口电瓷厂	线路瓷绝缘子	t	11 000				
		空心瓷绝缘子	只	3 250				
38	江西怡源绝缘子有限公司	线路瓷绝缘子	t	13 860				
		支柱瓷绝缘子元件	只	16 720				
39	醴陵华鑫电瓷科技股份有限公司	空心瓷绝缘子	只	83 275	42 131	2 231	5 778	693
40	连云港石港高压电瓷有限公司	线路瓷绝缘子	t	1 860				
41	明电舍(郑州)电气工程有限公司	避雷器	只	616	345		84	
42	牡丹江北方高压电瓷有限责任公司	线路瓷绝缘子	t	3 726(悬式160kN及以上4. 84万只)				
43	内蒙古精诚高压绝缘子有限责任公司	线路瓷绝缘子	t	17 689(悬式160kN及以上92. 58万只)				
44	南京电气(集团)有限责任公司	空心瓷绝缘子	只	1 686	724	5	44	
		支柱瓷绝缘子元件	只	9 079	66			
		瓷外套高压套管	只	1 642	482	11	23	
		线路玻璃绝缘子	万片	448(24 505t)(160kN及以上181万片)				
		棒形悬式复合绝缘子	只	50 572				
45	南阳金冠电气有限公司	避雷器	只	15 497	5 781	177	720	28
46	宁波市镇海国创高压电器有限公司	避雷器	只	4 821	674			
47	平高集团复合绝缘子厂	支柱复合绝缘子元件	只	42				
		空心复合绝缘子	只	2 146	824		40	6
48	萍乡百斯特电瓷有限公司	线路瓷绝缘子	t	12 030(悬式160kN及以上51. 83万只)				
49	萍乡市第二高压电瓷厂	线路瓷绝缘子	t	8 200(悬式160kN及以上72万只)				
50	萍乡市华为电瓷电器科技有限公司	线路瓷绝缘子	t	16 978(悬式160kN及以上6. 24万只)				

（续）

序号	企业名称	产品名称	单位	110kV	220kV	330kV	500kV	750kV
51	青州市力王电力科技有限公司	盘形悬式瓷(玻璃)复合绝缘子	万片	52				
		棒形悬式复合绝缘子	只	5 860	520			
		支柱复合绝缘子元件	只	300	120			
		避雷器	只	160				
52	塞迪维尔玻璃绝缘子(上海)有限公司	线路玻璃绝缘子	万片	275(160kN 及以上 134)				
53	三瑞科技(江西)有限公司	线路玻璃绝缘子	万片	275(160kN 及以上 175)				
54	山东高亚瓷绝缘子科技有限公司	线路瓷绝缘子	t	6 202(悬式 160kN 及以上 36 万只)				
55	山东莱芜电瓷有限公司	线路瓷绝缘子	t	8 300(悬式 160kN 及以上 2 万只)				
		复合绝缘子	万只	3				
56	山东瑞泰玻璃绝缘子有限公司	线路玻璃绝缘子	万片	155(160kN 及以上 22.51)				
57	山东省垦利县新型电力器材厂	棒形悬式复合绝缘子	只	113 760	14 775			
		避雷器	只	195				
58	山东淄博电瓷厂有限公司	线路瓷绝缘子	t	7 915(悬式 160kN 及以上 12 万只)				
59	上海德力西集团有限公司	棒形悬式复合绝缘子	只	25 000	15 000			
		避雷器	只	20 000				
60	上海电瓷厂	线路瓷绝缘子	t	368				
		高压套管	只	1 307				
		避雷器	只	116				
61	深圳市银星电力电子有限公司	避雷器	只	2 600	650			
62	沈阳鼎力通电气有限公司	瓷外套高压套管	只	1 578	198			
63	石家庄市电瓷有限责任公司	线路瓷绝缘子	t	2 620(悬式 160kN 及以上 7.8 万只)				
64	石家庄市发运电气有限公司	棒形悬式复合绝缘子	只	9 500				
		支柱复合绝缘子元件	只	15 500	1 000			
		空心复合绝缘子	只	300	2			
		避雷器	只	1 050	70			
65	苏州电瓷厂有限公司	线路瓷绝缘子	t	30 507.73(悬式 160kN 及以上 72.19 万只)				
		支柱瓷绝缘子元件	只	51 903	21 041	2 644	2 926	
		高压套管	只	116				
66	唐山高压电瓷有限公司	空心瓷绝缘子	只	1 457				
		支柱瓷绝缘子元件	只	49 376	34 068		14 200	1 807
67	温州益坤电气有限公司	棒形悬式复合绝缘子	只	6 000	2 340			
		避雷器	只	1 563	436			
68	芜湖市凯鑫避雷器有限责任公司	线路瓷绝缘子	t	1 473				
		复合绝缘子	只	38 000				
		避雷器	只	59 040				
69	武汉博大科技随州电气有限公司	棒形悬式复合绝缘子	只	10 500	2 000		100	
		支柱复合绝缘子元件	只	800				
		避雷器	只	1 107	99			
70	西安神电电器有限公司	避雷器	只	756	70			
71	西安西电避雷器有限责任公司	避雷器	只	9 448	4 615	375	579	32
72	西安西电高压电瓷有限责任公司	空心瓷绝缘子	只	25 092	21 440	2 277	2 551	420
		支柱瓷绝缘子元件	只	12 768	61 992	3 254	8 059	1 450
73	西安西电高压套管有限公司	瓷外套高压套管	只	5 446	1 058	186	191	7
		棒形悬式复合绝缘子	只	37 000	1 500	1 032	36	131
		支柱复合绝缘子元件	只	142	25	21		8
		空心复合绝缘子	只	336	233	6	171	1

（续）

序号	企业名称	产品名称	单位	110kV	220kV	330kV	500kV	750kV
74	阳泉高压电瓷有限责任公司	空心瓷绝缘子	只	2 228	217			
75	宜宾志源高压电器有限公司	避雷器	只	9 200				
76	宜兴华源电工设备有限公司	棒形悬式复合绝缘子	只	9 000	3 000			
		避雷器	只		180			
77	张家口市宣化新迪高压电瓷电气有限责任公司	高压瓷绝缘子	t	1 560				
78	浙江电瓷厂有限责任公司	线路瓷绝缘子	万只	157.9				
		支柱瓷绝缘子元件	只	1 920	1 506	174	1 250	270
79	浙江恒大科技电气有限公司	棒形悬式复合绝缘子	只	9 790	6 160			
		避雷器	只	4 773	1 597			
80	浙江永固电缆附件有限公司	避雷器	只	1 500	300			
81	浙江中能电气有限公司	棒形悬式复合绝缘子	只	8 900	1 500			
		避雷器	只	6 902	1 658			
82	正泰电气股份有限公司	棒形悬式复合绝缘子	只	9 800	800			
		避雷器	只	5 300	850			
83	中材高新材料股份有限公司	支柱瓷绝缘子元件	只	12 549	22 158	1 154	2 256	1 305
84	中国振华集团红云器材厂	避雷器	只	720				
85	淄博柳泉电瓷有限责任公司	线路瓷绝缘子	t	9 600（悬式160kN及以上11万只）				
86	淄博泰光电力器材厂	棒形悬式复合绝缘子	只	12 300	8 000	5 000	35 000	10 000
		支柱复合绝缘子元件	只	1 500	1 500			
87	自贡红星高压电瓷有限公司	线路瓷绝缘子	t	3 764				
88	自贡塞迪维尔钢化玻璃绝缘子有限公司	线路玻璃绝缘子	万片	308（160kN及以上242）				

市场及销售　绝缘子避雷器行业统计报表显示，2011年绝缘子避雷器行业工业销售产值91.75亿元，比上年增长10.96%，增幅较上年高3.05个百分点。工业销售产值排名前20位企业中，增长率20%以上的企业有：四川省宜宾环球集团有限公司、温州益坤电气有限公司、淄博泰光电力器材厂和萍乡百斯特电瓷有限公司。2011年绝缘子避雷器行业工业销售产值前20名企业见表9。

表9　2011年绝缘子避雷器行业工业销售产值前20名企业

序号	企业名称	工业销售产值（万元）	比上年增长（%）	序号	企业名称	工业销售产值（万元）	比上年增长（%）
1	大连电瓷集团股份有限公司	79 247	7.85	11	河北新华高压电器有限公司	22 339	4.53
2	淄博泰光电力器材厂	46 800	22.51	12	内蒙古精诚高压绝缘子有限责任公司	21 415	7.07
3	南京电气（集团）有限责任公司	43 133	19.81	13	广州市迈克林电力有限公司	20 499	-4.78
4	江苏神马电力股份有限公司	39 330	4.53	14	南阳金冠电气有限公司	20 036	7.36
5	自贡塞迪维尔钢化玻璃绝缘子有限公司	38 000	-7.43	15	东莞市高能电气股份有限公司	19 361	5.14
6	苏州电瓷厂有限公司	37 053	-8.88	16	抚顺电瓷制造有限公司	18 479	5.80
7	四川省宜宾环球集团有限公司	34 012	180.21	17	塞迪维尔玻璃绝缘子（上海）有限公司	18 220	16.81
8	醴陵华鑫电瓷科技股份有限公司	32 798	18.78	18	温州益坤电气有限公司	17 248	32.81
9	西安西电高压电瓷有限责任公司	28 777	-12.52	19	西安西电高压套管有限公司	16 000	18.29
10	西安西电避雷器有限责任公司	22 379	4.87	20	萍乡百斯特电瓷有限公司	14 935	20.02

2011年国内销售产值73.30亿元，较上年增加5.25亿元，增长率为7.72%。国内销售产值占工业销售产值的79.89%，占比较上年下降1.35个百分点。国内销售产值排名前20位企业中，增长率在20%以上的企业有：四川省宜宾环球集团有限公司、青州市力王电力科技有限公司、南京电气（集团）有限责任公司、淄博泰光电力器材厂和大连电瓷集团股份有限公司。2011年绝缘子避雷器行业国内销售产值前20名企业见表10。

表10　2011年绝缘子避雷器行业国内销售产值前20名企业

序号	企业名称	国内销售产值（万元）	比上年增长（%）	序号	企业名称	国内销售产值（万元）	比上年增长（%）
1	大连电瓷集团股份有限公司	53 922	20.56	11	自贡塞迪维尔钢化玻璃绝缘子有限公司	20 184	-10.73
2	淄博泰光电力器材厂	46 800	22.51	12	南阳金冠电气有限公司	18 518	4.41
3	南京电气(集团)有限责任公司	33 531	39.71	13	醴陵华鑫电瓷科技股份有限公司	18 292	-3.55
4	四川省宜宾环球集团有限公司	32 549	168.16	14	西安西电高压套管有限公司	16 000	18.29
5	江苏神马电力股份有限公司	29 957	-7.19	15	广州市迈克林电力有限公司	13 618	-19.40
6	西安西电高压电瓷有限责任公司	27 240	-12.11	16	东莞市高能电气股份有限公司	13 294	-21.05
7	苏州电瓷厂有限公司	23 469	-27.05	17	青州市力王电力科技有限公司	13 086	107.98
8	内蒙古精诚高压绝缘子有限责任公司	21 415	7.07	18	浙江金利华电气股份有限公司	12 747	-5.82
9	西安西电避雷器有限责任公司	21 114	2.27	19	西安神电电器有限公司	11 806	17.41
10	河北新华高压电器有限公司	20 704	5.02	20	抚顺电瓷制造有限公司	11 578	7.81

2011年出口交货值18.45亿元，增长率为26.02%。出口交货值占工业销售产值的20.11%，占比较上年增加1.35个百分点。出口交货值排名前20位企业中，增长率在60%以上的企业有：东莞市高能电气股份有限公司、塞迪维尔玻璃绝缘子(上海)有限公司、江苏神马电力股份有限公司、醴陵华鑫电瓷科技股份有限公司、苏州电瓷厂有限公司。2011年绝缘子避雷器行业出口交货值前20名企业见表11。

表11　2011年绝缘子避雷器行业出口交货值前20名企业

序号	企业名称	出口交货值（万元）	比上年增长（%）	序号	企业名称	出口交货值（万元）	比上年增长（%）
1	大连电瓷集团股份有限公司	25 325	-11.91	11	东莞市高能电气股份有限公司	6 067	284.72
2	自贡塞迪维尔钢化玻璃绝缘子有限公司	17 816	-3.39	12	正泰电气股份有限公司	5 900	55.26
3	塞迪维尔玻璃绝缘子(上海)有限公司	16 247	145.09	13	萍乡百斯特电瓷有限公司	5 238	19.64
4	醴陵华鑫电瓷科技股份有限公司	14 506	67.76	14	福建和盛崇业电瓷有限公司	5 027	13.81
5	苏州电瓷厂有限公司	13 584	60.02	15	宁波市镇海国创高压电器有限公司	3 920	31.68
6	温州益坤电气有限公司	12 130	59.40	16	唐山高压电瓷有限公司	3 163	40.89
7	南京电气(集团)有限责任公司	9 602	-19.98	17	浙江恒大科技电气有限公司	2 641	10.00
8	江苏神马电力股份有限公司	9 373	75.26	18	明电舍(郑州)电气工程有限公司	2 348	27.96
9	抚顺电瓷制造有限公司	6 901	2.59	19	山东淄博电瓷厂有限公司	2 338	-4.69
10	广州市迈克林电力有限公司	6 881	48.59	20	浙江电瓷厂有限责任公司	1 777	15.17

科技成果及新产品　据不完全统计，2011年绝缘子避雷器行业有十余项科研成果分别获国家、省、市科学技术进步奖、科学技术奖、优秀新产品奖等，数个项目获得国家专利和省(市)名牌产品称号等。2011年绝缘子避雷器行业科技成果获奖情况见表12。

表12　2011年绝缘子避雷器行业科技成果获奖情况

序号	项目名称	获奖单位	获奖(专利、名牌产品等)级别
1	±800kV特高压直流输电线路关键成套技术装备研制及产业化	南京电气(集团)有限责任公司、大连电瓷集团股份有限公司、西安西电避雷器有限责任公司	中国机械工业科学技术奖特等奖
2	±800kV直流系统用耐污型棒形支柱瓷芯复合绝缘子	西安西电高压套管有限责任公司	中国电工技术学会科学技术奖特等奖
3	110~1 000kV交直流复合绝缘子的深化研究及工程应用	郑州祥和集团电气设备有限公司	河南省科技厅科技进步奖三等奖
4	输电线路防舞动相间间隔棒深化研究及推广应用	郑州祥和集团电气设备有限公司	国网公司科技进步奖二等奖

（续）

序号	项目名称	获奖单位	获奖（专利、名牌产品等）级别
5	超高强度瓷绝缘子矿物学特征研究用试制成果推广应用	贵州九天高原电瓷有限公司	贵州省科学技术成果转化二等奖
6	1 000kV 特高压交流系统用避雷器	南阳金冠电气有限公司	南阳市科技进步奖一等奖
7	棒形支柱绝缘子	抚顺电瓷制造有限公司	辽宁省名牌产品
8	“闪电”牌高低压瓷绝缘子	苏州电瓷厂有限公司	江苏省名牌产品
9	FXWP 系列直流瓷（玻璃）复合绝缘子	青州市力王电力科技有限公司	山东省名牌产品
10	“高原”牌产品	贵州九天高原电瓷有限公司	贵州省名牌产品
11	“火炬”图形商标	湖南华联火炬电瓷电器有限公司	中国驰名商标
12	“金旭”牌商标	湖南太阳电力电瓷电器制造有限公司	湖南省著名商标
13	YH 系列避雷器、防雷支柱绝缘子	上海电瓷厂	上海市品牌产品
14	±800kV 直流复合绝缘子	东莞市高能电气股份有限公司	第十二届中国专利奖优秀奖

绝缘子避雷器行业统计报表显示，2011 年行业新产品产值为 21.11 亿元，增长率为 7.24%。新产品产值排名前 20 位企业中，增长率在 20% 以上的企业有：正泰电气股份有限公司、青州市力王电力科技有限公司、抚顺电瓷制造有限公司、温州益坤电气有限公司、南阳金冠电气有限公司。2011 年绝缘子避雷器行业新产品产值前 20 名企业见表 13。2011 年绝缘子避雷器行业新产品产值率前 20 名企业见表 14。

表 13　2011 年绝缘子避雷器行业新产品产值前 20 名企业

序号	企业名称	2011 年（万元）	2010 年（万元）	比上年增长（%）	序号	企业名称	2011 年（万元）	2010 年（万元）	比上年增长（%）
1	苏州电瓷厂有限公司	26 756	27 812	-3.80	11	宁波市镇海国创高压电器有限公司	7 424	6 711	10.62
2	醴陵华鑫电瓷科技股份有限公司	24 876	21 508	15.66	12	唐山高压电瓷有限公司	6 163	7 830	-21.29
3	河北新华高压电器有限公司	17 781	15 726	13.07	13	正泰电气股份有限公司	4 320	800	440.00
4	广州市迈克林电力有限公司	14 817	13 361	10.90	14	河南爱迪德电力设备有限责任公司	3 981	4 248	-6.29
5	青州市力王电力科技有限公司	13 680	6 940	97.12	15	南阳金冠电气有限公司	3 968	3 228	22.92
6	南京电气（集团）有限责任公司	11 851	10 144	16.83	16	东莞市高能电气股份有限公司	3 326	6 175	-46.14
7	温州益坤电气有限公司	10 125	8 062	25.59	17	河南省中联红星电瓷有限责任公司	3 144	3 780	-16.83
8	抚顺电瓷制造有限公司	8 993	6 697	34.28	18	西安西电高压套管有限公司	3 063	3 491	-12.26
9	西安西电避雷器有限责任公司	8 674	8 047	7.79	19	浙江恒大科技电气有限公司	2 846	2 587	10.00
10	西安西电高压电瓷有限责任公司	7 978	10 336	-22.81	20	浙江电瓷厂有限责任公司	2 807	2 492	12.64

表 14　2011 年绝缘子避雷器行业新产品产值率前 20 名企业

序号	企业名称	总产值（万元）	新品产值（万元）	新品产值率（%）	序号	企业名称	总产值（万元）	新品产值（万元）	新品产值率（%）
1	宁波市镇海国创高压电器有限公司	8 734	7 424	85.00	11	温州益坤电气有限公司	19 600	10 125	51.66
2	醴陵华鑫电瓷科技股份有限公司	33 625	24 876	73.98	12	浙江九天科技有限公司	880	371	42.20
3	苏州电瓷厂有限公司	37 284	26 756	71.76	13	邯郸市电瓷厂	3 200	1 350	42.19
4	广州市迈克林电力有限公司	21 168	14 817	70.00	14	牡丹江北方高压电瓷有限责任公司	2 484	981	39.48
5	青州市力王电力科技有限公司	20 444	13 680	66.91	15	芜湖市凯鑫避雷器有限责任公司	3 125	1 231	39.39
6	河北新华高压电器有限公司	29 636	17 781	60.00	16	西安西电避雷器有限责任公司	24 008	8 674	36.13
7	河南爱迪德电力设备有限责任公司	6 801	3 981	58.53	17	浙江电瓷厂有限责任公司	7 848	2 807	35.77
8	武汉博大科技随州电气有限公司	3 105	1 777	57.23	18	正泰电气股份有限公司	12 220	4 320	35.35
9	唐山高压电瓷有限公司	11 184	6 163	55.11	19	上海电瓷厂	4 845	1 644	33.94
10	抚顺电瓷制造有限公司	17 111	8 993	52.56	20	江西省萍乡市华东出口电瓷厂	7 135	2 292	32.12

据不完全统计,2011 年绝缘子避雷器行业通过国家二行业、省、市鉴定的新产品有 20 余项。2011 年绝缘子避雷器行业通过国家(省)级鉴定的新产品项目见表 15。

表 15 2011 年绝缘子避雷器行业通过国家(省)级鉴定的新产品项目

序号	项目名称	完成单位
1	10~110kV 棒形悬式复合绝缘子	南京电气(集团)有限责任公司
2	110~220kV 棒形悬式复合绝缘子	南京电气(集团)有限责任公司
3	160~300kN 空气动力学型直流盘形悬式玻璃绝缘子	南京电气(集团)有限责任公司
4	±200kV 胶浸纸电容式换流变套管	西安西电高压套管有限责任公司
5	1 100kV 油纸电容式变压器/电抗器套管	西安西电高压套管有限责任公司
6	1 100kV GIS 出线套管用空心复合绝缘子	西安西电高压套管有限责任公司
7	760kN 直流钢化玻璃绝缘子	自贡塞迪维尔钢化玻璃绝缘子有限公司
8	空气动力型交流盘形悬式钢化玻璃绝缘子系列	自贡塞迪维尔钢化玻璃绝缘子有限公司
9	交流盘形悬式钢化玻璃绝缘子系列	自贡塞迪维尔钢化玻璃绝缘子有限公司
10	耐污盘形悬式钢化玻璃绝缘子 10 种(U160BP/170HDC-U760(800)BP/280HDC)	四川省宜宾环球集团有限公司
11	普通盘形悬式钢化玻璃绝缘子(U760(800)B/280	四川省宜宾环球集团有限公司
12	盘形悬式钢化玻璃绝缘子 LXWP-300、LXWP3-120(100)、LXP-500、LXAP-210(160)	山东瑞泰玻璃绝缘子有限公司
13	直流盘形悬式玻璃绝缘子 XLZY-160、210、240、300,XLZY1-300,XLZY2-300	浙江金利华电气股份有限公司
14	330~750kV 交流棒形悬式复合绝缘子、110~220kV 交流棒形悬式复合绝缘子、±800kV直流棒形悬式复合绝缘子、500kV 直流棒形悬式复合绝缘子	广州市迈克林电力有限公司
15	FXBZW-±1100/160-840 直流棒形悬式复合绝缘子	淄博泰光电力器材厂
16	160kN 直流玻璃复合绝缘子	青州市力王电力科技有限公司
17	210kN 直流玻璃复合绝缘子	青州市力王电力科技有限公司
18	300kN 直流玻璃复合绝缘子	青州市力王电力科技有限公司

质量及标准 2011 年国家绝缘子避雷器质量监督检验中心接受生产企业、运行部门、政府部门等近 200 家单位的委托检验项目共 494 项,其中绝缘子检验项目 297 项、避雷器检验项目 197 项。

2011 年 4—5 月,由国家质量监督检验检疫总局组织,国家绝缘子避雷器质量监督检验中心对河北、山东、河南、陕西、江苏、上海、浙江共 7 个省、直辖市的 20 家企业生产的 20 种复合外套无间隙金属氧化物避雷器进行了产品质量国家监督抽查。经检验,合格 16 家企业,企业合格率为 80%。2011 年 9 月,对不合格企业中的 2 家企业进行了产品质量复查,复查结果合格。

2011 年发布的绝缘子避雷器专业国家标准共 6 项,其中绝缘子专业国家标准 4 项、避雷器专业国家标准 2 项。2011 年发布的绝缘子避雷器专业国家标准见表 17。

表 16 2011 年发布的绝缘子避雷器专业国家标准

序号	标准编号	标准名称
1	GB/T 26874—2011	高压架空线路用长棒形瓷绝缘子元件特性
2	GB/T 26869—2011	标称电压高于 1 000V 低于 300kV 系统用户内有机材料支柱绝缘子的试验
3	GB/T 12944—2011	高压穿墙瓷套管
4	GB/T 26218. 3—2011	污秽条件下使用的高压绝缘子的选择和尺寸确定 第 3 部分:交流系统用复合绝缘子
5	GB 18802. 1—2011	低压电涌保护器(SPD) 第 1 部分:低压配电系统的电涌保护器 性能要求和试验方法
6	GB/T 28182—2011	额定电压 52kV 及以下带串联间隙避雷器

西安高压电器研究院有限责任公司负责对口 IEC/TC36 和 IEC/TC37 的国内技术工作,2011 年共收到文件 75 个,其中 IEC/TC36 文件 45 个,IEC/TC37 文件 30 个。投票文件共 20 个,分别为 14 个 IEC/TC36 文件和 6 个 IEC/TC37 文件。2011 年 IEC/TC37 发布避雷器出版物 2 个,分别是 IEC 60099-8:2011 Ed. 1. 0《1kV 以上交流系统架空输配电线路用外串联间隙金属氧化物避雷器(EGLA)》和 IEC 61643-11:2011 Ed. 1. 0《低压电力系统的电涌保护器(SPD) 第 11 部分;性能要求和试验方法》。

全国绝缘子标准化技术委员会 2011 年年会暨换届大会于 2011 年 11 月 22 日—24 日在西安市召开。会议完成了全国绝缘子标准化技术委员会的换届工作。新一届委员会由 53 名委员组成,王建生任主任委员,杨迎建、孙西昌、范建斌任副主任委员,姚君瑞任委员兼秘书长,秘书处由西安高压电器研究院有限责任公司承担。

会议讨论了 3 项国家标准、1 项机械行业标准和 1 项能源行业标准，分别是：GB/T 19443《标称电压高于1 000V的架空线路用绝缘子—直流系统用瓷或玻璃绝缘子元件—定义、试验方法和接收准则》、GB/T 19519《标称电压高于1 000V的交流架空线路用复合绝缘子—定义、试验方法和接收准则》、GB/T 1000.2《高压线路针式瓷绝缘子 尺寸与特性》，JB/T 8177《绝缘子金属附件热镀锌层 通用技术条件》，NB/T ××××《1 000kV交流电站用复合绝缘子元件尺寸和电气特性》。

全国避雷器标准化技术委员会2011年年会暨换届大会于2011年11月28日至12月1日在安徽省合肥市召开。会议完成了全国避雷器标准化技术委员会的换届工作，新一届委员会由47名委员组成，王建生任主任委员，吕怀发、王宝山、尹天文任副主任委员，田恩文任秘书长，秘书处由西安高压电器研究院有限责任公司承担。

会议审查通过了2项机械行业标准送审稿和1项国家标准增补附录，分别是：JB/T 9672.1—201×《串联间隙金属氧化物避雷器 第1部分：3kV及以下直流系统用有串联间隙金属氧化物避雷器》、JB/T 9669—201×《避雷器用橡胶密封件及材料规范》、GB 11032—2010《交流无间隙金属氧化物避雷器》增补附录——特高压交流试验示范工程用1 000kV避雷器主要技术参数。

为了配合绝缘子、避雷器技术领域相关标准的制修订工作，西安高压电器研究院有限责任公司、全国绝缘子标准化技术委员会和全国避雷器标准化技术委员会秘书处组织编印了《绝缘子与避雷器标准译文集（十三）》。该译文集包括的标准有：IEC 62199：2004-05《直流系统用套管》，IEC 61462：2007-02《空心复合绝缘子—额定电压高于1000 V电气设备用承压和非承压绝缘子—定义、试验方法、接收准则和设计推荐》，IEC 61952：2008-05《架空线路用绝缘子—标称电压高于1 000V的交流系统用线路柱式复合绝缘子—定义、试验方法和接收准则》，IEC/TS 62371：2008-05《额定电压高于1 000V的电气设备用承压和非承压空心瓷或玻璃绝缘子特性》，IEC/TR 62662：2010-08《聚合物绝缘子芯体材料脆性断裂的形成、试验和诊断导则》，IEC 60099-4 amd 2：2009《避雷器—第四部分：交流无间隙金属氧化物避雷器》，IEC 60099-8：2011《避雷器—第8部分：1kV以上交流系统架空输配电线路用外串联间隙金属氧化物避雷器（EGLA）》，IEC 61643-21 amd1：2008《低压电涌保护器 第21部分：电信和信号网络的电涌保护器——性能要求和试验方法》。

基本建设及技术改造 在前两年高投入的基础上，2011年绝缘子避雷器行业的基本建设及技术改造总投入虽略低于2010年，但仍继续保持较高的投入。据不完全统计，2011年绝缘子避雷器行业投资2 000万元以上的项目近10项，实际完成投资额近7亿元。

2011年绝缘子避雷器行业基本建设和技术改造主要项目见表17。

表17 2011年绝缘子避雷器行业基本建设和技术改造主要项目

序号	项目名称	投资(万元)	建设单位	备注
1	双伞形玻璃件取出机构技术引进	35 000	四川省宜宾环球集团有限公司	能正常从底模中取出双伞形玻璃件
2	苏州电瓷厂（宿迁）有限公司于2011年2月正式注册设立	总投资22 000	苏州电瓷厂有限公司	占地面积约16.5万m^2(247.4亩)，一期工程于2011年7月开工建设
3	1 000kV特高压合成绝缘子技术改造	6 000	河北新华高压电器有限公司	填补了1项国内外技术空白，获得了1项技术发明专利，取得了6项软著作权
4	50万只复合绝缘子技术改造	5 200	山东省垦利县新型电力器材厂	2011年1月至2012年12月，项目完成后达到50万只/a的生产能力
5	双伞形玻璃件底模冷却系统改造	5 000	四川省宜宾环球集团有限公司	使模具及产品温度受控，避免裂纹变形等缺陷
6	760(800)kN玻璃件料盆段耐火材料改造	4 000	四川省宜宾环球集团有限公司	正常生产特大吨位玻璃件
7	超(特)高压复合绝缘子和交直流电容套管产业化项目	3 338	西安西电高压套管有限公司	2008—2011年总投资35 338万元
8	双伞形玻璃件钢化风栅改造	3 000	四川省宜宾环球集团有限公司	使产品钢化均匀，钢化强度高
9	CF遮断器工艺改造	1 800	湖南太阳电力电瓷电器制造有限公司	
10	有机复合绝缘子技术改造	1 768	山东省垦利县新型电力器材厂	征用土地66 615m^2，已建成2 362m^2生产车间各一栋
11	电阻片生产线及复合外套避雷器生产线扩能更新改造	1 212	南阳金冠电气有限公司	
12	6 300t悬式瓷绝缘子生产	950	牡丹江北方高压电瓷有限责任公司	2010年5月至2012年10月已完成投资425万元

（续）

序号	项目名称	投资(万元)	建设单位	备注
13	500kV 以上超高压高强度盘形悬式瓷绝缘子产业化关键装备技术研发	896	贵州九天高原电瓷有限公司	2009—2012 年形成年产 8 000 万元生产线，总投资 3 000 万元
14	±800kV 特高压复合绝缘子产业化技术改造	800	东莞市高能电气股份有限公司	2011—2012 年
15	直燃式全自动天然气烘房	600	湖南华联火炬电瓷电器有限公司	干燥速度提升 30%，干燥成本降低 35%
16	悬式胶装生产线改造	600	苏州电瓷厂有限公司	形成半自动流水线胶装方式，提高胶装效率 30% 以上
17	窑炉及余热利用设备技术改造	600	湖南太阳电力电瓷电器制造有限公司	节能 10.72%，产品合格率提高 6.0%
18	研发中心样试基地建设	500	苏州电瓷厂有限公司	
19	330kV 变压器套管瓷套	450	河南德信电瓷有限公司	
20	新高窑项目	400	醴陵市华鑫电瓷电器有限公司	增加年产值 1 000 万元

对外合作 据不完全统计，2011 年绝缘子避雷器行业十余家企业组织 30 多批、百余人次分别前往俄罗斯、缅甸、越南、印度、美国、韩国、印度尼西亚、泰国、巴西、加拿大、德国、芬兰、瑞典、瑞士、荷兰、朝鲜、澳大利亚、哈萨克斯坦、秘鲁等国家和中国台湾进行商务谈判、参展、参会、考察、投标、走访用户等。和 2010 年相比，出国（地区）的企业数量、批次和人数都有所增加，说明绝缘子避雷器行业企业进一步重视国际市场，走出国门寻求发展。2011 年绝缘子避雷器行业外出考察情况见表 18。

表 18 2011 年绝缘子避雷器行业外出考察情况

考察单位	考察内容	人数	国家或地区
大连电瓷集团股份有限公司	参展	3	俄罗斯
	走访	1	缅甸
	投标	2	越南
	商情谈判	8	印度
	参展	6	韩国
	考察	1	美国
南京电气（集团）有限责任公司	商情谈判、国外参展	4	印度尼西亚
	合同执行	1	越南
	商情谈判、国外参展	3	巴西
	商情谈判	1	印度
	商情谈判	2	印度
西安西电高压套管有限责任公司	参加 INMR 全球会议	1	韩国
	设备考察	4	芬兰、瑞典、瑞士、德国
	复合绝缘子业务洽谈	4	印度
	试验检测	2	荷兰
抚顺电瓷制造有限公司	国外参展 1 次	2	朝鲜
	商务谈判 1 次	3	俄罗斯
	商务谈判 2 次	2	美国
	商务谈判 3 次	3	韩国
醴陵市华鑫电瓷电器有限公司	汉诺威产品展	8	德国汉诺威
	商务谈判、产品展览	9	韩国首尔
	商情谈判、产品展览	12	澳大利亚
河北新华高压电器有限公司	商务考察	1	哈萨克斯坦、俄罗斯
	商务考察	2	巴西

（续）

考察单位	考察内容	人数	国家或地区
	参加亚太经济合作组织 APEC 峰会	2	美国
	参加中国拉美企业家高峰会	2	秘鲁
	参加 2011 加拿大国际大电网会议	1	加拿大
	参加 2011 绝缘子、避雷器与套管全球会议	9	韩国
南阳金冠电气有限公司	参加 INMR 杂志主办的 2011 年绝缘子、避雷器、套管及电缆附件全球会议	2	韩国
郑州祥和集团电气设备有限公司	韩国世界绝缘子大会	5	韩国
	印度 Reliance 公司 765kV 绝缘子	5	印度
石家庄市电瓷有限责任公司	考察窑炉设备	1	中国台湾
四川省宜宾环球集团有限公司	印度国家电网以及玻璃绝缘子市场情况	4	印度
山东瑞泰玻璃绝缘子有限公司	谈判、拜访客户	2	印度尼西亚
	巴西电力展	2	巴西
湖南太阳电力电瓷电器制造有限公司	走访客户	2	泰国、印度尼西亚

行业会议　中国电器工业协会绝缘子避雷器分会 2011 年统计工作会议于 2011 年 3 月 22 日—24 日在厦门市召开。参加会议的共有来自全国绝缘子避雷器行业 27 家单位的 33 名代表。会议主要内容有：绝缘子避雷器行业 2009—2010 年统计工作总结及 2010 年统计与经济运行分析工作安排，介绍 2010 年上半年绝缘子避雷器行业经济运行情况和 2010 年电工行业经济运行情况，学习绝缘子避雷器分会秘书处统计工作组工作条例。会议重点讨论确定了绝缘子避雷器行业 2010 年配套件统计年报表内容形式及绝缘子避雷器行业 2010 年年报表内容形式。

中国电器工业协会绝缘子避雷器分会五届四次理事会于 2011 年 11 月 26 日在成都市召开，参加会议的有分会 36 个理事单位的代表及秘书处 2 人，共计 38 人。会议主要审议通过了“中国电器工业协会绝缘子避雷器分会换届操作计划”和“分会第六届理事会换届组成方案建议”等。

中国电器工业协会绝缘子避雷器分会五届四次会员大会于 2011 年 11 月 26 日—28 日在成都市召开。来自全国绝缘子避雷器行业的 142 家单位的 197 位代表参加了会议。会议通报了五届四次理事会审议相关事项的情况及形成的决议，通过了分会会费标准调整方案；表彰了大连电瓷集团股份有限公司等 10 个 2011 年度先进会员单位，并颁发了奖牌；大会书面报告了“2011 年绝缘子避雷器分会工作总结报告”和“分会 2010 年经费收支情况和 2011 年经费预算”；中国电器工业协会行业发展和咨询部王琨主任介绍了中国电器工业协会受政府相关部门授权开展企业诚信评价的情况。会议邀请西高院副总工程师党镇平作“特高压工程对绝缘子产品技术的启示”的报告，邀请国家绝缘子避雷器产品质量监督检验中心避雷器检测室李凡主任介绍了 2011 年复合外套无间隙金属氧化物避雷器产品质量国家监督抽查情况，邀请国家绝缘子避雷器产品质量监督检验中心危鹏副主任介绍了国家电网公司集中招标管理情况。

中国电工技术学会电工陶瓷专业委员会 2011 年工作会议暨学术交流会于 2011 年 9 月 16 日—19 日在北京市召开。来自全国 35 家单位的 44 位代表参加了会议。会议主要议题有：中国电工技术学会电工陶瓷专业委员会换届，选举第六届电工陶瓷专业委员会及其领导机构；进行学术交流；参加中国电工技术学会成立 30 周年大会。

第六届电工陶瓷专业委员会由 40 名委员组成，李鹏任主任委员，宿志一、任贵清、肖汉宁、张西元、吴光亚任副主任委员，姚君瑞任秘书长。秘书处由西安高压电器研究院有限责任公司承担。

会议《论文集》共收集绝缘子避雷器论文 21 篇。

出版

1.《绝缘子避雷器行业“十二五”发展指导性意见》

《绝缘子避雷器行业“十二五”发展指导性意见》的编制主要是在 2010 年进行的，于 2011 年年初完成了上报及发布。该指导性意见的主要内容有：

总体目标：突破技术瓶颈，提高产品价值；发挥导向作用，规范市场行为；鼓励资产联合，趋向市场集中；夯实技术基础，实现由大转强。

发展重点：推动以资产为纽带的行业内联合；强化基础技术研究，提高技术创新能力，突破技术瓶颈，提高产品价值；进一步开拓国际市场。

产品技术发展目标：针对制造薄弱环节和市场需求按产品分类逐一列出。

节能、减材和降耗目标：瓷绝缘子节材 10% ~15%，行业企业合格瓷件能耗降低 10% 以上，行业万元产值平均能耗降低到 0.6t 标煤以下。

2.《绝缘子避雷器动态》

完成了《绝缘子避雷器动态》的编辑、出版、发行工作，该刊物获 2011 年度“西安市优秀内刊”称号。

3. 出版并发布《2010 年绝缘子避雷器行业统计资料汇编》

《2010 年绝缘子避雷器行业统计资料汇编》收录了 96

家企业的统计资料(其中绝缘子避雷器生产企业85家、绝缘子避雷器配套件生产企业11家),合计实现工业总产值87.96亿元,占全行业工业总产值的近63%。《2010年绝缘子避雷器行业统计资料汇编》由综述、汇总表、主要经济指标排序、主要产品产量排序、各企业报表和绝缘子避雷器行业统计指标解释等六部分组成。统计数据从企业概况、产品产量、新产品开发、主要设备、技术改造等各方面基本反映了2010年绝缘子避雷器行业的经济运行状况、技术发展动态及行业发展趋势。其特点是:首次收录了配套件生产企业的数据,增加了“主要产品产量排序”。

4. 翻译出版《高压电力系统的避雷器和绝缘配合》

《高压电力系统的避雷器和绝缘配合》是由日本高压电力系统的避雷器和绝缘配合调查专门委员会编写的技术报告。该技术报告叙述了日本66~1 100kV高压电力系统中避雷器技术的形成与发展,UHV 1 100kV高性能GIS避雷器的发展,绝缘配合以及避雷器的维护方法,66~550kV带外间隙线路避雷器(EGLA),JEC和IEC标准的改变,日本的HVDC绝缘配合等,是一本较有价值的参考资料。

5. 翻译出版《国外绝缘子避雷器技术文集》

该《文集》共收录绝缘子避雷器文献36篇,其中绝缘子文献27篇、避雷器文献9篇。

6. 出版发行《电瓷避雷器》

《电瓷避雷器》2011年共出版6期,第6期的总期号为244期,全年共发表论文近100篇。

〔撰稿人:中国电器工业协会绝缘子避雷器分会倪淑文、杨军　审稿人:中国电器工业协会绝缘子避雷器分会姚君瑞　审定人:西安高压电器研究院有限责任公司李鹏〕

继电保护及自动化设备

生产发展情况　2011年国家启动智能电网以及新能源建设,受益于电网投资的持续增加,继电保护及自动化设备行业稳步发展,依然保持较高景气度。

2011年,继电保护及自动化设备行业132家企业完成主营业务收入381.4亿元,实现利润总额55.46亿元。参与统计的行业内企业资产总额654.08亿元;行业全部职工人数48 253人,其中工程技术人员25 192人。132家企业中,9家企业亏损,占总数的6.82%;92.8%的企业处于盈利状态,比2010年减少1.07个百分点。

2011年继电保护及自动化设备行业经济指标见表1。2011年继电保护及自动化设备行业主营业务收入20强企业见表2。2011年继电保护及自动化设备行业经济效益综合指数20强企业见表3。2011年继电保护及自动化设备行业全员劳动生产率20强企业见表4。2011年继电保护及自动化设备行业部分企业出口情况见表5。

表1　2011年继电保护及自动化设备行业经济指标

指标名称	单位	2011年	2010年	比上年增长(%)	指标名称	单位	2011年	2010年	比上年增长(%)
企业数	家	132	77	71.43	固定资产净值年平均余额	万元	2 970 024	578 257	413.62
主营业务收入	万元	3 814 051	3 207 942	18.89	流动资产年平均余额	万元	4 878 780	4 470 401	9.14
利润总额	万元	554 643	407 742	36.03	全部职工人数	人	48 253	40 445	19.31
资产总计	万元	6 540 767	5 640 095	15.97					

表2　2011年继电保护及自动化设备行业主营业务收入20强企业

序号	企业名称	主营业务收入(万元)	序号	企业名称	主营业务收入(万元)
1	许继集团有限公司	1 229 397	11	长园深瑞继保自动化有限公司	58 000
2	国电南瑞科技股份有限公司	466 001	12	广州智光电气股份有限公司	51 399
3	国电南京自动化股份有限公司	320 414	13	积成电子股份有限公司	46 631
4	南京南瑞继保电气有限公司	320 270	14	重庆新世纪电气有限公司	42 586
5	东方电子集团有限公司	185 940	15	宁波福特继电器有限公司	38 561
6	北京四方继保自动化股份有限公司	131 090	16	南京因泰莱电器股份有限公司	31 382
7	深圳市科陆电子科技股份有限公司	112 178	17	北京紫光测控有限公司	27 524
8	北海银河高科技产业股份有限公司	95 757	18	江苏斯菲尔电气股份有限公司	25 625
9	江苏金智科技股份有限公司	76 523	19	石家庄科林电气股份有限公司	24 620
10	研华科技(中国)有限公司	76 509	20	西门子电力自动化有限公司	23 637

表3　2011年继电保护及自动化设备行业经济效益综合指数20强企业

序号	企业名称	经济效益综合指数	序号	企业名称	经济效益综合指数
1	上海中发电力自动化有限公司	11.02	11	南京钛能电气有限公司	3.71
2	南京南瑞继保电气有限公司	7.79	12	深圳市英可瑞科技开发有限公司	3.59
3	哈尔滨光宇电气自动化有限公司	4.90	13	天津市双源津瑞科技有限公司	3.53
4	上海正泰自动化软件系统有限公司	4.79	14	北京德威特电力系统自动化有限公司	3.49
5	南京因泰莱电器股份有限公司	4.69	15	上海华通自动化设备有限公司	3.42
6	许继集团有限公司	4.66	16	广东南丰电气自动化有限公司	3.41
7	杭州瑞胜电气有限公司	4.15	17	江苏斯菲尔电气股份有限公司	3.33
8	上海安科瑞电气股份有限公司	4.13	18	上海置恒电气有限公司	3.25
9	武汉中元华电科技股份有限公司	3.97	19	武汉豪迈电力自动化技术有限责任公司	3.08
10	山东科汇电力自动化有限公司	3.87	20	浙江南瑞电力自动化有限公司	2.95

表4　2011年继电保护及自动化设备行业全员劳动生产率20强企业

序号	企业名称	全员劳动生产率（元/人）	序号	企业名称	全员劳动生产率（元/人）
1	上海中发电力自动化有限公司	1 557 083.33	11	广东南丰电气自动化有限公司	296 893.94
2	南京南瑞继保电气有限公司	818 703.59	12	山东科汇电力自动化有限公司	278 750.00
3	哈尔滨光宇电气自动化有限公司	680 603.45	13	天津市双源津瑞科技有限公司	231 076.92
4	许继集团有限公司	602 183.99	14	东方电子集团有限公司	225 735.71
5	北京德威特电力系统自动化有限公司	396 263.74	15	上海华建电力设备股份有限公司	214 946.24
6	上海置恒电气有限公司	390 250.00	16	深圳市英可瑞科技开发有限公司	214 111.11
7	上海正泰自动化软件系统有限公司	375 000.00	17	宏秀电气有限公司	212 643.68
8	南京因泰莱电器股份有限公司	367 133.33	18	上海华通自动化设备有限公司	212 555.56
9	南京钛能电气有限公司	366 038.96	19	南京磐能电力科技股份有限公司	192 597.77
10	武汉中元华电科技股份有限公司	30 0130.43	20	武汉豪迈电力自动化技术有限责任公司	188 421.05

表5　2011年继电保护及自动化设备行业部分企业出口情况

企业名称	出口交货值（万元）	同比增长（%）	企业名称	出口交货值（万元）	同比增长（%）
宁波福特继电器有限公司	18 873	7.14	阿城继电器股份有限公司	2 900	16.23
南京南瑞继保电气有限公司	15 414	30.17	哈尔滨光宇电气自动化有限公司	1 882	6.68
东方电子集团有限公司	12 046	186.80	积成电子股份有限公司	1 845	74.55
许继集团有限公司	8 007	-51.51	江苏金智科技股份有限公司	520	83.09
重庆新世纪电气有限公司	4 255	-27.83	苏州万龙电气集团股份有限公司	376	-6.00
广东南丰电气自动化有限公司	3 520	31.93			

行业结构分析　参加统计的132家企业中，国有企业规模较大，2011年主营业务收入完成208亿元，占总收入的54.54%；民营企业盈利能力较强，利润总额占总利润的61.17%，相比主营业务收入比重高18.9个百分点；三资企业数量相对较少，更多的是和国内巨头合作参与市场竞争，所占市场份额较小。2011年继电保护及自动化设备行业不同经济类型企业主要经济指标及其行业占比见表6。

表6　2011年继电保护及自动化设备行业不同经济类型企业主要经济指标及其行业占比

指标名称	单位	合　计	国有及国有控股企业	民营企业	三资企业
企业数	家	132	13	110	9
占比	%	100.00	9.85	83.33	6.82
主营业务收入	万元	3 814 051	2 080 020	1 612 170	121 861
占比	%	100.00	54.54	42.27	3.19

（续）

指标名称	单位	合计	国有及国有控股企业	民营企业	三资企业
利润总额	万元	554 643	197 183	339 265	18 195
占比	%	100.00	35.55	61.17	3.28
资产总额	万元	6 540 767	3 706 034	2 689 320	145 413
占比	%	100.00	56.66	41.12	2.22
固定资产净值年平均余额	万元	2 970 024	1 092 518	1 780 557	96 949
占比	%	100.00	36.78	59.95	3.27
流动资产年平均余额	万元	4 878 780	2 493 911	2 254 655	130 214
占比	%	100.00	51.12	46.21	2.67
全部职工人数	人	48 253	19 816	24 740	3 697
占比	%	100.00	41.06	51.27	7.67

132家企业中，主营业务收入3亿元以上的大型企业16家，共完成主营业务收入256.9亿元，占总收入的67.36%；主营业务收入3 000万~3亿元的中型企业46家，共完成主营业务收入87.06亿元，占总收入的22.82%；主营业务收入3 000万元以下的小型企业70家，完成主营收入37.44亿元，占总收入的9.82%。行业集中度较高。2011年继电保护及自动化设备行业不同规模企业主要经济指标及其行业占比见表7。

表7　2011年继电保护及自动化设备行业不同规模企业主要经济指标及其行业占比

指标名称	单位	合计	大型企业	中型企业	小型企业
企业数	家	132	16	46	70
占比	%	100.00	12.12	34.85	53.03
主营业务收入	万元	3 814 051	2 569 013	870 623	374 415
占比	%	100.00	67.36	22.82	9.82
利润总额	万元	554 643	363 815	100 271	90 557
占比	%	100.00	65.59	18.08	16.33
资产总额	万元	6 540 767	5 650 629	814 689	75 449
占比	%	100.00	78.75	11.04	10.21
固定资产净值年平均余额	万元	2 970 024	2 188 250	582 878	198 896
占比	%	100.00	73.68	19.63	6.69
流动资产年平均余额	万元	4 878 780	3 954 787	723 096	200 897
占比	%	100.00	81.06	14.82	4.12
全部职工人数	人	48 253	27 997	13 504	6 752
占比	%	100.00	58.02	27.99	13.99

132家企业基本集中在珠三角经济圈、长三角经济圈、京津冀都市经济圈（渤海湾经济圈），集中度较高。

珠三角经济圈集中了大量中小型企业，企业规模不大，但盈利能力较强，企业发展迅速。长三角的优势是商业贸易氛围良好、商业环境好、国际化程度高，有强大的品牌消费市场，民营经济强大，同时一头两翼（以上海为中心，南京、杭州为副中心）结构最合理，我国继电保护设备的主要大中型企业都集中在这个区域内。京津冀都市经济圈区位特殊，工业密集、城市密布。2011年继电保护及自动化设备行业不同经济圈主要经济指标及其行业占比见表8。

表8　2011年继电保护及自动化设备行业不同经济圈主要经济指标及其行业占比

指标名称	单位	合计	珠三角经济圈	长三角经济圈	京津冀都市经济圈	其他
企业数	家	132	38	46	32	16
占比	%	100.00	28.79	34.85	24.24	12.12
主营业务收入	万元	3 814 051	803 051	1 417 033	893 935	700 032
占比	%	100.00	21.34	47.90	28.91	1.85
利润总额	万元	554 643	118 634	247 632	139 329	49 048
占比	%	100.00	21.39	44.64	25.12	8.85
固定资产净值年平均余额	万元	2 970 024	845 610	1 125 642	948 723	50 049
占比	%	100.00	28.47	37.90	31.94	1.69

132家企业分布在全国19个省、直辖市。河南虽然只统计了7家企业，但由于有行业龙头企业许继集团，其2011年主营业务收入接近170亿元，占总收入的44.56%，盈利能力也高于行业平均值。2011年继电保护及自动化设备行业地区分布见表9。

表9 2011年继电保护及自动化设备行业地区分布

省份	企业数（家）	主营业务收入（万元）	利润总额（万元）	资产总额（万元）	全部职工人数（人）	省份	企业数（家）	主营业务收入（万元）	利润总额（万元）	资产总额（万元）	全部职工人数（人）
江苏	18	1 271 215	191 292	2 246 048	10 276	浙江	13	70 084	7 293	38 548	1 324
广东	15	277 896	61 814	660 213	8 284	山东	9	25 083	25 729	428 228	3 627
上海	17	77 637	26 182	88 106	4 672	河南	7	1 699 704	222 505	1 824 837	11 952
北京	13	180 165	9 685	431 810	2 461	湖北	3	19 717	5 182	108 250	728
河北	8	24 831	4 276	35 413	680	其他	29	167 719	685	679 314	4 249

市场情况 电力自动化行业的市场竞争格局可分为高端市场（220kV及以上电压等级）和中低端市场（110kV及以下电压等级）两个不同的领域。

在电网系统和发电系统高端市场（各大网局、省局及大容量机组发电系统）已形成许继集团有限公司、南京南瑞继保电气有限公司、北京四方继保自动化股份有限公司、国电南瑞科技股份有限公司、国电南京自动化股份有限公司、长园深瑞继保自动化有限公司等少数几家大企业相对垄断的局面。

许继集团有限公司在配网自动化、直流输电领域颇具优势；国电南瑞科技股份有限公司在调度自动化、稳定控制领域居领先地位；国电南京自动化股份有限公司在发电厂自动化领域颇具实力，在继电保护市场扩展也很快；东方电子集团有限公司、积成电子股份有限公司在调度自动化领域具有很强的市场影响力；江苏金智科技股份有限公司在发电厂厂用电自动化市场占据较大份额；南京磐能电力科技股份有限公司在中低压综合自动化和县级调度自动化领域有较强的竞争力。

110kV及以下电压等级的产品技术难度相对较低，有东方电子集团有限公司、江苏金智科技股份有限公司、积成电子股份有限公司、南京磐能电力科技股份有限公司、珠海万力达电气股份有限公司、北京德威特电力系统自动化有限公司等在内的数量众多的企业参与，竞争非常激烈。处于电力自动化中低端市场的大厂商大多采用专注化战略，主攻各自的细分市场，集中资源培育核心竞争力，逐步培养规模产品的运作能力。

电力自动化行业又可以划分为电力系统内市场和电力系统外市场。

许继集团有限公司、国电南瑞科技股份有限公司、北京四方继保自动化股份有限公司、南京南瑞继保电气有限公司、国电南京自动化股份有限公司、东方电子集团有限公司等传统的电力自动化设备供应商主要集中在电力系统内市场。

电力系统110kV以上线路和变压器保护以及100MW以上机组保护、网调、省调市场主要被许继集团有限公司、南京南瑞继保电气有限公司、北京四方继保自动化股份有限公司、国电南瑞科技股份有限公司、国电南京自动化股份有限公司等占据，地调、县调市场的主要竞争者则包括国电南瑞科技股份有限公司、东方电子集团有限公司、积成电子股份有限公司、南京磐能电力科技股份有限公司等。

钢铁、石化、煤炭等系统外行业的运行工况比较复杂，对供电质量、用电安全性和稳定性要求也比较高，因此对电力自动化产品有许多新的要求，如产品的技术适用性要强，厂商的技术支持要紧密等。由于该市场技术标准不太统一，又分属不同的行业，受电力部门的影响较小，产品需求差异较大，非标工程比较多，大的保护厂家不愿过深介入，给众多中小设备制造企业留下较大的空间。

2011年，国家电网公司运行的220kV及以上交流保护装置101 043台，其中微机保护装置99 614台，保护装置微机化率达到98.59%。2011年国家电网公司继电保护装置使用情况见表10。

表10 2011年国家电网公司继电保护装置使用情况

生产厂家	保护装置总数（台）	微机保护数（台）	保护装置微机化率（%）
华北电网	21 469	21 060	98.09
东北电网	11 252	11 054	98.24
华东电网	33 140	32 660	98.55
华中电网	19 961	19 754	98.96
西北电网	13 584	13 463	99.11
其他	1 637	1 623	99.14

1. 继电保护装置

±500kV及以上直流系统保护已实现全部国产化。截至2011年底，220kV及以上交流系统国产保护市场占有率为95.59%，出现了明显上升的趋势。

220kV以上交流保护装置主要国内厂家市场占有率为：南京南瑞继保电气有限公司、许继集团有限公司、国电南京自动化股份有限公司、北京四方继保自动化股份有限公司、长园深瑞继保自动化有限公司五家企业合计占有率98.23%，国内其他公司市场占有率1.77%。

220kV以上交流保护装置主要国外厂家市场占有率为：ABB公司占进口产品市场的75.78%，ALSTOM公司占13.48%，GE公司占4.25%，SEL公司占6.41%。

2. 变电站自动化系统

变电站自动化系统市场的主要企业有:许继集团有限公司、北京四方继保自动化股份有限公司、南京南瑞继保电气有限公司、国电南瑞科技股份有限公司、国电南京自动化股份有限公司、东方电子集团有限公司等。其中220~500kV电压等级的高端市场主要被许继集团有限公司、南京南瑞继保电气有限公司、国电南瑞科技股份有限公司、北京四方继保自动化股份有限公司、国电南京自动化股份有限公司等占有。

3. 电网调度自动化系统

我国电力系统调度分为五级调度,即国调、网调、省调、地调、县调。在国内网调和省调系统中,国电南瑞科技股份有限公司市场份额比较大;在地调和县调市场中,主流设备供应商依次为国电南瑞科技股份有限公司、东方电子集团有限公司、积成电子股份有限公司、中国电力科学研究院和北海银河高科技产业股份有限公司等。

标准化 2012年,继电保护及自动化设备分会标准中心(以下简称标准中心)组织专家参与6项国际标准、1项国家标准、4项能源行业标准、2项国家电网公司技术标准的制修订,充分发挥标准引领行业进步的作用。

1. 参与6项国际标准制定

标准中心组织我国专家参与制定了6项国际标准,完成了6项国际标准草案的研究和投票,提交投票意见150条,采纳修改建议90余条。6项国际标准分别是:IEC/IEEE 60255-118-1 Ed.1《量度继电器和保护装置 第118-1部分:电力系统同步相量测量》委员会草案,IEC 60255-121 Ed.1《量度继电器和保护装置 第121部分:距离保护功能要求》委员会标准草案,IEC 60255-149 Ed.1《量度继电器和保护装置 第149部分:电热继电器功能要求》委员会标准草案,IEC/IEEE 60255-24 Ed.2《量度继电器和保护装置 第24部分:电力系统暂态数据交换通用格式》委员会标准草案,IEC 60255-26 Ed.3《量度继电器和保护装置 第26部分:电磁兼容要求》委员会标准草案,IEC 60255-27 Ed.2《量度继电器和保护装置 第27部分:产品安全要求》委员会标准草案。

2. 完成1项国家标准制定

标准中心组织制定了GB/T 19826《电力工程直流电源设备通用技术条件及安全要求》,促进了电力直流电源新技术与IEC 61850通信协议的融合。该标准由许昌开普电器检测研究院、深圳供电局有限公司、河南电力试验研究院、郑州供电公司、西南电力设计院、许继电源有限公司、艾默生网络能源有限公司、深圳市英可瑞科技开发有限公司、广州东芝白云菱机电力电子有限公司、珠海泰坦科技股份有限公司、深圳市泰昂能源科技股份有限公司、杭州中恒电气股份有限公司、深圳奥特迅电力设备股份有限公司、积成电子股份有限公司等负责起草。

3. 完成4项能源行业标准制定

标准中心组织制定了4项能源行业标准,分别是:《并网光伏发电监控系统技术规范》《电气化铁路牵引变电所综合自动化系统》《城市轨道交通电力监控系统通用技术要求》和《智能变电站网络报文及分析装置技术条件》。许继集团有限公司、南京南瑞继保电气有限公司、北京四方继保自动化股份有限公司、武汉中元华电科技股份有限公司、成都交大许继电气有限责任公司、国电南京自动化股份有限公司、国电南瑞科技股份有限公司、南方电网技术研究中心、中国电力科学研究院、国电南思系统控制有限公司、北京博电新力电力系统仪器有限公司等参加了标准制定。

4. 国家电网公司技术标准制定

标准中心组织并承担了2项国网公司技术标准的制定,完成了《电子式互感器现场交接验收规范》和《电动汽车电池更换站箱电链接器技术规范》的报批。许继集团有限公司、中国电力科学研究院、国网电力科学研究院、上海电力公司等参加了技术标准的制定。

智能电网设备入网检测 2012年5月12日—13日,许昌开普电器检测研究院开普实验室顺利通过了由中国合格评定国家认可委员会(CNAS)组织的扩项评审工作,主要涉及电动汽车充换电设备、光伏电站以及电能信息采集终端3个产品领域。

1. 新能源产品认证检测

2012年,行业检测中心不断加大新能源产品检测设备的投入力度,已拥有行业最齐全的电磁兼容试验设备和新能源产品专用试验平台,技术实力不断提升。检测中心的技术人员作为工厂质量体系检查员,赴西班牙、德国、韩国等光伏逆变器企业开展工厂审查;同时,受财政部的委托,作为审查组专家参与了国家"金太阳示范工程"光伏电站项目的审查。

国家智能微电网控制设备及系统质量监督检验中心项目验收工作正在加紧进行。

2. 规约标准执行以及规约测试情况

行业规约测试中心积极参与各类智能电网新技术的研发和试验活动,构筑了电力用户与制造企业间技术协调与发展的新平台。

2012年,行业规约测试中心配合国家电网公司智能电网和智能变电站技术研究,参与了多项标准的制修订和产品验证试验。特别是在国家电网模拟量输入式合并单元性能集中测试中,行业规约测试中心在充分调研相关技术标准的基础上,制订了全面详细的测试方案,对模拟量输入式合并单元的稳态、暂态性能和气候环境等项目进行了严格的试验。"测试机构—电力用户—制造厂家"三方研讨的方式,加深了制造厂家对国网公司技术要求的理解,促进了智能电网核心设备的科学研发。

2012年7月,行业规约测试中心承担了南方电网保信子站和保护测控一体化装置的集中测试任务,总计完成了10台保信子站、74台保护测试装置的测试。其中进行的74台保护测控装置与13家企业后台进行的互联互通试验,在国内尚属首次。南方电网将根据测试的结果评选出合格产品,作为设备采购依据。

3. 安全、环境及电磁兼容试验情况

行业检测中心按新的国家标准配备了试验仪器设备:增加了环境试验设备以满足国家标准规定的10天恒定湿热和6天交变湿热试验能力要求;增加多功能电源试验装置,满足国家标准对电源中断、暂降、缓升缓降试验的要求;升级电磁兼容辐射电磁场试验设备,满足国家标准最高频率由1GHz提高到2.7GHz的要求。目前,行业检测中心已具备了按新国家标准开展试验的能力,并对国内外多家生产企业的产品按新的国家标准进行了全面试验。

4. 仿真中心试验及研究情况

行业电力系统仿真中心致力于特高压交直流输电系统、智能变电站系统、新能源(风电、太阳能等)、微电网、超超临界发电机组、电气化铁路等领域的系统仿真研究、产品及标准的试验验证。已具备直流±1 100kV、交流1 000kV、1 200MW发电机组等交直流混联大系统的电力系统仿真研究和动模试验能力。

(1)仿真试验设备研究。自主研发成功F6-10000试验专用多功能录波分析装置和Profisim直流现场层模拟系统。两项成果均顺利通过省级鉴定,达到国际领先水平。

(2)智能电网网络化保护仿真试验研究。以山东电网为原型,搭建2个完整的智能变电站系统,开展智能网络化保护试验研究及验证。可实现对数字化保护及其他二次设备的全面测试和评估。

(3)含有分布式电源的微电网仿真及试验研究。2012年8月,针对含有分布式电源独立型或并网型的微电网系统,建立物理动模试验模型,开展三态控制保护试验研究。

5. 智能电网设备入网测试情况

(1)国家电网合并单元测试。2012年3月至7月10日,国网公司调度通信中心和科技部(智能电网部)组织开普实验室和国内主要制造厂家开展了模拟量输入式合并单元集中试验工作,取得了良好的效果。

(2)南方电网继电保护入网测试。受南方电网的委托,开普实验室组织各制造厂家进行了13次大规模继电保护产品入网测试,测试产品包含国内主要制造厂家的各个电压等级的各种继电保护产品。入网测试历时一年,于2012年7月25日圆满完成,取得了良好的效果。

国际交流 2012年7月,我国继电保护及自动化设备行业专家李亚萍博士荣获“2012 IEC托马斯·爱迪生”(Thomas A. Edison)大奖,这是继我国2006年首次在IEC工作领域承担IEC/TC95技术委员会主席之后取得的又一次重大历史性突破。

2012年11月12日—16日,继电保护及自动化设备分会秘书处与副理事长单位北京紫光测控有限公司联合承办在北京召开的IEC TC95年会暨MT2/MT4工作组会议。

IEC/TC95主席顾问团(CAG)国际研讨会议2011年11月28日—29日在北京召开,会议就未来TC95如何处理与智能电网有关的活动(智能电网相关保护功能与新能源系统连接的发展等)展开了讨论。IEC/TC95主席李亚萍博士、许昌智能电网装备试验研究院副院长贺春出席了会议。

2012年4月,许继集团有限公司亮相汉诺威工业博览会。国务院总理温家宝与德国总理默克尔参加了汉诺威工业博览会中国中心展区开幕式,并参观了许继集团有限公司的展位。温家宝勉励许继集团为节约型社会可持续发展作出新的更大贡献。

行业活动 中国电工技术学会控制与保护专委会组织的2012中国智能电网学术研讨会于2012年9月21日—24日在济南召开。中国电工技术学会副会长兼秘书长裴相精针对智能电网技术的发展做了重要讲话。南方电网公司赵曼勇副总工、华北电力大学副校长王增平教授、清华大学董新洲教授、山东大学刘玉田教授、山东电力调控中心处长马杰分别就“基于多维信息的保护与控制系统”“智能电网环境下的继电保护”“印度大停电与继电保护的三大功能”“大电网恢复适应性分区方法”“智能变电站二次系统全过程管控体系研究与实践”专题作报告。大会征集论文36篇,录用论文13篇,其中优秀论文5篇。内容涉及智能电网的关键理论与技术、通信及信息技术、智能输电技术、智能电动汽车充电与售电技术、新能源并网与调控技术、微电网技术、电力系统低碳化技术和物联网技术在智能电网中的应用等多个方面。

2012年10月16日—18日,2012年度继电保护及自动化设备行业统计工作年会在桂林召开,来自全国各地的70多家电力设备制造企业以及行业专家共100余人参加了会议。会议由分会常务副秘书长刘文主持,中国电器工业协会副秘书长周彦伦到会并就中国电器工业行业的发展做重要讲话。分会副秘书长李志勇发布了《2012中国继电保护及自动化设备行业市场与发展研究报告》。分会副理事长胡家为宣布了协会“关于表彰2012年度中国继电保护及自动化设备行业统计工作先进集体及先进个人的决定”。许昌开普电器检测研究院贺春副院长通报了国家电网公司合并单元集中测试及南方电网公司继电保护装置入网测试情况,客观分析了现场测试的第一手材料,对产品在测试过程中遇到的问题进行了分析并提出解决方案,引起与会代表的极大关注。分会秘书处还特邀行业专家国家电网许继集团有限公司李瑞生教授级高工、廖泽友教授级高工分别作“微电网关键技术实践及试验”“智能变电站新技术研究与工程应用”专题报告。

2012年10月16日,中国电器工业协会继电保护及自动化设备分会六届四次理事会在桂林召开,30位理事代表出席。代表针对当前行业竞争加剧、企业之间价格战、企业利润微薄等问题,就如何促进企业健康稳定发展展开了深入探讨,一致同意分会统计工作报告中提出的实施标准化战略、提升行业核心竞争力的工作部署。理事会代表还围绕国家标准制修订、申报驰名商标和名牌产品、科技项目申报等软实力提升方面展开了深入交流和探讨。

2011 年,会员企业苏州苏龙电器股份有限公司、上海德创电器股份有限公司荣获 AAA 级信用等级。

〔撰稿人:许昌智能电网装备试验研究院胡韵华、蒋冠前〕

低压电器

生产发展情况 2011 年,低压电器行业产销平稳增长,利润总额小幅增长,自主开发呈现新成果,经济运行效率和运行质量继续保持良好态势。但受原材料成本、劳动力成本、财务成本不断上升及市场竞争激烈的影响,行业中不少企业的利润和经济效益受到一定程度的冲击,致使低压电器行业整体利润增长幅度比上年有所下降。2011 年低压电器行业主要经济指标见表 1。

表 1 2011 年低压电器行业主要经济指标

名　称	单位	完　成	同比增长(%)
工业总产值	亿元	560	12.00
产品销售收入	亿元	475	11.76
工业增加值	亿元	140	5.26
利润总额	亿元	41	7.89
低压电器进出口总额	亿美元	52.30	16.92
其中:进口额	亿美元	26.60	14.31
出口额	亿美元	25.70	19.76

根据低压电器产品特点和海关对产品进出口的归类方法,对不同税则号采用不同的统计系数,统计结果为:2011 年低压电器进出口总额约 52.30 亿美元,同比增长 16.92%;其中进口额 26.60 亿美元,同比增长 14.31 %;出口额 25.70 亿美元,同比增长 19.76%。虽然出口额的增长速度高于进口额增速 5.45 个百分点,但低压电器的进出口仍呈逆差状态。

据行业统计,2011 年低压电器行业工业总产值上亿元的企业为:

10 亿元以上企业:正泰电器股份有限公司、德力西电气有限公司、浙江天正电气股份有限公司、厦门 ABB 低压电器设备有限公司、常熟开关制造有限公司(原常熟开关厂)、上海电器股份有限公司人民电器厂、华通机电集团有限公司、杭申集团有限公司、苏州西门子电器有限公司、环宇集团有限公司、天津百利特精电气股份有限公司、长城电器集团有限公司、现代重工(中国)电气有限公司。

其中低压元器件 10 亿元以上企业(不完全统计):正泰电器股份有限公司、德力西电气有限公司、浙江天正电气股份有限公司、厦门 ABB 低压电器设备有限公司、常熟开关制造有限公司(原常熟开关厂)、苏州西门子电器有限公司。

5 亿 ~10 亿元企业:北京 ABB 低压电器有限公司、耀华电器集团有限公司、施耐德万高(天津)电气设备有限公司、常安集团有限公司、上海良信电器股份有限公司、天水二一三电器有限公司、西蒙电气(中国)有限公司、上海一开电气集团有限公司、虎牌控股集团有限公司。

其中低压元器件 5 亿 ~10 亿元企业(不完全统计):上海电器股份有限公司人民电器厂、杭申集团有限公司、北京 ABB 低压电器有限公司、上海良信电器股份有限公司、华通机电集团有限公司、环宇集团有限公司、长城电器集团有限公司、耀华电器集团有限公司。

1 亿 ~5 亿元企业:三信国际电器上海有限公司、精益电器集团有限公司、法泰电器(江苏)股份有限公司、宁波燎原电器集团股份有限公司、上海西门子线路保护系统有限公司、宁波奇乐电气集团有限公司、厦门宏美电子有限公司、上海精益电器厂有限公司、厦门士林电机有限公司、巨邦电器有限公司、江苏大全凯帆电器有限公司、无锡 TCL 罗格朗低压电器有限公司、无锡新宏泰电器有限责任公司、北京明日电器设备有限责任公司、江苏新洛凯机电有限公司、浙江森泰电器厂、桂林机床电器有限公司、上海电器陶瓷厂有限公司、上海雷诺尔科技股份有限公司、上海天逸电器有限公司、上海第一开关制造有限公司、苏州万龙集团有限公司、沈阳斯沃电器有限公司、绍兴电力设备成套公司、北京人民电器厂有限公司、深圳市泰永科技股份有限公司、上海安科瑞电气股份有限公司、苏州未来电器有限公司、北京机床电器有限责任公司、台安科技(无锡)有限公司、科都电气有限公司、上海人民企业集团温州电器有限公司、福建鑫威电器有限公司、上海华通开关厂有限公司、杭州鸿雁盖伊尔电器有限公司、上海永继电气股份有限公司、河北宝凯电器有限公司、杭州乾龙电器有限公司、天水长城控制电器有限责任公司、二一三电器(上海)有限公司、余姚市嘉荣电子电器有限公司。

其中低压元器件 1 亿 ~5 亿元企业(不完全统计):北京明日电器设备有限责任公司、施耐德万高(天津)电气设备有限公司、天水二一三电器有限公司、天津百利特精电气股份有限公司、北京人民电器厂有限公司、江苏大全凯帆电器有限公司、法泰电器(江苏)股份有限公司、精益电器集团有限公司、宁波燎原电器集团股份有限公司、宁波奇乐电气集团有限公司、厦门宏美电子有限公司、苏州未来电器有限公司、深圳市泰永科技股份有限公司、上海精益电器厂有限公司、上海雷诺尔科技股份有限公司、上海天逸电器有限公司、沈阳斯沃电器有限公司、现代重工(中国)电气有限公司、常安集团有限公司、虎牌控股集团有限公司、上海永继电气股份有限公司、上海人民企业集团温州电器有限公司、杭州乾龙电器有限公司。

2011 年低压电器行业经济效益综合指数前 10 名企业见表 2。

表2　2011年低压电器行业经济效益综合指数前10名企业

序号	企业名称	经济效益综合指数	总资产贡献率（%）	资本保值增值率（%）	资产负债率（%）	流动资产周转率（次）	成本费用利润率（%）	全员劳动生产率（万元/人）	产品销售率（%）
1	施耐德万高（天津）电气设备有限公司	11.32	98.84	76.67	63.84	1.05	51.65	116.58	100.00
2	厦门ABB低压电器设备有限公司	6.57	61.20	108.91	62.10	2.20	39.92	54.44	99.82
3	常熟开关制造有限公司（原常熟开关厂）	5.42	37.65	122.47	46.02	1.53	38.06	44.75	98.01
4	北京ABB低压电器有限公司	4.79	49.06	115.23	41.03	2.03	37.69	30.55	89.69
5	华通机电集团有限公司	4.57	34.12	105.02	51.02	4.79	7.97	45.63	97.09
6	上海良信电器股份有限公司	3.19	35.43	121.82	46.08	2.22	17.67	20.21	100.00
7	上海电器股份有限公司人民电器厂	3.14	17.02	115.36	60.24	2.94	3.40	33.10	94.45
8	浙江天正电气股份有限公司	3.07	21.79	123.04	48.18	2.72	5.83	29.01	97.97
9	杭申集团有限公司	3.06	8.13	122.41	63.12	10.05	6.87	20.64	92.69
10	浙江正泰电器股份有限公司	2.88	19.97	110.45	43.10	1.29	15.30	23.20	98.36
	行业年平均值	2.43	17.63	118.30	51.61	2.26		19.11	93.38

行业发展特点

1. 产销保持平稳增长

根据统计分析，2011年上报的112家企业中，全年生产销售增长的企业约占80%，约3%的企业生产销售与2010年基本持平，还有约17%的企业生产销售比2010年有所下降。

2011年，在公布的第八届中国电气工业发展高峰论坛暨第12届中国电气工业100强名单中，通用低压电器分会会员单位占据14席。

2011年，低压电器行业主要产品的产量均有不同程度的增长。

2011年低压电器行业主要产品产量见表3。

表3　2011年低压电器行业主要产品产量

产品名称	单位	产　量	同比增长（%）
万能断路器	万台	82	12.33
塑壳断路器	万台	3 600	12.50
小型断路器	万极（台）	51 000	13.33
剩余电流动作断路器	万台	5 800	13.70
接触器	万台	9 500	13.09
刀开关类	万台	1 200	14.09

2. 经济运行质量继续保持良好

2011年是“十二五”开局的第一年，行业总体呈现积极向上的发展态势。据统计，行业的工业总产值、主营业务收入等主要经济指标继续保持平稳增长势头。2011年低压电器行业完成工业增加值140亿元，同比增长5.26%；实现利润41亿元，同比增长7.89%。主营业务收入利润率和成本费用利润率这两项反映行业盈利水平的标志性指标，2011年也呈现较好的增长态势，不少企业成本费用利润率都大大高于全国3.71%的标准值；从反映资本获利能力的总资产贡献率来看，60%左右的企业超过10.7%的全国标准值；从反映资金效率的流动资产周转率来看，69%以上的企业高于1.52次的全国标准值，这充分体现低压电器行业抗风险的能力有了较大提升。

3. 利润总额增长缓慢

据行业统计，2011年全行业的利润同比增长缓慢。面对国内经济形势不稳定、国际经济大环境复杂多变，主要原材料价格持续趋于高价位，劳动力成本快速上升等不利因素的影响，低压电器行业经济发展受到一定的制约。行业中有相当一部分中小企业受原材料涨价等影响，产品成本增加，利润空间变小，销售下降，企业利润和经济效益受到影响，10%左右的企业出现亏损。

企业为了获得订单，价格竞争持续不断。特别是附加值低的中低端产品，压价竞争（包括同质化产品的价格战等）相当普遍。综合反映出这些企业生产的低压电器技术含量不高，缺乏规模效益和核心竞争力。这主要是不少中小企业长期缺乏技术改造，产品单一，甚至还在生产低性能、高耗材的第一代产品，致使企业发展后劲乏力、利润下降甚至亏损，面临减产或停产歇业的局面。

4. 立足自主开发，建立自主品牌，培育竞争优势

近年来，低压电器行业采取全新的产学研结合的研究开发模式，由上海电科集团联合行业8家优秀企业开发的具有完全自主知识产权的第一批四大系列新一代产品，实现了从仿制设计到自主创新设计的跨越，已逐步推向市场；另外，新一代接触器、新一代ATSE、新一代SPD等项目的研发也已完成，并将推向市场，为引领行业积极推进自主创新，加快低压电器行业的发展增添了后劲。

然而，低压电器行业企业缺乏足够的自主研发能力、缺乏高端市场竞争力的问题依然非常突出。特别是低压电器企业整体规模偏小，各方面的资源相对分散，企业囿于中低端领域的重复研发或互相模仿，致使大部分企业缺乏足够的市场竞争力。对此，低压电器生产企业只有通过提高技术实力、扩大生产规模、提升产品质量，综合提升品牌价值，才有足够实力在低压电器的高端市场与国际大型企业一较高下。

5. 市场竞争日趋激烈

随着国内电力建设水平的提高以及低压电器生产技术的不断发展，以智能化、可通信为主要特征的新一代低压电器作为高档产品，正逐步扩大市场份额。在我国低压电器市场庞大需求总量的吸引下，全球主要低压电器生产企业通过建立区域工厂、并购国内企业或设立销售代理的方式已进入我国市场。在我国低压电器市场持续快速增长和产业升级的驱使下，本土企业不断通过技术创新、专业化生产以提升市场竞争力，而跨国公司携技术与管理优势继续大力扩张，竞争主体愈加多元化，竞争更趋激烈。

6. 出口贸易增长缓慢

据海关统计，2011 年我国低压电器产品的出口额较 2010 年虽有一定的增长，但增幅明显低于上年。

2011 年，我国进出口量较大的低压电器产品主要为继电器、断路器、熔断器等。2011 年低压电器主要产品进出口情况见表 4。

表 4　2011 年低压电器主要产品进出口情况

税　号	产 品 名 称	进　口		出　口	
		数量(个)	金额(万美元)	数量(个)	金额(万美元)
85361000	熔断器，线路 $U \leq 1\ 000$V	9 148 252 064	53 071	4 606 314 270	20 303
85362000	自动断路器，线路 $U \leq 1\ 000$V	56 065 500	23 433	399 467 989	71 194
85363000	其他电路保护装置，线路 $U \leq 1\ 000$V	1 613 176 913	50 453	338 643 659	29 714
85364110/85364190	继电器，$U \leq 60$V	880 726 329	57 760	1 845 011 658	70 784
85364900	继电器，60V ≤ 线路 $U \leq 1\ 000$V	206 710 549	30 960	358 089 245	33 094
85365000	开关，线路 $U \leq 1\ 000$V	10 970 483 719	169 665	10 155 540 165	140 474
85369000	其他连接用电气装置，线路 $U \leq 1\ 000$V	98 251 645	755 280	135 077 095	467 426

据行业统计，2011 年行业 30% 左右的企业有一定的出口量，比 2010 年有所增加。但行业的出口产品多集中在中低端，受欧美技术壁垒影响大，竞争优势不强，折射出近年来行业企业技术研发能力薄弱、产品结构不合理、行业内部恶性竞争等诸多弊病。

行业发展面临的问题

1. 研发投入不足

低压电器行业科研与新产品研发投入(包括关键工艺研究投入)明显不足，阻碍低压电器行业的持续发展。据统计，国外优秀企业在低压电器新产品科研、研发上的投入可达到总销售额的 7% 左右，而我国低压电器行业平均投入仅为总销售额的 1% ~2%，优秀企业在 3% 左右。

2. 低压电器制造成本上升势头不可逆转

我国低压电器行业中，低档产品还在大批量生产，这批产品体积大，消耗大量的贵金属白银以及铜、黑色金属、塑料等材料，许多材料受制于国际市场价格。所以低压电器主要原材料价格居高不下甚至继续上升的局面难以改变。

3. 人员成本不断提高

资金紧缺、财务成本上升以及人员成本提高不可逆转，致使低压电器行业利润不断下降，许多企业已处于微利和亏损状态。

4. 用户单位品牌使用的倾向性

在智能电网建设中，国网公司及很多设计部门更倾向于外资著名品牌，加上国内垄断行业直接参与低压电器制造，使国内现有企业包括优秀企业在市场竞争中处于不利地位。

5. 不正当竞争的存在

低压电器行业生产企业众多，仿冒和价格竞争依然存在。

6. 缺乏统一的研发平台

企业自主研发差异化新产品，造成低压电器内外部附件、主要零部件制造商试制工作量加大，试制费用大幅度增加。

附件(零部件)生产批量减少，难以形成生产规模，难以产生利润。附件制造厂积极性不高给整机厂发展新产品造成困难。

科技成果及新产品　2011 年低压电器行业获中国机械工业科学技术奖项目见表 5。

表 5　2011 年低压电器行业获中国机械工业科学技术奖项目

序号	项 目 名 称	获奖单位名称	获奖人员名单	奖级
1	电涌保护器关键技术研究与应用	上海电器科学研究所(集团)有限公司、上海电科电器科技有限公司、浙江正泰电器股份有限公司、上海臻和防雷电气技术有限责任公司	尹天文、王碧云、蒋谷兴、许军生、周英姿、季慧玉、陈正馨、王先锋、伍先德、黄兢业	二等奖
2	低压电器智能生产测试系统的研究与开发	上海工程技术大学、上海电器股份有限公司人民电器厂、上海电器陶瓷厂有限公司	程武山、张敏良、朱蓓、钱华、周玉凤、杜向阳、何涛、董林、夏鹏	二等奖

（续）

序号	项 目 名 称	获奖单位名称	获奖人员名单	奖级
3	智能型可通信低压电器及其装备	天津市百利电气有限公司	梁燕、高云旭、高辉、黄艳杰、刘蕾	三等奖
4	低压电器检测试验关键技术研究与综合系统研制	上海电器科学研究所(集团)有限公司、上海电器科学研究院	徐方荣、王爱国、应成、安平、顾双玲	三等奖
5	CM3 系列塑料外壳式断路器	常熟开关制造有限公司(原常熟开关厂)	王春华、管瑞良、王炯华、陈志刚、张洵初	三等奖
6	KFM3－3 塑料外壳式断路器	江苏大全凯帆电器股份有限公司	张金泉、王华章、马丽萍、李涛、钱兴勇	三等奖

2011 年，上海电器科学研究院联合行业主要企业完成了新一代接触器、新一代 ATSE、新一代 SPD 等项目的研发，引领行业自主创新，低压电器行业各企业也积极开发新产品。据不完全统计，全行业推出了数百种新产品，其特点是高性能、小型化、电子化和智能化等。2011 年低压电器行业新产品见表 6。

表 6　2011 年低压电器行业新产品

企 业 名 称	产　品　型　号
正泰电器股份有限公司	NM7－63 塑料外壳式断路器，NM7LE－630 剩余电流动作断路器，ZN7－63□自动转换开关电器，NAK1－2000 万能式断路器，NC8－115～170 交流接触器，NCC1－80/2 磁保持继电器，NJR2－7.5～500 系列软起动器
常熟开关制造有限公司(原常熟开关厂)	CW3DC－2500 直流万能式断路器，CW3－7400 三、四极智能型万能式断路器，CM3DC－100、630 直流型塑壳断路器，CM5Z－400、630/iP 能量检测型塑料外壳式断路器，CAP2－125 三、四极自动转换开关电器，CA1B－63、100 自动转换开关电器
上海电器股份有限公司人民电器厂	RMK－630 交流接触器，T630 热过载继电器，RMM2L－630/3、4 带剩余电流保护塑料外壳式断路器，RMM3L－125、250、400、630/3、4 带剩余电流保护塑料外壳式断路器，RMD2 智能型电动机保护器，RMS2 数字式交流电动机软起动器，RMM3D－630、800 直流塑料外壳式断路器，RMC1－125 塑料外壳式断路器，RMQ5－63、125、250、500 自动转换开关，RMU1 电涌保护器
人民电器集团有限公司	RDW2－2500 万能式断路器，RDM30LE 系列智能型塑壳漏电断路器，RDB67－80 小型断路器，RDL67－63 小型漏电断路器，RDRQ1 系列智能型软起动器，RDX16L 小型漏电断路器，RDX2－125S 小型分励断路器，RDCPS(KBO)－45 控制与保护开关电器
浙江天正电气股份有限公司	THB1S－80 自带分励延时装置小型断路器，TGC5－315～800 节能交流接触器，THM1－250 系列 L、M、H 型塑壳断路器，TGB3－63 小型断路器，THH1－125 隔离开关，THR1－93 热过载继电器，TGB1－40 小型断路器
苏州西门子电器有限公司	3RT/3RH 系列接触器及中间继电器
华通机电集团有限公司	CFB3Z－63 小型直流断路器，CFM1－1250 塑壳断路器
环宇集团有限公司	HUW1－1000 万能式断路器
上海良信电器股份有限公司	NDY1－20～160 系列转换开关，Tm 远程控制断路器，ATm 重合控制断路器，NDM3(E/L/Z)塑壳断路器
天津百利特精电气股份有限公司	TR－40 热继电器
法泰电器(江苏)股份有限公司	FTB5 小型断路器
上海精益电器厂有限公司	HA60－2500N、H 万能式断路器，HA60－4000N、H 万能式断路器
北京人民电器厂有限公司	GM5FB 系列塑壳断路器，GM5R 系列塑壳断路器，GM8－800/4P 热磁塑壳断路器，GQ2－125 CB 级双电源自动转换开关
北京 ABB 低压电器有限公司	S200 微型断路器，DS 剩余电流动作断路器，GS 剩余电流断路器
三信国际电器上海有限公司	3SAQ1/Q2 自动转换开关，3SB71－63 小型断路器，3SB71LE－63 电子式漏电断路器，3SU1 电涌保护器
上海电器陶瓷厂有限公司	STB3(VB60)带选择性的过电压保护断路器，STR 低压熔断器
天水二一三电器有限公司	GSZ1－50/80 直流接触器，GSZ1－50Y/80Y 磁保持直流接触器，GSZ1－100、200 直流接触器，GSB3－50 系列设备用断路器，GSC3－09～95Z 系列直流操作交流接触器，GSC3－E 交流接触器
无锡 TCL 罗格朗低压电器有限公司	RX3 小型断路器，TLB1GQ－63 过、欠电压断路器
苏州电气集团有限公司	1SM1Z－100～800 限载断路器，1SM2Z－100～800 电子断路器
无锡新宏泰电器有限责任公司	HTW65－2000、2500 万能式断路器
沈阳斯沃电器有限公司	SIWOU 系列电涌保护器，SIWOM 系列塑料外壳式断路器

（续）

企业名称	产品型号
北京正北元电器有限公司	BJRE 电子式热过载继电器，BU1 电涌保护器
浙江森泰电器厂	TSQ2P 系列双电源自动转换开关，TSH2 系列负荷隔离开关
常安集团有限公司	CAM4TS－63 小型断路器
宁波燎原电器集团股份有限公司	NLGL－1600/3、4 负荷隔离开关，NLQ3－63/3、4 系列小型化双电源自动切换开关
苏州燎原电器制造有限公司	LQV1－B80、100/4P－420 电涌保护器，LQV1－B65/4P－385 电涌保护器，LQV1－C40/4P－385 电涌保护器，LQV1－D20/4P－385 电涌保护器
虎牌控股集团有限公司	HDM1 塑壳断路器
巨邦电气有限公司	GTCPS－45 型电机控制与保护开关，GTB6 系列卡表专用小型断路器
天水长城控制电器有限责任公司	CCZ35－200/10 直流接触器，CJ156－1000 交流接触器
扬州新菱电器有限公司	XLS8 系列双电源自动转换开关
邳州市国龙电器有限公司	GLM30L－400 剩余电流动作断路器
上海三开电气有限公司	SSB65S－80、125 小型断路器
长城电器集团有限公司	YCM218LZ－250 智能漏电综合保护器，L7 高分断小型断路器
温州科泰电气有限公司	CATW60－1250 智能型万能式断路器，CATM1E－400、800 智能型塑料外壳式断路器
杭州鸿雁盖伊尔电器有限公司	HYB6 系列小型断路器
上海华联低压电器有限公司	HLM2－125/4、250/4 塑料外壳式断路器

产品型号注册与管理　低压电器型号管理是保护知识产权、整顿市场经济秩序的重要手段。按照型号管理办法，行业对申请型号的资料进行认真审查、严格把关，反复确认，严防假冒或滥用他人产品型号。

2011 年，中国电器工业协会通用低压电器分会共受理产品型号申请 120 份，其中正式发证 72 份，预发 48 份。2011 年低压电器发证型号见表 7。

表 7　2011 年低压电器发证型号

序号	申请单位	产品名称	行业型号/企业型号
1	上海三开电气有限公司	塑壳断路器	SSM32
2	上海馨云电气有限公司	小型断路器	FCAB1－63
3	杭州沃凯电气有限公司	塑壳断路器	HZKM1
4	杭州沃凯电气有限公司	隔离开关	HZKG1
5	杭州沃凯电气有限公司	自动转换开关	HZKQ1
6	浙江佳一电器有限公司	控制与保护开关电器	JEK1－125
7	施耐德电气低压（天津）电器有限公司	塑壳断路器	iC65L
8	上海精益电器厂有限公司	万能式断路器	HA60－2500、4000
9	上海精益电器厂有限公司	双电源自动转换开关	HQ6G－63
10	南京双科电气有限公司	信号灯	AD130
11	南京双科电气有限公司	按钮	LA160
12	天津市轩琪电气有限公司	小型断路器	TXQB1－63
13	上海友勒电气有限公司	信号灯	AD117
14	上海友勒电气有限公司	按钮	LA113
15	乐清市谊诚电气有限公司	塑壳断路器	ZJM1－10、16、20、25、32、40、50、63、80、100
16	宏秀电气有限公司	塑壳断路器	HXDM1－100、225、400、630
17	天津市森达奥电气有限公司	塑壳断路器	SDAM1－100、225、630
18	天津市森达奥电气有限公司	双电源自动切换开关	SDAQ1－100、225
19	天津市森达奥电气有限公司	小型断路器	SDAB68－32、63
20	天津市森达奥电气有限公司	漏电断路器	SDAB68L－32、50
21	山东洋利电气有限公司	塑壳断路器	SMTM1－100

（续）

序号	申请单位	产品名称	行业型号/企业型号
22	天津华新鼎盛科技有限公司	控制与保护开关电器	HCPK1－63
23	沈阳君宁科技有限公司	塑壳断路器	SJNM1－100、225、400、630
24	乐清市马力拉电器有限公司	漏电断路器	MLLM2LE－100
25	上海凯保电器有限公司	电动机软起动器	SKBRQ－5011、5015、5018.5、5022、5030、5037、5045、5055、5075、5090、5115、5132、5160、5185、5200、5250、5280、5320、5400、5450、5500、5600
26	苏州万佳电力设备有限公司	塑壳断路器	SWJM1－100、125、160、180、200、225
27	南京伟能电器有限公司	双电源自动转换开关	NWLQ1－100
28	华盛电气集团有限公司	塑壳断路器	DXM1－100
29	广州白云电器设备股份有限公司	塑壳断路器	BYEM1－63、100、225、400、630
30	广州白云电器设备股份有限公司	塑壳断路器	BYEM2Z－100、225、400、800
31	广州白云电器设备股份有限公司	万能式断路器	BYEW1－2000、3200、6300
32	天水二一三电器有限公司	设备用断路器	GSB3－50
33	天水二一三电器有限公司	转换开关	GSH3－20、32
34	天津诺尔哈顿电气有限公司	软起动器	TJNR1－1055、1075
35	浙江科耐达按钮有限公司	信号灯	AD127
36	浙江科耐达按钮有限公司	按钮	LA167
37	上海三开电气有限公司	万能式断路器	SSW1－2000、3200
38	重庆力威机电制造有限公司	电阻器	ZX26
39	乐清市联宇电气有限公司	小型断路器	LYUB1－63
40	上海三开电气有限公司	控制与保护开关	SSK2－1、3、6.3、10、16、20、25、32、45
41	珠海市珈禾电气设备有限公司	漏电断路器	YJHB1L－32、63
42	珠海市珈禾电气设备有限公司	漏电断路器	YJHB2L－32
43	珠海市珈禾电气设备有限公司	小型断路器	YJHB1－63
44	珠海市珈禾电气设备有限公司	小型断路器	YJHB2－32
45	天水长城成套开关股份公司	切换电容器接触器	TSTCK－50、65、80
46	天水长城成套开关股份公司	接触器式继电器	TSTJ1
47	天水长城成套开关股份公司	热过载继电器	TSTR1－09
48	天水长城成套开关股份公司	交流接触器	TSTC1－25
49	天水长城成套开关股份公司	塑壳断路器	TSTM1E－250
50	广州维天电气有限公司	塑壳断路器	VTEM1－100
51	杭州申之江电器有限公司	塑壳断路器	HZJM2z－225、400、800
52	杭州申之江电器有限公司	塑壳断路器	HZJM5－100、225、400、630
53	杭州申之江电器有限公司	双电源自动转换开关	HZJQ2－63、100、225
54	湖南华晟电气有限公司	塑壳断路器	HSNM1－100、225、400
55	杭州奔象电气有限公司	塑壳断路器	HBXM1－100、225、400、630
56	上海雷诺尔科技股份有限公司	塑壳断路器	RNM1－63
57	上海雷诺尔科技股份有限公司	双电源自动转换开关	RNQ1－400
58	上海雷诺尔科技股份有限公司	隔离开关	RNG1－630
59	常熟开关制造有限公司	塑壳断路器	CM1－160、250
60	常熟开关制造有限公司	塑壳断路器	CM1E－250
61	常熟开关制造有限公司	自动转换开关	CA1－250
62	常熟开关制造有限公司	塑壳断路器	CM3－63、800
63	常熟开关制造有限公司	带剩余电流保护电子可调式断路器	CM1EL－250
64	常熟开关制造有限公司	塑壳断路器	CM5－125、400、630，CM5Z－125、400、630
65	常熟开关制造有限公司	自动转换开关	CA1B－63、100

（续）

序号	申请单位	产品名称	行业型号/企业型号
66	常熟开关制造有限公司	自动转换开关	CAP2－140、160、200、225、250、315、350、400、500、630
67	常熟开关制造有限公司	真空断路器	CW3V－2000
68	常熟开关制造有限公司	塑壳断路器	CM3DC－250、400
69	常熟开关制造有限公司	隔离开关	CM3G－2500
70	乐清市金豪电器有限公司	信号灯	AD126
71	佛山市福州电器有限公司	塑壳断路器	FOZM1－100、225、400
72	济南天城电力设备有限公司	控制与保护开关电器	KBKK－45、100

标准化 2011年全国低压电器标准化技术委员会(以下简称低压电器标委会)制定、修订国家标准7项，制定行业标准2项；低压电器行业参与能源行业标准制定3项。2011年低压电器行业制定、修订的标准见表8。

表8 2011年低压电器行业制定、修订的标准

序号	标准号	标准项目名称	制定或修订
1	GB 14048.1	低压开关设备和控制设备 第1部分：总则	修订
2	GB/Z ××××	低压开关设备和控制设备 过电流保护电器 第2部分：过电流条件下的选择性	制定
3	GB ××××—201×	用于Ⅰ类设备和电池供电车辆装置的可开闭保护接地的移动式剩余电流电器(SPE—PRCD)	制定
4	GB 20044—201×	电气附件 家用和类似用途的不带过电流保护的移动式剩余电流装置(PRCD)	修订
5	GB/T 18858.1—201×	低压开关设备和控制设备 控制器—设备接口(CDI) 第1部分：总则	修订
6	GB/T 18858.2—201×	低压开关设备和控制设备 控制器—设备接口(CDI) 第2部分：执行器传感器接口(AS—i)	修订
7	GB/T 18858.3—201×	低压开关设备和控制设备 控制器—设备接口(CDI) 第3部分：DeviceNet	修订
8	JB/T ××××	自动转换开关电器(ATSE)可靠性试验方法	制定
9	JB/T ××××	家用和类似用途的电弧故障检测电器(AFDD)	制定
10	NB/T ××××	风力发电机组雷电防护系统安全检测技术规范	制定
11	NB/T ××××	具有过电流保护功能电涌保护器	制定
12	NB/T ××××	风力发电机过电压抑制器	制定

2011年对应的IEC出版物总计63项(其中国际标准54项，技术规约1项，技术报告8项)，已转化为我国国家标准52项，其中等同采用42项，修改采用10项。

2011年，低压电器标委会秘书处共收到IEC文件88份，其中应投票文件42份。对于每一份IEC文件都按照流程认真处理，特别是产品标准的投票文件，更是严格按时间要求对投票文件进行回复，投票率100%。

2011年，低压电器标委会致力于行业技术进步，积极开展风力发电机组雷电防护系统及产品技术标准研究、电动汽车充电设施用电器设备标准研究、智能电网用户端标准化研究等标准专项研究工作。

2011年，低压电器标委会组织申报了上海市科委技术标准专项——《智能电网用户端标准体系及相关技术标准研究》1项，项目整体达到了国内一流、国际领先水平。另外，申报2011年上海市标准化3项优秀技术成果和3项优秀学术成果。

2011年标准化主要活动有：

3月28日至4月1日，2011年度第一次IEC SC17B/WG2会议在德国波恩召开，23人参加会议，低压电器标委会派两位代表参加。会议主要讨论了WG2所负责标准的制修订工作，深入探讨了标准的技术问题。

5月31日，全国低压电器标委会在上海举办GB 14048.4—2010标准宣贯会。季慧玉秘书长介绍了GB 14048.4标准的现行情况以及相关国际标准的最新技术发展动向，GB 14048.4—2010标准的主要起草人曾萍高工全面介绍了GB 14048.4标准内涵，来自低压电器行业57家单位120余位代表参加本次宣贯会。

9月20日—21日，全国低压电器标委会(SAC/TC189)、全国低压设备绝缘配合标委会(SAC/TC417)、全国熔断器标委会(SAC/TC340)、全国电器设备网络通信接口标委会(SAC/TC411)在大连联席召开标委会工作会议暨标准审查会。86家单位、145人参加会议。会议审查了国家标准送审稿7项、行业标准送审稿2项，研讨了国家标准草案稿1项，完成了9项标准分审查。

9月,德国经济技术部邀请中方参加在德国法兰克福举办的电动汽车标准化国际研讨会,举行了中德电动汽车标准化分工作组第一次会议。国家标准化管理委员会方向副主任率汽车行业、国家电网公司和电工行业三个行业的21名专家参加会议。全国低压电器标委会派专家参加分工作组会议。

10月20日—28日,第75届IEC年会在澳大利亚墨尔本召开,全国低压电器标委会、上海电科电器科技有限公司派2人参加IEC SC17B(低压开关设备和控制设备)/WG2工作组会议和IEC TC8(供电系统)会议,讨论了WG2标准制修订计划和制修订内容。

11月10日—11日,IEC SC17B/WG2/TSE TF会议在上海电器科学研究院成功召开,13位代表参加会议。会议讨论了转换开关电器国际标准IEC 60947-6-1的修订事宜。

11月28日至12月2日,国际电工委员会家用断路器和类似设备分技术委员会的小型断路器(IEC/SC23E/WG1)工作组和电击防护工作组(IEC/SC23E/WG2)会议在韩国的济州岛举行。来自世界各国的28名代表出席会议,全国低压电器标准化技术委员会派3人参加会议。

合作交流 1月18日—26日,中国电器工业协会和通用低压电器分会共同组团,率低压电器行业主要骨干企业相关技术人员等31人对日本的河村电器和富士电机、韩国的LS电气和现代重工等四家知名电气制造公司进行了技术考察和交流,获得了当今世界最前沿的各类智能电器新技术、电器检测技术、装配自动化技术等信息。

4月3日,中国电器工业协会、通用低压电器分会共同组织行业代表团一行130余人访问欧洲。参观了在德国汉诺威展览中心举办的2011汉诺威工业博览会,与德国电气电子制造商协会(ZVEI)围绕新能源设备专题展开了座谈。

12月2日—16日,中国电器工业协会、通用低压电器分会共同组织中国电工电器制造行业有关领导和专家一行46人前往美国参观美国国际电力展览会Power—Gen International,并与美国著名电气制造企业通用(GE)电气、伊顿电气和罗克韦尔自动化公司的研发技术人员就智能电网用户端产业发展和应用进行了技术交流。

行业活动 3月,通用低压电器分会完成了行业10家企业上报的27个系列产品资料的审核和打分,并得到专家组成员的复审和确认,通过了协会终审。

4月2日,通用低压电器分会委派代表出席中国电器工业协会在京主办的"2011中国电器工业协会行业信用建设工作会议"。9—12月,完成了法泰电器(江苏)股份有限公司、杭州乾龙电器有限公司、上海人民企业(集团)温州电器有限公司等3家企业的信用等级评价的现场核查。

6月2日—3日,中国电器工业协会在上海举办2011年现代电器制造技术培训暨信息交流会,通用低压电器分会及来自全国中低压电器行业的63家单位的120余名学员参加了"现代设计新技术""过程管理技术""新材料应用"和"新工艺、新装备"等4个板块内容的培训。

6月12日,通用低压电器分会在常熟市召开五届二次常务理事会,18家常务理事单位的20余位代表参加会议。会议完成了对会员大会议程、2010—2011年度先进会员单位表彰名单、会员队伍建设等文件的审议,探讨了智能电网建设给低压电器发展带来的机遇等。

6月13日—14日,中国电器工业协会通用低压电器分会会员大会暨2011年行业发展研讨会在常熟市召开,164家单位300多位代表出席了会议。会议以国家宏观经济政策为导向,以电器工业及低压电器行业"十二五"发展规划为目标,以智能电网建设给低压电器行业发展带来的机遇等为主题,举行了相关专题报告会、开展了行业技术交流。

9月21日,通用低压电器分会在大连举行"2011年第七届中国智能电工技术论坛暨智能电网与能源管理技术、新能源应用与接入技术"研讨会。围绕"智能电网能源管理技术"与"新能源应用与接入技术"这两大主题,从产、学、研三个层面深入探讨了智能电网与新能源在政策、技术、市场等方面的情况及发展趋势等。

11月4日,在福州召开中国电工技术学会低压电器专业委员会第六届第二次会议,49位代表(包括委员42人)参加会议。

〔撰稿人:中国电器工业协会通用低压电器分会孙琪荣〕

防爆电器

生产发展情况 2011年是我国"十二五"规划实施的第一年,防爆电器行业重点企业加快了企业转型和经营战略调整步伐,加快产品和技术创新,积极开发新产品,开拓市场,全行业生产销售连续保持较高的发展速度。

2011年,全行业48家重点企业共完成工业总产值902 154万元,比上年增长21.09%;实现利润161 504万元,比上年增长21.94%。2011年防爆电器行业重点企业工业总产值排序见表1。2011年防爆电器行业重点企业工业销售产值排序见表2。2011年防爆电器行业重点企业主营业务收入排序见表3。2011年防爆电器行业重点企业工业增加值排序见表4。2011年防爆电器行业重点企业总资产贡献率排序见表5。2011年防爆电器行业重点企业全员劳动生产率排序见表6。2011年防爆电器行业重点企业资产负债率排序见表7。2011年防爆电器行业重点企业经济效益综合指数排序见表8。

表 1　2011 年防爆电器行业重点企业工业总产值排序

序号	企业名称	2011 年（万元）	2010 年（万元）	同比增长（%）	序号	企业名称	2011 年（万元）	2010 年（万元）	同比增长（%）
1	华荣科技股份有限公司	148 683	117 436	26.61	25	焦作华飞电子电器股份有限公司	12 078	11 158	8.25
2	电光科技有限公司	133 087	94 726	40.50	26	人民电器集团防爆电器有限公司	9 789	7 997	22.41
3	飞策防爆电器有限公司	41 744	28 323	47.39	27	德力西集团防爆电器有限公司	9 731	9 283	4.83
4	八达电气有限公司	39 820	38 400	3.70	28	淄博市博山防爆电器厂有限公司	9 640	9 055	6.46
5	江苏恒通电气仪表有限公司	37 310	31 092	20.00	29	沈阳市中兴防爆电器总厂	9 422	9 154	2.93
6	新黎明防爆电器有限公司	26 964	22 466	20.02	30	鸡西德元电器有限公司	8 197	7 816	4.87
7	华夏防爆电器有限公司	25 641	22 145	15.79	31	沈阳市电工防爆器材厂有限公司	7 294	7 279	0.21
8	合隆防爆电气有限公司	25 330	22 570	12.23	32	燎原防爆电器有限公司	7 285	7 050	3.33
9	山西汾西机电有限公司	24 785	18 113	36.84	33	大庆安正防爆电气有限公司	6 451	5 132	25.70
10	济源市矿用电器有限责任公司	22 316	21 586	3.38	34	焦作市景安机电设备制造有限公司	6 084	3 638	67.23
11	沈阳北方防爆电器有限公司	20 351	16 342	24.53	35	沈阳市环宇防爆电器总厂	6 018	5 100	18.00
12	徐州煤矿机械厂	20 243	15 727	28.71	36	江苏欧瑞防爆电气有限公司	4 870	3 978	22.42
13	无锡军工智能电气股份有限公司	20 165	15 300	31.80	37	四平市四开电器设备制造有限公司	4 800	4 580	4.80
14	上海佳洲防爆电器有限公司	18 907	19 462	-2.85	38	山西长治市防爆电器有限公司	4 787	5 079	-5.75
15	创正防爆电器有限公司	18 650	16 500	13.03	39	沈阳三丰电气有限公司	4 426	1 739	154.51
16	天津市天矿电器设备有限公司	18 505	15 745	17.53	40	湘潭煤矿机械电器有限公司	4 278	4 012	6.63
17	济源市华宇矿业电器有限公司	18 231	16 147	12.91	41	沈阳市凯鑫防爆电器厂	3 300	2 400	37.50
18	浙江振达防爆电气有限公司	18 025	15 895	13.40	42	沈阳华兴防爆器材有限公司	3 300	1 800	83.33
19	上海宝临防爆电器有限公司	16 475	13 718	20.10	43	冀州市南午防爆电器有限公司	3 268	3 082	6.04
20	济源煤炭高压开关有限公司	15 617	15 142	3.14	44	大同市同大防爆电器有限公司	3 100	3 076	0.78
21	通化变压器制造有限公司	14 764	13 800	6.99	45	沈阳广角成套股份有限公司	2 687	2 239	20.01
22	上海电器厂实业有限公司	14 158	13 863	2.13	46	四平市同创电器设备制造有限公司	2 116	1 950	8.51
23	长城电器集团防爆电器有限公司	13 752	11 388	20.76	47	沈阳防爆电器制造有限公司	1 700	1 300	30.77
24	合肥开关厂有限公司	13 310	10 559	26.05	48	瓦房店防爆电器有限公司	700	677	3.40

表 2　2011 年防爆电器行业重点企业工业销售产值排序

序号	企业名称	2011 年（万元）	2010 年（万元）	同比增长（%）	序号	企业名称	2011 年（万元）	2010 年（万元）	同比增长（%）
1	华荣科技股份有限公司	158 245	115 087	37.50	18	上海宝临防爆电器有限公司	15 690	12 822	22.37
2	电光科技有限公司	111 591	92 498	20.64	19	上海佳洲防爆电器有限公司	15 364	16 674	-7.86
3	飞策防爆电器有限公司	40 227	27 150	48.17	20	通化变压器制造有限公司	14 732	14 100	4.48
4	江苏恒通电气仪表有限公司	37 310	31 092	20.00	21	济源煤炭高压开关有限公司	14 608	13 313	9.73
5	八达电气有限公司	36 010	33 600	7.17	22	长城电器集团防爆电器有限公司	13 587	11 323	19.99
6	新黎明防爆电器有限公司	27 514	22 017	24.97	23	合肥开关厂有限公司	12 846	10 573	21.50
7	合隆防爆电气有限公司	24 985	22 269	12.20	24	上海电器厂实业有限公司	12 117	11 920	1.65
8	山西汾西机电有限公司	24 785	18 113	36.84	25	焦作华飞电子电器股份有限公司	12 040	10 212	17.90
9	华夏防爆电器有限公司	22 691	20 124	12.76	26	淄博市博山防爆电器厂有限公司	9 640	9 055	6.46
10	徐州煤矿机械厂	21 211	16 915	25.40	27	人民电器集团防爆电器有限公司	9 613	7 869	22.16
11	济源市矿用电器有限责任公司	20 531	20 281	1.23	28	德力西集团防爆电器有限公司	9 465	9 054	4.54
12	沈阳北方防爆电器有限公司	20 148	16 179	24.53	29	沈阳市中兴防爆电器总厂	9 416	9 154	2.86
13	创正防爆电器有限公司	18 562	15 400	20.53	30	鸡西德元电器有限公司	8 019	7 724	3.82
14	天津市天矿电器设备有限公司	18 271	15 624	16.94	31	沈阳市电工防爆器材厂有限公司	7 159	7 145	0.20
15	无锡军工智能电气股份有限公司	18 130	13 756	31.80	32	燎原防爆电器有限公司	6 625	6 410	3.35
16	浙江振达防爆电气有限公司	17 133	14 323	19.62	33	大庆安正防爆电气有限公司	6 317	5 132	23.09
17	济源市华宇矿业电器有限公司	16 156	14 067	14.85	34	焦作市景安机电设备制造有限公司	6 204	4 180	48.42

（续）

序号	企业名称	2011年（万元）	2010年（万元）	同比增长（%）	序号	企业名称	2011年（万元）	2010年（万元）	同比增长（%）
35	江苏欧瑞防爆电气有限公司	6 071	2 763	119.72	42	沈阳市凯鑫防爆电器厂	3 300	2 400	37.50
36	沈阳市环宇防爆电器总厂	5 895	4 953	19.02	43	大同市同大防爆电器有限公司	2 987	2 845	4.99
37	山西长治市防爆电器有限公司	4 787	4 860	-1.50	44	冀州市南午防爆电器有限公司	2 867	2 812	1.96
38	四平市四开电器设备制造有限公司	4 610	4 460	3.36	45	沈阳广角成套股份有限公司	2 687	2 239	20.01
39	沈阳华兴防爆器材有限公司	3 900	2 300	69.57	46	四平市同创电器设备制造有限公司	2 116	1 950	8.51
40	湘潭煤矿机械电器有限公司	3 707	3 407	8.81	47	沈阳防爆电器制造有限公司	1 600	1 200	33.33
41	沈阳三丰电气有限公司	3 689	1 449	154.59	48	瓦房店防爆电器有限公司	681	675	0.89

表3　2011年防爆电器行业重点企业主营业务收入排序

序号	企业名称	2011年（万元）	2010年（万元）	同比增长（%）	序号	企业名称	2011年（万元）	2010年（万元）	同比增长（%）
1	华荣科技股份有限公司	158 245	115 087	37.50	25	上海电器厂实业有限公司	10 309	10 012	2.97
2	电光科技有限公司	111 422	92 498	20.46	26	淄博市博山防爆电器厂有限公司	9 640	9 651	-0.11
3	飞策防爆电器有限公司	40 227	27 150	48.17	27	人民电器集团防爆电器有限公司	9 613	7 868	22.18
4	江苏恒通电气仪表有限公司	37 310	31 092	20.00	28	德力西集团防爆电器有限公司	9 465	8 551	10.69
5	八达电气有限公司	36 010	32 925	9.37	29	沈阳市中兴防爆电器总厂	9 416	8 963	5.05
6	新黎明防爆电器有限公司	27 514	22 017	24.97	30	鸡西德元电器有限公司	8 055	7 724	4.29
7	合隆防爆电气有限公司	24 558	22 545	8.93	31	沈阳市电工防爆器材厂有限公司	6 727	6 196	8.57
8	华夏防爆电器有限公司	23 457	20 124	16.56	32	燎原防爆电器有限公司	6 625	6 410	3.35
9	济源市矿用电器有限责任公司	21 867	20 142	8.56	33	大庆安正防爆电气有限公司	6 317	4 791	31.85
10	山西汾西机电有限公司	19 690	15 083	30.54	34	江苏欧瑞防爆电气有限公司	6 071	3 978	52.61
11	徐州煤矿机械厂	19 070	12 736	49.73	35	焦作市景安机电设备制造有限公司	5 975	3 575	67.13
12	创正防爆电器有限公司	18 562	14 210	30.63	36	沈阳市环宇防爆电器总厂	5 625	3 763	49.48
13	无锡军工智能电气股份有限公司	18 500	14 037	31.79	37	四平市四开电器设备制造有限公司	4 600	4 500	2.22
14	沈阳北方防爆电器有限公司	18 277	14 674	24.55	38	山西长治市防爆电器有限公司	4 391	3 457	27.02
15	天津市天矿电器设备有限公司	18 271	15 624	16.94	39	沈阳华兴防爆器材有限公司	3 900	2 360	65.25
16	浙江振达防爆电气有限公司	17 133	13 963	22.70	40	沈阳三丰电气有限公司	3 689	1 449	154.59
17	上海宝临防爆电器有限公司	15 690	12 823	22.36	41	沈阳市凯鑫防爆电器厂	3 100	2 210	40.27
18	上海佳洲防爆电器有限公司	15 364	15 176	1.24	42	大同市同大防爆电器有限公司	2 987	2 303	29.70
19	济源煤炭高压开关有限公司	15 223	12 015	26.70	43	冀州市南午防爆电器有限公司	2 867	2 812	1.96
20	济源市华宇矿业电器有限公司	14 805	12 699	16.58	44	沈阳广角成套股份有限公司	2 687	2 239	20.01
21	通化变压器制造有限公司	14 732	14 100	4.48	45	四平市同创电器设备制造有限公司	2 116	1 950	8.51
22	长城电器集团防爆电器有限公司	13 252	11 323	17.04	46	湘潭煤矿机械电器有限公司	2 030	2 908	-30.19
23	合肥开关厂有限公司	12 240	10 924	12.05	47	沈阳防爆电器制造有限公司	1 650	1 285	28.40
24	焦作华飞电子电器股份有限公司	11 974	10 115	18.38	48	瓦房店防爆电器有限公司	673	667	0.90

表4　2011年防爆电器行业重点企业工业增加值排序

序号	企业名称	2011年（万元）	2010年（万元）	同比增长（%）	序号	企业名称	2011年（万元）	2010年（万元）	同比增长（%）
1	华荣科技股份有限公司	62 035	36 012	72.26	8	合隆防爆电气有限公司	8 118	7 295	11.28
2	电光科技有限公司	44 376	29 323	51.34	9	华夏防爆电器有限公司	7 837	6 108	28.31
3	江苏恒通电气仪表有限公司	14 598	11 270	29.53	10	山西汾西机电有限公司	7 710	5 705	35.14
4	八达电气有限公司	11 975	11 046	8.41	11	无锡军工智能电气股份有限公司	7 224	5 575	29.58
5	飞策防爆电器有限公司	9 011	6 281	43.46	12	上海佳洲防爆电器有限公司	6 393	6 597	-3.09
6	沈阳北方防爆电器有限公司	8 498	6 866	23.77	13	济源市矿用电器有限责任公司	6 216	6 344	-2.02
7	新黎明防爆电器有限公司	8 269	7 639	8.25	14	徐州煤矿机械厂	5 867	4 585	27.96

（续）

序号	企业名称	2011年（万元）	2010年（万元）	同比增长（%）	序号	企业名称	2011年（万元）	2010年（万元）	同比增长（%）
15	合肥开关厂有限公司	5 700	3 355	69.90	32	焦作市景安机电设备制造有限公司	2 240	1 422	57.52
16	长城电器集团防爆电器有限公司	5 575	4 858	14.76	33	沈阳市电工防爆器材厂有限公司	1 955	1 943	0.62
17	济源煤炭高压开关有限公司	5 278	5 096	3.57	34	沈阳市环宇防爆电器总厂	1 867	1 585	17.79
18	济源市华宇矿业电器有限公司	5 212	5 037	3.47	35	大庆安正防爆电气有限公司	1 806	1 371	31.73
19	天津市天矿电器设备有限公司	5 193	4 408	17.81	36	江苏欧瑞防爆电气有限公司	1 714	1 344	27.53
20	上海电器厂实业有限公司	5 084	5 203	-2.29	37	山西长治市防爆电器有限公司	1 521	1 641	-7.31
21	上海宝临防爆电器有限公司	4 904	4 050	21.09	38	四平市四开电器设备制造有限公司	1 400	1 325	5.66
22	浙江振达防爆电气有限公司	4 466	3 926	13.75	39	沈阳三丰电气有限公司	1 269	519	144.51
23	淄博市博山防爆电器厂有限公司	4 019	3 514	14.37	40	湘潭煤矿机械电器有限公司	1 111	1 233	-9.89
24	创正防爆电器有限公司	3 917	3 642	7.55	41	沈阳华兴防爆器材有限公司	1 035	575	80.00
25	焦作华飞电子电器股份有限公司	3 790	3 565	6.31	42	冀州市南午防爆电器有限公司	916	867	5.65
26	德力西集团防爆电器有限公司	3 548	3 220	10.19	43	沈阳市凯鑫防爆电器厂	912	685	33.14
27	通化变压器制造有限公司	3 450	3 552	-2.87	44	大同市同大防爆电器有限公司	888	913	-2.74
28	燎原防爆电器有限公司	3 257	3 149	3.43	45	沈阳广角成套股份有限公司	811	683	18.74
29	人民电器集团防爆电器有限公司	2 978	2 432	22.45	46	四平市同创电器设备制造有限公司	662	616	7.47
30	鸡西德元电器有限公司	2 925	2 340	25.00	47	沈阳防爆电器制造有限公司	433	327	32.42
31	沈阳市中兴防爆电器总厂	2 523	2 563	-1.56	48	瓦房店防爆电器有限公司	252	262	-3.82

表5　2011年防爆电器行业重点企业总资产贡献率排序

序号	企业名称	总资产贡献率（%）	序号	企业名称	总资产贡献率（%）
1	华荣科技股份有限公司	78	25	上海宝临防爆电器有限公司	30
2	江苏恒通电气仪表有限公司	75	26	瓦房店防爆电器有限公司	29
3	四平市四开电器设备制造有限公司	56	27	沈阳广角成套股份有限公司	29
4	四平市同创电器设备制造有限公司	52	28	冀州市南午防爆电器有限公司	27
5	焦作市景安机电设备制造有限公司	50	29	浙江振达防爆电气有限公司	27
6	新黎明防爆电器有限公司	48	30	华夏防爆电器有限公司	26
7	沈阳北方防爆电器有限公司	48	31	济源市矿用电器有限责任公司	24
8	长城电器集团防爆电器有限公司	48	32	无锡军工智能电气股份有限公司	23
9	沈阳市电工防爆器材厂有限公司	46	33	山西汾西机电有限公司	21
10	飞策防爆电器有限公司	45	34	济源煤炭高压开关有限公司	20
11	鸡西德元电器有限公司	43	35	大庆安正防爆电气有限公司	20
12	合肥开关厂有限公司	43	36	淄博市博山防爆电器厂有限公司	20
13	德力西集团防爆电器有限公司	42	37	沈阳市凯鑫防爆电器厂	19
14	济源市华宇矿业电器有限公司	40	38	人民电器集团防爆电器有限公司	19
15	沈阳市环宇防爆电器总厂	40	39	燎原防爆电器有限公司	19
16	江苏欧瑞防爆电气有限公司	40	40	通化变压器制造有限公司	18
17	沈阳华兴防爆器材有限公司	39	41	沈阳市中兴防爆电器总厂	16
18	八达电气有限公司	38	42	大同市同大防爆电器有限公司	14
19	电光科技有限公司	37	43	徐州煤矿机械厂	13
20	合隆防爆电气有限公司	36	44	山西长治市防爆电器有限公司	12
21	天津市天矿电器设备有限公司	35	45	上海电器厂实业有限公司	12
22	焦作华飞电子电器股份有限公司	33	46	沈阳三丰电气有限公司	10
23	创正防爆电器有限公司	32	47	湘潭煤矿机械电器有限公司	9
24	浙江佳洲防爆电器有限公司	31	48	沈阳防爆电器制造有限公司	5

注：全国标准值为10.7%。

表6 2011年防爆电器行业重点企业全员劳动生产率排序

序号	企业名称	全员劳动生产率（元/人）	序号	企业名称	全员劳动生产率（元/人）
1	电光科技有限公司	601 301	25	通化变压器制造有限公司	148 707
2	上海电器厂实业有限公司	403 492	26	济源市华宇矿业电器有限公司	135 377
3	合肥开关厂有限公司	382 550	27	江苏欧瑞防爆电气有限公司	131 846
4	八达电气有限公司	365 091	28	沈阳三丰电气有限公司	130 825
5	无锡军工智能电气股份有限公司	312 727	29	飞策防爆电器有限公司	130 217
6	江苏恒通电气仪表有限公司	286 235	30	焦作市景安机电设备制造有限公司	124 444
7	华夏防爆电器有限公司	274 021	31	四平市四开电器设备制造有限公司	121 739
8	华荣科技股份有限公司	268 899	32	沈阳市中兴防爆电器总厂	119 009
9	浙江佳洲防爆电器有限公司	254 701	33	沈阳北方防爆电器有限公司	118 028
10	德力西集团防爆电器有限公司	236 533	34	沈阳广角成套股份有限公司	106 711
11	淄博市博山防爆电器厂有限公司	213 777	35	沈阳华兴防爆器材有限公司	98 571
12	燎原防爆电器有限公司	197 394	36	四平市同创电器设备制造有限公司	97 353
13	济源市矿用电器有限责任公司	180 174	37	大庆安正防爆电气有限公司	97 097
14	沈阳市环宇防爆电器总厂	177 810	38	冀州市南午防爆电器有限公司	96 421
15	上海宝临防爆电器有限公司	176 403	39	浙江振达防爆电气有限公司	81 200
16	长城电器集团防爆电器有限公司	175 868	40	瓦房店防爆电器有限公司	78 750
17	新黎明防爆电器有限公司	172 271	41	沈阳市凯鑫防爆电器厂	65 143
18	山西汾西机电有限公司	170 953	42	济源煤炭高压开关有限公司	64 131
19	焦作华飞电子电器股份有限公司	167 699	43	湘潭煤矿机械电器有限公司	63 486
20	创正防爆电器有限公司	161 193	44	徐州煤矿机械厂	59 806
21	人民电器集团防爆电器有限公司	160 973	45	沈阳防爆电器制造有限公司	59 315
22	鸡西德元电器有限公司	158 967	46	沈阳市电工防爆器材厂有限公司	49 619
23	天津市天矿电器设备有限公司	156 416	47	山西长治市防爆电器有限公司	44 735
24	合隆防爆电气有限公司	156 115	48	大同市同大防爆电器有限公司	25 517

注:全国标准值为16 500元/人。

表7 2011年防爆电器行业重点企业资产负债率排序

序号	企业名称	资产负债率（%）	序号	企业名称	资产负债率（%）
1	燎原防爆电器有限公司	4	17	沈阳市中兴防爆电器总厂	37
2	大同市同大防爆电器有限公司	5	18	沈阳华兴防爆器材有限公司	37
3	沈阳北方防爆电器有限公司	8	19	八达电气有限公司	37
4	瓦房店防爆电器有限公司	10	20	沈阳三丰电气有限公司	38
5	飞策防爆电器有限公司	16	21	沈阳市电工防爆器材厂有限公司	40
6	德力西集团防爆电器有限公司	19	22	江苏恒通电气仪表有限公司	40
7	沈阳市环宇防爆电器总厂	29	23	冀州市南午防爆电器有限公司	41
8	无锡军工智能电气股份有限公司	30	24	沈阳广角成套股份有限公司	41
9	新黎明防爆电器有限公司	31	25	浙江振达防爆电气有限公司	42
10	鸡西德元电器有限公司	31	26	合隆防爆电气有限公司	44
11	创正防爆电器有限公司	34	27	江苏欧瑞防爆电气有限公司	48
12	浙江佳洲防爆电器有限公司	34	28	长城电器集团防爆电器有限公司	49
13	上海宝临防爆电器有限公司	34	29	上海电器厂实业有限公司	53
14	人民电器集团防爆电器有限公司	35	30	通化变压器制造有限公司	53
15	天津市天矿电器设备有限公司	36	31	四平市同创电器设备制造有限公司	53
16	沈阳防爆电器制造有限公司	36	32	四平市四开电器设备制造有限公司	53

（续）

序号	企业名称	资产负债率（%）	序号	企业名称	资产负债率（%）
33	合肥开关厂有限公司	54	41	济源市矿用电器有限责任公司	68
34	沈阳市凯鑫防爆电器厂	55	42	济源市华宇矿业电器有限公司	70
35	电光科技有限公司	58	43	焦作市景安机电设备制造有限公司	74
36	济源煤炭高压开关有限公司	59	44	山西长治市防爆电器有限公司	79
37	大庆安正防爆电气有限公司	59	45	湘潭煤矿机械电器有限公司	82
38	淄博市博山防爆电器厂有限公司	61	46	焦作华飞电子电器股份有限公司	84
39	华夏防爆电器有限公司	64	47	山西汾西机电有限公司	90
40	华荣科技股份有限公司	65	48	徐州煤矿机械厂	161

注：全国标准值≤60%。

表8　2011年防爆电器行业重点企业经济效益综合指数排序

序号	企业名称	经济效益综合指数	序号	企业名称	经济效益综合指数
1	电光科技有限公司	5.76	25	鸡西德元电器有限公司	2.98
2	华荣科技股份有限公司	5.49	26	江苏欧瑞防爆电气有限公司	2.97
3	江苏恒通电气仪表有限公司	4.84	27	上海宝临防爆电器有限公司	2.89
4	四平市四开电器设备制造有限公司	4.55	28	济源市矿用电器有限责任公司	2.81
5	八达电气有限公司	4.52	29	合隆防爆电气有限公司	2.79
6	德力西集团防爆电器有限公司	4.42	30	沈阳市电工防爆器材厂有限公司	2.74
7	合肥开关厂有限公司	4.17	31	山西汾西机电有限公司	2.63
8	沈阳北方防爆电器有限公司	3.77	32	燎原防爆电器有限公司	2.61
9	浙江佳洲防爆电器有限公司	3.67	33	人民电器集团防爆电器有限公司	2.45
10	瓦房店防爆电器有限公司	3.64	34	淄博市博山防爆电器厂有限公司	2.45
11	焦作市景安机电设备制造有限公司	3.62	35	浙江振达防爆电气有限公司	2.43
12	无锡军工智能电气股份有限公司	3.56	36	湘潭煤矿机械电器有限公司	2.40
13	华夏防爆电器有限公司	3.55	37	通化变压器制造有限公司	2.38
14	沈阳华兴防爆器材有限公司	3.50	38	冀州市南午防爆电器有限公司	2.33
15	新黎明防爆电器有限公司	3.50	39	沈阳广角成套股份有限公司	2.32
16	飞策防爆电器有限公司	3.47	40	沈阳三丰电气有限公司	2.20
17	上海电器厂实业有限公司	3.46	41	大庆安正防爆电气有限公司	1.94
18	长城电器集团防爆电器有限公司	3.23	42	济源煤炭高压开关有限公司	1.90
19	焦作华飞电子电器股份有限公司	3.20	43	沈阳市中兴防爆电器总厂	1.85
20	天津市天矿电器设备有限公司	3.17	44	沈阳市凯鑫防爆电器厂	1.73
21	济源市华宇矿业电器有限公司	3.14	45	徐州煤矿机械厂	1.47
22	创正防爆电器有限公司	3.08	46	山西长治市防爆电器有限公司	1.38
23	四平市同创电器设备制造有限公司	3.07	47	沈阳防爆电器制造有限公司	1.26
24	沈阳市环宇防爆电器总厂	3.01	48	大同市同大防爆电器有限公司	1.14

产品分类产量　2011年各类厂用、矿用防爆电器产品产量均有不同程度的增长。矿用防爆电器中具有智能功能的产品以及大容量的组合开关、高压配电装置、电磁起动器和馈电开关增长幅度比较大，这说明我国煤矿机械化、自动化的水平越来越高，对这类产品的需求在不断增加，具有智能化、大容量、组合式的防爆电器产品也是煤矿用电气设备今后发展的主要方向。2011年防爆电器主要产品产量见表9。

表9　2011年防爆电器主要产品产量

产品名称	2011年产量（台）	比上年增长（%）	产品名称	2011年产量（台）	比上年增长（%）
矿用隔爆型高压配电装置	38 720	11.8	矿用隔爆型馈电开关	146 780	8.9
矿用隔爆型电磁起动器	278 600	15.3	矿用隔爆型组合开关	9 326	19.8

（续）

产品名称	2011年产量(台)	比上年增长(%)	产品名称	2011年产量(台)	比上年增长(%)
矿用隔爆型变压器综合装置	76 849	22.7	厂用防爆操作柱	324 800	9.9
矿用隔爆型高压电缆连接器	5 670	-6.7	厂用防爆控制按钮	892 460	14.6
矿用隔爆型主令电器	1 260 000	6.8	厂用防爆插接装置	473 680	44.4
矿用隔爆型插接电器	382 130	89.1	厂用防爆荧光灯	1 560 000	19.2
矿用隔爆型干式变压器	2 014	55.9	厂用防爆其他灯具	2 668 545	71.2
矿用隔爆型移动变电站	4 772	68.2	粉尘防爆电器	589 400	26.2
厂用防爆配电箱	144 821	7.1	粉尘防爆灯具	489 600	33.5
厂用防爆电磁起动器	158 700	13.5	船用防爆电器	40 904	10.8

市场及销售 2011年矿用防爆电器和厂用防爆电器产品销售市场仍然较好，产品销售量和销售额均比上年有较大增长。2011年全行业重点企业共实现产品销售额878 839万元，比上年增长25.8%。2011年主要产品销售量及销售额见表10。2011年销售收入5 000万元以上的企业见表11。

表10 2011年主要产品销售量及销售额

产品名称	销售量(台)	销售额(万元)	产品名称	销售量(台)	销售额(万元)
矿用隔爆型高压配电装置	37 800	94 434	厂用防爆配电箱	142 600	67 098
矿用隔爆型电磁起动器	266 900	78 572	厂用防爆电磁起动器	152 000	18 085
矿用隔爆型馈电开关	139 780	100 818	厂用防爆操作柱	317 960	38 154
矿用隔爆型组合开关	9 238	25 453	厂用防爆插接装置	464 700	55 762
矿用隔爆型高压电缆连接器	5 596	1 119	厂用防爆荧光灯	1 480 000	66 600
矿用隔爆型变压器综合装置	75 938	22 788	厂用防爆灯	2 587 000	88 576
矿用隔爆型主令电器	1 210 000	14 526	粉尘防爆电器	548 400	26 300
矿用隔爆型插接电器	364 760	14 830	粉尘防爆灯具	463 600	27 816

表11 2011年销售收入5 000万元以上的企业

序号	企业名称	销售收入(万元)	序号	企业名称	销售收入(万元)
1	华荣科技股份有限公司	158 245	19	上海佳洲防爆电器有限公司	15 364
2	电光科技有限公司	111 591	20	通化变压器制造有限公司	14 732
3	飞策防爆电器有限公司	40 227	21	济源煤炭高压开关有限公司	14 608
4	江苏恒通电气仪表有限公司	37 310	22	长城电器集团防爆电器有限公司	13 587
5	八达电气有限公司	36 010	23	合肥开关厂有限公司	12 846
6	新黎明防爆电器有限公司	27 514	24	上海电器厂实业有限公司	12 117
7	合隆防爆电气有限公司	24 985	25	焦作华飞电子电器股份有限公司	12 040
8	山西汾西机电有限公司	24 785	26	淄博市博山防爆电器厂有限公司	9 640
9	华夏防爆电器有限公司	22 691	27	人民电器集团防爆电器有限公司	9 613
10	徐州煤矿机械厂	21 211	28	德力西集团防爆电器有限公司	9 465
11	济源市矿用电器有限责任公司	20 531	29	沈阳市中兴防爆电器总厂	9 416
12	沈阳北方防爆电器有限公司	20 148	30	鸡西德元电器有限公司	8 019
13	创正防爆电器有限公司	18 562	31	沈阳市电工防爆器材厂有限公司	7 159
14	天津市天矿电器设备有限公司	18 271	32	燎原防爆电器有限公司	6 625
15	无锡军工智能电气股份有限公司	18 130	33	大庆安正防爆电气有限公司	6 317
16	浙江振达防爆电气有限公司	17 133	34	焦作市景安机电设备制造有限公司	6 204
17	济源市华宇矿业电器有限公司	16 156	35	江苏欧瑞防爆电气有限公司	6 071
18	上海宝临防爆电器有限公司	15 690	36	沈阳市环宇防爆电器总厂	5 895

2011 年防爆电器行业 48 家企业中,14 家企业有出口贸易,共向南非、韩国、巴林、伊朗、俄罗斯、巴基斯坦、科威特、巴西、越南等国出口各类厂、矿用防爆电器和防爆灯具共计 96 万件(台),出口创汇 4 590 万美元,比上年增长 16.5%。

科技成果及新产品 2011 年,全行业骨干企业在产品结构调整和技术创新等方面取得了很大成绩。恒通电气集团、电光科技有限公司、华荣科技股份有限公司、创正防爆电器有限公司、济源市煤炭高压开关有限公司、新黎明防爆电器有限公司、飞策防爆电器有限公司、沈阳北方防爆电气有限公司、焦作市景安机电设备制造有限公司、沈阳防爆电器制造有限公司、鸡西德元电器有限公司、长城集团防爆电器有限公司、天津市天矿电器设备有限公司、通化变压器制造有限公司、大庆安正防爆电气有限公司、沈阳广角成套电器股份有限公司、焦作华飞电子电器股份有限公司、济源市矿用电器有限责任公司、合隆防爆电气有限公司、沈阳华兴防爆器材有限公司、四平市四开电器设备制造有限公司、无锡军工智能电气股份有限公司、江苏欧瑞防爆电气有限公司 23 家企业获高新技术企业、技术中心、知识产权示范企业、专利示范企业和科技创新优秀企业称号,其产品商标获国家、省、市驰名商标,著名商标称号。

13 家企业 15 种产品获得省、市科技进步奖。华夏防爆电气有限公司研制的 KJYF－12/96 型矿用可移动救生舱获浙江省科技新产品奖;华荣科技股份有限公司的 BAD84 型防爆高效节能 LED 灯获上海市高新技术成果转化项目奖;创正防爆电器有限公司研制的 CZ059□系列全塑防爆配电箱获浙江省嘉兴市科技进步奖二等奖;焦作市景安机电设备制造有限公司研制的矿用隔爆型真空照明信号综合保护装置获河南省工业和信息化厅科技成果三等奖;沈阳防爆电器制造有限公司研制的 BSJ1 型矿用隔爆型绞车电控装置获辽宁省中小企业厅专精特新产品奖;天津市天矿电器设备有限公司研制的 BZK－800(630)型矿用隔爆型真空馈电开关智能综合保护器获天津市北辰区科技进步奖二等奖;徐州煤矿机械厂研制的 KBZ－630/1140 型矿用隔爆型智能真空馈电开关获徐州市科技进步奖三等奖;焦作华飞电子电器股份有限公司研制的矿用隔爆型变频调速装置获河南省科技成果奖、河南省安全生产科技进步奖一等奖和河南省工业设计优秀产品奖,BTDK 型矿用隔爆型变频电控装置获河南省安全生产科技进步奖三等奖、煤炭科技进步奖二等奖;上海宝临防爆电器有限公司研制的 BAX82 型固态免维护防爆灯获上海市高新技术成果转化项目奖;济源市矿用电器有限责任公司研制的 QBRG－400/10(6)K 型矿用隔爆型交流高压软起动控制器获济源市科技进步奖一等奖,ZPS－1140/(660)型煤矿井下自动排水系统获济源市科技进步奖二等奖;山西汾西机电有限公司研制的 WBB－□/1140(660)型矿用隔爆型动态无功补偿装置获能源科技进步奖三等奖;无锡军工智能电气股份有限公司研制的 PBG50－1250/10(6)矿用隔爆型高压真空配电装置获江苏省重点新产品奖;江苏欧瑞防爆电气有限公司研制的 BLF－56 防爆泛光灯获江苏省创新技术产品奖。

2011 年,全行业共有 159 项产品和技术获得外观设计专利、实用新型专利和发明专利,分别为:华夏防爆电气有限公司开发的矿用高压真空配电装置联合结构、矿用可移动式救生舱空气冷却系统、煤矿井下避难舱空气制冷系统、矿用隔爆兼本质安全型不断电漏电试验馈电开关、矿用隔爆兼本质安全型照明灯具;上海佳洲防爆电器有限公司开发的多回路组合开关接插式装置、多回路组合开关杠杆式机械联锁机构、矿用隔爆型电磁起动器多回路隔离开关安装机构;八达电气有限公司开发的配电装置用接线端子、井下自动排水与测控保护装置、煤矿井下配电装置;电光科技有限公司开发的矿用照明信号综合保护装置用智能保护器、矿用组合开关照明控制输出电源专用智能保护器、矿用电磁起动器智能保护装置、矿用馈电开关智能保护装置、矿用软起动器智能控制及保护装置、矿用组合开关智能保护器、矿用组合开关用光纤与串口转换装置、矿用双风机双电源自动切换智能保护器、矿用组合开关光纤集控装置、矿用隔爆兼本质安全型多回路真空电磁起动器、矿用本质安全型全自动水位控制器、矿用本安型开盖联锁保护装置、矿用隔爆型开盖联锁保护装置、矿用隔爆壳体水压试验装置、隔爆型接线端子、分级闭锁防爆开关;华荣科技股份有限公司开发的防爆固态照明灯、BXJ－200 低压保护箱、QJZ－2×120 真空电磁起动器、防爆陶瓷金卤灯、BZC8050 防爆防腐操作柱、BZC8050 防爆操作柱、防爆接线座、QJZ3－60 真空电磁起动器、KJG－630/10Y 高压真空开关、QJZ－800 真空组合开关、防爆操作柱、BAD86－Ⅰ防爆无极灯、BSZD81 防爆航空障碍灯、BDD81 防爆灯、BAY51－Q18 防爆荧光灯、BHD51 防爆接线盒、BLK 防爆电动机开关、灯具的防水接线座及灯具、防爆 LED 投光灯、船用荧光棚顶灯、按钮芯子与防爆按钮、BXT－W 防爆箱体、BAT85 防爆泛光灯、BZC 防爆操作柱、HA 隔爆型按钮、BAD85 防爆 LED 灯、BXM(D)81 防爆照明(动力)配电箱、BAY51 防爆荧光灯、GCD5013 隔爆型防爆灯、BAD305D 手提式防爆探照灯、GAD508 遥控探照灯、BQD 防爆电动机起动器、防爆按钮头的操作部分结构、GC002－1 000W 防水防尘防震高顶灯、防爆电筒、GCD5012 壁式安装结构、GCD5012 平台式安装结构、GCD613－Ⅱ防爆固态照明灯、灯具连接装置、一体式隔爆型防爆灯、BQD 防爆电磁起动器、BH81 系列防爆灯、BDD91 系列防爆灯、GC003－Ⅲ棚顶灯、GC105 防水防尘灯、GFD5060－P内场方灯、GFD5166 嵌入式固态灯、BAD212 微型防爆调光工作灯、BAD308E－T 防爆调光工作灯、GAD309F 多功能手摇发电灯、GCD615 隔爆型防爆灯、GC106 节能无极灯、防水防尘灯、隧道灯、嵌入式固态灯、一体式防爆灯;济源市煤炭高压开关有限公司开发的 KJZ－1250 型后法兰矿用隔爆型真空馈电开关、KJG－400 型独立接线腔式移动变电站用高压真空开关、KJG－400 型矿用隔爆型移动变电站用高压真空开关、KJZ－1250 型矿用隔爆真空馈电开关;新黎明防爆电器有限公司开发的 BZD11Z 型防爆无极灯,BYD702 型防爆

LED荧光灯，BZD118型防爆LED照明灯，BZD120－50W、80W防爆无极灯；焦作市景安机电设备制造有限公司开发的矿用LED直形灯、矿用LED圆形灯、矿用巷道灯用本安电源；天津市天矿电器设备有限公司开发的自动馈电开关漏电保护单元、井下水位自动控制器排水方法；徐州煤矿机械厂开发的防爆开关漏电保护校验装置；通化变压器制造有限公司开发的KBSG矿用隔爆型干式变压器；焦作华飞电子电器有限责任公司开发的防爆变频器光纤接线端子组件、防爆变频器铰链结构、防爆变频器防爆显示装置、高压防爆变频器多功能隔爆外壳、防爆变频器水冷装置、防爆变频器水冷装置泵机柜；上海宝临防爆电器有限公司开发的BAD98型防爆无极灯、BAX91型固态免维护防爆灯、BAD1101型隔爆型照明装置、BSZD型防爆航空障碍灯、BL8050型隔爆型信号指示灯；振达科技有限公司开发的BQD86－30矿用隔爆型电磁起动器、充电式发爆器、双岗防爆开关、矿用真空馈电开关控制软件、甲烷报警仪控制软件、安全生产监测监控系统软件、矿用真空软起动器控制软件、矿用高压真空配电装置控制软件；河南省济源市矿用电器有限责任公司开发的矿用可移动式救生舱、矿用可移动式救生舱舵式前门、舱内试验加温装置、空气调节装置、电线电缆连接接头、内循环通风风道装置、舱舵前式门闭锁手舵、泄压装置、放置废弃处理药剂的容器装置、防爆直流风机、压风过滤装置和监测管理装置；济源市华宇矿业电器有限公司开发的矿用智能永磁控制器、智能永磁真空交流接触器、隔爆兼本安型永磁变频调速软起动器、智能高压配电装置综合保护器、智能隔爆兼本安型直流电源、矿用隔爆兼本安型网络交换机、矿用隔爆兼本安型永磁式软起动器、可逆真空接触器模块化组合开关；合隆防爆电气有限公司开发的LED防爆灯、LED反光杯、防爆防腐操作开关、防爆消防报警按钮操作机构、LED小角度灯杯、板后型防爆防腐信号灯、板后型防爆防腐电位器、板后电缆型防爆防腐控制按钮、板后电缆型防爆防腐信号灯、板后电缆型防爆防腐电位器、防爆防腐电位器、带钥匙的急停按钮头、BAD84型免维护防爆节能灯、BAD82自动悬挂式防爆灯、BZA8050－X系列防爆防腐消防报警主令控制器、SAD61节能环保防爆灯、BAD83－M自动悬挂式大功率高频防爆无极灯；四平四开电器设备制造有限公司开发的矿用隔爆型高压真空配电装置；泰安众诚矿山自动化股份有限公司开发的BXB1－2000型矿用隔爆型移动变电站用低压保护箱、矿用隔爆兼本安型组合开关。

2011年，全行业各企业根据市场需要开发了以下新产品：QJGZ1－1260/3300－4、QJGZ1－1400/3300－6、QJGZ1－2000/3300－8、QJZ1－1600/1140－6、QJGZ1－1800/1140－8以及QJZ－2400/3300－2、10矿用隔爆兼本质安全型多回路真空电磁起动器，QJZL－800、1200/1400(660)－6矿用隔爆兼本质安全型六回路真空电磁起动器，BPJ－315、400/1140(660)矿用隔爆兼本质安全型交流变频器，QJZ－1600/1140(660)－4、6矿用隔爆兼本质安全型多回路真空电磁起动器，KJ384型矿用供电监控系统，KJ384－F型矿用本安型供电监控分站，KJZ－2400/3.3、1.14(0.66)/6.6(A)型矿用隔爆兼本质安全型动力中心组合开关，KJYF矿用可移动救生舱，KBZ－2×400(200)/1140(660)矿用隔爆型双电源可自动切换馈电开关，QJZ－2×200/1140(660)S矿用隔爆兼本质安全型双速双回路真空电磁起动器，KBZ－200、400、500、630/1140(660)Y矿用隔爆型永磁式真空馈电开关，KBG－400/10Y矿用隔爆型移动变电站用高压真空开关，KXJT带式输送机控制装置、KXB－1150/3300C采煤机用隔爆型电控箱，QJR－250(200、160)/1140(660)Z矿用隔爆兼本质安全型软起动器，QJZ－630(500)/1140矿用隔爆兼本质安全型真空电磁起动器，QJR－2×400/1140(660)Z矿用隔爆兼本质安全型双回路软起动器，BXB1－1200(1000)/1140、3 300V矿用隔爆型移动变电站用低压保护箱，KXB－1140矿用隔爆型组合控制箱，KBGF50－□/□Y矿用隔爆型移动变电站用高压负荷开关，BXB50－□/□Y矿用隔爆移动变电站用低压保护箱，KBG50－□/□Y矿用隔爆型移动变电站用高压真空开关，KBG51－□/□Y矿用隔爆型移动变电站用永磁机构高压真空开关，KBZ50－□/□Y矿用隔爆型移动变电站用低压交流馈电开关，QBZ50－2×□/□SF煤矿风机用隔爆型双电源真空电磁起动器，WBB50－□/□矿用隔爆型无功功率自动补偿装置，PAG770－□/□Y矿用隔爆型永磁机构高压真空配电装置，BPJ2－500/1140矿用隔爆兼本质安全型变频器，WBB－480/1140矿用隔爆型零过度动态无功补偿装置，DGS3/127LY(A)矿用隔爆型标志灯，KBD－15/660(380)矿用隔爆型电源开关，BZA3－5/36矿用隔爆型急停按钮，DGY35/24(36)J(B)矿用隔爆型(远近光疝灯)机车灯，ZTK(B)－200/660矿用隔爆型提升机电控装置，QJGR－400A/10(6)kV矿用隔爆兼本质安全型高压软起动器，QJZ－1600A/1140V－8(12)矿用隔爆兼本质安全型多回路起动器，DJS24(36)/127(LB)矿用隔爆兼本安型LED巷道灯，DLS18(24、36、48、60)/127L(A)矿用隔爆兼本安型LED巷道灯，PJK－410/660(380)矿用隔爆型自适应电流保护控制站，QJZ－800、1600/1140(660)矿用隔爆兼本质安全型多回路真空电磁起动器，QJZ－2400/3300矿用隔爆兼本安型多回路真空电磁起动器，QBZ－2×160/1140(660)SF煤矿风机用隔爆型双电源真空电磁起动器，JYC－12(10 8)矿用移动救生舱，KHT153矿用立井提升机综合后备保护装置，KXJ1－127矿用提升机变频器操作系统，BAD503防爆强光探照灯，GCD615防爆固态灯，BAD83－H防爆高效节能无极灯，BAD85－S防爆高效节能LED灯，BCZ85防爆插接装置，BLJ81防爆仪表多芯连接器，BDJ防爆智能节电器，BLE30/20防爆现场操作柱，KTC－KE防爆正压控制系统，BXM/D80防爆照明动力箱，BZD120防爆免维护低碳无极灯，BZD115、BZD118防爆免维护低碳LED照明灯，BZD112防爆免维护低碳无极灯，BYD701井架专用防爆荧光灯，BAT52－E防爆泛光灯，BHZD防爆航空闪光障碍灯，BAD52防爆灯，BAZ52－4B防爆应急灯，BAZ51防爆镇流器,BFS 防爆排风扇,BAD98 防爆无极灯,BAX91 固态免维护防爆灯,BAF1101 防爆照明装置,BL8050 防爆信号指示灯,BKK52 - T2500V/200min 钻井平台螺杆泵电源耦合器,BWD57 免维护防爆无极灯,FMD2 - 100W LED 防爆免维护吸顶灯,FDP4 - 100W 防爆低频无极灯,BBJ51 - 24 防爆声光报警器,BKX52 粉尘防爆控制箱,BCX51 粉尘防爆插座箱,BF28159 防爆防腐照明(动力)配电箱,BEW 防爆开水器,BBG 防爆冰箱,BCS1 - U 防爆磁性开关。

质量及标准 由全国防爆电气设备标准化技术委员会防爆电器分技术委员会归口管理,由沈阳中兴防爆电器总厂负责起草的 JB/T 11188—2011《爆炸性气体环境用检修箱》、新黎明防爆电器有限公司负责起草的 JB/T 11189—2011《爆炸性气体环境用投光灯》、杭州弘泰电器有限公司负责起草的 JB/T 11190—2011《爆炸性气体环境用镇流器》和沈阳鑫中兴防爆电器有限公司负责起草的 JB/T 11191—2011《爆炸性气体环境用荧光灯》四项机械行业标准已于 2011 年 12 月 20 日由工业和信息化部发布,于 2012 年 4 月 1 日起实施。

中国电器工业协会防爆电器分会于 2011 年 4 月和 8 月分别在沈阳和山东泰安市举办了第六期和第七期防爆电器技术培训班,共有近 140 家企业 180 余名学员参加了培训。两期培训班分别聘请专家重点讲授了《爆炸性环境　第 1 部分:设备通用要求》等新的国家标准和粉尘防爆及正压防爆电气设备的防爆原理、防爆技术的基础知识,国家标准对粉尘防爆、正压防爆电气设备的基本规定及产品在设计、使用中应注意的问题,收到了很好的效果。

2011 年,防爆电器分会举办了首届"华荣杯"全国防爆电气行业论文大奖赛,收到论文 27 篇,经防爆电器分会秘书处初审并组织专家评审,评出一等奖 1 名、二等奖 2 名、三等奖 6 名、优秀奖 8 名。华荣科技股份有限公司周青撰写的《关于节能型防爆灯具——大功率 LED 防爆灯具的设计探讨》获得一等奖;沈阳防爆电器制造有限公司贾玲撰写的《简论影响矿用隔爆型电磁起动器可靠性的几点要素》、华荣科技股份有限公司周京撰写的《质量瓶颈的攻关——防爆灯具球形玻璃罩》获得二等奖;沈阳电气传动研究所王晓波撰写的《从型式试验过程中看厂用隔爆型防爆产品在设计时需注意的问题》、国家安全生产天津防爆电气检测检验中心刘彦杰撰写的《爆炸性危险场所在用电气设备的安全隐患及控制措施》、石油和化学工业电气产品防爆质量监督检验中心邢立兵撰写的《论爆炸性环境用非电气设备的防爆》、中海油天津化工研究设计院徐建文撰写的《关于 LED 灯具的防爆设计》、沈阳广角成套电器股份有限公司樊勇撰写的《介绍一种新型的矿用机车灯——氙气灯》、华荣科技股份有限公司朱品强撰写的《浅谈ⅡC 级防爆电动云台的设计》获得三等奖。

基本建设及技术改造 2011 年,全行业基本建设和技术改造投资 4.68 亿元,比上年增长 10.6%。其中基本建设投资 3.87 亿元,技术更新改造投资 0.81 亿元。

对外合作 2011 年 11 月,由中国电器工业协会防爆电器分会李绍春秘书长任团长、中国电器工业协会国际合作部邹其文任领队,沈阳北方防爆电气有限公司、沈阳市环宇防爆电器总厂、大庆安正防爆电气有限公司、新黎明防爆电器有限公司、合隆防爆电气有限公司、振达防爆电气有限公司、山西省长治市中安防爆电器有限公司、浙江沈海防爆灯具有限公司、电光科技有限公司等 11 家单位 15 人为团员,历时 10 天考察了芬兰、丹麦、瑞典、挪威和德国。

考察期间中方企业与芬兰工业联盟、芬兰萨沃省商会、德国菲尼克斯公司、德国 ABB 公司有关负责人和技术专家进行了座谈,了解了芬兰工业联盟的基本情况和芬兰经济发展状况。在菲尼克斯和 ABB 公司,中方人员详细考察了产品的发展过程和目前产品生产情况及技术水平,参观了产品生产线及产品检验室。

2011 年 3 月,中国电器工业协会防爆电器分会与中国国际贸易促进会化工行业分会、北京振威国际展览有限公司共同主办了第八届中国国际防爆电气设备展览会。共有国内外 100 多家企业展示了各类先进的防爆电气设备,收到了很好的效果。

行业活动 2011 年是中国电器工业协会防爆电器分会成立二十周年,分会于 2011 年 5 月在深圳举行了庆典活动。中国电器工业协会杨启明会长、白文波副秘书长,国家矿用产品安全标志中心王秋敏主任、乐清市质量技术监督局王守根局长、煤炭科工集团沈阳研究院温永言副院长、国家安全生产上海矿用设备检测检验中心李斌、夏文刚所长,佳木斯防爆电机研究所尚志奎所长、石油和化学工业电气产品防爆质量监督检验中心冯孝秋主任、中国机械工业年鉴社李卫玲社长等莅临会议。

中国电器工业协会杨启明会长、白文波副秘书长,安标中心王秋敏主任、煤炭科工集团沈阳研究院温永言副院长、乐清市质量技术监督局王守根局长和沈阳电气传动研究所易兰利所长等领导充分肯定了防爆电器分会成立 20 年来取得的成绩,殷切希望防爆电器分会在今后的各项活动中取得更大的成绩。

中国电器工业协会、煤炭科工集团等十几家单位发来贺电向防爆电器分会表示祝贺。

庆典活动还对分会成立 20 年来对防爆电器事业发展作出突出贡献的单位和个人进行了表彰和奖励。

〔撰稿人:中国电器工业协会防爆电器分会李绍春〕

电线电缆

生产发展情况 2011 年,国际经济环境复杂严峻。在发达国家经济复苏乏力、债务危机进一步恶化及全球经济增速放缓等影响下，国内经济下行的压力进一步增大。在国家提出加快转变经济发展方式，全面贯彻落实加强和改善宏观调控的各项政策措施的指引下，电线电缆行业克服市场、资金等种种困难，2011 年经济总量仍保持增长的态势。

根据 3 496 家电线电缆制造企业的统计快报，2011 年完成工业总产值 11 102.62 亿元，同比增长 28.11%；主营业务收入 10 664.97 亿元，同比增长 27.78%。另 151 家光纤光缆企业 2011 年完成工业总产值 668.51 亿元，同比增长 26.76%；主营业务收入 643.1 亿元，同比增长 24.68%。

根据中国电器工业协会电线电缆分会提供的会员统计数据，2011 年电线电缆行业部分企业主要经济指标（按行政区域排列）见表 1。

表 1　2011 年电线电缆行业部分企业主要经济指标（按行政区域排列）

企业名称	工业总产值（万元）	资产总计（万元）	主营业务收入（万元）	企业名称	工业总产值（万元）	资产总计（万元）	主营业务收入（万元）
天津塑力线缆集团有限公司	1 031 805	909 694	938 005	安徽华菱电缆集团有限公司	172 883	156 604	172 883
保定天威电力线材有限公司	85 494	41 920	84 653	冠城大通股份有限公司	406 585	519 054	407 467
山西鑫源电线电缆有限责任公司	10 289	6 858	10 757	江西南缆集团有限公司	68 506	33 182	60 268
上海杨行铜材有限公司	126 739	79 275	126 739	青岛中能电线电缆制造有限公司	34 434	20 090	34 038
上海熊猫线缆股份有限公司	53 416	43 212	53 930	山东阳谷电缆集团有限公司	412 012	275 679	410 025
上海南大集团有限公司	149 040	98 205	152 887	焦作铁路电缆有限责任公司	44 993	58 668	45 534
通鼎集团有限公司	1 083 258	407 617	107 6272	航天电工技术有限公司	179 166	191 024	186 039
远东电缆有限公司	1 110 400	1 058 762	107 1783	湖南省冷水滩电线电缆股份有限公司	26 004	5 404	26 777
江苏中煤电缆股份有限公司	149 080	135 302	145 032	广东南洋电缆集团股份有限公司	247 240	193 973	208 718
中天科技集团有限公司	1 231 605	962 768	1 026 338	广州电缆厂有限公司	99 964	51 949	95 546
江苏上上电缆集团有限公司	1 003 393	439 924	1 009 374	桂林国际电线电缆集团有限责任公司	316 346	169 360	234 306
江苏中超电缆股份有限公司	199 856	216 885	176 896	重庆渝州电线有限责任公司	14 035	5 864	13 533
浙江富春江通信集团有限公司	888 832	652 780	928 023	特变电工（德阳）电缆股份有限公司	205 611	96 233	201 482
浙江万马电缆股份有限公司	257 002	236 027	259 826	四川九洲线缆有限责任公司	235 272	52 077	203 344
浙江宏磊控股集团有限公司	618 560	304 835	619 913	贵州塑力线缆有限公司	77 946	60 348	80 947
露笑集团有限公司	386 364	129 352	367 960	昆明电缆集团股份有限公司	160 424	144 085	164 522

市场及销售　青岛汉缆股份有限公司中标国家电网公司各项目的 220kV 电缆总量超过 75km，中标国家电网公司各项目的 110kV 电力电缆总量超过 451km。

宝胜普睿司曼电缆有限公司中标国家电网公司各项目的 220kV 电缆总量超过 70km，中标国家电网公司各项目的 110kV 电力电缆总量超过 291km。

特变电工山东鲁能泰山电缆有限公司中标国家电网公司各项目的 220kV 电缆总量超过 51km，中标国家电网公司各项目的 110kV 电力电缆总量超过 230km。特变电工新疆线缆厂中标北京地铁 6 号线工程及北京地铁 9 号线工程无卤低烟电缆和 10kV 电缆项目，总额 1.11 亿元；中标国家电网公司各项目的钢芯铝绞线总量逾 7 716t。特变电工（德阳）电缆股份有限公司与尼泊尔电力公司签订高压 ABC 电缆合同，金额为 1 600 万元；中标京沪高速铁路工程订单，金额为 4 668.83 万元。

远东电缆有限公司中标国家电网公司各项目的钢芯铝绞线总量逾 21 940t。远东复合技术有限公司中标国家电网公司各项目的碳纤维复合芯导线超过 53.2km。

江苏中天科技股份有限公司中标国家电网公司各项目的钢芯铝绞线总量逾 11 507t；中标国家电网公司各项目的铝包钢芯铝绞线总量逾 2 544t；中标国家电网公司各项目的铝包钢绞线总量逾 3 750t。上海中天铝线有限公司中标国家电网公司各项目的钢芯铝绞线总量逾 17 657t，中标国家电网公司各项目的铝包钢芯铝绞线总量逾 4 610t。中天日立光缆有限公司中标国家电网公司各项目的 OPGW 总量超过 5 146km。中天科技海缆有限公司与 EPC 总包商意大利 SAIPEM 公司签订海底光电复合缆供货合同，金额为2 700万美元。

武汉电缆集团有限公司中标国家电网公司各项目的钢芯铝绞线总量逾 16 768t，中标国家电网公司各项目的铝包钢芯铝绞线总量逾 837t。

杭州电缆股份有限公司中标国家电网公司各项目的铝包钢芯铝绞线总量逾 4 498t，中标国家电网公司各项目的 110kV 电力电缆总量超过 78km。

江苏通光光缆有限公司中标国家电网公司各项目的 OPGW 总量超过 4 058km。

江苏藤仓亨通光电有限公司中标国家电网公司各项目的 OPGW 总量超过 4 003km。

河南通达电缆股份有限公司与越南国家电力公司（EVN）下属企业签订供货合同，供应钢芯铝绞线逾 3 500km，合同总金额 1 180 万美元；中标国家电网公司各项目的钢芯铝绞线总量逾 12 626t；中标国家电网公司各项目的铝包钢芯铝绞线总量逾 1 076t。

江苏中超电缆股份有限公司与坦桑尼亚电力供应公司

签订了总价约 1 344 万美元的电缆采购框架合同；与大连万达商业地产股份有限公司签订了总价 1. 95 亿元的电缆供应及指导安装集中采购合作合同。

江苏南瑞银龙电缆有限公司中标国家电网公司各项目的钢芯铝绞线总量逾 17 250t。

无锡华能电缆有限公司中标国家电网公司各项目的钢芯铝绞线总量逾 15 766t，中标国家电网公司各项目的铝包钢芯铝绞线总量逾 4 619t。

黄山市诚意金属有限公司中标国家电网公司各项目的镀锌钢绞线总量逾 1 542t。

巩义市恒星金属制品有限公司中标国家电网公司各项目的镀锌钢绞线总量逾 1 003t。

江西新华金属制品有限责任公司中标国家电网公司各项目的铝包钢绞线总量逾 1 699t。

广东新南达电缆实业有限公司获得巴基斯坦超过 850km ABC 架空绝缘电缆订单。

科技成果及新产品 广东新南达电缆实业有限公司生产的“一种全阻水中压交联聚乙烯绝缘电力电缆”和“一种防火防水低烟无卤的火灾报警电缆”获得实用新型专利证书。

安徽宏源特种电缆集团有限公司的“舰船用水下测磁电缆”“电器防波接地保护套”“耐高温特种超五类电缆”和“三色或四色螺旋氟塑料挤包绝缘安装线”获得专利证书。

常州船用电缆公司研发的“一种舰船用轻型电力电缆”获得实用新型专利。

重庆鸽牌电线电缆有限公司的“一种带有扭转护套的 2MW 风力发电电缆”获得国家发明专利，“2MW 风力发电用低温扭转柔性电缆”和“城市轨道交通用低烟无卤阻燃耐火电缆”获得实用新型专利。

扬州市红旗电缆制造有限公司的“海上石油平台用消防型耐腐蚀耐气候铠装电力电缆”和“海上石油平台用防火防水抗强干扰型铠装测控电缆”获得实用新型专利。

湖南华菱线缆股份有限公司的 TCDL－18 承重电缆通过了专家鉴定，“脐带电缆”获得发明专利。

江苏南瑞银龙电缆有限公司的“一种承束架空电缆”“一种电力通信复合电缆”和“进户用光电复合缆”获得实用新型专利。

江苏中辰电缆有限公司获得 2 项发明专利：一种耐高温耐腐蚀船用电缆、一种防水防爆电缆。获得 4 项实用新型专利：单芯防腐特柔软电缆、强抗电磁干扰声纳信号控制软电缆、智能中压电缆用改性弹性体电缆填充条和碳纤维复合材料承载式信号传输电缆。

江扬电缆有限公司获得 5 项实用新型专利，分别为：交联聚乙烯绝缘防水电缆、一种双色线的挤出模具、环保型辐照电缆、抗水树电力电缆、环保低烟无卤型光纤复合电缆。

天津经纬电材股份有限公司的“超、特高压干式电抗器用扁形换位铝导线”“变压器用换位导线”“风力发电机用高性能 200 级漆包铜扁线”和“200 级漆包铝扁线”通过了中国电力企业联合会鉴定。

青岛汉缆股份有限公司的殷钢芯超耐热铝合金绞线和 AACSR/EST－640/290－42/37 特强钢芯高强度铝合金绞线两项新产品在北京分别通过了产品鉴定和技术鉴定。

浙江万马天屹通信线缆有限公司的 RG6 五屏蔽护套式同轴电缆、室外接入蝶形光缆和环保型防火室内布线蝶形引入光缆通过了省级新产品鉴定。

扬州曙光电缆有限公司的柔软型高阻燃抗电晕变频电机用主回路电缆、抗静电综合挡潮型矿用防爆信号电缆和抗电磁脉冲柔软型电缆被认定为江苏省高新技术产品。

天津金山电线电缆股份有限公司的铁路机车薄壁绝缘和护套无卤电线电缆获得天津市科学技术奖。

四川明星电缆股份有限公司的环保型船用电缆和海上风力发电用耐扭曲电缆获得安徽省科学技术研究成果证书。

山东华凌电缆有限公司的扁平硅橡胶耐火阻燃电缆、低烟无卤阻燃防白蚁辐照交联电力电缆、低烟无卤阻燃防白蚁辐照交联控制电缆、高性能建筑用电线、公路车辆用低烟无卤辐照交联阻燃低压汽车线和轨道交通用低烟无卤辐照交联阻水阻燃防白蚁电缆 6 项新产品通过了省级新产品鉴定。

江苏亨通电力电缆有限公司的光纤复合低压电缆、额定电压 0. 6kV/1kV 及以下硅橡胶绝缘硅橡胶护套变频器电力电缆、额定电压 0. 6kV/1kV 及以下耐火硅橡胶绝缘控制电缆被认定为江苏省高新技术产品。

上海南大集团有限公司的乙丙橡胶绝缘耐油弹性体护套防水软电缆获得国家重点新产品证书。

质量及认证 乐星红旗电缆有限公司通过了 ISO 9000 质量管理体系认证、OHSAS 18000 职业健康安全管理体系认证、ISO 14001 环境管理体系认证。

无锡市明珠电缆有限公司通过了 ISO 14001 环境体系认证、GB/T 28001 职业健康安全管理体系认证和 ISO 9001 质量管理体系认证。

山东华凌电缆有限公司通过了 ISO 9000 质量管理体系认证、OHSAS 18000 职业健康安全管理体系认证和 ISO 14001 环境管理体系认证。

贵州新曙光电缆有限公司通过了 ISO 14001/GB 24001 环境管理体系认证、OHSAS 18001/GB 28001 职业健康安全管理体系认证。

江苏迅达电磁线有限公司通过了 ISO 9001 质量管理体系认证、ISO 14001 环境管理体系认证和 ISO 10012 测量管理体系认证。

安徽瑞之星电缆集团有限公司通过了 GJB 9001—2009 军工质量体系认证。

唐山市海丰线缆有限公司、江苏东峰电缆有限公司通过了电能(北京)认证有限公司 PCCC 认证。

中天科技海缆有限公司通过了耐克森OEM认证和UQJ海底光缆认证。

江西南缆集团有限公司通过了加拿大CSA认证。

江苏上上电缆集团有限公司获得中国船级社颁发的船用产品无石棉认可证书。

标准 工业和信息化部发布了JB/T 4278.1～19—2011《橡皮塑料电线电缆试验仪器设备检定方法》、JB/T 5331—2011《潜油电机用特种聚酰亚胺薄膜绕包铜圆线》、JB/T 5332.1—2011《额定电压3.6/6kV及以下电动潜油泵电缆 第1部分：一般规定》、JB/T 6313.1—2011《电工铜编织线 第1部分：一般规定》、JB/T 8735.1—2011《额定电压450/750V及以下橡皮绝缘软线和软电缆 第1部分：一般要求》、JB/T 11131—2011《电线电缆用聚全氟乙丙烯树脂》、YD/T 2282—2011《通信设备用3GHz及以下频段对称电缆技术条件》、YD/T 2283—2011《深海光缆》、YD/T 2284—2011《终端光组件用光纤带》、YD/T 2289.2—2011《无线射频拉远单元(RRU)用线缆 第2部分：电源线》等行业标准。

国家能源局发布了SY/T 6548—2011《石油测井电缆和连接器的使用与维护》。

国家质量监督检验检疫总局和国家标准化管理委员会发布了GB/T 27749—2011/IEC 60370：1971《绝缘漆耐热性试验规程 电气强度法》国家标准。

基本建设及技术改造 兴乐集团投资的黄山兴乐电缆产业园项目开工建设。项目总投资25亿元，占地面积66.67万m^2(1 000亩)，以生产超高压、高压、中压交联聚乙烯绝缘电力电缆，低压电力电缆及导线为主。

湖北航天电缆有限公司投资11亿元的湖北航天电缆产业园开工建设，建成后可实现年销售收入22亿元。

上海南洋电缆集团泰州有限公司的特种电缆项目开工建设。项目总投资20亿元，全部建成约3年时间，主要从事高端电线电缆产品的研发、制造和销售。

湘潭市电线电缆有限公司投资5.2亿元用于金驰电缆生产基地项目。该项目占地面积19.49万m^2(292.3亩)，将建设35kV及以下交联电缆、塑料绝缘电缆、橡胶绝缘电缆生产线。

特变电工(德阳)电缆股份有限公司“十二五”期间的一期技改项目开工奠基。项目总投资3.4亿元，达产后年产能超过10亿元。

中天科技海缆有限公司投资2亿元用于超高压海底光电复合缆技术改造项目，预计2012年底建成，将形成高压海底光电缆年产能400km。

福建南平太阳电缆股份有限公司总投资1.2亿元，在包头分公司新建厂房55 600m^2，引进2条中压交联电缆生产线；完成高压分厂和建筑用线分厂的搬迁、改造和安装。

江苏华远电缆有限公司投入8 000多万元用于新厂区建设和5条橡胶连硫生产线的引入。

上海杨行铜材有限公司投资600多万元对生产场地进行现场环氧地平改造；在漆包线车间投资100多万元设置立体货架，改善车间物品存储；投入研发资金3 000多万元。

江苏中超电缆股份有限公司引入麦拉菲尔VCV生产线、瑞士哈弗莱模块化试验系统和SKET框盘绞线机等6套设备，新建500kV环保型阻燃超高压交联电缆和500kV资源节约型铝合金架空线项目，总投资4 000多万元。

江苏海达电缆有限公司投资360多万元更新挤塑机、成缆机、框绞机等8台设备，新建10 000m^2标准厂房，投资1 000万元进行厂区绿化改造。

对外合作 耐克森(Nexans)公司以12.4亿元收购山东阳谷电缆集团有限公司的电力电缆业务，共同合作建立合资企业。其中，耐克森将持有合资公司75%的股份，山东阳谷电缆集团有限公司持有合资公司25%的股份。

上海电缆研究所下属上海胜诺电缆设备技术有限公司经过上海产权交易所的挂牌，将所有股份包括原上海电缆研究所的国资股份和个人股东股份转让给麦拉菲尔集团全资中国子公司——麦斐国际贸易(上海)有限公司。

日本维世佳株式会社与沈阳电缆产业有限公司签订协议，双方共同投资2.2亿元在沈阳经济技术开发区兴建维世佳沈阳电缆有限公司。

行业交流 2011年1月15日，中国电器工业协会电线电缆分会通信电缆及光缆专业工作部在江苏吴江召开了专家委员会主任扩大会议。会议总结了2010年工作并介绍了2011年的工作计划，同时分别就电线电缆分会组织完成的OPGW型谱编制工作、拟开展的OPPC型谱编制工作计划和OPLC光电复合低压电缆的标准及测试开展情况等做了专题汇报。

4月9日，中国电器工业协会电线电缆分会绕组线专业工作部在江苏镇江召开七届三次主任委员扩大会议，总结了2010年的工作，汇报了组织开展编制《绕组线行业“十二五”发展思考》以及组织制定《漆包铜圆线生产能耗规范》等专项工作的进展情况。会议提出，当前要加强行业引导，避免盲目发展导致行业生存环境的恶化，加快推进节能减排等相关行业工作。

4月21日，中国电器工业协会电线电缆分会在江苏宜兴召开七届二次理事长工作会和七届二次理事扩大会。会议要求，协会应进一步加强与各级政府、行业主管部门、用户以及社会的沟通联系，真实传递行业的实际状况、反映行业的合理诉求，努力改善行业的发展环境。会议审议通过了分会2011年拟开展的重点工作、2010年工作总结等议案。会议指出，应进一步增强电线电缆分会在行业发展中的作用和影响力；进一步关注行业发展环境、行业产能现状、市场竞争秩序、产品质量以及与用户行业的和谐关系，加大舆论宣传力度。会议同期召开了“中国电线电缆行业‘十二五’发展指导意见”发布会。

4月22日，由中国电器工业协会电线电缆分会、上海电缆研究所共同主办，上海凯波特种电缆料厂有限公司协办的“2011 中国线缆材料大会”在无锡雷迪森广场酒店举行。会议交流了线缆用高分子材料的最新进展、电线电缆材料及绝缘系统的环境友好设计研究等。上海电缆研究所从中高压电缆、新型共混型无卤阻燃料及高温绝缘材料等多方面介绍了电缆材料发展、近期关注的技术、电缆料的改进等国内外动态;国家检测中心根据大量检测结果分析了电线电缆原材料的质量状况以及提高质量的重要性。来自线缆行业的近 300 位代表参加了研讨会。

5 月 21 日,“宝胜杯”第二届全国电线电缆制造工(拉线工)职业技能竞赛的决赛在宝胜集团举行。本次竞赛活动是全国首次举行在生产线实际操作的技能竞赛,106 名选手分四个组别参加了决赛。

7 月 22 日,中国电器工业协会电线电缆分会(轮值主办)与中国电子元件行业协会光电线缆分会在武汉联合主办了主题为“‘十二五’期间通信光电缆企业发展战略思考”的第五届中国通信光电缆企业家峰会。来自通信光电缆行业的 150 多位代表参加了会议。峰会对我国通信光电缆产业“十一五”期间取得的成就、“十二五”期间企业将面临的机遇和挑战以及企业发展模式、提高企业核心竞争力、产品创新目标、市场形势分析、企业文化及人才队伍建设等进行了充分的交流和高层次的研讨;对“十二五”期间促进产业发展和企业应做的工作达成了共识。会议发表的题为“转变发展方式,加强‘两化’融合,实现由通信光电缆制造大国向制造强国的跨越式发展”的报告,是第五届通信光电缆企业家峰会企业家的共识,会上授予长飞光纤光缆有限公司等 15 家企业“中国通信光电缆行业核心企业”称号。

8 月 25 日,中国电器工业协会电线电缆分会电气装备线缆和线缆用橡塑材料专业工作部技术研讨会在宁夏银川召开。此次研讨会针对“十二五”期间技术和应用领域的发展,组织了 12 篇专题报告,内容涉及行业发展、线缆材料、标准、测试、设备等相关发展动态。

9 月 1 日,2011 年《电线电缆报》暨中国电线电缆网工作会议在大连召开。会议主题为探讨信息传媒工作如何促进企业经营和技术发展,谋划线缆行业信息和传媒的服务新方向。

9 月 22 日—24 日,中国电器工业协会电线电缆分会在无锡市召开《中华人民共和国职业分类大典》(电线电缆行业)修订工作委员会成立暨工作部署会议。会上成立了由 24 家企业和单位共同组成的修典工作委员会、修典办公室和修典工作专家组等电线电缆行业修典工作体系。12 月 9 日,线缆行业修典工作专家组在湖南长沙召开了第二次工作会议。会议听取了修典信息采集工作的汇总报告,讨论确定了修订和新制定职业所包含的工种,并对下一阶段编写工作进行了部署。

9 月 19 日—23 日,由中国电机工程学会和国际大电网会议绝缘电缆(B1)专业委员会主办,上海电缆研究所和西安交通大学联合协办的国际大电网会议绝缘电缆(B1)专业委员会 2011 年会在上海电缆研究所举行。

10 月 25 日,中国电器工业协会电线电缆分会与上海电缆研究所联合主办的主题为“积极引导中国线缆工业‘十二五’健康发展”的 2011 中国电线电缆行业大会在上海举行。来自全国电线电缆、光纤光缆、专用设备、材料及相关企业的领导、技术负责人、行业专家学者等 350 名代表参加。会议围绕协会重点开展的工作、产业转型升级、重点市场未来发展、企业战略管理、原材料市场、行业技术经济分析、行业产品质量状况等进行了主题和专题报告。

10 月 26 日—28 日,由上海电缆研究所主办、中国电器工业协会电线电缆分会协办的 2011 中国国际线缆工业展览会(WireShow2011)在上海光大会展中心开幕。本届展览会展出面积 15 000m^2,参展商 350 多家、专业观众 12 000 人,再创历史新高。

11 月 1 日,全国电线电缆产品质量提升工作会议在安徽无为县举行。会上,国家质量监督检验检疫总局发布了“全国电线电缆年度监督抽查和企业调查的结果”、宣读了“电线电缆生产企业履行产品质量主体责任告知书”;中国机械工业联合会发布了“电线电缆行业行规行约”;102 家电线电缆企业签署了“坚守质量诚信、担当主体责任、追求共同发展”的承诺书。会议还发布了由国家质量监督检验检疫总局、工业和信息化部、中国机械工业联合会、中国电力企业联合会等 6 个部门联合制定的《关于促进电线电缆产品质量提升的指导意见》。中国电器工业协会电线电缆分会在会上重点呼吁:线缆企业增强产品质量的主体责任意识;加大对质量违法的处罚,透明相关信息、发挥市场的处罚功能;增强对优质产品的市场激励、改革最低价中标的招投标模式;增强与线缆产品质量相关的各领域、各环节的质量意识,加强监管。

〔撰稿人:上海电缆研究所陆成玉　审稿人:上海电缆研究所吴士敏〕

绝 缘 材 料

生产发展情况　据绝缘材料分会对行业内主要企业的统计,2011 年绝缘材料行业经济总量和各项经济指标都呈现平稳增长的态势,但增幅减缓。2011 年行业统计企业完成工业总产值 1 661 382 万元,主营业务收入 1 583 203 万元,全员劳动生产率 175 023 元/人。2011 年绝缘材料行业统计企业工业总产值前 10 位企业见表 1。2011 年绝缘材料行业统计企业主营业务收入前 10 位企业见表 2。2011 年绝缘材料行业统计企业工业增加值前 10 位企业见表 3。

表1 2011年绝缘材料行业统计企业工业总产值前10位企业

企业名称	2011年（万元）	2010年（万元）	比上年增长（%）	企业名称	2011年（万元）	2010年（万元）	比上年增长（%）
广东生益科技股份有限公司	369 850	347 537	6.42	苏州巨峰电气绝缘系统股份有限公司	61 158	31 239	95.77
深圳市长园集团股份有限公司	229 518	184 209	24.60	株洲时代电气绝缘有限责任公司	60 368	63 289	-4.62
山东金宝电子股份有限公司	218 000	220 800	-1.27	宁波华缘玻璃钢电器制造有限公司	50 695	48 799	3.89
四川东材科技集团股份有限公司	173 014	150 015	15.33	浙江荣泰科技企业有限公司	39 880	34 807	14.57
山东四达工贸股份有限公司	75 458	71 058	6.19	吴江市太湖绝缘材料有限公司	39 597	33 737	17.37

表2 2011年绝缘材料行业统计企业主营业务收入前10位企业

企业名称	2011年（万元）	2010年（万元）	比上年增长（%）	企业名称	2011年（万元）	2010年（万元）	比上年增长（%）
广东生益科技股份有限公司	364 677	344 962	5.72	山东四达工贸股份有限公司	77 909	71 929	8.31
山东金宝电子股份有限公司	222 396	215 400	3.25	苏州巨峰电气绝缘系统股份有限公司	61 158	59 931	2.05
深圳市长园集团股份有限公司	194 070	157 444	23.26	宁波华缘玻璃钢电器制造有限公司	49 312	47 608	3.58
四川东材科技集团股份有限公司	125 983	101 849	23.70	浙江荣泰科技企业有限公司	41 630	35 152	18.43
株洲时代电气绝缘有限责任公司	81 367	53 313	52.62	吴江市太湖绝缘材料有限公司	35 997	30 669	17.37

表3 2011年绝缘材料行业统计企业工业增加值前10位企业

企业名称	2011年（万元）	2010年（万元）	比上年增长（%）	企业名称	2011年（万元）	2010年（万元）	比上年增长（%）
广东生益科技股份有限公司	75 223	67 155	12.01	江苏冰城电材股份有限公司	12 214	17 096	-28.56
深圳市长园集团股份有限公司	61 396	67 684	-9.29	宁波华缘玻璃钢电器制造有限公司	10 646	10 736	-0.84
四川东材科技集团股份有限公司	44 984	39 004	15.33	吴江市太湖绝缘材料有限公司	10 037	5 586	79.68
山东金宝电子股份有限公司	25 475	25 475		浙江荣泰科技企业有限公司	9 562	8 336	14.71
苏州巨峰电气绝缘系统股份有限公司	13 743	10 544	30.34	株洲时代电气绝缘有限责任公司	9 251	7 131	29.73

产品分类及产量 2011年绝缘材料行业统计企业主要产品产量、销量及销售收入见表4。

表4 2011年绝缘材料行业统计企业主要产品产量、销量及销售收入

项目名称	单位	油漆树脂	浸渍纤维制品	层压制品	云母制品	电工塑料	薄膜及复合材料	其他类材料
产量	t	65 941	11 090/561 万 m	154 639	12 696	92 108	47 451/58 万 m	167 304/3 200 套
销量	t	66 119	10 940/561 万 m	156 409	12 704	92 060	44 780/58 万 m	164 872/3 200 套
销售收入	万元	122 288	29 157	658 970	69 416	72 120	130 132	368 833

市场及销售 虽然2011年发电设备产量达到1.4亿kW，创历史新高，但增速自年初逐月持续下滑，至2011年底降至14.1%。输变电设备中高压开关设备（110kV以上）产销量保持30%以上的高速增长，而变压器产销量仍然没有摆脱低速增长的困境。通信及电子信息和家用电器产品消费量的增加，带动了为其配套的绝缘材料的发展，需求将持续保持平稳增长。2011年国内绝缘材料行业主要经济指标在保持增长的同时，增幅呈现前高后低的态势，全年增幅有所减缓。2011年绝缘材料中其他类材料、浸渍纤维制品的产量和销量增长幅度较大，产量同比分别增长32.82%、9.40%，销量同比分别增长32.94%、22.25%。而油漆树脂、层压制品、薄膜及复合材料、电工塑料、云母制品的产销量只有一位数增长。在油漆树脂产品中，无溶剂浸渍漆的产量占总量的55.73%，位居首位。水溶性浸渍漆和F、H级漆包线漆产量增长较多，表明环保绝缘漆产量仍呈增长趋势。层压制品中，高性能、无卤、阻燃的层压板和应用于高速列车的层压成型件产销量增幅较大。薄膜及复合材料中特殊用途的薄膜产销量增幅较大。电工塑料中增强型、耐热性材料产销量增长较快，其中高压开关和干式变压器用浇注胶及高性能绝缘纸及纸板和成型件等产销量仍保持增长态势。风力发电机组的减产造成用于新能源设备的少胶云母带产销量有所下滑。

2011年绝缘材料行业统计企业销售绝缘材料产品总量547 884t/3 200套/619万m，销售收入1 450 916万元。2011年绝缘材料行业统计企业销售量前10位企业见表5。2011年绝缘材料行业统计企业销售收入前10位企业见表6。

表5　2011年绝缘材料行业统计企业销售量前10位企业

企业名称	2011年(t)	2010年(t)	比上年增长(%)	企业名称	2011年(t)	2010年(t)	比上年增长(%)
宁波华缘玻璃钢电器制造有限公司	68 500	65 065	5.28	株洲时代电气绝缘有限责任公司	33 053	10 044	229.08
深圳长园新材料股份有限公司	67 000	55 000	21.82	湖南广信电工科技股份有限公司	26 040	23 000	13.22
山东金宝电子股份有限公司	57 570	58 524	-1.63	山东四达工贸股份有限公司	24 516	24 262	1.04
四川东材科技集团股份有限公司	57 497	44 141	30.26	浙江荣泰科技企业有限公司	23 500	20 971	12.06
广东生益科技股份有限公司	52 301	46 945	11.41	浙江省乐清树脂厂	18 000	16 500	9.09

表6　2011年绝缘材料行业统计企业销售收入前10位企业

企业名称	2011年(万元)	2010年(万元)	比上年增长(%)	企业名称	2011年(万元)	2010年(万元)	比上年增长(%)
广东生益科技股份有限公司	371 719	351 446	5.77	山东四达工贸股份有限公司	77 909	71 929	8.31
山东金宝电子股份有限公司	222 396	215 400	3.24	宁波华缘玻璃钢电器制造有限公司	49 312	48 799	1.05
四川东材科技集团股份有限公司	125 983	101 849	23.70	浙江荣泰科技企业有限公司	41 630	35 152	18.42
深圳长园新材料股份有限公司	97 135	55 000	76.61	吴江市太湖绝缘材料有限公司	35 997	30 669	17.37
株洲时代电气绝缘有限责任公司	78 368	27 970	180.19	苏州巨峰电气绝缘系统股份有限公司	27 797	31 239	-11.02

2011年绝缘材料产品出口55 660t，出口交货值286 794万元，创汇46 653万美元。2011年出口量与上年基本持平，但出口交货值有所减少。绝缘材料行业出口产品主要是层压制品中的覆铜箔板，为35 162万美元，约占出口总额的75.40%；高性能、无卤、阻燃的层压板材，出口额比上年增长103.47%，增幅最大；薄膜及复合材料出口额为3 864万美元；电工塑料出口额为948万美元；浸渍纤维制品出口额为798万美元；其他类绝缘材料出口额为5 881万美元。2011年绝缘材料行业创汇额前10位企业见表7。2011年部分绝缘材料产品出口创汇额见表8。

表7　2011年绝缘材料行业创汇额前10位企业

企业名称	创汇额(万美元)	比上年增长(%)	企业名称	创汇额(万美元)	比上年增长(%)
广东生益科技股份公司	30 040	5.07	宁波华缘玻璃钢电器制造有限公司	948	-0.21
山东金宝电子股份有限公司	5 423	19.49	南通中菱绝缘材料有限公司	830	17.56
四川东材科技集团股份有限公司	3 559	39.57	龙口澳兴绝缘材料有限公司	520	73.33
深圳长园新材料股份有限公司	2 859	6.76	浙江荣泰科技企业有限公司	380	52.00
北京新福润达绝缘材料有限公司	1 260	125.81	江苏亚宝绝缘材料股份有限公司	286	74.22

表8　2011年部分绝缘材料产品出口创汇额

项　目	创汇额(万美元)	比上年增长(%)	项　目	创汇额(万美元)	比上年增长(%)
层压制品	35 162		薄膜及复合制品	3 864	40.46
其中：覆铜箔板	33 229	2.35	浸渍纤维	798	39.02
层压板材	1 933	103.47	其他绝缘材料	5 881	-6.23
电工塑料	948	-0.21			

科技成果及新产品　2011年，绝缘材料行业各企业坚持依靠自主创新的方针，加快新产品开发和技术改造，取得多项科技成果和新产品。

四川东材科技集团股份有限公司研制开发了离子液体催化合成苄基甲苯，在国际上首次将离子液体催化技术应用于苄基甲苯工业化生产，技术达到国际领先水平。其主要性能参数为：酸值≤0.015mgKOH/g；水含量≤80mg/kg；击穿电压≥60kV；体积电阻率(90℃)≥$1.0\times10^{12}\Omega\cdot m$；介质损耗因数(90℃，40～60Hz)≤0.0015。该公司研制开发的F级改性聚酯扁线漆，应用工艺性优良，解决了国内绝大多数生产厂家的疑难问题，其性能与国外贝克公司产品相当，居国内同行业领先水平。其主要技术指标(1.25mm×4mm规格)为：热冲击170～180℃时，30min漆膜不开裂；温度指数≥155℃；击穿电压≥2kV。该公司研制开发的水溶性硅钢片漆，固化前水稀释，不易燃，pH值为7.5～8.5；固化后附着性达到杜邦GTOB等级，表面电阻率≥1 500MΩ，电气强度≥30MV/m。该产品生产方便，易于控制，环保且性能优良，具有国际先进技术水平，经东风电机公司大批量使用，效果良好。该公司研制开发的H级环氧玻璃聚酰亚胺薄膜少胶粉云母带，云母含量≥40%（0.11mm×25mm），云母含量≥50%（0.13mm×20mm），耐电晕性≥130h，胶粘剂含量5%～11%，拉伸强度≥40N/10mm，电气强度≥50MV/m。产品制造采用全新的工艺，并在薄膜端面采用防反粘全新技术，应用工艺性良好，常规性能、与各类浸渍树脂配套相容性处于国内领先水平。

苏州巨峰电气绝缘系统股份有限公司研制开发的高低压通用耐冷媒无溶剂绝缘树脂，采用自制的不饱和聚酯亚胺树脂，在不降低固体份的情况下，减少了活性溶剂使用量，降低了树脂体系的黏度，具有良好的耐冷媒特性。经上海电气设备检测所、广州威凯检测技术研究院检测，该产品的力学性能、电气性能和耐冷媒性能优异，具有储存稳定性好和安全环保等特性。经重庆合众电机工业有限公司、重庆亚宜电气有限公司等单位批量使用，产品性能优异，使用效果良好，高低压电机通用。该公司研制开发的干法少胶云母带是采用干法喷粉上胶技术生产的高透气性少胶云母带，经机械工业电工材料产品质量监督检测中心检测，该产品常规性能、电气性能和耐热性能优异，完全符合技术指标要求，其性能达到了国外同类产品的先进水平。浙江富春江水电设备股份有限公司、东方电机有限公司等单位批量使用证明，该产品具有透气性高、渗透性好、储存期长、绕包工艺性好、节能环保等特性，且性价比高，可满足应用要求，填补了国内空白，替代了进口。公司研制开发的低挥发、环保型聚酯亚胺无溶剂浸渍漆，经机械工业电工材料产品监督检测中心检测，其力学性能、电气性能和耐热性能优异，并具有黏度小、固化挥发份低、贮存稳定性优异等特性。经苏州大学卫生与环境技术研究所检测中心鉴定，该产品急性毒性属实际无毒（LD50＞5 000mg/kgbw）；皮肤刺激性积分值为0，属于无刺激类，是一种绿色环保型聚酯亚胺无溶剂浸渍树脂。产品经重庆赛力盟电机有限责任公司等单位批量使用，各项性能优异，使用效果良好，实现了环保型聚酯亚胺无溶剂浸渍树脂国产化。上述产品都拥有自主知识产权，处于国内领先水平，达到了国际同类产品先进水平，均已通过吴江市科技局组织的产品验收。

广东生益科技股份有限公司通过采用扩链、共聚、共混等技术，研制出具有阻燃、增韧、高耐热等优良性能的适用于无铅化覆铜板的功能性树脂，年新增产值2 000万元，利税200万元。该公司采用具有自主知识产权的技术，研制开发了用于物联网的新型基板材料，采用高交联密度的树脂体系及低热膨胀系数的填料降低热膨胀系数，采用配合表面改性技术进行界面修饰提升黏合力等一系列独有技术实现体系的高频高速、高可靠性，可满足物联网用系统设备、无线设备及手持终端设备对基材的要求。该公司已在该领域拥有核心技术和发明专利。

浙江荣泰科技企业有限公司研制开发的高强度耐热性环氧滴浸树脂，黏度为252 000mPa·s（甲组份）、760mPa·s（乙组份），固化物硬度（邵氏A/15）89，玻璃化转变温度180℃，电气强度（连续升压）28.6MV/m，表面电阻率$3.0\times10^{14}\Omega$，体积电阻率$1.3\times10^{14}\Omega\cdot m$。该研究成果通过了浙江省经济和信息化委员会的鉴定验收，申请了国家发明专利，并已应用于汽车电动机、电动工具电动机等产品，使用性能良好。产品已实现批量生产，达产后实现销售收入3 000万～5 000万元，年创利税1 000万元。该公司研制开发了真空压力（VPI）用绝缘树脂，合成对云母带胶有良好相溶性的耐热改性环氧树脂及潜伏性固化剂体系，选配了特殊的稀释剂单体和添加剂，通过配方筛选及关键性能研究，制成了具有清澈透明的外观、优良的贮存稳定性、介质损耗低、介电性能和耐冷媒性能好的单组份真空压力浸渍树脂。该产品具有较高的耐热等级（H级），达到国外先进产品的水平。其外观（试管法）为红棕色透明液体，无机械杂质；比重（23℃）1.03～1.07；黏度（4号粘度计23℃±1℃）18～35s；体积电阻率（常态时）$\geq1\times10^{12}\Omega\cdot m$；工频介质损耗因数（常态时）≤0.01；贮存稳定性（96h/60℃黏度增长倍数）≤0.3。该公司研制开发的低VOC水溶性环保绝缘浸渍漆，具有低VOC值（0.21%），无味，环保；具有良好的工艺性，烘烤温度低、时间短，节能；贮存稳定，常温贮存6个月无沉淀析出及胶凝物；具有优良的机械强度、粘结性、电气性能、耐热性和耐冷媒性。该产品稀释剂为自来水，外观为均匀液体，无机械杂质，挥发性有机物含量VOC≤3%，漆对漆包线的作用≥2H，稳定性为6个月，闪点＞93℃，电气强度≥50MV/m。该公司研制开发的低挥发无卤阻燃环保浸渍树脂，采用两种方法引入特种高效阻燃剂：一种阻燃剂参与不饱和聚酯的制备；另一种阻燃剂通过自制生成具有一定活性官能团的大分子材料，参与不饱和聚酯固化反应。其外观为棕红色均匀液体，黏度130～230s，固化中的挥发性≤5%，电气强度（常态下）≥20MV/m，体积电阻率$\geq1\times10^{13}\Omega\cdot m$，阻燃性V－0，氧指数≥26。

吴江太湖绝缘材料有限公司研制开发的T1168环保型耐高温浸渍树脂，无三苯挥发物，无污染，固化温度低，凝胶时间短，节能减排。该产品击穿电压高，介质损耗小，弯曲强度和冲击强度高，既适用于高压电机的中胶和少胶云母带的VPI浸渍工艺，又适用于变频电机、特种耐高温电机的绝缘处理工艺，是国内领先、接近国际先进水平的新型VPI浸渍树脂，解决了树脂在高低压电机不能通用的难题。该产品售价仅为同类高压电机VPI树脂的50%～75%，接近低压电机浸渍树脂价格。预计年产量1 000t，产值5 000万元，利税2 000万元。

宁波华缘玻璃钢电器制造有限公司研制出质量轻、易于安装、生产成本低，具有低热值、无烟毒性、高强度、高耐烧蚀性的酚醛玻璃钢SMC疏散平台。该产品燃烧热值低于3mJ/kg，产烟毒性达到ZA1，承重达到1 500kg/m^2，产品耐927℃高温烧蚀。公司研制开发的玻璃钢电力电缆分支箱，材料密度控制在1.5g/cm^3以下，提高了材料的绝缘性、阻燃性、耐腐蚀性和机械强度。该产品绝缘电阻高，箱体材料密度≤1.5g/cm^3，耐腐蚀，机械强度高，能承受与表面垂直的压力大于1 010N，铰链＞210N，使用年限30年。该公司通过改进原料配方和工艺流程，研发出阻燃性和绝缘性好、耐腐蚀、抗老化、机械强度高的 SMC 复合材料，再采用特定模压时间、模压温度的压制工艺，生产出应用于轨道交通、高速铁路等领域的绝缘电缆支架。针对传统摩擦部件耐磨性能差的状况，该公司研制出一种可替代传统金属摩擦部件的自润滑耐磨团状模塑料，由该产品成型的机械滑动部件或摩擦部件，不仅具有金属部件的强度和优良的力学性能，更具有金属部件不具备的许多优点。如，耐酸碱腐蚀性较金属优良；质量较轻，节约燃油，排污较少；设计自由，零件的整体性好；尺寸稳定性好，表面光滑；部件有自润滑性，无需添加其他润滑剂。采用一次成型，成型后产品尺寸精确，表面质量好，免去了金属摩擦部件的机加工、热处理和表面改性等过程；生产周期短，能满足用户批量生产的需要。

哈尔滨庆缘电工材料股份有限公司研制开发的 JET884 高压绝缘系统用绝缘浸渍树脂，是西门子 ET884 高压绝缘系统用绝缘渍浸树脂的国产化产品，能替代进口。该产品黏度 16～19mPa·s(23℃ ±1℃)，固化挥发份(140℃/10h) ≤5%，密度(1.16 ±0.1)g/m^3，体积电阻率(常态)≥1×10^{12}Ω·m，表面电阻率(常态)≥1×10^{13}Ω，介质损耗因数≤1%，电气强度≥20MV/m。

嘉兴市清河高力绝缘有限公司研制开发的 0840－1 无溶剂环保滴浸树脂，其黏度≥60s，胶凝时间≤5min，固化挥发份≤3%，工频电气强度≥20MV/m(常态)，工频电气强度≥18MV/m(20℃ ±5℃ 水浸 24h 后)，工频电气强度≥16MV/m(180℃ ±2℃)，体积电阻率分别为 1×10^{14}Ω·m(常态)、1×10^{12}Ω·m(20℃ ±5℃ 水浸 24h 后)、1×10^{8}Ω·m(180℃ ±2℃)。该产品采用改性不饱和聚酯，可有效地控制树脂黏度，解决常规无溶剂聚酯树脂易挥发的问题；用部分耐热基团作为交联剂，有效增强了耐热老化能力，产品性能达到国内同类产品的领先水平。

质量及标准 2011 年机械工业电工材料产品质量监督检测中心为绝缘材料生产厂家和应用厂家提供各类绝缘材料、绝缘制品及绝缘结构的检测服务 1 400 多批次。

2011 年全国绝缘材料标准化技术委员会组织审查 14 项标准的复核上报工作，对《电气绝缘用树脂基反应复合物 第 3 部分：无填料的环氧树脂复合物》等 12 项国家标准报批稿和《电气绝缘用树脂基活性复合物 环氧连续沉浸树脂》等 2 项行业标准报批稿进行逐一复核，经仔细修改后按规定程序完成上报。其中，上报的国家标准《电气用压纸板和薄纸板 第 2 部分：试验方法》，由于其中的“层间粘结性”试验方法尚待进一步深入研究核定，向国家标准技术审查部提出申请，请求暂缓上报，拟与 2011 年修订的《电气用压纸板和薄纸板 第 3 部分：压纸板》产品标准一并修订，待该标准修订完成后再一起办理报批。组织《电气用压纸板和薄纸板 第 3 部分：压纸板》国家标准修订工作，《太阳能电池绝缘背板》国家标准制定工作，以及《风力发电机匝间绝缘用耐电晕聚酰亚胺薄膜》等 2 项能源行业标准(NB/T)的制定扫尾工作。及时申报了机械行业标准制修订计划共 37 项(含热缩材料分标委和电气用热固性模塑料分标委申报项目)，其中包括《变频电机用绝缘材料重复脉冲放电老化试验方法》等制订计划 32 项，《电气用热固性模塑料 第 1 部分：一般要求》等修订项目 5 项。按高端装备制造、节能环保、新材料产业标准体系分类将 29 项标准项目列入“电工行业战略新兴产业标准体系建设工程”，完成了“电工行业战略新兴产业标准体系建设工程”绝缘材料标准体系项目的申报。

基本建设及技术改造 2011 年绝缘材料行业全年基本建设投资 103 927 万元，更新改造投资 25 914 万元。用于固定资产实际投资 116 712 万元，其中技术改造资金 33 876 万元。2011 年绝缘材料行业部分企业基本建设、技术改造投资情况见表 9。2011 年绝缘材料行业部分企业列入国家重点改造项目见表 10。2011 年部分企业完成技术改造项目及效果见表 11。

表 9 2011 年绝缘材料行业部分企业基本建设、技术改造投资情况 (单位：万元)

企业名称	基本建设投资					更新改造资金	
	投资计划	实际完成	其中			投资计划	实际完成
			生产性	建筑安装工程	设备工具购置		
广东生益科技股份公司		60 389	10 041		50 348		
苏州巨峰绝缘材料有限公司	6 231	6 544				1 194	1 210
四川东材科技集团股份有限公司	21 500	24 763	4 100	5 500	15 163	21 500	21 763
西安西电材料有限公司	3 850	3 223	2 780	443	115	1 800	1 557
株洲时代电气绝缘材料有限公司	1 600	1 600		1 600			
龙口澳兴绝缘材料有限公司		200	200				30
宁波华缘玻璃钢电器制造有限公司		2 150			2 150		
浙江荣泰科技企业有限公司	2 000	1 760	80	1 150	460	300	270
湖南广信电工科技股份有限公司	625	585	585			1 000	846
河南许昌电工绝缘材料有限公司	380	315	205		110	120	75
江苏冰城电材股份有限公司				1 640			
宝应县精工绝缘材料有限公司	1 000	930	930				
上海同立电工材料有限公司	1 246	1 246		673	573		
上海龙怡机电材料有限公司	300	223			223		

表10　2011年绝缘材料行业部分企业列入国家重点改造项目

企业名称	项目名称	效果
四川东材科技集团股份有限公司	年产3 500t电容器用聚丙烯薄膜技术改造项目	该项目建设期为2010年11月至2013年5月。项目总投资14 365万元，其中固定资产投资13 165万元，铺底流动资金1 200万元。目前正在进行厂房建设及设备采购，现已完成计划总投资的52%
	大尺寸特高压直流输变电换流阀用绝缘槽梁成果转化项目	该项目建设期为2010年11月至2012年6月。项目总投资5 356万元，目前正在进行厂房建设及设备采购，现已完成计划总投资的80%。该项目建成后，形成年产10 800根大尺寸特高压直流输电阀用绝缘槽梁的生产能力。达产后预计年平均销售收入6 000万元，将替代原有进口产品，节汇1 000万美元
江苏冰城电材股份有限公司	百万千瓦级高压发电机用云母带	项目实施完成后，将形成年产百万千瓦级发电机用少胶云母带600t，年实现销售收入9 000万元，年实现增值税销项税额1 000万元，实现利润2 000万元
衡阳恒缘电工材料有限公司	PFCP高性能绝缘纸板产业化技术改造项目	该项目建设期为2011年3月至2013年3月。项目总投资2 000万元，目标是使产品技术达到国际先进水平。年新增销售收入7 200万元，新增利润1 462万元，新增利税720万元

表11　2011年部分企业完成技术改造项目及效果

企业名称	项目名称	效果
苏州巨峰电气绝缘系统股份有限公司	电机线圈技术改造	项目建成后，预计形成年产2 000t电机线圈的生产能力。项目总投资2 011万元，预计新增销售收入19 000万元，创利税7 100万元，出口创汇100万美元
四川东材科技集团股份有限公司	年产7 000t新型绝缘层（模）压复合材料生产线技改项目	该项目已于2011年10月建成投产，实际完成投资7 000万元。现已具有年产7 000t新型绝缘层（模）压复合材料的生产能力。每年可实现销售收入19 400万元，出口创汇150万美元
	年产3 500t新型柔软复合绝缘材料技改项目	该项目已于2011年10月建成投产，实际完成投资4 696万元。现已具有年产3 500t柔软复合绝缘材料的生产能力。每年可实现销售收入13 540万元，出口创汇100万美元
广东生益科技股份有限公司	高性能无胶单面挠性覆铜板生产线改造	产品性能满足IPC－4204标准要求，达到国际同类产品的先进水平，在产品配方设计及设备创新方面已申请5项专利，并获得东莞市引进消化吸收项目政府财政资助
	焚化炉改造项目	将TO焚化炉改造为蓄热式焚化炉，使产能综合能耗低于电子行业1.20t标准煤/万元、覆铜板行业0.159t标准煤/万元的指标，SO_2排放总量减少，符合环保要求
吴江市太湖绝缘材料有限公司	T5462－1s耐电晕聚酰亚胺薄膜云母带	项目投资500万元，该产品投产后预计年产量100t，年销售收入6 000万元，年创利税1 800万元
宁波华缘玻璃钢电器制造有限公司	年产5 000t轨道交通配套产品生产线技改项目	项目投资2 150万元。预计建成后生产能力达到5 000t，新增销售收入8 000万元
江苏冰城电材股份有限公司	国产材料千瓦级质子交换膜燃料电池发电机	项目建设期为2011年4月至2014年12月。利用清华大学质子交换膜燃料电池3项发明专利生产。预计一期投资900万元，形成一条年产30万kW燃料电池发电机的生产线，达产后年产值4亿元
浙江荣泰科技企业有限公司	复合材料项目	项目设计投产能力3 000t/a，现已生产复合材料500t，新增产值3 000万元，创利税330万元
衡阳恒缘电工材料有限公司	高速电力机车用绝缘成形件项目	项目建设期为2009年8月至2011年8月，设计投产能力为10万套绝缘成型加工件，已投产能力为2万套绝缘成型加工件，年新增销售收入6 800万元，新增利税1 000万元
宝应县精工绝缘材料有限公司	6051聚酰亚胺薄膜扩产项目	项目设计投产能力150t，产值3 000万元，利税400万元

行业活动　中国电工技术学会绝缘材料与绝缘技术专业委员会和中国电器工业协会绝缘材料分会于2011年10月16日—18日在苏州联合召开第十一届全国绝缘材料与绝缘技术学术交流会，共有来自全国各地的专家、委员、学者及技术、销售、管理人员300余人参加会议。会议共征集论文112篇，其中100篇收入会议论文集出版。

会议的主题报告阐述了我国绝缘材料与绝缘技术应着力发展和创新的领域，介绍了不同类型绝缘材料与绝缘技术的特点和应用、新型绝缘材料的制备和应用以及环保型绝缘材料的发展动向，以及绝缘材料行业发展中存在的问题和未来发展趋势。会上，中国电器工业协会杨启明常务副会长作了“电器工业‘十一五’发展成果及‘十二五’发展形势分析”的报告，中国工程院雷清泉院士作了技术报告，中国电工技术学会绝缘材料与绝缘技术专委会名誉主任委员曹亚琴教授作“关于‘十二五’绝缘材料发展规划建议”的报告、李英葆教授作了“关于‘十二五’绝缘行业建议”的报告，中科院化学所杨士勇副主任委员作了“耐高温聚酰亚胺的研究进展”的学术报告，四川东材科技集团股份有限公司罗春明作了“晶硅太阳能电池薄膜材料现状及发展趋势”的学术报告，北京新福润达绝缘材料有限责任公司李守杰博士作了“绝缘层压板的国内外现状及未来发展趋势”的学术报告，哈尔滨大电机研究所满宇光作了“高压电机部分配套绝缘材料的应用与发展”的学术报告，西安西电电工材料有限公司范孝红总经理作了“开关设备用固体绝缘材料的现状和发展趋势”的学术报告，汉高公司徐志瑜作了“高性能绝缘材料复合用胶黏剂的应用及发展”的报告，苏州巨峰夏宇博士作了“环氧酸酐在风电及高压电机上的应用”的学术报告。会议共分为“中低压绝缘及应用”“综述、检测、标准及其他”及“高压绝缘材料及结构”三组进行交流讨论。会议评选出10篇“福润达”杯优秀论文。

〔撰稿人：桂林电器科学研究院孙瑛、祝晚华　审稿人：桂林电器科学研究院李耀星〕

铅酸蓄电池

环境保护　环保一直是铅酸蓄电池企业必须面对的大问题，2011年，整个铅酸蓄电池行业开始了环保整顿。

截至2011年7月31日，各地共排查铅酸蓄电池生产、组装及回收（再生铅）企业1 930家。其中，从事蓄电池极板加工生产的企业639家，单纯组装企业1 105家，回收企业186家。被取缔关闭583家、停产整治405家、停产610家；252家企业在生产，80家在建。在生产的252家企业中，从事极板加工生产的企业121家，单纯组装企业108家，回收企业23家。这次整顿对铅酸蓄电池行业产生了巨大影响，因电池供应紧张市场一度出现涨价情况。此番整治过后，一些环保不合格的企业已经被淘汰，合格的企业则加大了环保投入，确保在环保方面达到国家的要求。

生产发展情况　2011年是国家重点治理铅酸蓄电池企业的一年，虽然大多数企业被关停，但是铅酸蓄电池行业总体发展情况较好。

2011年铅酸蓄电池行业42家企业主要经济指标见表1。

表1　2011年铅酸蓄电池行业42家企业主要经济指标

指标名称	2011年（亿元）	比上年增加（亿元）	同比增长（%）
工业总产值	680.29	36.29	5.64
主营业务收入	716.62	89.62	14.29
利润总额	37.72	0.8	2.17
主营业务费用	23.28	-0.61	-2.55
库存产品资金占用总额	37.90	6.37	20.20
应收账款余额	54.67	-3.09	-5.35
管理费用	29.10	4.73	19.41
固定资产净值余额	64.81	-9.55	-12.84
资产总额	429.30	44.28	11.50

2011年，全行业主营业务收入716.62亿元，较上年增加89.62亿元，同比增长14.29%。主营业务收入前三位的企业为：天能电池集团有限公司152.63亿元、超威电源有限公司133.72亿元、江苏双登集团有限公司61.02亿元。有14家企业主营业务收入增加过亿元，其中超威电源有限公司增加59.68亿元，天能电池集团有限公司增加46.07亿元，江苏理士电池技术有限公司增加21.44亿元。

统计的42家企业共实现利润总额377 172万元，按39家企业的可比口径计算，利润总额增加40 911万元，同比增长12.59%。盈利大户天能电池集团有限公司、超威电源有限公司、骆驼集团股份有限公司分别实现利润8.5亿元、6.9亿元和3.7亿元，实现利润超3亿元的企业还有江苏理士电池技术有限公司（3.2亿元）。实现利润1亿～3亿元的企业有：江苏双登集团有限公司、山东康洋电源有限公司、湖南丰日电源电气股份有限公司、深圳市雄韬电源科技有限公司和浙江南都电源动力股份有限公司。利润5 000万～1亿元的企业有8家：山东瑞宇蓄电池有限公司、江苏华富控股集团有限公司、风帆股份有限公司、福建省闽华电源股份有限公司、哈尔滨光宇集团股份有限公司、天津杰士电池有限公司、山东圣阳电源股份有限公司和山东孚创电源有限公司。产值利润率5.54%，较2010年的5.73%下降0.19个百分点。整个行业的利润水平较低。

2011年，铅酸蓄电池行业有5家企业的管理费用下降。降幅较大的企业仅泉州大华蓄电池有限公司一家，同比下降52.09%。

统计的39家可比企业负债总额1 955 003万元，同比增长28.20%。资产负债率45.76%，较2010年增加2.29个百分点。

产品分类产量　2011年，42家企业共生产铅酸蓄电池110 640 576kVA·h，其中天能电池集团有限公司、江苏理士电池技术有限公司的增幅较大。受环保整治的影响，部分企业产量下降。

2011年，18家起动用铅酸蓄电池生产企业共完成产量33 583 949kVA·h。骆驼集团股份有限公司、风帆股份有限公司与山东瑞宇蓄电池有限公司为产量较大的企业，三家企业产量之和占该类产品产量的70.58%。受环保整治的影响，浙江杰斯特电源有限公司、济宁远征电源有限公司的产量下降。

14家固定型铅酸蓄电池生产企业合计完成产量27 429 268kVA·h，比上年增加3 496 876kVA·h，同比增长14.61%。产量较大的企业有江苏理士电池技术有限公司、江苏双登集团有限公司、深圳市雄韬电源科技有限公司。此外，山东圣阳电源股份有限公司、浙江南都电源动力股份有限公司、哈尔滨光宇集团股份有限公司的产量也超过百万千伏安时。

4家牵引用铅酸蓄电池企业共完成产量2 001 006kVA·h。其中淄博火炬能源有限责任公司完成产量1 047 504kVA·h，占该类产品产量的52.35%。

9家摩托车用铅酸蓄电池生产企业共完成产量2 966 117kVA·h。其中，浙江古越蓄电池有限公司、广东猛狮电源科技有限公司、江苏理士电池技术有限公司的合计产量占该类产品产量的59.45%。产量超20万kVA·h的企业还有上虞奥龙电源有限公司、天津汤浅蓄电池有限公司和绍兴汇同蓄电池有限公司。

电动助力车电池自2010年起产量增速有所放缓，2011年由于行业整顿，市面上一度出现电动助力车电池缺货的情况。14家企业2011年共完成产量33 215 820kVA·h，较上年下降1%。电动助力车用铅酸蓄电池的生产大户——天能电池集团有限公司和超威电源有限公司的产量之和占该类产品产量的76.33%。

2家小型密封式铅酸蓄电池企业共完成产量2 129 674kVA·h，天能电池集团有限公司为该产品的生产大户。

11家其他用铅酸蓄电池生产企业共完成产量6 683 113kVA·h。产量排名前三位的企业为：天津杰士电池有限公司产量4 202 122kVA·h，深圳市瑞达电源有限公司产量415 495kVA·h，风帆股份有限公司产量374 764kVA·h。

出口 2011年，铅酸蓄电池行业18家企业有产品销往国外，产品出口总量10 380 166kVA·h，较2010年增加7 286 484kVA·h，同比增长235.53%。出口量排名前三位的企业为江苏理士电池技术有限公司、浙江杰斯特电源有限公司和扬州阿波罗蓄电池有限公司。虽然出口量较上年大幅增加，但出口量仅占总产量的9.38%，铅酸蓄电池产品还是以满足国内市场消费为主。因此，我国铅酸蓄电池生产企业还应加大投入，不断提高产品质量和科技含量，助推我国逐渐发展成为蓄电池生产强国。

标准 2011年，铅酸蓄电池行业上报行业标准8项，即2010－1512T－JB《电动助力车用阀控式铅酸蓄电池使用技术规范》、2010－1513T－JB《阀控式铅酸蓄电池安全阀 第1部分：安全阀》、2010－1514T－JB《阀控式铅酸蓄电池安全阀 第2部分：安全阀塑料壳体》、2010－1515T－JB《阀控式铅酸蓄电池安全阀 第3部分：安全阀橡胶帽阀芯》、2010－1516T－JB《阀控式铅酸蓄电池安全阀 第4部分：安全阀橡胶垫、圈》、2010－1517T－JB《阀控式铅酸蓄电池安全阀 第5部分：安全阀微孔滤片》、2010－1521T－JB《微型阀控式铅酸蓄电池》和JB/T 2599—××××《铅酸蓄电池名称、型号编制与命名办法》。

基本建设及技术改造 2011年各企业在基本建设及技术改造方面继续投入。

江苏华富控股集团有限公司完成了电子线路的自行维修与运用以及汇流排的改型，降低了原材料耗用；优化设计模具结构，提高了生产效率；完成了再生合金循环利用；完成了服务电池接线片镀银技术的推广应用；优化了电池安装架结构，降低了产品成本。

天能电池集团有限公司进行了长兴吴山循环经济产业园建设以及长兴天能电池集团有限公司装配A车间技术改造。

山东圣阳电源股份有限公司全面实施"高性能阀控式密封铅酸蓄电池建设"项目。

浙江南都电源动力股份有限公司的南都电源研究院建设期内基本建设及技术改造计划总投资5 919万元，其中公司筹集资金5 719万元，政府补助资金200万元。

武汉银泰科技电源股份有限公司完成了检测中心的基础设施改造项目，实现了检测中心测试环境、测试能力和测试装备的升级，为企业研发、生产提供了必要的基础保障。

山东瑞宇蓄电池有限公司2011年投资基本建设和技术改造3 120万元，改善了劳动条件，提高了劳动生产率，蓄电池产量比上年增长19.2%。

天津杰士电池有限公司完成了压延机速度UP改造等多项生产设备的改造。

五莲县永久蓄电池厂组建生产线2条及新化成车间，购置新铅粉机1台、新污水处理设备1套、酸雾处理设备及铅烟铅尘处理设备6台(套)。

2011年，在整个行业重视环保整治的大环境中，大多数企业主要在环保设备方面加以投资改进。其中，哈尔滨光宇集团股份有限公司环保投入1 140万元；浙江古越电源有限公司更新及升级改造环保及职业防护设施；福建泉州大华蓄电池有限公司完成部分设备更新，加大了环保设施投入，提高了装配线自动化程度；上虞奥龙电源有限公司增加了4台酸雾净化塔、数台铅烟净化器和1台斜板式污水处理系统。

〔撰稿人：中国电器工业协会铅酸蓄电池分会谭玉琢、邬冬妮〕

电工合金

生产发展情况 2011年电工合金行业积极应对欧美经济持续低迷和银价持续走高且大幅波动的影响，采取小批量多批次购买原材料等方式，尽可能规避原材料波动和涨价带来的风险，取得了良好的经营业绩。电工合金（含电触头元件）产量较上年增长约12%，覆铜钢和电器元件等附属产品产量继续保持较高的增长势头。尽管第四季度行业工业总产值增速有所放慢，但全年仍保持大幅增长，全行业完成工业总产值（当年价）约1 160 000万元，较上年增长约22%。2011年电工合金行业工业总产值前10位企业及其产量见表1。

表1 2011年电工合金行业工业总产值前10位企业及其产量

序号	企业名称	工业总产值（万元）	产量（t）	利润总额（万元）
1	中希集团有限公司	168 065	654	17 358
2	福达合金材料股份有限公司	150 018	612	8 487
3	桂林金格电工电子材料科技有限公司	87 716	210（另加铜基触头8.5万件）	3 228
4	温州宏丰电工合金股份有限公司	81 319		8 950
5	佛山通宝精密合金股份有限公司	56 348	2 331	5 653
6	安平县飞畅电工合金有限公司	42 459	4 500	543
7	上海人民电器厂电器触头分厂	39 000	107	1 588
8	重庆川仪自动化股份有限公司金属功能材料分公司	31 326	264	
9	浙江乐银合金有限公司	27 297	193	786
10	北京机床电器有限责任公司	8 573	48（另加机床电器57.4万件）	125

产品分类及产量 2011年全行业银基电触头材料（线材、片材）产量约为1 360t，比上年增长13.3%；铜基触头材料（主要为CuW触头，不含真空开关用触头和低压用铜基触头）约520t，比上年增长11%；真空开关用触头材料（主要为CuCr系列）产量约450万片，比上年增长12%；其他电工合金材料（包括换向器用银铜合金、热双金属和焊料等）约9 350t，比上年增长10%；铸造铝镍钴磁钢产量约2 900t，与上年基本持平。2011年电工合金分类产品产量见表2。

表2 2011年电工合金分类产品产量

产品名称	产量（t）	产品名称	产量（t）
电触头材料		热双金属	2 750
银基触头材料	1 360	其他	2 000
铜基触头材料（不含真空触头）	520	磁钢产品	
真空触头材料	142	铸造铝镍钴磁钢	2 900
银铜合金	4 200		

市场及销售 2011年全行业产品销售收入约1 028 000万元，利润总额约62 500万元，出口创汇与上年相当，约5 200万美元。2011年电工合金行业国内销售收入前9位企业见表3。2011年电工合金产品主要出口创汇企业见表4。

表3 2011年电工合金行业国内销售收入前9位企业

序号	企业名称	产品销售收入（万元）	全员劳动生产率（万元/人）	主要产品
1	中希集团有限公司	167 643	322	银基触头、铜基触头
2	福达合金材料股份有限公司	130 014	188	银基触头
3	桂林金格电工电子材料科技有限公司	92 379	398	银基触头
4	温州宏丰电工合金股份有限公司	80 687	252	银基触头、铜钢复合带
5	佛山通宝精密合金股份有限公司	54 046	210	热双金属
6	安平县飞畅电工合金有限公司	42 228	340	银铜合金
7	上海人民电器厂电器触头分厂	37 270		银基触头
8	重庆川仪自动化股份有限公司金属功能材料分公司	31 342	69	复合带材、银基触头
9	浙江乐银合金有限公司	25 235	106	银基触头

表4 2011年电工合金产品主要出口创汇企业

序号	企业名称	产品	出口国家和地区	创汇额（万美元）
1	温州宏丰电工合金股份有限公司	银铜合金、热双金属、电触头	美国、土耳其及中国香港等	2 417
2	中希集团有限公司	银基触头、复合带	欧美、南亚和东南亚	813

（续）

序号	企业名称	产品	出口国家和地区	创汇额（万美元）
3	福达合金材料股份有限公司	银基触头及其元件	奥地利、中国香港等	758
4	苏州市三立电工合金有限公司	振动锤、银基触头	日本	550
5	佛山通宝精密合金股份有限公司	热双金属、银铜复合材料	中国香港及泰国、日本等	244
5	重庆川仪自动化股份有限公司金属功能材料分公司	廉金属合金丝材、复合带材	印度、韩国和中国香港、中国台湾	238
6	桂林金格电工电子材料科技有限公司	银基触头、真空触头	欧洲、东南亚	63

科技成果及新产品 桂林金格电工电子材料科技有限公司的“接触器用高性能环保银氧化锡触头材料研究”于2011年12月通过了由桂林电器科学研究院主持的鉴定，投产能力40t/a；“含添加物银镍环保触头材料制备工艺及性能研究”项目于2011年12月通过了由桂林电器科学研究院主持的鉴定，投产能力20t/a。

福达合金材料股份有限公司的“银氧化铜电接触材料的制备”项目获浙江省科技进步奖三等奖。该公司的“镍颗粒弥散增加银镍(10)线材”“新型耐电弧烧损AgWCC触头”“平行石墨纤维型银石墨触点”和“圆形薄片状垂直排列型银石墨触点”项目于2011年完成并投产。

中希集团有限公司的“银氧化铜(10)/铜复合片状触头”科研项目(国家火炬计划项目)获乐清市科技进步奖二等奖，“银氧化锡10/铜复合片状触头”项目获温州市科技进步奖三等奖。该公司还开发了智能型高分断用银镍石墨粉末触头、化学包覆法高抗熔性AgWC(40)粉末触头、环保型抗氧化特种铜基触头、高抗熔焊性AgNi(20)线材、高抗电弧性铜钨稀土粉末触头、节银低损耗高抗熔AgWC(20)C(3)粉末触头和包覆法低损耗高抗熔AgWC(12)C(3)粉末触头新产品。这些产品于2011年底通过了浙江省技术经纪人协会主持的鉴定，年投产能力分别为2t、5t、1t、2t、2t、5t和5t。

佛山通宝精密合金股份有限公司的“无镉环保银基电接触材料关键技术与产业化研究”项目以较成熟的$AgSnO_2$系列产品为产业化研究方向，在合作双方原有设备、技术基础上研发具有自主知识产权的新工艺、新方法来提升环保型电接触材料产品的质量水平，以早日突破欧盟技术壁垒。该项目获广东省科学技术奖三等奖、佛山市科学技术奖一等奖、禅城区科学技术奖一等奖。

重庆川仪自动化股份有限公司金属功能材料分公司的“含金多层高性能复合材料”“微异型电接触材料”和“游戏手柄电机用高镍换向器复合材料”科研项目分别于2011年1月、9月和12月通过了重庆市科委主持的鉴定，投产能力分别为20t/a、10t/a和40t/a。

质量及标准 2011年电工合金行业企业获得“认可认证”情况见表5。

表5 2011年电工合金行业企业获得“认可认证”情况

序号	企业名称	认可认证内容	证书编号	获取时间
1	桂林金格电工电子材料科技有限公司	高新技术企业(复审)	GF201145000022	2011.10
2	福达合金材料股份有限公司	OHSAS 18001 职业健康安全体系认证	00611S10418ROM	2011.11
3	上海人民电器厂电器触头分厂	E·OHS 环境管理体系认证	00311E10245I2L	2011.12
		E·OHS 职业健康体系认证	00311S10220I2L	2011.12
4	天水西电长城合金有限公司	ISO 9001:2008 质量管理体系认证	0411Q10295ROM	2011.9
5	佛山市诺普材料科技有限公司	ISO 14001:2004 环境管理体系认证	04611E10022ROS	2011.9

2011年第三届全国电工合金标准化技术委员会年会于11月29日至12月1日在杭州召开，共有44名委员及特邀专家代表参加会议。全国电工合金标准化技术委员会负责制修订的GB/T ××××《永磁(硬磁)脉冲测量方法指南》等4项国家标准、JB/T 8444《粉末冶金法银金属氧化物电触头技术条件》等3项机械行业标准全部通过了年会审查。

基本建设及技术改造 桂林金格电工电子材料科技有限公司的“挤压法银石墨片状触头生产线建设”和“中高压触头及元件生产线改造”项目于2011年12月完成，设计能力分别为500万片/a和100万片/a(真空触头)及6万套/a(高压触头)。其中“挤压法银石墨片状触头生产线建设”为引进项目，国产化率为30%。

福达合金材料股份有限公司的“年新增100t环保型触头元件技术改造”项目于2011年底完成，改造后的生产线年新增产能100t。

佛山通宝精密合金股份有限公司于2011年6月、9月和11月，分别完成“改造复合材料退火生产线”“三维测试投影仪”和“复合材料后处理生产线”项目，设计投产能力分别为20t/月、300批/月和30t/月，现已分别达到5t、150批和10t的月生产能力。

行业活动 2011电工合金行业年会于2011年10月14日在苏州召开，来自全国从事电触头材料生产和相关电器制造的专家、企业管理人员、工程技术人员等共70人参加。中国电器工业协会秘书处、欧盟电气电子行业办事处、中国有色金属工业协会金银分会秘书处和施耐德电气(中国)投资有限公司上海分公司的专家分别就“中国电器工业‘十二五'规划解读""新版欧洲 RoHS 法规解读""2011 年上半年中国白银工业经济运行情况及下半年市场展望"和"施耐德电气对触头材料产品的应用要求"作主题报告。会议还邀请日本先瑞科学协会技术统括中心的山岸宣行先生就"日本电气接点业界的现状及发展趋势"作了专题报告和交流。

2011 年 11 月 5 日—13 日,由中国电器工业协会与中国电器工业协会电工合金分会联合组织的 13 家会员企业(单位)的 21 名团员组成的考察团赴中国台湾进行了相关技术考察。考察团参观了士林电机股份有限公司和台湾东元电机股份有限公司,并就电触头材料在电器中的应用等问题与台湾业界人士进行了交流。

〔撰稿人:桂林电器科学研究院谢永忠、王学林　审稿人:桂林电器科学研究院王学林〕

家用电器

生产发展情况　2011 年,我国家电行业在家电下乡、家电以旧换新等政策的拉动下,克服了欧债危机、大宗原材料价格波动较大、人民币升值、信贷紧缩、房地产市场低迷、市场增幅趋缓等困难,整体运行平稳,生产和销售总量平稳增长,出口增速放缓。

2011 年,家电行业完成工业总产值 11 425 亿元,同比增长 22.4%;工业销售产值 10 840 亿元(产销率平均为 94.9%),同比增长 21.8%。2011 年家电行业主要产品产值和销售产值见表 1。

表 1　2011 年家电行业主要产品产值和销售产值

产品类别	产值(亿元)	同比增长(%)	销售产值(亿元)	同比增长(%)
家用制冷电器	2 587	19.6	2 492	18.8
家用空调	4 098	28.3	3 822	29.0
家用通风电器	475	17.2	450	17.1
厨房电器	1 681	12.9	1 575	10.5
清洁卫生电器	1 109	29.5	1 063	26.4

注:数据来源于国家发展和改革委员会。

产品分类产量　2011 年,电冰箱、冷柜、空调器、洗衣机、微波炉、电热水器等大家电产量均呈增长势头,电饭煲、吸尘器、电热烘烤器具、电冷热饮水机和电风扇等小家电产量涨跌互现。2011 年家电行业分类产品产量见表 2。

表 2　2011 年家电行业分类产品产量

产品	产量(万台)	同比增长(%)	产品	产量(万台)	同比增长(%)
电冰箱	8 699	20.3	电饭煲	18 329	8.0
冰柜	1 873	12.4	吸尘器	8 317	3.8
空调器	13 913	24.6	电热烘烤器具	15 730	-1.1
洗衣机	6 671	11.5	电冷热饮水机	1 495	-6.1
微波炉	6 692	1.6	电风扇	17 430	10.8
电热水器	2 442	30.4			

注:数据来源于国家发展和改革委员会。

家电下乡　商务部统计数据显示,2011 年全国家电下乡产品销售 1.03 亿台,实现销售额 2 641 亿元,同比分别增长 34.5% 和 53.1%。截至 2011 年末,全国累计销售家电下乡产品 2.18 亿台,实现销售额 5 059 亿元,发放政府补贴 592.2 亿元。

2011 年家电下乡整体销售状况良好。从销售地区看,山东、河南、四川位居销售额前三位,合计占家电下乡销售总额的 35.2%;从产品品类看,彩电、冰箱、热水器、空调销售额均超过 300 亿元,同比增长均超过 10%。

受 11 月底山东、河南、四川、青岛家电下乡政策到期的影响,12 月家电下乡产品销售 695 万台,实现销售额 185 亿元,同比分别下降 28.5% 和 17.9%。

自 2011 年 12 月 1 日起,第一批家电下乡地区山东、河南、四川、青岛三省一市的农民购买家电下乡产品时不再享受产品销售价格 13% 的补贴资金,为期四年的家电下乡政策至此告一段落。根据计划,第二批和第三批实行家电下乡的省市将分别于 2012 年 11 月底和 2013 年 11 月底到期。

市场及销售

1. 空调

在宏观经济、国家政策及天气等各种利好因素的影响下,2011 年空调产销量再创新高,产销总量首次突破 1 亿套,销量增速达 34.4%,成为家电行业中销量唯一保持两位数增速的产品。随着技术创新和产业结构调整力度的加大,中高端变频空调市场份额稳步提升;而在新的竞争形势下,空调行业的寡头格局也雏形初现。在经历了"价格战、规模化"竞争期后,空调业已正式步入"大品牌、系统化"的新竞争阶段,格力、美的、海尔行业三强的合计销量占比达 64.9%,同比上升 1.2 个百分点。

2. 冰箱

经过 2009 年、2010 年连续两年的销量大幅度增长后,2011 年冰箱销量增速明显放缓。随着家电下乡、以旧换新政策的退出,冰箱的价格优势缺失,在一些二三线城市的销量势必会下降;而一线城市冰箱市场的热情也明显减退。厂家和经销商虽进行相应的价格调整,但效果不显著。与此同时，2011 年冰箱行业飞速“扩容”：在原有一线品牌数量不变的情况下，二线冰箱企业迅速崛起，白雪、华日等老品牌焕发青春，索伊、尊贵等新兴企业纷纷涌现，飞龙、奥马等以 OEM 出口为主的企业更是立足海外转战内销市场，更有黑电企业及其他白电企业进行多元化扩张。

3. 洗衣机

2011 年，我国洗衣机市场的品牌格局非常稳定，海尔仍然以明显优势领跑市场。大容量、变频等高端产品的发展势头非常好，滚筒洗衣机也在下半年取代传统的波轮产品成为市场主流。而同其他大家电一样，受利好政策即将结束、产能高速扩张、消费需求增速放缓等不利因素的影响，品牌之间的竞争将更趋激烈。

4. 微波炉

2011 年，全国微波炉产量达 6 692 万台，同比增长 1.56%。广东省微波炉产量达 5 293.59 万台，同比下降 1.20%，占全国总产量的 79.10%；产量紧随其后的是天津、上海和山东等省市。

2011 年，格兰仕、美的两大品牌仍获得我国微波炉市场近九成消费者的关注，继续主导微波炉市场的发展。其中，格兰仕微波炉获得 54.6% 的消费者关注度，领先第二名美的 24.6 个百分点。格兰仕推出了行业内首款圆形外观设计微波炉，1 级能效，变频及光波、蒸汽功能俱全，满足了节能减排要求。美的也在 2011 年陆续推出了“变频蒸立方”系列新品，同格兰仕展开竞争。

5. 电热水器

2011 年，电热水器市场销量比上年增长 2.29%，销售额比上年增长 5.23%。前七位的品牌合计占据近 80% 的电热水器市场份额。品牌销量排名爆出冷门，行业加速优胜劣汰，集中体现出 2011 年电热水器行业加速洗牌的特点。

电热水器品牌高度集中导致市场竞争激烈，而且电热水器核心竞争集中在“安全”方面。以 A.O.史密斯、阿里斯顿为首的国外品牌电热水器主要采用防电闸技术，海尔、美的等国内品牌遵循2007 年生效的电热水器国家标准要求采用防电墙技术，万和强劲推出“双防电盾”电热水器。此外，各大品牌进一步缩短了电热水器加热时间，提高速热功能。

6. 电饭煲

2011 年，电饭煲市场总规模为 101 亿元，同比增长 15.0%；电饭煲市场零售总量为 4 345 万台，同比增长 2.2%。

2011 年，我国电饭煲市场的品牌格局和产品格局依然非常稳定。美的、苏泊尔和松下三大品牌仍占据我国电饭煲市场关注榜的前三甲，优势明显。2011 年我国电饭煲行业最值得关注的是一系列并购事件：法国 SEB 完成对苏泊尔的收购，浙江苏泊尔也由此成为首家外资控股的 A 股上市公司；爱仕达接盘步步高小家电。产品方面，低能耗和智能化仍是电饭煲发展的趋势，具有自动烹饪程序的产品成为消费者的最爱。

7. 吸尘器

2011 年，全国家用吸尘器产量达 8 316.9 万台，同比增长 3.79 %。产量前三名省市是江苏、广东和浙江，分别占总产量的 39.47%、37.57% 和 19.95%。

吸尘器市场品牌集中度较高，主要由以飞利浦、松下、三洋为代表的外资品牌和以美的、海尔、莱克为代表的内资品牌构成。这六个品牌合计占据市场 80% 以上的零售量份额。2011 年三大内资品牌的合计零售量份额为 28%，占比同比增长 3 个百分点；三大外资品牌的合计零售量份额占比比上年下降 1 个百分点，为 54%。值得一提的是，2011 年智能机器人吸尘器零售量近 2.3 万台，占整体市场份额的 3%；零售额达到 4 900 万元，占整体市场零售额的比例从 2010 年年初的 3% 一路升至 2011 年年末的 11%，上升 8 个百分点。

出口 2011 年家电产品出口额较 2010 年有所增长，但增速放缓，全年累计出口 472.3 亿美元，同比增长 18%，增速较 2010 年下降 12 个百分点。全年家电行业实现出口交货值 2 957 亿元，同比增长 15.4%，出口交货值占销售产值的 27.3%。

2011 年，国际经济形势较为复杂，我国对各经济区的出口继续保持增长，但增速低于 2010 年。2011 年对亚洲出口 171 亿美元，同比增长 23%；对欧洲出口 125 亿美元，同比增长 19%；对北美洲出口 96 亿美元，同比增长 12%。

2011 年对美国出口 90 亿美元，同比增长 12%；对日本出口 62 亿美元，同比增长 24%；对德国出口 19 亿美元，同比增长 23%。由于空调对俄罗斯出口呈爆发性增长，俄罗斯成为我国家电产品第四大出口市场。但对巴西出口下降 10%，导致对拉丁美洲的出口额增幅从 2010 年的 74% 下降到 14%。

2011 年在国际形势较为复杂的情况下，广东省家电出口依然保持较快增长，实现出口额 261 亿美元，同比增长 19%，占全国家电出口总额的 55.26%。浙江省家电出口 67 亿美元，同比增长 19%，占全国家电出口总额的 14.19%；江苏省家电出口 55 亿美元，同比增长 14%，占全国家电出口总额的 11.65%。

2011 年主要大家电产品出口额均实现两位数增长，增幅最大的是空调器，同比增长 32%；主要大家电产品出口量也保持增长。2011 年各类大家电产品出口情况见表 3。

表 3 2011 年各类大家电产品出口情况

产 品	出口量(万台)	同比增长(%)	出口额(亿美元)	同比增长(%)	出口均价(美元/台)	同比增长(%)
空调器	4 363	18	95	32	218	12
压缩式冰箱	1 910	4	28	13	147	8
洗衣机	2 032	16	27	18	133	2

（续）

产　品	出口量(万台)	同比增长(%)	出口额(亿美元)	同比增长(%)	出口均价(美元/台)	同比增长(%)
微波炉	5 390	2	25	16	46	14
冷冻箱	807	9	13	19	161	8
电热水器	470	3	3	18	64	15

2011年小家电产品中的电风扇、电暖器、电饭锅和饮水机的出口量同比分别增长25%、19%、17%和13%，吸尘器和咖啡机出口量与上年持平，烤面包器、电熨斗和电烤箱出口量则低于上年，同比分别下降2%、6%和2%。2011年各类小家电产品出口情况见表4。

表4　2011年各类小家电产品出口情况

产　品	出口量(万台)	同比增长(%)	出口额(亿美元)	同比增长(%)	出口均价(美元/台)	同比增长(%)
吸尘器	9 068	0	26	9	29	9
电风扇	13 018	25	17	25	13	0
咖啡机	13 826	0	20	19	14	19
食品加工处理器	17 188	4	18	13	10	9
电暖器	9 373	19	16	31	17	10
烤面包器	9 693	-2	10	9	10	11
电熨斗	9 612	-6	8	0	8	6
电烤箱	11 119	-2	19	7	17	10
饮水机	733	13	4	28	55	13
电饭锅	3 890	17	5	23	13	5

科技成果及新产品　珠海格力电器股份有限公司攻克了应用于变频压缩机的无稀土永磁辅助式同步磁阻电机多项技术瓶颈，形成了多项核心技术及专利，在世界上首次研制成功无稀土磁阻式空调变频压缩机，产品性能达到或超过现有稀土类产品国际先进水平，并实现产品系列化，开创了无稀土永磁辅助式同步磁阻电机大规模应用的先河。该公司的变频空调关键技术的研究及应用（型号规格为KFR-32GW(32556)FNFa-3）项目解决了电机转矩的辨识及参数自整定控制等技术难题，实现了变频空调的高效可靠运行，显著提高了空调能效。该项目荣获2011年度国家科技进步奖二等奖，拥有11项发明专利和1项国外专利。该公司研制的国内外第一台高速永磁同步变频离心式大功率冷水机组，在国内外首次实现了离心式冷水机组满负荷性能系数与部分符合综合能效系数的双高效。以上产品项目均具有完全的自主知识产权，填补了国内外空白。该公司的冷暖辐射生活热水多功能一体户式中央空调项目荣获2011年家电科技进步奖二等奖。该空调机组集地板采暖、热泵热水器、热回收优势于一身，解决了辐射供冷凝露这一行业技术难题，实现了空调功能和高效的重大创新，其中系统独特的温湿度独立控制系统和控制方法属世界首创。此外，该公司的地（水）源热泵机组研究开发项目应用了多项专利技术，研发出整机综合性能系数提升14.5%的满液式地（水）源热泵螺杆机组和模块化地（水）源热泵涡旋机组。以上产品满负荷能效比远高于行业同类产品，具有非常良好的运行经济性，同时在减少环境污染方面作出了突出贡献。

美的集团在白色家电共性关键技术方面的科技成果包括以下8个方面：直流变频控制技术及专用控制芯片、复合能源直流家电技术、绿色生态设计与制造技术、互联互通与闪联技术标准、可靠性测试评价技术、消费者行为研究、工业设计、工程材料与抗菌消毒技术。制冷产业链的科技成果包括以下9个方面：180°正弦波矢量控制直流变频空调技术、换气机空气净化技术、强化传热技术、高效换热器设计与生产技术、空调集中控制一拖多技术、冰箱分区制冷及保鲜技术、环保新冷媒应用技术、压缩机技术、无刷直流电机技术。微波应用产业链的科技成果包括以下7个方面：微波泄漏防护技术、温度/湿度/重量智能传感控制技术、电磁场仿真技术、电子电控可靠性技术、健康杀菌技术、磁控管技术和变压器技术。家居电器与厨卫器具的科技成果包括以下6个方面：智能模糊控制技术、温控器生产制造技术、工业设计技术、热传与节能技术、高效燃烧技术和塑料改性技术。

广东华声电器股份有限公司按照UL817及UL498标准要求开发的美式带熔丝电源线，结构设计、电性能及其他物理性能完全满足大功率电器的要求。户外耐用型美国聚氯乙烯环保配线可预防电源线破损，大大提高了电器的质量，使其更耐用、安全和环保，可满足RoHS、PAHs、Phthalate、Reach各种环保要求。按照国家标准GB/T 11918中对不可拆32A 250V电源线连接组件的要求开发的弧形插片专用插头模具，结构设计、电性能及其他物理性能完全满足大功率电器的要求。

佛山市顺德区村田电器有限公司2011年自主研发的下沉近吸式吸油烟机，机械控制方式简单，结构设计时尚、简洁，将不锈钢和钢化玻璃完美结合，外观高雅，产品吸烟效果可达到13.5m^3/min以上，产品安装简单。外观已申请实用新型专利。

江苏白雪电器股份有限公司的BCB－**RC系列饮料柜主要进行了内胆上口框的重新设计、风道循环设计、门体设计、压缩机底板设计、分体式设计、电源线固定设计，整机结构进一步精细化，提高了产品的制冷性能，美化了外观，整机的设计成本下降2%。

西安东方康普斯制冷工程有限公司研制的新冷媒QXA－042H、QXA－036B除湿机压缩机适用于大冷量除湿机等制冷设备，通过计算产品的动静平衡，对电机进行了优化设计；压缩机排气管采用凸焊工艺，提高了工效，降低了制造成本。

万宝冷机集团广州电器有限公司研发的安全节能PTC起动器，将弹簧端子与电极极板两个零件设计成一体化零件，体内设有限位，可有效防止元器件PTC芯片碎裂导致电极板整体位移而引发的短路，产品体积小，装配工艺简单，降低了制造成本。该公司的热保护器用双金属片通过改进双金属片冲裁模具和优化双金属成形工艺，可满足各种保护的性能参数要求，实现了热保护器用双金属片的国产化。此外，该公司还完成了电子组合式起动器、双电容组合式PTC起动器、高精度热保护器、大容量BT型热保护器、单触点热保护器的研发，以及高可靠性BT型热保护器、大容量BT型热保护器的设计改进。

标准　家电标准化工作正朝着更加细化和创新的方向发展，对促进行业技术进步以及整个产业的转型升级将起到越来越重要的作用。2011年，30余项家电国家标准以及直饮机、面包机等8项行业标准启动实施。2011年实施的家电国家标准见表5。2011年实施的家电行业标准见表6。

表5　2011年实施的家电国家标准

标准号	标准名称	代替标准号	归口单位	实施日期
GB 4706.17—2010	家用和类似用途电器的安全　电动机—压缩机的特殊要求	GB 4706.17—2004	全国家用电器标准化技术委员会	2011.9.15
GB 4706.58—2010	家用和类似用途电器的安全　水床加热器的特殊要求	GB 4706.58—2002	全国家用电器标准化技术委员会	2011.9.15
GB 4706.102—2010	家用和类似用途电器的安全　带嵌装或远置式制冷剂冷凝装置或压缩机的商用制冷器具的特殊要求		全国家用电器标准化技术委员会	2011.9.15
GB 21551.2—2010	家用和类似用途电器的抗菌、除菌、净化功能　抗菌材料的特殊要求		全国家用电器标准化技术委员会	2011.9.15
GB 21551.3—2010	家用和类似用途电器的抗菌、除菌、净化功能　空气净化器的特殊要求		全国家用电器标准化技术委员会	2011.9.15
GB 21551.4—2010	家用和类似用途电器的抗菌、除菌、净化功能　电冰箱的特殊要求		全国家用电器标准化技术委员会	2011.9.15
GB 21551.5—2010	家用和类似用途电器的抗菌、除菌、净化功能　洗衣机的特殊要求		全国家用电器标准化技术委员会	2011.9.15
GB 21551.6—2010	家用和类似用途电器的抗菌、除菌、净化功能　空调器的特殊要求		全国家用电器标准化技术委员会	2011.9.15
GB/T 26219—2010	电器附件　Y型电线组件和Y型互连电线组件		全国家用电器标准化技术委员会	2011.7.1
GB/T 26182—2010	家用和类似用途保健按摩椅		全国家用电器标准化技术委员会	2011.6.1
GB/T 26183—2010	家用和类似用途多功能吊顶装置		全国家用电器标准化技术委员会	2011.6.1
GB/T 26185—2010	快热式热水器		全国家用电器标准化技术委员会	2011.6.1
GB/T 26287—2010	电热水器用铝合金牺牲阳极		全国有色金属标准化技术委员会	2011.11.1
GB/T 26275.2—2010	数字电视接收设备机道分离DTV-CSI接口规范　第2部分：测试规范		全国有色金属标准化技术委员会	2011.6.1
GB/T 26275.1—2010	数字电视接收设备机道分离DTV-CSI接口规范　第1部分：技术规范		全国有色金属标准化技术委员会	2011.6.1
GB/T 26274—2010	数字电视码流分析仪通用规范		全国有色金属标准化技术委员会	2011.6.1
GB/T 26273—2010	地面数字电视接收设备音视频同步性技术要求及测量方法		全国有色金属标准化技术委员会	2011.6.1
GB/T 26272—2010	地面数字电视调谐器基本性能要求和测量方法		全国有色金属标准化技术委员会	2011.6.1

（续）

标 准 号	标 准 名 称	代替标准号	归 口 单 位	实施日期
GB/T 26271—2010	地面数字电视接收设备亮度与色差信号重合度技术要求及测量方法		全国有色金属标准化技术委员会	2011.6.1
GB/T 26270—2010	数字电视接收设备标准测试信号		全国有色金属标准化技术委员会	2011.6.1
GB/T 26254—2010	家用和类似用途保健按摩垫		全国家用电器标准化技术委员会	2011.6.1
GB/T 26206—2010	注水式足部按摩器		全国家用电器标准化技术委员会	2011.6.1
GB/T 26176—2010	豆浆机		全国家用电器标准化技术委员会	2011.6.1
GB 4706.104—2010	家用和类似用途电器的安全 屋顶排水用加热排水槽的特殊要求		全国家用电器标准化技术委员会	2011.9.15
GB 4706.103—2010	家用和类似用途电器的安全 电捕鱼器的特殊要求		全国家用电器标准化技术委员会	2011.9.15
GB 4706.101—2010	家用和类似用途电器的安全 卷帘百叶门窗、遮阳篷、遮帘和类似设备的驱动装置的特殊要求		全国家用电器标准化技术委员会	2011.9.15
GB/T 26205—2010	制冷空调设备和系统 减少卤代制冷剂排放规范		全国制冷标准化技术委员会	2011.6.15
GB/T 25857—2010	低环境温度空气源多联式热泵（空调）机组		全国冷冻空调设备标准化技术委员会	2011.10.1
GB/T 25858—2010	精密空调机组性能测试方法		全国冷冻空调设备标准化技术委员会	2011.10.1
GB/T 25859—2010	蓄冷系统用蓄冰槽 型式与基本参数		全国冷冻空调设备标准化技术委员会	2011.10.1
GB/T 25860—2010	蒸发式冷气机		全国冷冻空调设备标准化技术委员会	2011.10.1
GB/T 25861—2010	蒸气压缩循环水源高温热泵机组		全国冷冻空调设备标准化技术委员会	2011.10.1
GB/T 25862—2010	制冷与空调用同轴套管式换热器		全国冷冻空调设备标准化技术委员会	2011.10.1
GB/T 26024—2010	空调与制冷系统阀件用铜及铜合金无缝管		全国有色金属标准化技术委员会	2011.10.1

表6　2011年实施的家电行业标准

标准号	标准名称	标准主要内容	实施日期
QB/T 4133—2010	直饮机	规定了直饮机的术语、分类及型号命名、要求、试验方法、检验规则及标志、包装、贮存和运输等	2011.4.1
QB/T 4134—2010	雪融机	规定了雪融机的术语和定义、分类和命名、技术要求、试验方法、检验规则及标志、包装运输、贮存	2011.4.1
QB/T 4135—2010	家用和类似用途全自动面包机	规定了家用和类似用途全自动面包机的术语和定义、技术要求、试验方法、检验规则、标志、包装、运输、储存	2011.4.1
QB/T 4136—2010	家用和类似用途电动洗衣机用电动机技术要求	规定了家用和类似用途电动洗衣机用电动机的术语和定义、产品分类、技术要求和试验方法	2011.4.1
QB/T 4137—2010	家用和类似用途电动洗衣机用电子程序控制器技术要求	规定了家用和类似用途电动洗衣机用电子程序控制器的术语和定义、产品分类、技术要求和试验方法	2011.4.1
QB/T 4142—2010	家用和类似用途电器可靠性试验及评价方法 电热水器的特殊要求	规定了家用和类似用途电热水器的可靠性鉴定和可靠性验收试验的故障的判据和统计、数据处理、试验记录和报告、试验结果的判定，以及可靠性定量评价的参数和指标、分布假设和可靠性评价的方法	2011.4.1
QB/T 4143—2010	家用和类似用途超滤净水机	规定了家用和类似用途超滤净水机的术语和定义、分类与命名、要求、试验方法、检验规则、标志、包装、运输及贮存等	2011.4.1
QB/T 4144—2010	家用和类似用途反渗透净水机	规定了家用和类似用途反渗透净水机的术语和定义、分类与命名、要求、试验方法、检验规则、标志、包装、运输、贮存等	2011.4.1

基本建设及技术改造　珠海格力电器股份有限公司在改进高效节能双击增焓压缩机技术过程中，引进一批先进高精密加工设备，自主研发了双转子两级增焓压缩机，使热泵热水器在超低温工况下制热能力提高50%左右，完成家用地温型热泵热水器从1匹到3匹的全系列覆盖。完成涂装线二次废气余热回收、空压机联机控制节能改造、中央空

调群控节能改造等节能减排项目12个。郑州、武汉、石家庄和芜湖技改规划均完成投资，厂房、设备都已投入使用。九期技改规划已完成投资，A栋厂房、设备安装调试中，B栋厂房基建中。微通道技改规划已完成投资，厂房、设备安装完毕，正在调试，5月实现量产。

广东华声电器股份有限公司对三旧车间进行一、二期改建，一期工程已于2011年4月完成，二期工程正在改建，预计2012年10月改建完成。

管理及改革 美的集团：成立集团法务部，实行一体化管理，法务部下设各产业机构，由集团派驻管理。集团行政与人力资源部北京办事处更名为北京商务处。小额贷款公司与资金中心相对分离，独立运作。整合总部大楼项目公司及工程与后勤服务公司工程中心，成立工程管理公司，负责总部大楼项目及集团其他基建工程管理。工程与后勤服务公司更名为后勤服务公司，将美的企业农场纳入管理。成立美的创业园公司，作为创业项目孵化培育平台。

美的制冷集团：美的电器财务部并入财务管理部，经营管理部更名为战略经营部，海外市场部更名为海外战略部。成立公共传播部，负责品牌传播、公共关系及媒体关系管理与维护、展会管理等。

美的日电集团：战略管理部更名为战略经营部。设立品质管理部，统筹日电集团品质管理、科技管理，加强品质管理。审计监察部下设反贪办，加强内部廉洁建设与监控。中国营销总部更名为中国营销管理部，调整为日电集团职能部门，负责中国市场的平台管理、风险管控与服务支持。国际营销事业部更名为国际营销管理部，调整为日电集团职能部门，负责标杆管理、海外分支机构管理、品牌管理、风险监控等职能。东盟事业部更名为东盟营销公司，定位为东盟区域性美的专业品牌营销机构。

美的机电集团：将营运管理部更名为战略经营部。

江苏白雪电器股份有限公司应对市场开展的企业内部管理及改革包括以下几个方面：

1. 面对市场挑战，营销工作知难而进

2011年家电下乡政策已经进入第四年，对家电市场的拉动作用正在逐步减弱。进入二季度以来，市场销售全面滑坡，形势急转直下。面对困境，冷柜销售团队积极应对，组织市场的促销和优势产品的推广，避免了年度销售指标的大幅跌落。

2. 注重技术创新，抓好降本增效源头

总师办认真做好各类产品开发的评审工作，积极实施“引进来、走出去”措施，全面开展产学研合作，可靠性强化试验系统、CO_2压缩机等项目取得阶段性成果。全年获授权专利14件，其中发明专利2件；SD/C冷冻冷藏箱、KY低噪高效冰箱压缩机、SC陈列柜被评为高新技术产品；公司荣获“江苏省企业知识产权管理标准化优秀企业”“国家火炬计划重点高新技术企业”等称号。电冰箱厂技术开发工作有序推进，整合原有产品链，强化工艺优化，提高了产品集中度及可靠性，2011年推出了三大系列新品：一是台阶式内发散热冷柜系列，在相同有效容积时实现材料利用的最大化；二是差异化的家用小冷柜及鸳鸯柜系列；三是玻璃门卧式展示柜系列，定位高性能、高品质的中高端市场，瞄准精品门店、高端饮食商品存放等场所。

3. 把关产品质量，全面落实质控指标

CNAS实验室获得了国家合格评定认可实验室称号，通过了两个子领域的能力验证。市场抽查合格率达到100%，顺利通过了冰柜“国家级监督检查”及冰箱“省级家电下乡专项检查”。2011年电冰箱厂产品质量稳定，全面达到了预定的各项质量考核指标。新品投放市场后，基本满足了用户要求，未出现重大批量质量事故。

4. 理顺条线管理，围绕中心服务全局

各职能部门围绕公司“锐意创新、勇于争先、稳步推进、持续发展”的经营方针，统筹兼顾，真抓实干，充分发挥管理服务效能。

西安东方康普斯制冷工程有限公司2011年通过了方圆标志认证中心的质量管理体系监督审核工作；通过了TÜV、UL认证对公司的工厂年度监督审查，完成了QX36HA、QX42HA、QX46HADE“CB”认证及转“KC”的认证；完成了QXA－042H的“CCC”和“TÜV”的认证；完成了2010年度中小企业开拓国际市场资金的项目终审，顺利得到政府扶助资金。2011年提交了2项中小企业开拓国际市场资金项目资料，已通过初审。

广东华声电器股份有限公司2011年依托广东省级工程中心的建设，广泛开展与高等院校、科研院校的交流、合作，特别加强了与中国科学院广州化学研究所、合肥工业大学、上海电缆研究所、湖南大学、广东工业大学、中山大学、西北师范大学等的长期技术合作关系，大力吸收先进技术。该公司还积极开展知识产权管理和科技项目的申报，共申报15项科技计划类、资质认可类项目，完成了21项各级政府的调研、统计填报。

〔撰稿人：中国电器科学研究院有限公司杨宇　审稿人：中国电器科学研究院有限公司黄伟玲〕

电自动控制器

产品种类的最新变化 随着电自动控制器产品的不断更新和应用范围的不断延伸，原“家用控制器”行业名称已不符合实际情况。2012年，国际电工委员会IEC/TC72将原“家用自动控制器技术委员会”改称为“电自动控制器委员会”，为此，我国对口行业技术机构及产业名称也做相应调整，产品种类进一步扩展。电自动控制器行业产品分为以下种类：

1. 温湿度感应控制器

温湿度感应控制器是一种能自动控制器具的温度或湿度，使其保持在两个特定值之间，并且可以由使用者设定的装置。其中，温度感应控制器简称温控器，种类和产量占电自动控制器的份额最大，广泛应用于各种家用电器。常用温控器又分为双金属片温控器、压力式温控器、毛细管式温控器、电子式温控器、磁性温控器等。近年来磁性温控器和双金属片温控器等产品技术有所创新。

2. 压力感应控制器

压力感应控制器是指电气或机械操作的、压力敏感响应的，或控制压力的、或真空的电自动控制器，普遍应用于电压力锅等压力电器容器中。具体产品包括压力传感器和压力行程开关。

3. 水位感应控制器

水位感应控制器是指机械或电气操作的对水位作出响应或控制水位的电自动控制器。具体产品包括锅炉器具中使用的浮子型或电极敏感型水位敏感控制器以及浮子型水位操作电自动控制器。

4. 流体感应控制器及电动阀

该类控制器又称流量控制器，包括各类水流及气流敏感电自动控制器、家用和类似用途设备中使用的电动阀（包括燃气具、加热器具、空调器、洗涤器具用的阀门），大部分是用来控制水流、气流或制冷剂等液体流量、流向的控制器。常见的流量控制器有电动水阀、电动燃气阀、电动油阀、四通换向阀、截止阀、电磁阀和电子膨胀阀等。

其中，四通换向阀用于热泵型空调改变制冷剂的流向，以实现制冷模式和制热模式转换，适用于中央、单元式和房间空调器等热泵型空调系统。截止阀常用于制冷装置中，主要用来接通或截断管路中的介质，一般不用于调节流量。截止阀的适用压力、温度范围很大，但一般用于中小口径的管道。电磁阀是利用线圈通电励磁产生的电磁力驱动阀芯运动来开启或关闭的制冷元件。电子膨胀阀是一种可按预设的程序调节进入制冷装置中制冷剂流量的控制元件。

5. 时间时序感应控制器

该类控制器又称时基控制器，是指家用和类似用途电器用的定时器、定时开关等，应用于电风扇、洗衣机、微波炉、干衣机和暖风机等产品。

6. 智能控制器

智能控制器为近年来迅速发展的用于智能家电、智能家居、智能电网等领域的电子控制器，一般是以微控制器（MCU）芯片或数字信号处理器（DSP）芯片为核心，依据不同的功能辅以外围模拟及数字电子线路，通过置入相应的计算机软件程序，经电子加工工艺制造而成的电子部件。智能控制器产品前期的核心技术在于软硬件设计，后期主要是传统的电子流程制造，高端市场、高端客户则在工艺、现场管理等方面对其提出较高要求。智能控制器终端产品具有操作简单、性能可靠、自动化程度高、多功能及维护方便等特点，已成为衡量电器技术水平的标志，广泛应用于最新开发的智能整机和设备中。

7. 保护器

保护器是为了防止电器在异常条件下工作超温烧毁或电器超温引发火灾的安全元件。它在被保护系统或电器发生故障时，如过热、过流、过压、欠压等非正常状态时，能自动切断电源，确保系统（或电器）的安全。主要用于电饭锅、电炒锅、电烤箱、取暖器、电热水器、电熨斗等电热器具的控温、调温和限温，日光灯镇流器、变压器、风扇电动机、压缩机电动机、洗衣机电动机等热过载保护以及消毒柜、干衣机、洗衣机等电机或电器设备的保护。

8. 变频控制器

这是一种将交流电转换为直流电后再逆变为运行频率按照要求控制设备运转的自动控制器。变频控制器近年来技术发展迅速，广泛应用于变频空调等变频家电设备中充当核心控制部件，在节能方面有良好的效果。因此，将其从电子式控制器中分离出来，单独列为一类新型控制器。

生产发展情况 2012 年，由于国际经济环境恶化，国内家电行业也遭遇市场调整期，在出口和内销均有所萎缩的情况下，各电控制器企业通过调整产品结构、拓展产品范围等方式确保了产业的规模化发展。

2012 年，电自动控制器行业工业总产值排在前列的企业有：佛山通宝股份有限公司、江苏常恒集团自动控制器有限公司、常州西玛特电器有限公司、浙江中雁温控器有限公司、宁波市镇海宏业电器开关厂、宝应电器厂、佛山市大朋温控器有限公司、浙江三花制冷集团有限公司、艾默生电气（深圳）有限公司、三春电器实业有限公司、思瑞克斯（广州）电器有限公司、佛山市禅城区九龙机器厂、广东中山中恒电器有限公司、浙江盾安人工环境设备股份有限公司、平顶山市联立机电有限公司、深圳鑫汇科电子有限公司、万宝冷机集团广州电器有限公司、杭州星帅尔电器有限公司、宁波欧知电器科技有限公司、宁波贞观电器有限公司、深圳拓邦股份有限公司。

1. 机械式温控器

机械式温控器具有结构简单、安装方便、使用寿命长、不易损坏、可靠性高、可调温度范围广和应用广泛等特点，加之其生产、应用已有几十年的历史，技术成熟、产销量大，是温控器市场的主要产品类型。机械式温控器的生产厂家主要分布在浙江、江苏、广东、上海、安徽等地，以佛山市通宝股份有限公司和江苏常恒自动控制器有限公司两家企业生产规模较大，浙江中雁温控器有限公司、佛山市九龙机器厂、三春电器实业有限公司等也具备一定的生产规模，在温控器生产领域表现活跃。外资品牌主要有艾默生、丹佛斯、英维思、E. G. O. 和 STRIX（思瑞克思）等。其中，思瑞克思与三春电器在电水壶温控器和电水壶、咖啡壶、多功能电茶壶等领域均涉足整机代工和生产，具有一定的规模。

2. 流体感应控制器及电动阀

该产品形成了以长三角地区及广东地区为中心的两大

生产基地。三花控股集团有限公司、浙江盾安精工集团、佛山华鹭制冷器件有限公司、常州兰柯四通阀有限公司、常州西玛特电器有限公司、安徽天大企业(集团)有限公司、浙江春晖集团公司等企业的产销量占据了该领域80%以上的份额。其中,三花控股集团有限公司的四通换向阀和电磁阀的制造和销售稳居行业首位,浙江盾安精工集团的截止阀产量最大。2012年由于空调产量的骤然滑坡,国内该类产品需求量减少。浙江盾安精工集团等具有代表性的企业目前正在研发特殊领域(如大功率中央空调或节能新型电磁阀)用的控制器,并积极开拓日韩市场,以扩大利润率,确保生产规模。

3. 保护器

产业链主要集中在江苏和浙江,宝应电器厂、宁波市镇海宏业电器开关厂、杭州星帅尔电器有限公司等企业规模较大,主要生产电动机—压缩机用热保护器、起动继电器(俗称"两器")等产品。该领域的外资企业主要有美国森萨塔科技有限公司等,生产研发基地也主要集中在江浙地区。该类产品体积微小,产量较大,集中在少数大企业生产,生产自动化程度和生产效率较高。

4. 变频控制器

小家电企业主要直接从专业变频控制器厂商购买变频控制器,大家电企业则采取与芯片厂或者第三方合作研发核心算法,家电企业开发变频控制器外围电路的方式,合作开发制造变频控制器。

5. 智能控制器

该产品主要由家电企业自行研发和批量配套整机生产,但是由于技术原因,各品牌产品之间缺少互通性,产品推广较为困难,产量较小。

市场及销售 2012年,家电下乡政策分批结束,以旧换新政策结束,下半年在全国广泛推广家电节能补贴政策,新旧政策的交替给家电及配套零部件产业带来了极大的影响。家电下乡政策对三、四级市场的拉动作用明显,政策已达到预期的目标,但是市场透支、产能过剩等一系列隐含的负面效应在2012年度集中显现,加之房地产市场萎缩的滞后效应及国际经济危机等其他经济原因的影响,致使电自动控制器产业在2012年上半年整体略有减产。但由于市场向好预期和维持客户的因素,各控制器企业仍采取维持生产的策略,保证了产业规模。同时,家电节能补贴新政的实行,为高端节能产品的推广带来了利好消息,而整机的节能性能很大程度上取决于电自动控制器的节能效率,因此,低功耗及无功耗控制器及变频控制器的市场需求逐渐增加。

截至2012年8月,江苏常恒集团自动控制器有限公司温控器生产销售与2011年同期基本持平。森萨塔电子技术(上海)有限公司截至2012年年中共销售突跳式温控器超过600万支,2012年前8个月温控器的产销量基本与上年同期持平。思瑞克斯(广州)电器有限公司中国区主抓高端电水壶和咖啡壶控制器市场推广,受国际金融危机影响,出口略有下降。

佛山通宝股份有限公司温控器年销售额逾1.9亿元,其中,突跳式温控器年销售额达8 500万元,保护器年销售额7 000万元,体胀式毛细管温控器年销售额4 000万元,体胀式温控器销售有所增长。佛山市九龙机器厂成立了芜湖九龙控制器有限公司,温控器年产量提高到700万支,主要是毛细管式温控器,其中,配套电热水器的温控器约占总产销量的60%,配套烤箱的温控器占比约10%,配套洗碗机、取暖器等其他家电的温控器约占30%。2012年应用于大功率烤箱的温控器,销售量增长幅度十分明显。

艾默生电气(深圳)有限公司主要生产熔体、温控器及热敏电阻三大类产品。目前,电流超过25A的即热式电热水器的温控器大部分都是由该公司提供的。随着我国市场高端、大出水量即热式电热水器产品需求的增加,配套此类产品的温控器需求量增长很快。

在地暖温控器领域,国产品牌海林和合资品牌曼瑞德以较高的性价比占据了中端市场较大份额。同时,电地暖温控器较水地暖温控器市场需求更大,其产品本身高能耗的特点加速了新型节能控制器的研发速度。市场销量在北方地区也逐步扩大。

由于家电节能补贴政策的实行,变频空调的市场占比有所增长,对变频控制器的需求也逐步加大。目前变频控制器上的控制集成电路(IC)和功率模块供货紧张,电机控制IC也出现了供应紧张的情况。随着需求的日益增长,IC厂家正迅速提高产能,满足各家电企业的需求。半导体技术的不断进步和出货量的增加,将使电机控制器平均生产成本下降,价格趋于平稳,并呈现稳中有降的态势。

产品研发 控制器产品种类繁多,变化复杂,某些领域产品如机械式温控器等产业技术非常成熟,技术突破空间十分有限。针对这种情况,越来越多的企业更为关注传统产品的功能升级和改造,如防水、耐超高温等,拓展新技术应用范围。与此同时,随着节能家电补贴、发展战略性新兴产业等国家新政越来越关注节能、智能领域,企业加大了节能、智能产品的研发力度。

(1)双金属片式防水温控器。该产品是采用独特的防水密封设计的双金属温控器,作为突跳式温控器的核心关键零部件,广泛用于液体加热、制冷及通风系统等温度控制领域,其防水、防尘等级及结构要求较高。

(2)磁敏温控开关。该产品是利用静磁场以居里温度(点)磁性能突变为原理实现控温的新型温控器,是新型电磁阀产品,在制冷、智能家居产品领域有着广泛的应用,并不断开发新的应用领域,产量和产值增长较快。用户对用于磁控开关等温度敏感控制元件中的软磁铁氧体(磁件)的导磁率、电阻率、材料、耐高温等性能均有特殊要求。该产品由佛山市川东热敏磁电有限公司开发,上海、浙江等多家企业均有类似产品的生产和应用,产业前景较好。

(3)智能电自动控制器系统。随着近些年IT、通信以及电子等相关产业的发展,智能控制系统这一新兴产业快速发展,已成为零部件和整机产业今后若干年内的主要发展方向。其主要功能是利用手机等智能网络终端,在一定区域内对所有智能家电、智能家居产品的无线、网络化集中控制,同时预留与智能电网的接口,可实现家庭用电的智能监测。其技术难点在于不同品牌和型号智能家电控制系统的协议互通。目前,海尔、海信、美的、康宝等企业均实现了小规模智能产品使用和互联,大范围的协议互通仍在协调中。

(4)压力行程开关。此类产品为电自动控制器行业中的新型压力控制元件,通过感知器件形体的变形量(包含压力),执行相关的动作从而达到控制的目的,有别于目前广泛应用的、直接感知压力的压力控制器。该类产品可用于器件压力控制,也可用于器件过压保护,已广泛用于电压力锅等压力电器容器中,市场前景广阔。

质量及标准 国内家用电器控制器的质量和技术水平不断提高。国内企业不但能生产一般使用的控制器,还能开发出具有自主知识产权、满足特殊要求的控制器。符合各国安全标准、国际标准及欧盟 RoHS 指令的控制器都已能在国内批量生产。但是,国内家用控制器的制造工艺有待提高,工艺过程的机械化和自动化程度不高,效率较低,产品质量的工艺设备保障程度较低,直接和间接地影响产品的质量及可靠性。

2011—2012 年,控制器行业共报批 2 项国家标准及 4 项行业标准,分别是:GB 14536.16—20××《家用和类似用途电自动控制器 电起动器的特殊要求》、GB ××××—20××《家用和类似用途变频控制器术语》、JB/T ××××—20××《电自动控制器用液体膨胀式金属膜盒》、JB/T ××××—20××《一体式电磁加热控制器》、JB/T 8592—20××《家用和类似用途电自动控制器电磁四通换向阀》和 JB/T 10302—20××《家用和类似用途电自动控制器小型制冷系统两通电磁阀》。其中,GB 14536 系列标准是控制器产品国家强制性标准。这一系列标准的换版意味着该类产品的设计和认证需要根据新版标准进行微调,相关企业也应做好面对标准换版的准备。《家用和类似用途变频控制器术语》是我国变频控制器领域首个国家标准,是对变频控制领域专业术语和宣传用语的全面规范,对于变频控制器其他安全和性能标准的制定具有重要意义。

2012 年 2 月 29 日至 3 月 2 日,全国家用自动控制器标准化技术委员会四届二次工作年会暨标准审查会在云南省丽江市召开。会议通报了我国标准化工作的最新形势和政策,介绍了 2011 年 IEC/TC72 标准化最新发展动态,主要包括 IEC 60730 系列标准更名为“电自动控制器”提案,WG8 遥控控制器和 WG10 电池驱动控制器相关提案,WG3 合并电动机热保护器标准提案,TC72 柏林年会会议纪要以及近期各国的 IEC 60730 系列标准的采标情况和其他标准化工作相关的信息。

〔撰稿人:中国电器科学研究院有限公司钱峰 审稿人:中国电器科学研究院有限公司谢浩江〕

电 器 附 件

生产发展情况 我国的电器附件行业已由成长期向成熟期转变,现已有正规的制造企业 2 000 多家,生产能力越来越强。为得到更多的市场份额,中外企业展开日益激烈的竞争,逐渐从初期的数量、品种、价格转向全方位竞争,行业内品牌不断淘汰,市场占有率、品牌知名度、产品组合、性价比、销售网络成为企业核心竞争力。市场仍呈现两极化发展趋势:一方面本土具有较强实力的制造商通过提高产品技术及管理水平,努力缩小与国外竞争对手的差距,全力塑造产品价高质优的形象,以应对国际品牌进入我国市场后在产品功能款式、资金、服务等方面造成的强大压力;另一方面,上千家的中小厂商借助低廉的劳动力和原材料成本,以低价产品抢占市场。电器附件行业企业还面临众多新加入者的挑战:国外知名品牌按其国际化和多元化战略部署进入我国市场,如罗格朗、施耐德、松下、西门子、西蒙、飞利浦等;国内知名照明和塑胶等建筑材料企业向电器附件行业延伸,如雷士、欧普、三雄极光、联塑、公元等;知名家电企业也介入电器附件行业,如美的、海尔等。

2011 年,电器附件行业经济效益综合指数排名前 10 位的企业有:飞雕电器集团有限公司、广东华声电器股份有限公司、浙江正泰建筑电气有限公司、湖南深思电工实业有限公司、TCL－罗格朗国际电工(惠州)有限公司、西蒙电气(中国)有限公司、杭州鸿雁电器有限公司、公牛集团有限公司、广东松本电工电器有限公司和乐清市恒和科技有限公司。

工业总产值前 10 位企业有:公牛集团有限公司、广东华声电器股份有限公司、广州番禺电缆集团有限公司、杭州鸿雁电器有限公司、飞雕电器集团有限公司、TCL－罗格朗国际电工(惠州)有限公司、北京 ABB 低压电器有限公司、浙江正泰建筑电器有限公司、松下电气机器(北京)有限公司和慈溪宏一电子有限公司。

主营业务收入前 9 位企业有:公牛集团有限公司、广东华声电器股份有限公司、杭州鸿雁电器有限公司、TCL－罗格朗国际电工(惠州)有限公司、北京 ABB 低压电器有限公司、浙江正泰建筑电器有限公司、松下电气机器(北京)有限公司、慈溪宏一电子有限公司、西蒙电气(中国)有限公司。

总资产贡献率前 10 位企业有:TCL－罗格朗国际电工(惠州)有限公司、浙江正泰建筑电器有限公司、湖南深思电工实业有限公司、浙江公元电器有限公司、西蒙电气(中国)有限公司、宁波灵象电器有限公司、飞雕电器集团有限公司、浙江恒泰电工有限公司、公牛集团有限公司和宁波瑞明电器有限公司。

资本保值增值率前10位企业有：湖南贵派电器股份有限公司、湖南深思电工实业有限公司、广东美的照明电气制造有限公司、西蒙电气（中国）有限公司、杭州鸿雁电器有限公司、余姚市国昌电器有限公司、浙江正泰建筑电气有限公司、公牛集团有限公司、广东华声电器股份有限公司、飞雕电器集团有限公司。

流动资产周转率前10位企业有：广东华声电器股份有限公司、宁波瑞明电器有限公司、公牛集团有限公司、浙江正泰建筑电气有限公司、南京海锚电器制造有限公司、湖南深思电工实业有限公司、慈溪冬宫电器有限公司、飞雕电器集团有限公司、浙江恒泰电工有限公司和宁波市士鑫电器有限公司。

成本费用利润率前10位企业有：湖南深思电工实业有限公司、TCL－罗格朗国际电工（惠州）有限公司、浙江公元电器有限公司、飞雕电器集团有限公司、浙江恒泰电工有限公司、惠州电道科技有限公司、乐清市荣盛引进电器有限公司、西蒙电气（中国）有限公司、天津市津耐电器有限公司和天基电气（深圳）有限公司。

全员劳动生产率前10位企业有：飞雕电器集团有限公司、广东华声电器股份有限公司、北京ABB低压电器有限公司、杭州鸿雁电器有限公司、浙江正泰建筑电器有限公司、广东松本电工电器有限公司、惠州电道科技有限公司、广州番禺电缆集团有限公司、浙江跃华电讯有限公司和松下电气机器（北京）有限公司。

产品销售率前10位企业有：南京曼奈柯斯电器有限公司、松下电气机器（北京）有限公司、广东美的照明电气制造有限公司、英特曼电工（常州）有限公司、南京海锚电器制造有限公司、天津大和电器实业有限公司、湖南深思电工实业有限公司、杭州鸿世电器有限公司、泰力实业有限公司和西蒙电气（中国）有限公司。

2011年电器附件行业工业总产值和销售额增幅较大的企业见表1。

表1　2011年电器附件行业工业总产值和销售额增幅较大的企业

序号	企业名称	工业总产值比上年增长（%）	销售额比上年增长（%）
1	乐清市恒和科技有限公司	239.94	253.21
2	天津大和电器实业有限公司	138.12	173.43
3	湖南贵派电器股份有限公司	94.37	73.13
4	广东美的照明电气制造有限公司	59.77	79.40
5	公牛集团有限公司	39.44	43.85
6	北京ABB低压电器有限公司	32.23	34.67

科技成果及新产品　行业竞争促使各企业及时调整发展战略，开发出更多高质量、高安全性的产品，加速了产品结构、企业结构乃至产业结构的调整，促进了技术创新，开关插座的技术水平与国外工业发达国家同类产品的差距越来越小，有的已经进入世界先进产品的行列。同时，新材料、新工艺将促使行业向环保、节能、智能化方向发展，最终促使产品更新换代。

电器附件行业总体市场规模仍将持续扩大，产品系列不断增加，并逐渐朝智能型、遥控型、节能型方向发展。具有遥控、定时功能的开关插座，具有集中控制、场景控制、遥控控制的智能灯光控制系统应运而生，尤其是智能灯光控制系统应用范围逐步扩大，市场接受度越来越高，但受生产成本和消费者购买能力等因素的影响，传统开关插座仍将长期存在。生产企业将由专业化向集成化发展，部分有实力的企业将逐渐从单纯提供产品向提供系统和服务发展，并向相关的周边行业延伸。

2011年各企业以市场为导向，适时调整产品布局，丰富产品线，在开拓高端产品市场的同时，推出经济型产品，以保证市场占有率；加强与高校、科研机构的合作，加快科技成果产业化速度；在保障用电安全的基础上，产品不断向智能化、低碳节能方向发展。

杭州鸿雁电器有限公司强化对产品线的梳理，针对细分市场优化产品组合，增强电工产品的组合优势和竞争力。①开拓中低端产品。推出的中低端RC120系列电工产品，成本低、质感好、采用卡接式结构，有助于抢占二、三线市场，提高鸿雁品牌市场占有率。②丰富高档系列产品线。亚克力装饰VA系列的成功上市，解决了表面亚克力装饰件只能采用板材机加工制作的难题。亚克力注塑、亚克力机加工工艺的有效结合以及印丝工艺的应用，使该系列不同于市场上其他亚克力装饰产品。③PP－R产品增韧研究。PP－R管材能在10～70℃（特别在高温度段）具有较高抗蠕变特性，可承受较高工作压力，具有耐腐蚀、无毒、可熔接等优点，特别适用于冷水及采暖系统。

完成了3个科研项目：①国家财政部技术创新项目——特种尼龙合金材料研发及应用于建筑电器产业化。电子电器产品在不断向质轻、壁薄等方向发展，要求PA6/ABS合金具有更高的模量、强度及韧性，纳米蒙脱土改性PA6/ABS合金有望同时达到增韧、增强及改善材料耐热性的目标。②浙江省工业转型省级（公共服务平台）项目——面向建筑电器行业数字化设计制作平台。该项目研究了3项共性技术并开发了建筑电器产品配置设计、建筑电器产品仿真与数字样机、建筑电器产品性能分析与优化3个系统，研发了3种以上建筑电器系列新产品。该项目于2011年1月通过验收。③杭州市信息服务业专项——建筑电器产品仿真与数字样机系统开发。对建筑电器产品的真实化、集成化进行虚拟仿真，用于建筑电器产品的工程设计、干涉检查、机构仿真、产品拆装、加工制造和维护检测等模拟环境。运用数字样机技术可以协同进行数字化预装配、CAE分析、工装设计、工艺设计、可制造性分析，大大减少了工程更改和返工量，节省了大量工装模具和生产准备时间，实现了建筑电器产品研发的低成本、高效率，项目于2011年11月通过验收。

飞雕电器集团有限公司开发出高灵敏开关触摸屏，解决了防水、防雾的问题。设计研发出一种带有摆动机构的复位开关，具有拆装方便、通用性强、寿命长等特点，该结构已在公司产品中广泛应用。成功开发了 A9 系列、智能开关、暖通新产品。投资 2 156 万元开发了网络智能开关系统。该项目的核心是将网络作为一个平台，开发相应的硬件及终端客户软件，用户可以使用手机或电脑通过互联网控制开关的开启和关闭，并为开关远程设置参数，适合现代家居以及会所、宾馆、医院等公共场所使用。

TCL－罗格朗国际电工（惠州）有限公司研制出自动延时开关，采用特殊驱动电路和磁保持继电器实现两线制功能，应用开关电源技术提高交流－直流转换效率，使用超低功耗单片机控制整机功能及功耗。待机电流 $I_{ac}\leqslant 85\mu A$，可接节能灯、日光灯负载而不出现闪烁或关不断现象；待机功率 $P\leqslant 0.0187W$，一年待机用电≤0. 164kW · h；采用继电器控制负载，避免烧毁灯的同时损坏控制开关。

浙江正泰建筑电器有限公司全年累计开发 11 个系列的电工新品，其中 5V、6V、9V 系列成功上市，受到市场一致好评；启动 8 项研发项目并已初见成效，如红外遥控场景开关和数字按键调光开关等。开发的集漏电保护和浪涌保护于一身的漏电脱扣器，分断速度快、性能稳定，能内置于移动排插中。推出的 NEW6A 系列开关插座，采用整体式结构，电子产品的声光控、触摸均带消防应急功能；采用鞍形接线端子，螺钉、端子采用铁镀铜；可根据客户需求进行表面颜色制作。产品接线范围更大、使用寿命更长，性价比更高。

西蒙电气（中国）有限公司 2011 年严格采用 GB 16915. 1《家用和类似用途固定式电气装置的开关　第 1 部分：通用要求》和 GB 2099. 1《家用和类似用途插头插座　第 1 部分：通用要求》等标准开发新产品，在国家强制性认证目录内的产品全部按照要求通过 3C 认证。2011 年开发新单品 121 项，电子产品改进单品 15 项。开发的新产品共申请专利 32 项，其中发明专利 2 项、实用新型专利 6 项、外观设计专利 24 项。

公牛集团有限公司推出的防脱系列插座，突破了传统模式，解决了因频繁拉动电源线（用电设备）引起插头松动或脱落导致无法正常供电，甚至出现火灾或危及人身安全的问题。

汕头市东亚电器厂重视产品的升级换代，注重培养企业发展后劲。根据不同现场条件和要求把开发生产的产品归类整理列出计划，按规格化、系列化发展，按先后缓急开发样机，做好产品储备。投资 46 万元开发出防浸型大型起重设备高压接电箱，在国内率先解决了港口码头大型起重设备高压接电的安全可靠性及操作便利性的关键问题，突破了电器设备防护水平低的技术瓶颈。该项目的最关键环节在于接电箱试制过程中设计专用的密封螺塞及其配件、创新设计高防护等级的结构、设计新型接电装置。经过研究，对提高高压接电箱防护水平的重要环节，即电缆（特别是较大直径电缆）进出口的密封件进行开发，设计了专用的密封螺塞并根据使用的实际要求增加必要的密封配件（如扩展基座等），解决了高压接电箱防护配套问题，保障用电现场重型设备的正常运行。在结构上应用创新设计，箱盖和箱体两部分分段密封、多层防护，有效解决了水或潮湿造成的相间爬电或短路问题，保证产品的可靠运行。设计接电装置使高压接电箱既接线方便安全可靠，又能满足绝缘要求，箱内有 10kV 高压线缆又有较低电压控制线和光纤连接线的连接，满足现代化通信和控制的要求。产品填补了国内港口电箱的空白，性能处于国内领先地位，已经在虎门港、大连港等应用。

广东华声电器股份有限公司深入开展产学研合作，2011 年度依托省级工程中心的建设，广泛与高等院校、科研机构交流、合作，吸收先进技术，与国内外高等院校或科研单位建立技术合作战略伙伴关系，特别加强了与中国科学院广州化学研究所、合肥工业大学、上海电缆研究所、湖南大学、广东工业大学、中山大学、西北师范大学等科研院校的长期技术合作关系。积极开展知识产权管理和科技项目的申报，共申报 15 项科技计划类、资质认可类项目，完成了 21 项各级政府的调研、统计填报。开发的美式带熔体的电源线，结构设计、电性能及其他物理性能完全符合大功率产品的需求。开发的户外耐用型美国聚氯乙烯环保配线，能预防户外电器使用时电源线因踩踏、弯折和来回拉动摩擦造成的电线破损，符合 RoHS、PAHs、Phthalate、Reach 等各种环保要求。开发的国标弧形插片专用插头模具，参照 GB/T 11918 中不可拆 32A 250V 电源线连接组件标准要求设计制造，结构设计、电气性能及其他物理性能完全满足大功率产品的需求。

天基电气（深圳）有限公司推出的 K7913FGD 系列冰箱保护器，为冰箱、冷冻机或冷却机专用的过压/欠压/漏电保护装置。当电器外壳带电或电源电压超出（185±5）~（265±5）V 时，冰箱保护器将自动断开负载电源。推出的 W8311 USB 充电功能件，通过了 EMC 测试，相对于前代产品，输出电流、电路保护性能、生产效率及稳定性大幅提高。推出的 W8201BE 千姿系列电子门铃功能件，是一种输入电压 220V/110V 的电子门铃功能件，采用电容降压式线路工作，具有线路简单、性能可靠、声音响亮等特点。

湖南深思电工实业有限公司 2011 年加大产品研发投入，开发 5 个系列、近 400 个规格新产品，申报专利 20 余项，其中 11 项已获专利证书。公司与湖南科技大学成立了产学研基地，进行工业设计战略合作。公司投入大量资金进行技术改造，提升了生产自动化水平，节能增效。

宁波瑞明电器有限公司完成 1 项国家级科技项目——具有通用网络节点的智能家电控制系统，已通过验收。2011 年 5 项产品获得宁波市“和丰创新奖”。

泰力实业有限公司推出的玻璃系列开关插座，采用钢化石板、铁柜架结构，外形美观高档，性能安全可靠，开关寿命 40 000 次，插板寿命 15 000 次。

天津大和电器实业有限公司积极开发新产品，推出带有防雷击功能的T3222、T3220系列移动式排插产品，自照式跷板开关单独控制每个插口，有单侧插刃可插入，带开关切断器和过载保护功能，保证用电安全。推出的T4282插座转换器，带有一个电源插口和一个USB电源接口，在进行USB充电的同时能在电源插口上接15A以下的用电器。推出的T4462系列插座转换器带有防雷击功能，由自照式跷板开关控制插口，用一个插头与其余插座转接，可以提供更多的插口。

质量监督抽查 人们对电器附件安全性、美观性、实用性的要求越来越高，促使行业企业不断提高产品质量，提升设计制造水平，加强与国际知名企业的技术、管理交流，企业技术水平不断提升，产品质量接近国际水平。

陕西省质量技术监督局2011年一季度对插座产品质量进行了监督抽查，共抽查西安地区的经销企业37家，抽取样品40个批次，对产品的标志，尺寸的检查，防触电保护，接地措施，端子，固定式插座的结构，插头和移动式插座的结构，防潮，绝缘电阻和电气强度，接地触头的工作，温升，正常操作，拔出插头所需的力，软缆及其连接，机械强度，螺钉、载流部件及其连接，额定值，耐热，爬电距离、电气间隙和通过密封胶的距离，绝缘材料的耐非正常热、耐燃和耐漏电起痕，防锈性能等21个项目进行了检验，合格32个批次，样品合格率80%。存在的问题主要是耐热、耐燃、拔出插头所用的力、防触电保护、接地措施项目不合格。

2011年二季度成都市工商局对成都市金牛区、新都区、青白江区、成华区的部分电器综合市场、灯具专业市场、商场等销售的开关插座质量进行了质量监测。开关主要检测了标志、防触电保护、绝缘电阻和电气强度、通断能力、耐热、绝缘材料的耐非正常热、耐燃和耐漏电起痕等项目，质量全部合格。插座及转换器主要检测了额定值，标志，尺寸检查，防触电保护、接地措施，移动式插座的结构，耐老化、防有害进水和防潮，绝缘电阻和电气强度，拔出插头所需的力，软缆及其连接，通断能力，耐热，绝缘材料的耐非正常热、耐燃和耐漏电起痕13个项目。插座质量问题较多，主要不合格项目为防触电保护、耐热、尺寸检查；转换器（又称接线板或移动式插座）的不合格项目有尺寸检查、防触电保护、拔出插头所需的力、软缆及其连接、耐热、绝缘材料的耐非正常热和耐燃。

2011年，上海市质量技术监督局对该市生产的插头插座产品质量进行了专项监督抽查，共抽查了22批次产品，不合格的1批次。不合格项目为绝缘材料的耐非正常热、耐燃和耐电痕化。产品在进行耐燃实验时，绝缘部件起火，并且在移去灼热丝后30s内火焰未熄灭，不符合标准要求。对转换器产品质量进行专项监督抽查，共抽查产品14批次，其中上海市生产的5批次，外省市生产的9批次。经检验，全部合格。对上海市生产和销售的家用及类似用途固定式电气装置开关产品进行了专项监督抽查，共抽查产品26批次，其中上海市生产的产品14批次，外省市生产的产品12批次。经检验，全部合格。

2011年，广东省质量技术监督局对固定式电气装置开关产品进行了定期监督检验，对标志、防触电保护、接地措施等13个项目进行了检验，共检验了广州、深圳、佛山、顺德、江门、中山、惠州、东莞8个地市102家企业的103批次产品，检验合格83批次，产品抽样批次合格率80.6%。其中，6批次产品仅标志不合格，9批次产品正常操作不合格，8批次产品开关机构不合格。

山西省质量技术监督局2011年对太原市市场上经销的由外省企业生产的20个批次的开关插座（转换器）进行了监督抽查，合格16个批次，抽样合格率80%。存在的主要质量问题：绝缘材料的耐非正常热、耐燃项目不合格，耐热不合格，防锈不合格。

西安市质量技术监督局对西安市市场销售的墙壁开关进行了质量抽查，共抽样30批次，涉及西安市商业单位25家。检验项目涉及标志、防触电保护、接地措施、结构、绝缘电阻和电气强度、正常操作、机械强度、耐热、绝缘材料的耐非正常热和耐燃共9项。合格26个批次，实物质量合格率86.7%。主要不合格项目是耐热、绝缘材料的耐非正常热和耐燃。

温州市工商行政管理局对在流通领域销售的室内照明开关、插头插座产品进行了专项监督抽查，共抽查46批次产品，不合格13批次，合格率71.4%。抽查发现的不合格项目为：尺寸的检查、防触电保护、耐热、爬电距离、电气间隙和穿通密封胶距离。

基本建设及技术改造 TCL－罗格朗国际电工（惠州）有限公司固定资产投资6 000万元，用于基本建设和技术改造，新增注塑机、冲床、模具、流水线、仪器仪表和辅助机器等。改善了约50套模具的流道系统，实现自动化生产，缩短了生产周期，提高了生产效率，节约近百万元。模具改进主要成果是：实现了点胶口，开模时自动切断浇口；潜伏式浇口，可自动切断浇口；转水口，一模多腔的产品可任意生产其中一款。重新设计开发自动化设备，其中V系列连体二三极插座插套自动化锁螺丝设备已成功投产，效率达到人工效率的2.5倍，效果良好。

杭州鸿雁电器有限公司固定资产投资4 900多万元，用于约10万m^2临安产业园的一期建设，主要布局塑胶产业、线缆产业、成套产业和储运中心。南京鸿雁科技生产基地一期工程建设顺利开工，建筑面积为17 334m^2，着力打造防雷产品、转换器、明装插头、插座、民用开关、插座专业化生产基地。公司将基于信息技术的智能控制技术作为核心技术，大力发展智能家居，加快发展LED节能照明，带动电工电气、综合布线升级发展，进一步提升自主创新和系统集成能力。照明事业部进一步完善车间生产布局，组建SMT贴片车间，引进了LED灯具光色电性能和配光全套设备。通过分析关键工序，引进新设备、新工艺，并采用QC等提高工装、工艺策划能力，提高车间的制造水平和生产效率。

公牛集团有限公司2011年固定资产投资4 256万元，

用于新建插座注塑、组装车间厂房各1座，购买流水线8条、注塑机13台、高速精密冲床5台等生产设备以及浪涌复合波发生器、TOV测试仪、热稳定测试仪等检测仪器设备。完成了指示灯自动焊接的技术改造，以自动化设备代替人工操作，在保证产品质量的同时提高了生产效率，在实际生产运用中取得了很好的效果。完成二极插套在二极座子中的自动化装配改进项目，以日均用量46万套计算，原手工装配需要工人92位，而自动化装配每人管理一台设备，仅需工人24位，不仅提高了生产率，保证了产品质量，还有效降低了生产成本。

浙江正泰建筑电器有限公司投资逾2 560万元，用于年新增500万只NEW系列墙壁开关插座、NEA系列排插产品技术改造项目。该项目主要采用红外通信和嵌入式智能MCU技术、数字脉宽调制技术、过零关断等技术或工艺，购置了55kW空压机、130～218t注塑机、镀层厚度检测仪、网络分析仪、2D影像测量仪、集中供料系统、机械手、注塑冷却水系统等国产设备。改造喷码机(防窜系统)，所有生产线实现在线喷码。改造机边粉碎机，减少原材料的浪费，实现原材料的回收再利用。改造NEW7系列螺钉自动拧装机和基座自动摆放机，解决瓶颈工序，提高工作效率。

浙江跃华电讯有限公司固定资产投资2 254万元。开发了年增200万只环保型电脑连接器系列产品项目，完成了电线、配件、冲件车间的搬迁，购买了气相色质谱联用仪、电源线综合测试仪、X光透视仪、工频火花机、综合测试仪配件等。工程部在年初制定了设备维护计划，在设备三级保养上下工夫，提高设备完好率。

飞雕电器集团有限公司改善原材料，改进开关及插座产品自动化装配，用机械手、传送带及传感器代替人工装配，提高了劳动生产率和产品质量，并可实施一致性大规模的标准化作业。

广东华声电器股份有限公司固定资产投资1 862万元用于公司扩建。扩建容桂分厂，加盖建筑面积50 757m^2厂房，做仓库使用；进行三旧改造车间一、二期改建，建筑面积21 752m^2，一期工程已于2011年4月完成，二期工程计划2012年10月改建完工。

广东美的照明电气制造有限公司基本建设和技术更新改造投资1 189万元，用于办公软硬件升级更新，购置了印丝机、吹塑机、装饰条切割机等生产设备。完成电工厂房建设，2011年9月搬入工业城新厂房，并投入使用，总面积7 900m^2。

湖南深思电工实业有限公司购置生产设备830万元，用于技术工艺改造。引进了半自动铆银点设备，产能提升了40%；引进半自动包装机，产品产能提升了300%；引进机械手，生产效率明显提升。改进冲压工序，投资100万元引进了高速冲床与高精度冲床，投资120万元制作了适用于高速冲床与高精度冲床的模具。

天津大和电器实业有限公司投资318万元建成吹塑车间，购买吹塑设备以及研发设备。改造第二台插刃与铆钉垫片自动铆接机，生产效率提升70%。经过检验和实验，在保证产品性能的基础上，将产品内部使用的0.8mm的黄铜带降为0.7mm，降低了生产成本。

宁波万事达综研电气有限公司投资180万元用于年产13 000万只系列开关生产流水线技术改进项目，项目已验收合格，投入生产。坚持自动化、半自动化机械设备的技术改进投入，取消了部分效率难以提高又使用劳动力较多的车间和工序。提高注塑模具精度，改造模具，实现产品与流道自动分离，达到增加单人注塑机管理台数和取消飞边进料口修理人员的目的。

宁波瑞明电器有限公司投资59万元用于技术更新改造，配置出板机、热收缩炉、注塑机、高速精密冲床等生产设备。完成欧式墙壁插座全自动组装机设备，工作效率提高3～5倍。

天津市津耐电器有限公司投资50万元，用于118系列新产品的开发及模具制作费用，2011年12月完成产品设计。

余姚市国昌电器有限公司投入资金3 000万元，在余姚市临山新型工业区新征土地2万m^2，建立50 000台(套)的光缆交接箱成品生产基地。引进先进的SMC生产的液压设备，建立3条自动化装配流水线。年新增产值6 000万元。

泰力实业有限公司成立了自动化工艺改革领导小组，由总经理任组长；成立了自动化车间，对自动化组装设备的生产进行管理。2011年，改进20余台自动化组装设备，减少了用工成本，提高了生产效率。

管理及改革 2011年大批游资涌入炒作稀土，荧光粉价格飙涨，铜价大幅上涨，同时随着房地产调控“限购”政策的深入，照明电工行业受到较大影响。广东美的照明电气制造有限公司在美的集团的领导下，压缩各项费用支出，严控投资，转变资源投入、模仿跟随、低质低价的发展模式，生产高质价优的产品，重视创新，注重企业的效益。

公牛集团有限公司2011年坚持以营销为龙头、以人才为根本、以科技为动力，生产经营、品牌经营、人才经营并驾齐驱，严格强化制度与规范，强化协作与协调，突出强调忠诚、敬业、廉洁、高效、协作、进步六项自律，促进企业稳步发展。坚持以市场为重心搞好生产，加强营销订单管理，强化客户信息的快速反馈机制，确保产品生产满足客户需求。强化市场营销内部管理工作，规范营销运作，建立完善了后勤管理、人事考核、行政性费用管理等制度，加强对各项费用的管理控制，规范费用审批以及核销程序。强化市场管理，加强打击产品仿冒、产品侵权的力度，确保市场健康有序发展。注重企业文化建设，继续深入、持久地在全公司范围内开展争创文明车间、文明部门活动；开展多项文化、体育、娱乐活动以及与外单位联谊活动，对外树立了良好的企业形象。加大反腐倡廉力度，堵塞漏洞，用廉政建设为公司发展保驾护航。

杭州鸿雁电器有限公司坚持转型升级、创新变革的发展主线，始终保持强劲、快速的发展态势。公司推动产业发展和商业模式的转型。坚持“三维创新”，持续打造企业核心竞争力。强化建筑电气研究院管理平台作用，充分整合优化各类研发资源，提升研发基础管理，强化专利管理。截至2011年12月底，公司拥有有效专利155项，其中发明专利13项、实用新型专利55项、外观专利87项。全面实施卓越绩效管理模式，全面导入“战略—目标—经营系统质量”的管理模式，获得杭州市首届政府质量奖。加快企业商务电子化，建立专业化的电子商务团队，与浙江工商大学合作，启动连锁电子分销系统。

飞雕电器集团有限公司2011年内部运营系统成立了技术中心、制造中心、人事行政中心和财务中心。着力营造全员节约意识、效益意识，2011年共减少成本约1 500万元。公司将项目同各部门日常管理相结合、同相关人员KPI考核相结合、同合理化建议相结合，有效地促进了整体管理水平的提升。

浙江正泰建筑电器有限公司面对复杂多变的市场形势，适时调整经营思路和方略，较好地完成了年初预定目标。在深度解析消费趋势变化和市场竞争趋势的基础上，促进产品营销向品牌营销转变，推行区域产品专供模式，并构建立体的市场推广体系。塑造全新的终端形象，推出C－HOME概念店，强化体验式传播，增强品牌、产品与消费者之间的关系和互动。公司深入推进精益生产二期项目，以流程改造、工序改善、精益六西格玛培训等为工作重点，取得较好效果；同时强化IE工程职能，大幅提高生产效率及产品的一致性。加大适用性实物质量管理力度，对现有产品根据符合性标准、适用性标准进行普查，并通过质量月、QC等专题活动，提高全员质量意识。针对应届生、骨干储备人才和副经理以上人员，推出三大精品培训项目，提高培训的针对性和实效性。

宁波瑞明电器有限公司进一步进行产品整合，淘汰技术含量低、经济效益差的产品，将部分产品发放到合作工厂生产，以提高核心工厂的管理和经济效益；进一步强化ERP管理系统的二次开发，使其在生产管理中发挥更大的作用；到多个国家成立专业的营销公司；整合制造规模，强化研发机构研发能力。

湖南深思电工实业有限公司加强团队建设，进一步完善人才引进、培训、激励的相关制度，不断提升团队的管理、专业技能，打造一支高效的职业化团队。2011年5月“深思”商标被评定为中国驰名商标，成为湘乡市第一家获取中国驰名商标的企业；2011年12月“深思”产品被评为湖南名牌产品。公司加大品牌建设与管理力度，系统投放电视广告、行业媒介广告、大型户外广告打造深思知名品牌，并卓有成效。公司进一步完善与推动ISO 9001国际质量管理体系、ERP信息管理系统的建设与实施，打造标准化、流程化、数据化的规范管理体系。2011年公司以“渠道扁平化、服务精细化”为理念，对基础市场进行进一步精耕细作，加大了潜力市场的开拓，公司全年销量实现60%的增长。

浙江跃华电讯有限公司坚持科学发展观，扩大市场营销，创新生产经营，狠抓内部管理，全年实现工业产值3.58亿元，其他各项指标均比上年有所增长。进一步拓宽国内市场，巩固和发展营销网络，密切关注客户的发展动态、随时关注业内动态、掌握更多市场信息、努力发展新客户，取得了较好的成绩。加强生产管理，促进生产良性循环，保证产量和质量稳步上升。引进一批高素质、懂技术、懂管理的人才，在样品制作、模具更新等项目上投入大量人力、物力和财力。加强企业内部管理，加强现场管理，通过生产现场的安全生产管理，有效地发现、控制、消除生产现场的事故隐患。以提高企业效益为核心，建立了规范的财务核算体系，加强费用控制与纳税筹划。组织检验员及一线员工学习ISO 9001知识和相关程序文件、作业文件，不断完善受控文件管理，加强标准化管理。2011年，公司获得“消费领域‘影响力’品牌”“十佳侨资企业”“浙江省著名商标”称号，进入中国电源插头线生产企业十强行列。

余姚市国昌电器有限公司在国际、国内形势极不稳定的环境下，2011年产、销、利均比上年同步增长。公司实行分块责任承包管理，独立管理、独立核算、自负盈亏，健全规章制度，通过技术创新、工艺改革、小发明、小创造，大大提高了生产效率。

乐清市恒和科技有限公司依照年度目标管理要求，全面执行实施各项工作，实现了全年生产任务和各项目标管理双丰收。强化技术管理与工艺设备改造，严肃生产工艺技术纪律，规范工艺操作和程序作业，完善工艺文件，着重解决了生产过程中的技术问题和工装设备问题。加强质量管理体系运行控制，加大设备维护保养力度及工装技改投入，侧重解决多次反复出现、对质量影响大、造成损失大的质量节点。

行业活动　中国电器工业协会电器附件及家用控制器分会多年来坚持把《电器附件》会刊的编辑出版放在为行业服务、为企业服务、为社会各界服务的重要地位，宣传与本行业有关的国家政策、法律法规、标准信息、市场动态以及市场抽查结果等，提供国内外本行业及相关行业的先进技术和管理经验，报道分会活动、行业信息、会员单位动态等。

2011年，中国电器工业协会电器附件及家用控制器分会对中国电器附件＆控制器网站(http://www.eac.org.cn)进行改版。在原有网站的基础上，保留原有“协会介绍”“技术标准”“认证检测”栏目，扩充“企业产品”栏目为“品牌专区”，另新增“行业动态”“新闻资讯”“政策法规”“监督抽查”“科技前沿”和“行业服务”等栏目。2012年5月正式投入使用。

分会组织飞雕电器集团有限公司、广东美的照明电气制造股份有限公司及柳州市建益电工材料有限公司参加电器工业行业信用评价工作，获得AAA企业信用评价等级。

组织召开的电器附件行业会议有：

(1)2011年8月3日—4日在广州市举办了家用电器配线、电线组件、电线电缆等产品标准检测认证和绿色环保技术交流会。该会议深入分析和讲解了当前国内外家用电器环保法规要求、市场准入和绿色环保技术，电线电缆环境标志产品的技术要求和低烟无卤检测标准，电线电缆产品日本PSE、澳洲SAA等国际认证标准和在检测过程中存在的问题及解决办法，分享了应对家用电器配线环保要求的实践措施。针对GB 2099.1—2008新版标准中对插头和器具耦合器的要求，对比分析了新版标准的新增和更改内容，列举实例图片，分析概括了常见的测试不合格项目和设计、生产、测试过程中的注意事项。同时，会议还介绍了国际认证的办理和注意事项。

(2)2011年8月16日—19日，2011年全国电器附件行业技术研讨会在贵阳召开。11家单位的12位专家分别从电器附件的生产方式、技术、管理、质量、绩效模式、智能电网中的用电技术等方面作了报告，其中中国电器科学研究院、国家电网和施耐德电气的专家们解读了智能电网的国家政策、行业发展趋势、国内外发展现状、需解决的关键技术和市场机会等，特别从通信标准化、为用户增值、创新的系统集成、标准化和检测方法研究等方面深入剖析潜在的市场机会，提供了智能用电市场的预测数据。

(3)2011年11月21日—23日在厦门市召开电动汽车充电设施技术发展研讨会暨分会第五届四次理事扩大会议。会议围绕国内外电动汽车的发展情况，从充电连接装置的产品模式、标准、应用情况等方面作专题报告。会议审批了16家申请入会的单位。

〔撰稿人：中国电器科学研究院有限公司陈明、张晓　审稿人：中国电器科学研究院有限公司谢浩江〕

小型熔断器

基本情况　随着整机应用行业对小型熔断器市场需求的变化，小型熔断器行业2011年年初缺货、交货期长，年底销售低迷、前景不明，总体呈现上半年兴旺、下半年低落的态势，其中出口型企业更觉明显，再次违背了行业市场销售的正常规律。

2011年3月，日本福岛核电事故导致众多工厂关闭或减少产量，日产元器件供不应求，原来仅采购日本品牌元器件的日商客户纷纷放宽了引入海外品牌的条件，给我国小型熔断器出口日本带来了一定的机会。例如，因为能源紧缺日本政府加快推动和扶持LED照明产业的发展，给适用于LED照明的小型熔断器产品进入日本照明企业提供了可能性。

行业概况　近年来，随着小型熔断器制造企业的不断增加，产品竞争激烈，不断降价，许多公司陆续突破仅生产小型熔断器产品的范畴，推出新材料、新形式、新领域应用的电路保护元器件产品，比较集中的有PPTC自恢复式小型熔断器、抑制静电的ESD器件、应用于LED照明和智能电表的新保护元件等。值得一提的是，原来由欧美日企业一统天下的晶片型熔断器领域，也陆续有中国台湾和大陆企业进入，但片式熔断器的竞争加剧，价格下降加速。新推出的这些产品通常跟传统的管状或引线式小型熔断器的制造技术有很大的不同，材料、工艺、设备和测试认证等技术提升跨度都较大，间接地提升了这些企业的技术水平。小型熔断器制造企业和电路保护元件制造企业间也不断进行收购、兼并、合作、代工等，给行业注入了活跃的多元化元素。

与市场其他材料或产品不断涨价形势相反的是：小型熔断器的成品价格不断下降，除了管状熔断体的降价空间已经微乎其微外，其他各类小型熔断体的市场价格继续探底，新颖产品（晶片型小型熔断体等）的降幅尤其明显。另外，整机产品的价格竞争也给小型熔断器的广泛应用带来了利空消息，部分整机设计工程师为了节省成本，往往首先考虑在线路中拿掉电路保护元器件或者采用低价代用品，使小型熔断器企业发展的压力倍增。

好利来（中国）电子科技股份有限公司的管状熔断体和超小型熔断体在过流保护应用领域具有较大的市场份额，近年来又陆续推出自恢复式小型熔断器（PPTC）、温度熔断器、表面贴装小型熔断器和功率稍大的电力熔断器等新产品系列，增强了公司的竞争力。公司获2011年度福建省质量管理先进企业、出口分类管理一类企业称号。“车用低压熔断器和小型熔断器的设计和生产”通过了ISO 9001:2008质量管理体系认证和ISO/TS 16949:2009认证。

AEM科技（苏州）股份有限公司的晶片式小型熔断器具有很强竞争力，近两年又依据自身在材料、工艺、设备技术中的优势，推出了陶瓷基体ESD保护器（GcDiode）和应用在LED驱动电源板上的尺寸最小的交流小型熔断器产品。2011年，新研发的新型聚合物基表面贴装熔断器（AirMatrix Surface Mount Fuse）和新型表面贴装静电保护装置（GcDiode Surface Mount ESD）被认定为2011年江苏省高新技术产品。7月28日，该公司取得UL目击实验室资质，这是我国大陆境内第一家限流熔断器生产商获得该项资质，将大大缩短AEM熔断器新产品的UL认证周期。9月，该公司通过国家复审，再次获得高新技术企业称号。2011年，该公司研发部获苏州市“工人先锋号”称号。

华德电子股份有限公司、台湾功得电子工业有限公司、金华电子股份有限公司、贝特电子有限公司等多家国内小型熔断器生产企业纷纷涉足表面贴装产品领域，打破了美国、欧洲、日本产品的垄断局面。

中国电器工业协会电器附件及家用控制器分会于2011年11月21日在厦门市召开2011年小型熔断器行业年会。威凯检测技术有限公司电工检测所所长助理邹建强对GB 9364.4《小型熔断器　第4部分：通用模件熔断体》与IEC 60127-4进行了详细的技术讲解，并介绍了汽车用熔断器

CQC认证的相关信息;汽车零部件及环境技术检测所副所长邓俊泳讲解了常见电磁干扰测试技术要求,分析了电磁干扰对熔断器造成的影响。

标准化 中国电器科学研究院有限公司承担了IEC/SC32C秘书处及全国熔断器标准化技术委员会小型熔断器分技术委员会(以下简称分标委)秘书处工作,大力推进本专业的国际标准化工作。完成了IEC 60127-1《小型熔断器 第1部分:小型熔断器定义和小型熔断体通用要求》修订件1的编制;在前期工作的基础上,先后完成了32C/436/CC的投票报告,编写了IEC 60127-1修订件1的市场表格,确定IEC 60127-1修订件的稳定期,编写了IEC 60127-1正式标准草稿,使该标准于2011年4月顺利出版。完成了IEC 60127-7《特殊申请的小型熔断体》的第2次CD文件的编辑工作。开展IEC 60127-2《小型熔断器 第2部分:管状熔断体》、IEC 60127-3《小型熔断器 第3部分:超小型熔断体》、IEC 60127-4《小型熔断器 第4部分:通用模件熔断体(UMF)——穿孔式和表面贴装式》、IEC 60127-6《小型熔断器 第6部分:小型管状熔断体的熔断器座》标准的CD或CDV文件的编制。

国际电工委员会小型熔断器分技术委员会(IEC/SC32C)2011年年会及工作组会议,于11月9日—10日在中国电器科学研究院有限公司召开,来自美国、中国、德国、日本等国家的30名代表参加了会议。会议讨论了5项正在制修订的国际标准项目以及计划启动的新项目,经过多方协调和沟通,我国提出的矩形熔断体的要求列入最新的国际标准草案。秘书处组织来自国内小型熔断器生产、标准、检测等单位的10人组成中国代表团参加了此次年会,利用IEC/SC32C年会在我国召开的机会,使更多的国内人员参与国际标准化活动,了解国际标准的最新进展并参与国际标准的讨论,搭建了国际标准化的沟通平台,增进了国内外同行之间的交流。

分标委秘书处负责IEC/SC32C标准归口及标准文件答复投票等相关工作。2011年收到及跟踪IEC/SC32C的12份文件,其中负责处理答复的IEC文件有2份,投票率达100%。

标委会2011年根据本专业的标准应用情况和工作重点,适时推出标准制修订项目,开展相关标准的制修订工作。按照工业和信息化部下达的行业标准制修订计划的安排,完成了《自恢复式小型熔断器》行业标准的送审稿;起草了《特殊规格的小型熔断体》行业标准。分标委还组织对GB 9364小型熔断器系列标准的复审工作,对相关标准提出进行"修订"的复审意见,上报主管部门;协助国家认证认可监督管理委员会TC07进一步修订完善小型熔断器(规则编号:CNCA－01C－009)和热熔断体(规则编号:CNCA－01C－007)2份认证实施规则,并获发布,新版实施规则完善了相关技术内容,特别是根据实际情况对例行试验进行了调整,可操作性进一步增强。

热熔断体规则中按照新版标准要求修改了型式试验送样原则、试验送样数量。删除了例行试验项目的"保持温度"试验,明确了"电气强度"测试仅适用于易熔合金型热熔断体,补充了例行试验项目"电路连通性""接触电阻"要求。

小型熔断器规则中删除了例行试验项目的"尺寸的检查"试验,并参照GB/T 9364.5—2011《小型熔断器 第5部分:小型熔断体质量评定导则》标准补充了"冷态电阻"项目。

2011年分标委申报被批准列入国家标准项目的有2项,分别是:GB/T 9364.10《小型熔断器 第10部分:用户指南》和GB 9816《热熔断体的要求和应用导则》。

〔撰写人:中国电器科学研究院有限公司蔡军、中国电器工业协会电器附件及家用控制器分会郑索平 审稿人:中国电器科学研究院有限公司谢浩江〕

牵引电气设备

2011年是"十二五"规划开局之年,牵引电气设备行业各单位深入贯彻落实科学发展观,加快产业转型升级,继续调整优化产业结构,努力推进行业持续健康发展,经济运行态势整体良好。

生产发展情况 行业各单位把调整产业结构作为主攻方向,全力推动产业结构优化升级,加快淘汰落后产能,加快培育高新产业,行业生产保持平稳较快的发展态势,行业经济效益稳步提高。据上报的33家企业统计,2011年全行业实现工业总产值209.6亿元,同比增长13.3%;主营业务收入214.8亿元,同比增长14.2%;完成工业增加值19亿元,同比增长12%;实现工业销售产值189.0亿元,同比增长9%;完成出口交货值7.5亿元,同比增长70%。2011年牵引电气设备行业部分企业主要经济指标见表1。

表1 2011年牵引电气设备行业部分企业主要经济指标 (单位:万元)

序号	企业名称	工业总产值		工业销售产值		主营业务收入	
		2011年	2010年	2011年	2010年	2011年	2010年
1	湘电集团有限公司	1 084 263	1 014 036	957 725	974 428	1 233 825	1 084 172
2	永济新时速电机电器有限公司	516 502	440 713	502 155	432 231	503 655	453 280
3	荣信电力电子股份有限公司	163 024	133 689	138 924	109 237	138 924	109 237
4	湘电重型装备股份有限公司	76 628	67 733	71 913	67 367	67 882	70 087

（续）

序号	企业名称	工业总产值		工业销售产值		主营业务收入	
		2011年	2010年	2011年	2010年	2011年	2010年
5	河南金马重型机械制造有限责任公司	57 147	34 800	51 814	28 000	46 373	38 105
6	大连日牵电机有限公司	23 095	17 232	24 144	17 142	6 793	6 272
7	湘潭电机车厂有限公司	23 000	19 000	22 000	18 484	13 165	11 361
8	常州基腾电气有限公司	18 019	9 188	16 437	10 093	16 437	10 093
9	湖南三鑫电源科技有限责任公司	15 494	15 628	16 290	15 530	16 290	12 731
10	湘潭牵引机车厂有限公司	15 200	11 092	15 200	9 480	13 690	9 479

市场及销售 湘电集团有限公司在做精、做大、做强主业的同时，围绕主业抓优化升级，着力打造公司核心竞争力。着力发展矿山运输成套装备、大中型交直流电机等六大核心主业，推动产业优化升级；加快培育和壮大太阳能光热发电成套装备、新能源汽车、新型城市轻轨整车等三大新兴产业，着力打造新的经济增长点。

山西平遥同妙机车有限公司针对微小企业融资难的问题多方筹集资金，一手抓生产经营，一手抓基础建设，取得了较大成绩。新增固定资产投资300万元，增强了企业抗风险能力。完成了部分产品的煤安认证（MA）领证、换证工作及质量体系认证、换证工作。

河南金马重型机械制造有限责任公司全面整合义煤机械装备制造有限公司的有效资源，重组煤矿生产设备相关业务，成立义煤集团机械装备公司，筹建成套化的煤机装备制造基地。

科技成果及新产品 常州基腾电气有限公司建立了江苏省港口装备工程技术研究中心，配备了专业的研发团队和C1000示波器等30多种制造、试验、调试、检测设备。积极开展产、学、研活动，与江苏大学合作开展电动工程车辆智能SRM驱动系统研制项目的联合攻关，解决了大功率变换器技术、软开关技术、数字化控制技术、故障信息的传递和分析技术等核心技术问题。

湘潭市电机车厂有限公司在做精做强主业的同时，投入500多万元研发出具有国内领先、国际先进的高新技术产品——矿用井下救生舱和避难硐室。该产品的研制成功为井下工作者提供了应急避险空间及生存条件。

湘潭如意电机电器有限公司积极开展技术改造，更新设备，新增300kW变频试验机组1套、数控设备2套、真空浸漆设备1套。公司积极开拓市场，开发新产品，提高产品技术含量，提高产品竞争力；努力向大功率、高性能、差异化方向发展，集中一切资源优势，创建自身产品品牌，做精做细做专，实现了市场产品无退货、使用无障碍的质量承诺。

湘潭牵引机车厂有限公司2011年新产品产值达6 080万元，全年创新新产品40项，同比增长25%，其中架线机车15项、蓄电池机车18项、锅炉产品7项，并全部投入市场；20t无人驾驶机车与15t直联式防爆变频电机车填补了行业空白。2011年公司被认定为国家级高新技术企业并获批成立湘潭市工矿牵引机车工程技术研究中心。

荣信电力电子股份有限公司成功开发20MW以上特大功率变频器，大功率变频器的同步并网技术在控制上更先进、更完善。开发生产的第五代变频器成功推向市场，重构了电控、模块和柜体结构，抽屉式插装单元模块属国内首例，同等容量的变频器在全球体积最小。

盘江六盘水装备制造有限公司自主研发了IGBT隔爆型直流斩波器调速器，取得了安标证，成功应用于防爆特殊型蓄电池电机车。应用变频控制技术生产的8t、12t单双室变频控制的防爆特殊型蓄电池电机车，共计11个型号产品获得安标证；通过引进技术与合作开发，完成了伸缩式带式输送机的生产，并成功销售至煤矿。

永济新时速电机电器有限公司2011年顺利通过了国家认定企业技术中心的评价和高新技术企业的复审，在全国729家国家认定企业技术中心排序中位列第65位。公司在不断加强技术创新工作的同时，进一步加大对国家相关产业和行业政策及相应财政扶持政策的研究，积极争取国家及各级地方政府对企业的科技投入。公司向工信部和财政部申报的“5MW级双馈异步风力发电机科技成果转化”项目，获得财政部2011年重大科技成果转化项目补助资金300万元。2011年5月向山西省科技厅报送的“700kW高速动车组用稀土永磁电机研制”和“5MW双馈风力发电机研制与产业化”项目，被确定为首批山西省“十二五”科技重大专项，获得支持资金500万元，获得山西省2011年专利推广实施资助项目资金6万元。

大连日牵电机有限公司的电机电控产品质量稳定，在矿山行业已拥有较高的知名度，并获得了省市名牌产品称号。2011年完成新产品研发和进口电机国产化12项，新产品产值达1 100万元。

沈阳广角成套电器股份有限公司年投入销售额的5%用于新产品开发，与辽宁工程技术大学、中科院沈阳自动化研究所等建立合作关系，不断开发新产品，企业核心竞争力明显增强。

湖南三鑫变频牵引电机有限责任公司为提高企业的生产能力和技术创新能力，加速企业和行业的技术进步，特别注重科技投入。全年的研究开发专项资金占企业年销售额的8%以上。

江苏常牵电机有限公司不断开发新产品以满足市场需求，设计开发了多种新产品。如，开发了XYQ－12－1、XYQ－11等在内的蓄电池叉车交流系统，试制了3.3MW半直驱永磁风力发电机及D87B、D31铁路干线电机等，确保了企业的可持续发展。

湘电集团有限公司充分发挥机电一体化的核心优势，加快提升自主创新能力，坚定不移地走创新驱动发展道路。全年研发经费支出达8.8亿元，占当年销售收入的7.5%。公司积极推进高新技术研究，完成了高效高压三相异步电动机、电动汽车用驱动电机系统研发等一批国家重大科技专项，完成了大吨位电动轮自卸车关键技术、电励磁风力发电机等重点技术攻关项目，全年共计完成新产品开发238项，创新产品产值60.51亿元，占当年生产总值的55.81%。公司技术中心在全国729家国家级企业技术中心中的排名跃升到第18位，位居湖南省第1位。

质量及标准 盘江六盘水装备制造有限公司不断创新质量管理手段，实施质量管理考核办法，通过了ISO 9001质量管理体系复审，全年质量损失率为0.54%，质量损失减少2.59万元。公司各系统、各生产环节均处于受控、平稳的正常运行状态。

湘潭牵引机车厂有限公司建立了质量数据统计分析模型，出厂产品故障率降低35%。

永济新时速电机电器有限责任公司完成了铁道部“动车组及大功率机车电机设计制造技术及标准体系研究”项目和北车集团“350km/h以上高速动车组电机标准研究”项目。2011年10月，公司参加制定的《轨道交通 地面装置 交流开关设备的特殊要求》系列两项国家标准通过了全国牵引电气与系统标准委员会的审查。

专利 湘电集团有限公司认真做好重点领域、重要产品核心技术的知识产权保护工作，促进技术、专利、品牌向现实生产力和效益转化。建成了电机、电气、电动轮自卸车、风力发电设备、电机车、工矿车辆等专利数据库，完成了重点产品的专利分析，已拥有发明专利31项、实用新型专利272项、外观设计专利12项、软件著作权4项，拥有有效注册商标86件、湖南省著名商标3件，被授予“湖南省知识产权优势企业培育工程示范企业”称号。

永济新时速电机电器有限责任公司2011年共向国家知识产权局申报专利93项，其中发明专利54项。公司已累计申报专利591项，累计授权专利429项，其中发明专利50项。2011年，公司荣获山西省知识产权工作先进集体称号，“牵引辅助供电一体式变流装置”发明专利（专利号：200810080053.3）荣获第十三届中国优秀专利奖。

湘潭牵引机车厂有限公司2011年申报专利8项，获国家授权6项，已累计申报专利28项，获国家授权专利20项。

乐山宇强电机车制造有限公司高度重视新产品的研发和知识产权的保护，坚持独立研发与联合研发两种模式并举。2011年申报专利5项，已获批授权4项。

北京西电华清科技有限公司的产品均具有独立自主知识产权，并对部分专有技术申请了国家专利及软件著作权保护。公司已申请5项发明专利，其中1项已获授权；申请实用新型专利18项，其中13项已获授权；6项软件著作权全部获得授权。

常州基腾电气有限公司认真做好知识产权工作，已累计申请专利31项，其中已获授权发明专利3项、实用新型专利26项、外观设计专利1项。

〔撰稿人：中国电器工业协会牵引电气设备分会吴曙映 审稿人：中国电器工业协会牵引电气设备分会郭灯塔〕

电焊机

2011年是我国“十二五”规划的开局之年。虽然我国国内生产总值仍保持9.2%的增速，但受到国际国内各种错综复杂因素的影响，经济发展增速减缓，经济下行压力加大。面对这一严峻的大环境，电焊机行业仍保持了稳中求进、持续发展的态势。截至2011年12月底，电焊机分会共有138家会员，其中生产型企业132家。截至2012年7月底，共收到57家生产型企业的有效年报。

生产发展情况 2011年电焊机行业仍维持前几年的走势，保持经济持续发展。电焊机行业（上报统计数据的57家企业）共完成工业总产值1 262 130万元，同比增长10.52%；工业销售产值1 160 326万元，同比增长9.29%；主营业务收入1 061 605万元，同比增长19%；工业增加值348 462万元，同比下降5.4%；利润总额141 637万元，同比增长17.44%。

2011年，电焊机行业受经济形势的影响逐渐显现，工业总产值和工业销售产值增速放缓，经济效益综合指数-10.36，企业的经济效益已经不容乐观。从行业资源配置情况看，并购/扩产与异地投资兴建基地是固定资产增加的主要因素，企业规模扩大，竞争加剧。57家企业年末资产总额1 317 113万元，同比增长39.96%；流动资产平均余额940 914万元，大幅增长49.13%，主要源于应收账款和存货的增加；从业人员平均人数19 099人，同比增长7.78%；利润总额虽然同比增长17.44%，但利润率（利润总额/营业收入）较上年减少0.1个百分点；人力费用87 101万元，同比增长28.75%，但人均产值仅增长2.5%，人力成本率（人力成本/营业收入）增长8.3%；上交税金55 224万元，同比增长18.81%，其中人力费用和上交税金的增长均大于利润的增幅。

但可喜的是，企业的新产品产值同比增长7.51%，而新产品开发经费支出、科技活动经费筹集总额、年末科技活动人员合计、研究与试验发展经费支出、年末研究与试验发展人员等投入要素同比均以两位数增长。这意味着企业加大了科研开发力度，增强了企业未来发展的后劲。

2011年电焊机行业（57家企业）主要经济指标完成情况见表1。2011年电焊机行业财务指标完成情况见表2。2011年电焊机行业经济效益评价考核指标见表3。

表1　2011年电焊机行业(57家企业)主要经济指标完成情况

指标名称	单位	2011年	2010年	同比增长(%)
工业总产值	万元	1 262 130.07	1 141 956.80	10.52
工业销售产值	万元	1 160 325.75	1 061 670.31	9.29
其中:出口交货值	万元	236 653.05	218 521.65	8.30
工业增加值	万元	348 462.09	368 355.04	-5.40
工业中间投入合计	万元	819 712.53	755 487.67	8.50
新产品产值	万元	410 715.61	382 015.94	7.51
新产品开发经费支出	万元	34 018.46	25 741.94	32.15
科技活动经费筹集总额	万元	38 803.45	31 037.42	25.02
年末科技活动人员合计	人	3 685	3 214	14.65
研究与试验发展经费支出	万元	31 746.26	25 451.40	24.73
年末研究与试验发展人员	人	2 613	2 227	17.33
全年从业人员平均人数	人	19 099	17 720	7.78
其中:技术人员	人	3 807	3 446	10.48
管理人员	人	3 170	2 926	8.34
工人	人	12 122	11 348	6.82
其中:高级职称	人	412	351	17.38
中级职称	人	1 339	1 205	11.12
中级以下职称	人	3 275	2 539	28.99
工厂占地面积	m^2	2 106 488.13	1 969 095.58	6.98
其中:生产场地面积	m^2	1 023 036.21	924 146.21	10.70

表2　2011年电焊机行业财务指标完成情况

指标名称	2011年(万元)	2010年(万元)	同比增长(%)
流动资产平均余额	940 914.13	630 932.08	49.13
固定资产净值年平均余额	156 551.95	131 428.16	19.12
固定资产小计	185 155.52	163 043.36	13.56
年末资产总额	1 317 112.64	941 072.92	39.96
应交增值税	29 138.65	27 783.29	4.88
年末负债总额	477 770.67	331 312.73	44.21
年末所有者权益总额	839 341.97	609 760.19	37.65
主营业务收入	1 061 604.99	892 665.09	18.93
主营业务成本	773 421.34	642 114.46	20.45
主营业务税金及附加	6 702.99	3 643.61	83.97
主营业务利润	237 770.56	208 856.82	13.84
其他业务收入	11 090.12	9 632.56	15.13
营业费用	59 307.63	44 348.82	33.73
管理费用	95 771.37	69 867.31	37.08
财务费用	6 180.17	8 528.23	-27.53 (扣除上市公司因素,其余数据计算为86%)
其中:利息支出	10 347.33	6 662.49	55.31
利润总额	141 637.36	120 600.70	17.44
支付的人力资源费用	87 100.76	67 650.24	28.75
支付的各项税金	55 224.31	46 481.72	18.81
经营活动产生的现金净额	114 236.49	112 396.14	1.64

表3 2011年电焊机行业经济效益评价考核指标

指标名称	单位	全国标准值	2010年	2011年	2010年行业偏差率(%)	2011年行业偏差率(%)
总资产贡献率	%	10.70	23.02	17.20	53.52	37.80
资本保值增值率	%	120.00	158.53	123.65	24.30	2.95
资产负债率	%	60.00	69.58	46.37	13.77	-29.39
流动资产周转率	次	1.52	2.15	1.81	29.30	16.02
成本费用利润率	%	3.71	12.87	10.32	71.17	64.05
全员劳动生产率	元/人	16 500.00	142 345.63	152 861.63	88.41	89.21
产品销售率	%	96.00	92.19	93.87	-4.13	-2.27
经济效益综合指数			2.45	2.22		

电焊机企业主要集中在京津冀、长三角、珠三角和成都地区四个电焊机产业聚集地，按经济类型大体分为国有及国有控股企业、集体企业、民营企业、股份制企业、中外合资企业及外商独资企业。其中民营企业、股份制企业、中外合资企业及外商独资企业的产值、产量和员工数量在行业中都占绝大多数，已成为我国电焊机行业的主要支柱企业。2010年底和2011年初行业内有两家企业成功上市。

电焊机行业是依附于制造业生存的，以焊接工艺为主导的我国重型机械、冶金机械、船舶、矿山、工程机械、电站锅炉、压力容器、石油化工机械、机车车辆、汽车等制造行业已进入世界先进行列。他们既对电焊机提出了更高的技术要求，也为其提供了广阔的发展空间。为适应市场需求，国内焊接自动化装备进入了高速发展阶段。

产品分类产销 2011年国内电焊机行业有以下几个特征：

(1)逆变电源技术已经成熟，逆变焊机形成推广势头，特别是逆变CO_2焊机获得普遍应用。

(2)高效节能的CO_2焊机、埋弧焊机的应用范围大幅度扩大。

(3)自动焊接设备发展迅猛，在汽车、高速机车、工程机械、钢结构、家电等行业获得广泛应用，已经占据主体地位；以机器人为代表的焊接自动化装备数量大幅度增加，应用日益广泛。

(4)出口增速继续减缓。主要原因：一是当前世界经济形势复杂，不确定性很大。美国经济增长乏力；欧洲主权债务危机持续难解，经济持续低迷；而新兴经济体也面临若干难题，世界经济下行风险正在积聚。二是人民币兑美元累计升值，我国国际竞争力将因为汇率上升而被削弱，必将抑制出口。

2011年电焊机行业主要产品产、销、存情况见表4。2011年各类焊接设备产值、销售收入占比见表5。2011年各类电弧焊机产、销、存占比见表6。

表4 2011年电焊机行业主要产品产、销、存情况

产品类别		产量(台/套)	产值(万元)	销量(台/套)	销售收入(万元)	出口量(台/套)	出口额(万元)	库存量(台/套)	库存金额(万元)
总计		6 062 630	1 010 987	5 820 822	1 014 580	2 865 315	220 145	330 903	70 847
电弧焊机小计		**4 500 498**	**668 414**	**4 277 860**	**657 634**	**2 484 388**	**206 526**	**304 218**	**52 542**
交流弧焊机(弧焊变压器)		1 039 909	74 378	1 001 991	74 462	717 471	29 802	46 725	5 015
直流手工弧焊机	逆变≤250A	1 703 177	111 006	1 609 314	106 760	1 061 850	67 639	106 556	6 532
(弧焊整流器)	逆变>250A	385 748	80 237	362 687	76 784	102 640	19 006	39 926	7 146
	非逆变类	73 918	19 835	71 009	21 564	19 921	3 245	4 966	1 751
TIG焊机	逆变≤250A	233 579	28 081	228 376	27 012	86 471	11 215	19 331	1 639
	逆变>250A	103 502	38 307	101 304	37 754	20 075	5 878	12 947	3 754
	非逆变类	26 462	10 138	26 459	10 219	12 663	1 842	865	639
MIG/MAG熔化极	逆变≤250A	239 077	36 485	217 011	34 732	142 659	19 087	24 801	2 768
气体保护弧焊机	逆变>250A	179 719	106 874	170 494	104 741	31 688	15 065	19 434	10 176
	非逆变类	324 719	77 214	306 999	76 738	224 023	15 690	10 945	5 081
埋弧焊机	逆变类	19 536	21 990	19 013	22 865	3 909	3 415	1 879	1 973
	非逆变类	6 083	8 990	5 776	10 142	187	508	818	1 232
等离子弧焊机	逆变类	20 958	8 032	20 273	7 815	15 491	2 954	799	870
	非逆变类	1 697	292	1 455	257	0	0	447	81
其他焊机		17 105	8 839	16 832	8 721	10 356	3 537	1 402	799

（续）

产品类别		产量（台/套）	产值（万元）	销量（台/套）	销售收入（万元）	出口量（台/套）	出口额（万元）	库存量（台/套）	库存金额（万元）
等离子弧切割机	逆变＜100A	68 512	13 047	64 799	12 496	24 583	4 054	7 798	958
	逆变≥100A	42 255	17 842	40 645	18 517	9 455	3 138	3 457	1 660
	非逆变类	14 542	6 826	13 423	6 055	947	451	1 122	467
电阻焊机小计		**28 130**	**55 064**	**27 368**	**55 613**	**7 192**	**1 639**	**1 514**	**2 669**
点(凸)焊机		23 472	37 796	23 197	38 243	7 171	1 565	742	1 220
缝焊机		625	11 004	595	11 285	5	50	31	993
对焊机		2 279	4 653	2 242	4 655	0	0	159	113
控制器		1 754	1 611	1 334	1 430	16	24	582	343
特种焊接设备小计		**4 497**	**62 371**	**5 335**	**72 412**	**70**	**55**	**551**	**1 699**
电渣焊接设备		247	198	234	187	0	0	13	10
螺柱焊机		1 502	3 031	1 399	3 343	58	40	403	663
电子束焊机		3	1 760	3	1 760	0	0	0	0
焊接机器人		2 745	57 383	3 699	67 122	12	15	135	1 026
自动化专机小计		**8 443**	**87 008**	**9 322**	**88 450**	**793**	**911**	**477**	**6 768**
专用成套焊接设备		8 009	46 568	8 926	51 834	793	911	429	1 856
焊接机器人配套专用成套焊接设备		434	40 440	396	36 616	0	0	48	4 912
自动化焊接中心小计		**3 654**	**29 183**	**3 411**	**28 333**	**95**	**744**	**97**	**479**
操作机		1 037	8 652	850	7 233	2	16	6	40
滚轮架		1 415	7 045	1 355	6 874	14	37	60	171
变位机		394	3 965	387	3 926	39	54	7	39
非标配套专用成套焊接设备		808	9 521	819	10 300	40	637	24	229
辅机具及配套件小计		**1 517 408**	**108 946**	**1 497 526**	**112 137**	**372 778**	**10 271**	**24 046**	**6 690**
送丝机(装置)		289 612	28 945	289 688	30 905	13 802	962	5 371	1 451
焊接小车		12 659	2 407	12 255	2 619	1 240	55	720	144
焊枪(炬)									
CO_2焊枪		699 126	17 917	695 941	17 780	247 404	4 277	7 638	539
氩弧焊枪		118 229	3 009	117 286	3 021	40 801	819	1 303	68
割枪		124 248	3 711	123 331	3 693	48 954	1 236	169	36
电焊钳		16 044	39	9 044	29	720	9	1 000	1
其他		257 490	52 919	249 982	54 090	19 857	2 913	7 845	4 450

表5　2011年各类焊接设备产值、销售收入占比　（%）

类　别	电弧焊机	电阻焊机	特种焊接设备	自动化专机	自动化焊接中心	辅机具及配套件
占总产值的比例	66.11	5.45	6.17	8.61	2.89	10.78
占总销售收入的比例	64.82	5.48	7.14	8.72	2.79	11.05

表6　2011年各类电弧焊机产、销、存占比　（%）

产品类别		产量	产值	销量	销售收入	库存量	库存额
交流弧焊机(弧焊变压器)		23.11	11.13	23.42	11.32	15.36	9.54
直流手工弧焊机（弧焊整流器）	逆变≤250A	37.84	16.61	37.62	16.23	35.03	12.43
	逆变＞250A	8.57	12.00	8.48	11.68	13.12	13.60
	非逆变类	1.64	2.97	1.66	3.28	1.63	3.33
TIG焊机	逆变≤250A	5.19	4.20	5.34	4.11	6.35	3.12
	逆变＞250A	2.30	5.73	2.37	5.74	4.26	7.14
	非逆变类	0.59	1.52	0.62	1.55	0.28	1.22
MIG/MAG熔化极	逆变≤250A	5.31	5.46	5.07	5.28	8.15	5.27

（续）

产品类别		产量	产值	销量	销售收入	库存量	库存额
气体保护弧焊机	逆变 >250A	3.99	15.99	3.99	15.93	6.39	19.37
	非逆变类	7.22	11.55	7.18	11.67	3.60	9.67
埋弧焊机	逆变类	0.43	3.29	0.44	3.48	0.62	3.76
	非逆变类	0.14	1.34	0.14	1.54	0.27	2.34
等离子弧焊机	逆变类	0.47	1.20	0.47	1.19	0.26	1.66
	非逆变类	0.04	0.04	0.03	0.04	0.15	0.15
其他焊机		0.38	1.32	0.39	1.33	0.46	1.52
等离子弧切割机	逆变 <100A	1.52	1.95	1.51	1.90	2.56	1.82
	逆变≥100A	0.94	2.67	0.95	2.82	1.14	3.16
	非逆变类	0.00	1.00	0.31	1.00	0.37	1.00

2011年，我国电焊机出口巴基斯坦、巴西、俄罗斯、菲律宾、哈萨克斯坦、韩国、马来西亚、蒙古、南非、尼日利亚、日本、沙特阿拉伯、泰国、印度、印度尼西亚、越南、美国、新西兰、新加坡、土耳其、荷兰、澳大利亚、德国、阿根廷、伊朗、加拿大等国家及中国台湾。2011年电焊机出口情况见表7。

表7　2011年电焊机出口情况

地　区	出口量（台/套）	出口额（万元）
总计	2 865 315	220 145
亚洲	1 056 750	94 405
非洲	76 108	9 378
欧洲	673 511	48 713
美洲	360 249	27 429
大洋洲	537	1 092
其他地区	698 160	39 128

企业技术进步　2011年，57家企业都加大了新技术、新产品投入，新产品开发经费支出较上年增长32%，产品结构调整取得了实效。其中，34家企业共上报基建和技改等大型固定资产投资项目共37项，投资额133 905万元；对外投资额32 429万元；新技术引进投入资金4 827万元。

获各级机构（政府）奖励（含认证）的项目63项；当年获得授权的专利285项；列入政府科研的项目25项，涉及金额近4亿元；完成新产品研发与鉴定项目136项，投入金额近31 760万元，投入人员1 744人次。

行业经济运行展望

1. 逆变焊接设备占比将进一步加大

当前我国逆变焊接设备的占比与发达国家相比仍然偏低，因其具有节能、降耗的巨大优势，在我国产业政策推动下，增长速度远远高于传统焊接设备，其占比将进一步加大。

2. 自动化焊接设备快速发展

随着制造业对焊接精度、质量、效率要求的提高，实现工件的高效率、高品质、低成本、批量化焊接作业成为必然要求，因此焊接设备自动化成为行业发展的主要方向。

3. 焊机设备小型化、操作界面简易化

物理化学技术的应用和材料的发展，解决了设备的散热问题，电源的体积更加小型化，便于携带和移动。当前焊接专业人员短缺一直是困扰用户企业扩大焊接工艺应用领域的瓶颈，只有设备操作界面简易化，才能使生产力得到更大的解放。

4. 焊接系统集成网络化

各类焊接设备专机将从以PLC为核心的开关量编组控制过渡到以各类工业现场总线为基础的分布式控制，系统集成的技术水平将进一步提高。

5. 焊接机将向数字化、自动化方向发展

焊接自动化就是通过先进的焊接工艺、材料、设备、自动化控制系统和焊接夹具、装卡定位及其运动系统的有机集成，实现对工件的高效率、高品质、低成本的批量化规模焊接作业，以保证高品质产品的一致性和稳定的批量产出。追求焊接数字化和高效焊接将成为焊接技术创新的主要方向之一。

〔供稿单位：中国电器工业协会电焊机分会〕

电碳制品

生产发展情况　2011年是我国“十二五”开局之年，电碳制品行业重点企业克服了原材料价格不稳定、产品销售价格偏低、生产成本增加、资金回笼慢等不利因素的影响，适时调整企业经营战略，调整产品结构，积极开拓市场，全行业生产、销售仍保持平稳增长态势。

从2011年行业25家企业的统计数据可以看出，电碳行业经济总量较上年有所增长，产品销售量和销售额均比上年有较大增长，市场仍然看好。2011年，25家企业完成工业总产值311 431万元，实现工业销售产值306 891万元。

2011年电碳制品行业25家企业工业总产值完成情况见表1。2011年电碳制品行业25家企业工业销售产值完成情况见表2。2011年电碳制品行业25家企业主营业务收入完成情况见表3。2011年电碳制品行业企业工业增加值完成情况见表4。

表 1　2011 年电碳制品行业 25 家企业工业总产值完成情况

序号	企 业 名 称	工业总产值（万元）	序号	企 业 名 称	工业总产值（万元）
1	上海东洋炭素有限公司	90 454	14	东新电碳股份公司	3 112
2	四川广汉士达炭素股份有限公司	43 238	15	青岛西特碳素有限公司	3 100
3	苏州东南碳制品有限公司	37 842	16	成都市龙泉曙光电碳制品厂	2 500
4	神奇电碳集团有限公司	28 784	17	成都中超碳素有限公司	2 000
5	摩根新材料(上海)有限公司	26 484	18	南通市杰利达碳业有限公司	1 952
6	兴和县木子炭素有限责任公司	25 000	19	辉县市四海商贸有限公司	1 910
7	重庆市河海碳素制品有限公司	7 800	20	安徽徽光碳制品有限公司	1 820
8	浙江长征电影碳棒有限公司	6 528	21	无锡中强电碳有限公司	1 680
9	任丘市双楼电碳制品有限公司	6 510	22	自贡凯迪碳素有限公司	1 284
10	哈尔滨电碳厂	6 506	23	乐清市繁荣电碳制品有限公司	1 022
11	南通电碳厂有限公司	3 800	24	兴和县宏远电碳厂	835
12	沈阳北碳电刷制造有限公司	3 369	25	哈尔滨电碳研究所	601
13	无锡市康信碳制品有限公司	3 300			

表 2　2011 年电碳制品行业 25 家企业工业销售产值完成情况

序号	企 业 名 称	工业销售产值（万元）	序号	企 业 名 称	工业销售产值（万元）
1	上海东洋炭素有限公司	93 224	14	青岛西特碳素有限公司	2 900
2	四川广汉士达炭素股份有限公司	44 225	15	东新电碳股份公司	2 588
3	苏州东南碳制品有限公司	37 800	16	成都市龙泉曙光电碳制品厂	2 371
4	神奇电碳集团有限公司	29 205	17	辉县市四海商贸有限公司	2 204
5	摩根新材料(上海)有限公司	23 719	18	成都中超碳素有限公司	2 000
6	兴和县木子炭素有限责任公司	21 452	19	南通市杰利达碳业有限公司	1 820
7	重庆市河海碳素制品有限公司	7 840	20	安徽徽光碳制品有限公司	1 780
8	任丘市双楼电碳制品有限公司	6 510	21	无锡中强电碳有限公司	1 625
9	哈尔滨电碳厂	6 506	22	自贡凯迪碳素有限公司	1 237
10	浙江长征电影碳棒有限公司	5 627	23	乐清市繁荣电碳制品有限公司	987
11	南通电碳厂有限公司	3 650	24	兴和县宏远电碳厂	793
12	沈阳北碳电刷制造有限公司	3 286	25	哈尔滨电碳研究所	542
13	无锡市康信碳制品有限公司	3 000			

表 3　2011 年电碳制品行业 25 家企业主营业务收入完成情况

序号	企 业 名 称	主营业务收入（万元）	序号	企 业 名 称	主营业务收入（万元）
1	上海东洋炭素有限公司	93 214	12	沈阳北碳电刷制造有限公司	3 286
2	四川广汉士达炭素股份有限公司	47 616	13	无锡市康信碳制品有限公司	3 000
3	苏州东南碳制品有限公司	37 842	14	东新电碳股份公司	2 974
4	神奇电碳集团有限公司	29 205	15	青岛西特碳素有限公司	2 800
5	摩根新材料(上海)有限公司	23 623	16	成都市龙泉曙光电碳制品厂	2 371
6	兴和县木子炭素有限责任公司	21 452	17	辉县市四海商贸有限公司	2 109
7	重庆市河海碳素制品有限公司	7 840	18	南通市杰利达碳业有限公司	1 820
8	任丘市双楼电碳制品有限公司	6 500	19	安徽徽光碳制品有限公司	1 710
9	哈尔滨电碳厂	6 044	20	无锡中强电碳有限公司	1 625
10	浙江长征电影碳棒有限公司	5 627	21	成都中超碳素有限公司	1 500
11	南通电碳厂有限公司	3 650	22	自贡凯迪碳素有限公司	1 148

（续）

序号	企业名称	主营业务收入（万元）	序号	企业名称	主营业务收入（万元）
23	乐清市繁荣电碳制品有限公司	987	25	哈尔滨电碳研究所	542
24	兴和县宏远电碳厂	951			

表4 2011年电碳制品行业企业工业增加值完成情况

序号	企业名称	工业增加值（万元）	序号	企业名称	工业增加值（万元）
1	苏州东南碳制品有限公司	38 615	11	安徽徽光碳制品有限公司	557
2	上海东洋炭素有限公司	30 607	12	无锡市康信碳制品有限公司	420
3	神奇电碳集团有限公司	11 179	13	自贡凯迪碳素有限公司	358
4	四川广汉士达炭素股份有限公司	7 008	14	哈尔滨电碳研究所	328
5	兴和县木子炭素有限责任公司	6 000	15	乐清市繁荣电碳制品有限公司	327
6	沈阳北碳制造有限公司	3 485	16	南通市杰利达碳业有限公司	300
7	哈尔滨电碳厂	1 435	17	任丘市双楼电碳制品有限公司	265
8	浙江长征电影碳棒有限公司	1 077	18	兴和县宏远电碳厂	234
9	南通电碳厂有限公司	820	19	重庆市河海碳素制品有限公司	218
10	成都市龙泉曙光电碳制品厂	732	20	青岛西特碳素有限公司	100

科技成果及新产品 哈尔滨电碳厂技术部门认真做好新产品科技研发工作，在新工艺、新材料、新技术的研究、创新方面取得了较快进展。共有科研项目6项，其中军工科研项目2项、民品项目4项。完成了哈尔滨市科技攻关项目"铁路提速机车受电弓用炭滑板"项目的验收工作。

任丘市双楼电碳制品有限公司是生产各类电刷的专业企业，以汽车、摩托车用电机电刷为主。该企业研制的多层粘接结构洗衣机电机电刷获中国机械工业科学技术奖三等奖、沧州市科技进步奖二等奖。该电刷采用纵向多层粘接结构设计，横向、纵向电阻比可达到8:1以上，比传统电刷提高近8倍，具有很好的抑制火花的能力，提高了电刷使用寿命。产品各项技术指标达到JB/T 4003标准要求，可替代进口产品。

中国神奇电碳集团有限公司2011年开发研制的汽车起动机用电刷，市场年需求14 520万元；吸尘器电极用电刷获温州市科技进步奖三等奖。

中超碳素科技有限公司是科技主导型碳－石墨生产加工企业。2011年研制开发的新产品——高强度机械用炭材料替代进口石墨，为企业创造了良好的经济效益。

四川广汉士达炭素股份有限公司是生产石墨电极的企业。2011年该企业生产的大直径（ϕ550mm）超高功率石墨电极获四川省科技进步奖三等奖、德阳市科技进步奖二等奖。

摩根新材料（上海）有限公司2011年开发的新产品：MY7A2金属滑板材料年销售额1 000万元，机械炭PTS产品年销售额100万元，IM类承受高电密牌号产品年销售额100万元，燃油泵电刷年销售额300万元。

兴和县宏远电碳有限责任公司开发研制的碳陶瓷复合材料机械强度大、抗氧化、耐腐蚀性强，市场前景良好；高导热石墨材料导热、导电性能高，正推广应用中；核聚变石墨材料－经渗硅处理，市场看好。

质量及标准 2011年国家电碳制品质量监督检验中心为电碳行业各生产厂和相关企业提供电碳制品的检测数据，出具科学、客观、公正的检测报告，对产品检测中暴露出来的问题提出了改进建议。中心的综合评定检测业务逐年增加，但高科技含量的检测技术及设备还有待进一步补充和完善。从行业调研的结果来看，电碳制品行业产品质量总体较好，大多数企业都通过了国家及地方的质量管理体系认证，产品生产按照行业标准、地方标准、企业标准执行，产品出厂检测设备齐全，达到了行业标准的规定要求。但一些规模较小的生产企业在技术和工艺、加工设备方面仍比较薄弱，没有完善的质量管理体系和必备的出厂检测设备，企业技术文件不完整，产品质量不稳定。

2011年7月14日，机械工业电碳标准化技术委员会在深圳市召开了三届五次会议。会议根据国家标准化管理委员会对标准制修订计划的要求，组织与会代表审查通过了《电碳制品物理化学性能试验方法》行业标准的修订送审稿，现已报批。

行业活动 中国电器工业协会电碳分会2011年度七届三次理事会暨全体会员工作会议于2011年11月19日在上海市召开。来自全国电碳制品行业50多家企业的70余位代表参加会议，参会的会员单位超过全体会员单位的2/3。会议详细解读了2011年国家经济运行情况及电碳行业经济运行情况，认真总结和梳理了"十一五"电碳行业取得的主要成就以及电碳分会开展的主要工作，进一步认清了电碳行业"十二五"面临的机遇与挑战，明确了未来的发展目标，部署了近期的重点工作。

会议代表就电碳行业的发展进行了经验交流。电碳行业专家孙戈和湖南大学刘洪波教授做了关于等静压石墨和锂离子电池用炭石墨材料发展的学术报告,受到与会代表的热烈欢迎。

〔撰稿人:哈尔滨电碳研究所张爱民　审稿人:哈尔滨电碳研究所张启彪〕

热缩材料

生产发展情况　2011年经济环境比较复杂,国际金融危机还在延续,面对高铁建设放缓、人力成本逐步提升及原油价格不断上涨等不利因素的影响,热缩行业各企业努力拼搏,克服困难,实现了行业经济平稳较快发展,取得了较好的成绩。2011年,具有一定规模的热缩材料及制品生产企业200多家,其中上市公司3家,热缩材料产品品种将近100种,生产工业用电子加速器近150台,产品销往60多个国家和地区。参与行业统计的15家企业2011年共完成工业总产值65.58亿元,比上年增长28.84%;工业销售收入58.09亿元,同比增长25.27%;企业年末从业人员总数13 394人。2011年热缩材料行业主要经济指标汇总(15家企业)见表1。2011年热缩材料行业工业总产值前10位企业主要经济指标见表2。2011年热缩材料行业经济指标统计平均值与全国标准值对比(15家企业)见表3。

表1　2011年热缩材料行业主要经济指标汇总(15家企业)

指标名称	单位	完　成
上报企业数	家	15
工业总产值	万元	655 778
产品销售收入	万元	549 510
工业增加值	万元	369 667
出口交货值	万元	19 145
年末资产总额	万元	1 213 251
年末从业人员平均数	人	13 394
从事科技活动人员总数	人	2 048
全年科技活动经费支出	万元	19 297
研究与发展经费支出	万元	12 372
经济效益综合指数平均值		2.95

表2　2011年热缩材料行业工业总产值前10位企业主要经济指标　(单位:万元)

序号	企业名称	工业总产值	销售收入	利税总额	年末资产总额
1	长园集团股份有限公司	229 518	194 069	5 579	145 080
2	中科英华高技术股份有限公司	124 021	124 021	6 972	241 180
3	深圳市沃尔核材股份有限公司	123 160	55 730	1 116	34 103
4	永固集团股份有限公司	62 579	58 757	400	43 952
5	成都普天电缆股份有限公司	58 709	58 709	100	22 172
6	江苏达胜热缩材料有限公司	12 852	11 359	302	22 484
7	上海至正道化高分子材料有限公司	10 997	10 877	351	6 405
8	广州凯恒科塑有限公司	10 450	10 572	126	3 518
9	绵阳振华科技有限公司	8 500	7 656	72	1 519
10	浙江固力发电力科技有限公司	6 531	4 517	163	329

表3　2011年热缩材料行业经济指标统计平均值与全国标准值对比(15家企业)

序号	指标名称	单位	全国标准值	热缩材料分会统计平均值
1	总资产贡献率	%	10.7	14.4
2	资产保值增值率	%	120.0	119.9
3	资产负债率	%	≤60.0	42.6
4	流动资金周转率	次	1.52	1.62
5	成本费用利润率	%	3.71	11.30
6	全员劳动生产率	元/人	16 500	283 297
7	产品销售率	%	96.0	94.7

科技成果及新产品　2011年热缩材料行业的竞争更加激烈,市场对产品的性能和质量要求越来越高,企业经营压力越来越大。许多企业在质量管理体系认证及新成果、新产品、新技术、新工艺的开发和应用方面投入力度加大,研制出一批科技含量高、具有国内先进水平的新产品,取得了良好的经济效益。

由长园集团股份有限公司和华南理工大学共同申请的"核电站用热缩材料关键技术研究与产业化"项目获得广东省部产学研结合项目立项,并分别获得广东省科学技术厅经费资助和深圳市配套资助。目前我国核电站核岛内使用的热缩材料全部依靠进口。长园集团股份有限公司将针对核电站用热缩材料的耐辐射、热老化、使用寿命和环保等指标,改进加工工艺与路线设计,提高材料性能测试水平,保证核电站用热缩材料满足90℃下使用60年、经受高强度辐射剂量后保持其自身功能以及模拟核事故后仍能保持其功能等核电特殊环境要求。

长园集团股份有限公司与中广核工程有限公司联合承担的"核级热缩电缆附件的研制"项目在国内率先通过了科技成果鉴定。鉴定委员会认为,该项目技术成熟,具备批量生产能力;产品为国内首创,拥有独立自主知识产权,可满足核电站1E级K1类热缩电缆附件的性能要求,达到国际先进水平,能够替代进口。

上海长园电子材料有限公司的"CYG热收缩套管"通过了上海市名牌产品推进委员会的认定,荣获"2011年度上海名牌产品"称号。

深圳市长园长通新材料有限公司生产的环保型PET套管,通过了三洋电机审查人员对其生产、物流、技术、质量等各个关键环节的严格审查,公司正式成为三洋电机的合格供应商。

深圳长园电子材料有限公司的"环保型汽车油管用双壁热收缩套管产业化"项目获得深圳市发展和改革委员会战略性新材料产业专项资金资助。该项目旨在提升环保型汽车油管用双壁热收缩套管的研发水平,实现环保型汽车油管用双壁热收缩套管关键技术的突破,并最终实现产业化。

继长园集团检测中心获得中国合格评定国家认可委员会(CNAS)实验室认可后,沃尔核材检测中心于2011年通过了CNAS认可。

永固集团股份有限公司生产的"固"牌电缆附件荣获2010年乐清名牌产品认定,公司生产的10kV三芯交联电缆热缩户外终端和35kV单芯交联电缆热缩户外终端产品被中国电器工业协会评定为质量可信产品。

标准化 全国绝缘材料标准化技术委员会电工用热缩材料分技术委员会构建"热缩材料标准体系框架",积极制定国家标准和行业标准,加大采用国际标准和国外先进标准的力度。

1. 标准制修订计划

6项标准项目分别列入国家工业和信息化部2011年第一批和第三批工业行业标准制修订计划。标准制修订计划项目见表4。

表4 标准制修订计划项目

序号	计划号	批次	标准名称
1	2011－0057T－JB	第一批	热收缩标识管
2	2011－0058T－JB		热收缩耐柴油软管
3	2011－1843T－JB	第三批	电气用热收缩半软质聚偏二氟乙烯软管
4	2011－1844T－JB		电气用热收缩半硬质聚偏二氟乙烯软管
5	2011－1845T－JB		电气用热收缩聚四氟乙烯软管
6	2011－1852T－JB		核电站1E级热缩电力电缆连接件

2011年9月6日—8日,由全国绝缘材料标准化技术委员会电工用热缩材料分技术委员会主办的行业标准审查会议在宜昌召开。会议审查了《热收缩标识管》和《热收缩耐柴油软管》2项行业标准,经过修改完善,报工业和信息化部批准。

2. 标准立项申请

2011年,电工用热缩材料分技术委员会申请5项标准在国家工业和信息化部立项,立项材料于2011年6月报全国绝缘材料标准化技术委员会。标准立项申请项目见表5。

表5 标准立项申请项目

序号	名称	主要起草单位
1	125℃阻燃聚烯烃热收缩管	长园集团股份有限公司
2	135℃半硬型聚烯烃热收缩管	长园集团股份有限公司
3	135℃柔软型聚烯烃热收缩管	长园集团股份有限公司
4	热收缩母排绝缘管	长园集团股份有限公司
5	中厚壁聚烯烃热收缩管	长园集团股份有限公司

基本建设及技术改造 长园集团股份有限公司以4 639万元的价格竞拍取得位于南京市江宁开发区地块,并将启动"智能电网系列产品及汽车动力电池研发生产基地"的项目建设。该地块面积11.89万m^2,使用年限50年。智能电网系列产品项目建设期3年,总投资6亿元;汽车动力电池研发生产基地项目建设期2年,总投资9 000万元。

中科院近代物理研究所达胜产学研基地在江苏达胜集团正式挂牌。中科院近代物理研究所与达胜集团经过多次深入洽谈,就共同推进"DG－系列电子加速器项目"的产业化达成了合作共识。产学研基地的成立将搭建DG－系列电子加速器的产业化平台,在技术和应用方面与地拉米型加速器实现优势互补。

深圳市沃尔核材股份有限公司于2010年11月8日与江苏省金坛市经济开发区管理委员会签订"金坛经济开发区项目投资协议"以及"补充协议",得到经济开发区财政局对金坛工程项目的前期工程补助1 140万元。

投资合作 长园集团股份有限公司与成都高新创新企业普罗米新科技有限公司正式签约联姻。长园集团以1 500万元投资普罗米新科技有限公司,持有30%股权。由此,长园集团股份有限公司可以迅速进入高速铁路建设测绘领域,并且可继续推动长园集团热缩管、电网设备产品进入铁路领域,与中昊的板式轨道系列产品形成优势互补,拓宽了公司的市场空间,符合公司的高铁战略意图。

长园集团股份有限公司以9 000万元收购洋浦鹏瑞达投资有限公司持有的深圳南瑞科技有限公司的15%股权,深圳南瑞科技有限公司成为长园集团的全资子公司。此次收购加快了长园集团在智能电网领域的战略整合速度。

深圳市沃尔核材股份有限公司、北京瑞通科讯数码技术有限公司、自然人股东刘先生与青岛特锐德签署了《关于广西中电新源电气有限公司全部股权的股权收购合同》,青岛特锐德全部受让,沃尔核材、北京瑞通和刘先生分别持有广西中电公司43.56%、45.33%和11.11%股权(合计为广西中电100%股权)。股权转让最终对价为4 300万元,其中沃尔核材所持股权对价为1 873.08万元。

深圳市沃尔核材股份有限公司投资2 000万元成立全资子公司天津沃尔法电气有限公司。此外,深圳市沃尔核材股份有限公司为充分发挥全资子公司金坛市沃尔新材料有限公司的资源优势和技术优势,更好地完成募集资金——环保型改性新材料及系列产品生产基地项目建设,拟以14 000万元向金坛沃尔增资。增资后,金坛市沃尔新材料有限公司注册资本增加至5 000万元、资本公积为10 000万元。

行业活动 2011年6月,由中国电器工业协会热缩材料分会主办,永固集团股份有限公司和温州洪特热缩新材料科技有限公司协办的中国电器工业协会热缩材料分会二届二次会议暨首届热缩材料研讨会在温州召开。来自全国热缩材料及其相关的生产企业、科研院所共70多位代表参加了会议。会议报告了热缩材料行业"十一五"取得的主要成就,分析了"十二五"面临的形势和发展思路,部署了分会2011年的重点工作。

报告指出,热缩材料行业"十二五"预期目标为:工业总产值、工业增加值、销售收入年均增长保持在15%以上,总资产贡献率达15%左右,全员劳动生产率(按工业增加值计)达25万元/人左右。自主创新能力显著增强,研发经费占销售收入比重达到3%,新产品产值率较"十一五"期间提高5个百分点,专利数量和产品质量大幅提升。

报告指出,热缩材料行业"十二五"重点任务为:构建结构优化、技术质量大幅提高、高效节能、产业配套能力明显增强的现代化产业体系。淘汰落后产能,压缩和疏导过剩产能,提高能源综合利用水平。加快培育以技术、品牌、质量、服务为核心竞争力的新优势。努力发展核电设备用绝缘材料,着力发展耐辐照的电缆绝缘结构、核安全级电缆用热缩型材料。

行业信用建设工作是热缩材料行业"十二五"的重要工作。2011年,热缩材料分会组织行业内企业参与信用评价工作,长园集团股份有限作为热缩材料分会理事长单位参与了此次企业信用等级评价工作并获得AAA级企业信用等级认定。

〔撰稿人:中国电器工业协会热缩材料分会肖宇明 审稿人:长园集团股份有限公司赵成刚〕

变 频 器

生产发展情况 根据对变频器行业16家较大规模企业的统计调查,2011年变频器行业完成工业总产值72.69亿元,同比增长19.29%;完成工业销售产值71.98亿元,同比增长2.65%;完成主营业务收入71.37亿元;实现利润总额同比增长5.2%,工业增加值同比增长23.1%。资产总计117.23亿元,同比增长16.59%。其中,固定资产净值余额9.01亿元,同比增长10.15%;流动资产92.69亿元,同比增长11.17%。从业人员8 323人,同比增长9.48%。

受国家节能减排利好政策的拉动,2011年变频器市场需求继续保持增长。促进变频器市场需求增长的主要因素有:①我国电机装机总量增长;②电机配装变频器的比例提高;③国家对"节能降耗"的规划目标;④国内产业升级,对工艺控制要求的提高,促使变频器的应用日益普及,逐步成为许多工业设备的标准配置;⑤国民经济持续发展为变频器产业创造了良好的发展空间;⑥国内企业对提高国际竞争力的需求;⑦居民生活质量的提高;⑧变频器优越的电机控制性能给用户企业带来可观的经济效益。

2011年变频器分会重点企业(部分)工业总产值完成情况见表1。

表1 2011年变频器分会重点企业(部分)工业总产值完成情况

序号	企业名称	工业总产值(万元)
1	常熟开关制造有限公司	166 582
2	北京利德华福电气技术有限公司	81 403
3	哈尔滨九洲电气股份有限公司	66 292
4	北京合康亿盛科技股份有限公司	63 344
5	唐山开诚电控设备集团有限公司	56 069
6	北京金自天正智能控制股份有限公司	54 612
7	广州智光电气股份有限公司	51 399
8	台州富凌电气有限公司	43 608
9	山东新风光电子科技发展有限公司	38 019
10	上海雷诺尔科技股份有限公司	33 729
11	希望森兰科技股份有限公司	23 894
12	深圳市正弦电气有限公司	17 292
13	大连普传科技股份有限公司	14 230
14	江苏力普电子科技有限公司	8 319
15	天津华云自控股份有限公司	8 126

注:以上厂商提供的工业总产值数据,包含非变频器产值部分。

科技成果及新产品 天津华云自控股份有限公司2011年开发研制了智能高效干燥风机变频控制装置和矿用振动筛洗煤设备两项新产品。其中,智能高效干燥风机变频控制装置是该公司联合国家烟花爆竹安全生产检测中心的行业专家和国内传动专家,采用产、学、研合作机制研发的。产品凭借国内领先的技术、优越的性能和可靠的运行得到用户认可,已成功应用到湖南、江西等南方重点省份。

大连普传科技股份有限公司2011年开发出P8600系列单相变频器,该产品采用DSP核心控制单元和高性能功率器件,专用于为纺织、印染等机械配套,功率等级0.75kW、1.5kW;开发出应用于钢铁、煤炭、石化等行业的PI7800系列低压大功率变频器,该产品采用大功率模块并联技术、矢量技术,最大容量1 000kW。新产品当年实现销售产值

6 000万元。

新华都特种电气股份有限公司在2011年8月正式对自行研发项目——立体卷铁心结构的三相油浸式配电变压器立项。该项目于2012年2月完成，正式推出SB13－M. RL－800/10型号的配电变压器成品。公司还研制成功超大容量ZTSFG(H)－12500/10变频调速用变流变压器，使国内高压变频器系统容量提高到25 000kV·A以上，成功推进了“西气东输”项目高压变频系统的国产化进程。公司已获得14台ZTSFG(H)－12500/10变频调速用变流变压器的订货合同。

江苏宏微科技有限公司研制成功高压大电流电力半导体芯片系列，提高了我国IGBT和FRED的研发和生产水平。

2011年，北京合康亿盛变频科技股份有限公司的北京亦庄经济技术开发区高压变频器生产研发基地满负荷运转，平均产能已经超过预期设定的1 200台/a。武汉高中低压及防爆变频器研发生产项目建设工程进展顺利，并通过租赁厂房建设高中低压变频器产品生产线，实现了中低压变频器销售收入，进一步提高了公司募集资金的使用效率，增强了公司的盈利能力及承受销售市场波动风险的能力。

质量及标准 在国内外电气传动调速产品迅速发展的形势下，国家标准化管理委员会以综合〔2011〕31号文件《关于成立全国变频调速设备标准化技术委员会(SAC/TC518)的批复》，批准全国变频调速设备标准化技术委员会成立。该标委会秘书处挂靠在天津电气传动设计研究所，主要负责变频调速设备领域的国家标准和行业标准的制定、修订工作。

当前，变频器行业在标准方面存在以下问题：①全国变频调速设备标准化技术委员会刚成立，标准还不能及时适应市场经济发展要求；②我国变频器整体发展与发达国家有一定差异性，要制定符合国情的标准体系；③很多地方、行业变频器标准自成体系，不利于国家标准的宣贯和执行。

当前，全国变频调速设备标准化技术委员会正在制定《通用1kV及以下变频器安全规程》《通用1kV及以下变频器技术条件》《通用1kV及以下变频器验收规程》《通用1kV以上(高压)变频器安全规程》和《通用1kV以上(高压)变频器验收规程》等国家标准。

结构调整 2011年，山东新风光电子科技有限公司与兖矿集团进行资产重组，兖矿集团以增资扩股方式投资控股山东新风光电子科技有限公司，公司注册资本由4 000万元增加到8 163.26万元。为扩大主导产品生产规模，山东新风光电子科技有限公司与兖矿集团合作建设电子产业园。该项目于2012年3月动工建设，占地面积约8.8万m^2，建成后将新增120万kW高压变频器的生产能力。

深圳市正弦电气股份有限公司于2011年9月在武汉注册成立全资子公司——武汉市正弦电气技术有限公司。子公司通过公开挂牌出让方式，获得位于武汉东湖高新技术开发区新能源及环保产业园3.2万m^2工业用地使用权。公司计划将该工业用地作为公司未来发展的建设用地，用于生产高性能低压变频器、电梯一体化控制系统、高性能伺服系统等产品。

广州智光电气股份有限公司通过股权重组的方式将上海智光电力技术有限公司和杭州智光一创科技有限公司进行整合，重点打造新公司在智能化变电站状态监测和设备管理技术方面的优势，以迎接智能电网高速发展的机遇。

行业活动 2011年8月5日—7日，中国电器工业协会变频器分会二届会员大会在天津召开，来自110家企业的130多名代表出席了会议。

会议由变频器分会第一届副理事长、山东新风光电子科技发展有限公司董事长何洪臣作第一届理事会工作报告；仲明振理事长宣读了中国电器工业协会变频器分会“关于表彰2007—2011年优秀会员单位的决定”和“关于表彰2007—2011年先进分会工作者的决定”；冶金自动化研究设计院副院长葛钢宣读了“中国电器工业协会变频器分会第二届理事会组成方案”，通报了“关于取消部分变频器分会会员资格的决定”；西门子(中国)有限公司工业业务领域工业自动化与驱动技术集团总经理付强宣读了“中国电器工业协会变频器分会工作条例修订说明”；大连普传科技股份有限公司董事长张海杰宣读了“中国电器工业协会变频器分会一届理事会财务审计报告的说明”和“中国电器工业协会变频器分会关于会费标准调整的议案”；北京利德华福电气技术有限公司总经理倚鹏宣读了变频器分会第二届理事会理事单位选举办法。随后，全体与会人员以无记名等额投票选举第二届理事会。天津电气传动设计研究所等41家单位成为第二届理事单位。

发展中存在的问题 第一，我国本土变频器品牌在产品结构上相对单一，更多的是“产品推广”的营销策略，因此缺乏竞争优势。

第二，提高产品的稳定性及产品性能逐渐成为各个厂商面临的主要技术问题。

第三，当前，国内厂商需要本着规范、规律的操作方针，将现金流控制得当。

第四，国产变频器企业生产管理水平不高，亟须进一步优化产品制造流程，降低产品生产成本。亟须建立一套先进的管理方式、管理制度、管理模式和管理方法，以确保企业经济正常运行。

发展建议 2012年5月，国务院常务会议讨论通过了《国家基本公共服务体系“十二五”规划》，会议研究了促进节能家电等产品消费的政策措施，并决定将16亿元用于高效电机的推广，高效节能电机的市场形势将会更加乐观，也给行业企业带来了更广阔的发展空间。变频器分会对国内变频器行业的发展提出以下几方面的建议：

1. 技术方面

建议行业企业重点开发用于各种数控装置的伺服驱动装置与电机控制系统，如数字伺服控制系统、网络分布式伺服系统等伺服驱动装置；重点开发大功率、高性能变频调速系统、牵引用变频调速装置及特殊调速用变频调速装置。

2. 市场方面

建议行业企业学习先进的营销管理经验，努力开拓市场，逐渐占领国内变频器市场并向国际市场进军，打造闻名世界的中国民族品牌。

3. 人才培养方面

建议行业企业加快产学研相结合的步伐，发掘人才、培养人才，为我国变频器行业的持续高速发展输送人才。

4. 应用领域方面

建议行业企业将变频器产品应用到空调、电梯、冶金、机械、电子、石化、造纸、纺织等十分广阔的空间。

5. 社会责任方面

变频器的出现让工业领域的节能呈现新亮点，期望通过推广使用节能电机系统节约大量电能，同时带动压缩机、水泵、风机等设备提高能效水平，进而提高我国整个工业装备的能效水平。

积极发展变频器行业，大力推广适用于电动机节能的调速技术，期望变频器的应用日益普及，使其逐步成为许多工业设备的标准配置。

〔供稿单位：中国电器工业协会变频器分会〕

现场总线

现场总线、工业以太网、无线通信技术已经成为工业信息化应用最广泛、最重要的技术领域。2011 年，由于受到欧债、宏观调控等多重因素影响，国内工控行业增速从 2010 年的 16% 下降到 11%，但工业通信市场现场总线安装节点数仍然稳定增长，机械配套、冶金、建筑、汽车等仍为各类总线的主要应用行业。随着网络技术和通信技术的发展，现场总线技术也呈现出新的发展趋势。

技术发展状况

1. FF 技术的发展

FF（基金会现场总线）与德国化工测量与调节技术标准化委员会（NAMUR/WG2.6）合作研发自诊断技术和 EDDL（电子设备描述语言）。新的标准诊断功能不仅具有基金会现场总线技术的优势，并且符合 NAMUR 标准，旨在将诊断信息的整合标准化，确保用户获得最有价值的信息。而 EDDL 则将设备诊断信息以直观的方式显示出来，有效帮助人员查找故障。

FDI（现场设备集成）项目融合了 EDDL 和设备类型管理器（DTM）的优势，提供了现场设备至主机系统的一站式解决方案，使用主流中端用户认可的案例，势必成为国际标准的开放式规范。

FF 通过 20 多年的发展，已成为世界工业自动控制的主要技术之一，在大型石油、化工领域的成就世界瞩目，很多大型重工业基础性项目也采用了总线技术。截至 2011 年年底，全世界在现场总线基金会注册的产品已达到 675 个；有来自 9 个公司的 11 个自动化系统，9 个公司是 ABB、Azbil、Emerson、GE、Honeywell、Invensys、Siemens、Supcon、Yokogawa；全世界有 6 000 个基金会现场总线的控制系统正在运行，大约有 120 万台的现场总线设备正在运行。据统计，总线产品与服务的市场总额超过 20 亿美元，总体增长速度高于过程自动化市场的增长速度。在过程自动化行业，现场总线的硬件产品占据市场的一半份额，而基金会现场占据总线市场的 70% 份额。

根据 ARC 的综合调研，在工业生产过程中，达到使用寿命的过程自动化系统设备价值高达 650 亿美元，其中大部分设备有 20 年或者以上的使用历史，急需更新改造。用户希望采用就地更新的方式，FF 由此被更多的最终用户选择用以更新设备。

2011 年 3 月 9 日，现场总线基金会年度会员大会在印度举行。沙特阿美石油公司的 ESD 专家 Patrick Flanders 在演讲中提到：FF - SIF（基金会现场总线安全仪表功能）技术的使用是安全系统设计领域的一个里程碑。

2. Profibus 和 Profinet 技术的发展

Profibus 和 Profinet 是适用于过程自动化、工厂自动化，基于工业以太网技术的自动化总线技术，已被列入国际现场总线系列标准。Profibus 和 Profinet 产品在国内已经广泛应用于电力、采矿、汽车制造、轮胎、冶金、造纸及基础设施（石油管线、污水处理、地铁）等工业领域。Profinet 技术在我国汽车行业应用相对较多，随着工控技术的不断发展，它将逐渐取代 Profibus DP。

2011 年中国 PROFIBUS&PROFINET 协会（CPA）先后于北京、深圳、上海召开路演，介绍了 PROFINET IO、工业级总线产品的使用特点、现场诊断技术等，特别介绍了 PROFIenergy、PROFIdrive、PROFIsafe 等应用行规。应用 PROFIenergy标准，用户可以容易并可靠地将暂停期间不需要的能耗设备转入优化的节能模式，有助于节省石油、天然气、煤等初期资源。采用 PROFIdrive 可以实现一套标准适用于所有控制的目标，从而节约开发、培训成本，增加产品的灵活性。通过与 PROFIsafe 的完美互补，PROFIBUS & PROFINET 为用户提供了同一总线控制下的具有安全功能及标准驱动器功能的完整系统解决方案。

2011 年 12 月 6 日，全国工业过程测量和控制标准化技术委员会（SAC/TC124）秘书处于北京钓鱼台国宾馆举行了推荐性国家标准 GB/T 27526—2011《PROFIBUS 过程控制设备行规》发布会暨报告会。该标准修改采用国际先进标准 PNO/TC3 - 04 - 0006c《PROFIBUS Profile for Process Control Devices V3.02》。PROFIBUS PA 以 PROFIBUS DP（GB/T 20540）通信为基础并增加过程控制行规以及相应的传输技术，在工业现场将自动化系统与温度、压力和流量变送器等现场设备连接起来，使得 PROFIBUS 能够更好地满足各种过程控制的特殊要求，其应用覆盖过程自动化的整个过程。

VIPA公司在SLIO系统成功推出并获得广泛认可和使用后，根据市场的需求，推出用于PROFINET I/O从站的接口模块053－1PN00。该模块特性包括：现场总线PROFINET符合IEC 61158－6－10、IEC 61784－2要求；Profinet耦合器最大可连接64个外围I/O模块；最大512B输入和512B输出数据；集成双口switch集线；传输率100Mbit/s全双工通信制；集成DC 24V电源供电接口和外围I/O模块电子部件供电接口等技术特性。它将SLIO系统I/O设备组成的分布I/O子站直接连接到PROFINET总线上。

3. CC－Link技术的发展

CC－Link技术已列入IEC 61158国际现场总线系列标准，同时也被列入中国国家标准GB/T 19760—2008。CC－Link兼容产品种类与节点数的增加是CC－Link推广的重要要素，开放性是其最主要的特点。经过十多年的发展，CC－Link协议家族延伸到了控制层以及基于以太网的网络，可实现从设备层到信息层的无缝通信。国际CC－Link协会已经拥有会员1 680家，兼容产品数已达1230种，并且将陆续推出CC－Link、CC－Link V2、CC－Link/LT，直到CC－Link Safety和CC－Link IE。

2012年7月31日，由CC－link协会组织的"飞舞瞬变极目千里"CC－Link技术巡展活动在大连召开。CC－Link协会（中国）技术总监龚明分享了基于以太网的技术CC－Link IE Control与CC－Link IE Field，并介绍了新技术CC－Link IE Safety与CC－Link IE Motion，报告了主要应用技术与今后技术发展方向。

4. FDT技术的发展

FDT组织于2012年4月20日正式发布FDT标准增强版FDT2。FDT2标准包含了很多最终用户所需的重要特性，完全兼容现有的标准。FDT组织还发布了一套综合工具包——公共组件（Common Components），能够加速支持FDT2产品的开发。FDT2规范已经通过全球各地成员公司的测试，现已可从网站（www. fdt2. org）下载。

FDT2规范是用户和供应商共同驱动的结果。FDT组织的总监格兰·舒茨表示：有85家成员公司资助了这个项目，并且有超过25家公司贡献了最佳技术理念。对于用户，新规范可以提高系统的整体性能，实时监控应用环境和批处理任务。另外，它具有更强的信息安全、富PLC集成和对所有主要工厂与过程自动化网络的支持。对于供应商，FDT2提供了在.NET环境中的产品开发规范，实现与微软Visual Studio的集成。

除了发布FDT2，FDT组织还发布了新的集成开发工具——FDTExpress，与Visual Studio一起用于FDT2产品的开发。FDTExpress已经对普通公众开放，不收取任何费用。

5. 现场总线技术应用中存在的问题

现场总线技术在我国的应用已取得很大进展，但也存在一些问题制约了其推广。

（1）工程应用方面。首先，工程投资比较大。虽然各种现场总线都把节省费用当成自己的主要优点，但在实际应用中，由于试用的系统规模太小，试用的系统并不分散或者是利用原有布线进行改造目，现场总线比传统控制系统的投资大，无法充分发挥现场总线节省电缆的优势。

其次，调试和运行维护比较难。由于现阶段熟练掌握现场总线应用技术和开发技术的人才少，企业在调试和运行时经常会遇到困难。因此，企业应选择技术力量比较强、经验比较丰富的系统集成商。

再次，与传统控制系统相比优点不明显。以智能化现场仪表为基础的现场总线系统的优势除了控制外，更多的在于自诊断、自校正等自动管理方面。但是，目前国内所用系统大多数太小，没有把管理自动化和远程诊断功能纳入系统，因此无法发挥现场总线系统降低运行维护费用的优势。

（2）技术方面。当总线切断时，系统有可能产生不可预知的后果，此时用户希望这时系统仅降低效能，不能崩溃，但许多现场总线无法保证；现有的防爆规定限制了总线长度和总线上所挂设备的数量，也就限制了现场总线节省电缆优点的发挥；系统组态参数的设定对系统性能影响很大，但组态参数过分复杂，不容易掌握。

（3）应用方面。现场总线的开放、互联性及互操作性决定了安全问题不可避免。

外部网是一个由现场总线实现的自动化系统，与企业的Intranet紧密结合，存在着与Internet普通应用相同的种种威胁，包括窃听、盗取资料、非法获取控制权、进行破坏、阻碍通信等。由于现场总线多应用于化工、电气及楼宇自动化控制中，这些场合都要求系统连续运行，因此现场总线可能受到的攻击时间比普通应用长得多，必须建立起一套适合企业的针对现场总线应用的安全策略。

基于安全情况，可以考虑将各子系统设计得较为独立，使一个子系统受到破坏时不会影响到整个系统；采用通信控制器将总线与以太网相联，改善通信控制器的功能，可以起到一定程度的安全防范作用，包括拒绝非法访问，危险时将总线与以太网隔离等；进行合理的冗余设计，以提高系统稳定性。

现场总线的主要优点是更灵活、更开放，并为采用新型系统维护方式和企业管理模式提供了可能。但对于以价格为首选条件的场合，系统规模较小、控制对象分布比较集中的场合，以及没有扩展设备智能诊断和管理要求的场合，现场总线并不一定是最佳选择。

推广与发展　随着工业自动化系统向智能化、无人化和数字化方向的发展，新技术和新标准不断涌现，要抓住智能电网等新兴技术领域的发展机遇，保持对国内外先进技术的跟踪与研究，结合不同行业及不同需求，致力于工业通信控制的关键技术研究，提出具有自主知识产权的、具有较强市场竞争力的网络化集成控制系统解决方案。

电网的智能化发展，要求用户端与电网双向互动，能够接入分布式储能和可再生能源设备，可双向电流、浮动电价，同时，传统低压电器、电机控制产业提升也需要网络化、信息化支持，这也必将依赖于智能电网用户端网络化集成控制技术。智能电网用户端主要有工业企业、商用楼宇和居民住宅三类用户。目前主要研究的能源管理技术包括三方面内容：

（1）企业/楼宇电能监测与节能优化。用网络化集成控制技术对用电系统各个环节特别是重点耗能设备用电情况进行实时检测、数据采集、汇总分析、纵横比较等，发现电能使用不合理之处，通过人工干预或自动控制的方法进行改进，优化用能设备，提高电能的使用效率。

（2）企业/楼宇能源系统与电网公司管理系统的互动。在未来的智能电网中，电网公司为提高电力设施的负荷率将实行浮动电价，用电峰谷之间的电价差异很大，要求企业某些设备（如储能设备、充电设备、热水器等）能够实现需求响应（DR），尽量避开用电高峰而在用电低谷时使用，以降低生产成本。网络化集成控制技术采集实时数据，通过网络传输到数据库，数据管理分析软件归类分析数据，进行决策支持，在达到一定的条件时发出决策指令，指令通过网络传输至现场执行系统，将设备切入或切除。整个过程是自动的，电网与用电设备之间是互动的。

（3）管理分布式能源设备的接入。用户端储能设备、电动汽车以及可再生能源设备接入电网可能对电网产生重大冲击，这些设备也可能将电能输送至电网，所以需要一个很好的能效管理系统进行管理。网络化集成控制系统接手或检测电网数据，包括浮动电价、峰谷时间等，在用电低谷时让储能设备和电动汽车充电，反之则向电网供电，帮助电网平衡峰谷，同时也在峰谷电价差中获取经济利益。

〔撰稿人：中国电器工业协会设备网现场总线分会李倩〕

分析2011年电器工业中的上市企业，了解其在资本市场的运作情况；回顾优秀企业的发展历程及发展状况

Analyzing the listed companies in the electrical equipment industry in 2011, understanding their operation situation in the capital market, review of the development course and situation of superior enterprises

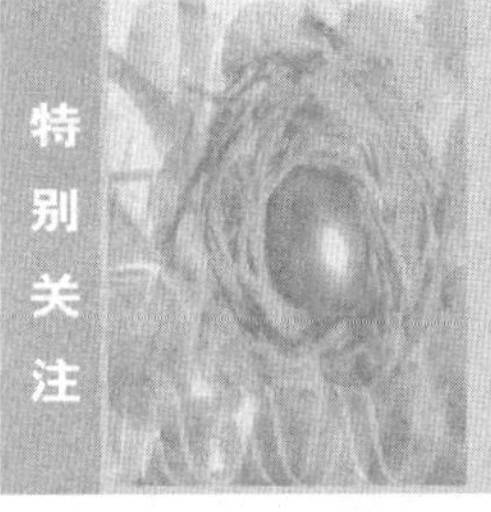

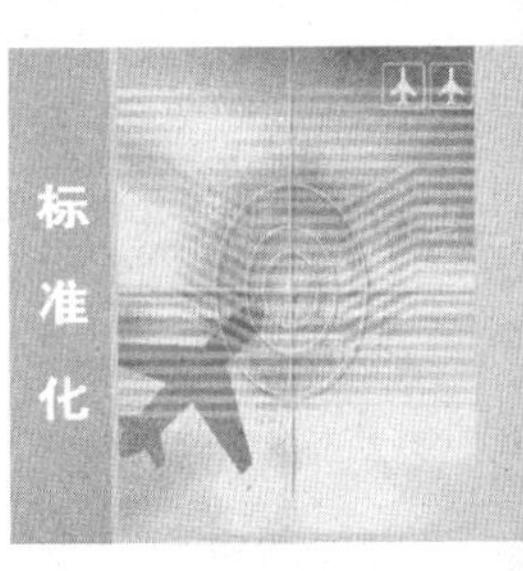

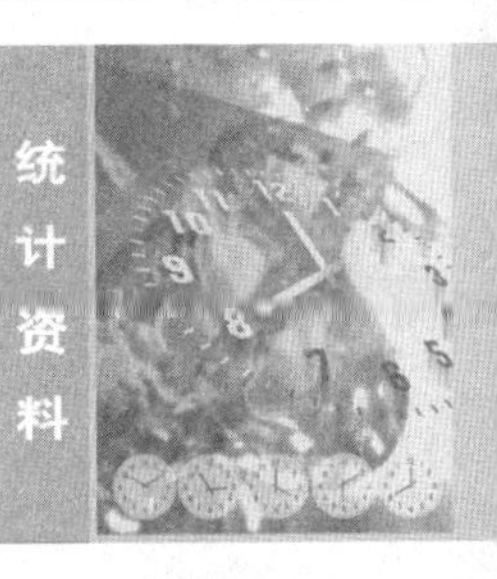

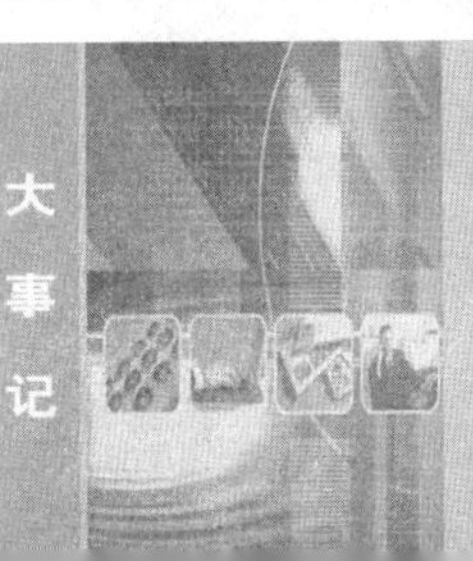

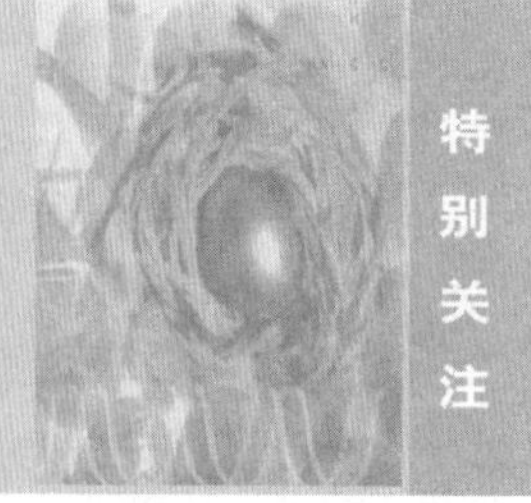
综述

特别关注

行业概况
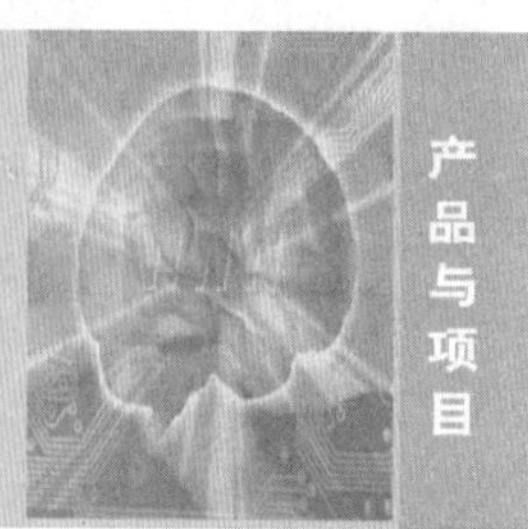
企业概况

产品与项目

标准化

统计资料

大事记

企业概况

电力设备行业上市公司2011年年报综述

2011年是"十二五"开局之年,我国电力建设依然延续"十一五"的增长态势,新增装机规模保持较高水平,非化石能源发电装机规模保持较快增长,电力投资规模小幅增长,但增速开始下滑,全国范围内电力生产和消费增速回落。全国电力供需仍保持总体平衡、略有富余的状态。

2011年,全国全口径发电量47 217亿kW·h,比上年增长11.68%。分类型看,水电发电量6 626亿kW·h,比上年下降3.52%,占全部发电量的14.03%,占比比上年减少2.21个百分点;火电发电量38 975亿kW·h,比上年增长14.07%,占全国发电量的82.54%,占比比上年提高1.73个百分点;核电、并网风电发电量分别为874亿kW·h和732亿kW·h,分别比上年增长16.95%和48.16%,占全国发电量的比重分别比上年提高0.08个和0.38个百分点。

2011年,全国全社会用电量46 928亿kW·h,比上年增长11.74%。其中,第一产业用电量1 015亿kW·h,比上年增长3.92%;第二产业用电量35 185亿kW·h,比上年增长11.88%;第三产业用电量5 082亿kW·h,比上年增长13.49%;城乡居民生活用电量5 646亿kW·h,比上年增长10.84%。第二产业中工业用电量34 633亿kW·h,比上年增长11.84%,其中,轻、重工业用电量分别为5 830亿kW·h和28 803亿kW·h,分别比上年增长9.25%和12.38%。

2011年,全国电力工程建设完成投资7 393亿元,比上年提高4.85%。其中,电源工程建设完成投资3 712亿元,比上年下降6.49%,占全部电力投资的50.2%;电网工程建设完成投资3 682亿元,比上年增长6.77%,占全部电力投资的49.8%。在电源工程建设完成投资中,水电完成投资940亿元(其中抽水蓄能电站完成投资60.5亿元)、火电1 054亿元(其中煤电903亿元)、核电740亿元、风电829亿元。核电、水电投资保持增长,火电、风电投资下降。

2011年,全国基建新增发电设备容量9 039万kW,已连续六年超过9 000万kW。其中,水电1 225万kW,火电5 886万kW,核电、并网风电和太阳能发电新增合计1 928万kW。截至2011年底,全国发电设备容量105 576万kW,比上年增长9.25%。其中,水电23 051万kW(含抽水蓄能1 836万kW),占全部装机容量的21.83%;火电76 546万kW(含煤电70 667万kW、常规气电3 265万kW),占全部装机容量的72.5%;并网太阳能发电规模发展较快,达到214万kW。

2011年,电源重点建设项目投运进一步体现了结构调整的成效。三峡地下电站4台70万kW机组、云南汉能金安桥水电站2台60万kW机组、四川泸定水电站2台23万kW机组、云南功果桥水电站2台22.5万kW机组、四川大渡河深溪沟水电站2台16.5万kW机组等大中型水电厂机组相继投产,云南糯扎渡水电站、云南阿海水电站、四川黄金坪水电站、四川木里河卡基娃水电站等一批重点项目获准建设;火电方面,宁夏灵武电厂二期工程、嘉兴发电厂三期工程等共计8台百万千瓦超超临界火电机组建成投产,年底全国在运百万千瓦超超临界火电机组达39台;全年新增风电并网容量1 585万kW,其中内蒙古、甘肃新增风电装机容量超过300万kW;太阳能发电步伐加快,全年新增并网太阳能发电装机容量169万kW,中电投格尔木200MW并网光伏电站顺利投产,成为世界上一次性投产并网规模最大的光伏电站。

电网建设成果显著。青藏直流联网工程投入试运行,结束了西藏电网长期孤网运行的历史,标志着我国内地电网全面互联;世界首个±660kV电压等级的直流输电工程——宁东直流输电工程双极建成投运;特高压1 000kV交流试验示范工程扩容改造顺利完成,输送容量达到500万kW;中俄直流背靠背联网工程建成投产,有利于中俄两国之间的电力交流与优势互补;世界电压等级最高的智能变电站——国家电网750kV陕西洛川变电站顺利建成投运。

2011年,全国基建新增220kV及以上输电线路35 071km,新增220kV及以上变电设备2.09亿kV·A,分别比上年减少9 654km和0.49亿kV·A。截至2011年底,全国电网220kV及以上输电线路为48.03万km,220kV及以上公用变设备容量21.99亿kV·A,分别比上年增长7.88%和10.50%。

"十二五"规划提出:要坚持把建设资源节约型、环境友好型社会作为加快转变经济发展方式的重要着力点。深入贯彻节约资源和保护环境基本国策,必须节约能源,发展循环经济,降低温室气体排放强度,推广低碳技术,积极应对全球气候变化,促进经济社会发展与人口资源环境相协调,坚持走可持续发展之路;健全节能减排激励约束机制,优化能源结构,合理控制能源消费总量,完善资源性产品价格形成机制和资源环境税费制度,健全节能减排法律法规和标准,强化节能减排目标责任考核,把资源节约和环境保护贯穿于生产、流通、消费、建设各领域各环节,提升可持续发展能力。

2011年,全国6 000kW及以上电厂供电标准煤耗330g/(kW·h),比上年降低3g/(kW·h);全国电网输电线路损失率6.31%,比上年降低0.22个百分点。

根据国家能源局规划,"十二五"期间将大力发展水电、风电,增加天然气的消费。到"十二五"末,水电和核电占一次能源消费的比重由现在的7%左右提升到近9%;风电、太阳能发电和生物质能发电占一次能源的消费由现在的0.8%提升到近2.6%。

2011年,国家电网投资达到3 019亿元,近年来首次超过3 000亿元;电网发展迈上新台阶,一批输电大通道工程、新能源外送工程和科技引领示范工程建成投运,高压输电创造多项世界纪录,大大加快了我国智能电网的建设步伐。国家电网公司远距离、大规模输电能力大幅提升,淮南—浙北—上海特高压交流工程获得核准并开工建设,特高压交流扩建工程、宁东—山东±660kV直流输电示范工程、三峡地下电站送出工程等跨区跨省重点工程竣工投运。

2012年,国家电网公司将完成固定资产投资3 362亿元,其中电网投资3 097亿元。开工110(66)kV及以上交流线路6.9万km、变电容量3.6亿kV·A,直流线路6 146km、换流容量5 100万kW;投产110(66)kV及以上交流线路5.7万km、变电容量2.6亿kV·A,直流线路2 095km、换流容量1 440万kW。2012年国家电网将加快以特高压电网为骨干网架的坚强智能电网建设,集中力量推进特高压工程前期工作,确保4项特高压交流工程(即锡林郭勒盟—南京、淮南—上海、蒙西—长沙、雅安—皖南特高压交流工程)和3项特高压直流工程(即哈密南—郑州、溪洛渡—浙西、哈密西—重庆特高压直流工程)获得国家核准并开工,力争浙北—福州1条特高压交流工程和准东—四川、锡林郭勒盟—泰州2条特高压直流工程在年内获得核准。

2011年,南方电网完成电网建设投资708亿元,投产重点工程11项。溪洛渡、糯扎渡送电广东直流工程、深圳抽水蓄能电站等重点项目相继开工建设,广东惠州抽水蓄能电站全面投产。按期完成了海南联网工程的海底电缆后续保护工程。积极实施农网升级改造工程,完成县级电网建设投资213亿元。

2012年,南方电网将完成固定资产投资867亿元,其中,电网基建项目656亿元;安排重点工程22项,建成投产14项。农网升级改造,将重点满足农村经济发展和农民生活改善的用电需求,解决好剩余7.7万户无电人口的用电问题。

"十二五"期间,电力投资保持平稳,特高压、智能电网建设以及农网改造等项目的积极推进带动细分产业产出的高速增长。本文将电气设备行业上市公司分为发电设备行业、输变电一次设备行业、输变电二次设备行业进行讨论。

一、2011年年报业绩评述

截至2012年3月,电气设备行业上市公司从80家增加到89家,平均总股本为59 932万股,在上市公司中属于中等规模。2011年,发电设备行业中风电设备公司业绩大幅下滑,其他发电设备公司业绩平稳增长;传统一次设备上市公司业绩平淡;二次设备上市公司业绩保持良好增长。

2011年,电气设备行业上市公司的生产经营资料表明,上市公司中营业收入增长的有73家,占总数的82.02%;营业利润增长的有45家,占总数的50.56%;实现净利润增长有47家,占总数的52.81%。整体营业收入同比增长4.62%,营业利润同比下降24.11%,净利润同比下降23.97%。电气设备行业主要经济指标继2010年增速放缓以后,2011年持续低迷。主要是由于国家电网公司2010年改变招标模式,中标价格明显下降,导致电气设备行业企业毛利水平下降,这种影响在2011年进一步显现。同时全国电力建设投资增速放缓,需求景气程度下滑。

2011年,电气设备行业上市公司平均营业收入为344 364万元,净利润19 341万元,股东权益257 289万元,每股收益0.32元,净资产收益率8.18%。平均总资产530 606万元,资产负债率57.87%,流动资产470 551万元,流动负债313 211万元,流动比率1.50,速动比率1.09。行业资产负债率继续下降、流动比率和速动比率提高,整个行业财务指标保持在合理范围内且得到优化。

二、发电设备行业:风电设备销量大幅下滑

生产发电设备的上市公司有上海电气(601727)、湘电股份(600416)、华光股份(600475)、卧龙电气(600580)、东方电气(600875)、江特电机(002176)、金风科技(002202)、海陆重工(002255)、浙富股份(002266)、杭锅股份(002534)、华西能源(002630)、华锐风电(601558)12家公司。大型发电设备综合企业是上海电气、东方电气,中型发电设备企业是浙富股份,生产中型电机的企业是湘电股份、金风科技和华锐风电,生产小型电机的企业是卧龙电气和江特电机,生产中大型锅炉的企业是华光股份、华西能源,生产余热锅炉的企业是杭锅股份、海陆重工。平均营业收入为1 305 072万元,净利润74 533万元,股东权益782 295万元,每股收益0.40元,净资产收益率10.49%。平均总资产246 473万元,资产负债率68.26%,流动比率1.27,速动比率0.85。

发电设备行业上市公司经营情况见表1。

表1 发电设备行业上市公司经营情况

简称	总股本（万股）	营业收入（万元）	同比增长（%）	净利润（万元）	同比增长（%）	每股收益（元）	净资产收益率（%）	资产负债率（%）	流动比率	速动比率
湘电股份	60 848	624 751	-7.59	13 901	-35.96	0.23	5.99	81.99	1.18	0.89
华光股份	25 600	367 525	16.46	13 638	-3.91	0.53	11.09	70.60	1.05	0.60
卧龙电气	68 773	314 622	8.34	11 102	-47.29	0.16	4.47	43.60	1.40	1.08
东方电气	200 386	4 291 662	12.70	305 623	18.60	1.53	22.14	82.28	1.04	0.50
江特电机	21 221	73 232	39.37	5 661	75.04	0.28	7.15	33.51	2.21	1.72

（续）

简称	总股本（万股）	营业收入（万元）	同比增长（%）	净利润（万元）	同比增长（%）	每股收益（元）	净资产收益率（%）	资产负债率（%）	流动比率	速动比率
金风科技	269 459	1 284 313	-27.01	60 671	-73.50	0.23	4.71	58.47	1.63	1.30
海陆重工	12 910	137 279	30.86	13 971	10.76	1.08	11.04	39.52	1.90	1.28
浙富股份	29 928	105 954	14.68	18 144	30.92	0.61	14.36	37.44	1.82	1.44
上海电气	1 282 363	6 830 228	8.11	331 008	17.40	0.26	11.31	64.71	1.24	0.93
华西能源	16 700	191 023	23.37	10 246	15.05	0.80	6.58	61.23	1.41	0.98
华锐风电	201 020	1 043 552	-48.66	77 572	-72.84	0.39	5.60	60.15	1.97	1.42
杭锅股份	40 052	396 725	19.89	32 860	-1.75	0.83	13.68	59.70	1.34	1.09
平均	185 772	1 305 072	-1.72	74 533	-5.62	0.40	10.49	68.26	1.27	0.85

湘电股份：风电机组毛利下降

2011年，公司实现营业收入62.48亿元，同比下降7.59%；净利润1.39亿元，同比下降35.96%。公司营业收入下降主要是风力发电系统收入下降29.83%所致。但由于交流电机以及重点产品销售规模的扩大，其他交流电机和直流电机收入分别增长22.02%和98.06%。营业收入利润率上升0.2%，主要是公司采取了大量节约成本措施，降低了生产成本。

自“十一五”以来，公司保持了持续、稳定的发展态势，通过推进产业结构的优化升级，形成以高技术产业为先导，以传统产业为支撑，高端装备产业全面发展的产业格局，全面增强发展协调性，着力发展风电成套装备、大中型交直流电机、工业泵、船舶全电系统、电机电控成套系统等主导产品。坚持用高新技术改造提升传统产业，加快传统产业优化升级，促进产业由大变强。在节能环保领域，成功研制并大力推广高效永磁同步电机、无刷双馈变频调速电机、大中型高压高效电机等节能产品，成果丰硕。在海洋装备制造领域，加快研制集发电、配电、推进为一体的综合电力系统设备，实现从水下向水面的延伸拓展。

华光股份：产业结构调整，进军烟气脱硝领域

2011年，公司营业收入36.75亿元，比2010年增加5.19亿元，增幅16.46%；公司实现净利润1.36亿元，比2010年减少0.06亿元，降幅3.91%。

公司的主要工作归结为四个方面：一是产业结构调整迈出实质性步伐。公司牵头出资设立了华光新动力环保科技股份有限公司，专业从事烟气脱硝的系统集成及催化剂的生产。华光新动力当年设立、当年实现销售、当年盈利，有效订单超过2900万元。二是产品结构调整取得新进展，拓展了燃气轮机余热锅炉的技术路线和市场空间，形成了9F级立式、卧式余热锅炉两大系列，首次承接两台9F级卧式燃气轮机余热锅炉和1台9F级立式燃气轮机余热锅炉出口合同。垃圾焚烧锅炉形成200～600t系列产品，全年订单总量突破3.5亿元，基本确立了该产品的市场领先地位。三是科技创新有新突破，完成了首台220MW循环流化床锅炉的性能测试和120t/d污泥焚烧锅炉、200t/d污泥干化机的调试、测试与鉴定工作；F级燃机联合循环余热锅炉、116MW强制循环自支承式燃气热水锅炉两个新产品通过了两部联合鉴定；主持起草了国家生物质能锅炉标准；新增授权发明专利8项和省、市级科技进步奖一等奖各1项。四是生产制造和销售能力有新提高。全年生产锅炉148台/30 300t（蒸汽），同比增长29.07%，两项指标均创53年的最高纪录。同时，精心打造和扶持的5大外协生产基地初具规模。

卧龙电气：电机产品升级，拓展变压器、蓄电池市场范围

2011年，公司实现营业收入314 622万元，比上年增长8.34%；实现利润总额13 737万元，比上年下降48.25%；归属于上市公司股东的净利润11 102万元，比上年下降47.29%。

公司积极开拓国内外市场，产品知名度和市场份额有所提升。形成了遍布五大洲的成熟市场网络，在美国、德国、意大利等国家建立了办事机构，构建以世界500强等国际知名企业为主的高端客户群体，形成了研发、设计、制造、销售、售后服务一整套运作体系。全年营业收入增长8.34%，其中制造业营业收入增长19.62%，自制类产品出口增长46%，工业和家用类电机出口增长56.55%，工程机械类电机出口增长123.45%，变压器产品实现直接出口。

公司电机及控制装置向高效化、机电一体化方向发展。在确保新品市场定位明晰准确的同时，从原来以生产电机本体为主，逐步调整到以生产控制和集成产品为主，大力开发高技术含量、高附加值、高毛利率的新产品，重点发展机电一体化产品，充分发挥规模效应，有效支撑公司的规模发展。

变压器方面，公司紧随市场变化，调整产品结构，突出技术优势，向系统集成、电力建设工程总包延伸，确立公司的电工产品地位和知名度，积极开拓国际市场。

蓄电池业务立足于通信产业，发展新能源电池。由于铅酸蓄电池生产技术成熟、价格便宜，在未来较长时间仍将普遍使用。出于对资源和环境保护等因素的考虑，铅酸蓄电池将向节铅、密封免维护、旧电池回收再利用等方向发展。作为最新一代的充电电池，锂离子电池近十年取得飞速发展，随着新型材料的应用，锂离子电池向型号多样化、高性能、低成本、更安全的方向发展，其应用领域进一步拓宽。公司将有效挖掘市场需求，扩大产能，全面提升订单获取能力。要继续提升锂电池的设计水平和工艺技术水平，加快锂电池产业化进程。

东方电气：订单、产量创新高

公司实现营业收入429.17亿元，同比增长12.7%；实现净利润30.56亿元，同比增长18.6%；每股收益1.53元，拟10股派1.6元现金，业绩增长基本符合预期。

2011年，公司发电设备产量达到3 968万kW，创历史新高，其中水轮发电机组23组/546.45万kW、汽轮发电机58台/3 276.3万kW、风电机组949套/145.4万kW；电站锅炉51台/2 190.2万kW，电站汽轮机101台/3 916.7万kW。

公司继续从传统制造业向制造服务业转型升级，2011年营业收入结构进一步优化。高效清洁能源发电设备收入244.83亿元，比上年增长20.05%；新能源设备收入88.84亿元，比上年下降6.67%；水能与环保设备收入32.42亿元，比上年增长9.6%；工程与服务收入58.34亿元，比上年增长23.25%。毛利率较高的工程与服务业务收入占比持续提高，公司综合毛利率提高0.81个百分点。

2011年，公司新能源设备收入88.84亿元，低于预期。其中，风电设备收入72.36亿元，受市场价格下降影响，盈利情况不佳，毛利率约18%。核电设备方面，受日本福岛核事故影响，国内核电建设进程放缓，公司2011年实际确认核电设备收入50亿元，其中常规岛设备33.5亿元、核岛设备16.5亿元，毛利率分别为6.8%和35.04%。2012年，公司核电设备供货套数增加，规模效应显现，毛利率将进一步提升。

气电设备市场销量2011年迎来爆发式增长，公司新增燃气轮机订单约50亿元。2011年，燃机收入11.23亿元，毛利率3.56%。2012年，公司计划排产4～5台燃气机组，收入将达到25亿元左右，毛利率也将提升。

《电力行业“十二五”规划》中提出优先发展水电；《可再生能源发展“十二五”规划》中则要求积极发展水电，到2020年全国水电装机总量将达到4.2亿kW，其中常规水电总装机容量将达到3.5亿kW，抽水蓄能电站装机容量将达到7 000万kW。在此背景下，2011年国内水电项目审批速度加快，而公司在水电领域处于全球领先地位，在手订单可保证水电设备业务在未来2～3年保持稳定收入。

2011年，公司新增订单480亿元，在几乎没有新增核电机组和风电机组订单下滑的情况下实现新增订单稳定增长。新增订单中，高效清洁能源设备占60%，新能源设备占11%，水能与环保设备占4%，工程及服务占25%。新增订单中工程及服务订单规模下降，主要受印度市场需求下滑影响。截至2011年末，公司在手订单超过1 500亿元，规模保持稳定。其中高效清洁能源设备占55%、新能源设备占15%、水能与环保设备占10%、工程及服务占20%。在手订单中，出口项目占22.8%。

江特电机：电机产销高速增长，新能源设备产销增势猛烈

2011年，公司电机产业呈现快速发展的良好态势。上半年，受益于房地产和高铁项目建设，公司塔式起重机电动机订单爆满，产销两旺；下半年，受国家宏观经济调控的影响，塔式起重机电动机的订单有所减少，但公司加大了高压电机、风电机组配套电机等产品的营销力度，加大了新产品如施工电梯电动机、防爆电机、风电机组电机的开发力度，全年电机产业仍然保持了较快的发展速度。

2011年，公司锂电新能源产业的发展步伐显著加快，富锂锰基正极材料开始批量化生产，并取得一定的效益；矿产资源的开采逐步展开，效益明显；矿产资源的加工已经实施，生产了锂云母、钽铌、长石粉等产品；矿产资源的深加工项目——用锂云母低成本制备碳酸锂项目已试产；以锂电池为动力的特种电动车正在研制中。

2011年，公司实现营业总收入73 231.79万元，比上年增长39.37%；利润总额6 989.38万元，比上年增长92.76%；实现净利润6 165.20万元，比上年增长91.63%。

公司发展目标：在电机产业方面，巩固公司在起重冶金电机行业的主导地位，在发展低压特种电机的同时，加大高压电机等大中型特种电机产品的研发和技术改造投入，使公司电机产品结构向大中型电机方向发展。通过未来五年的发展，将大中型电机的产销量在公司电机总产销量中的比例提高到50%以上，使公司成为国内大中型电机的主要供应商。在低压特种电机方面，将重点发展风力发电机及风电机组配套电机、电梯电机、电动汽车驱动电机、防爆电机，培育公司新的经济增长点。在锂电新能源产业方面，加大锂电新能源产业的投资额度，通过加快矿产资源的勘探、开采、开发速度，加大锂云母提炼技术、锂云母制备碳酸锂技术、正极材料制造技术的优化改进力度，加速锂电新能源产业的发展速度，使公司锂电新能源产业在未来三年时间内成为公司第二个主导产业，并成为公司主要利润增长点。

金风科技：产品价格下降、成本上升，业绩大幅下滑

2011年，公司实现营业收入1 284 312.79万元，同比下降27.01%；实现归属母公司净利润60 670.83万元，同比下降73.50%。

公司积极应对行业及市场变化，不断提高创新能力，加大研发力度，加速产品开发及升级，加快国际化步伐；提升整体解决方案能力，提高风电场投资、开发、销售及风电服务业务单元的业务规模及盈利水平。尽管业绩出现下滑，但在研发、质量、订单、服务、国际业务等方面依旧取得可喜成绩，保证公司稳步持续发展。

2011年，公司国内新增装机容量为3 600MW，占市场份额的20.4%，排名第一；国外新增装机容量111MW。截至2011年底，公司产品的国内总装机容量为12 678.85MW，其中有6 217台1.5MW机组、46台2.5MW机组。全年1.5MW机组可利用率为98.9%，第一年进入批量生产的2.5MW机组可利用率也达到95%。2.5MW机组实现批量化生产，其系列化机组的研制工作进展顺利，适用于陆地的103/2.5MW、106/2.5MW机组（低风速）均已安装投运，适用于海上的109/2.5MW机组已完成样机下线；新研制的

110/3MW 直驱永磁机组完成了 2 台样机的安装及投运；3MW 混合传动永磁机组在报告期内完成 4 台样机的装配；6MW 海上机组研发工作进展顺利，截至报告期末已完成关键零部件的试制。

截至 2011 年 12 月 31 日，公司待执行订单总量为 3 930.50MW，分别为：1.5MW 机组 3 268.50MW、2.5MW 机组 650.00MW、3.0MW 机组 12.00MW。公司中标未签订正式合同订单 2 396.50MW，包括 1.5MW 机组 1 716.00MW、2.5MW 机组 677.50MW、3.0MW 机组 3.00MW。以上两项合计 6 327MW。

海陆重工：余热锅炉空间广阔，核电设备业务等待重启

公司借助于节能减排市场的快速发展，主营业务收入平稳增长，经营成本控制相对稳定，业绩呈现良好增长态势。2011 年实现营业收入 137 279.02 万元，同比增长 30.86%；实现归属于母公司的净利润 13 970.67 万元，同比增长 10.76%；扣除非经常性损益后归属于母公司的净利润 13 933.16 万元，同比增长 28.31%。

随着我国节能减排、可再生能源利用等政策的推行，余热锅炉、流化床锅炉、生物质锅炉等得到了较快发展。我国工业企业能源消耗量大，可回收的余热资源较为丰富，尤其在电力、钢铁、有色金属、焦化、建材、煤炭、轻工等行业余热资源利用的提升空间非常大。“十二五”期间，国家为节能减排制定了众多约束性指标，这将为余热发电行业带来更大的发展机遇和空间，促使余热锅炉制造企业及时调整产品结构，开发技术更先进、参数更高、容量更大、能适应新的市场需求的余热锅炉产品。因此，公司充分发挥现有的技术、规模、营销网络体系、市场地位等优势，凭借在余热锅炉领域的技术和规模领先的竞争优势，实现盈利能力的稳步增长。公司余热锅炉及配套产品收入 10.52 亿元，同比增长 27.67%；毛利率 22.71%，比上年下降 4.77 个百分点。

2011 年，公司核电产品收入 2 207 万元，同比增长 87.13%；毛利率 63.54%。日本福岛核电站事件后，公司为配合核安全检查，核电产品生产停滞了一段时间；后期公司集中精力、优化配置、改进工艺流程，使报告期内核电产品业务收入有了较大幅度的增长，为 2012 年募投项目的投产打下了良好的基础。公司自主承接的核电产品订单也为公司由单一加工制造模式转向自主承揽业务的模式提供了良好的业绩保障。2012 年，公司抓住发展机遇，加快募集资金投资项目的实施进度，争取早日投产、早日增效。

浙富股份：业绩符合预期，期待大订单

浙富股份 2011 年实现收入 10.6 亿元，同比增长 14.68%；净利润 1.81 亿元，同比增长 30.92%；每股收益 0.61 元，利润增长符合预期。

公司水轮发电机组收入 9.38 亿元，比 2010 年略有增长；毛利率下降 1.18 个百分点。2011 年，新增订单 10 亿元，海外业务占比提高。截至 2011 年末公司待执行订单 17.18 亿元。

公司在 2011 年完成对浙江临海浙富电机有限公司和四川华都核设备制造有限公司的兼并收购，实现业绩多元化。公司特种电机收入 1.09 亿元，毛利率 28.43%，是公司收入增长的主要来源。公司与核动力院共同增资华都公司实施的百万千瓦级核电控制棒驱动机构等核电设备建设项目，是公司非公开发行募集资金投资项目之一，可为第三代核电技术 AP1000 提供全国产化技术。

上海电气：火电设备业务毛利率提高

2011 年，公司实现营业收入 683.02 亿元，同比增长 8.11%；归属于母公司股东的净利润 33.10 亿元，同比增长 17.40%。

新能源设备板块：新能源设备板块实现营业收入 71.96 亿元，同比增长 15.7%，其中风电产品营业收入达 34.87 亿元，同比增长 15.8%；板块毛利率 11.5%。板块毛利率及营业收入利润率同比均有不同幅度下降，主要是因为板块内风电产品受市场价格下降影响，盈利减少；另外大型铸锻件产品处于研制阶段，盈利能力尚待提高。风电设备业务继续稳步发展，新增订单逾 60 亿元，创历史新高；与西门子建立了中国风电战略联盟。

高效清洁能源设备板块：高效清洁能源设备板块实现营业收入 303.57 亿元，同比增长 11.4%；板块毛利率为 24.0%，同比增加 4.5 个百分点；板块营业收入利润率 10.4%，同比上升 5.7 个百分点；这主要是板块内高参数、高等级火电设备毛利率提高且销售占比上升所致。公司继续保持国内百万千瓦级超超临界火电设备市场的领先地位。受益于我国新一轮燃机市场的发展契机，公司燃机设备产业取得突破，报告期内新增燃机订单约 47 亿元，同比增长近 50%。

工业装备板块：报告期内，工业装备板块实现营业收入 199.60 亿元，同比增长 7.1%，主要是因为板块内电梯、电机等产品销售增长；板块毛利率为 20.1%，同比上升 0.4 个百分点；板块营业收入利润率为 5.0%，同比上升 0.7 个百分点。电梯业务仍保持良好的发展势头，连续 7 年保持世界单厂年产电梯第一的纪录。

现代服务业板块：现代服务业板块实现营业收入 152.23 亿元，同比增长 17.8%，主要是因为板块内电站工程总承包业务收入增长；板块毛利率及营业收入利润率同比均有不同幅度下降，板块毛利率 5.9%，主要是因为板块内个别项目成本增加及应收账款拨备增加。公司依托制造优势，继续对服务业进行资源优化配置。公司的电站 EPC 海外项目得到进一步拓展，在手订单稳步增长。

华西能源：煤粉锅炉收入快速增长

2011 年，公司锅炉核心部件生产能力明显提高，收入和利润随之实现增长。公司完成营业收入 191 023.40 万元，同比增长 23.37%；归属于母公司所有者的净利润10 245.97 万元，同比增长 15.05%。

公司煤粉锅炉收入同比增长 44.93%，特种锅炉收入基本保持稳定，综合毛利率 22.01%，同比提高 2.37 个百分点。特种锅炉、发电设备、工程总包、石化设备与容器等业务板块均取得明显的强化和进展。全年新增生效订单35.60亿元。

公司先后完成全国最大的深能源750t/d垃圾焚烧余热炉项目的开发、130t/h生物质循环流化床炉的开发、480t/h高温高压循环流化床锅炉的开发、170t/h多种煤气混烧锅炉的开发，对100~200MW等级循环流化床锅炉和高温高压PC炉进行性能优化和成本优化，在保证产品安全性能的前提下，优化了产品结构，提高了产品竞争力。同时，2×200MW纯燃煤矸石循环流化床机组、2×50MW生物质循环流化床机组均一次通过(72+24)h试运行，各项性能指标均优于合同约定。公司研发设计制造的首台世界单机最大的2×50MW生物质发电机组成功投运。

华锐风电：业绩大幅下滑，风电设备行业进入调整期

2011年，激烈的市场竞争、风电产业因行业及政策原因展开调整以及宏观经济周期性波动带来的银根紧缩等因素，对公司的营业收入、毛利率以及经营业绩产生了重大不利的影响。国内风电设备行业在经历了连续5年的高速发展后进入调整期，风电装备制造企业遇到前所未有的困难，整体盈利能力有所下降，导致公司2011年经营业绩比2010年大幅下滑。公司2011年新增风电机组装机容量294.5万kW，同比下降32.85%。

公司实现营业收入1 043 551.64万元，同比下降48.66%；实现净利润77 572.12万元，同比下降72.84%。2011年，主营业务收入毛利率16.29%，比2010年下降4.32个百分点。销售风电机组容量比2010年下降39.28%。

公司积极开拓海外风电设备市场，2011年海外销售规模比2010年增长98 255.65%。截至2011年年底，公司在手订单4 466MW，中标未签约项目9 882.5MW，两项合计14 348.5MW，其中，国际项目共922.5MW。

杭锅股份：主业收入稳定增长，产业转型升级

公司紧紧抓住国家大力倡导节能减排、分布式能源投资以及发展大型燃机联合循环余热发电项目的机会，继续加大“节能减排、余热利用”新产品、新技术的研发投入，努力拓展合同能源管理、材料贸易及余热发电锅炉改造服务，实现由产品制造向项目工程总包、投资服务的产业转型升级。

2011年，公司实现营业收入396 725.22万元，同比增长19.89%；实现归属于母公司的净利润32 859.58万元，同比下降1.75%，扣除非经常损益后归属于母公司的净利润31 778.93万元，同比增长12.83%；综合毛利率20.76%，同比下降0.31个百分点。产品销售结构有所变化，电站锅炉、部件、贸易服务及其他三类营业收入同比分别增长62.16%、984.98%和167.15%，电站辅机、总包两类营业收入同比下降49.50%、26.04%。

公司电站锅炉2011年实现营业收入68 870.49万元，较上年增长62.16%；营业收入毛利率17.86%，比上年增长6.6个百分点。公司在2010年度专门设立了电站锅炉销售部门，在拓展电站锅炉市场方面取得较多销售订单，加之更好地控制了产品成本，因此本报告期内电站锅炉营业收入利润率及毛利率均取得较好的增长。

综上所述，从12家上市公司经营状况来看，2010年生产锅炉、大型发电机的东方电气、上海电气、华光股份、杭锅股份、海陆重工营业收入保持平稳增长；从事风电设备的金风科技、华锐风电业绩大幅下滑；湘电股份、江特电机、卧龙电气主营业务表现平淡。

三、电气一次设备行业：业绩下滑严重

以提供输变电一次设备为主的上市公司有特变电工(600089)、长征电气(600112)、长城电工(600192)、华仪电气(600290)、平高电气(600312)、旭光股份(600353)、宝光股份(600379)、置信电气(600517)、中天科技(600522)、天威保变(600550)、精达股份(600577)、宝胜股份(600973)、中国西电(601179)、广电电气(601616)、正泰电器(601877)、万家乐(000533)、东北电气(000585)、思源电气(002028)、东源电器(002074)、三变科技(002112)、荣信股份(002123)、蓉胜超微(002141)、深圳惠程(002168)、南洋股份(002212)、奥特迅(002227)、万马电缆(002276)、鑫龙电器(002298)、太阳电缆(002300)、中利科技(002309)、英威腾(002334)、科华恒盛(002335)、北京科锐(002350)、森源电气(002358)、中恒电气(002364)、摩恩电气(002451)、长高集团(002452)、中超电缆(002471)、汉缆股份(002498)、金杯电工(002533)、通达股份(002560)、特锐德(300001)、南风股份(300004)、九洲电气(300040)、合康变频(300048)、中能电气(300062)、金利华电(300069)、经纬电材(300120)、汇川技术(300124)、启源装备(300140)、科泰电源(300153)、露笑科技(002617)、永大集团(002622)、通光线缆(300265)、阳关电源(300274)共54家公司。一次设备行业平均营业收入为223 234万元，净利润11 328万元，股东权益196 967万元，每股收益0.26元，净资产收益率6.24%。平均总资产358 271万元，资产负债率45.02%，流动比率2.01，速动比率1.63。

电气一次设备行业上市公司经营情况见表2。

表2 电气一次设备行业上市公司经营情况

简称	总股本(万股)	营业收入(万元)	同比增长(%)	净利润(万元)	同比增长(%)	每股收益(元)	净资产收益率(%)	资产负债率(%)	流动比率	速动比率
万家乐	69 082	202 252	-28.58	7 025	-45.97	0.10	6.95	53.77	1.17	0.87
*ST东电	87 337	24 868	-28.63	-3 220	-276.14	-0.04	-12.35	52.97	2.00	1.72
思源电气	43 968	196 985	4.93	15 382	-72.25	0.35	5.78	25.55	3.22	2.54
东源电器	25 337	61 029	30.92	3 647	33.14	0.14	8.45	46.74	1.41	1.13
三变科技	11 200	103 242	18.27	-3 209	-172.73	-0.29	-7.31	61.56	1.24	0.78

（续）

简称	总股本（万股）	营业收入（万元）	同比增长（%）	净利润（万元）	同比增长（%）	每股收益（元）	净资产收益率（%）	资产负债率（%）	流动比率	速动比率
荣信股份	50 400	163 082	21.99	28 378	6.14	0.56	14.54	38.75	2.07	1.72
蓉胜超微	18 189	112 202	14.09	311	-80.09	0.02	1.02	55.33	1.06	0.80
深圳惠程	63 092	37 014	4.86	7 059	0.47	0.11	6.61	15.51	6.24	5.45
南洋股份	51 026	208 718	12.42	13 184	0.47	0.26	8.05	10.56	8.15	6.16
奥特迅	10 858	17 397	-4.49	1 650	-38.66	0.15	2.72	14.69	5.75	4.54
万马电缆	43 160	260 163	21.32	10 365	6.39	0.25	6.56	32.72	2.46	2.10
鑫龙电器	16 500	86 213	41.44	7 270	70.12	0.44	13.18	60.86	1.37	0.82
太阳电缆	30 150	348 839	49.27	12 477	4.22	0.41	11.38	55.31	1.18	0.85
中利科技	24 030	479 880	64.41	20 776	11.25	0.86	9.05	64.07	1.09	0.90
英威腾	12 160	68 981	36.91	7 798	-32.60	0.64	7.00	8.33	10.09	8.79
科华恒盛	15 997	94 239	42.38	10 871	17.41	0.69	12.10	26.23	2.96	2.47
北京科锐	12 840	92 226	62.86	8 623	73.60	0.67	9.07	29.36	3.05	2.54
森源电气	17 200	71 016	45.25	13 056	84.72	0.76	13.38	33.54	2.44	2.20
中恒电气	10 020	28 265	21.16	4 781	34.70	0.48	8.02	13.68	6.76	5.69
摩恩电气	14 640	44 621	24.83	582	-80.95	0.04	0.93	32.53	2.66	2.34
长高集团	10 000	34 949	14.86	4 976	8.90	0.50	4.99	20.37	4.26	3.70
中超电缆	20 800	181 466	44.62	8 038	22.59	0.39	9.15	59.50	1.48	1.19
汉缆股份	70 500	376 408	21.49	28 585	-29.03	0.41	8.20	21.39	4.00	2.93
金杯电工	28 000	251 449	30.30	11 606	2.03	0.41	6.99	21.87	3.92	3.16
通达股份	10 333	96 504	24.90	5 441	1.11	0.54	6.41	17.05	4.84	3.97
露笑科技	12 000	287 067	6.48	5 293	-9.07	0.54	6.20	44.27	1.83	1.50
永大集团	15 000	36 539	-11.43	9 169	10.95	0.77	8.13	5.59	16.39	14.38
恃锐德	20 040	64 205	21.12	10 488	-7.14	0.52	9.16	16.48	4.48	3.97
南风股份	18 800	44 866	32.53	8 162	31.23	0.43	9.90	23.83	4.40	3.86
九洲电气	13 890	56 660	21.00	3 988	-23.57	0.29	4.46	25.91	3.56	2.92
合康变频	24 613	59 151	52.69	12 868	27.73	0.52	8.79	18.93	4.33	3.23
中能电气	15 400	32 250	33.37	5 505	13.19	0.36	7.98	14.59	5.47	4.75
金利华电	7 800	14 440	6.24	2 130	-18.73	0.27	4.58	25.60	2.93	2.48
经纬电材	11 310	40 593	0.06	4 058	0.25	0.36	6.88	7.31	11.19	10.50
汇川技术	21 600	105 403	56.24	34 007	54.34	1.57	13.58	5.96	16.29	14.62
启源装备	12 200	28 707	-5.10	3 967	-19.68	0.33	5.04	10.56	8.27	7.34
科泰电源	16 000	48 506	10.77	4 011	-21.31	0.25	4.32	19.50	4.75	3.71
通光线缆	13 500	64 985	32.35	4 427	-8.59	0.41	6.52	33.37	3.05	2.73
阳光电源	17 920	87 364	45.89	17 255	16.56	1.22	9.53	25.01	3.87	3.24
特变电工	263 556	1 816 474	2.22	122 924	-23.71	0.47	9.57	58.19	1.45	1.22
长征电气	42 434	47 412	19.85	6 601	-18.66	0.16	5.94	49.84	2.35	1.96
长城电工	34 175	183 670	20.82	3 439	28.19	0.10	3.01	58.89	1.35	0.92
华仪电气	52 688	157 874	-7.88	5 991	-48.65	0.12	3.25	54.05	2.27	2.02
平高电气	81 897	252 529	21.67	1 741	382.96	0.02	0.64	44.91	1.51	1.18
旭光股份	27 186	37 496	14.48	294	-95.49	0.01	0.39	19.91	4.31	2.98
宝光股份	21 442	66 379	12.04	388	-77.43	0.02	1.07	39.08	1.83	1.28
置信电气	61 871	127 946	-15.63	16 419	48.66	0.27	13.37	24.45	3.05	2.28
中天科技	39 139	487 397	12.12	35 237	-19.35	1.01	8.11	33.91	2.02	1.44
天威保变	137 299	534 583	-29.93	3 516	-94.32	0.03	0.51	56.46	2.04	1.58
精达股份	36 057	960 394	25.46	10 864	0.07	0.33	7.07	61.61	1.34	1.19
宝胜股份	20 315	693 512	20.28	1 799	-80.89	0.09	1.03	62.09	1.32	1.16
中国西电	435 700	1 124 967	-13.61	-51 812	-181.03	-0.12	-3.72	49.97	1.86	1.41
广电电气	51 810	122 438	7.60	21 110	4.02	0.41	8.15	27.16	2.92	2.73
正泰电器	100 500	828 820	30.75	82 426	29.10	0.82	17.91	43.10	3.43	3.02
平均	44 314	223 234	10.47	11 328	-30.99	0.26	6.24	45.02	2.01	1.63

从表 2 可以看到，一次设备行业营业收入同比增长 10.47%，低于上年增幅；净利润比上年大幅下滑 30.99%。2011 年，电网投资增速放缓，同时国家电网在 2010 年改变了招标模式，一度采用的最低价中标对相关公司 2011 年的业绩产生负面影响，相关公司的毛利水平大幅下降，主要一次设备变压器、开关公司业绩下滑尤其明显。

国内电网建设滞后于电源端，这种情况将在“十二五”期间逐步改善。《国家电网公司年鉴》数据显示，220kV 以下电压等级配电网建设速度明显滞后，成为电网“卡脖子”环节。预计配电网建设在未来几年将保持较快增速。

2011 年，我国坚强智能电网进入全面建设阶段，将大力推进示范工程、电动汽车充换电设施、新能源接纳、居民智能用电等的进展。到 2015 年，将基本建成坚强智能电网，届时国家电网智能化程度将达到国际先进水平，实现接入风电 1 亿 kW 和光伏发电 500 万 kW 的目标。近年来，我国在智能变电站关键设备研制与技术标准体系构建方面不断填补国内空白，达到国际领先水平。国家电网已制定 15 项智能变电站标准，形成了世界首个智能变电站系列技术标准，申请专利 126 项。我国已经建成陕西延安 750kV、江苏西泾 220kV 等 8 个智能变电站，成为引领世界变电站技术发展的中坚力量。

2011 年，国家电网公司特高压交流输电工程建设取得重要进展。2011 年 12 月 16 日，世界上运行电压等级最高、输送容量最大、技术水平最先进的交流输电工程晋东南—南阳—荆门特高压交流试验示范工程扩建工程正式投入运行；2011 年 10 月 19 日，皖电东送 1 000kV 淮南—浙北—上海特高压交流输电工程建设动员大会在北京召开。特高压新设备研制取得重要进展，在世界上首次研制成功特高压串联补偿装置，特高压双柱变压器、升压变压器和 450 万 kV·A大容量变压器，特高压63kA 大容量开关，特高压可控高压并联电抗器以及特高压干式油气套管等设备，进一步巩固了我国在国际特高压输电设备领域的领先地位。

2011 年，国家电网农网改造成果显著。新建和改造变电站 1 815 座、高低压线路 28 万 km、配变 10.6 万台，扩大了农网改造覆盖面和电网规模，初步缓解了近年来农村的电力供需矛盾。通过加强农村中低压电网建设，共计改造居民户表供电设施 540 多万户，直接解决低电压用户 290 多万户。农网供电可靠率达到 99.665%，同比提高 0.029 个百分点；综合电压合格率达到 97.69%，同比提高 0.211 个百分点。实施农网改造升级工程，新增机井通电 5.75 万眼，受益农田逾 27.5 万 m^2，有效改善了粮食主产区灌溉抗旱条件。围绕社会主义新农村和小城镇建设需要，积极推进典型供电模式，激发了农村电力消费市场，2011 年以来，县级以下用电量同比增长 13.77%，促进了农村经济与社会发展。

万家乐：输配电设备业务出现亏损

2011 年，公司实现营业收入 202 252 万元，同比下降 28.58%；厨卫电器业务营业收入 162 440 万元，同比增长 20.16%；归属于母公司所有者的净利润 7 025 万元，同比下降 45.97%。2010 年 12 月起，公司对顺特电气设备有限公司由子公司转按合营企业处理，不再纳入合并范围。由于合并范围变化，公司收入出现较大变化。

2011 年是顺特电气设备有限公司组建后独立运营的第一个完整会计年度。顺特电气在继续将干式变压器作为核心产品的同时，引进施耐德电气 Blockset－U 和 Blockset－Mx 两种开关柜（B 柜）技术，启动 B 柜生产线改造，从原来以生产国产 GGL 柜为主转向以生产 B 柜为主，2011 年，获得施耐德电气开关柜订单 4 535 万元。近两年，由于国内固定资产投资放缓，中低压输配电设备产能过剩，市场竞争白热化，价格成为主要的竞争手段。2011 年上半年，顺特电气订单连续下滑，公司及时调整营销策略，适当调低产品价格，在发挥区域营销优势的基础上加大公司的营销力度，遏制住了订单下滑的势头，干式变压器和开关柜的全年累计订单较 2010 年稳中有升。

顺特电气 2011 年亏损 193 万元，原因主要有三点：第一，受输配电设备市场整体疲软的影响，2011 年合资公司实现营业收入 124 171 万元，同比下降 9.47%；第二，为增强产品市场竞争力，确保市场份额，产品价格有所下降，导致 2011 年毛利率较 2010 年下降 1 个百分点，其中电网产品、常规组合式变压器（美变）、开关柜的毛利率下降幅度较大；第三，受市场开拓费用增加、人工费用上升等影响，销售费用率较 2010 年上升 2 个百分点。

思源电气：产品价格竞争激烈，毛利率继续下滑

2011 年，公司当年新增销售订单 27.30 亿元，同比增长 18.19%；实现营业收入 196 985 万元，同比增长 4.93%；实现净利润 15 382 万元，同比下降 72.25%；实现扣除非经常性损益后的净利润 11 203 万元，同比下降 50.87%。公司基本完成了年初董事会制定的“新增合同订单 25 亿元，实现营业收入 20 亿元”的年度经营目标。

公司各产品销售收入稳定增长，其中电力电子成套设备增长较快。各产品的市场竞争日益激烈，产品价格同比下降，而原材料价格上升，报告期内营业收入毛利率同比下降 5.02 个百分点，导致净利润大幅下滑。

公司继续加大新产品或新业务的投入。220kV 气体绝缘金属封闭开关设备（GIS）多项工程投运成功；110kV 气体绝缘金属封闭开关设备产品和智能化变电站监控系统通过了国家电网采购资质认证，并在国家电网公司集中规模招标采购中成功中标。

特变电工：光伏产品表现良好

2011 年，国内电力主市场投资增幅放缓，输变电设备行业产能过剩，市场竞争激烈，产品价格处于历史低位，大宗原材料价格及汇率宽幅波动，经济环境错综复杂，公司经营面临严峻挑战。2011 年，公司实现营业收入 181.65 亿元，同比增长 2.22%；利润总额 13.88 亿元，净利润 12.35 亿元，归属于上市公司股东的净利润 12.29 亿元，同比分别下降 24.89%、25.68% 和 23.71%；实现营业利润 11.30 亿元，同比下降35.86%。

公司变压器产品营业收入同比下降11.23%，主要系我国电力投资放缓、市场竞争加剧、产品价格下跌所致。线缆产品营业收入较上年增长16.40%，是公司大力调整产品结构、市场结构，积极开拓新兴市场的结果。公司变压器产品营业收入利润率同比下降0.18%，线缆产品营业收入利润率同比下降3.43%，一方面是因为输变电设备行业市场竞争加剧导致价格下降，另一方面则由于原材料价格大幅波动和人工成本增加所致。

公司加大业务结构调整力度，加强市场开拓、提升产品科技含量、加强成本控制，多晶硅项目产能释放，竞争力增强。光伏产品的营业收入同比增长19.31%，营业收入利润率同比增长3.40%。

工程承包业务营业收入同比增长21.11%，主要是公司深入推进国际化战略，加大国际市场开拓力度，国际市场成套工程订单稳步增长所致；营业收入利润率同比下降12.48%，主要系原材料价格、人工成本上涨所致。

长城电工：市场开发成效显著

2011年，公司完成营业收入183 669.82万元，同比增长20.82%；实现利润总额5 022.22万元，同比增长16.97%；归属于母公司所有者净利润3 439.12万元，同比增长28.19%。

市场营销方面，明确了高中压开关设备产业“板块市场以成套为核心、区域市场立足元件做成套”的战略布局，在以国网为代表的板块市场取得了显著成绩，在国网集中采购招标中连续6次中标，累计成套订货1 695面，在中石化板块市场也取得了新进展。低压电器产业按照“营销工作深化、国际国内并举”的思路，进一步深化“开发、配送+代理”的营销模式，订货显著增长，市场规模有效扩大。

技术开发方面，公司以国家经济结构调整和产业发展方向为导向，以新兴市场领域产品技术研发为重点，在新型气体绝缘开关设备、新型真空断路器、适用铁路的专用开关设备等新产品的研发方面取得了突破性进展。

运营管理方面，组建成立了长城电工天水电器集团有限责任公司和长城电工天水物流有限公司。由此，公司形成了三大产业运营管理平台：天水电器集团有限责任公司负责公司电工电器产业的经营管理，天水长城果汁集团有限公司负责公司果蔬汁产业的经营管理，兰州长城电工电力装备公司负责公司水电及清洁能源设备产业的经营管理。通过对三大产业的优化整合，实现公司管控体制的突破。

东源电器：积极拓展省外市场

2011年，东源电器业绩稳步上升，实现营业收入61 028.57万元，同比增长30.92%；营业利润4 169.77万元，同比增长68.78%；归属于母公司的净利润3 647.26万元，同比增长33.14%。

公司根据市场形势及时调整营销策略，成功开拓23个省电力系统。同时，积极开发南方电网、六大发电集团及风电新能源设备等重点用户市场，并积极参与南非、古巴、柬埔寨、波兰等国际市场的竞争，市场营销领域不断拓展和延伸。

公司继续推行“双新”管理，生产管理水平有了较大幅度的提升。继续优化整合供应商资源，引进优质供方和战略合作伙伴，优化招标采购流程，进一步扩大集中招标的规模和范围，提高集中招标比重，加大财务、审计的过程监督和管控力度，节约采购成本。

平高电气：公司经营触底回升，特高压产品业务值得期待

2011年公司新签合同26.7亿元，同比增长24.19%；实现营业收入25.25亿元，同比增长21.67%；实现净利润1 593.11万元，同比增长455.02%；实现归属于上市公司普通股东的净利润1 740.59万元，同比增长382.96%。公司经营已经触底回升。

技术方面，公司持续加大特高压及智能电网核心产品的研发力度，百万伏GIS(63kA)、百万伏旁路断路器/旁路隔离开关、816kV直流隔离开关/接地开关、智能化开关设备、直流转换开关以及百万伏GIS用盆式绝缘子等一批高端产品和核心零部件的自主研发均实现重大突破。研制成功百万伏旁路开关，为特高压串补整体工作提供有力的技术支持和产品保证；智能化开关设备研发也取得重大成果，公司800kV智能断路器在750kV延安智能化变电站顺利投运。

生产方面，完成产值22亿元，如期完成了晋东南百万伏扩建工程、特高压扩建工程南阳站串补工程、青藏交直流联网工程拉萨和柴达木换流站、官亭五期750kV电站、山东牟平站(550kV GIS挂网试运行)、锦屏816kV直流隔离开关等重点工程产品的生产、发运、安装、调试。

市场方面，整合营销资源，加大营销队伍建设与市场开拓力度，在国内、国际两个市场开拓上，取得了明显成绩。根据国家电网、南方电网招标体制变化的特点，加强市场信息统计分析，调整营销策略，合同质量不断提高，坚持“低压抓住重点站，高压形成战略同盟”的方针，市场占有率稳中有升。

置信电气：启动资产重组，拓展非晶合金变压器市场空间

公司实现营业收入127 946.08万元，同比下降15.63%；利润总额和归属于母公司所有者的净利润分别为23 851.19万元和16 419.26万元，同比分别下降45.75%和48.66%。

公司生产的非晶合金变压器具有低损耗、低噪声、高稳定性、高可靠性的特点，技术、性能和产量均处于全球领先水平。随着国家节能降耗和低碳经济政策的进一步推进，非晶合金变压器需求不断增长，市场进入者增多，竞争加剧，非晶合金变压器的招标价格下行，同时占公司变压器原材料成本比重较高的铜和变压器油等主材的价格处于高位，员工工资等成本也不断提高，因此，公司产品的毛利率降幅较大。

公司启动重大资产重组，拟通过定向增发购买国网电力科学研究院持有的上海联能置信非晶合金变压器有限公司66%的股权、福建和盛置信非晶合金变压器有限公司60%的股权、山东爱普置信非晶合金变压器有限公司49%的股权、山西晋能置信电气有限公司49%的股权、河南豫缘置信非晶合金电气制造有限公司30%的股权、河南龙源置信非晶合金变压器有限公司30%的股权、江苏南瑞帕威尔电气有限公司90%的股权、重庆市亚东亚集团变压器有限公司78.995%的股权和江苏宏源电气有限责任公司77.5%的股权。同时，国网电力科学研究院已经与上海置信（集团）有限公司签署协议，拟受让置信集团所持置信电气部分股份。交易完成后，国网电力科学研究院预计持有公司约24.98%的股份，成为公司第一大股东；而置信电气将成为国家电网相关的唯一以非晶合金变压器为主的配电变压器产业平台。

蓉胜超微：产品需求下滑，净利润大幅降低

2011年，公司实现营业收入112 201.56万元，较上年增长14.09%；实现归属于母公司所有者的净利润311.24万元，较上年下降80.09%。

2011年前三个季度，公司产品的需求延续继续复苏的较好势头，公司因此加大排产和优化结构力度，实现了产销的平稳增长。但从九月份开始，随着铜价的大幅下跌和外部环境的突然变化，公司产品销量严重下降，全年业绩受到较大冲击。公司微细漆包线毛利率7.18%，比上年减少2.04个百分点。

2011年，公司继续研发投入，积极从事新产品、新业务的开发及市场拓展，通过逐步提高新产品的生产批量、改进产品加工工艺来降低成本、提升收益。获得了国家CNAS（中国合格评定国家认可委员会）认可证书，其他各项新产品研发和市场推进工作也稳步进行。

中天科技：毛利率下滑拖累业绩

国家对通信基础设施建设投入的加大，城市、农村电网改造的加速及智能电网的推广，使公司主营产品——光纤光缆、电力电缆市场需求量进一步增加。但光纤光缆产品价格略有下降、电力电缆原材料价格上升，导致产品毛利率有所下降。2011年，公司实现各类产品营业收入487 397.05万元，同比增长12.12%；营业利润40 482.63万元，同比下降22.45%；净利润37 330.14万元，同比下降18.63%。

“十二五”期间，信息产业仍是我国的重点发展产业，受益于国家电信行业重组、3G牌照发放以及三网融合的推广和智能电网建设的契机，光纤光缆行业规模有望进一步扩大，市场需求量在品种结构变化的基础上继续稳步增长。面对国家电网建设以及城市电网改造和农村电网建设的机遇，公司适时将电网产品链条向上下延伸，现已形成海底光电复合缆、海底电缆、导线、复合架空地线等系列产品，产品向高端领域持续发展，电网系列产品成为公司重要的利润来源。

三变科技：产品需求不足、成本上升，净利润转亏

公司产品产量有较大幅度的提升，同比增长36.22%；全年实现营业收入103 242万元，同比增长18.27%；实现利润总额-2 631万元；实现净利润-3 209万元。

电力建设投资增速放缓，行业产能过剩，输变电设备市场需求不足，竞争日益加剧，公司履约的产品售价较低，原材料价格居高不下以及劳动力成本上升，造成公司综合毛利率仅为15.95%，同比下降6.41个百分点。

面对国网公司对变压器实行集中招标，公司积极策划和调整营销策略。依托北京销售总部，积极巩固国网市场和央企市场，开拓国内重点市场，努力创新营销方式，主要目标市场专人各负其责。继续坚持“巩固省内市场，拓展省外市场并向两部市场延伸”的战略，110kV、220kV电压等级产品占主营业务收入的比重达到40.38%。外贸出口形势良好，全年外贸订单额7 549.55万元，比上年增长129%。

天威保变：双主业受阻

2011年，天威保变的输变电及新能源设备双主业均面临严峻形势。在输变电设备产业方面，因受市场需求增速放缓、供需失衡的影响，市场竞争激烈，2011年公司输变电产业实现营业收入311 879万元，较上年减少206 103万元。主导产品变压器完成产量8 062.1万kV·A，较上年减少388.5万kV·A；受国际经济形势及日本福岛核电事故的影响，部分海外客户和核电用户推迟产品交货期，导致公司2011年变压器销量较上年减少2 840万kV·A，其余变压器销售订单结转到2012年及以后生产年度。新能源设备产业方面，因受欧债危机影响，市场变动加剧，产品价格大幅下滑，公司下属的新能源公司受到严重影响，投资收益为-12 095万元，较上年度减少33 608万元，下降幅度156.22%。另外，公司持有的交易性金融资产公允价值大幅下降，因公允价值变动损失17 849万元。以上原因导致公司营业收入同比下降29.93%，实现营业收入534 583万元；实现归属于上市公司股东的净利润3 516万元，同比下降94.32%。

公司坚持技术领先战略，立足自主创新，加大科研力度，强化科技成果转化。输变电设备产业方面，150万kV·A/1 000kV单相自耦变压器、首台智能化750kV可控并联电抗器产品样机和新型平衡牵引变压器一次试制成功，±800kV特高压干式平波电抗器样机制造完成，1 100kV特高压直流换流变压器样机设计、变压器智能化技术研究、技术资源管理系统等基础性研究也取得重要成果。在新能源设备产业方面，天威薄膜通过技术升级提高了转换效率，降低了生产成本。天威风电开展1.5MW风电机组优化设计和组件国产化论证，联合开发了具有自主知识产权的风电SCADA系统，并成功升级张北风场的SCADA系统；2.0MW风电机组顺利通过GL认证；3.0MW海上风电机组实现样机下线。叶片公司3MW及5MW叶片研发工作陆续展开。

精达股份：保持龙头地位，募投项目有望成为利润增长点

家电下乡补贴政策取消、房地产市场调控政策出台直接影响国内家电市场的销量，2011 年下半年，订单逐渐减少，整个漆包线行业及下游家电行业已处在较为艰难的状况。2011 年，公司分别实现产品生产和销售 166 974t 和 166 051t，基本完成预计目标。其中，特种电磁线产品产量 125 687t、销量 127 283t，同比分别增长 3.93% 和 7.44%。公司全年实现主营业务收入 939 971.77 万元，同比增长 25.31%；实现营业利润 17 374.79 万元，同比下降 7.12%；实现净利润 10 863.76 万元，同比增长 0.07%。

公司微细铝基电磁线技改项目已经基本建成，新型高效节能压缩机及电机用电磁线项目一期工程进展顺利。在取得顶科公司的控股权后，公司将开发风能、太阳能和核能发电设备行业所需的特种缆线产品和市场，提高公司产品在该部分市场的占有率，力争成为公司新的利润增长点。

荣信股份：短期困难不改远大愿景

2011 年，公司实现营业收入 16.3 亿元，同比增长 21.99%；实现营业利润 2.33 亿元，同比增长 15.1%；实现净利润 2.84 亿元，同比增长 6.14%。公司经历了上市以来的最低业绩增速。

2011 年，公司新签订单 25.6 亿元，同比增长 38.11%，其中本部电力电子业务新签订单 17.6 亿元，同比增长 46%。公司未执行合同 14.7 亿元，其中电力电子业务 8.1 亿元，同比增长 22%。公司海外业务拓展顺利，新签订单 1.1 亿元，同比增长 179.8%。

2011 年，公司实行阿米巴经营模式改革，相继成立了产品、研发和销售子公司。

公司毛利率提升明显，2011 年综合毛利率 51.01%，同比提升 4.77 个百分点，其中电能质量产品毛利率 53.23%，提升 8 个百分点，主要原因是毛利率较低的 FSC 收入大幅度减少。另外，公司自产热管、电抗器等器件，SVG 产品的价格提升以及阿米巴模式对采购成本的控制等因素也提升了毛利率。电机传动与节能产品毛利率同比提升 11.39 个百分点，主要原因是产品技术进步和工艺优化，以及实施了模块化和标准化，另外整体售价稳中有升，也提高了毛利率。

深圳惠程：新材料开始贡献收益

公司来自电力行业的营业收入保持稳定增长，真空开关设备和管状母线等新产品取得了市场广泛认可，开始逐步产生效益。公司新材料业务取得了显著成绩，在聚酰亚胺纤维、树脂、泡沫以及纳米纤维等各个领域均取得重大突破，工业化生产路线得到验证和确认。2011 年，公司实现营业收入 3.70 亿元，同比增长 4.86%；实现净利润 7 059 万元，同比增长 0.47%。

奥特迅：销售模式改革，订单大幅增长

公司营业总收入 17 397.36 万元，营业利润 293.42 万元，利润总额 2 183.72 万元，归属于母公司所有者的净利润 1 650.29 万元，同比分别下降 4.49%、88.84%、31.24% 和 38.66%。

公司进行了营销体系改革，引进激励策略，采用年初制定销售目标、年末实行末位淘汰制的销售模式，取得了显著成效，共签署订单 30 333.57 万元，同比增长 181.62%。公司各生产部门紧密配合，严格按照系统订单要求，按时、保质、保量地完成生产任务，累计完成电气柜 4 477 面、交流桩 480 个，均创历史新高。

电动汽车充电事业部提出“立足深圳、抓住广东、面向全国”的三步走战略方针，参与了多项国家和地方标准的制定，积极参与并完成了多个充电项目工程，共完成合同金额约 2 200 万元。与深圳市供电局、深圳力能等重要客户建立了良好的合作关系，成为中石化、中石油等潜在大客户的设备供应商，已成功开拓国网市场。

公司凭借高压直流电源（HVDC）可靠性高、安全性高、效率高、能耗低、成本低等技术优势，相继中标湖北和湖南电信 240V 高压直流电源供电技术改造工程项目。公司的高频开关直流操作电源系统成功中标海南昌江核电站工程 1 号机组常规岛汽机房、深圳地铁 4、5 号线等工程。

南洋股份：做优特种电缆，开拓北方市场

公司通过不断努力，克服了国内外经济大环境复杂多变的影响，实现营业收入 208 717.77 万元，同比增长 12.42%；利润总额 20 568.29 万元，同比增长 0.15%；归属于上市公司净利润 13 184.36 万元，同比增长 0.47%。2011 年度销售综合毛利率 14.13%，同比下降 1.24%，主要是由于主要原材料铜杆价格的上涨带动售价的提升，而公司赚取的单位毛利额相对稳定，从而摊薄了销售毛利率。

公司的战略定位是：成为具有技术领先和核心竞争优势的国际化线缆企业之一，在不远的将来成为国内电缆行业的龙头企业之一。公司总体发展战略目标依然是：凭借品牌、服务、技术优势，做强高压电缆，做优特种电缆；凭借集约化、规模化优势做大中压电缆；不断巩固华南市场，持续开拓并占领北方市场，最终形成“南北呼应”的市场格局。

万马电缆：超高压、中低压、特种电缆齐头并进

公司克服 6 月份停产 23 天的不利因素，面对铜价的大幅波动，公司稳健经营，坚守“获取经营利润、远离铜材投机”的策略，采取“锁铜为主、套保为辅”的措施，有效规避了铜价波动所带来的经营风险。全年销售产品实际含铜量达到 3.08 万 t，同比增长 10.30%；实现营业收入 260 163.44 万元，同比增长 21.32%；实现营业利润9 381.95万元，同比增长 4.17%，保证了毛利率的稳定；实现归属于上市公司股东的净利润 10 364.76 万元，同比增长 6.39%。

公司坚持“中低压做大、超高压做强、特缆做专”的发展战略，继续加大 110～220kV 产品的开拓力度，并带动中低压产品的销售；巩固超高压和中低压并举的业务格局，以中低压产品实现“效益的规模”，以超高压产品实现“效益的质量”。同时，公司积极向特缆领域发展，陆续开发了 0.6kV/1kV 及以下风力发电用耐扭曲软电缆、乙丙橡胶绝缘轨道交通用直流牵引电缆、光纤复合低压电缆、电气化铁路27.5kV单相交流交联聚乙烯绝缘电缆、智能型高压超高压交联电缆等新产品，同时结合非公开增发募集资金项目，加大对特种电缆的研发力度和开拓力度，争取在未来几年内形成超高压、中低压、特种电缆齐头并进的产品格局。

鑫龙电器：开关收入稳定增长，新业务值得期待

2011年，公司实现营业收入86 213.12万元，同比增长41.44%；实现净利润7 383.74万元，同比增长71.42%；每股收益0.44元，业绩增长符合预期。

公司主营业务高、低压成套开关设备收入增长32.75%，毛利率提高3.18个百分点。电网投资在“十二五”期间将保持小幅增长，考虑到配电环节建设滞后于输电，尤其是110kV及以下电压等级在过去几年建设速度明显落后，公司成套开关设备市场未来仍然具有良好的增长空间。

公司与清华大学、北京华腾开元有限公司等合资成立的安徽佑赛科技有限公司，生产APF智能有源电力滤波器和SVG电能质量智能柔性控制器，并于当年投产运行并形成效益。用电端电力负荷情况日益复杂，促使电能质量治理的需求快速上升。

公司与美国ZBB公司、美国POWERSAV公司、芜湖华瑞送变电建设有限公司合资成立的安徽美能储能系统有限公司，生产锌溴液流储能电池。美国ZBB公司在该领域处于全球领先地位，将锌溴液流电池关键核心技术作为技术秘密予以保护。锌溴电池具有充放电次数多、储电密度高、使用寿命长等特点。合资公司已承接容量1 000kW·h的锌溴液流电池项目订单。

太阳电缆：销售渠道进一步优化

2011年，公司实现营业收入348 838.69万元，同比增长49.27%；实现利润15 268.57万元，同比增长0.51%；实现净利润12 936.68万元，同比增长2.42%，其中归属于上市公司股东的净利润为12 477.46万元，同比增长4.22%。在主要产品方面，钢芯铝绞线产值同比增长13.4%，中压交联电缆产值同比增长86.4%，低压交联电缆产值同比增长25.8%，控制电缆产值同比增长28.0%，铜芯塑料线产值同比增长14.8%。

公司各投资项目稳步进行。母公司新厂区项目建设基本完成并投产；包头太阳满都拉电缆有限公司2011年技改目标完成，部分生产线投产；上杭太阳铜业的股权结构进一步完善，公司成为其控股股东；基本建成了南平与包头南北相呼应的电线电缆生产基地。

公司优化销售渠道，充分发挥直销加分销的双渠道模式优势，重点巩固传统市场，开拓新兴市场。2011年，公司新增专卖店5家，新增省外代理商17家。目前共拥有专卖店95家、省外办事处18个、代理商63家，现有销售渠道已经基本覆盖省内外主要市场。在整合省内外营销资源的基础上，充分发挥各地办事处统一平台作用，重点开发重点项目市场，先后承接了深圳机场、三峡向家坝电站、国家电网建设、内蒙古电力超高压建设等具有较大影响的项目和工程。

公司加大产品开发力度，自主研发220kV高压交联电缆、光纤复合低压电缆、光伏电缆、低烟无卤阻燃耐火控制电缆、辐照交联屏蔽软电缆，与上海电缆研究所科技开发中心合作开发了特高压架空导线。

中利科技：电缆业务收入稳定增长，进军光伏产业

2011年度，公司经营业绩快速增长，全年实现营业收入47.99亿元，同比增长64.41%；营业利润2.41亿元，同比增长24.78%；净利润2.22亿元，同比增长19.43%。

公司继续强化通信运营商领域市场，对华为、中兴、大唐移动等电信设备制造商的配套销售也持续增长，成功拓展了诺基亚－西门子这一国际通信设备商。公司被华为公司评为“核心供应商”。

公司成功并购江苏腾晖电力科技有限公司51%股权，全面进军光伏电池组件及光伏电站市场。江苏腾晖电力科技有限公司已形成1GW的电池及组件产能，跃居行业前列；同时与保利协鑫等供应商建立了战略合作关系，获得了稳定且具有成本竞争优势的供应渠道；采取国内市场与国际市场并重、组件销售与电站建设并重的策略，实现当年投产、当年盈利。2011年实现销售7.6亿元，实现净利润2 871万元。

公司出资800万美元，与富港集团共同投资998万美元，在新加坡成立了利星科技(亚洲)有限公司，作为海外市场拓展与特种电缆研发中心。利星科技以493万美元收购LIVE公司100%股权，主要针对苹果、中利西门子、惠普、飞利浦等知名公司为其定制高端电缆及电源线、电力电缆组件等产品。公司正在积极准备相关产品的认证。

公司积极进军新兴高端线缆市场，成功研发的高端矿用电缆具有使用寿命长、耐弯曲、耐磨损等突出特点，已送相关检测机构检测；成功开发的光伏电缆通过了TÜV、UL认证；铁路数字信号电缆通过了铁道部产品认证中心的检测，正在申请铁道部产品入网行政许可。

科华恒盛：传统领域保持优势，新产品积极推广

2011年，公司实现营业收入94 238.79万元，同比增长42.38%；实现营业利润12 179.89万元，同比增长19.25%；实现利润总额12 971.31万元，同比增长18.96%；归属于上市公司股东的净利润10 870.93万元，同比增长17.41%。

公司按年初制定的经营计划，加快新产品的市场投入，加大营销力度，实现了营业收入和订单的平稳增长。继续巩固并提高金融、通信、交通等传统领域的销售收入，工业企业、政府机关、公共事业部门、风电设备等领域销售收入亦有较大幅度的提升。

公司成功入围国家四大银行、三大通信运营商、中央国家机关、各省邮储银行、农信社等单位的重大选型目录；在工业领域，400kV·A以上功率的产品在各地地铁建设中取得新的进展；在公共行业，产品应用于深圳大运会、平安城市等重大项目；在新能源设备领域，太阳能逆变电源通过了金太阳认证、TÜV 认证,完成了太阳能系统发电方案的新产品;数据中心产品及方案已在全国 30 个省份应用。海外市场虽然受到国际经济环境不景气的影响,订单增长率有所下降,但仍基本完成了既定目标,成功拓展了中南美洲市场等新区域、新市场。

公司加快技术管理升级,把技术研发和市场需求更加紧密结合。加大技术研发与创新投入,制定严谨的项目开发计划,加强研发项目管理,强化以项目负责人为主的项目推进力度,加强项目组内以及项目组之间的协助,不断完善流程跟踪和技术评审制度,实现项目流程的规范化。2011 年,完成了一系列研发项目,推出了隔离型/非隔离型太阳能并网逆变器、风能并网逆变器、风能配套系列充电器等新产品,完成太阳能系列产品认证、太阳能示范工程建设。在产品优化方面,通过提升研发水平,加强对产品质量与工艺的把控力度,产品质量与工艺水平获得提升,产品故障率下降。

北京科锐:产品需求景气,毛利率下滑无碍业绩大幅增长

2011 年,公司抓住国家大力投资智能电网的发展机遇,超额完成了年初董事会制定的经营计划,彻底扭转了 2010 年业绩下滑的被动局面。2011 年,公司实现合同额 13.077 亿元,同比增长 65.23%;实现营业收入 92 225.5 万元,同比增长 62.86%;实现归属于上市公司股东的净利润 8 623.38 万元,同比增长 73.60%。

2011 年,公司收入实现大幅增长主要有以下原因:一是国家加大了对电网的投资力度,为公司发展创造了良好的外部环境;二是公司加大了研发投入,当年开展的部分研发项目已推向市场,如智能模块化变电站、FLS – ST/A0 通信终端,新产品收入比重加大;三是公司对销售体系进行了改革,既充分适应了国网公司、南网公司的集中招标机制,又在差异化新产品的销售上取得重大突破;四是积极采取各种措施扩大产能,统筹协调采购、技术、研发、生产等各个环节资源,满足了订单大幅增长的要求。

毛利率同比下降 3.07 个百分点,主要是受国家电网公司统一招标和产品销售结构的影响,导致部分主产品的毛利率出现不同程度的下降,其中环网柜、故障定位类产品、箱式变压器产品毛利率分别下降 7.68 个百分点、6.53 个百分点和 2.81 个百分点。同时公司采取降低采购成本、加强优势产品市场推广等措施,部分缓解了综合毛利率下降的压力,使得永磁机构真空开关设备和柱上开关本期毛利率分别上升 7.27 个百分点和 2.09 个百分点。

森源电气:营业收入延续高增长,有源滤波再创辉煌

2011 年,公司实现营业收入 7.10 亿元,同比增长 45.25%;实现净利润 1.31 亿元,同比增长 84.72%。

公司上市以来一直注重市场尤其是省外市场的开拓。2009—2011 年,公司销售费用从 1 187 万元增加至 3 914 万元,主要是销售奖金及运输费同比增加所致。公司在华北、华东、西南市场收入增幅超过 100%,在传统优势的华中地区收入增幅也达到 37.99%。

公司的主要产品集中在 12kV 和 40.5kV 两个电压等级,产品主要应用在电力系统和煤炭、钢铁、有色、水泥、化工等行业的大型工矿企业。国内各省份配电网建设进度有较大差异,未来两年公司传统开关业务收入有望保持 25% 左右的增速。

有源滤波行业在国内起步不久,在大容量的高端领域,主要还由国外厂商占据。公司是国内少数能做到 400 ~ 2 000A的企业之一,2010 年、2011 年有源滤波业务收入连续实现翻番增长。2011 年,有源滤波业务毛利率 42.61%,同比下降 7.71 个百分点,但仍远高于传统开关产品。未来公司收入结构有望进一步优化,有源滤波业务收入占比的持续提高有利于公司业绩实现高速增长。

摩恩电气:铜价上涨导致业绩大幅下滑

2011 年,公司实现营业收入 4.46 亿元,较上年增长 24.83%。但由于国内外经济形势的压力及市场竞争日益加剧,公司的利润增长空间愈发收窄。同时,由于国际期货市场大宗商品价格大幅跳水对原材料铜材套保的严重影响,2011 年度净利润仅为 581.75 万元,同比下降 80.95%。

公司长期专注于石化和冶金行业的特种电缆销售,2011 年公司在石化行业的营业收入占公司主营业务收入的 37.15%。受钢铁行业宏观调控的影响,公司在冶金行业的营业收入减少 3 503.40 万元,降幅达 48.20%。公司积极开发拓展其他行业的销售,在电力、建筑、制造行业销售均有较大突破,分别实现营业收入 12 303.60 万元、5 049.70 万元和 3 320.17 万元,同比分别增长 352.35%、72.05% 和 24.44%。

公司围绕国家经济结构转型的政策机遇,加大节能环保型特种电缆的销售力度。同时公司着重实施大客户营销战略,根据销售渠道对大客户进行分类,明确责任目标,找出大客户的重点需求,大力推进大客户销售。公司除保持原有传统行业的市场定位与产品销售外,还加大了海外市场的国际项目的行销工作,公司产品出口东欧、中东、非洲及东南亚诸国,销售额较上年同期大幅上扬。

长高集团:产品线拓展,业绩小幅回升

2011 年,公司实现营业收入 34 948.99 万元,同比增长 14.86%;归属于上市公司股东的净利润 4 975.66 万元,同比增长 8.90%。

公司主要客户国家电网和南方电网的投资步伐相对放缓,行业竞争激烈。由于市场需求变化,550kV、363kV 高压隔离开关市场需求下滑,致使 550kV 高压隔离开关营业收入同比下降 49.03%,营业成本相应减少 50.11%;363kV 高压隔离开关营业收入同比下降 59.74%,营业成本相应减少 59.69%。随着城市配电网和农村电网投资改造力度的加大,126kV 和 72.5kV 及以下高压隔离开关的市场需求上升,公司在 126kV 及以下高压开关的市场占有率上升,使得 126kV 高压开关营业收入增长 19.36%;72.5kV 及以下高压开关营业收入增长 46.13%。2011 年,公司完成了晋东南—南阳—荆门 1 000kV 特高压交流试验示范工程中的 1 100kV

特高压隔离开关交货。

公司成功收购湖南天鹰高压开关电器有限公司82%股权，改变了公司以隔离开关和接地开关为主的单一产品局面。湖南天鹰高压开关电器有限公司生产的LW46-252/Y4000-50型、LW46-126/145/T3150-40型、LW42-40.5/T2000-31.5型断路器和ZF29-145/T2500-40型高压封闭式组合电器，均通过了国家电网公司和南方电网公司评审，是其合格的供应商。

特锐德：开拓电力市场，弥补铁路市场下滑

2011年，公司实现营业收入64 204.54万元，同比增长21.12%；营业利润、利润总额和净利润分别完成11 939.35万元、12 410.54万元和10 488.30万元，同比分别下降6.08%、6.61%和7.14%。

2011年上半年，我国高铁行业总体建设施工节奏放缓，7·23动车事故发生后，部分铁路项目停建、缓建，公司的铁路系统业务压力较大。为此，公司自2011年中期开始在巩固铁路市场、煤炭市场和局部电力市场领先地位的基础上，重点加大对电力市场的开拓，取得了良好市场效果。公司在电力市场获得订单4.3亿元，同比增长119%，占新增订单总额的49.40%，电力市场已成为公司第一大行业市场，实现了以电力市场为主，电力、煤炭、铁路市场均衡发展的市场格局。

公司积极寻求与国际一流企业的合作。2011年4月与西门子签署战略合作框架协议，拟与西门子合作生产应用于高铁市场、城市轨道交通市场的10kV环网柜、35kV GIS产品，双方已开始实质性合作。完成对广西中电新源电气有限公司100%股份的收购，2011年9月14日取得该公司的控制权，已将其纳入合并报表范围。广西中电新源电气有限公司在H-GIS等中高压设备的研发、生产方面具有一定的行业领先优势，将极大地缩短特锐德在中高压设备领域的独立发展时间。

九洲电气：收入稳定增长，毛利率下滑

2011年，公司实现营业收入56 659.88万元，同比增长21.00%；营业成本43 209.01万元，同比增长24.07%；归属上市公司股东的净利润3 987.80万元，同比下降23.57%。由于行业内竞争加剧、原材料价格上涨以及人工成本增加的原因，行业的整体毛利率下滑，同时应收账款加大，公司按坏账准备计提原则因应收账款增加计提的资产减值损失比2010年增长62.57%；2011年公司还增加了对产品研发经费及市场营销网络建设的投入，研发投入同比增长33.69%。上述几种因素的共同作用导致2011年业绩下降。

公司有效地进行市场体系建设，电控及自动化产品、高压变频器和直流电源系统三大主流产品合计营业收入达到4.68亿元，是公司收入的稳定增长点。在新兴领域市场的拓展方面，公司产品成功进入城市轨道交通领域和风能、太阳能及生物质能发电设备等新兴市场。

合康变频：大力拓展客户群体

2011年度，公司实现营业收入59 150.71万元，同比增长52.69%；归属于上市公司股东的净利润12 868.05万元，同比增长27.73%；分摊股权激励费用2 389.92万元，扣除股权激励费用，2011年实现归属上市公司股东的净利润同比增长47.90%。

2011年，北京亦庄经济技术开发区高压变频器生产研发基地满负荷运转，平均产能已经超过1 200台/a的预期设定目标。武汉高中低压变频器及防爆变频器生产研发项目建设进展顺利，通过租赁厂房建设高、中、低压变频器产品生产线，中低压变频器实现销售收入。某些型号的高压变频器开始整机组装及调试，初步组建了供应商体系。

公司积极向上下游产业延伸，以参股南京国电南自新能源科技有限公司的方式与国电南京自动化股份有限公司进行战略合作；与山西晋煤集团金鼎煤机矿业有限责任公司签署战略合作备忘录，将在矿用隔爆型变频技术、节能减排技术、调速技术领域加大技术、产品、业务方面的合作力度。公司成立了专门的大客户服务部，大力拓展规模化的客户群体。

汇川技术：完成产能转移

2011年，国内的工业自动化装置市场销量呈现前高后低的走势，对企业的快速发展造成一定的影响。公司实现营业收入105 402.68万元，同比增长56.24%；实现营业利润35 222.09万元，同比增长60.67%；实现净利润34 643.87万元，同比增长56.64%。

公司继续坚持行业营销、技术营销的市场策略，提升产品在优势行业的市场占有率以及在重点行业的知名度，在电梯、注塑机、机床、空压机、金属制品、玻璃机械、印刷包装机械、电源设备等优势行业的地位得到进一步巩固。在起重机械、纺织机械、冶金机械、煤矿机械等重点拓展行业，加强行业规划及市场策略和产品策略分析，加大销售资源的投入。公司在努力拓展工控领域的同时，也积极布局铁路、新能源设备领域，铁路机车变流器、电动汽车电机控制器等产品取得较好的销售业绩，光伏逆变器产品也已通过CGC太阳能光伏产品金太阳认证。

公司完成了从深圳到苏州的产能转移工作，苏州生产基地已投入生产，并具备了批量生产供货能力；完成了苏州本地配套供应商的开发和启用工作，并优化多个物料供应渠道，在战略物料方面与多家供应商签署保障性供货协议。

科泰电源：保持智能环保电源设备优势地位

公司依托智能环保电源设备的竞争优势，稳固了通信、电力等核心行业的龙头地位，国际市场销量也取得较快的增长。2011年，公司实现营业收入48 505.51万元，同比增长10.77%，主要是因为公司加大了海外市场和原有客户的开拓；实现归属于上市公司股东的净利润4 011.13万元，同比下降21.31%，主要是因为公司采购成本增加，而出口和销往非通信、电力行业的产品价格有所下降，致使公司综合毛利率下降；同时公司新增的市场开发费用和研发费用也导致公司销售费用和管理费用较上年增长较大。

2011年，电力行业业务实现营业收入1 967.18万元，同比下降58.55%，主要原因是国家电网公司的项目集采工作未开展，公司的电源车产品销售订单减少，有些订单又延期到2012年交付；另外，2011年，受国家宏观经济政策的影响，电厂的建设期延后，大部分电厂保安电源项目推迟至2012年交付。2011年，工程行业业务实现营业收入1 905.25万元，同比增长39.95%，主要原因是公司在2011年，注重开发新兴行业，在工程建设领域取得一定突破。2011年，交通设施行业业务实现营业收入1 619.26万元，同比增长509.24%，主要原因是公司2011年船机电站取得大额订单。

2011年，公司新成立混合能源发展部和生物质能发展部。混合能源发展部开发环保节能型变频直流发电机组和通信用长延迟免维护智能电站，样机已试制完成，正进入型式试验阶段，完成新产品样机试验后将进入小批量生产和市场推广；生物质能发展部依托公司在内燃式发电机技术与行业上的优势提出生物质能利用的解决方案，进而开发热电联产业务并进入分布式供能领域。

中国西电：外部环境恶化，业绩转亏

2011年，输变电设备国际市场需求总体下滑，国内市场需求出现结构性变化，行业产能明显大于需求，供过于求的矛盾十分突出，产品价格竞争异常激烈，企业赢利空间受到挤压，公司产品毛利率大幅下降8.71个百分点，加之原材料、能源、人工等刚性成本上升，公司经济效益转亏。2011年，公司实现营业收入112.50亿元，营业利润-5.50亿元，利润总额-4.95亿元，净利润-5.96亿元，归属母公司净利润-5.18亿元，同比分别下降13.61%、164.66%、162.38%、191.07%和181.03%。

面对输变电设备市场的激烈竞争，公司有效整合营销资源，加强营销队伍建设，加大国内、国际市场的开拓力度。建立、完善了分层管理、分级负责的国内市场营销管理体系和运作机制，凭借公司特高压产品的竞争优势，积极促成与中央企业等重要用户的战略合作。努力拓展南美洲、欧洲等海外新市场，电炉变压器、整流变压器首次进入瑞典和法国等市场；400kV、66kV GIS产品也分别进入印度、泰国等市场。积极探索创新国际化经营方式，推进与跨国公司的战略合作，和俄罗斯EK公司签订了为期10年的散件当地组装合作协议，项目金额2.5亿美元；在埃及投资建设的输变电设备制造基地即将投产，并在埃及获得了GIS项目订单；正在印度尼西亚投资建设输变电设备制造基地。

公司继续加强技术储备，成立9个产品研发中心，研制成功国网示范工程1 100kV旁路开关和接地开关，产品技术达到国际领先水平；完成了126～1 100kV系列智能GIS、800kV复合电器及系列化GIS用电子式电压互感器、电流互感器和电流电压互感器的研制；研制成功126kV/252kV小型化大容量GIS；与三峡总公司合作开发成功130kA大容量发电机的SF断路器成套装置；完成±800kV、±1 100kV全国产化自主化换流阀研制；研制成功±800kV直流输电工程用特高压直流滤波电容器成套装置、±1 000kV特高压直流输电工程用直流避雷器。

广电电气：元器件和电力电子业务趋势向好

2011年，广电电气实现营业收入12.24亿元，同比增长7.60%；利润总额2.38亿元，归属上市公司股东的净利润2.11亿元，同比增长4.02%，其中，扣除投资收益后的营业利润1.21亿元，同比增长25.18%。

成套设备业务基本保持稳定，但是毛利率面临进一步下降的压力。传统的优势市场——发电系统依然处在调整期，价格竞争更加激烈。大客户的资金压力，使开关柜项目收款周期延长，应收票据增加，造成2011年经营活动现金流-7 200万元。

元器件业务收入平稳增长18%。随着AEG品牌元器件产品线的逐渐完善，中压元器件从自主技术开发到自主生产的转变，元器件业务模式基本完成了向系统化、自主化方向的转变。2011年，自主品牌元器件业务收入增长45%，其中AEG品牌高端元器件业务收入增长82%，用两年半的时间，实现销售额近6 000万元。

电力电子与新能源设备业务收入实现较快增长，增幅达到82%。其中超大型高压变频器通过了能源局组织的系统联调，成功获得了西气东输进口替代项目的订单；有源滤波器在上海地铁得到应用，订单金额超2 000万元；与美国AE公司合作的太阳能并网DISCO产品出口额达到400万美元。

在经历了多年高速增长之后，公司与GE的两个合资公司——上海通用电气广电、上海通用电气开关有限公司（EJV、CJV）在2011年遇到了一些困难。GE的风能发电设备业务收入在2011年有所下降，EJV为GE风能发电设备配套的变流器一方面受到GE风能发电设备业务成本的压力，价格有所下降。同时由于人民币汇率上升，利润率有较大幅度下滑，SJV全年净利润下降约20%。

尽管2011年广电电气面临宏观经济环境和行业客户的需求变化，公司净利润依然实现增长，新的元器件、电力电子与新能源设备业务收入有较大幅度增长。2011年是广电电气产品和客户转型的关键一年，广电电气产品线正在从以开关柜为主向与品牌相结合的技术型高端元器件、电力电子转变，客户从项目型大客户向更多元化客户和多元化渠道转变。

正泰电器：产销两旺，业绩平稳增长

2011年，公司实现主营业务收入82.88亿元，同比增长30.75%；营业利润10.86亿元，同比增长29.60%；净利润9.10亿元，同比增长29.40%。

公司积极推进内部整合与外部并购，完成智能电器工业园一期工程主体结构封顶，正泰电器项目开始启动，逐步形成温州区域的三大产业基地；诺雅克电器生产基地已投入使用，智能化系列产品与光伏逆变器研发成效显著。

公司抓住“两网”改造与配套国产化提升的契机，大力推广与销售新产品，主攻行业甲乙级设计院、电力等行业大客户及区域产业群体，新进入行业大客户38家，大客户业绩增长54.6%，实现新产品销售收入增长57.5%，EX9系列产品在电力、新能源等重点行业销售取得突破。同时,公司完成了69家经销商在线订单系统和20家经销商形象店建设。

公司在海外成立了各洲区销售公司,构筑了市场营销体系,引进经销商42家,聚焦电力配套、机械等行业,大力推广自主品牌产品,拓展行业客户27家,组建了俄罗斯、巴西物流中心,并投入有效运行;加强了客户关系管理与个性化服务;成功举办了由65个国家、200余名外商参加的正泰电器第四届国际营销大会;积极参加国际相关展览、展会活动20次,实现展会销售收入增长33.2%。同时,诺雅克品牌产品及光伏逆变器产品在欧洲等国际市场全面推进,取得新业绩。

永大集团:永磁开关市场认可度提高

2011年,公司营业收入3.65亿元,同比下降11.43%;实现净利润9 168.6万元,同比增长10.95%。

公司永磁开关收入2.3亿元,同比增长17.62%。公司产品主要服务于钢厂等工业客户,在整体需求下滑的情况下主营业务收入仍保持稳定增长,体现出公司强劲的竞争力。成套设备收入7 274万元,同比增长10%,成套设备主要是满足特定用户的需求,作为打开市场的一种方式。公司营业收入下降,主要是因为高速公路设施收入仅4 885万元,同比下降58%。高速公路业务具备一定的周期性,2012年收入将显著回升。

公司产品定位高端,下游客户对于产品质量要求高,价格敏感度相对较低。2011年,公司永磁开关产品毛利率62.09%,保持较高水平。成套设备毛利率36.48%,有所下降,主要是出于开发客户的需要。高速公路设施毛利率20.08%,基本保持稳定。

公司上市以后加大销售渠道建设,主要是加强此前覆盖力度较小的南方各省的渠道建设。公司增加数十个代理商,将直接为公司增加可观订单。凭借在智能电网领域的优势,公司产品在南方电网区域将实现突破,预计2012年柱上开关收入将实现大幅增长。

阳光电源:毛利率保持高位

2011年,公司营业收入8.74亿元,同比增长45.89%;实现净利润1.73亿元,同比增长16.56%。

2011年,光伏上网电价的出台成为国内光伏市场正式启动的标志,国内新增光伏发电装机容量超过2GW,上报项目接近10GW,预计2012年新增光伏发电装机3.5GW以上。公司光伏逆变器主要供给国内光伏电站业主,将明显得益于国内光伏电站建设,而基本不受欧洲补贴政策影响。公司加大对大客户销售渠道建设的投入,进一步快速推进营销网络化布局,光伏逆变器销售收入增长44.03%。2011年,公司太阳能光伏逆变器出货量915MW,其中国内856MW,继续稳居国内市场占有率第一。

公司作为国内逆变器行业的龙头,通过加强生产质量控制和实施成本管理,提高生产效率和规模效应,毛利率维持在较高的水平。公司太阳能光伏逆变器业务毛利率45.81%,同比下降5个百分点;风能变流器业务毛利率30.59%,同比下降7个百分点。

公司产品性能持续提升,大型光伏逆变器逆变效率达到98.7%,MPPT效率达到99.9%,在光伏电站年发电量与可利用率指标方面已领先国内其他竞争者,甚至超过了一些国际品牌。2011年,公司产品新增多项国际、国内认证,并进入国际银行优质信贷名单。2011年初,投资3 285万元建设全球营销及服务平台,在国内新设10个办事处,在海外扩充并新建7个办事处和1个服务中心,建设现代营销信息管理系统,建立海外测试维护平台。

通达股份:保持钢芯铝绞线行业龙头地位

2011年公司实现营业收入96 504.31万元,同比增长24.90%;实现净利润5 441.38万元,同比增长1.11%,保持了较好的发展势头。

随着经济的快速发展,特种电缆的需求日益增加,比如高铁用电缆、新能源发电用电缆、海上石油开发用电缆、军用高端特种电缆、矿藏用电缆等各种特殊电缆需求加大,尤其是铝合金导线系列、铝包钢导线系列产品更成为我国未来超高压、特高压线路重点发展的产品,未来将是支持我国特高压电网、智能电网正常运转的骨干产品。

2012年,公司继续在做大做强钢芯铝绞线的同时,加大研发力度,开发技术含量高、附加值高的产品;调整销售策略,大幅提升市场营销水平,更加积极地开发潜在客户。

四、电气二次设备行业:价格竞争激烈

以提供输变电二次设备为主的上市公司有国电南自(600268)、国电南瑞(600406)、泰豪科技(600590)、四方股份(601126)、许继电器(000400)、河南思达(000676)、东方电子(000682)、银河科技(000806)、阿继电器(000922)、金智科技(002090)、科陆电子(002121)、智光电气(002169)、万力达(002180)、理工监测(002322)、浩宁达(002356)、科远股份(002380)、科士达(002518)、新时达(002527)、新联电子(002546)、和顺电气(300141)、恒顺电气(300208)、科大智能(300222)、安科瑞(300286)23家公司,二次设备行业平均营业收入114 132万元,净利润8 916万元,股东权益118 716万元,每股收益0.29元,平均总资产214 999万元,资产负债率44.78%,流动比率1.97,速动比率1.60。净资产收益率8.04%,低于沪深上市公司的平均水平。

电气二次设备行业上市公司经营情况见表3。

表3 电气二次设备行业上市公司经营情况

简称	总股本（万股）	营业收入（万元）	同比增长（%）	净利润（万元）	同比增长（%）	每股收益（元）	净资产收益率（%）	资产负债率（%）	流动比率	速动比率
许继电气	37 827	436 231	13.14	15 650	6.70	0.41	6.20	58.05	1.81	1.38
ST思达	31 459	72 037	-8.12	-7 941	-769.95	-0.25	-25.67	61.14	1.09	0.75

（续）

简称	总股本（万股）	营业收入（万元）	同比增长（%）	净利润（万元）	同比增长（%）	每股收益（元）	净资产收益率（%）	资产负债率（%）	流动比率	速动比率
东方电子	97 816	118 256	15.13	2 176	8.17	0.02	1.59	22.64	2.82	2.33
*ST 银河	69 922	95 758	-1.96	-17 838	-140.58	-0.26	-22.06	67.20	1.13	0.87
ST 阿继	29 844	12 134	-19.51	-4 662	-1 499.34	-0.16	-159.25	93.95	0.62	0.45
金智科技	20 400	76 523	16.01	4 033	-17.42	0.20	7.78	44.36	1.64	1.35
科陆电子	39 669	112 178	20.65	7 500	-42.96	0.19	6.30	53.76	1.57	1.04
智光电气	26 647	51 399	11.44	2 657	-35.46	0.10	4.53	47.96	1.67	1.40
万力达	12 498	15 809	9.62	2 749	1.19	0.22	7.38	9.91	7.24	6.01
理工监测	6 670	24 282	33.77	8 053	18.86	1.21	8.55	6.99	10.30	9.64
浩宁达	8 000	53 028	47.68	2 070	-29.36	0.26	2.22	25.17	3.55	2.79
科远股份	6 800	23 546	2.82	4 183	-20.99	0.62	4.79	8.07	9.95	9.10
科士达	11 500	93 749	39.81	8 414	6.29	0.73	6.85	17.27	4.78	4.30
新时达	20 000	65 729	30.94	11 227	40.16	0.56	9.04	6.64	12.15	10.43
新联电子	16 800	46 872	44.29	13 110	54.12	0.80	12.86	11.01	8.21	7.62
和顺电气	5 520	19 173	18.21	3 765	9.36	0.68	6.93	28.41	3.31	2.78
恒顺电气	7 000	22 242	21.71	4 989	21.08	0.78	7.94	26.89	3.00	2.87
科大智能	6 000	19 286	39.71	5 423	10.31	1.01	9.03	9.34	10.09	9.64
安科瑞	2 600	15 051	22.10	4 039	4.52	1.55	28.01	12.55	5.52	4.61
国电南自	63 525	320 415	34.86	22 944	71.98	0.36	9.83	58.86	1.39	1.18
国电南瑞	105 036	466 002	53.49	85 477	64.80	0.81	29.16	51.13	1.74	1.33
泰豪科技	45 533	296 683	-0.19	5 398	-0.45	0.12	3.12	60.00	1.49	1.17
四方股份	40 666	168 656	25.14	21 666	41.18	0.54	7.99	22.05	4.21	3.64
平均	30 945	114 132	21.56	8 916	15.60	0.29	8.04	44.78	1.97	1.60

从表 3 可以看到，二次设备行业主营业务收入同比增长 21.56%，净利润增长 15.60%，净资产收益率 8.04%。2011 年，二次设备行业盈利情况继续优于一次设备行业，行业整体财务指标良好。随着电力工业的发展，自动化技术不断向软硬件集成化、规模化的方向转变，二次设备行业市场竞争愈发激烈，同时电力工业招投标规则的变化，导致行业毛利率持续下降。

低碳经济、智能电网、新能源是“十二五”期间国民经济发展战略中的重中之重。2011 年，智能电网进入实质建设阶段，各地区智能电网投资规模明显提高。特高压电网作为智能电网的骨干，在 2011 年建设速度慢于预期。进入 2012 年，对于特高压交流电网建设虽仍存在争议，但将明显提速。

2011 年，国内风电保持较快发展速度，太阳能发电实现井喷式增长，核电在日本福岛核事故以后发展遇冷。清洁能源在未来几年将保持良好的发展势头，为相关电力设备提供了发展空间。如 2011 年几次严重的风电场脱网事故促使风电变流器技术路线和需求的提升，国内光伏装机快速增长引爆光伏逆变器需求。2012 年，国内风电、光伏产业将延续高装机水平，核电面临重启，新能源的快速发展将为输变电二次设备带来巨大的市场空间。

2000—2005 年，我国内地城市轨道交通每年新增运营里程平均约 80km；2006—2010 年，每年新增运营里程平均增至 177km。2011 年，内地城市新增轨道交通运营里程增至 283km，城市轨道交通已进入快速发展阶段。全国已有 14 座城市开通运营轨道交通，城市轨道交通已进入快速发展阶段。预计到“十二五”规划末期，我国内地城市轨道交通运营里程将从 2011 年底的 1 630km 增长至 3 000km 左右。未来十年，我国内地城市轨道交通建设投资有望超过 3 万亿元。轨道交通自动化控制装置作为保证轨道交通经济安全运行、支撑轨道交通快速发展的必要基础，市场前景广阔。

国电南瑞：业绩报告靓丽

2011 年，公司签订合同 72.20 亿元，同比增长 60.09%；实现营业收入 46.6 亿元，同比增长 53.49%；归属于母公司净利润 8.55 亿元，同比增长 64.80%。

产业发展能力显著提升。公司在巩固传统产业领先地位的基础上，抢抓坚强智能电网全面示范和加快推广应用以及清洁能源快速发展的大好机遇，智能调度系统、智能变电站、智能配电系统、智能用电系统、风电控制系统等新产业齐头并进，成为公司产业发展的主要增量。同源技术市场拓展成效显著，具有自主产权的轨道交通综合监控系统销量继续保持业界第一，工业控制领域相关产业有序推进；优势产业的国际市场布局有序拓展；成功并购安徽继远电网公司、安徽中天电子公司，延伸公司产业链；企业的重大项目集成能力、总承包能力显著提升。

科研开发取得重大进步。公司深度参与智能电网相关技术标准的制定，全面开展智能电网重大关键技术攻关和核心装备研制。全面完成各类科研指标，获专利授权68项、软件著作权41项；获国家电网公司及省部级以上科技奖励8项。智能电网调度系统、智能化变电站、智能配用电系统、轨道交通综合监控系统、电动汽车充换电装置、铝业综合监控系统等领域重点科研项目取得突破。

国电南自：实现多维增长

2011年，公司经营指标再创历史新高，全年订货额达到45.54亿元，同比增长47%；营业收入320 414.90万元，同比增长34.86%；归属母公司的净利润达到22 943.50万元，同比增长71.98%。公司加大了应收账款清欠力度，全年回款再创历史最好水平，达到285 491.30万元，同比增长26.80%。

电网自动化装置业务累计订货193 733.55万元，实现营业收入145 920.04万元。公司参与实施了国内智能变电站重点工程120座，其中500kV及以上变电站5座、220kV变电站42座、110kV变电站73座。已投运的重大项目有：1 000kV晋东南—南阳—荆门特高压交流试验示范工程扩建工程、甘肃安西750kV变电站330kV送出工程、内蒙古固阳500kV输变电工程等83项。公司在非电力系统市场（城农网）业务拓展方面取得较好的业绩，中标新疆农三师2011年农网完善工程项目“达坂山110kV数字化变电站系统”等多个总包项目。公司数字化变电站系统在冶金、兵工、兵团、石油、煤炭等行业得到充分应用与推广，表明公司数字化变电站在非电力系统也具有明显的竞争优势。

公司智能一次设备产业累计订货53 101.66万元，实现营业收入28 315.89万元。在线监测系统业务取得较大进展，参与并实施了一些国内智能变电站重点工程。江苏上能新特变压器有限公司将特种变压器和超高压产品确定为发展重点，坚持差异化竞争策略，中标江苏省电力公司2011年集中规模招标采购项目、泉州电业局2011年度招标项目；与美国艾默生、日本富士电机、日本安川在特种变压器方面建立并保持了长期合作关系，在整个行业不景气的形势下特种变压器销量仍保持了良好的增长势头。

公司国际合作取得实质性成果：与ABB公司合资成立了南京国电南自自动化有限公司及扬州国电南自开关有限公司，与芬兰美卓公司合资成立了南京国电南自美卓控制系统有限公司，与ESSI合资成立了南京国电南自储能技术有限公司。

理工监测：市场份额保持领先

全国电力建设投资持续增长，国家电网公司、南方电网公司及各省电力公司积极落实“十二五”电网发展规划，加快智能电网建设，电力高压设备在线监测产品的市场需求亦随之进一步释放。公司抢抓国家智能电网规划进入全面建设阶段的大好机遇，继续保持稳健发展的良好态势。

2011年，公司实现营业收入24 281.79万元，同比增长33.77%；利润总额9 289.03万元，同比增长24.10%；归属于上市公司股东的净利润8 053.08万元，同比增长18.86%。

巨大的市场空间和较高的毛利率吸引了更多、更强劲的竞争对手，行业在短期内呈现出非理性的竞争格局，公司的市场占有率和MGA毛利率亦出现一定的下滑。但是通过分析招投标情况，公司在优势领域的市场份额依然保持领先。签订合同37 362万元，同比增长90%，为业绩持续增长提供了条件。

许继电气：市场份额进一步提高，特高压产品表现优异

2011年，公司实现营业收入436 230.51万元，同比增长13.14%；实现净利润15 650.29万元，同比增长6.70%。

在国家电网公司的批量招标中，公司传统领域份额进一步扩大，新产品领域实现了市场突破，保护自动化装置、智能电表等产品的市场份额进一步提升，电抗器、变压器等产品市场也实现重大突破。在重大项目运作方面，公司中标锦屏—苏南±800kV特高压直流输电工程，中标南水北调中线一期工程总干渠沙河南—黄河南段中的郑州段电气设备采购项目合同。公司还积极抢抓城市地铁建设的发展机遇，中标沈阳地铁浑南停车场供电系统集成项目，实现了地铁牵引整流变压器领域的重大突破。

公司参与完成的±800kV特高压直流输电关键成套技术装备研制及产业化项目荣获2011年度中国机械工业科学技术奖特等奖；自主研制的±800kV特高压直流输电控制保护系统先后应用于云南—广东、向家坝—上海±800kV特高压直流输电工程，主要技术性能指标达到国际领先水平，并已经形成产业化；自主研制、拥有完全自主知识产权、可满足±1 100kV特高压工程应用条件的DPS－3000直流输电控制保护系统通过了国家能源局组织的技术鉴定，功能和性能均达到国际先进水平。公司为1 000kV晋东南—南阳—荆门特高压交流试验示范扩建工程研制的1 000kV和500kV母差保护装置通过了型式试验，各项技术指标均达到行业领先水平。

金智科技：三大业务平稳展开

2011年，公司生产经营总体良好，实现营业收入76 522.52万元，同比增长16.01%，主要是因为公司电网自动化装置业务收入取得较大增长；实现营业利润2 064.16万元，实现净利润4 032.73万元，同比分别下降15.66%和17.42%，主要原因为公司研发费用资本化形成无形资产的摊销对利润产生较大挤压，同时公司投资收益较2010年有所减少。

在电网自动化装置业务方面，公司在国家电网集中招标中累计中标合同额5 677.09万元，中标产品涉及高压保护系统、110kV和220kV变电站综合自动化系统。公司专家受邀积极参与国家电网公司、南方电网公司及相关省网公司有关智能电网技术规范的制定，积极跟踪技术标准的发展，调整和研发符合技术规范的智能电网产品，开拓试点应用领域。在发电设备及工业企业电气自动化装置业务方面，受发电尤其是火电投资规模减少的制约，发电设备市场需求总量有所下降。公司以 ECMS 系统（电气监控管理系统）为核心，继续保持国内火电设备市场份额的领先地位，并在风电、光伏发电等新能源电气自动化系统、工业企业电气安全自动装置市场不断取得进展。IT 服务业务方面，在继续保持电力、广电、烟草等行业市场份额的基础上，加大区域拓展，成功承接了湖北广电网络电视台及湖北电力设计院局域网建设等项目，并成功开拓了麦德龙、百事、中微半导体等多家世界 500 强企业客户。公司于 2011 年 1 月通过了 ISO 20000 IT 服务标准化认证。

在战略新业务方面，公司在保加利亚控股投资建设的 Betapark 2MW 光伏发电太阳能电站项目已于 2010 年 10 月底竣工并网发电。2011 年 12 月，在保加利亚投资设立了全资子公司——金智科技（保加利亚）投资有限公司。公司于 2010 年 12 月收购的全资子公司北京乾华科技发展有限公司，正稳步拓展风电、光伏、变电、火电、节能减排等工程设计、工程总包业务，中标江苏中烟屋顶光伏并网发电工程总包项目，并承担了大唐东平风电厂 49.5MW 工程设计、大唐平阴二期风电厂 49.5MW 工程设计等项目。

智光电气：产品销售领域拓展

2011 年，公司实现营业收入 51 399 万元，同比增长 11.44%；实现利润总额 3 228.84 万元，同比下降 28.53%；实现归属于上市公司股东的净利润 2 656.54 万元，同比下降 35.46%。

公司 2008 年提出发展转型经营策略，利用已构建的电力测控技术、电力电子、通信技术、应用软件技术的综合开发平台，进一步丰富和完善了电气控制与自动化系统领域的产品线；2010 年，公司抓住节能服务产业发展之机，通过一年多的市场拓展，累计签订节能服务合同总额超 4 亿元，覆盖工业能源动力领域的电气节能、热电联产节能、余热余压利用三大方面。

公司继续加强市场营销拓展力度，累计新增产品销售合同额 6.65 亿元；主营产品高压变频调速系统销售突破 1 000台（套），稳居国内品牌前三位，募集资金投资的超大容量高压变频器项目进展基本顺利；自主研发的全系列需求侧电压无功补偿与电能质量控制产品已经在煤炭、冶金、电力、交通、新能源等行业实现销售，并成功投运。获得“2011 年电气行业十大知名品牌”“2011 年度中国节能服务产业年度十大品牌”等系列荣誉称号。

万力达：分区市场销量实现快速增长

2011 年，公司实现营业收入 15 808.84 万元，同比增长 9.62%；营业利润 1 815.93 万元，同比增长 18.40%；实现归属于母公司所有者的净利润 2 748.51 万元，同比增长 1.19%。

业绩实现增长的主要原因是：一是充分发挥公司在厂矿企业用继电保护装置及综合自动化系统领域的市场优势，整合内外资源，延伸业务链条，并依托募集资金投资项目强化产品创新，同时加快推进电力电子产业的发展，促进了公司销售订单的增加和经营业绩的增长；二是围绕管理架构的调整积极推进管理创新，总体营销费用得到有效控制，综合因素使得 2011 年主营业务利润较上年有所增长。

公司分区域市场销量实现快速增长，东北、西北地区收入同比分别增长 38.69% 和 42.23%，在基数较低的华东和西南地区也实现了较快增长。

银河科技：出现大幅度亏损

2011 年，公司营业收入 95 757.61 万元，同比下降 1.96%；实现营业利润 －20 095.39 万元，同比下降 92.72%；归属于母公司的净利润 －17 837.50 万元，同比下降 140.58%。

公司变压器产品的主要传统行业用户——化工、有色金属冶炼等行业出现行业性亏损，部分客户推迟收货，部分销售收入未能确认；而变压器行业又陷入行业性产能过剩的困境，价格竞争日益激烈，同时劳动力成本持续增加，铜、硅钢、油等大宗原材料价格也比上年有较大幅度增长，导致公司主要产品毛利润大幅下降；加之主要下属公司广西柳州特种变压器有限责任公司因整体搬迁出现阶段性减产，同期银行贷款利率上调，增加了公司财务费用。在这些不利因素的共同影响下，2011 年，公司出现较大幅度亏损。

科陆电子：毛利率持续下降导致业绩下滑

2011 年，公司实现营业收入 112 178.36 万元，同比增长 20.65%；实现营业利润 5 510.35 万元，同比下降 63.20%；实现归属于上市公司股东的净利润 7 500.13 万元，同比下降 42.96%。公司主营业务收入毛利率 30.23%，同比下降 8.53 个百分点。

公司电工仪器仪表收入 7.05 亿元，同比增长 32%；毛利率 19.79%，同比降低 12.32 个百分点。公司对单相、三相智能电能表台体检定装置，便携式仪表检定装置和标准电能表等产品进行了技术升级，确保了公司检测装置的技术优势地位；在青海、山东、华北等省级计量中心中标的电能表全自动检定系统项目已达到预期设计的检表产能。

电力自动化产品实现收入 3.68 亿元。公司智能变电站自动化系统的研发进展顺利，试产的绝缘感应供能棒达到了设计要求；数字化电能表研发成功，300 多块支持 IEC 61850-9-2 标准的数字化电能表在贵州省电网公司十多个智能变电站投入运行；智能变电站的国际化战略也取得突破，已和巴西 ECIL 公司完成了户外安装合并单元的研制，样机已经通过联合测试正在巴西挂网运行。同时，公司进一步完善了智能配用电自动化系统，导轨式电能表以其最小的体积在建筑节能领域受到好评。

公司拟在未来 3～5 年投资约 15 亿元建设科陆电子（南昌）智能电网研发与产业基地。该产业基地将成为公司新的研发及产业化中心，成为公司主要的利润增长点。

泰豪科技：节能业务开展顺利

2011 年，公司实现营业收入 296 683 万元，较上年微降 0.19%；实现净利润 6 403 万元，同比下降 16.68%。公司智能节能产品实现销售收入 182 741 万元，同比增长 11.2%；电机电源产品实现销售收入 47 943 万元，同比下降

27.99%；装备信息产品实现销售收入61 861万元，同比增长0.43%。

智能节能产业方面，公司的建筑智能节能整体解决方案在交通、通信、金融、钢铁等行业获得认可，服务于轨道交通和钢铁有色等领域的多项重大项目建设。2011年上半年，全球主要光伏市场开始低迷，国内多晶硅企业大多陷入停产、减产状态，光伏业务利润大幅降低。公司凭借2010年开展的“北京亦庄”和“上海张江”屋顶光伏项目，相继在北方市场以合同能源管理（EMC）形式签下多个重要项目，为2012年光伏产业的发展奠定了基础。

电机电源产业，受全球金融危机的影响发展相对停滞。公司通过并购手段延伸产业链。2011年，成功收购沈阳电机股份有限公司，泰豪沈阳电机有限公司在沈阳经济开发区正式注册成立。泰豪沈阳电机有限公司在保持传统大中型电动机产品的基础上，将重点发展大型高效节能电机、高速电机、核用电机及永磁电机等产品。

装备信息产业方面，注重以科学技术提升企业核心竞争力，着力研发具有自主知识产权产品，不断研制适合军品市场需求与武器装备发展的产品。

浩宁达：费用大幅增加，利润大幅下滑

2011年，公司实现营业收入53 027.82万元，同比增长47.68%；实现归属上市公司股东的净利润2 069.63万元，同比下降29.36%，扣除非经常性损益后归属于上市公司股东的净利润是1 828.16万元，同比下降37.04%。净利润减少的主要原因：公司扩大规模，管理费用、销售费用大幅增加，影响当期利润；受原材料、人工等各种成本因素上升的影响，产品毛利率下降，利润下滑。2011年，公司电能表毛利率19.74%，同比降低6.91个百分点。

“十二五”是国家智能电网建设的高峰期，智能电表及用电自动化产品是智能电网的重要组成部分，市场需求旺盛。公司是智能电网设备主流供应商之一，围绕这一定位，形成了“国家电网、南方电网、散单销售”三足鼎立的业务布局。

和顺电气：再创业，电力电子业务值得期待

2011年，公司实现营业收入1.92亿元，同比增长18.21%；实现净利润3 764.85万元，同比增长9.36%。

2011年，公司电力成套设备和电能质量改善装置的收入下滑较大，主要原因是江苏省内的住宅小区招标项目减少。防窃电电能计量装置需求迎来爆发式增长，订单饱满，主要原因是江苏省电力公司的招标数额变大，公司获得的份额也有所增加。公司从2011年年底到2012年年初连续签订电表箱订单，合同规模达到1.78亿元。预计未来两年仅凭计量装置业务即可保证公司整体盈利水平不下滑。

受经济形势影响，客户对价格的敏感程度较高，公司细分业务毛利率波动较大。公司通过加大技术和工艺投入提高产品附加值，整体毛利率保持稳定水平。

2011年是公司上市以后扩大积累的一年。2012年，力争销售覆盖面扩展到10个省市，其中在5个省或直辖市形成稳固的销售关系，初步建立以省或直辖市为块，以行业和产品为线的营销格局。

产品方面，除防窃电电能计量装置外，高低压成套设备、高低压电能质量治理产品、电动汽车充电站所辖设备等要实现全面发展。公司当前主要客户面向住宅小区，产品偏低端；以SVC为代表的高端产品在2012年完成产品调研和开发。

恒顺电气：稳定发展的电力电子企业

2011年，公司保持了健康、平稳的发展。围绕电力节能环保业务，公司不断加大新技术、新产品、新工艺的研发投入，加大新产品推广力度，拓展产品的应用领域，不断完善营销网络，加强细分市场开拓。实现营业收入22 242.35万元，同比增长21.71%；实现营业利润5 190.19万元，同比增长14.88%；实现归属于母公司股东的净利润4 989.10万元，同比增长21.08%。

公司加强销售力量，除继续做好电网系统的营销外，在西北、东北和西南地区重点开拓非电网系统客户，在电网、风电、电气化铁路、城市轨道交通、冶金、煤矿、石化等应用领域积极拓展业务，全年新增订单同比增长31.3%。公司主导产品仍为无功补偿系列产品，动态无功补偿产品订单较上年有较大幅度增长，静止无功发生器（SVG）产品亦实现市场突破，互感器产品也在电网招标中获得订单，公司产品链逐渐延伸。同时，公司进入余热发电业务领域，进一步拓展了产业链。

科大智能：受益智能电网建设，毛利率有所下滑

2011年，公司实现营业收入19 286.46万元，同比增长39.71%；营业利润5 465.10万元，同比增长5.70%；净利润5 422.83万元，同比增长10.31%。公司继续保持健康、平稳的发展。

配电自动化系统销售收入同比增长59.42%，主要原因是国家加大智能电网建设力度，配电自动化系统前期试点地区逐步实现规模销售，新开拓的市场逐渐实现销售突破。配电自动化产品毛利率稳定。

随着国家加大对用电自动化领域的投入，公司用电自动化系统市场规模随之扩大，销售收入同比增长35.03%，但是用电自动化产品市场竞争加剧，毛利率同比下降12.54个百分点。2011年下半年，该产品由地方电力公司自主招标采购改为国家电网公司统一招标采购，产品销售单价较上年有所下降。

配电自动化工程与技术服务销售收入较上年略微减少，毛利率同比下降13.23个百分点。

新联电子：公网终端和采集器业务快速增长

2011年，公司紧跟国家智能电网的建设，采取加大科研投入，积极开拓市场，加强内部管理，努力控制成本、快速响应客户需求等措施，保持了主营业务收入持续稳定的增长。2011年，公司实现营业收入46 872.09万元，同比增长44.29%；实现净利润13 109.62万元，同比增长54.12%。

营业收入同比增长主要得益于国家智能电网建设，同时公司形成了更加完善健全的销售网络和销售服务体系，调整机构设置，采取与市场相适应的销售策略，努力扩大产品市场占有率，公司总订单量达 7.1 亿元（含税，包括 2010 年末结转至 2011 年的订单）。

公司 230M 专网终端收入 1.20 亿元，同比增长 8.44%；公网终端和采集器业务收入分别为 1.47 亿元和 1.26 亿元，同比分别增长 65.09% 和 140.77%，是业绩增长的主要来源；毛利率保持较高水平。

四方股份：保持二次设备行业龙头地位

公司在报告期内经营平稳，全面超额完成经营目标。2011 年，公司累计完成订货合同金额 21.98 亿元，同比增长 24.88%；实现营业收入 16.87 亿元，同比增长 25.14%；实现归属上市公司股东净利润 2.17 亿元，同比增长 41.18%。

2011 年 5 月，公司与特变电工沈阳变压器集团有限公司合资成立的四方特变电工智能电气有限公司，专注于变压器智能组件、智能楼宇相关产品的研发、设计、制造、安装、调试、营销和服务，提供领先的智能电网设备。变压器智能组件产品在 2011 年取得了优异的业绩。

2011 年 7 月，公司收购了北京电科四维电力技术有限公司及其股东所拥有的互感器等相关资产。

2011 年 11 月成立的北京 ABB 四方电力系统有限公司，专注于提供全套高压直流输电解决方案，包括换流阀、控制保护系统、直流场设备等换流站主要设备，将为公司在技术不占优势的直流电网建设中赢得收益。

2011 年，公司与国家电网北京经济技术研究院签署战略合作协议，双方在特高压直流输电和交流串补等技术应用中的大机组扭振现象研究、控制以及保护等方面开展战略合作。公司还与北京中能博瑞控制技术有限公司签署战略合作框架协议，在开发、生产、销售 DCS 分散控制系统、大型 PLC 可编程序控制系统、中低压变频器调速控制系统等领域进行战略合作。

〔撰稿人：中信建投证券研究所殷亦峰、于振家〕

智能高压开关设备一体化解决方案

——西安西电开关电气有限公司

一、概述

2011 年底，西安西电开关电气有限公司（以下简称西开电气）已为 11 个高品质智能变电站提供了高压开关设备，圆满完成了规划试点阶段工作，转入智能电网全面建设阶段。

西开电气作为国内高压开关主机企业的领先者，结合智能化工程试点应用经验，深刻理解高压开关特别是 GIS 产品高度集成和系统性要求的重要性和必要性，率先提出并按照一体化设计、一体化生产、一体化调试的原则，积极开展一体化智能高压开关的系统研究、产品研制和一体化试验。

二、智能高压开关的一体化解决方案

1. 编制系列智能开关企业标准

为满足和实现智能组件和开关本体一体化设计，西开电气在前期研究和试点工程的基础上针对智能开关的一体化设计原则、方法、系统通信、试验方法等制定出系列化的企业设计、制造、试验标准或导则。

西开电气参照现行国家标准、行业标准、IEC 标准和国网标准研究制定了《智能高压开关设备技术规范》，给出了智能高压开关设备的技术原则，对设备提出了基本技术要求和一体化试验要求。该标准的制定为西开电气研制高品质的智能高压开关奠定了坚实的基础，为智能高压开关设备的研制提供了依据。西开电气在该标准的基础上又制定了相关的智能组件标准。

针对跨行业的技术融合，西开电气研究编写了《智能高压开关设备智能二次系统设计导则》，统一了电器、电子元器件符号和图样表示规则，编制典型图样，有效推进了产业化进程。

2. 智能组件同高可靠性开关的高度融合

智能高压开关是以高压开关为基础，进行整体设计，配置智能组件，可实现对一次开关设备的智能控制、在线状态监测和诊断的 GIS。西开电气在智能开关上实现了智能组件同开关本体的高度融合。智能高压开关示意图见图 1。

3. 智能组件的一体化设计及应用

（1）智能 GIS 的在线状态监测解决方案。包括 GIS 间隔智能监测解决方案和 GIS 局放监测解决方案。

GIS 间隔智能监测解决方案：GIS 间隔智能监测装置集 SF_6 气体状态、断路器状态、避雷器状态在线监测为一体，采用智能控制柜与就地控制柜一体柜设计方法，实现了 GIS 状态在线监测的高度复合化、一体化；统一了各监测装置的通信协议、外形接口，节省空间，缩短了安装调试周期，节约了成本。该装置在西安高压电器研究院完成了全套型式试验，并在高压开关大容量开断试验下进行了功能测试，均满足技术要求。

GIS 局放监测解决方案：局放采用特高频法原理，局放监测系统由传感器、信号采集、分析判定系统三部分组成。西开电气为局放监测设计、制造的内置式局放传感器，同局放监测专业厂家的采集、分析判定系统部分连接形成局放监测系统，保证了开关的绝缘性能、密封性及安全性。

西开电气自主研发的局放传感器完成了壳体强度试验、气密性试验、高低温试验、绝缘试验、灵敏度试验等全套型式试验，均满足开关设备要求。

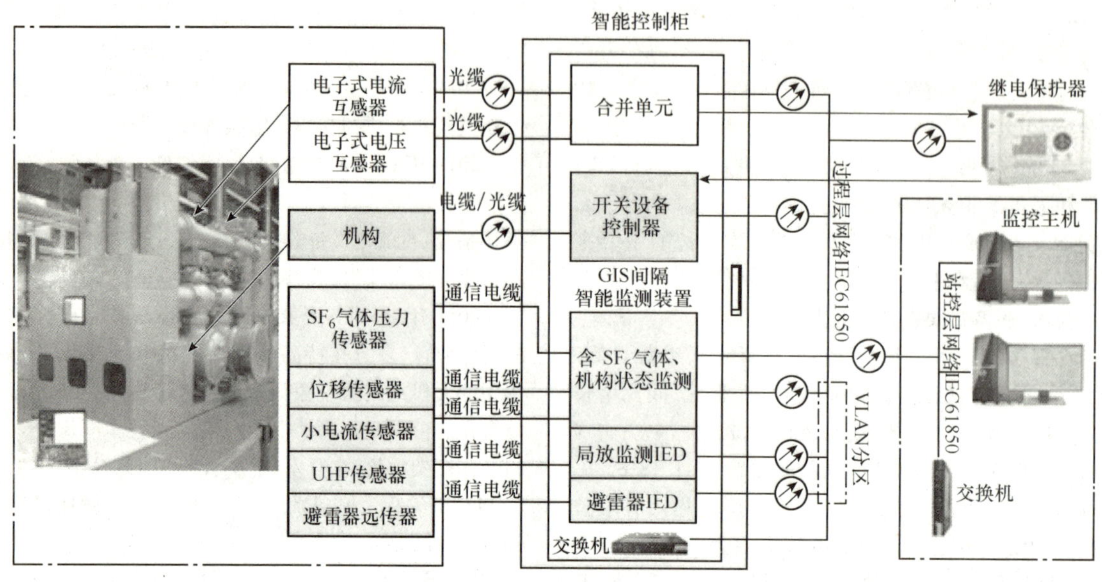

图1　智能高压开关示意图

(2)GIS用电子式电流、电压互感器的整体解决方案。西开电气按照GIS设备一体化要求，提供整体GIS用电子式电流、电压互感器设计和解决方案，保证GIS的整体安全性、可靠性。

电子式电流、电压互感器整体设计制造方案具有以下优点：基于GIS成熟设计技术下的整体设计，保证了GIS设备的安全性、可靠性；提高了电子式电流、电压互感器的标准化程度，便于实现工程的扩展；保证了GIS的整体美观性。

鉴于GIS用电子式互感器在工程应用中出现的问题，西开电气深入开展了GIS短路开断、雷电冲击、隔离开关切合等强电磁场工况对电子互感器二次影响的研究及试验，并取得显著成果。

三、智能高压开关的一体化性能检测

1. 智能高压开关的配置

西开电气按照GIS一体化、系统化设计原则，依据Q/GDW410《智能高压开关技术导则》、国网发布的《智能高压开关设备性能检测方案》、0KA. 412. 1115《智能高压开关技术规范》确定了智能GIS由断路器、隔离开关、接地开关、电缆终端、母线、电子互感器及SF_6气体状态、断路器状态、局放状态监测、开关控制器等智能组件组成。

2. 智能高压开关的一体化性能检测

为提升智能高压开关品质，西开电气在国网组织下会同行业专家共同制定了《智能高压开关设备性能检测方案》。西开电气研发及技术人员独立完成了性能检测中跨行业的设备操作、电子装置软硬件调试、通信等全部检测技术，体现出企业具备良好的智能高压开关多学科、跨专业的一体化设计、一体化生产、一体化调试的水平和能力。

2012年8月，西开电气智能252kV GIS在西安高压电器研究院完成了全部性能检测试验，共测试9项，分别是：外壳强度试验，密封性试验，辅助和控制回路绝缘试验，绝缘试验，电子式互感器测试，断路器基本短路试验方式T10、T100s，隔离开关母线充电电流开合试验方式，额定短时耐受电流和峰值耐受电流试验，机械寿命。

在一体化性能检测试验中，模拟了高压开关实际运行工况，实际测试了变电站中大电流、高电压、强电磁干扰以及壳体高频过电压对智能组件的影响，在采取了良好的隔离、滤波、过电压保护、接地系统后，智能组件运行正常。

作为电工行业的支柱企业，西开电气承担了智能高压开关的总集成、总调试、总负责职能，努力为用户提供整体解决方案和最满意的服务，推动了智能高压开关的技术进步。

〔供稿单位：西安西电开关电气有限公司〕

同心协力筑伟业　众志成城谱华章

——宁夏力成电气集团有限公司

成立于1997年的宁夏力成电气集团有限公司（以下简称宁夏力成）立足于陕西、甘肃、宁夏、青海、内蒙古五省区，在短时间内跻身宁夏回族自治区30家民营骨干企业、宁夏百强企业和国家重点高新技术企业之列，“Goldlech金力成”成为中国驰名商标。公司已成为我国同行业中规模宏大、综合实力卓越的民营企业，在西部电气领域占据了重要的地位。

一、把握机遇 立足发展 开创崭新事业

宁夏力成在艰辛的创业路上，紧跟时代步伐，把握住了每一次的市场机遇，为公司奠定了跨越式发展的基石。

20 世纪 80 年代，改革开放浪潮逐渐席卷全国，社会经济迅速发展，宁夏力成董事长陈庆成从改革开放的前沿温州出发，来到大西北开始了他的电气王国之路。

90 年代，陈庆成抓住党的十四大提出的“在所有制结构上，以公有制包括全民所有制和集体所有制经济为主体，个体经济、私营经济、外资经济为补充，多种经济成分长期共同存在和发展”契机，将事业定位于宁夏，利用宁夏的资源及交通优势，把握宁夏在工业、经济方面相对空白的机遇，创建了宁夏东亚电气成套厂，这是宁夏力成的前身。1997 年，党的十五大明确提出非公有制经济是社会主义市场经济的重要组成部分，鼓励支持和引导民营经济的发展。宁夏力成再次抓住契机，投入 1 500 万元，在银川高新技术开发区建立了当时在宁夏具有一流水准的现代化生产厂房和综合大楼，创办了力成电气公司。

此后，宁夏力成接连抓住了西部大开发、电力大投资和加快城市化进程等机遇，成为原国家电力部、机械工业部确定的高低压成套开关设备定点生产企业和原国家经贸委“两网改造”重点推荐企业，产品广泛用于电力建设、城农电网建设、城市基础设施建设中，在国家重点建设项目和城乡电网改造工程项目中迅速占有一席之地。宁夏力成共获得国家、自治区、银川市等各级政府授予的荣誉几十项。

法国科学家巴斯德曾说过：“在现实的领域，机遇只偏爱那种有准备的头脑。”宁夏力成能够在关键时期抓住关键机遇，得益于董事长陈庆成“学无止境”的理念以及持续打造“学习型”企业的战略，不断地通过学习、思考将公司的财务能力、营销能力、技术能力等提高到新的水平。

二、技术创新是企业发展的原动力

提高技术水平，才能满足市场需求。宁夏力成清晰地认识到：一个企业若想在国际、国内市场具有一定的竞争力，只有努力向前，把产品做“专”做“特”。从创业开始，公司始终把新产品开发作为技术创新的核心，自主开发了 VL32－40.5、VL12－12kV 系列高压真空断路器等一大批具有核心竞争力的新产品。宁夏力成每年投入科研经费 1 700多万元，先后有六大类产品、数千种规格的电气产品投向市场，形成了强有力的科技创新能力。2006 年，宁夏力成被评为国家级重点高新技术企业。公司拥有专利 38 项，面对未来市场竞争已做好技术储备和产品储备。2011 年，公司的新产品产值率达到 91%，在电器工业各企业中名列前茅。由于在技术领域的突出成就，公司被推选为中国电器工业协会高压开关分会常务理事单位和中国电器工业协会电控配电设备分会常务理事单位，全国高压开关设备标准化技术委员会工作组成员单位和全国低压成套标准化技术委员会标准起草单位。

宁夏力成以推动中国电气行业技术进步为己任，瞄准增强技术应用能力，提升产品性能和服务质量的目标，先后进行了三次大的技改，每次技改完成后，企业的产品档次、生产规模、技术和工艺水平都上了一个新的台阶。2003 年，公司抓住宁夏创新经济、发展环境、加快工业化进程的机遇，投资逾 1 亿元在银川望远工业园区建起了 40 000m^2 的新厂区和现代化厂房，形成了年销售额 5 亿元的生产能力，成为西北地区同行业中制造水平最高的企业。随着市场需求的不断提高，市场竞争的日益激烈，力成电气加大投入，总投资 3.2 亿元集高压输配电、变电、电力电缆、铜材精加工于一体的综合性电力设备制造项目正在紧锣密鼓地建设，建成投产后年产值可达 8 亿元。

公司奉行自主研发和协作共赢的技术支持模式，与西安高压电器研究院、天津电气传动研究所、国家煤矿防爆安全产品质量监督检验中心、北方工业大学等科研院校建立了长期的技术协作关系，提高了企业创新能力和产品研发水平。

三、管理创新是培育企业核心竞争力的重要保障

最初的成功并不意味着一劳永逸，公司不囿于传统，不沉迷于现状，持续关注自己的发展目标，注重管理创新，特别是管理思想、管理组织、管理方法和管理手段的创新。

严格的科学管理有助于企业做大做强。宁夏力成在企业内部全面推行科学化、制度化管理模式，长期坚持的 6S 现场管理已成为公司的管理亮点，有效规范了员工作业行为，提高了生产效率。公司先后通过了 ISO 9001 国际质量管理体系、ISO 14001 环境管理体系、OHSAS 18001 职业健康安全管理体系、ISO 10012 测量管理体系认证和中国强制性产品认证（3C 认证），为企业发展奠定了坚实的基础。同时，在国家发展改革委、工信部的支持下，2006 年实施了 ERP、PDM、HR、CRM 及 OA 办公自动化等内部信息平台建设，实现了从传统管理向信息化管理的转变。2011 年，公司重新整合体系管理程序，加强了体系管理的可操作性和实效性。

天道酬勤。宁夏力成对质量常抓不懈，对管理精益求精，最终收获了硕果。“金力成”低压成套开关设备和“力成”GZS 型移开式交流金属封闭开关设备荣获“宁夏名牌产品”称号。

四、转型升级是企业可持续发展的关键

2012 年，总投资 5 亿元的宁夏力成电气科技产业园项目开工建设。这是集高压输配电、特种变压器、矿用隔爆开关设备、特种电缆、配电自动化、铜材精加工、智能立体停车设备等于一体的综合性电力设备制造项目，整合了公司多年积累的技术资源、管理资源和文化资源，将公司建设成为一家以科技研发、技术创新为主导，推动重点新产品、新技术快速实现产业化，面向输配电设备高端市场，提升力成电气品牌的新型高科技装备制造企业，是宁夏力成实现可持续发展、规模经营，带动地方产业链升级和快速发展的战略举措。

宁夏力成将与客户、供应商共同致力于电气事业发展，共同捕捉电气市场的巨大潜在价值和机遇，为将宁夏力成打造成为电气行业最优秀的制造商和服务商而努力奋斗。

雄关漫道真如铁，而今迈步从头越。走过了15年峥嵘岁月的宁夏力成，紧跟时代步伐，把握市场动向，任何艰难都挡不住其前进的脚步。力成，还将在新的征程上继续拼搏！

〔供稿单位：宁夏力成电气集团有限公司〕

尽善尽美　追求卓越

——南阳防爆集团股份有限公司

南阳防爆集团股份有限公司（简称南防集团）是我国最大的防爆电机科研生产基地、国家创新型企业、国家重点高新技术企业、中国电器工业协会防爆电机分会理事长单位，拥有国家认定企业技术中心、国家认可实验室和博士后科研工作站。主导产品防爆电机被评为“中国名牌”和“国家免检产品”。现有5家全资、控股子公司，分布于南阳、上海、湖南郴州三地。

十余年来，南防集团主要经济指标保持两位数增长，特别是2004年改制为民营企业以来，连年实现跨越式发展，市场占有率、经济效益综合指数均为全国同行业第一，荣登“中国大企业集团竞争力500强”“中国机械500强”和“中国电气工业100强”。2011年销售收入24.8亿元，利税4.86亿元，出口创汇2 032万美元。

一、实施管理创新，构建新的运行机制

1. 创新管控模式

根据现代“集团企业”的发展趋势，借鉴国内外知名企业的成功经验，南防集团进行了事业部制管理模式变革，按产品、业务等分类，将研发、生产、质量、服务等相关专业，结合成若干个相对独立经营机构，实行公司集中决策、事业部分散经营，把市场机制引入公司内部，使企业资源得到科学配置和有效利用，提高了组织效率，增强了企业对市场的快速反应能力。

2. 为各类员工搭建职业梯

明确不同梯次的责、权、利，把每个员工的德、能、绩与职业梯次进行对位，个人能力、绩效与职业梯次、薪酬紧密挂钩，构建了价值导向、体现差异、激励绩效的薪酬管理体系。激励广大员工刻苦钻研，一专多能，沿着公司设置的职业阶梯奋力攀登。

3. 对中高层管理者实施360度全方位考评

中高层管理者每年初都要签订目标责任书，年中、年末对其职责履行情况和目标完成情况进行360度全方位考评，以考评结果决定职位升降和薪酬收入。对中层管理者实行竞聘上岗，竞聘范围不断扩大，有效激活了干部队伍，形成了“竞争、激励、淘汰”的用人机制和以绩效为导向、强调执行的企业文化。

二、坚持自主创新，形成行业领先优势

南防集团实施差异化竞争战略，瞄准国际先进水平，开发出一大批具有自主知识产权的高新技术产品，填补多项国内空白。

核级电动机顺利通过了国家核安全局的许可证审查，是国内同行业唯一取得核岛内电动机设计/制造许可证的企业；世界最大容量的8 800kW　20P增安型无刷励磁同步电机，用于神华集团建设的世界第一个达到工业化规模的煤直接液化项目；轻型汽轮发电机以自主品牌批量出口国际市场；YAXn、YBXn、YXn系列高效节能电机在我国电机行业率先获得国家节能产品认证；铸铜转子超高效电机，经过国际权威电机效率测试机构美国NVLAP认可实验室检测，达到当今国际最高能效等级（IE4），成为继德国西门子公司之后，国际上第二家研制出IE4超超高效电机的企业；高效节能矿用防爆对旋式主通风机被列为国家火炬计划项目；出口高效、超高效电机，达到国际领先水平，在国内同行业取得国际权威机构认证最多，产品销往美国、澳大利亚、新加坡等40多个国家和地区，自主品牌出口达50%以上；有7项新产品获得了“国家重点新产品”荣誉，取得国家专利147项，其中发明专利12项。主导产品正在向高端化、大型化、节能化、集成化方向迈进。

三、坚持质量第一，追求卓越品质

南防集团生产的各类高低压防爆电机、大型防爆风机，用户遍及石油、煤炭、化工、冶金、电力等领域，任何一点小小的闪失，都可能造成重大经济损失和人员伤亡。南防人深知产品应用场合的特殊性，也深知肩上担子的分量，虽然获得了“中国名牌产品”“产品质量国家免检”荣誉，但对待产品质量始终是战战兢兢，如履薄冰，不敢有丝毫的松懈。

公司在全国同行业率先向用户实施质量保证承诺，建立严格的质量管理体系，实施严于国标、部标的内控标准，主要产品全部采用国际标准和国外先进标准。深入贯彻“下道工序是用户”“用户满意就是我的工作标准”的理念，推行“防火墙”“内部用户监理”和“模拟用户验收”等新的质量管理方法，各工序、各岗位之间以“下道工序”和服务对象为用户，在质、量、期和服务等方面进行公开承诺，并纳入工效挂钩、经济责任制、质量奖惩等制度进行考核，分配与质量紧密挂钩。凡出现质量问题或造成损失的，一要赔偿，二要取消一切评先资格，三要层层追究责任，特别是一把手的责任,形成了以市场为龙头,环环紧扣、层层保证的“用户服务链”。

过硬的产品质量使南防集团产品在国际市场赢得了良好的信誉,分别取得美国UL和CC、欧共体ATEX和CE、加拿大CSA、挪威NEMKO、南非SABS、澳大利亚TESTSAFE等多项国际权威机构认证,在国内同行业中取得的国际认证最多,自主品牌出口达50%以上。

四、构建和谐企业,履行社会责任

1. 坚持依法经营,诚信纳税

公司被评为“河南省诚信纳税大户”“河南省纳税百强企业”“河南省民营企业纳税百强”和“南阳市十大纳税工业企业”,连年荣登国家税务总局发布的“中国电气机械及器材制造业纳税百强排行榜”,连年被评为“南阳市纳税信用A级企业”,被中国机电产品进出口总会授予AAA级最高信用等级荣誉,多次被工商局授予“重合同守信用企业”。

2. 坚持安全生产,重视环境保护

先后投入大量资金,完成了多项安全设施改造项目,劳动安全设施、劳动保护条件均达到法规要求。公司定期向员工配发劳动保护用品和防护用具,所有特殊工种作业人员都按照国家有关规定参加政府相关部门的培训取证。公司通过了OHS 18000职业健康安全管理体系认证,连续3年获得河南省“安康杯”竞赛活动优胜企业称号。组织制定完善的环保制度,设置专职人员负责环保工作;应用新技术、新工艺,减少污染物排放,实现清洁生产;公司建立有环保处理设施,污染物排放达标,从未发生过环境污染事故,于2008年5月取得了环境管理体系认证。

3. 坚持以人为本,关爱员工

建立了职代会、工资集体协商制度,依法与员工签订劳动合同,依法缴纳五险一金(养老保险、医疗保险、失业保险、工伤保险、生育保险和住房公积金)。定期为员工做健康体检,每月为员工过集体生日,并组织多种形式的文娱活动,充分让员工感受大家庭的温暖。企业发展的同时,员工收入逐年增长。公司被授予全国“模范劳动关系和谐企业”“模范职工之家”和“厂务公开工作先进单位”称号,连年被评为“南阳市劳动保障A级诚信示范企业”。

4. 坚持回馈社会,参与公益事业

近年来,南防集团出资3 574万元捐助全国农运会、豫商大会、城市建设、救灾扶贫、春节焰火晚会、建设社会主义新农村等公益活动。向农村帮扶点小学捐赠电脑20台、书籍5 300多册,出资帮助学校修路、进行校园建设。逢年过节,公司领导必到农村帮扶点慰问困难农民。董事长魏华钧个人出资设立宋庆龄基金会魏氏防爆基金,用于救助困难员工、奖励高考优秀的员工子女和扶危济困、爱心助学等社会公益。

2008年5月11日,国务院总理温家宝视察南防集团,勉励南防集团“再接再厉,创出世界名牌”。南防人将牢记总理嘱托,坚持自主创新,把南防集团建成国内一流、国际先进的防爆电机科研生产基地,为振兴民族工业作出更大的贡献。

〔供稿单位:南阳防爆集团股份有限公司〕

战略执行成就人企双赢

——良信电器有限公司

战者,面对困难的勇气与能力;略者,解决问题的手段与方案。

战略对于国家来说,是一种哲学思想。它将引领政治、军事、经济、文化的走向,以达成国家的近期、中期、长期愿景。

提及战略,自然会联想到“高瞻远瞩”之类的词语,由于它具备前瞻性和思想性,往往让人不敢轻易言及。但时至今日,企业自身的发展需求促使企业具有战略的眼光、适时的战略规划以及到位的战略执行,这是时代赋予中国企业的战略要求,也是全球经济赋予中国的战略要求。同样,提出和执行良信的企业战略也成为摆在企业面前的课题,它的紧迫度是:形势逼人。

战略对于企业,是达成目标及实现愿景的路径和方法,它的核心是取舍、定位和匹配,它是一种哲学思想的创新。犹如华为的任正非将毛泽东思想作为其战略规划的理论基础,并结合企业的特性不断创新,用以指导华为的战略执行。

战略分为战略规划、战略执行、战略评估三大部分,战略成功与否的关键在于战略执行阶段,而要将战略执行到位,就不得不将战略规划进行有效的梳理及诠释。

良信锁定中高端的产品定位,实施集中聚焦的市场战略。商场如战场,集中优势兵力打歼灭战是众多优秀企业屡试不爽的战术经验。对于走过十年的良信人来说,是到了该创立良信哲学,创新思想的时候了。如此,才能在多变的环境中持续获得成功。

良信的愿景:2014年在国内中高端市场成为领先企业。有了这个明确而清晰的愿景,要去做的就是把战略按步骤、分阶段地执行到位,从而在战略规定的时间内达成目标,完成战略规划。

战略对于个人意味着一种态度、胸怀和对欲望的控制能力,人生需要价值的认定,而这条路上充满着太多的诱惑和荆棘,有人生战略的人成功的概率远远高于其他人。人作为个体能力是有限的，但形成团队时，就会迸发出远远大于一加一的能效。这也就是组织产生的原因和组织威力的所在。

良信人历经十载风雨，逐渐锤打出一个坚强的团队。十年来，良信团结一心、步步向前，不断地提升行业地位和品牌价值。然而，十年的付出也让市场和对手逐渐适应，产品优势和管理优势正在缩小。求变之举，在所难免；重新创业，势在必行。

江郎尚有才尽之日，何况吾等。为了完成良信的战略，每一个良信人都必须在学习中成长。这不仅符合良信的战略利益，也更有益于个人的战略利益。

组织能力的强弱决定了企业战略的成败，个人核心能力的定位和匹配则决定着组织能力的强弱。在这个过程中，企业的责任是在战略转型的同时，提出核心能力的要求，引导员工自我反省，推动个人成长；员工的责任是根据企业核心能力的要求，分析个人优劣势，针对性地制订学习计划，提升职业能力和专业能力，打造个人核心竞争力。

当每一个良信人都能满足战略的需求时，高效的内部流程就会形成系统化管理体系，甚至上升为每个良信人人生战略中不可或缺的一部分。良信始终坚持以市场为导向，以客户为中心，在客户要求越来越高的今天，及时交付、品质保障及服务这些看似常规的要求，随着客户的行业需求已经变得越来越个性化。当客户端的竞争优势固化时，良信的品牌影响力及市场竞争力不言而喻。

只有通过不断的战略阶段执行，不断地达成阶段性目标，才能不断地完成良信的战略构想。在这样的基础上，我们将充分彰显并坚守良信的核心价值：诚信、关爱、责任、进取。

诚信：实事求是，敢于面对自己，尊重规律；

关爱：建立分享机制，通过薪资、福利、奖金等与员工分享企业利益；

责任：员工承担岗位责任，注重职业操守，企业承担社会责任并尽一切可能履行慈善和公益义务；

进取：面对恶劣的行业竞争环境及各种挑战，成就低压电器行业领头羊的进取心。

当从战略的角度来诠释良信的核心价值观时，就会发现人生战略与企业战略在很多方面有着惊人的相似和融合之处。企业战略的执行依靠每一个不同的个体，如何让这些不同教育背景、不同人生经验，甚至不同宗教信仰的人在思想、行动上保持高度一致，打造企业的核心竞争力，是良信战略执行的关键。如何基于良信的核心价值观，结合公司愿景、战略规划及工业品的本质，提炼出有别于竞争对手的，适用于所有良信人的核心能力；如何指导不同岗位的人员将这种核心能力转化成个人的行动方案和学习能力，是现在乃至未来各级管理者必须关注的。

管理者的品格和专业能力决定了管理的水平，善于发现下属的长处，因材施用，激发其主动进取的潜力，毫无保留地将自己的优秀经验进行总结和传承，是各级管理者必须练就的内功。如是，员工才能实践“做中学”，并获得真正的成长；反之，管理者也能从员工的成长中提升认识，总结经验。当每一个管理者都能具有这样的执行能力时，我们的管理将更加务实且灵活。

面对激烈的竞争环境，以不变的核心价值观支撑万变的战略战术，以适时的战略转型配属相应的核心能力，势必成为良信快速成长最有效的武器。

要突破瓶颈就必须思想统一，然后才可能行动一致，当企业的所有人都聚焦在战略的具体执行上时，那种力量是无坚不摧且愈挫愈强的。

上海良信所坚守的核心价值观，正是良信战略不断提升的基石。它的内容诠释，完全体现了中国传统价值观儒家思想的核心内容：天下大同。

上海良信的战略也顺应了中国改革开放的伟大目标：构建和谐社会，实现中华民族的伟大复兴。

当上海良信和祖国形成合力之时，试问诸君，有什么困难是不可战胜的？征途漫漫其艰也繁，身负历史使命虽百折而不挠。

〔撰稿人：良信电器有限公司总裁任思龙〕

做精做好特高压产品　确保国家电网安全运行

——上海杨行铜材有限公司

2007年以来，上海杨行铜材有限公司独家承担国家首条特高压1 000kV山西晋东南—南阳—湖北荆门交流试验示范工程及南阳扩建工程所需的全部23台主变压器和23台电抗器电磁线的研制供货任务，是当今世界上电压最高、容量最大的输变电线路，所需产品技术难度大、质量要求高，性能必须优越、可靠。2008年以来公司又承担起国内首条特高压直流示范工程中四川向家坝—上海奉贤直流输电线路中部分直流换流变压器用电磁线的研制任务。公司以“创新发展、高效节能，尖端科技、装备中国”为信念展开了百万伏产品用电磁线的研发制造工作。

1. 做好该项目产品研发工作，对用户百万伏产品标准、特殊性能要求做好评审、交流、消化、转化工作

公司成立研发小组，对1 000kV导线的特殊结构、特殊性能要求进行研究，制定工艺方案、试制方案，购置试验检

测设备,进行了14项研发性试验项目,力争做到"高标准、无差错;高质量、无缺陷;高水平、低风险",有力地保证了主机的性能需求。

2. 严格按质量控制体系强化过程控制、管理

按照ISO 9000体系标准和产品认证标准,有系统地围绕产品开展程序化、标准化、文件化工作,用文件、制度、标准等规范行为。多次围绕"百万伏主机质量对电磁线如何控制"召开专题会,根据电磁线特殊要求和制造难度,结合公司的质保能力,针对不同厂家百万伏产品的具体要求制定了多项实施性文件,并逐一落实到基层和机台员工,认真实施,确保了客户产品用线的优质、安全、可靠。

3. 做好风险控制预案及落实

公司制定了"特高压产品质量风险预防机制",明确了特高压产品用线的质量风险点是:裸线表面状态及导线性能,导线用纸、漆的绝缘可靠性。生产过程中的净化、防尘、防污、防异物等是降低导线风险的关键。因此制定和实施预防措施30余条(项),并逐一加以贯彻落实。

4. 加强员工质量意识教育和技能培训

在技术准备阶段,公司对全体员工进行百万伏产品重要度、质量意识方面教育,提倡"四个负责"和"六讲",提出口号:高度认识,责任到人,精心操作,优质可靠。各车间多次组织技术、工艺、操作要点、安全等培训。各项培训后,分别进行理论、实践两方面考试考核,并在激励机制上激发员工的参与热情和责任心,进行不同层次的培训考核。公司选拔了具有5年以上,经考核考试双优者从事该项目的生产工作,起到很好效果。

5. 加强原材料采购和检查验收

公司对用于"百万伏"级产品电磁线的三大主材——铜、纸、漆,作为A类采购物资重点进行采购与控制,规定电磁线采用智利"CCC"牌和国内最优品牌电解铜、绝缘纸、绝缘漆。以上用铜、纸都送国家权威检测部门检测,达标后投入使用。由于优选了国内外最优质的主材,成品线的性能得到了很好的保障。

6. 加强生产环境和净洁控制

百万伏产品用线安排在全新全封闭、净化无尘的厂房内制造。聘请保洁人员24h不间断地对环、机、料、工装、地面进行保洁除尘。盘具全部新制特制,吊具全部改用尼龙带绳,成品包装采用全密封方式等。经努力整改,于"双百万"产品生产初期正式通过了GB/T 24001环境和GB/T 28001职业健康安全认证,切实保证了生产现场环境的优化。

7. 做好生产设备、工装配备,保证产品精度和准确可靠

为保证百万伏产品生产进度、质量、性能、工艺的特殊要求,公司在资金十分紧缺的条件下,投入资金500余万元,用于添置生产设备、工装工具。这些设备和工装的及时到位和应用,对保证百万伏产品电磁线的生产进度,产品质量起到了关键的作用。

8. 做好检测、试验设备的配备及应用

除公司已有的各种生产导线的机械、电气性能测试设备外,又根据特高压产品的不同要求,投资近百万元,购置了当代最先进的检测设备。这些检测设备的引进和应用,大大增强了对各形态半成品的性能监测手段,保证了导线质量。

具有划时代意义的首条特高压线路已正式安全运行一年多,公司能在这项重大工程中尽到微薄之力,感到十分荣幸和骄傲。国网特高部也对公司的工作给予了肯定和表扬。公司生产的该项目用电磁线也分别获得国家与地方级"科技进步奖""创优""高新技术"等称号。

当前,国家"十二五"规划已经启动,"十二五"期间国家电力事业将进一步发展,智能电网建设、低碳、节能、降耗已成为国家电网今后发展的重点。直流输电、核电、风电项目将加大开展力度,国网"三纵三横一环"的宏伟构架已经启动建设。

公司秉承"战略合作共进、和衷共济双赢"的经营理念,以"可靠的质量、满意的进度、优质的服务"为原则,为国家智能电网的开发和建设节能降耗、低碳环保电网的目标,让电力网路更加安全可靠,为国家电力事业的发展、为民族工业作出应有的贡献。

〔供稿单位:上海杨行铜材有限公司〕

产品与项目

介绍电器工业在2011年各类奖项中的获奖情况，公布行业信用等级评价以及质量可信产品推荐结果

Introducing the winners of various prizes in the electrical equipment industry in 2011, announcing the results of evaluation of credit rating and recommended quality-trustable products in the industry

综述

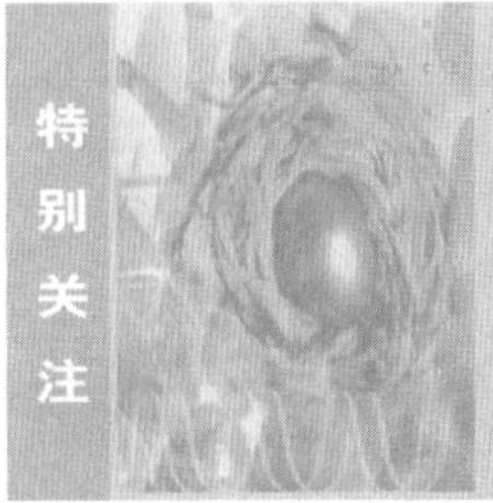

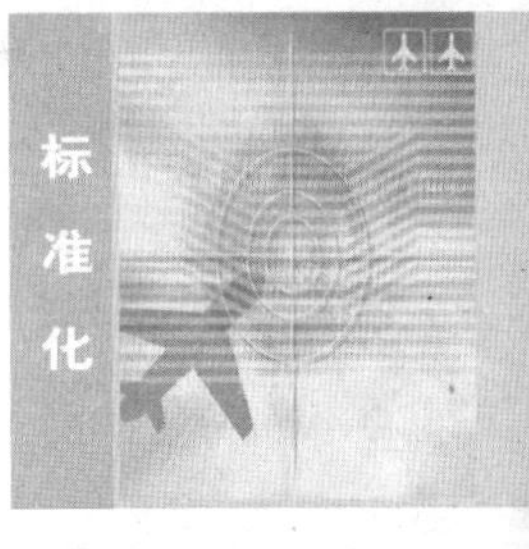

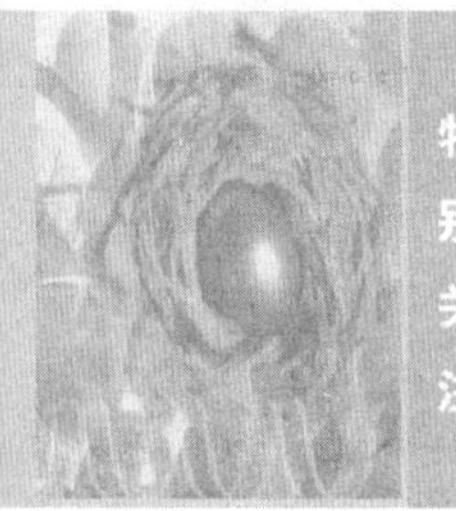

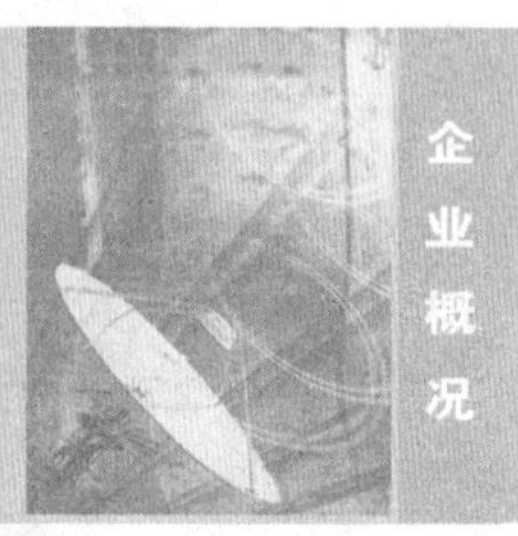

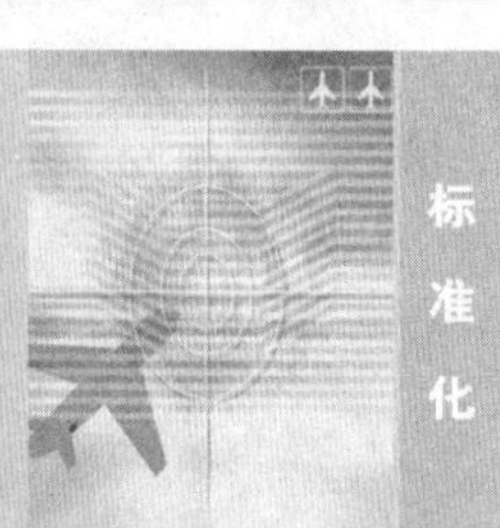

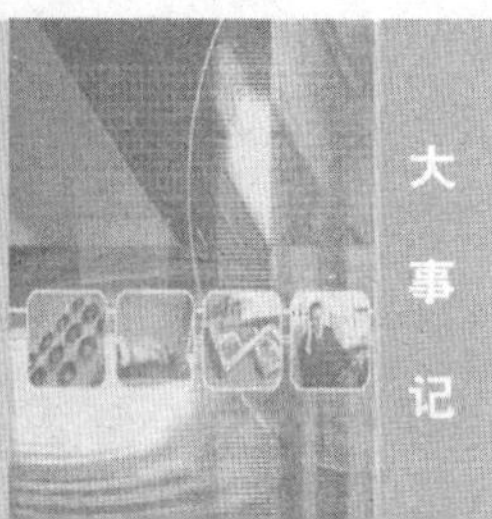

产品与项目

2011 年度国家科学技术进步奖获奖项目

项目名称	主要完成人	主要完成单位	获奖等级
高压直流输电工程成套设计自主化技术开发与工程实践	饶宏、李立浧、赵杰、刘映尚、黎小林、李岩、黄莹、徐政、洪潮、金小明、余建国、尚涛、方森华、朱功辉、郑军	南方电网科学研究院有限责任公司、中国南方电网有限责任公司、浙江大学、中国电力工程顾问集团中南电力设计院、西安高压电器研究院有限责任公司	一等奖
中国西电输变电重大成套装备科技创新工程建设		中国西电集团公司	二等奖
变频空调关键技术的研究及应用	黄辉、马颖江、张有林、米雪涛、宋爱、梁博、许敏、郭清风、沈军、胡余生	珠海格力电器股份有限公司	二等奖
大型火电机组空冷系统优化设计与运行关键技术及应用	杨勇平、杜小泽、杨立军、雷平和、黄文佳、刘建民、冯璟、席新铭、杨志平、黄文博	华北电力大学、中国电力工程顾问集团华北电力设计院工程有限公司、北京首航艾启威节能技术股份有限公司、中国国电集团公司	二等奖

2011 年度中国机械工业科学技术奖
（电工电器项目）

2011 年，电器工业继续坚持依靠技术创新驱动行业发展的方针，在科技创新中取得了丰硕成果。经中国机械工业科学技术奖评审委员会评审和中国机械工业科学技术管理委员会批准，电器工业共有 60 个项目获得 2011 年度中国机械工业科学技术奖，其中特等奖 1 项，一等奖 5 项，二等奖 24 项，三等奖 30 项。2011 年度中国机械工业科学技术奖（电工电器项目）特等奖及一等奖见表 1。2011 年度中国机械工业科学技术奖（电工电器项目）二等奖见表 2。2011 年度中国机械工业科学技术奖（电工电器项目）三等奖见表 3。

表 1　2011 年度中国机械工业科学技术奖（电工电器项目）特等奖及一等奖

项目名称	单位名称	获奖等级
±800kV 特高压直流输电关键成套技术装备研制及产业化	西安西电变压器有限责任公司、特变电工沈阳变压器集团有限公司、保定天威保变电气股份有限公司、中国西电电气股份有限公司、西安电力电子技术研究所、西安西电电力系统有限公司、许继集团有限公司、机械工业北京电工技术经济研究所、西安西电高压开关有限责任公司、桂林电力电容器有限责任公司、西安西电电力电容器有限责任公司、南京电气（集团）有限责任公司、江苏神马电力股份有限公司、西安西电高压电瓷有限责任公司、大连电瓷集团股份有限公司、西安西电避雷器有限责任公司、西安西电高压套管有限公司、西安高压电器研究院有限责任公司、上海电缆研究所、沈阳变压器研究院股份有限公司、许昌智能电网装备试验研究院、中国电器工业协会	特等奖
典型高端家电产品绿色制造关键技术研究及应用	中国电器科学研究院有限公司、合肥工业大学、哈尔滨工业大学深圳研究生院、美的集团有限公司	一等奖
CPR1000 核能 1 150MW 半转速汽轮发电机研制	东方电气集团东方电机有限公司	一等奖
750kV 单相大容量电力变压器	西安西电变压器有限责任公司	一等奖
超超临界 660MW 汽轮机	上海电气电站设备有限公司上海汽轮机厂	一等奖
SFP－1140000/500 电力变压器	保定天威集团有限公司、保定天威保变电气股份有限公司	一等奖

表 2　2011 年度中国机械工业科学技术奖(电工电器项目)二等奖

项目名称	单位名称
金属蒸气电弧等离子体调控理论及其在高压 SF_6 断路器领域中的应用	沈阳工业大学
现代通信线缆用系列高端测试技术研究及装备国产化	上海电缆研究所
ZHN2 - 18，24/Y11000 - 80 型发电机保护用复合式组合电器	新东北电气(沈阳)高压开关有限公司
2MW 风力发电机组系列化研制	上海电气风电设备有限公司、上海电气集团股份有限公司输配电分公司
550kV 1/2 极 SF_6 自能灭弧单元的研究及 LW36 - 252/T4000 - 50 自能式 SF_6 断路器研制	西安高压电器研究院有限责任公司、北京北开电气股份有限公司、西安高压电器研究所电器制造有限责任公司
EVH1 - 40.5/T2500 - 31.5 户内高压交流真空断路器	天水长城开关厂有限公司
电机效率低不确定度测试系统	上海电机系统节能工程技术研究中心有限公司、上海电器科学研究所(集团)有限公司、上海电科电机科技有限公司
快循环同步加速器磁铁电源	天水电气传动研究所有限责任公司、中科院高能物理研究所
TFY2000 - 1 2MW 直驱永磁同步风力发电机	湘潭电机股份有限公司
电器附件质量安全因子的研究与应用	机械工业北京电工技术经济研究所、中国电器科学研究院有限公司、中国标准化研究院、中国电器工业协会、工业与日用电器行业生产力促进中心
OFM1700 光纤多参数分析系统	上海电缆研究所
我国发电设备制造业国际竞争力研究与应用	中国电器工业协会、机械科学研究总院、机械工业北京电工技术经济研究所
电能管理服务平台关键技术研究与产业化	江苏大学、苏州太谷电力有限公司
1 100kV 特高压开关设备开断性能研究及应用	沈阳工业大学
一种三裂解传动整流变压器的制造方法	保定天威集团有限公司、保定天威集团特变电气有限公司
光伏并网发电系统的研制与应用	保定天威集团有限公司
电涌保护器关键技术研究与应用	上海电器科学研究所(集团)有限公司、上海电科电器科技有限公司、浙江正泰电器股份有限公司、上海臻和防雷电气技术有限责任公司
乌江构皮滩电站巨型混流式水轮机	哈尔滨电机厂有限责任公司
XBZ2 智能型/XBJ2 紧凑型 24kV(20kV)箱式变电站	天津电气传动设计研究所、天津天传电控配电有限公司、江苏波瑞电气有限公司、杭州之江开关股份有限公司、天津久安集团有限公司、常熟开关制造有限公司(原常熟开关厂)、宁夏力成电气集团有限公司
桥巩 4×57MW 灯泡贯流式水轮发电机组研制	东方电气集团东方电机有限公司
热核聚变实验堆用低温超导磁体导线的关键技术研究与开发	宝胜科技创新股份有限公司
新型 GW7C - 252 ~ 800 三柱水平旋转式(翻转式)系列隔离开关	湖南长高高压开关集团股份公司
低压电器智能生产测试系统的研究与开发	上海工程技术大学、上海电器股份有限公司人民电器厂、上海电器陶瓷厂有限公司
紫微光微波炉强化灭菌机理及关键制造技术	河南工业大学、佛山市顺德区美的微波电器制造有限公司、电子科技大学

表 3　2011 年度中国机械工业科学技术奖(电工电器项目)三等奖

项目名称	单位名称
超高压开关设备智能化升级及配套项目	平高集团有限公司
IGBS - 2500A/60V 大功率高频开关电源	北京京仪椿树整流器有限责任公司
1.5MW 风力发电机组研制	太原重工股份有限公司
DFWG1500/4 1.5MW 双馈异步风力发电机	湘潭电机股份有限公司
YBM□ - 24/0.4(F.R)高压/低压预装式变电站	杭州欣美成套电器制造有限公司
抗水树电缆绝缘材料	浙江万马高分子材料股份有限公司
SFPZ9 - 240000/330 电力变压器	保定天威集团有限公司、保定天威保变电气股份有限公司、天威保变(合肥)变压器有限公司

（续）

项 目 名 称	单 位 名 称
光控高压大功率动态无功补偿装置（SVC）	荣信电力电子股份有限公司、辽宁省电力有限公司
G3DCG（3kW）通信基站数码直流充电发电机组	无锡开普机械有限公司、无锡开普动力有限公司
CM3 系列塑料外壳式断路器	常熟开关制造有限公司（原常熟开关厂）
高速电气化铁道 AT 供电方式 220kV 单相牵引变压器	天威云南变压器股份有限公司
基于无线虚拟专网的配电网综合监控系统开发	昆明电器科学研究所
超超临界汽轮机转子主轴安全性评价及寿命评估	哈尔滨汽轮机厂有限责任公司
KFM3－3 塑料外壳式断路器	江苏大全凯帆电器股份有限公司
用于水动冷却塔的高效直驱混流式水轮机开发与应用	河海大学、南京星飞冷却设备股份有限公司
核电站反应堆堆顶电缆和连接器组件	上海电缆研究所、上海特缆电工科技有限公司
采用 HCCV 交联工艺生产 220kV 交联电力电缆新技术	江苏新远东电缆有限公司
超高压电液操动系统的研究与应用	河南平高电气股份有限公司
TAW8000－18/3250 增安型无刷励磁同步电动机	佳木斯电机股份有限公司
狮子坪电站 3×65MW 高水头混流式水轮发电机组研制	东方电气集团东方电机有限公司
CJA6 系列电动机操动机构	西安西电开关电气有限公司
TX－650000/230 调相变压器	保定天威集团有限公司、保定天威保变电气股份有限公司
小型化高可靠性 363kV 气体绝缘金属封闭开关设备用断路器	西安西电开关电气有限公司
智能型可通信低压电器及其装备	天津市百利电气有限公司
E 级联合循环电站大型空冷发电机	上海电气电站设备有限公司
非晶硅薄膜太阳电池生产线	北京北仪创新真空技术有限责任公司
1 000MW 超超临界单列高压加热器	上海电气电站设备有限公司
具有智能模块的新型永磁机构高压真空断路器开发与产业化	江苏科技大学、镇江市诚翔电器有限责任公司
ZHW6－126（L）（G）/T2000－40 型复合式组合电器	西安高压电器研究院有限责任公司、云南云开电气股份有限公司
低压电器检测试验关键技术研究与综合系统研制	上海电器科学研究所（集团）有限公司、上海电器科学研究院

典型高端家电产品绿色制造关键技术研究及应用

《国家中长期科学和技术发展规划纲要（2006—2020年）》明确提出，我国要“积极发展绿色制造，加快相关技术在材料与产品开发设计、加工制造、销售服务及回收利用等产品全生命周期中的应用，形成高效、节能、环保和可循环的新型制造工艺，使我国制造业的资源消耗、环境负荷水平进入国际先进行列”。

“绿色制造”是一种综合考虑环境影响和资源消耗的现代制造模式。其目标是使产品在设计、制造、包装、使用到报废处理整个生命周期中，对环境影响小、资源能源利用率高、综合效益大，使企业经济效益与社会效益得到协调优化。绿色制造已成为21世纪制造业的发展趋势，是实现资源能源高效、清洁循环利用与环境影响最小化，保障我国制造业现代化进程，建设环境友好型社会的重要措施，具有相当的紧迫性。

电视机、冰箱、空调作为典型高端家电产品在我国家电产业中占有极为重要的地位。一方面，作为家庭传统电器，其更新换代速度也越来越快；另一方面，这三类产品覆盖了家用电器较多的技术层面，其制造过程在家电产品中最具有代表性。因此，该项目选择电视机、冰箱、空调为研究对象，开展绿色制造关键技术研究及示范应用。

该项目围绕典型高端家电产品的全生命周期绿色技术进行系统研究，重点对家电产品绿色设计、无铅可靠性评价、回收处理及再资源化方面展开新技术、新装备、新工艺、新产品的研究开发，最终实施具有示范作用的应用工程，形成典型高端家电产品全生命周期的技术体系和自主创新能力。

CPR1000 核能 1 150MW 半转速汽轮发电机研制

岭澳核电站二期工程位于广东省深圳市大亚湾核电基地，是第一个以我国为主建设的核电自主化依托项目，反应堆采用具有自主品牌的我国改进型压水堆 CPR1000，属于第二代改进堆型。这是国内首次完整制造的百万千瓦级大容量核能发电机,填补了国内空白,是国内形成成套核电设备制造能力的重要环节。

在该项目之前,国内已建成核电站4座,总装机容量9 100MW,除秦山一期300MW是国内自主技术外,其他均全套引进国外技术和设备,其中代表性的岭澳一期由外方总负责建设,常规岛安装有2台进口的法国ALSTOM公司980MW级2极全转速汽轮发电机组。

岭澳二期常规岛配套2套1 100MW级4极半转速核能汽轮发电机组,2005年,东方电气集团东方电机有限公司以主包商身份中标常规岛汽轮发电机组供货合同,负责发电机的供货;法国Alstom为国外技术来源方和部分部件的分包商。2008年、2009年9月第一台、第二台机组相继并网投入商业运行。

该产品主要特点为:

(1)国内单机容量最大的汽轮发电机,额定功率1 150MW;常规火电发电机最大容量为1 000MW。

(2)国内首台半转速核能汽轮发电机。世界90%以上的百万千瓦核能发电机采用半转速发电机,国内此前没有制造过。

(3)产品尺寸特别是转子尺寸和重量大大高于全转速产品,是迄今为止国内生产的重量最重、体积最大、结构最复杂的汽轮发电机。

(4)Alstom技术自成一体,新技术、新结构、新工艺多,技术难度高。

(5)核电技术管理体系严格复杂,项目的完成使国内技术和质量控制水平向前迈进了一大步。

东方电气集团东方电机有限公司陆续签订了红沿河、宁德、方家山、福清、田湾等共计20余台的供货合同,占据了国内核电市场50%以上的份额。

750kV单相大容量电力变压器

该项目是西北750kV输变电工程银川东变电站“ODFPS－700000/750单相自耦变压器”和崇信电厂“DFP－260000/750单相发电机变压器”两个项目的合并项目,均是为特大容量发电机组配套的750kV特大容量电力变压器产品。750kV单相大容量电力变压器是西北750kV输变电工程的重要设备之一。立项时,该项目研制的变压器为国内750kV级容量最大的电力变压器。

依托西北750kV输变电工程,西安西电变压器有限责任公司开展了750kV单相大容量电力变压器的研制,掌握了绝缘结构、高压出线结构、电磁屏蔽结构、低压大电流出线结构以及运输问题等关键技术难点,有效地控制和预防了大容量变压器产生的漏磁现象、杂散损耗以及局部过热等问题,取得了技术创新的重大成果。应用该项目主要研究成果研制的750kV 700MV·A单相自耦变压器、750kV 260MV·A单相发电机变压器通过了国家级新产品鉴定,主要技术性能指标处于国际先进水平。

ODFPS－700000/750单相自耦变压器是为国家电网公司西北地区后续750kV送出工程——银川东变电站工程设计、生产的,是目前我国750kV电压等级单相容量最大的变压器产品,具有结构可靠、损耗低、局部放电小、运行经济性好、使用维护方便等特点,是适应市场需求的新型变压器。该产品于2008年8月顺利投入运行,至今运行情况良好。

产品名称:单相油浸式强油风冷自耦变压器

产品型号:ODFPS－700000/750

额定容量:700/700/233MV·A

额定电压:765/(345±2×2.5%)/63kV

调压方式:中压线端无励磁调压

冷却方式:强迫油循环风冷(OFAF)

联结组标号:Ia0i0(三相联结组标号:YNa0d11)

中性点接地方式:直接接地

额定电压和额定频率时空载损耗保证值:≤127kW

额定频率、110%额定电压的空载损耗:≤182kW

运输重量:240t(充氮)

总重:375t

DFP－260000/750单相发电机变压器是为中国水电建设集团崇信发电有限责任公司设计,用于2×660MW燃煤电站工程发电机组配套的单相无励磁调压电力变压器,是当前国内设计生产750kV电压等级单相容量最大的发电机变压器。采用单相三柱式双同心结构,高压绕组采用中部出线方式,器身绝缘采用组装式结构,冷却方式采用不导向油循环结构,油箱采用桶式结构,油箱内采用复合电磁屏蔽结构。

产品名称:单相油浸式强油风冷电力变压器

产品型号:DFP－260000/750

额定容量:260MV·A

额定电压:(800±2×2.5%)/20kV

冷却方式:强迫油循环风冷(OFAF)

调压方式:无励磁调压

联结组标号:Ii0(三相联结组标号:YNd11)

中性点接地方式:直接接地

短路阻抗:14%(允许偏差±7.5%)

绝缘水平:h.v.线路端子 SI/LI/AC 1 550/1 950/900kV

h.v.中性点端子 LI/AC 350/150kV

l.v.线路端子 LI/AC 200/85kV

空载损耗保证值:≤115kW

负载损耗保证值:≤475kW

噪声:≤75dB

总重:267t

超超临界660MW汽轮机

汽轮机作为电站的心脏设备,其性能直接影响整个电站的运行经济性。

上海汽轮机厂开发了适应主蒸汽25MPa、600℃,再热蒸汽600℃的超超临界660MW汽轮机,以提高运行的经济性,提高可靠性、安全性、可用率,缩短安装和调试时间,延长投运寿命,降低维护成本。该汽轮机采用了一系列高温材料、提高热力效率、结构优化设计等世界最先进技术及多项重大核心技术,具有效率高、轴系稳定性高、起动速度快、大修时间长、现场安装时间短等技术优点。其主要的科技创新如下:

(1)采用独特的圆桶型高压缸结构、双流中压缸结构、落地式低压缸结构、轴承N+1支撑,使结构紧凑、轴系顺畅。

(2)采用高中压分缸、进汽阀与汽缸直接相连、斜置静叶、3DV通流设计,效率高。

(3)全周进汽的运行方式、落地式低压缸结构、轴承N+1支撑方式、多道汽封设计,轴系稳定性高,起动速度快,5min即可达到3 000r/min。

(4)高温区的低应力结构、独特的防颗粒冲蚀技术、独特的轴系稳定性、顺畅的膨胀系统,使机组具有高可靠性、大修时间可达12年。

(5)采用高压缸、中压缸整体组装出厂模式,不需现场装配,现场安装时间短。

(6)采用全新设计的调节保安系统、冗余的电子超速保护装置、新型碟形弹簧油动机、先进的全自动控制DEH/ETS系统,可以完成机组从起动到带满负荷全过程的自动控制,在提高机组运行可靠性的同时大大减少运行人员的工作量。

该汽轮机首台安装在江苏望亭电厂3#机,机组各项指标达到或超过设计值。其汽轮机高压缸效率为90.08%,中压缸效率为93.92%,机组在额定负荷660MW时的热耗为7 308.03kJ/(kW·h),优于保证值7 315kJ/(kW·h)约7kJ/(kW·h);超超临界参数、独特的结构、新的全三元气动设计技术三个因素使该机经济性比超临界(24.2MPa/566℃/566℃)汽轮机提高近3%,比亚临界汽轮机提高6.7%。

该汽轮机已有合同订单31台,且已有11台正在进行商业运行。

SFP-1140000/500电力变压器

SFP-1140000/500电力变压器运用先进的计算方法、计算手段,通过对电场、磁场、线圈冲击电压分布、短路强度等进行分析计算,优化设计,自主研发,在确保安全可靠的基础上,提高技术经济性能指标。该产品是国内首次开发研制的与1 000MW发电机组配套的三相一体主变压器,也是目前拥有完全自主知识产权的容量最大的变压器。

型号:SFP-1140000/500

电压组合:(525±2×2.5%)/27kV

联结组标号:YNd11

额定容量:1 140/1 140MV·A

额定电流:1 253.7/24 377A

短路阻抗:高-低:18%

产品代号:1BB.710.1146.1

绝缘水平:h.v. 线路端子 SI/LI/AC 1 175/1 550/680kV

h.v. 中性点端子 LI/AC 185/85kV

l.v. 线路端子 LI/AC 200/85kV

频率:50Hz

冷却方式:ODAF

中性点运行方式:直接接地

保定天威集团有限公司于2009年9月30日完成首台变压器的自主研制并一次试验成功,2011年1月24日成功投运于粤电惠来电厂;第二台产品在2011年3月初也成功投运于粤电惠来电厂,均一次送电成功,至今运行状况良好,无质量问题。

金属蒸气电弧等离子体调控理论及其在高压SF_6断路器领域中的应用

该项目立足产学研合作,将理论研究、实验研究、产品开发与应用相结合,取得一系列研究成果:

(1)提出用于对称与非对称流路SF_6断路器二维、三维湍动电弧模型,实现我国SF_6开关电弧调控核心技术从无到有的突破。

（2）提出长间隙、毫秒级燃弧时间、可压、有粘、有源、变吹弧边界、变轨迹、跨音速、湍动与激波共存的介质恢复调控策略，解决高压、超高压 SF_6 断路器灭弧系统最优设计、喷口上下游最佳压力输出、最短间隙激波捕捉、电－磁－热－机－气流多物理场协同控制等技术难点。

（3）建立高压、超高压 SF_6 断路器动态绝缘分析、绝缘系统优化、灭弧系统电弧等离子体湍动数值实验平台，解决绝缘参数优化（灭弧系统弧触与主触、均压屏蔽优化；绝缘套管高压多级均压环、低压接地屏蔽电极、均压悬浮电极优化），解决介质恢复参数优化（喷口型面气流控制参数优化）。

（4）设计出110kV、220kV、500kV 单断口断路器优化后灭弧结构以及800kV 双断口断路器优化后灭弧结构。实现考虑电极材料与 SF_6 介质变性、智能优化与电场－磁场－压力场－密度场－速度场－温度场多场耦合的电弧调控，提高 SF_6 开关的绝缘能力与介质恢复能力。实现电弧等离子体调控机理完整描述与电弧综合调控，指导断路器优化与设计。

（5）形成4套国家版权局授权的 SF_6 断路器绝缘设计、灭弧系统优化设计、湍动气流数值模拟、电弧数值实验软件。获发明专利授权1项，发明专利受理7项，实用新型专利授权6项。发表论文90余篇，被SCI收录10余篇，EI、ISTP收录60余篇。

（6）推动我国 SF_6 开关行业技术进步。所开发的具有自主知识产权的开关电器绝缘分析与设计、灭弧系统优化、跨音速湍动气流数值实验模拟、电弧特性模拟软件包，是国内首个可直接服务于 SF_6 开关数值的实验平台，打破了国外技术封锁与垄断，提高了自主设计水平。

现代通信线缆用系列高端测试技术研究及装备国产化

该项目是上海电缆研究所在我国现代通信线缆行业成功实施的一项重大项目。该项目完成之前，我国通信线缆高端测试技术研究水平及装备研制能力远落后于发达国家，通信电缆高端测试设备只能完全从美国和瑞士进口。该项目的成功完成提高了我国高端线缆测试技术水平，结束了国外测试装备垄断我国市场长达20年的局面。

项目的主要科技内容：特低频率下通信线缆测试技术及装备研究、中低频率下通信线缆测试技术及装备研究、（特）高频率下通信线缆测试技术及装备研究、超高频率下通信线缆测试技术及装备研究、通信电缆电磁兼容性能测试技术及装备研究、测试技术的研究及标准的修订与制定。

技术经济指标：完成了从特低频段到超高频段范围的现代通信线缆高端测试技术的研究工作，并完成了不同频段下对应的高端测试设备的国产化工作。该项目根据通信线缆产品技术特点和应用领域分为9个子项目，其中，7个子项目通过省部级鉴定，填补了国内空白，达到国际先进水平。该项目的所有子项目均具有完全自主知识产权，并已完成科技成果转化工作，形成了系列国产化高端测试装备。子项目中获省部级科技进步奖二等奖1项，获省部级科技进步奖三等奖2项，获上海市发明创造专利奖1项，获上海市重点新产品称号3项，获专利授权15项（其中发明专利3项、国际专利1项）。

经济效益、社会效益及行业科技进步：该项目形成的国产化装备已成为行业主流测试装备。截至2010年年底，销售额超过7 000万元，拥有国内75%的应用市场，成功地结束了外高端测试设备对我国市场的垄断，近三年促使国外进口设备在国内的销售量几乎为零。该项目的成功标志着我国通信线缆高端测试技术研究和装备研制能力已达到国际先进水平，成为具备现代通信线缆系列高端测试装备研制能力的三个国家中的一员（另外两家为瑞士、美国），提高了我国在相关标准制定中的国际话语权（包括IEC TC46/SC46）。

ZHN2－18，24/Y11000－80型发电机保护用复合式组合电器

主要科技内容：发电机保护用复合式组合电器是模块化设计的产品，由三个单相封闭外罩组成三相系统，内有 SF_6 断路器、隔离开关、接地开关、电流和电压互感器、避雷器、电容器，连同操动机构一起安装在公共支架上。根据用户需求可对各元件进行不同组合。该产品的相间距可以调整，以适应电厂中母线的布置。

技术经济指标、社会效益：该项目填补了发电机保护复合式组合电器的空白，打破了国外公司垄断，产品性能达到国内领先水平。2008年以来实现产值1 664万元，产品全部出口。

2MW 风力发电机组系列化研制

作为上海市高新技术产业化重大推进项目的重要组成部分,上海电气风电设备有限公司、上海电气集团股份有限公司输配电分公司开发的2MW风电机组,针对我国风况条件设计,具有自主知识产权,在气动、控制等多个方面取得了突破,机型达到国际先进、国内领先水平。2010年,2MW机组获得上海市高新技术成果转化中心转化认定,获上海市科委重点新产品认定。

2MW机组开发包括总体概念设计、风机载荷计算分析、风机电气变桨系统设计、风机电气偏航系统设计、塔架受力特性分析、雷电保护系统开发等。

2MW机组气动性能优越,最大 Cp 值0.482;噪声小;电网兼容性好;采用了当前最成熟和最普遍的控制策略。2MW机组具有可用率高(单位容量平均多发3% ~8%电量)、可靠性高、结构紧凑等突出的技术特点。

2MW风机研制项目先后申请了10项专利,其中发明专利5项、实用新型专利5项,目前2项发明专利已授权,实用新型专利已全部获授权,创新成果覆盖风电机组多个系统和部件,发表论文3篇。

首台2MW样机自2008年12月下线以来,迅速产业化,2009—2010年已生产300多台,形成了近30亿元的销售收入。为了使2MW风机适用于不同的风资源及气候条件,具有更广泛的适应性,上海电气进行了系列化机型开发,已形成常温型、低温型、防盐雾型、潮洞带型等型号,已拥有60多亿元订单。

此外,上海电气还与印度KSK公司签订了125台2MW风机订单,与伊朗SAMEN公司签订了15台订单,标志着2MW风机已经获得国际认可,大批量进军国际市场。

2MW风机社会效益显著,单台2MW风机年发电400万kW·h,可节约1 400t标准煤,对环境保护、电力结构调整作用巨大。

550kV 1/2 极 SF_6 自能灭弧单元的研究及 LW36 - 252/T4000 - 50 自能式 SF_6 断路器研制

该项目是根据国家下达的“十五”重大技术装备科技攻关项目立项的,是三峡水利枢纽工程成套设备研制子项目“550kV 1/2 极 SF_6 自能灭弧单元的研究”(编号为 Z01 - 01 - 07 - 02C)以及延伸项目“LW36 - 252/T4000 - 50 自能式 SF_6 断路器研制”(课题号为 K070101 - 05)。

自主开发的新型550kV 1/2极高压 SF_6 断路器,采用自能式热膨胀灭弧技术,配用轻型弹簧操动机构,技术性能和技术参数达到国际先进水平。在进行自能灭弧单元研究的同时,开发新型弹簧操动机构和配弹簧操动机构的252kV自能式断路器。按GB 1984—2003《高压交流断路器》完成550kV 1/2极高压 SF_6 断路器灭弧单元的研究性试验及252kV自能式 SF_6 断路器的全部型式试验。

在完成了短路开断电流40kA、额定电流3 150A的项目验收的基础上,西安高压电器研究院有限责任公司开始进行断路器的增容工作,使短路开断电流提高到50kA,额定电流提高到4 000A,电寿命次数提高到20次。应用该技术的产品已在北京北开电气股份有限公司、西安高压电器研究所电器制造有限责任公司、西电高压开关有限责任公司批量生产。该项技术已应用于252kV小型化GIS中,并且为向550kV双断口灭弧室的推广应用进行了必要的技术储备。截至2010年年底,依托该技术的产品产值已超过2亿元。

EVH1 - 40.5/T2500 - 31.5 户内高压交流真空断路器

EVH1 - 40.5型系列真空断路器,是借鉴当代国内同类产品的最高技术水平自主开发研制的一种适合我国市场需要的、技术性能和工艺制造水平较高的产品。整体设计采用落地中置式手车式布局,主回路采用领先的固体绝缘技术,操动机构为自主研发的集成化高可靠性操动机构;框架由冷轧钢板经数控机床加工焊接而成,强度好,外形美观大方,适配于I - AY - 40.5型铠装式中置柜;操作按钮、状态指示分布整齐、集中,面板美观;断路器采用模块化设计,弹簧操动机构、固封主回路、断路器车架都是单独分装的独立单元。EVH1 - 40.5型户内交流高压真空断路器设计采用GB 1984、IEC 62271 - 100标准,按照JB/T 3855进行电寿命试验,其基本技术参数、主要技术性能、可靠性指标均达到国外同类型产品水平,在国内同类产品中处于领先地位。

电机效率低不确定度测试系统

该项目属交流电机及检测技术与自动化装置学科，成果来源于国家科技支撑计划及“863”项目。

2007年颁布实施的IEC《旋转电机(牵引电机除外)确定效率和损耗的试验方法》规定：高效电机测试必须采用低不确定度电机效率测试方法。我国的相关标准亦将等同采用。而国内高效电机测试不确定度评价技术、参数修正技术、系统自动测试技术等相对落后，测试系统不确定度高、自动化水平低，无法满足欧美高效电机测试系统的标准要求，直接影响我国高效电机出口及推广使用。

该项目先后攻克了不确定度评价技术、高稳定度电源设计技术、参数修正等核心技术；在“正弦波静止电源”“双反馈控制”“电机效率低不确定度测试及评价”“高稳定性恒转矩负载模拟”“测试数据校正”方面取得多项技术创新，共申请发明专利2项、实用新型专利5项、软件著作权1项，其中4项实用新型专利已获授权，在国内核心期刊发表论文2篇；开发了国内首套高效电机低不确定度测试系统，集电源和负载的智能化控制、数据采集处理和回归分析、全方位保护监测等功能于一体，具有高稳定性、高重复性、高精度、高自动化等特点，在电机试验设备领域真正实现了数字化测试。经过试验验证，该装置的不确定度评定不低于0.4%，优于IEC标准的要求，达到国际先进水平，已成功运用于行业20多家企业，获得直接经济效益近1亿元。

快循环同步加速器磁铁电源

中国散裂中子源是由中国科学院高能物理研究所承担的国家“十一五”期间重大科学工程项目，是继美国(SNS)、英国(ISNS)、日本(J-PACK)之后世界第四个散裂中子源。建成后的散裂中子源将为我国基础物理研究与加速器应用研究提供强有力的手段，是我国在基础物理研究与应用技术方面的一次飞跃。

快循环同步加速器磁铁电源作为散裂中子源磁铁电源的核心设备，由于此前国内无厂家生产制造过，成为该工程的一大瓶颈。2007年2月起，天水电气传动研究所有限责任公司受中科院高能物理研究所委托，开始研制快循环同步加速器磁铁电源，2010年3月测试完成，各项技术指标达到或超过设计要求。

该装置的圆满完成和运行，填补了我国在此类电源领域的空白。基于可编程门阵列FPGA高精度电源数字控制器在该套电源上的成功应用，打破了国外公司长期垄断特种电源数字化领域中关键设备及技术的局面。三相PWM整流器基于全数字矢量控制技术，是具有可控功率因数、卓越的动态特性，可消除高次谐波，可四象限运行的“绿色”电源，其作为主动前端整流回馈单元成功应用于该套电源。该项目的关键技术可逐步扩展至相关工业控制领域，如风力、光伏发电等新能源领域。

TFY2000-1 2MW直驱永磁同步风力发电机

该项目产品为国家科技支撑计划项目——直驱式风电机组永磁单轴承发电机的研制及产业化成果，是大型直驱式风力发电机组的关键部件。

产品型号：TFY2000-1

产品名称：2MW直驱永磁同步风力发电机

额定功率：2 110kW	相数：2×3
额定电压：660V	额定电流：2×992.5A
额定频率：11.25Hz	功率因数：0.93
极数：60	接线方法：YY
额定转速：22.5r/min	效率：95%
绝缘等级：F	防护等级：IP54
冷却方式：IC40	起动阻力矩：≤8 000N·m

主要创新点：

(1)采用单轴承、内转子、扁平状结构，结构紧凑；采用圆锥形支撑形成空间通道，便于系统的安装和维护。

(2)研制了具有自主知识产权的硅钢叠片盒式永磁体安装结构，减少了永磁体中的涡流损耗和突然短路电流对永磁体的去磁影响。

(3)大容量低速电机采用自然空冷，简化了电机冷却系统，提高了防护等级，适用于风电场的恶劣环境。

(4)定子铁心叠压采用组合叠压工装，定子嵌线采用多功能型立式嵌装工装，有效防止了定子铁心的变形并获得国家专利。

(5)采用的永磁磁极装配技术属国内首创,已取得国家专利。

OFM1700光纤多参数分析系统

该项目填补了国内光纤光缆行业在高端测试技术研究上的空白,在此基础上研制完成的高端测试装备——OFM1700光纤多参数分析系统,整体达到国际先进水平,部分性能指标达到国际领先水平,打破了国外产品长期垄断我国市场的局面。

OFM1700光纤多参数分析系统是一款用于高精度测量光纤传输参数的分析系统。OFM1700光纤多参数分析系统采用高稳定可调的单色斩波光源、微弱信号采集和放大技术、数字锁相技术、机器视觉技术、稳定的光学系统、光源波长自动校准技术及光纤位置自动控制技术等,主要完成衰减系数、衰减波长、模场直径、光纤截止波长、光缆截止波长、宏弯损耗等参数测试。

主要研究内容:稳定的光学系统设计、自动控制技术设计、信号的处理系统设计、软件系统设计。

该项目成果已在光纤光缆行业普遍应用。申报了2项专利,其中1项为发明专利(利用光学成像测量系统对物体的尺寸进行精密测量的方法)。

我国发电设备制造业国际竞争力研究与应用

该项目通过建立评价模型、方法和评价指标体系,得出了我国发电设备行业和企业与其他国家和国外企业比较优势和劣势,提出了提升我国发电设备制造业国际竞争力的相关政策建议。

从行业角度,综合了"因果模型""钻石模型""价值链模型"等理论创造性地构建了发电设备制造业国际竞争力分析模型、评价方法和评价指标体系,包括绩效、规模、潜在竞争力、产品竞争力、环境竞争力等五个方面。

从企业角度,采用对标分析法,评价"中国公司"(哈尔滨电气集团、上海电气集团、东方电气集团)与世界九个著名公司在研发、制造、成套、销售与服务方面的竞争能力,以及由此产生的经营活动绩效,关键要素——生产要素、市场需求、相关产业和企业管理等方面内容。

针对性地提出了我国发电设备制造业存在的问题和相关政策建议,指出我国发电设备制造企业应更大范围地吸收、兼并世界最先进的优秀技术和设计、管理理念。

该研究成果在我国发电设备制造业中进行了示范应用。鼓励我国发电设备制造企业充分利用国家优惠的出口政策、金融支持和政府协调并结合其他产业的优势技术进行由设备成套向工程总承包转型的探索,形成为全世界提供发电装备和服务的产业链并培育了一批实践经验丰富的专家队伍。特别是能够整合海外和当地资源,提供符合客户需要、性价比良好、工期短的技术解决方案和施工管理方案,为发展中国家的经济快速发展提供了强大的动力。

该项目建立评价模型、将定性指标转化为定量指标的研究思路同样适用于输变电成套设备等其他重大技术装备行业,为实现全面评价我国重大技术装备国际竞争力提供了借鉴和指导。

电能管理服务平台关键技术研究与产业化

江苏大学与苏州太谷电力有限公司紧密合作,以提高企业电能使用效率和电能管理水平,实现"安全、可靠、经济、高效、洁净"的用电为目标,构建开放式电能管理公共服务平台,成功解决了主要关键技术,完成了平台的开发,创建了国内首家"中国电能服务网"(http://www.cn95598.com)。

创新性研究成果如下:

(1)成功解决了大容量数据采集与通信、电能管理服务数据模型与管理方法、实时数据网站的研发等关键技术。其中,各类模型包括电能质量评估数学模型、节电空间评估数学模型、能耗水平评估数学模型、配网优化方案库、配网节电方案库。

(2)首次提出了将可视化电能管理、电能耗审计、电能质量评估、节电潜力评估、配网优化、节能方案生成等新理论、新技术与传统意义上的电能管理系统融合,建立了电能管理服务平台的全新构架,研究开发了具有自主知识产权,集电能监测、配网优化、能效管理为一体的电能管理公共服务平台,主要成果达到国际领先水平。

(3)针对电能管理服务平台的要求,将嵌入式 Internet 技术成功应用于电能监测系统中,研发了低成本、测试功能全、安装与组网方便灵活专用的电能监测仪。

(4)发表论文 32 篇(其中 SCI/EI 收录 12 篇),获发明专利授权 1 项,软件著作权 3 项,申请发明专利 8 项。

该平台将电能管理技术与节能降耗有机融合,实现了合同能源管理服务,并将保险机制引入合同能源管理服务,在国际上开创了保险公司为节能效果保险的先河。平台提供的电能管理服务,可节约 5% ~15% 的用电成本,实现增收节支与节能降耗。2010 年太谷电力有限公司应用电能管理服务平台对可口可乐公司等 205 家入网用户提供电能管理服务,节约用电成本近 2 亿元。

1 100kV 特高压开关设备开断性能研究及应用

研究内容:①从断路器灭弧室结构角度,建立了具有分合闸电阻与均压电容的复杂灭弧室结构三维瞬态电场数学模型,计算了在工频电压、冲击电压以及各种暂态电压下的绝缘性能,分析了开断过程介质恢复特性,优化设计了绝缘结构,解决了特高压下的绝缘问题。②采用计算软件与自编程方式加入电弧物性模块,开发了移动网格技术,分别计算了单动原理和双动原理的灭弧室内的压力特性变化以及喷口气流场的分布情况,实现对断路器开断过程的电弧动态过程仿真,并根据仿真结果对灭弧室喷口进行结构优化。③从断路器本体和电力系统的角度出发,分析了开断过程电磁场与电磁暂态的变化过程,与实验测量数据相结合,结合电弧参数变化与电力系统分布参数计算了断路器电弧熄灭断口间瞬态恢复电压 TRV,分析了分合闸电阻和并联电容取值范围,验证了抑制恢复电压措施,解决了开断过程中大电流瞬态电弧熄灭问题。④建立了特高压双断口单动机构和双动机构灭弧室气压特性、气流场、机构动力学特性耦合计算数学模型,在模型灭弧室上进行了不同机构油压、不同开断短路电流下的气压特性试验测试,验证和修正了数学模型。

该项目系统地建立了特高电压、大电流高压开关设备开断技术理论,研究结果指导了电压等级最高(1 100kV)、开断电流最大(50kA)的双断口 SF_6 断路器的研究开发。

该项目获授权发明专利 4 项,发表论文 64 篇,EI 收录 42 篇,培养博士 4 人、硕士 21 人,掌握了特高压下大电流的开断特性与规律,形成了一批拥有自主知识产权的断路器设计与生产的关键技术,项目成果达到国际领先水平。研究成果在河南平高电气股份有限公司、新东北电气(沈阳)高压开关有限公司和西安西电开关电气有限公司等高压开关设备生产支柱企业应用,实现了特高压开关设备的产业化。三家企业累计在特高压试验示范工程Ⅰ、Ⅱ期中共获得订单 23 亿元。

一种三裂解传动整流变压器的制造方法

保定天威集团有限公司提出三裂解变压器的设计思路,即将三台普通双绕组整流变压器整合,采用一台心式三柱铁心,每个铁心柱上放置三个低压绕组和三个高压绕组,三个高压绕组并联为一路,三个低压绕组在轴向上排列,分别引出,各带一相整流器,也就是用一台三裂解整流变压器实现给三相交 - 交变频调速系统供电,或是向三个不同的负荷供电,达到“一机多能”的效果。

与三台普通双绕组传动整流变压器相比,三裂解传动整流变压器一般可有效减少占地面积约 50%,降低损耗 15% ~ 20%,并可大大减少维护工作量,材料消耗降低 15% ~20%,在设备节材、减少占地面积、降低电能损耗和减少设备维护成本等方面具有明显的优势。

保定天威集团有限公司申报了发明专利“一种三裂解传动整流变压器的制造方法”及 12 项其他专利,已全部获得授权,初步构建完成了该公司在“三裂解传动整流变压器”技术领域的专利集群。该产品已在国内河北钢铁、包头钢铁等各大知名钢铁企业广泛应用,自产品运行之日起事故率为零,可完全代替进口设备。

光伏并网发电系统的研制与应用

保定天威集团有限公司自主设计的 TWPV 光伏并网发电系统包括并网逆变器、跟踪装置及控制系统、并网逆变器及 LED 显示屏等。光伏阵列采用跟踪式布置,每排方阵支架的高度依次递增,避免了方阵之间的相互影响,减少了占地面积。

根据安装地点(保定)的经纬度,确定电池方阵的倾斜角度和各方阵之间的距离等参数,以消除阵列之间阴影的相互影响。在太阳光跟踪装置的控制下，太阳光始终垂直照射电池组件，太阳光辐射能的利用率比固定式装置提高逾 25%。光伏电池的直流电，经并网逆变器逆变后形成交流电送入电网，具有造价低、输出电能稳定的优点。逆变器采用带死区补偿的空间矢量法（SVPWM）和无差拍预测电流等控制方法实时跟踪光伏电池的最大功率输出点，在最大限度利用太阳能的同时还保证了并网电流波形畸变率优于 GB 14549—1993《公用电网谐波》标准。

技术经济指标：

（1）光伏方阵跟踪范围：方位角 ±110°（正南方向为 0°），俯仰角 10°~80°（水平方向为 0°）。

（2）方阵场额定电气参数：直流输出电压 345.0V，直流输出电流 106.4A（太阳电池最大功率点）。

（3）并网电流总畸变率不大于 2%。

（4）并网功率因数：0.99。

（5）逆变器最大转换效率：96.5%。

整套光伏发电系统每年可向电网输送约 5.6 万 kW·h 电量，每年可减排二氧化碳 27.08t、二氧化硫 0.226t，社会及环境效益显著。该系统已先后在北京、唐山、太原、宿迁等地光伏并网电站安装 8 座，总安装容量大于 2 000kW。

电涌保护器关键技术研究与应用

电涌保护器是低压系统用于抑制雷电过电压的主要电器。项目属雷电防护与低压电器领域，曾获科技部和上海科委多项计划支持。

我国因雷电灾害造成的经济损失每年高达百亿元，80% 以上雷灾发生在低压系统，其防护技术亟待攻克。低压系统雷电防护核心技术涉及机械、电器与电子、信息、新材料等多学科，该领域基础理论尚不成熟，项目研究的电涌保护器过电压与过电流一体化保护关键技术更是空白。

系列发明创新：

（1）突破电涌保护器后备保护技术的瓶颈，首创发明“一种电涌保护器的后备保护单元”，通过过流过压一体化集成的方式，实现真正意义上的后备保护，该项技术属国内首创。

率先发现现有后备保护元件存在故障电流保护盲区，以及承受雷电流能力的局限性和不确定性，原有技术缺陷将导致火灾等严重事故。独创机械式频敏电流转化开关，自动识别高频电流和工频电流，并分流至专用通道，全面解决了原有缺陷。

（2）创新发明多种类型的电涌保护器，以满足低压系统雷电防护不同需求，多项技术及产品填补国内空白，达到当前国际先进水平。

发明的辅助触发装置，使开关型电涌保护器能有效降低限制电压，提高产品的保护性能，扩大了保护范围；发明的新型灭弧装置，利用气压、气吹、磁吹，提高限流能力，有效解决开关型产品断续能力低的难题；创新设计了插拔式模块结构，同时在小型化、通用性、防震动、可靠性、工艺性等方面实现突破；发明的一种绿色环保的新合金材料，具有可焊性好、机械强度高、熔点稳定等优点，已广泛用于各电涌保护器产品。

（3）制定首个具有国际先进水平的电涌保护器国家标准，完成多个国家和行业标准。

项目共制定了 7 项国家标准和行业标准，首次将创新技术研究成果纳入标准内容。共申请国家发明专利 9 项，授权 4 项；研制成功的多系列电涌保护器产品，性能指标均达到国际先进水平，成果经转化和推广已形成规模生产能力，近三年取得上亿元直接经济效益。

出版专著 1 册，发表论文 19 篇，5 篇论文在国际论坛中宣讲。

乌江构皮滩电站巨型混流式水轮机

构皮滩水电站总装机容量 3 000MW，最大水头 200.0m，额定水头 175.5m 时，单机额定出力 609MW，加权平均水头 186.15m，最小水头 144.0m。全部水力设计由哈尔滨电机厂有限责任公司（以下简称哈电）独立完成。

哈电采用完全自主知识产权研发的 5×600MW 巨型水轮机，针对构皮滩电站的具体参数，采用了全通道优化，分别在哈电和瑞士洛桑试验台进行了试验，其中模型转轮最高效率达 95.17%，经科技查新为世界最高。空化和压力脉动及其他指标均满足合同要求。该成果表明哈电 200m 水头段的成果已达到国际领先水平。

哈电承制的巨型混流式水轮机共有 22 台机组，合同额近 50 亿元。我国正在建设和规划建设的可以采用 600MW 等级以上巨型机组的电站金沙江上的乌东德、白鹤滩电站，西藏的雅鲁藏布江上的墨脱电站，总装机容量将达到 60 000MW，可装机 70 多台机组。国外非洲刚果（金）下刚果省境内的印加（Inga）水电站装机将达 44 000MW。市场需求量巨大。

XBZ2 智能型/XBJ2 紧凑型 24kV(20kV)箱式变电站

主要科技内容:智能系统通过智能负荷通信单元采集和处理高压信号采集模块、母线温度保护装置、智能低压断路器、无功补偿控制器的电信号,通过触摸屏或上位机进行操作,实现"四遥"功能。通过无线 MODEM 采用 GPRS 方式与用户手机相连接,用户可随时随地监控箱式变电站的运行情况。高低压开关柜采用模块化设计,全部采用螺栓(或铆钉)连接,既便于组装,又方便更换损坏的部件;主体结构可采用覆铝锌板、复合彩钢板、不锈钢、非金属、铝板材质材料,外观颜色的可选择性能更好地与现代建筑群协调;特殊的屋顶设计使其具有隔热、保温和防凝露滴落等多种功能,同时屋顶可很方便地吊起,变压器及高低压开关设备可由上至下就位;优化设计的通风结构以及独到的整体式迷宫布置,自然通风效果良好;高压单元可采用真空固封绝缘开关,降低使用成本;箱式变电站中采用铜铝复合母线作为载流导体,成本降低 40% 左右。该产品实现了高可靠性、少维护、减小体积重量,更实现了环保和保护人身安全的目标。

该项目规范和提升了 24kV(20kV)箱式变电站技术性能、智能化水平和环保指标,综合评价为国际先进水平。

桥巩 4×57MW 灯泡贯流式水轮发电机组研制

桥巩水电站工程位于广西来宾市境内红水河上,电站装设 8 台灯泡贯流式水轮发电机组,总装机容量 456MW(8×57MW),是以发电为主,兼有航运等综合利用效益的大型水电站。电站安装有 4 台由东方电机有限公司自行设计、制造的大型灯泡贯流式水轮发电机组。

桥巩 4×57WM 灯泡贯流式水轮发电机组应用水头高(最大水头为 24.3m)、转轮直径大(7.4m)、机组出力大(额定出力达 57WM),是目前我国自行设计制造并投运的、单机容量最大的灯泡贯流式水轮发电机组,也是世界上单机容量第二大的灯泡贯流式机组。其高水头、大出力、大推力负荷(达到 1 040t,同类型机组中世界最大),给水轮发电机机组的电磁通风及结构设计、整机刚强度及稳定性带来了较大困难,特别是整机刚强度设计及机组主轴制造。东方电气集团东方电机有限公司在国内首次采用了先进的计算软件对卧式发电机的电磁刚度进行了校核计算,保证了薄壁件的发电机机械刚度能满足机组长期稳定运行的要求。攻克了最大直径 2 530mm、长度 9 229mm、精加工后总重 110t 的机组主轴整轴加工技术难关,在设计制造过程中还攻克了特大型导叶外环加工技术、特大型贯流机导水机构预装技术、通风冷却结构、低速重载卧式轴承、大部件起吊等多项特大型灯泡贯流式机组关键技术。

电站投运 3 年以来,总发电量 47 亿 kW·h,其中东方电机有限公司生产的机组发电量 27 亿 kW·h。机组运行情况稳定,综合性能良好,安装、检修、运行、维护方便,各项运行参数如温度、振动、摆度、噪声等指标优良,均领先于国内同类型机组;机组能保证在超过额定负荷(57MW)的 60MW 负荷稳定运行。

该机组结构合理,工艺性、经济性良好,水轮机制造工艺、发电机尺寸、推力轴承和机组总体结构等难度系数均高于国内外已投运机组,机组的总体设计制造难度指标达世界先进水平。其后,东方电气集团东方电机有限公司又顺利签订了蜀河 4×46MW、巴西杰瑞 18×75MW、峡江 4×41MW 以及沙坪二级 6×58MW 等大型灯泡贯流式水轮发电机组合同,合同总价值超过 40 亿元。

热核聚变实验堆用低温超导磁体导线的关键技术研究与开发

该项目是我国参与国际热核聚变实验堆重大国际科技合作计划(简称 ITER 计划)项目的一部分。项目重点解决了超导电缆超导丝跳股、断线、整股压断、外径失圆以及超导丝 2.0μm Cr 镀层表面脱落、中心螺旋管的制造和性能研究等关键技术难题,最终研制出具有体积小、重量轻、损耗低和传输容量大等优点的超导电缆。该项目成果达到国际同类产品先进水平,填补了国内空白。

技术经济指标:

(1)电缆空隙率确保为 29%。

(2)扭绞节距控制为:第一级(80±5)mm、第二级(140±10)mm、第三级(190±10)mm、第四级(300±15)mm、第五级(420±20)mm。

(3)电缆五级缆外径和偏差控制为($40.5^{+0.2}_{-0.3}$)mm。

(4)缆线最小临界电流至少为 190A。

(5)线材单根拉伸力不超过 20N,整根电缆不超过 19 600N。

(6)中心螺旋管外径(10 ±0.1)mm,螺距(9 ±0.5)mm。

(7)不锈钢带焊接连接处总厚度不超过包覆带公称厚度的 2 倍。

新型 GW7C－252～800 三柱水平旋转式(翻转式)系列隔离开关

新型 GW7C－252～800 三柱水平旋转式(翻转式)系列隔离开关是用于三相交流 50Hz 电力系统的一种高压电器,为三柱双断口水平开启式,每组由三个独立的单极组成,每极开关主刀开关、接地刀开关各配装单独的电动机构,通过电气汇控实现三极开关同时分、合闸操作;每个单极由底座、支柱绝缘子、导电部分、静触头、操动机构及传动部分组成。

该隔离开关是湖南长高高压开关集团股份公司在国外先进水平产品的基础上结合我国实际运行要求,总结国内外同类产品在国内市场多年的运行经验研制开发的产品,是在阿尔斯通、维奥等公司同类型产品的结构型式的基础上的再创新产品,其结构、性能类似阿尔斯通、维奥同类型产品,触头、覆冰等性能进一步改进,价格远远低于同类产品(仅为进口同类产品价格的 60% 左右)。其电流等级 2 500～5 000A,电压等级 252～800kV,温升(5 500A),无线电干扰性能(500μV),开、合母线转换电流的能力(额定母线转换电流/额定母线转换电压/关合－开断操作循环参数分别为 2 500A/450V/100 次),接地开关开、合感应电流能力(额定感性电流 300/750A,额定感性电压 35kV,额定电容性电流 50A,额定电容性电压 35/100kV)等重要性能参数处于国际、国内领先水平。

低压电器智能生产测试系统的研究与开发

主要创新成果:

(1)国内首创低压电器智能生产测试系统。引入人工智能和专家推理机制,对低压电器关键零部件材质和受热应力变形的随机性和不确定性进行预测推理分析,建立低压塑壳断路器智能生产测试机制和专家推理系统。开发了多维高精度动态跟踪技术,对目标对象实现了高精度的快速跟踪响应,在国内处于领先地位。

(2)研制国内外首台同心双柔轴调整锁紧机构。运用现代检测识别技术和运动控制技术,结合机构创新,实现了对低压电器脱扣器的脱扣时间调整螺钉和螺母的差补一体化调整,生产测试时间缩短 70%,测试精度大幅提高。

(3)研究动、静馈能间歇旋转灌砂机构技术原理。采用了圆柱曲面凸轮分度技术、气电旋转馈能传送技术、多点柔性定位振动灌砂技术、跟踪式阀门开启技术和气动定位密实度检测技术,实现了熔断器可靠的高精度无表面磨损连续灌沙。

(4)研究高精度快速微孔穿丝机构技术。国内首创粗、精二级定位技术,通过矫直送丝装置、预压可调对轮送丝装置,实现高精度的快速穿丝、焊接和切断等熔断器生产工艺,使直径 0.25mm 柔性熔丝自动定长穿入陶瓷熔断器盖板上直径 0.35mm 的熔丝孔中,并完成与指示片焊接、剪切熔丝功能。

效益及促进科技进步作用:

该系统已于 2007 年 8 月通过上海人民电器厂验收,投入生产运营,一年可节约电能 1 000 万元以上,利润达到 4 000万元,产品出厂合格率由原来的 89% 提高到 93%,产品质量达到和超过国家标准。NT00 低压熔断器智能化装配检测系统通过上海电器陶瓷厂验收,该生产线每年可增加利润 2 000 万元,产品质量达到国际水平,获 2010 年中国国际工业博览会高校展区二等奖。

该项目填补了国内空白,成果总体达到国际先进水平,部分技术处于国际领先地位,社会经济效益显著。项目组拥有完全的自主知识产权,申请发明专利 6 项,已取得发明专利授权 1 项、取得实用新型专利 6 项,软件著作权 3 项,发表论文 21 篇,其中 15 篇被 SCI 等三大检索收录。

紫微光微波炉强化灭菌机理及关键制造技术

该课题为政府间的国际合作项目。在研究微波设备灭菌的过程中,确定了大跨度波段分布电磁场的协同生物学作用,产生强化灭菌的功效,课题组应用该功效,制造了具有生态特征的微波炉,申请了发明专利、实用新型专利(12

项获得授权），引导了产品标准制定（4 项国家标准颁布），研制了检测仪器（获 1 项发明专利），以完整的自主创新体系完成了立项目标。制造出具有国际先进水平的紫微光微波炉，60 万台/a 生产线投产，三年新增产值 14.1 亿元，新增利税 6 210 万元，创汇 2 870 万美元。已出售的 170 万台产品每年可减少 2 150t 洗涤剂的排放。该项目具有国际先进水平。

紫微光微波炉的制造以强化灭菌、生态型产品转变了“中国制造”的效益增长方式，产业的提升作用已经体现。以此为基础，建成全球最大的微波产业基地——美的微波电器工业园，占地面积 53 万 m^2（800 亩），总投资超过 16 亿元，年产能达 4 000 万台，年产值 180 亿 ~200 亿元。

超高压开关设备智能化升级及配套项目

平高集团有限公司实施的超高压开关智能化升级及配套项目总投资 13 000 万元，新建装配厂房，新增建筑面积 18 200m^2，新增装配、试验装备和关键件加工设备 138 台。项目主要产品——间隔级测控系统，可以实现特高压、超高压及高压开关产品智能化升级，使其具有测量、控制、保护和通信功能。

超高压开关设备智能化升级及配套项目建设完成后，间隔级测控系统的推广应用使全封闭电器开关（GIS）每间隔产品的成本下降 5 万元，整寿命周期的维修费用下降 10 万元，同时技术应用促进传统高压开关产品的升级换代，产品的技术水平整体达到当前世界先进水平，主要技术性能指标处于国际领先水平。

IGBS－2 500A/60V 大功率高频开关电源

该产品采用 IGBT 模块作为电路的主功率器件，满载电能转换效率大于 93%，功率因数达到 0.96 以上，在提高效率的同时大大减少了对电网的污染。该电源系统是专门为单晶硅生产而设计的一体化加热电源，结构紧凑，占用空间小。控制调节器采用全数字化设计，功能强大；低压电器采用优质产品，性能可靠；采用超微晶软磁材料作为高频变压器磁心和移相全桥软开关控制技术，提高了电能的转换效率和输出电压、电流的稳定性；输出变压器、功率控制单元采用水冷方式；通过触摸屏设置可实现远控、近控、恒压、恒流等不同控制方式的切换；系统具有输入过欠压保护、缺相保护、输出过流、输出过压、过热等多种保护功能。

该开关电源类产品以高效率、高功率因数的优势，成为传统单晶产业电源系统技术改造以及新投入项目首选的电源系统方案，2009 年年底达产以来已实现 4 000 多万元的生产销售合同。

北京京仪椿城整流器有限责任公司研制的开关电源采用全数字化控制策略，可促进我国开关电源行业控制水平的提高。该产品的研发成功将有效促进和提高我国大功率开关电源产业的技术进步，完善电力电子产业链，促进具有自主知识产权的大功率高频开关电源技术的推广应用，以技术进步和产能提升推进电力电子行业节能降耗的施行。

1.5MW 风力发电机组研制

太原重工股份有限公司通过对风力发电机组进行空气动力学分析、结构设计和载荷计算及软件仿真、实际运行状态测试以及对主要部件的有限元分析和疲劳计算等，完全掌握了风电机组基础、塔筒、主机架、主传动链、齿轮箱、轮毂等主要部件的设计制造技术以及叶片、发电机、变流器等主要设备的选型成套技术。

自主研发生产的 1.5MW 风力发电机有以下主要特性：变速恒频、独立电动变桨、自动偏航、三叶片风轮、钢质锥形塔筒，基础由钢筋混凝土制成。其额定发电功率 1 500kW；切入风速 3m/s，切出风速 25m/s；直径 77m 叶轮额定发电时的风速 11.2m/s，直径 82m 叶轮额定发电时的风速 10.5m/s；轮毂中心高 65 ~75m；风轮有效扫风面积 4 654m^2 或5 278m^2；风机可适应二类、三类不同风场使用。

主要创新点：

（1）研究了适合我国实际风能资源特点的风力发电机组总体设计技术，形成了独创的兆瓦级风力发电机组部件设计方法和指标体系。

（2）优化了控制参数，风电机组可在较大湍流影响下正常发电。

（3）采用交流电动独立变桨，提高了可靠性。

（4）用导电轨代替电缆，显著降低了发电机端的过电压，延长了电机寿命。

(5)解决了机组在寒冷气候条件下的适应性问题。

该风力发电机组已批量生产。风机可实现全自动运行,实现低电压穿越、低电压保护,持续监控风机电压、频率、相位、风轮、发电机转速、温升、振动、油压、油位、制动器磨损以及电力电缆扭曲等,并对系统进行故障监测。

DFWG1500/4 1.5MW 双馈异步风力发电机

湘潭电机股份有限公司自主研发了适应变速恒频风电机组的并网低温型、海洋型、高原型双馈异步风力发电机,全面掌握了规模化生产必备的各项设计、工艺、生产、检测技术。

主要技术内容和解决的关键技术:

(1)研制并编制了交流励磁双馈发电机电磁计算程序,建立了双馈电机电磁场数理模型,对电机电磁场进行了分析和计算,为工程设计提供了设计依据。

(2)对影响电机效率的关键因素进行了研究,取得了最佳方案,保证了样机及产品的功率质量比比国外产品高10%。

(3)对电机的散热技术进行了研究,优化了电机的结构及散热系统的设计。

(4)设计并制造了满功率试验平台,研究并取得了发电机与变流器合理匹配的关键参数。

(5)研究了双馈电机的绝缘技术,设计了特殊的绝缘结构,解决了双馈电机转子变流器 du/dt 突变对转子绕组冲击损坏绝缘结构的关键技术问题。

(6)对大型双馈发电机的特殊制造工艺进行了研究,掌握了关键工艺技术,为批量生产奠定了基础。

型号:DFWG1500/4	冷却方式:IC616
额定输出总功率:1 551kW	功率因数:1.0
定子额定电流:1 086A	定子额定电压:690V
转子额定电流:422A	转子开路电压:约1 870V
额定频率:50Hz	绝缘等级:H级
防护等级:IP54	集电环防护等级:IP23
额定转速:1 800r/min	工作制:S1
定子接线方式:Y	转子接线方式:Y
转速范围:1 000~2 000r/min	电机极数:4
效率:96.7%(计算)	质量:≤7 000kg

该项目申报专利14项,其中发明专利3项;取得实用新型专利5项;制定国家标准2项、行业标准1项;发表论文24篇。

YBM□-24/0.4(F.R)高压/低压预装式变电站

YBM□-24/0.4(F.R)高压/低压预装式变电站是杭州欣美成套电器有限责任公司自主开发设计的24kV变配电成套产品,适用于高压侧额定电压为20kV及以下,额定频率50Hz,变压器容量1 600kV·A及以下的三相交流系统。

YBM□-24/0.4(F.R)高压/低压预装式变电站是一种集高压开关设备、变压器、低压配电设备、无功自动补偿装置于一体,按一定接线方案组合而成,具有就地操作、保护和遥控、遥测、遥信、遥调等功能的成套变配电设备。该产品吸收国内外箱式变电站(欧变)、美式箱式变电站等变配电设备的优点,采用模块化设计技术,具有占地面积小、结构紧凑、造型美观、现场安装工作量少、安装调试周期短、运行安全可靠、检修方便、根据实际需要可方便移动安装地点等特点,实现了制造过程的工厂化和现场施工的简单化,是一种高性价比的变配电成套设备。

在产品开发过程中,项目组首创的20kV高压侧全封闭、全绝缘方案,极大地提高了产品的环境适用性和供电可靠性,为公司乃至整个行业提供了户外预装式变电站设计新思路,推动了国内变配电制造业的技术进步。

抗水树电缆绝缘材料

抗水树交联电缆的开发关键在于材料,早在20世纪80年代欧美已广泛使用抗水树电缆,一系列抗水树的电缆绝缘料已经商品化。虽然我国对水树的抑制方法进行了详细的研究,但尚无国产抗水树电缆绝缘料。

技术创新:

(1)在常规XLPE配方中添加一定含量的极性接枝高聚物和高吸水物质。高吸水物质、极性接技高聚物具有强烈吸附水分子的性能,防止水分在聚乙烯中积聚成水滴,由于后者的主链与聚乙烯结构相似,又可作为高吸水物与聚乙烯之间的偶联剂。

(2)添加了特殊的茂金属聚合物成核剂。由于其立构规整性高,易于形成较为分散的球晶,结晶速度快,晶粒尺寸较小，在提高材料结晶度的同时提高了材料韧性，从而大大提高了材料的抗水树性能。

（3）在电缆材料的配方中，还添加了EVA改经聚合物，主要是增强助剂和聚乙烯的相容性能，使项目产品更加适合工业化生产。

（4）在电缆材料配方中，各助剂的添加量是经过平衡的，该项目产品在抗水树性能、可加工性、柔韧性和抗析出性能方面达到了很好的平衡。

2009年获得国家知识产权局发明专利授权。

SFPZ9－240000/330电力变压器

该项目产品为发电厂330kV电压等级三相双绕组有载调压升压变压器。公司在消化国内外先进技术的基础上，通过优化创新，采用先进的设计软件对变压器电、磁、热、机械强度及短路强度进行研究和设计。结合风力发电的特点，分析绕组结构和铁心结构，使之能够承受频繁的暂态过电压和含量较高的高次谐波；通过对抗短路能力的计算分析，有针对性地采取措施，提高了产品的抗短路能力；根据磁场计算结果，合理调整屏蔽措施，有效降低杂散损耗，提高变压器的技术经济指标；通过分析计算，采用先进的工艺方案，降低变压器的噪声。

该产品采用的技术方案和工艺路线科学、合理、技术先进，具有低噪声、低损耗、低局放、高抗短路能力等特点，达到国际先进水平。

光控高压大功率动态无功补偿装置（SVC）

降压级数越少，变压器损耗和故障威胁越低；线损越小，输电效能越高，电网安全可靠性和电力节能效果越好；阀组容量越高，对大电网的支持能力越强，提高SVC阀组直挂母线电压和容量等级是支持智能电网发展的迫切需求。

东北电网母线电压为66kV，包括ITER（国际热核聚变试验反应堆，中国负责“电源”研制）工程实施地法国在内的欧洲电网母线电压为69kV（国际上66kV和69kV属同一电压等级），SVC是电源点火关键配套产品，必须满足66kV母线直挂，阀组容量达200MV·A级。

该项目实施前，因无法解决阀组长期运行在高电压状态并能承受各种故障状态下的冲击及高电压强电磁干扰易造成阀组误动作和电晕等问题，SVC的最高直挂母线电压等级国内为35kV，国外为33kV；阀组的最高容量国内为180MV·A，国外为210MV·A。该项目采用光控晶闸管（LTT）代替传统的电控晶闸管（ETT），研究多种创新技术，取得多项发明专利，并成功应用于实际工程，率先实现66kV母线直挂运行（国际最高直挂电压等级），阀组最高容量达到210MV·A（国内最高容量等级）。项目研发的66kV电压等级LTT阀组串联均压屏蔽技术达到国际领先水平。

该项目研发的光/光转化及传输技术，解决了高电压强电磁干扰问题；均压屏蔽环技术，解决了阀组杂散参数分布问题，并优化了串联元件的动态均压，能够承受各种故障状态下冲击，保证设备的安全稳定运行。阀组采用卧式多层结构，避免因漏水而造成可控硅成组损坏，同时相间采取了防水措施，将管路进行优化设计，大幅降低了管道的压力损失。以上措施有效地降低了水阻，提高了水流量，并成功应用于南网梧州变210MV·A SVC实际工程。

该项目采用全数字双控制器无扰动切换冗余热备控制，采用双控制器脉冲检测技术，判断控制器工作状态；采用全数字双控制器热备无扰动切换技术，实现主、备控制器的脉冲同步切换；采用非线性增益环节和超前滞后环节的控制算法，实现系统无功的快速补偿。

该项目是支持新能源和节能减排的重大关键技术产品，可广泛应用在ITER工程、高压电网、长距离输电、冶金、电气化铁路、煤炭、矿山、风力发电等众多领域；高电压、大容量设备需求领域应用前景广阔；在ITER工程、西电东送、东北电网和欧洲电网竞争优势明显，经济社会效益显著。荣信SVC的国内市场占有率超过60%，总装机数量超过1 000套，新增产值156 219.8万元，节支总额127 016万元。该项目在SVC光控阀组核心技术的重大突破，推动了我国SVC领域的技术进步和产业升级。

G3DCG（3kW）通信基站数码直流充电发电机组

移动通信要为用户提供正常的通信服务就必须架设通信基站。目前中国移动通信基站数高达35万个、中国电信也有24万个。世界各国还有约800万个各种通信基站在运行。为确保通信质量,通信基站一般采用市电加发电机组或/和蓄电池的双路或三路配置。

该产品主要在市电检修、大范围停电、自然灾害等发生时对通信基站用电系统进行供电,对通信基站蓄电池进行充电,提高通信基站安全运行能力。

主要功能:具有市电流检测系统,实现无人值守,达到市电与机组的自动切换;具有智能控制功能,可远距离遥控;具有双电压选择、强制充电、防过充功能及长期浮充等功能,安全可靠。

2008年,该产品被江苏省认定为高新技术产品。发明专利"一种动力装置电器单元的冷却系统"2010年获授权,实用新型专利"固定式直流充电发电机"和"移动式直流充电发电机"获授权。

主要参数:

额定电压(DC):42.0/54.0V 额定电流:25/53A

额定输出功率:2.8kW

额定转速:3 600r/min 燃油消耗率:395g/(kW·h)

持续运行时间(额定输出下):6.7h(空载-满载)

噪声水平(7m处)(空载-全载):≤63~73dB

可为蓄电池充电电压:36V及48V

主要创新点:实现了市电与机组的自动切换,机组可为蓄电池充电,可为通信机站提供直流电;实现了智能控制,可对机组进行故障诊断;采用逆变变频技术,输出电源优质,输出频率恒定,输出电压正弦波变形低,达到ISO 8528-5国际标准要求;发动机转速随负载的变化而变化,节约了能源。

与国内外同类产品的比较:国内市场虽有各种规格的直流充电发电机组在销售,但未见有数码、智能控制的直流充电发电机组。

该产品燃油消耗率、噪声和净重等略优于本田机组,但持续运行时间略低于本田机组,比本田机组多一种电起动方式。

CM3系列塑料外壳式断路器

该产品完全符合国内外断路器发展趋势,兼顾交流和直流的应用场合,产品体积小、分断能力高、零飞弧、绝缘性能好,断路器机械寿命和电气寿命高,具有过载、短路、欠电压保护等功能;具有过载报警不脱扣功能。产品适用于配电和电动机保护场合,也适用于消防和新能源场合,是智能电网输配电领域的重要元器件。产品分63A、100A、250A、400A、630A、800A六个壳架电流等级,具有三极和四极,额定工作电流10~800A,额定工作电压至690V(交流)/1 000V(直流),额定绝缘电压800V,额定冲击耐受电压8kV,额定极限短路分断能力最高达100kA,机械寿命最高达40 000次(有维护),电气寿命最高达8 000次。

产品主要技术创新点:

(1)具备热过载报警功能,填补了国内外同类产品在该功能上的空白,能满足用户在特殊场合(如消防)的使用要求。

(2)内部附件盒装化,安装方便、快速,易功能扩展,满足智能电网自动化控制的需要。

(3)产品在国内率先采用二步分段开距结构,断路器的寿命大幅提高,维护机械寿命最高达40 000次,电气寿命最高达8 000次。

(4)产品体积小、分断能力高,单断点断路器实现最高分断能力100kA,为国内同类产品最高分断能力,从而实现突出的分断体积比。

(5)应用热冲击抑制技术,大幅度降低了对导电铜材的消耗,CM3-100C/250C塑壳断路器实现用铜量减少50%以上,在产品节能环保方面实现重大突破。同时CM3全系列产品大幅采用可回收塑料,充分体现了"绿色环保"的理念。

(6)断路器扁平化设计,有效减少体积,CM3-100C、CM3-250C断路器产品深度仅为60mm,成为真正的"超薄型"断路器,适合安装在墙面的小型配电箱或动力箱使用,为国内第一款也是目前为止国内唯一的一款超薄型产品。

(7)采用高直流分断技术,在塑壳断路器上实现极高的分断能力,CM3DC-250/400在1 000V分断能力达到40kA,同时设计满足宽范围额定电流的热磁脱扣器,使过载短路电流保护更全面,充分满足风能、太阳能发电系统对高电压高分断直流断路器产品的需求。

该项目产品已应用于冶金、电力、交通、高层建筑等自动化控制场合及各级配电网络之中,如成都红星美凯龙家居生活广场、牡丹江电厂2×300MW新建项目、南京高速齿轮集团有限公司46.7万m^2(700亩)新厂房及配合厂房项目等。

高速电气化铁道AT供电方式220kV单相牵引变压器

该产品安装于电气化铁道"AT"方式供电的牵引变电所,是电气化铁路牵引供电的关键设备,广泛应用于高速客运专线和重载电气化铁路牵引供电系统。

该变压器高压侧接入220kV电网中的两相,高低压侧均为全绝缘系统,在国内首家研发成功220kV全绝缘系统相关结构、工艺和试验标准,并成功用于系列产品,产品试验标准得到国家变压器质量监督检验中心认可，并推广使用。

变压器低压侧输出 2×27.5kV 电压，低压侧设置 T、F 两个绕组，两绕组串联连接，中点接地，分别对高压的短路阻抗相等，T、F 绕组短路阻抗小于 0.45Ω。由于采用新型结构和技术，牵引变电所不再需要设置 4 台自耦变压器，每个变电所可节约投资 500 万元，减少占地面积 $400m^2$。

变压器可单相运行，可连接成 Vv 联结牵引变压器运行，容量利用率达到 100%，能够有效降低运营费用。根据牵引供电平均负荷率低、短时过负荷严重的运行特点，优化产品空载－负载损耗，变压器损耗达到国标 9、10 型水平，属于节能型产品。

变压器具有良好的过励磁能力、抗短路能力和过负荷能力，可靠性高，供电距离比传统“直供”方式长一倍，能有效减少机车断电次数，适用于高速、重载电气化铁路。

该产品的研发成功，填补了国内空白，通过了省级新产品鉴定，技术达到国内领先、国际先进水平，产品迅速批量进入高速铁路牵引供电市场，市场份额超过 50%，占有率在国内外供货厂家中位列第一，至今累计订货 208 台，734.15 万 kV·A，合同金额超过 6 亿元，取得了良好的经济效益和社会效益。

基于无线虚拟专网的配电网综合监控系统开发

基于无线虚拟专网的配电网综合监控系统是集监测控制和数据管理于一体的综合系统，可增强对电力资源的科学分配、管理，并具有适应性强的特点。近些年来，无线通信方式在国外配电自动化系统中的应用越来越广泛，通过一些国家在乡村地区的应用实践，其可行性得到了证实。但是从国内外配电自动化系统采用的通信方式看，尚没有一种通信技术可以很好地满足配电系统自动化所有层次的需要。在一个配电自动化系统中，都是由有线和无线多种通信技术组合成综合的通信系统，各个层次按实际需求采用合适的通信方式。无线通信技术作为现有有线通信系统的重要补充，具有相当的实用价值。

昆明电器科学研究所通过考察和调研省内及周边省区数十家生产企业，作出了详细的用户需求分析。通过深入研究配电控制系统存在的诸多问题，结合该所在计算机及自动化技术领域多年的研究成果以及在高低压配电系统应用方面的成功经验，研制开发了符合企业要求的无线混合网络配电监控系统。

该项目采用先进的实时建模分析技术进行系统设计，选择功能全面的 C 语言作为主站系统的开发工具，完成了包括无线数据通信以及实时数据库等许多底层模块的构建工作。无线远方终端的设计采用了功能较强的 ARM2440 嵌入式系统作为系统的核心单元，连接数据采集模块和无线通信模块。主站监控系统可以同时对多个无线远方终端进行监控，采用适应性较强的无线混合网方式，根据安装现场的具体情况，可选择无线广域网和无线短程网通信模块。

(1)项目实现了基于 CDMA1X 和 WLAN 混合网方式的无线远程在线监测系统，在系统中根据不同场合的需求选择不同的无线通信方式，最后组成一个无线网络远程监控系统，上位监控系统可以同时以无线方式监控。

(2)项目实现了基于嵌入式操作系统 WindowsCE 的无线数据采集终端，无线远程数据采集终端采用 ARM S32440A 作为主机单元，通过硬件模块级的集成和控制软件的研究、开发，最终形成适用于企业配电系统的无线远程数据采集终端。

(3)项目实现了监控中心系统，监控中心系统主要包括数据接收、数据显示和数据管理等模块。

该系统的中断方式响应时间≤2ms，状态和报警点采集周期≤1s，模拟量采集周期≤1s，事件顺序记录分辨率≤2ms，控制命令响应时间≤1s，接受命令到执行控制响应时间≤1s，调用新画面的响应时间(全图形显示)≤3s(90%画面)，已显示画面动态数据刷新时间≤1s。

超超临界汽轮机转子主轴安全性评价及寿命评估

转子是汽轮机的核心部件之一，服役于高温、高压的蒸汽环境中，受力状态、工作环境比较复杂。以转子寿命为核心的超超临界机组寿命管理和安全性评价已经成为汽轮机行业的重大课题。

项目组经过 4 年的努力，在超超临界转子主轴安全性评价及寿命评估技术上取得了重大突破。试验研究了超超临界高中压转子材料、低压转子材料的低周疲劳、疲劳裂纹扩展速率、断裂韧性、裂纹扩展寿命以及超载对转子钢疲劳寿命的影响，就频率、环境介质、应力比、应力波谱、温度等因素对裂纹扩展速率的影响进行了试验研究。主要的研究成果是：建立了国产及进口超超临界高中压、低压转子材料的断裂力学特性数据库，了解了国产及进口超超临界高中压、低压转子材料断裂力学特性的整体水平和差异，了解了应变幅及超载对转子主轴材料断裂力学特性的影响，为超超临界转子制造技术国产化提供了技术支持。

项目组在超超临界转子材料断裂力学特性研究的基础

上,结合无损检测技术、有限元计算,自主研发了用断裂力学方法计算超超临界转子主轴安全性和寿命的评价体系。根据转子设计结构的变化和实际应用中出现的转子体内缺陷分布等实际问题,提出了一套合理而严密的数学计算模型,制定了相应的规范,使断裂力学评价方法更加完善化、系统化,全部评价工作实现计算机程序化。

针对以往汽轮机高中压转子主轴动平衡和超速试验在高于FATT温度的热箱中进行的现状,项目组论证了超超临界高中压转子主轴在室温进行动平衡和超速试验的可行性,计算了保证高中压转子主轴室温动平衡和超速试验安全的临界缺陷尺寸。该项技术的改进保证了安全生产,缩短了生产周期,节约了生产成本。项目组论证了实心转子的可行性,消除了用户对于转子结构设计转变的疑虑,为实心转子的应用提供了技术保障,节约了加工成本。该项目成果支持了国产超超临界转子锻件的应用,节约了采购成本。应用该项目成果评价的12根转子通过了安全性评价及寿命评估后投入安全运行,直接经济效益12 000万元。

该项目成果可以推广应用于评估正在服役的老转子的安全性评价和寿命估算,合理地延长老转子的服役寿命;也可在大型燃气轮机转子、焊接转子制造上推广应用,是汽轮机制造企业突破技术壁垒、参与国际竞争的有力保障。

KFM3－3 塑料外壳式断路器

国际先进塑壳断路器的主要特征是高性能、小型化、智能化、模块化、可通信、高可靠、符合环保要求等。该产品的技术经济指标达到国际先进水平,整体提高了国产断路器的技术水平,增强了市场竞争力,有效缩短了与国外先进产品的差距,提升了国产断路器的档次。

塑壳断路器在结构上主要包括触头系统、灭弧系统、操作机构、脱扣器、塑料外壳。该产品的触头系统采用先进的旋转双断点＋独特的转轴卡住机构,在动静触头斥开到最大开距后,动触头停留在最大位置,直至操作机构在脱扣器的作用下脱扣,避免了动触头因故障电流减小而跌落引起电弧重燃,同时该结构的转轴部件可有效防止动静触头带电断开时产生的电弧后窜进入转轴,避免对其他部件造成损害,提高了可靠性;灭弧系统采用独立的灭弧小室,锯齿型栅片的前端边缘交错排布,对电弧产生较好的拉长、切割效果,提高了电弧电压,增强了灭弧能力;脱扣器采用热磁式＋能量脱扣,新型的能量脱扣利用断路器在故障情况下产生的高气压直接推动转臂动作,迅速可靠,而抽出式的能量脱扣装置将独立的能量脱扣与预脱扣结构有机结合在一起,保证断路器插入或抽出过程中处于脱扣状态,而在插入之后处于自由状态,允许随意进行分合闸操作;附件种类齐全使断路器的使用范围更广,保护功能更齐全,操作和安装方式更方便;外形采用德国知名公司设计的弧形,美观新颖。该产品现已获发明专利授权7项、实用新型专利7项、外观专利1项。

该产品适用于额定工作电压690V及以下、额定工作电流至630A的电路中,分断能力$I_{cu}=I_{cs}=120kA$,额定冲击耐受电压8kV,实现零飞弧。该产品于2007年通过了国家强制性产品(3C)认证,并相继通过了CE、CB认证,ASTA认证正在进行中,主要技术性能指标达到国内领先和国际先进水平。

该产品与国际先进产品综合性能基本相近,价格略高于国内产品,有很高的性价比和强大的市场冲击力,已推广到全国各地,大量替代进口产品。截至2010年年底实现销售收入近4 000万元,净利润近650万元。

用于水动冷却塔的高效直驱混流式水轮机开发与应用

当前,冷却塔冷却时所用的风机主要由电动机带动,一年所耗电能十分巨大;而冷却塔一般具有一定的富余水头(4～15m),这部分压力也白白浪费了。已有的水动冷却塔的节能水轮机存在效率低、安装尺寸无法更好地与冷却塔匹配等问题,使用现有型号参数的水轮机直接应用到冷却塔中代替电机工作时无法达到满意的效果,需根据要求设计一种特殊的高效直驱型超低比转速混流式水轮机代替电机工作,解决水轮机与冷却塔风机之间转速匹配技术。该项目开发研制的系列高效直驱型超低比转速混流式水轮机,利用冷却塔循环水的出口压力,推动水轮机直接驱动风机旋转,替换了原有的电机,可达到同等冷却效果,实现废能利用与降耗减排。

研究的主要内容成果和创新点如下:

(1)提出了真正适用于水动冷却塔的高效直驱混流式水轮机的设计思想。分析了传统冷却塔工作原理、参数及可改造余度,开发出水动风机冷却塔装置系统。该系统获得了6项国家专利。

(2)针对一种新型低比速混流式水轮机的设计,采用反问题分析理论与方法进行小水轮机过流部件的初步定型,然后采用全流道三维湍流非定常数值模拟方法进行各部件优化设计,最后进行正问题的分析、诊断与改进,确定了超低比速混流式水轮机各部件的最优尺寸。

(3)数值模拟和物理模型试验证明:开发的高效直驱型超低比转速混流式水轮机性能良好。试验最高效率达到89%,运行稳定,且在转速变化±30%情况下,效率都在80%以上,提高了水动冷却塔运行调节的自适应能力。

经济效益:该项目利用冷却塔冷却循环水的出口压力,推动水轮机直驱冷却塔风扇,达到同样的冷却效果,属于"废能"利用,2010年一年为用户节电2亿kW·h。

该项目开发的产品具有节能、低噪的显著优点,是一种节能减排的环保产品,具有极大的推广和节能效果。

核电站反应堆堆顶电缆和连接器组件

该项目中的堆顶电缆和连接器位于反应堆的顶部、驱动机构和堆顶的插件板之间,分为两类:一类是用于向驱动机构磁轭线圈供电的电缆和连接器,称为堆顶棒控电缆和连接器;另一类是用于向棒位探测器初级线圈供电及次级线圈信号输出的电缆和连接器,称为堆顶棒位电缆和连接器。该部位的使用环境比较恶劣,温度高、辐射剂量大。堆顶电缆和连接器一直采用进口,最早的堆顶电缆使用硅橡胶电缆,后来改用矿物绝缘电缆,但由于该电缆护套采用铜管结构,硬度很大,不易弯曲和移动,在反应堆每年开盖进行检修和维护时,经常造成连接部位的损坏,增加了工作的难度。另外,进口电缆和连接器的价格非常昂贵,迫切需要一种性能指标完全符合使用要求且相对柔软的国产电缆来替代。该项目的堆顶电缆和连接器填补了国内空白,解决了核电站关键设备的技术难点。

主要技术性能指标:

(1)在180℃,累积辐照剂量500kGy的条件下有40年使用寿命。

(2)经模拟40年使用的热老化和辐照试验后,电缆线芯间的绝缘电阻大于500MΩ·10m,线芯间施加50Hz、2 000V的电压5min不击穿。

(3)堆顶电缆柔软,在10倍电缆外径的圆棒上卷绕后,卷绕部位的线芯间施加50Hz、2 000电压5min不击穿。

(4)堆顶电缆和连接器的连接部位的密封性。

该项目获得2项专利授权,并已成功运用于援建巴基斯坦的恰希玛二期工程。

采用HCCV交联工艺生产220kV交联电力电缆新技术

技术关键:

(1)HCCV(悬链式)交联生产采用了先进的自动控制技术,可靠的悬垂控制。

(2)采用大长度交联加热段和冷却段,在线精确测量控制与大张力牵引。

(3)采用双旋转牵引同步控制技术,控制绝缘下垂。

(4)采用导体预热,平衡绝缘吸热。

(5)采用较低温度进行交联。

技术指标:电缆绝缘偏心度控制在5%以内;绝缘热收缩率≤2%;绝缘层各点的交联度趋于一致。

经济效益:该项目达产后,按年产300km计算,可实现销售收入45 874万元/a,年创利税:3 000万元,上交税金4 704万元,利润3 161万元,上交国家税金2 550万元。综上所述,该工艺采用先进的生产设备和技术水平,通过工艺控制改善了产品品质,提高了电缆质量,是一项值得推广的先进技术新工艺。

超高压电液操动系统的研究与应用

该课题旨在开发超高压输变电高压开关大功率液压操动机构,用来满足500kV、800kV开关的需求。研究了大流量控制阀、液压缸的缓冲设计、模块紧凑化设计、液压密封的研究、开关大功率操动机构液压系统的优化设计与测试平台,突破了关键技术,填补了国内空白。

该项目于2006年12月立项并开始各项研制工作,于2007年完成550kV、800kV断路器的设计和样机制造,并完成了全部的型式试验。2007年10月配这种大功率液压操动机构的550kV罐式断路器和800kV GIS产品在北京顺利通过了国家级鉴定。LW55-550型罐式断路器配液压操动机构系国内首创,其性能达到国际先进水平。ZF27-800型GIS填补了国内800kV GIS的空白,性能达到国内领先、国际先进水平。

该项目取得了良好的经济效益。已经签订合同或者生产并出厂的配大功率液压操动机构的产品共计66个间隔(每间隔3相断路器,共198个机构),共实现产值逾6

亿元。

该课题在执行过程中采取产学研用联合模式，河南平高电气股份有限公司与浙江大学、哈尔滨工业大学、航天一院十八所等合作单位保持紧密联系，企业为各高校提供实践的平台，而高校在液压计算、仿真及理论指导方面给予企业大力支持。

TAW8000－18/3250 增安型无刷励磁同步电动机

TAW8000－18/3250 增安型无刷励磁同步电动机是佳木斯电机股份有限公司为沈阳申元气体压缩机厂配套，为河北金万泰化肥有限责任公司设计、制造的国内最大的 18 极增安型无刷励磁同步电动机。它的研制成功，实现了大型设备国产化，结束了大型设备依靠进口的局面，是我国在增安型无刷励磁同步电动机发展史上一个新的里程碑。

主要科技内容：TAW8000－18/3250 增安型无刷励磁同步电动机是防爆技术、电力电子技术、微电子技术、自动化智能控制技术与电机技术相结合的新产品。电动机由于采用励磁机与整流器代替滑环与碳刷装置，励磁电路中不再存在运动触点，励磁系统不会产生摩擦火花、石墨粉尘等有害因素，电动机也不会因上述原因对周围无线电设备信号造成干扰。同时，无刷励磁避免了因碳刷磨损后接触不良而产生的各种故障，也不存在碳刷磨损后需停机更换等缺点，提高了整机的可靠性、耐用性，电动机的维护更为方便。

经济效益：TAW 系列增安型无刷励磁同步电动机 2008 年、2009 年、2010 年的销售额分别为 14 000 万元、15 000 万元、16 500 万元，利润为销售额的 19%，税金为销售额的 5%。仅利用现有的生产设施，增加部分工装、模具即可生产该产品，不需再新建和扩建生产设施。

随着国民经济的飞速发展，石油、化工等行业的大项目越来越多，对大型增安型无刷励磁同步电动机的需求量也不断增加，因此市场前景广阔、利润丰厚。

TAW8000－18/3250 增安型无刷励磁同步电动机与国内其他同类产品相比，在技术和经济上都占有一定优势，在保证电机各项性能满足用户要求、优于国家标准的前提下，通过应用先进设计手段，优化结构，在保证电机整体可靠性的同时，分析电机各主要结构件，保证零部件设计水平先进的同时大幅度降低电机重量，为我国大型防爆电机的设计制造与国际化接轨奠定基础。

狮子坪电站 3×65MW 高水头混流式水轮发电机组研制

狮子坪水电站是杂谷脑河干流规划的“龙头”电站，调节库容 1.189 亿 m^3，具有年调节能力。电站装设 3 台 65MW 混流式水轮发电机组，水头范围 344～451.7m，枯水期平均出力 5.99 万 kW，多年平均年发电量为 8.76 亿 kW·h，年利用小时数 4 492h。该工程为单一的发电工程，在系统中担任调峰、调频作用，无其他综合利用要求。

该机组是迄今为止国内自行研制的水头最高的混流式机组，设计制造难度极高。东方电机有限公司进行了从水轮机水力开发、发电机电磁和通风设计、发电机和水轮机结构设计（包括工程分析）到机组工艺制造技术和安装调试等全套水轮发电机组的自主开发。

1. 水轮机水力开发

对高水头水轮机转轮叶片数和导叶数匹配关系进行了水力动力学分析和模型试验验证，以便提高整个水轮机的平均效率，避免了由此而引起的水力振动。采用了较大的转轮叶栅稠密度，使效率曲线更平坦，高效率区更宽广，有利于提高转轮的抗空化性能和转轮的刚强度；优化了转轮叶片翼型和厚度，以提高转轮强度和刚度，确保高水头水轮机运行的安全可靠性，成功研制了 500m 水头段水轮机水力模型（D372A－17），该模型的能量、空化、稳定性指标等水力性能达到国内领先水平。

2. 水轮机结构设计及制造

水轮机座环采用无蝶形边的平行式焊接结构、无接触主轴密封、转轮上冠采用泵板结构、转轮下环设计成两段滚动装焊等多项新技术，解决了高水头水轮机的关键技术问题，并对主要结构件进行强度和动力响应工程分析计算，确保机组安全稳定运行。

3. 发电机设计制造

发电机磁极线圈在国内首次采用带散热匝的矩形铜排焊接成形、最后整体压制成类似塔形磁极线圈的倾斜式磁极线圈、发电机上、中、下油槽挡油管均采用“螺旋挡油管”形式、发电机定子绕组采用 292.5°虚换位方式和发电机转子磁轭采用优质合金钢 20MnSi 整体锻制等项技术，成功解决了高转速、较大容量立轴水轮发电机关键技术问题，并对主要结构件进行了强度和动力响应工程分析计算，确保机组安全稳定运行。

狮子坪电站三台机组均系一次起动和投运成功，机组运行稳定，性能参数优异，机组最高效率 94.31%（合同效率保证值为 94.24%），各测量部位的压力脉动和振动测量表明机组具有良好的稳定性，各项技术经济指标均完全满足合同要求并达到了国内领先水平。

CJA6 系列电动机操动机构

CJA6 系列电动机操动机构是西安西电开关电气有限公司为满足小型化 GIS 用需多转输入的隔离开关(DS)、接地开关(ES)设计开发的机构。

CJA6 系列电动机操动机构机心装于机构箱内,机心上的所有部件都固定在机构支架上。机构接到分、合闸指令后,电机的转动通过齿轮传动传递到主轴后,主轴与输出轴间的传动通过齿轮/凸轮组合装置完成,并将主轴约 275°的转角转换为输出轴接近 3 圈的转角,完成分、合闸操作。

CJA6 系列电动机操动机构具有自主知识产权,技术先进、可靠性高、结构简单、体积较小、外形美观、适用范围广,达到同类产品国内领先、国际先进水平,具有极好的市场前景。该系列机构可推广应用于 252 ~ 1 100kV 各电压等级中需多转输入的 DS、ES。

该系列机构研发成功当年就随 252kV 小型化 GIS 完成了九江化工、印度艾瑞嘎达、印度卡古达、华电戚墅堰、漳州腾龙等工程,共计安装 47 个间隔 199 台机构。

TX - 650000/230 调相变压器

该产品是为加拿大 BC 公司提供的一台三相额定容量达 650MV · A 的调相变压器,是国内迄今为止容量最大的调相变压器,为国内首创。2008 年 09 月,顺利通过各项例行试验和型式试验,符合技术条件及有关标准的要求。

型号:TX - 650000/230

额定电压:230/230kV

额定容量:650 000kV · A

短路阻抗:≤15%(基于 650MV · A 相角 ±25°);
　　　　≤10%(基于 650MV · A 相角 0°)

移相角:±25°

产品代号:1BB. 718. 004. 1

绝缘水平:电源侧、负载侧端子 SI790/LI950/AC210(1h)
　　　　SoLo、N 端子　LI110

频率:60Hz

冷却方式:ONAN/ONAF/ONAF(基于 360/480/650 MV · A)

耐振水平:符合 IEEE 693　Annex D 要求的高抗振水平

TX - 650000/230 调相变压器总体结构合理,技术性能先进。它的成功研制及可靠运行,结束了大型调相变压器在国际上仅有西门子、ABB 等极少数公司能够生产的历史,标志着保定天威已完全具备大容量调相变压器的设计和制造能力,其调相变压器的设计已居国际领先水平。同时,也使保定天威获得了"中国创业新纪录(第十三批)"荣誉称号。

小型化高可靠性 363kV 气体绝缘金属封闭开关设备用断路器

随着 750kV 主干网在西北地区的建立,对于 363kV 电压等级变电站的需求日益加大。小型化高可靠性 363kV SF_6气体绝缘金属封闭开关设备用断路器是为了满足市场需求研制开发的具有体积小、低操作功、制造成本低等特点的新型断路器产品。

该断路器为每极单断口结构,每台产品由三个单极组成,每个单极包括灭弧室、操动机构及支架。产品每极配用一台 CYA5 液压弹簧操动机构,可单极操作,也可三极电气联动操作。

灭弧室的触头系统封闭在绝缘支持筒内,开断过程中电弧产生的热气流不会直接吹向金属外壳,降低了主回路对壳体的放电几率,缩小了壳体直径。另外,在动触头侧设计了一种气流控制装置,断路器合闸操作时,气流控制装置打开,气体由喷嘴和活塞两个方向流入储气室,保证了储气室充分回气,同时降低了机构操作功;当断路器进行分闸操作时,气流控制装置关闭,压缩气体全部由喷嘴吹出,用于电弧冷却,达到熄弧的目的。

额定电压:363kV

额定电流:4 000A

额定短路开断电流:50kA

额定雷电冲击耐受电压(峰值):1 175kV

额定操作冲击耐受电压(峰值):950kV

额定短时工频耐受电压(有效值)(1min):520kV。

SF_6气体额定压力(20℃):0. 6MPa。

主要技术内容及创新点:

(1)采用了全新结构的灭弧室,将灭弧单元的零件封闭在绝缘筒内,避免开断过程中产生的带金属离子的热气流直接吹向壳体,缩小断路器外形尺寸。

(2)操动机构与灭弧室采用直连方式,降低了机构操作功。

(3)灭弧室活塞设有气流控制阀,增强了合闸操作时储气缸的回气能力,提高了断路器的开断能力。

(4)缩小了GIS的间隔宽度(由3 200mm缩小到2 600mm),实现整间隔运输,简化了现场安装程序,降低了安装差错率。

技术先进性及取得的知识产权:该断路器采用热膨胀加压气的混合式灭弧室,配液压弹簧操动机构,设计合理、结构紧凑、性能先进。综合技术指标达到国际先进水平。

该产品由西安西电开关电气有限公司自主研发,具有自主知识产权,申请了2项专利(断路器气流控制装置201020195638.2,断路器气流导流装置201020195612.8)

应用推广:小型化高可靠性气体绝缘金属封闭开关设备用断路器体积小,用于363kV GIS中可使间隔宽度缩小,实现了整间隔运输。

该断路器已用于青海丁香、青海团结湖、青海巴音、青海泉吉、汉中变、格尔木、永靖变和黄陵变工程。

智能型可通信低压电器及其装备

智能型可通信低压电器及其装备是根据我国“十一五”及“十二五”建设智能国家电网的规划,由天津市百利电气有限公司自行设计研发的。该项目吸收了国内外的先进设计和制造技术,设计的低压电器为智能可通信型,性能指标处于国际先进水平。

该项目共获得授权专利27项,其中发明专利4项;发表论文9篇。产品已通过国家全套3C质量认证试验,性能指标符合国家标准和相应的IEC国际标准要求。

主要研究内容:断路器主体机构及其智能控制器的研制、自动转换开关的研制、接触器智能控制的研制、所有低压元件通信功能的研制、低压电器元件装置的研制。

项目所涉及的产品具有以下优点:

(1)产品小型化和高性能,具有智能化、网络化的功能。

(2)采用先进的CPU控制技术,大尺寸液晶面板显示,参数连续可调,功能菜单式管理。

(3)采用新型灭弧技术,实现触头系统小型化、高分断,断路器产品分断能力I_{cu}/I_{cs}达到120/100kA。

(4)利用自身的电流采样专利技术,将检测电流和电压由±5%提高到±2%;检测功率由±10%提高到±5%。

(5)区域联锁模块,实现电网中断路器上下级保护通信联络,故障保护的智能化。

(6)支持国际上最先进的多种协议,实现多种总线协议之间的相互通信。

(7)运用捕捉波形,帮助诊断和分析事件;增强报警编程功能,分析和追踪交流供电系统的波动等多种功能。

(8)电网质量监控与管理功能:实现31次谐波分析。同时根据提前设定,如谐波分量超过设定值,断路器动作,以减少谐波危害。

(9)具有内部总线,可监控本身各种关键参数变化。

(10)产品全部采用可回收材料,实现绿色环保。

项目配套建立的组装生产检测线使用了国际先进的激光、红外扫描、远程通信、自动校准、自动调节、数据库等一系列技术,提高了产品的可靠性与效率,有利于保证产品质量的一致性。

该产品进入市场以来共销售51 778.52万元,实现利润8 370.13万元,税金5 154.77万元,利税11 879.04万元。产品已广泛应用于工矿、船舶、医院等保护精度高及自动化程度高的场合。该产品的成功研制,推进了智能化低压配电与电控成套开关设备的发展,又为推进配电网络智能化进程作出贡献。

E级联合循环电站大型空冷发电机

上海电气电站设备有限公司研制开发的E级联合循环电站大型空冷发电机,效率达到国际领先水平,填补了国内该等级空冷发电机的空白。

该发电机是上海电气设计生产的最大容量的空冷发电机,设计周期紧,难度大;该发电机与西门子燃气轮机匹配,解决了横振、扭振等轴系动力特性问题;该发电机的布置符合燃机岛的特点,空气冷却器与发电机同层布置,发电机采用顶部出线。

创新性和先进性如下:

(1)发电机效率高,设计值98.86%,试验值98.85%,明显优于国家标准98.5%的规定,处于国际同类发电机的领先水平。

(2)按照模块化方法设计,系列化、标准化和通用性强。

专利及论文情况:E级联合循环电站大型空冷发电机已获4个实用新型专利、2个发明专利授权,另有2个发明专利正在受理中。论文发表5篇。

推广应用情况:该产品已在北京奥运配套工程中应用,取得良好表现。同时,该产品也用于IGCC项目及多个燃机联合循环电站。

经济和社会效益情况:每台E级联合循环电站大型空冷发

电机可新增产值2 831万元，电厂投运后每台发电机每年可发电约14亿kW·h。因此从长远角度看，E级联合循环电站大型空冷发电机的开发和研制具有很高的经济效益。E级联合循环电站大型空冷发电机的研制成功，对于国内大容量空冷发电机组的发展具有重大的促进意义。而其能与燃气轮机匹配的特性，更加符合绿色环保要求和国家对于节能减排的要求。

非晶硅薄膜太阳电池生产线

非晶硅薄膜太阳电池技术以其较低的成本、丰富的材料来源、较低的能源消耗等特点，成为未来光伏发电技术的主要发展趋势之一。但是设备制约了其大规模应用。此前，国内尚无可实现非晶硅薄膜太阳电池大规模生产的产业化设备，大多依赖进口，而进口生产线的高昂价格及严格的技术封锁，严重制约了国内非晶硅薄膜太阳电池产业的自主发展。

2006年，北京北仪创新真空技术有限责任公司通过运用在高真空环境下进行的“大面积磁控溅射”和“多片化学气相沉积(PECVD)”两项关键技术，自主研发、研制成功中国首条自行设计且所有整机设备国产化的非晶硅薄膜太阳电池生产线，实现了非晶硅薄膜太阳电池生产线关键生产工艺技术和核心设备的国产化，填补了国内空白。核心设备通过了国家真空设备质量监督检验中心的检测，并形成多项自主知识产权。

该项目研制的非晶硅薄膜太阳电池生产线主要用于生产以玻璃为基底的双结非晶硅薄膜太阳电池，为涵盖工程、设备和工艺的交钥匙工程。核心技术是采用单室多片大面积PECVD沉积技术，一次完成48片1 245mm×635mm×3.2mm玻璃基片的非晶硅薄膜的沉积工序。整条生产线运行稳定可靠，可实现连续、稳定、低温镀膜的大规模生产。生产线整体技术与同类设备相比，处于国内领先、国际先进水平。该生产线生产的非晶硅薄膜太阳电池组件，通过了信息产业部化学物理电源产品质量监督检验中心的检测，技术指标达到国际先进水平。

通过该项目的实施，北京北仪创新真空技术有限责任公司已满足了国内3家用户共计20MW的生产线需求，并已具备年产规模80MW非晶硅薄膜太阳电池生产线的产业化成套装备能力。

1 000MW超超临界单列高压加热器

在国内外火电机组中，卧式U形管高压加热器以其合理的结构布置占市场主导地位，但受设计、制造、原材料采购等多种因素的限制，在国内外百万千瓦等级火电机组中，都采用双列布置的卧式U形管式高压加热器系统，国外至今还无百万千瓦单列机组的业绩。

外高桥三期1 000MW机组采用的锅炉型式(塔式炉结构)对给水参数波动的要求高，业主提出系统配置单列三级(1#、2#、3#)高压加热器的要求。面对这一现状，上海电气电站设备有限公司自行研发、创新设计了三段式传热的百万千瓦等级火电单列卧式U形管式高压加热器。该系统具有投资小、系统布置简洁、控制方便等优点。

百万千瓦单列机组其面积和重量均是创纪录的，为确保高压加热器的性能与安全，公司进行了高加管板、水室封头和换热管厚度的整体及局部应力分析、高加疲劳强度分析、两相流的高加管束振动计算、单列高加水压试验时的应变测试、单列高加关键制造工艺攻关、大件起重能力、运输方案研究、窄间隙焊接工艺试验和胀接工艺试验等12个子课题的攻关工作，为产品的研制提供了技术保证。注重自主创新，在产品结构中应用和新申请专利15项，其中发明专利3项、实用新型11项、软件著作权1项。

1 000MW超超临界机组单列U形管高压加热器研制中建立的产品标准体系和工艺参数为后续产品开发打下了良好的基础，已获得良好的社会经济效益。

具有智能模块的新型永磁机构高压真空断路器开发与产业化

该项目被江苏省科技厅认定为省科技攻关项目(项目编号为BE2006086)，于2007年5月通过了国家权威部门的型式试验。

该产品是新一代的智能化开关设备。关键技术的先进性表现在：①采用双稳态永磁机构，具有传统机构不可替代的优点，寿命长、高可靠。②机构控制系统采用集成电路控制模式，以无触点结构取代线路复杂的有辅助接点式结构，寿命长，响应速度快，抗干扰能力强。③极柱为固封式，为解决真空灭弧室外壳与环氧树脂的膨胀系数不同所引起的开裂问题，在固封工艺前真空灭弧室外包裹了特殊的缓冲材料。

④增加了智能模块，进行断路器力学特性参数的在线监测与报警，变传统的预防检修为状态检修，可实现全方位无人值守。

主要性能指标：额定电压12kV，额定电流630～3 150A，额定短路开断电流20～40kA，额定短路开断电流开断次数50～100次，机械寿命10万次，25年免维护。

镇江市诚翔电器有限责任公司已经建成年产1 500台的生产线，实施期内实现销售收入1 353.46万元，利税243万元；成果推广转化后每年可新增产值4 500万元，新增利税近1 000万元。

由该产品形成的新一代智能化高压成套开关设备，符合智能电网的发展需求，在35kV及以下的供电系统中具有广阔的市场前景，对我国智能电网战略性新兴产业的发展起到重要的推动作用。

2009年成功申请"江苏省高压智能开关工程技术研究中心"，授权实用新型专利4项，受理发明专利3项，发表学术论文10篇。

ZHW6－126(L)(G)/T2000－40型复合式组合电器

该项目由西安高压电器研究院有限责任公司与云南云开电气股份有限公司联合立项（课题号为K070101－22）。

复合式组合电器是气体绝缘开关设备中具有一定特点和优势的产品系列，它是介于空气绝缘开关电器（AIS）和气体绝缘组合电器（GIS）之间的一种组合电器，具有尺寸小、可靠性高及占地面积少的优势，不仅适用于新建变电站，更适用于老变电站的改造。

主要研究内容：自主开发一种采用自能式热膨胀灭弧原理，配用轻型弹簧操动机构，并采用全新的直动式三工位隔离－接地开关，且技术性能和技术参数达到国际先进水平的复合式组合电器，在进行三工位隔离－接地研发的同时，开发新型三工位操动机构。要求按GB 7674《额定电压72.5kV及以上气体绝缘金属封闭开关设备》、GB 1984《高压交流断路器》及GB 1985《高压交流隔离开关和接地开关》完成全部型式试验，以满足国家城乡电网改造和建设的迫切需要。

具体研制内容：126kV等级自能式SF_6断路器设计、三工位隔离－接地开关的设计、三工位操动机构的设计、126kV复合式组合电器型式试验。

该项目于2009年10月在国家高压电器质量监督检验中心完成型式试验，并与2010年11月通过了由中国机械工业联合会组织的两行业鉴定。该产品已在云南云开电气股份有限公司批量生产。

低压电器检测试验关键技术研究与综合系统研制

该项目属于电子技术、检测试验领域，曾获国家科技部重点新产品计划及上海市科委公共服务平台项目支持，研究了适应新一代电器检测标准的检测设备关键技术。

低压电器综合测试系统解决了原有系统性能指标落后、设备功能单一、自动化程度差、试验效率低、成本高等问题，通过网络化管理和智能化控制，实现了对低压电器测试试验的统一管理和数据采集处理的规范化，大大提升了检测能力。

项目取得的发明创新：

(1)突破了分断试验选相精度的瓶颈，首创晶闸管大电流选相开关，使选相精度从±5°提高到<±1°，解决了相位角精确控制和快速响应切换的难题。

针对传统机电式开关选相精度差和响应动作慢等问题，独创了基于电力电子器件的晶闸管选相开关，通过控制合闸投入角度，首次在试验电压720V、电流25kA及可持续时间2s的低压大容量试验主回路中，实现了对耐受大电流冲击等试验的0°～180°任意角度的精准控制，输出电压电流波形可根据用户设定任意输出，填补了国内多项空白，技术指标处于国际先进水平。

(2)发明了可通信恒流控制器，解决了超大电流（三相20kA）温升及特性试验电流稳定的难题。

超大电源的电流稳定度从3%提高到1%，响应速度从2s提升到0.1s，有效解决了断路器保护控制试验超大电源的稳定性问题，保证了断路器保护特性的试验要求；首次采用现场总线通信技术，实现了远程设定和程控功能，提升了试验自动化水平。

(3)发明了基于电力电子技术的电子开关替代传统的电寿命陪试开关的电寿命试验设备，解决了原由接触器和起动器构成的电寿命试验设备寿命短、成本高、噪声大和有毒污染的问题。

该项目成功研制出我国第一套具有自主知识产权的低压电器产品综合测试系统，共申请专利6项（发明专利4项、实用新型专利2项），已授权3项（发明2项），软件著作权1项，制定标准1项，发表论文7篇。该综合系统已广泛用于国家低压电器质量监督检验中心、上海市防雷测试中心、良信电器等多家检测机构和制造企业，三年来累计产生直接经济效益达8 000万元，对推动低压电器及相关行业的技术进步、产业结构升级、产品更新换代、实现跨越式发展作出了积极的贡献。查新表明，项目研究达到了国际先进水平。

2011年中国电器工业信用等级评价

北京西电华清科技有限公司
信用等级:AAA
证书编号:201104611100052
电　　话:010－82895414、82895415
网　　址:www.hopelec.com
主营业务:高中低压变频器、矿用变频器、储能装置、电气传动系统

杭州锅炉集团股份有限公司
信用等级:AAA
证书编号:201104611100053
电　　话:0571－85387288
网　　址:www.chinaboilers.com
主营业务:A级锅炉、锅炉部件

济南锅炉集团有限公司
信用等级:AAA
证书编号:201104611100054
电　　话:0531－85974222－6452
网　　址:www.jnboiler.com
主营业务:A级锅炉制造

东方电气集团东方电机有限公司
信用等级:AAA
证书编号:201104611100055
电　　话:0838－2412114
网　　址:www.dfem.com.cn
主营业务:发电设备、交直流电机、劳务

江苏大中电机股份有限公司
信用等级:AAA
证书编号:201104611100056
电　　话:0523－84542326
网　　址:www.dzem－china.com
主营业务:各类交直流电机

上海科泰电源股份有限公司
信用等级:AAA
证书编号:201104611100057
电　　话:021－69758232
网　　址:www.cooltechsh.com
主营业务:柴油发电机组

飞雕电器集团有限公司
信用等级:AAA
证书编号:201104611100058
电　　话:021－51519888
网　　址:www.feidiao.com
主营业务:家用电力器具制造、电子器件制造等

浙江中龙电机股份有限公司
信用等级:AAA
证书编号:201104611100059
电　　话:0577－65590111
网　　址:www.zlcn.cn
主营业务:电动机

杭州乾龙电器有限公司
信用等级:AA
证书编号:201104601100060
电　　话:0571－63819909
网　　址:www.qianlonged.com.cn
主营业务:漏电保护器、漏电断路器

北京巴布科克·威尔科克斯有限公司
信用等级:AAA
证书编号:201104611100061
电　　话:010－68862244
网　　址:www.bwbc.cn
主营业务:电站锅炉及电站锅炉配套的环保(脱硫、脱硝)产品的设计、销售、安装、维护

法泰电器(江苏)股份有限公司
信用等级:AAA
证书编号:201104611100062
电　　话:0512－85888888
网　　址:www.fatai.com
主营业务:低压电器元件、电气成套设备

能科节能技术股份有限公司
信用等级:AAA
证书编号:201104611100063

电　　话:010－81306009
网　　址:www. nancal. com
主营业务:节能技术开发、技术服务;工业节能技术及工程技术、电气技术及系统工程咨询(中介除外);电控系统工程,节能设备及软件,能源管理系统软件,仪表的设计、开发;能源管理;施工总承包;专业承包;安装电控设备;货物进出口(国营贸易管理货物除外)、技术进出口、代理进出口

江苏锡安达防爆股份有限公司
信用等级:AAA
证书编号:201104611100064
电　　话:0510－83591888
网　　址:www. xianda. com
主营业务:防爆电机、防爆电动葫芦等生产、销售

浙江华年电机有限公司
信用等级:AA
证书编号:201104601100065
电　　话:0573－82289606
网　　址:www. walandmotor. com
主营业务:电机

湖州越球电机有限公司
信用等级:AAA
证书编号:201104611100066
电　　话:0572－3079388
网　　址:www. yqmotor. com
主营业务:小功率电动机制造,经营企业自产产品及技术的出口业务,经营企业生产、科研所需的原辅材料、机械设备、仪器仪表、零配件及技术的进口业务,经营进料加工及"三来一补"业务

江苏环球特种电机有限公司
信用等级:AAA
证书编号:201104611100067
电　　话:0523－84508098
网　　址:www. zhong－ai. com. cn
主营业务:电机

苏州苏龙电气有限公司
信用等级:AAA
证书编号:201104611100068
电　　话:0512－68582115
网　　址:www. szsldq. com
主营业务:电器成套

温州兴机电器有限公司
信用等级:AAA
证书编号:201104611100069
电　　话:0577－88620332
网　　址:www. china－xj. com
主营业务:制造、加工、销售工业电气配套设备

上海人民企业集团温州电器有限公司
信用等级:AAA
证书编号:201104611100070
电　　话:0577－57118898
网　　址:www. Srm. cn
主营业务:高低压电器元件、电线电缆、仪器仪表(不含计量器具)、五金工具、泵阀轴承、电子,通信产品、电器成套生产、销售;金属材料销售;包装装潢、其他印刷品印刷(印刷经营许可证有效期至2012年年底);货物进出口、技术进出口

上海德创电器电子有限公司
信用等级:AAA
证书编号:201104611100071
电　　话:021－52704506
网　　址:www. e－detron. com
主营业务:开关电源、功率模块

长园集团股份有限公司
信用等级:AAA
证书编号:201104611100072
电　　话:0755－26739054
网　　址:www. cyg. com
主营业务:高分子功能材料、通信电缆附件、电力电缆附件的研发、生产及销售;经营热收缩材料的安装施工业务;塑胶母料的购销、精细化工产品的购销;进出口业务普通货运;自有物业租赁;投资兴办实业

慈溪宏一电子有限公司
信用等级:AAA
证书编号:201104611100073
电　　话:0574－63668266
网　　址:www. cxhy. com
主营业务:电子元件、电器配件、塑料制品、金属制品、家用电器、电线、电源插头、插座、定时器(限家庭用)、微电机及其他电机、灯具制造、批发

宁波凯峰电器有限公司
信用等级:AAA
证书编号:201104611100074
电　　话:0574－58996347
网　　址:www. kaifengelectric. com
主营业务:电源连接器

公牛集团有限公司
信用等级:AAA

证书编号:201104611100075
电　　话:0574－58587218
网　　址:www.gongniugroup.com
主营业务:插座、转换器、墙壁开关的设计、生产、销售

广东美的照明电气制造有限公司
信用等级:AAA
证书编号:201104611100076
电　　话:0757－22607147
网　　址:www.midealighting.com.cn
主营业务:销售商品

柳州市建益电工材料有限公司
信用等级:AAA
证书编号:201104611100077
电　　话:0772－3114334
网　　址:www.lzjianyi.com
主营业务:生产销售电工电子材料及产品

安徽博瑞特热能设备股份有限公司
信用等级:AAA
证书编号:201104611100078
电　　话:0563－3378898
网　　址:www.ahbrt.com
主营业务:燃油(气)工业锅炉,冶金、水泥余热锅炉

河北电机股份有限公司
信用等级:AAA
证书编号:201104611100079
电　　话:0311－81662800
网　　址:www.hebem.com
主营业务:电机及原辅材料、电机驱动器、控制器、变频器减速机、曳引机的生产、出口、销售

陕西利昌电气有限公司
信用等级:AAA
证书编号:201104611100080
电　　话:029－86850101
主营业务:高中低压输变电设备、配套设备的制造、销售;机械加工、五金机电、化工产品(危险、易制毒化学品除外)、金属材料(专控除外)、建筑材料、电器原件、机械设备、通信器材(专控除外)的销售;电力设备技术研发、转让、咨询;自营和代理各类商品和技术的进出口(但国家限定公司经营的商品和技术除外)

〔供稿人:中国电器工业协会行业信用建设领导小组办公室亢荣〕

中国电器工业协会"质量可信产品"推介
(2012年第一批)

企业名称	产品名称	规格型号	编号
电控配电			
西安新研高压电器制造有限公司	低压抽出式开关柜	GCS	2012940
	交流低压配电屏	GGD2	2012941
	预装式箱式变电站	YBP□－12－500/0.4	2012942
西安西菱电力科技发展有限公司	低压抽出式开关柜	GCS	2012943
	低压抽出式开关柜	MNS	2012944
珠海派诺科技股份有限公司	电动机保护器	PMAC801、PMAC802	2012945
永康市电力设备厂	低压抽出式开关柜	GCK	2012946
	交流低压配电柜	GGD2、GGD3	2012947
江苏万奇电器集团有限公司	节能耐腐蚀钢质电缆桥架	梯级式　托盘式　槽式	2012948
	母线槽	WQYTC2－T、WQYTC2－TL	2012949
山东现代恒大电气有限公司	抽出式开关柜	GCS	2012950
	低压配电柜	GGD2、GGD3	2012951
江苏默顿电气有限公司	动态无功补偿投切开关	MODT1系列	2012952
天津久安集团有限公司	低压抽出式开关柜	GCS	2012953
	低压抽出式开关柜	MNS	2012954

（续）

企业名称	产品名称	规格型号	编号
北京能源能通电气技术有限公司	交流低压配电柜	GGD2	2012955
	低压成套开关设备	MNS2000	2012956
上海振大电器成套有限公司	交流配电柜	GGD	2012957
苏州华铜复合材料有限公司	铜铝复合母线(排)	TLM	2012958
苏州市南方欣达双金属材料有限公司	电工用铜包铝母线	TLM	2012959
江西恒珠电气柜锁有限公司	电气柜门锁	MS型、AB型	2012960
南京电器成套设备总厂有限公司	低压抽出式开关柜	GCK1A	2012961
	低压抽出式开关柜	NMNS	2012962
	高/低压预装式变电站	XB□1－2kV/0.4kV/0.4kV—630kV·A	2012963
湖南科通电气设备制造有限公司	多传动带回馈交流变频调速挖掘机控制设备	WK(D)－12P	2012964
	牙轮钻机变频调速控制设备	KYZ－250P	2012965
	全数字变频调速挖掘机控制设备	WK(D)－4P	2012966
成都科星电力电器有限公司	低压成套开关设备	GCS	2012967
宁波奇奥电气科技集团有限公司	低压抽出式开关柜壳体(外壳)	8PT	2012968
	低压抽出式开关柜壳体	MD190	2012969
	低压抽出式开关柜壳体	MD－MAX	2012970
慈溪奇国电器有限公司	一次主回路接插件		2012971
	低压抽出式开关柜壳体(外壳)	GCS	2012972
	低压抽出式开关柜壳体	GCK	2012973
	低压抽出式开关柜壳体	MLS	2012974
浙宝电气(杭州)集团有限公司	低压抽出式开关柜	GCS	2012975
	低压抽出式开关柜	GCK	2012976
微电机			
金坛市微特电机有限公司	永磁直流电动机	ZYT42、84、95、102、110型(250～2 250W、1 500～5 500r/min)	2012977

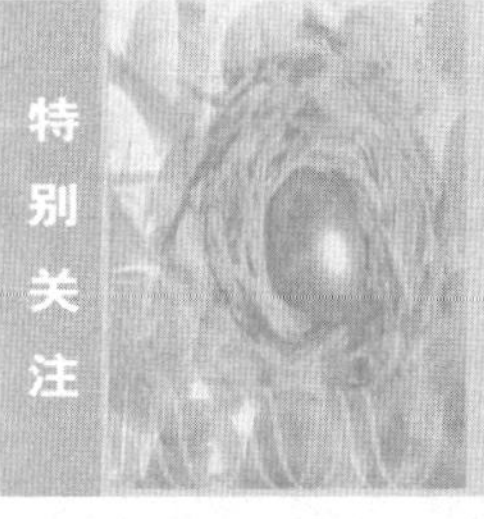

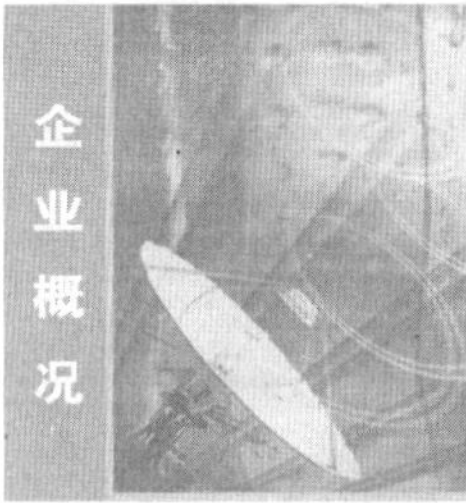

标准化

从标准工作及进展、国际标准化、标准化创新等方面，全面展示电器工业标准化取得的成就

Overall showing the achievements obtained in standardization of electrical equipment industry from the aspects of standard work and progress, international standardization and standardization innovation

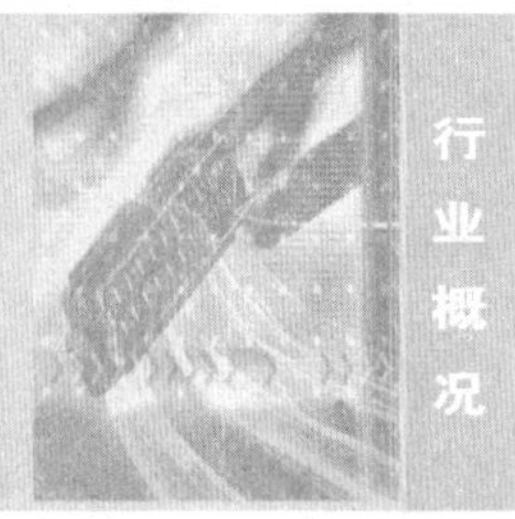

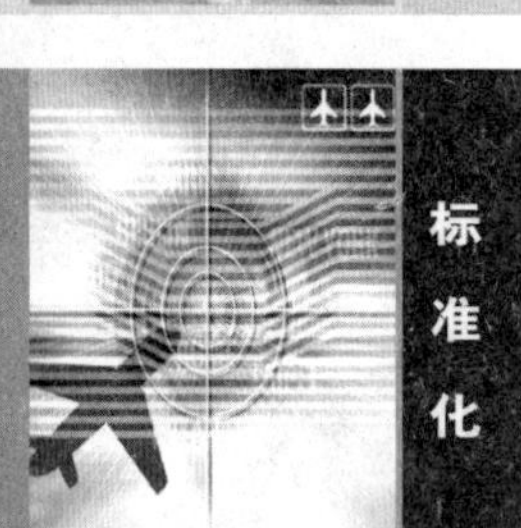

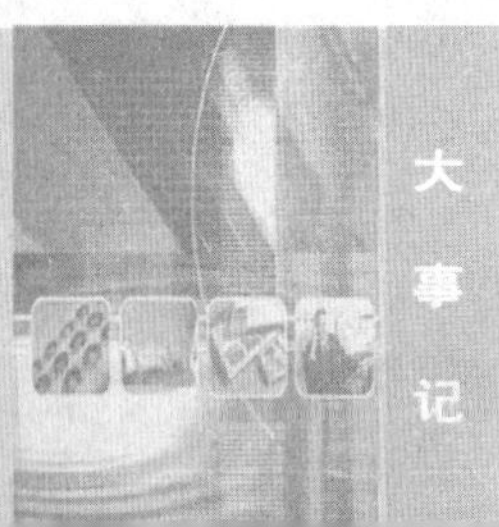

标准化

第一部分：标准化工作
第二部分：电器工业标准化工作进展
第三部分：国际标准化
第四部分：标准化创新

第一部分：标准化工作

2011年全国标准化工作回顾

2011年是我国加入WTO十周年，也是国家标准化管理委员会成立十周年。十年来，标准化战略全面实施，标准化领域不断拓展、水平稳步提升，在国际标准化活动中的地位和影响力显著提高，标准化体制机制不断改革创新，技术机构和人才队伍不断发展壮大，科技创新和信息化建设取得重要进展，中国特色标准化工作格局和标准体系基本形成。

2011年，全国标准化战线团结协作，合力推进标准化工作；质检系统认真贯彻“抓质量、保安全、促发展、强质检”工作方针，奋力推进标准化工作，标准化事业取得了新进展、新突破、新成效，实现了“十二五”的良好开局。

一、标准化体系建设取得新进展

1. 标准体系不断完善

按照“农业标准强基础、工业标准上水平、服务业标准拓领域、安全标准保民生”的要求，加快第一、第二、第三产业和社会管理、公共服务领域标准制修订。全年新批准发布国家标准1 993项，其中强制性标准243项、推荐性标准1 715项、指导性技术文件35项；新下达国家标准制修订项目2 325项，其中制定1 714项、修订611项；完成对2 110项国家标准的复审；新备案行业标准3 287项、地方标准2 448项。截至2011年年底，国家标准总数共计28 422项，其中强制性标准3 647项、推荐性标准24 497项、指导性技术文件278项，累计备案行业标准47 430项、地方标准21 662项。国家标准和备案的行业及地方标准总数达到97 514项，标准体系进一步完善，较好地满足了产业、科技、贸易和社会事业发展需求。

2. 标准化示范试点深入推进

启动第七批460个农业标准化示范区项目，组织开展农业标准化示范区建设经验交流，山东推动以“企业＋基地＋标准”为核心的农业标准化示范区建设，河南鹤壁开展农业综合标准化示范市建设。山西组织太原等四城市开展了循环经济标准化试点建设。发布了《循环经济标准化工作指南》，重庆三峡库区农业循环经济标准化试点带动全市39个农业区县93处循环经济示范点建设，累计新增产值和减少损失6.42亿元。青岛、无锡、东营等国家高新技术产业标准化示范区建设扎实推进，江苏苏州工业园区成立首个战略性新兴产业标准化示范区，南通开始创建国家海洋工程装备与船舶产业集聚标准化示范区。新下达服务业标准化试点113个，杭州上城区在全国率先开展了政府管理与公共服务标准化建设。同时，健全循环经济、高新技术、服务业等标准化示范试点考核评估办法，加强对示范试点的规范化管理。

3. 标准宣贯广泛开展

开展钢铁、有色、建材、化工四大行业高耗能产品能耗限额标准宣贯，建筑用砖专项整治和相关标准宣贯，《宗教和旅游场所燃香安全要求》国家标准的宣贯，养老服务标准体系宣讲；举办了5期电梯安全国家标准宣贯培训班。组织开展“世界标准日”“标准进企业、进校园、进社区”“3.15”“质量月”等主题宣传活动，促进了全社会标准化意识的提升。

二、参与国际标准化活动取得新突破

1. 成功当选国际电工委员会(IEC)常任理事国

2011年10月，IEC第75届大会顺利通过我国“入常”决议，这是继2008年我国成为国际标准化组织(ISO)常任理事国之后，在国际标准化和合格评定活动中取得的又一历史性的突破。

2. 承担国际标准化技术机构秘书处和召集人及领导职务的数量明显增加

成功连任ISO重要管理机构技术管理局(TMB)成员，积极参与ISO发展战略规划和经济效益评估等重大项目实施，新承担ISO、IEC标准化技术机构秘书处7个、主席5个、工作组召集人31个。已承担秘书处共57个，主席、副主席共33个，工作组共236个；在ISO、IEC成功组建煤层气、碳捕获与碳储存、烟花爆竹、智能电网用户接口等技术组织；“增设IEC技术机构副主席”的提案获得通过。

3. 一批中国标准和技术成果成为国际标准

2011年，我国新提交国际标准提案41项。目前，由我国提交并已立项的ISO/IEC国际标准提案237项，109项标准已正式发布。我国数字电视地面广播国家标准正式成为国际电信联盟(ITU)国际标准，《集装箱－RFID货运标签系统》标准成为我国在物流和物联网领域牵头制定的首个国际标准，新闻出版业首个国际标准《国际标准文档关联编码(ISDL)》取得重要进展，针灸针等两项国际标准提案获得立项。

4. 国际交流与合作进一步拓展

(1)国家质量监督检验检疫总局与德国联邦经济与技术部签署了《关于成立中德标准化合作委员会的联合声明》,为两国政府和产业界在标准化领域开展对话和共享信息搭建了平台。

(2)签署中美、中以、中哈、中土双边标准化合作文件,在建立和完善双边标准化协调机制、加强标准化重点领域合作、开展人员培训、促进经贸合作便利化等方面开展交流合作。中土两国在标准互认方面取得了实质性突破。

(3)积极参与WTO、PASC、APEC等国际和区域组织的标准化活动以及自贸区涉及标准化内容的谈判工作,成功举办ISO质量管理、节能量、公共安全等重要技术委员会年会,进一步扩大了我国在国际标准化领域的影响力。

(4)组织东北亚标准合作论坛、中欧标准化工作组会议、上合组织认证认可与标准化研讨会等国际会议,加强与俄罗斯、东盟等国家和地区的标准化交流合作。各地方也充分发挥地缘优势,开展国际标准交流合作。如,广西开展了中国—东盟标准比对分析工作,宁夏积极推进阿拉伯国家标准研究中心建设。

三、加强标准化管理取得新成效

1. 狠抓战略规划和体系设计

(1)研究制定"十二五"规划。发布实施了《标准化事业发展"十二五"规划》和社会管理与公共服务、高技术服务、民政等领域标准化专项规划。中国国家认证认可监督管理委员会制定了《认证认可标准化发展"十二五"规划》和标准制修订路线图。

(2)基本完成国家标准化体系建设工程。该工程历时3年,80多个部门、1 000多个技术委员会、上万名标准化工作者参与,分析处理了11.6万条标准数据,提出了标准体系框架和技术委员会体系优化方案,开展了国际标准化推进体系和国家标准化保障体系研究。

(3)积极推进标准化法修订。2011年年初,标准化法修订草案报送国务院审议后,配合国务院法制办征求了141个部门、地方、行业和大型企业的意见,汇总分析了反馈意见,对重大问题特别是标准化顶层设计进行了深入研究。

2. 深化工作机制改革创新

(1)加强制修订管理。改进国家标准立项组织管理方式,推动立项工作向日常化、精细化转变。加强立项协调和审查,缩短立项周期,先后下达了3批国家标准制修订计划,及时满足社会和产业需求。开展了标准实施信息反馈机制研究,推动标准化与计量、认证认可、质量监督、检验检疫、执法打假的衔接。

(2)加大协调推进力度。召开了农业、服务业标准化工作多部门联席会议,研究推进相关领域标准化工作;与发展和改革委员会共同推进节能减排标准研制和实施,助推节能减排;与工信部、浙江省建立部省会商制度,联合开展"智慧城市"建设试点。召开了地方标准化工作座谈会,提出改进地方标准化工作的意见和措施;浙江省将标准化纳入产业发展政策、发展方式转变评价指标和市党政领导班子实绩考核评价指标体系;江西省出台节能减排标准化工作方案,加快制定节能减排地方标准;江苏省质量技术监督局与钢铁工业协会合作,促成国际标准化组织钢丝绳技术委员会秘书处落户江苏;上海市质量技术监督局牵头搭建国际标准化上海协作平台,与船舶工业集团合作开展自升式钻井平台综合标准化示范。组建了IEC市场战略局(MSB)中国专家委员会,秘书处设在国家电网公司。海峡两岸共同制定了标准合作工作组章程和共通标准制定程序,确定了未来标准化合作重点领域。

(3)促进标准化军民融合。与总装备部共同编制了军民标准通用化工程建设方案,研究建立军民标准相互转化的重点领域和工作程序,促进军民标准化资源共建共享。

(4)推进联盟标准化。支持、培育联盟标准,推动战略性新兴产业发展,促进自主创新技术快速标准化、产业化。浙江省在79个块状产业制定实施联盟标准123项,带动技改资金投入28.7亿元,实施技改项目2 477项。广东省制定实施联盟标准283项。江苏省开展了5个省级产业联盟标准化示范试点。

3. 进一步夯实发展基础,提高发展能力

(1)科技支撑方面:出台质检公益性行业科研专项标准化项目管理规定,加强项目立项、实施和验收全过程管理,强化与标准制修订的衔接。"十一五"国家科技支撑计划重点专项——关键技术标准推进工程项目取得重大成果,研制标准551项,申请国内外专利325项,顺利通过了科技部组织的验收。项目攻关团队被科技部评为"十一五"国家科技计划执行优秀团队。配合科技部组织制定了《"十二五"技术标准专项规划》,在节能环保、生产性服务、社会管理与公共服务等共性标准研究方面启动了3项国家科技支撑计划项目。53个标准化公益性科研项目立项,获得8 695万元财政经费支持。

(2)技术委员会建设管理方面:新成立技术委员会47个,完成264个技术委员会调整换届,初步建立了技术委员会考核评价体系和模型。

(3)队伍建设方面:与民政部、文化部、人民银行等9个部门合作,进行标准化管理人员知识培训800余人次。对200名参与国际标准化的专家和管理人员进行了国际标准化综合知识培训,完成了第二期中欧合作培训项目,与ISO签署了合作培训备忘录。

(4)信息化建设方面:整合了国家标准化、国际标准化、WTO TBT/SPS、标准全文、标准文献咨询服务等方面信息资源共180多万条,初步建成国家标准资源服务平台。

但是,标准化工作仍然存在不适应、跟不上等问题。较为突出的有:

一是标准体系不尽完善。一些领域标准化与产业发展的结合不够紧密,还不能很好地满足战略性新兴产业、社会管理和公共服务等领域快速发展对标准化的紧迫需求;不同层级之间、同一层级中部分标准存在交叉、重复。

二是标准化体制机制不够健全。标准化顶层设计较为欠缺，标准化制度和管理的权威性不够，特别是强制性标准的严肃性和权威性不够；标准化与科技的结合程度、标准化全过程管理的系统性、各相关方协调推进力度等都需进一步加强。

三是标准化基础能力比较薄弱。标准化法修订需加快进程，标准化科技支撑需加大力度，标准化信息化水平急需提升，标准化人才特别是国际标准化人才比较缺乏，标准化投入还远不能满足发展需要。

〔摘自国家标准化管理委员会主任陈钢在全国标准化工作会议上的工作报告〕

2012年全国标准化工作要点

2012年全国标准化工作的总体要求是：全面贯彻落实党的十七届六中全会和中央经济工作会议精神，以邓小平理论和“三个代表”重要思想为指导，深入贯彻落实科学发展观，以服务科学发展为主题，以支撑加快转变经济发展方式为主线，围绕抓质量、保安全、促发展、强基础，按照“系统管理、重点突破、整体提升”的基本要求，深入实施标准化战略，不断完善标准体系，推动标准有效实施，积极参与国际标准化活动，推进机制改革创新，加强基础能力建设，营造良好发展环境，努力提升标准化发展整体质量效益，为经济社会发展提供技术支撑和保障。

一、推进现代农业标准化进程，提高现代农业综合生产能力（略）

二、提升制造业标准化水平，促进工业转型升级和制造业由大变强

1. 抓好机械装备标准化工作

围绕绿色制造、机械安全、轴承、齿轮、阀门等重点领域开展标准研制，提升基础及通用机械标准水平。继续抓好农业节水灌溉设备、现代农业装备精准控制系统等农业装备标准研制工作，组织开展农业机械零部件系列化和通用化标准体系研究。

2. 加强交通运输标准化工作

完善校车标准体系。进一步推动交通设施、智能运输系统、汽车、船舶等领域标准研制，组织智能交通服务领域国际标准的起草工作。加强国际造船新规范、新公约、新标准的研究。

3. 抓好原材料标准化工作

围绕优化品种结构、加强产品研发和淘汰落后产能的总体要求，加强钢铁、有色金属和建筑材料等重要基础原材料的标准化工作。研制高强度机械用钢、高效节约型建筑用钢等关键钢材品种标准，重点开展航空航天、国防军工、电子信息用关键有色金属材料标准研究。制修订新型墙体屋面材料、建筑卫生陶瓷、石材等建材标准。

4. 做好消费品标准化工作

推进新型消费品安全标准体系研究，启动基础通用安全标准研制。继续加大玩具、家具、文具、烟花爆竹、LED照明产品、化妆品等重要消费品安全标准和检测方法标准的制修订力度。开展生态环保和功能型纺织品、产业用纺织品标准的研制。

5. 完善食品有关产品标准体系

开展对现行食品标准的梳理分析，不断完善与食品安全标准衔接的涵盖食品基础、管理、产品分等分级、非食品安全的质量要求和食品相关产品等的标准体系。

三、拓展服务业标准化领域，推动服务业大发展（略）

四、加强能源资源环境标准化工作，服务资源节约型环境友好型社会建设

1. 推进节能标准化工作

完成《国务院关于印发“十二五”节能减排综合性工作方案的通知》中规定的能耗和能效标准的立项工作。进一步加强重点行业高耗能产品能耗限额强制性标准和终端用能产品能效强制性标准制修订。完善汽车节能技术标准，积极推进重型商用车、低速货车、三轮汽车的燃料消耗量限值及测量方法的标准制修订。围绕国务院绿色建筑行动方案，研制绿色建材标准。在工程建设领域推动建筑节能标准化工作。

2. 加强环保标准化工作

做好轻型汽车、低速汽车等重点行业污染物排放标准的制修订工作。加快第四、第五阶段车用柴油和第五阶段车用汽油标准的研制工作，密切跟踪相关标准的实施情况。积极推动国家循环经济标准化试点工作，建立试点申报、评审和定期考核的工作机制，规范试点管理。

3. 开展应对气候变化标准化工作

探索研制低碳产品标准，以浮法玻璃、电动机等产品为重点，开展低碳产品评价标准研究工作。跟踪温室气体管理国际标准化进展，做好温室气体国际标准的应对和转化研究，积极参与碳排放与碳捕获国际标准化工作。

五、加快战略性新兴产业标准化进程，引领和支撑战略性新兴产业发展

1. 加强节能环保产业标准化工作

加快环保产品及装备标准的研制，尽快发布实施垃圾处理设备、大气污染治理设备等一批当前急需的、支撑污染物减排目标实现的重大环保装备的产品、方法和管理标准。推进沼气、瓦斯、螺杆膨胀发电等新型先进发电设备标准化工作。加大电工电子产品资源与环境标准制修订力度。完善节能环保产业标准体系，加快能源管理体系等标准制修订,促进节能环保产业规范化、规模化发展。

2. 推进新一代信息技术标准化工作

开展新一代信息技术标准体系研究,加快传感器网络、射频识别、云计算、新型显示、信息安全、软件服务等关键技术标准研制。开展三网融合调研和标准体系研究。制定《物联网技术标准发展白皮书》,开展物联网基础标准体系研究,加强基础关键技术标准和应用标准的研制,开展相应的示范试点工作。推动数字电视及配套标准的国际化工作,加大数字电视标准的海外推广应用力度。

3. 做好生物技术标准化工作

开展基因检测与修饰等生物技术、试剂盒和生物芯片等相关生物试剂、生物产品基础通用标准的研究。加强工具酶等基础性领域标准体系建设。研制生物农业、生物制造、海洋生物和生物医学工程产品等领域重点产品标准。

4. 抓好高端装备制造标准化工作

组织开展民用直升机标准体系研究,推进大型客机国家重大专项标准化示范项目建设,做好大型客机设计研发标准的研制。组织开展新一代运载火箭标准体系研究和有关国家重大工程标准化示范。在有条件的地区和企业,开展船舶标准化示范试点工作。加快机床数控系统等智能制造装备领域重要标准的研制。

5. 做好新材料标准化工作

紧贴新材料产业发展的需求,加强稀土功能材料、特种玻璃、功能陶瓷、高品质特殊钢、新型合金材料、新型纤维增强复合材料、新型纺织品材料等领域标准的制修订和体系研究。加强工程塑料、磁记录材料、数码影像材料与数字印刷材料、特种合成橡胶材料等领域标准制修订工作,推动化工新材料产业的发展和培育。

6. 加强新能源产业标准化工作

推动LED、太阳光伏领域标准化工作,加快推进相关领域重点标准的制修订和试点示范工作。完成智能电网标准体系框架研究项目,加强智能变电站、大规模储能等领域标准的制定工作,进一步推进智能电网标准化工作。跟踪国内和国际风能、太阳能、氢能产业的发展,推进特殊风资源环境风力发电机组、垂直轴风力发电机组、太阳能热利用、氢技术、储能电池等标准的研制。

7. 抓好新能源汽车产业标准化工作

加快研制电动汽车安全、混合动力汽车能耗综合评价方法、充换电设施、动力电池等相关标准。加强电动车整车标准及安全标准的研究。

六、加强社会管理和公共服务标准化工作,为建设和谐社会提供技术支撑

1. 制定并实施《社会管理和公共服务标准化"十二五"行动纲要》

加强相关部门的协作配合,明确责任分工,做好各项任务的分解和落实。

2. 完善社会管理和公共服务标准体系

重点开展公共教育、就业服务、社会保险、公共医疗、公共文化等领域标准体系框架研究和重要标准的制修订。继续推进党政机关电子文件相关基础、通用与管理标准的制定。在具有明显资源优势、区域优势的省、市、县开展社会管理和公共服务标准化试点。

3. 抓好公共安全标准化工作

加强社会治安、安全生产以及交通安全、特种设备安全、危险化学品安全、消防安全等领域的标准制修订。完善电梯安全等领域标准体系。积极跟踪研究联合国化学品分类和标签全球协调制度以及欧盟REACH法规,及时开展我国相关标准的研制。

4. 加强组织机构代码和物品编码工作

拓展代码信息在审计系统、公安"金盾工程"二期等领域的应用。发挥代码在单位实名制制度建设中的基础作用,全方位地参与社会信用体系建设。大力开展商品条码推广、应用和宣传工作,加快产品(商品)基础信息数据库建设,推动商品条码在质量诚信体系建设和产品质量追溯中的应用。

七、积极参与国际标准化活动,服务互利共赢的对外开放战略

1. 充分发挥我国作为ISO和IEC常任理事国的作用

建立国际标准化组织战略政策研究组,加强对国际标准化组织发展战略、重大政策和规则的研究,提高我国有效参与ISO/IEC管理决策机构工作的能力和水平。进一步完善我国担任的ISO/IEC中高级管理机构成员之间的信息交流机制,协调我国参加ISO/IEC各层次管理机构的工作。

2. 加强参与国际标准化活动的管理

修订《参加国际标准化活动管理规定》,规范参加国际标准化工作程序及组织机构和人员的管理。研究建立参与国际标准化工作的激励机制,着力引导和支持重点企业参与国际标准化活动。在任务明确、基础较好的重点行业和地区,推进国际标准化协作平台建设,为国内组织机构和专家实质性参与国际标准化活动提供服务和支撑。

3. 进一步提升实质性参与国际标准化活动的能力和水平

继续推进国际标准转化,在现有基础上,努力提高与国际标准的一致性程度。在战略性新兴产业、制造业改造升级、服务业等重点领域,鼓励骨干企业、科研机构、高等院校、行业协会积极参与国际标准制修订,有效提升我国担任ISO和IEC技术机构主席和秘书处工作的能力和水平,有效推动我国优势技术与标准成为国际标准。

4. 进一步加强与重点国家和地区的交流与合作

开展与欧美、亚洲等国家和地区的交流,与相关国家签订标准化合作协议,加强在能源管理、新一代信息技术、电动汽车等战略性新兴产业领域的标准化合作。开展重点国家标准化政策和机制的研究。

八、深化标准化机制创新,进一步提升标准化科学管理水平

1. 健全标准化协调推进机制

推进建立标准化管理部门与科技等主管部门的协作制

度，研究制定标准化与技术创新相结合的政策措施。进一步完善农业、服务业等领域标准化联席会议制度，健全战略性新兴产业标准化协调推进工作机制，建立社会管理和公共服务等重要领域标准化联席会议制度，加强相关行业部门间的协调配合，共同研究制定相关领域标准化战略规划和重要政策，加强重要标准制定、实施的协调与指导，协调解决跨领域重要标准化问题。贯彻落实《海峡两岸标准计量检验认证合作协议》，在标准化名词术语、垂直轴风力发电机和纺织等领域，开展海峡两岸有关共通标准的制定工作。

2. 进一步加强强制性标准的管理

制定《强制性标准管理办法》及其配套规范性文件，严格强制性标准制定范围和制定程序，探索建立强制性标准评审委员会和重要强制性标准听证制度，提高强制性标准的权威性和严肃性。探索重大强制性标准新闻发布制度，组织开展有针对性的标准宣贯活动，促进强制性标准有效实施。

3. 完善国家标准化体系建设，强化标准制修订管理

根据国家经济和社会发展的需要，不断充实和完善国家标准化体系建设工程。实施标准分类管理，对基础、通用、方法和涉及安全、环保和产业发展的关键共性技术标准，加大指导协调和支持力度。健全以需求为导向的标准立项机制，强化技术委员会对项目的预研要求，加强立项协调，完善争议协商解决机制。落实技术委员会工作责任，在立项、起草、征求意见、审查等环节严格标准制修订程序，保障利益相关方充分参与。加强标准制修订过程监督，畅通标准制修订工作投诉渠道，促进标准制修订过程更加公开、透明。提高标准审查审批效率，加强标准制修订风险管理。

4. 改进和加强技术委员会管理

研究优化技术委员会体系，对领域相近、范围交叉的技术委员会开展整合试点。加强战略性新兴产业、社会管理等领域技术委员会建设。制定全国专业标准化技术委员会考核评价办法，建立科学的考核评价机制，开展对技术委员会工作的监督检查。鼓励技术委员会创新工作方式，开展联络员、联合工作小组等工作试点。

5. 加强标准实施反馈及效益评价

建立和完善由质量监督、检验检疫、认证认可等多渠道构成的标准实施信息反馈机制，加快建设以技术委员会为主体的标准实施信息反馈处置工作体系。以消费品标准为重点，开展标准实施信息反馈试点工作。开展标准实施效益评价指标体系和评价模型研究，推进标准实施效益评价试点工作，加强标准实施效益评价结果运用。

6. 深化标准化军民合作机制

继续推动军民标准化通用工程建设，加快射频识别国家军用标准转化为国家标准。选取重点领域，探索相关标准化技术机构和标准制修订工作合作机制，逐步建立军民标准化合作的长效机制。

7. 创新地方标准化工作机制

探索研究质监行政管理体制调整后地方标准化工作的机制和模式，充分调动各方面的积极性和创造性。根据地方特色和产业发展实际，建立健全符合地方经济社会发展需要的地方标准体系，加强地方标准制定和备案工作的程序管理。创新工作方式，加强通用、基础、方法以及强制性标准的实施和推广，促进标准在全社会的广泛应用。

8. 加大对企业标准化工作的指导

选择有条件的企业开展“标准化良好行为企业”创建活动，探索创新“标准化良好行为企业”试点工作机制。完善企业执行产品标准登记制度。贯彻落实《企业产品标准管理规定》，做好企业标准备案工作。开展联盟标准的管理机制研究。引导各地具有自主创新技术、产业优势和竞争力的企业参与国家标准或国际标准的制修订工作，鼓励企业积极采用国际标准和国外先进标准。

九、加强标准化基础能力建设，营造标准化发展良好环境

1. 完善政策法规体系

积极推动《国家标准化战略纲要》的发布实施和《标准化法》的修订。以强制性标准、技术委员会、参与国际标准化活动管理等为重点，加强标准化政策法规研究，健全《标准化法》配套规章制度。加强战略思维与系统思想、综合标准化的应用研究。促进标准化管理与产业调整、政府采购等政策的衔接。

2. 构建标准化科技支撑体系

积极争取科技对重要技术标准研制的支持，建设科技协作平台，整合和充分利用标准化科技项目、资金、人才、装备、信息等资源，加强标准研制与科研项目立项、研究、验收及成果鉴定、转化应用的衔接配套。做好“十二五”技术标准专项的组织实施和管理。完善公益科研项目管理制度，组建公益科研专项管理咨询委员会，做好公益科研专项顶层设计，加强项目实施的监督检查和验收考核。发挥产业技术创新联盟在产学研用等方面的优势，促进技术创新、标准研制和产业发展一体化结合。

3. 构建标准化公共服务体系

推动标准化技术委员会、地方标准化机构、行业协会、标准化研究机构、标准出版发行机构加强公共服务能力建设，创新服务机制，为全社会特别是企业提供标准化政策、法规、信息、管理、技术咨询和服务。加大标准宣贯力度，充分发挥行业协会、技术委员会的组织作用，逐步建立层次分明、权威高效的标准宣贯体系。创新宣传方式，开展世界标准日、标准化知识“进企业、进校园、进社区”等活动，在全社会倡导以标准为依据生产、服务、贸易和消费的行为。健全国际标准国内出版发行的正规渠道，严厉打击侵犯标准版权的行为，逐步建立打击标准侵权盗版的长效机制。

4. 加强标准化信息化建设

健全标准化信息化管理制度和协调机制，推动全国标准化信息资源合理布局，完善国内外标准化信息资源收集

与应用体系。进一步推进国家技术标准资源服务平台建设,实现标准化信息资源的共建共享,构建权威、高效的标准化信息公共服务平台。完善支撑国家、行业和地方标准化工作的管理信息系统,利用信息化手段强化标准立项、审查、批准各环节的管理。加快技术委员会管理信息系统建设,提高技术委员会工作的有效性。

5. 加强标准化技术机构和人才队伍建设

加强标准化科研机构和协会学会建设,充分发挥其技术支撑、人才培育和桥梁纽带作用,发展壮大标准化专家队伍。鼓励和支持高等学校、科研院所开展标准化原理、制度、基础等基础理论研究。加大对标准起草人员、技术委员会、标准化管理人员、试点示范项目承担单位管理人员的培训力度。组织实施与国际标准化组织的合作培训项目,加大我国国际标准化专家培训力度,提高参与国际标准化活动人员的整体素质和水平。

标准化事业发展“十二五”规划

一、发展环境

“十一五”期间,标准化事业快速发展,基础性、战略性地位显著增强,充分发挥了对经济社会发展的支撑和保障作用。推进实施标准化战略,有效调动了各方面力量和资源,全社会支持和参与标准化活动的氛围日渐浓厚。标准化工作机制不断完善,标准制修订更加公开透明,政府引导、市场驱动、社会参与、产学研相结合的工作格局基本形成。标准制修订步伐明显加快,批准发布国家标准 15 117 项,国家标准平均标龄由 10.2 年缩短至 5 年,制修订周期由平均 4.5 年缩短至 3 年,标准老化、缺失、滞后问题得到初步解决。标准化试点示范取得良好成效,国家级标准化试点示范项目达到 3 519 个,辐射和带动作用明显。关键技术标准推进工程顺利实施,标准化公益性科研有效开展,在产业调整与振兴、食品消费品安全、节能减排、高新技术、资源节约和环境保护等方面,研制了一批重要技术标准。标准化国际合作与交流广泛开展,参与国际标准化活动能力和水平显著增强,以我国技术和标准为基础的国际标准数量不断增加。我国成为国际标准化组织(ISO)常任理事国。标准化技术组织和人才队伍建设进一步加强,全国专业标准化技术委员会达到 1 148 个,委员超过 4 万名,为事业发展提供了有力保障。各部门、行业、各级地方政府把标准化作为加强宏观管理、促进产业升级、保障改善民生的重要抓手,出台了一系列加强和支持标准化工作的政策措施,有效支撑了经济社会又好又快发展。“十一五”末,国家标准总数达到 26 940 项,备案行业标准 44 143 项,备案地方标准 19 214 项,覆盖第一、二、三产业及社会事业领域,较好满足发展需求的标准体系初步形成。

同时,标准化工作还存在着不适应、跟不上等问题。标准化法律法规相对滞后,体制机制不尽完善,管理的系统性有待增强。标准体系结构不合理,整体质量水平不高,一些标准更新速度慢,实施效益不明显,与技术创新、产业发展和社会事业发展需求存在脱节现象。与发达国家相比,实质性参与国际标准化活动的能力和水平存在较大差距。标准化专家队伍建设有待加强,技术组织体系还需要进一步优化。

“十二五”时期是全面建设小康社会的关键时期,是深化改革开放、加快转变经济发展方式的攻坚时期。从国际环境新趋势看,经济全球化继续深入发展,科技创新和产业升级孕育新突破,全球治理结构进入调整期,围绕市场、资源、人才、技术、标准等的国际竞争更加激烈。标准作为创新技术产业化、市场化的关键环节,成为参与国际合作与竞争、保障产业利益和经济安全的重要手段。标准与技术法规、合格评定程序等共同构成技术性贸易措施,在国际贸易中的应用更趋频繁。标准已成为国际经济和科技竞争制高点。从国内环境新特征看,工业化、信息化、城镇化、市场化、国际化深入发展,经济结构转型加快,科技创新势头迅猛,社会管理亟待加强,对标准化工作提出了新的更高要求。《国民经济和社会发展第十二个五年规划纲要》在加快发展现代农业、改造提升制造业、培育发展战略性新兴产业、推动服务业大发展、建设资源节约型环境友好型社会、加强社会管理和公共服务等各个领域,都明确提出要加快建立、完善标准体系,进一步提高标准水平。从标准化自身发展的阶段性特征看,在初步解决标准老化、缺失和滞后问题的基础上,为适应科学发展、转型发展新的更高要求,提高标准化整体质量效益的任务更加紧迫。

二、指导思想和发展目标

(一)指导思想

以邓小平理论和“三个代表”重要思想为指导,深入贯彻落实科学发展观,以服务科学发展为主题,以支撑加快转变经济发展方式为主线,深入实施标准化战略,不断完善标准体系,推动标准有效实施,积极参与国际标准化活动,推进体制机制改革创新,加强基础能力建设,营造良好发展环境,全面提升标准化发展的整体质量效益,服务经济社会又好又快发展。

标准化具有基础性、战略性和系统性。服务、支撑和引领发展是标准化的核心任务。服务科学发展和支撑加快转变经济发展方式,是标准化紧贴需求、服务大局的内在要求,必须贯穿标准化的全过程和各领域。提升标准化发展的整体质量和效益,是有效服务、有力支撑发展的必然要求,需要综合运用战略思维与系统思想,加强战略管理,采取系统措施，增强标准化的科学性和有效性。基本要求是：

——系统管理。坚持继承与发展，统筹调结构、提质量、保速度、增效益。根据国家经济、文化、社会以及生态文明建设布局，进一步调整优化标准体系结构，提高标准适应性；实施标准分类管理，优化制修订全过程管理，促进标准化与科技创新紧密结合，着力提升标准质量与水平；继续保持较快的制修订速度，巩固初步解决标准老化缺失问题的成果，不断健全标准体系；积极推行综合标准化，强化标准实施、评价和监督，努力增强标准化的经济社会效益。统筹协调各方力量，充分调动各方积极性，共同推动标准化发展。

——重点突破。紧贴经济社会发展战略任务和重大需求，突出优先主题和重点领域，着力推进战略性新兴产业、现代农业、社会管理与公共服务标准化。加强强制性标准管理，着力提高强制性标准权威性和严肃性。实质参与国际标准化活动，着力推动我国特色优势领域技术和标准的国际化进程，争取国际标准化工作新突破和竞争新优势。

——整体提升。以法制为基础，体制为保障，机制改革创新为动力，采取综合性、系统性措施，全面加强标准制修订、实施、监督等要素构成的标准化系统的建设，科技、信息化、机构、人才、经费等要素构成的标准化工作支持系统的建设，以及标准化发展环境的建设。以系统管理推动和重点突破带动，促进标准化发展质量效益的整体提升。

（二）发展目标

按照紧密衔接国家经济社会发展重大部署、解决标准化发展重大实际问题、在继承基础上创新发展的要求，着力提升标准化发展的整体质量效益，促进创新型国家和质量强国建设，实现标准化对经济社会发展贡献率的大幅提升。主要目标是：

——标准体系进一步完善。覆盖第一、第二、第三产业，满足经济社会发展需求的标准体系基本健全，在重点领域形成一批重要标准。标准体系结构进一步优化，第二产业标准适应制造业改造提升和战略性新兴产业发展要求，第一、第三产业及社会管理、公共服务、资源节约、环境保护标准所占比例明显提高，强制性标准与推荐性标准、国家标准与行业及地方标准之间的协调性进一步增强，联盟标准化有序发展。

——标准质量水平明显提高。标准化与科技创新、产业发展的结合更加紧密，标准制修订过程管理更加科学、严格，标准化科技创新步伐加快，标准质量和技术水平明显提高，标准适用性和有效性显著增强。与国际标准相关联的国家标准达到和高于国际标准水平的比例超过85%。

——标准实施效益明显增强。各相关方协作的标准推广应用机制和服务体系进一步健全，标准化与计量、合格评定/认证认可的结合更加紧密，标准化试点示范建设取得重大进展，标准实施监督与评价力度进一步加大，推动标准有效实施，实施效益明显增强。

——参与国际标准化活动取得新突破。标准化国际交流与合作持续深化，担任国际标准组织领导和管理工作的能力不断提高，实质参与制修订国际标准的水平明显提升，有效参与制订相关国际标准组织政策和规则的能力进一步增强。我国成为国际电工委员会（IEC）常任理事国。

——标准化发展基础更加坚实。标准化法制、体制和制度不断完善，标准化法修订取得实质进展。标准化工作机制进一步优化，各相关方协调推进力度加大，制修订工作更加公开透明、高效有序。技术组织体系不断优化，激励约束机制进一步强化。科研技术机构综合实力显著增强，人才队伍发展壮大，能力素质明显提升。科技、信息化支撑更加有力，公共服务体系基本建立。全社会支持和参与标准化的氛围更加浓厚。

三、推进现代农业标准化进程（略）

四、提升制造业标准化水平

围绕优化产业结构、改善品种质量、提升安全水平、淘汰落后产能，完善制造业标准体系，研制机械装备、船舶、汽车、钢铁、有色金属、石化、建材、食品、消费品等领域的标准1 500项，推动原材料工业调整优化和食品、消费品工业改造提升，引导传统制造业向结构优化、技术先进、清洁安全、附加值高的产业链高端发展，促进制造业由大变强，提高我国制造业在全球经济中的竞争优势。制造业标准体系建设重点：

1. 机械装备

研制先进基础件、重大技术成套装备及关键零部件标准；制修订电工设备、特种设备、制药装备标准；开展精密、高效、清洁制造工艺技术标准以及无损检测、装备可靠性、装备安全控制系统等关键共性技术标准研究。

2. 船舶

制修订三大主流船型和高技术、高附加值船舶关键技术标准；研制船舶修理与拆解、船舶节能与经济运行标准；开展国际造船新规范、新公约、新标准的研究。

3. 汽车

制修订校车安全标准、汽车主动安全和被动安全标准；研制先进内燃机、高效变速器、车辆轻量化和优化设计等汽车节能技术标准；开展汽车电子信息技术、汽车再制造与回收利用以及专用运输车辆标准研究。

4. 钢铁

研制热轧和冷轧宽带钢、高档精密不锈钢薄板带、高级无缝钢管、抗腐蚀抗大变形管线钢、承压设备用钢、油气储运用钢、高效节约型建筑用钢、资源节约型不锈钢标准以及新型耐火材料标准。

5. 有色金属

制修订电力、交通、建筑、机械、轻工等下游行业需要的有色金属标准；研制铜铅锌冶炼短流程工艺、高性能专用铜铝材、再生有色金属以及低温低压铝电解新技术标准；开展航空航天、国防军工、电子信息用关键有色金属材料标准研究。

6. 石化

制修订橡胶和塑料再生利用、煤化工技术、废弃化学品处置基础标准;研制石油天然气重大技术装备、非常规天然气勘探开发技术装备标准,高品质燃油标准;开展精细化学品、专用树脂、特种合成橡胶、有机氟硅材料、生物降解塑料、无机化工新材料以及高性能子午胎标准研究。

7. 建材

制修订新型墙体屋面材料、防水密封材料、防火保温材料、建筑卫生陶瓷、石材、涂料、胶粘剂等建材质量安全标准;研制非金属密封材料、人工晶体、摩擦材料、木塑材料标准;开展绿色建筑相关材料标准的研究。

8. 食品

根据食品安全国家标准规划,加强食品安全国家标准制修订工作。研制重要食品产品、食品链各环节生产管理与控制、食品加工器具、包装材料和设备等标准。

9. 消费品

研制消费品基础通用安全标准,生态环保型、功能型、智能型消费品标准;制修订化妆品、纺织品、家用电器、家具、文具、玩具等消费品安全及检测方法标准以及纺织新材料、产业用纺织品、计算机辅助服装设计、新型纺织成套装备、制浆造纸、皮革鞣制、塑料降解、照明、电池等标准;开展消费品中有害物质限量标准研究。

五、拓展服务业标准化领域(略)

六、加强能源资源环境标准化工作

按照建设资源节约型、环境友好型社会的要求,加强能源生产与利用、资源开发与循环利用、生态环境保护、应对气候变化等领域的标准化工作,制修订1 000项标准,形成终端用能产品能效、高耗能产品能耗限额、节水、交通节能、海水综合利用、资源循环利用、清洁煤技术、应对气候变化、环境质量、污染物排放等10大重要标准体系,支撑节能重点工程、污染物减排重点工程、循环经济重点工程的实施,开展30个国家循环经济标准化试点示范建设,促进节能减排技术的推广应用,实现节能减排约束性目标。

(一)能源生产与利用

加强能源的勘探与开发、加工与转化、输送储运与清洁利用所需的关键技术和装备标准的研制,加快工业、建筑、交通运输、农业和农村、商业和民用、公共机构等方面能源节约与管理标准的制修订,完善标准体系,促进能源结构调整,为安全、稳定、经济、清洁的现代能源产业体系提供技术支撑。

能源生产与利用标准体系建设重点:

1. 能源勘探与开发

开展煤炭资源与地质保障、煤炭开采、煤层气开发、油气资源勘探与高效开发、复杂地质和深海油气资源勘探、页岩气(油)资源勘探、先进且生态友好的水力发电等关键技术标准研究。

2. 能源加工与转化

研制煤制清洁燃料及化学品、石油高效与清洁转化、天然气与煤层气加工技术标准;开展高参数超超临界发电、燃气轮机发电、整体煤气化联合循环发电系统(IGCC)以及基于微型燃机的冷热电联供分布式电流系统关键技术标准研究。

3. 能源输送储运

研制油气长输管道及站场关键设备、大型天然气液化处理及储运、大型液化天然气运输设备、超低硫成品油储运、大规模间歇式电源并网的输变电和储能技术、大容量远距离输电、灵活交直流输电、轻型直流输电、复杂环境条件下的特高压交直流输电以及电网防灾减灾等关键技术标准。

4. 能源节约与管理

制修订高耗能产品能耗限额、终端用能产品能效和车船燃油消耗量限值强制性标准;研制建筑节能、高耗能行业及公共机构能源管理体系、能量系统优化、能源管理绩效评价等标准。

(二)资源开发与综合利用

加强水资源节约与利用、土地节约与高效利用、矿产资源勘查开发与综合利用、原材料节约、海洋资源开发与利用等领域标准的研制,健全资源开发与综合利用标准体系,促进我国资源自给能力和综合利用水平的提升。

(三)生态环境保护

加强环境保护、生态保护、应对气候变化等领域标准的研制,健全生态环境保护标准体系,建立应对气候变化标准体系,提升生态环境友好水平和应对气候变化能力。

生态环境保护标准体系建设重点:

1. 环境保护

制修订环境质量、污染物排放、环境监测方法、环境信息、放射性污染防治、废物处理、有害物质处置标准;开展海洋环境保护和城市垃圾处理技术标准的研究。

2. 生态保护

制修订生态环境影响评价、生物多样性调查和评价、自然保护区相关标准;研制水土保持、荒漠化治理、生态保护与修复、生态系统服务、生态风险评估标准。

3. 应对气候变化

研制低碳产品标准、碳排放交易相关的方法和统计标准;开展气候变化监测与预测、温室气体管理以及工业、建筑、交通、农业等领域温室气体排放标准的研究。

七、加快战略性新兴产业标准化步伐

围绕提升产业层次、高起点建设现代产业体系,加快培育先导、支柱产业,大力开展节能环保、新一代信息技术、生物、高端装备制造、新能源、新材料和新能源汽车等产业的标准化工作,制修订2 000项标准,研制一批标准样品,建立健全战略性新兴产业标准体系,积极开展标准化试点示范,促进标准化与技术创新、产业发展同步,引领和支撑战略性新兴产业的发展。

(一)节能环保产业

大力推进节能、资源循环利用、环保等方面的技术、装备、产品及服务标准化工作，建立健全节能环保产业标准体系，支撑节能改造工程、节能技术产业化示范工程、节能产品惠民工程、再制造产业化工程、合同能源管理推广工程、资源循环利用技术示范推广工程的实施，推动节能环保产业规范化、规模化发展。

节能环保产业标准体系建设重点：

1. 节能产业

制修订能源审计、节能量测量、合同能源管理、固定资产投资项目节能评估等节能服务标准；研制钢铁、有色、石油、石化、建材、电力、交通运输、造纸等重点用能行业高效节能技术标准。

2. 资源循环利用产业

研制再制造、再生资源利用标准以及建筑废物、餐厨废弃物、农林废物资源化利用标准；开展产业共生网络优化评估、产业共生与链接技术、废物信息交流等标准的研究。

3. 环保产业

制修订污水处理、垃圾处理、大气污染控制、危险废物处置、土壤污染治理等关键环保技术装备标准；研制环保材料、环保药剂等环保产品标准；开展脱硫脱硝、除尘等环保设备运行效果评价以及排污权交易、生态设计等环保服务标准的研究。

（二）新一代信息技术产业（略）

（三）生物产业（略）

（四）高端装备制造产业

加强航空装备、卫星及应用、轨道交通装备、海洋工程装备、智能制造装备、科学仪器设备等领域关键核心技术标准的研制，推进高端装备制造产业标准体系建设，开展大型客机等重大专项标准化示范，促进国家科技重大专项成果转化，提高产业核心竞争力，发挥标准化在高端装备制造产业中的技术引领和支撑作用。

高端装备制造产业标准体系建设重点：

1. 航空装备

研制大型飞机、支线飞机、通用飞机和直升机以及发动机、重要机载系统和关键设备等相关标准。

2. 空间基础设施

研制通信卫星系统、遥感卫星系统、导航定位卫星系统等天基系统，地面站及数据接收、处理、分发设施等地基系统，运载火箭等天地往返系统相关标准。

3. 轨道交通装备

开展轨道交通车辆制造与智能化、制动系统、信号系统等核心技术以及高速铁路用新材料、新技术、新装备标准的研究。

4. 海洋工程装备

研制海洋油气平台、海洋工程辅助船、载人深海潜水器、深海作业运输系统等关键技术标准。

5. 智能制造装备

研制高档数控机床与基础制造装备、智能控制系统、精密和智能仪器仪表与试验设备、智能专用装备标准。

6. 科学仪器设备

开展质谱、光谱、色谱、电子显微镜等科学仪器设备整机和核心关键部件技术标准以及重要测试技术和方法标准的研究。

（五）新能源产业

围绕应对气候变化和提高能源利用效率，加强先进核能、太阳能、风能、生物质能、氢能以及智能电网等领域标准的研究，初步建立新能源产业标准体系，适应我国新能源产业发展需求，促进新能源的开发与利用。

新能源产业标准体系建设重点：

1. 核能

研制快堆、高温气冷堆和多用途模块化小型堆、先进闭合核燃料循环体系技术标准；开展三代压水堆核电技术和在运、在建核电站安全性以及核燃料元件、乏燃料后处理等相关标准的研究。

2. 太阳能

制修订太阳能集热系统、太阳能光伏发电系统、光热光电联合供能系统及相关设备标准；研制高效太阳能电池、太阳能热发电热电转换材料、核心部件及大规模储热技术标准；开展太阳能资源监测、预测预报和评估，太阳能电场选址和电场运行等关键技术标准研究。

3. 风能

制修订大型风电机组及关键部件的设计、制造和检测技术标准；研制大型风电机组在极端环境条件下的应对技术标准，大规模海上风电关键技术与装备标准；开展风能资源监测、预测预报以及大型风电场资源评估、选址施工、监控和运营标准的研究。

4. 生物质能

开展能源植物、生物质发电、生物质液化、生物质气化、生物质压缩成型以及生物质燃料的综合开发与利用标准的研究。

5. 智能电网

研制智能化变电站、智能化配电网、智能调度、大规模储能、用户端能源管理等关键技术与装备标准；开展智能微电网、智能化用电、智能量测和双向互动标准研究。

6. 储能电池

开展锂电池、钠硫电池、全钒液流电池系统，压缩空气、飞轮储能系统，不同电池组合系统管理等技术标准的研究。

（六）新材料产业

加强稀土功能材料、高性能膜材料、特种玻璃、功能陶瓷、半导体材料、高品质特殊钢、新型合金材料、工程塑料、高性能纤维及其复合材料、纳米材料、超导材料等领域标准及标准样品的研究，构建新材料产业标准体系，引领和支撑新材料的设计、制备加工、高效利用、安全服役和低成本循环再利用，促进材料高性能化、轻量化和绿色化。

新材料产业标准体系建设重点：

1. 稀土功能材料

研制稀土磁性材料、稀土发光材料、稀土催化剂材料、稀土贮氢材料、稀土抛光材料标准；制修订与稀土新材料密切相关的稀土矿产品、冶炼分离产品标准以及稀土循环利用标准。

2. 高性能膜材料

研制水处理用膜、气体分离膜、光学功能薄膜、太阳能电池用薄膜、电磁波屏蔽膜、透明导电膜标准。

3. 特种玻璃和功能陶瓷

研制平板显示器用玻璃、太阳能光伏光热玻璃、高速动车组和大飞机用玻璃、高性能石英玻璃、特种微晶玻璃标准；开展陶瓷（膜）过滤材料、特种陶瓷纤维、新能源用高性能陶瓷材料标准的研究。

4. 高品质特殊钢和新型合金

研制高性能基础件用特殊钢棒线材、高品质特殊钢锻轧件、高速铁路用钢、高档电力用钢、大型机械用钢、高磁感取向硅钢、耐高温高压腐蚀电站用钢、高牌号无取向硅钢、海洋工程用钢、船用耐蚀钢标准及配套试验方法标准；制修订铝合金、钛合金、镁合金等高性能轻型合金标准；开展大飞机、大型船舶、核电和高速铁路用新型合金标准的研究。

5. 工程塑料

研制特种工程塑料、新型改性工程塑料、热固性塑料、节能用聚氨酯塑料标准。

6. 高性能纤维及其复合材料

研制碳纤维、芳纶、超高分子量聚乙烯纤维、聚苯硫醚纤维、聚酰亚胺纤维、芳砜纶技术标准及配套方法标准；开展风电叶片、汽车、航空航天、智能电网、环保设施用纤维复合材料技术标准的研究。

7. 纳米和超导材料

开展纳米材料及产品特性的检测、纳米制造和加工技术、纳米燃料电池、纳米检测仪器、纳米材料对人类健康和环境的风险评估等方面标准的研究；制修订超导材料性能测试、超导薄膜微波性能测试标准。

（七）新能源汽车产业

开展新能源汽车整车、动力电池、电驱动系统、电控系统、基础设施等关键核心技术标准的研究，初步形成技术指标先进、具有较强国际竞争力的新能源汽车产业标准体系，促进我国汽车产业升级换代。

新能源汽车产业标准体系建设重点：

1. 整车

研制电动汽车电磁兼容、电动汽车安全要求、电动汽车整车强电系统及零部件电压等级、车载充电技术、混合动力汽车能耗综合评价方法、纯电动城市作业车标准。

2. 动力电池

开展动力电池系统和管理系统、高能量/高功率锂离子动力蓄电池系统、超级电容器及其与电池组合系统、动力电池安全要求、动力电池梯次利用与回收、动力电池关键材料标准的研究。

3. 电驱动系统

研制驱动电机系统与核心材料、混合动力驱动总成系统、燃料电池发动机及其关键材料标准。

4. 基础设施

研制电动汽车充电站及充电网络建设运行、充电技术与充电设备性能检测标准以及燃料电池汽车加注附属设施、设备及相关检测与安全标准。

八、加大社会管理和公共服务标准化力度（略）

九、积极参与国际标准化活动

健全参与国际标准化活动机制和支撑体系，为国内企业等有关方面参与国际标准化活动创造条件、搭建平台，鼓励和支持实质性参与国际标准化活动，深化国际交流与合作，为国际标准化发展作出更大贡献。

（一）健全参与国际标准化活动工作机制和体系

加快我国参与国际标准化活动的管理制度建设，规范参与国际标准化工作程序及组织机构和人员的管理。建立参与国际标准化活动的激励机制，鼓励国内企事业单位等有关方面更多参与国际标准化活动，充分发挥企业在参与国际标准化活动中的作用。在重要领域建立健全多部门和行业参加的国际标准化活动协作机制，加强跨领域参与国际标准化活动的协调指导。加强技术委员会在参与国际标准化活动中的推动和组织作用，促进国际、国内标准化工作融合发展。

加强ISO、IEC、国际电信联盟（ITU）及其他制定国际标准组织国内技术对口机构建设，在任务明确、基础较好的重点行业和地方，有序开展国际标准化协作平台建设，为国内组织机构和专家实质性参与国际标准化活动提供服务和支撑。

（二）推动实质性参与国际标准化活动

积极建设与国际标准组织的合作伙伴关系，持续开展ISO、IEC、ITU及其他制定国际标准组织的政策与发展趋势研究，为参与国际标准活动提供政策支撑。充分发挥我国承担国际和区域标准组织管理职务的作用，实质性参与国际标准化战略、政策和规则的制订。在不断扩大参与国际标准化活动范围的基础上，根据我国经济社会发展确定工作重点，提升参与国际标准化活动的针对性和有效性。加大对国内技术对口机构工作支持力度，提升我国承担的国际标准组织技术机构领导职务和秘书的工作水平。支持国内组织机构、专家更多参与和承担ISO、IEC、ITU及其他制定国际标准组织技术会议，广泛开展国际标准跟踪研究，加强国际与国内标准制修订工作衔接。在我国具有市场和技术优势的领域，加强重要国际标准项目推进工作组建设，组织提出高质量的国际标准提案，鼓励承担国际标准组织技术机构主席、秘书和工作组召集人职务。支持企业实质参与国际标准制修订。按照技术先进、经济适用、安全可靠原则，继续推进国际标准转化。

（三）深化对外合作与交流

深化与我国贸易关系密切国家和地区的合作，巩固和发展已有合作成果，完善标准化领域双边、多边合作机制。加强主要贸易国家和地区的标准信息收集与研究，深化技术性贸易措施研究和体系建设，推进国家标准互认，丰富我国对外经济、技术交流与合作内容。加强国家标准外文版翻译出版和培训。加强行业部门间协作，充分发挥地方政府和企业的积极性，探索与国外标准组织合作新模式。

十、推进标准化体制、机制改革创新

适应建设社会主义市场经济和转变政府职能的需要，完善统一管理与分工负责相结合的标准化管理体制，科学界定不同主体在标准化工作中的职责，加强标准化宏观管理和综合协调，增强标准化管理系统性和有效性。完善面向需求、广泛参与、公开透明、便捷高效的运行机制，提高标准化工作的科学性，增强标准化发展质量和活力。

（一）推进标准分类管理

涉及人身健康、公共安全、公共服务、消费者利益、环境保护、资源节约等领域的标准以及基础通用和产业发展的关键共性技术标准，政府要加强指导与协调，同时引导和鼓励行业协会、企业、科研机构、消费者代表等积极参与。能够通过市场配置标准化资源的领域，在坚持维护各方利益协调融合的原则下，充分发挥企业的主体作用和行业协会的协调作用。

实行强制性标准与推荐性标准的区别管理，提高强制性标准的严肃性。完善强制性标准管理制度，严格强制性标准制定范围和程序。在标准立项、审查和批准环节，强化行业主管部门对强制性标准的把关作用。探索建立强制性标准评审委员会和重要强制性标准听证制度，健全标准评审机制。加强强制性标准宣传，促进强制性标准有效实施。

坚持国家标准统一立项、统一审查、统一编号和统一批准发布。加强行业标准和地方标准立项时与国家标准的协调性审查，切实履行行业标准和地方标准备案制度，促进国家、行业和地方标准的衔接配套。

支持企业、产业技术创新战略联盟结合技术研发、市场经营开展标准化活动，充分利用自主创新技术制定标准。研究制定联盟标准化发展的指导意见，支持企业与企业、企业与科研机构、高等学校组成联盟，通过原始创新、集成创新和引进消化吸收再创新，共同研制联盟标准。在重大产业和关键共性技术领域，鼓励联盟研制国家标准和行业标准，积极参与国际标准制修订。

（二）健全标准化协调推进机制

积极争取建立国家标准化协商机制，研究、协调标准化工作中的重大问题。加强跨行业、重大产业领域标准化的统筹规划，在关系国计民生的领域，建立标准化相关部门联席会议制度，研究制定标准化与技术创新、产业发展相结合的政策措施，协调解决跨领域重大标准化问题，加强重要技术标准制定、实施的指导与协调，推进标准的体系化、综合化。围绕标准化热点难点问题，加强标准化管理部门与产业部门、行业协会、企业、消费者代表等利益相关方的协调沟通。健全国家重大工程标准化跟进和配套机制，鼓励以龙头企业为主体，运用综合标准化方法开展重大产业标准研制。

（三）改进和加强技术委员会管理

优化技术委员会体系。加快战略性新兴产业、社会管理等领域技术委员会建设，调整不适应发展需要的技术委员会，对领域相近、范围交叉的技术委员会开展整合试点。探索组建跨技术委员会的协调工作组，推进实施技术委员会互派联络员制度。

改善技术委员会运行环境。加强技术委员会工作信息化建设，促进技术委员会工作公开、公正和高效。加大秘书处承担单位对技术委员会的支持力度，改善秘书处人员及委员工作条件。强化秘书长责任意识和服务意识，规范技术委员会秘书处组织制定标准的行为。严格技术委员会委员资质条件，充分发挥行业组织在推荐委员中的作用，增强技术委员会组成的代表性与合理性。

建立技术委员会考核评价机制。科学构建并完善技术委员会考核评价指标体系，制定考核评价办法。健全技术委员会考核评价工作体系，定期开展技术委员会考核评价，科学公正评价技术委员会及秘书处的工作。健全技术委员会工作激励和约束机制，实行技术委员会秘书处竞争和退出机制，增强技术委员会活力。

（四）强化标准制修订管理

健全以需求为导向的标准立项机制。围绕经济社会发展战略需求，加强标准体系规划，指导标准项目申报和立项。采取自下而上与自上而下相结合的方式，不断完善项目提出机制。加强技术委员会对本领域标准体系的研究维护，严格项目预研究要求，提高项目科学性。将标准立项阶段技术委员会委员电子投票纳入标准制修订管理系统，严格项目提出程序，增强项目公正性。加强标准立项协调，完善争议协商解决机制。健全多单位联合申报项目的机制，在交叉领域鼓励相关行业企业联合申报标准项目。

严格标准制修订程序。搭建标准征求意见、信息收集与发布、交流互动信息化平台，保障利益相关方充分参与，促进标准制修订过程更加公开透明。加强标准制修订程序监督，严格对项目变更、终止的管理，畅通标准制修订工作投诉渠道。加强标准维护更新，进一步提高复审工作有效性。

完善标准审查和发布机制。将标准审查阶段技术委员会委员电子投票纳入标准制修订管理系统，强化技术委员会委员审查标准的权利与义务。优化标准审批流程，明确标准审查各环节时限要求，有效衔接标准技术审查、审批发布和出版各项工作，提高标准审查审批效率。

加强标准制修订风险管理。强化标准制修订工作风险意识，将风险管理引入标准制修订各环节，建立制修订全过程风险识别、分析和应对机制。建立标准化工作突发事件快速反应机制，妥善处理突发事件。

（五）加强标准实施反馈及效益评价

完善标准实施反馈机制。在标准化管理部门官方网站开通标准实施信息反馈专栏，畅通标准实施信息反馈渠道。加强与标准实施相关部门的联络，强化标准与计量、认证认可、检验检测、市场准入、执法监督等工作的协调联动。加快建设以技术委员会为主体的标准实施信息反馈处置工作体系，促进标准制修订与标准实施有效衔接。

建立标准实施效益评价机制。研究建立标准实施效益评价指标体系和评价模型。围绕提高标准适用性和有效性，开展标准实施效益评价试点。加强标准实施效益评价结果运用，将评价结果及时反馈到标准立项、起草复审和技术委员会管理等工作中，形成标准化工作的良性循环。

（六）深化标准化军民融合

推进实施军民标准通用化工程。坚持军民结合、寓军于民，逐步建立军民标准相互转化的工作机制，探索建立军民标准化技术组织的融合机制，促进标准化资源的军民共建共享，加强军民产品和技术标准协调统一，努力实现国家标准体系与国家军用标准体系之间的有机衔接、协调互补，促进经济建设和国防建设的互动发展。

十一、加强标准化基础能力和发展环境建设

（一）完善政策法规体系

积极推动《国家标准化战略纲要》的发布和实施，推动各地实施标准化战略，将标准化纳入经济社会发展总体规划。积极推动标准化法的修订，加强标准化法与相关法律法规的协调。以强制性标准、技术委员会、标准制修订过程管理、标准涉及专利相关政策等为重点，加强标准化政策法规研究，健全标准化法配套规章制度。加强标准化管理与产业调整、政府采购等政策的衔接。

（二）构建标准化科技支撑体系

完善标准化与科技紧密结合机制，推动标准化深度融入国家科技创新体系。发挥技术标准在科技创新活动中的导向和保障作用，强化关键共性、基础类、公益类、重大战略产品等重要技术标准的研究、制定和优先采用。建立标准化管理部门与科技、产业等主管部门会商机制，开展多层次战略合作，加强标准研制与技术创新、产业发展的衔接配套，在科技任务执行、成果转化应用及重大产业创新工程实施中，提供标准化工作支持。积极争取科技对重要标准研制的支持，鼓励科研机构和科技人员参与标准化工作。根据需求将形成标准作为科技项目立项和验收的考核指标，推进关键共性技术标准的研制和应用，提升标准化总体技术水平。

实施科技部《“十二五”技术标准专项规划》，开展标准化战略、系统方法、技术标准体系以及跨领域关键共性和基础通用标准研究，发挥专项在标准化研究中的龙头作用，辐射、带动和配合其他科技专项中的标准化研究。围绕标准化应急性、培育性和基础性科研需求，组织实施标准化领域公益性行业科研专项，重点支持标准预研、有一定科研基础的重要标准研制以及标准化管理和技术方法的研究，将更多国家标准制修订任务纳入支持范围。

建立全国标准化科技协作平台，创新标准化科技管理运行机制，整合和充分利用标准化科技项目、资金、人才、装备、信息等资源，畅通标准化科技需求，协调标准化科技规划计划，组织联合科技攻关，促进多出成果、快出成果、出好成果和多出人才、快出人才、出高层次人才。

全国标准化科技协作平台：建立以国家和地方标准化研究机构为骨干，相关行业领域标准化管理机构、技术组织、高等学校、科研院所和企业参加，政产学研用相结合的全国标准化科技协作平台。

（三）构建标准化公共服务体系

加强标准化机构和组织的公共服务能力建设，提升标准化技术委员会、地方标准化机构、行业协会、标准出版发行机构的公共服务水平，逐步建立标准化公共服务体系和服务平台，创新服务机制，为全社会特别是中小企业提供标准化政策、法规、信息、管理、技术咨询和服务。加强标准宣贯，完善标准新闻发布制度，充分发挥行业协会、技术委员会的组织作用，逐步建立层次分明、权威高效的标准宣贯体系。加强标准化宣传，创新宣传方式，推动各级政府和科协组织等对重大标准的宣传，加强标准化知识普及，开展“世界标准日”“标准化知识“进企业、进校园、进社区”等活动，在全社会倡导以标准为依据生产、服务、贸易和消费的行为。健全国际标准国内出版发行的正规渠道，规范标准出版发行工作，严厉打击侵犯标准版权的行为。积极开展标准化文化研究和建设。

（四）加强标准化信息化建设

制定全国标准化信息化发展规划，指导、协调全国标准化信息化工作，形成国家、行业和地方有序推进标准化信息化建设格局，促进标准化创新发展。健全标准化信息化管理制度和协调机制，合理布局全国标准化信息资源，充分发挥组织机构代码、物品编码和国家标准馆藏的基础资源作用，完善国内外标准化信息资源收集与应用体系。构建权威、高效的标准化信息公共服务平台，完善支撑国家、行业和地方标准化工作的管理信息系统，建立标准化信息服务机制，提升标准化服务与管理水平。

标准化信息化建设重点：

1. 标准化资源数据平台

整体规划和整合标准化信息资源，统一管理标准化资源数据。形成标准化基础数据库、标准加工数据库和标准化知识库。

2. 标准化信息公共服务平台

建立权威、高效、便捷的标准化信息公共服务平台，为政府部门、科研院所、企业、消费者提供国内外最新标准、技术法规和标准化动态等信息，满足不同层面对标准化信息的需求。

3. 标准化工作管理信息系统

完善面向国家、行业和地方标准化工作，涵盖标准制修订和技术委员会管理的信息系统，支撑标准化闭环管理，实现业务协同和信息共享，增强公开性和透明度，提升工作效率。

（五）加强标准化技术机构和人才队伍建设

加强标准化科研机构和协会、学会建设，充分发挥其技术支撑、人才培育和桥梁纽带作用。鼓励和支持高等学校、科研院所开展标准化原理、制度、技术等基础理论研究，开设标准化课程，建设标准化学科，设立硕士、博士学位授予点和博士后工作站，开展标准化学历教育和系统研究，培养高层次标准化人才。以培养适应不同工作需要的标准化专业人才为重点，分类构建标准化知识体系，组织编制标准化系列培训教材，制定标准化师资条件，建立专兼职师资队伍，建设一批培训基地，制定标准化从业人员培训计划，大规模开展人员培训。实施标准化国际合作培训项目，加强参与国际标准化活动的实践锻炼，加快培养一支数量足、水平高、结构优的国际标准化专家队伍。不断充实和完善标准化专家库，发展壮大标准化专家队伍。建立健全标准化人才评价选用机制，支持引进或聘用海外标准化高层次人才。推动建立标准化职业资格制度，探索建立全国专业标准化技术委员会秘书长资质管理制度。完善标准化奖励制度，探索将技术委员会、标准化试点示范和国际标准化工作纳入奖励范围。

（六）加大经费支持和保障

建立持续稳定的标准化经费保障机制，争取加大财政投入，将强制性和基础、通用、方法等标准的制修订经费列入财政预算，重点支持重要技术标准的研制、参与国际标准化活动、标准化试点示范和信息化建设。完善标准化经费投入保障的政策措施，建立标准化多元化、多渠道投入机制，积极争取国家、行业和地方各类配套资金和专项资金支持，强化标准化技术委员会秘书处承担单位的投入保障，引导和鼓励企业、社会加大对标准化的投入。加强国家标准制修订经费管理，开展经费使用绩效跟踪评估，提高经费使用效益。

十二、规划实施与评估

加强组织领导。国家标准化管理部门负责规划实施的统筹协调。各级标准化管理部门和相关标准化机构要加强组织领导，明确责任分工，紧密协作配合，做好规划各项任务的分解和落实。要积极争取各级政府支持，加大对标准化工作的投入和保障力度。加强规划的宣传贯彻，组织和动员社会各方面力量，共同推动规划实施。

完善规划体系。各行业、各地方可结合自身实际，研究制订本行业、本地区标准化发展规划，加强与本规划的衔接配套，形成国家、行业、地方标准化战略规划体系。抓紧制订各重点领域专项规划和相关政策措施，保障规划落到实处。

加强规划评估与调整。加强规划实施监测和评估工作，完善规划实施动态管理机制。根据规划目标和任务，制定年度工作计划。根据外部因素和内部条件变化，对规划进行中期评估，根据评估结果调整、优化，提高规划科学性和有效性。

电工标准化重点工作促进行业转型发展

2012年是电工行业支撑工业转型升级、支撑培育和发展战略性新兴产业的关键时期，也是电工行业转变发展方式、提升核心竞争力的重要时期。面对“十二五”时期的新形势、新任务，电工标准化工作面临新的机遇和更大挑战。中国电器工业协会标准化工作委员会（简称协标委）进一步加强系统管理，力争重点突破，提升整体水平，大力推动标准化有效服务于电工行业科学、快速发展。

一、2011年电工标准化工作新进展、新突破、新成效

1. 标准化工作机制创新，取得良好成效

2011年，电工行业继续深化标准化工作机制创新，在跨技术领域协调合作、深化产学研相结合工作机制、加强与地方标准化组织合作、建立企业基金支持标准化新模式等工作中取得显著成绩。

主要包括：加强与电力、汽车等行业的协调配合，共同助推产业发展；深化产学研相结合的标准化工作机制，着力加强科研、示范工程对新兴技术领域标准化工作的支撑；以企业为纽带，加强与地方技术监督部门合作，充分利用地方标准化政策和资金支持，推动电工标准化工作为地方产业集群和区域经济服务，筹备成立中国电器工业软起动联盟，积极探索联盟标准化工作。

2. 强化标准化管理，进一步提升系统性、适用性和有效性

电工行业不断强化标准化管理工作，重点抓好标准化立项导向，稳步开展机构建设，着力加强对标准计划立项协调，使电工标准化工作的系统性、适用性和有效性进一步提升。

配合国家及行业标准化立项重点，加强电工行业标准计划立项指导；稳步开展电工行业标委会建设，依据国家标准化工作要求，强化电工行业标委会管理；提升立项质量，加强电工行业标准计划协调。

截至2011年底，电工行业现行国家标准总数1 638项，其中强制性标准279项，推荐性标准1 332项，国标指导性技术文件27项，相关联采标率达90%以上。目前，电工行业承担全国标准化技术委员会46个和分技术标准委员会35个；能源行业标准化技术委员会5个，机械行业标准化技

术委员会2个;对口71个IEC及ISO/TC/SC。

3. 推进我国IEC入常,提升国际标准化工作水平

2011年10月在IEC第75届大会上顺利通过我国"入常"决议。为配合我国IEC入常,整体提升电工行业国际标准化工作水平,电工行业重点开展了编制国际标准化战略规划实施措施工作,并在保持电工行业国际标准化的中高层岗位、稳步推进国际标准制修订工作等方面开展了一系列配套工作。

4. 开展重大装备领域标准研制,推进行业转型升级

电工标准化工作紧密围绕国家重大专项和重大工程建设的实施,以重大技术装备标准化为重点,以振兴装备制造业为主线,结合国家科技支撑计划、质检行业公益科研专项等国家科研项目的实施,开展了系列重大装备技术标准研制。

5. 紧密围绕国家能源政策,系统推进和积极开拓新能源领域标准研制

电工标准化一方面要系统推进已承担的新能源领域标准化工作,另一方面要积极开拓电工储能设备、太阳能光热发电设备等新技术领域标准化工作。

6. 搭建低碳技术平台,系统推进节能环保领域标准化工作

结合国家节能减排和控制温室气体排放的要求,组织建立了电工行业低碳技术平台,积极探索产品能耗限额及电气系统能效标准化,系统推进产品专业领域环保标准化,并密切跟踪国际温室气体排放测量标准研制。

配合国家实施"十二五"控制温室气体排放工作方案,组织成立了中国电器工业低碳技术联盟,着力打造电工行业前沿低碳技术及标准化示范平台,积极探索产品能耗限额及电气系统能效标准研制等。

二、2012年标准化重点工作

1. 加强标准制修订全过程管理,不断完善标准体系

认真落实全国标准化工作会议上有关"完善标准制修订全过程管理机制"的工作精神,加强标准制修订全过程管理。标准立项以市场需求为导向,适时开展项目预研。严格按照程序开展标准制修订,充分征集企业、科研机构等多元化利益相关方参与标准制修订。探索开展标准实施反馈和效益评价,按照上级主管部门的要求试行在标委会内部建立标准实施信息反馈渠道。

2. 改进和加强技术委员会管理,持续优化技术委员会结构

按照国家标准化管理委员会和中国机械工业联合会的统一部署,加强对标准化技术委员会的管理。配合上级部门,研究探索技术委员会的考核评价机制,在部分标准化技术委员会范围内开展考核评价试点。根据电工行业发展需求,将标准化技术委员会业务工作重点向战略性新兴产业领域拓展,积极探索各产业领域的切入点,落实《电工行业"十二五"标准化指导意见》中的重点标准项目。

3. 完善标准与科技紧密结合机制,以标准化为科技支撑

围绕国家重大战略需求,以核心装备、关键材料、基础零部件等关键领域为重点,鼓励行业建立标准化与科技专项有机结合的一体化机制。以重大科技专项、"863"计划、支撑计划为载体,发挥技术标准战略,做好"百万千瓦超大容量水电机组技术规范研究"等项目结题工作,推进"低热值余热余能和废气利用发电设备标准研究"等项目的启动开展工作。

4. 发挥标准支撑作用,推进战略性新兴产业标准化建设

发挥标准对传统产业优化升级的支撑作用,加强大型清洁高效发电、特高压输电等技术领域相关标准的制修订;配合国家战略性新兴产业发展政策,落实国家标准化管理委员会等上级主管部门关于"加快战略性新兴产业标准化进程"的工作部署,推进战略性新兴产业标准化建设;依托能源标准化工作平台,跟踪国内和国际风能、太阳能、氢能产业发展,加强风力发电机组环境适应性、垂直轴风力发电机组、太阳能热利用、氢技术等领域技术标准的研究;着手建立能源行业电工储能设备标准化技术委员会、太阳能光热发电标准化技术委员会,逐步建立新能源标准化组织机构。

5. 力推低碳技术,加快节能环保低碳标准制修订速度

大力推进节能环保低碳标准研制,推广先进绿色低碳技术,推动电工装备向绿色低碳、清洁安全转变;开展高效节能锅炉、高效节能电机、余热余压利用等节能装备标准的研制,加强电工产品能源消耗限额标准的制修订。依托环保产业和技术发展,加大电工电子产品环境标准制修订力度,做好铅酸蓄电池、电动工具等环境设计标准研制,完善电工产品环境设计标准体系。同时,依托中国电器工业低碳技术联盟,围绕发展循环经济,开展高压开关、中小型电机、变压器等电工产品温室气体排放评估联盟标准的研制,加快低碳标准的研制速度。

6. 跟踪智能电网国际标准趋势,加快关键核心技术标准研制

加强智能变电站设备、大规模储能设备、柔性输电、特高压等大容量、高效率、先进输配电装备的关键核心技术标准的研制,进一步推进智能电工装备标准化工作,完成智能电工装备标准体系,做好"智能电工设备关键技术标准研究"结题工作,推进"智能化输配电设备关键技术标准项目研究"工作,支撑智能电网设备标准研制。及时跟踪国际智能电网标准化发展动态,重点研究国际、区域及先进国家智能电网标准化路线图,为我国智能电工标准化工作提供参考依据。

7. 依托"863"和科技支撑计划,推进新能源汽车等领域标准研制

加快研究电动汽车安全、充电换电设施、动力电池等新能源汽车领域的标准。以中德电动汽车标准化工作为平

台，继续开展充电接口、充电电缆、保护装置、充电装置安全等国际标准协调工作，重点开展电动汽车充电电缆、充电设施电气安全等标准领域的工作。紧跟新能源汽车产业发展步伐，积极推进新能源汽车相关电工设备领域的标准化与科研工作，探索电动汽车安全、混合动力汽车耗能综合评价方法等相关标准的研制。

8. 促进联盟产业技术发展，推进试点联盟标准和协会标准制定

依托行业发展，在低碳技术、软起动等领域试点制定联盟标准，促进联盟产业技术发展，提升技术联盟标准引领作用。继续探索协会标准制修订，探索建立联盟标准和协会标准适时上升为行业标准或国家标准的机制。鼓励创新型电工企业加入产业技术联盟，推动形成以企业为主导，科研机构、高校、用户等积极参与的产学研用紧密结合的电工产业技术创新型联盟。

9. 继续推进国际标准化战略，进一步提高国际标准化活动能力水平

充分发挥中国电器工业协会作为IEC/SMB国内标准支撑单位的作用，加强IEC/SMB国际标准化技术支撑，加大力度研究国际标准化战略实施方案及相关政策、规则变化。重点参与SMB/ahG35系统标准化研究工作，跟踪电气系统能效、智能电网等标准化工作进展。统筹国内、国际标准化工作，做好汽轮机、电工储能设备等领域国际标准的培育和研制工作。争取承担更多IEC/TC/SC中高层岗位工作，利用IEC/TC/SC可设立副主席的新机制，适时提出争取水轮机、防爆电气设备等TC副主席的筹备工作方案等。

〔摘自中国电器工业协会标准化工作委员会副理事长兼秘书长方晓燕在2012年中国电器工业标准化工作会上的工作报告〕

标准支撑电工行业重点突破，提升整体水平

2012年中国电器工业标准化工作会议暨中国电器工业协会标准化工作委员会（以下简称协标委）二届三次会议于5月13日—14日在济南召开。来自电工行业优势企业、科研院所、检测机构、专业标委会的130余名代表参加了此次会议。

中国电器工业协会终身荣誉会长陆燕荪针对电工行业提升产品质量指出：电工行业应在提高产品实物质量的基础上进一步通过标准提高产品印象质量，并重点指出产品印象质量与标准化工作的联系，特别就电工行业建设可靠性标准体系提出要求。

国家标准化管理委员会工业二部处长王莉肯定了电工行业标准化在完善国家标准体系、服务振兴装备制造业、争取IEC入常等方面取得的成绩，提出在“十二五”国家工业转型升级、培育和发展战略性新兴产业的新形势下，电工行业需要整体推进新能源、节能环保、低碳技术、储能技术等技术领域的标准化工作，以技术创新为基础，配合国家的政策措施，切合国内产业发展，争取实现新的突破。

国家能源局能源节约和科技装备司处长孙嘉弥介绍了打造能源行业基础科研、重大装备、研发平台和示范工程四位一体的工作思路以及能源行业标准体系管理工作进展，提出下一阶段的重点是加强能源技术装备质量管理、完善能源技术装备评定工作体系、建立能源技术装备指导目录等工作。

中国机械工业联合会执行副会长杨学桐根据2012年机械工业标准化工作要点提出“加强系统管理，谋划标准化科学发展；主攻高端，提升标准化支撑能力；突出重点，推进国家标准国际化；强化服务意识，推动标准实施”等要求。

中国电器工业协会常务副会长杨启明从电工行业“十二五”时期支撑工业转型升级、支撑培育和发展战略性新兴产业的角度对电工行业标准化工作提出要求。

协标委理事长张秋鸿结合参与IEC国际标准化开展统筹规划、及时跟进新兴技术、重视标准化工作间接辐射效益等方面的感受，通过视频提出电工行业加强标准化管理、完善体系建设、深化机制创新、加大力度支撑战略性新兴产业发展等工作要求。

协标委副理事长兼秘书长方晓燕做题为“系统管理、重点突破、整体提升，推动电工行业标准化更加有效地服务科学发展”的工作报告，系统回顾了电工行业2011年标准化工作取得的成绩，并对2012年电工行业标准化工作重点做出部署。

会议就电工标准化市场服务、强化国内国际标准化管理、协调电工行业标准体系建设等工作开展研讨，明确了相关工作任务。颁发了2012年“电工标准—正泰创新奖”，对GB/T 22581—2008《混流式水泵水轮机基本技术条件》等15项电工行业重要标准研制项目和国际标准化突破贡献给予奖励。同期还召开了标准化创新机制与战略性新兴产业标准化专题报告会，就标准化与科研成果转化、联盟标准发展思路、标委会机制创新与管理、汽车电气技术及标准化、电气储能标准化体系建设、电工行业低碳技术标准化等专题作报告。

〔撰稿人：中国电器工业协会标准化与技术评价中心张亮〕

第二部分:电器工业标准化工作进展

百项能效标准推进工程启动

2012年6月19日,国家发展和改革委员会资源节约和环境保护司、国家标准化管理委员会在北京联合召开了百项能效标准推进工程启动会,共同推进能效标准制定工作进程,以落实国家"十二五"节能减排约束性指标。涉及百项能效标准的钢铁、有色、煤炭、电器、石化等行业协会的代表50余人参加了会议。

一、百项能效标准推进工程意义

《节能减排"十二五"规划》中要求到2015年实现单位国内生产总值(GDP)能耗比2010年下降16%,平均每年下降3.5%。但是2011年我国单位GDP能耗实际仅下降2.01%。为此,国务院印发《"十二五"节能减排综合性工作方案》(国发〔2011〕26号),提出了12个方面、50条政策措施。标准是其中的重要环节,如惠民工程的鼓励政策以先进标准为门槛,国家限制两高(高耗能、高污染)的项目也是以标准作为门槛。

虽然各地方、各行业制定了很多类似的能效标准,国家发展和改革委员会仍希望加快国家标准制定进度,通过实施百项能效标准推进工程,发挥标准的引领作用。百项能效标准推进工程是在国家已经发布了48项能效标准、28项能耗限额标准的基础上,重点围绕高效节能产品推广、节能评估审查制度、万家企业节能低碳行动、绿色建筑行动、淘汰落后产能等一系列重点节能工作,在2012—2013年发布100项节能标准,主要包括能效标准和单位产品能耗限额标准。其中,2012年需要完成50项,2013年完成50项,电工行业涉及配电变压器、中小型电机、高压电机、电焊机4项产品标准。中央财政已经拿出363亿元推广四大类节能产品(电机、汽车、家电、照明)。

二、百项能效标准推进工程实施方案

国家发展和改革委员会就做好百项能效标准推进工程工作提出六点意见:一是加强协调配合;二是创新机制,缩短审批时间;三是成立各单位参加的推进工作组,加强制订过程的指导;四是做好标准实施后的评估工作;五是实施领跑者制度;六是加强宣传。

国家标准化委员会提出建议:针对下达的48项能耗限额标准,相关行业尽快成立推进组;标准化工作要在节能政策制定之初就参与进去;百项能效标准要用系统思想进行管理,按季度汇报,现有经费要向这些标准倾斜支持。

1. 百项能效标准对国家相关政策的支撑

(1)能效标准:支持国家能效标识、节能认证、惠民工程;

(2)能耗限额标准:支持国家固定资产投资的节能评估、国家淘汰落后产能目录;

(3)节能监测标准:支持地方的节能监察工作;

(4)合同能源标准:支持国家开展的万家企业节能行动。

2. 能耗限额标准的制修订要求

能耗限额标准的三个值的作用分别是:

(1)先进值:作为标准比对以及制定鼓励政策;

(2)准入值:支撑国家固定资产项目节能评估;

(3)限定值:支撑《高耗能落后机电设备(产品)淘汰目录》。

百项能效标准推进工程的启动实施,有利于加速节能标准体系建设,进一步提高我国终端用能产品和高耗能行业的准入门槛;有利于充分发挥节能标准的倒逼和引领作用,推广高效节能产品,推动节能技术进步;有利于节能减排政策的有效实施,对产业结构调整和优化升级以及"十二五"节能减排目标的实现具有重要意义。

〔撰稿人:中国电器工业协会郭丽萍〕

万家企业(电工部分)节能低碳行动启动

2012年9月6日,中国电器工业低碳技术联盟(以下简称低碳联盟)大会暨实施万家企业(电工部分)节能低碳行动启动会在上海召开,50余家电器工业企业、科研院所参加会议。

我国能源消耗占世界的19.3%，单位国内生产总值能耗仍是世界平均水平的2倍以上。为贯彻落实《国民经济和社会发展第十二个五年规划纲要》，确保完成“十二五”节能和温室气体减排目标，同时推动重点用能单位加强节能工作，强化节能管理，提高能源利用效率，国家发展和改革委员会等12个中央部委于2011年联合印发了《万家企业节能低碳行动实施方案》。

节能低碳工作是国家的战略工程，抓好节能减排工作，不但可以促进产业转型升级，还可以拉动经济健康发展。节能低碳工作也是电器工业的全民工程、系统工程，低碳联盟召开实施万家企业（电工部分）节能低碳行动启动会，旨在响应国家部署的节能低碳任务，充分发挥技术平台作用，鼓励企业优化组织结构，推进工艺技术进步；鼓励企业积极研发新技术，提升行业的技术结构；积极开展节能减排服务活动，促进企业建立能源节约体系和能源管理统计制度；鼓励企业发展节能高效产品。低碳联盟将集合各成员单位力量，做好企业节能对标、节能管理和节能改造等方面的咨询和培训。

首批12家电器工业企业与低碳联盟秘书处签订了“关于参加万家企业（电工部分）节能低碳行动的意向协议”，低碳联盟副秘书长张亮、吴江变压器厂有限公司企质办主任卞惠平分别代表低碳联盟和参与企业发出行动宣言，标志着电器工业企业节能低碳行动正式启动。

中国电器工业协会常务副会长杨启明与全国节能减排标准化技术联盟理事长王忠敏相互交换了中国电器工业协会标准化与技术评价中心、中国标准化研究院资源与环境分院签订的“关于实施万家企业（电工部分）节能低碳行动的战略合作协议”。全国节能减排标准化技术联盟将与低碳联盟共同推动节能低碳技术发展。

〔撰稿人：中国电器工业协会张亮〕

标准化专题宣贯

2012年9月5日，中国电器工业协会标准化工作委员会秘书处在上海举办了“新领域、新技术标准化知识”宣贯会。会议设置了绿色创新与低碳发展、电能储存技术和国际标准版权政策发展三个专题。来自电工行业的优势企业、电工行业相关标委会秘书处、检测机构、科研院所等单位的产品设计研发人员、生产管理人员、标准化与质量相关人员等50多名代表参加了会议。

一、绿色创新与低碳发展专题

该专题邀请中国电器工业低碳技术联盟秘书长、中国电器工业协会副总工郭丽平教授讲解。内容包括绿色创新与低碳发展的概念与涵义，市场需求对绿色创新与低碳技术的牵引，国内外法规、标准的要求，电工企业与电器产品的绿色低碳要求，低碳技术、节能环保技术、资源循环废弃物回收利用技术，企业发展与电工产品的绿色技术适应解决方案案例。

绿色创新包括各种对环境有益的创新，就制造业来说，表现为绿色工艺创新、绿色产品创新和绿色组织创新，体现了企业对社会应尽的责任。低碳技术包括两方面的内容：一是在生产过程中直接减少CO_2排放的技术，主要包括节能、清洁能源、工业减排、林业碳汇和碳捕集等技术；二是服务于减排制度建设的各种检测与报告技术。

“十一五”和“十二五”期间我国陆续出台了绿色创新和低碳发展的相关政策，如《中华人民共和国可再生能源法》《中国应对气候变化国家方案》《节能减排“十二五”规划》《国家能源科技“十二五”规划》等，目的是促进企业实施能源管理，推动产品绿色高效节能，依靠绿色创新和低碳技术提升企业竞争力，找出新的经济增长点。

工业绿色发展必须按照建设资源节约型、环境友好型社会的要求，以设计开发生态化、生产过程清洁化、资源利用高效化、环境影响最小化为目标，坚持节约、清洁、低碳、安全发展。

当前，中小型电机、电焊机、潜水泵、变压器、电线电缆、电动工具等多个专业领域已经相继出台或正在加紧制定绿色无毒无害标准、环境生态设计标准、能效标准、指标限额标准等，以限制高耗能产品进入市场，或提高终端用能产品的能源利用率，或支撑市场准入与监管。

二、电能储存技术专题

该专题邀请中国科学院大连化学物理研究所、国家能源液流储能电池技术重点实验室主任张华民研究员讲解。内容包括储能技术的需求、国内外储能技术的发展规划与市场分析、不同储能技术的类型和特点、储能技术在电力系统中的应用和示范以及标准化发展状况。

1. 储能技术的发展需求

化石能源过度消耗、日趋短缺并造成严重的环境污染，将制约各国的经济发展。在大力发展新能源和可再生能源的形势下，为规模化利用可再生能源、解决可再生能源发电的非稳态特性问题，迫切需要发展规模高效的储能（蓄电）技术。这也是保障国家能源安全、实现节能减排的战略需求。

2. 可再生能源及储能技术发展规划及推进情况

德国可再生能源2010年占能源使用比例的17%，并以每10年15%的速度递增，到2050年达到80%；美国预计到2030年电力供应量的40%来自可再生能源；日本可再生能源占能源比例2030年预计可达34%。可再生能源将逐步由辅助能源成为主导能源。

由于可再生能源发电的不稳定性，大规模的储能技术已成为实现风能、太阳能等多样化可再生能源普及和应用的核心技术，也是构建智能电网的关键技术，可提高电网调峰能力和可再生能源并网的兼容能力。美国能源部2012年投资1.2亿美元建设先进的电池储能创新中心，加快用于交通和电网的电池储能技术的研发速度；德国有关部门也投入2亿欧元用于储能技术研发，重点支持液流电池储能技术研究；我国"973"液流储能电池重大基础研究项目也正在进行中。

规模储能技术的首要要求是安全性和可靠性。目前研究中的储能技术有抽水储能技术、压缩空气储能技术、钠硫电池技术、传统铅酸电池、锂离子电池、液流电池技术、多硫化钠/溴电池、锌/溴电池、全钒液流电池等。

3. 液流电池的标准化状况

液流电池的IEC国际标准归属IEC/TC105技术委员会，国内技术归口在中国电器工业协会全国液流电池标准化技术委员会。在国际标准层面，我国专家张华民进入IEC液流电池国际标准战略研究专家组，全面参与国际液流电池标准制定。在国家标准层面，全国液流电池标准化技术委员会已提出4项能源行业标准项目。目前需要研究的液流电池技术标准有液流电池产品性能、制造工艺、试验方法、关键材料与部件、安全与可靠性、安装与运输、标志标识等。

三、国际标准版权政策发展专题

该专题邀请中国标准化研究院刘春青研究员进行讲解。内容包括ISO/IEC标准版权保护政策的产生与发展、版权保护的基本原则和内容、版权保护政策的最新发展动向、国际标准版税等方面的内容。

〔撰稿人：中国电器工业协会标准化工作委员会曾雁鸿〕

能源行业液流电池标准化技术委员会成立

能源行业液流电池标准化技术委员会成立会于2012年5月21日在北京召开，来自委员单位及相关单位的32名专家和代表出席。

新能源、新能源汽车及智能电网的发展瓶颈是储能技术。液流电池作为一种新型的大规模储能方式，在储能领域具有广阔的应用前景，国外已经开展相应的标准化工作。能源行业液流电池标准化技术委员会的成立，有利于规范和推动液流电池储能技术的发展，有利于我国在国际标准制定中争取更多的话语权。

能源行业液流电池标准化技术委员会由中国科学院大连化学物理研究所主任张华民任主任委员，中国科学院大连化学物理研究所衣宝廉院士任顾问，中国电器工业协会常务副会长杨启明、中国电力科学研究院副所长来小康、国家电网公司智能电网部处长林弘宇、北京普能世纪科技有限公司董事长俞振华、上海神力科技有限公司总经理胡里清任副主任委员。秘书处设在中国电器工业协会，中国电力企业联合会和大连融科储能技术发展有限公司为副秘书长单位。中国电器工业协会标准化技术与评价中心主任卢琛钰任秘书长。

国家能源局科技装备司副司长修炳林介绍了能源局在实现科技成果转化、科技研发、自主研发平台以及标准化等方面开展的工作，指出开发新能源是缓解能源危机的有效解决方案，标准将在能源"走出去"上发挥重大的作用。标准化工作不仅是编写工作，还包括科研、试验等，需要大量的物力、财力投入；建议利用现有的服务平台，积极交流和沟通；国际标准化方面，要争取国际话语权和标准制定的主导权。

主任委员张华民教授介绍了美国、德国及我国与液流电池储能技术相关的政策支持，提出开启液流电池储能市场，标准需求迫切；并对前期开展的液流电池标准化工作以及参与欧洲标准化工作情况进行了介绍。

会议讨论并通过了标委会的章程、秘书处细则、工作计划以及标准体系，讨论了正在制定的《全钒液流电池 术语》(20111001－T－604)等4项国家标准和能源行业标准。

〔撰稿人：中国电器工业协会标准化与技术评价中心陈晨〕

电磁屏蔽材料标准化管理

全国电磁屏蔽材料标准化技术委员会SAC/TC323(以下简称电磁屏蔽材料标委会)从事全国电磁屏蔽材料领域标准化技术工作的组织，负责全国电磁屏蔽材料领域内的标准化工作。秘书处承担单位为上海市计量测试技术研究院。

电磁屏蔽材料标委会自2008年成立以来，在制定、修订电磁屏蔽材料国家标准，建立相应的国家标准体系，参与、跟踪国际标准制定、修订，在电磁屏蔽材料国际标准化领域建立优势等方面做了大量卓有成效的工作，为我国相关企业的产品转型升级和顺利占领国际市场发挥了积极作用。

“十二五”期间，国家标准化管理委员会将标准化技术委员会的管理和运作列入《标准化事业发展“十二五”规划》。电磁屏蔽材料标委会经过三年多的运行，管理运作呈现多个亮点。

一、成功申报多项标准计划和科研项目

自2008年成立以来，在没有国际归口、国标计划难申报的情况下，电磁屏蔽材料标委会采取委员单位联合申报的模式，运用“产、学、研”的科研思路，有效结合科研、标准工作，推进标委会与企业、高校的联动发展。通过深度研究标准体系，申报成功5项国家标准计划，已经发布1项国家标准GB/T 26667—2011《电磁屏蔽材料术语》。积极申报科研项目，为标准制定提供重要的技术支撑，已申报成功1项上海市科委项目（已结题），1项国家质检公益项目（于2012年3月底验收）。积极申报2012年上海市科委标准化项目——纳米及通用电磁屏蔽材料屏蔽性能标准化及关键技术研究。

二、开展多项活动，履行标委会职责

1. 与时俱进，搭建信息平台

2009年，电磁屏蔽材料标委会建立了网站，成为电工行业当时为数不多拥有专业网站的标委会，实现了标准制修订工作、标准信息发布的网络化，提高了信息发布的速度。该网站已经进行二次改版。

2. 发布会徽和会旗，提高凝聚力，加大宣传力度

2011年，电磁屏蔽材料标委会发布了会标（包括会徽和会旗）。会标的设计理念是：

（1）颜色：绿色，与“绿色电工基础性材料”相吻合；

（2）圆圈：代表所有来自电磁屏蔽材料生产企业、高校、科研院所的委员、通讯委员紧紧围绕标委会开展工作；

（3）盾：形象描述电磁屏蔽材料屏蔽电磁波辐射，保障人体健康、设备不受干扰的功能；倒三角为天线的简化模型，代表辐射源；

（4）四根圆弧：代表辐射电磁波。

会旗以秘书处承担单位上海市计量测试技术研究院LOGO为背景，会徽居于其中。

全国电磁屏蔽材料标准化技术委员会会旗见图1。

图1 全国电磁屏蔽材料标准化技术委员会会旗

3. 举行委员表彰活动，提高委员参与标准化工作的积极性

电磁屏蔽材料标委会在2011年年会向近几年大力支持标委会开展工作的委员单位及个人颁奖，奖项颇具特色，如“组织贡献奖”“标准成果奖”“标准创新奖”“特殊贡献奖”等，并向每位委员发放了刻有会徽及委员姓名的水晶纪念品。

4. 建立学习型组织，不断提高标委会标准化知识水平

电磁屏蔽材料标委会每年召开2~3次全体会议，还组织全体委员、顾问、观察员学习，例如邀请标准化专家对全体委员进行GB/T 1.1的培训，邀请ASTM专家对全体委员进行国际标准化知识的宣传，邀请材料学科专业领域的教授授课。

电磁屏蔽材料标委会重视服务地方经济，已开展2次上海市中小企业标准化技术讲坛活动，到场累计人数达100人，提升了长三角地区的电磁屏蔽材料中小企业的标准化知识水平。

5. 以严谨、科学的态度对待标准制修订工作

作为科研院所，秘书处承担单位上海市计量测试技术研究院具有极好的完成项目的基础。从标准立项到报批，每个环节均严格按照标准化工作流程执行。立项初期，电磁屏蔽材料标委会要求委员单位根据模板提交标准草案、项目建议书，确保资料规范，同时在委员大会上商讨立项项目，确保质量；项目获批时，严格审查标准起草工作组承担单位的资格，对该单位提交的标准草案及对标准制定投入的工作力度均在全体委员大会上进行商讨；标准征求意见过程中，广泛征求委员单位、同行以及专家的意见，形成规范的征求意见稿草案及意见汇总表；标准审定时，电磁屏蔽材料标委会严格挑选标准化领域、高等院校及研究院所、具有权威资质的检测机构和材料专业的专家参加标准审查会议，确保标准的专业性及权威性。

2010年，为了确保第一个国家标准计划项目的顺利完成，电磁屏蔽材料标委会召开了2次工作组会议、3次全体委员会议，标准草案、征求意见稿、送审稿都进行了广泛的意见征求，并邀请委员以外的行业专家组成专家组对标准进行审查。所有标准涉及的技术要求和检测方法，都要求相关委员单位或由秘书处寻找有资质的单位进行实验。2011年，承担了3个国家标准计划，对应每个标准分别成立了专家组和编写组，切实实现工作责任分清，落实到人。

电磁屏蔽材料标委会建立了标准评审投票制度、评审投票委托制度、同行业联络员制度等，切实做到广泛征求意见，公平公正、民主透明。

三、积极主动开展国际标准化工作

由于电磁屏蔽材料标委会没有国际对口组织，其与ASTM D09电气和电子屏蔽材料委员会建立了邮件联络、视频会议、互访等多种沟通渠道，成为其对口的委员会，每年派出多名委员参加一次ASTM国际工作会议。电磁屏蔽材料标委会已经开始参与ASTM的标准制修订工作，并计划承

担相关的对口秘书处。

四、积极主动为行业排忧解难

中央电视台播出了电磁屏蔽服装不能防辐射还会危害人体健康的报道，严重影响了行业的发展。经过调查，电磁屏蔽材料标委会发现报道中的测试环境和测试方法均不符合规范化要求，在第一时间组织各方力量在网络、电视等媒体进行了正面回应。该标委会的部分委员作为上海市防辐射协会的成员也以协会的名义在北京向新闻媒体说明了正确、科学的防电磁辐射知识及正确、规范的电磁屏蔽服装的检测方法。

五、人员、资金投入量大

电磁屏蔽材料标委会秘书处由四人组成，秘书长是上海计量院总工，三个秘书分别是电子所副所长、所办主任（博士）、新毕业的研究生，人员实力强大。

大部分的会议费用由秘书处单位承担，所有的标准赞助资金均作为标准起草经费，由秘书处按照工作组申报预算下拨，做到透明使用。

〔撰稿人：中国电器工业协会标准化与技术评价中心徐元凤〕

电工行业标准获2012年北京市标准制修订经费补助

机械工业北京电工技术经济研究所为主制定的8项电工行业标准获2012年北京市质量技术监督局标准制修订补助经费51万元。项目获得的标准经费将用于：①制定新的标准；②开展标准研究工作；③组织标准的宣贯、实施；④对获得补助经费的标准项目的实施效果进行评估；⑤配合北京市质量技术监督局开展标准化宣传工作。2012年机械工业北京电工技术经济研究所获标准制修订经费补助项目见表1。

表1　2012年机械工业北京电工技术经济研究所获标准制修订经费补助项目

序号	标 准 号	项 目 名 称
1	GB/T 4205—2010	人机界面标志标识的基本和安全规则　操作规则
2	GB 7947—2010	人机界面标志标识的基本和安全规则　导体颜色或字母数字标识
3	GB/T 20042.6—2011	质子交换膜燃料电池　第6部分：双极板特性测试方法
4	GB/T 27748.1—2011	固定式燃料电池发电系统　第1部分：安全
	GB/T 27748.3—2011	固定式燃料电池发电系统　第3部分：安装
5	GB/T 22696.5—2011	电气设备的安全　风险评估和风险降低　第5部分：风险评估和降低风险的方法示例
6	GB/T 22696.4—2011	电气设备的安全　风险评估和风险降低　第4部分：风险降低
7	NB/T 31015—2011	永磁风力发电机变流器制造技术规范
8	NB/T 31014—2011	双馈风力发电机变流器制造技术规范

中国电器工业协会、突破电气有限公司、清华大学、华锐风电科技（集团）股份有限公司分别为主承担的GB/T 28180—2011《变压器环境意识设计导则》、GB/T 26671—2011《电工电子产品环境意识设计评价导则》、GB/T 28183—2011《客车用燃料电池发电系统测试方法》、NB/T 31017—2011《双馈风力发电机组主控制系统技术规范》等相关电工标准也同期获得了经费资助。

〔撰稿人：中国电器工业协会标准化与技术评价中心曾雁鸿〕

系统标准化——“十二五”电工标准化的新课题

步入“十二五”，电工行业技术发展呈现出更多的交叉融合趋势，而且更多地开始朝面向系统化的方向发展。国际电工委员会（IEC）于近年开展了特高压、智能电网、汽车电气等系统标准化工作，为系统标准化的探索和实践做出了巨大的贡献。“十二五”初期，我国明确提出培育和发展七大战略性新兴产业，电工行业涉及其中的节能环保、高端装备、新能源、新材料、新能源汽车领域，新能源、新能源汽车两个战略性新兴产业是电工行业技术系统化发展的典型。系统技术较为突出的特点是覆盖范围广泛，且对系统中设备之间的匹配度要求高。这对系统标准化工作提出了更高的要求，是“十二五”电工行业标准化发展需要解决的新课题。

一、系统标准化的概念

首先,系统是一个相对的概念,可以将特高压工程视为一个系统,将高压开关、继电保护设备、变压器等视为系统零部件(或产品);也可以将变压器视为一个系统,将变压器外壳、铁心、绕组等视为零部件。当前面临的系统技术层次高于以往的产品技术,是电工行业材料技术—零部件技术—产品技术—系统技术自然发展的结果。

其次,不论系统还是范围广泛的产品,其核心价值是实现一定的功能,满足市场的需求。相应地,为了满足系统的预期功能,系统范围内所涉及的各个零部件(或产品)之间需要相互配合,通过交互特性实现相互联系、相互作用。

再次,随着工业技术和信息技术的进一步融合,智能电网等新兴的系统技术比以往更加复杂,覆盖技术领域非常广泛,多领域信息技术与工业技术互联互动。为此,IEC国际标准化专家将系统标准化的内容划分为多个层次和多个交织的领域:从技术领域的角度,涉及发电、输电、配电、用电(工业、商用、家用);从服务领域的角度,涉及市场、企业、运营设施、站点、现场和过程;从技术要求层次的角度,涉及商业要求、功能要求、信息要求、通信要求和设备要求。系统标准化多维度架构示意见图1。

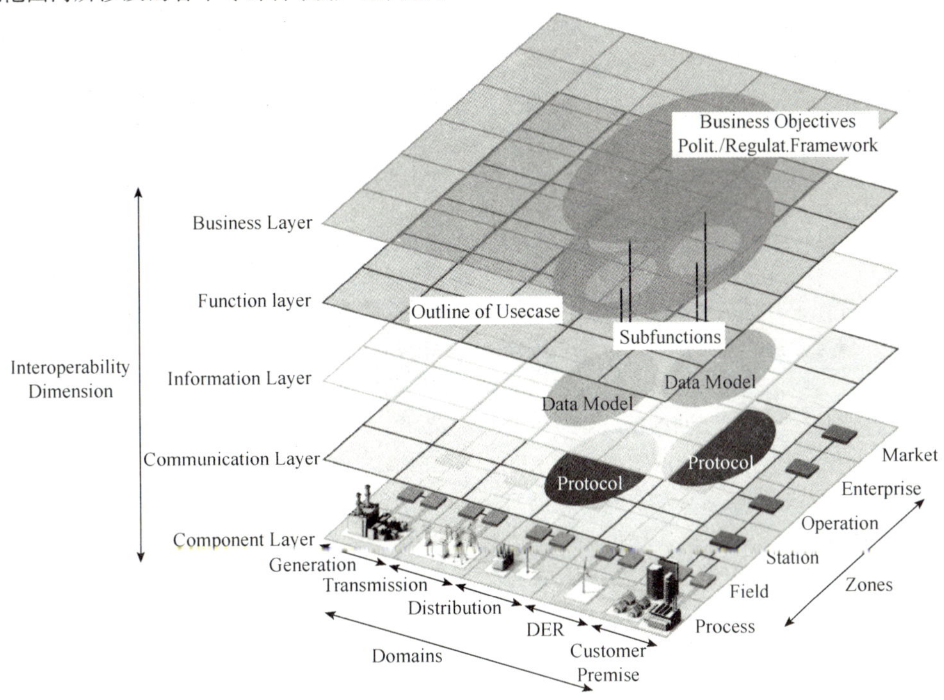

图1 系统标准化多维度架构示意

综上所述,为了实现一个或多个功能,系统范围内的各个要素(包括通信信息、通信协议、零部件)相互联系、相互作用,相互配合;系统标准化亦是以满足系统功能为目标而开展的跨技术领域、跨服务领域、多层次的系统性标准化工程。

二、系统标准化的定位

尽管系统标准化是一个新概念,但并不缺乏基础工作,特别是相对常规的、由下至上的信息技术标准化、工业技术标准化等工作,因此,系统标准化的工作重点应主要集中在以往标准化工作尚未涉及的内容。开展系统标准化需要按照系统的市场要求和功能要求对系统中的信息要求、零部件要求进行相应调整。现有的信息标准化、零部件标准化工作均由已经成立的标准化技术委员会承担,多数标准化技术委员会已建立起相对完善的技术标准体系,这是标准化工作的实际现状,也是标准化专家们较为习惯的、由下至上的标准化工作。针对系统标准化工作成立与以往相同性质的标准化技术委员会将造成系统标准化技术委员会与现行标准化技术委员会的工作范围重复甚至冲突。因此,在开展系统标准化的工作过程中,信息标准化、零部件标准化等标准化群体,特别是标准化专家,需要充分理解系统标准化的顶层要求,才能适当地对其现有标准化工作做出面向系统的调整或补充。系统标准化特别强调由上至下地开展,特别需要做好系统化工作的顶层设计,这就引出了IEC国际标准化领域正在热烈讨论的系统标准或系统规范概念。系统标准化工作划分示意见图2。

三、系统标准的内容

制定系统标准或系统规范的主要目的是提出系统的顶层要求并提供相关信息,以便系统所涉及的信息标准化和零部件标准化技术委员会开展相应工作。考虑到现行的标准化技术委员会及其已经制定发布的技术标准,同时还考虑到系统标准所涉及内容的缺失,编写系统标准的原则是避免针对具体信息要素、零部件要求的技术要求做出规定,主要对系统的顶层技术要求、以往信息要求及零部件要求未涉及的内容做出规定。系统标准应包括的内容如下:

(1)与普通标准一样,系统标准应明确规定标准范围。作为标准化对象的系统可能涉及多维度内容,要求把系统涉及的维度以及各个维度上涉及的要素规定清楚。

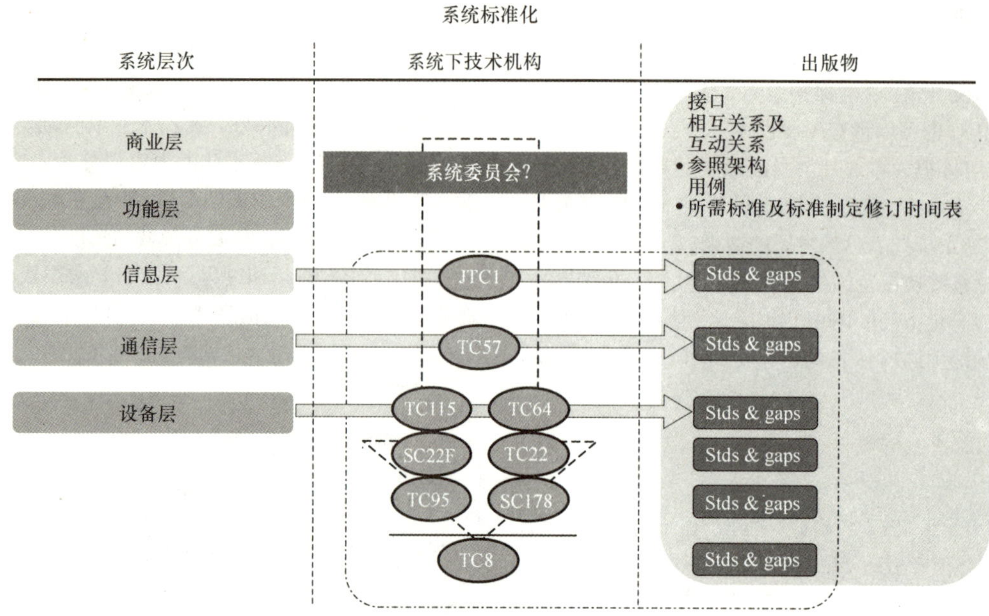

图2　系统标准化工作划分示意

(2)应明确说明系统作为“大”产品所要实现的功能。系统中每个要素的存在以及要素所发挥的作用都是以实现系统功能为出点的。

(3)应说明系统框架下各个要素之间的接口要求以及要素之间的相互关系、相互作用。要素之间需要相互匹配的物理接口或信息接口实现联接,同时还需要要素之间有共通的特性,以传递物理量或信息量,从而实现互联互动。

(4)系统标准或系统规范可以有助于识别现行标准化工作中的缺失内容。以大规模风力发电并网为示例。大规模风力发电并网的功能是将不稳定的风力通过电气储能的技术手段实现“削峰填谷”,转换为相对稳定的电力能源并传输到电网。该系统涉及风电场、储能电站、控制中心等方面的信息以及通信协议和各种电工设备。从标准化的角度看,大规模风力发电并网在信息层和协议层涉及电力信息标准化(对应IEC/TC57);在设备层涉及风力发电机组(对应IEC/TC88)、电缆(对应IEC/TC20)、电气储能设备(尚无标准化机构)、换流器(对应IEC/TC22)、电力变压器(对应IEC/TC14)、高压开关(对应IEC/SC17A)、继电保护设备(对应IEC/TC95)等。通过分析既可以提出现行技术委员会制定标准需要着重考虑风力发电环境条件以及风力发电不稳定性对信息、协议和设备的影响等,也可以识别大规模风力发电并网中电气储能设备标准化内容的缺失。

综上所述,系统标准的内容既包括对新兴系统技术做出的描述、提出的要求,也包括现有标准体系及标准化工作的系统管理内容。

四、结语

虽然电工行业对系统标准化工作已经形成一些初步的认识和理解,但是系统标准化工作还有许多需要研究探索的内容,如系统标准化的工作立项、征求意见、工作周期、参与办法、系统标准化机构与现行标准化技术委员会的协调等,在短期内很难形成达成共识的系统标准化工作规范。但是,从产业发展和市场需求的角度,迫切需要针对新能源、智能电网、汽车电气技术等新兴系统技术开展相应的系统标准化工作,以保障新兴产业链上各个要素的协调一致。因此,较为务实的方案是在开展系统标准化实践的过程中逐步总结经验,渐进形成系统标准化工作规范。

〔撰稿人:中国电器工业协会标准化与技术评价中心张亮〕

第三部分:国际标准化

减损耗,增收益——标准提高效率

10月14日是世界标准日,国际电工委员会、国际标准化组织和国际电信联盟(ITU)联合发出世界标准日祝词。

2012 年世界标准日的主题是“减损耗,增收益——标准提高效率”。

国际电工委员会(IEC)、国际标准化组织(ISO)和国际电信联盟(ITU)制定的国际标准是提高效率的关键。可持续发展和金融风险等全球性挑战,迫切要求我们必须减少损耗,提高效率,实现更好发展。

显而易见,效率就是以最少的损耗、最低的成本和最小的投入,生产或提供最优质的产品或服务。提高效率能够帮助各类机构实现效益最大化。因此,在当今充满挑战和竞争的经济环境中,效率对于成功至关重要。

当今世界竞争日益激烈且复杂多变,从经济、环境和社会角度来看,为实现可持续发展,必须在更多的关键环节,采取更有力的措施,推进节约高效。

国际标准是帮助各类机构在全球市场上充分发挥潜力的最强有力手段。国际标准由来自世界各地的专家共同制定,是国际协商一致的最佳实践成果,可用来检测、比对,以提高效率,减少损耗。

例如,通过制定基础通用的技术规范,国际标准使不同生产者、销售商的产品、服务和技术能够像拼图一样完美地匹配。国际标准为产品的通用性和兼容性提供支持,为推动创新、促进新产品市场准入奠定了坚实的基础。国际标准还确保不同的国家和组织、立法机构和研究人员避免重复性工作,可以将节省的精力投入到其他更重要、更核心的优先领域。

国际标准中的先进技术资源向各方开放,众多的发展中国家也可以分享这些技术成果。国际标准能帮助人们更加充分地利用人力和物力资源,显著提高工业生产和商业贸易的效率,增强参与全球竞争的能力,实现以更低的损耗快速地为更多市场提供产品和服务。

通过这种方式,标准促使各类机构更好地满足客户需求,同时优化工作流程。立法机构通过引用国际标准,能更好地体现技术法规在全球范围内的协商一致性;能以国际标准为基础,制定更贴合市场和消费者需求的技术法规。国际标准还有助于解决产品标签或安全等人们所关注的问题,增强消费者信心。

总之,IEC、ISO、ITU 制定的国际标准不仅对商业贸易具有重要意义,还能显著提高效率,推动全社会更好地利用资源,为世界的可持续发展作出贡献。

李亚萍博士荣获 2012 IEC 托马斯·爱迪生大奖

2012 年 10 月,在第 76 届国际电工技术委员会年会上,许昌开普电器检测研究院的李亚萍博士荣获 2012 Thomas A. Edison(托马斯·爱迪生)奖,这是由 IEC 中国国家委员会提名的我国 IEC 专家首次获得国际 IEC 技术管理大奖。

Thomas A. Edison 奖设立于 2010 年,是为表彰对 IEC 做出出色服务和巨大贡献的技术委员会(TC/SC)官员以及 IEC 合格评定系统的官员而设立的 IEC 技术管理大奖,旨在促进 TC/SC 官员在 IEC 工作领域做出显著的工作成就。获奖者需在推进 IEC 体系建设和标准制定方面作出显著贡献,并通过管理其技术委员会对产业或商业产生巨大的影响,做到及时有效地进行标准制定。Thomas A. Edison 奖须获得 15 个 SMB 成员国的至少 9 票才可以获得,每年最多可以颁发 9 人,2010 年及 2011 年共有 10 名技术委员官员获得该项荣誉。

李亚萍博士于 2006 年以绝对多数票当选 IEC/TC95 主席,是 IEC 历史上第一个担任技术委员会主席的中国标准化专家。由于在任期间出色的组织能力及良好的团队合作精神,2011 年又以全票连任该技术委员会主席职务。鉴于李亚萍博士在 IEC 工作领域的突出贡献,IEC 中国国家委员会将其提名为 2012 年 Thomas A. Edison 奖候选人并最终获奖。这是继我国 2006 年首次在 IEC 工作领域承担 IEC/TC95 技术委员会主席突破之后取得的又一项重大历史性突破。

我国专家首次获得爱迪生大奖,说明我国已经拥有了一些在国际上具有技术和生产优势的领域,培养了一批精通专业技术、熟悉标准化知识、具有良好外语交流能力的优秀复合人才,标志着我国已经具备了在国际标准化工作领域发挥更大作用的人才和技术基础。我国专家首次获得爱迪生大奖,也说明我国在国际标准化活动中的国际交往和工作开展能力的进一步增强。

此次获得 IEC 技术管理大奖,对我国组织国内相关部门配合国际技术委员会管理层的工作,建立有效的国际标准最新信息通报和技术支撑机制提出了新的要求。IEC 中国国家委员会将全力支持协助我国专家在国际标准化组织内出色地完成所承担的各项高层管理工作,为今后进一步拓展我国在国际标准化组织内的发展空间,提高我国在国际标准化组织中的地位奠定基础。

〔撰稿人:中国电器工业协会标准化与技术评价中心朱珊珊〕

IEC/TC111 电工电子产品和系统的环境标准化技术委员会国际会议

2012 年 IEC/TC111 全体会议于 2012 年 10 月 15 日—20 日在巴西福塔莱萨举行。中国电器工业协会标准化与技术评价中心张亮作为专家先后参加了巴西电气电子产品绿色国际标准研讨会、IEC/TC111/WG4 电气电子产品温室气体工作组、AHG8 环境设计工作组和 PT62824 材料效率工作组及 IEC/TC111 全体会议。

一、巴西电气电子产品绿色国际标准研讨会

巴西电气电子产品绿色国际标准研讨会于 2012 年 10 月 15 日召开，会议规模约 100 人。会议重点介绍日本、欧盟、巴西等国家、区域环境准入法规、环保标识及认证项目、电气电子产品再利用项目。

二、IEC/TC111/WG4 温室气体工作组

IEC/TC111/WG4 温室气体工作组会议于 2012 年 10 月 16 日召开。此前，经各国国家委员会投票，IEC/TR 62725(电气电子产品温室气体量化方法分析)最终技术报告草案已获得批准通过。此次会议主要就一些非技术性意见做出技术报告内容调整，然后提交 IEC 中央办公室，等待技术报告正式发布。

IEC/TR 62725 主要修改如下：

(1)一些国家认为技术报告中使用“应”一词表现出规范性要求的示意，不符合技术报告只包含信息性内容的要求。工作组讨论后认为，主要是引用自 ISO 14067(产品温室气体排放量化和通信)等国际标准的规范，因此保留引用的规范性内容，同时将引用规范性内容的描述改为“生命周期评价和产品碳足迹标准描述…要求如下”，以提供信息性的角度做出表述。

(2)一些国家建议在技术报告中说明 ISO 14067 国际标准、温室气体议定书标准和本技术报告的关系。工作组讨论后认为，目前各个标准明确自身定位，即 ISO 14067 为国际标准且适用于所有产品，温室气体议定书标准为产业联盟标准且适用于所有产品，IEC/TR 62725 技术报告仅对各个标准中的要求加以分析并提出针对电气电子行业实施的建议，尚无法说明各个标准之间的相互关系。

(3)有专家建议在电气电子产品温室气体量化的生命周期阶段中加入“安装”阶段。工作组讨论后认为，电气电子产品安装阶段一方面涉及分销阶段，即工程承包商可能分批采购后才开展设备安装，另一方面涉及使用阶段，即安装工程可能产生温室气体排放，安装工程还可能影响产品使用阶段的性能；因此暂将安装阶段纳入分销阶段，其他方面在今后技术报告修订过程中考虑。

(4)一些国家提出在 IEC/TR 62725 技术报告中应鼓励采用产品类规则(PCR)。工作组讨论后，原则认可鼓励采用产品类规则的建议，无论是否用于比对性研究，产品类规则都有助于提高产品温室气体排放量化的准确性，将在今后工作中给予考虑。

(5)下一步电气电子产品温室气体标准化工作方向。在工作组会议结束前，工作组就今后工作方向展开讨论，认为可能在编写适用于温室气体量化的电气电子产品类规则、电气电子组织温室气体量化、电气电子系统温室气体量化，与产品技术委员会合作开展具体产品类的温室气体量化标准等方面开展工作。

三、IEC/TC111/AHG8 环境设计工作组

IEC/TC111/AHG8 环境设计工作组会议于 2012 年 10 月 17 日召开。IEC/TC111/AHG8 召集人首先介绍 IEC 62430(电气电子产品环境意识设计)与多个环境标准项目(特别是与环境设计相关的文件，如正在制定的材料效率标准)的关系，与 ISO/TR 14062 同步修订的可能方案以及下一步提出维护 IEC 62430 的申请等。会议讨论形成如下意见：

(1)IEC 62430 作为环境意识设计的上层标准，需要与现行和正在制定的相关标准做好衔接。这些标准包括针对特定方向的环境设计文件，IEC/TC111 制定的有关环境标准，ISO、IEC 其他基础技术委员会、产品技术委员会制定的有关环境标准。

(2)今后可能以 IEC 62430 第 X 部分的形式对材料效率、能效提升、温室气体减排、水足迹、产品可用性与服务周期等特定环境性能提升的内容开展专题标准化工作。

(3)向 IEC/TC111 全体会议建议成立 MT 62430。首先向各国国家委员会发送调查问卷，说明在现行环境标准之间建立联系的必要性，同时说明 IEC 单独修订标准、与 ISO 联合修订标准或保留标准稳定三种方案，请各国国家委员会反馈对 IEC 62430 的维护意见。随后，由 MT 62430 汇总意见并编写维护审议报告，根据各国意见反馈情况开展 IEC 62430 标准维护工作。

四、IEC/TC111/PT62824 材料效率工作组

IEC/TC111/PT62824 材料效率工作组会议于 2012 年 10 月 18 日召开。IEC/TR 62824(电气电子产品材料效率提升指南)召集人张亮介绍了标准投票立项过程、各国国家委员会提出的意见汇总，并确认材料效率标准从属于 IEC 62430 标准框架下的关系。会议重新调整标准范围、标准框架，并确定了下一步工作计划。会议讨论形成如下原则性意见：

(1)该技术报告应尽量描述材料效率的衡量指标，将设计提升部分的内容放到 IEC 62430 修订内容中。

(2)关于材料效率的定义、指标和评价方法应用，会后由召集人起草调查问卷，发送工作组成员及其他国家、行业专家代表征求意见，然后再通过网络会议等形式开展集中讨论。

(3)鉴于 IEC 规则中要求技术报告完成周期为 2 年，该技术报告拟于 2013 年年中完成标准草案，年底前完成标准最终草案编制工作，2014 年年中完成标准最终草案修改并发送 IEC 中央办公室发布。

五、IEC/TC111 全体会议

IEC/TC111 全体会议于 2012 年 10 月 19 日—20 日召开。会议审议了 IEC/TC111 各工作组工作进展，对 IEC/TC111 战略发展事宜、对外联络等开展了研究讨论。会议形成如下重要决议：

(1)尽管 IEC/TR 62726(基于项目的电气电子产品温室气体减排)通过 IEC/TC111 投票立项，但现行实际状况是该项目缺少各国支持，相对难以有效开展。IEC/TC111 决定针对 IEC/TR 62726 发送调查问卷，请各国决定是否将项目返回至 PWI 阶段、推进至 CD 阶段或 DTR 阶段。

(2)IEC/TC111 撤销 AHG8，成立 MT 62430。请 MT 62430 在进一步征求工作组成员意见的基础上编写调查问卷，后发送各国国家委员会征求意见并扩大征集成员；根据各国意见反馈编写维护审议报告。

(3)针对 IEC/TC111 网站上 PT 目 62824 未反映实际立项情况的问题，IEC/TC111 建议 IEC 中央办公室改善 IEC 网站标准项目立项的透明度，直接反映专家管理系统中工作组注册专家的变化。

(4)IEC/TC111 决定成立战略任务组，由加拿大牵头，负责研究 IEC/TC111 电气电子产品环境标准化领域的战略发展，包括标准化机构结构、标准体系构建、标准发展方向、对外联系等。

(5)经我国代表建议并争取，IEC/TC111 决定于 2013 年 11 月在中国深圳召开全体会议及工作组会，拟于 2014 年 10 月与 IEC 总会同期召开 IEC/TC111 全体会议及工作组会。

〔撰稿人：中国电器工业协会标准化与技术评价中心张亮〕

2012 年 IEC/TC112 电气绝缘材料与绝缘系统评定技术委员会年会

国际电工委会电气绝缘材料与绝缘系统评定技术委员会(简称 IEC/TC112)成立于 2007 年，由原 IEC/TC15E(绝缘材料—测试方法)与 IEC/TC98(电绝缘系统)合并形成，负责电气绝缘材料与系统评定方法的标准化。目前，IEC/TC112 拥有成员国 30 个，其中 P 成员国 20 个、O 成员国 10 个；有 8 个工作组、2 个项目维护组和 3 个项目跟踪组。国内技术对口单位为全国电气绝缘材料与绝缘系统评定标委会(简称 SAC/TC301)。

2012 年 9 月 10 日—14 日，IEC/TC112 的 2012 年年会暨全体会议与工作组会议在我国上海召开，来自 IEC 中央办公室、奥地利、加拿大、德国、瑞典、日本、意大利、荷兰、葡萄牙、美国、中国等 10 个国家的 40 余名代表出席了会议。会议包括 8 个工作组会议、顾问组会议和全体会议三个部分。

一、8 个工作组会议

1. 耐热性能(WG1)工作组会议

讨论了 IEC 60216-7 Ed1.0《用分析测试方法加速确定耐热指数(TI)和相对耐热指数(RTE)》的项目工作建议稿(PWI 稿)，着重讨论了重要条款涉及的试验活化能。确定 2013 年 6 月形成 NP 稿。

讨论了 IEC 60216-8 Ed1.0《电气绝缘材料 - 耐热性能 第 8 部分：利用简化程序计算耐热特性指南》的 CDV 稿，确定从图形、图表和分析测定等方面修改标准稿。

确定了 IEC 60216-2 Ed4.0《电气绝缘材料 - 耐热性能 第 2 部分：确定电气绝缘材料耐热性能 - 判断标准的选择》等 6 项耐热性能标准的维护日期为 2016 年。

2. 辐射性能(WG2)工作组会议

讨论了 2012 年发布的与辐射性能相关的 3 个标准稿，确定了 IEC 60455-1 Ed3.0《电气绝缘材料 - 确定电离辐射作用的影响 第 1 部分：辐射作用和剂量》的 CDV 稿、IEC 61244-1TS Ed2.0《确定聚合物长期辐射老化 第 1 部分：监控扩散受限氧化的技术》CD 稿和 IEC 61244-2 TS Ed.3.0《确定聚合物长期辐射老化 第 2 部分：判定低剂量率老化的程序》CD 稿的发布日期。

3. 电气强度(WG3)工作组会议

讨论了 2012 年发布的与电气强度相关的标准稿，并确定相关标准稿的发布日期。确定 IEC 60243-1 Ed3.0《绝缘材料的电气强度 - 测试方法 第 1 部分：工频测试》DTS 稿的发布时间；确定 IEC 62068 Ed1.0《电气绝缘系统 - 重复脉冲电应力 第 1 部分：评定耐电性的一般方法》DTS 稿、IEC 60243-Ed.2.0《绝缘材料的电气强度 - 测试方法 第 1 部分：工频测试》及 IEC 60243 - 3Ed.2.0《绝缘材料的电气强度 - 测试方法 第 2 部分：对于直流电压测试附加要求》CDV 稿的发布时间；确定 IEC 61251 TS Ed.2.0《电气绝缘材料 耐交流电压评定的一般方法》的维护日期。

4. 介电/电阻性能(WG4)工作组会议

IEC 62631-2-1 Ed1.0《确定介电常数和介质损耗因数(交流方法) - 技术频率(1Hz 至 100MHz)》将被修订，但由于缺少修订组专家，该标准被迫到 2014 年 10 月都将停滞在 PWI 阶段。会议建议 IEC/TC112 秘书发送文件召集修订组专家。

会议认为制定 IEC 62631-3-1 Ed1.0《确定电阻特性(直流方法) - 电阻和电阻率》、IEC 62631-3-2 Ed1.0《确定电阻特性(交流方法) - 表面电阻和表面电阻率》、IEC 62631-3-3 Ed1.0《确定电阻特性(交流方法) - 绝缘电阻》是修订 IEC 60093 和 IEC 60197 的必须要求，确定 2012 年 12 月发布 3 个标准的 CD 稿。WG4 将就 IEC 62631-3-2 标准工作通知 ISO TC61/SC2/WG8，建议 ISO 委员会在 ISO 10350 中更改“电极形状、普遍采用成型材料标准、从线型到环型电极”。

确定了 IEC 60167 Ed1.0《确定固定绝缘材料绝缘电阻

的测试方法》,IEC 60250 Ed1.0《测定电气绝缘材料在工频、音频、射频(包括米波波长)下介电常数和介质损耗因数的推荐方法》,IEC 60343 Ed2.0《测定绝缘材料相对表面放电击穿能力的推荐试验方法》等标准的维护日期为2015年。

5. 电痕化特性(WG5)工作组会议

讨论了IEC 60112 Ed4.1《固体绝缘相比耐电痕化指数和相对耐电痕化指数的测定方法》的维护建议,就"是否加入直流电压下测试电痕化指数"进行了讨论。展示了直流电压下的测试结果,表明在第一个放电测试中直流电压下的电痕化指数低于交流电压下的。考虑到直流测试需要在低电压下进行,建议等待IEC 60857的直流测试结果,再确定标准的修订内容。最终确定该标准的维护日期为2016年。

讨论了IEC 60857:2007《评定严酷条件下使用的电气绝缘材料耐电痕化和蚀损的试验方法》标准。展示了直流电压下的测试结果:正直流电压下,蚀损更为严重;交流和直流电压下使用材料的等级不同。国际大电网WG D1.27系列的直流试验结果显示:没有材料能够通过+4.5kV直流电压、0.6mL/min流速的测试;在直流电压到高电解液中心的电极上有严重的蚀损。

6. 评价电气绝缘(WG6)工作组会议

讨论了IEC 61858-1 Ed1.0《电气绝缘系统-对已确定等级的散绕绕组绝缘结构进行修改的热评估方法》和IEC 61858-2 Ed1.0《电气绝缘系统-对已确定等级的成型绕组绝缘结构进行修改的热评估方法》的相关修改部分,确定2012年11月形成两个标准的CD稿。

7. 数据处理(WG7)工作组会议

主要讨论了潜在的新项目IEC/TR 60493-3《老化测试数据的统计分析导则　第3部分:在试验规定的不同测试条件下最适宜的试样数目》,最终确定该项目处于考虑中。

8. 各种材料性能(WG8)工作组会议

讨论了PWI-112 TR《空间电荷测量的测试方法》,由于国际大电网报告中概述了各种测试方法,最终决定取消该项目。

WG8工作组会议讨论了我国提出的新工作项目112/223/NP《利用压力波法测量绝缘材料中的电场分布》,最终确定该标准项目的推进办法和技术路线。这是我国在该领域提出的第一个国际标准工作项目,对我国实质参与该领域国际标准化工作意义重大。

二、顾问组会议

1. 通过IEC/TC112相关标委会联络人的报告

会议通过了IEC/TC112相关标委会联络人的报告,相关标委会包括:TC10电工用液体技术委员会,TC14功能变压器技术委员会,TC15固体绝缘材料技术委员会,SC45A核设备的测量和控制技术委员会,TC96小功率变压器、反应装置、电源和类似产品技术委员会,CIGRE SC D1材料和新兴测试技术委员会。

2. 讨论IEC/TC112潜在的发展工作

(1)讨论了"固体绝缘材料空间电荷的测量方法",建议压力波测量空间方法作为技术报告发展。

(2)讨论了"直流下材料和系统的测试方法",其中SMB SG4要求LVDC(低压直流)分布系统电压到1 500V,讨论的焦点是材料组的构成。

(3)讨论了"HVDC(高压直流)下测试方法的比对",认为IEC 60857、IEC 61302、IEC 61621标准需要拓展到直流情况下测量。

3. 最近3年IEC/TC112年会召开地点

与会专家讨论了最近3年IEC/TC112年会的召开地点,确定了2013年年会在加拿大的多伦多召开。

三、全体会议

全体会议通过了8个工作组会议纪要、下一次年会召开地点及其相关标委会的联络报告。

此次会议在中国召开,体现了我国为国际标准化事业作出更多贡献的积极意愿,同时也通过我国绝缘行业相关人员的积极参会,加强了我国与国际间的学术交流,为国内电工绝缘行业搭建了与国际同行交流的平台。

〔撰稿人:中国电器工业协会标准化与技术评价中心刘亚丽〕

第四部分:标准化创新

±800kV特高压直流输电关键成套技术装备研制及产业化项目获中国机械工业科学技术奖特等奖

"±800kV特高压直流输电关键成套技术装备研制及产业化"项目是在国家重大技术装备支撑计划项目的支持下,以我国在建±800kV直流输电工程为基础,以自主创新技术为手段,以推进特高压直流工程自主化设计、设备自主化制造能力为方向,以形成±800kV直流输电设备国家标准体系为研究目标,解决我国特高压直流设备规范化问题。研究内容具有原始创新性和集成创新性,最终形成了国内外第一个±800kV直流输电系统标准体系和特高压直流设备标准。

特高压直流输电主设备技术标准体系研究对象是主设备及其系统中与主设备相关的因素，如工程对主设备的要求、环境对主设备的要求以及主设备间的相互关系等，除了满足我国±800kV特高压直流输电工程的需要，保障特高压直流输电主设备的成功研发和可靠安装使用外，还考虑了通用性与普遍的适用性。

标准体系采用层次性结构形式。第一层次是基础标准，包括术语、特高压直流输电系统性能、系统损耗、换流站噪声四个方面的标准；第二层次由试验标准、设计导则、设备成套导则、可靠性、环境要求以及设备交接共6个方面的标准构成；第三层次全部为主设备标准，包括换流变压器、平波电抗器、换流阀、晶闸管、避雷器、套管、绝缘子、滤波器、控制与保护、直流断路器、直流测量等十余个方面。

具体包括：《±800kV直流输电用油浸式换流变压器技术参数和要求》《高压直流输电用干式空心平波电抗器》《±800kV直流系统用金属氧化物避雷器》《±800kV直流系统用支柱绝缘子　第1部分：环氧玻璃纤维棒芯复合绝缘子》《±800kV直流支柱复合绝缘子　第2部分：瓷质芯体复合绝缘子》《±800kV直流系统用穿墙套管》《高压直流输电系统直流电压测量装置》《高压直流输电系统直流电流测量装置　第1部分：电子式直流电流测量装置》《高压直流输电系统直流电流测量装置　第2部分：电磁式直流电流测量装置》《高压直流输电系统直流转换开关设备》。

一、融合不同技术，体现国家标准对特高压直流输电的指导作用

云南—广东±800kV特高压直流输电工程以及随后开工的向家坝—上海±800kV特高压直流输电工程，其系统参数、设备布局、要求不尽相同，实质是两种技术的体现。但着眼于直流输电设备的自主设计与制造，国家层面的标准应该具有普遍指导意义，而不仅仅针对某一项工程。因此，研究制定过程中，除了在标准工作组人员构成上注意涵盖系统、工程、制造、运行、高校各方面专家，还重点提出了国家标准要着眼目前、兼顾今后的原则，具体采用了两个解决方案。一是将目前在建工程的不同技术特点作为标准的资料性附录，提供标准使用者作为设计、制造及试验参考，如直流输电用金属氧化物避雷器、干式空心平波电抗器、穿墙套管、复合支柱绝缘子以及直流电压测量装置等6项标准都是在资料性附录中采用工程A、工程B或者工程1、2等方式列出了两项工程的典型参数；二是能在标准内容中涵盖的在建工程典型特点，则直接体现在标准正文的条款中，如我国已能自主设计制造并批量供货的环氧玻璃纤维实心芯体支柱复合绝缘子标准等。

二、注重与±500kV高压直流输电设备标准体系的衔接

换流变压器、避雷器等标准，在通用要求和试验方面，可以采用已经制定的±500kV高压直流输电设备标准中的相关适用部分；而新研发的±800kV特高压直流输电工程用设备，在标准制定中要兼顾500kV电压等级，如新制定的直流开关、穿墙套管等标准采取这个原则，在搭建特高压直流设备技术标准体系的同时，也完善了高压直流输电设备标准体系。

三、经济效益和社会效益

±800kV特高压直流输电关键成套技术装备研制及产业化项目是以我国正在实施的云南—广东特高压直流输电工程为基础，参考了部分企业规范，重点考虑我国在建的其他工程并兼顾今后工程的要求，制定的设计和设备技术标准。该标准在制定中已经体现了为工程所用的作用，并直接指导了工程相关设计和设备的研发、制造以及试验，体现了显著的经济效益和社会效益。

云南—广东±800kV特高压直流输电工程全长1 373km，额定电压±800kV，额定容量500万kW，2009年12月单极投产，2010年6月双极投产，实际输送功率达到500万kW。向家坝—上海±800kV特高压直流输电工程线路全长1 907km，工程额定电压±800kV，额定输送功率640万kW，2010年7月投入运行。锦屏—苏南±800kV特高压直流输电工程全长约2 100km，额定输送容量720万kW，额定电流4 500A，2012年6月投产。

该项目的开展，全面提升了国内研究、设计水平和输变电设备制造企业的制造水平，实现了我国交流、直流设备制造的技术升级。该项目的开展促使我国自主研发的技术成果上升为国家标准，如环氧玻璃纤维实心芯体复合绝缘子国家标准，是以江苏神马电力股份有限公司自主研制并批量供货的该产品技术为基础制定的，干式空心平波电抗器则是以北京电力设备总厂、特变电工沈阳变压器集团有限公司等企业研发并批量供货的产品为基础制定的，凝聚了我国自主技术的成果，制定的标准又可以指导企业的设计与制造，示范作用突出。

我国首次制定的特高压直流输电设备标准体系及标准，极大地提升了我国在国际标准化的话语权，部分标准会上升为国际标准提案，社会效益显著。

〔撰稿人：机械工业北京电工技术经济研究所果岩〕

电器附件质量安全因子研究与应用获中国机械工业科学技术奖二等奖

电器附件质量安全因子研究与应用项目是“十一五”国家科技支撑计划重大项目——消费品质量安全影响因子研究及标准研制项目子项，由机械工业北京电工技术经济研究所承担。该项目荣获中国机械工业2011年度科学技术奖二等奖。项目立足我国电器附件行业，通过市场调查、国内外相关案例搜集、国内外标准比对等途径开展研究，形成服务于我国电器附件市场的质量安全因子研究与应用技术，创新电工产品领域质量安全因子的研究技术。

项目研究以电器附件产品现有安全技术为基础，在理论层面上引入电气安全风险理论概念，引入面向环境安全的要求；在分析评价层面运用故障树（FTA）和故障模式影响与分析（FMEA）方法；在分析维度上，从产品全生命周期的角度考虑产品安全，不但考虑产品自身的安全与设计制造，也突出产品使用阶段和废气处理阶段的安全。从三维角度立体分析电器附件产品质量安全因子的程度与重要性。以电器附件产品为研究对象，通过对质量安全因子的研究，构建电器附件产品质量安全因子、电器附件产品全生命周期过程、电器附件产品质量安全因子的影响层次三者之间的分析模型，解决电器附件产品质量安全因子的识别、分析和评价等关键技术问题，建立电器附件产品质量安全因子基础信息库，为实现人身安全、公众安全和生态安全的目标提供科学依据。质量安全因子的三维角度分析模型见图1。

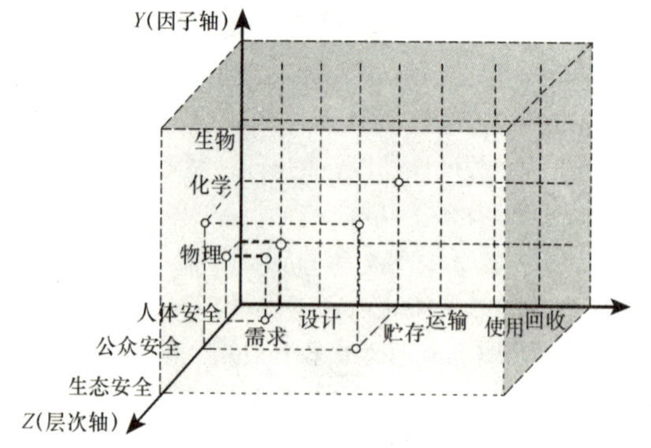

图1　质量安全因子的三维角度分析模型

项目对比了近50项国家与国际电器附件标准法规，如比对BS 1363系列标准、UL系列标准、IEC系列标准与我国标准法规的差异，获取质量安全因子50余个；搜集国内外相关预警案例283项、已发生案例85项，统计案例信息，初步识别质量安全因子；通过企业调研和专家调查问卷进一步识别质量安全因子；综合运用故障树（FTA）、故障模式影响与分析（FMEA）两种方法分析质量安全因子；建立火灾、触电和电器设备损害3类典型事故模型；将风险评估理念创新性应用于电器附件质量安全因子的评价中，通过风险矩阵评估得出关键质量安全因子；提出控制关键因子的可行性方案，形成获取、识别、分析和评价质量安全因子的系统性研究方法，并将方法运用到企业生产设计与安全监管中。项目将研究方法系统化和集成化，构建了电器附件产品质量安全因子数据库，为电器附件行业乃至电工行业提供了质量安全监管的动态信息。

项目研究取得了以下几方面成果：

（1）构建了电器附件质量安全因子数据库，为我国电器附件行业提供了一套完善的电器附件产品质量安全因子识别、分析、评价的规范研究方法和数据获取系统。

（2）建立了火灾、触电和电器设备损害3类典型事故故障树模型，为相关研究和企业安全监管提供了事故模型建立的参考依据。触电事故故障树模型见图2。

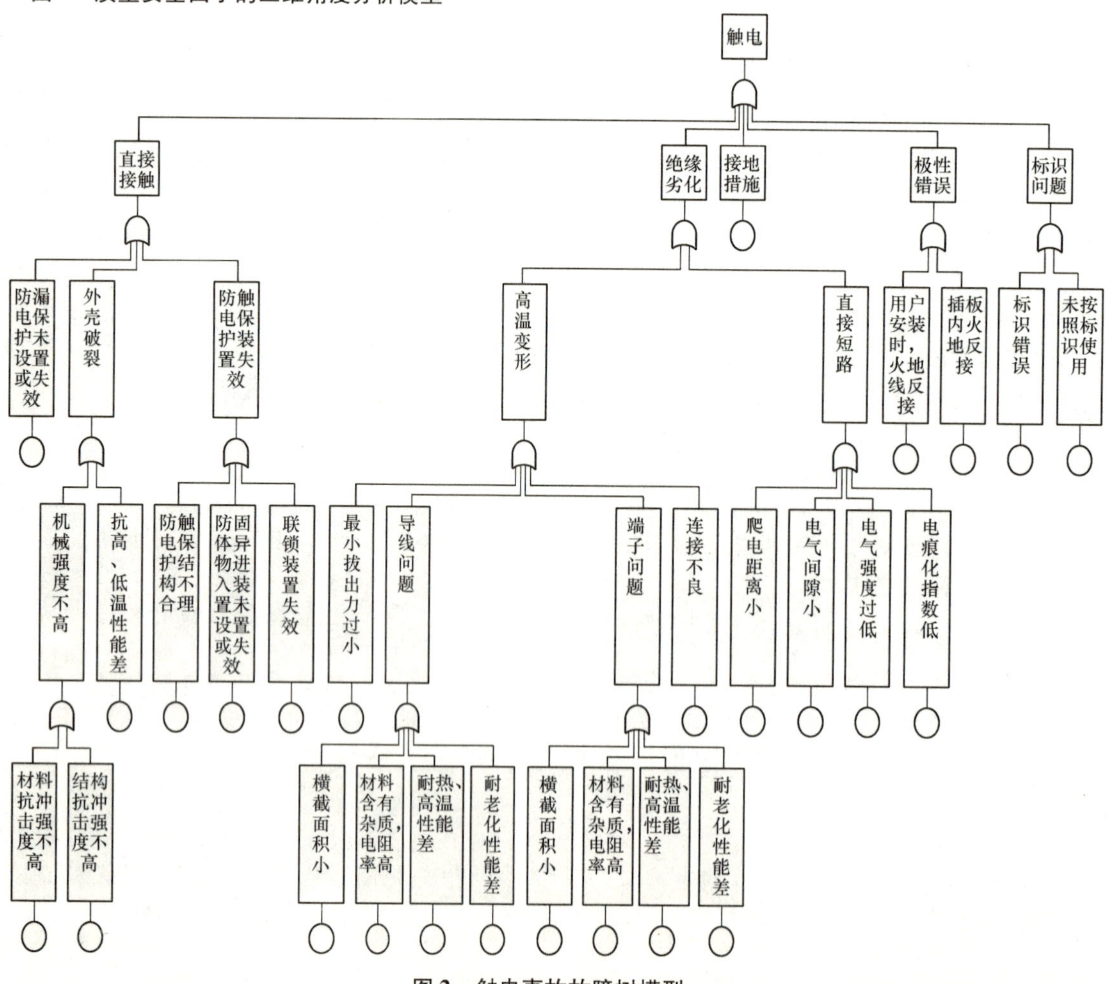

图2　触电事故故障树模型

(3)运用风险矩阵评估得出关键质量安全因子,并提出控制关键质量安全因子的可行性方案。

(4)形成电器附件质量安全因子对比分析报告,完成《消费品电器附件质量安全技术应用指南》学术专著,发表6篇研究论文,形成1篇企业示范报告。报告、专著和论文为推广项目成果提供了支撑,使研究成果更有效地在市场流通和应用。

项目研究的创新性体现在以下三方面:

(1)首次将风险评价理论运用到电器附件产品的质量安全研究中,运用FTA和FMEA方法,提出电器附件产品质量安全的火灾、触电和电器设备损坏事故故障树模型,为系统研究电器附件产品安全提供了理论依据。

(2)电器附件质量安全因子概念的创新。在因子获取上,将安全外延到环境安全、健康安全,将质量安全因子分为物理因子和化学因子,提出了电器附件质量安全因子树。电器附件质量安全因子树见图3。

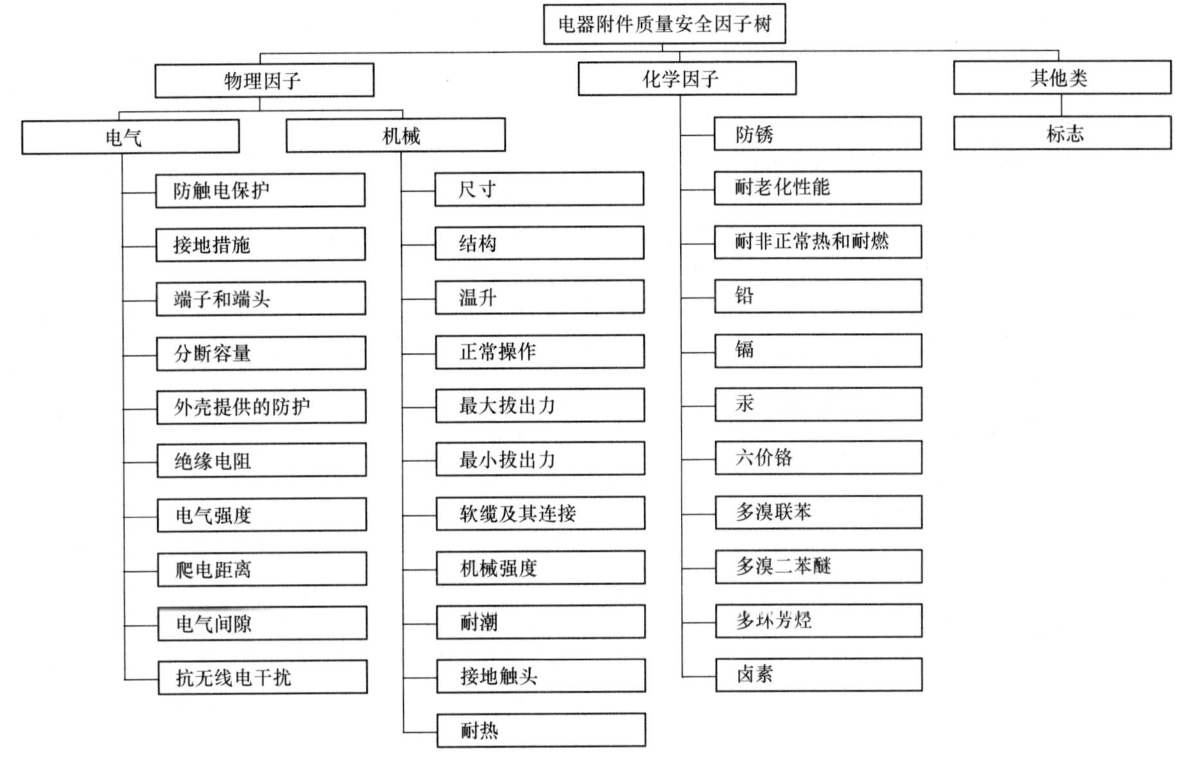

图3 电器附件质量安全因子树

(3)首次提出利用安全因子对产品生命周期的质量实行控制,将电器附件产品质量安全从生产线外延到使用阶段,如强调场所安全、断电状态对人身安全的重要性,将我国电器附件的安全要求提升了一个层次,并运用标准化手段将这一成果推广应用。

〔撰稿人:机械工业北京电工技术经济研究所刘亚丽〕

变频器供电电动机试验方法国家标准研究

电机系统节能已成为我国经济和社会发展的一项长远战略方针,也是当前标准化极为紧迫的任务。“十一五”“十二五”期间都将推广和使用变频电机作为我国开展电机系统节能的重要措施,电机调速节能及电机测试技术正向高效化、自动化、智能化方向发展,我国的交流调速技术进入新的发展时期。

随着变频器供电的电动机大力发展和逐步广泛使用,需要对变频电动机的性能测试进行统一和规范。国际上尚未有较为成熟的测试方法,国际电工委员会IEC/TC2也在着手进行研究。对此,全国旋转电机标准化技术委员会组织开展了变频器供电电动机试验方法国家标准研制,对应的重点领域属电机测试,直接影响电机系统节能工程的实施。该标准获得2012“电工标准—正泰创新奖”一等奖。

一、主要技术内容

电机绕组耐电晕寿命测试方法的研究,轴电压和轴承电流测试试验方法的研究;变频电源供电情况下的损耗和效率测定方法的研究;噪声测定方法的研究;高次谐波引起的电磁辐射和传导对转矩转速传感器的干扰,进行了变频电机检测技术及传感器的抗干扰能力研究。

二、标准创新点

1. 填补了变频器供电电动机试验方法标准的空白

随着电力电子技术的发展,交流变频调速技术应用越来越广泛，国际、国内对变频电动机的性能测试均未进行统一、正确和规范的规定。该项目率先提出了一种统一、正确、规范、综合的变频器供电电动机试验方法，填补了国内空白。该项目在大量试验研究的基础上提出了轴承电流测量的具体方法、电压型变频器供电电动机的损耗分析测定电机效率，这些方法的提出为变频器供电电动机提供了可操作性强、准确度高的试验方法，指导行业开展生产及检验工作，具有国内领先水平。

2. 提出了变频电机绝缘结构耐电晕能力的测试方法

项目通过对变频电源对电机绝缘结构的影响、变频电机绝缘结构的老化方式、电磁线的耐电晕测试、不同耐电晕试验设备对试验结果的影响、电磁线耐电晕能力与工频下局部放电的关系等的研究、验证和测试数据的积累，完成对变频电机绝缘结构耐电晕能力的测试方法的研究和评价，论证了电磁线的耐电晕试验应在相同设备下进行试验比较才有意义；电磁线的耐电晕能力试验应在脉冲上升时间50ns、脉冲频率20kHz、脉冲占空比50%、试验温度155℃、电压（双极）±1 500V下进行；对绝缘材料和绝缘结构可采用工频下的局部放电测试来判断等。上述结果已列入国家标准《变频器供电感应笼型电动机试验方法》中。项目研制的同时开发了JGM－3高频脉冲绝缘测试仪。

3. 提出了轴承电流的测试方法

在国内首次明确给出轴承电流测试方法，并通过了试验验证，具有较强的操作性。

4. 研究形成自主创新技术

该项目通过关键技术研究及大量试验验证，研制的技术和装置可有效防护轴承电流对轴承的损害，安全可靠，具有广泛的推广和应用价值。

申请了发明专利“三相笼型感应电动机轴承电流测量和保护装置”，专利受理号200810042095.8；实用新型专利“一种用于大中型电机滚动轴承的防轴电流结构”，专利号200820151464.2。

三、经济效益及社会效益

该项目成果转化所取得的直接经济效益近200万元。

1. 标准制修订成果转化

以标准制定研究工作组的方式，吸引了江苏大中电机股份有限公司、中船重工电机科技股份有限公司、日置仪器、SKF（中国）有限公司等十余家企业，获得标准技术转让经费20万元。

2. 项目技术成果转化

实用新型专利“一种用于大中型电机滚动轴承的防轴电流结构”应用于企业大功率电机的开发，获得产品技术转让费50万元。JGM－3高频脉冲绝缘测试仪，已为大量绝缘材料生产厂家进行了耐电晕寿命试验，年试验收入50余万元，上海电器科学研究所（集团）有限公司对该仪器进行了小批量试制。

项目的社会效益体现在：

1. 提高了产品可靠性

该标准对影响变频电机性能及安全性的效率、绝缘结构、轴承电流等提出了规范的测试方法，大大提高了变频电机可靠性，提高了电机出厂品质，减少了使用过程中出现的故障概率，节约了大量维护成本，一定程度上也推动了变频电机的使用和推广。

2. 满足了行业产品结构调整的需要，带动了行业技术水平进步

制订的标准填补了国内空白，为行业生产和检测提供了必不可少的技术指导和支撑；在轴承电流测试、轴承电流防护、绝缘结构方面取得了一系列技术创新和推广，带动了行业整体水平的进步。

3. 创新的绝缘结构可指导企业节约大量生产成本

标准中制定的测试方法，满足了国外客户的测试技术要求，为产品出口提供了必要的技术支撑。

〔撰稿人：中国电器工业协会标准化与技术评价中心朱珊珊〕

《电气设备的安全　风险评估和风险降低》系列标准

GB/T 22696.1～5《电气设备的安全 风险评估和风险降低》系列标准是我国《标准化“十一五”发展规划》中公共安全领域安全标准体系中的重要技术标准，其将风险评估的概念与方法引入电气安全标准中，扩展了电气安全基础标准体系。该系列标准获得2012年“电工标准—正泰创新奖”一等奖。

一、标准主要技术

GB/T 22696标准运用风险评估原则，研究了交流电压1 000V及以下、直流电压1 500V及以下的电气设备在设计、制造、安装、使用和维护过程中意外事故和伤害发生的机理和实践经验，提出风险评估的安全原则，建立了低压电气设备在安全风险评估中的限制条件、识别危害的方法、工具；针对潜在危险的严重程度、发生伤害的可能性、危害因素之间相互影响及积聚效应，预估风险，量化风险程度，确定可容许风险；通过技术设计消除危险或降低风险，应用防护技术措施降低风险，使用安全信息提示残余风险，使电气设备达到可容许风险水平。

GB/T 22696系列标准由五部分组成：《第1部分：总则》规定电气设备的范围和达到安全的总体原则，安全评估的逻辑过程，实施风险评估的信息，描述了识别危险，预估和评价风险包括风险比较和必要的风险降低程序；《第2部分：风险分析和风险评价》提出了对电气设备进行风险评估

中的风险分析、风险评价的实施指南,描述用于每个过程和步骤的方法和工具;《第3部分:危险、危险处境和危险事件的示例》提出了风险识别中,如何具体识别潜在危险源的危害、危险处境和危险事件的示例;《第4部分:风险降低》提出了通过风险评估为降低风险,达到安全而可选择的适当保护措施;《第5部分:风险评估方法示例》提出了对电气设备进行风险评估的实际操作,推荐每一过程、每一步的具体操作方法和工具应用,并列举了风险评估的实例。

二、标准解决的问题

GB/T 22696 系列标准中有关安全方面的技术协调,对电气领域产品技术委员会及横向专业技术委员会涉及安全的标准制定起协调和指导作用;可为有关政府部门制定安全技术法规、规章提供技术支撑;在电气设备制造企业无相应产品标准时,指导其开发产品、制定标准、市场准入进行安全风险评估、消除或降低潜在危险、实施安全质量控制,提高产品的安全水平。

标准研制运用了"基于风险的方法",把对"安全"的评估转化为对"风险的评估",以提高对安全的置信度,注重风险评估过程的严密性、严谨性,实现了应用风险评估和降低风险方法工具的可操作性和简捷适用性,增强了标准的适用性。

标准的制定与IEC导则116《低压电气设备安全风险评估和风险降低》同步,并将国家标准内容纳入到其中,为IEC建立风险评估标准体系作出了贡献,也为IEC相关产品技术委员会制定其产品安全风险评估标准提供了依据。

标准实施和阶段性成果的应用,取得了重大的标准化社会效益,推动了低压电器、电器附件、电动工具、消费品安全、电气设备成套控制开关等相关产品风险评估技术标准体系的建立。通过为行业和企业提供风险评估技术服务,促进了企业安全生产改进、产品质量控制、安全管理增效、提升产品竞争力等多元化效应,取得了显著的经济效益。

三、主要技术创新

GB/T 22696 系列国家标准制定运用了电气设备风险评估的系统分析程序与技术方法。标准研制运用"基于风险的方法",把对"安全"的评估转化为对"风险的评估",以提高安全的置信度,注重于风险评估过程的严密性和严谨性、而不是评估结果的绝对精确性;注重于实施风险评估技术与方法的可行性和便于操作,研究电气设备风险评估的循环逻辑过程中每个程序,每一步骤的具体操作方法,设计相应的工具,给出示例;给出分部考虑技术方案,即以电气设备安全风险评估过程中风险分析为核心基础,风险降低是实施可容许风险的技术措施,示例是体现风险评估可操作性的范例,形成互为配套的系列标准。

标准较完整地提出了低电压电气设备的安全设计方法,通过设计技术和相关安全信息实现对电气设备整个生命周期的潜在危险因素的防护。研究中采用的风险降低措施考虑了总体认可的技术、经济和科学发展水平,权衡了技术、经济、社会和环境等因素。

GB/T 22696 系列标准在我国电气安全领域首次研制,同步甚至优先了IEC导则116的发布;其技术水平与方法符合安全原则,科学、合理、适用,标准中设计使用的工具简捷、可操作强,达到国际先进水平。标准制定的关键技术、推荐采用的评估方法和设计的评估工具中有以下创新:

(1)遵循安全原则,采用系统分析方法研究交流1 000V及以下、直流1 500V及以下的电气设备潜在危险的识别(危险源识别),提出电气设备危险源分析的分类、危险因素的框架结构图及各类危险源相互之间的关系和指标体系,提出了自下而上和自上而下的危险源识别方法及表达形式。

(2)依据风险程度的评价原则:将"索引"以指数来度量"轻风险""重风险""严重风险",描述相关危险、维修处境、危险事件和可能的伤害,评定风险要素相对应的参数,设计用"等效风险矩阵图"计算风险程度。

在发生伤害的可能性的评价中增加"发生危险事件的可能性"因素,用危险事件发生概率表示,以在风险程度评价时考虑保护和防护措施的可靠性和电气设备操作人员的素质。

在重伤害的评价时,考虑避免伤害的可能性和危险事件发生概率两个因素,分别评定风险指数。

(3)设计了"危险识别表""风险评估和风险降低表""等效的风险指数矩阵图"等安全风险评估工具。

四、标准的实施效益

标准应用与实施产生了间接性经济效益。当所服务的电气设备制造企业在相关产品标准中尚未涉及安全风险评估技术要求时,对其产品提供降低潜在风险的解决方案,提高产品的安全可靠性,促进提升产品在国际、国内市场的竞争力。

全国电气安全标准化技术委员会应用该系列标准为中国烟草总公司醋酸纤维集团公司提供电气设备技术整改咨询,派出专家指导提出了"三纤电气专项安全评估方案"及其中的"技术评估方法"和"安全因子的选择",对三纤公司生产过程中的电气设备设施风险进行了系统的评价和控制。根据评估结果,公司在5年内将投入4 000万元,对风险较高的电气设备进行更新、改造、淘汰,有效降低和控制了运行安全风险。随着整改计划的落实,公司每年将减少因电气设备设施故障导致的经济损失百万元。

全国电动工具标准化技术委员会指导浙江弘大企业集团实践应用了GB/T 22696系列标准对其电子控速的S1M-180型角向磨光机的"重要功能安全部件"进行了风险评估、评价,优化改进设计、降低风险,提升了产品质量和安全水平,使该产品成为国内外市场的高端产品,提高了产品的附加值。2011年浙江弘大企业集团电动角向磨光机产量44.3万台,销售额超过10 492万元,同比增长15%和22%。

在全国电器附件标准化技术委员会开展的"电器附件质量安全因子的研究"中,将研究获得的技术方法直接推广应用到电器附件产品风险评估中,进行产品质量控制。奇胜工业(惠州)有限公司、浙江正泰建筑有限公司、杭州鸿雁电器有限公司3家示范企业,2010年新增产值3.4亿元,新增利税0.28亿元,年节支总额近1亿元,产生了显著的经济效益。

GB/T 22696系列标准是基础通用标准,突出体现的公益性社会效益有:

(1)创新和拓展了我国的电气设备安全风险评估标准体系,产生了以基础标准带动产品标准体系创新的战略性效应,指导相关产品专业标准化技术委员会开展相关产品风险评估技术标准制定,推动了电气设备灼伤特定风险评估、电气设备安全设计、消费品安全、低压电器、电动工具等相关产品风险评估标准体系的建立。全国电气安全标准化技术委员会制定的GB/T 22697.1~3—2008《电气设备热表面灼伤风险评估》、GB/T 25295—2010《电气设备安全设计导则》;中国标准化研究院质量分院制定的GB/T《消费品安全设计原则》和GB/T《消费品安全风险管理原则》;全国低压电器标准化技术委员会制定的GB/Z 22721—2008《正确使用家用和类似用途剩余电流动作保护器(RCDs)的指南》;全国电动工具标准化技术委员会制定的《手持式、可移式电动工具和园林工具的安全 第1部分:通用要求》中,采用该系列标准制定了“附录E:电动工具实施GB/T 22696的方法”等,都引用和借鉴了GB/T 22696标准中有关电气风险评估的基本原理、概念、程序和评估方法及工具,在专业或产品安全风险评估标准研制中起到了良好的示范作用。

(2)为标准化科研工作提供指导和示范。全国电器附件标准化技术委员会主导承担的“十一五”国家科技支撑计划重大项目——消费品质量安全因子研究及标准研制项目中的“电器附件质量安全因子的研究”,主要技术应用了GB/T 22696系列标准,提出了电器附件质量安全因子的识别、分析、评价与控制的技术方法,给出了主要影响电器附件产品质量安全因子的触电、火灾以及电器设备损坏三类典型事故模型。该研究成果获得了2011年中国机械工业科学技术奖二等奖。

〔撰稿人:中国电器工业协会标准化与技术评价中心曾雁鸿〕

GB/T 22581—2008《混流式水泵水轮机基本技术条件》标准

随着我国社会经济持续发展和产品结构的调整,能源结构日趋合理,核电、风电、光伏发电等清洁能源发电的大规模发展给电力系统的安全、稳定、经济运行带来了极大的压力,需要从技术可行、经济合理的角度出发,研究配套建设大规模抽水蓄能电站,实现电力系统的节能减排和安全稳定运行。随着抽水蓄能机组的广泛应用,其在电网中的比例逐年提高。

2000年以前,我国抽水蓄能电站主机设备几乎全部进口,为打破国外垄断,逐步实现我国抽水蓄能电站机组设备制造的自主化,2003年国家发展和改革委员会研究决定,以市场换技术,通过统一招标和技贸结合的方式,引进抽水蓄能电站机组设备设计和制造技术。

随着打捆招标技术的引进、消化吸收和技术创新,我国抽水蓄能机组的设计和制造技术取得了长足的进步,涌现出具有自主知识产权的技术和成果。2008年我国第一台拥有自主知识产权的响水涧蓄能机组开始设计研发,2011年12月完成15天试运行顺利投入商业运行。机组各项指标优良,达到国际先进水平。

全国水轮机标准化技术委员会梳理总结了响水涧等项目的设计、制造经验和技术积累,并结合国外公司的先进经验和成果,组织行业专家编制了GB/T 22581—2008《混流式水泵水轮机基本技术条件》,规范抽水蓄能机组的技术要求和技术条件,促进我国混流式水泵水轮机技术水平的进一步提高,推动我国蓄能机组技术进步。

一、主要技术内容

GB/T 22581—2008《混流式水泵水轮机基本技术条件》规定了既可作水泵运行又可作水轮机运行的混流式水泵水轮机采购、设计和制造方面的性能保证、技术要求、供货范围和检验项目,并提出了包装、运输、保管、安装和运行维护应遵守的一般规定。标准明确和规范了水泵水轮机技术术语的名称、代号和定义,并考虑了与国际标准和国内相关标准的一致性;规定了混流式水泵水轮机转轮公称直径为$D1$和$D2$并用;明确和规范了水泵水轮机技术条件、主要技术参数和主要技术文件,以及水泵水轮机性能保证的具体内容;对水泵水轮机性能保证的电网频率范围给出限定,水轮机工况为49.5~50.2Hz,水泵工况为49.8~50.5Hz;根据国内抽水蓄能电站的实际运行情况,规定了蓄能机组的供货范围和备品备件。

二、技术创新

标准研制过程中,收集对比了国内已运行的大中型混流式水泵水轮机的运行情况,对机组的性能保证值进行了梳理总结,给出了保证机组安全稳定运行的合理范畴;对打捆招标技术引进的成果进行了充分的消化吸收,并结合国内制造厂家和安装单位的实际能力,给出了先进合理的采购、设计和制造、安装方面的技术要求;收集了国内外大中型电站对水轮机主要部件工作应力要求的数值,提出了水泵水轮机主要部件许用应力的要求。该标准还将我国首台国产成套的抽水蓄能机组——响水涧水泵水轮机设计开发阶段中的最新成果和经验总结纳入其中,实现了对我国抽水蓄能技术的总结和推进。

该标准吸收了国内外先进技术，给出了水泵水轮机产品质量保证的要求。它的应用使水泵水轮机主要部件材料和工作应力的选择有章可循，为水泵水轮机产品的招标、投标、合同谈判提供了基础，将促进提高水泵水轮机的科研水平，减少水泵水轮机设计制造的风险。

三、标准的功效

根据国内外专家研究结果，抽水蓄能机组配置一般以占总装机容量的8% ~15%为宜，至少应为7% ~10%。2010年我国电站总装机容量6.5亿kW，抽水蓄能电站总装机容量接近2 000万kW，抽水蓄能电站的装机容量仅达到电站总装机容量的3.2%，我国电力市场对抽水蓄能机组的需求很大。据此，GB/T 22581作为一部供行业使用的基础标准，侧重对混流式水泵水轮机的基本技术条件进行规定。

随着打捆招标技术的引进和消化吸收，我国水泵水轮机的设计和制造技术取得了长足的进步，通过响水涧水泵水轮机的设计和制造积累了更加丰富的理论知识和实践经验。梳理总结这些经验和技术积累，并结合国外公司的先进经验和成果，使该标准达到了国际先进水平。标准实施以来，我国蓄能电站建设项目如福建仙游、江苏溧阳、广东清远等的合同文件中将其作为主要标准引用，哈尔滨电机厂有限责任公司、东方电机厂有限公司等水轮机行业的生产制造单位、科研设计单位在组织电站设计和产品生产的过程中也以其为依据，取得了良好的社会效益和经济效益。

该标准的实施填补了我国在抽水蓄能技术领域的空白，为我国水泵水轮机的设计、制造、安装、运行提供了技术依据，提高了水泵水轮机的产品质量，有效推动了国内企业占领水电产品的竞争制高点，提高了我国产品的国际竞争力，为我国水电技术在世界上处于领先水平奠定了坚实的基础。

〔撰稿人：中国电器工业协会标准化与技术评价中心徐元凤〕

共性技术

一、共性技术的定义

1. 从研发阶段出发的定义

主要有两种。一种是由Tassey给出的，认为共性技术研究是技术研究开发的第一个阶段，这一阶段的目标是证明有潜在市场应用价值的一种产品或过程的概念，从而在进入后续的应用性更强的研发前降低大量的技术风险。共性技术研究阶段的任务是概念证明，该阶段始于基础研究成果，止于实验室原型。另一种是美国国家标准与技术研究院（NIST）的定义。NIST在先进技术计划（ATP）中将共性技术定义为：科学现象的一个概念、要素或进一步的观察，具有被应用于广泛的产品和生产过程的潜力。一项共性技术需要后续的研究开发来实现商业应用。

2. 从影响范围出发的定义

日本使用了一套标准来判断一项技术是否处于研究开发的共性阶段（generic phrase），即该技术必须具有产业化前景、高技术风险、大量潜在的市场应用、大的预期经济影响。

我国尚没有统一的共性技术概念。国内现有的定义多是由相关影响范围界定的，较为普遍的看法是：共性技术是指在很多领域内已经或未来可能被广泛采用，其研发成果可共享并对一个产业或多个产业及企业产生深刻影响的一类技术。还有一种定义是：共性技术对整个行业或产业技术水平、产业质量和生产效率都发挥迅速的带动作用，具有重要经济效益和社会效益的一类技术。

二、共性技术范围的界定

对共性技术的涵盖范围，国际上也尚未形成统一认识。核心问题是对某些也表现出“共性”特征的技术，是否应包括在共性技术之列。特别是测试和测量等产业技术发展所必需的，但又存在严重市场失灵的技术。

Tassey将测量和测试等技术称为基础技术，与共性技术定义区别开来。他认为这些基础技术通常是产业标准的基础，如果广泛应用有很好的经济价值。但由于基础技术具有很强的外部性，所以也往往导致民间研发投资不足。

与此相反，日本产业技术研究院（AIST）则将共性技术定义为：在标准化、测量和标准化技术方面的基础性研究。

实际上，Tassey也承认，由于测量测试等技术具备着很多共性技术特征，所以与“共性技术”的区分界限变得越来越模糊，很多情况下两者相互交叉。

三、各国在实践中界定的共性技术

共性技术的内涵受一个国家经济技术发展水平的影响。美国、日本和欧洲等国家政府资助的共性技术研究具有以下特点：

（1）高技术领域的共性技术研究受到各国尤其是发达国家的特殊重视，信息技术、生物技术和新材料技术是政府支持的主要共性技术领域。如，美国先进技术计划（ATP）支持的共性技术多集中在化学与生命科学、信息技术与电子学两大领域。

（2）强调能够产业化，且有重大商业回报。强调共性技术的市场导向是美国、日本和欧洲等国家政府的共同标准。美国ATP计划声称资助所有技术领域中的高风险、高回报的技术；日本在资助项目选择标准中也强调了技术不仅要具有产业化前景，而且要有大的预期经济影响。

但政府并不一定要求资助项目在短期内就能够实现产业化和商业回报，这取决于项目所处的研发阶段。以美国ATP计划为例，ATP资助的项目从完成研究到进入商业化阶段一般需要5~7年,有62%的项目至少在完成2年后才计划商业化,这符合ATP计划激励长远、高风险项目研究开发的宗旨。

(3)应用面广是政府资助共性技术的一项重要标准。美国ATP计划要求,申请资助的技术要具有能被应用于广泛的产品和生产过程的潜力;日本政府要求申请技术有大量潜在的市场应用。但应用面"广"到什么程度,是在一个行业还是可以多行业应用,各国并没有规定。

但总的来看,发达国家更重视能在多产业中应用的共性技术,而发展中国家更多强调的是行业内共性技术。可见,对发展中国家来说,更紧要和现实的任务是重点行业的关键共性技术突破,以带动整个产业的升级。

四、共性技术的分类

"共性技术"可分为关键共性技术、一般共性技术、基础共性技术。

从各国实践经验看,支持共性技术研究作为一种政策工具,最重要的是抓住其经济和社会效益大、影响面广的特点。从本国国情出发,在不违反国际规则的前提下,支持本国产业进行共性技术研究,为提升国内产业竞争力奠定技术基础。因此,共性技术是一种能够在一个或多个行业中广泛应用的,处于竞争前阶段的技术。共性技术有较大的经济效益和社会效益。在共性技术研究成果上,企业可以根据自己生产或产品的需要进行后续的商业化研究开发,形成企业间相互竞争的技术或产品。根据对国民经济的重要程度和外部性大小,可以将共性技术划分为关键共性技术、一般共性技术和基础性共性技术。

关键共性技术:是对整个国民经济有重大影响的技术,这类技术影响面最广,经济和社会效益最明显。

一般共性技术:不同于关键共性技术之外的共性技术被称为一般共性技术。

基础性共性技术:是指测量测试和标准等技术,这类技术为产业技术进步提供必需的基础性技术手段。

各国政府对共性技术研究的支持存在着共性规律。支持共性技术研究是国家技术政策的一项重要原则,促进合作研究开发和技术共享是政府资助共性技术研究的一个主要目标。政府资助和介入的程度要视共性技术市场失灵的程度和企业技术能力等因素而定,针对不同层次的共性技术,政府要采取相应的组织形式和不同的支持方式。

〔撰稿人:中国电器工业协会标准化与技术评价中心曾雁鸿〕

聚合物材料辐射老化的概述

——关于IEC 61244《聚合物长期辐射的测定》系列标准技术要点总结

聚合物材料是核能发电装备重要的绝缘材料,长期处在辐照环境下,尤其是在有氧气存在的情况下会发生辐射老化,导致聚合物材料行为特性下降,影响发电安全。因此研究发电设备绝缘系统和绝缘材料普遍使用的聚合物辐照老化特性,对保障核能发电的安全性尤为关键。

一、聚合物辐射老化的定义

聚合物的老化降解是指因化学和物理因素引起的聚合的大分子链断裂的过程。聚合物曝露于氧、水、热光、射线、化学品、污染物质和机械力等状态下,发生降解使聚合物分子量下降,聚合物材料性能降低,直到聚合物材料丧失可使用性,这种现象也被称为聚合物材料的老化降解。

聚合物辐射老化是指聚合物在温度、辐射或者紫外线的各种环境中发生的老化降解。辐射作用于聚合物产生自由基、电离或激发等初级反应之后,进一步发生以下化学反应:大分子间形成新的化学键,即辐射引发交联反应;聚合物链的断裂,即辐射引发降解反应;发生不饱和度(双键)的变化;氧存在下发生氧化反应;产生各种反应气体产物及其他反应过程。影响聚合物性质最基本的反应是交联和降解,实际上,交联和降解经常同时存在,反应的结果取决于哪一反应占优势。

二、影响聚合物材料辐射老化的因素

聚合物材料的辐射老化取决于材料的类型和组分、辐射剂量和剂量率、辐射类型等因素。

1. 材料的类型和组分是决定耐辐射老化能力最基本的因素

任何一种聚合物材料都是由基体聚合物和添加剂等组成。基体聚合物的类型不同,耐辐射的能力也不同。聚合物材料的添加剂包括稳定剂、抗氧剂、填充剂、阻燃剂、染料等。加入稳定剂和抗氧剂绝大多数是为了提高材料的耐辐照能力;染料不会改变材料的抗辐射性;矿物填充剂经常用于提高材料的阻燃性,但通常会降低材料的耐辐射性。

2. 辐射剂量和剂量率是影响材料老化的主要因素

辐射剂量和剂量率对不同材料的影响有很大差异。如,对于2-氯代1,3-丁二烯以及氯磺化聚乙烯、硅橡胶几种材料,老化性能的劣化仅与辐射剂量有关,受剂量率的影响很小;而交联的聚烯烃等材料受剂量率的影响却很显著。

3. 辐照类型是影响辐射老化的一个方面

在辐照情况下,聚合物材料长期暴露在γ射线、X射线、电子和中子所组成的混合辐射场中,材料的力学性能和电学性能逐渐劣化。研究表明,不同辐射场、不同辐射类型作用下,聚合物辐射老化的结果有差异。

三、测试聚合物材料在含氧环境中辐射老化的方法

当聚合物在含氧环境中受到辐照时,其行为特性会发生很大变化。尽管多年以前人们已发现聚合材料辐射老化受剂量率影响，但对于影响过程直到近年来才有足够了解，并制定了预测方法。国际电工委员会（IEC）也设立专门小组研究制定耐辐射试验方法相关标准，如 IEC 61244《聚合物长期辐射老化的测定》系列标准。

指数外推法、依赖于时间的数据叠加法和等效破坏剂量数据叠加法 3 种处理老化数据的方法，适用于弹性体、热弹性体和热固性材料。指数外推法适用于等温条件下获得的试验数据，依赖于时间的数据叠加法和等效破坏剂量数据叠加法适用于不同温度条件下获得的试验数据。3 种方法均以等效破坏剂量评估聚合物材料辐射老化的程度。等效破坏剂量（DED）是指达到特定破坏参数（如断裂伸长率、拉伸强度、压缩形变等）所需要的辐射剂量。

1. 指数外推法

（1）定义。指数外推法是在空气或过氧的环境中和等温条件下，对不同辐射剂量时得到的实验数据进行外推。剂量率上限值是实现均相氧化的条件，不同剂量率条件下得到的试验数据都是用来图形外推至工作剂量率下的终点。

（2）评估。对于预测弹性体和热塑性塑料的辐射老化，指数外推法通常采用材料的断裂伸长率作为测量数据。而对于其他材料，测量拉伸强度或其他参数指标可能更加有效。使用断裂伸长率作为测量参数，确定各剂量率的终点指标，绘制相对于吸收剂量的相对伸长率 e/e_0（e_0是断裂伸长率的初始值）。

绘制达到终点指示的剂量（即等效破坏剂量 DED）相对于剂量率的双对数曲线图。对于某些材料（如聚烯烃），该双对数曲线图形表现为线性关系，因此能够通过外推得到低剂量率数据。终点剂量由公式（1）确定：

$$DED = K\dot{D}^{n} \tag{1}$$

式中 $\dot{D}$——剂量率；

K 和 n——试验材料的经验参数。

2. 依赖于时间的叠加数据法

（1）定义。依赖于时间的叠加数据法适用于高温条件下辐射得到的附加数据，利用在热老化中已经广泛应用的时间－温度叠加原理，扩展至包括热－辐射环境的时间－温度－剂量率的叠加。

热老化中的叠加程序使用的是不同等温条件下得到的关于时间的试验数据。假设使用高温来加速材料均匀降解，通过使用倍数位移因子，使数据在时间轴线上移位至参考温度时的曲线。在热－辐射环境中，可使用类似程序来移位在恒定温度和恒定剂量率下得到的依赖于时间的数据。

（2）评估。评估的第一阶段是将恒定温度下得到的破坏参数－时间对数曲线与未受辐射材料的曲线叠加，得到一个主曲线。确定各温度下的位移因子曲线 $b(T)$，并且将其用于叠加数据。然后绘制这些数值对 $1/T$ 的关系曲线，其中 T 是温度（单位是 K）。利用 Arrhenius 关系，根据直线图形的斜率利用公式（2）确定单独热老化的活化能：

$$B(T) = \exp\left\{-\frac{E}{R}\left(\frac{1}{T}-\frac{1}{T_{\text{ref}}}\right)\right\} \tag{2}$$

式中 $B(T)$——位移因子；

E——活化能；

R——气体常数；

T_{ref}——参考温度，即 $b(T)=1$ 时的温度。为方便评估，通常选 T_{ref}作为热－辐射老化测量中使用的一个温度。

在评估的第二阶段，将热－辐射老化条件下得到的时间依赖数据叠加在主曲线上。确定每种温度－剂量率条件下叠加数据所需要的位移因子 $a(T,D)$、温度 T 和剂量率 D。在本评估阶段，所用各种温度和剂量率条件下的 $a(T,D)$ 值均已知。

对于某些聚合物，可以使用位移因子 $a(T,D)$ 与温度及剂量率之间的经验关系式（3）：

$$a(T,D) = \exp\left\{-\frac{E}{R}\left(\frac{1}{T}-\frac{1}{T_{\text{ref}}}\right)\right\}\left[1+k\dot{D}^{x}\exp\left\{\frac{E_x}{R}\left(\frac{1}{T}-\frac{1}{T_{\text{ref}}}\right)\right\}\right] \tag{3}$$

式中 T——温度（单位为 K）；

T_{ref}——参考温度；

$\dot{D}$——剂量率；

E,k,x——模型参数。

将根据实验得到的 $a(T,D)$ 值代入上述经验关系式可确定参数 k 和 x。

当 $T=T_{\text{ref}}$时，公式可简化如公式（4）：

$$a(T_{\text{ref}},D) = 1 + k\dot{D}^{x} \tag{4}$$

式中 x——高剂量率下图形斜率的极限值。通常，$x \leqslant 1$。

参数 k 用于确定曲线在剂量率轴线上的位置。

根据经验数据确定参数 k 和 x 之后，就可以用经验模型计算更低剂量率下或更低温度下的 DED 值，按照公式（5）计算：

$$DED = \dot{D}^{x}\frac{t_m}{a(T,D)} \tag{5}$$

式中 t_m——在参考条件下（$T=T_{\text{ref}}$且 $D=0$）达到选定破坏程度所需要的时间。

$a(T,D)$根据公式（3）计算得到。高剂量率下 DED－剂量率双对数曲线图形的极限斜率为（$1-x$）。

3. 等效破坏剂量数据叠加法

（1）定义。此方法也是利用热－辐射老化高温条件下得到的数据，将几种不同剂量率和至少两种温度条件下获取的数据进行叠加，形成等效破坏剂量－剂量率双对数曲线图。根据等效破坏剂量－剂量率数据叠加得到的位移因子通常是温度的简单函数，可根据氧化机理进行合理化处理。此方法适用于各种材料，包括那些不能使用依赖于时间叠加数据的材料。为了确定等效破坏剂量值，需要得到各种温度－剂量率条件下的充足数据，使等效破坏剂量值可以在几种不同破坏程度下进行评估。

(2)评估。对每种温度-剂量率条件,根据破坏参数-剂量图形确定其 *DED* 值,然后绘制这些 *DED* 值与对数(剂量率)的关系图形(不包括非均相氧化的数据)。根据 Arrhenius 关系,利用公式(2)计算得到位移因子,将数据点沿剂量率轴线水平移动。采用试凑法确定活化能 E,直到得到所有数据的叠加值。在某些情况下,根据叠加过程确定的经验活化能与热老化的活化能相等。如果能够确定可得到不同破坏程度叠加数据的单个 E 值,则该 E 值可用于外推至低剂量率。

四、结语

聚合物的辐射老化效应是一个极其复杂的过程。国外对聚合物材料的加速老化已进行了很多研究,而且发展了X射线层析摄影技术,建立了气体样品的固相微提取方法,但有关聚合物老化机理的研究仍处于假设和推断阶段。辐射氧化降解与剂量率的关系是一个值得重视的研究方向,同时对评价核电用聚合物加速老化方法的合理性具有重要意义。

〔撰稿人:机械工业北京电工技术经济研究所刘淑芬、刘亚丽〕

中国电器工业年鉴2012

用数据说明电器工业2011年的整体发展情况，以及各重点企业的经济运行情况

Using statistical data to state the integral development situation of electrical equipment industry in 2011 and the economic operation situation of key enterprises

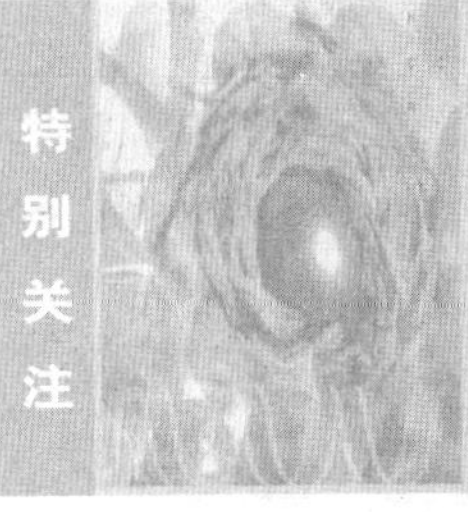

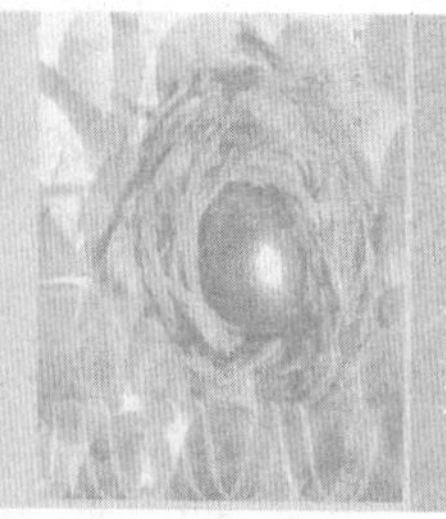

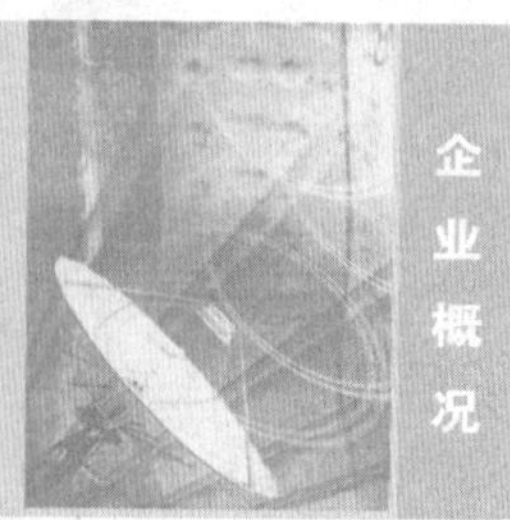

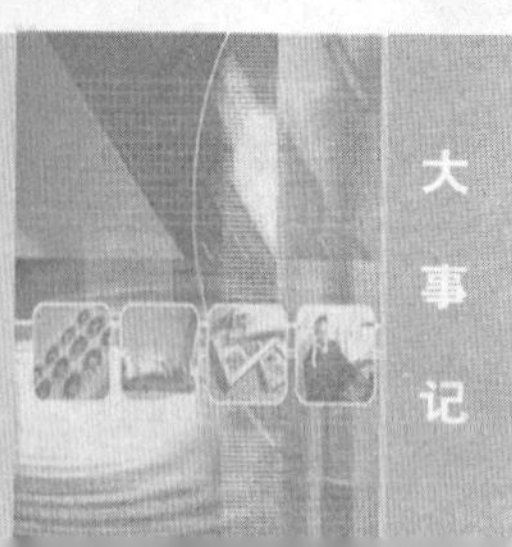

统计资料

2011 年电器工业企业主要经济指标

企业名称	工业总产值（万元）	其中：新产品产值（万元）	工业销售产值（万元）	其中：出口交货值（万元）	全年从业人员人员平均人数（人）	年末资产总计（万元）	年末负债总计（万元）
电器工业(412 家)	**47 114 895**	**19 778 189**	**46 090 390**	**5 071 637**	**409 926**	**63 353 505**	**40 817 771**
锅炉及辅助设备制造(23 家)	**4 882 709**	**3 254 824**	**4 894 885**	**943 281**	**28 088**	**7 492 964**	**5 848 129**
大型企业(6 家)	**3 942 272**	**2 912 121**	**3 968 606**	**825 656**	**18 479**	**6 087 868**	**4 848 594**
北京巴布科克·威尔科克斯有限公司	306 052	25 861	306 052	106 179	2 182	525 605	427 785
太原锅炉集团有限公司	80 199	43 704	83 281		2 214	187 105	150 549
哈尔滨锅炉厂有限责任公司	1 002 889	618 053	1 006 575	289 834	4 078	1 638 708	1 318 316
上海锅炉厂有限公司	1 120 996	1 036 741	1 126 887	227 518	2 975	1 521 135	1 277 157
泰山集团股份有限公司	207 484	74 755	221 159	5 475	3 714	315 517	186 591
东方电气集团东方锅炉股份有限公司	1 224 652	1 113 007	1 224 652	196 650	3 316	1 899 799	1 488 196
中型企业(9 家)	**804 609**	**266 832**	**800 768**	**117 625**	**8 432**	**1 264 761**	**912 632**
北京锅炉厂	8 373		8 373		379	15 837	14 197
大连锅炉厂有限公司	13 407	1 559	8 420		342	26 974	23 055
无锡华光锅炉股份有限公司	281 052	178 145	290 933	79 501	1 534	367 630	252 045
江苏太湖锅炉股份有限公司	143 094	7 826	137 586	5 991	1 435	136 135	69 629
安徽金鼎锅炉股份有限公司	59 392	44 544	57 826		567	87 114	42 216
武汉锅炉集团有限公司	55 901	13 000	55 056	1 130	1 236	135 091	194 511
长沙锅炉厂有限责任公司	23 032	3 187	20 640	1 757	749	54 861	42 451
华西能源工业股份有限公司	199 226		191 683	28 391	1 620	401 433	245 631
四川东方锅炉工业锅炉集团有限公司	21 132	18 571	30 251	855	570	39 687	28 897
小型企业(8 家)	**135 828**	**75 871**	**125 511**		**1 177**	**140 334**	**86 904**
上海克莱德贝尔格曼机械有限公司	34 190		34 190		167	31 778	16 485
杭州杭锅工业锅炉有限公司	78 910	74 965	70 750		289	68 271	39 223
衢州大通锅炉有限责任公司	4 028	906	3 267		103	3 296	2 988
湘潭锅炉有限责任公司	8 612		8 156		228	15 231	13 462
昆明锅炉有限责任公司	1 509		1 400		120	5 716	3 798
宁夏三新实业(集团)有限公司	2 081		2 081		107	8 488	4 845
新疆西电昌峰锅炉有限责任公司	4 500		3 950		79	5 388	3 997
新疆新天锅炉容器制造有限公司	1 998		1 717		84	2 168	2 107
汽轮机及辅机制造(9 家)	**5 135 463**	**2 932 644**	**5 112 645**	**1 022 880**	**29 239**	**11 376 819**	**9 318 202**
大型企业(5 家)	**4 747 623**	**2 834 830**	**4 705 602**	**966 577**	**26 114**	**10 724 273**	**8 857 592**
哈尔滨汽轮机厂有限责任公司	641 300	282 130	631 064	264 390	5 644	1 184 026	927 259
上海电气电站设备有限公司	1 221 647	715 681	1 211 396	335 529	5 755	2 022 333	1 593 048
南京汽轮电机(集团)有限公司	315 780	79 166	311 871	61 421	2 150	646 166	426 906
杭州汽轮动力集团有限公司	544 329	232 603	526 704	72 604	5 078	2 298 875	1 693 801
东方电气集团东方汽轮机有限公司	2 024 567	1 525 250	2 024 567	232 633	7 487	4 572 873	4 216 578
中型企业(2 家)	**345 561**	**86 764**	**366 164**	**56 303**	**2 700**	**622 238**	**436 818**
无锡透平叶片有限公司	88 335	29 830	100 000	22 007	708	239 761	143 722
青岛捷能汽轮机集团股份有限公司	257 226	56 934	266 164	34 296	1 992	382 477	293 096

（续）

企业名称	工业总产值（万元）	其中：新产品产值（万元）	工业销售产值（万元）	其中：出口交货值（万元）	全年从业人员人员平均人数（人）	年末资产总计（万元）	年末负债总计（万元）
小型企业（2家）	**42 279**	**11 050**	**40 879**		**425**	**30 308**	**23 791**
上海益达继机械有限公司	31 029		31 029		265	24 226	19 928
成都龙科重型机械制造有限公司	11 250	11 050	9 850		160	6 082	3 863
水轮机及辅机制造（8家）	**304 616**	**103 023**	**288 309**	**42 767**	**4 976**	**464 947**	**287 300**
中型企业（5家）	**294 443**	**99 661**	**279 543**	**40 450**	**4 416**	**436 766**	**268 839**
上海福伊特水电设备有限公司	127 935		127 935		636	140 026	79 070
东芝水电设备（杭州）有限公司	76 090	34 316	70 063	5 556	1 141	142 194	98 625
浙江金轮机电实业有限公司	30 647	18 756	29 954	23 318	496	59 207	37 584
浙江临海机械有限公司	18 902	10 338	18 298		409	15 674	7 252
重庆水轮机厂有限责任公司	40 869	36 251	33 293	11 576	1 734	79 665	46 309
小型企业（3家）	**10 173**	**3 362**	**8 766**	**2 317**	**560**	**28 181**	**18 461**
浙江恒丰电器集团有限公司	2 112	172	2 002	1 645	248	9 240	4 442
浙江顺通锅炉压力容器制造有限公司	4 244		4 244		152	9 517	6 089
邵阳恒远资江水电设备有限公司	3 817	3 190	2 520	672	160	9 423	7 930
金属切割及焊接设备制造（2家）	**8 115**	**1 390**	**8 515**	**234**	**230**	**21 770**	**13 098**
小型企业（2家）	**8 115**	**1 390**	**8 515**	**234**	**230**	**21 770**	**13 098**
上海梅达焊接设备有限公司	5 283	1 390	5 683	234	80	3 765	1 869
银川舟舰钣焊制造有限公司	2 832		2 832		150	18 005	11 229
烘炉、熔炉及电炉制造（2家）	**32 388**	**22 588**	**31 636**	**778**	**797**	**65 923**	**42 598**
中型企业（1家）	**26 983**	**22 423**	**26 757**	**778**	**607**	**55 769**	**34 026**
北京京仪世纪电子股份有限公司	26 983	22 423	26 757	778	607	55 769	34 026
小型企业（1家）	**5 405**	**165**	**4 879**		**190**	**10 154**	**8 573**
宁波东方加热设备有限公司	5 405	165	4 879		190	10 154	8 573
发电机及发电机组制造（25家）	**4 189 367**	**3 046 321**	**4 078 783**	**427 771**	**34 532**	**7 720 416**	**4 680 390**
大型企业（5家）	**1 555 978**	**828 703**	**1 572 287**	**209 956**	**22 932**	**3 182 751**	**2 079 528**
北京北重汽轮电机有限责任公司	121 448	45 130	126 600		2 143	210 222	136 094
哈尔滨电机厂有限责任公司	501 393	374 451	554 516	140 629	6 859	1 223 026	714 304
武汉汽轮发电机厂	111 830		88 196	9 060	2 700	202 962	117 825
东方电气集团东方电机有限公司	701 087	366 985	701 087	58 566	7 634	1 403 561	1 034 370
兰州兰电电机有限公司	120 220	42 137	101 888	1 701	3 596	142 980	76 935
中型企业（12家）	**2 533 646**	**2 205 732**	**2 406 053**	**197 842**	**10 485**	**4 443 038**	**2 548 669**
北京京城新能源有限公司	9 321	8 121	8 728		348	94 117	35 837
天津阿尔斯通水电设备有限公司	216 926	216 926	216 926	60 719	1 421	238 980	83 580
天津市天发重型水电设备制造有限公司	41 172	40 477	41 172	6 985	914	75 231	41 955
上海电气风电设备有限公司	415 384	415 384	415 384	10 624	687	573 234	481 895
通用电器能源（杭州）有限公司	52 847		46 496	33 395	631	94 055	20 857
浙江富春江水电设备股份有限公司	101 285	94 183	100 546	29 602	931	190 195	67 999
福建南电股份有限公司	55 005	33 215	48 679	8 538	1 120	98 990	89 334
湖南零陵恒远发电设备有限公司	11 166	11 166	8 938	4 821	441	24 571	1 398
南宁发电设备总厂（广发有限责任公司）	11 180		12 402	259	861	51 132	52 814
哈尔滨电机厂（昆明）有限责任公司	40 018	24 007	38 633	5 460	1 347	85 530	47 474
新疆金风科技股份有限公司	1 362 253	1 362 253	1 270 159	37 439	835	2 759 323	1 509 699

（续）

企业名称	工业总产值（万元）	其中：新产品产值（万元）	工业销售产值（万元）	其中：出口交货值（万元）	全年从业人员人员平均人数（人）	年末资产总计（万元）	年末负债总计（万元）
特变电工新疆新能源股份有限公司	217 089		197 990		949	157 682	115 827
小型企业(8家)	**99 743**	**11 886**	**100 443**	**19 973**	**1 115**	**94 627**	**52 193**
天津市天发发电制造有限公司	13 002		12 780	5 365	104	5 396	2 957
上海马拉松·革新电气有限公司	31 248		31 667	5 288	176	24 331	3 693
上海伊华电站工程有限公司	7 754		8 290		37	9 199	2 375
浙江省金华市电机实业有限公司	5 095	4 086	5 741	1 862	221	13 340	10 766
湖南汉龙水电设备有限公司	14 060	7 800	13 896	7 458	217	11 793	8 018
邵阳市电机厂有限公司	470		586		73	3 258	2 948
云南省玉溪水力发电设备有限责任公司	2 292		1 661		192	6 889	4 980
恩德(银川)风电设备制造有限公司	25 822		25 822		95	20 421	16 456
电动机制造业(40家)	**3 867 152**	**1 485 139**	**3 698 576**	**413 513**	**48 218**	**5 450 501**	**3 532 646**
大型企业(5家)	**2 567 971**	**1 211 571**	**2 436 530**	**155 578**	**25 238**	**4 310 016**	**2 839 717**
佳木斯电机股份有限公司	276 392	51 681	273 808	1 603	2 430	253 280	129 630
上海电气集团上海电机厂有限公司	306 041	202 241	312 600	50 698	2 575	353 925	223 596
卧龙控股集团有限公司	788 865	296 890	784 601	61 252	6 391	1 150 450	471 171
湘电集团有限公司	1 084 263	636 404	957 725	41 876	11 759	2 449 423	1 951 637
西安泰富西玛电机有限公司	112 410	24 355	107 796	149	2 083	102 938	63 683
中型企业(25家)	**1 252 354**	**272 015**	**1 216 893**	**255 342**	**21 193**	**1 072 067**	**652 537**
北京毕捷电机股份有限公司	15 184	8 994	15 324	5 784	1 061	27 934	30 054
衡水电机股份有限公司	83 316	18 500	83 352	15 607	1 471	55 488	25 946
山西防爆电机(集团)有限公司	21 753	283	22 006	22	1 188	76 073	63 727
山西电机制造有限公司	17 656	5 179	16 986	1 160	948	34 095	22 890
泰豪沈阳电机有限公司	14 866	4 459	15 912		730	31 855	11 999
大连电机集团有限公司	38 102	795	36 566		682	50 563	17 242
大连天元电机股份有限公司	59 285	2 011	58 691		550	82 338	47 762
上海 ABB 电机有限公司	128 235		121 890	37 707	843	62 326	42 427
上海电气先锋电机有限公司	13 259		12 774		360	21 995	12 835
上海南洋电机有限公司	44 891	25 955	46 028	2 435	780	46 452	22 161
八达机电有限公司	24 595	21 942	22 098	19 844	335	16 352	4 287
安徽皖南电机股份有限公司	103 334	16 717	103 046	4 836	1 000	41 065	26 087
安徽恒大自控集团	34 351	23 058	23 630		313	27 170	11 681
六安江淮电机有限公司	141 176	47 355	141 191	4 405	1 651	56 708	23 339
福建万达电机有限公司	17 065		16 088	8 905	379	24 812	20 179
福安市闽东安波电器有限公司	51 003		43 066	33 623	500	29 758	11 326
福建闽东德十电机有限公司	23 076		24 077		360	38 113	37 705
宁德市泰格动力机械有限公司	59 763		60 303	16 133	805	26 715	9 190
福安市力源电机有限公司	104 875	32 511	106 317	93 236	483	34 443	16 346
山东山博电机集团有限公司	30 158	8 274	30 015	4 398	1 040	30 297	19 324
长沙电机厂有限责任公司	49 185	3 053	46 871	1 529	1 257	76 373	75 564
湖南特种电机有限责任公司	7 858	2 285	7 387		385	10 091	5 502
广东省东莞电机有限公司	24 676	1 961	25 615	1 471	725	32 876	22 077
重庆赛力盟电机有限责任公司	65 083	26 207	71 028	4 247	1 821	64 248	37 498

（续）

企业名称	工业总产值（万元）	其中：新产品产值（万元）	工业销售产值（万元）	其中：出口交货值（万元）	全年从业人员人员平均人数（人）	年末资产总计（万元）	年末负债总计（万元）
宁夏西北骏马电机制造股份有限公司	79 609	22 476	66 632		1 526	73 927	35 392
小型企业(10家)	**46 827**	**1 553**	**45 153**	**2 593**	**1 787**	**68 418**	**40 392**
天津市起重电机有限公司	3 858	1 148	3 455		242	6 087	4 781
天津市百利溢通电泵有限公司	6 009		6 125	2 060	259	7 102	1 962
大连洪成电机有限公司	5 837		6 188		188	9 904	4 608
浙江华年电机有限公司	6 193		5 845		105	5 772	3 070
杭州恒力电机制造有限公司	10 686		10 502		260	10 917	5 328
杭州调速电机厂	951		1 027	462	38	1 548	1 069
重庆特种电机厂有限责任公司	3 170	15	3 033		213	10 106	7 437
昆明电工有限责任公司	2 764		3 291	71	217	5 244	3 962
宁夏鑫瑞特电机机械制造有限公司	5 694	390	4 022		208	9 540	7 140
银川高新区力生电机有限责任公司	1 665		1 665		57	2 197	1 035
微电机及其他电机制造(9家)	**543 307**	**166 997**	**512 148**	**261 529**	**9 596**	**459 970**	**213 520**
大型企业(1家)	**233 173**		**209 162**	**209 162**	**6 413**	**204 006**	**51 418**
日本电产(大连)有限公司	233 173		209 162	209 162	6 413	204 006	51 418
中型企业(4家)	**302 963**	**165 806**	**295 354**	**50 862**	**2 802**	**245 961**	**152 045**
上海金陵雷戈勃劳伊特电机有限公司	18 797	581	14 958	5 135	430	7 754	3 368
杭州富生电器有限公司	240 703	164 069	234 509	20 919	1 305	170 112	107 796
浙江华星电机有限公司	10 431	237	10 283	4 036	339	9 794	8 814
浙江方正电机股份有限公司	33 032	919	35 604	20 772	728	58 301	32 067
小型企业(4家)	**7 171**	**1 191**	**7 632**	**1 505**	**381**	**10 003**	**10 057**
北京敬业北微节能电机有限公司	850	850	850		44	1 562	1 625
天津安全电机有限公司	1 420	312	1 376	42	129	1 761	1 232
浙江丽水速诚电机制造有限公司	3 378		3 604	1 435	142	4 532	3 706
湖北三环微特电机有限公司	1 523	29	1 802	28	66	2 148	3 494
风动和电动工具制造(6家)	**282 069**	**23 776**	**289 037**	**218 634**	**4 921**	**281 130**	**143 534**
大型企业(1家)	**212 057**		**220 539**	**169 974**	**3 251**	**165 331**	**58 335**
博世电动工具(中国)有限公司	212 057		220 539	169 974	3 251	165 331	58 335
中型企业(2家)	**46 396**	**23 776**	**45 670**	**26 327**	**1 289**	**81 765**	**63 649**
浙江金一电动工具有限公司	5 175	2 281	4 957	4 832	316	7 672	3 432
浙江恒友机电有限公司	41 221	21 495	40 713	21 495	973	74 093	60 217
小型企业(3家)	**23 616**		**22 828**	**22 333**	**381**	**34 034**	**21 550**
杭州潇潇五金工具有限公司	14 105		14 085	14 085	91	6 743	1 582
浙江摩兴电器有限公司	9 009		8 248	8 248	240	23 158	16 184
湖南建筑装修机具总厂	502		495		50	4 133	3 784
电工机械专用设备制造(7家)	**122 665**	**62 377**	**94 916**	**10 596**	**2 628**	**303 541**	**158 340**
中型企业(4家)	**102 335**	**58 066**	**76 673**	**7 823**	**1 933**	**274 222**	**138 784**
苏州电器科学研究院股份有限公司	23 623				540	178 015	69 111
合肥神马科技集团有限公司	36 890	30 411	34 573	7 328	552	61 741	48 022
四川汉舟电气有限公司	35 566	26 506	35 566	495	396	23 255	13 488
西安微电机研究所	6 256	1 149	6 534		445	11 211	8 163

（续）

企业名称	工业总产值（万元）	其中：新产品产值（万元）	工业销售产值（万元）	其中：出口交货值（万元）	全年从业人员人员平均人数（人）	年末资产总计（万元）	年末负债总计（万元）
小型企业(3家)	**20 330**	**4 311**	**18 243**	**2 773**	**695**	**29 319**	**19 555**
汕头机械(集团)公司	1 440		1 414	171	292	9 821	8 453
德阳市德东电工机械制造有限公司	9 658		8 021	2 400	180	3 786	2 639
德阳东佳港机电设备有限公司	9 232	4 311	8 808	202	223	15 712	8 463
变压器、整流器和电感器制造(61家)	**3 886 466**	**1 987 262**	**3 743 897**	**255 348**	**36 579**	**5 728 264**	**3 149 301**
大型企业(2家)	**871 827**	**186 434**	**814 830**	**55 382**	**9 263**	**2 462 269**	**1 207 809**
青岛变压器集团有限公司	517 063	125 237	418 387	47 503	5 947	336 833	144 209
特变电工股份有限公司	354 764	61 197	396 443	7 879	3 316	2 125 436	1 063 600
中型企业(31家)	**2 594 349**	**1 596 719**	**2 604 533**	**199 966**	**23 207**	**2 811 152**	**1 627 875**
西门子电气传动有限公司	254 241	254 241	333 700	18 695	1 547	166 736	71 884
天津市特变电工变压器有限公司	44 397	30 324	44 662		400	62 023	27 169
辽阳易发式电气设备有限公司	40 710	40 710	37 766	17 200	300	39 755	27 404
大连第一互感器有限责任公司	81 208	32 463	81 861	1 303	1 592	140 990	47 555
丹东欣泰电气股份有限公司	50 900	35 630	50 806	2 161	667	63 242	35 565
哈尔滨变压器有限责任公司	30 085	10 183	30 806		501	57 486	43 754
上海电气阿海珐宝山变压器有限公司	69 251		52 171	32 754	367	90 889	38 835
上海 ABB 变压器有限公司	58 243	22 322	58 455	5 357	340	44 239	35 278
上海 MWB 互感器有限公司	29 146	146	33 145	15 681	417	34 246	18 791
南京立业电力变压器有限公司	65 082	40 866	72 184	450	648	141 269	90 248
杭州钱江电气集团股份有限公司	144 901	79 018	146 010	15 492	1 301	177 169	102 291
长城电器集团有限公司	142 543	24 480	135 979	5 675	1 720	109 317	73 081
合肥 ABB 变压器有限公司	78 760		86 639	5 613	691	75 873	44 539
天威保变(合肥)变压器有限公司	52 453	42 788	50 242		662	134 894	90 883
西电济南变压器股份有限公司	63 891	37 655	56 522	898	1 239	150 668	88 780
山东达驰电工电气股份有限公司	255 012	136 923	251 326	4 000	795	216 758	174 532
特变电工衡阳变压器有限公司	565 667	565 166	545 644	42 809	1 895	446 776	207 225
衡阳巨子变压器集团股份公司	8 960	4 100	9 200	600	318	9 510	
常德国力变压器有限公司	10 068	6 610	9 538		302	7 689	4 351
明珠电气有限公司	62 536	43 775	48 193	30	677	66 651	51 410
广东海鸿变压器有限公司	50 246	46 217	48 773	2 718	685	58 575	49 749
中山市泰峰电气有限公司	24 511	24 510	22 860		466	34 395	25 265
重庆 ABB 变压器有限公司	98 514		58 563	21 553	688	96 259	45 309
成都双星变压器有限公司	20 405		24 359		364	29 450	15 351
四川东方变压器集团有限公司	72 278	28 911	69 578	2	397	13 929	9 745
天威云南变压器电气股份有限公司	42 545	27 756	60 512	1 472	986	112 863	67 107
云南昆变电气有限公司	24 172		25 166		356	23 602	20 269
云南通变电器(集团)股份有限公司	81 114	36 911	82 349	940	1 301	85 221	49 309
陕西汉中变压器有限责任公司	26 985	3 462	26 985	4 563	654	39 376	30 331
西安中扬电气股份有限公司	11 452	1 832	11 452		375	32 343	13 067
卧龙电气银川变压器有限公司	34 073	19 720	39 087		556	48 960	28 798
小型企业(28家)	**420 290**	**204 109**	**324 534**		**4 109**	**454 843**	**313 616**
北京京仪绿能电力系统工程有限公司	21 466	14 296	24 847		89	36 169	25 983

（续）

企业名称	工业总产值（万元）	其中：新产品产值（万元）	工业销售产值（万元）	其中：出口交货值（万元）	全年从业人员人员平均人数（人）	年末资产总计（万元）	年末负债总计（万元）
大连互感器有限公司	4 559	3 794	3 210		403	17 712	13 827
辽宁华冶集团发展有限公司	68 017	11 500	68 017		264	75 374	46 983
衢州杭甬变压器有限公司	32 672	29 118	32 869		194	26 152	15 744
浙江省开化七一电力器材有限责任公司	16 712	4 948	13 529		149	7 313	6 020
浙江省江山特种变压器有限公司	8 902	6 358	10 689		72	23 740	14 519
浙江龙祥电气有限公司	68 424	66 937			55	60 206	31 766
浙江格林电气有限公司	2 838		3 105		43	14 956	9 111
温州市变电设备厂	2 087		2 011		42	1 613	572
浙江电力变压器有限公司	21 997		23 865		213	24 313	15 778
宁波甬嘉变压器有限公司	23 922	20 397	23 769		264	28 983	20 840
江山市众鑫电气有限公司	8 904		8 864		75	5 680	6 110
江山市华宁电器有限公司	13 858		12 895		70	2 760	1 065
安庆变压器有限公司	5 088		4 240		210	10 342	6 318
山东临清益和变压器有限公司	34 245		34 008		64	4 620	2 106
益阳华翔变压器制造有限公司	11 446	5 726	11 459		251	5 820	2 602
衡阳市新鑫电力变压器有限公司	13 110	9 176	13 094		180	10 981	7 250
湛江高压电器有限公司	5 306	1 863	5 524		150	5 413	1 414
广州广高高压电器有限公司	28 600	25 702			286	3 915	25 167
广东钜龙电力设备有限公司	2 173		2 510		151	8 944	6 479
云南大理宏电变压器有限公司	2 026	2 026	2 011		63	2 098	892
个旧市变压器厂	1 424	182	1 526		178	2 602	1 612
宁夏银利电器制造有限公司	2 988	2 086	4 570		205	10 209	4 086
新疆新特顺电力设备有限责任公司	5 401		5 750		86	9 226	4 254
新疆升晟股份有限公司	9 782		7 893		280	49 961	41 967
新疆特变机电设备制造有限公司	989		989		10	2 761	240
新疆新特顺京隆电力设备有限公司	1 222		1 158		22	849	285
新疆邦特电器制造有限公司	2 132		2 132		40	2 131	628
电容器及其配套设备制造(6家)	**114 378**	**44 756**	**96 603**	**424**	**1 922**	**177 751**	**100 438**
中型企业(2家)	**83 535**	**40 562**	**68 190**	**424**	**1 549**	**144 294**	**84 103**
新东北电气(锦州)电力电容器有限公司	13 019	8 830	16 657		422	26 181	9 649
桂林电力电容器有限责任公司	70 516	31 732	51 533	424	1 127	118 113	74 454
小型企业(4家)	**30 843**	**4 194**	**28 413**		**373**	**33 458**	**16 336**
上海库柏电力电容器有限公司	15 533		13 111		121	17 846	7 663
建德市新安江电力电容器有限公司	9 583	4 105	9 575		112	4 805	1 378
温州容器制造有限公司	1 192	89	1 192		27	6 067	5 191
常德市天马电气成套设备有限公司	4 535		4 535		113	4 740	2 103
配电开关控制设备制造(68家)	**6 280 843**	**1 969 123**	**5 989 257**	**436 044**	**80 326**	**8 126 967**	**4 675 604**
大型企业(7家)	**3 918 483**	**1 278 890**	**3 672 788**	**175 933**	**53 031**	**5 947 214**	**3 412 741**
新东北电气(沈阳)高压开关有限公司	136 686	125 076	162 467	1 442	4 632	531 999	367 051
宁波天安(集团)股份有限公司	194 760	64 250	168 298	9 199	2 151	303 639	222 606
环宇集团有限公司	144 936	31 147	144 741	4 961	2 084	104 752	51 245
泰开电气集团有限公司	456 927	207 865	456 927		8 229	608 135	437 338

（续）

企业名称	工业总产值（万元）	其中：新产品产值（万元）	工业销售产值（万元）	其中：出口交货值（万元）	全年从业人员人员平均人数（人）	年末资产总计（万元）	年末负债总计（万元）
平高集团有限公司	727 478	142 603	574 945	6 941	7 352	937 281	630 153
四川川开实业发展有限公司	522 120	159 447	496 124	30 772	2 387	158 560	103 782
中国西电集团公司	1 735 576	548 502	1 669 286	122 618	26 196	3 302 848	1 600 565
中型企业（32 家）	**1 873 120**	**601 646**	**1 826 562**	**216 519**	**21 712**	**1 627 167**	**967 979**
北京 ABB 高压开关设备有限公司	194 698		197 975	34 968	659	158 060	86 174
北京北开电气股份有限公司	63 389	38 999	60 381	1 384	982	69 389	56 211
北京 ABB 低压电器有限公司	85 354	23 742	76 551	1 193	830	62 783	25 757
山西省电力公司电力开关厂	7 399	200	7 286		355	12 838	12 838
瓦房店高压开关有限公司	3 514		2 891		381	16 215	16
锦州锦开电器集团有限责任公司	41 353	17 075	36 666		1 938	43 776	28 650
阿城继电器集团有限公司	11 792	3 542	11 663	811	1 222	34 788	32 701
上海电器股份有限公司上海人民电器厂	143 399	86 732	135 441	4 356	1 123	58 706	35 362
上海电器陶瓷厂有限公司	15 432		14 002		315	7 274	3 364
上海西门子线路保护系统有限公司	38 141		36 548	13 245	803	24 801	8 296
上海西门子开关有限公司	84 393		84 393	8 189	598	68 539	26 076
上海施耐德工业控制有限公司	191 648		191 648	7 960	678	69 870	45 513
浙江开关厂有限公司	63 064	1 012	58 244	905	862	79 659	58 157
宁波华通电器集团股份有限公司	62 930	39 017	59 654	157	732	45 523	21 295
浙江电器开关有限公司	61 054		60 623		511	27 680	10 897
日升集团有限公司	46 783	27 689	46 178		496	47 954	20 134
浙江加西亚电子电器有限公司	240 413	173 880	237 229	127 006	926	15 223	89 866
湖南开关厂	8 970	3 457	8 885	2 100	476	9 788	40 009
湖南省长高高压开关集团股份公司	34 566	3 317	34 100		475	119 131	19 252
广州南洋电器有限公司	9 209		7 861		331	20 551	16 045
广东省顺德开关厂有限公司	24 637		26 385	97	546	39 016	30 590
广东珠江开关有限公司	9 014	975	6 326	2 324	307	10 830	6 754
广州白云电器设备股份有限公司	93 931	15 178	94 038	168	911	149 596	57 265
中山市明阳电器有限公司	36 039	36 039	33 306		360	60 156	16 302
广东正超电气有限公司	22 200	18 870	21 835		380	22 837	4 429
重庆博森电气（集团）有限公司	12 059	187	12 059		545	47 139	46 810
云南开关厂	43 037	18 550	44 336	39	863	82 804	49 636
天水长城开关厂有限公司	119 285	38 343	117 384	11 089	1 241	104 315	61 971
宁夏力成电气集团有限公司	46 173	42 064	47 230		336	40 276	20 209
远大中联控股集团有限公司	13 806	3 956	13 806		420	19 069	7 022
新疆华隆油田科技股份有限公司	24 971		24 971		752	29 344	15 624
新疆新华能开关有限公司	20 467	8 822	16 667	528	358	29 238	14 753
小型企业（29 家）	**489 240**	**88 587**	**489 907**	**43 592**	**5 583**	**552 587**	**294 884**
北京宏达日新电机有限公司	30 267	29 624	29 695	1 420	196	39 012	10 057
北京京仪敬业电工科技有限公司	5 274	3 212	4 967		188	22 345	6 898
天津百利特精电气股份有限公司	28 784	2 887	27 509	4 270	252	93 181	39 427
天津市百利电气有限公司	9 950	9 932	8 134		232	19 653	11 963
天津市百利开关设备有限公司	6 275		6 625		148	11 892	3 367

（续）

企业名称	工业总产值（万元）	其中：新产品产值（万元）	工业销售产值（万元）	其中：出口交货值（万元）	全年从业人员人员平均人数（人）	年末资产总计（万元）	年末负债总计（万元）
瓦房店防爆电器有限公司	700		681		32	1 407	135
上海电瓷厂	9 626	5 121	9 310	13	199	7 626	5 173
上海施耐德配电电器有限公司	217 909		217 909	37 889	202	91 065	51 652
无锡东力电气制造有限公司	8 458		8 458		132	6 115	1 559
浙江时通电气制造有限公司	24 147	13 060	24 147		263	22 742	14 162
温州开元集团有限公司	21 137	2 981	20 655		257	59 033	30 365
纪元电气集团有限公司	7 631		7 631		80	14 455	9 273
慈溪市大明电气设备成套有限公司	12 914		14 676		174	9 373	7 434
万控集团有限公司	1 412		1 404		1 030	8 901	747
温州昌泰电气有限公司	4 051		4 369		103	5 536	3 892
长沙市美宇电器有限公司	4 583	36	4 502		186	7 056	3 342
湖南雁能森源电力设备有限公司	8 739	7 323	8 707		111	7 448	4 294
湖南雁能配电设备有限公司	13 486	8 775	13 486		152	8 000	4 867
湖南天一电气有限公司	15 352	436	15 056		201	9 222	4 471
广州南方电力集团电器有限公司	14 501		17 838		185	28 963	24 880
重庆新汇源高压开关有限公司	1 305		1 305		98	28 658	29 090
昆明开关厂	3 682		3 629		174	7 473	3 716
昆明电器科学研究所	9 100		9 100		185	6 558	4 679
宁夏国飞电气有限公司	5 692		5 279		81	7 588	2 575
新疆双新电控设备有限公司	2 676		2 615		80	4 235	2 720
新疆奎开电气有限公司	10 401	5 200	10 401		181	11 823	4 229
新疆电控设备有限责任公司	496		228		53	2 225	1 244
新疆新能泰开电气有限责任公司	5 741		6 314		240	5 792	4 955
新疆华德利电器成套设备有限公司	4 951		5 277		168	5 210	3 722
电力电子元器件制造(14家)	**389 515**	**63 233**	**363 219**	**5 996**	**3 876**	**493 407**	**297 891**
中型企业(3家)	**231 739**	**8 173**	**210 968**	**5 680**	**1 967**	**337 390**	**206 677**
天津神钢电机有限公司	9 961		10 332	5 680	320	7 476	3 061
杭申集团有限公司	150 924	8 173	139 892		1 149	240 704	151 940
西门子(杭州)高压开关有限公司	70 854		60 744		498	89 209	51 677
小型企业(11家)	**157 776**	**55 060**	**152 251**	**316**	**1 909**	**156 017**	**91 214**
北京京仪椿树整流器有限责任公司	15 783	10 781	15 037	37	274	20 944	11 629
天津机床电器有限公司	4 850	378	4 308	220	208	11 337	5 630
天津市第二继电厂	2 267	1 455	2 263		136	1 336	997
天津市百利纽泰克电气科技有限公司	6 525	2 073	4 430		223	6 634	4 171
上海电气电力电子有限公司	9 748		9 748		52	13 234	6 364
宁波开关电器制造有限公司	3 359	35	2 663	59	142	4 880	4 292
杭州杭开电气有限公司	41 022		41 022		201	31 142	16 840
浙江菱光集团有限公司	1 300	50	1 300		70	4 962	2 185
浙宝电气(杭州)集团有限公司	17 892	11 882	17 370		231	23 849	15 226
杭州电力设备制造有限公司	43 990	26 394	43 990		277	32 430	21 183
慈溪市台联电器设备有限公司	11 040	2 012	10 120		95	5 268	2 698

（续）

企业名称	工业总产值（万元）	其中：新产品产值（万元）	工业销售产值（万元）	其中：出口交货值（万元）	全年从业人员人员平均人数（人）	年末资产总计（万元）	年末负债总计（万元）
其他输配电及控制设备制造（27 家）	**4 398 301**	**1 400 838**	**4 320 612**	**409 464**	**49 244**	**4 651 467**	**2 520 151**
大型企业（5 家）	**3 164 192**	**972 935**	**3 113 794**	**333 745**	**40 303**	**3 239 674**	**1 817 755**
正泰集团股份有限公司	1 469 047	679 097	1 457 251	129 793	19 467	1 739 984	1 037 542
德力西集团有限公司	936 895	78 833	904 772	15 775	10 644	955 187	500 287
天正集团有限公司	202 685	21 961	200 276	4 873	3 645	172 455	105 057
人民电器集团有限公司	338 816	185 145	338 705	21 286	3 389	233 273	110 413
杭州矢崎配件有限公司	216 749	7 899	212 790	162 018	3 158	138 775	64 456
中型企业（8 家）	**927 661**	**342 378**	**905 612**	**48 769**	**7 214**	**1 206 180**	**583 868**
北京 ABB 电气传动系统有限公司	455 532	296 096	439 380	32 545	890	278 732	148 766
上海继电器有限公司	16 582	12 570	16 367		388	9 166	5 824
无锡市明达电器有限公司	8 748	962	9 194	1 035	410	10 912	4 723
耀华电器集团有限公司	45 617	4 883	44 912	2 082	858	46 963	9 706
常安集团有限公司	82 361		78 464	3 365	742	61 544	49 040
华通机电集团有限公司	125 539	18 641	120 155	2 528	1 698	129 730	74 638
森泰电器有限公司	36 141	9 226	34 756	6 176	510	33 235	11 506
华仪电器集团有限公司	157 141		162 384	1 038	1 718	635 898	279 665
小型企业（14 家）	**306 448**	**85 525**	**301 206**	**26 950**	**1 727**	**205 613**	**118 528**
北京斯普拉格电气有限公司	166		166			397	41
北京星原丰泰电子技术有限公司	4 451	3 130	3 918		184	3 646	2 007
天津威乐斯机电有限公司	2 466		2 503		65	1 857	1 114
大连亿德电瓷金具有限责任公司	3 080		2 958	222	211	2 196	1 418
上海阿海珐电力自动化有限公司	40 611		40 696	24 139	118	36 758	28 220
上海西门子高压开关有限公司	41 122		41 122	2 522	276	72 653	33 949
浙江三辰电器有限公司	176 705	54 677	171 159		228	15 085	7 564
瑞安市万松电子电器有限责任公司	2 241	2 013	2 045		84	1 631	1 462
万家电器集团有限公司	2 198		2 004		80	21 160	11 036
浙江申光电气有限公司	2 073	1 903	2 092	67	75	5 463	2 805
温州宏伟电气有限公司	599	599	599		23	986	987
温州市新侨机械电器厂	3 365		3 334		61	2 142	235
浙江和畅电力铁塔有限公司	4 168		4 365		70	6 286	4 589
东方日立（成都）电控设备有限公司	23 203	23 203	24 245		252	35 353	23 102
电线电缆制造（64 家）	**10 348 908**	**2 693 341**	**10 216 146**	**264 358**	**49 232**	**8 363 396**	**4 816 882**
大型企业（5 家）	**5 161 399**	**1 747 087**	**5 090 557**	**175 547**	**23 034**	**3 978 069**	**2 638 074**
宝胜集团有限公司	1 912 697	473 655	1 883 823	73 354	7 685	820 878	465 410
远东控股集团有限公司	2 000 185	823 484	1 961 081	47 375	6 247	1 958 881	1 482 736
浙江万马集团有限公司	454 923	181 752	458 071	50 551	4 868	754 977	478 284
安徽天康（集团）股份有限公司	381 582	120 040	377 557	4 267	2 228	167 654	119 100
山东阳谷电缆集团有限公司	412 012	148 156	410 025		2 006	275 679	92 545
中型企业（30 家）	**4 416 289**	**795 406**	**4 379 694**	**55 269**	**22 082**	**3 629 852**	**1 641 469**
辽宁东港电磁线有限公司	128 173	48 705	126 043	819	580	52 607	35 807
九星控股集团有限公司	40 593		38 877		1 392	48 674	38 122

（续）

企业名称	工业总产值（万元）	其中：新产品产值（万元）	工业销售产值（万元）	其中：出口交货值（万元）	全年从业人员人员平均人数（人）	年末资产总计（万元）	年末负债总计（万元）
上海南洋电缆有限公司	29 219	4 731	29 191	383	453	29 549	14 176
上海电缆厂有限公司	63 835		64 289		386	55 299	44 502
无锡电缆厂有限公司	70 806	27 193	70 077	1 322	696	51 295	41 726
常熟市电缆厂	38 150	11 858	35 200		300	16 043	8 785
杭州电缆有限公司	273 238	14 448	264 994		779	181 251	130 405
杭州华新电力线缆有限公司	46 656		44 219		321	83 360	60 895
杭州早川电线有限公司	34 309	24 344	32 308	16 722	780	22 722	9 064
浙江万能集团	80 130		77 656		436	42 735	23 160
绿宝电缆（集团）有限公司	648 680		648 870		461	996 850	43 886
安徽华菱电缆集团有限公司	171 283	47 103	170 768		795	158 679	113 288
安徽江淮电缆集团有限公司	135 055	82 384	135 055	615	598	151 598	60 877
安徽华星电缆集团有限公司	82 736	8 146	81 251		440	64 019	24 635
福建南平太阳电缆股份有限公司	313 950	17 441	300 414		1 719	240 668	130 694
江西南缆集团有限公司	68 506	5 246	65 238	5 140	563	33 182	18 251
青岛华光电缆有限公司	303 393	120 846	303 393	10 000	600	72 636	17 990
航天电工技术有限公司	111 266	431	113 850		1 147	143 210	67 426
长缆电工科技股份有限公司	31 890		31 476		565	16 280	32 127
金杯电工衡阳电缆有限公司	146 696	42 937	142 262		647	66 683	27 767
衡阳恒飞电缆有限责任公司	112 444	6 084	106 406		508	51 420	35 573
湖南华凌线缆股份有限公司	129 267	29 068	127 716		613	103 418	57 357
金杯电工股份有限公司	232 503	29 390	240 371		1 175	220 219	48 172
广东电缆厂有限公司	107 825		107 502		572	36 623	23 721
四川明星电缆股份有限公司	125 406	22 482	130 242	462	989	154 763	88 054
特变电工（德阳）电缆股份有限公司	205 611	108 151	198 564	13 048	942	96 234	44 510
重庆泰山电缆有限公司	201 474	35 031	200 774	6 758	948	169 802	148 549
重庆鸽牌电线电缆有限公司	263 097	104 533	263 545		911	109 827	93 420
昆明电缆股份有限公司	160 423	4 854	168 544		1 391	146 700	98 378
云南前列电缆厂	59 675		60 599		375	13 507	60 150
小型企业（29家）	**771 220**	**150 848**	**745 895**	**33 542**	**4 116**	**755 475**	**537 340**
北京市电线电缆总厂	5 801	45	6 037	190	236	140 913	144 489
天津金山电线电缆股份有限公司	55 007	35 860	54 746		87	49 883	30 564
普瑞斯曼（天津）电缆有限公司	71 628	38 320	84 113	17 152	225	73 054	66 967
埃塞克斯电磁线（天津）有限公司	18 212		17 427	7 197	162	12 009	8 097
乐星电缆（天津）有限公司	39 056		38 624		76	18 389	10 996
辽宁宝林集团大连金州电缆有限公司	41 227		40 418		291	39 014	32 229
哈尔滨电缆（集团）有限公司	53 162		53 072		123	32 961	16 600
上海南洋－藤仓电缆有限公司	43 638		44 061	2 476	210	15 109	6 403
上海上缆藤仓电缆有限公司	23 324		23 324		158	31 183	22 365
上海藤仓橡塑电缆有限公司	20 041		19 996	3 189	158	12 431	8 534
温州网牌电线电缆有限公司	5 570		5 005		50	3 184	2 670
江山三星铜材线缆有限公司	59 509		58 890		97	50 643	33 366

（续）

企业名称	工业总产值（万元）	其中：新产品产值（万元）	工业销售产值（万元）	其中：出口交货值（万元）	全年从业人员人员平均人数（人）	年末资产总计（万元）	年末负债总计（万元）
威尔鹰集团有限公司	37 775	23 750	30 620		102	32 700	9 035
奉化市星宇电子有限公司	10 001	6 375	7 744	3 338	182	6 517	4 438
合肥星辰电线电缆有限公司	40 486		40 464		105	7 599	6 465
安徽欣意电缆有限公司	18 002	14 174	18 002		224	60 551	52 343
淮北市天相电缆有限责任公司	10 600	2 000	10 600		71	10 781	2 613
长沙汉河创业电缆有限公司	25 613	1 909	28 701		88	8 903	4 290
湖南金龙电缆有限公司	36 154	22 378	22 724		223	24 508	9 716
湖南省冷水滩电线电缆有限公司	27 003		26 643		192	5 404	645
怀化湘鹤集团电缆科技股份有限公司	12 970		12 360		98	8 070	1 969
广州岭南电缆股份有限公司	37 160	6 037	37 985		197	51 498	26 197
云南红河瑞捷电工有限公司	15 567		11 562		109	8 064	5 250
上海胜华(集团)宁夏电缆有限公司	21 422		10 421		216	16 300	9 250
兴乐集团宁夏电缆有限公司	2 259		2 633		28	4 220	2 982
宁夏七星电线电缆有限公司	14 866		13 381		200	1 190	972
新疆百商电线电缆有限公司	16 114		17 610		90	23 347	12 307
新疆五元电线电缆厂	4 625		4 304		93	4 373	3 390
新疆博源线缆有限公司	4 428		4 428		25	2 677	2 199
光纤、光缆制造(1家)	**2 480**	**980**	**2 566**		**180**	**3 931**	**2 206**
小型企业(1家)	**2 480**	**980**	**2 566**		**180**	**3 931**	**2 206**
牡丹江北方高压电瓷有限责任公司	2 480	980	2 566		180	3 931	2 206
特种陶瓷制品制造(2家)	**72 223**	**52 369**	**74 447**	**26 117**	**2 032**	**163 411**	**80 383**
中型企业(2家)	**72 223**	**52 369**	**74 447**	**26 117**	**2 032**	**163 411**	**80 383**
大连电瓷集团股份有限公司	58 248	46 406	57 245	23 691	1 352	118 998	54 096
抚顺华泰电瓷电气制造有限公司	13 975	5 963	17 202	2 426	680	44 412	26 287
石墨及碳素制品制造(5家)	**73 537**	**17 162**	**68 787**	**20 673**	**1 653**	**129 977**	**72 483**
中型企业(2家)	**30 886**	**17 162**	**30 886**	**13 209**	**1 178**	**76 154**	**57 116**
哈尔滨电碳厂	6 506		6 506		530	29 324	30 094
浙江国泰密封材料股份有限公司	24 380	17 162	24 380	13 209	648	46 830	27 022
小型企业(3家)	**42 651**		**37 901**	**7 464**	**475**	**53 824**	**15 367**
天津市中环天佳电子有限公司	5 302		4 942	2 755	192	7 296	1 309
上海摩根碳制品有限公司	26 484		23 719	1 029	187	31 630	9 613
上海摩根耐特电碳有限公司	10 865		9 240	3 680	96	14 898	4 446
其他原动机制造(1家)	**36 542**	**36 542**	**42 211**		**477**	**72 361**	**37 257**
中型企业(1家)	**36 542**	**36 542**	**42 211**		**477**	**72 361**	**37 257**
天津东汽风电叶片工程有限公司	36 542	36 542	42 211		477	72 361	37 257
其他未列明的金属制品制造(11家)	**1 178 305**	**186 456**	**1 204 744**	**152 541**	**8 555**	**553 398**	**265 454**
大型企业(1家)	**803 529**	**130 265**	**802 620**	**18 760**	**3 999**	**296 270**	**140 185**
天津大桥焊材集团有限公司	803 529	130 265	802 620	18 760	3 999	296 270	140 185
中型企业(4家)	**305 437**	**56 191**	**332 022**	**109 616**	**3 711**	**220 868**	**106 246**
林肯电气(锦州)焊接材料有限公司	68 916		107 383	12 196	739	51 071	8 776
浙江恒久机械集团有限公司	107 230	31 650	109 255	54 970	1 339	118 335	71 376

（续）

企业名称	工业总产值（万元）	其中：新产品产值（万元）	工业销售产值（万元）	其中：出口交货值（万元）	全年从业人员人员平均人数（人）	年末资产总计（万元）	年末负债总计（万元）
天喜控股集团有限公司	87 784	14 165	76 442	35 059	1 013	39 802	17 647
山东聚力焊接材料有限公司	41 507	10 376	38 942	7 391	620	11 660	8 447
小型企业(6 家)	**69 339**		**70 102**	**24 165**	**845**	**36 261**	**19 023**
天津燕桥焊接材料有限公司	17 623		18 022	18 022	139	8 622	3 591
上海斯米克焊材有限公司	32 758		33 086	2 414	240	13 619	7 798
无锡市联发机电有限公司	1 907		1 991	70	64	1 205	1 205
杭州电焊条有限公司	6 230		6 540	3 659	167	4 219	2 783
常山县盛宇有色金属制品有限公司	3 607		3 607		42	4 337	3 004
天津金桥集团新疆天山焊材有限公司	7 214		6 856		193	4 259	642
绝缘制品制造(6 家)	**153 125**	**33 946**	**175 055**	**10 852**	**3 044**	**208 860**	**149 152**
中型企业(3 家)	**137 774**	**25 410**	**159 662**	**10 534**	**2 320**	**173 558**	**121 702**
哈尔滨庆缘电工材料股份有限公司	7 911	2 038	7 740		395	5 911	4 759
南京电气(集团)有限责任公司	42 022	11 850	43 132	9 601	1 098	119 084	89 675
桂林电器科学研究院	87 841	11 522	108 790	933	827	48 563	27 268
小型企业(3 家)	**15 351**	**8 536**	**15 393**	**318**	**724**	**35 302**	**27 450**
北京北益电工绝缘制品有限公司	3 572		3 262	318	150	3 394	1 987
自贡红星高压电瓷有限公司	3 243		4 764		299	18 217	14 702
新疆新能天宁电工绝缘材料有限公司	8 536	8 536	7 367		275	13 691	10 761
电池制造(11 家)	**652 540**	**125 537**	**626 721**	**109 405**	**6 789**	**927 808**	**362 952**
中型企业(9 家)	**524 445**	**81 472**	**504 583**	**70 961**	**6 275**	**629 363**	**321 540**
天津汤浅蓄电池有限公司	24 901		24 401		462	16 341	6 215
沈阳东北蓄电池股份有限公司	70 804	12 475	70 840	1 554	1 136	54 669	40 907
松下蓄电池(沈阳)有限公司	88 698		88 027	34 012	1 316	48 882	28 141
哈尔滨光宇蓄电池有限公司	145 000		143 000	18 187	800	251 187	119 923
哈尔滨九洲电器股份有限公司	53 190	41 628	40 424	498	883	121 119	32 320
上海西恩迪蓄电池有限公司	37 743		41 218	16 629	497	47 385	25 202
安徽迅启蓄电池有限公司	30 809	27 269	30 809	81	360	21 001	6 320
重庆万里蓄电池股份有限公司	45 802		39 533		371	52 058	52 863
宁夏华夏电源有限公司	27 498	100	26 331		450	16 722	9 649
小型企业(2 家)	**128 095**	**44 065**	**122 138**	**38 444**	**514**	**298 445**	**41 412**
浙江南都电源动力股份有限公司	125 287	44 065	120 144	38 365	264	286 028	38 932
湖南丰源业翔晶科新能源股份有限公司	2 808		1 994	79	250	12 418	2 481
其他电工器材制造(4 家)	**159 881**	**67 565**	**156 676**	**38 432**	**2 792**	**114 529**	**49 861**
中型企业(2 家)	**100 079**	**60 407**	**99 819**	**36 810**	**2 499**	**82 084**	**34 446**
无锡新宏泰电器科学股份有限公司	33 050	20 190	33 350	6 538	1 124	34 680	11 598
杭州河合电器股份有限公司	67 029	40 217	66 469	30 272	1 375	47 404	22 848
小型企业(2 家)	**59 802**	**7 158**	**56 857**	**1 622**	**293**	**32 445**	**15 416**
衢州中特电气有限公司	3 454		3 442		24	2 346	1 536
佛山通宝精密全金股份有限公司	56 348	7 158	53 415	1 622	269	30 100	13 880

注：由于四舍五入，合计数有微小出入。

2011年中国电器工业协会各分会企业主要经济指标完成情况

2011年大电机分会企业工业总产值排序

序号	企业名称	2011年(万元)	2010年(万元)	同比增长(%)
1	东方电机股份有限公司	701 087	662 096	5.89
2	杭州汽轮动力集团有限公司	545 963	524 868	4.02
3	哈尔滨电机厂有限责任公司	501 393	530 687	-5.52
4	南京汽轮电机(集团)有限责任公司	419 606	373 223	12.43
5	上海汽轮发电机有限公司	321 906	290 306	10.89
6	山东齐鲁电机制造有限公司	125 039	111 718	11.92
7	北京北重汽轮电机有限责任公司	121 449	129 988	-6.57
8	武汉汽轮发电机厂	111 830	107 583	3.95
9	重庆水轮机厂有限责任公司	40 869	38 394	6.45
10	哈尔滨电气动力装备有限公司	39 287	39 447	-0.41
11	洛阳中重发电设备有限责任公司(原洛阳发电设备厂)	35 133	32 427	8.34
12	广州广重企业集团有限公司	27 245	17 261	57.84
13	东方电气河南电站辅机制造有限公司	24 233	22 580	7.32
14	南宁发电设备总厂(广发重工集团发电设备有限责任公司)	11 180	18 017	-37.94

2011年大电机分会企业工业增加值排序

序号	企业名称	2011年(万元)	2010年(万元)	同比增长(%)
1	杭州汽轮动力集团有限公司	203 101	216 154	-6.04
2	东方电机股份有限公司	190 135	182 076	4.43
3	哈尔滨电机厂有限责任公司	189 489	183 202	3.43
4	上海汽轮发电机有限公司	124 687	119 106	4.69
5	南京汽轮电机(集团)有限责任公司	83 234	92 420	-9.94
6	武汉汽轮发电机厂	35 693	30 123	18.49
7	北京北重汽轮电机有限责任公司	32 527	37 921	-14.22
8	山东齐鲁电机制造有限公司	24 483	23 185	5.60
9	重庆水轮机厂有限责任公司	12 485	18 109	-31.05
10	哈尔滨电气动力装备有限公司	11 462	9 759	17.44
11	洛阳中重发电设备有限责任公司(原洛阳发电设备厂)	11 035	5 744	92.13
12	广州广重企业集团有限公司	6 951	4 602	51.06
13	东方电气河南电站辅机制造有限公司	6 363	7 328	-13.18
14	南宁发电设备总厂(广发重工集团发电设备有限责任公司)	1 489	2 252	-33.87

2011 年大电机分会企业主营业务收入排序

序号	企业名称	2011 年(万元)	2010 年(万元)	同比增长(%)
1	东方电机股份有限公司	662 186	634 930	4.29
2	哈尔滨电机厂有限责任公司	565 057	507 973	11.24
3	杭州汽轮动力集团有限公司	527 769	526 962	0.15
4	南京汽轮电机(集团)有限责任公司	426 040	394 806	7.91
5	上海汽轮发电机有限公司	283 067	265 599	6.58
6	山东齐鲁电机制造有限公司	165 536	126 830	30.52
7	北京北重汽轮电机有限责任公司	128 662	114 775	12.10
8	武汉汽轮发电机厂	105 687	120 088	-11.99
9	哈尔滨电气动力装备有限公司	52 159	44 179	18.06
10	重庆水轮机厂有限责任公司	39 006	34 580	12.80
11	广州广重企业集团有限公司	32 756	20 150	62.56
12	洛阳中重发电设备有限责任公司(原洛阳发电设备厂)	31 698	33 416	-5.14
13	东方电气河南电站辅机制造有限公司	24 316	22 458	8.27
14	南宁发电设备总厂(广发重工集团发电设备有限责任公司)	13 332	23 130	-42.36

2011 年汽轮机分会企业工业总产值排序

序号	企业名称	2011 年(万元)	2010 年(万元)	同比增长(%)
1	东方汽轮机有限公司	2 024 566	1 922 155	5.33
2	哈尔滨汽轮机厂有限责任公司	641 300	640 427	0.14
3	上海汽轮机有限公司	624 524	610 047	2.37
4	杭州汽轮机股份有限公司	502 292	470 471	6.76
5	南京汽轮电机(集团)有限责任公司	419 606	373 223	12.43
6	青岛捷能汽轮机股份有限公司	257 226	241 165	6.66
7	北京北重汽轮电机有限责任公司	121 448	129 988	-6.57
8	武汉汽轮发电机厂	111 830	107 583	3.95
9	无锡透平叶片有限公司	88 335	87 029	1.50
10	洛阳中重发电设备有限责任公司(原洛阳发电设备厂)	35 132	32 427	8.34
11	中州汽轮机厂	27 245	22 580	20.66
12	广州广重企业集团有限公司	24 233	17 261	40.49
13	青岛汽轮机配件有限公司	1 426	1 566	-8.94

2011 年汽轮机分会企业主营业务收入排序

序号	企业名称	2011 年(万元)	2010 年(万元)	同比增长(%)
1	东方汽轮机有限公司	1 903 315	1 558 809	22.10
2	上海汽轮机有限公司	643 797	646 102	-0.36
3	哈尔滨汽轮机厂有限责任公司	632 694	619 030	2.21
4	杭州汽轮机股份有限公司	459 940	427 479	7.59
5	南京汽轮电机(集团)有限责任公司	426 040	394 806	7.91

（续）

序号	企业名称	2011年(万元)	2010年(万元)	同比增长(%)
6	青岛捷能汽轮机股份有限公司	274 918	294 165	-6.54
7	北京北重汽轮电机有限责任公司	128 662	114 775	12.10
8	武汉汽轮发电机厂	105 687	120 087	-11.99
9	无锡透平叶片有限公司	101 995	70 221	45.25
10	广州广重企业集团有限公司	32 756	20 150	62.56
11	洛阳中重发电设备有限责任公司(原洛阳发电设备厂)	29 087	32 699	-11.05
12	中州汽轮机厂	24 316	22 458	8.27
13	青岛汽轮机配件有限公司	1 215	1 071	13.45

2011年电站锅炉分会企业工业总产值排序

序号	企业名称	2011年(万元)	2010年(万元)	同比增长(%)
1	上海锅炉厂有限公司	1 120 996	1 051 486	6.61
2	哈尔滨锅炉厂有限公司	1 002 889	1 354 513	-25.96
3	北京巴布科克·威尔科克斯有限公司	306 053	268 943	13.80
4	无锡华光锅炉股份有限公司	281 052	202 514	38.78
5	杭州锅炉集团有限公司	182 181	156 629	16.31
6	济南锅炉集团有限公司	135 118	128 425	5.21
7	四川锅炉厂	121 486	84 180	44.32
8	江西江联能源环保股份公司	93 205	74 550	25.02
9	南通万达锅炉工程有限公司	82 786	80 838	2.41
10	太原锅炉集团有限公司	80 199	68 298	17.43

2011年电站锅炉分会企业工业增加值排序

序号	企业名称	2011年(万元)	2010年(万元)	同比增长(%)
1	哈尔滨锅炉厂有限公司	310 567	195 114	59.17
2	上海锅炉厂有限公司	265 687	217 786	21.99
3	无锡华光锅炉股份有限公司	88 488	82 974	6.65
4	北京巴布科克·威尔科克斯有限公司	72 044	99 879	-27.89
5	杭州锅炉集团有限公司	49 322	43 016	14.66
6	南通万达锅炉工程有限公司	28 573	27 711	3.11
7	江西江联能源环保股份公司	27 025	21 620	25.00
8	济南锅炉集团有限公司	24 838	22 696	9.44
9	四川锅炉厂	18 223	14 899	22.31
10	太原锅炉集团有限公司	16 500	12 500	32.00

2011年电站锅炉分会企业主营业务收入排序

序号	企业名称	2011年(万元)	2010年(万元)	同比增长(%)
1	哈尔滨锅炉厂有限公司	1 174 080	1 304 965	-10.03
2	上海锅炉厂有限公司	1 137 390	1 010 555	12.55

（续）

序号	企业名称	2011年(万元)	2010年(万元)	同比增长(%)
3	北京巴布科克·威尔科克斯有限公司	306 053	268 943	13.80
4	无锡华光锅炉股份有限公司	290 933	241 540	20.45
5	杭州锅炉集团有限公司	243 810	214 086	13.88
6	济南锅炉集团有限公司	149 015	150 369	-0.90
7	江西江联能源环保股份公司	87 868	71 987	22.06
8	四川锅炉厂	87 105	62 846	38.60
9	南通万达锅炉工程有限公司	82 832	79 693	3.94
10	太原锅炉集团有限公司	64 852	59 370	9.23

2011年电站锅炉分会企业全员劳动生产率排序

序号	企业名称	全员劳动生产率(元/人)	序号	企业名称	全员劳动生产率(元/人)
1	上海锅炉厂有限公司	893 066	6	北京巴布科克·威尔科克斯有限公司	330 174
2	哈尔滨锅炉厂有限公司	758 961	7	江西江联能源环保股份公司	199 627
3	无锡华光锅炉股份有限公司	604 426	8	济南锅炉集团有限公司	156 409
4	杭州锅炉集团有限公司	440 375	9	四川锅炉厂	108 148
5	南通万达锅炉工程有限公司	340 560	10	太原锅炉集团有限公司	74 526

2011年电站锅炉分会企业经济效益综合指数排序

序号	企业名称	经济效益综合指数	序号	企业名称	经济效益综合指数
1	上海锅炉厂有限公司	6.60	6	北京巴布科克·威尔科克斯有限公司	3.18
2	哈尔滨锅炉厂有限公司	5.73	7	江西江联能源环保股份公司	1.71
3	无锡华光锅炉股份有限公司	4.21	8	济南锅炉集团有限公司	1.30
4	南通万达锅炉工程有限公司	3.62	9	四川锅炉厂	1.03
5	杭州锅炉集团有限公司	3.19	10	太原锅炉集团有限公司	0.87

2011年内燃发电设备分会企业工业总产值排序

序号	企业名称	2011年(万元)	2010年(万元)	同比增长(%)
1	英泰集团有限公司	219 600	206 800	6.19
2	兰州兰电电机有限公司	120 220	105 096	14.39
3	广东西电动力科技股份有限公司	55 341	20 726	167.01
4	泰豪电源技术有限公司	53 889	36 162	49.02
5	无锡圣鑫科技有限公司	50 170	46 817	7.16
6	上海科泰电源股份有限公司	48 767	40 411	20.68
7	河北华北柴油机有限责任公司	42 284	36 970	14.37
8	上海康诚发电设备有限公司	35 459	23 042	53.89

（续）

序号	企业名称	2011年(万元)	2010年(万元)	同比增长(%)
9	深圳市沃尔奔达新能源股份有限公司	31 250	19 467	60.53
10	重庆鑫源农机股份有限公司	28 147	20 135	39.79
11	深圳市金动科力实业有限公司	25 000	11 780	112.22
12	江西清华泰豪三波电机有限公司	24 780	20 027	23.73
13	常州顺风发电设备有限公司	15 000	15 000	0.00
14	山东华力机电有限公司	14 688	13 723	7.03
15	江苏鲲鹏电力设备有限公司	13 617	9 952	36.83

2011年内燃发电设备分会企业工业增加值排序

序号	企业名称	2011年(万元)	2010年(万元)	同比增长(%)
1	英泰集团有限公司	50 173	46 530	7.83
2	江苏鲲鹏电力设备有限公司	40 163		
3	无锡圣鑫科技有限公司	30 841	30 993	-0.49
4	兰州兰电电机有限公司	30 750	24 658	24.71
5	广东西电动力科技股份有限公司	16 237	3 747	333.33
6	上海科泰电源股份有限公司	12 339	6 062	103.56
7	河北华北柴油机有限责任公司	9 014	7 090	27.14
8	深圳市金动科力实业有限公司	8 500	2 679	217.28
9	泰豪电源技术有限公司	8 083	5 424	49.02
10	深圳市沃尔奔达新能源股份有限公司	5 212	3 246	60.57
11	重庆鑫源农机股份有限公司	4 222	2 824	49.50
12	上海麦格特集团有限公司	3 778	3 555	6.28
13	江西清华泰豪三波电机有限公司	3 399	4 606	-26.20
14	常州顺风发电设备有限公司	2 700	2 990	-9.70
15	郑州金阳电气有限公司	2 368	4 033	-41.28

2011年内燃发电设备分会企业主营业务收入排序

序号	企业名称	2011年(万元)	2010年(万元)	同比增长(%)
1	英泰集团有限公司	203 300	199 460	1.93
2	兰州兰电电机有限公司	111 657	103 410	7.98
3	无锡圣鑫科技有限公司	49 441	35 956	37.50
4	广东西电动力科技股份有限公司	45 992	17 397	164.37
5	上海科泰电源股份有限公司	43 921	39 217	11.99
6	河北华北柴油机有限责任公司	42 330	35 116	20.54
7	泰豪电源技术有限公司	42 315	27 498	53.88
8	上海康诚发电设备有限公司	32 756	22 043	48.60
9	深圳市沃尔奔达新能源股份有限公司	27 824	17 375	60.14
10	重庆鑫源农机股份有限公司	26 537	18 829	40.94
11	深圳市金动科力实业有限公司	24 198	11 300	114.14
12	江西清华泰豪三波电机有限公司	20 931	22 131	-5.42
13	江苏鲲鹏电力设备有限公司	13 617	9 952	36.83
14	山东华力机电有限公司	12 366	10 988	12.54
15	常州顺风发电设备有限公司	12 147	12 209	-0.51

2011年内燃发电设备分会企业全员劳动生产率排序

序号	企业名称	全员劳动生产率（元/人）	序号	企业名称	全员劳动生产率（元/人）
1	无锡圣鑫科技有限公司	1 045 458	9	江西清华泰豪三波电机有限公司	187 236
2	深圳市金动科力实业有限公司	720 339	10	上海麦格特集团有限公司	183 227
3	上海伊华电站工程有限公司	437 568	11	扬州飞鸿电材有限公司	119 186
4	上海科泰电源股份有限公司	431 434	12	广东西电动力科技股份有限公司	108 609
5	英泰集团有限公司	389 047	13	重庆鑫源农机股份有限公司	82 784
6	常州顺风发电设备有限公司	299 000	14	兰州电源车辆研究所有限公司	63 856
7	江西清华泰豪微电机有限公司	232 558	15	河北华北柴油机有限责任公司	58 020
8	深圳市沃尔奔达新能源股份有限公司	190 941			

2011年水电设备分会企业工业总产值排序

序号	企业名称	2011年（万元）	2010年（万元）	同比增长（%）
1	东方电气集团东方电机有限公司	701 087	662 096	5.89
2	哈尔滨电机厂有限责任公司	501 393	530 687	-5.52
3	兰州兰电电机有限公司	120 220	105 096	14.39
4	中国长江动力公司（集团）（原武汉汽轮发电机厂）	111 830	107 583	3.95
5	浙江富春江水电设备股份有限公司	101 286	92 000	10.09
6	东方电气集团东风电机有限公司	93 835	115 213	-18.56
7	东芝水电设备（杭州）有限公司	76 091	80 769	-5.79
8	重庆赛力盟电机有限责任公司	73 184	73 184	0.00
9	苏州巨峰电气绝缘系统股份有限公司	61 158	59 931	2.05
10	福建南电股份有限公司	55 005	50 088	9.82
11	天津市天发重型水电设备制造有限公司	41 172	40 857	0.77
12	重庆水轮机厂有限责任公司	40 869	32 816	24.54
13	哈尔滨电机厂（昆明）有限责任公司	40 018	34 010	17.67
14	湖南华自科技有限公司	34 050	24 256	40.38
15	浙江金轮机电实业有限公司	30 648	24 921	22.98
16	杭州杭发发电设备有限公司	30 594	26 011	17.62
17	重庆云河水电股份有限公司	29 613	20 113	47.23
18	长江三峡能事达电气股份有限公司	29 527	23 480	25.75
19	广东鸿源机电股份有限公司	28 133	26 142	7.62
20	杭州力源发电设备有限公司	25 350	25 110	0.96

2011年水电设备分会企业工业增加值排序

序号	企业名称	2011年（万元）	2010年（万元）	同比增长（%）
1	东方电气集团东方电机有限公司	190 135	182 076	4.43
2	哈尔滨电机厂有限责任公司	189 489	183 202	3.43

（续）

序号	企业名称	2011年（万元）	2010年（万元）	同比增长（%）
3	浙江富春江水电设备股份有限公司	38 824	31 280	24.12
4	东芝水电设备（杭州）有限公司	28 579	29 253	-2.30
5	东方电气集团东风电机有限公司	25 000	28 000	-10.71
6	宜宾富源发电设备有限公司	19 819	6 300	214.59
7	福建南电股份有限公司	13 755	20 038	-31.36
8	重庆赛力盟电机有限责任公司	12 819	17 884	-28.32
9	重庆水轮机厂有限责任公司	12 485	12 181	2.50
10	重庆云河水电股份有限公司	10 462	7 106	47.23
11	湖南华自科技有限公司	9 708	5 600	73.36
12	杭州力源发电设备有限公司	9 000	8 200	9.76
13	成都天保重型装备股份有限公司	8 528	7 608	12.09
14	哈尔滨电机厂（昆明）有限责任公司	7 516	2 256	233.16
15	长江三峡能事达电气股份有限公司	7 350	4 680	57.05
16	广东鸿源众力发电设备有限公司	6 966	7 284	-4.37
17	杭州杭发发电设备有限公司	6 195	5 912	4.80
18	浙江临海机械有限公司	5 883	5 604	4.98
19	浙江金轮机电实业有限公司	5 074	3 923	29.34
20	河南瑞发水电设备有限责任公司	4 701	5 231	-10.13

2011年水电设备分会企业主营业务收入排序

序号	企业名称	2011年（万元）	2010年（万元）	同比增长（%）
1	东方电气集团东方电机有限公司	661 755	623 127	6.20
2	哈尔滨电机厂有限责任公司	549 861	496 619	10.72
3	浙江富春江水电设备股份有限公司	97 186	91 971	5.67
4	东方电气集团东风电机有限公司	87 523	103 342	-15.31
5	重庆赛力盟电机有限责任公司	71 928	72 275	-0.48
6	东芝水电设备（杭州）有限公司	69 479	80 920	-14.14
7	天津市天发重型水电设备制造有限公司	51 338	50 028	2.62
8	福建南电股份有限公司	43 635	43 591	0.10
9	哈尔滨电机厂（昆明）有限责任公司	39 884	37 077	7.57
10	重庆水轮机厂有限责任公司	38 161	30 263	26.10
11	浙江金轮机电实业有限公司	33 035	27 903	18.39
12	重庆云河水电股份有限公司	31 383	25 106	25.00
13	长江三峡能事达电气股份有限公司	29 527	23 480	25.75
14	成都天保重型装备股份有限公司	28 935	25 150	15.05
15	杭州杭发发电设备有限公司	28 441	26 092	9.00
16	湖南华自科技有限公司	27 385	18 281	49.80
17	广东鸿源机电股份有限公司	26 377	23 826	10.71
18	杭州力源发电设备有限公司	24 775	26 982	-8.18
19	宜宾富源发电设备有限公司	22 249	18 237	22.00
20	广东鸿源众力发电设备有限公司	22 227	18 121	22.66

2011年水电设备分会企业全员劳动生产率排序

序号	企业名称	全员劳动生产率（元/人）	序号	企业名称	全员劳动生产率（元/人）
1	浙江富春江水电设备股份有限公司	417 014	11	重庆云河水电股份有限公司	180 379
2	杭州力源发电设备有限公司	414 747	12	杭州杭发发电设备有限公司	161 749
3	广东南丰电气自动化有限公司	296 894	13	浙江临海机械有限公司	143 834
4	哈尔滨电机厂有限责任公司	276 263	14	浙江临海浙富电机有限公司	136 095
5	东芝水电设备(杭州)有限公司	250 473	15	湖南华自科技有限公司	134 646
6	东方电气集团东方电机有限公司	244 710	16	武汉市陆水自动控制技术有限公司	124 694
7	宜宾富源发电设备有限公司	221 553	17	福建南电股份有限公司	122 813
8	长江三峡能事达电气股份有限公司	221 386	18	江西省莲花水轮机厂有限公司	121 429
9	武汉四创自动控制技术有限责任公司	219 750	19	大埔县水力发电设备总厂	113 692
10	江西泰豪特种电机有限公司	183 001	20	桐庐天元机电有限公司	105 760

2011年水电设备分会企业经济效益综合指数排序

序号	企业名称	经济效益综合指数	序号	企业名称	经济效益综合指数
1	浙江富春江水电设备股份有限公司	4.28	11	邵阳恒远资江水电设备有限公司	2.41
2	杭州力源发电设备有限公司	4.27	12	江西省莲花水轮机厂有限公司	2.27
3	宜宾富源发电设备有限公司	4.25	13	福建万新发电设备有限公司	2.25
4	广东南丰电气自动化有限公司	3.44	14	桐庐天元机电有限公司	2.25
5	哈尔滨电机厂有限责任公司	2.91	15	江西泰豪特种电机有限公司	2.18
6	武汉四创自动控制技术有限责任公司	2.71	16	广东鸿源众力发电设备有限公司	2.18
7	东芝水电设备(杭州)有限公司	2.66	17	武汉市汉诺优电控有限责任公司	2.17
8	长江三峡能事达电气股份有限公司	2.55	18	浙江临海机械有限公司	2.16
9	重庆云河水电股份有限公司	2.45	19	浙江临海浙富电机有限公司	2.10
10	东方电气集团东方电机有限公司	2.42	20	大埔县水力发电设备总厂	1.88

2011年高压开关分会企业工业总产值排序

序号	企业名称	2011年（万元）	2010年（万元）	同比增长（%）
1	大全集团有限公司	1 402 443	1 024 654	36.87
2	许继集团有限公司	1 400 150	1 038 514	34.82
3	西安西电开关电气有限公司	726 974	726 549	0.06
4	平高集团有限公司	724 278	723 757	0.07
5	河南森源集团有限公司	648 544	467 804	38.64
6	泰开电气集团有限公司	623 120	503 912	23.66
7	江苏东源电器集团股份有限公司	527 901	497 080	6.20
8	正泰电气股份有限公司	411 068	357 451	15.00

（续）

序号	企业名称	2011年（万元）	2010年（万元）	同比增长（%）
9	华仪电器集团（华仪电气）有限公司	364 173	357 413	1.89
10	厦门ABB开关有限公司	339 328	322 721	5.15
11	新东北电气集团高压开关有限公司	314 664	330 610	-4.82
12	上海中发电气（集团）股份有限公司	219 449	198 420	10.60
13	宁波天安（集团）股份有限公司	193 765	179 105	8.19
14	上海广电电气（集团）股份有限公司	182 978	130 076	40.67
15	西安西电高压开关有限责任公司	181 037	212 790	-14.92
16	益和电气集团股份有限公司	176 132	153 013	15.11
17	山东泰山恒信开关集团有限公司	174 666	170 392	2.51
18	常熟开关制造有限公司（原常熟开关厂）	166 582	143 425	16.15
19	盛隆电气集团有限公司	160 392	122 000	31.47
20	杭申集团有限公司	150 925	146 742	2.85

2011年高压开关分会企业工业增加值排序

序号	企业名称	2011年（万元）	2010年（万元）	同比增长（%）
1	许继集团有限公司	574 062	427 032	34.43
2	大全集团有限公司	390 057	284 995	36.86
3	泰开电气集团有限公司	160 525	154 628	3.81
4	江苏东源电器集团股份有限公司	150 128	143 004	4.98
5	厦门ABB开关有限公司	116 681	92 318	26.39
6	西安西电开关电气有限公司	107 011	124 458	-14.02
7	华仪电器集团（华仪电气）有限公司	98 326	92 225	6.62
8	平高集团有限公司	91 868	90 816	1.16
9	河南森源集团有限公司	89 229	77 945	14.48
10	常熟开关制造有限公司（原常熟开关厂）	71 997	73 145	-1.57
11	新东北电气集团高压开关有限公司	58 056	53 412	8.69
12	正泰电气股份有限公司	54 125	49 580	9.17
13	益和电气集团股份有限公司	51 044	55 222	-7.57
14	宁波天安（集团）股份有限公司	47 111	43 547	8.18
15	川开电气股份有限公司	46 692	45 225	3.24
16	上海中发电气（集团）股份有限公司	43 732	48 285	-9.43
17	安徽鑫龙电器股份有限公司	42 400	37 689	12.50
18	上海广电电气（集团）股份有限公司	36 570	26 000	40.65
19	四川电器集团股份有限公司	35 087	29 411	19.30
20	库柏电子科技（上海）有限公司	35 000	25 300	38.34

2011年高压开关分会企业主营业务收入排序

序号	企业名称	2011年（万元）	2010年（万元）	同比增长（%）
1	大全集团有限公司	1 363 956	1 021 856	33.48
2	许继集团有限公司	1 229 397	1 120 445	9.72

（续）

序号	企业名称	2011年(万元)	2010年(万元)	同比增长(%)
3	河南森源集团有限公司	633 929	465 950	36.05
4	泰开电气集团有限公司	570 001	472 983	20.51
5	江苏东源电器集团股份有限公司	517 342	487 139	6.20
6	西安西电开关电气有限公司	391 803	395 735	-0.99
7	平高集团有限公司	390 234	374 420	4.22
8	正泰电气股份有限公司	377 851	328 925	14.87
9	华仪电器集团(华仪电气)有限公司	361 757	354 624	2.01
10	厦门ABB开关有限公司	342 492	311 275	10.03
11	新东北电气集团高压开关有限公司	226 209	282 573	-19.95
12	上海中发电气(集团)股份有限公司	208 477	186 515	11.77
13	宁波天安(集团)股份有限公司	178 324	164 832	8.19
14	杭申集团有限公司	164 927	187 130	-11.87
15	常熟开关制造有限公司(原常熟开关厂)	163 267	142 043	14.94
16	益和电气集团股份有限公司	150 056	137 526	9.11
17	万控集团有限公司	140 475	130 746	7.44
18	西安西电高压开关有限责任公司	139 422	213 961	-34.84
19	上海电器股份有限公司人民电器厂	136 398	103 953	31.21
20	安徽鑫龙电器股份有限公司	130 995	116 440	12.50

2011年绝缘子避雷器分会企业工业总产值排序

序号	企业名称	2011年(万元)	2010年(万元)	同比增长(%)
1	大连电瓷集团股份有限公司	82 528	71 485	15.45
2	淄博泰光电力器材厂	50 800	38 700	31.27
3	江苏神马电力股份有限公司	42 606	40 536	5.11
4	南京电气(集团)有限责任公司	42 023	38 863	8.13
5	自贡塞迪维尔钢化玻璃绝缘子有限公司	38 000	41 050	-7.43
6	苏州电瓷厂有限公司	37 284	38 852	-4.04
7	醴陵华鑫电瓷科技股份有限公司	33 625	30 013	12.03
8	西安西电高压电瓷有限责任公司	29 950	37 590	-20.32
9	河北新华高压电器有限公司	29 636	26 210	13.07
10	成都环球特种玻璃制造有限公司	28 526	15 773	80.85
11	西安西电避雷器有限责任公司	24 008	26 603	-9.76
12	南阳金冠电气有限公司	21 792	18 696	16.56
13	广州市迈克林电力有限公司	21 168	22 515	-5.98
14	青州市力王电力科技有限公司	20 444	8 960	128.17
15	塞迪维尔玻璃绝缘子(上海)有限公司	19 862	13 361	48.66
16	温州益坤电气有限公司	19 600	14 960	31.02
17	浙江金利华电气股份有限公司	18 600	14 765	25.97
18	萍乡百斯特电瓷有限公司	18 300	14 500	26.21
19	西安西电高压套管有限公司	18 000	13 675	31.63
20	抚顺电瓷制造有限公司	17 111	16 053	6.59

2011 年绝缘子避雷器分会企业工业增加值排序

序号	企 业 名 称	2011 年(万元)	2010 年(万元)	同比增长(%)
1	南京电气(集团)有限责任公司	15 736	9 480	65.99
2	青州市力王电力科技有限公司	14 385	6 202	131.94
3	江苏神马电力股份有限公司	14 230	10 600	34.25
4	南阳金冠电气有限公司	12 578	11 140	12.91
5	内蒙古精诚高压绝缘子有限责任公司	9 011	8 455	6.58
6	苏州电瓷厂有限公司	8 299	17 887	-53.60
7	温州益坤电气有限公司	7 451	3 780	97.12
8	淄博泰光电力器材厂	7 393	7 068	4.60
9	浙江中能电气有限公司	6 286	4 835	30.01
10	西安西电高压电瓷有限责任公司	5 256	6 904	-23.87
11	安徽一天电气技术有限公司	5 248	2 348	123.51
12	东莞市高能电气股份有限公司	5 025	7 099	-29.22
13	抚顺电瓷制造有限公司	4 523	4 251	6.40
14	醴陵华鑫电瓷科技股份有限公司	4 470	3 000	49.00
15	江苏南瓷绝缘子有限公司	4 448	3 160	40.74
16	西安西电避雷器有限责任公司	4 316	4 446	-2.93
17	正泰电气股份有限公司	3 980	1 500	165.33
18	塞迪维尔玻璃绝缘子(上海)有限公司	3 961	14 437	-72.56
19	西安神电电器有限公司	3 659	3 395	7.78
20	浙江永固电缆附件有限公司	3 497	3 175	10.14

2011 年绝缘子避雷器分会企业主营业务收入排序

序号	企 业 名 称	2011 年(万元)	2010 年(万元)	同比增长(%)
1	大连电瓷集团股份有限公司	64 895	59 267	9.50
2	江苏神马电力股份有限公司	45 320	43 694	3.72
3	南京电气(集团)有限责任公司	43 971	37 802	16.32
4	淄博泰光电力器材厂	40 012	32 645	22.57
5	苏州电瓷厂有限公司	37 053	40 063	-7.51
6	南阳金冠电气有限公司	35 736	33 767	5.83
7	自贡塞迪维尔钢化玻璃绝缘子有限公司	30 002	42 496	-29.40
8	西安西电高压电瓷有限责任公司	27 734	29 507	-6.01
9	成都环球特种玻璃制造有限公司	27 705	27 598	0.39
10	醴陵华鑫电瓷科技股份有限公司	23 760	21 742	9.28
11	河北新华高压电器有限公司	22 339	19 843	12.58
12	西安西电避雷器有限责任公司	22 153	20 244	9.43
13	内蒙古精诚高压绝缘子有限责任公司	21 415	20 000	7.07
14	广州市迈克林电力有限公司	20 499	21 298	-3.75
15	东莞市高能电气股份有限公司	19 086	18 362	3.94
16	安徽一天电气技术有限公司	18 339	5 607	227.07
17	塞迪维尔玻璃绝缘子(上海)有限公司	18 220	16 698	9.11

（续）

序号	企业名称	2011年(万元)	2010年(万元)	同比增长(%)
18	温州益坤电气有限公司	17 248	12 987	32.81
19	西安西电高压套管有限公司	16 210	13 410	20.88
20	抚顺电瓷制造有限公司	15 742	14 928	5.45

2011年电力电容器分会企业工业总产值排序

序号	企业名称	2011年(万元)	2010年(万元)	同比增长(%)
1	桂林电力电容器有限责任公司	70 517	85 151	-17.19
2	日新电机(无锡)有限公司	53 256	46 665	14.12
3	西安西电电力电容器有限责任公司	51 025	55 880	-8.69
4	陕西合容电气电容器有限公司	36 502	34 380	6.17
5	上海库柏电力电容器有限公司	35 528	37 068	-4.15
6	青岛市恒顺电气股份有限公司	28 214	21 534	31.02
7	正泰集团电容器分公司	24 390	29 617	-17.65
8	浙江指月电气有限公司	20 558	19 579	5.00
9	上海思源电力电容器有限公司	20 079	23 270	-13.71
10	河南省豫电中原电力电容器有限公司	16 100	8 680	85.48
11	新东北电气(锦州)电力电容器有限责任公司	13 020	18 267	-28.72
12	上虞电力电容器有限公司	12 396	8 670	42.98
13	无锡赛晶电力电容器有限公司	12 380		
14	浙江九康电气有限公司	11 216	9 752	15.01
15	广东顺容电气有限公司	10 500	15 362	-31.65

2011年电力电容器分会企业工业增加值排序

序号	企业名称	2011年(万元)	2010年(万元)	同比增长(%)
1	桂林电力电容器有限责任公司	15 785	23 480	-32.77
2	西安西电电力电容器有限责任公司	11 836	12 873	-8.06
3	日新电机(无锡)有限公司	11 087	13 222	-16.15
4	陕西合容电气电容器有限公司	9 855	11 641	-15.34
5	浙江指月电气有限公司	8 210	7 363	11.51
6	上海库柏电力电容器有限公司	6 039	7 908	-23.64
7	青岛市恒顺电气股份有限公司	4 726	7 455	-36.61
8	新东北电气(锦州)电力电容器有限责任公司	4 400	5 221	-15.72
9	上虞电力电容器有限公司	4 186	1 260	232.22
10	河南省豫电中原电力电容器有限公司	4 162	2 600	60.08
11	上海上电电容器有限公司	3 442	3 255	5.75
12	正泰集团电容器分公司	3 253	4 217	-22.85
13	淄博莱宝电力电容器有限公司	2 726	1 704	59.96
14	浙江九康电气有限公司	2 199	4 003	-45.07
15	上海永锦电气集团有限公司	1 587	2 248	-29.40

2011 年电力电容器分会企业主营业务收入排序

序号	企业名称	2011 年(万元)	2010 年(万元)	同比增长(%)
1	桂林电力电容器有限责任公司	59 442	68 822	-13.63
2	西安西电电力电容器有限责任公司	57 995	45 679	26.96
3	日新电机(无锡)有限公司	52 371	43 785	19.61
4	陕西合容电气电容器有限公司	35 645	34 966	1.94
5	上海库柏电力电容器有限公司	31 350	30 890	1.49
6	上海思源电力电容器有限公司	24 659	25 032	-1.49
7	青岛市恒顺电气股份有限公司	22 242	18 275	21.71
8	新东北电气(锦州)电力电容器有限责任公司	16 658	15 680	6.24
9	浙江指月电气有限公司	15 760	14 152	11.36
10	河南省豫电中原电力电容器有限公司	15 618	8 630	80.97
11	上虞电力电容器有限公司	11 310	8 310	36.10
12	浙江九康电气有限公司	11 210	9 659	16.06
13	广东顺容电气有限公司	10 586	16 884	-37.30
14	上海永锦电气集团有限公司	9 947	8 846	12.45
15	新安江电力电容器有限责任公司	9 577	7 622	25.65

2011 年电力电容器分会全员劳动生产率排序

序号	企业名称	全员劳动生产率(元/人)	序号	企业名称	全员劳动生产率(元/人)
1	上海库柏电力电容器有限公司	483 120	9	陕西合容电气电容器有限公司	169 914
2	浙江指月电气有限公司	301 853	10	南昌电容器厂	163 714
3	上海上电电容器有限公司	282 131	11	正泰集团电容器分公司	141 446
4	河南省豫电中原电力电容器有限公司	263 418	12	桂林电力电容器有限责任公司	140 063
5	上虞电力电容器有限公司	211 414	13	浙江威斯康电气有限公司	134 653
6	青岛市恒顺电气股份有限公司	183 891	14	新安江电力电容器有限责任公司	126 066
7	日新电机(无锡)有限公司	181 754	15	西安西电电力电容器有限责任公司	122 908
8	淄博莱宝电力电容器有限公司	170 375			

2011 年电力电容器分会企业经济效益综合指数排序

序号	企业名称	经济效益综合指数	序号	企业名称	经济效益综合指数
1	青岛市恒顺电气股份有限公司	3.45	9	新安江电力电容器有限责任公司	2.09
2	佛山市顺德区胜业电力能源技术有限公司	3.44	10	浙江九康电气有限公司	2.03
3	河南省豫电中原电力电容器有限公司	3.04	11	桂林电力电容器有限责任公司	1.96
4	浙江指月电气有限公司	2.94	12	无锡东亭电力电容器厂	1.90
5	上海上电电容器有限公司	2.76	13	无锡华能电力电容器有限公司	1.83
6	正泰集团电容器分公司	2.72	13	南通南塔电容器有限责任公司	1.83
7	上虞电力电容器有限公司	2.36	15	日新电机(无锡)有限公司	1.64
8	陕西合容电气电容器有限公司	2.18			

2011年电控配电设备分会企业工业总产值排序

序号	企业名称	2011年(万元)	2010年(万元)	同比增长(%)
1	大全集团有限公司	1 402 443	1 024 654	36.87
2	许继集团有限公司	1 400 150	1 038 514	34.82
3	华鹏集团有限公司	565 260	538 350	5.00
4	江苏东源电器集团	527 901	497 080	6.20
5	正泰电气股份有限公司	284 409	244 640	16.26
6	上海中发电气(集团)股份有限公司	219 449	198 420	10.60
7	宁波天安(集团)股份有限公司	194 760	167 678	16.15
8	常熟开关制造有限公司(原常熟开关厂)	166 582	143 425	16.15
9	江苏波瑞电气有限公司	159 000	152 000	4.61
10	环宇集团(南京)有限公司	156 356	148 053	5.61
11	江苏华威线路设备集团有限公司	153 914	134 722	14.25
12	杭申集团有限公司	150 925	146 742	2.85
13	安徽鑫龙电器股份有限公司	141 334	125 630	12.50
14	川开电气股份有限公司	127 067	118 559	7.18
15	四川电器集团有限公司	105 543	89 866	17.44
16	上海宝临电气集团有限公司	89 124	88 366	0.86
17	常州太平洋电力设备(集团)有限公司	87 298	85 104	2.58
18	成都科星电力电器有限公司	86 544	78 676	10.00
19	浙宝电气(杭州)集团有限公司	76 992	60 157	27.99
20	上海一开电气集团有限公司	74 859	82 237	-8.97

2011年电控配电设备分会企业工业增加值排序

序号	企业名称	2011年(万元)	2010年(万元)	同比增长(%)
1	许继集团有限公司	574 062	427 032	34.43
2	大全集团有限公司	390 057	284 995	36.86
3	华鹏集团有限公司	159 912	152 297	5.00
4	江苏东源电器集团	150 128	143 004	4.98
5	江苏华威线路设备集团有限公司	99 215	87 695	13.14
6	常熟开关制造有限公司(原常熟开关厂)	71 997	73 145	-1.57
7	川开电气股份有限公司	46 692	45 225	3.24
8	上海中发电气(集团)股份有限公司	43 732	48 285	-9.43
9	安徽鑫龙电器股份有限公司	42 400	37 689	12.50
10	宁波天安(集团)股份有限公司	40 016	39 926	0.23
11	江苏波瑞电气有限公司	39 157	41 977	-6.72
12	天津久安集团有限公司	37 867	33 462	13.16
13	四川电器集团有限公司	35 087	29 411	19.30
14	环宇集团(南京)有限公司	32 636	31 518	3.55
15	正泰电气股份有限公司	31 750	34 293	-7.42
16	常州太平洋电力设备(集团)有限公司	27 315	26 280	3.94
17	杭申集团有限公司	23 710	22 905	3.51

（续）

序号	企 业 名 称	2011年(万元)	2010年(万元)	同比增长(%)
18	宁波天元电气集团有限公司	20 535	19 592	4.81
19	上海一开电气集团有限公司	17 704	30 887	-42.68
20	沈阳华利能源设备制造有限公司	17 479		

2011年电控配电设备分会企业主营业务收入排序

序号	企 业 名 称	2011年(万元)	2010年(万元)	同比增长(%)
1	大全集团有限公司	1 363 956	1 021 856	33.48
2	许继集团有限公司	1 229 397	1 120 445	9.72
3	华鹏集团有限公司	544 411	518 483	5.00
4	江苏东源电器集团	517 342	487 139	6.20
5	正泰电气股份有限公司	267 808	233 043	14.92
6	上海中发电气(集团)股份有限公司	208 477	186 515	11.77
7	宁波天安(集团)股份有限公司	174 406	166 616	4.68
8	杭申集团有限公司	164 927	187 130	-11.87
9	常熟开关制造有限公司(原常熟开关厂)	163 267	142 043	14.94
10	江苏波瑞电气有限公司	156 825	150 997	3.86
11	环宇集团(南京)有限公司	156 285	146 910	6.38
12	江苏华威线路设备集团有限公司	145 105	127 011	14.25
13	安徽鑫龙电器股份有限公司	130 995	116 440	12.50
14	川开电气股份有限公司	113 965	105 467	8.06
15	常州太平洋电力设备(集团)有限公司	90 417	86 286	4.79
16	四川电器集团有限公司	90 208	78 524	14.88
17	上海宝临电气集团有限公司	88 956	88 655	0.34
18	成都科星电力电器有限公司	81 009	67 226	20.50
19	浙宝电气(杭州)集团有限公司	74 863	59 086	26.70
20	上海一开电气集团有限公司	74 735	82 319	-9.21

2011年电控配电设备分会企业全员劳动生产率排序

序号	企 业 名 称	全员劳动生产率(元/人)	序号	企 业 名 称	全员劳动生产率(元/人)
1	诸城市科信电力工程有限公司	1 300 288	11	上海电器成套厂有限公司	551 674
2	江苏东源电器集团	1 237 659	12	许继集团有限公司	506 674
3	江苏波瑞电气有限公司	959 730	13	常州太平洋电力设备(集团)有限公司	501 193
4	江苏海纬集团有限公司	923 070	14	宁夏力成电气集团有限公司	500 449
5	武汉市武昌电控设备有限公司	914 615	15	浙江群力电气有限公司	495 072
6	上海中发电气(集团)股份有限公司	705 355	16	宁波天元电气集团有限公司	449 344
7	江苏华威线路设备集团有限公司	662 316	17	常熟开关制造有限公司(原常熟开关厂)	447 464
8	川开电气股份有限公司	653 028	18	大全集团有限公司	427 039
9	四川电器集团有限公司	652 175	19	唐山创元方大电气有限责任公司	426 000
10	天津久安集团有限公司	610 758	20	临海市耀明电力设备有限公司	405 884

2011 年电控配电设备分会企业经济效益综合指数排序

序号	企业名称	经济效益综合指数	序号	企业名称	经济效益综合指数
1	诸城市科信电力工程有限公司	9.27	11	川开电气股份有限公司	5.05
2	江苏波瑞电气有限公司	8.98	12	常州太平洋电力设备(集团)有限公司	4.59
3	江苏东源电器集团	8.95	13	浙江群力电气有限公司	4.56
4	江苏海纬集团有限公司	8.14	14	临海市耀明电力设备有限公司	4.47
5	武汉市武昌电控设备有限公司	6.64	15	天津市华通机电设备工贸有限公司	4.34
6	上海中发电气(集团)股份有限公司	5.60	16	宁波天元电气集团有限公司	4.32
7	天津久安集团有限公司	5.51	17	宁夏力成电气集团有限公司	4.28
8	常熟开关制造有限公司(原常熟开关厂)	5.42	18	唐山创元方大电气有限责任公司	4.17
9	江苏华威线路设备集团有限公司	5.28	19	上海安科瑞电气有限公司	4.13
10	四川电器集团有限公司	5.13	20	上海电器成套厂有限公司	4.11

2011 年通用低压电器分会企业工业总产值排序

序号	企业名称	2011 年(万元)	2010 年(万元)	同比增长(%)
1	正泰电器股份有限公司	884 066	687 355	28.62
2	人民电器集团有限公司	819 491	738 813	10.92
3	德力西电气有限公司	518 639	371 113	39.75
4	华通机电集团有限公司	500 941	466 853	7.30
5	浙江天正电气股份有限公司	358 288	271 729	31.85
6	厦门 ABB 低压电器设备有限公司	239 781	180 371	32.94
7	常熟开关制造有限公司(原常熟开关厂)	166 582	143 425	16.15
8	苏州西门子电器有限公司	165 465	138 390	19.56
9	杭申集团有限公司	150 925	146 742	2.85
10	现代重工(中国)电气有限公司	146 900	113 000	30.00
11	环宇集团有限公司	144 937	148 053	-2.10
12	上海电器股份有限公司人民电器厂	143 399	115 406	24.26
13	长城电器集团有限公司	126 425	113 542	11.35
14	天津百利特精电气股份有限公司	123 991	113 430	9.31
15	耀华电器集团有限公司	97 253	98 656	-1.42
16	北京 ABB 低压电器有限公司	85 354	64 548	32.23
17	上海一开电气集团有限公司	74 859	82 237	-8.97
18	常安集团有限公司	71 335	62 051	14.96
19	虎牌控股集团有限公司	67 784	66 943	1.26
20	施耐德万高(天津)电气设备有限公司	62 899	50 596	24.32

2011 年通用低压电器分会企业工业增加值排序

序号	企业名称	2011 年(万元)	2010 年(万元)	同比增长(%)
1	正泰电器股份有限公司	266 811	206 207	29.39
2	人民电器集团有限公司	203 726	180 085	13.13

（续）

序号	企业名称	2011年（万元）	2010年（万元）	同比增长（%）
3	德力西电气有限公司	161 059	105 481	52.69
4	华通机电集团有限公司	136 904	127 588	7.30
5	浙江天正电气股份有限公司	102 978	73 115	40.84
6	常熟开关制造有限公司（原常熟开关厂）	71 997	73 145	-1.57
7	厦门ABB低压电器设备有限公司	55 797	52 000	7.30
8	施耐德万高（天津）电气设备有限公司	37 304	28 014	33.16
9	上海电器股份有限公司人民电器厂	37 172	25 158	47.75
10	天津百利特精电气股份有限公司	33 159	23 496	41.13
11	苏州西门子电器有限公司	33 093	27 479	20.43
12	环宇集团有限公司	30 377	31 518	-3.62
13	北京ABB低压电器有限公司	25 358	19 175	32.25
14	杭申集团有限公司	23 710	22 906	3.51
15	现代重工（中国）电气有限公司	23 279	22 482	3.55
16	上海良信电器股份有限公司	22 390	20 236	10.64
17	长城电器集团有限公司	21 796	16 794	29.78
18	上海电器成套厂有限公司	21 664	14 040	54.30
19	耀华电器集团有限公司	20 365	21 289	-4.34
20	无锡TCL罗格朗低压电器有限公司	18 411	12 200	50.91

2011年通用低压电器分会企业主营业务收入排序

序号	企业名称	2011年（万元）	2010年（万元）	同比增长（%）
1	人民电器集团有限公司	818 635	737 994	10.93
2	正泰电器股份有限公司	812 331	620 004	31.02
3	华通机电集团有限公司	486 351	452 158	7.56
4	德力西电气有限公司	461 392	375 096	23.01
5	浙江天正电气股份有限公司	351 021	268 541	30.71
6	厦门ABB低压电器设备有限公司	240 119	179 734	33.60
7	杭申集团有限公司	164 927	187 130	-11.87
8	常熟开关制造有限公司（原常熟开关厂）	163 267	142 043	14.94
9	苏州西门子电器有限公司	159 352	138 780	14.82
10	环宇集团有限公司	144 741	146 910	-1.48
11	上海电器股份有限公司人民电器厂	136 398	103 953	31.21
12	天津百利特精电气股份有限公司	127 549	106 810	19.42
13	长城电器集团有限公司	125 233	122 531	2.21
14	耀华电器集团有限公司	94 123	101 389	-7.17
15	虎牌控股集团有限公司	93 195	74 856	24.50
16	现代重工（中国）电气有限公司	92 095	84 857	8.53
17	北京ABB低压电器有限公司	88 161	65 467	34.66
18	上海一开电气集团有限公司	74 735	82 319	-9.21
19	常安集团有限公司	70 661	61 324	15.23
20	天水二一三电器有限公司	56 573	42 880	31.93

2011年通用低压电器分会企业全员劳动生产率排序

序号	企业名称	全员劳动生产率（元/人）	序号	企业名称	全员劳动生产率（元/人）
1	施耐德万高（天津）电气设备有限公司	1 165 750	11	人民电器集团有限公司	406 314
2	上海电器成套厂有限公司	984 727	12	北京明日电器设备有限责任公司	380 702
3	上海三开电气有限公司	946 667	13	南京鼎牌电器有限公司	338 500
4	福建鑫威电器有限公司	901 538	14	杭州鸿雁盖伊尔电器有限公司	336 533
5	北京亿维德机电设备有限公司	765 833	15	上海电器股份有限公司人民电器厂	331 006
6	虎牌控股集团有限公司	756 909	16	广州市普迪立信科技有限公司	323 571
7	厦门ABB低压电器设备有限公司	544 361	17	北京ABB低压电器有限公司	305 518
8	华通机电集团有限公司	456 347	18	浙江天正电气股份有限公司	290 079
9	常熟开关制造有限公司（原常熟开关厂）	447 464	19	上海雷诺尔科技股份有限公司	280 147
10	绍兴电力设备成套公司	423 442	20	现代重工（中国）电气有限公司	269 121

2011年通用低压电器分会企业经济效益综合指数排序

序号	企业名称	经济效益综合指数	序号	企业名称	经济效益综合指数
1	施耐德万高（天津）电气设备有限公司	11. 32	11	华通机电集团有限公司	4. 57
2	福建鑫威电器有限公司	7. 79	12	上海安科瑞电气股份有限公司	4. 13
3	上海电器成套厂有限公司	6. 73	13	上海雷诺尔科技股份有限公司	4. 12
4	厦门ABB低压电器设备有限公司	6. 57	14	人民电器集团有限公司	4. 08
5	上海三开电气有限公司	6. 56	15	深圳市泰永科技股份有限公司	3. 76
6	常熟开关制造有限公司（原常熟开关厂）	5. 42	16	绍兴电力设备成套公司	3. 72
7	虎牌控股集团有限公司	5. 41	17	杭州彼爱琪电器有限公司	3. 60
8	北京亿维德机电设备有限公司	5. 05	18	广州市普迪立信科技有限公司	3. 47
9	北京ABB低压电器有限公司	4. 79	19	南京鼎牌电器有限公司	3. 38
10	杭州鸿雁盖伊尔电器有限公司	4. 69	20	宁波燎原电器集团股份有限公司	3. 22

2011年电力电子分会企业工业总产值排序

序号	企业名称	2011年（万元）	2010年（万元）	同比增长（%）
1	河南森源集团有限公司	648 544	467 804	38. 64
2	西安永电电气有限责任公司	141 501	72 520	95. 12
3	荣信电力电子股份有限公司	115 567	109 237	5. 79
4	西安西电电力系统有限公司	92 631	94 445	-1. 92
5	大禹电气科技股份有限公司	86 214	68 753	25. 40
6	北京金自天正智能控制股份有限公司	54 612	47 837	14. 16
7	深圳深爱半导体股份有限公司	50 600	51 220	-1. 21
8	株洲南车时代电气股份有限公司电力电子事业部	36 100	35 475	1. 76

（续）

序号	企业名称	2011年(万元)	2010年(万元)	同比增长(%)
9	湖北台基半导体股份有限公司	32 193	29 792	8.06
10	山东朗进科技股份有限公司	30 890	25 328	21.96
11	西安电力电子技术研究所	26 140	23 701	10.29
12	珠海泰坦科技股份有限公司	23 526	18 321	28.41
13	西安爱科电子有限责任公司	20 248	10 104	100.40
14	九江九整整流器有限公司	18 204	9 446	92.72
15	江苏捷捷微电子股份有限公司	17 852	8 920	100.13

2011年电力电子分会企业工业增加值排序

序号	企业名称	2011年(万元)	2010年(万元)	同比增长(%)
1	河南森源集团有限公司	89 229	77 945	14.48
2	深圳深爱半导体股份有限公司	50 200	50 704	-0.99
3	荣信电力电子股份有限公司	40 732	38 190	6.66
4	大禹电气科技股份有限公司	32 400	27 500	17.82
5	北京金自天正智能控制股份有限公司	13 486		
6	株洲南车时代电气股份有限公司电力电子事业部	11 879	11 794	0.72
7	江苏捷捷微电子股份有限公司	9 743	3 538	175.38
8	湖北台基半导体股份有限公司	9 658	8 937	8.07
9	西安西电电力系统有限公司	8 855	26 345	-66.39
10	珠海泰坦科技股份有限公司	8 475	6 595	28.51
11	山东朗进科技股份有限公司	8 230	6 532	26.00
12	西安电力电子技术研究所	7 433	6 963	6.75
13	西安爱科电子有限责任公司	6 588	3 452	90.85
14	西安永电电气有限责任公司	5 225	2 729	91.46
15	河北华整实业有限公司	5 040	4 640	8.62

2011年电力电子分会企业主营业务收入排序

序号	企业名称	2011年(万元)	2010年(万元)	同比增长(%)
1	河南森源集团有限公司	633 929	465 950	36.05
2	荣信电力电子股份有限公司	138 924	109 237	27.18
3	西安永电电气有限责任公司	137 293	66 806	105.51
4	大禹电气科技股份有限公司	78 106	60 162	29.83
5	北京金自天正智能控制股份有限公司	75 353	41 356	82.21
6	西安西电电力系统有限公司	55 203	104 347	-47.10
7	深圳深爱半导体股份有限公司	49 661	50 952	-2.53
8	株洲南车时代电气股份有限公司电力电子事业部	34 457	30 030	14.74
9	湖北台基半导体股份有限公司	32 294	26 420	22.23
10	珠海泰坦科技股份有限公司	22 347	18 442	21.17
11	西安电力电子技术研究所	22 248	23 673	-6.02
12	九江九整整流器有限公司	18 682	9 141	104.38
13	山东朗进科技股份有限公司	18 284	24 259	-24.63
14	江苏捷捷微电子股份有限公司	16 993	13 002	30.70
15	西安爱科电子有限责任公司	15 166	7 857	93.03

2011 年电力电子分会企业全员劳动生产率排序

序号	企业名称	全员劳动生产率（元/人）	序号	企业名称	全员劳动生产率（元/人）
1	荣信电力电子股份有限公司	533 141	8	西安西电电力系统有限公司	215 446
2	深圳深爱半导体股份有限公司	427 962	9	西安爱科电子有限责任公司	209 143
3	北京金自天正智能控制股份有限公司	303 056	10	南京银茂微电子制造有限公司	201 613
4	江苏捷捷微电子股份有限公司	294 350	11	山东朗进科技股份有限公司	181 678
5	河北华整实业有限公司	278 453	12	珠海泰坦科技股份有限公司	165 205
6	株洲南车时代电气股份有限公司电力电子事业部	262 230	13	西安电力电子技术研究所	164 447
			14	江阴市赛英电子有限公司	156 667
7	河南森源集团有限公司	228 207	15	盐城彩阳电器阀门有限公司	145 536

2011 年电力电子分会企业经济效益综合指数排序

序号	企业名称	经济效益综合指数	序号	企业名称	经济效益综合指数
1	江苏捷捷微电子股份有限公司	5.76	9	株洲南车时代电气股份有限公司电力电子事业部	2.99
2	荣信电力电子股份有限公司	4.67			
3	深圳深爱半导体股份有限公司	3.67	10	安徽省祁门县黄山电器有限责任公司	2.93
4	西安爱科电子有限责任公司	3.55	11	江阴市赛英电子有限公司	2.73
5	河北华整实业有限公司	3.46	12	北京金自天正智能控制股份有限公司	2.71
6	湖北台基半导体股份有限公司	3.31	13	河南森源集团有限公司	2.63
7	山东朗进科技股份有限公司	3.25	14	扬州四菱电子有限公司	2.59
8	盐城彩阳电器阀门有限公司	3.03	15	南京银茂微电子制造有限公司	2.55

2011 年防爆电器分会企业工业总产值排序

序号	企业名称	2011 年（万元）	2010 年（万元）	同比增长（%）
1	华荣科技股份有限公司	148 683	117 436	26.61
2	电光科技有限公司	133 087	94 726	40.50
3	飞策防爆电器有限公司	41 744	28 323	47.39
4	八达电气有限公司	39 820	38 400	3.70
5	江苏恒通电气仪表有限公司	37 310	31 092	20.00
6	新黎明防爆电器有限公司	26 964	22 466	20.02
7	华夏防爆电器有限公司	25 641	22 145	15.79
8	合隆防爆电气有限公司	25 330	22 570	12.23
9	山西汾西机电有限公司	24 785	18 113	36.84
10	济源市矿用电器有限责任公司	22 316	21 586	3.38
11	沈阳北方防爆电器有限公司	20 351	16 342	24.53
12	徐州煤矿机械厂	20 243	15 727	28.71

（续）

序号	企业名称	2011年（万元）	2010年（万元）	同比增长（%）
13	无锡军工智能电气股份有限公司	20 165	15 300	31.80
14	上海佳洲防爆电器有限公司	18 907	19 462	-2.85
15	创正防爆电器有限公司	18 650	16 500	13.03
16	天津市天矿电器设备有限公司	18 505	15 745	17.53
17	济源市华宇矿业电器有限公司	18 231	16 147	12.91
18	浙江振达防爆电气有限公司	18 025	15 895	13.40
19	上海宝临防爆电器有限公司	16 475	13 718	20.10
20	济源煤炭高压开关有限公司	15 617	15 142	3.14

2011年防爆电器分会企业工业增加值排序

序号	企业名称	2011年（万元）	2010年（万元）	同比增长（%）
1	华荣科技股份有限公司	62 035	36 012	72.26
2	电光科技有限公司	44 376	29 323	51.34
3	江苏恒通电气仪表有限公司	14 598	11 270	29.53
4	八达电气有限公司	11 975	11 046	8.41
5	飞策防爆电器有限公司	9 011	6 281	43.46
6	沈阳北方防爆电器有限公司	8 498	6 866	23.77
7	新黎明防爆电器有限公司	8 269	7 639	8.25
8	合隆防爆电气有限公司	8 118	7 295	11.28
9	华夏防爆电器有限公司	7 837	6 108	28.31
10	山西汾西机电有限公司	7 710	5 705	35.14
11	无锡军工智能电气股份有限公司	7 224	5 575	29.58
12	上海佳洲防爆电器有限公司	6 393	6 597	-3.09
13	济源市矿用电器有限责任公司	6 216	6 344	-2.02
14	徐州煤矿机械厂	5 867	4 585	27.96
15	合肥开关厂有限公司	5 700	3 355	69.90
16	长城电器集团防爆电器有限公司	5 575	4 858	14.76
17	济源煤炭高压开关有限公司	5 278	5 096	3.57
18	济源市华宇矿业电器有限公司	5 212	5 037	3.47
19	天津市天矿电器设备有限公司	5 193	4 408	17.81
20	上海电器厂实业有限公司	5 084	5 203	-2.29

2011年防爆电器分会企业主营业务收入排序

序号	企业名称	2011年（万元）	2010年（万元）	同比增长（%）
1	华荣科技股份有限公司	158 245	115 087	37.50
2	电光科技有限公司	111 422	92 498	20.46
3	飞策防爆电器有限公司	40 227	27 150	48.17
4	江苏恒通电气仪表有限公司	37 310	31 092	20.00
5	八达电气有限公司	36 010	32 925	9.37
6	新黎明防爆电器有限公司	27 514	22 017	24.97
7	合隆防爆电气有限公司	24 558	22 545	8.93

（续）

序号	企业名称	2011年（万元）	2010年（万元）	同比增长（%）
8	华夏防爆电器有限公司	23 457	20 124	16.56
9	济源市矿用电器有限责任公司	21 867	20 142	8.56
10	山西汾西机电有限公司	19 690	15 083	30.54
11	徐州煤矿机械厂	19 070	12 736	49.73
12	创正防爆电器有限公司	18 562	14 210	30.63
13	无锡军工智能电气股份有限公司	18 500	14 037	31.79
14	沈阳北方防爆电器有限公司	18 277	14 674	24.55
15	天津市天矿电器设备有限公司	18 271	15 624	16.94
16	浙江振达防爆电气有限公司	17 133	13 963	22.70
17	上海宝临防爆电器有限公司	15 690	12 823	22.36
18	上海佳洲防爆电器有限公司	15 364	15 176	1.24
19	济源煤炭高压开关有限公司	15 223	12 015	26.70
20	济源市华宇矿业电器有限公司	14 805	12 699	16.58

2011年防爆电器分会企业全员劳动生产率排序

序号	企业名称	全员劳动生产率（元/人）	序号	企业名称	全员劳动生产率（元/人）
1	电光科技有限公司	601 301	11	德力西集团防爆电器有限公司	236 533
2	上海电器厂实业有限公司	403 492	12	淄博市博山防爆电器厂有限公司	213 777
3	合肥开关厂有限公司	382 550	13	燎原防爆电器有限公司	197 394
4	八达电气有限公司	365 091	14	济源市矿用电器有限责任公司	180 174
5	无锡军工智能电气股份有限公司	312 727	15	沈阳市环宇防爆电器总厂	177 810
6	江苏恒通电气仪表有限公司	286 235	16	上海宝临防爆电器有限公司	176 403
7	华夏防爆电器有限公司	274 021	17	长城电器集团防爆电器有限公司	175 868
8	华荣科技股份有限公司	268 899	18	新黎明防爆电器有限公司	172 271
9	泰安众诚矿山自动化股份有限公司	256 667	19	山西汾西机电有限公司	170 953
10	浙江佳洲防爆电器有限公司	254 701	20	焦作华飞电子电器股份有限公司	167 699

2011年防爆电器分会企业经济效益综合指数排序

序号	企业名称	经济效益综合指数	序号	企业名称	经济效益综合指数
1	电光科技有限公司	5.76	11	焦作市景安机电设备制造有限公司	3.62
2	华荣科技股份有限公司	5.49	12	无锡军工智能电气股份有限公司	3.56
3	江苏恒通电气仪表有限公司	4.84	13	华夏防爆电器有限公司	3.55
4	四平市四开电器设备制造有限公司	4.55	14	沈阳华兴防爆器材有限公司	3.50
5	八达电气有限公司	4.52	15	新黎明防爆电器有限公司	3.50
6	德力西集团防爆电器有限公司	4.42	16	飞策防爆电器有限公司	3.47
7	合肥开关厂有限公司	4.17	17	上海电器厂实业有限公司	3.46
8	沈阳北方防爆电器有限公司	3.77	18	长城电器集团防爆电器有限公司	3.23
9	浙江佳洲防爆电器有限公司	3.67	19	焦作华飞电子电器股份有限公司	3.20
10	瓦房店防爆电器有限公司	3.64	20	天津市天矿电器设备有限公司	3.17

2011年继电保护及自动化设备分会企业工业总产值排序

序号	企业名称	2011年(万元)	2010年(万元)	同比增长(%)
1	许继集团有限公司	1 400 150	1 038 514	34.82
2	国电南瑞科技股份有限公司	602 531	402 691	49.63
3	南京南瑞继保电气有限公司	320 270	296 238	8.11
4	国电南京自动化股份有限公司	286 835	211 473	35.64
5	北海银河高科技产业股份有限公司	253 956	291 501	-12.88
6	东方电子集团有限公司	195 374	190 372	2.63
7	广州智光电气股份有限公司	119 499	98 418	21.42
8	深圳市科陆电子科技股份有限公司	112 178	92 979	20.65
9	江苏金智科技股份有限公司	76 523	65 965	16.01
10	长园深瑞继保自动化有限公司	70 000	65 000	7.69
11	积成电子股份有限公司	54 357	46 060	18.01
12	重庆新世纪电气有限公司	43 786	35 683	22.71
13	宁波福特继电器有限公司	38 617	35 675	8.25
14	南京因泰莱电器股份有限公司	36 716	31 246	17.51
15	山东鲁能智能技术有限公司	29 880	16 207	84.36
16	石家庄科林电气股份有限公司	29 544	22 346	32.21
17	北京紫光测控有限公司	27 524	27 335	0.69
18	江苏斯菲尔电气股份有限公司	27 127	24 251	11.86
19	西门子电力自动化有限公司	26 017	20 669	25.87
20	研华(中国)公司	25 833	24 955	3.52

2011年继电保护及自动化设备分会企业工业增加值排序

序号	企业名称	2011年(万元)	2010年(万元)	同比增长(%)
1	许继集团有限公司	574 062	427 032	34.43
2	南京南瑞继保电气有限公司	134 513	124 420	8.11
3	东方电子集团有限公司	63 206	76 387	-17.26
4	积成电子股份有限公司	13 962	10 571	32.08
5	南京因泰莱电器股份有限公司	11 014	9 373	17.51
6	江苏斯菲尔电气股份有限公司	10 247	9 476	8.14
7	江苏金智科技股份有限公司	9 988	8 888	12.38
8	山东科汇电力自动化有限公司	9 366	8 508	10.08
9	上海安科瑞电气股份有限公司	9 074	4 541	99.82
10	宁波福特继电器有限公司	8 952	8 296	7.91
11	重庆新世纪电气有限公司	8 251	7 277	13.38
12	哈尔滨光宇电气自动化有限公司	7 895	9 992	-20.99
13	珠海万力达电气股份有限公司	7 653	11 134	-31.26
14	北京德威特电力系统自动化有限公司	7 212	6 556	10.01
15	武汉中元华电科技股份有限公司	6 903	8 199	-15.81
16	南京磐能电力科技股份有限公司	6 895	5 713	20.69

（续）

序号	企业名称	2011年(万元)	2010年(万元)	同比增长(%)
17	山东鲁能智能技术有限公司	6 476	3 965	63.33
18	南京钛能电气有限公司	5 637	4 989	12.99
19	长园深瑞继保自动化有限公司	5 000	5 000	0.00

2011年继电保护及自动化设备分会企业主营业务收入排序

序号	企业名称	2011年(万元)	2010年(万元)	同比增长(%)
1	许继集团有限公司	1 229 397	1 120 445	9.72
2	南京南瑞继保电气有限公司	320 270	296 238	8.11
3	东方电子集团有限公司	185 940	183 844	1.14
4	深圳市科陆电子科技股份有限公司	112 178	70 969	58.07
5	江苏金智科技股份有限公司	76 523	65 965	16.01
6	研华(中国)公司	76 509	67 241	13.78
7	长园深瑞继保自动化有限公司	58 000	48 000	20.83
8	积成电子股份有限公司	46 631	35 996	29.54
9	广州智光电气股份有限公司	46 122	43 909	5.04
10	重庆新世纪电气有限公司	42 586	29 298	45.35
11	宁波福特继电器有限公司	38 561	35 822	7.65
12	南京因泰莱电器股份有限公司	31 382	26 706	17.51
13	北京紫光测控有限公司	27 524	27 335	0.69
14	江苏斯菲尔电气股份有限公司	25 625	22 941	11.70
15	石家庄科林电气股份有限公司	24 620	17 195	43.18

2011年牵引电气设备分会企业工业总产值排序

序号	企业名称	2011年(万元)	2010年(万元)	同比增长(%)
1	湘电集团有限公司	1 084 263	1 014 036	6.93
2	永济新时速电机电器有限责任公司	516 502	440 713	17.20
3	荣信电力电子股份有限公司	163 024	133 689	21.94
4	湘电重型装备股份有限公司	76 628	67 733	13.13
5	河南金马重型机械制造有限责任公司	57 147	34 800	64.22
6	大连日牵电机有限公司	23 095	17 232	34.03
7	湘潭电机车厂有限公司	23 000	19 000	21.05
8	常州基腾电气有限公司	18 019	9 188	96.11
9	湖南三鑫电源科技有限责任公司	15 494	15 628	-0.86
10	湘潭牵引机车厂有限公司	15 200	11 092	37.04
11	四川省乐山宇强电机车制造有限公司	14 002	10 452	33.96
12	江苏常牵电机有限公司	13 787	13 195	4.49
13	淄博牵引电机集团股份有限公司	13 497	11 012	22.57
14	平遥同妙机车有限公司	8 234	8 020	2.67
15	盘江六盘水装备制造有限公司	8 016	7 397	8.37

2011 年牵引电气设备分会企业工业增加值排序

序号	企业名称	2011 年(万元)	2010 年(万元)	同比增长(%)
1	永济新时速电机电器有限责任公司	81 857	81 518	0.42
2	荣信电力电子股份有限公司	40 732	38 190	6.66
3	湘电重型装备股份有限公司	21 592	18 894	14.28
4	大连日牵电机有限公司	10 231	6 241	63.94
5	四川省乐山宇强电机车制造有限公司	8 460		
6	湖南三鑫电源科技有限责任公司	5 050	4 560	10.74
7	淄博牵引电机集团股份有限公司	3 777	3 019	25.10
8	江苏常牵电机有限公司	3 621	3 591	0.84
9	平遥同妙机车有限公司	2 882	2 480	16.21
10	常州基腾电气有限公司	2 583	1 823	41.69
11	盘江六盘水装备制造有限公司	2 530	4 982	-49.22
12	上海立新电器控制设备有限公司	2 291	1 408	62.71
13	湘潭华南电机车有限公司	890	668	33.23
14	湘潭赛虎电池有限责任公司	700	466	50.21
15	天水长城控制电器厂一分厂	611	614	-0.50

2011 年牵引电气设备分会企业主营业务收入排序

序号	企业名称	2011 年(万元)	2010 年(万元)	同比增长(%)
1	湘电集团有限公司	1 233 825	1 084 172	13.80
2	永济新时速电机电器有限责任公司	503 655	453 280	11.11
3	荣信电力电子股份有限公司	138 924	109 237	27.18
4	湘电重型装备股份有限公司	67 882	70 087	-3.15
5	河南金马重型机械制造有限责任公司	46 373	38 105	21.70
6	常州基腾电气有限公司	16 437	10 093	62.86
7	湖南三鑫电源科技有限责任公司	16 290	12 731	27.96
8	湘潭牵引机车厂有限公司	13 690	9 479	44.42
9	江苏常牵电机有限公司	13 589	12 451	9.14
10	湘潭电机车厂有限公司	13 165	11 361	15.88
11	淄博牵引电机集团股份有限公司	12 929	11 475	12.67
12	四川省乐山宇强电机车制造有限公司	11 160	8 970	24.41
13	平遥同妙机车有限公司	7 115	6 854	3.81
14	大连日牵电机有限公司	6 793	6 272	8.32
15	湘潭市南力机电制造有限公司	5 494	3 753	46.39

2011 年牵引电气设备分会企业全员劳动生产率排序

序号	企业名称	全员劳动生产率(元/人)	序号	企业名称	全员劳动生产率(元/人)
1	荣信电力电子股份有限公司	533 141	2	江苏常牵电机有限公司	295 414

（续）

序号	企业名称	全员劳动生产率（元/人）	序号	企业名称	全员劳动生产率（元/人）
3	湖南三鑫电源科技有限责任公司	280 550	10	湘潭华南电机车有限公司	148 333
4	湘电重型装备股份有限公司	258 587	11	平遥同妙机车有限公司	115 280
5	四川省乐山宇强电机车制造有限公司	248 824	12	湘潭赛虎电池有限责任公司	87 500
6	大连日牵电机有限公司	204 626	13	湘潭新昕通用电气有限公司	77 273
7	上海立新电器控制设备有限公司	189 339	14	天水长城控制电器厂一分厂	55 526
8	永济新时速电机电器有限责任公司	184 404	15	淄博牵引电机集团股份有限公司	52 970
9	常州基腾电气有限公司	176 918			

2011年牵引电气设备分会企业经济效益综合指数排序

序号	企业名称	经济效益综合指数	序号	企业名称	经济效益综合指数
1	江苏常牵电机有限公司	50.31	9	大连日牵电机有限公司	2.42
2	荣信电力电子股份有限公司	4.59	10	湘潭赛虎电池有限责任公司	2.12
3	湘潭县星沙橡胶厂	3.39	11	永济新时速电机电器有限责任公司	1.96
4	湖南三鑫电源科技有限责任公司	3.29	12	常州基腾电气有限公司	1.96
5	湘潭华南电机车有限公司	2.86	13	广东梅州粤新煤矿专用设备制造厂	1.87
6	四川省乐山宇强电机车制造有限公司	2.82	14	湘潭新昕通用电气有限公司	1.83
7	湘电重型装备股份有限公司	2.77	15	黑龙江华鸿科技有限公司	1.82
8	常州市华盛电机厂	2.64			

2011年电炉及工业炉分会企业工业总产值排序

序号	企业名称	2011年（万元）	2010年（万元）	同比增长（%）
1	重庆赛迪工业炉有限公司	62 548	61 791	1.23
2	苏州新长光热能科技有限公司	27 419	23 750	15.45
3	苏州振吴电炉有限公司	25 825	25 348	1.88
4	无锡电炉有限责任公司	18 900	19 200	1.56
5	西安桃园冶金设备工程有限公司	15 217		
6	天津市天骄工业有限公司	13 308	11 090	20.00
7	江苏苏标电炉有限公司	11 112	6 697	69.93
8	杭州胜港电器有限公司	10 680	5 743	85.96
9	陕西安中机械有限责任公司	8 823	6 609	33.50
10	山东荣泰电炉制造有限公司	8 820	8 068	9.32
11	株洲火炬工业炉有限责任公司	8 651	8 232	5.09
12	保定红星高频设备有限公司	8 013	6 642	20.64
13	重庆工业炉股份有限公司	6 150	5 106	20.45
14	宁波东方加热设备有限公司	5 405	6 211	-12.98
15	苏州工业园区华福科技有限公司	4 840	3 723	30.00

2011年电炉及工业炉分会企业工业增加值排序

序号	企业名称	2011年(万元)	2010年(万元)	同比增长(%)
1	重庆赛迪工业炉有限公司	9 993	10 023	-0.30
2	苏州新长光热能科技有限公司	7 270	9 002	-19.24
3	无锡电炉有限责任公司	6 400	6 720	-4.76
4	苏州振吴电炉有限公司	6 205	6 155	0.81
5	杭州胜港电器有限公司	2 089	1 244	67.93
6	陕西安中机械有限责任公司	1 967	1 218	61.49
7	重庆工业炉股份有限公司	1 764	1 278	38.03
8	江苏苏标电炉有限公司	1 710	1 088	57.17
9	山东荣泰电炉制造有限公司	1 681	1 318	27.55
10	苏州工业园区华福科技有限公司	1 434	1 103	30.01
11	株洲火炬工业炉有限责任公司	1 358	1 821	-25.43
12	宁波东方加热设备有限公司	1 204	1 708	-29.51
13	奉化市光亮热处理电炉有限公司	1 120	1 050	6.67
14	苏州金楷科技有限公司	660	515	28.16
15	上海中加电炉有限公司	507	532	-4.70

2011年电炉及工业炉分会企业主营业务收入排序

序号	企业名称	2011年(万元)	2010年(万元)	同比增长(%)
1	重庆赛迪工业炉有限公司	62 548	61 791	1.23
2	苏州新长光热能科技有限公司	27 758	31 446	-11.73
3	苏州振吴电炉有限公司	24 833	24 821	0.05
4	无锡电炉有限责任公司	18 310	18 000	1.72
5	天津市天骄工业有限公司	11 374	9 479	20.00
6	杭州胜港电器有限公司	10 376	5 612	84.89
7	西安桃园冶金设备工程有限公司	9 896	9 678	2.25
8	江苏苏标电炉有限公司	9 498	5 724	65.93
9	山东荣泰电炉制造有限公司	8 320	7 584	9.70
10	保定红星高频设备有限公司	7 298	7 308	-0.14
11	株洲火炬工业炉有限责任公司	5 433	6 069	-10.48
12	重庆工业炉股份有限公司	5 009	4 603	8.82
13	苏州工业园区华福科技有限公司	4 840	3 723	30.00
14	宁波东方加热设备有限公司	4 817	6 296	-23.49
15	陕西安中机械有限责任公司	4 229	5 450	-22.40

2011年电炉及工业炉分会企业全员劳动生产率排序

序号	企业名称	全员劳动生产率(元/人)	序号	企业名称	全员劳动生产率(元/人)
1	重庆赛迪工业炉有限公司	555 167	3	洛阳秦南工业炉有限公司	237 500
2	苏州工业园区华福科技有限公司	275 769	4	无锡电炉有限责任公司	217 687

（续）

序号	企业名称	全员劳动生产率（元/人）	序号	企业名称	全员劳动生产率（元/人）
5	杭州胜港电器有限公司	217 406	11	包头市宝丰电炉有限责任公司	115 385
6	苏州新长光热能科技有限公司	195 430	12	株洲火炬工业炉有限责任公司	100 593
7	苏州振吴电炉有限公司	192 702	13	重庆工业炉股份有限公司	99 101
8	苏州金楷科技有限公司	146 667	14	天津天高感应加热有限公司	73 611
9	奉化市光亮热处理电炉有限公司	141 772	15	宁波东方加热设备有限公司	63 368
10	山东荣泰电炉制造有限公司	121 812			

2011年电炉及工业炉分会企业经济效益综合指数排序

序号	企业名称	经济效益综合指数	序号	企业名称	经济效益综合指数
1	重庆赛迪工业炉有限公司	4.37	9	苏州新长光热能科技有限公司	2.10
2	包头市宝丰电炉有限责任公司	4.24	10	山东荣泰电炉制造有限公司	2.10
3	株洲火炬工业炉有限责任公司	3.26	11	苏州振吴电炉有限公司	1.99
4	苏州工业园区华福科技有限公司	3.19	12	重庆工业炉股份有限公司	1.86
5	无锡电炉有限责任公司	3.08	13	天津市天骄工业有限公司	1.82
6	杭州胜港电器有限公司	2.98	14	苏州金楷科技有限公司	1.53
7	洛阳秦南工业炉有限公司	2.68	15	江苏苏标电炉有限公司	1.41
8	奉化市光亮热处理电炉有限公司	2.47			

2011年电焊机分会企业工业总产值排序

序号	企业名称	2011年（万元）	2010年（万元）	同比增长（%）
1	唐山松下产业机器有限公司	152 847	109 324	39.81
2	欧地希机电（上海）有限公司	85 170	70 880	20.16
3	深圳市瑞凌实业股份有限公司	76 587	65 498	16.93
4	深圳市佳士科技股份有限公司	62 271	52 209	19.27
5	昆山华恒焊接股份有限公司	56 000	35 000	60.00
6	山东奥太电气有限公司	44 082	37 898	16.32
7	上海沪工焊接集团股份有限公司	42 857	38 488	11.35
8	浙江肯得机电股份有限公司	39 223	31 665	23.87
9	上海威特力焊接设备制造股份有限公司	37 440	22 185	68.76
10	上海东升焊接集团有限公司	36 966	40 545	-8.83
11	深圳华意隆电气股份有限公司	35 397	23 775	48.89
12	凯尔达集团有限公司	35 155	65 900	-46.65
13	北京时代科技股份有限公司	32 648	27 988	16.65
14	无锡汉神电气有限公司	32 240	27 532	17.10
15	成都焊研威达科技股份有限公司	32 050	29 000	10.52

2011年电焊机分会企业工业增加值排序

序号	企业名称	2011年（万元）	2010年（万元）	同比增长（%）
1	唐山松下产业机器有限公司	76 839	57 472	33.70

（续）

序号	企业名称	2011年(万元)	2010年(万元)	同比增长(%)
2	深圳市瑞凌实业股份有限公司	20 176	16 397	23.05
3	昆山华恒焊接股份有限公司	19 600	18 900	3.70
4	深圳市佳士科技股份有限公司	19 512	15 525	25.68
5	上海威特力焊接设备制造股份有限公司	14 742	8 806	67.41
6	山东奥太电气有限公司	13 408	13 440	-0.24
7	上海沪工焊接集团股份有限公司	11 571	6 738	71.73
8	广州友田机电设备有限公司	9 800	2 098	367.11
9	上海东升焊接集团有限公司	9 475	9 764	-2.96
10	上海沪通企业集团有限公司	9 421	8 385	12.36
11	无锡汉神电气有限公司	8 916	7 747	15.09
12	嘉兴斯达半导体有限公司	8 223	1 664	394.17
13	北京时代科技股份有限公司	7 229	8 430	-14.25
14	唐山长城电焊机总厂有限公司	7 178	5 522	30.00
15	深圳市华意隆电气股份有限公司	7 108	4 482	58.60

2011年电焊机分会企业主营业务收入排序

序号	企业名称	2011年(万元)	2010年(万元)	同比增长(%)
1	唐山松下产业机器有限公司	122 537	101 703	20.49
2	欧地希机电(上海)有限公司	72 800	60 580	20.17
3	深圳市瑞凌实业股份有限公司	71 461	61 554	16.10
4	深圳市佳士科技股份有限公司	53 627	44 796	19.72
5	昆山华恒焊接股份有限公司	43 074	26 289	63.85
6	上海沪工焊接集团股份有限公司	41 794	24 728	69.01
7	上海威特力焊接设备制造股份有限公司	37 440	22 815	64.10
8	山东奥太电气有限公司	36 967	27 863	32.67
9	凯尔达集团有限公司	35 012	65 838	-46.82
10	北京时代科技股份有限公司	34 538	25 771	34.02
11	浙江肯得机电股份有限公司	33 394	26 842	24.41
12	无锡汉神电气有限公司	33 007	29 851	10.57
13	上海东升焊接集团有限公司	32 844	36 213	-9.30
14	小原(南京)机电有限公司	31 554	23 829	32.42
15	深圳市华意隆电气股份有限公司	29 498	20 081	46.89

2011年电焊机分会企业全员劳动生产率排序

序号	企业名称	全员劳动生产率(元/人)	序号	企业名称	全员劳动生产率(元/人)
1	唐山松下产业机器有限公司	1 243 350	9	上海威特力焊接设备制造股份有限公司	255 494
2	唐山长城电焊机总厂有限公司	350 146	10	上海东升焊接集团有限公司	241 709
3	昆山华恒焊接股份有限公司	344 464	11	上海沪通企业集团有限公司	207 055
4	上海林肯电气有限公司	342 364	12	无锡威华电焊机制造有限公司	202 609
5	成都熊谷加世电器有限公司	309 128	13	济南诺斯焊接辅具有限公司	191 667
6	无锡汉神电气有限公司	300 202	14	天津七所高科技有限公司	163 320
7	嘉兴斯达半导体有限公司	294 731	15	山东奥太电气有限公司	159 619
8	广州友田机电设备有限公司	257 218			

2011 年焊接材料分会企业工业总产值排序

序号	企业名称	2011 年(万元)	2010 年(万元)	同比增长(%)
1	天津大桥焊材集团有限公司	803 529	507 725	58.26
2	天津市金桥焊材集团有限公司	572 334	523 744	9.28
3	山东索力得焊材有限公司	147 176	101 179	45.46
4	山东聚力焊接材料有限公司	116 055	89 273	30.00
5	四川大西洋焊接材料股份有限公司	103 680	89 887	15.34
6	上海电力修造总厂有限公司	98 020	102 779	-4.63
7	常州华通焊业股份有限公司	85 101	54 338	56.61
8	天泰焊材(昆山)有限公司	80 000	76 000	5.26
9	昆山京群焊材科技有限公司	79 404	69 881	13.63
10	株洲湘江电焊条有限公司	78 560	76 870	2.20
11	河北鑫宇焊业有限公司	73 900	47 826	54.52
12	苏派特金属(昆山)有限公司	73 000	63 000	15.87
13	林肯电气(锦州)焊接材料有限公司	68 916	64 134	7.46
14	上海大西洋焊接材料有限责任公司	65 694	43 781	50.05
15	江苏中江焊丝有限公司	61 500	41 800	47.13
16	河北翼辰实业集团有限公司	52 300	45 314	15.42
17	常州市运河焊材有限公司	49 000	54 000	-9.26
18	江苏九洲金属制品有限公司	46 715	32 945	41.80
19	浙江新元焊材有限公司	40 450	27 372	47.78
20	张家港市亨昌焊材有限公司	35 200	32 000	10.00

2011 年焊接材料分会企业工业增加值排序

序号	企业名称	2011 年(万元)	2010 年(万元)	同比增长(%)
1	天津市金桥焊材集团有限公司	78 734	71 460	10.18
2	山东聚力焊接材料有限公司	38 058	31 135	22.24
3	山东索力得焊材有限公司	30 907	19 789	56.18
4	天津大桥焊材集团有限公司	30 596	38 647	-20.83
5	林肯电气(锦州)焊接材料有限公司	22 654	5 103	343.93
6	常州华通焊业股份有限公司	21 275	13 580	56.66
7	上海电力修造总厂有限公司	19 364	18 907	2.42
8	昆山京群焊材科技有限公司	18 800	12 580	49.44
9	河北鑫宇焊业有限公司	17 890	5 894	203.53
10	四川大西洋焊接材料股份有限公司	16 488	15 388	7.15
11	河北翼辰实业集团有限公司	16 000	13 594	17.70
12	宜昌猴王焊丝有限公司	11 771	10 995	7.06
13	浙江新元焊材有限公司	11 475	6 840	67.76
14	江苏中江焊丝有限公司	10 580	8 314	27.26
15	江苏九洲金属制品有限公司	10 107	7 197	40.43
16	浙江永翔电缆集团有限公司	6 721	7 423	-9.46
17	湖北猴王焊材有限公司	6 426	6 179	4.00

（续）

序号	企业名称	2011年(万元)	2010年(万元)	同比增长(%)
18	株洲湘江电焊条有限公司	5 680	5 768	-1.53
19	上海大西洋焊接材料有限责任公司	5 595	6 212	-9.93
20	自贡大西洋焊丝制品有限公司	4 789	4 107	16.61

2011年焊接材料分会企业主营业务收入排序

序号	企业名称	2011年(万元)	2010年(万元)	同比增长(%)
1	天津大桥焊材集团有限公司	1 022 201	506 381	101.86
2	天津市金桥焊材集团有限公司	610 516	513 874	18.81
3	山东索力得焊材有限公司	144 862	100 451	44.21
4	林肯电气(锦州)焊接材料有限公司	115 236	123 642	-6.80
5	四川大西洋焊接材料股份有限公司	114 049	96 934	17.66
6	山东聚力焊接材料有限公司	113 323	87 272	29.85
7	上海电力修造总厂有限公司	95 496	106 413	-10.26
8	常州华通焊业股份有限公司	85 686	53 171	61.15
9	昆山京群焊材科技有限公司	78 108	69 912	11.72
10	河北鑫宇焊业有限公司	73 913	47 950	54.15
11	上海大西洋焊接材料有限责任公司	67 940	53 040	28.09
12	武汉铁锚焊接材料股份有限公司	62 872	46 451	35.35
13	江苏中江焊丝有限公司	61 046	41 290	47.85
14	株洲湘江电焊条有限公司	60 353	59 016	2.27
15	河北翼辰实业集团有限公司	47 628	37 787	26.04
16	江苏九洲金属制品有限公司	41 205	27 033	52.42
17	浙江新元焊材有限公司	38 784	20 621	88.08
18	泰州兆丰金属材料有限公司	38 100	29 852	27.63
19	自贡大西洋焊丝制品有限公司	36 002	32 527	10.68
20	张家港市亨昌焊材有限公司	35 000	30 000	16.67

2011年焊接材料分会企业全员劳动生产率排序

序号	企业名称	全员劳动生产率(元/人)	序号	企业名称	全员劳动生产率(元/人)
1	武汉铁锚焊接材料股份有限公司大连分公司	536 707	11	湖北猴王焊材有限公司	307 464
2	宜昌猴王焊丝有限公司	411 573	12	浙江永翔电缆集团有限公司	306 895
3	常熟市华银焊料有限公司	396 667	13	昆山京群焊材科技有限公司	303 226
4	安丘市特种焊条有限公司	380 714	14	林肯电气(锦州)焊接材料有限公司	286 759
5	山东聚力焊接材料有限公司	350 765	15	云南奥云焊材科技有限公司	232 917
6	兰州威特焊材炉料有限公司	349 500	16	江苏九洲金属制品有限公司	202 952
7	上海电力修造总厂有限公司	338 531	17	山东飞乐焊业有限公司	200 000
8	常州华通焊业股份有限公司	327 308	18	江苏中江焊丝有限公司	185 614
9	台州海翔焊接材料有限公司	323 168	19	浙江新元焊材有限公司	181 280
10	山东索力得焊材有限公司	316 995	20	安丘新建业登峰焊接材料有限公司	171 435

2011年焊接材料分会企业经济效益综合指数排序

序号	企业名称	经济效益综合指数	序号	企业名称	经济效益综合指数
1	天津市金桥焊材集团有限公司	20.27	11	常熟市华银焊料有限公司	3.80
2	山东聚力焊接材料有限公司	17.59	12	宜昌猴王焊丝有限公司	3.79
3	锦州天鹅焊材股份有限公司	17.16	13	湖北猴王焊材有限公司	3.57
4	张家港市亨昌焊材有限公司	11.42	14	常州华通焊业股份有限公司	3.36
5	江苏九洲金属制品有限公司	8.69	15	林肯电气(锦州)焊接材料有限公司	2.86
6	江苏中江焊丝有限公司	8.24	16	上海电力修造总厂有限公司	2.76
7	天津大桥友发焊接材料有限公司	8.10	17	桐乡市新联特种电焊条厂	2.64
8	兰州威特焊材炉料有限公司	6.00	18	台州海翔焊接材料有限公司	2.39
9	北京金威焊材有限公司	4.85	19	北京天一焊业有限公司	2.37
10	山东索力得焊材有限公司	4.20	20	河北宇光焊业有限公司	2.31

2011年防爆电机分会企业工业总产值排序

序号	企业名称	2011年(万元)	2010年(万元)	同比增长(%)
1	湘电集团有限公司	1 084 263	1 014 036	6.93
2	浙江卧龙控股集团有限公司	788 865	710 548	11.02
3	佳木斯电机股份有限公司	276 392	211 126	30.91
4	南阳防爆集团股份有限公司	253 504	184 881	37.12
5	六安江淮电机有限公司	141 176	136 851	3.16
6	安徽皖南电机股份有限公司	124 502	113 556	9.64
7	江苏大中电机股份有限公司	104 315	104 230	0.08
8	抚顺煤矿电机制造有限责任公司	90 124	80 169	12.42
9	无锡华达电机有限公司	90 094	89 473	0.69
10	衡水电机股份有限公司	83 316	71 177	17.05
11	江苏锡安达防爆股份有限公司	37 880	27 400	38.25
12	上海品星防爆电机有限公司	32 408	25 499	27.10
13	广东东莞电机有限公司	24 677	28 399	-13.11
14	德州恒力电机有限责任公司	23 208	20 052	15.74
15	无锡市南方防爆电机有限公司	21 080	18 331	15.00
16	中泉集团有限公司	18 328	13 430	36.47
17	浙江浦东电机有限公司	17 365	14 445	20.21
18	江苏环球特种电机有限公司	13 818	11 956	15.57
19	分宜煤矿电机厂	11 206	7 849	42.78
20	山东山防防爆电机有限公司	8 395	6 070	38.30

2011年防爆电机分会企业工业增加值排序

序号	企业名称	2011年(万元)	2010年(万元)	同比增长(%)
1	湘电集团有限公司	412 637	358 781	15.01

（续）

序号	企业名称	2011年(万元)	2010年(万元)	同比增长(%)
2	浙江卧龙控股集团有限公司	156 579	137 812	13.62
3	南阳防爆集团股份有限公司	76 813	60 741	26.46
4	佳木斯电机股份有限公司	51 910	36 420	42.53
5	六安江淮电机有限公司	43 905	43 792	0.26
6	抚顺煤矿电机制造有限责任公司	36 750	61 690	-40.43
7	安徽皖南电机股份有限公司	30 217	29 514	2.38
8	衡水电机股份有限公司	18 500	15 600	18.59
9	江苏大中电机股份有限公司	17 808	15 880	12.14
10	江苏锡安达防爆股份有限公司	13 152	11 919	10.34
11	沈阳黎明电机制造有限公司	4 412	3 402	29.69
12	浙江浦东电机有限公司	4 316	3 611	19.52
13	广东东莞电机有限公司	4 209	4 209	0.00
14	无锡市南方防爆电机有限公司	3 513	3 055	14.99
15	分宜煤矿电机厂	3 360	2 355	42.70
16	上海品星防爆电机有限公司	3 345	3 073	8.85
17	江苏环球特种电机有限公司	3 014	2 152	40.06
18	德州恒力电机有限责任公司	2 937	2 151	36.55
19	中泉集团有限公司	2 490	1 865	33.51
20	无锡锡山安达防爆电气设备有限公司	1 668	1 160	43.79

2011年防爆电机分会企业主营业务收入排序

序号	企业名称	2011年(万元)	2010年(万元)	同比增长(%)
1	湘电集团有限公司	1 225 038	1 075 461	13.91
2	浙江卧龙控股集团有限公司	780 054	700 186	11.41
3	佳木斯电机股份有限公司	257 280	206 800	24.41
4	南阳防爆集团股份有限公司	248 511	190 185	30.67
5	六安江淮电机有限公司	140 178	137 946	1.62
6	安徽皖南电机股份有限公司	119 727	100 817	18.76
7	江苏大中电机股份有限公司	103 961	102 761	1.17
8	衡水电机股份有限公司	83 352	71 024	17.36
9	无锡华达电机有限公司	81 232	80 283	1.18
10	抚顺煤矿电机制造有限责任公司	71 718	62 383	14.96
11	江苏锡安达防爆股份有限公司	37 112	36 917	0.53
12	上海品星防爆电机有限公司	35 691	28 106	26.99
13	德州恒力电机有限责任公司	32 497	27 703	17.30
14	广东东莞电机有限公司	25 625	27 853	-8.00
15	无锡市南方防爆电机有限公司	21 986	19 118	15.00
16	中泉集团有限公司	18 328	13 430	36.47
17	浙江浦东电机有限公司	17 265	14 445	19.52
18	江苏环球特种电机有限公司	13 395	11 903	12.53
19	分宜煤矿电机厂	10 000	6 945	43.99
20	南阳防爆集团新普电机有限公司	8 666	9 291	-6.73

2011 年防爆电机分会企业全员劳动生产率排序

序号	企业名称	全员劳动生产率（元/人）	序号	企业名称	全员劳动生产率（元/人）
1	沈阳黎明电机制造有限公司	401 091	11	江苏环球特种电机有限公司	171 250
2	湘电集团有限公司	350 912	12	上海品星防爆电机有限公司	154 861
3	六安江淮电机有限公司	324 982	13	无锡瑞佳电机有限公司	151 474
4	安徽皖南电机股份有限公司	308 337	14	衡水电机股份有限公司	142 198
5	江苏锡安达防爆股份有限公司	298 231	15	无锡锡山安达防爆电气设备有限公司	139 000
6	抚顺煤矿电机制造有限责任公司	292 596	16	无锡市南方防爆电机有限公司	133 068
7	浙江卧龙控股集团有限公司	244 999	17	浙江浦东电机有限公司	129 610
8	佳木斯电机股份有限公司	213 621	18	江苏大中电机股份有限公司	124 098
9	南阳防爆集团股份有限公司	211 956	19	无锡浩德电机制造有限公司	115 833
10	无锡市锡安防爆电机有限公司	198 478	20	分宜煤矿电机厂	77 778

2011 年防爆电机分会企业经济效益综合指数排序

序号	企业名称	经济效益综合指数	序号	企业名称	经济效益综合指数
1	六安江淮电机有限公司	3.77	11	佳木斯电机股份有限公司	2.57
2	沈阳黎明电机制造有限公司	3.67	12	无锡华达电机有限公司	2.57
3	抚顺煤矿电机制造有限责任公司	3.19	13	无锡市南方防爆电机有限公司	2.41
4	安徽皖南电机股份有限公司	3.12	14	无锡市锡安防爆电机有限公司	2.31
5	南阳防爆集团股份有限公司	2.97	15	无锡瑞佳电机有限公司	2.22
6	江苏锡安达防爆股份有限公司	2.86	16	苏州特种电机厂	2.00
7	湘电集团有限公司	2.86	17	衡水电机股份有限公司	1.99
8	上海品星防爆电机有限公司	2.72	18	江苏大中电机股份有限公司	1.97
9	浙江卧龙控股集团有限公司	2.70	19	温州南洋防爆电机有限公司	1.94
10	江苏环球特种电机有限公司	2.66	20	无锡锡山安达防爆电气设备有限公司	1.84

2011 年中小型电机分会企业工业总产值排序

序号	企业名称	2011 年（万元）	2010 年（万元）	同比增长（%）
1	湘电集团有限公司	1 084 263	1 014 036	6.93
2	卧龙控股集团有限公司	788 865	710 548	11.02
3	永济新时速电机电器有限责任公司	516 609	442 492	16.75
4	南京汽轮电机（集团）有限责任公司	315 780	271 581	16.27
5	上海电气集团上海电机厂有限公司	306 041	252 214	21.34
6	佳木斯电机股份有限公司	276 392	211 126	30.91
7	南阳防爆集团股份有限公司	253 504	184 881	37.12
8	山东华力电机集团股份有限公司	253 470	229 103	10.64

（续）

序号	企业名称	2011年(万元)	2010年(万元)	同比增长(%)
9	六安江淮电机有限公司	141 176	136 852	3.16
10	浙江西子富沃德电机有限公司	126 540	67 835	86.54
11	安徽皖南电机股份有限公司	124 502	113 556	9.64
12	兰州电机股份有限公司	120 220	105 096	14.39
13	西安泰富西玛电机有限公司	112 411	82 897	35.60
14	江苏大中电机股份有限公司	104 315	104 230	0.08
15	上海日用－友捷汽车电气有限公司	98 080	78 515	24.92

2011年中小型电机分会企业工业增加值排序

序号	企业名称	2011年(万元)	2010年(万元)	同比增长(%)
1	湘电集团有限公司	412 637	358 781	15.01
2	卧龙控股集团有限公司	156 580	137 812	13.62
3	永济新时速电机电器有限责任公司	82 115	72 140	13.83
4	南阳防爆集团股份有限公司	76 813	60 741	26.46
5	南京汽轮电机(集团)有限责任公司	69 933	79 180	-11.68
6	上海电气集团上海电机厂有限公司	52 516	52 733	-0.41
7	佳木斯电机股份有限公司	51 910	36 420	42.53
8	山东华力电机集团股份有限公司	50 820	42 170	20.51
9	六安江淮电机有限公司	43 905	43 792	0.26
10	浙江西子富沃德电机有限公司	32 889	17 599	86.88
11	江西特种电机股份有限公司	31 543	20 576	53.30
12	兰州电机股份有限公司	30 750	24 658	24.71
13	安徽皖南电机股份有限公司	30 217	29 514	2.38
14	上海日用－友捷汽车电气有限公司	27 502	20 817	32.11
15	宁夏西北骏马电机制造股份有限公司	27 433	29 146	-5.88

2011年中小型电机分会企业主营业务收入排序

序号	企业名称	2011年(万元)	2010年(万元)	同比增长(%)
1	湘电集团有限公司	1 233 740	1 084 172	13.80
2	卧龙控股集团有限公司	780 054	700 186	11.41
3	永济新时速电机电器有限责任公司	560 000	506 086	10.65
4	上海电气集团上海电机厂有限公司	313 120	251 195	24.65
5	南京汽轮电机(集团)有限责任公司	312 076	270 629	15.32
6	佳木斯电机股份有限公司	269 500	220 620	22.16
7	南阳防爆集团股份有限公司	248 511	190 185	30.67
8	山东华力电机集团股份有限公司	247 110	224 938	9.86
9	六安江淮电机有限公司	141 191	137 946	2.35
10	安徽皖南电机股份有限公司	119 727	100 817	18.76
11	浙江西子富沃德电机有限公司	114 715	62 663	83.07
12	兰州电机股份有限公司	111 657	103 410	7.98

（续）

序号	企业名称	2011年(万元)	2010年(万元)	同比增长(%)
13	上海日用－友捷汽车电气有限公司	106 719	75 276	41.77
14	江苏大中电机股份有限公司	103 961	102 762	1.17
15	西安泰富西玛电机有限公司	97 037	92 855	4.50

2011年中小型电机分会企业全员劳动生产率排序

序号	企业名称	全员劳动生产率(元/人)	序号	企业名称	全员劳动生产率(元/人)
1	浙江西子富沃德电机有限公司	512 287	9	中国长江航运集团电机厂	250 733
2	上海日用－友捷汽车电气有限公司	491 107	10	山东华力电机集团股份有限公司	248 996
3	大连天元电机股份有限公司	356 413	11	卧龙控股集团有限公司	245 000
4	湘电集团有限公司	350 912	12	佳木斯电机股份有限公司	213 621
5	南京汽轮电机(集团)有限责任公司	325 270	13	南阳防爆集团股份有限公司	211 957
6	六安江淮电机有限公司	324 981	14	上海电气集团上海电机厂有限公司	203 946
7	江西特种电机股份有限公司	314 487	15	杭州新恒力电机制造有限公司	203 437
8	安徽皖南电机股份有限公司	308 337			

2011年中小型电机分会企业经济效益综合指数排序

序号	企业名称	经济效益综合指数	序号	企业名称	经济效益综合指数
1	浙江西子富沃德电机有限公司	4.87	9	山东华力电机集团股份有限公司	2.84
2	上海日用－友捷汽车电气有限公司	4.67	10	湘电集团有限公司	2.79
3	六安江淮电机有限公司	3.77	11	浙江中源电气有限公司	2.78
4	江西特种电机股份有限公司	3.20	12	卧龙控股集团有限公司	2.70
5	安徽皖南电机股份有限公司	3.17	13	浙江大速(上海力超)电机有限公司	2.68
6	大连天元电机股份有限公司	3.06	14	大连日牵电机有限公司	2.61
7	南阳防爆集团股份有限公司	2.96	15	杭州新恒力电机制造有限公司	2.59
8	南京汽轮电机(集团)有限责任公司	2.93			

2011年微电机分会企业工业总产值排序

序号	企业名称	2011年(万元)	2010年(万元)	同比增长(%)
1	卧龙控股集团有限公司	788 865	710 548	11.02
2	横店集团联宜电机有限公司	59 754	52 810	13.15
3	成都银河磁体股份有限公司	57 142	36 860	55.02
4	安固集团有限公司	36 691	32 103	14.29
5	深圳市唯真电机有限公司	34 778	26 109	33.20
6	山东山博电机集团有限公司	30 158	24 920	21.02
7	深圳市力辉电机有限公司	28 749		

（续）

序号	企业名称	2011年(万元)	2010年(万元)	同比增长(%)
8	广东恒兴微电机有限公司	28 190	27 655	1.93
9	浙江尤奈特电机有限公司	20 053	16 885	18.76
10	上海金陵雷戈勃劳伊特电机有限公司	18 797	18 560	1.28
11	宁波中大力德传动设备有限公司	18 603	14 687	26.66
12	东阳市横店东磁电机有限公司	17 994	17 402	3.40
13	南通振康焊接机电有限公司	17 595	16 332	7.73
14	大连德迈仕精密轴有限公司	14 265	15 727	-9.30
15	北京曙光航空电气有限责任公司	14 181	14 299	-0.83
16	广东嘉和微特电机股份有限公司	14 146	13 936	1.51
17	重庆川仪速达机电有限公司	6 701	6 061	10.56
18	天津市中环天虹微电机技术有限公司	6 600	6 578	0.33
19	西安微电机研究所	6 256	5 072	23.34
20	杭州集智机电设备制造有限公司	6 011	4 130	45.54

2011年微电机分会企业工业增加值排序

序号	企业名称	2011年(万元)	2010年(万元)	同比增长(%)
1	卧龙控股集团有限公司	156 579	137 812	13.62
2	成都银河磁体股份有限公司	21 511	10 709	100.87
3	横店集团联宜电机有限公司	14 719	13 919	5.75
4	山东山博电机集团有限公司	8 143	6 728	21.03
5	北微微电机厂	6 795	5 887	15.42
6	北京曙光航空电气有限责任公司	6 597	6 552	0.69
7	宁波中大力德传动设备有限公司	6 536	4 983	31.17
8	广东恒兴微电机有限公司	6 095	6 284	-3.01
9	北京和利时电机技术有限公司	5 968	5 689	4.90
10	大连德迈仕精密轴有限公司	5 847	4 150	40.89
11	东阳市横店东磁电机有限公司	5 631	4 603	22.33
12	上海金陵雷戈勃劳伊特电机有限公司	5 236	6 043	-13.35
13	浙江尤奈特电机有限公司	4 513	3 783	19.30
14	广东嘉和微特电机股份有限公司	3 928	3 838	2.34
15	杭州集智机电设备制造有限公司	3 525	2 795	26.12
16	南通振康焊接机电有限公司	3 519	3 266	7.75
17	重庆川仪速达机电有限公司	2 563	2 379	7.73
18	西安微电机研究所	2 049	1 637	25.17
19	金坛市微特电机有限公司	1 437	1 257	14.32
20	苏州电讯电机厂有限公司	1 342	1 339	0.22

2011年微电机分会企业主营业务收入排序

序号	企业名称	2011年(万元)	2010年(万元)	同比增长(%)
1	卧龙控股集团有限公司	780 054	700 186	11.41
2	横店集团联宜电机有限公司	57 794	51 091	13.12

（续）

序号	企业名称	2011年(万元)	2010年(万元)	同比增长(%)
3	成都银河磁体股份有限公司	56 359	33 174	69.89
4	安固集团有限公司	36 054	30 820	16.98
5	深圳市唯真电机有限公司	34 116	25 345	34.61
6	山东山博电机集团有限公司	29 579	25 341	16.72
7	深圳市力辉电机有限公司	28 749		
8	北京曙光航空电气有限责任公司	25 782	23 216	11.05
9	广东恒兴微电机有限公司	25 207	24 261	3.90
10	浙江尤奈特电机有限公司	20 005	16 761	19.35
11	大连德迈仕精密轴有限公司	17 875	16 252	9.99
12	宁波中大力德传动设备有限公司	17 765	14 452	22.92
13	南通振康焊接机电有限公司	17 595	16 332	7.73
14	上海金陵雷戈勃劳伊特电机有限公司	15 217	14 580	4.37
15	广东嘉和微特电机股份有限公司	14 021	15 444	-9.21
16	东阳市横店东磁电机有限公司	11 880	17 307	-31.36
17	北京和利时电机技术有限公司	9 348	9 314	0.37
18	重庆川仪速达机电有限公司	6 760	5 317	27.14
19	天津市中环天虹微电机技术有限公司	6 580	3 500	88.00
20	西安微电机研究所	6 335	4 239	49.45

2011年微电机分会企业全员劳动生产率排序

序号	企业名称	全员劳动生产率(元/人)	序号	企业名称	全员劳动生产率(元/人)
1	北京和利时电机技术有限公司	466 250	9	金坛市微特电机有限公司	100 490
2	大连德迈仕精密轴有限公司	248 809	10	广东恒兴微电机有限公司	93 769
3	卧龙控股集团有限公司	244 999	11	山东山博电机集团有限公司	78 298
4	成都银河磁体股份有限公司	177 777	12	重庆川仪速达机电有限公司	77 432
5	南通振康焊接机电有限公司	140 760	13	桂林华晨特种电机发展有限公司	71 452
6	宁波中大力德传动设备有限公司	123 321	14	桂林电器科学研究院	71 452
7	横店集团联宜电机有限公司	121 645	15	东阳市东政电机有限公司	63 667
8	浙江尤奈特电机有限公司	105 198			

2011年微电机分会企业经济效益综合指数排序

序号	企业名称	经济效益综合指数	序号	企业名称	经济效益综合指数
1	北京和利时电机技术有限公司	4.90	9	横店集团联宜电机有限公司	2.19
2	成都银河磁体股份有限公司	3.47	10	宁波中大力德传动设备有限公司	1.99
3	南通振康焊接机电有限公司	3.07	11	金坛市微特电机有限公司	1.97
4	卧龙控股集团有限公司	2.71	12	广东嘉和微特电机股份有限公司	1.94
5	成都精密电机厂	2.32	13	山东山博电机集团有限公司	1.59
6	大连德迈仕精密轴有限公司	2.32	14	东阳市东政电机有限公司	1.50
7	浙江尤奈特电机有限公司	2.26	15	重庆川仪速达机电有限公司	1.47
8	上海司壮电机有限公司	2.24			

2011年电线电缆分会企业工业总产值排序

序号	企业名称	2011年(万元)	2010年(万元)	同比增长(%)
1	宝胜集团有限公司	1 912 697	1 359 538	40.69
2	江苏上上电缆集团	1 003 393	732 038	37.07
3	富通集团有限公司	917 422	756 820	21.22
4	浙江富春江通信集团有限公司	888 832	852 003	4.32
5	无锡江南电缆有限公司	632 328	515 056	22.77
6	浙江宏磊铜业股份有限公司	618 559	610 024	1.40
7	青岛汉河集团股份有限公司	498 443	424 820	17.33
8	山东阳谷电缆集团有限公司	412 012	395 669	4.13
9	冠城大通股份有限公司	406 585	371 029	9.58
10	露笑集团有限公司	386 364	299 709	28.91
11	上海索谷电缆集团有限公司	369 195	273 416	35.03
12	重庆鸽牌电线电缆有限公司	341 967	270 457	26.44
13	浙江长城电子科技集团有限公司	320 338	305 774	4.76
14	桂林国际电线电缆集团有限责任公司	316 346	266 824	18.56
15	浙江洪波线缆股份有限公司	281 066	222 090	26.56
16	超达电线电缆有限公司	275 369		
17	杭州电缆股份有限公司	273 258	251 283	8.75
18	浙江万马电缆股份有限公司	257 002	211 124	21.73
19	广东南洋电缆集团股份有限公司	247 240	213 670	15.71
20	广东新亚光电缆实业有限公司	230 185	228 509	0.73

2011年电线电缆分会企业主营业务收入排序

序号	企业名称	2011年(万元)	2010年(万元)	同比增长(%)
1	宝胜集团有限公司	1 699 240	1 392 940	21.99
2	江苏上上电缆集团	1 009 374	700 677	44.06
3	浙江富春江通信集团有限公司	928 023	826 842	12.24
4	富通集团有限公司	911 989	760 393	19.94
5	浙江宏磊铜业股份有限公司	619 912	609 968	1.63
6	无锡江南电缆有限公司	608 678	498 189	22.18
7	青岛汉河集团股份有限公司	484 911	418 878	15.76
8	山东阳谷电缆集团有限公司	410 025	392 197	4.55
9	冠城大通股份有限公司	407 467	371 821	9.59
10	露笑集团有限公司	367 960	296 512	24.10
11	上海索谷电缆集团有限公司	335 586	261 389	28.39
12	浙江长城电子科技集团有限公司	321 137	305 774	5.02
13	超达电线电缆有限公司	301 948		
14	桂林国际电线电缆集团有限责任公司	282 712	195 848	44.35
15	浙江洪波线缆股份有限公司	279 165	229 139	21.83
16	杭州电缆股份有限公司	265 532	242 468	9.51

（续）

序号	企业名称	2011年(万元)	2010年(万元)	同比增长(%)
17	重庆鸽牌电线电缆有限公司	263 998	208 037	26.90
18	浙江万马电缆股份有限公司	259 826	214 051	21.39
19	广东新亚光电缆实业有限公司	230 003	227 870	0.94
20	扬州曙光电缆有限公司	221 464	201 917	9.68

2011年绝缘材料分会企业工业总产值排序

序号	企业名称	2011年(万元)	2010年(万元)	同比增长(%)
1	广东生益科技股份有限公司	369 850	347 537	6.42
2	长园集团股份有限公司	229 518	184 209	24.60
3	山东金宝电子股份有限公司	218 000	220 800	-1.27
4	四川东材科技集团股份有限公司	173 014	150 015	15.33
5	山东四达工贸股份有限公司	75 458	71 057	6.19
6	苏州巨峰电气绝缘系统股份有限公司	61 158	59 931	2.05
7	株洲时代电气绝缘有限责任公司	60 368	63 289	-4.62
8	宁波华缘玻璃钢电器制造有限公司	50 695	48 799	3.89
9	浙江荣泰科技企业有限公司	39 880	34 807	14.57
10	吴江市太湖绝缘材料有限公司	39 597	33 737	17.37
11	江苏亚宝绝缘材料股份有限公司	27 464	21 459	27.98
12	北京新福润达绝缘材料有限责任公司	24 600	11 700	110.26
13	湖南广信电工科技股份有限公司	23 729	25 166	-5.71
14	山东省呈祥电工电气有限公司	23 500	16 253	44.59
15	江阴市沪澄绝缘材料有限公司	22 061	20 543	7.39
16	泰州魏德曼高压绝缘有限公司	21 555	23 909	-9.85
17	西安西电电工材料有限责任公司	21 000	20 058	4.70
18	衡阳恒缘电工材料有限公司	20 028	13 786	45.28
19	南通中菱绝缘材料有限公司	18 962	15 205	24.71
20	江苏冰城电材股份有限公司	18 369	22 560	-18.58

2011年绝缘材料分会企业工业增加值排序

序号	企业名称	2011年(万元)	2010年(万元)	同比增长(%)
1	广东生益科技股份有限公司	75 223	67 155	12.01
2	长园集团股份有限公司	61 396	67 684	-9.29
3	四川东材科技集团股份有限公司	44 984	39 004	15.33
4	山东金宝电子股份有限公司	25 475	25 475	0.00
5	北京新福润达绝缘材料有限责任公司	25 401	13 400	89.56
6	苏州巨峰电气绝缘系统股份有限公司	13 743	10 544	30.34
7	江苏冰城电材股份有限公司	12 214	17 096	-28.56
8	宁波华缘玻璃钢电器制造有限公司	10 646	10 736	-0.84
9	吴江市太湖绝缘材料有限公司	10 037	5 586	79.68
10	浙江荣泰科技企业有限公司	9 562	8 336	14.71

（续）

序号	企业名称	2011年(万元)	2010年(万元)	同比增长(%)
11	株洲时代电气绝缘有限责任公司	9 251	7 131	29.73
12	山东四达工贸股份有限公司	9 055	8 025	12.83
13	泰州魏德曼高压绝缘有限公司	8 392	12 403	-32.34
14	湖南广信电工科技股份有限公司	8 238	8 155	1.02
15	江阴市沪澄绝缘材料有限公司	3 946	3 698	6.71
16	山东省呈祥电工电气有限公司	3 760		
17	龙口澳兴绝缘材料有限公司	3 400	3 200	6.25
18	浙江省乐清树脂厂	3 187	2 288	39.29
19	广州贝特新材料有限公司	3 151	3 655	-13.79
20	衡阳恒缘电工材料有限公司	3 004	2 060	45.83

2011 年绝缘材料分会企业主营业务收入排序

序号	企业名称	2011年(万元)	2010年(万元)	同比增长(%)
1	广东生益科技股份有限公司	364 677	344 962	5.72
2	山东金宝电子股份有限公司	222 396	215 400	3.25
3	长园集团股份有限公司	194 069	157 444	23.26
4	四川东材科技集团股份有限公司	125 983	101 849	23.70
5	株洲时代电气绝缘有限责任公司	81 367	53 313	52.62
6	山东四达工贸股份有限公司	77 909	71 929	8.31
7	苏州巨峰电气绝缘系统股份有限公司	61 158	59 931	2.05
8	宁波华缘玻璃钢电器制造有限公司	49 312	47 608	3.58
9	浙江荣泰科技企业有限公司	41 630	35 152	18.43
10	吴江市太湖绝缘材料有限公司	35 997	30 669	17.37
11	江苏亚宝绝缘材料股份有限公司	27 356	21 376	27.98
12	湖南广信电工科技股份有限公司	25 022	25 166	-0.57
13	山东省呈祥电工电气有限公司	22 108	15 468	42.93
14	江阴市沪澄绝缘材料有限公司	21 922	20 543	6.71
15	北京新福润达绝缘材料有限责任公司	21 480	17 825	20.50
16	西安西电电工材料有限责任公司	21 399	20 048	6.74
17	衡阳恒缘电工材料有限公司	18 276	15 389	18.76
18	泰州魏德曼高压绝缘有限公司	18 067	19 915	-9.28
19	南通中菱绝缘材料有限公司	16 955	14 648	15.75
20	江苏冰城电材股份有限公司	16 391	21 950	-25.33

2011 年绝缘材料分会企业全员劳动生产率排序

序号	企业名称	全员劳动生产率(元/人)	序号	企业名称	全员劳动生产率(元/人)
1	江苏冰城电材股份有限公司	1 197 451	4	浙江荣泰科技企业有限公司	319 799
2	北京新福润达绝缘材料有限责任公司	846 700	5	四川东材科技集团股份有限公司	253 860
3	杭州世纪云母绝缘材料有限公司	449 714	6	广州贝特新材料有限公司	252 080

（续）

序号	企业名称	全员劳动生产率（元/人）	序号	企业名称	全员劳动生产率（元/人）
7	吴江市太湖绝缘材料有限公司	244 209	14	浙江省乐清树脂厂	176 077
8	广东生益科技股份有限公司	241 331	15	龙口澳兴绝缘材料有限公司	174 359
9	江阴市沪澄绝缘材料有限公司	214 457	16	宝应县精工绝缘材料有限公司	170 918
10	苏州巨峰电气绝缘系统股份有限公司	195 491	17	上海同立电工材料有限公司	164 659
11	江阴市登峰电工材料有限公司	195 254	18	株洲时代电气绝缘有限责任公司	164 316
12	宁波华缘玻璃钢电器制造有限公司	194 625	19	上海新艺绝缘材料有限公司	145 600
13	泰州魏德曼高压绝缘有限公司	185 664	20	宁波安力电子材料有限公司	142 464

2011年绝缘材料分会企业经济效益综合指数排序

序号	企业名称	经济效益综合指数	序号	企业名称	经济效益综合指数
1	江苏冰城电材股份有限公司	9.16	11	广东生益科技股份有限公司	2.81
2	北京新福润达绝缘材料有限责任公司	6.05	12	宁波华缘玻璃钢电器制造有限公司	2.79
3	杭州世纪云母绝缘材料有限公司	5.68	13	宝应县精工绝缘材料有限公司	2.79
4	四川东材科技集团股份有限公司	3.76	14	江苏亚宝绝缘材料股份有限公司	2.72
5	长园集团股份有限公司	3.62	15	苏州巨峰电气绝缘系统股份有限公司	2.47
6	浙江荣泰科技企业有限公司	3.57	16	泰州魏德曼高压绝缘有限公司	2.44
7	吴江市太湖绝缘材料有限公司	3.25	17	上海新艺绝缘材料有限公司	2.43
8	上海元龙玻璃钢有限公司	3.19	18	江阴市沪澄绝缘材料有限公司	2.32
9	南通中菱绝缘材料有限公司	3.03	19	浙江省乐清树脂厂	2.30
10	江阴市登峰电工材料有限公司	2.87	20	湖南广信电工科技股份有限公司	2.30

2011年铅酸蓄电池分会企业工业总产值排序

序号	企业名称	2011年（万元）	2010年（万元）	同比增长（%）
1	天能集团	1 602 682	1 128 889	41.97
2	江苏双登集团有限公司	602 151	562 032	7.14
3	超威电源有限公司	597 406	429 390	39.13
4	江苏理士电池技术有限公司	550 250	364 539	50.94
5	骆驼集团股份有限公司	408 580	371 551	9.97
6	风帆股份有限公司	390 000	333 100	17.08
7	深圳市雄韬电源科技有限公司	223 507	213 429	4.72
8	哈尔滨光宇集团股份有限公司	215 804	259 667	-16.89
9	浙江南都电源动力股份有限公司	168 800	137 145	23.08
10	福建省闽华电源股份有限公司	167 516	106 050	57.96
11	山东瑞宇蓄电池有限公司	143 600	130 600	9.95
12	天津杰士电池有限公司	139 659	121 595	14.86
13	山东康洋电源有限公司	135 200	17 200	686.05
14	湖南丰日电源电气股份有限公司	134 848	109 240	23.44
15	江苏华富控股集团有限公司	129 294	161 617	-20.00

（续）

序号	企业名称	2011年(万元)	2010年(万元)	同比增长(%)
16	淄博火炬能源有限责任公司	109 812	80 688	36.09
17	山东圣阳电源股份有限公司	96 694	74 230	30.26
18	松下蓄电池(沈阳)有限公司	88 698	85 092	4.24
19	石家庄华北蓄电池有限公司	61 065	58 158	5.00
20	浙江古越蓄电池有限公司	58 671	59 724	-1.76

2011年铅酸蓄电池分会企业工业增加值排序

序号	企业名称	2011年(万元)	2010年(万元)	同比增长(%)
1	天能集团	427 382	285 583	49.65
2	骆驼集团股份有限公司	165 325	100 318	64.80
3	江苏双登集团有限公司	155 351	162 792	-4.57
4	超威电源有限公司	140 074	120 019	16.71
5	风帆股份有限公司	81 100	70 500	15.04
6	江苏理士电池技术有限公司	71 533	44 854	59.48
7	哈尔滨光宇集团股份有限公司	66 456	90 883	-26.88
8	天津杰士电池有限公司	38 337	24 954	53.63
9	山东康洋电源有限公司	37 429	9 800	281.93
10	江苏华富控股集团有限公司	25 798	32 248	-20.00
11	淄博火炬能源有限责任公司	21 962	16 138	36.09
12	上海海宝特种电源有限公司	20 100	29 800	-32.55
13	山东圣阳电源股份有限公司	19 539	15 806	23.62
14	五莲县永久蓄电池厂	16 159		
15	石家庄华北蓄电池有限公司	13 524	12 880	5.00

2011年铅酸蓄电池分会企业主营业务收入排序

序号	企业名称	2011年(万元)	2010年(万元)	同比增长(%)
1	天能集团	1 526 364	1 065 609	43.24
2	超威电源有限公司	1 337 205	740 440	80.60
3	江苏双登集团有限公司	610 212	600 728	1.58
4	江苏理士电池技术有限公司	572 771	358 278	59.87
5	风帆股份有限公司	402 289	317 010	26.90
6	骆驼集团股份有限公司	306 799	260 308	17.86
7	深圳市雄韬电源科技有限公司	212 767	194 027	9.66
8	浙江南都电源动力股份有限公司	168 426	145 312	15.91
9	哈尔滨光宇集团股份有限公司	154 836	188 706	-17.95
10	山东瑞宇蓄电池有限公司	143 535	130 486	10.00
11	天津杰士电池有限公司	132 562	119 239	11.17
12	江苏华富控股集团有限公司	129 294	161 617	-20.00
13	湖南丰日电源电气股份有限公司	121 363	100 500	20.76
14	山东康洋电源有限公司	120 000	150 000	-20.00

（续）

序号	企业名称	2011年(万元)	2010年(万元)	同比增长(%)
15	淄博火炬能源有限责任公司	109 103	76 119	43.33
16	福建省闽华电源股份有限公司	107 830	91 117	18.34
17	山东圣阳电源股份有限公司	94 684	72 099	31.32
18	山东孚创电源有限公司	58 600	35 574	64.73
19	浙江古越蓄电池有限公司	58 081	58 457	-0.64
20	石家庄华北蓄电池有限公司	56 810	54 112	4.99

2011年铅酸蓄电池分会企业全员劳动生产率排序

序号	企业名称	全员劳动生产率(元/人)	序号	企业名称	全员劳动生产率(元/人)
1	江苏双登集团有限公司	516 116	9	五莲县永久蓄电池厂	225 056
2	天能集团	409 959	10	武汉银泰科技电源股份有限公司	220 000
3	骆驼集团股份有限公司	393 912	11	天津汤浅蓄电池有限公司	179 421
4	天津杰士电池有限公司	299 274	12	山东康洋电源有限公司	177 726
5	浙江杰斯特电源有限公司	296 176	13	浙江古越蓄电池有限公司	159 197
6	上海海宝特种电源有限公司	286 325	14	山东孚创电源有限公司	152 642
7	哈尔滨光宇集团股份有限公司	276 900	15	石家庄华北蓄电池有限公司	148 615
8	江苏华富控股集团有限公司	254 167			

2011年铅酸蓄电池分会企业经济效益综合指数排序

序号	企业名称	经济效益综合指数	序号	企业名称	经济效益综合指数
1	山东孚创电源有限公司	4.91	11	上海海宝特种电源有限公司	2.77
2	江苏华富控股集团有限公司	4.39	12	陕西凌云蓄电池有限公司	2.65
3	江苏双登集团有限公司	4.20	13	哈尔滨光宇集团股份有限公司	2.46
4	天能集团	4.01	14	石家庄华北蓄电池有限公司	2.43
5	骆驼集团股份有限公司	3.99	15	广东猛狮电源科技股份有限公司	2.20
6	浙江杰斯特电源有限公司	3.63	16	浙江古越蓄电池有限公司	2.09
7	山东瑞宇蓄电池有限公司	3.18	17	济宁远征电源有限公司	2.08
8	天津杰士电池有限公司	3.11	18	扬州阿波罗蓄电池有限公司	1.94
9	山东康洋电源有限公司	2.78	19	天津汤浅蓄电池有限公司	1.92
10	浙江诺力电源有限公司	2.78	20	山东圣阳电源股份有限公司	1.86

2011年电工合金分会企业工业总产值排序

序号	企业名称	2011年(万元)	2010年(万元)	同比增长(%)
1	中希集团有限公司	168 065	116 303	44.51
2	福达合金材料股份有限公司	150 018	117 550	27.62

（续）

序号	企业名称	2011 年(万元)	2010 年(万元)	同比增长(%)
3	桂林金格电工电子材料科技有限公司	87 716	54 004	62.43
4	温州宏丰电工合金股份有限公司	81 319	45 198	79.92
5	佛山通宝精密合金股份有限公司	56 348	44 549	26.49
6	安平县飞畅电工合金有限公司	42 459	29 693	42.99
7	上海人民电器厂电器触头分厂	39 000	24 800	57.26
8	重庆川仪自动化股份有限公司金属功能材料分公司	31 326	24 556	27.57
9	浙江天银合金技术有限公司	15 600	7 500	108.00
10	扬州乐银合金科技有限公司	13 585		

2011 年电工合金分会企业工业增加值排序

序号	企业名称	2011 年(万元)	2010 年(万元)	同比增长(%)
1	中希集团有限公司	38 985	26 139	49.14
2	福达合金材料股份有限公司	35 063	22 568	55.37
3	温州宏丰电工合金股份有限公司	15 366	9 459	62.45
4	安平县飞畅电工合金有限公司	13 587	9 502	42.99
5	桂林金格电工电子材料科技有限公司	11 887	7 499	58.51
6	佛山通宝精密合金股份有限公司	11 370	10 798	5.30
7	重庆川仪自动化股份有限公司金属功能材料分公司	6 277	5 222	20.20
8	浙江天银合金技术有限公司	3 276	1 050	212.00
9	北京机床电器有限责任公司	2 962	2 821	5.00
10	苏州市三立电工合金有限公司	1 470	1 051	39.87

2011 年电工合金分会企业主营业务收入排序

序号	企业名称	2011 年(万元)	2010 年(万元)	同比增长(%)
1	中希集团有限公司	167 643	114 784	46.05
2	福达合金材料股份有限公司	130 014	105 855	22.82
3	桂林金格电工电子材料科技有限公司	92 215	59 411	55.22
4	温州宏丰电工合金股份有限公司	79 498	45 219	75.81
5	佛山通宝精密合金股份有限公司	53 960	40 417	33.51
6	安平县飞畅电工合金有限公司	42 228	30 930	36.53
7	上海人民电器厂电器触头分厂	37 151	18 885	96.72
8	重庆川仪自动化股份有限公司金属功能材料分公司	31 342	24 469	28.09
9	浙江天银合金技术有限公司	15 000	7 000	114.29
10	扬州乐银合金科技有限公司	13 233		

2011 年电碳分会企业工业总产值排序

序号	企业名称	2011 年(万元)	2010 年(万元)	同比增长(%)
1	上海东洋炭素有限公司	90 454	65 437	38.23

（续）

序号	企业名称	2011年(万元)	2010年(万元)	同比增长(%)
2	四川广汉士达炭素股份有限公司	43 238	41 854	3.31
3	苏州东南碳制品有限公司	37 842	35 366	7.00
4	中国·神奇电碳集团	28 784	27 423	4.96
5	摩根新材料(上海)有限公司	26 484	19 662	34.70
6	兴和县木子炭素有限责任公司	25 000	19 000	31.58
7	重庆市河海碳素制品有限公司	7 800	7 300	6.85
8	浙江长征电影碳棒有限公司	6 528	6 328	3.16
9	任丘市双楼电碳制品有限公司	6 510	5 247	24.07
10	哈尔滨电碳厂	6 506	6 500	0.09
11	南通电碳厂有限公司	3 800	3 600	5.56
12	辽宁红德电碳制造有限公司	3 369	3 295	2.25
13	无锡市康信碳制品有限公司	3 300	3 000	10.00
14	东新电碳股份有限公司	3 112		
15	青岛西特碳素有限公司	3 100	3 900	-20.51

2011年电碳分会企业工业增加值排序

序号	企业名称	2011年(万元)	2010年(万元)	同比增长(%)
1	苏州东南碳制品有限公司	38 615	36 681	5.27
2	上海东洋炭素有限公司	30 607	20 601	48.57
3	中国·神奇电碳集团	11 179	10 855	2.98
4	四川广汉士达炭素股份有限公司	7 008	10 717	-34.61
5	兴和县木子炭素有限责任公司	6 000	3 000	100.00
6	辽宁红德电碳制造有限公司	3 485	3 433	1.51
7	哈尔滨电碳厂	1 435	1 380	3.99
8	浙江长征电影碳棒有限公司	1 077	1 043	3.26
9	南通电碳厂有限公司	820	740	10.81
10	成都市龙泉曙光电碳制品厂	732	353	107.37
11	桐城徽光电炭有限公司	557	458	21.62
12	无锡市康信碳制品有限公司	420	410	2.44
13	自贡凯迪碳素有限公司	358	316	13.29
14	哈尔滨电碳研究所	328	217	51.15
15	乐清市繁荣电碳制品有限公司	327	274	19.34

2011年电碳分会企业主营业务收入排序

序号	企业名称	2011年(万元)	2010年(万元)	同比增长(%)
1	上海东洋炭素有限公司	93 214	65 144	43.09
2	四川广汉士达炭素股份有限公司	47 616	44 734	6.44
3	苏州东南碳制品有限公司	37 842	35 366	7.00
4	中国·神奇电碳集团	29 205	25 531	14.39
5	摩根新材料(上海)有限公司	23 623	18 725	26.16
6	兴和县木子炭素有限责任公司	21 452	16 069	33.50
7	重庆市河海碳素制品有限公司	7 840	7 450	5.23

（续）

序号	企业名称	2011年(万元)	2010年(万元)	同比增长(%)
8	任丘市双楼电碳制品有限公司	6 500	5 247	23.88
9	哈尔滨电碳厂	6 044	5 543	9.04
10	浙江长征电影碳棒有限公司	5 627	5 521	1.92
11	南通电碳厂有限公司	3 650	3 540	3.11
12	辽宁红德电碳制造有限公司	3 286	3 015	8.99
13	无锡市康信碳制品有限公司	3 000	2 700	11.11
14	东新电碳股份有限公司	2 974		
15	青岛西特碳素有限公司	2 800	3 300	-15.15

2011年工业锅炉分会企业工业总产值排序

序号	企业名称	2011年(万元)	2010年(万元)	同比增长(%)
1	泰山集团股份有限公司	122 650	110 996	10.50
2	哈尔滨红光锅炉集团有限公司	86 377	71 500	20.81
3	太原锅炉集团有限公司	80 199	68 298	17.43
4	杭州杭锅工业锅炉有限公司	78 911	88 787	-11.12
5	南通万达锅炉有限公司	67 306	62 253	8.12
6	江苏双良锅炉有限公司	61 921	48 230	28.39
7	安徽金鼎锅炉股份有限公司	59 392	45 139	31.58
8	江苏太湖锅炉股份有限公司	58 382	59 580	-2.01
9	无锡太湖锅炉有限公司	54 060	52 390	3.19
10	河南开封得胜锅炉股份有限公司	53 260	37 682	41.34
11	安徽博瑞特热能设备股份有限公司	40 610	32 200	26.12
12	无锡华光工业锅炉有限公司	39 710	29 525	34.50
13	常州能源设备总厂有限公司	37 161	31 381	18.42
14	天津宝成机械制造股份有限公司	36 722		
15	江苏四方锅炉有限公司	33 975	17 165	97.94
16	无锡锡能锅炉有限公司	33 689	36 994	-8.93
17	杭州胜利锅炉有限公司	30 370	25 000	21.48
18	郑州锅炉股份有限公司	29 826	25 905	15.14
19	山东泰安山锅集团有限公司	28 655	27 290	5.00
20	大连锅炉厂有限公司	25 686	24 160	6.32

2011年工业锅炉分会企业工业增加值排序

序号	企业名称	2011年(万元)	2010年(万元)	同比增长(%)
1	泰山集团股份有限公司	34 370	30 199	13.81
2	南通万达锅炉有限公司	23 230	23 093	0.59
3	杭州杭锅工业锅炉有限公司	21 159	27 291	-22.47
4	山东多乐采暖设备有限责任公司	20 639	18 220	13.28
5	安徽金鼎锅炉股份有限公司	19 469	18 377	5.94
6	太原锅炉集团有限公司	16 500	12 500	32.00
7	江苏双良锅炉有限公司	15 927	13 455	18.37

（续）

序号	企业名称	2011年(万元)	2010年(万元)	同比增长(%)
8	哈尔滨红光锅炉集团有限公司	14 877	15 622	-4.77
9	江苏太湖锅炉股份有限公司	14 568	14 895	-2.20
10	河南开封得胜锅炉股份有限公司	14 294	16 175	-11.63
11	安徽博瑞特热能设备股份有限公司	12 380	9 210	34.42
12	无锡太湖锅炉有限公司	8 949	9 456	-5.36
13	山东济宁蓝天恒基锅炉有限公司	7 788	5 918	31.60
14	陕西省渭南锅炉厂	7 202	878	720.27
15	无锡华光工业锅炉有限公司	6 672	5 485	21.64
16	常州能源设备总厂有限公司	6 124	5 101	20.05
17	哈尔滨锅炉厂工业锅炉公司	5 424	17 784	-69.50
18	本溪锅炉(集团)有限公司	4 736	5 923	-20.04
19	长沙锅炉厂有限责任公司	4 699	3 602	30.46
20	山东华源锅炉有限公司	4 378	2 993	46.27

2011年工业锅炉分会企业主营业务收入排序

序号	企业名称	2011年(万元)	2010年(万元)	同比增长(%)
1	泰山集团股份有限公司	128 077	111 120	15.26
2	杭州杭锅工业锅炉有限公司	70 528	77 227	-8.67
3	南通万达锅炉有限公司	69 887	64 523	8.31
4	太原锅炉集团有限公司	64 852	58 796	10.30
5	江苏太湖锅炉股份有限公司	61 550	58 520	5.18
6	江苏双良锅炉有限公司	59 115	48 230	22.57
7	无锡太湖锅炉有限公司	56 573	51 966	8.87
8	哈尔滨红光锅炉集团有限公司	53 224	48 701	9.29
9	河南开封得胜锅炉股份有限公司	47 648	34 861	36.68
10	安徽金鼎锅炉股份有限公司	46 870	44 260	5.90
11	郑州锅炉股份有限公司	43 081	34 824	23.71
12	安徽博瑞特热能设备股份有限公司	40 126	30 319	32.35
13	无锡华光工业锅炉有限公司	35 396	28 016	26.34
14	江苏四方锅炉有限公司	34 255	17 235	98.75
15	常州能源设备总厂有限公司	32 436	29 941	8.33
16	无锡锡能锅炉有限公司	30 579	35 619	-14.15
17	杭州胜利锅炉有限公司	30 367	21 948	38.36
18	大连锅炉厂有限公司	28 321	26 265	7.83
19	山东泰安山锅集团有限公司	23 068	21 970	5.00

2011年工业锅炉分会企业全员劳动生产率排序

序号	企业名称	全员劳动生产率(元/人)	序号	企业名称	全员劳动生产率(元/人)
1	杭州杭锅工业锅炉有限公司	732 145	3	杭州胜利锅炉有限公司	444 722
2	山东多乐采暖设备有限责任公司	544 565	4	温州锅炉厂有限责任公司	427 115

（续）

序号	企业名称	全员劳动生产率（元/人）	序号	企业名称	全员劳动生产率（元/人）
5	江苏双良锅炉有限公司	278 444	13	河南开封得胜锅炉股份有限公司	163 547
6	南通万达锅炉有限公司	277 208	14	无锡太湖锅炉有限公司	157 000
7	安徽金鼎锅炉股份有限公司	273 826	15	常州联合锅炉容器有限公司	143 455
8	安徽博瑞特热能设备股份有限公司	266 237	16	无锡华光工业锅炉有限公司	141 656
9	江苏太湖锅炉股份有限公司	211 437	17	广州迪森热能设备有限公司	135 463
10	广州天鹿锅炉有限公司	203 077	18	浙江特富锅炉有限公司	132 111
11	常州能源设备总厂有限公司	185 576	19	常州丰溢机械有限公司	123 529
12	泰山集团股份有限公司	178 453	20	溧阳市苏南机械有限公司	118 478

2011 年工业锅炉分会企业经济效益综合指数排序

序号	企业名称	经济效益综合指数	序号	企业名称	经济效益综合指数
1	杭州杭锅工业锅炉有限公司	6.91	11	泰山集团股份有限公司	2.31
2	安徽博瑞特热能设备股份有限公司	5.37	12	河南开封得胜锅炉股份有限公司	2.28
3	杭州胜利锅炉有限公司	4.14	13	山东济宁蓝天恒基锅炉有限公司	2.24
4	温州锅炉厂有限责任公司	3.42	14	常州联合锅炉容器有限公司	2.00
5	南通万达锅炉有限公司	2.85	15	本溪锅炉(集团)有限公司	1.93
6	江苏双良锅炉有限公司	2.84	16	上海新业锅炉高科技有限公司	1.90
7	常州丰溢机械有限公司	2.54	17	哈尔滨红光锅炉集团有限公司	1.87
8	广州天鹿锅炉有限公司	2.47	18	大连三洋制冷有限公司	1.79
9	江苏太湖锅炉股份有限公司	2.33	19	山东华源锅炉有限公司	1.78
10	无锡太湖锅炉有限公司	2.33	20	湖北天鹿锅炉有限公司	1.75

2011 年热缩材料分会企业工业总产值排序

序号	企业名称	2011 年(万元)	2010 年(万元)	同比增长(%)
1	长园集团股份有限公司	229 518	184 209	24.60
2	中科英华高技术股份有限公司	124 021	112 480	10.26
3	深圳市沃尔核材股份有限公司	123 160	52 095	136.41
4	永固集团股份有限公司	62 579	53 189	17.65
5	成都普天电缆股份有限公司	58 709	51 576	13.83
6	江苏达胜热缩材料有限公司	12 852	9 298	38.22
7	上海至正道化高分子材料有限公司	10 997	8 653	27.09
8	广州凯恒科塑有限公司	10 450	8 168	27.94
9	绵阳振华科技有限公司	8 500	7 000	21.43
10	浙江固力发电力科技有限公司	6 531	5 139	27.09
11	成都长江热缩材料有限公司	2 458	5 506	-55.36
12	四川久远科技股份有限公司	2 200	8 600	-74.42
13	安徽国华科技股份有限公司	1 524	1 306	16.69

（续）

序号	企业名称	2011年(万元)	2010年(万元)	同比增长(%)
14	大连亚泰科技新材料有限公司	1 153	838	37.59
15	上海先锋辐照制品厂有限公司	1 126	979	15.02

2011年热缩材料分会企业工业增加值排序

序号	企业名称	2011年(万元)	2010年(万元)	同比增长(%)
1	深圳市沃尔核材股份有限公司	123 571	48 443	155.09
2	中科英华高技术股份有限公司	87 501	83 061	5.35
3	长园集团股份有限公司	61 396	57 971	5.91
4	成都普天电缆股份有限公司	58 972	51 396	14.74
5	绵阳振华科技有限公司	8 862	2 671	231.79
6	永固集团股份有限公司	8 032	11 898	-32.49
7	浙江固力发电力科技有限公司	6 531	5 139	27.09
8	江苏达胜热缩材料有限公司	4 462	1 935	130.59
9	广州凯恒科塑有限公司	4 163	3 173	31.20
10	成都长江热缩材料有限公司	2 047	3 476	-41.11
11	上海至正道化高分子材料有限公司	2 026	2 636	-23.14
12	安徽国华科技股份有限公司	1 590	1 366	16.40
13	四川久远科技股份有限公司	900	7 300	-87.67
14	大连亚泰科技新材料有限公司	-144	63	-328.57
15	上海先锋辐照制品厂有限公司	-242	-334	-27.54

2011年热缩材料分会企业主营业务收入排序

序号	企业名称	2011年(万元)	2010年(万元)	同比增长(%)
1	长园集团股份有限公司	194 069	157 444	23.26
2	中科英华高技术股份有限公司	124 021	111 822	10.91
3	永固集团股份有限公司	58 757	50 270	16.88
4	成都普天电缆股份有限公司	58 709	51 576	13.83
5	深圳市沃尔核材股份有限公司	55 730	44 720	24.62
6	江苏达胜热缩材料有限公司	11 359	9 635	17.89
7	上海至正道化高分子材料有限公司	10 877	7 825	39.00
8	广州凯恒科塑有限公司	10 572	8 257	28.04
9	绵阳振华科技有限公司	7 656	6 380	20.00
10	四川久远科技股份有限公司	5 700	5 700	0.00
11	浙江固力发电力科技有限公司	4 517	3 814	18.43
12	成都长江热缩材料有限公司	3 004	2 085	44.08
13	上海先锋辐照制品厂有限公司	2 142	2 108	1.61
14	大连亚泰科技新材料有限公司	1 707	1 049	62.73
15	安徽国华科技股份有限公司	690	680	1.47

2011 年热缩材料分会企业全员劳动生产率排序

序号	企业名称	全员劳动生产率（元/人）	序号	企业名称	全员劳动生产率（元/人）
1	绵阳振华科技有限公司	952 903	8	安徽国华科技股份有限公司	176 667
2	浙江固力发电力科技有限公司	796 463	9	上海至正道化高分子材料有限公司	176 174
3	深圳市沃尔核材股份有限公司	533 784	10	长园集团股份有限公司	131 525
4	成都普天电缆股份有限公司	365 152	11	江苏达胜热缩材料有限公司	112 111
5	中科英华高技术股份有限公司	336 154	12	永固集团股份有限公司	97 358
6	广州凯恒科塑有限公司	250 783	13	四川久远科技股份有限公司	72 000
7	成都长江热缩材料有限公司	191 308			

2011 年热缩材料分会企业经济效益综合指数排序

序号	企业名称	经济效益综合指数	序号	企业名称	经济效益综合指数
1	绵阳振华科技有限公司	7.49	9	江苏达胜热缩材料有限公司	2.11
2	浙江固力发电力科技有限公司	6.55	10	上海至正道化高分子材料有限公司	1.86
3	深圳市沃尔核材股份有限公司	4.76	11	安徽国华科技股份有限公司	1.66
4	长园集团股份有限公司	4.40	12	四川久远科技股份有限公司	1.63
5	广州凯恒科塑有限公司	2.94	13	永固集团股份有限公司	1.51
6	中科英华高技术股份有限公司	2.27	14	大连亚泰科技新材料有限公司	0.99
7	成都普天电缆股份有限公司	2.21	15	上海先锋辐照制品厂有限公司	0.73
8	成都长江热缩材料有限公司	2.11			

2011 年变频器分会企业工业总产值排序

序号	企业名称	2011 年（万元）	2010 年（万元）	同比增长（%）
1	北京利德华福电气技术有限公司	81 403	77 427	5.14
2	哈尔滨九洲电气股份有限公司	66 292	58 438	13.44
3	北京合康亿盛科技股份有限公司	63 344	48 697	30.08
4	唐山开诚电控设备集团有限公司	56 069	49 421	13.45
5	北京金自天正智能控制股份有限公司	54 612	47 837	14.16
6	广州智光电气股份有限公司	51 399	46 121	11.44
7	台州富凌电气有限公司	43 608	30 275	44.04
8	山东新风光电子科技发展有限公司	38 019	30 185	25.95
9	上海雷诺尔科技股份有限公司	33 729	21 135	59.59
10	希望森兰科技股份有限公司	23 894	22 756	5.00
11	深圳市正弦电气有限公司	17 292	13 814	25.18
12	大连普传科技股份有限公司	14 230	12 105	17.55
13	江苏力普电子科技有限公司	8 319	5 152	61.47
14	天津华云自控股份有限公司	8 126	2 580	214.96

2011年变频器分会企业工业增加值排序

序号	企业名称	2011年(万元)	2010年(万元)	同比增长(%)
1	北京合康亿盛科技股份有限公司	30 203	24 986	20.88
2	北京利德华福电气技术有限公司	29 931	24 982	19.81
3	台州富凌电气有限公司	24 448	13 099	86.64
4	唐山开诚电控设备集团有限公司	20 783	16 163	28.58
5	哈尔滨九洲电气股份有限公司	17 158	10 602	61.84
6	上海雷诺尔科技股份有限公司	15 211	7 767	95.83
7	山东新风光电子科技发展有限公司	13 300	10 560	25.95
8	希望森兰科技股份有限公司	7 480	7 123	5.01
9	深圳市正弦电气有限公司	5 193	3 837	35.34
10	大连普传科技股份有限公司	4 512	3 125	44.38
11	天津华云自控股份有限公司	560	302	85.43
12	江苏力普电子科技有限公司	521	325	60.31

2011年变频器分会企业主营业务收入排序

序号	企业名称	2011年(万元)	2010年(万元)	同比增长(%)
1	北京利德华福电气技术有限公司	83 135	73 517	13.08
2	北京金自天正智能控制股份有限公司	75 353	41 356	82.21
3	深圳市英威腾电气股份有限公司	68 333	50 310	35.82
4	北京合康亿盛科技股份有限公司	58 432	38 662	51.14
5	唐山开诚电控设备集团有限公司	51 741	42 240	22.49
6	广州智光电气股份有限公司	51 399	46 121	11.43
7	哈尔滨九洲电气股份有限公司	49 165	42 839	14.77
8	上海雷诺尔科技股份有限公司	33 728	21 135	59.58
9	希望森兰科技股份有限公司	23 807	22 673	5.00
10	台州富凌电气有限公司	21 380	15 305	39.69
11	深圳市正弦电气有限公司	17 023	13 671	24.52
12	大连普传科技股份有限公司	14 128	11 430	23.60
13	天津华云自控股份有限公司	8 361	3 334	150.78
14	江苏力普电子科技有限公司	8 320	5 152	61.48

2011年变频器分会企业全员劳动生产率排序

序号	企业名称	全员劳动生产率(元/人)	序号	企业名称	全员劳动生产率(元/人)
1	台州富凌电气有限公司	1 499 877	5	山东新风光电子科技发展有限公司	341 026
2	唐山开诚电控设备集团有限公司	605 918	6	上海雷诺尔科技股份有限公司	259 573
3	北京合康亿盛科技股份有限公司	449 449	7	希望森兰科技股份有限公司	207 778
4	北京利德华福电气技术有限公司	364 124	8	哈尔滨九洲电气股份有限公司	199 517

（续）

序号	企业名称	全员劳动生产率（元/人）	序号	企业名称	全员劳动生产率（元/人）
9	大连普传科技股份有限公司	147 934	11	天津华云自控股份有限公司	46 667
10	深圳市正弦电气有限公司	144 652	12	江苏力普电子科技有限公司	18 028

2011 年变频器分会企业经济效益综合指数排序

序号	企业名称	经济效益综合指数	序号	企业名称	经济效益综合指数
1	山东新风光电子科技发展有限公司	7.42	7	北京合康亿盛科技股份有限公司	2.97
2	台州富凌电气有限公司	5.70	8	北京金自天正智能控制股份有限公司	2.80
3	哈尔滨九洲电气股份有限公司	5.45	9	广州智光电气股份有限公司	2.41
4	大连普传科技股份有限公司	3.77	10	唐山开诚电控设备集团有限公司	2.38
5	上海雷诺尔科技股份有限公司	3.51	11	希望森兰科技股份有限公司	2.03
6	深圳市正弦电气有限公司	3.42			

〔供稿人：中国电器工业协会行业发展与咨询部邓伟　审稿人：中国电器工业协会行业发展与咨询部程仁超〕

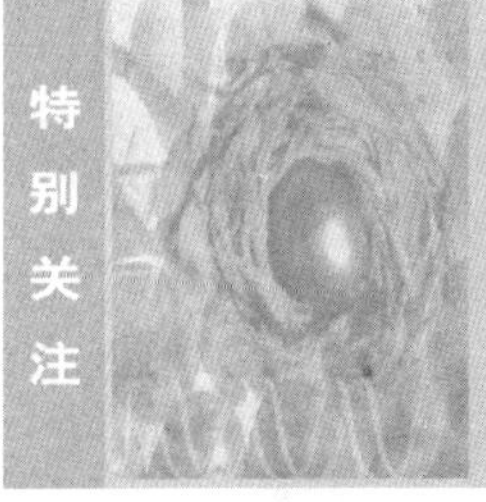

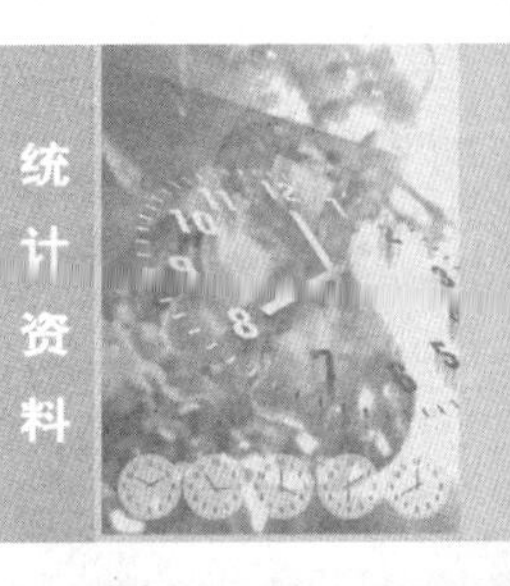

大事记

记录2011年发生的、对电器工业产生重要影响的政策法规、新技术、新产品及重大事件等

Records of policies and legislations, new technologies, new products and major events occurring in 2011 that had important influence on the electrical equipment industry

大事记（2011年）

大 事 记 （2011 年）

1 月

1 日 根据国家能源局下发的《关于印发风电机组并网检测管理暂行办法的通知》，新标准开始实施。安装并网的风电机组必须是通过标准检测的机型，只有符合相关技术规定的风电机组方可并网运行。

8 日 我国首台代表国际尖端水平的薄膜太阳能电池关键生产设备——等离子体增强型化学气相沉积设备在上海成功下线。它采用了创新技术，不但产能大大提高，产品性能优于国际一流设备，价格也远低于同等的进口设备，在我国新能源高端装备领域取得了零的突破。

13 日 国内第一根 1 100kV 特高压开关用无机粘接整体瓷套在中国西电集团公司试制成功。特高压开关用无机粘接整体瓷套是特高压罐式断路器和 GIS 的重要部件，它的试制成功，标志着国外公司对我国特高压开关用无机粘接瓷套制造技术和供应的垄断局面被一举打破，同时也标志着中国西电集团公司成为国内第一个掌握超大型无机粘接瓷套核心技术并具备生产能力的企业，对于特高压开关设备的国产化和提高中国西电的核心技术能力具有重大意义。

★ 中国电器工业协会高层专家组工作会议在北京铁道大厦召开。高层专家组组长陆燕荪，成员邢玉久、高鹏、张力超、李秦、呼淑清以及中国电器工业协会、机械工业北京电工技术经济研究所领导杨启明、方晓燕、郭振岩、郝军、王劲光参会，协会相关部门负责人列席了会议。

14 日 国家科学技术奖励大会在北京隆重举行。党和国家领导人胡锦涛、温家宝、李长春、习近平、李克强出席大会并为获奖代表颁奖。电器工业有 4 个项目获奖。

18 日 “2010 CCTV 中国经济年度人物”颁奖典礼举行，此次的评选口号为：寻找中国经济的年度骄傲。广东明阳风电集团董事长张传卫、浙江通领科技集团总裁陈伍胜当选 2010 CCTV 中国经济年度人物。

19 日 天津金山电线电缆股份有限公司承担的天津市自主创新产业化重大项目实施计划——轨道交通用特种电线电缆开发及产业化项目通过验收。该项目总投资 7 000 万元，包括时速 200km 以上轨道交通专用配套的 4 个系列特种电线电缆实现产业化和时速 300km 以上和谐型车辆电缆项目的研发。完成 6 个新产品成果鉴定，填补了行业空白，处于国际先进水平。

25 日 中共中央总书记、国家主席、中央军委主席胡锦涛来到中国西电电气股份有限公司视察。胡锦涛总书记来到西安西电开关电气有限公司的生产车间观看了百万伏级全封闭组合电器核心部件的总装过程，并对生产现场的员工们说，要实现我国从装备制造大国向装备制造强国的转变，必须坚持走自主创新之路。他希望企业在引进、消化、吸收的基础上不断进行再创新，为振兴我国装备制造业贡献更大力量。

27 日 西安西电开关电气有限公司研发的 550kV 管道母线通过了陕西省机械工业协会和陕西省电力公司的联合鉴定。一致认为，该产品填补国内空白，具有完全自主知识产权，技术性能达到国际先进水平。该产品采用分段法兰连接结构，可在工厂完成标准单元装配、试验，便于运输，利于质量保证；采用模块化、单元化设计，能够满足多种布置需要；所有零部件完全国产化。该产品具有运行可靠性高，绝缘水平高、通流能力强等优点。

2 月

15 日 中国北车永济电机公司与南非环球铁路工程公司签订了 300 台 YZ134A 电机的采购合同。这是永济电机公司历史上单笔最大的直接出口机车牵引电机采购合同，也是我国铁路电机自主品牌首次批量进入国外铁道行业。

★ 中国电力科学研究院通信与用电技术分公司（电科院通信用电分公司）与德州仪器（TI）宣布联合签署《智能电网战略合作备忘录》。根据备忘录要求，双方均视对方为中国智能电网、智能能源及智能家居等相关领域的战略合作伙伴，TI 将向电科院通信用电分公司提供针对智能电表、智能终端及智能能源产品从芯片到系统的全方位支持。

23 日 上海电气集团股份有限公司与日本三菱电机株式会社签署《节能战略合作备忘录》，双方决定组建合资企业、建设示范基地，在节能技术领域开展新一轮战略合作。双方投资组建的节能与控制技术合资公司，投资总额 6 800 万元，上海电气集团股份有限公司持股 51%，日本三菱电机株式会社持股 49%，注册地为上海，主要从事设计、制造和销售节能及自动化相关设备和系统，承接国内外节能及自动化工程、技术改造项目等。

★ 西安西电变压器有限责任公司与国网公司签订了世界首台 1 000kV、20 万 kvar 可控并联电抗器研制合同。这是西安西电变压器有限责任公司继忻州 500kV 有级可控并联电抗器成功投运以及敦煌变电站 750kV 有级可控并联电抗器研制技术过程中的又一成果。

月内 国务院正式批复《重金属污染综合防治“十二五”规划》。2011

年的排查重点仍是铅酸蓄电池行业。

3月

1日 工信部公示《铅酸电池行业准入条件》(征求意见稿)。本次准入条件最为严苛,从源头上对行业进行再次深入规范,铅酸电池行业企业布局、清洁生产、环保设备、淘汰落后产能和工艺等方面要求将全面提升。

6日 西电济南变压器股份有限公司揭牌仪式举行,原济南变压器集团股份公司更名为西电济南变压器股份有限公司,正式成为中国西电电气股份有限公司的投资控股企业。中国西电旗下已拥有22家一级子企业。

10日 三峡地下电站最后一段超高压输电线路空中走线检查验收工作顺利完成。至此,历时近20年论证和建设的三峡电站输电线路工程全部完工。三峡电站左右岸厂房设有26台70万kW机组,装机容量1 820万kW,年发电量847亿kW·h。在建的三峡地下电站位于右岸大坝山体内,设有6台70万kW水轮发电机组。加上三峡电站自身的两台5万kW的电源电站,三峡电站总装机容量将达到2 250万kW,年发电量约为1 000亿kW·h。

11日 里氏9.0级地震导致日本福岛核电站反应堆发生故障,出现核泄漏及小规模爆炸。由此引发了全世界对于核电安全的思考。

16日 国务院常务会议强调,要充分认识核安全的重要性和紧迫性,核电发展要把安全放在第一位。同时决定:立即组织对我国核设施进行全面安全检查;切实加强正在运行核设施的安全管理;全面审查在建核电站,要用最先进的标准对所有在建核电站进行安全评估,存在隐患的要坚决整改,不符合安全标准的要立即停止建设;严格审批新上核电项目。抓紧编制核安全规划,调整完善核电发展中长期规划,核安全规划批准前,暂停审批核电项目包括开展前期工作的项目。

17日 保定天威保变电气股份有限公司为印度国家电网公司输变电工程研制的750kV变压器一次通过全部试验项目考核,主要技术性能指标达到国际领先水平。这标志着该公司成功创造我国变压器出口电压等级最高的纪录,我国自主研制的750kV变压器首次跨出国门。

★ 广西银河艾万迪斯风力发电有限公司自主研发的2.5MW直驱永磁机组通过了中国电科院和GL的低电压穿越测试。至此,银河风电成为国内第一家按照即将出台的国家新标准完成该测试的企业,同时也刷新了国内已通过低电压穿越测试的风电机组的最大功率纪录。

19日 财政部、国家发展和改革委员会联合决定,将再次通过加大财政补贴等方式推广高效电机。对购买使用低压高效电机的用户,根据功率档次每千瓦分别补贴58元和31元;对购买使用高压高效电机的用户,每千瓦补贴26元;对购买使用稀土永磁电机的用户,每千瓦补贴100元。

24日 保定天威保变电气股份有限公司自主研发的具有完全知识产权的我国首台100Mvar/800kV智能可控并联电抗器一次通过全部试验项目考核。试验结果显示,该产品主要技术性能指标均优于设计要求,具有结构合理、局部放电量小、损耗小、振动低、噪声低、无局部过热等优点,且智能化单元和局部放电监测软件功能完善,传感器的安装不影响电抗器正常运行,智能组件和传感器在强电磁干扰环境下能够稳定可靠运行。该产品的研制成功,对于确保我国电网的安全稳定运行和加快我国智能电网的建设具有重要意义。

25日 特变电工沈阳变压器集团有限公司自主研制的单相250MV·A/500kV自耦调压变压器在荷兰顺利通过国际权威质量认证机构KEMA公司突发短路试验,阻抗值变化均小于0.5,指标优异、性能稳定。本次试验,使该产品成为目前世界上通过KEMA公司突发短路试验的电压等级最高的变压器产品,填补了国内外输变电领域的空白。

28日 环境保护部、国家发展改革委、工业和信息化部等九部委召开环保专项活动会议,提出全面彻查铅酸蓄电池企业环境违法问题,将铅酸蓄电池企业的整治作为2011年环保专项行动的首要任务。对未经环境影响评价或达不到环境影响评价要求,对无污染治理设施、污染治理设施不正常运行或超标排放的,无危险废物资质从事废铅酸蓄电池回收的,不能依法达到卫生防护距离要求的一律停产整治。

★ 国家继电保护及自动化设备质量监督检验中心李亚萍博士成功连任IEC/TC95(量度继电器和保护设备)主席,任期延长至2015年。这既是我国量度继电器和保护设备领域在国际标准化活动中影响力提升的表现,也保证了我国在量度继电器和保护设备技术领域的优势地位。

29日 全国节能减排标准化技术联盟成立大会暨第一次成员代表大会在北京召开。全国节能减排标准化技术联盟由中国标准化研究院联合国家节能中心、国家发改委培训中心、中国节能协会、中国认证认可协会、中国标准化协会等11家单位共同发起,2011年正式启动,秘书处设在中国标准化研究院,已有249家单位加入联盟。

4月

12日 西安西电开关电气有限公司研发的420kV单断口罐式断路器新产品在国家高压电器质量监督检验中心顺利完成了所有大容量开断试验,综合技术指标达到了国内领先、国际先进水平,填补了国内空白。

16日 由苏州热工研究院有限公司承建的我国核电领域首个国家工程技术中心——国家核电厂安全及可靠性工程技术研究中心在苏州正式启动建设。该中心力争用3年时间建成国际一流的核电厂安全及可靠性工程技术创新主体,为核电厂建设、运营、退役全过程提供五大安全技术支撑。

23日 在第七届中国工业论坛上,保定天威保变电气股份有限公司自主研制,具有完全自主知识产权的我国首台最高电压等级和最大容量的ODFPS－1 000MV·A/1 000kV特高压交流变压器获“中国工业首台(套)重大技术装备示范项目”称号。

26 日 国家核电技术公司与中国一重、中国二重、东方电气集团、哈电集团、上海电气、中船重工等 10 家装备制造集团所属 22 家指定用户签署了 AP1000 三代核电技术分许可协议。该协议的签订标志着国内骨干装备制造企业正式获得了 AP1000 技转文件的使用权,并可进行 AP1000 主泵、反应堆压力容器、蒸发器、爆破阀等核岛关键设备的设计和制造。这是中国三代核电实现装备国产化迈出的关键一步。

29 日 江苏宝胜科技创新股份有限公司与中核集团签订三门核电站电缆项目合同。此次签约的电缆将用于 AP1000 核电机组,该公司也将成为率先将产品运用于世界先进的第三代核电机组的电缆企业。

5 月

16 日 上海电气集团上海电机厂有限公司举行国产首台 20MW 级超高速防爆变频调速同步电动机发运仪式。上海电机厂有限公司经过近两年的艰苦奋斗,成功地实现了国产天然气长输管道关键装备的突破。该电动机安装于西气东输二线陕西高陵压气站,成为第一套拥有自主知识产权的国产天然气长输管道的压缩机组。

18 日 中国电器工业协会铅酸蓄电池分会于江苏省张家港市紧急召开第六届十次理事会,会上全体与会企业一致表决通过了关于铅酸蓄电池企业实施环保自律的倡议书。

24 日 世界最大水利工程三峡水利枢纽地下电站的首台机组正式并网发电,标志着我国在利用长江汛期弃水发电方面实现了“零的突破”。此次投产的 32 号机组是我国自行研制的 70 万 kW 大型水轮发电机组,由哈尔滨电机厂有限责任公司设计制造。

26 日 百万千瓦超大容量水电机组技术规范研究项目启动会在哈尔滨召开。会议由中国电器工业协会组织,中国机械工业联合会顾问陆燕荪、国务院三峡办装备司副司长黄凌等出席会议。会议决定,2010 年 10 月前完成标准草案稿初稿、研究报告及前期调研报告,2011 年 10 月前完成标准草案稿及中期研究报告,2012 年 4 月前修改完善标准草案,形成国际提案,完成总结报告。

28 日 中国电器工业协会智能电网设备工作委员会成立大会在北京万达铂尔曼酒店举行。智能电网设备工作委员会共有会员单位 146 家,到会单位 121 家。大会选举周彦伦为智能电网设备工作委员会理事长,王琨为秘书长。

29 日 由国网电力科学研究院研制的我国首套具有完全自主知识产权的 700MW 级巨型水轮发电机组励磁系统在三峡地下电站 32 号机组成功投运,这是继实现 700MW 级水电机组调速系统国产化后,我国在巨型水电机组领域取得的又一重大突破。至此,我国已全面掌握了巨型水电机组的核心控制技术。

6 月

1 日 我国首台自主研发、拥有完全自主知识产权的 6MW 风电机组在江苏省盐城市华锐盐都综合产业基地下线。这是目前国内单机容量最大的风电机组,标志着我国风机制造技术达到了国际先进水平。该机组叶轮直径长达 128m,适应 -45℃ 的极限温度,并通过了 62.5m/s 的极限风速测试。

★ 新修订的《产业结构调整指导目录(2011 年本)》开始实施,装备制造业在其中占有很大比例。该目录与“十二五”时期我国机械工业发展的大方向基本一致,内容与智能装备、战略性新兴产业等相关规划也有很好的呼应。该目录提高了技术要求,对大部分鼓励类别条目,较大幅度地提高了规格参数的要求,对部分限制类和淘汰类条目,也提高了规格参数要求。

2 日 中国电器工业协会杨启明副会长与白文波副秘书长接见了澳大利亚工业集团执行总裁海瑟·瑞德女士与国际部英尼斯·威劳克斯主任一行。双方表示在新能源的开发、节能减排、企业信用评价体系方面可以相互借鉴经验,同时可以组织会员单位进行国际互访,以开展进一步的合作与交流。

9 日(法国时间) 施耐德电气宣布,签署以 6.5 亿美元收购利德华福电气技术控股有限公司的收购协议。

15 日 汉能控股集团有限公司在四川双流的第一期 300MW 薄膜太阳能电池生产基地正式建成投产。这是全球单厂产量最大的现代化太阳能电池生产基地。

★ 由特变电工衡阳变压器有限公司自主设计、制造的中国首台世界最大容量 SFP－H－810MV·A/500kV 三相组合式发电机变压器,一次性通过全部出厂试验和型式试验项目,各项技术指标均优于技术协议要求。特变电工衡阳变压器有限公司采用了世界领先的变压器验证分析软件,对计算结果进行电磁场、波过程、短路机械力、温升、油流分布等验证分析。尤其是油箱壁采用独特的屏蔽结构,形成良好漏磁通道,有效降低了结构损耗,解决了超大容量变压器产品结构件局部易过热的难题。采取由三个单相变压器通过共用低压通道连接成三相变压器,再分成三个单相进行运输的方法,有效降低了单体运输重量和尺寸。

16 日 中电装备许继集团有限公司研制的世界上首个 5 000A 直流输电换流阀组件顺利完成运行试验,试验参数和试验项目符合 IEC 标准要求,试验结果达到预期目的。这标志着许继集团在特高压直流输电换流阀自主化方面取得了突破性进展,成为世界上首家成功研制出额定电流达到 5 000A 以上直流输电换流阀产品的电力装备制造商。

★ 按照欧盟发布的 G/TBT/EEC/265 号通报,自本日起,欧盟市场所有电动机能效不得低于 IE2 能效水平。

24 日 佳木斯电机股份有限公司自主研发的 YFKS1120－41.8 万 kW 高压三相异步电动/发电机和正压外壳型系列高压三相异步电动机通过了新产品鉴定。高压三相异步电动/发电机总体技术达到国内领先水平；正压外壳型系列高压三相异步电动机性能优越，安全可靠，该产品的研制成功使防爆电机单机容量得到拓展，产品总体技术水平达到国际先进水平。这两项产品的鉴定验收，将结束我国正压外壳型高压三相异步电动机依赖进口的历史。

25日 IEC副总裁兼标准化管理委员会主席James E. Matthews Ⅲ和IEC总干事兼IEC首席执行官A. Amit共同签发“IEC 1906 AWARD”证书，表彰中国长江三峡集团公司的黄源芳对IEC 60609－1标准所作的贡献。

27日 由中国水电顾问集团华东勘测设计研究院与哈尔滨电机厂有限责任公司组成的联营体与尼日利亚国家电力公司（PHCN）在阿布贾正式签订了凯恩吉（Kainji）电站2×120MW及1×100MW水电机组总包供货合同，合同总额超过5亿元。其中，哈尔滨电机厂有限责任公司占2.68亿元，供应水轮机、发电机及附属设备。凯恩吉项目成为我国第一个出口尼日利亚的水电机组，该项目的签约充分表明尼日利亚已成为我国在非洲最重要的承包市场之一，为我国机电设备打入非洲市场奠定了良好的基础。

28日 中国科协科技期刊月度研讨会重点推介了由哈尔滨工业大学电磁与电子技术研究所寇宝泉教授、李立毅教授、张赫博士撰写的论文《集成绕组结构短行程直流平面电机》。与会专家表示，这种基于音圈电机运行原理的平面电机新结构，可以实现高精度、高频响的定位运动，在光刻机超精密工件台的应用领域具有很高的研究价值。这一新发现，对我国光刻机及其关键配套部件的研制具有重要意义，将加快推进我国集成电路（IC）产业的自主化进程。

7月

1日 根据国家标准化管理委员会发布的强制性标准化《中小型三相异步电动机能效限定值及节能评价》，自本日起，将禁售三级能效电机。

★ 国家质量监督检验检疫总局新修订的《特种设备作业人员监督管理办法》实施。

14日 由中航工业哈尔滨东安发动机（集团）有限公司牵头实施的国家“863”计划微型燃气轮机重点项目课题——100kW级微型燃气轮机首次点火成功，达到额定工作转速，标志着我国首台具有自主知识产权的100kW微型燃气轮机研制取得重大突破。

16日 我国首个输电线路集成服务联盟成立。碳纤维复合芯导线在我国输电线路中的应用开创了世界先例，集成服务新模式的引入，将进一步促进技术创新和成熟，推进国家标准乃至国际标准的制定，推动产业向附加值更高的上游和下游发展。

19日 国家高压电器产品质量监督检验中心和平高集团智能输变电装备产业基地项目奠基仪式在河南省平顶山市新城区举行。项目建成后，平高集团将跨入年销售收入百亿元行列。国家高压电器产品质量监督检验中心项目总投资10亿元，一期工程投资2.35亿元，全部建成后，将成为世界上试验能力最强的试验站之一，成为我国中南、中东部地区输配电设备制造行业公共检测试验平台。平高智能输变电装备产业基地项目总投资10亿元，一期工程投资5亿元，全部建成后，将成为我国重要的高端智能开关研发制造基地，年新增销售收入50.5亿元，实现利润4.5亿元。该基地生产的产品是我国智能电网建设所必需的高端智能开关、城市轨道交通和高速铁道建设专用电器开关系列产品和农村电网高端智能化产品。

★ 山东齐鲁电机制造有限公司和山东中泰新能源集团有限公司签署了大型垂直轴风力发电机技术合作协议。双方将共同推出迄今为止全球最大功率的单机50MW垂直轴风力发电设备，并计划于2012年上半年在内蒙古乌兰察布市兴和县正式投运。

20日 东方电气集团东方电机有限公司高速重载推力轴承试验台启动仪式在德阳举行。高速推力轴承试验台最高转速750r/min、最大加载能力2 000t、最大试验轴承外径2 800mm、拖动电动机功率4 500kW，拖动系统由交流电动机与高压变频器组成，采用了测试与控制合二为一的全数字柔性测控系统，是目前世界上最先进、转速最高的水轮发电机推力轴承试验台。该试验台能够进行6 000t级的巨型水轮发电机推力轴承模型试验和抽水蓄能机组的全尺寸双向推力轴承全工况模拟试验。

22日 西安西电变压器有限责任公司为陕西秦岭发电有限责任公司研制的第二台750kV、72万kV·A三相无励磁调压电力变压器一次性通过出厂试验；第一台产品也已经安装调试成功。这两台目前世界电压等级最高的三相一体式电力变压器，是全程采用公路运输中重量最重的变压器，具有结构新颖合理、性能先进、损耗低、运行可靠、使用维护方便等优点，是安全可靠、节能环保型产品。

25日 亚洲首个柔性直流输电示范工程——上海南汇风电场柔性直流输电工程投入正式运行。这是我国第一条拥有完全自主知识产权、具有世界一流水平的柔性直流输电线路，它的成功投运标志着我国在智能电网高端装备方面取得重大突破。

8月

7日 平高集团公司自主研发的ZF27－1100（L）/Y6300－63气体绝缘金属封闭式组合电器、PLW1－1100/Y6300－160高压交流串联电容器用旁路开关、GW52－1100/J6300－63高压交流旁路隔离开关、GW27－1100D/J6300－63户外高压交流隔离开关、ZF27－550（L）/Y6300－63气体绝缘金属封闭式组合电器、LW55B－550/Y6300－63户外高压交流SF_6罐式断路器、ZGW6－816/J6300－25高压直流隔离开关、ZJW1－816/J25高压直流接地开关等八种新产品顺利通过国家级技术鉴定。标志着平高集团公司占领了世界高压输电技术的制高点。

23日 中国华电集团牵手美国通用电气（GE）成立合资公司，生产航改型燃气轮机，共同开拓分布式能源市场。

30 日 河南平高集团研制的 LW□－100 直流转换开关产品成功通过5 100A 直流转换试验项目。直流转换试验是 LW□－100 直流转换开关关键性试验项目，试验参数高、难度大，在国内尚属首次。

9 月

8 日 西安西电变压器有限责任公司的“交流有级可控并联电抗器装置”和“中部出线的多根插花纠结式绕组”两个专利项目，在第十九届全国发明展览会上荣获金奖。

交流有级可控并联电抗器装置是一种结构简单、使用方便、可动态补偿的有级可控并联电抗器，在相同的电压下可提高 30% 的输电能力，为电网提供了一种动态补偿的优质运行方式。发明人为宓传龙、汪德华、陈荣。

中部出线的多根插花纠结式绕组发明人为聂三元、王长征、汪德华。该专利产生于750kV 自耦变压器研制过程中，解决了原有技术存在的安匝平衡差、电场强度高、耗费铜材多的缺点。应用该技术研制的我国首批750kV 自耦变压器已销售 50 余台，产值达 11 亿多元。

13 日 湘电达尔文公司自主研发的世界首台 5MW 永磁直驱型海上风力发电机组成功并网发电。该机组攻克了海上风力发电机组整机集成、冷却系统防腐防潮设计以及大功率高叶尖线速度的复合材料叶片等技术难关，是由国内整机商研发的唯一一台顺利完成并网的风电机组。

20 日 特变电工沈阳变压器集团有限公司电气组件分公司自行设计研制的 ±500kV 油气式直流套管一次试验成功。该产品的研制成功，再次填补了国内直流套管领域的空白，使特变电工沈变公司成为国内首家具有自主研制 ±500kV 油气式直流套管能力的高新企业，为国家重大装备国产化战略实施作出了积极贡献。

10 月

10 日 美国商务部对中国光伏产品出口的“双反”（反倾销、反补贴）作出终裁，认定中国向美国出口的光伏电池及组件存在倾销和补贴行为，决定征收高额惩罚性关税。

13 日 中国电器工业低碳技术联盟成立大会在北京举行。该联盟由中国电器工业协会会同 32 家电器行业优势企业、科研院所、检测及认证机构，在平等自愿的基础上发起成立的。

19 日 上海电气集团股份有限公司承制的重达 500 多 t 的百万千瓦级阳江核电一号机组发电机定子机座启程运往阳江核电项目现场。该发电机具有自主知识产权，它的研制完成标志着上海电气已全部完成整套百万级核电常规岛主设备制造任务。该发电机已申报 4 项发明专利和 6 项实用新型专利，其中 5 项实用新型专利已获授权。型式试验表明，阳江核电一号机组发电机各项性能指标完全符合设计要求，达到国际先进水平。

24 日 哈尔滨锅炉厂有限责任公司制造的世界首台 AP1000 三门核电项目 1 号机组的两台除氧器顺利完成，标志着该公司已经完全具备生产三代 AP1000 核电技术常规岛产品的能力，对该公司进一步拓展代表核电未来发展方向的 AP1000 核电技术领域的市场开发具有重要的战略意义。

27 日 上海市国资委与国家核电技术公司正式签署关于上海发电设备成套设计研究院联合重组的协议。国家核电技术公司将以上海成套院为基础，为我国引进的世界先进的 AP1000 核电以及自主开发的 CAP 系列核电建立设备材料鉴定中心。

28 日 在澳大利亚召开的第 75 届国际电工委员会（IEC）理事大会，正式通过了中国成为 IEC 常任理事国的决议。目前，IEC 常任理事国为中国、法国、德国、日本、英国、美国。

11 月

1 日 国家能源局 8 月 6 日批准的《风力发电机组振动状态监测导则》等 17 项能源行业风电标准以及之前发布的《大型风电场并网设计技术规范》正式实施。内容主要涉及大型风电场并网、海上风电建设、风电机组状态监测、风电场电能质量、风电关键设备制造要求等。

4 日 工业和信息化部、国家质量监督检验检疫总局等六部门联合发布《关于促进电线电缆产品质量提升的指导意见》，要求相关部门进一步加强电线电缆产品质量综合整治，提升产品质量总体水平，促进产业持续健康发展。该意见要求，从生产源头控制新增产能，对不符合产业政策要求和不满足生产许可和强制性产品认证要求的，坚决不予发证。同时，主管部门还将推行产业退出机制，对不再满足产业政策要求、产品质量问题突出或者引发质量事故的生产企业，依法吊销企业生产许可证和强制性产品认证证书，责令企业退出电线电缆行业。同时，意见还进一步要求，要完善电缆采购方招标模式，鼓励采用报价成本分析方案，推行标的价方式评标，并将电缆相关技术规范和设计要求纳入合同文本予以监督。

8 日 《中国电机工业发展史——百年回顾与展望》一书在北京人民大会堂举行了首发仪式。该书由江泽民亲自倡导、题写书名并作序，中共中央政治局委员、国务院副总理张德江为新书首发揭幕。

11 日 中国东方电气集团东方汽轮机有限公司具有完全自主知识产权的 3.0MW 双馈型风力发电机组在德阳顺利下线。该机组风轮直径 115m，轮毂中心高度 90m，采用 IEC 61400 最新标准，设计目标为适用于陆地ⅢA 类风区，在核心技术上实现了多项重大突破。

12 日 向家坝水电站单机容量 80 万 kW 水电机组的 1 号机组转子，顺利吊装到位并开始总装。这是世界上单机容量最大的水轮发电机组。

13 日 220kV、1×1 000mm^2 光电复合海底电缆在江苏亨通集团所属亨通高压电缆有限公司顺利产出，这是我国电压等级最高、截面最大的光电复合海底电缆。

22 日 国电南京自动化股份有限公司和 ABB 集团宣布，双方联合成立新的合资公司———南京SAC自动化有限公司。根据协议，国电南自将把全部电网自动化业务转到合资公司，ABB将把电力产品部中压业务下的厦门输配电自动化设备有限公司的业务以及电力系统业务部下的上海ABB工程有限公司内的变电站自动化系统、产品和通信业务转到新的合资公司。

月末 世界首台单机容量最大的核电机组——中国广东台山核电站（1 750MW）用封闭母线由北京电力设备总厂制造完成，并顺利通过业主方中广核工程公司和总包方法国阿尔斯通公司的联合出厂验收。台山核电站项目配套的封闭母线额定电流为44 100A，比百万千瓦核电机组高出36.4%，堪称同类设备之最。

12 月

2日 国家电监会发布了《风电安全监管报告》。其中披露，2010年全国发生80起风电机组脱网事故；2011年1—8月，风机脱网事故上升至193起，而一次损失风电出力10万~50万kW的事故已高达54起。

★ 南京电气（集团）有限责任公司自主研发的160~300kN空气动力型直流盘形悬式玻璃绝缘子通过中国机械工业联合会委托江苏省经信委主持的鉴定。专家认为，该产品综合技术性能达到国际领先水平，填补了国内空白。

8日 西门子与上海电气建立中国风电战略联盟，成立两家新的合资公司。其中一家将面向中国市场和西门子全球供应网络，研发和生产风电设备；另一家则负责在中国地区的风电设备销售、市场推广、项目管理、项目执行和服务。

13日 保定天威保变电器股份有限公司研制成功世界首台最高电压和最大容量交流变压器。由该公司自行研发设计、具有完全自主知识产权和核心技术的150万kV·A/1 000kV单相特高压交流变压器样机顺利通过所有试验项目考核，主要技术性能指标达到国际领先水平。

16日 国家电网1 000kV晋东南—南阳—荆门特高压交流试验示范工程扩建工程正式投产。特高压相关设备国产化率已经达到90%，相关企业已经掌握了特高压设备制造的核心技术，具备了特高压交直流设备的批量生产能力。

20日 保定天威保变电气股份有限公司为溪洛渡水电站右岸电站自主研制的首台SSP－H－860MV·A/500kV三相组合式变压器顺利通过出厂验收，主要技术性能指标达到国际先进水平。该产品一次研制成功是我国大容量三相组合式变压器技术领域取得的重大创新成果。

24日 西安西电开关电气有限公司制造的大容量发电机断路器成套装置通过鉴定。该装置采用卧式布置，具有开断能力强、载流能力大等特点，拥有自主知识产权，填补了国内空白，其综合技术性能达到国际同类产品的先进水平。它的研制成功使我国开关制造业迈入了大型发电机组用大容量保护断路器的制造领域，打破了国外企业的垄断，使我国成为国际少数该类高端设备生产国家之一。

26日 我国首台国产化抽水蓄能机组响水涧电站1号机组结束15天试运行，正式投入商业运行。响水涧4台25万kW抽水蓄能机组及部分附属设备由哈尔滨电机厂有限责任公司自主设计、制造，1号蓄能机组的商业运行，标志着我国抽水蓄能机组国产化取得圆满成功，我国在发电设备制造领域取得了突破性进展。

29日 美国国际贸易委员会接受风塔贸易联盟（Wind Tower Trade Coalition）的申请，对来自中国和越南的应用级风塔产品启动反倾销和反补贴合并调查。

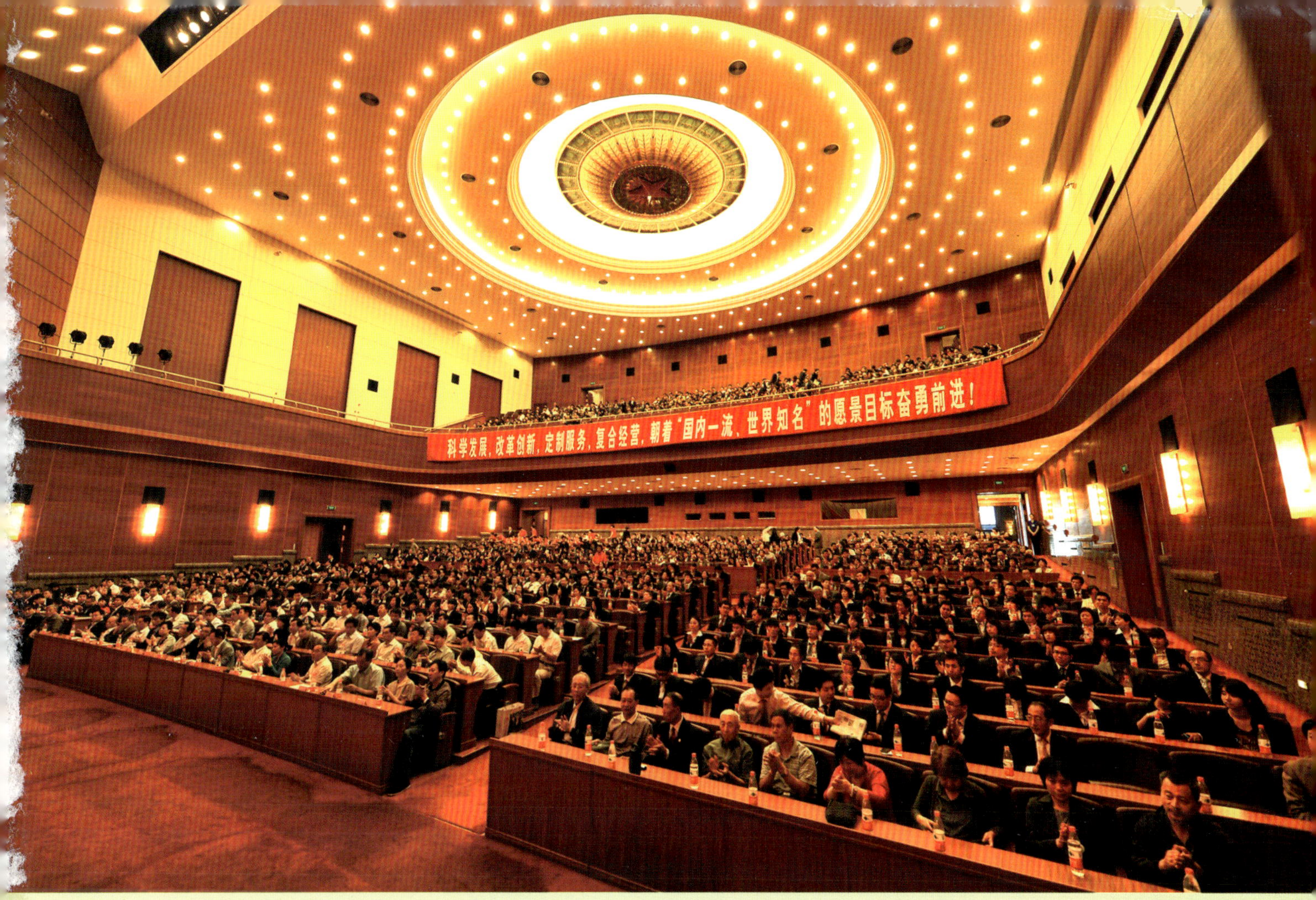